领导干部应知应会
党内法规和国家法律汇编

通用版 · 上

中央全面依法治国委员会办公室
中 华 人 民 共 和 国 司 法 部

中国法制出版社

出版说明

2023年7月，中共中央办公厅、国务院办公厅印发《关于建立领导干部应知应会党内法规和国家法律清单制度的意见》（以下简称《意见》），就建立领导干部应知应会党内法规和国家法律清单制度作出部署、提出要求。《意见》的出台是全面贯彻落实党的二十大精神、深入学习贯彻习近平法治思想的重要举措，对推动领导干部带头尊规学规守规用规、带头尊法学法守法用法具有重要意义。

为更好贯彻落实《意见》部署要求，中央依法治国办、司法部编辑了《领导干部应知应会党内法规和国家法律汇编 通用版》（以下简称《汇编》），供各级领导干部学习使用。《汇编》重点围绕领导干部“应知应会”这一基本要求，聚焦领导干部在工作中应当学习掌握的党内法规和国家法律，共收录党内法规和国家法律85件。党内法规包括党章、党的组织法规、党的领导法规、党的自身建设法规、党的监督保障法规五个方面；国家法律包括宪法及宪法相关法、国家安全法律、推动高质量发展相关法律、民法典、刑法和公职人员政务处分法、行政法律、其他法律法规七个方面。《汇编》收录的均为现行有效且向社会公开发布的党内法规和国家法律的标准文本，注重突出权威性和准确性，是各级领导干部学习使用党内法规和国家法律的重要工具书。

本《汇编》为“通用版”，领导干部可结合具体工作需要，有针对性地学习使用。中央依法治国办、司法部将指导推动各地区各部门从实际出发，分级分类合理编制领导干部应知应会党内法规和国家法律清单，与《汇编》结合使用。各地区各部门要积极推动领导干部学好用好《汇编》，模范遵守党内法规和国家法律，不断提高运用法治思维和法治方式深化改革、推动发展、化解矛盾、维护稳定、应对风险的能力，做到在法治之下想问题、作决策、办事情，切实把学习成效转化为推动高质量发展的生动法治实践。

中央全面依法治国委员会办公室

中华人民共和国司法部

2023 年 9 月

目录

上 册

关于建立领导干部应知应会党内法规和国家法律清单制度的意见 ……… 1

党内法规

一、党章

中国共产党章程 …… 7
（2022 年 10 月 22 日）

二、党的组织法规

中国共产党中央委员会工作条例 …… 33
（2020 年 9 月 30 日）
中国共产党地方委员会工作条例 …… 40
（2015 年 12 月 25 日）
中国共产党纪律检查委员会工作条例 …… 49
（2021 年 12 月 24 日）

中国共产党党组工作条例 …… 64
（2019 年 4 月 6 日）
中国共产党工作机关条例（试行） …… 75
（2017 年 3 月 1 日）
中国共产党组织工作条例 …… 80
（2021 年 5 月 22 日）
中国共产党支部工作条例（试行） …… 90
（2018 年 10 月 28 日）
党政领导干部选拔任用工作条例 …… 100
（2019 年 3 月 3 日）
推进领导干部能上能下规定 …… 119
（2022 年 9 月 8 日）

三、党的领导法规

中国共产党农村工作条例 …… 124
（2019 年 8 月 19 日）
中国共产党统一战线工作条例 …… 131
（2020 年 12 月 21 日）
中国共产党政治协商工作条例 …… 146
（2022 年 6 月 13 日）
中国共产党政法工作条例 …… 152
（2019 年 1 月 13 日）
中国共产党机构编制工作条例 …… 163
（2019 年 8 月 5 日）
信访工作条例 …… 172
（2022 年 2 月 25 日）
地方党政领导干部安全生产责任制规定 …… 185
（2018 年 4 月 8 日）

四、党的自身建设法规

关于新形势下党内政治生活的若干准则 …………………………… 191
（2016 年 10 月 27 日）
中国共产党廉洁自律准则 …………………………………………… 207
（2015 年 10 月 18 日）
中国共产党重大事项请示报告条例…………………………………… 208
（2019 年 1 月 31 日）
党政机关厉行节约反对浪费条例……………………………………… 217
（2025 年 5 月 2 日）
党委（党组）落实全面从严治党主体责任规定 ……………………… 231
（2020 年 3 月 9 日）
中国共产党党委（党组）理论学习中心组学习规则 ………………… 237
（2017 年 1 月 30 日）

五、党的监督保障法规

中国共产党党内监督条例 …………………………………………… 242
（2016 年 10 月 27 日）
中国共产党巡视工作条例 …………………………………………… 251
（2024 年 2 月 8 日）
党政领导干部考核工作条例 ………………………………………… 264
（2019 年 4 月 7 日）
中国共产党问责条例 ………………………………………………… 276
（2019 年 8 月 25 日）
中国共产党纪律处分条例 …………………………………………… 283
（2023 年 12 月 19 日）
中国共产党党员权利保障条例 ……………………………………… 312
（2020 年 12 月 25 日）

中国共产党组织处理规定（试行） …………………………………………… 321
（2021 年 3 月 19 日）
中国共产党党内法规执行责任制规定（试行） ……………………………… 325
（2019 年 9 月 3 日）
中国共产党纪律检查机关监督执纪工作规则 ……………………………… 328
（2018 年 12 月 28 日）

国家法律

一、宪法及宪法相关法

中华人民共和国宪法 ……………………………………………………… 347
（2018 年 3 月 11 日）
中华人民共和国全国人民代表大会组织法 ………………………………… 373
（2021 年 3 月 11 日）
中华人民共和国国务院组织法 …………………………………………… 382
（2024 年 3 月 11 日）
中华人民共和国监察法 …………………………………………………… 385
（2024 年 12 月 25 日）
中华人民共和国地方各级人民代表大会和地方各级人民政府组织法 … 401
（2022 年 3 月 11 日）
中华人民共和国人民法院组织法……………………………………………… 425
（2018 年 10 月 26 日）
中华人民共和国人民检察院组织法………………………………………… 433
（2018 年 10 月 26 日）
中华人民共和国民族区域自治法…………………………………………… 440
（2001 年 2 月 28 日）
中华人民共和国立法法 …………………………………………………… 453
（2023 年 3 月 13 日）

二、国家安全法律

中华人民共和国国家安全法 …………………………………………… 477
（2015 年 7 月 1 日）
中华人民共和国保守国家秘密法………………………………………… 487
（2024 年 2 月 27 日）
中华人民共和国网络安全法 …………………………………………… 499
（2025 年 10 月 28 日）
中华人民共和国生物安全法 …………………………………………… 513
（2024 年 4 月 26 日）
中华人民共和国突发事件应对法………………………………………… 530
（2024 年 6 月 28 日）
中华人民共和国反恐怖主义法 ………………………………………… 551
（2018 年 4 月 27 日）
中华人民共和国反间谍法 ……………………………………………… 572
（2023 年 4 月 26 日）
中华人民共和国数据安全法 …………………………………………… 583
（2021 年 6 月 10 日）

三、推动高质量发展相关法律

中华人民共和国循环经济促进法………………………………………… 592
（2018 年 10 月 26 日）
中华人民共和国乡村振兴促进法………………………………………… 603
（2021 年 4 月 29 日）
中华人民共和国预算法 ………………………………………………… 618
（2018 年 12 月 29 日）
中华人民共和国科学技术进步法………………………………………… 639
（2021 年 12 月 24 日）

中华人民共和国中小企业促进法…………………………………… 661
（2017 年 9 月 1 日）
中华人民共和国外商投资法 ………………………………………… 670
（2019 年 3 月 15 日）
中华人民共和国著作权法 …………………………………………… 676
（2020 年 11 月 11 日）

下　册

四、民法典

中华人民共和国民法典 ……………………………………………… 693
（2020 年 5 月 28 日）

五、刑法和公职人员政务处分法

中华人民共和国刑法 ………………………………………………… 856
（2023 年 12 月 29 日）
全国人民代表大会常务委员会关于惩治骗购外汇、逃汇和
非法买卖外汇犯罪的决定 ………………………………………… 956
（1998 年 12 月 29 日）
中华人民共和国公职人员政务处分法………………………………… 958
（2020 年 6 月 20 日）
中华人民共和国反有组织犯罪法…………………………………… 972
（2021 年 12 月 24 日）

六、行政法律

中华人民共和国行政许可法 …………………………………………… 986
（2019 年 4 月 23 日）
中华人民共和国行政处罚法 …………………………………………… 1002
（2021 年 1 月 22 日）
中华人民共和国行政强制法 …………………………………………… 1017
（2011 年 6 月 30 日）
中华人民共和国行政复议法 …………………………………………… 1032
（2023 年 9 月 1 日）
中华人民共和国行政诉讼法 …………………………………………… 1051
（2017 年 6 月 27 日）
中华人民共和国国家赔偿法 …………………………………………… 1069
（2012 年 10 月 26 日）
中华人民共和国公务员法 ……………………………………………… 1079
（2018 年 12 月 29 日）

七、其他法律法规

中华人民共和国香港特别行政区基本法 ……………………………… 1098
（1990 年 4 月 4 日）
中华人民共和国澳门特别行政区基本法 ……………………………… 1128
（1993 年 3 月 31 日）
中华人民共和国香港特别行政区维护国家安全法 …………………… 1153
（2020 年 6 月 30 日）
中华人民共和国对外关系法 …………………………………………… 1167
（2023 年 6 月 28 日）
中华人民共和国反外国制裁法 ………………………………………… 1174
（2021 年 6 月 10 日）

中华人民共和国出境入境管理法 …………………………………… 1176
（2012 年 6 月 30 日）
中华人民共和国对外贸易法 ………………………………………… 1194
（2022 年 12 月 30 日）
反分裂国家法 ……………………………………………………… 1205
（2005 年 3 月 14 日）
中华人民共和国国防法 …………………………………………… 1207
（2020 年 12 月 26 日）
中华人民共和国兵役法 …………………………………………… 1219
（2021 年 8 月 20 日）
中华人民共和国军人地位和权益保障法 …………………………… 1229
（2021 年 6 月 10 日）
中华人民共和国退役军人保障法 ………………………………… 1240
（2020 年 11 月 11 日）
中华人民共和国治安管理处罚法 ………………………………… 1253
（2025 年 6 月 27 日）
重大行政决策程序暂行条例 ………………………………………… 1282
（2019 年 4 月 20 日）
中华人民共和国政府信息公开条例 ……………………………… 1290
（2019 年 4 月 3 日）
优化营商环境条例 ………………………………………………… 1300
（2019 年 10 月 22 日）
中华人民共和国外商投资法实施条例 …………………………… 1313
（2019 年 12 月 26 日）
中华人民共和国监察法实施条例 ………………………………… 1322
（2025 年 6 月 1 日）

关于建立领导干部应知应会党内法规和国家法律清单制度的意见

为深入贯彻落实党的二十大精神，推动领导干部带头尊规学规守规用规，带头尊法学法守法用法，根据《法治中国建设规划（2020—2025年）》等要求，现就建立领导干部应知应会党内法规和国家法律清单制度提出如下意见。

一、总体要求

坚持以习近平新时代中国特色社会主义思想为指导，深入学习贯彻习近平法治思想，抓住领导干部这个“关键少数”，以增强法治观念、提升法治思维能力、遵守党规国法为目标，建立健全领导干部应知应会党内法规和国家法律清单制度，推动领导干部深刻领悟“两个确立”的决定性意义，做到“两个维护”；牢固树立党章意识，更加自觉地学习党内法规，用党章党规党纪约束自己的一言一行；牢固树立宪法法律至上、法律面前人人平等、权由法定、权依法使等基本法治观念，做到在法治之下想问题、作决策、办事情。

二、学习重点

（一）习近平法治思想

把学习掌握习近平法治思想作为重要必修课程，深入系统学习习近平总书记《论坚持全面依法治国》、《习近平关于全面依法治国论述摘编》、《习近平关于依规治党论述摘编》，学习《习近平法治思想学习纲要》，吃透基本精神、把握核心要义、明确工作要求，深刻理解习近平法治思想是习近平新时代中国特色社会主义思想的重要组成部分，是新时代全面依法治国的根本遵循和行动指南，带头做习近平法治思想的坚定信仰者、积极传播者、模范实践者。

（二）党内法规

1. 认真学习党章。把学习党章作为必修课、基本功，深刻理解党章是党的根本大法，是全党必须共同遵守的根本行为规范。用党章规范自己的言行、按党章要求规规矩矩办事，始终在政治立场、政治方向、政治原则、政治道路上同党中央保持高度一致。凡是党章规定党员必须做的，领导干部要首先做到；凡是党章规定党员不能做的，领导干部要带头不做。

2. 认真学习党的组织法规。根据工作需要，深入学习中国共产党中央委员会工作条例、地方委员会工作条例、纪律检查委员会工作条例、党组工作条例、工作机关条例（试行）、组织工作条例、支部工作条例（试行）、党政领导干部选拔任用工作条例、推进领导干部能上能下规定等，熟悉掌握党的组织结构、组织体系以及各级各类组织的设置定位、产生运行、职权职责。

3. 认真学习党的领导法规。根据工作需要，深入学习中国共产党农村工作条例、统一战线工作条例、政治协商工作条例、政法工作条例、机构编制工作条例、宣传工作条例、中国共产党领导国家安全工作条例、信访工作条例、地方党政领导干部安全生产责任制规定等，深刻理解坚持和加强党的全面领导的丰富内涵，增强做到“两个维护”的自觉性和坚定性。

4. 认真学习党的自身建设法规。根据工作需要，深入学习关于新形势下党内政治生活的若干准则、中国共产党廉洁自律准则、重大事项请示报告条例、党政机关厉行节约反对浪费条例、中央八项规定及其实施细则、党委（党组）落实全面从严治党主体责任规定、党委（党组）理论学习中心组学习规则等，深刻理解推进新时代党的建设新的伟大工程的重大意义，时刻保持永远在路上的坚韧和执着，增强坚定不移全面从严治党的政治定力。

5. 认真学习党的监督保障法规。根据工作需要，深入学习中国共产党党内监督条例、巡视工作条例、党政领导干部考核工作条例、问责条例、纪律处分条例、党员权利保障条例、组织处理规定（试行）、党内法规执行责任制规定（试行）、纪律检查机关监督执纪工作规则等，坚决贯彻党的自我革命战略部署，不断强化党的意识、纪律意识、规矩意识。

（三）国家法律

1. 认真学习宪法。深刻把握宪法原则和宪法确立的国家根本制度、根本任务、大政方针，坚持宪法确定的中国共产党领导地位不动摇，坚持宪法确定的人民民主专政的国体和人民代表大会制度的政体不动摇。强化宪法意识，弘扬宪法精神，推动宪法实施，更好发挥宪法在治国理政中的重要作用。根据工作需要，学习全国人民代表大会组织法、国务院组织法、监察法、地方各级人民代表大会和地方各级人民政府组织法、人民法院组织法、人民检察院组织法、民族区域自治法、立法法等宪法相关法，熟悉掌握国家机构的产生、组织、职权和基本工作制度，增强依照法定职责、限于法定范围、遵守法定程序推进国家各项工作的意识和能力。

2. 认真学习总体国家安全观和国家安全法。根据工作需要，学习保守国家秘密法、网络安全法、生物安全法、突发事件应对法、反恐怖主义法、反间谍法、数据安全法等，统筹发展和安全，提高领导干部运用法律武器防范化解重大风险的能力，增强依法斗争本领。

3. 认真学习推动高质量发展相关法律。根据工作需要，学习循环经济促进法、乡村振兴促进法、预算法、科学技术进步法、中小企业促进法、外商投资法、著作权法等，学习与建设现代化产业体系、优化营商环境、全面推进乡村振兴、推进高水平对外开放、实施科教兴国战略、推动绿色发展等相关的法律，增强领导干部推动高质量发展本领。

4. 认真学习民法典。深刻把握平等、自愿、公平、诚信、公序良俗、绿色等民事活动基本原则和坚持主体平等、保护财产权利、便利交易流转、维护人格尊严、促进家庭和谐、追究侵权责任等基本要求。把民法典作为决策、管理、监督的重要标尺，提高运用民法典维护人民权益、化解矛盾纠纷、促进社会和谐稳定的能力和水平。根据工作需要，学习其他民事法律。

5. 认真学习刑法和公职人员政务处分法。深刻把握罪刑法定、对任何人犯罪在适用法律上一律平等、罪责刑相适应等刑法基本原则，推动依法打击犯罪和保障人权。学习关于职务犯罪的刑法规定、公职人员政务处分法，牢固树立底线思维，不触碰法律红线。根据工作需要，学习反有组织犯罪法等其他刑事法律。

6. 认真学习行政法律。根据工作需要，学习行政许可法、行政处罚法、行政强制法、行政复议法、行政诉讼法、国家赔偿法、公务员法等，深刻把握合法行政、合理行政、程序正当、高效便民、诚实守信、权责统一等行政法基本原则，牢固树立职权法定、法定职责必须为、法无授权不可为等法治理念，强化依法行政意识。

7. 认真学习与履职密切相关的其他法律。根据工作需要，学习社会治理、“一国两制”、涉外法治、反腐败斗争等领域的法律；学习与我国司法制度相关的法律，支持和维护公正司法；学习重大行政决策程序、政府信息公开等行政法规和军事法规、监察法规等，善于运用法治思维和法治方式谋划和推进工作。

三、工作措施

（一）分级分类制定领导干部应知应会党内法规和国家法律清单。各地区各部门要从实际出发，区分不同层级、不同岗位，准确理解把握应知应会要求，抓住关键、突出重点，充分考虑工作需要和学习效果，合理编制应知应会党内法规和国家法律清单，提升学习的精准性、科学性、实效性。中央和国家机关要带头制定本单位或本行业本系统的领导干部应知应会党内法规和国家法律清单，发挥引领示范作用。建立健全清单动态调整机制，党中央对学习贯彻新制定修订的党内法规和国家法律作出部署安排的，要及时将有关党内法规和国家法律纳入清单，认真组织领导干部进行学习。

（二）把领导干部应知应会党内法规和国家法律学习纳入干部教育体系。党政主要负责人要带头学习掌握应知应会党内法规和国家法律，做尊规学规守规用规、尊法学法守法用法的模范，充分发挥示范作用。把应知应会党内法规和国家法律纳入各级党委（党组）理论学习中心组学习内容，纳入各级党校（行政学院）教学内容和领导干部任职培训、在职培训的必训课程，确保培训课时数量和培训质量；结合工作实际，纳入政府常务会议学规学法、单位领导班子会前学规学法、重大决策前学规学法等重要内容，把学习成果转化为依法决策、依法办事的自觉行动。

（三）建立健全领导干部学法用法激励机制。落实并完善有关领导干部年终述法制度，用好领导干部在线学法平台，推动学法用法常态化、规范化。加强督促检查评估，进一步把领导干部学法用法情况纳入考核评价干部和精神文明创建内容，列入法治创建考核指标，推动考核结果运用，增强学法用法示范效应，防止形式主义。

党 内 法 规

一、党章

中国共产党章程

（中国共产党第二十次全国代表大会部分修改，2022年10月22日通过）

总　　纲

中国共产党是中国工人阶级的先锋队，同时是中国人民和中华民族的先锋队，是中国特色社会主义事业的领导核心，代表中国先进生产力的发展要求，代表中国先进文化的前进方向，代表中国最广大人民的根本利益。党的最高理想和最终目标是实现共产主义。

中国共产党以马克思列宁主义、毛泽东思想、邓小平理论、“三个代表”重要思想、科学发展观、习近平新时代中国特色社会主义思想作为自己的行动指南。

马克思列宁主义揭示了人类社会历史发展的规律，它的基本原理是正确的，具有强大的生命力。中国共产党人追求的共产主义最高理想，只有在社会主义社会充分发展和高度发达的基础上才能实现。社会主义制度的发展和完善是一个长期的历史过程。坚持马克思列宁主义的基本原理，走中国人民自愿选择的适合中国国情的道路，中国的社会主义事业必将取得最终的胜利。

以毛泽东同志为主要代表的中国共产党人，把马克思列宁主义的基本原理同中国革命的具体实践结合起来，创立了毛泽东思想。毛泽东思想是马克思列宁主义在中国的运用和发展，是被实践证明了的关于中国革命和建设的正确的理论原则和经验总结，是中国共产党集体智慧的结晶。在毛泽东思想指引下，中国共产党领导全国各族人民，经过长期的反对帝国主义、封建主义、官僚资本主义的革命斗争，取得了新民主主义革命的胜利，建立了人民民主专政的中华人民共和国；新中国成立以后，顺利地进行了社会主义改造，完成了从新民主主义到社会主义的过渡，确立了社会主义基本制度，发展了社会主义的经济、政治和文化。

十一届三中全会以来，以邓小平同志为主要代表的中国共产党人，总结新中国成立以来正反两方面的经验，解放思想，实事求是，实现全党工作中心向经济建设的转移，实行改革开放，开辟了社会主义事业发展的新时期，逐步形成了建设中国特色社会主义的路线、方针、政策，阐明了在中国建设社会主义、巩固和发展社会主义的基本问题，创立了邓小平理论。邓小平理论是马克思列宁主义的基本原理同当代中国实践和时代特征相结合的产物，是毛泽东思想在新的历史条件下的继承和发展，是马克思主义在中国发展的新阶段，是当代中国的马克思主义，是中国共产党集体智慧的结晶，引导着我国社会主义现代化事业不断前进。

十三届四中全会以来，以江泽民同志为主要代表的中国共产党人，在建设中国特色社会主义的实践中，加深了对什么是社会主义、怎样建设社会主义和建设什么样的党、怎样建设党的认识，积累了治党治国新的宝贵经验，形成了"三个代表"重要思想。"三个代表"重要思想是对马克思列宁主义、毛泽东思想、邓小平理论的继承和发展，反映了当代世界和中国的发展变化对党和国家工作的新要求，是加强和改进党的建设、推进我国社会主义自我完善和发展的强大理论武器，是中国共产党集体智慧的结晶，是党必须长期坚持的指导思想。始终做到"三个代表"，是我们党的立党之本、执政之基、力量之源。

十六大以来，以胡锦涛同志为主要代表的中国共产党人，坚持以邓小平理论和"三个代表"重要思想为指导，根据新的发展要求，深刻认识和回答了新形势下实现什么样的发展、怎样发展等重大问题，形成了以人为本、全面协调可持续发展的科学发展观。科学发展观是同马克思列宁主义、毛泽东思想、邓小平理论、"三个代表"重要思想既一脉相承又与时俱进的科学理论，是马克思主义关于发展的世界观和方法论的集中体现，是马克思主义中国化重大成果，是中国共产党集体智慧的结晶，是发展中国特色社会主义必须长期坚持的指导思想。

十八大以来，以习近平同志为主要代表的中国共产党人，坚持把马克思主义基本原理同中国具体实际相结合、同中华优秀传统文化相结合，科学回答了新时代坚持和发展什么样的中国特色社会主义、怎样坚持和发展中国特色社会主义等重大时代课题，创立了习近平新时代中国特色社会主义思想。习近平新时代中国特色社会主义思想是对马克思列宁主义、毛泽东思想、邓小平理论、“三个代表”重要思想、科学发展观的继承和发展，是当代中国马克思主义、二十一世纪马克思主义，是中华文化和中国精神的时代精华，是党和人民实践经验和集体智慧的结晶，是中国特色社会主义理论体系的重要组成部分，是全党全国人民为实现中华民族伟大复兴而奋斗的行动指南，必须长期坚持并不断发展。在习近平新时代中国特色社会主义思想指导下，中国共产党领导全国各族人民，统揽伟大斗争、伟大工程、伟大事业、伟大梦想，推动中国特色社会主义进入了新时代，实现第一个百年奋斗目标，开启了实现第二个百年奋斗目标新征程。

改革开放以来我们取得一切成绩和进步的根本原因，归结起来就是：开辟了中国特色社会主义道路，形成了中国特色社会主义理论体系，确立了中国特色社会主义制度，发展了中国特色社会主义文化。全党同志要倍加珍惜、长期坚持和不断发展党历经艰辛开创的这条道路、这个理论体系、这个制度、这个文化，高举中国特色社会主义伟大旗帜，坚定道路自信、理论自信、制度自信、文化自信，发扬斗争精神，增强斗争本领，贯彻党的基本理论、基本路线、基本方略，为实现推进现代化建设、完成祖国统一、维护世界和平与促进共同发展这三大历史任务，实现第二个百年奋斗目标、实现中华民族伟大复兴的中国梦而奋斗。

中国共产党自成立以来，始终把为中国人民谋幸福、为中华民族谋复兴作为自己的初心使命，历经百年奋斗，从根本上改变了中国人民的前途命运，开辟了实现中华民族伟大复兴的正确道路，展示了马克思主义的强大生命力，深刻影响了世界历史进程，锻造了走在时代前列的中国共产党。经过长期实践，积累了坚持党的领导、坚持人民至上、坚持理论创新、坚持独立自主、坚持中国道路、坚持胸怀天下、坚持开拓创新、坚持敢于斗争、坚持统一战线、坚持自我革命的宝贵历史经验，这是党和人民共同创造的精神财富，必须倍加珍惜、长期坚持，并在实践中不断丰富和发展。

我国正处于并将长期处于社会主义初级阶段。这是在原本经济文化落后的中国建设社会主义现代化不可逾越的历史阶段，需要上百年的时间。我国的社会主义建设，必须从我国的国情出发，走中国特色社会主义道路，以中国式现代化全面推进中华民族伟大复兴。在现阶段，我国社会的主要矛盾是人民日益增长的美好生活需要和不平衡不充分的发展之间的矛盾。由于国内的因素和国际的影响，阶级斗争还在一定范围内长期存在，在某种条件下还有可能激化，但已经不是主要矛盾。我国社会主义建设的根本任务，是进一步解放生产力，发展生产力，逐步实现社会主义现代化，并且为此而改革生产关系和上层建筑中不适应生产力发展的方面和环节。必须坚持和完善公有制为主体、多种所有制经济共同发展，按劳分配为主体、多种分配方式并存，社会主义市场经济体制等基本经济制度，鼓励一部分地区和一部分人先富起来，逐步实现全体人民共同富裕，在生产发展和社会财富增长的基础上不断满足人民日益增长的美好生活需要，促进人的全面发展。发展是我们党执政兴国的第一要务。必须坚持以人民为中心的发展思想，把握新发展阶段，贯彻创新、协调、绿色、开放、共享的新发展理念，加快构建以国内大循环为主体、国内国际双循环相互促进的新发展格局，推动高质量发展。各项工作都要把有利于发展社会主义社会的生产力，有利于增强社会主义国家的综合国力，有利于提高人民的生活水平，作为总的出发点和检验标准，尊重劳动、尊重知识、尊重人才、尊重创造，做到发展为了人民、发展依靠人民、发展成果由人民共享。必须按照中国特色社会主义事业“五位一体”总体布局和“四个全面”战略布局，统筹推进经济建设、政治建设、文化建设、社会建设、生态文明建设，协调推进全面建设社会主义现代化国家、全面深化改革、全面依法治国、全面从严治党。新时代新征程，经济和社会发展的战略目标是，到二〇三五年基本实现社会主义现代化，到本世纪中叶把我国建成社会主义现代化强国。

中国共产党在社会主义初级阶段的基本路线是：领导和团结全国各族人民，以经济建设为中心，坚持四项基本原则，坚持改革开放，自力更生，艰苦创业，为把我国建设成为富强民主文明和谐美丽的社会主义现代化强国而奋斗。

中国共产党在领导社会主义事业中，必须坚持以经济建设为中心，其他各项工作都服从和服务于这个中心。要实施科教兴国战略、人才强国战略、创新驱动发展战略、乡村振兴战略、区域协调发展战略、可持续发展战略、军民融合发展战略，充分发挥科学技术作为第一生产力的作用，充分发挥人才作为第一资源的作用，充分发挥创新作为引领发展第一动力的作用，依靠科技进步，提高劳动者素质，促进国民经济更高质量、更有效率、更加公平、更可持续、更为安全发展。

坚持社会主义道路、坚持人民民主专政、坚持中国共产党的领导、坚持马克思列宁主义毛泽东思想这四项基本原则，是我们的立国之本。在社会主义现代化建设的整个过程中，必须坚持四项基本原则，反对资产阶级自由化。

坚持改革开放，是我们的强国之路。只有改革开放，才能发展中国、发展社会主义、发展马克思主义。要全面深化改革，完善和发展中国特色社会主义制度，推进国家治理体系和治理能力现代化。要从根本上改革束缚生产力发展的经济体制，坚持和完善社会主义市场经济体制；与此相适应，要进行政治体制改革和其他领域的改革。要坚持对外开放的基本国策，吸收和借鉴人类社会创造的一切文明成果。改革开放应当大胆探索，勇于开拓，提高改革决策的科学性，更加注重改革的系统性、整体性、协同性，在实践中开创新路。

中国共产党领导人民发展社会主义市场经济。毫不动摇地巩固和发展公有制经济，毫不动摇地鼓励、支持、引导非公有制经济发展。发挥市场在资源配置中的决定性作用，更好发挥政府作用，建立完善的宏观调控体系。统筹城乡发展、区域发展、经济社会发展、人与自然和谐发展、国内发展和对外开放，调整经济结构，转变经济发展方式，推进供给侧结构性改革。促进新型工业化、信息化、城镇化、农业现代化同步发展，建设社会主义新农村，走中国特色新型工业化道路，建设创新型国家和世界科技强国。

中国共产党领导人民发展社会主义民主政治。坚持党的领导、人民当家作主、依法治国有机统一，走中国特色社会主义政治发展道路、中国特色社会主义法治道路，扩大社会主义民主，建设中国特色社会主义法治体系，建设社会主义法治国家，巩固人民民主专政，建设社会主义政治文明。

坚持和完善人民代表大会制度、中国共产党领导的多党合作和政治协商制度、民族区域自治制度以及基层群众自治制度。发展更加广泛、更加充分、更加健全的全过程人民民主，推进协商民主广泛多层制度化发展，切实保障人民管理国家事务和社会事务、管理经济和文化事业的权利。尊重和保障人权。广开言路，建立健全民主选举、民主协商、民主决策、民主管理、民主监督的制度和程序。完善中国特色社会主义法律体系，加强法律实施工作，实现国家各项工作法治化。

中国共产党领导人民发展社会主义先进文化。建设社会主义精神文明，实行依法治国和以德治国相结合，提高全民族的思想道德素质和科学文化素质，为改革开放和社会主义现代化建设提供强大的思想保证、精神动力和智力支持，建设社会主义文化强国。加强社会主义核心价值体系建设，坚持马克思主义指导思想，树立中国特色社会主义共同理想，弘扬以爱国主义为核心的民族精神和以改革创新为核心的时代精神，培育和践行社会主义核心价值观，倡导社会主义荣辱观，增强民族自尊、自信和自强精神，抵御资本主义和封建主义腐朽思想的侵蚀，扫除各种社会丑恶现象，努力使我国人民成为有理想、有道德、有文化、有纪律的人民。对党员要进行共产主义远大理想教育。大力发展教育、科学、文化事业，推动中华优秀传统文化创造性转化、创新性发展，继承革命文化，发展社会主义先进文化，提高国家文化软实力。牢牢掌握意识形态工作领导权，不断巩固马克思主义在意识形态领域的指导地位，巩固全党全国人民团结奋斗的共同思想基础。

中国共产党领导人民构建社会主义和谐社会。按照民主法治、公平正义、诚信友爱、充满活力、安定有序、人与自然和谐相处的总要求和共同建设、共同享有的原则，以保障和改善民生为重点，解决好人民最关心、最直接、最现实的利益问题，使发展成果更多更公平惠及全体人民，不断增强人民群众获得感，努力形成全体人民各尽其能、各得其所而又和谐相处的局面。加强和创新社会治理。严格区分和正确处理敌我矛盾和人民内部矛盾这两类不同性质的矛盾。加强社会治安综合治理，依法坚决打击各种危害国家安全和利益、危害社会稳定和经济发展的犯罪活动和犯罪分子，保持社会长期稳定。坚持总体国家安全观，统筹发展和安全，坚决维护国家主权、安全、发展利益。

中国共产党领导人民建设社会主义生态文明。树立尊重自然、顺应自然、保护自然的生态文明理念，增强绿水青山就是金山银山的意识，坚持节约资源和保护环境的基本国策，坚持节约优先、保护优先、自然恢复为主的方针，坚持生产发展、生活富裕、生态良好的文明发展道路。着力建设资源节约型、环境友好型社会，实行最严格的生态环境保护制度，形成节约资源和保护环境的空间格局、产业结构、生产方式、生活方式，为人民创造良好生产生活环境，实现中华民族永续发展。

中国共产党坚持对人民解放军和其他人民武装力量的绝对领导，贯彻习近平强军思想，加强人民解放军的建设，坚持政治建军、改革强军、科技强军、人才强军、依法治军，建设一支听党指挥、能打胜仗、作风优良的人民军队，把人民军队建设成为世界一流军队，切实保证人民解放军有效履行新时代军队使命任务，充分发挥人民解放军在巩固国防、保卫祖国和参加社会主义现代化建设中的作用。

中国共产党维护和发展平等团结互助和谐的社会主义民族关系，积极培养、选拔少数民族干部，帮助少数民族和民族地区发展经济、文化和社会事业，铸牢中华民族共同体意识，实现各民族共同团结奋斗、共同繁荣发展。全面贯彻党的宗教工作基本方针，团结信教群众为经济社会发展作贡献。

中国共产党同全国各民族工人、农民、知识分子团结在一起，同各民主党派、无党派人士、各民族的爱国力量团结在一起，进一步发展和壮大由全体社会主义劳动者、社会主义事业的建设者、拥护社会主义的爱国者、拥护祖国统一和致力于中华民族伟大复兴的爱国者组成的最广泛的爱国统一战线。不断加强全国人民包括香港特别行政区同胞、澳门特别行政区同胞、台湾同胞和海外侨胞的团结。全面准确、坚定不移贯彻“一个国家、两种制度”的方针，促进香港、澳门长期繁荣稳定，坚决反对和遏制“台独”，完成祖国统一大业。

中国共产党坚持独立自主的和平外交政策，坚持和平发展道路，坚持互利共赢的开放战略，统筹国内国际两个大局，积极发展对外关系，努力为我国的改革开放和现代化建设争取有利的国际环境。在国际事务中，弘扬和平、发展、公平、正义、民主、自由的全人类共同价值，坚持正确义利观，维护我国的独立和主权，反对霸权主义和强权政治，维护世界和平，促进人类进步，推动构建人类命运共同体，推动建设持久和平、普遍安全、共同繁荣、开放包容、清洁美丽的世界。在互相尊重主权和领土完整、互不侵犯、互不干涉内政、平等互利、和平共处五项原则的基础上，发展我国同世界各国的关系。不断发展我国同周边国家的睦邻友好关系，加强同发展中国家的团结与合作。遵循共商共建共享原则，推进"一带一路"建设。按照独立自主、完全平等、互相尊重、互不干涉内部事务的原则，发展我党同各国共产党和其他政党的关系。

中国共产党要领导全国各族人民实现第二个百年奋斗目标、实现中华民族伟大复兴的中国梦，必须紧密围绕党的基本路线，坚持和加强党的全面领导，坚持党要管党、全面从严治党，弘扬坚持真理、坚守理想，践行初心、担当使命，不怕牺牲、英勇斗争，对党忠诚、不负人民的伟大建党精神，加强党的长期执政能力建设、先进性和纯洁性建设，以改革创新精神全面推进党的建设新的伟大工程，以党的政治建设为统领，全面推进党的政治建设、思想建设、组织建设、作风建设、纪律建设，把制度建设贯穿其中，深入推进反腐败斗争，全面提高党的建设科学化水平，以伟大自我革命引领伟大社会革命。坚持立党为公、执政为民，发扬党的优良传统和作风，不断提高党的领导水平和执政水平，提高拒腐防变和抵御风险的能力，不断增强自我净化、自我完善、自我革新、自我提高能力，不断增强党的阶级基础和扩大党的群众基础，不断提高党的创造力、凝聚力、战斗力，建设学习型、服务型、创新型的马克思主义执政党，使我们党始终走在时代前列，成为领导全国人民沿着中国特色社会主义道路不断前进的坚强核心。党的建设必须坚决实现以下六项基本要求：

第一，坚持党的基本路线。全党要用邓小平理论、"三个代表"重要思想、科学发展观、习近平新时代中国特色社会主义思想和党的基本路线统一思想，统一行动，并且毫不动摇地长期坚持下去。必须把改革开放同四项基本原则统一起来，全面落实党的基本路线，反对一切"左"的和右的错误倾向，要警惕右，但主要是防止"左"。必须提高政治判断力、政治领悟力、政治执行力，增强贯彻落实党的理论和路线方针政策的自觉性和坚定性。

第二，坚持解放思想，实事求是，与时俱进，求真务实。党的思想路线是一切从实际出发，理论联系实际，实事求是，在实践中检验真理和发展真理。全党必须坚持这条思想路线，积极探索，大胆试验，开拓创新，创造性地开展工作，不断研究新情况，总结新经验，解决新问题，在实践中丰富和发展马克思主义，推进马克思主义中国化时代化。

第三，坚持新时代党的组织路线。全面贯彻习近平新时代中国特色社会主义思想，以组织体系建设为重点，着力培养忠诚干净担当的高素质干部，着力集聚爱国奉献的各方面优秀人才，坚持德才兼备、以德为先、任人唯贤，为坚持和加强党的全面领导、坚持和发展中国特色社会主义提供坚强组织保证。全党必须增强党组织的政治功能和组织功能，培养选拔党和人民需要的好干部，培养和造就大批堪当时代重任的社会主义事业接班人，聚天下英才而用之，从组织上保证党的基本理论、基本路线、基本方略的贯彻落实。

第四，坚持全心全意为人民服务。党除了工人阶级和最广大人民群众的利益，没有自己特殊的利益。党在任何时候都把群众利益放在第一位，同群众同甘共苦，保持最密切的联系，坚持权为民所用、情为民所系、利为民所谋，不允许任何党员脱离群众，凌驾于群众之上。我们党的最大政治优势是密切联系群众，党执政后的最大危险是脱离群众。党风问题、党同人民群众联系问题是关系党生死存亡的问题。党在自己的工作中实行群众路线，一切为了群众，一切依靠群众，从群众中来，到群众中去，把党的正确主张变为群众的自觉行动。

第五，坚持民主集中制。民主集中制是民主基础上的集中和集中指导下的民主相结合。它既是党的根本组织原则，也是群众路线在党的生活中的运用。必须充分发扬党内民主，尊重党员主体地位，保障党员民主权利，发挥各级党组织和广大党员的积极性创造性。必须实行正确的集中，牢固树立政治意识、大局意识、核心意识、看齐意识，坚定维护以习近平同志为核心的党中央权威和集中统一领导，保证全党的团结统一和行动一致，保证党的决定得到迅速有效的贯彻执行。加强和规范党内政治生活，增强党内政治生活的政治性、时代性、原则性、战斗性，发展积极健康的党内政治文化，营造风清气正的良好政治生态。党在自己的政治生活中正确地开展批评和自我批评，在原则问题上进行思想斗争，坚持真理，修正错误。努力造成又有集中又有民主，又有纪律又有自由，又有统一意志又有个人心情舒畅生动活泼的政治局面。

第六，坚持从严管党治党。全面从严治党永远在路上，党的自我革命永远在路上。新形势下，党面临的执政考验、改革开放考验、市场经济考验、外部环境考验是长期的、复杂的、严峻的，精神懈怠危险、能力不足危险、脱离群众危险、消极腐败危险更加尖锐地摆在全党面前。要把严的标准、严的措施贯穿于管党治党全过程和各方面。坚持依规治党、标本兼治，不断健全党内法规体系，坚持把纪律挺在前面，加强组织性纪律性，在党的纪律面前人人平等。强化全面从严治党主体责任和监督责任，加强对党的领导机关和党员领导干部特别是主要领导干部的监督，不断完善党内监督体系。深入推进党风廉政建设和反腐败斗争，以零容忍态度惩治腐败，一体推进不敢腐、不能腐、不想腐。

中国共产党的领导是中国特色社会主义最本质的特征，是中国特色社会主义制度的最大优势，党是最高政治领导力量。党政军民学，东西南北中，党是领导一切的。党要适应改革开放和社会主义现代化建设的要求，坚持科学执政、民主执政、依法执政，加强和改善党的领导。党必须按照总揽全局、协调各方的原则，在同级各种组织中发挥领导核心作用。党必须集中精力领导经济建设，组织、协调各方面的力量，同心协力，围绕经济建设开展工作，促进经济社会全面发展。党必须实行民主的科学的决策，制定和执行正确的路线、方针、政策，做好党的组织工作和宣传教育工作，发挥全体党员的先锋模范作用。党必须在宪法和法律的范围内活动。党必须保证国家的立法、司法、行政、监察机关，经济、文化组织和人民团体积极主动地、独立负责地、协调一致地工作。党必须加强对工会、共产主义青年团、妇女联合会等群团组织的领导，使它们保持和增强政治性、先进性、群众性，充分发挥作用。党必须适应形势的发展和情况的变化，完善领导体制，改进领导方式，增强执政能力。共产党员必须同党外群众亲密合作，共同为建设中国特色社会主义而奋斗。

第一章 党 员

第一条 年满十八岁的中国工人、农民、军人、知识分子和其他社会阶层的先进分子，承认党的纲领和章程，愿意参加党的一个组织并在其中积极工作、执行党的决议和按期交纳党费的，可以申请加入中国共产党。

第二条 中国共产党党员是中国工人阶级的有共产主义觉悟的先锋战士。

中国共产党党员必须全心全意为人民服务，不惜牺牲个人的一切，为实现共产主义奋斗终身。

中国共产党党员永远是劳动人民的普通一员。除了法律和政策规定范围内的个人利益和工作职权以外，所有共产党员都不得谋求任何私利和特权。

第三条 党员必须履行下列义务：

（一）认真学习马克思列宁主义、毛泽东思想、邓小平理论、“三个代表”重要思想、科学发展观、习近平新时代中国特色社会主义思想，学习党的路线、方针、政策和决议，学习党的基本知识和党的历史，学习科学、文化、法律和业务知识，努力提高为人民服务的本领。

（二）增强“四个意识”、坚定“四个自信”、做到“两个维护”，贯彻执行党的基本路线和各项方针、政策，带头参加改革开放和社会主义现代化建设，带动群众为经济发展和社会进步艰苦奋斗，在生产、工作、学习和社会生活中起先锋模范作用。

（三）坚持党和人民的利益高于一切，个人利益服从党和人民的利益，吃苦在前，享受在后，克己奉公，多做贡献。

（四）自觉遵守党的纪律，首先是党的政治纪律和政治规矩，模范遵守国家的法律法规，严格保守党和国家的秘密，执行党的决定，服从组织分配，积极完成党的任务。

（五）维护党的团结和统一，对党忠诚老实，言行一致，坚决反对一切派别组织和小集团活动，反对阳奉阴违的两面派行为和一切阴谋诡计。

（六）切实开展批评和自我批评，勇于揭露和纠正违反党的原则的言行和工作中的缺点、错误，坚决同消极腐败现象作斗争。

（七）密切联系群众，向群众宣传党的主张，遇事同群众商量，及时向党反映群众的意见和要求，维护群众的正当利益。

（八）发扬社会主义新风尚，带头实践社会主义核心价值观和社会主义荣辱观，提倡共产主义道德，弘扬中华民族传统美德，为了保护国家和人民的利益，在一切困难和危险的时刻挺身而出，英勇斗争，不怕牺牲。

第四条 党员享有下列权利：

（一）参加党的有关会议，阅读党的有关文件，接受党的教育和培训。

（二）在党的会议上和党报党刊上，参加关于党的政策问题的讨论。

（三）对党的工作提出建议和倡议。

（四）在党的会议上有根据地批评党的任何组织和任何党员，向党负责地揭发、检举党的任何组织和任何党员违法乱纪的事实，要求处分违法乱纪的党员，要求罢免或撤换不称职的干部。

（五）行使表决权、选举权，有被选举权。

（六）在党组织讨论决定对党员的党纪处分或作出鉴定时，本人有权参加和进行申辩，其他党员可以为他作证和辩护。

（七）对党的决议和政策如有不同意见，在坚决执行的前提下，可以声明保留，并且可以把自己的意见向党的上级组织直至中央提出。

（八）向党的上级组织直至中央提出请求、申诉和控告，并要求有关组织给以负责的答复。

党的任何一级组织直至中央都无权剥夺党员的上述权利。

第五条 发展党员，必须把政治标准放在首位，经过党的支部，坚持个别吸收的原则。

申请入党的人，要填写入党志愿书，要有两名正式党员作介绍人，要经过支部大会通过和上级党组织批准，并且经过预备期的考察，才能成为正式党员。

介绍人要认真了解申请人的思想、品质、经历和工作表现，向他解释党的纲领和党的章程，说明党员的条件、义务和权利，并向党组织作出负责的报告。

党的支部委员会对申请入党的人，要注意征求党内外有关群众的意见，进行严格的审查，认为合格后再提交支部大会讨论。

上级党组织在批准申请人入党以前，要派人同他谈话，作进一步的了解，并帮助他提高对党的认识。

在特殊情况下，党的中央和省、自治区、直辖市委员会可以直接接收党员。

第六条 预备党员必须面向党旗进行入党宣誓。誓词如下：我志愿加入中国共产党，拥护党的纲领，遵守党的章程，履行党员义务，执行党的决定，严守党的纪律，保守党的秘密，对党忠诚，积极工作，为共产主义奋斗终身，随时准备为党和人民牺牲一切，永不叛党。

第七条 预备党员的预备期为一年。党组织对预备党员应当认真教育和考察。

预备党员的义务同正式党员一样。预备党员的权利，除了没有表决权、选举权和被选举权以外，也同正式党员一样。

预备党员预备期满，党的支部应当及时讨论他能否转为正式党员。认真履行党员义务，具备党员条件的，应当按期转为正式党员；需要继续考察和教育的，可以延长预备期，但不能超过一年；不履行党员义务，不具备党员条件的，应当取消预备党员资格。预备党员转为正式党员，或延长预备期，或取消预备党员资格，都应当经支部大会讨论通过和上级党组织批准。

预备党员的预备期，从支部大会通过他为预备党员之日算起。党员的党龄，从预备期满转为正式党员之日算起。

第八条 每个党员，不论职务高低，都必须编入党的一个支部、小组或其他特定组织，参加党的组织生活，接受党内外群众的监督。党员领导干部还必须参加党委、党组的民主生活会。不允许有任何不参加党的组织生活、不接受党内外群众监督的特殊党员。

第九条 党员有退党的自由。党员要求退党，应当经支部大会讨论后宣布除名，并报上级党组织备案。

党员缺乏革命意志，不履行党员义务，不符合党员条件，党的支部应当对他进行教育，要求他限期改正；经教育仍无转变的，应当劝他退党。劝党员退党，应当经支部大会讨论决定，并报上级党组织批准。如被劝告退党的党员坚持不退，应当提交支部大会讨论，决定把他除名，并报上级党组织批准。

党员如果没有正当理由，连续六个月不参加党的组织生活，或不交纳党费，或不做党所分配的工作，就被认为是自行脱党。支部大会应当决定把这样的党员除名，并报上级党组织批准。

第二章　党的组织制度

第十条　党是根据自己的纲领和章程，按照民主集中制组织起来的统一整体。党的民主集中制的基本原则是：

（一）党员个人服从党的组织，少数服从多数，下级组织服从上级组织，全党各个组织和全体党员服从党的全国代表大会和中央委员会。

（二）党的各级领导机关，除它们派出的代表机关和在非党组织中的党组外，都由选举产生。

（三）党的最高领导机关，是党的全国代表大会和它所产生的中央委员会。党的地方各级领导机关，是党的地方各级代表大会和它们所产生的委员会。党的各级委员会向同级的代表大会负责并报告工作。

（四）党的上级组织要经常听取下级组织和党员群众的意见，及时解决他们提出的问题。党的下级组织既要向上级组织请示和报告工作，又要独立负责地解决自己职责范围内的问题。上下级组织之间要互通情报、互相支持和互相监督。党的各级组织要按规定实行党务公开，使党员对党内事务有更多的了解和参与。

（五）党的各级委员会实行集体领导和个人分工负责相结合的制度。凡属重大问题都要按照集体领导、民主集中、个别酝酿、会议决定的原则，由党的委员会集体讨论，作出决定；委员会成员要根据集体的决定和分工，切实履行自己的职责。

（六）党禁止任何形式的个人崇拜。要保证党的领导人的活动处于党和人民的监督之下，同时维护一切代表党和人民利益的领导人的威信。

第十一条　党的各级代表大会的代表和委员会的产生，要体现选举人的意志。选举采用无记名投票的方式。候选人名单要由党组织和选举人充分酝酿讨论。可以直接采用候选人数多于应选人数的差额选举办法进行正式选举。也可以先采用差额选举办法进行预选，产生候选人名单，然后进行正式选举。选举人有了解候选人情况、要求改变候选人、不选任何一个候选人和另选他人的权利。任何组织和个人不得以任何方式强迫选举人选举或不选举某个人。

党的地方各级代表大会和基层代表大会的选举，如果发生违反党章的情况，上一级党的委员会在调查核实后，应作出选举无效和采取相应措施的决定，并报再上一级党的委员会审查批准，正式宣布执行。

党的各级代表大会代表实行任期制。

第十二条 党的中央和地方各级委员会在必要时召集代表会议，讨论和决定需要及时解决的重大问题。代表会议代表的名额和产生办法，由召集代表会议的委员会决定。

第十三条 凡是成立党的新组织，或是撤销党的原有组织，必须由上级党组织决定。

在党的地方各级代表大会和基层代表大会闭会期间，上级党的组织认为有必要时，可以调动或者指派下级党组织的负责人。

党的中央和地方各级委员会可以派出代表机关。

第十四条 党的中央和省、自治区、直辖市委员会实行巡视制度，在一届任期内，对所管理的地方、部门、企事业单位党组织实现巡视全覆盖。

中央有关部委和国家机关部门党组（党委）根据工作需要，开展巡视工作。

党的市（地、州、盟）和县（市、区、旗）委员会建立巡察制度。

第十五条 党的各级领导机关，对同下级组织有关的重要问题作出决定时，在通常情况下，要征求下级组织的意见。要保证下级组织能够正常行使他们的职权。凡属应由下级组织处理的问题，如无特殊情况，上级领导机关不要干预。

第十六条 有关全国性的重大政策问题，只有党中央有权作出决定，各部门、各地方的党组织可以向中央提出建议，但不得擅自作出决定和对外发表主张。

党的下级组织必须坚决执行上级组织的决定。下级组织如果认为上级组织的决定不符合本地区、本部门的实际情况，可以请求改变；如果上级组织坚持原决定，下级组织必须执行，并不得公开发表不同意见，但有权向再上一级组织报告。

党的各级组织的报刊和其他宣传工具，必须宣传党的路线、方针、政策和决议。

第十七条 党组织讨论决定问题，必须执行少数服从多数的原则。决定重要问题，要进行表决。对于少数人的不同意见，应当认真考虑。如对重要问题发生争论，双方人数接近，除了在紧急情况下必须按多数意见执行外，应当暂缓作出决定，进一步调查研究，交换意见，下次再表决；在特殊情况下，也可将争论情况向上级组织报告，请求裁决。

党员个人代表党组织发表重要主张，如果超出党组织已有决定的范围，必须提交所在的党组织讨论决定，或向上级党组织请示。任何党员不论职务高低，都不能个人决定重大问题；如遇紧急情况，必须由个人作出决定时，事后要迅速向党组织报告。不允许任何领导人实行个人专断和把个人凌驾于组织之上。

第十八条 党的中央、地方和基层组织，都必须重视党的建设，经常讨论和检查党的宣传工作、教育工作、组织工作、纪律检查工作、群众工作、统一战线工作等，注意研究党内外的思想政治状况。

第三章 党的中央组织

第十九条 党的全国代表大会每五年举行一次，由中央委员会召集。中央委员会认为有必要，或者有三分之一以上的省一级组织提出要求，全国代表大会可以提前举行；如无非常情况，不得延期举行。

全国代表大会代表的名额和选举办法，由中央委员会决定。

第二十条 党的全国代表大会的职权是：

（一）听取和审查中央委员会的报告；

（二）审查中央纪律检查委员会的报告；

（三）讨论并决定党的重大问题；

（四）修改党的章程；

（五）选举中央委员会；

（六）选举中央纪律检查委员会。

第二十一条 党的全国代表会议的职权是：讨论和决定重大问题；调整和增选中央委员会、中央纪律检查委员会的部分成员。调整和增选中央委员及候补中央委员的数额，不得超过党的全国代表大会选出的中央委员及候补中央委员各自总数的五分之一。

第二十二条 党的中央委员会每届任期五年。全国代表大会如提前或延期举行，它的任期相应地改变。中央委员会委员和候补委员必须有五年以上的党龄。中央委员会委员和候补委员的名额，由全国代表大会决定。中央委员会委员出缺，由中央委员会候补委员按照得票多少依次递补。

中央委员会全体会议由中央政治局召集，每年至少举行一次。中央政治局向中央委员会全体会议报告工作，接受监督。

在全国代表大会闭会期间，中央委员会执行全国代表大会的决议，领导党的全部工作，对外代表中国共产党。

第二十三条 党的中央政治局、中央政治局常务委员会和中央委员会总书记，由中央委员会全体会议选举。中央委员会总书记必须从中央政治局常务委员会委员中产生。

中央政治局和它的常务委员会在中央委员会全体会议闭会期间，行使中央委员会的职权。

中央书记处是中央政治局和它的常务委员会的办事机构；成员由中央政治局常务委员会提名，中央委员会全体会议通过。

中央委员会总书记负责召集中央政治局会议和中央政治局常务委员会会议，并主持中央书记处的工作。

党的中央军事委员会组成人员由中央委员会决定，中央军事委员会实行主席负责制。

每届中央委员会产生的中央领导机构和中央领导人，在下届全国代表大会开会期间，继续主持党的经常工作，直到下届中央委员会产生新的中央领导机构和中央领导人为止。

第二十四条 中国人民解放军的党组织，根据中央委员会的指示进行工作。中央军事委员会负责军队中党的工作和政治工作，对军队中党的组织体制和机构作出规定。

第四章　党的地方组织

第二十五条　党的省、自治区、直辖市的代表大会，设区的市和自治州的代表大会，县（旗）、自治县、不设区的市和市辖区的代表大会，每五年举行一次。

党的地方各级代表大会由同级党的委员会召集。在特殊情况下，经上一级委员会批准，可以提前或延期举行。

党的地方各级代表大会代表的名额和选举办法，由同级党的委员会决定，并报上一级党的委员会批准。

第二十六条　党的地方各级代表大会的职权是：

（一）听取和审查同级委员会的报告；

（二）审查同级纪律检查委员会的报告；

（三）讨论本地区范围内的重大问题并作出决议；

（四）选举同级党的委员会，选举同级党的纪律检查委员会。

第二十七条　党的省、自治区、直辖市、设区的市和自治州的委员会，每届任期五年。这些委员会的委员和候补委员必须有五年以上的党龄。

党的县（旗）、自治县、不设区的市和市辖区的委员会，每届任期五年。这些委员会的委员和候补委员必须有三年以上的党龄。

党的地方各级代表大会如提前或延期举行，由它选举的委员会的任期相应地改变。

党的地方各级委员会的委员和候补委员的名额，分别由上一级委员会决定。党的地方各级委员会委员出缺，由候补委员按照得票多少依次递补。

党的地方各级委员会全体会议，每年至少召开两次。

党的地方各级委员会在代表大会闭会期间，执行上级党组织的指示和同级党代表大会的决议，领导本地方的工作，定期向上级党的委员会报告工作。

第二十八条　党的地方各级委员会全体会议，选举常务委员会和书记、副书记，并报上级党的委员会批准。党的地方各级委员会的常务委员会，在委员会全体会议闭会期间，行使委员会职权；在下届代表大会开会期间，继续主持经常工作，直到新的常务委员会产生为止。

党的地方各级委员会的常务委员会定期向委员会全体会议报告工作，接受监督。

第二十九条 党的地区委员会和相当于地区委员会的组织，是党的省、自治区委员会在几个县、自治县、市范围内派出的代表机关。它根据省、自治区委员会的授权，领导本地区的工作。

第五章 党的基层组织

第三十条 企业、农村、机关、学校、医院、科研院所、街道社区、社会组织、人民解放军连队和其他基层单位，凡是有正式党员三人以上的，都应当成立党的基层组织。

党的基层组织，根据工作需要和党员人数，经上级党组织批准，分别设立党的基层委员会、总支部委员会、支部委员会。基层委员会由党员大会或代表大会选举产生，总支部委员会和支部委员会由党员大会选举产生，提出委员候选人要广泛征求党员和群众的意见。

第三十一条 党的基层委员会、总支部委员会、支部委员会每届任期三年至五年。基层委员会、总支部委员会、支部委员会的书记、副书记选举产生后，应报上级党组织批准。

第三十二条 党的基层组织是党在社会基层组织中的战斗堡垒，是党的全部工作和战斗力的基础。它的基本任务是：

（一）宣传和执行党的路线、方针、政策，宣传和执行党中央、上级组织和本组织的决议，充分发挥党员的先锋模范作用，积极创先争优，团结、组织党内外的干部和群众，努力完成本单位所担负的任务。

（二）组织党员认真学习马克思列宁主义、毛泽东思想、邓小平理论、“三个代表”重要思想、科学发展观、习近平新时代中国特色社会主义思想，推进“两学一做”学习教育、党史学习教育常态化制度化，学习党的路线、方针、政策和决议，学习党的基本知识，学习科学、文化、法律和业务知识。

（三）对党员进行教育、管理、监督和服务，提高党员素质，坚定理想信念，增强党性，严格党的组织生活，开展批评和自我批评，维护和执行党的纪律，监督党员切实履行义务，保障党员的权利不受侵犯。加强和改进流动党员管理。

（四）密切联系群众，经常了解群众对党员、党的工作的批评和意见，维护群众的正当权利和利益，做好群众的思想政治工作。

（五）充分发挥党员和群众的积极性创造性，发现、培养和推荐他们中间的优秀人才，鼓励和支持他们在改革开放和社会主义现代化建设中贡献自己的聪明才智。

（六）对要求入党的积极分子进行教育和培养，做好经常性的发展党员工作，重视在生产、工作第一线和青年中发展党员。

（七）监督党员干部和其他任何工作人员严格遵守国家法律法规，严格遵守国家的财政经济法规和人事制度，不得侵占国家、集体和群众的利益。

（八）教育党员和群众自觉抵制不良倾向，坚决同各种违纪违法行为作斗争。

第三十三条 街道、乡、镇党的基层委员会和村、社区党组织，统一领导本地区基层各类组织和各项工作，加强基层社会治理，支持和保证行政组织、经济组织和群众性自治组织充分行使职权。

国有企业党委（党组）发挥领导作用，把方向、管大局、保落实，依照规定讨论和决定企业重大事项。国有企业和集体企业中党的基层组织，围绕企业生产经营开展工作。保证监督党和国家的方针、政策在本企业的贯彻执行；支持股东会、董事会、监事会和经理（厂长）依法行使职权；全心全意依靠职工群众，支持职工代表大会开展工作；参与企业重大问题的决策；加强党组织的自身建设，领导思想政治工作、精神文明建设、统一战线工作和工会、共青团、妇女组织等群团组织。

非公有制经济组织中党的基层组织，贯彻党的方针政策，引导和监督企业遵守国家的法律法规，领导工会、共青团等群团组织，团结凝聚职工群众，维护各方的合法权益，促进企业健康发展。

社会组织中党的基层组织，宣传和执行党的路线、方针、政策，领导工会、共青团等群团组织，教育管理党员，引领服务群众，推动事业发展。

实行行政领导人负责制的事业单位中党的基层组织，发挥战斗堡垒作用。实行党委领导下的行政领导人负责制的事业单位中党的基层组织，对重大问题进行讨论和作出决定，同时保证行政领导人充分行使自己的职权。

各级党和国家机关中党的基层组织，协助行政负责人完成任务，改进工作，对包括行政负责人在内的每个党员进行教育、管理、监督，不领导本单位的业务工作。

第三十四条 党支部是党的基础组织，担负直接教育党员、管理党员、监督党员和组织群众、宣传群众、凝聚群众、服务群众的职责。

第六章 党的干部

第三十五条 党的干部是党的事业的骨干，是人民的公仆，要做到忠诚干净担当。党按照德才兼备、以德为先的原则选拔干部，坚持五湖四海、任人唯贤，坚持事业为上、公道正派，反对任人唯亲，努力实现干部队伍的革命化、年轻化、知识化、专业化。

党重视教育、培训、选拔、考核和监督干部，特别是培养、选拔优秀年轻干部。积极推进干部制度改革。

党重视培养、选拔女干部和少数民族干部。

第三十六条 党的各级领导干部必须信念坚定、为民服务、勤政务实、敢于担当、清正廉洁，模范地履行本章程第三条所规定的党员的各项义务，并且必须具备以下的基本条件：

（一）具有履行职责所需要的马克思列宁主义、毛泽东思想、邓小平理论、“三个代表”重要思想、科学发展观的水平，带头贯彻落实习近平新时代中国特色社会主义思想，努力用马克思主义的立场、观点、方法分析和解决实际问题，坚持讲学习、讲政治、讲正气，经得起各种风浪的考验。

（二）具有共产主义远大理想和中国特色社会主义坚定信念，坚决执行党的基本路线和各项方针、政策，立志改革开放，献身现代化事业，在社会主义建设中艰苦创业，树立正确政绩观，做出经得起实践、人民、历史检验的实绩。

（三）坚持解放思想，实事求是，与时俱进，开拓创新，认真调查研究，能够把党的方针、政策同本地区、本部门的实际相结合，卓有成效地开展工作，讲实话，办实事，求实效。

（四）有强烈的革命事业心和政治责任感，有实践经验，有胜任领导工作的组织能力、文化水平和专业知识。

（五）正确行使人民赋予的权力，坚持原则，依法办事，清正廉洁，勤政为民，以身作则，艰苦朴素，密切联系群众，坚持党的群众路线，自觉地接受党和群众的批评和监督，加强道德修养，讲党性、重品行、作表率，做到自重、自省、自警、自励，反对形式主义、官僚主义、享乐主义和奢靡之风，反对特权思想和特权现象，反对任何滥用职权、谋求私利的行为。

（六）坚持和维护党的民主集中制，有民主作风，有全局观念，善于团结同志，包括团结同自己有不同意见的同志一道工作。

第三十七条 党员干部要善于同党外干部合作共事，尊重他们，虚心学习他们的长处。

党的各级组织要善于发现和推荐有真才实学的党外干部担任领导工作，保证他们有职有权，充分发挥他们的作用。

第三十八条 党的各级领导干部，无论是由民主选举产生的，或是由领导机关任命的，他们的职务都不是终身的，都可以变动或解除。

年龄和健康状况不适宜于继续担任工作的干部，应当按照国家的规定退、离休。

第七章 党的纪律

第三十九条 党的纪律是党的各级组织和全体党员必须遵守的行为规则，是维护党的团结统一、完成党的任务的保证。党组织必须严格执行和维护党的纪律，共产党员必须自觉接受党的纪律的约束。

第四十条 党的纪律主要包括政治纪律、组织纪律、廉洁纪律、群众纪律、工作纪律、生活纪律。

坚持惩前毖后、治病救人，执纪必严、违纪必究，抓早抓小、防微杜渐，按照错误性质和情节轻重，给以批评教育、责令检查、诫勉直至纪律处分。运用监督执纪“四种形态”，让“红红脸、出出汗”成为常态，党纪处分、组织调整成为管党治党的重要手段，严重违纪、严重触犯刑律的党员必须开除党籍。

党内严格禁止用违反党章和国家法律的手段对待党员，严格禁止打击报复和诬告陷害。违反这些规定的组织或个人必须受到党的纪律和国家法律的追究。

第四十一条 对党员的纪律处分有五种：警告、严重警告、撤销党内职务、留党察看、开除党籍。

留党察看最长不超过两年。党员在留党察看期间没有表决权、选举权和被选举权。党员经过留党察看，确已改正错误的，应当恢复其党员的权利；坚持错误不改的，应当开除党籍。

开除党籍是党内的最高处分。各级党组织在决定或批准开除党员党籍的时候，应当全面研究有关的材料和意见，采取十分慎重的态度。

第四十二条 对党员的纪律处分，必须经过支部大会讨论决定，报党的基层委员会批准；如果涉及的问题比较重要或复杂，或给党员以开除党籍的处分，应分别不同情况，报县级或县级以上党的纪律检查委员会审查批准。在特殊情况下，县级和县级以上各级党的委员会和纪律检查委员会有权直接决定给党员以纪律处分。

对党的中央委员会委员、候补委员，给以警告、严重警告处分，由中央纪律检查委员会常务委员会审议后，报党中央批准。对地方各级党的委员会委员、候补委员，给以警告、严重警告处分，应由上一级纪律检查委员会批准，并报它的同级党的委员会备案。

对党的中央委员会和地方各级委员会的委员、候补委员，给以撤销党内职务、留党察看或开除党籍的处分，必须由本人所在的委员会全体会议三分之二以上的多数决定。在全体会议闭会期间，可以先由中央政治局和地方各级委员会常务委员会作出处理决定，待召开委员会全体会议时予以追认。对地方各级委员会委员和候补委员的上述处分，必须经过上级纪律检查委员会常务委员会审议，由这一级纪律检查委员会报同级党的委员会批准。

严重触犯刑律的中央委员会委员、候补委员，由中央政治局决定开除其党籍；严重触犯刑律的地方各级委员会委员、候补委员，由同级委员会常务委员会决定开除其党籍。

第四十三条 党组织对党员作出处分决定，应当实事求是地查清事实。处分决定所依据的事实材料和处分决定必须同本人见面，听取本人说明情况和申辩。如果本人对处分决定不服，可以提出申诉，有关党组织必须负责处理或者迅速转递，不得扣压。对于确属坚持错误意见和无理要求的人，要给以批评教育。

第四十四条　党组织如果在维护党的纪律方面失职，必须问责。

对于严重违犯党的纪律、本身又不能纠正的党组织，上一级党的委员会在查明核实后，应根据情节严重的程度，作出进行改组或予以解散的决定，并报再上一级党的委员会审查批准，正式宣布执行。

第八章　党的纪律检查机关

第四十五条　党的中央纪律检查委员会在党的中央委员会领导下进行工作。党的地方各级纪律检查委员会和基层纪律检查委员会在同级党的委员会和上级纪律检查委员会双重领导下进行工作。上级党的纪律检查委员会加强对下级纪律检查委员会的领导。

党的各级纪律检查委员会每届任期和同级党的委员会相同。

党的中央纪律检查委员会全体会议，选举常务委员会和书记、副书记，并报党的中央委员会批准。党的地方各级纪律检查委员会全体会议，选举常务委员会和书记、副书记，并由同级党的委员会通过，报上级党的委员会批准。党的基层委员会是设立纪律检查委员会，还是设立纪律检查委员，由它的上一级党组织根据具体情况决定。党的总支部委员会和支部委员会设纪律检查委员。

党的中央和地方纪律检查委员会向同级党和国家机关全面派驻党的纪律检查组，按照规定向有关国有企业、事业单位派驻党的纪律检查组。纪律检查组组长参加驻在单位党的领导组织的有关会议。他们的工作必须受到该单位党的领导组织的支持。

第四十六条　党的各级纪律检查委员会是党内监督专责机关，主要任务是：维护党的章程和其他党内法规，检查党的路线、方针、政策和决议的执行情况，协助党的委员会推进全面从严治党、加强党风建设和组织协调反腐败工作，推动完善党和国家监督体系。

党的各级纪律检查委员会的职责是监督、执纪、问责，要经常对党员进行遵守纪律的教育，作出关于维护党纪的决定；对党的组织和党员领导干部履行职责、行使权力进行监督，受理处置党员群众检举举报，开展谈话提醒、约谈函询；检查和处理党的组织和党员违反党的章程和其他党内法规的比较重要或复杂的案件，决定或取消对这些案件中的党员的处分；进行问责或提出责任追究的建议；受理党员的控告和申诉；保障党员的权利。

各级纪律检查委员会要把处理特别重要或复杂的案件中的问题和处理的结果，向同级党的委员会报告。党的地方各级纪律检查委员会和基层纪律检查委员会要同时向上级纪律检查委员会报告。

各级纪律检查委员会发现同级党的委员会委员有违犯党的纪律的行为，可以先进行初步核实，如果需要立案检查的，应当在向同级党的委员会报告的同时向上一级纪律检查委员会报告；涉及常务委员的，报告上一级纪律检查委员会，由上一级纪律检查委员会进行初步核实，需要审查的，由上一级纪律检查委员会报它的同级党的委员会批准。

第四十七条　上级纪律检查委员会有权检查下级纪律检查委员会的工作，并且有权批准和改变下级纪律检查委员会对于案件所作的决定。如果所要改变的该下级纪律检查委员会的决定，已经得到它的同级党的委员会的批准，这种改变必须经过它的上一级党的委员会批准。

党的地方各级纪律检查委员会和基层纪律检查委员会如果对同级党的委员会处理案件的决定有不同意见，可以请求上一级纪律检查委员会予以复查；如果发现同级党的委员会或它的成员有违犯党的纪律的情况，在同级党的委员会不给予解决或不给予正确解决的时候，有权向上级纪律检查委员会提出申诉，请求协助处理。

第九章　党　　组

第四十八条　在中央和地方国家机关、人民团体、经济组织、文化组织和其他非党组织的领导机关中，可以成立党组。党组发挥领导作用。党组的任务，主要是负责贯彻执行党的路线、方针、政策；加强对本单位党的建设的领导，履行全面从严治党责任；讨论和决定本单位的重大问题；

做好干部管理工作；讨论和决定基层党组织设置调整和发展党员、处分党员等重要事项；团结党外干部和群众，完成党和国家交给的任务；领导机关和直属单位党组织的工作。

第四十九条 党组的成员，由批准成立党组的党组织决定。党组设书记，必要时还可以设副书记。

党组必须服从批准它成立的党组织领导。

第五十条 在对下属单位实行集中统一领导的国家工作部门和有关单位的领导机关中，可以建立党委，党委的产生办法、职权和工作任务，由中央另行规定。

第十章 党和共产主义青年团的关系

第五十一条 中国共产主义青年团是中国共产党领导的先进青年的群团组织，是广大青年在实践中学习中国特色社会主义和共产主义的学校，是党的助手和后备军。共青团中央委员会受党中央委员会领导。共青团的地方各级组织受同级党的委员会领导，同时受共青团上级组织领导。

第五十二条 党的各级委员会要加强对共青团的领导，注意团的干部的选拔和培训。党要坚决支持共青团根据广大青年的特点和需要，生动活泼地、富于创造性地进行工作，充分发挥团的突击队作用和联系广大青年的桥梁作用。

团的县级和县级以下各级委员会书记，企业事业单位的团委员会书记，是党员的，可以列席同级党的委员会和常务委员会的会议。

第十一章 党徽党旗

第五十三条 中国共产党党徽为镰刀和锤头组成的图案。

第五十四条 中国共产党党旗为旗面缀有金黄色党徽图案的红旗。

第五十五条 中国共产党的党徽党旗是中国共产党的象征和标志。党的各级组织和每一个党员都要维护党徽党旗的尊严。要按照规定制作和使用党徽党旗。

二、党的组织法规

中国共产党中央委员会工作条例

（2020 年 9 月 28 日中共中央政治局会议审议批准　2020 年 9 月 30 日中共中央发布）

第一章　总　　则

第一条　为了加强党的中央委员会工作，根据《中国共产党章程》，制定本条例。

第二条　党的最高领导机关，是党的全国代表大会和它所产生的中央委员会。在全国代表大会闭会期间，中央委员会领导党的全部工作，对外代表中国共产党。

第三条　中央委员会高举中国特色社会主义伟大旗帜，以马克思列宁主义、毛泽东思想、邓小平理论、“三个代表”重要思想、科学发展观、习近平新时代中国特色社会主义思想为指导，带头增强“四个意识”、坚定“四个自信”、做到“两个维护”，不忘初心、牢记使命，总揽全局、协调各方，以坚定正确的政治立场和政治方向，团结带领全党全军全国各族人民为全面建成社会主义现代化强国、实现中华民族伟大复兴的中国梦不懈奋斗。

第四条　中央委员会开展工作，牢牢把握以下原则：

（一）坚持党对一切工作的领导，确保党中央集中统一领导。

（二）坚持和发展中国特色社会主义，全面贯彻党的基本理论、基本路线、基本方略。

（三）坚持解放思想，实事求是，与时俱进，求真务实。

（四）坚持全心全意为人民服务，以人民为中心，为人民执政、靠人民执政。

（五）坚持民主集中制，充分发扬党内民主，实行正确有效集中，维护党的团结统一。

（六）坚持从严管党治党，永葆党的先进性和纯洁性。

第二章 领导地位

第五条 中央委员会、中央政治局、中央政治局常务委员会是党的组织体系的大脑和中枢，在推进中国特色社会主义事业中把方向、谋大局、定政策、促改革。涉及全党全国性的重大方针政策问题，只有党中央有权作出决定和解释。

党中央重大决策部署，是全党全军全国各族人民统一思想、统一意志、统一行动的依据。

第六条 党中央统揽伟大斗争、伟大工程、伟大事业、伟大梦想，统筹推进“五位一体”总体布局、协调推进“四个全面”战略布局，全面领导改革发展稳定、内政外交国防、治党治国治军等各领域各方面工作，对党和国家事业发展重大工作实行集中统一领导。

第七条 各级人大、政府、政协、监察机关、审判机关、检察机关，武装力量，各民主党派和无党派人士，人民团体，企事业单位，基层群众性自治组织，社会组织等，都必须自觉接受党中央领导。

第八条 全党各个组织和全体党员必须自觉服从党中央，向党中央看齐，坚决维护党中央权威和集中统一领导，自觉在思想上政治上行动上同党中央保持高度一致。

第三章 领导体制

第九条 中央委员会由党的全国代表大会选举产生，由委员和候补委员组成，每届任期五年。全国代表大会如提前或者延期举行，中央委员会的任期相应地改变。

中央委员会委员和候补委员的名额，由全国代表大会决定。中央委员会委员和候补委员必须有五年以上的党龄。人选应当集中各地区、各部门、各条战线、各个行业党的执政骨干和优秀代表，政治坚定、素质优良、分布均衡、结构合理，能够担负起治党治国治军、推进新时代中国特色社会主义事业的历史重任。

中央委员会委员出缺，由中央委员会候补委员按照得票多少依次递补。

第十条 中央政治局、中央政治局常务委员会和中央委员会总书记，由中央委员会全体会议选举。中央委员会总书记必须从中央政治局常务委员会委员中产生。

中央书记处是中央政治局和它的常务委员会的办事机构；成员由中央政治局常务委员会提名，中央委员会全体会议通过。

每届中央委员会产生的中央领导机构和中央领导人，在下届全国代表大会开会期间，继续主持党的经常工作，直到下届中央委员会产生新的中央领导机构和中央领导人为止。

第十一条 在党中央领导下，中央军事委员会履行党和国家的最高军事领导机关职责。中央军事委员会实行主席负责制。

第十二条 在党中央领导下，中央纪律检查委员会（国家监察委员会）履行党的最高纪律检查机关（国家最高监察机关）职责。

第十三条 党中央设立若干决策议事协调机构，在党中央领导下，负责相关重大工作的顶层设计、统筹协调、整体推进、督促落实。

党中央设立若干工作机关，在党中央领导下，主管或者办理中央相关工作。

党中央在全国人大常委会、国务院、全国政协、最高人民法院、最高人民检察院等设立党组，对党中央负责，贯彻执行党中央决策部署。

第四章　领导职权

第十四条 在党的全国代表大会闭会期间，中央委员会执行全国代表大会的决议，行使以下职权：

（一）召集全国代表大会，决定全国代表大会代表的名额和选举办法；

讨论中央委员会向全国代表大会的报告、中央纪律检查委员会向全国代表大会的报告、党章修正案，并决定提请全国代表大会审查和审议。必要时决定召开党的全国代表会议，决定全国代表会议代表的名额和产生办法。

（二）选举产生中央领导机构和中央委员会总书记，通过中央书记处成员，决定中央军事委员会组成人员，批准中央纪律检查委员会全体会议选举产生的常务委员会和书记、副书记；增选、增补中央领导机构成员，增补中央书记处成员、中央军事委员会组成人员。

（三）听取和讨论中央政治局工作报告。

（四）讨论和决定关系党和国家事业发展全局的重大问题。

（五）讨论决定国家主席、副主席推荐人选，全国人大常委会、国务院、全国政协、中央军事委员会、国家监察委员会、最高人民法院、最高人民检察院领导人员推荐人选。

（六）决定递补中央委员会委员；决定或者追认给以中央委员会委员、候补委员撤销党内职务、留党察看或者开除党籍的处分。

（七）讨论和决定党治国理政、管党治党中其他重大问题和事项。

中央委员会全体会议闭会期间，中央委员会的职权由中央政治局和它的常务委员会行使。

第十五条 中央政治局贯彻执行全国代表大会和中央委员会的决议、决定，向中央委员会全体会议报告工作，接受监督，行使以下职权：

（一）召集并主持中央委员会全体会议，研究决定提请中央委员会全体会议审议的问题和事项。

（二）讨论和决定关系党和国家事业发展全局的重大问题和事项。

（三）中央委员会全体会议闭会期间，决定给以中央委员会委员、候补委员撤销党内职务、留党察看或者开除党籍的处分，待召开中央委员会全体会议时予以追认；决定开除严重触犯刑律的中央委员会委员、候补委员党籍。

（四）按照有关规定推荐、提名、任免干部；决定对有关党的领导干部的处理处分事项。

（五）研究决定其他应当由中央政治局决定的重大问题和事项。

第十六条 中央政治局常务委员会贯彻执行全国代表大会和中央委员

会的决议、决定，组织实施中央政治局制定的方针政策，行使以下职权：

（一）处理党中央日常工作。

（二）研究讨论关系党和国家事业发展全局的重大问题和事项并提出意见，提交中央政治局审议。

（三）研究决定党和国家工作中的重大问题和事项。

（四）对重大突发性事件作出处置决定和工作部署。

（五）听取中央书记处工作报告和中央纪律检查委员会（国家监察委员会）、全国人大常委会党组、国务院党组、全国政协党组、最高人民法院党组、最高人民检察院党组等的工作汇报。

（六）按照有关规定推荐、提名、任免干部；决定对有关党的领导干部的处理处分事项。

（七）研究决定其他应当由中央政治局常务委员会决定的重大问题和事项。

第十七条 中央委员会总书记负责召集中央政治局会议和中央政治局常务委员会会议，并主持中央书记处的工作。

第十八条 中央书记处根据中央政治局、中央政治局常务委员会和中央委员会总书记的指示安排开展工作。

第五章 领导方式

第十九条 党中央深刻把握共产党执政规律、社会主义建设规律、人类社会发展规律，坚持和发展马克思主义思想方法和工作方法，适应新时代新要求，改进和完善领导方式，加强党的长期执政能力建设，提高党科学执政、民主执政、依法执政水平。

第二十条 党中央举旗定向、掌舵领航，指引党和国家事业的前进方向。加强政治引领，坚定不移走中国特色社会主义道路。加强思想引领，用习近平新时代中国特色社会主义思想武装全党、教育人民。加强风范引领，以强大真理力量和人格力量凝聚党心军心民心。

第二十一条 党中央总揽全局、协调各方，确保全党全军全国各族人民统一意志、统一行动、步调一致向前进。统揽各项工作，整体推进党和国家各方面事业。统揽各方力量，领导各级各类组织和广大党员、干部、群众一体行动。统揽国家治理，坚持和完善中国特色社会主义制度、推进国家治理体系和治理能力现代化。

第二十二条 党中央以高度的责任担当、强烈的忧患意识、无畏的革命精神，领导全党以伟大自我革命引领伟大社会革命，把新时代中国特色社会主义伟大事业不断推向前进。

第六章 决策部署

第二十三条 党中央按照集体领导、民主集中、个别酝酿、会议决定的原则，对党和国家工作的重大问题作出决策。根据需要，分别召开中央委员会全体会议、中央政治局会议、中央政治局常务委员会会议讨论决定。

党中央作出重大决策部署，必须深入调查研究，广泛听取各方面意见和建议，加强分析论证，凝聚智慧共识，做到科学决策、民主决策、依法决策。

第二十四条 中央委员会全体会议每年至少举行一次。会议议题由中央政治局在党内一定范围征询意见后确定。

中央委员会全体会议应当有半数以上中央委员会委员到会方可召开。中央委员会委员、候补委员因故不能参加会议的应当在会前请假，其意见可以用书面形式表达。根据需要，可以安排有关人员列席会议。

根据讨论和决定事项的不同，采用举手、无记名投票等方式进行表决，赞成票超过应到会委员半数的为通过。未到会委员的意见不计入票数。候补委员不参加表决。

对中央委员会委员、候补委员给以撤销党内职务、留党察看或者开除党籍的处分，必须由中央委员会全体会议三分之二以上的多数决定。在中央委员会全体会议闭会期间，可以先由中央政治局作出处理决定，待召开中央委员会全体会议时予以追认。

第二十五条 中央政治局会议一般定期召开，遇有重要情况可以随时召开。会议议题由中央委员会总书记确定。

中央政治局会议应当有半数以上中央政治局委员到会方可召开。根据需要，可以安排有关人员列席会议。

中央政治局会议在决定问题时应当经过充分讨论，涉及多个事项的应当逐项进行讨论和决定。

第二十六条 中央政治局常务委员会会议一般定期召开，遇有重要情况可以随时召开。会议议题由中央委员会总书记确定。

中央政治局常务委员会会议应当有半数以上中央政治局常务委员会委员到会方可召开。根据需要，可以安排有关人员列席会议。

中央政治局常务委员会会议在决定问题时应当经过充分讨论，涉及多个事项的应当逐项进行讨论和决定。

第二十七条 按照党中央决策部署和中央委员会总书记指示要求，中央书记处召开办公会议研究讨论有关事项。会议议题由中央委员会总书记确定。

第二十八条 党中央根据需要召开工作会议、专题会议等，分析形势，部署工作。

第二十九条 按照党中央决策部署和中央委员会总书记指示要求，党中央决策议事协调机构召开会议，研究决定、部署协调相关领域重大工作。会议议题由中央委员会总书记确定或者审定。

有关事项经党中央决策议事协调机构会议审议后，根据需要提请中央政治局常务委员会会议审议。

第三十条 党中央就党和国家重要方针政策、重大问题、重要人事安排等进行协商，听取各民主党派中央、全国工商联和无党派人士代表的意见和建议，通报重要情况，沟通思想、增进共识。

第七章 自身建设

第三十一条 中央委员会、中央政治局、中央政治局常务委员会的组成人员必须将“两个维护”作为根本政治要求，带头做到“两个维护”，确保党中央政令畅通、令行禁止，确保党中央决策部署落地见效。

第三十二条 中央委员会、中央政治局、中央政治局常务委员会的组成人员必须牢记自己是党的最高领导机关的一员，坚持组织原则和党性原则，严守政治纪律和政治规矩，按程序办事、按规则办事、按集体意志办事，坚决维护党的团结统一。

中央委员会、中央政治局、中央政治局常务委员会的组成人员应当自觉执行党章等党内法规，自觉贯彻党的群众路线，严格执行中央八项规定，坚决反对形式主义、官僚主义、享乐主义和奢靡之风，自觉同特权思想和特权现象作斗争，始终保持清正廉洁的政治本色。

中央政治局委员应当及时将工作中的重大决策、重大事项、重要情况向党中央请示报告。在执行过程中需要对党中央决策、决定和重大工作部署作出调整的，必须报党中央批准。

第三十三条 中央委员会、中央政治局、中央政治局常务委员会的组成人员应当带头发扬党内民主，认真执行党章等党内法规确定的民主原则和程序。中央政治局每年召开民主生活会。中央委员会委员、候补委员参加中央委员会全体会议，应当积极就党和国家工作发表意见、提出建议。

第八章 附　　则

第三十四条 本条例由中央办公厅负责解释。

第三十五条 本条例自发布之日起施行。

中国共产党地方委员会工作条例

（2015年12月14日中共中央政治局会议审议批准 2015年12月25日中共中央发布）

第一章 总　　则

第一条 为了落实全面从严治党要求，加强和改进党的地方委员会工作，提高党的执政能力和领导水平，促进党的执政目标的实现，根据《中国共产党章程》，制定本条例。

第二条 本条例适用于党的省、自治区、直辖市，设区的市和自治州，县（旗）、自治县、不设区的市和市辖区委员会及其常务委员会。

第三条 党的地方委员会在本地区发挥总揽全局、协调各方的领导核心作用，按照协调推进“四个全面”战略布局，对本地区经济建设、政治建设、文化建设、社会建设、生态文明建设实行全面领导，对本地区党的建设全面负责。

第四条 党的地方委员会工作必须遵循以下原则：

（一）坚持高举中国特色社会主义伟大旗帜，坚决贯彻党的理论和路线方针政策。

（二）坚持立党为公、执政为民，认真践行党的宗旨和群众路线。

（三）坚持解放思想、实事求是、与时俱进、求真务实，结合本地区实际创造性开展工作。

（四）坚持民主集中制，增强党的地方委员会领导集体活力和党的团结统一。

（五）坚持党要管党、从严治党，始终保持党的先进性和纯洁性。

（六）坚持在宪法和法律范围内活动，依据党章和其他党内法规履职尽责。

第五条 党的地方委员会主要实行政治、思想和组织领导，把方向、管大局、作决策、保落实：

（一）对本地区重大问题作出决策。

（二）通过法定程序使党组织的主张成为地方性法规、地方政府规章或者其他政令。

（三）加强对本地区宣传思想文化工作的领导，牢牢掌握意识形态工作领导权、话语权。

（四）按照干部管理权限任免和管理干部，向地方国家机关、政协组织、人民团体、国有企事业单位等推荐重要干部。

（五）支持和保证人大、政府、政协、法院、检察院、人民团体等依法依章程独立负责、协调一致地开展工作，发挥这些组织中党组的领导核心作用。

（六）加强对本地区群团工作和统一战线工作的领导。

（七）动员、组织所属党组织和广大党员，团结带领群众实现党的目标任务。

第二章　组织和成员

第六条　党的地方委员会由同级党代表大会选举产生，由委员、候补委员组成，每届任期5年。

党的地方委员会的常务委员会（简称常委会）由党的地方委员会全体会议（简称全会）选举产生，由党的地方委员会书记、副书记和常委会其他委员组成。

第七条　党的地方委员会委员、候补委员配备应当具有代表性，符合党龄、年龄、性别、专业等方面要求。人选应当包括书记、副书记和常委会其他委员，一般还应当包括同级政府领导班子成员，同级人大常委会、政协、法院、检察院主要负责人，同级党委和政府有关部门主要负责人，同级工会、共青团、妇联主要负责人，下一级党委和政府主要负责人，以及适当比例的基层党员。

党的地方委员会任期内，委员出缺的由候补委员按照得票多少依次递补，递补后仍有空缺的可以召开党代表大会或者党代表会议补选。

因调离本地区、辞去公职、退休等原因不适宜继续担任党委委员、候补委员的，应当辞去或者由所在的党的地方委员会按程序免去其党委委员、候补委员职务。死亡、丧失国籍、被追究刑事责任、被停止党籍、受到留党察看以上党纪处分的，委员、候补委员职务自动终止。辞去、免去或者自动终止委员、候补委员职务的，应当报上一级党委备案。确有必要时，上一级党委可以任免下级党委委员、候补委员职务。

第八条　常委会委员配备，由上级党委根据工作需要，按照有利于贯彻执行民主集中制、提高议事决策水平的原则决定。常委会委员名额，省级为11至13人，市、县两级为9至11人，个别地方需要适当增减的，由党中央决定或者省级党委根据中央精神审批。

党的地方委员会设书记1名、副书记2名，个别民族自治地方需要适当增加副书记职数的，由党中央决定或者省级党委根据中央精神审批。

党的地方委员会换届时，书记、副书记和常委会其他委员由全会选举产生，并报上一级党委审批。新当选的书记、副书记和常委会其他委员一般应当任满一届。在党代表大会闭会期间，上级党委可以根据工作需要，调动、任免下级党委书记、副书记和常委会其他委员，其数额在任期内一般不得超过常委会委员职数的二分之一。

第三章 职 责

第九条 党的地方委员会在党代表大会闭会期间，执行上级党组织的指示和同级党代表大会的决议、决定，领导本地区的工作。

党的地方委员会应当通过召开全会的方式履行以下职责：

（一）制定贯彻执行党中央和上级党组织决策部署以及同级党代表大会决议、决定的重大措施。

（二）讨论和决定本地区经济社会发展战略、重大改革事项、重大民生保障等经济社会发展重大问题。

（三）讨论和决定本地区党的建设方面的重大问题，审议通过重要党内法规或者规范性文件。

（四）决定召开同级党代表大会或者党代表会议，并对提议事项先行审议、提出意见。

（五）听取和审议常委会工作报告或者专项工作报告。

（六）选举书记、副书记和常委会其他委员；通过同级党的纪律检查委员会全体会议选举产生的书记、副书记和常委会其他委员。

（七）决定递补党委委员；批准辞去或者决定免去党委委员、候补委员；决定改组或者解散下一级党组织；决定或者追认给予党委委员、候补委员撤销党内职务以上党纪处分。

（八）研究讨论本地区行政区划调整以及有关党政群机构设立、变更和撤销方案。

（九）对常委会提请决定的事项或者应当由全会决定的其他重要事项作出决策。

第十条 常委会在全会闭会期间行使党的地方委员会职权，主持经常工作。其主要职责是：

（一）召集全会，向全会报告工作并接受监督；对拟提交全会讨论和决定的事项先行审议、提出意见。

（二）组织实施上级党组织决策部署和全会决议、决定。

（三）向上级党组织请示报告工作，讨论和决定下级党组织请示报告的重要事项。

（四）对本地区经济社会发展和宣传思想文化工作、组织工作、纪律检查工作、群众工作、统一战线工作、政法工作等方面经常性工作中的重要问题作出决定。

（五）按照有关规定推荐、提名、任免干部，必要时对重要干部的任免可以征求党委委员意见；教育、管理、监督干部；研究决定党员干部纪律处分有关事项。

（六）对应当由常委会决定的其他重要事项作出决定。

第十一条　党委书记主持党的地方委员会全面工作，组织常委会活动，协调常委会委员的工作，对党委工作负主要责任。

担任政府正职的党委副书记主持政府全面工作，组织政府党组活动。不担任政府职务的党委副书记主要协助书记抓党的建设工作，同时可以根据需要协调和负责其他方面工作。

常委会其他委员根据分工负责有关工作，履行分管领域从严治党责任。

第十二条　党的地方委员会应当建立职责清单制度，明确常委会及其成员职责，并在一定范围内公开。

第十三条　党的地方委员会必须认真履行全面从严治党主体责任，书记必须履行抓党建第一责任人职责。常委会应当定期研究党建工作，每年至少向全会和上一级党委专题报告1次抓党建工作情况。充分发挥党的建设工作领导小组职能作用。加强基层党组织建设，实行市、县两级党委书记抓基层党建工作述职评议考核制度，完善党建工作考核综合评价体系，确保党建各项部署落到实处。

党的地方委员会应当认真履行党风廉政建设主体责任，领导和支持纪律检查机关履行监督责任，坚持纪在法前、纪严于法，严格执行和维护党的纪律，推动形成不敢腐、不能腐、不想腐的廉洁从政环境。

第十四条　党的地方委员会及其成员应当加强思想政治建设，坚持用马克思列宁主义、毛泽东思想、中国特色社会主义理论体系武装头脑，深入学习贯彻习近平总书记系列重要讲话精神，坚定理想信念，严守政治纪律和政治规矩。严肃党内政治生活，按照规定参加民主生活会和组织生活会。严格落实中央关于改进工作作风、密切联系群众的各项规定，坚决反对形式主义、官僚主义、享乐主义和奢靡之风。切实增强践行“三严三实”要求的思想自觉和行动自觉，带头营造良好政治生态。严格遵守《中国共产党廉洁自律准则》等有关规定，切实做到为民、务实、清廉。

第四章 组织原则

第十五条 党的地方委员会必须始终在思想上政治上行动上同党中央保持高度一致，坚决贯彻执行党中央决策部署和上级党组织决定，坚决维护党中央权威，任何地方工作部署都必须以贯彻中央精神为前提。

党的地方委员会应当每年向上一级党委作1次全面工作情况报告，执行党中央和上级党组织某项重要决定的情况应当专题报告。遇有重大突发事件、重大问题应当及时请示报告。

第十六条 党的地方委员会应当支持和保证下级党组织依法依规正常履职。凡属下级党组织职责范围内的事项，如无特殊情况，应当由下级党组织处理。

党的地方委员会作出同下级党组织有关的重要决定，一般应当事前征求下级党组织意见。需要同级党代表大会代表、下级党组织和党员了解的重要情况和重大问题，应当及时通报。

第十七条 党的地方委员会应当坚持民主集中制，实行集体领导和个人分工负责相结合的制度。凡属应当由全会或者常委会会议讨论和决定的事项，必须由集体研究决定，任何个人或者少数人无权擅自决定。在集体讨论和决定问题时，个人应当充分发表意见。个人对集体作出的决定必须坚决执行，有不同意见的可以保留，也可以向上级党组织报告。

常委会委员应当根据分工和集体决定，勇于担当、敢于负责，切实履行职责；对不属于自己分管的工作，也应当从全局出发关心支持，加强研究，积极提出意见和建议。

第十八条 党委书记应当带头执行民主集中制，充分发扬党内民主，善于集中正确意见，自觉接受常委会其他委员监督，不得凌驾于组织之上、班子之上，不得搞独断专行。

常委会其他委员应当支持书记开展工作，自觉接受书记对其工作的督促检查。

常委会委员应当在党性原则基础上维护团结，互相信任、互相谅解、互相支持、互相监督。

第十九条 常委会委员代表党委的讲话和报告，署名发表或者出版同工作有关的文章、著作、言论，应当事先经过常委会审定或者党委书记批准。

常委会委员在调查研究、检查指导工作或者参加其他公务活动时发表的个人意见，应当符合党委集体决定精神。

第五章 议事和决策

第二十条 党的地方委员会及其常委会议事决策应当坚持集体领导、民主集中、个别酝酿、会议决定，实行科学决策、民主决策、依法决策。

第二十一条 党的地方委员会及其常委会应当健全决策咨询机制，重大决策一般应当在调查研究基础上提出方案，充分听取各方面意见，进行风险评估和合法合规性审查，经过全会或者常委会会议讨论和决定。

第二十二条 全会每年至少召开 2 次，遇有重要情况可以随时召开。全会由常委会召集并主持，议题一般由常委会征询党委委员、候补委员意见后确定。

全会应当有三分之二以上党委委员到会方可召开。党委委员、候补委员因故不能参加会议的应当在会前请假，其意见可以用书面形式表达。根据工作需要，常委会可以确定有关人员列席全会。

表决可以根据讨论和决定事项的不同，采用举手、无记名投票或者记名投票等方式进行，赞成票超过应到会党委委员半数为通过。未到会党委委员的意见不得计入票数。候补委员没有表决权。

对党委委员、候补委员作出撤销党内职务以上党纪处分决定，必须由全会三分之二以上多数决定。在特殊情况下，可以先由常委会作出处理决定，待召开全会时予以追认。对党委委员、候补委员的上述处分，必须经上级党委批准。

第二十三条 常委会会议一般每月召开 2 次，遇有重要情况可以随时召开。

常委会会议由党委书记召集并主持。书记不能参加会议的，可以委托副书记召集并主持。会议议题由书记提出，或者由常委会其他委员提出建议、书记综合考虑后确定。

常委会会议应当有半数以上常委会委员到会方可召开。讨论和决定干部任免事项必须有三分之二以上常委会委员到会。常委会委员因故不能参加会议的应当在会前请假，其意见可以用书面形式表达。根据工作需要，会议召集人可以确定有关人员列席会议。

表决可以根据讨论和决定事项的不同，采用口头、举手、无记名投票或者记名投票等方式进行，赞成票超过应到会常委会委员半数为通过。未到会常委会委员的意见不得计入票数。会议讨论和决定多个事项，应当逐项表决。

常委会会议由专门人员如实记录，决定事项应当编发会议纪要。经常委会会议讨论通过、以党委名义上报或者下发的文件，由书记签发。

遇重大突发事件、抢险救灾等紧急情况，不能及时召开常委会会议决策的，书记、副书记或者常委会其他委员可以临机处置，事后应当及时向常委会报告。

第二十四条 党的地方委员会及其常委会可以根据工作需要召开扩大会议，但不得代替全会、常委会会议作出决策。

第二十五条 需要提交常委会会议审议的重要事项，可以先召开书记专题会议进行酝酿。书记专题会议由书记主持，副书记和其他有关常委会委员等参加。书记专题会议不得代替常委会会议作出决策。

常委会委员可以根据工作需要，在其职责范围内主持召开议事协调会议，研究解决有关问题，但不得超越权限作出决策。

党的地方委员会应当加强对同级人大、政府、政协等的领导，建立健全沟通协调机制，及时通报重要情况。注重通过国家机关、政协组织、民主党派、人民团体、基层单位等渠道，就经济社会发展重大问题和涉及群众切身利益实际问题，广泛协商、广集民智、增进共识、增强合力。

第二十六条 党的地方委员会通过全会作出的决策，由常委会负责组织实施；常委会作出的决策，由常委会委员分工负责组织实施。

党的地方委员会应当建立有效的督查、评估和反馈机制，确保决策落实。决策执行过程中需作重大调整的，应当按照谁决策、谁调整的原则通过召开全会或者常委会会议决定。

第六章 监督和追责

第二十七条 党的地方委员会向同级党代表大会负责并报告工作，应当自觉接受上级党委领导和工作监督，并接受上级和同级纪律检查机关监督，接受下级党组织和党员群众的监督，接受各民主党派和无党派人士的民主监督。

党的地方委员会应当有计划地邀请同级党代表大会代表列席全会或者常委会会议等重要会议，适当增加列席的人员数量和频次。定期组织党代表大会代表进行专题调研，组织党代表大会代表开展提案提议，充分听取意见建议。

第二十八条 上级党委应当定期对下一级党委常委会及其成员履行职责情况进行考核，建立健全奖惩机制。考核具体工作由上级党委组织部门牵头，纪律检查机关、党委有关部门参与。

第二十九条 违反本条例有关规定的，根据情节轻重，给予批评教育、责令作出检查、诫勉谈话、通报批评或者调离岗位、责令辞职、免职、降职等处理；应当追究党纪政纪责任的，依照《中国共产党纪律处分条例》、《行政机关公务员处分条例》等有关规定给予相应处分；涉嫌违法犯罪的，按照国家有关法律规定处理。

第七章 附 则

第三十条 党的地区委员会和相当于地区委员会的组织，可以参照执行本条例。

第三十一条 党的地方各级委员会应当根据本条例，结合各自实际制定和完善工作规则。

第三十二条 本条例由中央办公厅商中央组织部解释。

第三十三条 本条例自2015年12月25日起施行。1996年4月5日中共中央印发的《中国共产党地方委员会工作条例（试行）》同时废止。

中国共产党纪律检查委员会工作条例

（2021年12月6日中共中央政治局会议审议批准 2021年12月24日中共中央发布）

第一章 总 则

第一条 为了加强和规范新时代党的纪律检查委员会工作，根据《中国共产党章程》，制定本条例。

第二条 党的各级纪律检查委员会高举中国特色社会主义伟大旗帜，以马克思列宁主义、毛泽东思想、邓小平理论、“三个代表”重要思想、科学发展观、习近平新时代中国特色社会主义思想为指导，增强“四个意识”、坚定“四个自信”、做到“两个维护”，不忘初心、牢记使命，深入贯彻全面从严治党战略方针，坚定不移推进党风廉政建设和反腐败斗争，构建一体推进不敢腐、不能腐、不想腐体制机制，从严从实加强自身建设，自觉接受监督，充分发挥监督保障执行、促进完善发展作用。

第三条 党的各级纪律检查委员会是党内监督专责机关，是党推进全面从严治党、开展党风廉政建设和反腐败斗争的专门力量。

党的各级纪律检查委员会的主要任务是：维护党的章程和其他党内法规，检查党的理论和路线方针政策、党中央决策部署执行情况，协助党的委员会推进全面从严治党、加强党风建设和组织协调反腐败工作。

党的各级纪律检查委员会把坚决维护习近平总书记党中央的核心、全党的核心地位，维护党中央权威和集中统一领导作为最高政治原则和根本政治责任。

第四条 党的各级纪律检查委员会遵循以下原则开展工作：

（一）坚持党的全面领导，坚持党中央集中统一领导。

（二）坚持以人民为中心，践行党的根本宗旨和群众路线。

（三）坚持民主集中制，实行集体领导和个人分工负责相结合的制度。

（四）坚持严的主基调，全面从严、一严到底。

（五）坚持实事求是，依规依纪依法履行职责。

（六）坚持惩前毖后、治病救人，实现政治效果、纪法效果、社会效果有机统一。

第二章 领导体制

第五条 党的中央纪律检查委员会（国家监察委员会）在党中央领导下进行工作，履行党的最高纪律检查机关（国家最高监察机关）职责。

党的中央纪律检查委员会严格执行加强和维护党中央集中统一领导的各项制度要求，及时向中央政治局、中央政治局常务委员会请示汇报工作，研究重大事项、重要问题以及作出立案审查决定、给予党纪处分等事项向党中央请示报告。执行党中央重要决定的情况应当专题报告。

第六条 党的地方各级纪律检查委员会和基层纪律检查委员会在同级党的委员会和上级纪律检查委员会双重领导下进行工作。

党的地方各级纪律检查委员会和基层纪律检查委员会应当落实同级党的委员会推进全面从严治党、加强党风廉政建设和反腐败工作的部署，执行同级党委作出的决定，及时向同级党委汇报工作，按照规定请示报告重大事项。

上级党的纪律检查委员会加强对下级纪律检查委员会的领导，对下级纪委的工作作出部署、提出要求；督促指导和支持下级纪委开展同级监督，检查下级纪委的工作，定期听取工作汇报，开展政治和业务培训；坚持查办腐败案件以上级纪委领导为主，按照规定审议和批准下级纪委关于线索处置、立案审查、纪律处分等的请示报告，按照程序改变下级纪委作出的错误或者不当的决定，必要时直接审查或者组织、指挥审查下级纪委管辖范围内有重大影响或者复杂的案件。

第七条 党的中央纪律检查委员会与国家监察委员会合署办公，党的地方各级纪律检查委员会与地方各级监察委员会合署办公，实行一套工作机构、两个机关名称，履行党的纪律检查和国家监察两项职责，实现纪委监委领导体制和工作机制的统一融合，集中决策、一体运行，坚持纪严于法，执纪执法贯通。

第三章 产生和运行

第八条 党的中央纪律检查委员会由党的全国代表大会选举产生，每届任期和党的中央委员会任期相同。

党的中央纪律检查委员会全体会议，选举常务委员会和书记、副书记，并报党的中央委员会批准。

第九条 中央纪律检查委员会委员应当政治坚定、对党忠诚、敢于斗争、担当作为、清正廉洁，具备组织领导纪律检查工作、推进党风廉政建设和反腐败斗争的能力。

中央纪律检查委员会委员应当认真履行以下职责：

（一）参加中央纪委全体会议，积极发表意见、提出建议。

（二）在纪律检查机关担负具体工作的委员，应当模范履行岗位职责，高质量完成所承担的纪律检查工作。

（三）未在纪律检查机关担负具体工作的委员，应当支持和帮助本地区、本部门、本单位纪律检查机关开展工作；了解所在地区、部门、单位党组织和党员领导干部遵守党章党规党纪、贯彻落实党中央决策部署等情况，提出意见建议，重要问题及时向中央纪委常委会反映。

（四）对中央纪委的工作，以及中央纪委常委、其他中央纪委委员进行监督。

（五）承担中央纪委安排的其他任务。

第十条 党的中央纪律检查委员会通过召开全体会议的方式行使以下职权：

（一）制定贯彻落实党的全国代表大会和党中央决议决定的重大部署、重大措施。

（二）听取和审议常务委员会工作报告。

（三）选举常务委员会和书记、副书记。

（四）讨论和决定纪检监察工作的重大问题、重大事项。

（五）按照权限审议重要党内法规或者规范性文件。

（六）决定或者追认给予中央纪委委员撤销党内职务以上处分。

（七）研究决定常务委员会提请决定的事项，或者应当由全体会议决定的其他重要事项。

第十一条 党的中央纪律检查委员会全体会议每年至少召开一次，由中央纪律检查委员会常务委员会召集并主持。

党的中央纪律检查委员会全体会议应当有三分之二以上委员到会方可召开。委员因故不能参加会议的应当在会前请假，其意见可以用书面形式表达。根据需要，可以安排有关人员列席会议。

根据讨论和决定事项的不同，采用举手、无记名投票等方式进行表决，赞成票超过应到会委员半数的为通过。

对中央纪律检查委员会委员给予撤销党内职务以上处分，必须由应到会委员三分之二以上的多数决定，报党中央批准。

第十二条 中央纪律检查委员会常务委员会贯彻落实党中央决策部署，以及中央纪律检查委员会全体会议的决定和部署，向全体会议报告工作，接受监督。在全体会议闭会期间，行使中央纪律检查委员会职权，主要包括：

（一）讨论向党的全国代表大会的工作报告，向党中央请示报告工作，学习贯彻党中央决策部署。

（二）召集全体会议，对拟提交全体会议讨论和决定的事项先行审议、提出意见。

（三）讨论和决定纪检监察工作的重要问题、重要事项。

（四）按照权限审议党内法规或者规范性文件。

（五）听取以中央纪委名义立案审查的有关案件情况通报。

（六）按照权限讨论和决定对违犯党纪的党组织、党员处理、处分等事项。

（七）决定给予中央纪委委员撤销党内职务以上处分，并报党中央批准，待召开全体会议时予以追认。

（八）按照干部管理权限审议干部任免事项。

（九）研究决定应当由常务委员会决定的其他重要事项。

第十三条 中央纪律检查委员会常务委员会会议一般定期召开，遇有重要情况可以随时召开。

中央纪律检查委员会常务委员会会议由中央纪委书记召集并主持，会议议题由书记确定。

中央纪律检查委员会常务委员会会议应当有半数以上常委会委员到会方可召开。审议干部任免事项必须有三分之二以上常委会委员到会。根据需要，可以安排有关人员列席会议。

讨论和决定重要问题，应当进行表决。涉及多个事项的，应当逐项表决。表决可以根据讨论和决定事项的不同，采用口头、举手、无记名投票或者记名投票等方式进行，赞成票超过应到会常委会委员半数的为通过。

第十四条 中央纪律检查委员会办公会议一般定期召开，遇有重要情况可以随时召开。办公会议由中央纪委书记召集并主持，会议议题由书记确定，驻委的副书记、常委会委员及有关负责同志参加。办公会议研究或者决定以下事项：

（一）学习贯彻党中央决策部署。

（二）机关日常工作中需要研究、决定或者通报的重要事项。

（三）按照权限讨论和决定对违犯党纪的党的组织、党员处理、处分等事项。

（四）按照干部管理权限讨论和决定有关干部任免事项。

（五）其他需要提交办公会议讨论的重要事项。

第十五条 中央纪律检查委员会机关根据工作需要，设立必要的内设机构，依照有关规定配置机构职能和权限。

第十六条 党的地方各级纪律检查委员会由同级党的代表大会选举产生，每届任期和同级党的委员会任期相同。

党的地方各级纪律检查委员会全体会议，选举常务委员会和书记、副书记，并由同级党的委员会通过，报上级党的委员会批准。

上级党的委员会可以根据工作需要，在下级党的代表大会闭会期间，调动、任免下级纪律检查委员会书记、副书记。

第十七条 党的地方各级纪律检查委员会通过召开全体会议的方式行使以下职权：

（一）制定贯彻落实党中央决策部署以及中央纪委工作部署，同级党的代表大会和党委决议决定、上级纪委工作要求的重大措施。

（二）听取和审议常务委员会工作报告。

（三）选举常务委员会和书记、副书记。

（四）讨论和决定管辖范围内纪检监察工作的重大问题、重大事项。

（五）按照权限审议规范性文件。

（六）决定或者追认给予本级纪委委员撤销党内职务以上处分。

（七）研究决定常务委员会提请决定的事项，或者应当由全体会议决定的其他重要事项。

第十八条 地方各级纪律检查委员会常务委员会贯彻落实党中央决策部署以及中央纪委工作部署，落实同级党委、上级纪委、本级纪委全体会议的工作部署，向全体会议报告工作，接受监督。在全体会议闭会期间，行使本级纪律检查委员会职权，主要包括：

（一）讨论向同级党的代表大会的工作报告，向同级党委和上级纪委请示报告工作。

（二）召集全体会议，对拟提交全体会议讨论和决定的事项先行审议、提出意见。

（三）讨论和决定管辖范围内纪检监察工作的重要问题、重要事项。

（四）按照权限审议规范性文件。

（五）听取以本级纪委名义立案审查的有关案件情况通报。

（六）按照权限讨论和决定对违犯党纪的党组织、党员处理、处分等事项。

（七）决定给予本级纪委委员撤销党内职务以上处分，并报同级党委批准后，按照规定报上一级纪委备案或者批准，待召开本级纪委全体会议时予以追认。

（八）按照干部管理权限审议干部任免事项。

（九）研究决定应当由常务委员会决定的其他重要事项。

第十九条 地方各级纪律检查委员会委员的任职条件、履职要求，全体会议和常务委员会会议的召开、表决，以及机关机构设置等事项，参照本条例第九条、第十一条、第十三条、第十五条的规定执行。

第二十条 党的基层委员会是设立纪律检查委员会，还是设立纪律检查委员，由它的上一级党组织根据有关规定和具体情况决定。

党的基层纪律检查委员会由党员大会或者党员代表大会选举产生，每届任期和同级党的委员会任期相同。

党的基层纪律检查委员会选出的书记、副书记，经同级党的委员会通过后，报上级党组织批准。

基层纪律检查委员会委员的任职条件、履职要求等事项，按照有关规定执行。

第二十一条 党的基层纪律检查委员会根据需要及时召开全体会议，传达学习党中央决策部署以及中央纪委工作部署，传达学习同级党委和上级纪委的工作部署，提出贯彻落实的具体措施，研究讨论管辖范围内纪律检查工作的重要问题、重要事项，按照权限讨论或者决定对违犯党纪的党组织、党员处理、处分等事项。

第二十二条 乡镇和企业、机关、高校等单位中的党的基层纪律检查委员会应当按照党章、本条例和其他党内法规的有关规定，结合实际建立健全议事规则、工作制度，注重发挥纪委委员在监督执纪、议事决策方面的作用，根据工作需要可以组织纪委委员参与监督执纪有关事项。

党的基层纪律检查委员会可以按照有关规定，设立必要的工作机构，配备专职工作人员。

党的基层纪律检查委员会应当指导和督促同级党的委员会所属基层党组织纪律检查委员履行职责、发挥作用。

第二十三条 因调离本地区、辞去公职、退休等原因不适宜继续担任纪律检查委员会委员职务的，应当辞去或者按照程序免去其纪委委员职务。死亡、丧失国籍、被追究刑事责任、被停止党籍、受到撤销党内职务以上处分的，其纪委委员职务自动终止。辞去、免去或者自动终止地方纪委委员、基层纪委委员职务的，应当报上一级党的委员会备案。

第四章 主要任务

第二十四条 党的各级纪律检查委员会坚定维护党章，促进党组织和党员牢固树立党章意识、严格遵守党章规定，发挥党章作为管党治党总章程的作用，以严明的纪律巩固党的团结统一。切实维护各项党内法规，有规必依、执规必严、违规必究，保证党内法规得到有效执行，促进依规治党。

第二十五条 党的各级纪律检查委员会检查党的理论和路线方针政策的执行情况，坚持服务党和国家工作大局，坚决维护党中央权威和集中统一领导，推动党组织和党员统一意志、统一行动。加强对党中央决策部署落实情况的监督检查，坚持跟进监督、精准监督、全程监督，督促党组织和党员履职尽责、担当作为，确保党中央政令畅通、令行禁止。

第二十六条 党的各级纪律检查委员会协助同级党的委员会推进全面从严治党：

（一）协助同级党委制定全面从严治党规划、计划，推动各项工作落实。

（二）推动全面从严治党主体责任制度执行，检查同级党委领导班子成员包括“一把手”管党治党责任落实情况，监督下级党组织落实主体责任情况。

（三）加强对同级党委领导班子监督，发现班子成员包括“一把手”履职尽责、廉洁自律等方面重要问题，按照规定如实报告。

（四）协助同级党委加强对本地区本单位政治生态、党风廉政等情况分析，有关问题向同级党委报告并提出意见建议。

（五）协助同级党委开展巡视巡察工作。

（六）对日常监督、巡视巡察、审计监督等发现问题整改情况开展检查，通过加强监督推动整改常态化。

（七）协助起草相关党内法规和规范性文件。

（八）参与党委组织的管党治党有关专项工作。

坚持履行协助职责和监督责任有机结合，促进全面从严治党党委主体责任和纪委监督责任贯通协同。

第二十七条 党的各级纪律检查委员会协助同级党的委员会加强党风

建设，锲而不舍落实中央八项规定精神，大力弘扬党的光荣传统和优良作风，驰而不息纠治形式主义、官僚主义、享乐主义和奢靡之风，坚决纠正损害群众利益的不正之风，保持党同人民群众的血肉联系。

第二十八条 党的各级纪律检查委员会协助同级党的委员会组织协调反腐败工作，坚定不移推进反腐败斗争，坚持和完善党中央集中统一领导、各级党委统筹指挥、纪委监委组织协调、职能部门高效协同、人民群众支持参与的反腐败工作体制机制。

发挥党委反腐败协调机构的统筹协调作用，开展反腐败国际追逃追赃等工作，加强相关部门协作配合，增强反腐败整体合力。

第二十九条 党的纪律检查工作坚持把一体推进不敢腐、不能腐、不想腐作为反腐败斗争的基本方针、新时代全面从严治党的重要方略，惩治震慑、制度约束、提高觉悟一体发力，系统施治、标本兼治，努力取得更多制度性成果和更大治理成效：

（一）坚持无禁区、全覆盖、零容忍，坚持重遏制、强高压、长震慑，坚持受贿行贿一起查，巩固不敢腐。

（二）坚持将惩治腐败与深化改革、促进治理贯通起来，深入查找制度和体制机制存在的问题，推动补齐制度短板、堵塞监管漏洞、规范权力运行，强化不能腐。

（三）坚持教育党员、干部坚定理想信念宗旨，提高党性觉悟，提升道德修养，涵养廉洁文化，筑牢思想上拒腐防变的堤坝，自觉不想腐。

第三十条 发挥党的纪律检查工作在党和国家监督体系中的重要作用，强化对权力运行的制约和监督，重点加强对领导干部特别是主要领导干部的监督，提升监督全覆盖质量，增强监督的政治性、严肃性、协同性、有效性。

深化纪检监察体制改革，推进纪律监督、监察监督、派驻监督、巡视监督统筹衔接，整合运用监督力量，构建系统集成、协同高效的监督机制。坚持以党内监督为主导，促进人大监督、民主监督、行政监督、司法监督、审计监督、财会监督、统计监督、群众监督、舆论监督等各类监督有机贯通、相互协调，健全信息沟通、线索移交、措施配合、成果共享等机制，形成常态长效的监督合力。

第五章　工 作 职 责

第三十一条　党的各级纪律检查委员会围绕实现党章赋予的任务，坚持聚焦主责主业，履行监督、执纪、问责职责。

坚持把监督作为基本职责，抓早抓小、防微杜渐，综合考虑错误性质、情节后果、主观态度等因素，依规依纪依法、精准有效运用监督执纪“四种形态”：

（一）党员、干部有作风纪律方面的苗头性、倾向性问题或者轻微违纪问题，或者有一般违纪问题但具备免予处分情形的，运用监督执纪第一种形态，按照规定进行谈话提醒、批评教育、责令检查等，或者予以诫勉。

（二）党员、干部有一般违纪问题，或者违纪问题严重但具有主动交代等从轻减轻处分情形的，运用监督执纪第二种形态，按照规定给予警告、严重警告处分，或者建议单处、并处停职检查、调整职务、责令辞职、免职等处理。

（三）党员、干部有严重违纪问题，或者严重违纪并构成严重职务违法的，运用监督执纪第三种形态，按照规定给予撤销党内职务、留党察看、开除党籍处分，同时建议给予降职或者依法给予撤职、开除公职、调整其享受的待遇等处理。

（四）党员、干部严重违纪、涉嫌犯罪的，运用监督执纪第四种形态，按照规定给予开除党籍处分，同时依法给予开除公职、调整或者取消其享受的待遇等处理，再移送司法机关依法追究刑事责任。

第三十二条　党的各级纪律检查委员会应当把自觉遵守纪律的教育作为基础性工作，经常开展党章党规教育，强化党的政治纪律、组织纪律、廉洁纪律、群众纪律、工作纪律、生活纪律教育，深入开展警示教育，以案明纪、以案说法。

开展廉政教育，加强全面从严治党、党风廉政建设和反腐败工作的形势任务以及家风家教等宣传教育，推进廉洁文化建设，营造崇廉拒腐氛围。

根据形势需要，着眼保障党的中心工作，作出维护党纪的决定，制定相关法规文件，严明纪律要求，教育、引导和规范党组织、党员行为。

第三十三条 党的纪律检查委员会应当强化政治监督，重点监督党组织、党员特别是领导干部以下情况：

（一）对党忠诚，坚持党的领导，贯彻落实党的理论和路线方针政策、党中央决策部署，践行“两个维护”的情况。

（二）坚定理想信念宗旨，牢记初心使命，践行入党誓词，坚持中国特色社会主义制度的情况。

（三）落实全面从严治党主体责任和监督责任的情况。

（四）贯彻执行民主集中制，公正用权、依法用权、廉洁用权、担当作为的情况。

政治监督应当突出“关键少数”，重点加强对“一把手”、同级党委特别是常委会委员的监督。

第三十四条 党的纪律检查委员会应当加强日常监督，监督方式主要包括：座谈，召集、参加或者列席会议，了解党内同志和社会群众反映；查阅查询相关资料和信息数据；现场调查，驻点监督；督促巡视巡察整改；谈心谈话，听取工作汇报，听取述责述廉；建立健全党员领导干部廉政档案，开展党风廉政意见回复等工作。

开展专项监督，针对落实党中央决策部署中的突出问题，行业性、系统性、区域性的管党治党重点问题，形式主义、官僚主义、享乐主义和奢靡之风问题，群众反映强烈、损害群众利益的突出问题加强监督检查。必要时，可以组织、参加或者督促开展集中整治、专项治理。

加强基层监督，促进基层监督资源和力量整合，发挥纪检监察、巡察等作用，有效衔接村（居）务监督，建立监督信息网络平台，扩大群众参与，及时发现、处理群众身边的腐败问题和不正之风。

第三十五条 党的各级纪律检查委员会应当畅通信访举报渠道，依规依纪受理党员群众的信访举报，健全分办、交办、督办、反馈等工作机制。

对信访举报情况应当定期分析研判，对反映的典型性、普遍性、苗头性问题提出有针对性的工作建议，形成综合分析或者专题分析材料，向同级党委、上级纪委报告或者向有关党组织通报。

对于信访举报反映、监督执纪中发现以及巡视巡察机构和其他单位移交的问题线索，应当实行集中管理，采取谈话函询、初步核实、暂存待查、予以了结等方式分类处置，做到件件有着落。

第三十六条 党的各级纪律检查委员会对反映党组织、党员的问题线索经过初步核实，对于涉嫌违纪、需要追究党纪责任的，应当按照规定予以立案审查。

各级纪律检查委员会按照管理权限，审查违反党章和其他党内法规的比较重要或者复杂的案件，主要包括：同级党委委员、候补委员，同级纪委委员，同级党委管理的党员干部，以及同级党委工作部门，同级党委批准设立的党组（党委），下一级党委、纪委等涉嫌违纪案件；案情重大复杂，需要采取重要审查措施的案件；同级党委、上级纪委交办的其他案件。

地方各级纪律检查委员会和基层纪律检查委员会对于处理涉及同级党委委员、候补委员，同级党委管理的正职领导干部，同级纪委常委、监委委员等人员的案件，以及涉及政治问题、国家安全等特别重要或者复杂案件中的问题和处理的结果，在向同级党委报告的同时，即向上级纪委一并报告。

纪律审查工作应当依规依纪采取谈话、查询、调取、暂扣、封存、勘验检查、鉴定等措施，以及通过要求相关组织作出说明等方式，收集证据，查明事实，处置违纪所得。

第三十七条 党的各级纪律检查委员会根据纪律审查结果，依据相关党内法规，对应当追究党纪责任的党组织和党员进行纪律处理、处分。

对于各级纪律检查委员会立案审查的党员，需要给予纪律处分的，一般由负责审查的纪委提出处分意见，经被审查人所在党支部的党员大会讨论形成决议，并按照规定报党的基层委员会批准或者有权处分的党组织审批。在特殊情况下，县级和县级以上各级纪委有权直接决定给予党员纪律处分，主要包括：案情涉密、敏感；违纪案件跨地区跨部门跨单位；违纪党员所在的基层党组织无法正常履行职责、不正确履行职责或者其负责人同违纪问题有关联；违纪党员为县级或者县级以上各级党委管理的党员干部；党章和其他党内法规明确规定的相关情况。

地方各级纪律检查委员会和基层纪律检查委员会对同级党的委员会处理案件的决定有不同意见的，可以请求上一级纪委予以复查。

建立健全处分决定执行公示、回访教育、情况报告和专项检查等制度，加强与相关党组织及职能部门的协作沟通，确保处分决定得到严格执行。

第三十八条 党的纪律检查委员会发现党组织、党的领导干部在党的建设、党的事业中失职失责的，应当依据相关党内法规开展问责调查，查明失职失责问题，向党的委员会提出责任追究的建议，或者按照规定的权限和程序作出问责决定。

第三十九条 党的纪律检查委员会对于党员因合法权益受到党组织或者其他党员侵害提出的控告，按照规定予以受理，及时恰当进行处理。通过办理党员的控告发现的违纪违法问题，按照本章规定进行检查和处理。

对于党员因不服纪委或者其他党组织给予本人的处理、处分而提出的申诉，按照规定予以受理，进行复议复查。

第四十条 党的各级纪律检查委员会应当依据相关党内法规，加强对党组织和领导干部履行保障党员权利工作职责的监督检查，依规依纪查处侵犯党员权利的行为。开展监督执纪工作，应当落实保障党员权利的规定和要求。

第四十一条 在监督检查、纪律审查等过程中，应当注意查找分析监督对象所在党组织党风廉政建设、管理监督等方面存在的突出问题，采取制发纪律检查建议书或者其他适当方式，提出有关强化管党治党、净化政治生态、健全制度、整改纠正等意见建议，督促指导和推动有关地区、部门、单位党组织举一反三、切实整改。

对于涉及党的建设、党的事业的普遍性、倾向性问题，应当进行深入调研，形成专题报告，报送同级党委、上级纪委或者通报相关党组织，推动解决问题、规范决策、完善政策、健全制度。

第六章 派驻、派出机构

第四十二条 党的中央纪律检查委员会国家监察委员会、地方各级纪律检查委员会监察委员会向同级党和国家机关全面派驻纪检监察组，按照规定可以向国有企业、事业单位等其他组织和单位派驻纪检监察组。

党的中央和地方各级委员会派出党的机关工作委员会、街道工作委员会等代表机关的，党的中央纪律检查委员会国家监察委员会、地方各级纪律检查委员会监察委员会可以相应派出纪检监察工作委员会。

第四十三条 派驻机构是派出它的党的纪律检查委员会监察委员会的组成部分，由派出机关直接领导、统一管理。

派出机构在派出它的党的纪律检查委员会监察委员会和本级党的工作委员会双重领导下进行工作。派出机构按照规定开展纪律检查工作，领导管辖范围内机关纪委等纪检机构的工作。

第四十四条 派驻机构根据派出机关授权开展监督执纪问责工作：

（一）加强对驻在单位（含综合监督单位）的监督，重点对驻在单位领导班子及其成员、党组（党委）管理的领导班子及其成员等进行监督。

（二）监督促进驻在单位领导班子贯彻落实党的理论和路线方针政策、党中央决策部署，履行全面从严治党主体责任。

（三）经常、及时地向派出机关报告情况和问题。

（四）加强对驻在单位纪检机构的业务指导和监督检查，促进其履行监督责任。

（五）认真处理信访举报，对问题线索进行集中管理和处置。

（六）依规依纪开展纪律审查，严肃查处违纪问题。

（七）按照管理权限作出问责决定或者提出问责建议。

（八）协助驻在单位党组（党委）做好巡视巡察工作。

（九）完成派出机关交办的其他任务。

第四十五条 健全派驻监督工作机制，统筹协调派出机关内设监督检查室、派驻纪检监察组、地方纪检监察机关、巡视巡察机构等力量，通过“室组”联动监督、“室组地”联合办案等方式，提高派驻监督质量。

县（市、区）纪律检查委员会监察委员会开展派驻监督工作，应当保证派驻机构人员力量，推动监督工作向基层延伸，采取综合派驻、工作协作等方式，提升监督效能。

第七章 队伍建设和监督

第四十六条 党的各级纪律检查委员会必须坚持以习近平新时代中国特色社会主义思想武装头脑、指导实践、推动工作，突出抓好党的政治建设，教育引导纪检干部不断提高政治判断力、政治领悟力、政治执行力，带头践行“两个维护”，敢于善于斗争，做到忠诚干净担当。

第四十七条 贯彻新时代党的组织路线，坚持党管干部，严把干部准入关，加强思想淬炼、政治历练、实践锻炼、专业训练，加强理论研究和学科建设，提高把握政策、监督执纪、做思想政治工作等能力，建设高素质专业化干部队伍。

第四十八条 加强作风建设和纪律建设，保证纪检干部严守政治纪律和政治规矩，模范遵守党的纪律和国家法律，坚持实事求是，深入开展调查研究，密切联系群众，树立纪律严明、作风深入、工作扎实、谦虚谨慎、秉公执纪的良好形象。

第四十九条 加强监督执纪规范化建设，健全法规制度，规范工作流程，牢固树立法治意识、程序意识、证据意识，依规依纪依法行使纪律检查权。

第五十条 党的纪律检查委员会必须接受最严格的约束和监督，在同级党委和上级纪委的领导、监督下强化自我监督，自觉接受党的组织和党员的监督。建立完善监督检查、审查调查、案件监督管理、案件审理相互协调、相互制约的工作机制，发挥内设干部监督机构、机关纪委等作用，加大监管和自我净化力度，坚决防治“灯下黑”。

党的纪律检查委员会应当自觉接受民主监督、群众监督、舆论监督等各方面监督。任何单位和个人对纪检机关、纪检干部的违纪违法行为，有权提出检举、控告。

第五十一条 严格执行纪检干部打听案情、过问案件、说情干预问题报告制度，有关情况应当登记备案。

纪检干部发现审查组工作人员未经批准接触被审查人、涉案人员及其特定关系人，或者存在交往情形的，应当及时报告并登记备案。

第五十二条 办理纪检事项的纪检干部存在可能影响事项公正处理情形的，应当主动申请回避，被审查人、检举控告人以及其他有关人员也有权要求其回避。

第五十三条 纪检干部应当严格执行保密制度，不准私自留存、隐匿、查阅、摘抄、复制、携带问题线索和涉案资料，严禁泄露审查工作情况。

纪检干部离职的，应当严格遵守有关离职后从业限制的规定，三年内不得从事与纪律检查工作相关的职业。

第五十四条 建立健全安全责任制，严格防范发生审查安全事故。组织开展经常性检查和不定期抽查，发现问题及时督促整改。

第五十五条 纪检干部有以案谋私、跑风漏气、滥用职权以及其他违规违纪违法行为的，必须严肃查处；构成犯罪的，依法追究刑事责任。

纪检机关及其领导干部履行职责过程中失职失责造成严重后果或者恶劣影响的，应当严肃问责。

第八章 附 则

第五十六条 新疆生产建设兵团党的各级纪律检查委员会，党的地区纪律检查委员会和相当于地区纪委的其他纪律检查委员会，党组（党委）纪检组（纪委），纪律检查委员，参照执行本条例。

第五十七条 中央军事委员会可以根据本条例，制定相关规定。

第五十八条 本条例由中央纪律检查委员会负责解释。

第五十九条 本条例自发布之日起施行。

中国共产党党组工作条例

（2019年3月29日中共中央政治局会议审议批准 2019年4月6日中共中央发布）

第一章 总 则

第一条 为了进一步规范和改进党组工作，坚持和加强党的全面领导，提高党的长期执政能力和领导水平，更好发挥党总揽全局、协调各方的领导核心作用，根据《中国共产党章程》，制定本条例。

第二条 党组是党在中央和地方国家机关、人民团体、经济组织、文化组织和其他非党组织的领导机关中设立的领导机构，在本单位发挥领导作用，是党对非党组织实施领导的重要组织形式。

第三条 党组工作必须坚持以马克思列宁主义、毛泽东思想、邓小平理论、“三个代表”重要思想、科学发展观、习近平新时代中国特色社会主义思想为指导，坚决维护习近平总书记核心地位，坚决维护党中央权威和集中统一领导，切实履行领导职责，充分发挥领导作用，不断提高领导水平，确保本单位全面贯彻党的基本理论、基本路线、基本方略，确保党始终成为中国特色社会主义事业的坚强领导核心。

第四条 党组工作应当遵循以下原则：

（一）坚持旗帜鲜明讲政治，加强党的领导，增强“四个意识”、坚定“四个自信”、做到“两个维护”，坚决贯彻落实党的理论和路线方针政策，坚决贯彻落实党中央重大决策部署，在思想上政治上行动上同以习近平同志为核心的党中央保持高度一致；

（二）坚持全面从严治党，担当管党治党主体责任，贯彻新时代党的建设总要求，贯彻新时代党的组织路线，推动全面从严治党向纵深发展；

（三）坚持民主集中制，确保党组活力和坚强有力，推动形成良好政治局面；

（四）坚持依据党章党规开展工作，在宪法法律范围内活动；

（五）坚持正确领导方式，实现党组发挥领导作用与本单位领导班子依法依章程履行职责相统一。

第五条 党中央和地方各级党委加强对党组工作的领导。党组必须服从批准其设立的党组织领导。

党委组织部门负责党组设立审核、日常管理等方面的具体工作，纪检监察机关、党的机关工委和其他工作机关根据职责做好相关工作。

第二章 设　　立

第六条 中央和地方国家机关、人民团体、经济组织、文化组织和其他非党组织的领导机关中，有党员领导成员 3 人以上的，经批准可以设立党组。

第七条 下列单位一般应当设立党组：

（一）县级以上人大常委会、政府、政协、法院、检察院；

（二）县级以上政府工作部门、派出机关（街道办事处除外）、直属事业单位；

（三）县级以上工会、妇联等人民团体；

（四）中管企业；

（五）县级以上政府设立的有关管委会的工作部门；

（六）其他有必要设立党组的单位。

第八条 下列单位经党中央批准，可以设立党组：

（一）全国性的重要文化组织、社会组织；

（二）其他需要设立党组的单位。

第九条 下列单位一般不设立党组：

（一）领导机关中的党员领导成员不足 3 人的；

（二）与党的机关合并设立或者合署办公的；

（三）由党的机关代管或者管理等并纳入党的机关序列的；

（四）县级以上政府直属事业单位以外的其他事业单位；

（五）共青团组织；

（六）中管企业的下属企业，地方国有企业；

（七）地方文化组织、社会组织。

第十条 市级以上人大常委会、政府、政协，应当设立机关党组。

县级人大常委会、政府、政协根据工作需要，可以设立机关党组。

人大常委会、政府、政协设立机关党组的，其办公厅（室）不再设立党组。

第十一条 下列单位经批准，可以设立分党组：

（一）国务院有关部门的派出机构；

（二）具有行业、系统管理需要的国务院有关直属事业单位、中央一级有关人民团体的下属单位；

（三）省级以上人大、政协的专门委员会；

（四）市级以上法院、检察院的派出机构。

设立分党组的单位，其下属单位不再设立分党组。

第十二条 党组的设立，应当由党中央或者本级地方党委审批。有关管委会的工作部门设立党组，由本级党委授权管委会党工委审批。党组不得审批设立党组。

分党组的设立，由党组报本级党委组织部门审批。

新成立的有关单位符合设立党组条件的，党中央或者本级地方党委可以根据需要作出设立党组的决定，也可以由需要设立党组的单位或者其上级主管部门党组织提出设立申请，由党中央或者本级地方党委审批。

变更、撤销党组的，由批准其设立的党组织作出决定。

第十三条 国家机关、人民团体党组一般不设立工作机构，确需设立的经批准可以在本单位有关内设机构加挂党组办公室牌子。

第十四条 党组设书记，必要时可以设副书记。

党组书记一般由本单位领导班子主要负责人担任，主要负责人不是中共党员或者由上级领导兼任以及因其他情况不宜担任党组书记的，党组书记、主要负责人可以分设。党组其他成员一般由本单位领导班子成员中的党员干部、派驻本单位的纪检监察组组长担任，必要时也可以由本单位重要职能部门或者下属单位党员主要负责人担任。

国有企业党组书记根据企业内部治理结构形式确定，建立董事会的一般由董事长担任，未建立董事会的一般由总经理担任。党组其他成员一般由进入董事会、监事会、经理层的党员领导人员和纪检监察组组长（派驻本企业的纪检监察组组长）根据工作需要担任。

党组成员一般设 3 至 7 人。副省部级以上单位、中管企业党组成员一般不超过 9 人，个别单位确需增加的，由党中央决定。市县两级政府及县级以上地方政府个别工作部门确需增加的，按程序报请省级党委批准，但总数不得超过 9 人。

第十五条 党组成员除应当具备党章和《党政领导干部选拔任用工作条例》规定的党员领导干部的基本条件外，还应当有 3 年以上党龄，其中厅局级以上单位的党组成员应当有 5 年以上党龄。

党组成员的任免一般由批准设立党组的党组织决定。实行双重领导的单位设立党组的，其党组成员的任免按照干部管理权限执行。分党组成员的任免由上级单位党组决定。企业党组成员的任免，按照干部管理权限执行。

第三章 职　　责

第十六条 党组发挥把方向、管大局、保落实的领导作用，全面履行领导责任，加强对本单位业务工作和党的建设的领导，推动党的主张和重大决策转化为法律法规、政策政令和社会共识，确保党的理论和路线方针政策的贯彻落实。

第十七条　党组讨论和决定本单位下列重大问题：

（一）贯彻落实党中央以及上级党组织决策部署的重大举措；

（二）制定拟订法律法规规章和重要规范性文件中的重大事项；

（三）业务工作发展战略、重大部署和重大事项；

（四）重大改革事项；

（五）重要人事任免等事项；

（六）重大项目安排；

（七）大额资金使用、大额资产处置、预算安排；

（八）职能配置、机构设置、人员编制事项；

（九）审计、巡视巡察、督查检查、考核奖惩等重大事项；

（十）重大思想动态的政治引导；

（十一）党的建设方面的重大事项；

（十二）其他应当由党组讨论和决定的重大问题。

党组应当紧密结合本单位实际，对前款规定的重大问题进行明确细化、列出具体清单。清单内容根据需要动态调整。

第十八条　党组必须坚持党建工作与业务工作同谋划、同部署、同推进、同考核，加强对本单位党的建设的领导，落实新时代党的建设总要求，履行全面从严治党责任，提高党的建设质量。具体包括：

（一）把党的政治建设摆在首位，增强“四个意识”、坚定“四个自信”、做到“两个维护”，提高政治站位，彰显政治属性，强化政治引领，切实增强政治能力，始终在政治立场、政治方向、政治原则、政治道路上同以习近平同志为核心的党中央保持高度一致；

（二）强化理论武装，组织学习习近平新时代中国特色社会主义思想，推进“两学一做”学习教育常态化制度化，引导党员、干部坚定理想信念宗旨，自觉加强党性锻炼；

（三）落实意识形态工作责任制，确保业务工作体现意识形态工作要求、维护意识形态安全；

（四）按照党管干部、党管人才原则，加强高素质专业化干部队伍建设，做好人才工作；

（五）加强党的基层组织建设和党员队伍建设，讨论和决定基层党组织设置调整和发展党员、处分党员等重要事项；

（六）加强和改进作风，密切联系群众，严格落实中央八项规定精神，坚决反对“四风”特别是形式主义、官僚主义；

（七）加强党的纪律建设，履行党风廉政建设主体责任，支持纪检监察机关履行监督责任；

（八）推进建章立制，建立健全体现党中央要求、符合本单位特点、比较完备、务实管用的党建工作制度，并抓好落实。

党组领导机关和直属单位党组织的工作，支持配合党的机关工委对本单位党的工作的统一领导，自觉接受党的机关工委对其履行机关党建主体责任的指导督促。

党组书记必须认真履行抓党建第一责任人职责，党组其他成员按照“一岗双责”要求抓好职责范围内党的建设工作。

第十九条 党组应当加强对本单位统战工作和工会、共青团、妇联等群团工作的领导，重视对党外干部、人才的培养使用，更好团结带领党外干部和群众，凝聚各方面智慧力量，完成党中央以及上级党组织交给的任务。

第二十条 实行双重领导并以上级单位领导为主的单位党组，可以讨论和决定本系统工作规划部署、机构设置、干部队伍管理、党的建设等重要事项。

国有企业党组讨论和决定重大事项时，应当与《中华人民共和国公司法》、《中华人民共和国企业国有资产法》等法律法规相符合，并与公司章程相衔接。重大经营管理事项必须经党组研究讨论后，再由董事会或者经理层作出决定。

第二十一条 党组书记主持党组全面工作，负责召集和主持党组会议，组织党组活动，签发党组文件。

党组副书记和党组其他成员根据党组决定，按照授权负责有关工作，行使相关职权。

党组书记空缺时，上级党组织可以指定党组副书记或者党组其他成员主持党组日常工作。

第二十二条 党组及其成员应当自觉加强自身建设，坚定政治信仰，增强“四个意识”、坚定“四个自信”、做到“两个维护”，严肃党内政治生活，严守党的纪律规矩，弘扬党的优良传统作风，不断提高领导本领，敢于担当负责，自觉接受监督，在深入学习贯彻习近平新时代中国特色社会主义思想上作表率，在始终同以习近平同志为核心的党中央保持高度一致上作表率，在坚决贯彻落实党中央决策部署上作表率。

第四章 组 织 原 则

第二十三条 党组及其成员必须始终在政治立场、政治方向、政治原则、政治道路上同以习近平同志为核心的党中央保持高度一致，坚决执行党中央决策部署以及上级党组织决定，党组任何工作部署都必须以贯彻党中央精神为前提，坚决维护习近平总书记核心地位，坚决维护党中央权威和集中统一领导。

第二十四条 下列党组在履行职责过程中，除必须服从批准其设立的党组织领导外，还应当按照规定接受有关党组的领导或者指导：

（一）人大常委会机关党组、政府机关党组、政协机关党组，分别接受人大常委会党组、政府党组、政协党组的领导；

（二）政府工作部门党组、政府派出机关党组、政府直属事业单位党组，接受政府党组的指导督促；

（三）政府工作部门管理的单位党组，接受部门党组的指导督促；

（四）实行双重领导的单位党组，接受上级单位党组的领导。

中央组织部负责全国国有企业党建工作的宏观指导，会同国务院国资委党委履行对中管企业党建工作的具体指导职能，国务院国资委党委履行对中管企业党建工作的日常管理职责。

第二十五条 分党组应当接受上级单位党组的领导，上级单位设立机关党组的，还应当接受机关党组的指导。

第二十六条 党组应当按照《中国共产党重大事项请示报告条例》等有关规定，向批准其设立的党组织和其他有关党组织请示报告工作。

县级以上人大常委会党组、政府党组、政协党组、法院党组、检察院党组应当按照规定，向本级党委请示报告工作。

第二十七条 党组对有关重要问题作出决定时，应当根据需要充分征求机关和直属单位党组织以及本单位党员群众的意见，重要情况应当及时进行通报。党组应当按照规定实行党务公开。

第二十八条 党组实行集体领导制度。凡属党组职责范围内的事项，必须执行少数服从多数的原则，由党组成员集体讨论和决定，任何个人或者少数人无权擅自决定。

党组书记应当带头执行民主集中制，不得凌驾于组织之上，不得独断专行。党组其他成员应当对党组讨论和决定的事项积极提出意见和建议。

党组成员必须坚决服从党组集体决定，有不同意见的，在坚决执行的前提下，可以声明保留，也可以向上级党组织反映，但不得在其他场合发表不同意见。

第二十九条 以党组名义发布或者上报的文件、发表的文章，党组成员代表党组的讲话和报告，应当事先经党组集体讨论或者传批审定。党组成员署名发表或者出版同工作有关的文章、著作、言论，应当事先经党组审定或者党组书记批准。

党组成员在调查研究、检查指导工作或者参加其他公务活动时发表的个人意见，应当符合党中央以及上级党组织、党组的有关精神。

第五章 决策与执行

第三十条 党组应当按照集体领导、民主集中、个别酝酿、会议决定的原则作出决策，实行科学决策、民主决策、依法决策。

第三十一条 党组作出重大决策，一般应当经过调查研究、征求意见、充分酝酿等程序，按照规则由集体讨论和决定。

党组讨论和决定人事任免事项，应当严格按照《党政领导干部选拔任用工作条例》等有关规定执行。

党组讨论和决定基层党组织设置调整和发展党员、处分党员重要事项，应当严格按照党章党规和党中央有关规定执行。

第三十二条 党组决策一般采用党组会议形式。党组会议一般每月召开 1 次，遇有重要情况可以随时召开。

党组会议议题由党组书记提出，或者由党组其他成员提出建议、党组书记综合考虑后确定。会议议题应当提前书面通知党组成员。

第三十三条 党组会议应当有半数以上党组成员到会方可召开，讨论和决定干部任免、处分党员事项必须有三分之二以上党组成员到会。党组成员因故不能参加会议的应当在会前请假，其意见可以用书面形式表达。党组会议议题涉及本人或者其亲属以及存在其他需要回避情形的，有关党组成员应当回避。

根据工作需要，召开党组会议可以请不是党组成员的本单位领导班子成员列席。会议召集人可以根据议题指定有关人员列席会议。批准其设立的党组织等可以派员列席党组会议。

第三十四条 党组会议议题提交表决前，应当进行充分讨论。

表决可以采用口头、举手、无记名投票或者记名投票等方式进行，赞成票超过应到会党组成员半数为通过。未到会党组成员的书面意见不得计入票数。表决实行会议主持人末位表态制。会议研究决定多个事项的，应当逐项进行表决。

党组会议由专门人员如实记录，决定事项应当编发会议纪要，并按照规定存档备查。

第三十五条 党组决策一经作出，应当坚决执行。党组应当督促推动本单位领导班子依法依章程及时全面落实党组决策。党组成员应当在职责范围内认真抓好党组决策贯彻落实。

党组应当建立有效的督查、评估和反馈机制，确保党组决策落实。

第六章 党组性质党委

第三十六条 党组性质党委，是指党在对下属单位实行集中统一领导的国家工作部门和有关单位的领导机关中设立的领导机构，在本单位、本系统发挥领导作用。

党组性质党委，由上级党组织直接批准设立，不同于由选举产生的地方党委和基层党委。

第三十七条 下列国家工作部门和单位经批准，可以设立党组性质党委：

（一）对下属单位实行集中统一领导的国家工作部门；

（二）根据中央授权对有关单位实行集中统一领导的国家工作部门；

（三）政治要求高、工作性质特殊、系统规模大的国家工作部门；

（四）对下级单位实行垂直管理的国家工作部门；

（五）金融监管机构；

（六）中管金融企业。

地方国家机关设立党组性质党委，一般应当同中央国家机关对应。

第三十八条 党组性质党委的设立、变更和撤销，一般应当由党中央或者本级地方党委审批。

对下属单位实行集中统一领导的国家工作部门和单位党组性质党委，根据党中央授权可以负责审批下属单位党组性质党委的设立、变更和撤销。

党组性质党委根据需要并按照规定权限和程序审批后，可以设立工作机构。

第三十九条 党组性质党委除履行本条例第三章规定的党组相关职责外，还领导或者指导本系统党组织的工作，讨论和决定下属单位工作规划部署、机构设置、干部队伍管理、党的建设等重要事项。

第七章 监督与追责

第四十条 建立党组（党委）书记述责述廉制度。批准设立党组（党委）的党组织根据需要可以听取党组（党委）书记报告履职情况，加强对权力运行的监督制约。

建立党组（党委）及其成员履职考核制度，一般由批准设立党组（党委）的党组织负责考核，纪检监察机关、党的有关工作机关、党的机关工委参与。

实行双重领导且以上级单位领导为主的单位党组（党委）及其成员，可以由上级单位党组（党委）会同地方党委组织开展考核。具体考核工作按照党中央有关规定执行。

实行垂直管理单位的党组性质党委及其成员，由上级单位党组性质党委组织开展考核，如有需要，可以按照规定征求地方党委意见。

党组（党委）及其成员执行本条例情况，应当自觉接受纪检监察机关、本单位基层党组织和党员群众的监督，纳入巡视巡察范围和党员民主评议内容。

第四十一条 党组（党委）及其成员、有关党组织及其工作人员应当严格按照本条例履行职责。违反本条例的，根据情节轻重，给予批评教育、责令作出检查、诫勉、通报批评或者调离岗位、责令辞职、免职、降职等处理，或者依规依纪依法给予处分；涉嫌犯罪的，依法追究刑事责任。

对发生集体违反本条例行为的，或者在其他党组（党委）成员出现严重违反本条例行为上存在重大过失的，还应当追究党组（党委）书记的相关责任。

党组（党委）重大决策失误的，对参与决策的党组（党委）成员实行终身责任追究。

党组（党委）成员在讨论和决定有关事项时，对重大失误决策明确持不赞成态度或者保留意见的，应当免除或者减轻责任。

第八章 附 则

第四十二条 党组性质党委、机关党组、分党组的设立和运行等，除本条例有专门规定外，适用党组有关规定。

第四十三条 党组（党委）应当根据本条例，结合实际制定和完善工作规则。

第四十四条 本条例由中央组织部会同中央办公厅解释。

第四十五条 本条例自2019年4月6日起施行。2015年6月11日中共中央印发的《中国共产党党组工作条例（试行）》同时废止。其他有关党组（党委）规定，凡与本条例不一致的，按照本条例执行。

中国共产党工作机关条例（试行）

（2016 年 11 月 30 日中共中央政治局会议审议批准　2017 年 3 月 1 日中共中央发布）

第一章　总　　则

第一条　为了规范党的工作机关的设立和运行，提高党的工作机关履职能力和工作水平，保证党的理论和路线方针政策得到有效贯彻执行，根据《中国共产党章程》，制定本条例。

第二条　党的工作机关是党实施政治、思想和组织领导的政治机关，是落实党中央和地方各级党委决策部署，实施党的领导、加强党的建设、推进党的事业的执行机关，主要包括办公厅（室）、职能部门、办事机构和派出机关。

第三条　本条例适用于中央和地方党的工作机关。

党委直属事业单位、设在党的工作机关或者由党的工作机关管理的机关，参照本条例执行，法律法规和中央另有规定的除外。

党的纪律检查机关的产生和运行，按照党章和中央有关规定执行。

第四条　党的工作机关开展工作应当遵循以下原则：

（一）坚持加强党的领导，坚决维护党中央权威；

（二）坚持党的政治路线、思想路线、组织路线、群众路线；

（三）坚持贯彻民主集中制，增强党的团结统一和机关工作活力；

（四）坚持各司其职、相互配合，确保党的各项工作协调一致、协同推进；

（五）坚持全面从严治党、依规治党，依照党章党规履行职责；

（六）坚持在宪法法律范围内活动，支持同级国家机关和其他组织依法依章程开展工作。

第二章 设 立

第五条 党的工作机关的设立，应当适应加强党的领导和党的建设的需要，遵循精简、统一、效能原则，实行总量控制和限额管理。

根据工作需要，党的工作机关可以与职责相近的国家机关等合并设立或者合署办公。合并设立或者合署办公仍由党委主管。

严格控制议事协调机构常设办事机构的设立。议事协调机构负责的事项，可以交由现有工作机关牵头协调或者建立协调配合机制解决的，不另设常设办事机构。

第六条 党中央工作机关的设立、撤销、合并或者变更，由中央机构编制管理部门提出方案，按程序报党中央审批决定。

地方党委工作机关的设立、撤销、合并或者变更，由同级机构编制管理部门提出方案，按规定程序由本级党委讨论决定后，报上级党委审批。

第七条 党的工作机关的领导机构和决策形式是部（厅、室）务会或者委员会，一般由正职、副职、派驻纪检组组长或者纪工委书记及其他成员组成。

党的工作机关的领导职数，根据工作需要和从严控制的原则，严格按照有关规定执行。

党的工作机关正职由上级机构领导成员兼任的，可以设常务副职，协助其处理日常工作。

党的工作机关不设正职领导助理，一般不设秘书长。确有必要时，经党中央批准，党中央职能部门可以设秘书长。

第八条 党的工作机关根据工作需要和精干效能的原则设置必要的内设机构。内设机构的设立、撤销、合并或者变更，按照规定的权限和程序审批。

第九条 党的工作机关在核定的行政编制内配备机关工作人员。

第三章 职 责

第十条 党的工作机关应当职责明确、权责一致，其职责一般依据党章党规确定，具体职责由有关职能配置、内设机构、人员编制规定予以明确。

应当由党委履行的职责，党委不得将其授予工作机关。

第十一条 党的工作机关应当履行以下职责：

（一）坚决贯彻落实党的理论和路线方针政策以及党委决策部署，确保政令畅通；

（二）研究部署职责范围内的工作，按照规定制发党内法规和规范性文件，抓好组织实施和督促落实；

（三）当好党委参谋助手，及时报告有关情况、反映问题、提出意见建议，为党委决策提供服务；

（四）抓好机关党的建设工作，加强对本单位群团工作的领导；

（五）承办党委和上级工作机关交办的有关事项。

第十二条 党委办公厅（室）是党委的综合部门，负责推动党委决策部署的落实，按照党委要求协调有关方面开展工作，承担党委运行保障具体事务。

第十三条 党委职能部门是负责党委某一方面工作的主管部门，按照规定行使相对独立的管理职能，制定相关政策法规并组织实施，协调指导本系统、本领域工作。

第十四条 党委办事机构是协助党委办理某一方面重要事务的机构，一般是指党委为加强跨领域、跨部门重要工作的领导和组织协调而设立的议事协调机构的常设办事机构，承担议事协调机构的综合性服务工作，可以根据有关规定履行特定管理职责。

第十五条 党委派出机关是党委为加强对特定领域、行业、系统领导而派出的工作机关，根据有关规定代表党委领导该领域、行业、系统的工作。

第十六条 党的工作机关必须牢固树立政治意识、大局意识、核心意识、看齐意识，始终在思想上政治上行动上同党中央保持高度一致。按照全面从严治党要求，加强机关党的建设和队伍思想政治建设，教育引导党员干部坚定理想信念，强化宗旨意识，始终保持对党的事业、对党中央的绝对忠诚，自觉践行“三严三实”要求，在守纪律、讲规矩方面作出表率。

党的工作机关应当加强业务能力建设，开展经常性的学习培训和业务交流，勇于探索实践，善于总结工作规律，不断提高干部队伍专业化水平和履职尽责本领。

第四章 决策与执行

第十七条 党的工作机关必须坚持民主集中制，领导班子实行集体领导和个人分工负责相结合的制度。凡属本机关重大事项，应当按照集体领导、民主集中、个别酝酿、会议决定的原则，由领导班子集体研究决定。领导班子成员应当根据集体决定和分工，勇于担当，敢于负责，切实履行职责。

第十八条 党的工作机关应当通过召开部（厅、室）务会会议、委员会会议等形式讨论决定下列重大事项：

（一）学习贯彻党中央、上级和本级党委的有关决定、指示和工作部署；

（二）研究讨论贯彻执行本机关职责范围内相关方针政策与法律法规的具体措施；

（三）讨论决定本机关重大决策、重要人事任免、重大项目安排、大额资金使用等事项；

（四）审议向党中央或者本级党委以及上级党的工作机关请示报告的重要事项；

（五）研究部署本机关党的建设方面的重要事项；

（六）研究讨论其他重要事项。

党的工作机关领导班子应当科学决策、民主决策、依法决策。对重大事项的决策，一般应当经过调查研究、征求意见、专业评估、合法合规性审查和集体讨论决定等程序。

第十九条 部（厅、室）务会会议、委员会会议由党的工作机关主要负责同志召集并主持，领导班子成员参加。根据工作需要，会议召集人可以确定有关人员列席会议。会议由专门人员如实记录，对决定事项编发会议纪要，并按照规定存档备查。

第二十条 党的工作机关应当建立有效的督查、评估和反馈机制，确保领导班子决策落实。

第二十一条 党的工作机关根据工作需要，可以召开部长（主任、书记）办公会议，组织推进部（厅、室）务会会议、委员会会议决策事项的落实和研究讨论专项工作。部长（主任、书记）办公会议由部长（主任、书记）或者委托领导班子其他成员主持召开，领导班子有关成员和有关内设机构主要负责人等参加。部长（主任、书记）办公会议不得代替部（厅、室）务会会议、委员会会议作出决策。

第二十二条 党的工作机关领导班子及其成员应当加强思想政治建设，认真学习马克思列宁主义、毛泽东思想，坚持用中国特色社会主义理论体系武装头脑，深入学习贯彻习近平总书记系列重要讲话精神和治国理政新理念新思想新战略，不断增强中国特色社会主义的道路自信、理论自信、制度自信、文化自信。严守党的政治纪律和政治规矩，严肃党内政治生活。严格落实中央关于改进工作作风、密切联系群众的各项规定，坚决反对形式主义、官僚主义、享乐主义和奢靡之风。

党的工作机关领导班子应当认真履行全面从严治党主体责任，落实党风廉政建设责任制，模范执行廉洁自律各项规定，坚决维护党的纪律，推动形成风清气正、干事创业的良好环境。

第五章 监督与追责

第二十三条 党的工作机关接受党委的全面监督，每年至少向党委作1次全面工作情况报告，遇有重要情况及时请示报告。执行党中央和上级党组织某项重要指示和决定的情况，应当进行专题报告。对党的工作机关作出的不适当决定，本级党委或者上级党的工作机关有权撤销或者变更。

党的工作机关应当自觉接受党的纪律检查机关及其派驻机构、党委直属机关纪工委以及机关纪委的监督。

第二十四条 党的工作机关领导班子应当自觉接受党内监督和群众监督。领导班子成员应当如实向党组织报告个人有关事项、述职述廉述德，接受组织监督。

第二十五条 党委应当定期对所属工作机关履职情况进行检查考核，具体工作由党委组织部门负责，考核结果在一定范围内通报。

第二十六条 党的工作机关领导班子成员违反本条例有关规定的，根据情节轻重，给予批评教育、责令作出检查、诫勉、通报批评或者调离岗位、责令辞职、免职、降职等处理；应当追究党纪政纪责任的，依照有关规定给予相应处分。

第六章 附 则

第二十七条 机构编制管理部门应当根据本条例科学编制党的工作机关职能配置、内设机构、人员编制规定，按程序报本级党委审批后，以党委文件或者党委办公厅（室）文件形式发布。

第二十八条 中央军事委员会可以根据本条例，制定相关规定。

第二十九条 本条例由中央办公厅商中央组织部、中央机构编制委员会办公室解释。

第三十条 本条例自 2017 年 3 月 1 日起施行。

中国共产党组织工作条例

（2021 年 4 月 30 日中共中央政治局会议审议批准 2021 年 5 月 22 日中共中央发布）

第一章 总 则

第一条 为了深入贯彻习近平新时代中国特色社会主义思想，贯彻落实新时代党的建设总要求和新时代党的组织路线，推进党的组织工作科学化制度化规范化，提高党的组织工作质量，根据《中国共产党章程》和有关法律，制定本条例。

第二条 党的组织工作是以党的组织体系建设、领导班子和干部队伍建设、人才队伍建设、党员队伍建设为主要内容的实践活动，是巩固党的执政基础、实现党的全面领导、完成党的全部工作的重要保证，是党领导人民不断夺取革命、建设、改革胜利的优良传统和独特优势。

第三条 党的组织工作坚持以马克思列宁主义、毛泽东思想、邓小平理论、“三个代表”重要思想、科学发展观、习近平新时代中国特色社会主义思想为指导，增强“四个意识”、坚定“四个自信”、做到“两个维护”，以加强党的长期执政能力建设、先进性和纯洁性建设为主线，以党的政治建设为统领，以组织体系建设为重点，着力培养忠诚干净担当的高素质干部，着力集聚爱国奉献的各方面优秀人才，充分发挥基层党组织战斗堡垒作用和党员先锋模范作用，为坚持和加强党的全面领导、坚持和发展中国特色社会主义提供坚强组织保证。

第四条 党的组织工作遵循以下原则：

（一）坚持党的全面领导；

（二）坚持组织路线服务政治路线；

（三）坚持民主集中制；

（四）坚持党的群众路线；

（五）坚持党管干部、党管人才；

（六）坚持德才兼备、以德为先、任人唯贤；

（七）坚持党的组织和党的工作全覆盖；

（八）坚持实事求是、公道正派；

（九）坚持依法依规、科学规范。

第二章　领导体制和职责

第五条 组织工作实行党中央集中统一领导，各级党委（党组）分级分类领导，组织部门专门负责，有关方面各司其职、密切配合的领导体制。

党中央以及地方党委设置组织部，各级党政机关、人民团体、国有企业和事业单位党组织设置组织工作机构或者专职工作岗位，专门负责组织工作。

中央组织部指导各级组织部门工作，上级组织部门指导下级组织部门工作。

第六条 党中央决定组织工作路线方针政策，制定组织工作重要党内法规和规范性文件，对组织工作重大战略、重大改革、重大举措、重大事项作出决策，全面领导党的组织体系建设、干部工作、人才工作，按照有关规定推荐、提名、任免干部。

党中央一般每5年召开1次全国组织工作会议，对一个时期的组织工作作出全面部署。

第七条 地方党委对本地区组织工作负主体责任。主要职责是：

（一）贯彻落实党的组织工作路线方针政策，执行党中央以及上级党组织关于组织工作的决策部署、指示要求，按照权限制定组织工作党内法规和规范性文件，研究部署本地区组织工作重大事项和重要工作；

（二）领导同级人大、政府、政协、监察机关、审判机关、检察机关、人民团体等党的组织工作，指导和督促检查下级党组织开展组织工作；

（三）领导本地区党的组织体系建设，加强基层党组织和党员队伍建设；

（四）按照干部管理权限任免和管理干部，向地方国家机关、政协组织、人民团体、国有企业和事业单位等推荐重要干部；

（五）贯彻人才强国战略，统筹协调有关方面共同参与和推动本地区人才工作；

（六）完成党中央以及上级党组织交办的其他任务。

党组对本单位组织工作的领导职责，按照有关规定执行。

第八条 中央组织部和地方党委组织部的主要职责是：

（一）在党中央以及本级党委领导下，具体负责落实党的组织工作路线方针政策和决策部署，按照权限和分工制定、起草组织工作党内法规和规范性文件，推进组织制度贯彻落实；

（二）研究组织工作重要理论和实践问题，提出完善制度机制的政策建议，为党中央以及本级党委决策提供参考；

（三）负责党的组织体系建设，加强基层党组织和党员队伍建设；

（四）负责干部工作和干部队伍的统一管理，按照干部管理权限和分工负责领导班子建设的有关具体工作；

（五）负责人才工作的指导协调和人才的联系服务；

（六）负责公务员工作的统一管理；

（七）负责离退休干部工作的统一管理；

（八）统一管理机构编制委员会办公室；

（九）完成党中央以及本级党委交办的其他任务。

第三章　党的组织体系建设

第九条　坚持马克思主义建党原则，健全维护党的集中统一的组织制度，完善上下贯通、执行有力的组织体系，实现党的组织和党的工作全覆盖，不断增强党的政治领导力、思想引领力、群众组织力、社会号召力。

第十条　按照党章规定建立健全党的各级各类组织，形成包括党的中央组织、地方组织、基层组织在内，涵盖党的纪律检查机关、党的工作机关、党组，纵向到底、横向到边的严密组织架构。

适应形势任务的发展变化，及时调整和优化党组织设置。为执行某项任务临时组建的机构，可以按照有关规定成立临时党组织。除另有规定外，一般按照属地管理原则，规范和理顺基层党组织隶属关系。

第十一条　党的中央委员会、中央政治局、中央政治局常务委员会是党的组织体系的大脑和中枢，在推进中国特色社会主义事业中把方向、谋大局、定政策、促改革。坚持和完善党的领导制度体系，健全党中央对重大工作的领导体制，完善推动党中央决策部署落实机制，严格执行向党中央请示报告制度。

第十二条　党的地方委员会在本地区发挥总揽全局、协调各方的领导作用，全面领导本地区经济社会发展，全面负责本地区党的建设，履行把方向、管大局、作决策、保落实职责。坚持和完善党的地方组织工作制度，健全议事决策和监督机制，增强整体功能，提高领导水平，把党的地方组织建设成为坚决听从党中央指挥、管理严格、监督有力、班子团结、风气纯正的坚强组织。

第十三条　党的基层组织是党在社会基层组织中的战斗堡垒，是党的全部工作和战斗力的基础。坚持大抓基层的鲜明导向，以提升组织力为重点，大力加强企业、农村、机关、学校、医院、科研院所、街道社区、社会组织等基层党组织建设，推进组织设置和活动方式创新，增强党组织政治功能，选优配强党组织带头人，把各领域党的基层组织建设成为宣传党的主张、贯彻党的决定、领导基层治理、团结动员群众、推动改革发展的坚强战斗堡垒。

党支部是党的基础组织，是党组织开展工作的基本单元。全面推进党支部标准化规范化建设，加强基础工作，完善基本制度，提升基本能力，落实基本保障，充分发挥党支部直接教育党员、管理党员、监督党员和组织群众、宣传群众、凝聚群众、服务群众的职责作用。党员人数较多或者党员工作地、居住地比较分散的党支部，应当按照便于组织开展活动原则，划分若干党小组。

第十四条 党组在本单位发挥领导作用，履行把方向、管大局、保落实职责。坚持和完善党组工作制度，健全工作规则和决策机制，坚持党建工作与业务工作同谋划、同部署、同推进、同考核，督促推动本单位领导班子依法依章程及时全面落实党组决策，确保党的理论和路线方针政策在本单位贯彻落实。

第十五条 围绕建设信念坚定、政治可靠、结构合理、素质优良、纪律严明、作用突出的党员队伍，做好发展党员和党员教育、管理、监督、服务工作。

发展党员应当按照控制总量、优化结构、提高质量、发挥作用的总要求，把政治标准放在首位，严格程序、严格把关，保证新发展党员质量。加强入党积极分子队伍建设，加强发展对象、预备党员的教育培养。

党员教育应当把学习贯彻习近平新时代中国特色社会主义思想作为首要政治任务，组织开展党内集中教育和党员经常性教育，坚持组织培训和个人自学相结合，引导党员不忘初心、牢记使命、不懈奋斗。

党员管理应当严格做好党籍管理、组织关系管理、党费收缴使用管理、日常监督、组织处置等工作，加强和改进流动党员管理。结合不同群体党员实际，组织引导党员充分发挥先锋模范作用。

加强党内激励关怀帮扶，保障党员民主权利，开展党内表彰，做好关爱服务党员工作。

第十六条 坚持民主集中制，完善发展党内民主和实行正确集中的相关制度。坚持党的代表大会制度，完善党内选举制度，落实党代表大会代表任期制和党的各级组织任期等制度。建立健全包括组织设置、组织生活、组织运行、组织管理、组织监督等在内的完整组织制度体系，完善党委（党组）落实全面从严治党主体责任的制度。

第十七条 严格执行《关于新形势下党内政治生活的若干准则》，坚持和完善民主生活会、组织生活会制度，健全“三会一课”、主题党日、谈心谈话、民主评议党员等制度，落实党员领导干部双重组织生活制度，发展积极健康的党内政治文化，确保党的组织生活经常、认真、严肃，不断增强政治性、时代性、原则性、战斗性，不断增强党自我净化、自我完善、自我革新、自我提高能力。

第十八条 各级党组织和全体党员必须坚决维护习近平总书记党中央的核心、全党的核心地位，坚决维护党中央权威和集中统一领导，坚持党员个人服从党的组织，少数服从多数，下级组织服从上级组织，全党各个组织和全体党员服从党的全国代表大会和中央委员会。落实全面从严治党战略部署，不断完善组织纪律各项要求，深入开展纪律教育，加强对组织纪律执行情况的监督检查，严肃查处违反组织纪律的行为，提高纪律的权威性和约束力，做到有令必行、有禁必止，执纪必严、违纪必究。

第四章　干 部 工 作

第十九条 坚持党管干部原则，坚持德才兼备、以德为先，坚持五湖四海、任人唯贤，坚持好干部标准，坚持正确用人导向，统筹干部素质培养、知事识人、选拔任用、从严管理、正向激励体系建设，统筹领导班子和干部队伍建设，统筹党政机关、人民团体、国有企业和事业单位干部队伍建设，着力建设忠诚干净担当的高素质专业化干部队伍。

第二十条 干部工作实行党中央集中统一领导下分级分类管理的体制。党委（党组）及其组织部门应当加强对干部工作的统一管理。根据事权划分、行业领域属性特点、机构设置和业务管理体制以及队伍建设需要，合理确定干部管理职责、范围、权限、方式和程序，做好干部双重管理工作。

第二十一条 领导班子建设必须把党的政治建设摆在首位，坚持高标准严要求，坚持统筹谋划、整体推进，坚持分类指导、精准施策，严格执行民主集中制，深化理论武装，优化班子结构，增强整体功能，保持班子稳定，提高政治判断力、政治领悟力、政治执行力，努力把各级领导班子锻造成为忠实践行习近平新时代中国特色社会主义思想、坚定贯彻落实党中央决策部署的坚强领导集体。

第二十二条 建立健全源头培养、跟踪培养、全程培养的素质培养体系，突出政治素质，注重分类分级，加强思想淬炼、政治历练、实践锻炼、专业训练，把思想理论武装、理想信念教育、知识结构改善、能力素质提升贯穿干部成长全过程。注重在基层一线和困难艰苦地区培养锻炼干部，增强斗争精神，提高治理能力，使广大干部政治素养、理论水平、专业能力、实践本领跟上时代发展步伐。

第二十三条 建立健全日常考核、分类考核、近距离考核的知事识人体系，贯彻新发展理念，坚持正确政绩观，把区分优劣、奖优罚劣、激励担当、促进发展作为基本任务，优化考核内容和考核指标体系，完善考核方式方法，统筹开展平时考核、年度考核、专项考核、任期考核，全方位、多渠道了解干部，注意掌握干部在重大任务、重大斗争一线的表现。强化考核结果运用，把考核结果与干部选拔任用、教育培养、管理监督、激励约束、问责追责等结合起来，推动形成能者上、优者奖、庸者下、劣者汰的正确导向。

第二十四条 建立健全以德为先、任人唯贤、人事相宜的选拔任用体系，充分发挥党组织领导和把关作用，把政治标准放在首位，严把政治关、品行关、能力关、作风关、廉洁关，严格落实干部选拔任用的原则、条件、程序，严格执行干部任期、任职回避等制度，树立注重基层、注重实践、讲担当重担当的用人导向，提高干部考察质量，精准科学选人用人，切实把党和人民需要的好干部选出来用起来。加强干部选拔任用工作全程监督，营造风清气正的选人用人环境。

拓宽选人用人视野，推进地方与部门之间、地区之间、部门之间、党政机关与国有企业和事业单位以及其他社会组织之间的干部交流，综合运用援派、挂职等方式，加大对国家重大战略选派干部支持力度。

第二十五条 建立健全管思想、管工作、管作风、管纪律的从严管理体系，聚焦领导干部特别是党政正职，突出对干部做到“两个维护”、遵守党章党规党纪和宪法法律法规、执行党的路线方针政策、贯彻落实党中央决策部署、遵守党内政治生活准则等情况的政治监督。坚持抓早抓小抓经常，加强日常管理和对履职尽责、担当作为的监督，推动广大干部严格按照制度履行职责、行使权力、开展工作。

第二十六条　建立健全崇尚实干、带动担当、加油鼓劲的正向激励体系，坚持严管和厚爱结合、激励和约束并重，加强对敢担当善作为干部的激励保护，以正确用人导向引领干事创业导向。正确对待、合理使用被问责和受处分干部，完善被诬告干部澄清正名制度，健全表彰奖励制度，落实和完善干部工资、福利与保险制度，关心关爱干部身心健康，加大对基层干部特别是困难艰苦地区干部的政策倾斜力度，充分调动广大干部干事创业的积极性主动性创造性。

第二十七条　着眼党和国家事业长远发展需要，坚持拓宽来源、优化结构、改进方式、提高质量，从各条战线、各个领域、各个行业发现选拔优秀年轻干部，优化成长路径，建立上下联动、长期关注的干部常态化培养锻炼机制，完善适时使用、动态管理机制，健全促进优秀年轻干部脱颖而出的制度措施，推动年轻干部加强思想理论武装和基层实践锻炼、提高解决实际问题的能力。用好各年龄段干部，优化干部队伍梯次结构。统筹做好培养选拔女干部、少数民族干部和党外干部工作。

第二十八条　加强党对公务员队伍的集中统一领导，健全统一规范高效的公务员工作领导体制。贯彻落实《中华人民共和国公务员法》，完善中国特色公务员制度，健全职务与职级并行、录用交流、考核奖惩、培训监督等制度，构建规范完备的公务员管理法规体系，健全科学有效的公务员管理机制。坚持和完善公务员分类管理，提高管理效能和科学化水平。

第二十九条　严格执行干部退休制度，加强离退休干部思想政治建设和党组织建设，完善和创新离退休干部服务管理工作，组织引导离退休干部发挥作用。

第三十条　坚持和加强党对机构编制工作的集中统一领导，建立健全组织部门统一管理机构编制委员会办公室的工作制度，做好完善领导管理体制相关工作，统筹干部和机构编制资源，确保机构编制管理和干部管理有机衔接。

第五章 人才工作

第三十一条 坚持党管人才原则，确立人才引领发展的战略地位，遵循社会主义市场经济规律和人才成长规律，破除束缚人才发展的思想观念和体制机制障碍，构建科学规范、开放包容、运行高效的人才发展治理体系，全方位培养、引进、用好人才，着力集聚爱国奉献的各方面优秀人才，推进实施人才强国战略、创新驱动发展战略，为民族复兴伟业提供强大人才支撑。

第三十二条 各级党委（党组）应当加强对本地区本部门本单位人才工作的领导，形成党委统一领导，组织部门牵头抓总，有关部门各司其职、密切配合，用人单位发挥主体作用、社会力量广泛参与的党管人才工作格局。

党中央设立中央人才工作协调小组，对全国人才工作和人才队伍建设进行宏观指导、统筹协调、政策创新、重点推动、督促检查。中央人才工作协调小组下设办公室，负责处理中央人才工作协调小组日常工作。中央人才工作协调小组办公室设在中央组织部。

地方党委设立人才工作领导（协调）机构，统筹协调本地区人才工作和人才队伍建设。党委和政府所属系统内承担人才工作职能较多或者人才比较集中的职能部门，可以根据实际设立人才工作领导机构和办事机构。

第三十三条 紧紧围绕经济社会发展需求，聚焦重大发展战略，加强对人才队伍建设的宏观谋划，培养造就大批德才兼备的高素质人才。坚持高端引领、整体开发，组织实施重大人才工程，统筹推进各领域人才队伍建设。

第三十四条 树立全球视野和战略眼光，实行更加积极、更加开放、更加有效的人才政策，坚持以用为本，聚天下英才而用之。推进人才资源的优化配置，充分发挥市场的决定性作用和更好发挥政府作用，鼓励引导人才向艰苦边远地区和基层一线流动。

第三十五条 协调推进人才发展体制机制改革和政策创新，坚决破除唯论文、唯职称、唯学历、唯奖项，健全人才引进、培养、使用、评价、流动、激励机制，加快构建具有吸引力和国际竞争力的人才制度体系，向用人主体放权，为人才松绑，激发人才创新活力。

第三十六条 发挥党的政治优势、组织优势、密切联系群众优势，加强对各方面人才的政治引领和政治吸纳，引导广大人才矢志爱国奉献、勇于创新创造。坚持党委联系服务专家制度，完善领导干部直接联系服务人才工作机制，及时听取人才的意见建议，关心人才的工作生活。

第三十七条 树立强烈的人才意识，完善人才服务保障体系，加强对优秀人才和先进典型的宣传，营造尊重劳动、尊重知识、尊重人才、尊重创造的良好氛围，鼓励创新、宽容失败，开创人人皆可成才、人人尽展其才的生动局面。

第六章 保障和监督

第三十八条 各级党委（党组）应当切实加强对组织工作的领导，关心和支持组织部门履行职责、开展工作，合理配置机构编制，充实工作力量，提供必要的工作条件和经费保障，统筹协调各方面，形成做好组织工作的合力。加强组织部门领导班子建设，注重选拔政治上强、坚持原则、公道正派、有党务工作经历的干部担任组织部门领导干部。

第三十九条 组织部门应当坚决贯彻执行党中央以及党委（党组）的决策部署，严格执行重大事项请示报告制度。坚持和完善部务会会议制度，健全议事规则和程序，充分发挥部务会集体领导和把关作用。

第四十条 组织部门应当聚焦主责主业，健全工作机制，优化工作流程，加强调查研究，注重运用互联网技术、数字技术和信息化手段，提高工作效能。

第四十一条 组织部门应当强化政治机关意识，带头发扬党的光荣传统和优良作风，带头增强“四个意识”、坚定“四个自信”、做到“两个维护”，坚持以党的政治建设为统领，深入推进从严治部、从严律己、从严带队伍，努力建设讲政治、重公道、业务精、作风好的模范部门，让党中央放心、让党员干部人才信赖、让人民群众满意。

加强组工干部队伍建设，强化政治纪律和政治规矩教育，严守组织人事纪律和保密纪律，坚持清正廉洁，着力提升专业化能力，确保政治上绝对可靠、对党绝对忠诚。

第四十二条 各级党委（党组）应当落实全面从严治党主体责任，加强对本条例执行情况的监督检查，将本条例执行情况纳入领导班子和领导干部考核内容，纳入巡视巡察范围。

第四十三条 违反本条例有关规定的，根据情节轻重，给予批评教育、责令检查、诫勉、组织处理或者依规依纪依法给予处分。

第七章 附 则

第四十四条 中央军事委员会可以根据本条例精神，制定相关规定。

第四十五条 本条例由中央组织部负责解释。

第四十六条 本条例自发布之日起施行。

中国共产党支部工作条例（试行）

（2018年9月21日中共中央政治局会议审议批准 2018年10月28日中共中央发布）

第一章 总 则

第一条 为了坚持和加强党的全面领导，弘扬“支部建在连上”光荣传统，落实党要管党、全面从严治党要求，全面提升党支部组织力，强化党支部政治功能，充分发挥党支部战斗堡垒作用，巩固党长期执政的组织基础，根据《中国共产党章程》和有关党内法规，制定本条例。

第二条 党支部是党的基础组织，是党组织开展工作的基本单元，是党在社会基层组织中的战斗堡垒，是党的全部工作和战斗力的基础，担负直接教育党员、管理党员、监督党员和组织群众、宣传群众、凝聚群众、服务群众的职责。

第三条 党支部工作必须遵循以下原则：

（一）坚持以马克思列宁主义、毛泽东思想、邓小平理论、“三个代表”重要思想、科学发展观、习近平新时代中国特色社会主义思想为指导，遵守党章，加强思想理论武装，坚定理想信念，不忘初心、牢记使命，始终保持先进性和纯洁性。

（二）坚持把党的政治建设摆在首位，牢固树立“四个意识”，坚定“四个自信”，做到“四个服从”，旗帜鲜明讲政治，坚决维护习近平总书记党中央的核心、全党的核心地位，坚决维护党中央权威和集中统一领导。

（三）坚持践行党的宗旨和群众路线，组织引领党员、群众听党话、跟党走，成为党员、群众的主心骨。

（四）坚持民主集中制，发扬党内民主，尊重党员主体地位，严肃党的纪律，提高解决自身问题的能力，增强生机活力。

（五）坚持围绕中心、服务大局，充分发挥积极性主动性创造性，确保党的路线方针政策和决策部署贯彻落实。

第二章　组 织 设 置

第四条　党支部设置一般以单位、区域为主，以单独组建为主要方式。企业、农村、机关、学校、科研院所、社区、社会组织、人民解放军和武警部队连（中）队以及其他基层单位，凡是有正式党员 3 人以上的，都应当成立党支部。

党支部党员人数一般不超过 50 人。

第五条　结合实际创新党支部设置形式，使党的组织和党的工作全覆盖。

规模较大、跨区域的农民专业合作组织，专业市场、商业街区、商务楼宇等，符合条件的，应当成立党支部。

正式党员不足 3 人的单位，应当按照地域相邻、行业相近、规模适当、便于管理的原则，成立联合党支部。联合党支部覆盖单位一般不超过 5 个。

为期 6 个月以上的工程、工作项目等，符合条件的，应当成立党支部。

流动党员较多，工作地或者居住地相对固定集中，应当由流出地党组织商流入地党组织，依托园区、商会、行业协会、驻外地办事机构等成立流动党员党支部。

第六条 党支部的成立，一般由基层单位提出申请，所在乡镇（街道）或者单位基层党委召开会议研究决定并批复，批复时间一般不超过1个月。

基层党委审批同意后，基层单位召开党员大会选举产生党支部委员会或者不设委员会的党支部书记、副书记。批复和选举结果由基层党委报上级党委组织部门备案。

根据工作需要，上级党委可以直接作出在基层单位成立党支部的决定。

第七条 对因党员人数或者所在单位、区域等发生变化，不再符合设立条件的党支部，上级党组织应当及时予以调整或者撤销。

党支部的调整和撤销，一般由党支部报所在乡镇（街道）或者单位基层党委批准，也可以由所在乡镇（街道）或者单位基层党委直接作出决定，并报上级党委组织部门备案。

第八条 为执行某项任务临时组建的机构，党员组织关系不转接的，经上级党组织批准，可以成立临时党支部。

临时党支部主要组织党员开展政治学习，教育、管理、监督党员，对入党积极分子进行教育培养等，一般不发展党员、处分处置党员，不收缴党费，不选举党代表大会代表和进行换届。

临时党支部书记、副书记和委员由批准其成立的党组织指定。

临时组建的机构撤销后，临时党支部自然撤销。

第三章 基本任务

第九条 党支部的基本任务是：

（一）宣传和贯彻落实党的理论和路线方针政策，宣传和执行党中央、上级党组织及本党支部的决议。讨论决定或者参与决定本地区本部门本单位重要事项，充分发挥党员先锋模范作用，团结组织群众，努力完成本地区本部门本单位所担负的任务。

（二）组织党员认真学习马克思列宁主义、毛泽东思想、邓小平理论、“三个代表”重要思想、科学发展观、习近平新时代中国特色社会主义思想，推进“两学一做”学习教育常态化制度化，学习党的路线方针政策和决议，学习党的基本知识，学习科学、文化、法律和业务知识。做好思想政治工作和意识形态工作。

（三）对党员进行教育、管理、监督和服务，突出政治教育，提高党员素质，坚定理想信念，增强党性，严格党的组织生活，开展批评和自我批评，维护和执行党的纪律，监督党员切实履行义务，保障党员的权利不受侵犯。加强和改进流动党员管理。关怀帮扶生活困难党员和老党员。做好党费收缴、使用和管理工作。依规稳妥处置不合格党员。

（四）密切联系群众，向群众宣传党的政策，经常了解群众对党员、党的工作的批评和意见，了解群众诉求，维护群众的正当权利和利益，做好群众的思想政治工作，凝聚广大群众的智慧和力量。领导本地区本部门本单位工会、共青团、妇女组织等群团组织，支持它们依照各自章程独立负责地开展工作。

（五）对要求入党的积极分子进行教育和培养，做好经常性的发展党员工作，把政治标准放在首位，严格程序、严肃纪律，发展政治品质纯洁的党员。发现、培养和推荐党员、群众中间的优秀人才。

（六）监督党员干部和其他任何工作人员严格遵守国家法律法规，严格遵守国家的财政经济法规和人事制度，不得侵占国家、集体和群众的利益。

（七）实事求是对党的建设、党的工作提出意见建议，及时向上级党组织报告重要情况。教育党员、群众自觉抵制不良倾向，坚决同各种违纪违法行为作斗争。

（八）按照规定，向党员、群众通报党的工作情况，公开党内有关事务。

第十条 不同领域党支部结合实际，分别承担各自不同的重点任务：

（一）村党支部，全面领导隶属本村的各类组织和各项工作，围绕实施乡村振兴战略开展工作，组织带领农民群众发展集体经济，走共同富裕道路，领导村级治理，建设和谐美丽乡村。贫困村党支部应当动员和带领群众，全力打赢脱贫攻坚战。

（二）社区党支部，全面领导隶属本社区的各类组织和各项工作，围绕巩固党在城市执政基础、增进群众福祉开展工作，领导基层社会治理，组织整合辖区资源，服务社区群众、维护和谐稳定、建设美好家园。

（三）国有企业和集体企业中的党支部，保证监督党和国家方针政策的贯彻执行，围绕企业生产经营开展工作，按规定参与企业重大问题的决策，服务改革发展、凝聚职工群众、建设企业文化，创造一流业绩。

（四）高校中的党支部，保证监督党的教育方针贯彻落实，巩固马克思主义在高校意识形态领域的指导地位，加强思想政治引领，筑牢学生理想信念根基，落实立德树人根本任务，保证教学科研管理各项任务完成。

（五）非公有制经济组织中的党支部，引导和监督企业严格遵守国家法律法规，团结凝聚职工群众，依法维护各方合法权益，建设企业先进文化，促进企业健康发展。

（六）社会组织中的党支部，引导和监督社会组织依法执业、诚信从业，教育引导职工群众增强政治认同，引导和支持社会组织有序参与社会治理、提供公共服务、承担社会责任。

（七）事业单位中的党支部，保证监督改革发展正确方向，参与重要决策，服务人才成长，促进事业发展。事业单位中发挥领导作用的党支部，对重大问题进行讨论和作出决定。

（八）各级党和国家机关中的党支部，围绕服务中心、建设队伍开展工作，发挥对党员的教育、管理、监督作用，协助本部门行政负责人完成任务、改进工作。

（九）流动党员党支部，组织流动党员开展政治学习，过好组织生活，进行民主评议，引导党员履行党员义务，行使党员权利，充分发挥作用。对组织关系不在本党支部的流动党员民主评议等情况，应当通报其组织关系所在党支部。

（十）离退休干部职工党支部，宣传执行党的路线方针政策，根据党员实际情况，组织参加学习，开展党的组织生活，听取意见建议，引导他们结合自身实际发挥作用。

第四章　工作机制

第十一条　党支部党员大会是党支部的议事决策机构，由全体党员参加，一般每季度召开1次。

党支部党员大会的职权是：听取和审查党支部委员会的工作报告；按

照规定开展党支部选举工作，推荐出席上级党代表大会的代表候选人，选举出席上级党代表大会的代表；讨论和表决接收预备党员和预备党员转正、延长预备期或者取消预备党员资格；讨论决定对党员的表彰表扬、组织处置和纪律处分；决定其他重要事项。

村、社区重要事项以及与群众利益密切相关的事项，必须经过党支部党员大会讨论。

党支部党员大会议题提交表决前，应当经过充分讨论。表决必须有半数以上有表决权的党员到会方可进行，赞成人数超过应到会有表决权的党员的半数为通过。

第十二条 党支部委员会是党支部日常工作的领导机构。

党支部委员会会议一般每月召开 1 次，根据需要可以随时召开，对党支部重要工作进行讨论、作出决定等。党支部委员会会议须有半数以上委员到会方可进行。重要事项提交党员大会决定前，一般应当经党支部委员会会议讨论。

第十三条 党员人数较多或者党员工作地、居住地比较分散的党支部，按照便于组织开展活动原则，应当划分若干党小组，并设立党小组组长。党小组组长由党支部指定，也可以由所在党小组党员推荐产生。

党小组主要落实党支部工作要求，完成党支部安排的任务。

党小组会一般每月召开 1 次，组织党员参加政治学习、谈心谈话、开展批评和自我批评等。

第十四条 党支部党员大会、党支部委员会会议由党支部书记召集并主持。书记不能参加会议的，可以委托副书记或者委员召集并主持。党小组会由党小组组长召集并主持。

第五章 组 织 生 活

第十五条 党支部应当严格执行党的组织生活制度，经常、认真、严肃地开展批评和自我批评，增强党内政治生活的政治性、时代性、原则性、战斗性。

党员领导干部应当带头参加所在党支部或者党小组组织生活。

第十六条 党支部应当组织党员按期参加党员大会、党小组会和上党课，定期召开党支部委员会会议。

“三会一课”应当突出政治学习和教育，突出党性锻炼，以“两学一做”为主要内容，结合党员思想和工作实际，确定主题和具体方式，做到形式多样、氛围庄重。

党课应当针对党员思想和工作实际，回应普遍关心的问题，注重身边人讲身边事，增强吸引力感染力。党员领导干部应当定期为基层党员讲党课，党委（党组）书记每年至少讲1次党课。

党支部每月相对固定1天开展主题党日，组织党员集中学习、过组织生活、进行民主议事和志愿服务等。主题党日开展前，党支部应当认真研究确定主题和内容；开展后，应当抓好议定事项的组织落实。

对经党组织同意可以不转接组织关系的党员，所在单位党组织可以将其纳入一个党支部或者党小组，参加组织生活。

第十七条 党支部每年至少召开1次组织生活会，一般安排在第四季度，也可以根据工作需要随时召开。组织生活会一般以党支部党员大会、党支部委员会会议或者党小组会形式召开。

组织生活会应当确定主题，会前认真学习，谈心谈话，听取意见；会上查摆问题，开展批评和自我批评，明确整改方向；会后制定整改措施，逐一整改落实。

第十八条 党支部一般每年开展1次民主评议党员，组织党员对照合格党员标准、对照入党誓词，联系个人实际进行党性分析。

党支部召开党员大会，按照个人自评、党员互评、民主测评的程序，组织党员进行评议。党员人数较多的党支部，个人自评和党员互评可以在党小组范围内进行。党支部委员会会议或者党员大会根据评议情况和党员日常表现情况，提出评定意见。

民主评议党员可以结合组织生活会一并进行。

第十九条 党支部应当经常开展谈心谈话。党支部委员之间、党支部委员和党员之间、党员和党员之间，每年谈心谈话一般不少于1次。谈心谈话应当坦诚相见、交流思想、交换意见、帮助提高。

党支部应当注重分析党员思想状况和心理状态。对家庭发生重大变故和出现重大困难、身心健康存在突出问题等情况的党员，党支部书记应当帮助做好心理疏导；对受到处分处置以及有不良反映的党员，党支部书记应当有针对性地做好思想政治工作。

第六章　党支部委员会建设

第二十条　有正式党员 7 人以上的党支部，应当设立党支部委员会。党支部委员会由 3 至 5 人组成，一般不超过 7 人。

党支部委员会设书记和组织委员、宣传委员、纪检委员等，必要时可以设 1 名副书记。

正式党员不足 7 人的党支部，设 1 名书记，必要时可以设 1 名副书记。

第二十一条　村、社区党支部委员会每届任期 5 年，其他基层单位党支部委员会一般每届任期 3 年。

党支部委员会由党支部党员大会选举产生，党支部书记、副书记一般由党支部委员会会议选举产生，不设委员会的党支部书记、副书记由党支部党员大会选举产生。选出的党支部委员，报上级党组织备案；党支部书记、副书记，报上级党组织批准。党支部书记、副书记、委员出现空缺，应当及时进行补选。确有必要时，上级党组织可以指派党支部书记或者副书记。

建立健全党支部按期换届提醒督促机制。根据党组织隶属关系和干部管理权限，上级党组织对任期届满的党支部，一般提前 6 个月以发函或者电话通知等形式，提醒做好换届准备。对需要延期或者提前换届的，应当认真审核、从严把关，延长或者提前期限一般不超过 1 年。

第二十二条　党支部书记主持党支部全面工作，督促党支部其他委员履行职责、发挥作用，抓好党支部委员会自身建设，向党支部委员会、党员大会和上级党组织报告工作。

党支部副书记协助党支部书记开展工作。党支部其他委员按照职责分工开展工作。

第二十三条　党支部书记应当具备良好政治素质，热爱党的工作，具有一定的政策理论水平、组织协调能力和群众工作本领，敢于担当、乐于奉献，带头发挥先锋模范作用，在党员、群众中有较高威信，一般应当具有1年以上党龄。

第二十四条 上级党组织应当结合不同领域实际，突出政治标准，按照组织程序，采取多种方式，选拔符合条件的优秀党员担任党支部书记。

村、社区应当注重从带富能力强的村民、复员退伍军人、经商务工人员、乡村教师、乡村医生、社会工作者、大学生村官、退休干部职工等群体中选拔党支部书记。对没有合适人选的，上级党组织可以跨地域或者从机关和企事业单位选派党支部书记。根据工作需要，上级党组织可以选派优秀干部到村、社区担任党支部第一书记，指导、帮助党支部书记开展工作，主要承担建强党支部、推动中心工作、为民办事服务、提升治理水平等职责任务。符合条件的村、社区党支部书记可以通过法定程序担任村民委员会、居民委员会主任。

机关、国有企业、事业单位，党支部书记一般由本部门本单位主要负责人担任，也可以由本部门本单位其他负责人担任。根据工作需要，上级党组织可以选派党员干部担任专职党支部书记。

非公有制经济组织、社会组织，一般从管理层中选任党支部书记，应当注重从业务骨干中选拔党支部书记。没有合适人选的，可以由上级党组织选派党支部书记。

加强党支部书记后备队伍建设，注意发现优秀党员作为党支部书记后备人才培养，建立村、社区等领域党支部书记后备人才库。

第二十五条 上级党组织应当经常对党支部书记、副书记和其他委员进行培训。

党支部书记培训纳入党员、干部教育培训规划，对新任党支部书记应当进行任职培训。中央组织部组织开展党支部书记示范培训，地方、行业、系统一般根据党组织隶属关系，分层分类开展党支部书记全员轮训。党支部书记每年应当至少参加1次县级以上党组织举办的集中轮训。注意统筹安排，防止频繁参训，确保党支部书记做好日常工作。

对党支部书记、副书记和其他委员的培训应当突出党的基本理论、基本政策、基本知识及党务工作基本要求，党的优良传统和作风，党规党纪等内容。注重发挥优秀党支部书记传帮带作用。

第二十六条 注重从优秀村、社区党支部书记中选拔乡镇和街道领导干部，考录公务员和招聘事业单位人员。

培养树立党支部书记先进典型，对优秀党支部书记给予表彰表扬。

第二十七条 党支部委员会成员应当自觉接受上级党组织和党员、群众监督，加强互相监督。

党支部书记每年应当向上级党组织和党支部党员大会述职，接受评议考核，考核结果作为评先评优、选拔使用的重要依据。

第二十八条 建立持续整顿软弱涣散党支部工作机制。对不适宜担任党支部书记、副书记和委员职务的，上级党组织应当及时作出调整。对存在换届选举拉票贿选、宗族宗教和黑恶势力干扰渗透等问题的，上级党组织应当及时严肃处理。

第七章 领导和保障

第二十九条 各级党委（党组）应当把党支部建设作为最重要的基本建设，定期研究讨论、加强领导指导，切实履行主体责任。县级党委每年至少专题研究1次党支部建设工作。

各级党委（党组）书记应当带头建立党支部工作联系点，带头深入基层调查研究，发现和解决问题，总结推广经验。

第三十条 党委组织部门应当经常对党支部建设情况进行分析研判，加强分类指导和督促检查，扩大先进党支部增量，提升中间党支部水平，整顿后进党支部。加强党支部标准化、规范化建设。基层党委一般应当配备专兼职组织员，加强对党支部建设的具体指导。

各级党委组织部门应当注意通过党支部了解掌握党员干部日常表现，干部考察应当听取考察对象所在党支部的意见。

村、社区党支部书记纳入县级党委组织部备案管理。

第三十一条 村、社区党支部工作纳入县级党委巡察监督工作内容。

第三十二条 抓党支部建设情况应当列入各级党委书记抓基层党建工作述职评议考核的重要内容，作为评判其履行管党治党政治责任情况的重要依据。对抓党支部建设不力、各项工作不落实的，上级党委及其组织部门应当进行约谈。对党支部建设出现严重问题，党员、群众反映强烈的，应当按照规定严肃问责。

第三十三条　各级党组织应当为党支部开展工作提供必要条件，给予经费保障。增强村、社区党支部运转经费保障能力，落实村、社区党支部书记报酬待遇，并根据当地经济发展水平建立正常增长机制。给予非公有制经济组织和社会组织党支部工作经费支持。加强村、社区和园区等领域基层党组织活动场所建设，积极运用现代技术和信息化手段，充分发挥办公议事、开展党的活动、提供便民服务等综合功能。

县级以上党委管理的党费每年应当按照一定比例下拨到党支部，重点支持贫困村党支部、困难国有企业党支部、非公有制经济组织和社会组织党支部、流动党员党支部、离退休干部职工党支部等开展党的活动。

第八章　附　　则

第三十四条　村、社区党的基层委员会、总支部委员会，按照本条例执行。

第三十五条　中央军事委员会可以根据本条例，制定相关规定。

第三十六条　本条例由中央组织部负责解释。

第三十七条　本条例自2018年10月28日起施行。其他有关党支部的规定与本条例不一致的，按照本条例执行。

党政领导干部选拔任用工作条例

（2019年1月25日中共中央政治局会议审议批准　2019年3月3日中共中央发布）

第一章　总　　则

第一条　为了坚持和加强党的全面领导，深入贯彻新时代党的组织路线和干部工作方针政策，落实党要管党、全面从严治党特别是从严管理干部的要求，坚持新时期好干部标准，建立科学规范的党政领导干部选拔任用制度，形成有效管用、简便易行、有利于优秀人才脱颖而出的选人用人机制，推进干部队伍革命化、年轻化、知识化、专业化，建设一支高举中国特色社会主义伟大旗帜，以马克思列宁主义、毛泽东思想、邓小平理论、“三个代表”重要思想、科学发展观、习近平新时代中国特色社会主义思想为指导，忠诚干净担当的高素质专业化党政领导干部队伍，保证党的基本理论、基本路线、基本方略全面贯彻执行和新时代中国特色社会主义事业顺利发展，根据《中国共产党章程》等党内法规和有关国家法律，制定本条例。

第二条 选拔任用党政领导干部，必须坚持下列原则：

（一）党管干部；

（二）德才兼备、以德为先，五湖四海、任人唯贤；

（三）事业为上、人岗相适、人事相宜；

（四）公道正派、注重实绩、群众公认；

（五）民主集中制；

（六）依法依规办事。

第三条 选拔任用党政领导干部，必须把政治标准放在首位，符合将领导班子建设成为坚持党的基本理论、基本路线、基本方略，全心全意为人民服务，具有推进新时代中国特色社会主义事业发展的能力，结构合理、团结坚强的领导集体的要求。

树立注重基层和实践的导向，大力选拔敢于负责、勇于担当、善于作为、实绩突出的干部。

注重发现和培养选拔优秀年轻干部，用好各年龄段干部。

统筹做好培养选拔女干部、少数民族干部和党外干部工作。

对不适宜担任现职的领导干部应当进行调整，推进领导干部能上能下。

第四条 本条例适用于选拔任用中共中央、全国人大常委会、国务院、全国政协、中央纪律检查委员会工作部门领导成员或者机关内设机构担任领导职务的人员，国家监察委员会、最高人民法院、最高人民检察院领导成员（不含正职）和内设机构担任领导职务的人员；县级以上地方各级党委、人大常委会、政府、政协、纪委监委、法院、检察院及其工作部门领导成员或者机关内设机构担任领导职务的人员；上列工作部门内设机构担任领导职务的人员。

选拔任用参照公务员法管理的群团机关和县级以上党委、政府直属事业单位的领导成员及其内设机构担任领导职务的人员，参照本条例执行。

上列机关、单位选拔任用非中共党员领导干部，参照本条例执行。

选拔任用民族区域自治地方党政领导干部，法律法规和政策另有规定的，从其规定。

第五条 本条例第四条所列范围中选举和依法任免的党政领导职务，党组织推荐、提名人选的产生，适用本条例的规定，其选举和依法任免按照有关法律、章程和规定进行。

第六条 党委（党组）及其组织（人事）部门按照干部管理权限履行选拔任用党政领导干部职责，切实发挥把关作用，负责本条例的组织实施。

第二章 选拔任用条件

第七条 党政领导干部必须信念坚定、为民服务、勤政务实、敢于担当、清正廉洁，具备下列基本条件：

（一）自觉坚持以马克思列宁主义、毛泽东思想、邓小平理论、“三个代表”重要思想、科学发展观、习近平新时代中国特色社会主义思想为指导，努力用马克思主义立场、观点、方法分析和解决实际问题，坚持讲学习、讲政治、讲正气，牢固树立政治意识、大局意识、核心意识、看齐意识，坚决维护习近平总书记核心地位，坚决维护党中央权威和集中统一领导，自觉在思想上政治上行动上同党中央保持高度一致，经得起各种风浪考验；

（二）具有共产主义远大理想和中国特色社会主义坚定信念，坚定道路自信、理论自信、制度自信、文化自信，坚决贯彻执行党的理论和路线方针政策，立志改革开放，献身现代化事业，在社会主义建设中艰苦创业，树立正确政绩观，做出经得起实践、人民、历史检验的实绩；

（三）坚持解放思想，实事求是，与时俱进，求真务实，认真调查研究，能够把党的方针政策同本地区本部门实际相结合，卓有成效地开展工作，落实“三严三实”要求，主动担当作为，真抓实干，讲实话，办实事，求实效；

（四）有强烈的革命事业心、政治责任感和历史使命感，有斗争精神和斗争本领，有实践经验，有胜任领导工作的组织能力、文化水平和专业素养；

（五）正确行使人民赋予的权力，坚持原则，敢抓敢管，依法办事，以身作则，艰苦朴素，勤俭节约，坚持党的群众路线，密切联系群众，自觉接受党和群众的批评、监督，加强道德修养，讲党性、重品行、作表率，带头践行社会主义核心价值观，廉洁从政、廉洁用权、廉洁修身、廉洁齐家，做到自重自省自警自励，反对形式主义、官僚主义、享乐主义和奢靡之风，反对任何滥用职权、谋求私利的行为；

（六）坚持和维护党的民主集中制，有民主作风，有全局观念，善于团结同志，包括团结同自己有不同意见的同志一道工作。

第八条 提拔担任党政领导职务的，应当具备下列基本资格：

（一）提任县处级领导职务的，应当具有五年以上工龄和两年以上基层工作经历。

（二）提任县处级以上领导职务的，一般应当具有在下一级两个以上职位任职的经历。

（三）提任县处级以上领导职务，由副职提任正职的，应当在副职岗位工作两年以上；由下级正职提任上级副职的，应当在下级正职岗位工作三年以上。

（四）一般应当具有大学专科以上文化程度，其中厅局级以上领导干部一般应当具有大学本科以上文化程度。

（五）应当经过党校（行政学院）、干部学院或者组织（人事）部门认可的其他培训机构的培训，培训时间应当达到干部教育培训的有关规定要求。确因特殊情况在提任前未达到培训要求的，应当在提任后一年内完成培训。

（六）具有正常履行职责的身体条件。

（七）符合有关法律规定的资格要求。提任党的领导职务的，还应当符合《中国共产党章程》等规定的党龄要求。

职级公务员担任领导职务，按照有关规定执行。

第九条 党政领导干部应当逐级提拔。特别优秀或者工作特殊需要的干部，可以突破任职资格规定或者越级提拔担任领导职务。

破格提拔的特别优秀干部，应当政治过硬、德才素质突出、群众公认度高，且符合下列条件之一：在关键时刻或者承担急难险重任务中经受住考验、表现突出、作出重大贡献；在条件艰苦、环境复杂、基础差的地区或者单位工作实绩突出；在其他岗位上尽职尽责，工作实绩特别显著。

因工作特殊需要破格提拔的干部，应当符合下列情形之一：领导班子结构需要或者领导职位有特殊要求的；专业性较强的岗位或者重要专项工作急需的；艰苦边远地区、贫困地区急需引进的。

破格提拔干部必须从严掌握。不得突破本条例第七条规定的基本条件和第八条第一款第七项规定的资格要求。任职试用期未满或者提拔任职不满一年的，不得破格提拔。不得在任职年限上连续破格。不得越两级提拔。

第十条 拓宽选人视野和渠道，党政领导干部可以从党政机关选拔任用，也可以从党政机关以外选拔任用，注意从企业、高等学校、科研院所等单位以及社会组织中发现选拔。地方党政领导班子成员应当注意从担任过县（市、区、旗）、乡（镇、街道）党政领导职务的干部和国有企事业单位领导人员中选拔。

第三章 分析研判和动议

第十一条 组织（人事）部门应当深化对干部的日常了解，坚持知事识人，把功夫下在平时，全方位、多角度、近距离了解干部。根据日常了解情况，对领导班子和领导干部进行综合分析研判，为党委（党组）选人用人提供依据和参考。

第十二条 党委（党组）或者组织（人事）部门根据工作需要和领导班子建设实际，结合综合分析研判情况，提出启动干部选拔任用工作意见。

第十三条 组织（人事）部门综合有关方面建议和平时了解掌握的情况，对领导班子和领导干部进行动议分析，就选拔任用的职位、条件、范围、方式、程序和人选意向等提出初步建议。

个人向党组织推荐领导干部人选，必须负责地写出推荐材料并署名。

第十四条 组织（人事）部门将初步建议向党委（党组）主要领导成员汇报，对初步建议进行完善，在一定范围内进行沟通酝酿，形成工作方案。

对动议的人选严格把关，根据工作需要，可以提前核查有关事项。

第十五条 研判和动议时，根据工作需要和实际情况，如确有必要，也可以把公开选拔、竞争上岗作为产生人选的一种方式。领导职位出现空缺且本地区本部门没有合适人选的，特别是需要补充紧缺专业人才或者配备结构需要干部的，可以通过公开选拔产生人选；领导职位出现空缺，本单位本系统符合资格条件人数较多且需要进一步比选择优的，可以通过竞争上岗产生人选。公开选拔、竞争上岗一般适用于副职领导职位。

公开选拔、竞争上岗应当结合岗位特点，坚持组织把关，突出政治素质、专业素养、工作实绩和一贯表现，防止简单以分数、票数取人。

公开选拔、竞争上岗设置的资格条件突破规定的，应当事先报上级组织（人事）部门审核同意。

第四章 民主推荐

第十六条 选拔任用党政领导干部，应当经过民主推荐。民主推荐包括谈话调研推荐和会议推荐，推荐结果作为选拔任用的重要参考，在一年内有效。

第十七条 领导班子换届，民主推荐按照职位设置全额定向推荐；个别提拔任职或者进一步使用，可以按照拟任职位进行定向推荐，也可以根据拟任职位的具体情况进行非定向推荐；进一步使用的，可以采取听取意见的方式进行，其中正职也可以参照个别提拔任职进行民主推荐。

第十八条 地方领导班子换届，民主推荐应当经过下列程序：

（一）进行谈话调研推荐，提前向谈话对象提供谈话提纲、换届政策说明、干部名册等相关材料，提出有关要求，提高谈话质量；

（二）综合考虑谈话调研推荐情况以及人选条件、岗位要求、班子结构等，经与本级党委沟通协商后，由上级党委或者组织部门研究提出会议推荐参考人选，参考人选应当差额提出；

（三）召开推荐会议，由本级党委主持，考察组说明换届有关政策，介绍参考人选产生情况，提出有关要求，组织填写推荐表；

（四）对民主推荐情况进行综合分析；

（五）向上级党委或者组织部门汇报民主推荐情况。

第十九条 地方领导班子换届，谈话调研推荐一般由下列人员参加：

（一）党委成员；

（二）人大常委会、政府、政协领导成员；

（三）纪委监委领导成员；

（四）法院、检察院主要领导成员；

（五）党委工作部门、政府工作部门、群团组织主要领导成员；

（六）下一级党委和政府主要领导成员；

（七）其他需要参加的人员，可以根据知情度、关联度和代表性原则确定。

推荐人大常委会、政府、政协领导成员人选，应当有民主党派、工商联主要领导成员和无党派代表人士参加。

参加会议推荐的人员参照上列范围确定，可以适当调整。

第二十条 个别提拔任职，或者进一步使用需要进行民主推荐的，民主推荐程序可以参照本条例第十八条规定进行；必要时也可以先进行会议推荐，再进行谈话调研推荐。先进行谈话调研推荐的，可以提出会议推荐参考人选，参考人选应当差额提出。单位人数较少、参加会议推荐人员范围与谈话调研推荐人员范围基本相同，且谈话调研推荐意见集中的，根据实际情况，可以不再进行会议推荐。

根据工作需要，可以在民主推荐前对推荐职位、条件、范围以及符合职位要求和任职条件的人选，在人选所在地区或者单位领导班子范围内进行沟通。

第二十一条 个别提拔任职，或者进一步使用需要进行民主推荐的，参加民主推荐人员一般按照下列范围执行：

（一）民主推荐地方党政领导班子成员人选，参照本条例第十九条规定执行，可以适当调整。

（二）民主推荐工作部门领导成员人选，谈话调研推荐由本部门领导成员、内设机构担任主要领导职务的人员、直属单位主要领导成员以及其他需要参加的人员参加；根据实际情况还可以吸收本系统下级单位主要领导成员参加。参加会议推荐的人员范围可以适当调整。

（三）民主推荐内设机构领导职务拟任人选，参照前项所列范围确定，也可以在内设机构范围内进行。

第二十二条 党委和政府及其工作部门个别特殊需要的领导成员人选，可以由党委（党组）或者组织（人事）部门推荐，报上级组织（人事）部门同意后作为考察对象。

第五章 考 察

第二十三条 确定考察对象，应当根据工作需要和干部德才条件，将民主推荐与日常了解、综合分析研判以及岗位匹配度等情况综合考虑，深入分析、比较择优，防止把推荐票等同于选举票、简单以推荐票取人。

第二十四条 有下列情形之一的，不得列为考察对象：

（一）违反政治纪律和政治规矩的；

（二）群众公认度不高的；

（三）上一年年度考核结果为基本称职以下等次的；

（四）有跑官、拉票等非组织行为的；

（五）除特殊岗位需要外，配偶已移居国（境）外，或者没有配偶但子女均已移居国（境）外的；

（六）受到诫勉、组织处理或者党纪政务处分等影响期未满或者期满影响使用的；

（七）其他原因不宜提拔或者进一步使用的。

第二十五条 地方领导班子换届，由本级党委书记与副书记、分管组织、纪检监察等工作的常委根据上级党委组织部门反馈的情况，对考察对象人选进行酝酿，本级党委常委会研究提出考察对象建议名单，经与上级党委组织部门沟通后，确定考察对象。对拟新进党政领导班子的考察对象，应当在一定范围内公示。

个别提拔任职或者进一步使用，按照干部管理权限，由党委（党组）或者上级组织（人事）部门研究确定考察对象。

考察对象一般应当多于拟任职务人数，个别提拔任职或者进一步使用时意见比较集中的，也可以等额确定考察对象。

第二十六条 对确定的考察对象，由组织（人事）部门进行严格考察。

双重管理干部的考察工作，由主管方负责组织实施，根据工作需要会同协管方进行。

第二十七条 考察党政领导职务拟任人选，必须依据干部选拔任用条件和不同领导职务的职责要求，全面考察其德、能、勤、绩、廉，严把政治关、品行关、能力关、作风关、廉洁关。

突出政治标准，注重了解政治理论学习情况，深入考察政治忠诚、政治定力、政治担当、政治能力、政治自律等方面的情况。

深入考察道德品行，加强对工作时间之外表现的考察，注重了解社会公德、职业道德、家庭美德、个人品德等方面的情况。

强化专业素养考察，深入了解专业知识、专业能力、专业作风、专业精神等方面的情况。

注重考察工作实绩，围绕贯彻落实党中央重大决策部署，统筹推进“五位一体”总体布局和协调推进“四个全面”战略布局，深入了解履行岗位职责、贯彻新发展理念、推动高质量发展取得的实际成效。考察地方党政领导班子成员，应当把经济建设、政治建设、文化建设、社会建设、生态文明建设和党的建设等情况作为考察评价的重要内容，防止单纯以经济增长速度评定工作实绩。考察党政工作部门领导干部，应当把履行党的建设职责，制定和执行政策、推动改革创新、营造良好发展环境、提供优质公共服务、维护社会公平正义等作为考察评价的重要内容。

加强作风考察，深入了解为民服务、求真务实、勤勉敬业、敢于担当、奋发有为，遵守中央八项规定精神，反对形式主义、官僚主义、享乐主义和奢靡之风等情况。

强化廉政情况考察，深入了解遵守廉洁自律有关规定，保持高尚情操和健康情趣，慎独慎微，秉公用权，清正廉洁，不谋私利，严格要求亲属和身边工作人员等情况。

根据实际需要，针对不同层级、不同岗位考察对象，实行差异化考察，对党政正职人选，坚持更高标准、更严要求，突出把握政治方向、驾驭全局、抓班子带队伍等方面情况的考察。

第二十八条 考察党政领导职务拟任人选，应当保证充足的考察时间，经过下列程序：

（一）制定考察工作方案；

（二）同考察对象呈报单位或者所在单位党委（党组）主要领导成员就考察工作方案沟通情况，征求意见；

（三）根据考察对象的不同情况，通过适当方式在一定范围内发布干部考察预告；

（四）采取个别谈话、发放征求意见表、民主测评、实地走访、查阅干部人事档案和工作资料等方法，广泛深入地了解情况，根据需要进行专项调查、延伸考察等，注意了解考察对象生活圈、社交圈情况；

（五）同考察对象面谈，进一步了解其政治立场、思想品质、价值取向、见识见解、适应能力、性格特点、心理素质等方面情况，以及缺点和不足，鉴别印证有关问题，深化对考察对象的研判；

（六）综合分析考察情况，与考察对象的一贯表现进行比较、相互印证，全面准确地对考察对象作出评价；

（七）向考察对象呈报单位或者所在单位党委（党组）主要领导成员反馈考察情况，并交换意见；

（八）考察组研究提出人选任用建议，向派出考察组的组织（人事）部门汇报，经组织（人事）部门集体研究提出任用建议方案，向本级党委（党组）报告。

考察内设机构领导职务拟任人选程序，可以根据实际情况适当简化。

第二十九条 考察地方党政领导班子成员拟任人选，个别谈话和征求意见的范围一般为：

（一）党委和政府领导成员，人大常委会、政协、纪委监委、法院、检察院主要领导成员；

（二）考察对象所在单位领导成员；

（三）考察对象所在单位有关工作部门主要领导成员或者内设机构担任

主要领导职务的人员和直属单位主要领导成员；

（四）其他有关人员。

第三十条 考察工作部门领导班子成员拟任人选，个别谈话和征求意见的范围一般为：

（一）考察对象上级领导机关有关领导成员；

（二）考察对象所在单位领导成员；

（三）考察对象所在单位内设机构担任主要领导职务的人员和直属单位主要领导成员；

（四）其他有关人员。

考察内设机构领导职务拟任人选，个别谈话和征求意见的范围参照上列规定执行。

第三十一条 考察党政领导职务拟任人选，应当听取考察对象所在单位组织（人事）部门、纪检监察机关、机关党组织的意见，根据需要可以听取巡视巡察机构、审计机关和其他相关部门意见。

组织（人事）部门必须严格审核考察对象的干部人事档案，查核个人有关事项报告，就党风廉政情况听取纪检监察机关意见，对反映问题线索具体、有可查性的信访举报进行核查。对需要进行经济责任审计的考察对象，应当事先按照有关规定进行审计。

考察对象呈报单位或者所在单位党委（党组）必须就考察对象廉洁自律情况提出结论性意见，并由党委（党组）书记、纪委书记（纪检监察组组长）签字。机关内设机构领导职务的拟任人选考察对象，也应当由相关党组织和纪检监察机构出具廉洁自律情况结论性意见。

第三十二条 考察党政领导职务拟任人选，必须形成书面考察材料，建立考察文书档案。已经任职的，考察材料归入本人干部人事档案。考察材料必须写实，评判应当全面、准确、客观，用具体事例反映考察对象的情况，包括下列内容：

（一）德、能、勤、绩、廉方面的主要表现以及主要特长、行为特征；

（二）主要缺点和不足；

（三）民主推荐、民主测评、考察谈话情况；

（四）审核干部人事档案、查核个人有关事项报告、听取纪检监察机关意见、核查信访举报等情况的结论。

第三十三条 党委（党组）或者组织（人事）部门选派具有较高素质的人员组建考察组，考察组由两名以上成员组成。考察组负责人应当由思想政治素质好、具有较丰富工作经验并熟悉干部工作的人员担任。

实行干部考察工作责任制。考察组必须坚持原则，公道正派，深入细致，如实反映考察情况和意见，对考察材料负责，履行干部选拔任用风气监督职责。

第六章 讨论决定

第三十四条 党政领导职务拟任人选，在讨论决定或者决定呈报前，应当根据职位和人选的不同情况，分别在党委（党组）、人大常委会、政府、政协等有关领导成员中进行酝酿。

工作部门领导成员拟任人选，应当征求上级分管领导成员的意见。

非中共党员拟任人选，应当征求党委统战部门和民主党派、工商联主要领导成员、无党派代表人士的意见。

双重管理干部的任免，主管方应当事先征求协管方意见，进行酝酿。征求意见一般采用书面形式进行。协管方自收到主管方意见之日起一个月内未予答复的，视为同意。双方意见不一致时，正职的任免报上级党委组织部门协调，副职的任免由主管方决定。

第三十五条 选拔任用党政领导干部，应当按照干部管理权限由党委（党组）集体讨论作出任免决定，或者决定提出推荐、提名的意见。属于上级党委（党组）管理的，本级党委（党组）可以提出选拔任用建议。

对拟破格提拔的人选在讨论决定前，必须报经上级组织（人事）部门同意。越级提拔或者不经过民主推荐列为破格提拔人选的，应当在考察前报告，经批复同意后方可进行。

第三十六条 市（地、州、盟）、县（市、区、旗）党委和政府领导班子正职的拟任人选和推荐人选，一般应当由上级党委常委会提名并提交全会无记名投票表决；全会闭会期间，由党委常委会作出决定，决定前应当征求党委委员的意见。

第三十七条 有下列情形之一的，不得提交会议讨论：

（一）没有按照规定进行民主推荐、考察的；

（二）拟任人选所在单位党委（党组）对廉洁自律情况没有作出结论性意见的，或者纪检监察机关未反馈意见的，或者纪检监察机关有不同意见的；

（三）个人有关事项报告未查核或者经查核存疑尚未查清的；

（四）线索具体、有可查性的信访举报尚未调查清楚的；

（五）干部人事档案中身份、年龄、工龄、党龄、学历、经历等存疑尚未查清的；

（六）巡视巡察、审计等工作中发现重大问题尚未作出结论的；

（七）没有按照规定向上级报告或者报告后未经批复同意的干部任免事项；

（八）其他原因不宜提交会议讨论的。

第三十八条 党委（党组）讨论决定干部任免事项，必须有三分之二以上成员到会，并保证与会成员有足够时间听取情况介绍、充分发表意见。与会成员对任免事项，应当逐一发表同意、不同意或者缓议等明确意见，党委（党组）主要负责人应当最后表态。在充分讨论的基础上，采取口头表决、举手表决或者无记名投票等方式进行表决。意见分歧较大时，暂缓进行表决。

党委（党组）有关干部任免的决定，需要复议的，应当经党委（党组）超过半数成员同意后方可进行。

第三十九条 党委（党组）讨论决定干部任免事项，应当按照下列程序进行：

（一）党委（党组）分管组织（人事）工作的领导成员或者组织（人事）部门负责人，逐个介绍领导职务拟任人选的推荐、考察和任免理由等情况，其中涉及破格提拔等需要按照要求事先向上级组织（人事）部门报告的选拔任用有关工作事项，应当说明具体事由和征求上级组织（人事）部门意见的情况；

（二）参加会议人员进行充分讨论；

（三）进行表决，以党委（党组）应到会成员超过半数同意形成决定。

第四十条 需要报上级党委（党组）审批的拟提拔任职的干部，必须呈报党委（党组）请示并附干部任免审批表、干部考察材料、本人干部人事档案和党委（党组）会议纪要、讨论记录、民主推荐情况等材料。上级组织（人事）部门对呈报的材料应当严格审查。

需要报上级备案的干部，应当按照规定及时向上级组织（人事）部门备案。

第七章 任　　职

第四十一条 党政领导职务实行选任制、委任制，部分专业性较强的领导职务可以实行聘任制。

第四十二条 实行党政领导干部任职前公示制度。

提拔担任厅局级以下领导职务的，除特殊岗位和在换届考察时已进行过公示的人选外，在党委（党组）讨论决定后、下发任职通知前，应当在一定范围内公示。公示内容应当真实准确，便于监督，涉及破格提拔的还应当说明破格的具体情形和理由。公示期不少于五个工作日。公示结果不影响任职的，办理任职手续。

第四十三条 实行党政领导干部任职试用期制度。

提拔担任下列非选举产生的厅局级以下领导职务的，试用期为一年：

（一）党委、人大常委会、政府、政协工作部门副职和内设机构领导职务；

（二）纪委监委机关内设机构、派出机构领导职务；

（三）法院、检察院内设机构的非国家权力机关依法任命的领导职务。

试用期满后，经考核胜任现职的，正式任职；不胜任的，免去试任职务，一般按照试任前职级或者职务层次安排工作。

第四十四条 实行任职谈话制度。对决定任用的干部，由党委（党组）指定专人同本人谈话，肯定成绩，指出不足，提出要求和需要注意的问题。

对破格提拔以及通过公开选拔、竞争上岗任职的干部，试用期满正式任职时，党委（党组）还应当指定专人进行谈话。

第四十五条 党政领导职务的任职时间，按照下列时间计算：

（一）由党委（党组）决定任职的，自党委（党组）决定之日起计算；

（二）由党的代表大会、党的委员会全体会议、党的纪律检查委员会全体会议、人民代表大会、政协全体会议选举、决定任命的，自当选、决定任命之日起计算；

（三）由人大常委会或者政协常委会任命或者决定任命的，自人大常委会、政协常委会任命或者决定任命之日起计算；

（四）由党委向政府提名由政府任命的，自政府任命之日起计算。

第八章　依法推荐、提名和民主协商

第四十六条　党委向人民代表大会或者人大常委会推荐需要由人民代表大会或者人大常委会选举、任命、决定任命的领导干部人选，应当事先向人民代表大会临时党组织或者人大常委会党组和人大常委会组成人员中的党员介绍党委推荐意见。人民代表大会临时党组织、人大常委会党组和人大常委会组成人员以及人大代表中的党员，应当认真贯彻党委推荐意见，带头依法办事，正确履行职责。

第四十七条　党委向人民代表大会推荐由人民代表大会选举、决定任命的领导干部人选，应当以本级党委名义向人民代表大会主席团提交推荐书，介绍所推荐人选的有关情况，说明推荐理由。

党委向人大常委会推荐由人大常委会任命、决定任命的领导干部人选，应当在人大常委会审议前，按照规定程序提出，介绍所推荐人选的有关情况。

第四十八条　党委向政府提名由政府任命的政府工作部门和机构领导成员人选，在党委讨论决定后，由政府任命。

第四十九条　领导班子换届，党委推荐人大常委会、政府、政协领导成员人选和监察委员会主任、法院院长、检察院检察长人选，应当事先向民主党派、工商联主要领导成员和无党派代表人士通报有关情况，进行民主协商。

第五十条　党委推荐的领导干部人选，在人民代表大会选举、决定任命或者人大常委会任命、决定任命前，如果人大代表或者人大常委会组成人员对所推荐人选提出不同意见，党委应当认真研究，并作出必要的解释或者说明。如果发现有事实依据、足以影响选举或者任命的问题，党委可以建议人民代表大会或者人大常委会按照规定程序暂缓选举、任命、决定任命，也可以重新推荐人选。

政协领导成员候选人的推荐和协商提名，按照政协章程和有关规定办理。

第九章　交流、回避

第五十一条　实行党政领导干部交流制度。

（一）交流的对象主要是：因工作需要交流的；需要通过交流锻炼提高领导能力的；在一个地方或者部门工作时间较长的；按照规定需要回避的；因其他原因需要交流的。交流的重点是县级以上地方党委和政府的领导成员，纪委监委、法院、检察院、党委和政府部分工作部门的主要领导成员。

（二）地方党委和政府领导成员原则上应当任满一届，在同一职位上任职满十年的，必须交流；在同一职位连续任职达到两个任期的，不再推荐、提名或者任命担任同一职务。同一地方（部门）的党政正职一般不同时易地交流。

（三）党政机关内设机构处级以上领导干部在同一职位上任职时间较长的，应当进行交流。

（四）经历单一或者缺少基层工作经历的年轻干部，应当有计划地派到基层、艰苦边远地区和复杂环境工作，坚决防止“镀金”思想和短期行为。

（五）加强工作统筹，加大干部交流力度。推进地方与部门之间、地区之间、部门之间、党政机关与国有企事业单位以及其他社会组织之间的干部交流，推动形成国有企事业单位、社会组织干部人才及时进入党政机关的良性工作机制。

（六）干部交流由党委（党组）及其组织（人事）部门按照干部管理权限组织实施，严格把握人选的资格条件。干部个人不得自行联系交流事宜，领导干部不得指定交流人选。同一干部不宜频繁交流。

（七）交流的干部接到任职通知后，应当在党委（党组）或者组织（人事）部门限定的时间内到任。跨地区跨部门交流的，应当同时转移行政关系、工资关系和党的组织关系。

第五十二条　实行党政领导干部任职回避制度。

党政领导干部任职回避的亲属关系为：夫妻关系、直系血亲关系、三代以内旁系血亲以及近姻亲关系。有上列亲属关系的，不得在同一机关担任双方直接隶属于同一领导人员的职务或者有直接上下级领导关系的职务，也不得在其中一方担任领导职务的机关从事组织（人事）、纪检监察、审计、财务工作。

领导干部不得在本人成长地担任县（市）党委和政府以及纪委监委、组织部门、法院、检察院、公安部门主要领导成员，一般不得在本人成长地担任市（地、盟）党委和政府以及纪委监委、组织部门、法院、检察院、公安部门主要领导成员。

第五十三条　实行党政领导干部选拔任用工作回避制度。

党委（党组）及其组织（人事）部门讨论干部任免，涉及与会人员本人及其亲属的，本人必须回避。

干部考察组成员在干部考察工作中涉及其亲属的，本人必须回避。

第十章　免职、辞职、降职

第五十四条　党政领导干部有下列情形之一的，一般应当免去现职：

（一）达到任职年龄界限或者退休年龄界限的；

（二）受到责任追究应当免职的；

（三）不适宜担任现职应当免职的；

（四）因违纪违法应当免职的；

（五）辞职或者调出的；

（六）非组织选派，个人申请离职学习期限超过一年的；

（七）因健康原因，无法正常履行工作职责一年以上的；

（八）因工作需要或者其他原因应当免去现职的。

第五十五条　实行党政领导干部辞职制度。辞职包括因公辞职、自愿辞职、引咎辞职和责令辞职。

辞职应当符合有关规定，手续依照法律或者有关规定程序办理。

第五十六条 引咎辞职、责令辞职和因问责被免职的党政领导干部，一年内不安排领导职务，两年内不得担任高于原任职务层次的领导职务。同时受到党纪政务处分的，按照影响期长的规定执行。

第五十七条 实行党政领导干部降职制度。党政领导干部在年度考核中被确定为不称职的，因工作能力较弱、受到组织处理或者其他原因不适宜担任现职务层次的，应当降职使用。降职使用的干部，其待遇按照新任职务职级的标准执行。

第五十八条 因不适宜担任现职调离岗位、免职的，一年内不得提拔。降职使用的干部重新提拔，按照有关规定执行。

重新任职或者提拔任职，应当根据具体情形、工作需要和个人情况综合考虑，合理安排使用。

对符合有关规定给予容错的干部，应当客观公正对待。

第十一章 纪律和监督

第五十九条 选拔任用党政领导干部，必须严格执行本条例的各项规定，并遵守下列纪律：

（一）不准超职数配备、超机构规格提拔领导干部、超审批权限设置机构配备干部，或者违反规定擅自设置职务名称、提高干部职务职级待遇；

（二）不准采取不正当手段为本人或者他人谋取职务、提高职级待遇；

（三）不准违反规定程序动议、推荐、考察、讨论决定任免干部，或者由主要领导成员个人决定任免干部；

（四）不准私自泄露研判、动议、民主推荐、民主测评、考察、酝酿、讨论决定干部等有关情况；

（五）不准在干部考察工作中隐瞒或者歪曲事实真相；

（六）不准在民主推荐、民主测评、组织考察和选举中搞拉票、助选等非组织活动；

（七）不准利用职务便利私自干预下级或者原任职地区、系统和单位干部选拔任用工作；

（八）不准在机构变动，主要领导成员即将达到任职年龄界限、退休年龄界限或者已经明确即将离任时，突击提拔、调整干部；

（九）不准在干部选拔任用工作中任人唯亲、排斥异己、封官许愿，拉帮结派、搞团团伙伙，营私舞弊；

（十）不准篡改、伪造干部人事档案，或者在干部身份、年龄、工龄、党龄、学历、经历等方面弄虚作假。

第六十条 加强干部选拔任用工作全程监督，严格执行干部选拔任用全程纪实和任前事项报告、“一报告两评议”、专项检查、离任检查、立项督查、“带病提拔”问题倒查等制度。严肃查处违反组织（人事）纪律的行为。对违反本条例规定的事项，按照有关规定对党委（党组）主要领导成员和有关领导成员、组织（人事）部门有关领导成员以及其他直接责任人作出组织处理或者纪律处分；涉嫌违法犯罪的，移送有关国家机关依法处理。

对无正当理由拒不服从组织调动或者交流决定的，依规依纪依法予以免职或者降职使用，并视情节轻重给予处分。

第六十一条 实行党政领导干部选拔任用工作责任追究制度。凡用人失察失误造成严重后果的，本地区本部门用人上的不正之风严重、干部群众反映强烈以及对违反组织（人事）纪律的行为查处不力的，应当根据具体情况，严肃追究党委（党组）及其主要领导成员、有关领导成员、组织（人事）部门、纪检监察机关、干部考察组有关领导成员以及其他直接责任人的责任。

第六十二条 党委（党组）及其组织（人事）部门对干部选拔任用工作和贯彻执行本条例的情况进行监督检查，认真受理有关干部选拔任用工作的举报、申诉，制止、纠正违反本条例的行为，并对有关责任人提出处理意见或者处理建议。

纪检监察机关、巡视巡察机构按照有关规定，加强对干部选拔任用工作的监督检查。

第六十三条 实行地方党委组织部门和纪检监察、巡视巡察、机构编制、审计、信访等有关机构联席会议制度，就加强对干部选拔任用工作的监督，沟通信息、交流情况、研究问题，提出意见和建议。联席会议由组织部门召集。

第六十四条 党委（党组）及其组织（人事）部门在干部选拔任用工作中，必须严格执行本条例，坚持出以公心、公正用人，严格规范履职用权行为，自觉接受党内监督、社会监督、群众监督。下级机关和党员、干部、群众对干部选拔任用工作中的违规违纪行为，有权向上级党委（党组）及其组织（人事）部门、纪检监察机关举报、申诉，受理部门和机关应当按照有关规定查核处理。

第十二章 附 则

第六十五条 本条例对工作部门的规定，同时适用于办事机构、派出机构、特设机构以及其他直属机构。

第六十六条 选拔任用乡（镇、街道）的党政领导干部，由省、自治区、直辖市党委根据本条例制定相应的实施办法。

第六十七条 中国人民解放军和中国人民武装警察部队领导干部的选拔任用办法，由中央军事委员会根据本条例的原则作出规定。

第六十八条 本条例由中共中央组织部负责解释。

第六十九条 本条例自2019年3月3日起施行。2014年1月14日中共中央印发的《党政领导干部选拔任用工作条例》同时废止。

推进领导干部能上能下规定

（2015年6月26日中共中央政治局会议审议批准　2015年7月19日中共中央办公厅发布　2022年8月19日中共中央政治局常委会会议修订　2022年9月8日中共中央办公厅发布）

第一条 为了全面推进党的政治建设、思想建设、组织建设、作风建设、纪律建设，健全能上能下的选人用人机制，建设德才兼备、忠诚干净担当的高素质专业化干部队伍，完善从严管理干部队伍制度体系，根据《中国共产党组织工作条例》、《党政领导干部选拔任用工作条例》等党内法规和《中华人民共和国公务员法》等法律，制定本规定。

第二条　推进领导干部能上能下，坚持以习近平新时代中国特色社会主义思想为指导，贯彻新时代党的建设总要求和新时代党的组织路线，落实新时代好干部标准，坚持党要管党、全面从严治党，坚持实事求是、公道正派，坚持事业为上、人事相宜，坚持依法依规、积极稳妥，着力解决不担当、不作为、乱作为等问题，促使领导干部自觉践行"三严三实"要求，推动形成能者上、优者奖、庸者下、劣者汰的用人导向和从政环境。

第三条　本规定适用于各级党的机关、人大机关、行政机关、政协机关、监察机关、审判机关、检察机关，以及列入公务员法管理的其他机关和参照公务员法管理的机关（单位）中担任领导职务的干部。国有企业、事业单位中担任领导职务的人员，参照本规定执行。

第四条　推进领导干部能上能下，重点是解决能下问题。应当结合实际分类施策，严格执行问责、党纪政务处分、组织处理、辞职、职务任期、退休等有关制度规定，畅通干部下的渠道。

本规定主要规范对不适宜担任现职干部的领导职务所作的组织调整。

第五条　不适宜担任现职，主要指干部的德、能、勤、绩、廉与所任职务要求不符，不宜在现岗位继续任职。干部具有下列情形之一，被认定为不适宜担任现职，应当及时予以调整：

（一）政治能力不过硬，缺乏应有的政治判断力、政治领悟力、政治执行力，在不折不扣贯彻落实党中央决策部署、结合实际推动落地见效上存在明显差距的；

（二）理想信念动摇，在涉及党的领导、中国特色社会主义制度等重大原则问题上立场不坚定、态度暧昧，关键时刻经不住考验的；

（三）担当和斗争精神不强，在事关党和国家利益、人民群众生命财产安全等紧要关头临阵退缩，在急难险重任务、重大风险考验面前消极逃避或者应对处置不力的；

（四）政绩观存在偏差，不能坚持以人民为中心的发展思想，不能准确把握新发展阶段、完整准确全面贯彻新发展理念，在构建新发展格局、推动高质量发展上不积极不作为，搞"形象工程"、"政绩工程"乱作为的；

（五）违背党的民主集中制原则，独断专行或者软弱涣散、自行其是，不执行或者擅自改变组织作出的决定，在领导班子中闹无原则纠纷，或者任人唯亲、拉帮结派，破坏所在地方、单位政治生态的；

（六）组织观念淡薄，不严格执行重大事项请示报告、个人有关事项报告等制度，无正当理由拒不执行组织的分配、调动、交流等决定的；

（七）事业心和责任感不强，精神状态差，对职责范围内的事项敷衍塞责，对群众急难愁盼问题不上心、不尽力，工作推拖绕躲、贻误事业发展的；

（八）领导能力不足，不能有效履行职责、按要求完成目标任务，重大战略、重要改革、重点工作推进不力，所负责的工作较长时间处于落后状态或者出现较大失误的；

（九）违规决策或者决策论证不充分、不慎重，造成公共资金、国有资产、国有资源损失浪费，生态环境破坏，公共利益损害等后果的；

（十）作风不严不实，执行中央八项规定精神不严格，形式主义、官僚主义问题突出，造成不良影响的；

（十一）品行不端，行为失范，违背社会公德、职业道德、家庭美德，造成不良影响的；

（十二）因存在配偶、子女移居国（境）外，配偶、子女及其配偶经商办企业等情况，按照有关规定需要组织调整的；

（十三）年度考核被确定为不称职，或者连续两年被确定为基本称职，以及民主测评优秀和称职得票率达不到三分之二，经认定确属不适宜担任现职的；

（十四）因健康原因无法正常履行工作职责 1 年以上的；

（十五）其他不适宜担任现职的情形。

第六条 党委（党组）及其组织（人事）部门按照干部管理权限，履行组织调整的有关职责。

各级组织（人事）部门应当把功夫下在平时，深化对干部的日常了解，定期分析研判考核考察、巡视巡察、审计、统计、个人有关事项报告、民主评议、信访举报等有关领导班子和干部队伍情况，动态掌握干部现实表现，对存在苗头性、倾向性或者轻微问题的，及时予以提醒、谈话、函询、批评教育、责令检查或者诫勉，对不适宜担任现职的及时启动调整程序。

第七条 调整不适宜担任现职干部，一般按照以下程序进行：

（一）核实认定。组织（人事）部门综合分析各方面情况，对不适宜担任现职的情形进行核实，作出客观评价和准确认定。注重听取群众反映、了解群众口碑，特别是听取工作对象、服务对象等相关人员的意见。必要时可以与干部本人谈话听取说明。

（二）提出建议。组织（人事）部门根据调查核实和分析研判结果，对不适宜担任现职干部提出调整建议。调整建议包括调整原因、调整方式、安排去向等内容。

（三）组织决定。党委（党组）召开会议集体研究，作出调整决定。作出决定前，应当听取有关方面意见。涉及干部双重管理的，主管方应当按照有关规定程序征求协管方意见。

（四）谈话。党委（党组）或者组织（人事）部门负责同志与调整对象进行谈话，宣布组织决定，认真细致做好思想工作。

（五）按照有关规定履行任免程序。一般在1个月内办理调整干部工资、待遇等方面的手续。对选举和依法任免的干部，按照有关法律法规、章程和规定的程序进行。

第八条 干部本人对调整决定不服的，可以按照有关规定申请复核或者提出申诉。复核、申诉期间不停止调整决定的执行。

第九条 对不适宜担任现职干部，应当根据其一贯表现和工作需要，区分不同情形，采取平职调整、转任职级公务员、免职、降职等方式予以调整，符合提前退休条件的可以办理提前退休。

对非个人原因或者健康原因不能胜任现职岗位的，应当从事业需要和关心爱护干部出发，予以妥善安排。

调整不适宜担任现职干部，原则上在职数范围内安排。暂时超职数的，应当报经上一级党委组织部门和机构编制部门同意，并明确消化时限，一般应在1年内消化。

第十条 对被调整的干部，应当跟踪了解其思想动态和工作状况，有针对性地做好教育管理工作。根据工作需要，对认真汲取教训、积极努力工作，德才表现和工作实绩突出且经考察符合任职条件的，可以进一步使用、晋升职级或者提拔职务。

第十一条 各级组织（人事）部门应当对不适宜担任现职干部的调整原因、安排方式和后续管理等情况进行纪实，每年 1 月底前向上一级党委组织部门报备上年度相关情况。

第十二条 健全和落实推进领导干部能上能下工作责任制，党委（党组）应当坚决扛起主体责任，党委（党组）书记应当切实履行第一责任人的责任，组织（人事）部门应当自觉承担具体工作责任，坚持原则、敢于负责，做到真管真严、敢管敢严、长管长严，结合日常干部选拔任用、管理监督、领导班子换届等工作，推进能上能下常态化。

第十三条 坚持严管和厚爱结合、激励和约束并重，落实“三个区分开来”要求，正确把握政策界限，保护干部干事创业、改革创新的积极性，宽容改革探索、先行先试等工作中的失误。

第十四条 严明推进领导干部能上能下工作纪律，不得搞好人主义，不得避重就轻、以党纪政务处分规避组织调整或者以组织调整代替党纪政务处分，不得借机打击报复。

第十五条 积极营造推进领导干部能上能下的制度环境和舆论氛围，加强督促检查，把本规定执行情况纳入党委（党组）履行全面从严治党主体责任、“一报告两评议”、巡视巡察、选人用人专项检查等内容，纳入党委（党组）书记年度考核述职内容。对严重不负责任，或者违反有关工作纪律要求的，应当追究党委（党组）及其组织（人事）部门主要负责人和有关领导成员、直接责任人的责任。

第十六条 各地区各部门可以根据本规定，结合自身实际，制定实施细则。

第十七条 本规定由中央组织部负责解释。

第十八条 本规定自发布之日起施行。

三、党的领导法规

中国共产党农村工作条例

（2019年6月24日中共中央政治局会议审议批准　2019年8月19日中共中央发布）

第一章　总　　则

第一条　为了坚持和加强党对农村工作的全面领导，贯彻党的基本理论、基本路线、基本方略，深入实施乡村振兴战略，提高新时代党全面领导农村工作的能力和水平，根据《中国共产党章程》，制定本条例。

第二条　党的农村工作必须高举中国特色社会主义伟大旗帜，坚持以马克思列宁主义、毛泽东思想、邓小平理论、“三个代表”重要思想、科学发展观、习近平新时代中国特色社会主义思想为指导，增强政治意识、大局意识、核心意识、看齐意识，坚定道路自信、理论自信、制度自信、文化自信，坚决维护习近平总书记党中央的核心、全党的核心地位，坚决维护党中央权威和集中统一领导，紧紧围绕统筹推进“五位一体”总体布局和协调推进“四个全面”战略布局，坚持稳中求进工作总基调，贯彻新发展理念，落实高质量发展要求，以实施乡村振兴战略为总抓手，健全党领导农村工作的组织体系、制度体系和工作机制，加快推进乡村治理体系和治理能力现代化，加快推进农业农村现代化，让广大农民过上更加美好的生活。

第三条　农业农村农民（以下简称“三农”）问题是关系国计民生的根本性问题。坚持把解决好“三农”问题作为全党工作重中之重，把解决好吃饭问题作为治国安邦的头等大事，坚持农业农村优先发展，坚持多予少取放活，推动城乡融合发展，集中精力做好脱贫攻坚、防贫减贫工作，走共同富裕道路。

第四条 党的农村工作必须遵循以下原则：

（一）坚持党对农村工作的全面领导，确保党在农村工作中总揽全局、协调各方，保证农村改革发展沿着正确的方向前进；

（二）坚持以人民为中心，尊重农民主体地位和首创精神，切实保障农民物质利益和民主权利，把农民拥护不拥护、支持不支持作为制定党的农村政策的依据；

（三）坚持巩固和完善农村基本经营制度，夯实党的农村政策基石；

（四）坚持走中国特色社会主义乡村振兴道路，推进乡村产业振兴、人才振兴、文化振兴、生态振兴、组织振兴；

（五）坚持教育引导农民听党话、感党恩、跟党走，把农民群众紧紧团结在党的周围，筑牢党在农村的执政基础；

（六）坚持一切从实际出发，分类指导、循序渐进，不搞强迫命令、不刮风、不一刀切。

第二章 组织领导

第五条 实行中央统筹、省负总责、市县乡抓落实的农村工作领导体制。

第六条 党中央全面领导农村工作，统一制定农村工作大政方针，统一谋划农村发展重大战略，统一部署农村重大改革。党中央定期研究农村工作，每年召开农村工作会议，根据形势任务研究部署农村工作，制定出台指导农村工作的文件。

第七条 党中央设立中央农村工作领导小组，在中央政治局及其常务委员会的领导下开展工作，对党中央负责，向党中央和总书记请示报告工作。

中央农村工作领导小组发挥农村工作牵头抓总、统筹协调等作用，定期分析农村经济社会形势，研究协调“三农”重大问题，督促落实党中央关于农村工作重要决策部署。

中央农村工作领导小组各成员单位应当加强对本单位本系统农村工作的领导，落实职责任务，加强部门协同，形成农村工作合力。

中央农村工作领导小组下设办公室，承担中央农村工作领导小组日常事务。

第八条 省（自治区、直辖市）党委应当定期研究本地区农村工作，定期听取农村工作汇报，决策农村工作重大事项，召开农村工作会议，制定出台农村工作政策举措，抓好重点任务分工、重大项目实施、重要资源配置等工作。

第九条 市（地、州、盟）党委应当把农村工作摆上重要议事日程，做好上下衔接、域内协调、督促检查工作，发挥好以市带县作用。

第十条 县（市、区、旗）党委处于党的农村工作前沿阵地，应当结合本地区实际，制定具体管用的工作措施，建立健全职责清晰的责任体系，贯彻落实党中央以及上级党委关于农村工作的要求和决策部署。县委书记应当把主要精力放在农村工作上，深入基层调查研究，加强统筹谋划，狠抓工作落实。

第十一条 县级以上地方党委应当设立农村工作领导小组，省市级农村工作领导小组一般由同级党委副书记任组长，县级农村工作领导小组由县委书记任组长，其成员由党委和政府有关负责人以及相关部门主要负责人组成。

第十二条 加强各级党委农村工作部门建设，做好机构设置和人员配置工作。各级党委农村工作部门履行决策参谋、统筹协调、政策指导、推动落实、督导检查等职能。

第十三条 各级党委应当完善农村工作领导决策机制，注重发挥人大代表和政协委员作用，注重发挥智库和专业研究机构作用，提高决策科学化水平。

第三章 主要任务

第十四条 加强党对农村经济建设的领导。巩固和加强农业基础地位，实施藏粮于地、藏粮于技战略，严守耕地红线，确保谷物基本自给、口粮绝对安全。深化农业供给侧结构性改革，构建现代农业产业体系、生产体系、经营体系，促进农村一二三产业融合发展，发展壮大农村集体经济，促进农民持续增收致富。坚决打赢脱贫攻坚战，巩固和扩大脱贫攻坚成果。

第十五条 加强党对农村社会主义民主政治建设的领导。完善基层民主制度，深化村民自治实践，健全村党组织领导的充满活力的村民自治机制，丰富基层民主协商形式，保证农民依法实行民主选举、民主协商、民主决策、民主管理、民主监督。严厉打击农村黑恶势力、宗族恶势力，严厉打击各类违法犯罪，严厉打击暴力恐怖活动，保障人民生命财产安全，促进农村社会公平正义。坚决取缔各类非法宗教传播活动，巩固农村基层政权。

第十六条 加强党对农村社会主义精神文明建设的领导。培育和践行社会主义核心价值观，在农民群众中深入开展中国特色社会主义、习近平新时代中国特色社会主义思想宣传教育，建好用好新时代文明实践中心。加强农村思想道德建设，传承发展提升农村优秀传统文化，推进移风易俗。加强农村思想政治工作，广泛开展民主法治教育。深入开展农村群众性精神文明创建活动，丰富农民精神文化生活，提高农民科学文化素质和乡村社会文明程度。

第十七条 加强党对农村社会建设的领导。坚持保障和改善农村民生，大力发展教育、医疗卫生、养老、文化体育、社会保障等农村社会事业，加快改善农村公共基础设施和基本公共服务条件，提升农民生活质量。建立健全党委领导、政府负责、社会协同、公众参与、法治保障、科技支撑的现代乡村社会治理体制，健全党组织领导下的自治、法治、德治相结合的乡村治理体系，建设充满活力、和谐有序的乡村社会。

第十八条 加强党对农村生态文明建设的领导。牢固树立和践行绿水青山就是金山银山的发展理念，统筹山水林田湖草系统治理，促进农业绿色发展，加强农村生态环境保护，改善农村人居环境，建设生态宜居美丽乡村。

第十九条 加强农村党的建设。以提升组织力为重点，突出政治功能，把农村基层党组织建设成为宣传党的主张、贯彻党的决定、领导基层治理、团结动员群众、推动改革发展的坚强战斗堡垒，发挥党员先锋模范作用。坚持农村基层党组织领导地位不动摇，乡镇党委和村党组织全面领导乡镇、村的各类组织和各项工作。村党组织书记应当通过法定程序担任村民委员会主任和村级集体经济组织、合作经济组织负责人，推行村“两委”班子成员交叉任职。加强村党组织对共青团、妇联等群团组织的领导，发挥它们的积极作用。健全村党组织领导下的议事决策机制、监督机制，建立健全村务监督委员会，村级重大事项决策实行“四议两公开”。各级党委特别是县级党委应当认真履行农村基层党建主体责任，坚持抓乡促村，选优配强村党组织书记，整顿软弱涣散村党组织，加强党内激励关怀帮扶，健全以财政投入为主的稳定的村级组织运转经费保障制度，持续加强基本队伍、基本活动、基本阵地、基本制度、基本保障建设。

各级党委应当推动全面从严治党向基层延伸，深入推进农村党风廉政建设，加强农村纪检监察工作，把落实农村政策情况作为巡视巡察重要内容，建立健全农村权力运行监督制度，持续整治侵害农民利益的不正之风和群众身边的腐败问题。

第四章　队伍建设

第二十条　各级党委应当把懂农业、爱农村、爱农民作为基本要求，加强农村工作队伍建设。

各级党委和政府主要负责人应当懂“三农”、会抓“三农”，分管负责人应当成为抓“三农”的行家里手。加强农村工作干部队伍的培养、配备、管理、使用，健全培养锻炼制度，选派优秀干部到县乡挂职任职、到村担任第一书记，把到农村一线工作锻炼、干事创业作为培养干部的重要途径，注重提拔使用实绩优秀的农村工作干部。

农村工作干部应当增强做群众工作的本领，改进工作作风，深入基层，认真倾听农民群众呼声，不断增进与农民群众的感情，坚决反对“四风”特别是形式主义、官僚主义。

第二十一条　各级党委应当加强农村人才队伍建设。建立县域专业人才统筹使用制度和农村人才定向委托培养制度。大力提高乡村教师、医生队伍素质。加强农业科技人才队伍和技术推广队伍建设。培养一支有文化、懂技术、善经营、会管理的高素质农民队伍，造就更多乡土人才。

第二十二条　各级党委应当发挥工会、共青团、妇联、科协、残联、计生协等群团组织的优势和力量，发挥各民主党派、工商联、无党派人士等积极作用，支持引导农村社会工作和志愿服务发展，鼓励社会各界投身乡村振兴。

第五章 保障措施

第二十三条 各级党委应当注重发挥改革对农业农村发展的推动作用。以处理好农民和土地的关系为主线推动深化农村改革，坚持农村土地农民集体所有，坚持家庭经营基础性地位，坚持保持土地承包关系稳定并长久不变，健全符合社会主义市场经济要求的农村经济体制，把实现好、维护好、发展好广大农民的根本利益作为出发点和落脚点，与时俱进推动“三农”理论创新、实践创新、制度创新，调动亿万农民的积极性、主动性、创造性，不断解放和发展农村社会生产力。

第二十四条 各级党委应当注重发挥投入对农业农村发展的支撑作用。推动建立“三农”财政投入稳定增长机制，加大强农惠农富农政策力度，完善农业支持保护制度，健全商业性金融、合作性金融、政策性金融相结合的农村金融服务体系，拓宽资金筹措渠道，确保“三农”投入力度不断增强、总量持续增加。

第二十五条 各级党委应当注重发挥科技教育对农业农村发展的引领作用。深入实施科教兴农战略，健全国家农业科技创新体系、现代农业教育体系、农业技术推广服务体系，把农业农村发展转到创新驱动发展的轨道上来。

第二十六条 各级党委应当注重发挥乡村规划对农业农村发展的导向作用。坚持规划先行，突出乡村特色，保持乡村风貌，加强各类规划统筹管理和系统衔接，推动形成城乡融合、区域一体、多规合一的规划体系，科学有序推进乡村建设发展。

第二十七条 各级党委应当注重发挥法治对农业农村发展的保障作用。坚持法治思维，增强法治观念，健全农业农村法律体系，加强农业综合执法，保障农民合法权益，自觉运用法治方式深化农村改革、促进农村发展、维护农村稳定，提高党领导农村工作法治化水平。

第六章 考核监督

第二十八条 健全五级书记抓乡村振兴考核机制。地方各级党委和政府主要负责人、农村基层党组织书记是本地区乡村振兴工作第一责任人。上级党委和政府应当对下级党委和政府主要负责人、农村基层党组织书记履行第一责任人职责情况开展督查考核，并将考核结果作为干部选拔任用、评先奖优、问责追责的重要参考。

第二十九条 各省（自治区、直辖市）党委和政府每年向党中央、国务院报告乡村振兴战略实施情况，省以下各级党委和政府每年向上级党委和政府报告乡村振兴战略实施情况。

第三十条 实行市县党政领导班子和领导干部推进乡村振兴战略实绩考核制度，将抓好农村工作特别是推进乡村振兴战略实绩、贫困县精准脱贫成效作为政绩考核的重要内容，由上级党委统筹安排实施，考核结果作为对市县党政领导班子和有关领导干部综合考核评价的重要依据。

第三十一条 地方各级党政领导班子和主要负责人不履行或者不正确履行农村工作职责的，应当依照有关党内法规和法律法规予以问责；对农村工作履职不力、工作滞后的，上级党委应当约谈下级党委，本级党委应当约谈同级有关部门。

第三十二条 中央和地方党政机关各涉农部门应当认真履行贯彻落实党中央关于农村工作各项决策部署的职责，贴近基层服务农民群众，不得将部门职责转嫁给农村基层组织。不履行或者不正确履行职责的，应当依照有关党内法规和法律法规予以问责。

第三十三条 各级党委应当建立激励机制，鼓励干部敢于担当作为、勇于改革创新、乐于奉献为民，按照规定表彰和奖励在农村工作中作出突出贡献的集体和个人。

第七章 附 则

第三十四条 各省（自治区、直辖市）党委可以根据本条例，结合本地区情况制定实施办法。

第三十五条 本条例由中央农村工作领导小组办公室负责解释。

第三十六条 本条例自2019年8月19日起施行。

中国共产党统一战线工作条例

（2015年4月30日中共中央政治局会议审议批准 2015年5月18日中共中央发布 2020年11月30日中共中央政治局会议修订 2020年12月21日中共中央发布）

第一章 总 则

第一条 为了加强党对统一战线工作的集中统一领导，提高统一战线工作的科学化规范化制度化水平，巩固和发展爱国统一战线，根据《中国共产党章程》，制定本条例。

第二条 本条例所称统一战线，是指中国共产党领导的、以工农联盟为基础的，包括全体社会主义劳动者、社会主义事业的建设者、拥护社会主义的爱国者、拥护祖国统一和致力于中华民族伟大复兴的爱国者的联盟。

统一战线是中国共产党凝聚人心、汇聚力量的政治优势和战略方针，是夺取革命、建设、改革事业胜利的重要法宝，是增强党的阶级基础、扩大党的群众基础、巩固党的执政地位的重要法宝，是全面建设社会主义现代化国家、实现中华民族伟大复兴的重要法宝。

第三条 新时代统一战线工作的指导思想和主要任务是：在中国共产党领导下，以马克思列宁主义、毛泽东思想、邓小平理论、“三个代表”重要思想、科学发展观、习近平新时代中国特色社会主义思想为指导，坚定不移走中国特色社会主义道路，增强“四个意识”、坚定“四个自信”、做到“两个维护”，深入学习贯彻习近平总书记关于加强和改进统一战线工作的重要思想，围绕统筹推进“五位一体”总体布局、协调推进“四个全面”战略布局，积极促进政党关系、民族关系、宗教关系、阶层关系、海内外同胞关系和谐，巩固和发展最广泛的爱国统一战线，为全面建设社会主义现代化国家、实现中华民族伟大复兴服务，为坚持和完善中国特色社会主义制度、推进国家治理体系和治理能力现代化服务，为维护社会和谐稳定、维护国家主权安全发展利益服务，为保持香港澳门长期繁荣稳定、实现祖国完全统一服务。

第四条　统一战线工作的原则是：

（一）坚持中国共产党的领导；

（二）坚持高举爱国主义、社会主义旗帜；

（三）坚持围绕中心、服务大局；

（四）坚持大团结大联合；

（五）坚持正确处理一致性和多样性关系；

（六）坚持尊重、维护和照顾同盟者利益；

（七）坚持广交、深交党外朋友；

（八）坚持大统战工作格局。

第五条　统一战线工作范围是：

（一）民主党派成员；

（二）无党派人士；

（三）党外知识分子；

（四）少数民族人士；

（五）宗教界人士；

（六）非公有制经济人士；

（七）新的社会阶层人士；

（八）出国和归国留学人员；

（九）香港同胞、澳门同胞；

（十）台湾同胞及其在大陆的亲属；

（十一）华侨、归侨及侨眷；

（十二）其他需要联系和团结的人员。

统一战线工作对象为党外人士，重点是其中的代表人士。

第二章　组织领导和职责

第六条　加强党对统一战线工作的集中统一领导，确保党在统一战线工作中总揽全局、协调各方，保证统一战线工作始终沿着正确政治方向前进。

构建党委统一领导、统战部门牵头协调、有关方面各负其责的大统战工作格局。

第七条 党中央成立统一战线工作领导小组。中央统一战线工作领导小组在中央政治局及其常委会领导下开展工作，对学习贯彻落实党中央关于统一战线工作的重大理论方针政策和涉及统一战线工作的法律法规进行研究部署、协调指导和督促检查，研究统一战线重大问题，向党中央提出建议。

中央统一战线工作领导小组办公室设在中央统战部。

第八条 地方党委对本地区统一战线工作负主体责任，主要职责是：

（一）贯彻落实党中央以及上级党委关于统一战线工作的决策部署和工作要求，指导和督促检查下级党组织做好统一战线工作，重视加强基层统一战线工作；

（二）定期研究统一战线重大问题、部署重要工作，每年向党中央或者上一级党委报告统一战线工作情况；

（三）按照权限制定统一战线工作相关党内法规、规范性文件和重要政策，推动制定统一战线工作相关地方性法规，并组织实施；

（四）组织开展统一战线理论方针政策的学习、研究、宣传和教育，把统一战线理论方针政策纳入党委理论学习中心组学习内容和党校（行政学院）、干部学院、社会主义学院教学内容，把统一战线工作纳入宣传工作计划，把统一战线知识纳入国民教育内容；

（五）落实党中央关于统一战线工作部门和统战干部队伍建设的要求，选优配强统战系统领导班子和主要负责人，加强统战干部、人才队伍建设；

（六）领导同级人大、政府、政协、监察委员会、法院、检察院和有关人民团体、企事业单位等做好本部门本单位本领域统一战线工作；

（七）发现、培养、使用、管理党外代表人士，健全领导干部与党外代表人士联谊交友制度。

其他部门、单位的党组（党委）参照前款规定履行相应统一战线工作职责。中央和国家机关工委以及各级党的机关工委依照授权，加强对党和国家机关统一战线工作的指导和监督检查。

各级党委（党组）主要负责人为本地区本部门本单位统一战线工作第一责任人。党委（党组）领导班子成员应当带头学习、宣传和贯彻落实统一战线理论方针政策和法律法规，带头参加统一战线重要活动，带头广交深交党外朋友。

地方党委成立统一战线工作领导小组，组长一般由同级党委书记担任。

第九条 党中央以及地方党委设置统战部。统战部是党委主管统一战线工作的职能部门，是党委在统一战线工作方面的参谋机构、组织协调机构、具体执行机构、督促检查机构，承担了解情况、掌握政策、协调关系、安排人事、增进共识、加强团结等职责，主要是：

（一）贯彻落实党对统一战线工作的理论方针政策和决策部署，拟订统一战线工作政策和规划，向同级党委请示报告统一战线工作并提出意见建议。

（二）统筹协调指导统一战线工作，组织协调开展日常监督检查。

（三）负责发现、联系和培养党外代表人士，在同级党委领导下做好党外代表人士的政治安排，协同有关部门做好安排党外代表人士担任政府和审判机关、检察机关等领导职务的工作。

（四）联系民主党派，牵头协调无党派人士工作，支持民主党派和无党派人士履行职责、发挥作用，支持、帮助民主党派和无党派人士加强自身建设。

（五）开展党外知识分子统一战线工作。

（六）统筹协调民族工作，领导民族工作部门依法管理民族事务。

（七）统一管理宗教工作，领导宗教工作部门依法管理宗教事务。

（八）参与制定、推动落实鼓励支持引导非公有制经济发展的方针政策，统筹开展非公有制经济人士统一战线工作。

（九）统筹开展新的社会阶层人士统一战线工作。

（十）会同有关部门开展港澳统一战线工作，开展对台统一战线工作。

（十一）统一领导海外统一战线工作，统一管理侨务工作，统筹协调有关部门和社会团体涉侨工作。

（十二）协调推进统一战线领域法治建设。

（十三）在统一战线工作中落实意识形态工作责任制，负责开展统一战线宣传工作。

（十四）指导下级党委统一战线工作，协助管理下一级党委统战部部长；协调政府有关部门统一战线工作，协助做好民族、宗教等工作部门领导班子成员推荐工作；加强同政协组织的沟通协调配合；加强对参事室、文史研究馆的工作指导；领导工商联党组，指导工商联工作；指导和管理社会主义学院；做好统一战线有关单位和团体管理工作。

（十五）完成同级党委和上级党委统战部交办的其他任务。

第十条 统一战线工作任务重的党中央以及省、市两级党委派出机关设置统一战线工作机构。乡（镇、街道）党组织应当有人员负责统一战线工作，其中统一战线工作任务重的明确专人负责。有关人民团体明确相关机构负责统一战线工作。统一战线工作任务重的高等学校、科研院所党委设置统一战线工作机构，其他高等学校、科研院所党委应当明确相应机构负责统一战线工作。统一战线工作任务重的大型国有企业党委（党组）明确机构和人员负责统一战线工作。统一战线工作任务重的其他单位党组（党委）明确相关机构负责统一战线工作。

第十一条 省、市两级党委统战部部长一般由同级党委常委担任，县级党委统战部部长由同级党委常委担任或者兼任，分管日常工作的副部长按照同级党委部门正职领导干部配备。民族、宗教工作部门主要负责人具备条件的，可以担任同级党委统战部副部长。工商联党组书记由同级党委统战部副部长担任。高等学校党委统战部部长担任党委常委或者不设常委会的党委委员。

第三章 民主党派和无党派人士工作

第十二条 中国共产党领导的多党合作和政治协商制度是中国特色社会主义新型政党制度，是我国的一项基本政治制度。中国共产党同各民主党派实行长期共存、互相监督、肝胆相照、荣辱与共的基本方针。

民主党派是接受中国共产党领导、同中国共产党通力合作的亲密友党，是中国共产党的好参谋、好帮手、好同事，是中国特色社会主义参政党。

无党派人士是指没有参加任何政党、有参政议政愿望和能力、对社会有积极贡献和一定影响的人士，其主体是知识分子。

民主党派的基本职能是参政议政、民主监督、参加中国共产党领导的政治协商。无党派人士参照民主党派履行职能。

第十三条 政党协商是中国共产党同民主党派的政治协商。无党派人士是政治协商的重要组成部分，参加政党协商。政党协商主要包括以下内容：中国共产党全国和地方各级代表大会、党中央和地方各级党委有关重要文件的制定、修改；宪法的修改建议，有关重要法律的制定、修改建议，有关重要地方性法规的制定、修改建议；人大常委会、政府、政协领导班子成员和监察委员会主任、法院院长、检察院检察长建议人选；关系统一战线和多党合作的重大问题。

党中央以及地方党委应当按照规定程序开展政党协商。

支持民主党派和无党派人士参与人大协商、政府协商、政协协商以及其他方面的协商。

第十四条 支持民主党派和无党派人士参政的主要内容是：参加国家政权，参与重要方针政策、重要领导人选的协商，参与国家事务的管理，参与国家方针政策、法律法规的制定和执行。

中共中央领导同志的国内考察调研以及重要外事活动，根据统一安排和工作需要，可以邀请民主党派中央负责人、无党派代表人士参加。

第十五条 中国共产党和各民主党派实行互相监督。中国共产党处于领导和执政地位，自觉接受民主党派的监督。

支持民主党派和无党派人士在坚持四项基本原则基础上，在政治协商、调研考察，参与党和国家有关重大方针政策、决策部署执行和实施情况的监督检查，受党委委托就有关重大问题进行专项监督等工作中，通过提出意见、批评、建议等方式，对中国共产党进行民主监督。

第十六条 各级党委应当支持民主党派加强思想政治建设、组织建设、履职能力建设、作风建设、制度建设，支持无党派人士加强自身建设。

帮助民主党派解决机构、编制、经费、办公场所、干部交流和挂职锻炼等方面的问题。为无党派人士履行职责提供必要保障。

第四章　党外知识分子工作

第十七条　国家机关和国有企事业单位党外知识分子工作的重点对象是：具有高级职称的党外知识分子，学术带头人或者重要业务骨干中的党外知识分子，担任国家机关、高等学校、科研院所、大中型国有企业中层以上领导职务的党外知识分子，其他有成就、有影响的党外知识分子。

国家机关和国有企事业单位党组（党委）负责本领域本单位党外知识分子工作，加强思想引导，支持发挥作用，组织党外知识分子参加统一战线工作和活动。

第十八条　坚持广泛团结、热情服务、积极引导、发挥作用的方针，做好出国和归国留学人员统一战线工作。

欧美同学会（中国留学人员联谊会）是党联系留学人员的桥梁纽带、做好留学人员工作的助手和留学人员之家。各省（自治区、直辖市）、副省级城市和省会城市应当建立留学人员组织。留学人员比较集中的其他城市和高等学校、科研院所等单位，可以成立留学人员组织。

第十九条　各省（自治区、直辖市）、副省级城市和省会城市可以成立党外知识分子联谊会，做好党外知识分子思想政治引领工作。

统战部门应当加强对党外知识分子联谊会的领导。

第五章　民 族 工 作

第二十条　坚定不移走中国特色解决民族问题的正确道路，以铸牢中华民族共同体意识为主线，坚持各民族一律平等，全面贯彻党的民族政策，坚持和完善民族区域自治制度，深化民族团结进步教育，促进各民族交往交流交融，实现各民族共同团结奋斗、共同繁荣发展。

第二十一条　围绕促进民族团结、改善民生，推动民族地区经济社会发展，不断满足各族群众的美好生活需要。促进各民族文化的传承保护和创新交融，全面推广国家通用语言文字，尊重、支持各少数民族语言文字的学习和使用。大力培养民族地区各族干部，大力选拔使用少数民族干部，积极培养少数民族专业人才。

第二十二条 全面深入持久开展马克思主义祖国观、民族观、文化观、历史观宣传教育，开展党的民族理论、政策学习宣传，开展民族团结进步创建，增进各族群众对伟大祖国、中华民族、中华文化、中国共产党、中国特色社会主义的认同。

巩固和发展平等团结互助和谐的社会主义民族关系，反对一切形式的民族歧视，反对大汉族主义和地方民族主义。尊重少数民族风俗习惯，保障少数民族合法权益。依法治理民族事务，妥善处理涉及民族因素的矛盾纠纷。做好城市民族工作。

防范和打击各种渗透颠覆破坏活动、暴力恐怖活动、民族分裂活动、宗教极端活动，维护国家统一、民族团结和社会稳定。

第六章 宗 教 工 作

第二十三条 坚持和发展中国特色社会主义宗教理论，坚持我国宗教中国化方向，坚持以“导”的态度对待宗教，保护合法、制止非法、遏制极端、抵御渗透、打击犯罪，构建积极健康的宗教关系。

第二十四条 坚持党的宗教工作基本方针：全面贯彻党的宗教信仰自由政策，依法管理宗教事务，坚持独立自主自办原则，积极引导宗教与社会主义社会相适应。

尊重和保护公民信仰宗教和不信仰宗教的自由。坚持政教分离。

提高宗教工作法治化水平，善于用法律法规规范宗教事务管理、调节涉及宗教的各种社会关系，运用法治思维和法治方式妥善处理宗教领域的矛盾和问题，教育引导宗教界人士和信教群众自觉维护宪法法律权威，在法律法规规定范围内开展活动。

防范外国势力干预和支配我国宗教团体和宗教事务。防范和抵御境外利用宗教进行渗透。支持和鼓励宗教界在独立自主、平等友好、互相尊重的基础上开展对外交往。

用社会主义核心价值观引领和教育宗教界人士和信教群众，支持和引导宗教界人士对宗教教义教规作出符合当代中国发展进步要求、符合中华优秀文化的阐释，促进宗教界人士和信教群众对伟大祖国、中华民族、中华文化、中国共产党、中国特色社会主义的认同。发挥宗教的积极作用，抑制宗教的消极作用。

第二十五条 坚持政治上团结合作、信仰上互相尊重，支持宗教团体加强自身建设和人才培养，巩固和发展党同宗教界的爱国统一战线。

共产党员应当团结信教群众，但不得信仰宗教。

第二十六条 加强基层宗教工作，建立健全县（市、区、旗）、乡（镇、街道）、村（社区）三级宗教工作网络和乡（镇、街道）、村（社区）两级责任制，建立健全分级负责、属地管理和责任追究制度。宗教工作任务重的乡（镇、街道），党委应当有领导干部分管宗教工作，并明确专人负责。

第七章　非公有制经济领域统一战线工作

第二十七条 坚持和完善社会主义基本经济制度，制定、宣传和贯彻党关于发展非公有制经济的方针政策。推动构建亲清政商关系，形成有利于非公有制经济发展的政策环境、法治环境、市场环境、社会环境。引导非公有制企业践行新发展理念。

第二十八条 全面贯彻信任、团结、服务、引导、教育的方针，深入开展理想信念教育，引导非公有制经济人士爱国、敬业、创新、守法、诚信、贡献，做合格的中国特色社会主义事业建设者。

建立健全政企沟通协商制度。了解反映非公有制经济人士诉求，帮助其依照法定程序维护合法权益。畅通非公有制经济人士有序政治参与渠道，引导规范政治参与行为。

培育和发展中国特色商会组织，推动统一战线工作向商会组织有效覆盖。

第二十九条 工商联是党领导的以民营企业和民营经济人士为主体的，具有统战性、经济性和民间性有机统一基本特征的人民团体和商会组织。工商联围绕促进非公有制经济健康发展和非公有制经济人士健康成长的主题履行职责、发挥作用。

工商联参加政治协商、参政议政、民主监督的具体内容和形式参照本条例第三章有关规定执行。

工商联对所属商会履行业务主管单位职责，对会员开展思想政治工作、教育培训，对所属商会主要负责人进行考察考核。工商联对其他以民营企业和民营经济人士为主体的行业协会商会加强联系、指导和服务。

第三十条 统战部、工商联按照同级党委安排，参与民营企业党建工作。工商联党组应当支持和配合做好所属会员企业党组织组建工作。

工商联党组对所属商会党建工作履行全面从严治党主体责任。

第八章 新的社会阶层人士统一战线工作

第三十一条 新的社会阶层人士主要包括：民营企业和外商投资企业管理技术人员、中介组织和社会组织从业人员、自由职业人员、新媒体从业人员等。

第三十二条 坚持信任尊重、团结引导、组织起来、发挥作用的思路，运用社会化、网络化的方法，通过实践创新基地、联谊组织等形式，分类分众施策，强化思想引领，凝聚政治共识，发挥新的社会阶层人士在建设中国特色社会主义事业中的重要作用。

第三十三条 与新的社会阶层人士联系密切的党政部门、群众团体、社会组织等，应当发挥职能作用，健全工作机制，密切协调配合，共同做好新的社会阶层人士统一战线工作。

新的社会阶层人士所在街道、社区、园区、企业等的党组织应当落实主体责任，把新的社会阶层人士统一战线工作纳入重要工作职责，研究解决突出问题。

第九章 港澳台统一战线工作

第三十四条 港澳统一战线工作的主要任务是：全面准确贯彻“一国两制”、“港人治港”、“澳人治澳”、高度自治的方针，坚持和完善“一国两制”制度体系，严格依照宪法和基本法办事，支持特别行政区行政长官和政府依法施政，支持港澳融入国家发展大局，发展壮大爱国爱港、爱国爱澳力量，增强香港同胞、澳门同胞国家意识和爱国精神，维护国家主权安全发展利益，维护香港、澳门长期繁荣稳定，确保“一国两制”实践行稳致远。

第三十五条 对台统一战线工作的主要任务是：贯彻执行党中央对台工作大政方针，坚持一个中国原则，广泛团结海内外台湾同胞，发展壮大台湾爱国统一力量，反对“台独”分裂活动，不断推进祖国和平统一进程，同心实现中华民族伟大复兴。

第三十六条 支持民主党派和无党派人士，指导相关人民团体和社会团体，在港澳台统一战线工作中发挥作用。

第十章 海外统一战线工作和侨务工作

第三十七条 海外统一战线工作的主要任务是：加强思想政治引领，增进华侨和出国留学人员等对祖国的热爱和对中国共产党、中国特色社会主义的理解认同；传承和弘扬中华优秀文化，促进中外文化交流；鼓励华侨参与我国改革开放和社会主义现代化建设，融入民族复兴伟业；遏制“台独”等分裂势力，维护国家核心利益；发挥促进中外友好的桥梁纽带作用，营造良好国际环境。

第三十八条 侨务工作的主要任务是：围绕凝心聚力同圆共享中国梦的主题，加强华侨、归侨、侨眷代表人士工作，凝聚侨心、汇集侨智、发挥侨力、维护侨益，为侨服务；统筹国内侨务和国外侨务工作，着力涵养侨务资源，引导华侨、归侨、侨眷致力于祖国现代化建设，维护和促进中国统一，实现中华民族伟大复兴，致力于增进中国人民与世界人民的友好合作交流，推动构建人类命运共同体。

保护华侨正当权利和利益，关心华侨的生存和发展，推动和谐侨社建设，教育引导华侨遵守住在国法律，尊重当地文化习俗，更好融入主流社会，为住在国经济社会发展贡献智慧和力量，充分展现守法诚信、举止文明、关爱社会、团结和谐的大国侨民形象。

保护归侨、侨眷合法权利和利益，适当照顾归侨、侨眷特点，积极发挥他们与海外联系广泛的优势作用。

第十一章　党外代表人士队伍建设

第三十九条　党外代表人士是指与中国共产党团结合作、作出较大贡献、有一定社会影响的人士，其标准是政治坚定、业绩突出、群众认同。

第四十条　加强党外代表人士的发现储备。发挥高等学校、科研院所培养和选拔党外代表人士的重要基地作用，注意从国家机关、国有企事业单位、民营企业以及新的社会阶层人士、出国和归国留学人员中发现党外代表人士。

第四十一条　坚持政治培训为主，开展对党外代表人士的理论培训。发挥社会主义学院作为统一战线人才教育培养主阵地作用，重视发挥党校（行政学院）、干部学院的作用，合理利用高等学校等培训资源。

加强党外代表人士的实践锻炼，将党外干部纳入党政领导干部交流总体安排。

第四十二条　党外代表人士在各级人大代表、人大常委会委员和人大专门委员会主任委员、副主任委员以及委员中应当保持适当比例。全国人大常委会副委员长、县级以上地方各级人大常委会副主任中应当有适当数量的党外代表人士。

全国和省级人大常委会中应当有民主党派成员或者无党派人士担任专职副秘书长。

统战部门会商有关部门，负责人大代表、人大常委会组成人员中的党外候选人的推荐提名工作。

第四十三条　省、市两级政府领导班子应当配备党外干部。县级政府领导班子从实际出发积极配备党外干部。

各级政府部门除有特殊要求外，均可以积极配备党外干部担任领导职务，重点在行政执法监督、与群众利益密切相关、紧密联系知识分子和专业技术性强的部门配备。

符合条件的党外干部可以担任政府部门（单位）行政正职。各省（自治区、直辖市）在政府组成部门中应当配备 2 名左右党外正职。

第四十四条　党外代表人士在各级政协中应当占有较大比例，换届时委员不少于60%，常委不少于65%；在各级政协领导班子中副主席不少于50%（不包括民族自治地方）。

全国政协和省级政协应当有民主党派成员或者无党派人士担任专职副秘书长。

政协各专门委员会主任、副主任以及委员中的党外代表人士应当占有适当比例。

各级政协委员人选推荐工作应当坚持广泛协商，党内的由组织部门提名，党外的由统战部门提名，其中的民主党派成员、民营经济人士应当在提名前与民主党派、工商联协商，继续提名的各界别政协委员应当听取政协党组意见。建议名单由统战部门汇总并征求有关方面意见后，由组织部门报同级党委审定，之后按照《中国人民政治协商会议章程》规定的程序办理。

第四十五条 各级法院、检察院领导班子应当配备党外干部。

高等学校领导班子中一般应当配备党外干部，符合条件的党外干部可以担任行政正职。加大在群团组织、科研院所、国有企业领导班子中选配党外干部的力度。

坚持参事室统战性、咨询性和文史研究馆统战性、荣誉性的性质，党外参事、党外馆员不少于70%。参事室、文史研究馆领导班子中应当配备党外代表人士。

监察委员会、法院、检察院和政府有关部门应当聘请党外代表人士担任特约人员。

举荐党外代表人士在有关社会团体任职。

第四十六条 符合条件的省级民主党派主委、工商联主席、无党派代表人士一般应当进入同级人大常委会、政府、政协领导班子。

除特殊情况外，人大常委会、政协领导班子中的党外代表人士应当与担任同级职务的党内干部享受同等待遇。

第四十七条 各级人大代表候选人和各级政协委员中应当有适当数量的民营经济人士、新的社会阶层人士。

民营企业主要出资人并以经营管理为主要职业的，在推荐安排中应当界定为民营经济人士。推荐为人大代表候选人、政协委员以及在工商联等人民团体、社会组织中任职的民营经济人士，应当经综合评价，并征求企业党组织、民营企业党建工作机构和地方工会组织等有关方面的意见。

第四十八条 加强对党外代表人士的管理，重点了解掌握其政治表现、思想状况、履行职责、廉洁自律和个人重要事项变化情况，特别是在重大原则问题上的政治立场和态度。

统战部门负责牵头协调党外代表人士管理工作。党委有关部门、人大常委会和政协党组、党外代表人士所在单位党组织，应当各负其责，加强日常管理考核。发挥党外代表人士所在党派和团体自我管理、自我教育、自我监督的作用。

第四十九条 搞好党同党外代表人士的合作共事。坚持集体领导和个人分工负责相结合，保证党外干部对分管工作享有行政管理的指挥权、处理问题的决定权、人事任免的建议权。

第五十条 各级党委应当把党外代表人士队伍建设纳入干部和人才队伍建设总体规划，在优秀年轻干部队伍中统筹考虑党外干部。

建立健全组织部门、统战部门协作配合机制。在动议和讨论决定党外干部的任免、调动、交流前，应当征求统战部门的意见。

第十二章 统战部门自身建设

第五十一条 加强党的政治建设，履行全面从严治党主体责任，教育引导统战干部不忘初心、牢记使命，增强“四个意识”、坚定“四个自信”、做到“两个维护”，始终在政治立场、政治方向、政治原则、政治道路上同以习近平同志为核心的党中央保持高度一致，全面贯彻党的基本理论、基本路线、基本方略，确保党的意志和主张贯彻到统一战线工作各方面和全过程。

第五十二条 加强党的思想建设，用习近平新时代中国特色社会主义思想特别是习近平总书记关于加强和改进统一战线工作的重要思想武装头脑、指导实践、推动工作。

第五十三条 加强党的组织建设，贯彻新时代党的组织路线，坚持民主集中制，树立和坚持正确选人用人导向，加强干部培养、交流和锻炼，打造政治坚定、业务精通、作风过硬的统战干部队伍。

第五十四条 加强党的作风建设，坚决纠正“四风”，践行党的群众路线，教育、引导统战干部担当作为，加强同党外人士的团结联系，对党外人士待之以诚、动之以情、晓之以理、助之以实，做到诚恳谦和、平等待人、廉洁奉公。

第五十五条 加强党的纪律建设，做好纪检监察工作，监督约束统战干部严守政治纪律和政治规矩，始终做到知敬畏、存戒惧、守底线。

第十三章 保障和监督

第五十六条 各级党委和政府应当制定完善支持统一战线工作的政策，做好保障工作。

第五十七条 对统一战线工作先进集体和先进个人，按照有关规定给予表彰奖励。

第五十八条 各级党委（党组）应当落实全面从严治党主体责任，加强对本条例执行情况的监督检查，将本条例执行情况纳入领导班子、领导干部目标管理和考核体系，纳入政治巡视巡察、监督执纪问责范围。

第五十九条 违反本条例有关规定的，根据情节轻重以及危害程度，对相关党组织、党的领导干部进行问责。

第十四章 附 则

第六十条 本条例由中央统战部负责解释。

第六十一条 本条例自发布之日起施行。

中国共产党政治协商工作条例

（2022 年 5 月 27 日中共中央政治局会议审议批准　2022 年 6 月 13 日中共中央发布）

第一章　总　　则

第一条　为了加强党对政治协商工作的领导，提高政治协商工作的科学化制度化规范化水平，坚持和完善中国共产党领导的多党合作和政治协商制度，巩固和发展爱国统一战线，根据《中国共产党章程》，制定本条例。

第二条　本条例所称政治协商，是在中国共产党领导下，中国共产党同各民主党派和各界代表人士围绕党和国家大政方针、经济社会发展重要问题以及其他重要事项开展的协商。

政治协商是中国共产党领导的多党合作和政治协商制度的重要组成部分，是社会主义协商民主的重要形式，是凝聚智慧、增进共识、促进科学民主决策的重要途径。

第三条　政治协商的基本方式是：

（一）中国共产党同各民主党派、无党派人士直接开展的协商，简称政党协商；

（二）中国共产党在人民政协同各民主党派和各界代表人士开展的协商，简称人民政协政治协商。

第四条　政治协商工作坚持以习近平新时代中国特色社会主义思想为指导，深入贯彻习近平总书记关于加强和改进统一战线工作的重要思想、关于加强和改进人民政协工作的重要思想，增强“四个意识”、坚定“四个自信”、做到“两个维护”，贯彻落实发展全过程人民民主要求，坚持和完善中国共产党领导的多党合作和政治协商制度，坚持大团结大联合，坚持一致性和多样性相统一，通过党领导下的政治协商工作的制度体系和工作机制，提升政治协商效能，为全面建设社会主义现代化国家、实现中华民族伟大复兴凝聚起共同奋斗的力量。

第五条 政治协商工作应当遵循以下原则：

（一）坚持党的全面领导；

（二）坚持围绕中心、服务大局；

（三）坚持发扬民主、坦诚协商；

（四）坚持政治引领、凝聚共识。

第二章 组织领导和职责

第六条 党中央对政治协商工作实行集中统一领导，统一制定政治协商工作大政方针，研究决定事关政治协商工作全局和长远发展的重大事项，保证政治协商始终坚持正确政治方向。

党中央组织开展中央层面的政党协商，领导和支持全国政协依照《中国人民政治协商会议章程》和有关规定做好政治协商工作。

第七条 地方党委在政治协商工作中的主要职责是：

（一）贯彻落实党中央关于政治协商工作的方针政策和决策部署以及上级党委工作要求，指导下级党组织做好政治协商有关工作；

（二）把政治协商工作纳入党委重要议事日程，及时研究解决政治协商工作中的重要问题；

（三）按照规定与同级民主党派组织、无党派人士开展政党协商，领导和支持本级政协做好政治协商工作；

（四）支持民主党派、无党派人士提高政治协商能力，更好履行职责、发挥作用。

第八条 党委统战部在政治协商工作中的主要职责是：

（一）贯彻落实党中央关于政治协商工作的方针政策和决策部署以及上级党委、同级党委工作要求；

（二）受党委委托，组织开展政党协商，向党委请示报告政党协商工作并提出意见建议；

（三）完成党委交办的政治协商其他有关工作。

第九条 政协党组在人民政协政治协商工作中的主要职责是：

（一）贯彻落实党中央关于政治协商工作的方针政策和决策部署以及上级党委、同级党委工作要求，依规依章程组织开展人民政协政治协商工作；

（二）坚持民主集中制，严格执行重大事项请示报告制度，重要协商活动报经党委批准，执行落实情况及时向党委报告；

（三）加强政协委员队伍建设，引导委员深入学习党的理论和路线方针政策，认真履行协商职责，切实提高协商能力，发挥党员委员在政治协商中的政治引领作用；

（四）完成党委交办的人民政协政治协商其他有关工作。

第三章　政治协商对象和内容

第十条　政党协商的对象是：

（一）民主党派；

（二）无党派人士。

工商联应邀参加政党协商。

第十一条　人民政协政治协商的对象是参加政协的各有关方面，包括：

（一）民主党派；

（二）无党派人士；

（三）人民团体；

（四）其他各界代表人士。

第十二条　政党协商主要内容是：

（一）中国共产党全国和地方各级代表大会、党中央以及地方党委有关重要文件的制定、修改；

（二）宪法的修改建议，有关重要法律的制定、修改建议，有关重要地方性法规的制定、修改建议；

（三）关系国民经济和社会发展的有关重大问题；

（四）换届时人大常委会、政府、政协领导班子成员和监察委员会主任、法院院长、检察院检察长的建议人选；

（五）关系统一战线和多党合作的重大问题。

第十三条　人民政协政治协商主要内容是：

（一）列入政协全体会议议程的重要事项；

（二）国家方针政策和地方重要举措，经济建设、政治建设、文化建设、社会建设、生态文明建设重要问题；

（三）有关统一战线的重要问题。

第四章　政治协商活动筹备

第十四条　各级党委加强对政治协商活动的研究部署，统筹安排政党协商和人民政协政治协商，增强协商活动计划性，提高协商议题针对性，支持各方面做好协商准备。

第十五条　政党协商年度计划由党委办公厅（室）会同党委统战部在听取有关部门、民主党派组织、无党派人士意见建议的基础上研究提出，经党委常委会会议审议通过后，通报同级民主党派组织。

第十六条　根据政党协商年度计划，同级民主党派组织、无党派人士就经济社会发展重要问题开展年度重点考察调研，由党委统战部组织实施并做好统筹协调；支持民主党派组织、无党派人士结合自身特色以及政党协商年度计划内容开展经常性考察调研，形成调研成果，为协商活动提供参考。

第十七条　党委办公厅（室）会同党委统战部，根据政党协商年度计划制定具体工作方案。党委统战部会同有关部门提前组织民主党派组织负责同志、无党派代表人士阅读文件，通报有关情况。

第十八条　政协党组就人民政协政治协商议题征求有关方面意见后，提出年度协商议题安排，形成年度协商计划草案，报党委常委会会议确定，并按照程序审议通过后实施。

第十九条　各级党委和政府支持政协围绕协商议题开展调研。根据工作需要，可以安排有关党政机关在政协考察调研时介绍情况，与委员交换意见，共同进行研究。重要调研成果报党委以及有关部门。

第二十条　人民政协政治协商活动具体工作方案应当根据批准的年度协商计划制定。议题涉及的有关法律法规和政策措施等书面材料可以视情提前印发，供参加协商的各方参阅。

第五章 政治协商活动开展

第二十一条 各级党委应当按照形式与内容相匹配的要求，合理运用协商形式，保证协商活动有序开展。

在政治协商活动中，应当鼓励和支持参加协商的各方讲真话、建诤言，加强互动交流，营造宽松民主和谐的协商氛围。

第二十二条 各级党委主要通过以下形式开展政党协商：

（一）会议协商。党委负责同志主持召开专题协商座谈会、人事协商座谈会、调研协商座谈会和其他协商座谈会，听取同级民主党派组织、无党派代表人士的意见建议。

（二）约谈协商。党委负责同志可以根据需要，不定期邀请同级民主党派组织负责同志、无党派代表人士就共同关心的问题当面沟通情况、交换意见，或者应同级民主党派组织主要负责同志约请，个别听取意见。

（三）书面协商。党委可以就有关重要文件、重要事项书面征求同级民主党派组织、无党派人士的意见建议，民主党派组织、无党派人士以书面形式反馈协商意见。支持民主党派组织及其负责同志以书面形式直接向同级党委反映情况、提出意见建议。

第二十三条 各级党委支持政协主要通过以下形式开展人民政协政治协商：

（一）全体会议。中央政治局常委同志等应邀出席全国政协全体会议，同委员共商国是；地方党委负责同志等应邀出席地方政协全体会议，参加讨论，听取意见建议。

（二）专题议政性常务委员会会议。党委和政府有关负责同志应邀出席有关常务委员会会议并作报告，听取意见并根据需要进行互动交流。

（三）专题协商会。党委和政府有关负责同志应邀出席专题协商会并发表意见，有关部门负责同志介绍情况，开展互动交流。

（四）协商座谈会。根据情况采取相应的协商形式，由政协主席或者副主席、专门委员会负责同志主持。与议题有关的部门负责同志应邀到会介绍情况、听取并交流意见。

第六章　政治协商成果运用和反馈

第二十四条　各级党委应当重视协商意见研究办理，可以结合实际建立健全政治协商成果运用和反馈制度，重要协商成果可以作为决策参考。

第二十五条　党委办公厅（室）会同党委统战部梳理汇总政党协商意见，视情交付有关部门研究办理，办理情况按照规定反馈同级民主党派组织、无党派代表人士。

第二十六条　政协党组按照规定梳理形成人民政协政治协商活动成果，重要协商活动成果报送党委。党委和政府负责同志对有关部门落实协商成果有明确要求的，党委和政府办公厅（室）应当加强督促检查，并将落实情况抄送同级政协办公厅（室）。

第七章　政治协商保障机制

第二十七条　各级党委应当结合实际完善政治协商工作机制，支持和推动有关单位和部门参与政治协商有关工作。

完善党委、政府、监察委员会、法院、检察院与各民主党派、各界代表人士的工作联系机制，为各民主党派和各界代表人士知情明政创造条件。

党委有关部门，有关政府部门、人民团体、企事业单位的党组（党委）为本单位本部门的民主党派成员、无党派人士和政协委员参加政治协商创造有利条件，提供必要保障。

第二十八条　党委负责同志开展考察调研，根据工作需要，可以邀请同级民主党派组织负责同志、无党派代表人士参加。

监察委员会，法院、检察院和有关政府部门党组（党委）可以根据工作需要向同级民主党派组织、无党派人士介绍有关情况，视情邀请同级民主党派组织、无党派人士列席有关工作会议、参加专项调研和检查督导等。

第二十九条　支持各民主党派、无党派人士在政协参与国家方针政策和地方重要举措的讨论协商，对各民主党派以本党派名义在政协发表意见、提出建议等作出机制性安排。

第八章　附　　则

第三十条　本条例由中央统战部负责解释。

第三十一条　本条例自发布之日起施行。

中国共产党政法工作条例

（2018年12月27日中共中央政治局会议审议批准　2019年1月13日中共中央发布）

第一章　总　　则

第一条　为了坚持和加强党对政法工作的绝对领导，做好新时代党的政法工作，根据《中国共产党章程》、《中华人民共和国宪法》和有关法律，制定本条例。

第二条　本条例适用于中央和县级以上地方党委、党委政法委员会、政法单位党组（党委）领导和组织开展政法工作。

第三条　政法工作是党和国家工作的重要组成部分，是党领导政法单位依法履行专政职能、管理职能、服务职能的重要方式和途径。

党委政法委员会是党委领导和管理政法工作的职能部门，是实现党对政法工作领导的重要组织形式。

政法单位是党领导下从事政法工作的专门力量，主要包括审判机关、检察机关、公安机关、国家安全机关、司法行政机关等单位。

第四条　政法工作必须坚持以马克思列宁主义、毛泽东思想、邓小平理论、“三个代表”重要思想、科学发展观、习近平新时代中国特色社会主义思想为指导，牢固树立政治意识、大局意识、核心意识、看齐意识，坚定中国特色社会主义道路自信、理论自信、制度自信、文化自信，坚决维护习近平总书记党中央的核心、全党的核心地位，坚决维护党中央权威和集中统一领导，围绕统筹推进“五位一体”总体布局和协调推进“四个全面”战略布局，坚持党的领导、人民当家作主、依法治国有机统一，坚决捍卫党的领导和中国特色社会主义制度，维护宪法法律权威，支持政法单位依法履行职责，保证司法机关依法独立公正行使职权，确保政法队伍全面正确履行中国特色社会主义事业建设者、捍卫者的使命。

第五条 政法工作的主要任务是：在以习近平同志为核心的党中央坚强领导下开展工作，推进平安中国、法治中国建设，推动政法领域全面深化改革，加强过硬队伍建设，深化智能化建设，严格执法、公正司法，履行维护国家政治安全、确保社会大局稳定、促进社会公平正义、保障人民安居乐业的主要职责，创造安全的政治环境、稳定的社会环境、公正的法治环境、优质的服务环境，增强人民群众获得感、幸福感、安全感。

第六条 政法工作应当遵循以下原则：

（一）坚持党的绝对领导，把党的领导贯彻到政法工作各方面和全过程；

（二）坚持以人民为中心，专门工作和群众路线相结合，维护人民群众合法权益；

（三）坚定不移走中国特色社会主义法治道路，建设社会主义法治国家；

（四）坚持服务和保障大局，为推动经济持续健康发展和保持社会长期稳定提供法治保障；

（五）坚持总体国家安全观，维护国家主权、安全、发展利益；

（六）严格区分和正确处理敌我矛盾和人民内部矛盾这两类不同性质的矛盾，准确行使人民民主专政职能；

（七）坚持走中国特色社会主义社会治理之路，推动形成共建共治共享的社会治理格局；

（八）坚持改革创新，建设和完善中国特色社会主义司法制度和政法工作运行体制机制；

（九）政法单位依法分工负责、互相配合、互相制约，确保正确履行职责、依法行使权力；

（十）坚持政治过硬、业务过硬、责任过硬、纪律过硬、作风过硬的要求，建设信念坚定、执法为民、敢于担当、清正廉洁的新时代政法队伍。

第二章 党中央对政法工作的绝对领导

第七条 党中央对政法工作实施绝对领导，决定政法工作大政方针，决策部署事关政法工作全局和长远发展的重大举措，管理政法工作中央事权和由中央负责的重大事项。

第八条 党中央加强对政法工作的全面领导：

（一）坚持以习近平新时代中国特色社会主义思想为指导，为政法工作坚持正确方向提供根本遵循；

（二）确立政法工作的政治立场、政治方向、政治原则、政治道路，严明政治纪律和政治规矩，为政法工作科学发展提供政治保证；

（三）研究部署政法工作中事关国家政治安全、社会大局稳定、社会公平正义和人民安居乐业的重大方针政策、改革措施、专项行动等重大举措；

（四）加强政法系统组织建设和党风廉政建设，领导和推动建设忠诚干净担当的高素质专业化政法队伍，为政法工作提供组织保证。

第三章 地方党委对政法工作的领导

第九条 县级以上地方党委领导本地区政法工作，贯彻落实党中央关于政法工作大政方针，执行党中央以及上级党组织关于政法工作的决定、决策部署、指示等事项。

第十条 县级以上地方党委应当以贯彻党中央精神为前提，对本地区政法工作中的以下事项，落实领导责任：

（一）统筹政法工作中事关维护国家安全特别是以政权安全、制度安全为核心的政治安全重要事项；

（二）统筹维护社会稳定工作，及时妥善处理影响社会稳定的重要事项和突发事件；

（三）统筹规划平安建设、法治建设与经济社会发展，做到同部署、同推进、同督促、同考核、同奖惩；

（四）推动政法单位依法维护社会主义市场经济秩序，为经济高质量发展提供法治保障；

（五）组织实施党中央关于政法改革方案，推动完善社会主义司法制度和政法工作运行体制机制；

（六）完善党委领导、政府负责、社会协同、公众参与、法治保障的社会治理体制，提高社会治理社会化、法治化、智能化、专业化水平；

（七）完善党委、纪检监察机关、党委政法委员会对政法单位的监督机制，保证党的路线方针政策和党中央重大决策部署贯彻落实，保证宪法法律正确统一实施；

（八）加强党对政法队伍建设的领导，完善党委统一领导、政法单位主抓、有关部门各司其职的政法队伍建设工作格局；

（九）改善执法司法条件，满足政法工作形势和任务的需要；

（十）推动完善和落实保障政法干警依法履职、开展工作的制度和政策；

（十一）本地区政法工作中的其他重要事项。

第四章　党委政法委员会的领导

第十一条　中央和县级以上地方党委设置政法委员会。中央政法委员会职能配置、内设机构和人员编制方案由党中央审批确定。地方党委政法委员会职能配置、内设机构和人员编制规定，由同级党委按照党中央精神以及上一级党委要求，结合本地区实际审批确定。

乡镇（街道）党组织配备政法委员，在乡镇（街道）党组织领导和县级党委政法委员会指导下开展工作。

省、市、县、乡镇（街道）社会治安综合治理中心是整合社会治理资源、创新社会治理方式的重要工作平台，由同级党委政法委员会和乡镇（街道）政法委员负责工作统筹、政策指导。

第十二条　党委政法委员会在党委领导下履行职责、开展工作，应当把握政治方向、协调各方职能、统筹政法工作、建设政法队伍、督促依法履职、创造公正司法环境，带头依法依规办事，保证党的路线方针政策和党中央重大决策部署贯彻落实，保证宪法法律正确统一实施。主要职责任务是：

（一）贯彻习近平新时代中国特色社会主义思想，坚持党对政法工作的绝对领导，坚决执行党的路线方针政策和党中央重大决策部署，推动完善和落实政治轮训和政治督察制度。

（二）贯彻党中央以及上级党组织决定，研究协调政法单位之间、政法单位和有关部门、地方之间有关重大事项，统一政法单位思想和行动。

（三）加强对政法领域重大实践和理论问题调查研究，提出重大决策部署和改革措施的意见和建议，协助党委决策和统筹推进政法改革等各项工作。

（四）了解掌握和分析研判社会稳定形势、政法工作情况动态，创新完善多部门参与的平安建设工作协调机制，协调推动预防、化解影响稳定的社会矛盾和风险，协调应对和妥善处置重大突发事件，协调指导政法单位和相关部门做好反邪教、反暴恐工作。

（五）加强对政法工作的督查，统筹协调社会治安综合治理、维护社会稳定、反邪教、反暴恐等有关国家法律法规和政策的实施工作。

（六）支持和监督政法单位依法行使职权，检查政法单位执行党的路线方针政策、党中央重大决策部署和国家法律法规的情况，指导和协调政法单位密切配合，完善与纪检监察机关工作衔接和协作配合机制，推进严格执法、公正司法。

（七）指导和推动政法单位党的建设和政法队伍建设，协助党委及其组织部门加强政法单位领导班子和干部队伍建设，协助党委和纪检监察机关做好监督检查、审查调查工作，派员列席同级政法单位党组（党委）民主生活会。

（八）落实中央和地方各级国家安全领导机构、全面依法治国领导机构的决策部署，支持配合其办事机构工作；指导政法单位加强国家政治安全战略研究、法治中国建设重大问题研究，提出建议和工作意见，指导和协调政法单位维护政治安全工作和执法司法相关工作。

（九）掌握分析政法舆情动态，指导和协调政法单位和有关部门做好依法办理、宣传报道和舆论引导等相关工作。

（十）完成党委和上级党委政法委员会交办的其他任务。

第十三条 中央和地方各级党委政法委员会指导、支持、督促政法单位在宪法法律规定的职责范围内开展工作。

中央政法委员会指导地方各级党委政法委员会工作，上级党委政法委员会指导下级党委政法委员会工作。

第五章　政法单位党组（党委）的领导

第十四条　政法单位党组（党委）领导本单位或者本系统政法工作，贯彻党中央关于政法工作大政方针，执行党中央以及上级党组织关于政法工作的决定、决策部署、指示等事项。

第十五条　政法单位党组（党委）在领导和组织开展政法工作中，应当把方向、管大局、保落实，发挥好领导作用。主要职责任务是：

（一）贯彻习近平新时代中国特色社会主义思想，执行党的路线方针政策和党中央重大决策部署，维护党对政法工作的绝对领导；

（二）遵守和实施宪法法律，带头依法履职，推进严格执法、公正司法，维护国家法制的统一、尊严和权威；

（三）研究影响国家政治安全和社会稳定的重大事项或者重大案件，制定依法处理的原则、政策和措施；

（四）研究推动本单位或者本系统全面深化改革，研究制定本单位或者本系统执法司法政策，提高执法司法质量、效率和公信力；

（五）履行全面从严治党主体责任，加强本单位或者本系统党的建设和政法队伍建设；

（六）完成上级党组（党委）和党委政法委员会交办的其他任务。

第十六条　政法单位党组（党委）应当建立健全在执法办案中发挥领导作用制度、党组（党委）成员依照工作程序参与重要业务和重要决策制度，增强党组（党委）及其成员政治领导和依法履职本领，确保党的路线方针政策和宪法法律正确统一实施。

第六章　请 示 报 告

第十七条　中央政法委员会、中央政法单位党组（党委）在党中央领导下履行职责、开展工作，对党中央负责，受党中央监督，向党中央和总书记请示报告工作。

中央政法委员会、中央政法单位党组（党委）和县级以上地方党委、党委政法委员会、政法单位党组（党委）按照党中央关于重大事项请示报告的有关规定，严格执行请示报告制度。

政法单位党组（党委）向同级党委请示报告重大事项和汇报重要工作，一般应当同时抄报同级党委政法委员会。

第十八条 中央政法委员会、中央政法单位党组（党委）应当及时向党中央请示以下事项：

（一）政法工作重大方针政策、关系政法工作全局和长远发展的重大事项；

（二）维护国家安全特别是以政权安全、制度安全为核心的政治安全重大事项；

（三）维护社会稳定工作中的重大问题；

（四）政法工作重大体制改革方案、重大立法建议；

（五）拟制定的政法队伍建设重大政策措施；

（六）政法工作中的其他重大事项。

第十九条 中央政法委员会、中央政法单位党组（党委）应当及时向党中央报告以下事项：

（一）党中央决定、决策部署、指示等重大事项贯彻落实重要进展和结果情况；

（二）对影响党的路线方针政策和宪法法律正确统一实施重大问题的调查研究报告；

（三）具有全国性影响的重大突发案（事）件重要进展和结果情况；

（四）加强政法队伍建设的重大举措；

（五）半年和年度工作情况；

（六）党中央要求报告的其他事项。

政法工作总体情况、中央政法委员会牵头办理或者统筹协调的重大事项情况，由中央政法委员会统一报告党中央，中央政法单位协助做好相关工作。

最高人民法院党组、最高人民检察院党组按照有关规定，严格执行向党中央报告工作制度。

各省（自治区、直辖市）党委按照有关规定，向党中央请示报告政法工作重大事项。

第二十条 中央政法单位党组（党委）和省（自治区、直辖市）党委政法委员会应当向中央政法委员会请示以下事项：

（一）涉及政法工作全局、需要提请中央政法委员会研究决定的重大事项；

（二）有关地区、部门之间存在分歧，经反复协商仍不能达成一致，需要中央政法委员会协调的重大事项；

（三）重大政法改革方案和措施；

（四）出台重要执法司法政策性文件、司法解释，提出涉及重大体制和重大政策调整的立法建议；

（五）党中央交办的重大事项和需要中央政法委员会统筹研究把握原则、政策的重大事项；

（六）政法工作中涉及国家安全特别是政治安全等重大事项的相关政策措施问题；

（七）拟以中央政法委员会名义召开会议或者印发文件；

（八）应当向中央政法委员会请示的其他重大事项。

第二十一条 中央政法单位党组（党委）和省（自治区、直辖市）党委政法委员会应当向中央政法委员会报告以下事项：

（一）全面贯彻党的基本理论、基本路线、基本方略，贯彻落实党中央决策部署情况；

（二）贯彻落实党中央关于政法工作的重要指示精神情况；

（三）贯彻落实中央政法委员会工作部署、指示和决定情况；

（四）重大工作部署以及推进情况，年度工作情况；

（五）重大政法改革部署以及推进情况；

（六）政法工作中涉及国家安全特别是政治安全的重大事项处理情况；

（七）履行全面从严治党主体责任情况，落实党建工作责任制、党风廉政建设责任制、政法领域意识形态工作责任制等情况；

（八）领导干部干预司法活动、插手具体案件处理情况；

（九）应当向中央政法委员会报告的其他事项。

第二十二条 县级以上地方党委政法委员会、政法单位党组（党委）每年应当向同级党委报告全面工作情况，遇有重要情况及时请示报告。

地方党委政法委员会参照上一级党委政法委员会有关规定，确定同级政法单位党组（党委）、下级党委政法委员会请示报告重大事项范围、内容和程序等。

第七章 决策和执行

第二十三条 党委、党委政法委员会、政法单位党组（党委）应当按照集体领导、民主集中、个别酝酿、会议决定的原则，在各自职责权限范围内，及时对以下事项研究作出决定、决策部署或者指示：

（一）涉及贯彻落实党中央以及上级党组织、党委政法委员会关于政法工作的决定、决策部署和指示的重要事项；

（二）下级党委、党委政法委员会、政法单位党组（党委）请示报告的重要事项；

（三）本单位在履行职责中需要决策的事项。

决策时，应当先行调查研究，提出适当方案，充分听取各方面意见，进行风险评估和合法合规性审查，按照规定提请相关会议讨论和决定。

第二十四条 对于党中央以及上级党组织决定、决策部署、指示等，各有关地方党委、党委政法委员会、政法单位党组（党委）必须坚决贯彻执行。

提出请示报告的党委、党委政法委员会、政法单位党组（党委）在贯彻执行党中央以及上级党组织决定、决策部署、指示等过程中，认为原请示报告事宜需要作出调整的，必须按照谁决策、谁审批的原则，报原决策单位审批，但在批准前应当坚决执行。

第二十五条 地方党委应当建立健全委员会全体会议或者常委会会议研究部署政法工作的制度，将政法工作纳入重要议事日程，及时研究解决政法工作和队伍建设的重大问题。

第二十六条 地方党委应当在本地区带头执行党中央以及上级党组织决定、决策部署、指示等事项，并指导、督促党委政法委员会和政法单位党组（党委）做好贯彻执行相关工作。

地方党委成员对党委集体决策应当坚决执行；如有不同意见，可以保留或者向上级党组织反映，但在决策改变前应当坚决执行。

第二十七条 党委政法委员会实行全体会议制度，讨论和决定职责范围内的政法工作重大事项。

第二十八条 党委政法委员会应当贯彻执行党中央以及同级地方党委、上级党委政法委员会决定、决策部署、指示等事项，并发挥统筹协调职能作用，协助党委指导、督促有关政法单位党组（党委）、下级党委政法委员会坚决执行党中央以及上级党组织决定、决策部署、指示等事项，推动工作落实。

第二十九条 政法单位党组（党委）应当按照有关规定召开党组（党委）会议，讨论和决定本单位或者本系统政法工作和队伍建设重大事项。

第三十条 政法单位党组（党委）应当坚决贯彻执行党中央以及上级党组织决定、决策部署、指示等事项，确保工作落实。

政法单位党组（党委）成员对党组（党委）集体决策应当坚决执行；如有不同意见，可以保留或者向上级党组织反映，但在决策改变前应当坚决执行。

第八章 监督和责任

第三十一条 各级党委应当将领导和组织开展政法工作情况纳入党内监督体系，实行党内监督和外部监督相结合，增强监督合力。

党委政法委员会应当指导、推动政法单位建立健全与执法司法权运行机制相适应的监督制约体系，构建权责清晰的执法司法责任体系，完善程序化、平台化、公开化管理监督方式。

政法单位党组（党委）应当依法依规将政法工作情况纳入党务政务公开范围，依法有序推进审判执行公开、检务公开、警务公开、司法行政公开、狱（所）务公开，完善政法单位之间监督制约机制，确保政法工作在依法有效监督和约束环境下推进。

第三十二条 加强对政法工作全面情况和重大决策部署执行情况的督促检查：

（一）党委应当加强对党委政法委员会、政法单位党组（党委）和下一级党委领导和组织开展政法工作情况，特别是贯彻落实党中央以及上级党组织决定、决策部署、指示等情况督促检查，必要时开展巡视巡察，并在一定范围内进行通报；

（二）党委政法委员会应当推动完善和落实政治督察、执法监督、纪律作风督查巡查等工作制度机制，全面推进政法工作特别是党中央以及上级党组织决定、决策部署、指示等贯彻落实；

（三）政法单位党组（党委）应当建立健全向批准其设立的党委全面述职制度和重大决策执行情况的督查反馈机制，确保党中央以及上级党组织决定、决策部署、指示等在本单位或者本系统得到贯彻落实。

第三十三条 党委应当加强对党委政法委员会、政法单位党组（党委）和下一级党委常委会履职情况的考评考核，其结果作为对有关领导班子、领导干部综合考核评价的重要内容和依据：

（一）结合领导班子年度考核、民主生活会等，定期检查和考评考核党委政法委员会履职情况；

（二）建立健全听取政法单位党组（党委）主要负责人述职制度，加强对政法单位党组（党委）及其成员履职情况考评考核；

（三）在考核下一级党委常委会领导开展工作情况时，注重了解领导开展政法工作情况。

党委政法委员会应当建立健全委员述职制度，全面了解、掌握委员履职情况，及时提出指导意见。

第三十四条 党委政法委员会在统筹推动政法单位开展常态执法司法规范化检查中，对发现的政法单位党组（党委）及其成员不履行或者不正确履行职责，或者政法干警执法司法中的突出问题，应当督促加大整改力度，加强执法司法制度建设，保证全面正确履行职责。

第三十五条 有关地方和部门领导干部在领导和组织开展政法工作中，违反本条例和有关党内法规制度规定职责的，视情节轻重，由党委政法委员会进行约谈、通报、挂牌督办等；或者由纪检监察机关、组织人事部门按照管理权限，办理引咎辞职、责令辞职、免职等。因违纪违法应当承担责任的，给予党纪政务处分；涉嫌犯罪的，依法追究刑事责任。

第九章　附　　则

第三十六条　中央政法委员会，中央政法单位党组（党委），各省（自治区、直辖市）党委可以根据本条例，结合各自实际，制定配套规定。

第三十七条　中央军事委员会依照本条例的基本精神，制定军队政法工作党内法规。

第三十八条　本条例由中央政法委员会负责解释。

第三十九条　本条例自2019年1月13日起施行。此前发布的党内有关政法工作的规定，凡与本条例不一致的，按照本条例执行。

中国共产党机构编制工作条例

（2019年6月24日中共中央政治局会议审议批准　2019年8月5日中共中央发布）

第一章　总　　则

第一条　为了加强党对机构编制工作的集中统一领导，规范党和国家机构编制工作，巩固党治国理政的组织基础，根据《中国共产党章程》，制定本条例。

第二条　机构编制工作必须坚持以马克思列宁主义、毛泽东思想、邓小平理论、“三个代表”重要思想、科学发展观、习近平新时代中国特色社会主义思想为指导，以坚持和加强党的全面领导为统领，以完善和发展中国特色社会主义制度、推进国家治理体系和治理能力现代化为导向，以推进党和国家机构职能优化协同高效为着力点，完善机构设置，优化职能配置，提高效率效能，为决胜全面建成小康社会、全面建设社会主义现代化国家、实现中华民族伟大复兴的中国梦提供有力制度和组织保障。

第三条　机构编制工作必须遵循以下原则：

（一）坚持党管机构编制。坚持党对机构编制工作的集中统一领导，坚决维护习近平总书记党中央的核心、全党的核心地位，坚决维护党中央权威和集中统一领导，坚持民主集中制，把加强党的领导贯彻到机构编制工作的各方面和全过程，完善保证党的全面领导，始终总揽全局、协调各方的制度安排，有效实施党中央方针政策。

（二）坚持优化协同高效。适应新时代新形势新要求，力求科学合理、权责一致，科学审慎设置党和国家机构，统筹谋划好党和国家机构职能体系建设；力求有统有分、有主有次，理顺党的领导体系和政府治理体系、武装力量体系、群团工作体系之间的领导指挥关系，明确其他各个体系的职责定位，完善党和国家机构布局；力求履职到位、流程通畅，统筹干部和机构编制资源，提高各类组织机构贯彻落实党的决策部署的效率，构建运行顺畅、充满活力、令行禁止的工作体系。

（三）坚持机构编制刚性约束。贯彻编制就是法制的要求，机构编制一经确定必须严格执行，录（聘）用人员、配备干部、核拨人员经费等应当以机构编制为基本依据。用法治思维和法治方式维护机构编制的权威性和严肃性，切实把机构编制工作纳入法治化轨道。加快完善机构编制党内法规和国家法律法规并有效实施，依据国家法律法规有关规定履行法定程序。

（四）坚持机构编制瘦身与健身相结合。适应经济社会发展变化和财政保障能力，管住管好用活机构编制，严控总量、统筹使用，科学增减，不断提升机构编制资源使用效益。妥善处理严控机构编制与满足发展需要之间的关系，围绕中心、服务大局，保障党和国家事业发展，更好满足人民日益增长的美好生活需要。

第四条 党和国家机构改革、体制机制和职责调整，各类机关和事业单位的机构、编制、领导职数的配备和调整，适用本条例。

前款所称各类机关是指党的机关、人大机关、行政机关、政协机关、监察机关、审判机关、检察机关和各民主党派机关、群团机关。

第二章 领导体制

第五条 党中央集中统一领导全国机构编制工作。党中央设立中央机构编制委员会，作为党中央决策议事协调机构，在中央政治局及其常委会领导下开展工作，负责党和国家机构职能体系建设的顶层设计、总体布局、统筹协调、整体推进、督促落实。

中央机构编制委员会的主要职责是：

（一）贯彻落实党中央对党和国家机构编制工作的集中统一领导。

（二）研究提出机构编制工作的方针政策。

（三）研究提出党和国家机构改革方案并组织实施；审定省级机构改革方案，指导地方各级机构改革工作。

（四）审定中央一级副部级以上各类机构的职能配置、内设机构和人员编制规定（以下简称“三定”规定）。

（五）统一管理中央和国家机关各部门的职能配置以及调整工作，统筹协调部门之间、部门与地方之间的职责分工。

（六）统一管理中央一级党政机关，中央一级各民主党派机关、群团机关的机构编制工作。审批上述单位厅局级机构设置、人员编制和领导职数，中央和国家机关各部门垂直管理机构、双重领导并以部门领导为主的机构、派驻地方机构、我国驻外机构的机构设置、人员编制和领导职数。

（七）审定地方行政编制总额、机构限额和职能配置的重要调整，审批省、自治区、直辖市厅局级行政机构的设置。

（八）研究提出事业单位管理体制和机构改革方案，统一管理党中央、国务院直属事业单位以及部门所属事业单位的机构编制工作，审批地方厅局级事业单位的设置，指导协调地方事业单位机构编制工作。

（九）推进机构编制法治建设，研究完善党和国家机构编制法规制度。

（十）督促检查各地区各部门贯彻党中央关于机构编制工作的方针政策和重要决定，严肃机构编制纪律。

第六条 各地区各部门党委（党组）必须服从党中央对机构编制工作的集中统一领导，增强“四个意识”、坚定“四个自信”、做到“两个维护”，坚决落实党和国家关于机构编制工作的方针政策和决策部署，严格执行党和国家关于机构改革、体制机制、机构、职能、编制和领导职数等规定，确保中央令行禁止、政令畅通。

各地区各部门党委（党组）根据规定的职责权限，负责本地区本部门的机构编制工作。

地方各级党委设立机构编制委员会，管理本地区机构编制工作。各部门各单位应当明确负责机构编制工作的机构和人员。

乡镇、街道的机构编制事项由上一级机构编制委员会管理。

第七条 各级机构编制委员会下设办公室，承担日常工作，归口本级党委组织部门管理，根据授权和规定程序处理机构编制具体事宜。

第三章 动 议

第八条 机构编制工作动议应当根据党中央有关要求和工作需要，按照机构编制管理权限提出。

党和国家机构改革、重大体制机制和职责调整由党中央启动。

地方各级党委可以提出本地区体制机制和职责调整动议，并组织力量对有关问题进行分析研判。重大事项和超出本级机构编制管理权限的事项应当按照规定向上级党委请示报告，上级党委同意后方可研究推进。地方各级机构编制委员会可以根据规定权限，对本地区相关体制机制和职责调整提出动议。

各部门党组（党委）可以动议机关及其所属事业单位机构、职能、编制、领导职数等事项调整，报本级机构编制委员会及其办公室。根据机构编制管理权限可以由部门决定的事项，按照有关规定办理。

第九条 机构编制工作的动议应当由党委（党组）领导班子集体讨论决定。

各地区各部门提出机构编制工作动议必须符合党中央有关改革精神和机构编制有关规定，应当充分论证必要性、合理性、可行性。

第四章 论 证

第十条 党和国家机构改革、重大体制机制和职责调整应当在党中央集中统一领导下组织论证。

党和国家机构改革、重大体制机制和职责调整应当有利于构建系统完备、科学规范、运行高效的党和国家机构职能体系，形成总揽全局、协调各方的党的领导体系，职责明确、依法行政的政府治理体系，中国特色、世界一流的武装力量体系，联系广泛、服务群众的群团工作体系，有利于推动各类组织在党的统一领导下协调行动、增强合力。

第十一条 机构设置应当科学合理，具有比较完整且相对稳定的独立职能，能够与现有机构的职能协调衔接。

统筹党和国家机构设置和职能配置，应当强化党的组织在同级组织中的领导地位，加强归口协调职能，统筹本系统本领域工作。坚持一类事项原则上由一个部门统筹、一件事情原则上由一个部门负责。党的有关机构可以同职能相近、联系紧密的其他部门统筹设置，实行合并设立或者合署办公。

地方机构设置和职能配置应当保证有效实施党中央方针政策和国家法律法规，涉及党中央集中统一领导和国家法制统一、政令统一、市场统一的机构职能应当同中央基本对应。除中央有明确规定外，地方可以在规定限额内因地制宜设置机构和配置职能，严格规范设置各类派出机构。地方可以在规定权限范围内设置和调整事业单位。

第十二条 编制和领导职数配备应当符合党中央有关规定和机构编制党内法规、国家法律法规，适应党和国家事业、经济社会发展、机构履职需要。

编制配备应当符合编制种类、结构和总额等规定。领导职数配备应当符合领导职务名称、层级、数量等规定，领导职务名称应当与机构层级相符合。

第十三条 各级机构编制委员会办公室研究论证机构编制事项时，应当进行深入调查研究和合法合规性审查，重大问题应当进行专家论证和风险评估。研究论证时应当充分听取各方面意见。

第五章 审议决定

第十四条 审批机构编制事项应当按程序报批，严格遵守管理权限。

党和国家机构改革方案、重大体制机制和职责调整方案必须报党中央审议批准。

各部门提出的机构编制事项申请，由本级机构编制委员会办公室审核后报本级机构编制委员会审批，重大事项由本级机构编制委员会审核后报本级党委审批。需报上一级党委及其机构编制委员会审批的，按程序报批。各级机构编制委员会办公室根据授权审批机构编制事项。

地方党政机构设置实行限额管理，各级机构限额由党中央统一规定。地方党委提出机构编制事项申请，报上一级机构编制委员会审批，重大事项由上一级机构编制委员会审核后报本级党委审批。

地区或者部门专项体制机制和职责调整方案，由有相应机构编制管理权限的党委（党组）审议批准。超出本级机构编制管理权限的重大问题，党委（党组）在审议后应当向上一级党委请示报告，上一级党委同意后方可实施。

第十五条 凡属机构编制重大问题，应当由党委（党组）或者机构编制委员会集体讨论作出决定。党委（党组）和机构编制委员会审议机构编制议题的程序，应当符合党内法规和中央机构编制委员会有关规定。

第十六条 党委（党组）、机构编制委员会应当主要就以下内容对机构编制议题进行审议：

（一）是否有利于坚持和加强党的全面领导；

（二）是否符合党中央有关规定和机构编制党内法规、国家法律法规以及相关政策规定；

（三）是否适应经济社会发展需要和财政保障能力，能否有效解决实际问题；

（四）是否科学合理，充分考虑了除调整机构编制外的其他解决办法；

（五）是否对可能带来的问题和遇到的困难进行客观分析，并做好应对准备。

提请审议机构编制议题时，有关部门应当对照前款规定逐项作出说明。

第六章 组织实施

第十七条 党和国家机构改革、重大体制机制和职责调整的实施工作由党中央统一部署，中央机构编制委员会按照党中央要求组织实施。

地方各级党委按照党中央统一部署研究制定本地区实施方案，按程序报批后方可实施，并对实施工作负领导责任。

第十八条 经批准发布的各部门各单位“三定”规定、机构编制管理规定等，是机构编制法定化的重要形式，具有权威性和严肃性，是各部门各单位机构职责权限、人员配备和工作运行的基本依据，各地区各部门必须严格执行。“三定”规定的重大调整，应当报上级党委批准后实施。

第十九条 建立机构编制报告制度。下级党委应当向上级党委报告机构编制管理情况。各地区各部门落实机构改革、重大体制机制和职责调整等任务的情况，应当及时按程序报告。工作中遇到的问题，在权限范围内能够解决的应当主动协调解决，超出权限的应当按程序请示，重大事项报党中央决定。

各部门应当定期向本级机构编制委员会报告机构设置和编制管理情况。县级以上地方各级机构编制委员会应当定期向本级党委报告机构编制管理情况，重要事项向上一级机构编制委员会报告。

第二十条 各部门在履行职责过程中对职责划分规定在理解上有分歧的，应当主动协商解决。协商一致的意见，报本级机构编制委员会办公室备案审查。协商不一致的，应当提请本级机构编制委员会办公室按照有关规定进行协调。

第二十一条 建立编制统筹调配和动态调整机制。根据党和国家事业发展需要，统筹使用各类编制资源，按照机构编制管理权限，加强编制的统筹调配和动态调整，建立部门间、地区间编制动态调整机制。

第二十二条 充分发挥机构编制在管理全流程中的基础性作用，对编制使用实行实名管理，建立机构编制管理同组织人事、财政预算管理共享的信息平台。

第七章 监督问责

第二十三条 各地区各部门党委（党组）对本地区本部门机构编制管理和监督负责。

第二十四条 各级机构编制委员会及其办公室应当按照相应权限，对机构编制工作规定贯彻落实情况进行监督检查，纠正违纪违法行为，并按照有关规定向本级党委提出问责建议。

建立机构编制核查制度，各级机构编制委员会在本级党委一届任期内至少组织1次管理范围内的机构编制核查。

各级机构编制委员会办公室应当采用科学方法，对机构编制执行情况和使用效益进行客观评估，或者委托第三方进行评估。评估结果作为改进机构编制管理、优化编制资源配置的重要依据。

第二十五条　机构编制工作情况和纪律要求执行情况应当纳入巡视巡察、党委督促检查、选人用人专项检查、党政主要领导干部经济责任审计等监督范围，发挥监督合力。

各级机构编制委员会办公室应当加强与纪检监察机关、巡视巡察机构和组织人事、财政、审计等部门的协作配合，建立健全情况通报、信息共享、线索移送、整改反馈等工作机制，必要时组成工作组，开展联合督查。

第二十六条　机构编制工作必须严格执行本条例的各项规定，严禁以下行为：

（一）在贯彻落实党和国家机构改革和机构编制重大决策部署过程中有令不行、有禁不止，上有政策、下有对策，搞变通、拖延改革或者逾期不执行、不报告；

（二）擅自设立、撤销、合并机构或者变更机构名称、规格、性质、职责权限，在限额外设置机构，变相增设机构或者提高机构规格；

（三）擅自增加编制种类、突破行政编制总额增加编制、改变编制使用范围、挤占挪用基层编制，擅自超编录（聘）用、调任、转任人员，挤占挪用财政资金、其他资金为超编人员安排经费，以虚报人员等方式占用编制并冒用财政资金；

（四）违规审批机构编制、核定领导职数，或者超职数、超规格配备领导干部；

（五）伪造、虚报、瞒报、拒报机构编制统计、实名信息和核查数据；

（六）实施其他违反机构编制管理规定的行为。

第二十七条　未经党中央授权，任何部门不得以任何形式干预地方机构设置。坚决制止和整治通过项目资金分配、督查考核、评比表彰、达标验收等方式干预机构设置、职能配置和编制配备的行为。

部门规章和规范性文件不得就机构编制事项作出具体规定，不得作为审批机构编制的依据。

第二十八条 违反本条例第二十六条规定的，各级机构编制委员会有权采取通报批评、责令限期纠正、予以纠正等处理措施。对有关责任人，可以采取约谈、责令说明情况、下达告诫书等处理措施。

对违规超职数、超规格配备领导干部，违规超编录（聘）用、调任、转任人员，挤占挪用财政资金、其他资金为超编人员安排经费，以虚报人员等方式占用编制并冒用财政资金等行为，有关机关应当依规依纪依法查处和纠正。

第二十九条 违反本条例规定，以及对机构编制违纪违法行为查处和追责不力、问题整改不到位造成严重后果的，依照《中国共产党问责条例》、《中国共产党纪律处分条例》等规定追究责任。

第三十条 任何组织和个人对违反机构编制管理规定的行为，有权向纪检监察机关、组织部门、机构编制委员会办公室等有关部门举报，受理机关、部门应当按照有关规定处理。

第八章 附　　则

第三十一条 中国人民解放军和中国人民武装警察部队的编制工作，按照中央军事委员会有关规定执行。

第三十二条 本条例由中央组织部、中央机构编制委员会办公室负责解释。

第三十三条 本条例自 2019 年 8 月 5 日起施行。

信访工作条例

（2022年1月24日中共中央政治局会议审议批准 2022年2月25日中共中央、国务院发布）

第一章 总 则

第一条 为了坚持和加强党对信访工作的全面领导，做好新时代信访工作，保持党和政府同人民群众的密切联系，制定本条例。

第二条 本条例适用于各级党的机关、人大机关、行政机关、政协机关、监察机关、审判机关、检察机关以及群团组织、国有企事业单位等开展信访工作。

第三条 信访工作是党的群众工作的重要组成部分，是党和政府了解民情、集中民智、维护民利、凝聚民心的一项重要工作，是各级机关、单位及其领导干部、工作人员接受群众监督、改进工作作风的重要途径。

第四条 信访工作坚持以马克思列宁主义、毛泽东思想、邓小平理论、“三个代表”重要思想、科学发展观、习近平新时代中国特色社会主义思想为指导，贯彻落实习近平总书记关于加强和改进人民信访工作的重要思想，增强“四个意识”、坚定“四个自信”、做到“两个维护”，牢记为民解难、为党分忧的政治责任，坚守人民情怀，坚持底线思维、法治思维，服务党和国家工作大局，维护群众合法权益，化解信访突出问题，促进社会和谐稳定。

第五条 信访工作应当遵循下列原则：

（一）坚持党的全面领导。把党的领导贯彻到信访工作各方面和全过程，确保正确政治方向。

（二）坚持以人民为中心。践行党的群众路线，倾听群众呼声，关心群众疾苦，千方百计为群众排忧解难。

（三）坚持落实信访工作责任。党政同责、一岗双责，属地管理、分级负责，谁主管、谁负责。

（四）坚持依法按政策解决问题。将信访纳入法治化轨道，依法维护群众权益、规范信访秩序。

（五）坚持源头治理化解矛盾。多措并举、综合施策，着力点放在源头预防和前端化解，把可能引发信访问题的矛盾纠纷化解在基层、化解在萌芽状态。

第六条 各级机关、单位应当畅通信访渠道，做好信访工作，认真处理信访事项，倾听人民群众建议、意见和要求，接受人民群众监督，为人民群众服务。

第二章 信访工作体制

第七条 坚持和加强党对信访工作的全面领导，构建党委统一领导、政府组织落实、信访工作联席会议协调、信访部门推动、各方齐抓共管的信访工作格局。

第八条 党中央加强对信访工作的统一领导：

（一）强化政治引领，确立信访工作的政治方向和政治原则，严明政治纪律和政治规矩；

（二）制定信访工作方针政策，研究部署信访工作中事关党和国家工作大局、社会和谐稳定、群众权益保障的重大改革措施；

（三）领导建设一支对党忠诚可靠、恪守为民之责、善做群众工作的高素质专业化信访工作队伍，为信访工作提供组织保证。

第九条 地方党委领导本地区信访工作，贯彻落实党中央关于信访工作的方针政策和决策部署，执行上级党组织关于信访工作的部署要求，统筹信访工作责任体系构建，支持和督促下级党组织做好信访工作。

地方党委常委会应当定期听取信访工作汇报，分析形势，部署任务，研究重大事项，解决突出问题。

第十条 各级政府贯彻落实上级党委和政府以及本级党委关于信访工作的部署要求，科学民主决策、依法履行职责，组织各方力量加强矛盾纠纷排查化解，及时妥善处理信访事项，研究解决政策性、群体性信访突出问题和疑难复杂信访问题。

第十一条 中央信访工作联席会议在党中央、国务院领导下，负责全国信访工作的统筹协调、整体推进、督促落实，履行下列职责：

（一）研究分析全国信访形势，为中央决策提供参考；

（二）督促落实党中央关于信访工作的方针政策和决策部署；

（三）研究信访制度改革和信访法治化建设重大问题和事项；

（四）研究部署重点工作任务，协调指导解决具有普遍性的信访突出问题；

（五）领导组织信访工作责任制落实、督导考核等工作；

（六）指导地方各级信访工作联席会议工作；

（七）承担党中央、国务院交办的其他事项。

中央信访工作联席会议由党中央、国务院领导同志以及有关部门负责同志担任召集人，各成员单位负责同志参加。中央信访工作联席会议办公室设在国家信访局，承担联席会议的日常工作，督促检查联席会议议定事项的落实。

第十二条 中央信访工作联席会议根据工作需要召开全体会议或者工作会议。研究涉及信访工作改革发展的重大问题和重要信访事项的处理意见，应当及时向党中央、国务院请示报告。

中央信访工作联席会议各成员单位应当落实联席会议确定的工作任务和议定事项，及时报送落实情况；及时将本领域重大敏感信访问题提请联席会议研究。

第十三条 地方各级信访工作联席会议在本级党委和政府领导下，负责本地区信访工作的统筹协调、整体推进、督促落实，协调处理发生在本地区的重要信访问题，指导下级信访工作联席会议工作。联席会议召集人一般由党委和政府负责同志担任。

地方党委和政府应当根据信访工作形势任务，及时调整成员单位，健全规章制度，建立健全信访信息分析研判、重大信访问题协调处理、联合督查等工作机制，提升联席会议工作的科学化、制度化、规范化水平。

根据工作需要，乡镇党委和政府、街道党工委和办事处可以建立信访工作联席会议机制，或者明确党政联席会定期研究本地区信访工作，协调处理发生在本地区的重要信访问题。

第十四条 各级党委和政府信访部门是开展信访工作的专门机构，履行下列职责：

（一）受理、转送、交办信访事项；

（二）协调解决重要信访问题；

（三）督促检查重要信访事项的处理和落实；

（四）综合反映信访信息，分析研判信访形势，为党委和政府提供决策参考；

（五）指导本级其他机关、单位和下级的信访工作；

（六）提出改进工作、完善政策和追究责任的建议；

（七）承担本级党委和政府交办的其他事项。

各级党委和政府信访部门以外的其他机关、单位应当根据信访工作形势任务，明确负责信访工作的机构或者人员，参照党委和政府信访部门职责，明确相应的职责。

第十五条 各级党委和政府以外的其他机关、单位应当做好各自职责范围内的信访工作，按照规定及时受理办理信访事项，预防和化解政策性、群体性信访问题，加强对下级机关、单位信访工作的指导。

各级机关、单位应当拓宽社会力量参与信访工作的制度化渠道，发挥群团组织、社会组织和“两代表一委员”、社会工作者等作用，反映群众意见和要求，引导群众依法理性反映诉求、维护权益，推动矛盾纠纷及时有效化解。

乡镇党委和政府、街道党工委和办事处以及村（社区）“两委”应当全面发挥职能作用，坚持和发展新时代“枫桥经验”，积极协调处理化解发生在当地的信访事项和矛盾纠纷，努力做到小事不出村、大事不出镇、矛盾不上交。

第十六条 各级党委和政府应当加强信访部门建设，选优配强领导班子，配备与形势任务相适应的工作力量，建立健全信访督查专员制度，打造高素质专业化信访干部队伍。各级党委和政府信访部门主要负责同志应当由本级党委或者政府副秘书长〔办公厅（室）副主任〕兼任。

各级党校（行政学院）应当将信访工作作为党性教育内容纳入教学培训，加强干部教育培训。

各级机关、单位应当建立健全年轻干部和新录用干部到信访工作岗位锻炼制度。

各级党委和政府应当为信访工作提供必要的支持和保障，所需经费列入本级预算。

第三章 信访事项的提出和受理

第十七条 公民、法人或者其他组织可以采用信息网络、书信、电话、传真、走访等形式，向各级机关、单位反映情况，提出建议、意见或者投诉请求，有关机关、单位应当依规依法处理。

采用前款规定的形式，反映情况，提出建议、意见或者投诉请求的公民、法人或者其他组织，称信访人。

第十八条 各级机关、单位应当向社会公布网络信访渠道、通信地址、咨询投诉电话、信访接待的时间和地点、查询信访事项处理进展以及结果的方式等相关事项，在其信访接待场所或者网站公布与信访工作有关的党内法规和法律、法规、规章，信访事项的处理程序，以及其他为信访人提供便利的相关事项。

各级机关、单位领导干部应当阅办群众来信和网上信访、定期接待群众来访、定期下访，包案化解群众反映强烈的突出问题。

市、县级党委和政府应当建立和完善联合接访工作机制，根据工作需要组织有关机关、单位联合接待，一站式解决信访问题。

任何组织和个人不得打击报复信访人。

第十九条 信访人一般应当采用书面形式提出信访事项，并载明其姓名（名称）、住址和请求、事实、理由。对采用口头形式提出的信访事项，有关机关、单位应当如实记录。

信访人提出信访事项，应当客观真实，对其所提供材料内容的真实性负责，不得捏造、歪曲事实，不得诬告、陷害他人。

信访事项已经受理或者正在办理的，信访人在规定期限内向受理、办理机关、单位的上级机关、单位又提出同一信访事项的，上级机关、单位不予受理。

第二十条 信访人采用走访形式提出信访事项的，应当到有权处理的本级或者上一级机关、单位设立或者指定的接待场所提出。

信访人采用走访形式提出涉及诉讼权利救济的信访事项，应当按照法律法规规定的程序向有关政法部门提出。

多人采用走访形式提出共同的信访事项的，应当推选代表，代表人数不得超过 5 人。

各级机关、单位应当落实属地责任，认真接待处理群众来访，把问题解决在当地，引导信访人就地反映问题。

第二十一条 各级党委和政府应当加强信访工作信息化、智能化建设，依规依法有序推进信访信息系统互联互通、信息共享。

各级机关、单位应当及时将信访事项录入信访信息系统，使网上信访、来信、来访、来电在网上流转，方便信访人查询、评价信访事项办理情况。

第二十二条 各级党委和政府信访部门收到信访事项，应当予以登记，并区分情况，在 15 日内分别按照下列方式处理：

（一）对依照职责属于本级机关、单位或者其工作部门处理决定的，应当转送有权处理的机关、单位；情况重大、紧急的，应当及时提出建议，报请本级党委和政府决定。

（二）涉及下级机关、单位或者其工作人员的，按照“属地管理、分级负责，谁主管、谁负责”的原则，转送有权处理的机关、单位。

（三）对转送信访事项中的重要情况需要反馈办理结果的，可以交由有权处理的机关、单位办理，要求其在指定办理期限内反馈结果，提交办结报告。

各级党委和政府信访部门对收到的涉法涉诉信件，应当转送同级政法部门依法处理；对走访反映涉诉问题的信访人，应当释法明理，引导其向有关政法部门反映问题。对属于纪检监察机关受理的检举控告类信访事项，应当按照管理权限转送有关纪检监察机关依规依纪依法处理。

第二十三条 党委和政府信访部门以外的其他机关、单位收到信访人直接提出的信访事项，应当予以登记；对属于本机关、单位职权范围的，应当告知信访人接收情况以及处理途径和程序；对属于本系统下级机关、单位职权范围的，应当转送、交办有权处理的机关、单位，并告知信访人转送、交办去向；对不属于本机关、单位或者本系统职权范围的，应当告知信访人向有权处理的机关、单位提出。

对信访人直接提出的信访事项，有关机关、单位能够当场告知的，应当当场书面告知；不能当场告知的，应当自收到信访事项之日起15日内书面告知信访人，但信访人的姓名（名称）、住址不清的除外。

对党委和政府信访部门或者本系统上级机关、单位转送、交办的信访事项，属于本机关、单位职权范围的，有关机关、单位应当自收到之日起15日内书面告知信访人接收情况以及处理途径和程序；不属于本机关、单位或者本系统职权范围的，有关机关、单位应当自收到之日起5个工作日内提出异议，并详细说明理由，经转送、交办的信访部门或者上级机关、单位核实同意后，交还相关材料。

政法部门处理涉及诉讼权利救济事项、纪检监察机关处理检举控告事项的告知按照有关规定执行。

第二十四条 涉及两个或者两个以上机关、单位的信访事项，由所涉及的机关、单位协商受理；受理有争议的，由其共同的上一级机关、单位决定受理机关；受理有争议且没有共同的上一级机关、单位的，由共同的信访工作联席会议协调处理。

应当对信访事项作出处理的机关、单位分立、合并、撤销的，由继续行使其职权的机关、单位受理；职责不清的，由本级党委和政府或者其指定的机关、单位受理。

第二十五条 各级机关、单位对可能造成社会影响的重大、紧急信访事项和信访信息，应当及时报告本级党委和政府，通报相关主管部门和本级信访工作联席会议办公室，在职责范围内依法及时采取措施，防止不良影响的产生、扩大。

地方各级党委和政府信访部门接到重大、紧急信访事项和信访信息，应当向上一级信访部门报告，同时报告国家信访局。

第二十六条 信访人在信访过程中应当遵守法律、法规，不得损害国家、社会、集体的利益和其他公民的合法权利，自觉维护社会公共秩序和信访秩序，不得有下列行为：

（一）在机关、单位办公场所周围、公共场所非法聚集，围堵、冲击机关、单位，拦截公务车辆，或者堵塞、阻断交通；

（二）携带危险物品、管制器具；

（三）侮辱、殴打、威胁机关、单位工作人员，非法限制他人人身自由，或者毁坏财物；

（四）在信访接待场所滞留、滋事，或者将生活不能自理的人弃留在信访接待场所；

（五）煽动、串联、胁迫、以财物诱使、幕后操纵他人信访，或者以信访为名借机敛财；

（六）其他扰乱公共秩序、妨害国家和公共安全的行为。

第四章 信访事项的办理

第二十七条 各级机关、单位及其工作人员应当根据各自职责和有关规定，按照诉求合理的解决问题到位、诉求无理的思想教育到位、生活困难的帮扶救助到位、行为违法的依法处理的要求，依法按政策及时就地解决群众合法合理诉求，维护正常信访秩序。

第二十八条 各级机关、单位及其工作人员办理信访事项，应当恪尽职守、秉公办事，查明事实、分清责任，加强教育疏导，及时妥善处理，不得推诿、敷衍、拖延。

各级机关、单位应当按照诉讼与信访分离制度要求，将涉及民事、行政、刑事等诉讼权利救济的信访事项从普通信访体制中分离出来，由有关政法部门依法处理。

各级机关、单位工作人员与信访事项或者信访人有直接利害关系的，应当回避。

第二十九条 对信访人反映的情况、提出的建议意见类事项，有权处理的机关、单位应当认真研究论证。对科学合理、具有现实可行性的，应当采纳或者部分采纳，并予以回复。

信访人反映的情况、提出的建议意见，对国民经济和社会发展或者对改进工作以及保护社会公共利益有贡献的，应当按照有关规定给予奖励。

各级党委和政府应当健全人民建议征集制度，对涉及国计民生的重要工作，主动听取群众的建议意见。

第三十条 对信访人提出的检举控告类事项，纪检监察机关或者有权处理的机关、单位应当依规依纪依法接收、受理、办理和反馈。

党委和政府信访部门应当按照干部管理权限向组织（人事）部门通报反映干部问题的信访情况，重大情况向党委主要负责同志和分管组织（人事）工作的负责同志报送。组织（人事）部门应当按照干部选拔任用监督的有关规定进行办理。

不得将信访人的检举、揭发材料以及有关情况透露或者转给被检举、揭发的人员或者单位。

第三十一条 对信访人提出的申诉求决类事项，有权处理的机关、单位应当区分情况，分别按照下列方式办理：

（一）应当通过审判机关诉讼程序或者复议程序、检察机关刑事立案程序或者法律监督程序、公安机关法律程序处理的，涉法涉诉信访事项未依法终结的，按照法律法规规定的程序处理。

（二）应当通过仲裁解决的，导入相应程序处理。

（三）可以通过党员申诉、申请复审等解决的，导入相应程序处理。

（四）可以通过行政复议、行政裁决、行政确认、行政许可、行政处罚等行政程序解决的，导入相应程序处理。

（五）属于申请查处违法行为、履行保护人身权或者财产权等合法权益职责的，依法履行或者答复。

（六）不属于以上情形的，应当听取信访人陈述事实和理由，并调查核实，出具信访处理意见书。对重大、复杂、疑难的信访事项，可以举行听证。

第三十二条 信访处理意见书应当载明信访人投诉请求、事实和理由、处理意见及其法律法规依据：

（一）请求事实清楚，符合法律、法规、规章或者其他有关规定的，予以支持；

（二）请求事由合理但缺乏法律依据的，应当作出解释说明；

（三）请求缺乏事实根据或者不符合法律、法规、规章或者其他有关规定的，不予支持。

有权处理的机关、单位作出支持信访请求意见的，应当督促有关机关、单位执行；不予支持的，应当做好信访人的疏导教育工作。

第三十三条 各级机关、单位在处理申诉求决类事项过程中，可以在不违反政策法规强制性规定的情况下，在裁量权范围内，经争议双方当事人同意进行调解；可以引导争议双方当事人自愿和解。经调解、和解达成一致意见的，应当制作调解协议书或者和解协议书。

第三十四条 对本条例第三十一条第六项规定的信访事项应当自受理之日起60日内办结；情况复杂的，经本机关、单位负责人批准，可以适当延长办理期限，但延长期限不得超过30日，并告知信访人延期理由。

第三十五条 信访人对信访处理意见不服的，可以自收到书面答复之日起30日内请求原办理机关、单位的上一级机关、单位复查。收到复查请求的机关、单位应当自收到复查请求之日起30日内提出复查意见，并予以书面答复。

第三十六条 信访人对复查意见不服的，可以自收到书面答复之日起30日内向复查机关、单位的上一级机关、单位请求复核。收到复核请求的机关、单位应当自收到复核请求之日起30日内提出复核意见。

复核机关、单位可以按照本条例第三十一条第六项的规定举行听证，经过听证的复核意见可以依法向社会公示。听证所需时间不计算在前款规定的期限内。

信访人对复核意见不服，仍然以同一事实和理由提出投诉请求的，各级党委和政府信访部门和其他机关、单位不再受理。

第三十七条 各级机关、单位应当坚持社会矛盾纠纷多元预防调处化解，人民调解、行政调解、司法调解联动，综合运用法律、政策、经济、行政等手段和教育、协商、疏导等办法，多措并举化解矛盾纠纷。

各级机关、单位在办理信访事项时，对生活确有困难的信访人，可以告知或者帮助其向有关机关或者机构依法申请社会救助。符合国家司法救助条件的，有关政法部门应当按照规定给予司法救助。

地方党委和政府以及基层党组织和基层单位对信访事项已经复查复核和涉法涉诉信访事项已经依法终结的相关信访人，应当做好疏导教育、矛盾化解、帮扶救助等工作。

第五章 监督和追责

第三十八条 各级党委和政府应当对开展信访工作、落实信访工作责任的情况组织专项督查。

信访工作联席会议及其办公室、党委和政府信访部门应当根据工作需要开展督查，就发现的问题向有关地方和部门进行反馈，重要问题向本级党委和政府报告。

各级党委和政府督查部门应当将疑难复杂信访问题列入督查范围。

第三十九条 各级党委和政府应当以依规依法及时就地解决信访问题为导向，每年对信访工作情况进行考核。考核结果应当在适当范围内通报，并作为对领导班子和有关领导干部综合考核评价的重要参考。

对在信访工作中作出突出成绩和贡献的机关、单位或者个人，可以按照有关规定给予表彰和奖励。

对在信访工作中履职不力、存在严重问题的领导班子和领导干部，视情节轻重，由信访工作联席会议进行约谈、通报、挂牌督办，责令限期整改。

第四十条 党委和政府信访部门发现有关机关、单位存在违反信访工作规定受理、办理信访事项，办理信访事项推诿、敷衍、拖延、弄虚作假或者拒不执行信访处理意见等情形的，应当及时督办，并提出改进工作的建议。

对工作中发现的有关政策性问题，应当及时向本级党委和政府报告，并提出完善政策的建议。

对在信访工作中推诿、敷衍、拖延、弄虚作假造成严重后果的机关、单位及其工作人员，应当向有管理权限的机关、单位提出追究责任的建议。

对信访部门提出的改进工作、完善政策、追究责任的建议，有关机关、单位应当书面反馈采纳情况。

第四十一条 党委和政府信访部门应当编制信访情况年度报告，每年向本级党委和政府、上一级党委和政府信访部门报告。年度报告应当包括下列内容：

（一）信访事项的数据统计、信访事项涉及领域以及被投诉较多的机关、单位；

（二）党委和政府信访部门转送、交办、督办情况；

（三）党委和政府信访部门提出改进工作、完善政策、追究责任建议以及被采纳情况；

（四）其他应当报告的事项。

根据巡视巡察工作需要，党委和政府信访部门应当向巡视巡察机构提供被巡视巡察地区、单位领导班子及其成员和下一级主要负责人有关信访举报，落实信访工作责任制，具有苗头性、倾向性的重要信访问题，需要巡视巡察工作关注的重要信访事项等情况。

第四十二条 因下列情形之一导致信访事项发生，造成严重后果的，对直接负责的主管人员和其他直接责任人员，依规依纪依法严肃处理；构成犯罪的，依法追究刑事责任：

（一）超越或者滥用职权，侵害公民、法人或者其他组织合法权益；

（二）应当作为而不作为，侵害公民、法人或者其他组织合法权益；

（三）适用法律、法规错误或者违反法定程序，侵害公民、法人或者其他组织合法权益；

（四）拒不执行有权处理机关、单位作出的支持信访请求意见。

第四十三条 各级党委和政府信访部门对收到的信访事项应当登记、转送、交办而未按照规定登记、转送、交办，或者应当履行督办职责而未履行的，由其上级机关责令改正；造成严重后果的，对直接负责的主管人员和其他直接责任人员依规依纪依法严肃处理。

第四十四条 负有受理信访事项职责的机关、单位有下列情形之一的，由其上级机关、单位责令改正；造成严重后果的，对直接负责的主管人员和其他直接责任人员依规依纪依法严肃处理：

（一）对收到的信访事项不按照规定登记；

（二）对属于其职权范围的信访事项不予受理；

（三）未在规定期限内书面告知信访人是否受理信访事项。

第四十五条 对信访事项有权处理的机关、单位有下列情形之一的，由其上级机关、单位责令改正；造成严重后果的，对直接负责的主管人员和其他直接责任人员依规依纪依法严肃处理：

（一）推诿、敷衍、拖延信访事项办理或者未在规定期限内办结信访事项；

（二）对事实清楚，符合法律、法规、规章或者其他有关规定的投诉请求未予支持；

（三）对党委和政府信访部门提出的改进工作、完善政策等建议重视不够、落实不力，导致问题长期得不到解决；

（四）其他不履行或者不正确履行信访事项处理职责的情形。

第四十六条　有关机关、单位及其领导干部、工作人员有下列情形之一的，由其上级机关、单位责令改正；造成严重后果的，对直接负责的主管人员和其他直接责任人员依规依纪依法严肃处理；构成犯罪的，依法追究刑事责任：

（一）对待信访人态度恶劣、作风粗暴，损害党群干群关系；

（二）在处理信访事项过程中吃拿卡要、谋取私利；

（三）对规模性集体访、负面舆情等处置不力，导致事态扩大；

（四）对可能造成社会影响的重大、紧急信访事项和信访信息隐瞒、谎报、缓报，或者未依法及时采取必要措施；

（五）将信访人的检举、揭发材料或者有关情况透露、转给被检举、揭发的人员或者单位；

（六）打击报复信访人；

（七）其他违规违纪违法的情形。

第四十七条　信访人违反本条例第二十条、第二十六条规定的，有关机关、单位工作人员应当对其进行劝阻、批评或者教育。

信访人滋事扰序、缠访闹访情节严重，构成违反治安管理行为的，或者违反集会游行示威相关法律法规的，由公安机关依法采取必要的现场处置措施、给予治安管理处罚；构成犯罪的，依法追究刑事责任。

信访人捏造歪曲事实、诬告陷害他人，构成违反治安管理行为的，依法给予治安管理处罚；构成犯罪的，依法追究刑事责任。

第六章　附　　则

第四十八条　对外国人、无国籍人、外国组织信访事项的处理，参照本条例执行。

第四十九条 本条例由国家信访局负责解释。

第五十条 本条例自 2022 年 5 月 1 日起施行。

地方党政领导干部安全生产责任制规定

（2018 年 4 月 8 日中共中央批准 2018 年 4 月 8 日中共中央办公厅、国务院办公厅发布）

第一章 总 则

第一条 为了加强地方各级党委和政府对安全生产工作的领导，健全落实安全生产责任制，树立安全发展理念，根据《中华人民共和国安全生产法》、《中华人民共和国公务员法》等法律规定和《中共中央、国务院关于推进安全生产领域改革发展的意见》、《中国共产党地方委员会工作条例》、《中国共产党问责条例》等中央有关规定，制定本规定。

第二条 本规定适用于县级以上地方各级党委和政府领导班子成员（以下统称地方党政领导干部）。

县级以上地方各级党委工作机关、政府工作部门及相关机构领导干部，乡镇（街道）党政领导干部，各类开发区管理机构党政领导干部，参照本规定执行。

第三条 实行地方党政领导干部安全生产责任制，必须以习近平新时代中国特色社会主义思想为指导，切实增强政治意识、大局意识、核心意识、看齐意识，牢固树立发展决不能以牺牲安全为代价的红线意识，按照高质量发展要求，坚持安全发展、依法治理，综合运用巡查督查、考核考察、激励惩戒等措施，加强组织领导，强化属地管理，完善体制机制，有效防范安全生产风险，坚决遏制重特大生产安全事故，促使地方各级党政领导干部切实承担起“促一方发展、保一方平安”的政治责任，为统筹推进“五位一体”总体布局和协调推进“四个全面”战略布局营造良好稳定的安全生产环境。

第四条 实行地方党政领导干部安全生产责任制，应当坚持党政同责、一岗双责、齐抓共管、失职追责，坚持管行业必须管安全、管业务必须管安全、管生产经营必须管安全。

地方各级党委和政府主要负责人是本地区安全生产第一责任人，班子其他成员对分管范围内的安全生产工作负领导责任。

第二章 职 责

第五条 地方各级党委主要负责人安全生产职责主要包括：

（一）认真贯彻执行党中央以及上级党委关于安全生产的决策部署和指示精神，安全生产方针政策、法律法规；

（二）把安全生产纳入党委议事日程和向全会报告工作的内容，及时组织研究解决安全生产重大问题；

（三）把安全生产纳入党委常委会及其成员职责清单，督促落实安全生产“一岗双责”制度；

（四）加强安全生产监管部门领导班子建设、干部队伍建设和机构建设，支持人大、政协监督安全生产工作，统筹协调各方面重视支持安全生产工作；

（五）推动将安全生产纳入经济社会发展全局，纳入国民经济和社会发展考核评价体系，作为衡量经济发展、社会治安综合治理、精神文明建设成效的重要指标和领导干部政绩考核的重要内容；

（六）大力弘扬生命至上、安全第一的思想，强化安全生产宣传教育和舆论引导，将安全生产方针政策和法律法规纳入党委理论学习中心组学习内容和干部培训内容。

第六条 县级以上地方各级政府主要负责人安全生产职责主要包括：

（一）认真贯彻落实党中央、国务院以及上级党委和政府、本级党委关于安全生产的决策部署和指示精神，安全生产方针政策、法律法规；

（二）把安全生产纳入政府重点工作和政府工作报告的重要内容，组织制定安全生产规划并纳入国民经济和社会发展规划，及时组织研究解决安全生产突出问题；

（三）组织制定政府领导干部年度安全生产重点工作责任清单并定期检查考核，在政府有关工作部门“三定”规定中明确安全生产职责；

（四）组织设立安全生产专项资金并列入本级财政预算、与财政收入保持同步增长，加强安全生产基础建设和监管能力建设，保障监管执法必需的人员、经费和车辆等装备；

（五）严格安全准入标准，推动构建安全风险分级管控和隐患排查治理预防工作机制，按照分级属地管理原则明确本地区各类生产经营单位的安全生产监管部门，依法领导和组织生产安全事故应急救援、调查处理及信息公开工作；

（六）领导本地区安全生产委员会工作，统筹协调安全生产工作，推动构建安全生产责任体系，组织开展安全生产巡查、考核等工作，推动加强高素质专业化安全监管执法队伍建设。

第七条 地方各级党委常委会其他成员按照职责分工，协调纪检监察机关和组织、宣传、政法、机构编制等单位支持保障安全生产工作，动员社会各界力量积极参与、支持、监督安全生产工作，抓好分管行业（领域）、部门（单位）的安全生产工作。

第八条 县级以上地方各级政府原则上由担任本级党委常委的政府领导干部分管安全生产工作，其安全生产职责主要包括：

（一）组织制定贯彻落实党中央、国务院以及上级及本级党委和政府关于安全生产决策部署，安全生产方针政策、法律法规的具体措施；

（二）协助党委主要负责人落实党委对安全生产的领导职责，督促落实本级党委关于安全生产的决策部署；

（三）协助政府主要负责人统筹推进本地区安全生产工作，负责领导安全生产委员会日常工作，组织实施安全生产监督检查、巡查、考核等工作，协调解决重点难点问题；

（四）组织实施安全风险分级管控和隐患排查治理预防工作机制建设，指导安全生产专项整治和联合执法行动，组织查处各类违法违规行为；

（五）加强安全生产应急救援体系建设，依法组织或者参与生产安全事故抢险救援和调查处理，组织开展生产安全事故责任追究和整改措施落实情况评估；

（六）统筹推进安全生产社会化服务体系建设、信息化建设、诚信体系建设和教育培训、科技支撑等工作。

第九条 县级以上地方各级政府其他领导干部安全生产职责主要包括：

（一）组织分管行业（领域）、部门（单位）贯彻执行党中央、国务院以及上级及本级党委和政府关于安全生产的决策部署，安全生产方针政策、法律法规；

（二）组织分管行业（领域）、部门（单位）健全和落实安全生产责任制，将安全生产工作与业务工作同时安排部署、同时组织实施、同时监督检查；

（三）指导分管行业（领域）、部门（单位）把安全生产工作纳入相关发展规划和年度工作计划，从行业规划、科技创新、产业政策、法规标准、行政许可、资产管理等方面加强和支持安全生产工作；

（四）统筹推进分管行业（领域）、部门（单位）安全生产工作，每年定期组织分析安全生产形势，及时研究解决安全生产问题，支持有关部门依法履行安全生产工作职责；

（五）组织开展分管行业（领域）、部门（单位）安全生产专项整治、目标管理、应急管理、查处违法违规生产经营行为等工作，推动构建安全风险分级管控和隐患排查治理预防工作机制。

第三章 考核考察

第十条 把地方党政领导干部落实安全生产责任情况纳入党委和政府督查督办重要内容，一并进行督促检查。

第十一条 建立完善地方各级党委和政府安全生产巡查工作制度，加强对下级党委和政府的安全生产巡查，推动安全生产责任措施落实。将巡查结果作为对被巡查地区党委和政府领导班子和有关领导干部考核、奖惩和使用的重要参考。

第十二条 建立完善地方各级党委和政府安全生产责任考核制度，对下级党委和政府安全生产工作情况进行全面评价，将考核结果与有关地方党政领导干部履职评定挂钩。

第十三条 在对地方各级党委和政府领导班子及其成员的年度考核、目标责任考核、绩效考核以及其他考核中，应当考核其落实安全生产责任情况，并将其作为确定考核结果的重要参考。

地方各级党委和政府领导班子及其成员在年度考核中，应当按照“一岗双责”要求，将履行安全生产工作责任情况列入述职内容。

第十四条 党委组织部门在考察地方党政领导干部拟任人选时，应当考察其履行安全生产工作职责情况。

有关部门在推荐、评选地方党政领导干部作为奖励人选时，应当考察其履行安全生产工作职责情况。

第十五条 实行安全生产责任考核情况公开制度。定期采取适当方式公布或者通报地方党政领导干部安全生产工作考核结果。

第四章 表彰奖励

第十六条 对在加强安全生产工作、承担安全生产专项重要工作、参加抢险救护等方面作出显著成绩和重要贡献的地方党政领导干部，上级党委和政府应当按照有关规定给予表彰奖励。

第十七条 对在安全生产工作考核中成绩优秀的地方党政领导干部，上级党委和政府按照有关规定给予记功或者嘉奖。

第五章 责任追究

第十八条 地方党政领导干部在落实安全生产工作责任中存在下列情形之一的，应当按照有关规定进行问责：

（一）履行本规定第二章所规定职责不到位的；

（二）阻挠、干涉安全生产监管执法或者生产安全事故调查处理工作的；

（三）对迟报、漏报、谎报或者瞒报生产安全事故负有领导责任的；

（四）对发生生产安全事故负有领导责任的；

（五）有其他应当问责情形的。

第十九条 对存在本规定第十八条情形的责任人员，应当根据情况采取通报、诫勉、停职检查、调整职务、责令辞职、降职、免职或者处分等方式问责；涉嫌职务违法犯罪的，由监察机关依法调查处置。

第二十条　严格落实安全生产“一票否决”制度，对因发生生产安全事故被追究领导责任的地方党政领导干部，在相关规定时限内，取消考核评优和评选各类先进资格，不得晋升职务、级别或者重用任职。

第二十一条　对工作不力导致生产安全事故人员伤亡和经济损失扩大，或者造成严重社会影响负有主要领导责任的地方党政领导干部，应当从重追究责任。

第二十二条　对主动采取补救措施，减少生产安全事故损失或者挽回社会不良影响的地方党政领导干部，可以从轻、减轻追究责任。

第二十三条　对职责范围内发生生产安全事故，经查实已经全面履行了本规定第二章所规定职责、法律法规规定有关职责，并全面落实了党委和政府有关工作部署的，不予追究地方有关党政领导干部的领导责任。

第二十四条　地方党政领导干部对发生生产安全事故负有领导责任且失职失责性质恶劣、后果严重的，不论是否已调离转岗、提拔或者退休，都应当严格追究其责任。

第二十五条　实施安全生产责任追究，应当依法依规、实事求是、客观公正，根据岗位职责、履职情况、履职条件等因素合理确定相应责任。

第二十六条　存在本规定第十八条情形应当问责的，由纪检监察机关、组织人事部门和安全生产监管部门按照权限和职责分别负责。

第六章　附　　则

第二十七条　各省、自治区、直辖市党委和政府应当根据本规定制定实施细则。

第二十八条　本规定由应急管理部商中共中央组织部解释。

第二十九条　本规定自2018年4月8日起施行。

四、党的自身建设法规

关于新形势下党内政治生活的若干准则

（2016年10月27日中国共产党第十八届中央委员会第六次全体会议通过）

办好中国的事情，关键在党，关键在党要管党、从严治党。党要管党必须从党内政治生活管起，从严治党必须从党内政治生活严起。

开展严肃认真的党内政治生活，是我们党的优良传统和政治优势。在长期实践中，我们党坚持把开展严肃认真的党内政治生活作为党的建设重要任务来抓，形成了以实事求是、理论联系实际、密切联系群众、批评和自我批评、民主集中制、严明党的纪律等为主要内容的党内政治生活基本规范，为巩固党的团结和集中统一、保持党的先进性和纯洁性、增强党的生机活力积累了丰富经验，为保证完成党在各个历史时期中心任务发挥了重要作用。

一九八〇年，党的十一届五中全会深刻总结历史经验特别是“文化大革命”的教训，制定了《关于党内政治生活的若干准则》，为拨乱反正、恢复和健全党内政治生活、推进党的建设发挥了重要作用，其主要原则和规定今天依然适用，要继续坚持。

新形势下，党内政治生活状况总体是好的。同时，一个时期以来，党内政治生活中也出现了一些突出问题，主要是：在一些党员、干部包括高级干部中，理想信念不坚定、对党不忠诚、纪律松弛、脱离群众、独断专行、弄虚作假、庸懒无为，个人主义、分散主义、自由主义、好人主义、宗派主义、山头主义、拜金主义不同程度存在，形式主义、官僚主义、享乐主义和奢靡之风问题突出，任人唯亲、跑官要官、买官卖官、拉票贿选现象屡禁不止，滥用权力、贪污受贿、腐化堕落、违法乱纪等现象滋生蔓延。特别是高级干部中极少数人政治野心膨胀、权欲熏心，搞阳奉阴违、结党营私、团团伙伙、拉帮结派、谋取权位等政治阴谋活动。这些问题，严重侵蚀党的思想道德基础，严重破坏党的团结和集中统一，严重损害党内政治生态和党的形象，严重影响党和人民事业发展。这就要求我们必须继续以改革创新精神加强党的建设，加强和规范党内政治生活，全面提高党的建设科学化水平。

党的十八大以来，以习近平同志为核心的党中央身体力行、率先垂范，坚定推进全面从严治党，坚持思想建党和制度治党紧密结合，集中整饬党风，严厉惩治腐败，净化党内政治生态，党内政治生活展现新气象，赢得了党心民心，为开创党和国家事业新局面提供了重要保证。

历史经验表明，我们党作为马克思主义政党，必须旗帜鲜明讲政治，严肃认真开展党内政治生活。为更好进行具有许多新的历史特点的伟大斗争、推进党的建设新的伟大工程、推进中国特色社会主义伟大事业，经受“四大考验”、克服“四种危险”，有必要制定一部新形势下党内政治生活的准则。

新形势下加强和规范党内政治生活，必须以党章为根本遵循，坚持党的政治路线、思想路线、组织路线、群众路线，着力增强党内政治生活的政治性、时代性、原则性、战斗性，着力增强党自我净化、自我完善、自我革新、自我提高能力，着力提高党的领导水平和执政水平、增强拒腐防变和抵御风险能力，着力维护党中央权威、保证党的团结统一、保持党的先进性和纯洁性，努力在全党形成又有集中又有民主、又有纪律又有自由、又有统一意志又有个人心情舒畅生动活泼的政治局面。

新形势下加强和规范党内政治生活，重点是各级领导机关和领导干部，关键是高级干部特别是中央委员会、中央政治局、中央政治局常务委员会的组成人员。高级干部特别是中央领导层组成人员必须以身作则，模范遵守党章党规，严守党的政治纪律和政治规矩，坚持不忘初心、继续前进，坚持率先垂范、以上率下，为全党全社会作出示范。

一、坚定理想信念

共产主义远大理想和中国特色社会主义共同理想，是中国共产党人的精神支柱和政治灵魂，也是保持党的团结统一的思想基础。必须高度重视思想政治建设，把坚定理想信念作为开展党内政治生活的首要任务。

理想信念动摇是最危险的动摇，理想信念滑坡是最危险的滑坡。全党同志必须把对马克思主义的信仰、对社会主义和共产主义的信念作为毕生追求，在改造客观世界的同时不断改造主观世界，解决好世界观、人生观、价值观这个“总开关”问题，不断增强政治定力，自觉成为共产主义远大理想和中国特色社会主义共同理想的坚定信仰者和忠实实践者；必须坚定对中国特色社会主义的道路自信、理论自信、制度自信、文化自信。领导干部特别是高级干部要以实际行动让党员和群众感受到理想信念的强大力量。

全体党员必须永远保持建党时中国共产党人的奋斗精神，把理想信念的坚定性体现在做好本职工作的过程中，自觉为推进中国特色社会主义事业而苦干实干，在胜利时和顺境中不骄傲不自满，在困难时和逆境中不消沉不动摇，经受住各种赞誉和诱惑考验，经受住各种风险和挑战考验，永葆共产党人政治本色。

坚定理想信念，必须加强学习。思想理论上的坚定清醒是政治上坚定的前提。全党必须毫不动摇坚持马克思主义指导思想，党的各级组织必须坚持不懈抓好理论武装，广大党员、干部特别是高级干部必须自觉抓好学习、增强党性修养。把马克思主义理论作为必修课，认真学习马克思列宁主义、毛泽东思想、邓小平理论、“三个代表”重要思想、科学发展观，认真学习习近平总书记系列重要讲话精神，认真学习党章党规，不断提高马克思主义思想觉悟和理论水平。系统掌握马克思主义基本原理，学会用马克思主义立场、观点、方法观察问题、分析问题、解决问题，特别是要聚焦现实问题，不断深化对共产党执政规律、社会主义建设规律、人类社会发展规律的认识。适应时代进步和事业发展要求，广泛学习经济、政治、文化、社会、生态文明以及哲学、历史、法律、科技、国防、国际等各方面知识，提高战略思维、创新思维、辩证思维、法治思维、底线思维能力，提高领导能力专业化水平。

坚持和创新党内学习制度。以党委（党组）中心组学习等制度为主要抓手，各级党组织要定期开展集体学习。党员、干部每年要完成规定的学习任务，领导干部要定期参加党校学习。坚持开展党内集中学习教育。各级党组织要加强督促检查，把学习情况作为领导班子和领导干部考核的重要内容。坚持中央领导同志作专题报告制度。健全党内重大思想理论问题分析研究和情况通报制度，强化互联网思想理论引导，把深层次思想理论问题讲清楚，帮助党员、干部站稳政治立场，分清是非界限，坚决抵制错误思想侵蚀。

二、坚持党的基本路线

党在社会主义初级阶段的基本路线是党和国家的生命线、人民的幸福线，也是党内政治生活正常开展的根本保证。必须全面贯彻执行党的基本路线，把以经济建设为中心同坚持四项基本原则、坚持改革开放这两个基本点统一于中国特色社会主义伟大实践，任何时候都不能有丝毫偏离和动摇。

全党必须毫不动摇坚持以经济建设为中心，聚精会神抓好发展这个党执政兴国的第一要务，坚持以人民为中心的发展思想，统筹推进“五位一体”总体布局和协调推进“四个全面”战略布局，坚持创新、协调、绿色、开放、共享的发展理念，努力提高发展质量和效益，不断提高人民生活水平，为实现“两个一百年”奋斗目标、实现中华民族伟大复兴的中国梦打下坚实物质基础。

全党必须毫不动摇坚持四项基本原则，根本是坚持党的领导，坚持中国特色社会主义道路、中国特色社会主义理论体系、中国特色社会主义制度、中国特色社会主义文化，做到头脑清醒、立场坚定，矢志不移坚持和发展中国特色社会主义。

全党必须毫不动摇坚持改革开放，发挥群众首创精神，勇于自我革命，勇于推进理论创新、实践创新、制度创新、文化创新以及其他各方面创新，坚定不移实施对外开放基本国策，决不能安于现状、墨守成规。新形势下，党领导人民全面深化改革，是为了推动中国特色社会主义制度自我完善和发展，推进国家治理体系和治理能力现代化，既不走封闭僵化的老路、也不走改旗易帜的邪路。

全党必须把坚持党的思想路线贯穿于执行党的基本路线全过程，坚持解放思想、实事求是、与时俱进、求真务实，坚持理论联系实际，一切从实际出发，在实践中检验真理和发展真理，既反对各种否定马克思主义的错误倾向，又破除对马克思主义的教条式理解。坚持从我国仍处于并将长期处于社会主义初级阶段这个基本国情出发，不断研究新情况、总结新经验、解决新问题，不断推进马克思主义中国化。

全党必须坚决捍卫党的基本路线，对否定党的领导、否定我国社会主义制度、否定改革开放的言行，对歪曲、丑化、否定中国特色社会主义的言行，对歪曲、丑化、否定党的历史、中华人民共和国历史、人民军队历史的言行，对歪曲、丑化、否定党的领袖和英雄模范的言行，对一切违背、歪曲、否定党的基本路线的言行，必须旗帜鲜明反对和抵制。

考察识别干部特别是高级干部必须首先看是否坚定不移贯彻党的基本路线。党员、干部特别是高级干部在大是大非面前不能态度暧昧，不能动摇基本政治立场，不能被错误言论所左右。当人民利益受到损害、党和国家形象受到破坏、党的执政地位受到威胁时，要挺身而出、亮明态度，主动坚决开展斗争。对在大是大非问题上没有立场、没有态度、无动于衷、置身事外，在错误言行面前不抵制、不斗争，明哲保身、当老好人等政治不合格的坚决不用，已在领导岗位的要坚决调整，情节严重的要严肃处理。

三、坚决维护党中央权威

坚决维护党中央权威、保证全党令行禁止，是党和国家前途命运所系，是全国各族人民根本利益所在，也是加强和规范党内政治生活的重要目的。必须坚持党员个人服从党的组织，少数服从多数，下级组织服从上级组织，全党各个组织和全体党员服从党的全国代表大会和中央委员会，核心是全党各个组织和全体党员服从党的全国代表大会和中央委员会。

坚持党的领导，首先是坚持党中央的集中统一领导。一个国家、一个政党，领导核心至关重要。全党必须牢固树立政治意识、大局意识、核心意识、看齐意识，自觉在思想上政治上行动上同党中央保持高度一致。党的各级组织、全体党员特别是高级干部都要向党中央看齐，向党的理论和路线方针政策看齐，向党中央决策部署看齐，做到党中央提倡的坚决响应、党中央决定的坚决执行、党中央禁止的坚决不做。

涉及全党全国性的重大方针政策问题，只有党中央有权作出决定和解释。各部门各地方党组织和党员领导干部可以向党中央提出建议，但不得擅自作出决定和对外发表主张。对党中央作出的决议和制定的政策如有不同意见，在坚决执行的前提下，可以向党组织提出保留意见，也可以按组织程序把自己的意见向党的上级组织直至党中央提出。

全党必须自觉服从党中央领导。全国人大、国务院、全国政协，中央纪律检查委员会，最高人民法院、最高人民检察院，中央和国家机关各部门，人民军队，各人民团体，各地方，各企事业单位、社会组织，其党组织都要不折不扣执行党中央决策部署。

全党必须严格执行重大问题请示报告制度。全国人大常委会、国务院、全国政协，中央纪律检查委员会，最高人民法院、最高人民检察院，中央和国家机关各部门，各人民团体，各省、自治区、直辖市，其党组织要定期向党中央报告工作。研究涉及全局的重大事项或作出重大决定要及时向党中央请示报告，执行党中央重要决定的情况要专题报告。遇有突发性重大问题和工作中重大问题要及时向党中央请示报告，情况紧急必须临机处置的，要尽职尽力做好工作，并迅速报告。

省、自治区、直辖市党委在党中央领导下开展工作，同级各个组织中的党组织和领导干部要自觉接受同级党委领导、向同级党委负责，重大事项和重要情况及时向同级党委请示报告。

全党必须自觉防止和反对个人主义、分散主义、自由主义、本位主义。对党中央决策部署，任何党组织和任何党员都不准合意的执行、不合意的不执行，不准先斩后奏，更不准口是心非、阳奉阴违。属于部门和地方职权范围内的工作部署，要以贯彻党中央决策部署为前提，发挥积极性、主动性、创造性，但决不允许自行其是、各自为政，决不允许有令不行、有禁不止，决不允许搞上有政策、下有对策。

四、严明党的政治纪律

纪律严明是全党统一意志、统一行动、步调一致前进的重要保障，是党内政治生活的重要内容。必须严明党的纪律，把纪律挺在前面，用铁的纪律从严治党。

坚持纪律面前一律平等，遵守纪律没有特权，执行纪律没有例外，党内决不允许存在不受纪律约束的特殊组织和特殊党员。每一个党员对党的纪律都要心存敬畏、严格遵守，任何时候任何情况下都不能违反党的纪律。党的各级组织和全体党员要坚决同一切违反党的纪律的行为作斗争。

政治纪律是党最根本、最重要的纪律，遵守党的政治纪律是遵守党的全部纪律的基础。全党特别是高级干部必须严格遵守党的政治纪律和政治规矩。党员不准散布违背党的理论和路线方针政策的言论，不准公开发表违背党中央决定的言论，不准泄露党和国家秘密，不准参与非法组织和非法活动，不准制造、传播政治谣言及丑化党和国家形象的言论。党员不准搞封建迷信，不准信仰宗教，不准参与邪教，不准纵容和支持宗教极端势力、民族分裂势力、暴力恐怖势力及其活动。

党员、干部特别是高级干部不准在党内搞小山头、小圈子、小团伙，严禁在党内拉私人关系、培植个人势力、结成利益集团。对那些投机取巧、拉帮结派、搞团团伙伙的人，要严格防范，依纪依规处理。坚决防止野心家、阴谋家窃取党和国家权力。

党的各级组织和全体党员必须对党忠诚老实、光明磊落，说老实话、办老实事、做老实人，如实向党反映和报告情况，反对搞两面派、做“两面人”，反对弄虚作假、虚报浮夸，反对隐瞒实情、报喜不报忧。领导机关和领导干部不准以任何理由和名义纵容、唆使、暗示或强迫下级说假话。凡因弄虚作假、隐瞒实情给党和人民事业造成重大损失的，凡因弄虚作假、隐瞒实情骗取荣誉、地位、奖励或其他利益的，凡因纵容、唆使、暗示或强迫下级弄虚作假、隐瞒实情的，都要依纪依规严肃问责追责。对坚持原则、敢于说真话的同志，要给予支持、保护、鼓励。

党内不准搞拉拉扯扯、吹吹拍拍、阿谀奉承。对领导人的宣传要实事求是，禁止吹捧，禁止给领导人祝寿、送礼、发致敬函电，禁止在领导干部国内考察工作时组织迎送、张贴标语、敲锣打鼓、铺红地毯、举行宴会等。

党的各级组织必须担负起执行和维护政治纪律和政治规矩的责任，对违反政治纪律的行为要坚决批评制止，不能听之任之。党的各级组织和纪律检查机关要加强纪律执行情况的监督和检查，坚决防止和纠正执行纪律宽松软的问题。

五、保持党同人民群众的血肉联系

人民立场是党的根本政治立场，人民群众是党的力量源泉。我们党来自人民，失去人民拥护和支持，党就会失去根基。必须把坚持全心全意为人民服务的根本宗旨、保持党同人民群众的血肉联系作为加强和规范党内政治生活的根本要求。

全党必须牢固树立人民群众是历史创造者的历史唯物主义观点，站稳群众立场，增进群众感情。党的各级组织、全体党员特别是各级领导机关和领导干部要贯彻党的群众路线，做到一切为了群众，一切依靠群众，从群众中来，到群众中去，为群众办实事、解难事，当好人民公仆。坚持问政于民、问需于民、问计于民，决不允许在群众面前自以为是、盛气凌人，决不允许当官做老爷、漠视群众疾苦，更不允许欺压群众、损害和侵占群众利益。改进和创新联系群众方法，建立和完善民意调查等制度，利用传统媒体和互联网等各种渠道了解社情民意，倾听群众呼声，密切党群干群关系，把对上负责和对下负责一致起来，着力实现好、维护好、发展好最广大人民根本利益。

全党必须坚决反对形式主义、官僚主义、享乐主义和奢靡之风，领导干部特别是高级干部要以身作则。反对形式主义，重在解决作风飘浮、工作不实，文山会海、表面文章，贪图虚名、弄虚作假等问题。反对官僚主义，重在解决脱离实际、脱离群众，消极应付、推诿扯皮，作风霸道、迷恋特权等问题。反对享乐主义，重在解决追名逐利、贪图享受，讲究排场、玩物丧志等问题。反对奢靡之风，重在解决铺张浪费、挥霍无度，骄奢淫逸、腐化堕落等问题。坚持抓常、抓细、抓长，特别是要防范和查处各种隐性、变异的“四风”问题，把落实中央八项规定精神常态化、长效化。

党的各级组织、全体党员特别是领导干部必须提高做群众工作能力，既服务群众又带领群众坚定不移贯彻落实党的理论和路线方针政策，把党的主张变为群众的自觉行动，引领群众听党话、跟党走。坚决反对命令主义，坚决反对“尾巴主义”，不允许为了个人政绩、选票和形象脱离实际随意决策、随便许愿。

坚持领导干部调查研究、定期接待群众来访、同干部群众谈心、群众满意度测评等制度。各级领导干部必须深入实际、深入基层、深入群众，多到条件艰苦、情况复杂、矛盾突出的地方解决问题，千方百计为群众排忧解难。领导干部下基层要接地气，轻车简从，了解实情，督查落实，解决问题，坚决反对作秀、哗众取宠。对一切搞劳民伤财的“形象工程”和“政绩工程”的行为，要严肃问责追责，依纪依法处理。在应对重大安全事件、重大突发事件、重大自然灾害事件等事件中，领导干部必须深入一线、靠前指挥，及时协调解决突出问题，及时回应社会关切。

党员、干部必须顾全大局，自觉维护社会和谐稳定，遇到涉及自身利益和局部利益的问题应该通过正常渠道向上级反映，积极主动做好化解社会矛盾、防控社会风险工作，不准组织、参与、纵容扰乱社会秩序的非法活动。

六、坚持民主集中制原则

民主集中制是党的根本组织原则，是党内政治生活正常开展的重要制度保障。坚持集体领导制度，实行集体领导和个人分工负责相结合，是民主集中制的重要组成部分，必须始终坚持，任何组织和个人在任何情况下都不允许以任何理由违反这项制度。

各级党委（党组）必须坚持集体领导制度。凡属重大问题，要按照集体领导、民主集中、个别酝酿、会议决定的原则，由集体讨论、按少数服从多数作出决定，不允许用其他形式取代党委及其常委会（或党组）的领导。落实党委常委会（或党组）议事规则和决策程序，健全常委会向全委会定期报告工作并接受监督制度，坚决反对和防止独断专行或各自为政，坚决反对和防止议而不决、决而不行、行而不实，坚决反对和防止以党委集体决策名义集体违规。各级党委（党组）要善于观大势、抓大事、管全局，及时发现和解决矛盾和难题，不上推下卸，不留后遗症。建立上级组织在作出同下级组织有关重要决策前征求下级组织意见的制度。

领导班子成员必须增强全局观念和责任意识，在研究工作时充分发表意见，决策形成后一抓到底，不得违背集体决定自作主张、自行其是。坚决反对和纠正当面不说、背后乱说，会上不说、会后乱说，当面一套、背后一套等错误言行。坚持讲原则、讲规矩，共同维护坚持党性原则基础上的团结。

党委（党组）主要负责同志必须发扬民主、善于集中、敢于担责。在研究讨论问题时要把自己当成班子中平等的一员，充分发扬民主，严格按程序决策、按规矩办事，注意听取不同意见，正确对待少数人意见，不能搞一言堂甚至家长制。支持班子成员在职责范围内独立负责开展工作，坚决防止和克服名为集体领导、实际上个人或少数人说了算，坚决防止和克服名为集体负责、实际上无人负责。

领导班子成员必须坚决执行党组织决定，如有不同意见，可以保留或向上一级党组织提出，但在上级或本级党组织改变决定以前，除执行决定会立即引起严重后果等紧急情况外，必须无条件执行已作出的决定。

领导班子成员分工按规定向上级党委报备，无正当理由、未向上级党委报备不得调整。领导干部要自觉服从组织分工安排，任何人都不能向组织讨价还价、不服从组织安排。领导干部不准把分管工作、分管领域和地方当作“私人领地”，不准搞独断专行。

在党的工作和活动中，该以组织名义出面不能以个人名义出面，该由集体研究不能个人擅自表态，不允许用个人主张代替党组织的主张、用个人决定代替党组织的决定。

七、发扬党内民主和保障党员权利

党内民主是党的生命，是党内政治生活积极健康的重要基础。要坚持和完善党内民主各项制度，提高党内民主质量，党内决策、执行、监督等工作必须执行党章党规确定的民主原则和程序，任何党组织和个人都不得压制党内民主、破坏党内民主。

中央委员会、中央政治局、中央政治局常务委员会和党的各级委员会作出重大决策部署，必须深入开展调查研究，广泛听取各方面意见和建议，凝聚智慧和力量，做到科学决策、民主决策、依法决策。

必须尊重党员主体地位、保障党员民主权利，落实党员知情权、参与权、选举权、监督权，保障全体党员平等享有党章规定的党员权利、履行党章规定的党员义务，坚持党内民主平等的同志关系，党内一律称同志。任何党组织和党员不得侵害党员民主权利。

畅通党员参与讨论党内事务的途径，拓宽党员表达意见渠道，营造党内民主讨论的政治氛围。健全党内重大决策论证评估和征求意见等制度。党的各级组织对重大决策和重大问题应该采取多种方式征求党员意见，党员有权在党的会议上发表不同意见，对党的决议和政策如有不同意见，在坚决执行的前提下，可以声明保留，并且可以把自己的意见向党的上级组织直至党中央提出。推进党务公开，发展和用好党务公开新形式，使党员更好了解和参与党内事务。

党内选举必须体现选举人意志，规范和完善选举制度规则。党的任何组织和个人不得以任何方式妨碍选举人依照规定自主行使选举权，坚决反对和防止侵犯党员选举权和被选举权的现象，坚决防止和查处拉票贿选等行为。

坚持党的代表大会制度。未经批准不得提前或延期召开党的代表大会。落实党代表大会代表任期制，实行代表提案制，健全代表参与重大决策、参加重要干部推荐和民主评议、列席党委有关会议、联系党员群众等制度。更好发挥党的地方各级委员会及委员作用。健全党内情况通报制度、情况反映制度，畅通党员表达意见、要求撤换不称职基层党组织领导班子成员的渠道。按期进行党的基层委员会、总支部和支部委员会换届。

党员有权向党负责地揭发、检举党的任何组织和任何党员违纪违法的事实，提倡实名举报。党员有权在党的会议上有根据地批评党的任何组织和任何党员。党组织既要严肃处理对举报者的歧视、刁难、压制行为特别是打击报复行为，又要严肃追查处理诬告陷害行为。对受到诽谤、诬告、严重失实举报的党员，党组织要及时为其澄清和正名。要保障党员申辩、申诉等权利。对执纪中的过错或违纪行为，要依规及时纠正、消除影响并追究有关组织和人员的责任。

八、坚持正确选人用人导向

坚持正确选人用人导向，是严肃党内政治生活的组织保证。必须严格标准、健全制度、完善政策、规范程序，使选出来的干部组织放心、群众满意、干部服气。

选拔任用干部必须坚持党章规定的干部条件，坚持德才兼备、以德为先，坚持五湖四海、任人唯贤，坚持信念坚定、为民服务、勤政务实、敢于担当、清正廉洁的好干部标准。把公道正派作为干部工作核心理念贯穿选人用人全过程，做到公道对待干部、公平评价干部、公正使用干部。

选人用人必须强化党组织的领导和把关作用，落实干部选拔任用工作纪实制度，确保每个环节都规范操作。组织部门要严格按政策、原则、制度办事，实事求是考察评价干部，敢于为干部说公道话，敢于抵制选人用人中的违规行为，形成能者上、庸者下、劣者汰的选人用人导向。加强选人用人监督问责，对用人失察失误的严肃追究责任。

党的各级组织必须自觉防范和纠正用人上的不正之风和种种偏向。坚决禁止跑官要官、买官卖官、拉票贿选等行为，坚决禁止向党伸手要职务、要名誉、要待遇行为，坚决禁止向党组织讨价还价、不服从组织决定的行为。坚决纠正唯票、唯分、唯生产总值、唯年龄等取人偏向，坚决克服由少数人在少数人中选人的倾向。领导干部要带头执行党的干部政策，不准任人唯亲、搞亲亲疏疏，不准封官许愿、跑风漏气、收买人心，不准个人为干部提拔任用打招呼、递条子。领导干部不得干预曾经工作生活过的地方、曾经工作过的单位和不属于自己分管领域的干部选拔任用工作，有关地方和单位党组织要抵制这种违反党的组织原则的行为。

任何人都不准把党的干部当作私有财产，党内不准搞人身依附关系。领导干部特别是高级干部不能搞家长制，要求别人唯命是从，特别是不能要求下级办违反党纪国法的事情；下级应该抵制上级领导干部的这种要求并向更上级党组织直至党中央报告，不应该对上级领导干部无原则服从。规范和纯洁党内同志交往，领导干部对党员不能颐指气使，党员对领导干部不能阿谀奉承。

干部是党的宝贵财富，必须既严格教育、严格管理、严格监督，又在政治上、思想上、工作上、生活上真诚关爱，鼓励干部干事创业、大胆作为。

建立容错纠错机制，宽容干部在工作中特别是改革创新中的失误。坚持惩前毖后、治病救人，正确对待犯错误的干部，帮助其认识和改正错误。不得混淆干部所犯错误性质或夸大错误程度对干部作出不适当的处理，不得利用干部所犯错误泄私愤、打击报复。

党的各级组织和领导干部必须牢记空谈误国、实干兴邦，践行正确政绩观，发扬钉钉子精神，力戒空谈，察实情、出实招、办实事、求实效，做到守土尽责。各级领导干部要无私无畏，做到面对矛盾敢于迎难而上，面对危险敢于挺身而出，面对失误敢于承担责任。党的各级组织要旗帜鲜明为敢于担当的干部担当，为敢于负责的干部负责。对不担当、不作为、敷衍塞责的干部要严肃批评，必要时给予组织处理或党纪处分；对失职渎职的要严肃问责，造成严重后果的要严肃追责，依纪依法处理。

九、严格党的组织生活制度

党的组织生活是党内政治生活的重要内容和载体，是党组织对党员进行教育管理监督的重要形式。必须坚持党的组织生活各项制度，创新方式方法，增强党的组织生活活力。

全体党员、干部特别是高级干部必须增强党的意识，时刻牢记自己第一身份是党员。任何党员都不能游离于党的组织之外，更不能凌驾于党的组织之上。每个党员无论职务高低，都要参加党的组织生活。党组织要严格执行组织生活制度，确保党的组织生活经常、认真、严肃。

坚持“三会一课”制度。党员必须参加党员大会、党小组会和上党课，党支部要定期召开支部委员会会议。“三会一课”要突出政治学习和教育，突出党性锻炼，坚决防止表面化、形式化、娱乐化、庸俗化。领导干部要以普通党员身份参加所在党支部或党小组的组织生活，坚持党员领导干部讲党课制度。每个党员都要按规定自觉交纳党费，党费使用和管理要公开透明。

坚持民主生活会和组织生活会制度。会前要广泛听取意见、深入谈心交心，会上要认真查摆问题、深刻剖析根源、明确整改方向，会后要逐一整改落实。上级党组织领导班子成员定期、随机参加下级党组织领导班子民主生活会和组织生活会，发现问题及时纠正。中央政治局带头开好民主生活会。

坚持谈心谈话制度。党组织领导班子成员之间、班子成员和党员之间、党员和党员之间要开展经常性的谈心谈话，坦诚相见，交流思想，交换意见。领导干部要带头谈，也要接受党员、干部约谈。

坚持对党员进行民主评议。督促党员对照党章规定的党员标准、对照入党誓词、联系个人实际进行党性分析，强化党员意识、增强党的观念、提高党性修养。对党性不强的党员，及时进行批评教育，限期改正；经教育仍无转变的，应劝其退党或除名。

领导干部必须强化组织观念，工作中重大问题和个人有关事项必须按规定按程序向组织请示报告，离开岗位或工作所在地要事先向组织请示报告。对无正当理由不按时报告、不如实报告或隐瞒不报的，要严肃处理。

十、开展批评和自我批评

批评和自我批评是我们党强身治病、保持肌体健康的锐利武器，也是加强和规范党内政治生活的重要手段。必须坚持不懈把批评和自我批评这个武器用好。

批评和自我批评必须坚持实事求是，讲党性不讲私情、讲真理不讲面子，坚持“团结——批评——团结”，按照“照镜子、正衣冠、洗洗澡、治治病”的要求，严肃认真提意见，满腔热情帮同志，决不能把自我批评变成自我表扬、把相互批评变成相互吹捧。

党员、干部必须严于自我解剖，对发现的问题要深入剖析原因，认真整改。对待批评要有则改之、无则加勉，不能搞无原则的纷争。

批评必须出于公心，不主观武断，不发泄私愤。坚决反对事不关己、高高挂起，明知不对、少说为佳的庸俗哲学和好人主义，坚决克服文过饰非、知错不改等错误倾向。

党的领导机关和领导干部对各种不同意见都必须听取，鼓励下级反映真实情况。党内工作会议的报告、讲话以及各类工作总结，上级机关和领导干部检查指导工作，既要讲成绩和经验，又要讲问题和不足；既要注重解决问题，又要从问题中反思自身工作和领导责任。

领导干部特别是高级干部必须带头从谏如流、敢于直言，以批评和自我批评的示范行动引导党员、干部打消自我批评怕丢面子、批评上级怕穿小鞋、批评同级怕伤和气、批评下级怕丢选票等思想顾虑。把发现和解决自身问题的能力作为考核评价领导班子的重要依据。

十一、加强对权力运行的制约和监督

监督是权力正确运行的根本保证，是加强和规范党内政治生活的重要举措。必须加强对领导干部的监督，党内不允许有不受制约的权力，也不允许有不受监督的特殊党员。

完善权力运行制约和监督机制，形成有权必有责、用权必担责、滥权必追责的制度安排。实行权力清单制度，公开权力运行过程和结果，健全不当用权问责机制，把权力关进制度笼子，让权力在阳光下运行。

党的各级组织和领导干部必须在宪法法律范围内活动，增强法治意识、弘扬法治精神，自觉按法定权限、规则、程序办事，决不能以言代法、以权压法、徇私枉法，决不能违规干预司法。

营造党内民主监督环境，畅通党内民主监督渠道。党的各级组织和全体党员要增强监督意识，既履行监督责任，又接受各方面监督。

党内监督必须突出党的领导机关和领导干部特别是主要领导干部。领导干部要正确对待监督，主动接受监督，习惯在监督下开展工作，决不能拒绝监督、逃避监督。

领导干部特别是高级干部必须加强自律、慎独慎微，自觉检查和及时纠正在行使权力、廉政勤政方面存在的问题，做到可以行使的权力按规则正确行使，该由上级组织行使的权力下级组织不能行使，该由领导班子集体行使的权力班子成员个人不能擅自行使，不该由自己行使的权力决不能行使。

对涉及违纪违法行为的举报，对党员反映的问题，任何党组织和领导干部都不准隐瞒不报、拖延不办。涉及所反映问题的领导干部应该回避，不准干预或插手组织调查。

党员、干部反映他人的问题，应该出于党性，通过党内正常渠道实名进行，不准散布小道消息，不准散发匿名信，不准诬告陷害等。对通过正常渠道反映问题的党员，任何组织和个人都不准打击报复，不准擅自进行追查，不准采取调离工作岗位、降格使用等惩罚措施。

坚持授权者要负责监督，发现问题要及时处置。强化上级组织对下级组织特别是主要领导干部行使权力的监督，防止权力失控和滥用。

对党组织和党员、干部行使权力进行监督，必须依纪依法进行。纪检监察、司法机关严格依纪依法按程序对涉嫌严重违纪违法行为进行调查。任何组织和个人不得自行决定或受指使对党员、干部采取非法调查手段。对违反规定的，要严肃追究纪律和法律责任。

十二、保持清正廉洁的政治本色

建设廉洁政治，坚决反对腐败，是加强和规范党内政治生活的重要任务。必须筑牢拒腐防变的思想防线和制度防线，着力构建不敢腐、不能腐、不想腐的体制机制，保持党的肌体健康和队伍纯洁。

各级领导干部必须严以修身、严以用权、严以律己，谋事要实、创业要实、做人要实，经得起权力、金钱、美色考验，用党和人民赋予的权力为人民服务。

领导干部特别是高级干部必须带头践行社会主义核心价值观，继承和发扬党的优良传统和作风，弘扬中华民族传统美德，讲修养、讲道德、讲诚信、讲廉耻，养成共产党人的高风亮节，自觉远离低级趣味。

各级领导干部是人民公仆，没有搞特殊化的权利。中央政治局要带头执行中央八项规定。各级领导干部特别是高级干部要坚持立党为公、执政为民，坚持公私分明、先公后私、克己奉公，带头保持谦虚、谨慎、不骄、不躁的作风，保持艰苦奋斗的作风，带头执行廉洁自律准则，自觉同特权思想和特权现象作斗争，不准利用权力为自己和他人谋取私利，禁止违反财经制度批钱批物批项目，禁止用各种借口或巧立名目侵占、挥霍国家和集体财物，禁止违反规定提高干部待遇标准。

领导干部特别是高级干部必须注重家庭、家教、家风，教育管理好亲属和身边工作人员。严格执行领导干部个人有关事项报告制度，进一步规范领导干部配偶子女从业行为。禁止利用职权或影响力为家属亲友谋求特殊照顾，禁止领导干部家属亲友插手领导干部职权范围内的工作、插手人事安排。各级领导班子和领导干部对来自领导干部家属亲友的违规干预行为要坚决抵制，并将有关情况报告党组织。

全体党员、干部特别是高级干部必须拒腐蚀、永不沾，坚决同消极腐败现象作斗争，坚决抵制潜规则，自觉净化社交圈、生活圈、朋友圈，决不能把商品交换那一套搬到党内政治生活和工作中来。党的各级组织要担负起反腐倡廉政治责任，坚持有腐必反、有贪必肃，坚持“老虎”、“苍蝇”一起打，坚持无禁区、全覆盖、零容忍，党内决不允许有腐败分子藏身之地。

加强和规范党内政治生活是全党的共同任务，必须全党一起动手。各级党委（党组）要全面履行加强和规范党内政治生活的领导责任，着力解决突出问题，建立健全党内政治生活制度体系，把加强和规范党内政治生活各项任务落到实处。深入开展党内政治生活准则宣传教育，把党内政治生活准则列为党员、干部教育培训的必修内容。

落实党委主体责任和纪委监督责任，强化责任追究。党委（党组）主要负责人要认真履行第一责任人责任。党的各级组织要强化对党内政治生活准则落实情况的督促检查，建立健全问责机制，上级党组织要加强对下级党组织的指导监督检查，各级组织部门和机关党组织要加强日常管理，各级纪律检查机关要严肃查处违反党内政治生活准则的各种行为。

加强和规范党内政治生活，要从中央委员会、中央政治局、中央政治局常务委员会做起。高级干部要清醒认识自己岗位对党和国家的特殊重要性，职位越高越要自觉按照党提出的标准严格要求自己，越要做到党性坚强、党纪严明，做到对党始终忠诚、永不叛党。制定高级干部贯彻落实本准则的实施意见，指导和督促高级干部在遵守和执行党内政治生活准则上作全党表率。

全面从严治党永远在路上。全党要坚持不懈努力，共同营造风清气正的政治生态，确保党始终成为中国特色社会主义事业的坚强领导核心。

中国共产党廉洁自律准则

（2015 年 10 月 12 日中共中央政治局会议审议批准　2015 年 10 月 18 日中共中央发布）

中国共产党全体党员和各级党员领导干部必须坚定共产主义理想和中国特色社会主义信念，必须坚持全心全意为人民服务根本宗旨，必须继承发扬党的优良传统和作风，必须自觉培养高尚道德情操，努力弘扬中华民族传统美德，廉洁自律，接受监督，永葆党的先进性和纯洁性。

党员廉洁自律规范

第一条　坚持公私分明，先公后私，克己奉公。

第二条　坚持崇廉拒腐，清白做人，干净做事。

第三条　坚持尚俭戒奢，艰苦朴素，勤俭节约。

第四条　坚持吃苦在前，享受在后，甘于奉献。

党员领导干部廉洁自律规范

第五条　廉洁从政，自觉保持人民公仆本色。

第六条　廉洁用权，自觉维护人民根本利益。

第七条　廉洁修身，自觉提升思想道德境界。

第八条　廉洁齐家，自觉带头树立良好家风。

中国共产党重大事项请示报告条例

（2019年1月25日中共中央政治局会议审议批准 2019年1月31日中共中央发布）

第一章 总 则

第一条 为了加强和规范重大事项请示报告工作，严明党的政治纪律、组织纪律和工作纪律，保证全党全国服从党中央、政令畅通，根据《中国共产党章程》、《关于新形势下党内政治生活的若干准则》等党内法规，制定本条例。

第二条 重大事项请示报告工作以习近平新时代中国特色社会主义思想为指导，坚持和加强党的全面领导，坚持党要管党、全面从严治党，贯彻民主集中制，坚决维护习近平总书记党中央的核心、全党的核心地位，坚决维护党中央权威和集中统一领导，保证全党团结统一和行动一致，确保党始终总揽全局、协调各方。

第三条 本条例适用于下级党组织向上级党组织，以及党员、领导干部向党组织请示报告重大事项相关活动。

本条例所称重大事项，是指超出党组织和党员、领导干部自身职权范围，或者虽在自身职权范围内但关乎全局、影响广泛的重要事情和重要情况，包括党组织贯彻执行党中央决策部署和上级党组织决定、领导经济社会发展事务、落实全面从严治党责任，党员履行义务、行使权利，领导干部行使权力、担负责任的重要事情和重要情况。

本条例所称请示，是指下级党组织向上级党组织，党员、领导干部向党组织就重大事项请求指示或者批准；所称报告，是指下级党组织向上级党组织，党员、领导干部向党组织呈报重要事情和重要情况。

第四条 开展重大事项请示报告工作应当遵循以下原则：

（一）坚持政治导向。树牢“四个意识”，落实“四个服从”，把请示报告作为重要政治纪律和政治规矩，把讲政治要求贯彻到请示报告工作全过程和各方面。

（二）坚持权责明晰。既牢记授权有限，该请示的必须请示，该报告的必须报告；又牢记守土有责，该负责的必须负责，该担当的必须担当。

（三）坚持客观真实。全面如实请示报告工作、反映情况、分析问题、提出建议，既报喜又报忧、既报功又报过、既报结果又报过程。

（四）坚持规范有序。落实依规治党要求，严格按照党章党规规定的主体、范围、程序和方式开展重大事项请示报告工作。

第五条 各地区各部门党组织承担重大事项请示报告工作主体责任，党组织主要负责同志为第一责任人，对请示报告工作负总责。

中央办公厅负责接受办理向党中央请示报告的重大事项，并统筹协调和督促指导各地区各部门向党中央的请示报告工作。地方党委办公厅（室）负责接受办理向本级党委请示报告的重大事项，并统筹协调和督促指导本地区的请示报告工作。

第二章 党组织请示报告主体

第六条 党组织请示报告工作一般应当以组织名义进行，向负有领导或者监督指导职责的上级党组织请示报告。特殊情况下，可以根据工作需要以党组织负责同志名义代表党组织请示报告。

请示报告应当逐级进行，一般不得越级请示报告。特殊情况下，可以按照有关规定直接向更高层级党组织请示报告。

第七条 接受双重领导的单位党组织，应当根据事项性质和内容向负有主要领导职责的上级党组织请示报告，同时抄送另一个上级党组织。特殊情况下，可以不抄送另一个上级党组织。

第八条 接受归口领导、管理的单位党组织，必须服从批准其设立的党组织的领导，向其请示报告工作，并按照有关规定向归口领导、管理单位党组织请示报告。

第九条 接受归口指导、协调或者监督的单位党组织，向上级党组织请示报告一般应当抄送负有指导、协调或者监督职责的单位党组织。

负有指导、协调或者监督职责的单位党组织应当统筹所负责区域、领域、行业、系统内各单位党组织的请示报告工作，归口统一向上级党组织请示报告总体情况、牵头事项完成情况等。

第十条 涉及跨区域、跨领域、跨行业、跨系统的重大事项，应当由有关党组织向共同上级党组织联合请示报告。联合请示报告应当明确牵头党组织。

党政机关联合请示报告的，一般应当将上级党政机关同时列为请示报告对象。

第十一条 根据党内法规制度规定，党的决策议事协调机构和党的工作机关可以在其职权范围内接受下级党组织的请示报告并作出处理。

党组织主要负责同志可以就全面工作或者某些方面工作接受下级党组织请示报告；有关负责同志可以就分管领域工作接受下级党组织请示报告，也可以受党组织或者党组织主要负责同志委托，就全面工作接受下级党组织请示报告。

第三章 党组织请示报告事项

第十二条 涉及党和国家工作全局的重大方针政策，经济、政治、文化、社会、生态文明建设和党的建设中的重大原则和问题，国家安全、港澳台侨、外交、国防、军队等党中央集中统一管理的事项，以及其他只能由党中央领导和决策的重大事项，必须向党中央请示报告。

第十三条 党组织应当向上级党组织请示下列事项：

（一）贯彻落实党中央决策部署和上级党组织决定中的重要情况和问题，需要作出调整的政策措施，需要支持解决的特殊困难；

（二）重大改革措施、重大立法事项、重大体制变动、重大项目推进、重大突发事件、重大机构调整、重要干部任免、重要表彰奖励、重大违纪违法和复杂敏感案件处理等；

（三）明确规定需要请示的重要会议、重要活动、重要文件等；

（四）重大活动、重要政策的宣传报道口径，新闻宣传和意识形态工作中的全局性问题和不易把握的问题；

（五）出台重大创新举措，特别是遇到新情况新问题且无明文规定、需要先行先试，或者创新举措可能与现行规定相冲突、需经授权才能实施的情况；

（六）属于自身职权范围内但事关重大或者特殊敏感的事项；

（七）重大决策时存在较大意见分歧的情况；

（八）跨区域、跨领域、跨行业、跨系统工作中需要上级党组织统筹推进的重大事项；

（九）调整上级党组织文件、会议精神的传达知悉范围，使用上级党组织负责同志未公开的讲话、音像资料等；

（十）其他应当请示的重大事项。

下列事项不必向上级党组织请示：属于自身职权范围内的日常工作；上级党组织就有关问题已经作出明确批复的；事后报告即可的事项等。

第十四条 党组织应当向上级党组织报告下列事项：

（一）学习贯彻习近平新时代中国特色社会主义思想，统筹推进“五位一体”总体布局和协调推进“四个全面”战略布局的重要情况；

（二）党中央以及上级党组织重要会议、重要文件、重大决策部署贯彻落实情况，习近平总书记重要指示批示贯彻落实情况，上级党组织负责同志交办事项的研究办理情况；

（三）加强党的建设，履行全面从严治党责任，包括集中学习教育活动、意识形态工作、党组织设置及隶属关系调整、民主生活会、党风廉政建设、落实中央八项规定精神、党员干部直接联系群众、巡视巡察整改、发现重大违纪违法问题等情况；

（四）全面工作总结和计划；

（五）重大专项工作开展情况；

（六）重大敏感事件、突发事件和群体性事件应对处置情况；

（七）经济社会发展中出现的重要情况和重大舆情；

（八）本地区、本部门、本单位工作中具有在更大范围推广价值的经验做法和意见建议；

（九）其他应当报告的重大事项。

下列事项不必向上级党组织报告：具体事务性工作；没有实质性内容的表态和情况反映等。

第十五条 党组织应当按照有关规定向上级党组织报备下列事项：

（一）党内法规和规范性文件；

（二）领导班子成员分工；

（三）有关干部任免；

（四）党委委员、候补委员职务的辞去、免去或者自动终止；

（五）其他应当报备的重大事项。

第十六条 中央各决策议事协调机构、中央各部门、有关中央国家机关党组（党委）应当对本领域、行业、系统内请示报告的具体事项提出明确要求、加强工作指导。

上级党组织应当从实际出发，对下级党组织请示报告中主题相近、内容关联的同类事项归并整合提出要求，促使请示报告精简务实。

第十七条 党组织应当根据本条例规定的请示报告事项范围和内容，结合上级要求和自身实际，制定请示报告事项清单。

第四章 党组织请示报告程序

第十八条 重大事项请示报告一般应当经党组织领导班子集体研究或者传批审定，由主要负责同志签发或者作出。必要时应当事先报上级党组织分管负责同志同意。

两个以上党组织联合请示报告的，应当协商一致后呈报。未取得一致意见的，应当对有关情况作出说明。

第十九条 向上级党组织请示重大事项，必须事前请示，给上级党组织以充足研判和决策时间。情况紧急来不及请示必须临机处置的，应当按照规定履职尽责，并及时进行后续请示报告。

定期报告按照规定的时间进行。专题报告根据工作进展情况适时进行，学习贯彻上级党组织重要会议和文件精神的专题报告应当注重反映落实见效情况，不得一味求快。对上级党组织交办的重大事项，应当按照时限要求报告。突发性重大事件应当及时报告，并根据事件发展处置情况做好续报工作。

第二十条 提出请示应当阐明请求事项及相关理由。报送请示应当一文一事，不得在报告等非请示性公文中夹带请示事项。

对下级党组织请示的重大事项，受理党组织如需以其名义再向上级党组织请示的，应当认真研究并负责任地提出处理建议，不得只将原文转请示上级党组织。

第二十一条 上级党组织收到请示后，一般由综合部门提出拟办意见报党组织负责同志按照规定批办。

党政机关联合提出的请示，由上级党组织牵头办理。

第二十二条 上级党组织对受理的紧急请示事项应当尽快办理。有明确办理时限要求的应当在规定期限内办理完毕，确有特殊情况无法在规定期限内办理完毕的，应当主动向下级党组织说明情况。

第二十三条 请示的答复一般应当坚持向谁请示由谁答复，特殊情况下受理请示的党组织可以授权党组织有关部门代为答复。

第二十四条 报告应当具有实质性内容和参考价值，有助于上级党组织了解情况、科学决策，力戒空洞无物、评功摆好、搞形式主义。报告应当简明扼要、文风质朴，呈报党中央的综合报告一般在5000字以内，专项报告一般在3000字以内，情况复杂、确有必要详细报告的有关内容可以通过附件反映。

第二十五条 上级党组织收到报告后，应当由综合部门根据工作需要报送党组织负责同志阅示。综合部门可以将主题相同、内容相近的报告统一集中报送，或者摘要形成综合材料后报送。

党组织负责同志对报告作出批示指示的，综合部门应当及时按照要求办理。

第二十六条 上级党组织应当加强对报告的综合分析利用。对于有推广价值的典型经验做法，可以通过适当形式进行宣传；对于共性问题，应当予以重视并研究解决；对于有价值的意见建议，应当认真研究吸收、推动改进工作。

第二十七条 重大事项请示报告工作存在可能影响公正办理情形的，有关人员应当回避。

第五章 党组织请示报告方式

第二十八条 党组织应当根据重大事项类型和缓急程度采用口头、书面方式进行请示报告。

第二十九条 重大事项请示报告适宜简便进行的，可以采用口头方式。对于情况紧急或者重大事项处理尚处于初步酝酿阶段的，可以采用口头方式先行请示报告，后续再以书面方式补充请示报告。

第三十条 口头请示报告视情采用通话、当面、会议等方式。内容较为简单或者情况十分紧急的，可以采用通话方式；内容较为复杂或者情况敏感特殊的，可以采用当面方式；内容较为正式或者涉及主体较多的，可以采用会议方式。

口头请示报告应当做好记录和资料留存，确保有据可查。

第三十一条 非紧急情况、重大事项处理处于相对成熟阶段或者不适宜简便进行的请示报告，应当采用书面方式。

第三十二条 书面报告视情采用正式报告、信息、简报等方式。信息侧重于报告重大突发事件，需要注意的问题、现象和情况等，应当做到及时高效、权威准确。简报侧重于报告某方面工作简要情况。

党组织应当统筹用好书面报告方式，坚持“一事不二报”，一般不得就同一内容使用多种方式重复报告。上级党组织明确要求正式报告的，不得以其他方式代替。

第三十三条 党组织可以利用电话、文件、传真、电报、网络等载体开展请示报告工作。涉密事项应当按照有关保密规定执行。

基层党组织开展请示报告工作可以更加灵活便捷、突出实效。

第六章 党员、领导干部请示报告

第三十四条 党员一般应当向所在党组织请示报告重大事项。领导干部一般应当向所属党组织请示报告重要工作。

党员、领导干部向党组织请示报告个人有关事项，按照有关规定执行。

第三十五条 党员应当向党组织请示下列事项：

（一）从事党组织所分配的工作中的重要问题；

（二）代表党组织发表主张或者作出决定；

（三）按照规定需要请示的涉外工作交往活动；

（四）转移党的组织关系；

（五）其他应当向党组织请示的事项。

第三十六条 党员应当向党组织报告下列事项：

（一）贯彻执行党组织决议以及完成党组织交办工作任务情况；

（二）对党的工作和领导干部的意见建议；

（三）发现党员、领导干部违纪违法线索情况；

（四）流动外出情况；

（五）其他应当向党组织报告的事项。

第三十七条 领导干部应当向党组织请示下列事项：

（一）超出自身职权范围，应当由所在党组织或者上级党组织作出决定的重大事项；

（二）属于自身职权范围但事关重大的问题和情况；

（三）代表党组织对外发表重要意见；

（四）因故无法履职或者离开工作所在地；

（五）其他应当向党组织请示的事项。

第三十八条 领导干部应当向党组织报告下列事项：

（一）学习贯彻习近平新时代中国特色社会主义思想，贯彻落实党中央决策部署和党组织决定中的重要情况和问题；

（二）遵守政治纪律和政治规矩，坚决维护习近平总书记党中央的核心、全党的核心地位，坚决维护党中央权威和集中统一领导情况；

（三）坚持民主集中制，发扬党内民主，正确行使权力，参与集体领导情况；

（四）参加领导班子民主生活会和所在党支部（党小组）组织生活会情况；

（五）履行管党治党责任，加强党风廉政建设和反腐败工作以及遵守廉洁纪律情况；

（六）重大决策失误或者应对突发事件处置失当，纪检监察、巡视巡察和审计中发现重要问题，以及违纪违法情况；

（七）可能影响正常履职的重大疾病等情况；

（八）其他应当向党组织报告的事项。

第三十九条 党员、领导干部按照规定采用口头、书面方式进行请示报告。党组织应当及时办理党员、领导干部的请示事项，必要时可以对报告事项作出研究处理。

第七章 监督与追责

第四十条 党组织应当将重大事项请示报告工作开展情况纳入向上一级党组织报告工作的重要内容。

第四十一条 党组织应当建立健全重大事项请示报告工作督查机制，并将执行请示报告制度情况纳入日常监督和巡视巡察范围。

第四十二条 党组织应当将重大事项请示报告工作情况作为履行全面从严治党政治责任的重要内容，对下级党组织及其主要负责同志进行考核评价。考核评价可以与党风廉政建设责任制检查考核、党建工作考核等相结合，结果应当以适当方式通报。

第四十三条 建立健全纠错机制，对于重大事项请示报告工作中出现的主体不适当、内容不准确、程序不规范、方式不合理等问题，上级党组织应当及时提醒纠正，并将有关情况体现到考评通报中。

第四十四条 实行重大事项请示报告责任追究制度，有下列情形之一的，应当依规依纪追究有关党组织和党员、领导干部以及工作人员的责任，涉嫌违法犯罪的，按照有关法律规定处理：

（一）违反政治纪律和政治规矩，擅自决定应当由党中央决定的重大事项，损害党中央权威和集中统一领导的；

（二）履行领导责任不到位，对重大事项请示报告不重视不部署，工作开展不力的；

（三）违反组织原则，该请示不请示，该报告不报告的；

（四）缺乏责任担当，推诿塞责、上交矛盾、消极作为的；

（五）搞形式主义、官僚主义，请示报告内容不实、信息不准，造成严重后果的；

（六）违反工作要求，不按规定程序和方式请示报告，造成严重后果的；

（七）其他应当追究责任的情形。

第八章　附　　则

第四十五条　各省、自治区、直辖市党委，中央各决策议事协调机构，中央各部门，中央国家机关各部委党组（党委），应当紧密结合工作实际制定具体落实措施。

第四十六条　中央军事委员会可以根据本条例，结合中国人民解放军和中国人民武装警察部队的实际情况，制定相关规定。

第四十七条　本条例由中央办公厅负责解释。

第四十八条　本条例自 2019 年 1 月 31 日起施行。

党政机关厉行节约反对浪费条例

（2013 年 10 月 29 日中共中央政治局会议审议批准　2013 年 11 月 18 日中共中央、国务院发布　2025 年 5 月 2 日中共中央批准　2025 年 5 月 2 日中共中央、国务院发布）

第一章　总　　则

第一条　为了进一步弘扬艰苦奋斗、勤俭节约的优良作风，推进党政机关厉行节约反对浪费，建设节约型机关，根据《中国共产党章程》和《中华人民共和国宪法》，制定本条例。

第二条　本条例适用于党的机关、人大机关、行政机关、政协机关、监察机关、审判机关、检察机关，以及工会、共青团、妇联等人民团体和参照公务员法管理的事业单位。

第三条　本条例所称浪费，是指党政机关及其工作人员违反规定进行不必要的公务活动，或者在履行公务中超出规定范围、标准和要求，不当使用公共资金、资产和资源，给国家和社会造成损失的行为。

第四条　党政机关厉行节约反对浪费，应当深入贯彻中央八项规定精神，遵循下列原则：坚持从严从简，带头过紧日子，勤俭办一切事业，降低公务活动成本，腾出更多资金用于发展所需、民生所盼；坚持依规依法，遵守党内法规和国家法律法规的相关规定，严格按照制度办事；坚持提质增效，科学统筹财政资源，严格控制经费支出，加强厉行节约绩效考评；坚持实事求是，从实际出发安排公务活动，取消不必要的公务活动，保证正常公务活动；坚持公开透明，除涉及国家秘密事项外，公务活动中的公共资金、资产和资源使用等情况应当按照规定予以公开，接受各方面监督；坚持深化改革，通过改革创新破解体制机制障碍，建立健全厉行节约反对浪费工作长效机制。

第五条 中央办公厅、国务院办公厅负责统筹协调、指导检查全国党政机关厉行节约反对浪费工作，有关协调联络机制承办具体事务。地方各级党委和政府办公厅（室）负责指导检查本地区党政机关厉行节约反对浪费工作。

各级纪检监察机关和组织人事、宣传、外事、发展改革、财政、审计、机关事务管理等部门根据职责分工，依规依法履行对厉行节约反对浪费相关工作的管理、监督等职责。

第六条 各级党委和政府应当加强对厉行节约反对浪费工作的组织领导。党政机关领导班子主要负责人对本地区、本部门、本单位的厉行节约反对浪费工作负总责，其他成员根据工作分工，对职责范围内的厉行节约反对浪费工作负主要领导责任。

第七条 各级领导机关和领导干部必须树立正确政绩观，坚持以身作则、以上率下，严禁搞劳民伤财的“形象工程”、“政绩工程”，防止重大决策失误造成严重浪费，坚决反对形式主义、官僚主义、享乐主义和奢靡之风。

中央和国家机关各部门应当在厉行勤俭节约、反对铺张浪费上走在前、作表率。

第二章 经费管理

第八条 党政机关应当加强预算编制管理，按照加强财政资源和预算统筹的要求，将各项收入和支出全部纳入预算。

党政机关取得的行政事业性收费收入、政府性基金收入、罚没收入、国有资源（资产）有偿使用收入等非税收入，必须按照规定及时足额上缴国库，严禁以任何形式隐瞒、截留、挤占、挪用、坐支、拖欠或者私分，严禁转移到机关所属工会、培训中心、服务中心等单位账户使用。

第九条 强化预算刚性约束，党政机关应当遵循先有预算、后有支出的原则，严格执行预算，严禁超预算或者无预算安排支出，严禁虚列支出、转移或者套取财政资金，严禁向下级单位、企事业单位、社会组织、个人摊派或者转嫁费用。

严格控制国内差旅费、因公临时出国（境）费、公务接待费、公务用车购置及运行费、会议费、培训费等支出。年度预算执行中不予追加，因特殊需要确需追加的，严格按照规定程序报批。

健全预算执行全过程动态监控机制，完善预算绩效管理体系，增强预算执行的严肃性，提高预算执行的准确率，防止年底突击花钱等现象发生。

第十条 深化政府会计改革，进一步健全会计制度，准确核算机关运行经费，全面反映机关运行成本。

第十一条 财政部门应当会同有关部门，根据国内差旅、因公临时出国（境）、公务接待、会议、培训等工作特点，综合考虑经济发展水平、有关货物和服务的市场价格水平，制定分地区的公务活动经费开支范围和开支标准。

加强相关开支标准之间的衔接，完善开支标准动态调整机制，定期根据有关货物和服务的市场价格变动情况调整相关开支标准，增强开支标准的协调性、规范性、科学性。

严格开支范围和标准，严格支出报销审核，不得报销任何超范围、超标准以及与相关公务活动无关的费用。

第十二条 全面实行公务卡制度。健全公务卡强制结算目录，党政机关国内发生的公务差旅费、公务接待费、公务用车运行维护费、会议费、培训费等经费支出，除按照规定实行银行转账外，应当使用公务卡结算。

第十三条 党政机关采购货物、工程和服务，应当遵循公开透明、公平竞争、公正、诚实信用原则。

政府采购应当依法完整准确编制采购项目预算，严格执行经费预算和资产配置标准，科学合理确定采购需求，不得超标准采购，不得采购与本单位履行职能和事业发展无关的资产，不得超出办公需要采购服务。

严格执行政府采购程序，不得违反规定以任何方式和理由指定或者变相指定供应商、品牌、型号、产地。依法应当进行公开招标的，不得以化整为零或者其他任何方式规避公开招标，确需改变采购方式的，应当严格执行有关公示和审批程序。列入政府集中采购目录范围的应当委托集中采购机构代理采购，属于批量集中采购范围的应当进行批量集中采购。

党政机关应当按照政府采购合同规定组织验收。政府采购监督管理部门应当建立健全政府采购结果评价制度，对政府采购的资金节约、政策效能、透明程度以及专业化水平进行综合、客观评价。

完善政府采购管理交易系统，推进电子化政府采购。

第十四条 优化政府投资方向和结构，加强政府投资全生命周期管理，坚决防止低效无效投资。

完善“半拉子工程”、已建未用项目等科学处置程序办法。

第三章 国内差旅和因公临时出国（境）

第十五条 党政机关应当严格执行国内差旅内部审批制度，加强计划管理和统筹把关，从严控制人数和天数，严禁无实质内容、无明确公务目的的差旅活动，严禁以任何名义和方式变相旅游，严禁异地部门间无实质内容的学习交流和考察调研。加强对到基层调研、督查检查的统筹规范，防止重复扎堆增加基层负担。

第十六条 国内差旅人员应当严格按照规定乘坐交通工具、住宿、用餐，费用由所在单位承担。

差旅人员用车、住宿、用餐由接待单位协助安排的，必须按照规定标准及时足额交纳交通费、住宿费、伙食费。差旅人员不得向接待单位提出正常公务活动以外的要求，不得接受礼金、礼品和土特产品等。

第十七条 统筹安排年度因公临时出国计划，严格控制团组数量和出访国家数、团组人数、在外停留天数，不得安排照顾性、无实质内容的一般性出访，不得组织开展一般性出国考察、日常调研、交流学习等活动，严禁集中安排赴热门国家或者地区出访，严禁以任何名义和方式变相公款出国旅游。严格执行因公临时出国限量管理规定，不得把出国作为个人待遇、安排轮流出国。严格控制跨地区、跨部门团组。

组织人事、外专等部门应当加强出国培训总体规划和监督管理，严格控制出国培训规模，科学设置培训项目，择优选派培训对象，提高出国培训的质量和实效。

第十八条 外事管理部门应当加强因公临时出国审核审批管理，对违反规定、不适合成行的团组予以调整或者取消。

加强因公临时出国经费预算总额控制，严格执行经费先行审核制度。无出国经费预算安排的不予批准，确有特殊需要的，按照规定程序报批。严禁违反规定使用出国经费预算以外资金作为出国经费，严禁向所属单位、企业、我国驻外机构等摊派或者转嫁出国费用。

第十九条 出国团组应当按照规定标准安排交通工具和食宿，不得违反规定乘坐民航包机，不得乘坐私人、企业和外国航空公司包机，不得安排超标准住房和用车，不得擅自增加出访国家或者地区，不得擅自变更行程路线，不得擅自延长在国外停留天数。

出国期间，不得与我国驻外机构和其他中资机构、企业之间用公款互赠礼品或者纪念品，不得用公款相互宴请。

第二十条 严格根据工作需要编制出境计划，加强因公出境审批和管理，不得违规安排出境考察，不得组织无实质内容的调研、会议、培训等活动。

严格遵守因公出境经费预算、支出、使用、核算等财务制度，不得接受超标准接待和高消费娱乐，不得接受礼金、贵重礼品、有价证券、支付凭证等，严禁参与境外赌博。

第四章 公务接待

第二十一条 建立健全国内公务接待集中管理制度。党政机关公务接待管理部门应当加强对国内公务接待工作的管理、指导和监督。

第二十二条 党政机关应当建立国内公务接待审批控制制度，严格执行公函制度，对无公函的公务活动一律不予接待，严禁将非公务活动纳入接待范围。

第二十三条 党政机关应当严格执行国内公务接待标准，实行接待费支出总额控制制度。

接待单位应当严格按照标准安排接待对象的住宿用房，协助安排用餐、用车的按照标准收取伙食费、交通费。工作餐不得提供高档菜肴，不得提供香烟，不上酒。不得在接待费中列支应当由接待对象承担的费用，不得以举办会议、培训等名义列支、转移、隐匿接待费开支。

接待单位不得在机场、车站、码头和辖区边界组织迎送活动，不得跨地区迎送。严格控制陪同人数，不得层层多人陪同。

接待单位应当严格执行国内公务接待清单制度，如实反映接待对象、公务活动、接待费、陪同和相关工作保障人员等情况。接待清单作为财务报销的凭证之一并接受审计。

第二十四条 外宾接待工作应当遵循服务外交、友好对等、务实节俭的原则。外宾邀请单位应当严格按照有关规定安排接待活动，严格执行接待规格和标准，从严从紧控制外宾团组接待费用。

第二十五条 地方因招商引资等工作需要接待的，应当参照国内公务接待标准要求，统一制度和标准，严格审批管理，强化审计监督，严禁超规格、超标准接待，严禁扩大接待范围、增加接待项目，严禁以招商引资等名义变相安排公务接待。

第二十六条 党政机关不得以任何名义新建、改建、扩建所属宾馆、招待所等具有接待功能的设施或者场所，不得以房屋维修等名义超出实际需要在接待场所超标准建设、豪华装修。

严格控制、严格审批新建扩建党性教育培训机构，不得以建设党性教育培训机构名义变相建设楼堂馆所、变相搞旅游开发。

建立接待资源共享机制，推进机关所属接待、培训场所的集中统一管理和利用。健全服务经营机制，推行机关所属接待、培训场所企业化管理，降低服务经营成本。

积极推进国内公务接待服务社会化改革，有效利用社会资源为国内公务接待提供用车、住宿、用餐等服务。

第五章　公务用车

第二十七条　坚持社会化、市场化方向，建立和实行符合国情的公务用车制度，合理有效配置公务用车资源，创新公务交通分类提供方式，保障公务出行，降低运行成本。

普通公务出行由公务人员自主选择，实行社会化提供。按照有关规定发放公务交通补贴，不得以公务交通补贴的名义变相发放福利，不得既领取公务交通补贴又违规使用公务用车。

第二十八条　党政机关公务用车实行统一编制、统一标准、统一购置经费、统一采购配备管理。

从严配备执法执勤、机要通信、应急保障和特种专业技术用车以及其他用于定向化保障的用车，不得以特殊用途等理由变相超编制、超标准配备公务用车，不得以任何方式换用、借用、占用所属单位或者其他单位和个人的车辆，不得接受企事业单位和个人赠送的车辆。

严格按照规定配备专车，不得擅自扩大专车配备范围或者变相配备专车。

执法执勤用车配备应当严格限制在一线执法执勤岗位，机关内部管理和后勤岗位以及机关所属事业单位一律不得配备。

规范和加强党政机关所属垂直管理机构、派出机构公务用车管理，严格控制公务用车编制，推动车辆盘活利用，避免闲置浪费。

第二十九条　公务用车实行政府集中采购，应当选用国产汽车，优先选用新能源汽车。

公务用车严格按照规定年限更新，达到更新年限仍能继续使用的应当继续使用，不得因领导干部职务晋升、调动等原因提前更新。

公务用车保险、维修、加油等实行政府集中采购，降低运行成本。

第三十条　除涉及国家安全、侦查办案和其他有保密要求的特殊工作用车外，执法执勤等用车应当喷涂明显的统一标识。

第三十一条　根据公务活动需要，严格按照规定使用公务用车，严禁以任何理由挪用或者固定给个人使用执法执勤、机要通信等公务用车，领导干部亲属和身边工作人员不得因私使用配备给领导干部的公务用车。严禁公车私用、私车公养，严禁为公务用车增加高档配置或者豪华内饰。

第六章 会议活动

第三十二条 党政机关应当严格精简会议，召开会议严格实行计划管理，能不开的坚决不开，可合并的坚决合并。从严控制会议规模、会期，合理确定会议规格和参会人员范围、层级，不搞层层陪会。积极运用现代信息技术手段改进会议形式，提高会议效率。

第三十三条 会议召开场所实行政府采购定点管理。会议住宿用房以标准间为主，用餐安排自助餐或者工作餐，严禁提高会议用餐、住宿标准。会议活动现场布置应当简朴，工作会议一律不摆花草、不制作背景板。严禁违反规定到风景名胜区举办会议。

会议期间，不得安排宴请，不得组织旅游以及与会议无关的参观活动，不得以任何名义发放纪念品。

第三十四条 党政机关会议实行分类管理、分级审批。严格执行会议费开支范围、标准和报销制度，未经批准以及超范围、超标准开支的会议费，一律不予报销。严禁违规使用会议费购置办公设备，严禁列支公务接待费等与会议无关的任何费用，严禁套取会议资金。

财政部门应当会同机关事务管理等部门制定本级党政机关会议费管理办法。

第三十五条 健全培训审批制度，严格控制培训数量、时间、规模，严禁以培训名义召开会议。适合采取线上方式培训的应当通过线上方式开展。

严格执行分类培训经费开支标准，严格控制培训经费支出范围，严禁在培训经费中列支公务接待费、会议费等与培训无关的任何费用。严禁以培训名义进行公款宴请、公款旅游活动。

第三十六条 精简规范节庆展会论坛活动，实行清单管理，从严审批。严禁使用财政资金举办营业性文艺演出。从严控制举办大型综合性运动会和各类赛会。

经批准的节庆展会论坛、运动会、赛会等活动，应当严格控制规模和经费支出，不得互相攀比、大操大办、铺张浪费，不得违规摊派或者转嫁费用，不得借举办活动发放各类纪念品，不得违规使用财政资金邀请名人明星参与活动。举办活动应当充分使用现有资源，专门配备的设备在活动结束后应当及时收回，严禁购置奢华物资设备。

第三十七条 精简规范评比达标表彰和创建示范活动，实行清单管理，从严审批。评比达标表彰项目费用由举办单位承担，不得以任何方式向相关单位和个人收取费用。参与评比达标表彰和创建示范活动的单位应当节俭办事，杜绝浪费，不得举债搞创建。不得开展以乡镇（街道）、村（社区）、学校为对象的达标活动。

第七章 办公用房

第三十八条 党政机关办公用房建设应当从严控制。凡是违反规定的拟建办公用房项目，必须坚决终止；凡是未按照规定程序履行审批手续、擅自开工建设的办公用房项目，必须停建并予以没收；凡是超规模、超标准、超投资概算建设的办公用房项目，应当根据具体情况限期腾退超标准面积或者全部没收、拍卖。

党政机关办公用房应当严格管理，推进办公用房资源的公平配置和集约使用。凡是超过规定面积标准占有、使用办公用房以及未经批准租用、借用办公用房的，必须腾退；凡是未经批准改变办公用房使用功能的，原则上应当恢复原使用功能。

第三十九条 党政机关新建、改建、扩建、购置、置换、维修改造、租用、借用办公用房，必须严格按照规定履行审批程序。采取置换方式配置办公用房的，应当执行新建办公用房各项标准，不得以未使用财政资金、资产整合等名义规避审批。

第四十条 党政机关办公用房建设项目应当按照朴素、实用、安全、节能原则，严格执行办公用房建设标准、单位综合造价标准和公共建筑节能设计标准，符合土地利用和城市规划要求，严禁超标准建设和豪华装修。党政机关办公楼不得追求成为城市地标建筑，严禁配套建设大型广场、公园等设施。

第四十一条 党政机关办公用房建设以及维修改造项目投资，统一列入预算安排，未经审批的项目不得安排预算。土地收益和资产转让收益应当按照非税收入有关规定管理，不得直接用于办公用房建设。不得违规利用保基本民生、保工资、保运转和专项债券等其他用途资金建设维修改造办公用房。

第四十二条 党政机关办公用房建设应当严格执行工程招投标和政府采购有关规定，加强对工程项目的全过程监理和审计监督。

办公用房因使用时间较长、设施设备老化、功能不全、存在安全隐患等原因，不能满足办公需求的，可以进行维修改造。维修改造项目应当以消除安全隐患、恢复和完善使用功能、降低能源资源消耗为重点，严格履行审批程序，严格执行维修改造标准。

第四十三条 建立健全办公用房集中统一管理制度，对办公用房实行统一规划、统一权属、统一配置、统一处置。

党政机关应当严格按照有关标准和“三定”规定，从严核定、使用办公用房。超标部分应当腾退移交同级机关事务管理部门统一调剂使用。

新建、调整办公用房的单位，应当按照“建新交旧”、“调新交旧”的原则，在搬入新建或者新调整办公用房的同时，将原办公用房腾退移交机关事务管理部门统一调剂使用。

因机构增设、职能调整等原因确需增加办公用房的，应当在本单位现有办公用房中解决；本单位现有办公用房不能满足需要的，由机关事务管理部门整合办公用房资源调剂解决；无法调剂、确需租用解决的，应当严格履行报批手续，不得以变相补偿方式租用由企业等单位提供的办公用房。

党政机关办公用房闲置的，可以按照规定采取调剂使用、转换用途、置换、出租等方式及时处置利用。

第四十四条 党政机关领导干部应当按照标准配置使用一处办公用房，确因工作需要另行配置办公用房的，应当严格履行审批程序。领导干部不得租用宾馆、酒店房间作为办公用房。配置使用的办公用房，在退休或者调离时应当及时腾退并由原单位收回。

超标办公用房整改优先采取调换或者合用方式，采取工程改造方式整改的，工程改造方案应当简易、合理、厉行节约，多出的办公用房面积公用，不得直接隔断封死，防止造成新的浪费。

第八章 资源节约

第四十五条 党政机关应当节约集约利用资源，加强全过程节约管理，提高能源、水、粮食、办公家具、办公设备、办公用品等的利用效率和效益，统筹利用土地，杜绝浪费行为。

第四十六条 对能源、水的使用实行分类定额和目标责任管理。推广应用节能技术产品，淘汰高耗能设施设备，重点推广应用新能源和可再生能源。积极使用节水型器具，建设节水型单位。

完善节能产品政府采购政策，严格执行节能产品政府强制采购和优先采购制度。

第四十七条 党政机关应当带头开展粮食节约行动，落实反食品浪费管理责任，加强机关食堂反食品浪费工作成效评估和通报，杜绝餐饮浪费。

第四十八条 优化办公家具、办公设备等资产的配置和使用，从严控制新增资产配置，优先通过调剂方式盘活存量资产，节约购置资金。达到更新年限仍能继续使用的应当继续使用，不得报废处置。

对产生的非涉密废纸、废弃电器电子产品等废旧物品进行集中回收处理，促进循环利用；涉及国家秘密的，按照有关保密规定进行销毁。

第四十九条 政务服务应当方便企业和群众办事，相关设施坚持实用原则，不得华而不实、铺张浪费，坚决防治和纠正政务服务中的“面子工程”。

第五十条 党政机关政务信息系统建设应当统筹规划，统一组织实施，防止分散重复建设和频繁升级。建立共享共用机制，加强资源整合，推动重要政务信息系统互联互通、信息共享和业务协同，降低软件开发、系统维护和升级等方面费用，防止资源浪费。

积极利用信息化手段，推行无纸化办公，减少一次性办公用品消耗。

第九章　宣传教育

第五十一条　宣传部门应当把厉行节约反对浪费作为重要宣传内容，充分发挥各级各类媒体作用，注重用好互联网技术和新媒体手段，通过新闻报道、文化作品、公益广告等形式，广泛宣传中华民族勤俭节约的优秀品德，宣传阐释相关制度规定，宣传推广厉行节约的经验做法和先进典型，倡导绿色低碳消费理念和健康文明生活方式，在全社会营造浪费可耻、节约光荣的浓厚氛围。

第五十二条　党政机关应当把加强厉行节约反对浪费教育作为作风建设的重要内容，融入干部队伍建设和机关日常管理之中，建立健全常态化工作机制。对各种铺张浪费现象和行为，应当严肃批评、督促改正。

纪检监察机关应当不定期曝光铺张浪费的典型案例，发挥警示教育作用。

组织人事部门和党校（行政学院）、干部学院应当把厉行节约反对浪费作为干部教育培训的重要内容，创新教育方法，切实增强教育培训的针对性和实效性。

第五十三条　党政机关应当围绕建设节约型机关，组织开展形式多样、便于参与的活动，引导干部职工增强节约意识、珍惜物力财力，积极培育和形成崇尚节约、厉行节约、反对浪费的机关文化，为在全社会形成节俭之风发挥示范表率作用。

第十章　监督追责

第五十四条　各级党委和政府应当建立健全厉行节约反对浪费监督检查机制，加大监督力度。

党委（党组）在巡视巡察工作中应当加强对厉行节约反对浪费落实情况的监督。

党委和政府办公厅（室）负责统筹协调有关部门开展对厉行节约反对浪费工作的督促检查，针对突出问题开展重点检查、暗访等专项活动，加大对典型问题的通报力度。

纪检监察机关应当加强对厉行节约反对浪费工作的监督，受理群众举报和有关部门移送的问题线索，及时查处违纪违法问题。

财政部门应当加强对党政机关预算管理有关工作以及财务、政府采购和会计等事项的财会监督，依法处理发现的违规问题，并及时向本级党委和政府汇报有关结果。

审计机关应当加强对党政机关预算执行、决算和其他财政收支情况，以及有关经济活动的审计监督，加大对党政机关公务支出和公款消费的审计力度，及时向本级党委和政府报告审计结果，依法处理、督促整改违规问题，并将涉嫌违纪违法问题移送有关部门查处。

支持人大、政协依法依章程加强对党政机关厉行节约反对浪费工作情况的监督。重视各级各类媒体在厉行节约反对浪费方面的舆论监督作用。发挥群众对党政机关及其工作人员铺张浪费行为的监督作用。

第五十五条 党委（党组）在每年度向上级党组织报送的落实全面从严治党主体责任情况报告中，应当报告本地区、本部门、本单位厉行节约反对浪费工作情况。

领导干部厉行节约反对浪费工作情况，应当列为领导班子民主生活会和领导干部述责述廉的重要内容并接受评议。

第五十六条 党政机关应当建立健全厉行节约反对浪费信息公开制度，按照及时、方便、多样的原则，依规依法将应当公开的有关情况以适当方式公开。

第五十七条 有下列情形之一的，应当依规依纪依法追究负有领导责任的主要负责人或者有关领导干部的责任：

（一）政绩观错位，搞“形象工程”、“政绩工程”造成公共资金、资产和资源损失浪费；

（二）本地区、本部门、本单位铺张浪费、奢侈奢华问题严重，对发现的问题查处不力，干部群众反映强烈；

（三）指使、纵容管辖单位或者人员违反本条例规定造成浪费；

（四）不履行或者不正确履行内部审批、管理、监督职责造成浪费；

（五）不按照规定及时公开本地区、本部门、本单位有关厉行节约反对浪费工作信息；

（六）其他对本地区、本部门、本单位铺张浪费问题负有领导责任的情形。

第五十八条　有下列情形之一的，应当依规依纪依法追究有关人员的责任：

（一）未经审批列支财政性资金；

（二）采取弄虚作假等手段违规取得审批；

（三）违反审批要求擅自变通执行；

（四）违反管理规定超标准或者以虚假事项开支；

（五）利用职务便利假公济私；

（六）其他违反审批、管理、监督规定的情形。

第五十九条　党政机关工作人员违反本条例规定造成浪费的，根据情节轻重，依规依纪依法给予批评教育、责令检查、诫勉、组织处理或者党纪政务处分。

第六十条　违反本条例规定获得的经济利益，应当依规依纪依法予以没收、追缴或者责令退赔。

第十一章　附　　则

第六十一条　省、自治区、直辖市，中央和国家机关各部门，可以根据本条例，结合实际制定实施办法。有关职能部门应当根据各自职责，制定完善相关配套制度。

国有企业、国有金融企业、不参照公务员法管理的事业单位，参照本条例执行。

中国人民解放军和中国人民武装警察部队按照军队有关规定执行。

第六十二条　本条例由中央办公厅、国务院办公厅会同有关部门解释。

第六十三条　本条例自发布之日起施行。中央党内法规和法律另有规定的，从其规定。

党委（党组）落实全面从严治党主体责任规定

（2020年2月26日中共中央政治局常委会会议审议批准　2020年3月9日中共中央办公厅发布）

第一章　总　　则

第一条　为了全面落实党委（党组）全面从严治党主体责任，推动全面从严治党向纵深发展，根据《中国共产党章程》和有关党内法规，制定本规定。

第二条　本规定适用于地方党委和按照《中国共产党党组工作条例》设立的党组（党委）。

党的纪律检查机关、党的工作机关、党委直属事业单位在本单位落实全面从严治党主体责任，党的基层组织落实全面从严治党主体责任，参照本规定执行。

第三条　党委（党组）必须深入贯彻习近平新时代中国特色社会主义思想，增强“四个意识”、坚定“四个自信”、做到“两个维护”，不忘初心、牢记使命，守责、负责、尽责，一以贯之、坚定不移全面从严治党，以伟大自我革命引领伟大社会革命，以科学理论引领全党理想信念，以“两个维护”引领全党团结统一，以正风肃纪反腐凝聚党心军心民心，永葆党的先进性和纯洁性，确保党始终成为中国特色社会主义事业的坚强领导核心。

第四条　党委（党组）落实全面从严治党主体责任，应当遵循以下原则：

（一）坚持紧紧围绕加强和改善党的全面领导；

（二）坚持全面从严治党各领域各方面各环节全覆盖；

（三）坚持真管真严、敢管敢严、长管长严；

（四）坚持全面从严治党过程和效果相统一。

第五条　中央和国家机关在全面从严治党中具有特殊地位和作用，必须在落实全面从严治党责任中走在前、作表率，全面提高机关党的建设质量，建设让党中央放心、让人民群众满意的模范机关，引领带动各地区各部门抓好全面从严治党。

第二章　责任内容

第六条　地方党委应当将党的建设与经济社会发展同谋划、同部署、同推进、同考核，加强对本地区全面从严治党各项工作的领导。主要包括：

（一）坚决维护以习近平同志为核心的党中央权威和集中统一领导，坚决贯彻执行党中央决策部署以及上级党组织决定；

（二）在本地区发挥总揽全局、协调各方的领导作用，在经济社会发展各项工作中坚持和加强党的全面领导，在同级各种组织中发挥领导作用；

（三）把党的政治建设摆在首位，坚定政治信仰，强化政治领导，提高政治能力，净化政治生态，始终在政治立场、政治方向、政治原则、政治道路上同党中央保持高度一致；

（四）把党的思想建设作为基础性建设来抓，坚定理想信念，用习近平新时代中国特色社会主义思想武装头脑、指导实践、推动工作，落实意识形态工作责任制；

（五）贯彻新时代党的组织路线，坚持民主集中制，树立和坚持正确选人用人导向，建设忠诚干净担当的高素质专业化干部队伍，加强党的基层组织和党员队伍建设，做好人才工作，夯实党执政的组织基础；

（六）持之以恒抓好党的作风建设，落实中央八项规定精神，持续整治“四风”特别是形式主义、官僚主义，反对特权思想和特权现象，密切党同人民群众的血肉联系；

（七）加强党的纪律建设，重点强化政治纪律和组织纪律，带动廉洁纪律、群众纪律、工作纪律、生活纪律严起来；

（八）落实制度治党、依规治党要求，加强本地区党内法规制度建设，严格落实党内法规执行责任制，确保党内法规制度落地见效；

（九）落实党风廉政建设主体责任，深入推进反腐败斗争，一体推进不敢腐、不能腐、不想腐，巩固发展反腐败斗争压倒性胜利；

（十）领导、支持和监督党的纪律检查机关、党的工作机关、党委直属事业单位、党组（党委）和下级地方党委、党的基层组织等落实全面从严治党主体责任，形成全面从严治党整体合力；

（十一）加强对本地区统一战线工作和群团工作的领导，动员、组织所属党组织和广大党员，团结带领群众实现党的目标任务；

（十二）勇于和善于结合本地区实际，切实解决影响全面从严治党的突出问题。

第七条 党组（党委）应当坚持党建工作与业务工作同谋划、同部署、同推进、同考核，加强对本单位（本系统）全面从严治党各项工作的领导。主要包括：

（一）坚决维护以习近平同志为核心的党中央权威和集中统一领导，坚决贯彻执行党中央决策部署以及上级党组织决定；

（二）在本单位（本系统）发挥把方向、管大局、保落实的领导作用，推动党的主张和重大决策转化为法律法规、政策政令和社会共识，确保党的理论和路线方针政策在本单位（本系统）贯彻落实；

（三）把党的政治建设摆在首位，提高政治站位，彰显政治属性，强化政治引领，增强政治能力，始终在政治立场、政治方向、政治原则、政治道路上同党中央保持高度一致，涵养良好的机关政治生态；

（四）强化理论武装，学懂弄通做实习近平新时代中国特色社会主义思想，引导党员、干部坚定理想信念宗旨，落实意识形态工作责任制；

（五）坚持民主集中制，贯彻党管干部、党管人才原则，加强忠诚干净担当的高素质专业化干部队伍建设，加强党的基层组织和党员队伍建设，着力提高党内活动和党的组织生活质量，做好人才工作；

（六）加强和改进作风，落实中央八项规定精神，持续整治“四风”特别是形式主义、官僚主义，反对特权思想和特权现象；

（七）加强党的纪律建设，履行党风廉政建设主体责任，支持纪检监察机关履行监督责任，一体推进不敢腐、不能腐、不想腐；

（八）带头遵守党内法规制度，严格落实党内法规执行责任制，建立健全本单位（本系统）党建工作制度，不断提高制度执行力；

（九）领导机关和直属单位党组织的工作，支持配合党的机关工委对本单位（本系统）党的工作的统一领导，自觉接受党的机关工委对其履行机关党建主体责任的指导督促，防止出现“灯下黑”；

（十）加强对本单位（本系统）统一战线工作和群团工作的领导，重视对党外干部、人才的培养使用，团结带领党外干部和群众，凝聚各方面智慧力量，完成党中央以及上级党组织交给的任务；

（十一）勇于和善于结合本单位（本系统）实际，切实解决影响全面从严治党的突出问题。

第八条 党委（党组）领导班子成员应当强化责任担当，狠抓责任落实，增强落实全面从严治党责任的自觉和能力，带头遵守执行全面从严治党各项规定，自觉接受党组织、党员和群众监督，在全面从严治党中发挥示范表率作用。

党委（党组）书记应当履行本地区本单位全面从严治党第一责任人职责，做到重要工作亲自部署、重大问题亲自过问、重点环节亲自协调、重要案件亲自督办；管好班子、带好队伍、抓好落实，支持、指导和督促领导班子其他成员、下级党委（党组）书记履行全面从严治党责任，发现问题及时提醒纠正。

党委（党组）领导班子其他成员根据工作分工对职责范围内的全面从严治党工作负重要领导责任，按照“一岗双责”要求，领导、检查、督促分管部门和单位全面从严治党工作，对分管部门和单位党员干部从严进行教育管理监督。

第九条 党的建设工作领导小组是党委抓全面从严治党的议事协调机构，应当加强对本地区党的建设工作的指导，定期听取工作汇报，及时研究解决重大问题。

党的纪律检查机关在履行全面从严治党监督责任同时，应当通过重大事项请示报告、提出意见建议、监督推动党委（党组）决策落实等方式，协助党委（党组）落实全面从严治党主体责任。

党委办公厅（室）、职能部门、办事机构等是党委抓全面从严治党的具体执行机关，应当在党委统一领导下充分发挥职能作用，在职责范围内抓好全面从严治党相关工作。

党的机关工委作为党委派出机关，应当统一组织、规划、部署本级机关党的工作，指导机关开展党的各方面建设，指导机关各级党组织实施对党员特别是党员领导干部的监督和管理。

部门和单位机关党委作为机关党建工作专责机构，应当聚焦主责主业，充分发挥职能作用，协助党组（党委）落实全面从严治党主体责任。

第三章　责任落实

第十条　党委（党组）每半年应当至少召开1次常委会会议（党组会议）专题研究全面从严治党工作，分析研判形势，研究解决瓶颈和短板，提出加强和改进的措施。

第十一条　党委（党组）可以根据本规定，结合实际制定责任清单，具体明确党委（党组）及其书记和领导班子其他成员承担的全面从严治党责任。制定责任清单，应当坚持简便易行、务实管用。

第十二条　党委（党组）每年年初应当根据党中央决策部署以及上级党组织决定，结合本地区本单位全面从严治党形势和任务，坚持问题导向，突出工作重点，制定本地区本单位落实全面从严治党主体责任的年度任务安排，明确责任分工和完成时限。

第十三条　党委（党组）书记应当加强对全面从严治党的调查研究，了解工作推进情况，发现和解决实践中的突出问题。

调查研究应当注重听取党的代表大会代表、党员、干部、基层党组织和群众关于全面从严治党的意见建议。

第十四条　党委（党组）应当开展经常性的全面从严治党宣传教育，特别是党章党规和党性党风党纪教育，注重发挥正反典型的示范警示作用，在本地区本单位营造全面从严治党良好氛围。

第十五条　党委（党组）及其领导班子成员应当将落实全面从严治党责任情况作为年度民主生活会对照检查内容，深入查摆存在的问题，开展严肃认真的批评和自我批评，提出务实管用的整改措施。

本地区本单位发生重大违纪违法案件、严重“四风”问题，党委（党组）应当及时召开专题民主生活会，认真对照检查，深刻剖析反思，明确整改责任。

第十六条　党委（党组）书记对领导班子其他成员、下一级党委（党组）书记，领导班子其他成员对分管部门和单位党组织书记，发现存在政治、思想、工作、生活、作风、纪律等方面苗头性、倾向性问题的，应当及时进行提醒谈话；发现落实全面从严治党责任不到位、管党治党问题较多、党员群众来信来访反映问题较多的，应当及时进行约谈，严肃批评教育，督促落实责任。

第十七条　党委（党组）应当通过会议、文件等形式通报本地区本单位落实全面从严治党主体责任情况，及时通报因责任落实不力被问责的典型问题，采取组织调整或者组织处理、纪律处分方式问责的，应当以适当方式公开。

第十八条　党委（党组）应当开展有针对性的教育培训，强化政治教育和政治训练，增强本地区本单位党组织和党员领导干部落实全面从严治党责任的意识，提高落实全面从严治党责任的能力和水平。

第四章　监督追责

第十九条　地方党委每年年初应当向上一级党委书面报告上一年度落实全面从严治党主体责任情况。地方党委常委会应当将落实全面从严治党主体责任情况作为向全会报告工作的一项重要内容。

党组（党委）每年年初应当向批准其设立的党组织书面报告上一年度落实全面从严治党主体责任情况。

第二十条　上级党组织应当加强对党委（党组）落实全面从严治党主体责任情况的监督检查和巡视巡察，着力发现和解决责任不明确、不全面、不落实等问题。

监督检查和巡视巡察中，应当注重发挥党员、干部、基层党组织和群众、新闻媒体等的作用，推动形成监督合力。

第二十一条　统筹党风廉政建设、意识形态工作、基层党建工作等方面考核，结合领导班子和领导干部考核，建立健全落实全面从严治党主体责任考核制度，在年度考核和相关考核工作中突出了解全面从严治党责任落实情况。

考核结果在本地区本单位一定范围内公布。考核结果作为对领导班子总体评价和领导干部选拔任用、实绩评价、激励约束的重要依据。

第二十二条 党委（党组）及其领导班子成员落实全面从严治党责任，有下列情形之一的，应当依规依纪追究责任：

（一）贯彻执行党中央关于全面从严治党重大决策部署以及上级党组织有关决定不认真、不得力；

（二）履行全面从严治党第一责任人职责、重要领导责任不担当、不作为；

（三）本地区本单位政治意识淡化、党的领导弱化、党建工作虚化、责任落实软化，管党治党宽松软；

（四）本地区本单位在管党治党方面出现重大问题或者造成严重后果；

（五）其他应当追究责任的情形。

第五章 附 则

第二十三条 中央军事委员会可以根据本规定，制定军队党委落实全面从严治党主体责任规定。

第二十四条 本规定由中央办公厅负责解释。

第二十五条 本规定自发布之日起施行。

中国共产党党委（党组）理论学习中心组学习规则

（2016年12月29日中共中央政治局常委会会议审议批准 2017年1月30日中共中央办公厅发布）

第一章 总 则

第一条 为了进一步推进党委（党组）理论学习中心组学习制度化、规范化，推动理论武装工作深入开展，提高领导干部的理论水平和工作能力，加强领导班子思想政治建设，根据《中国共产党章程》和其他有关党内法规，制定本规则。

第二条 党委（党组）理论学习中心组学习，是各级党委（党组）领导班子和领导干部在职理论学习的重要组织形式，是严肃党内政治生活、强化党性修养的重要内容，是加强各级领导班子思想政治建设的重要制度，是建设学习型服务型创新型的马克思主义执政党、提高党的执政能力和领导水平的重要途径。

各级党委（党组）应当把理论学习中心组学习列入重要议事日程，纳入党建工作责任制，纳入意识形态工作责任制。

第三条 党委（党组）理论学习中心组学习以政治学习为根本，以深入学习中国特色社会主义理论体系为首要任务，以深入学习贯彻习近平总书记系列重要讲话精神为重点，以掌握和运用马克思主义立场、观点、方法为目的，坚持围绕中心、服务大局，坚持知行合一、学以致用，坚持问题导向、注重实效，坚持依规管理、从严治学。

第四条 本规则适用于各级党委（党组）理论学习中心组学习，党的各级纪律检查机关、工作机关、直属事业单位的领导班子理论学习中心组学习。

其他党组织参照本规则组织学习。

第二章 组织与职责

第五条 党委（党组）理论学习中心组主要由党委（党组）领导班子成员组成，可以根据学习需要适当吸收有关人员参加。

第六条 各级党委（党组）对本级理论学习中心组学习负主体责任，对本地区本部门本单位的理论学习中心组学习负领导责任。

党委（党组）书记是理论学习中心组学习第一责任人，书记不能参加学习时，由主持党委（党组）日常工作的负责人代行职责。

党委（党组）负责宣传思想工作的成员是理论学习中心组学习直接责任人，主要职责是配合党委（党组）书记做好学习的组织工作。

党委（党组）其他成员应当积极参加学习，自觉遵守理论学习中心组学习制度，按照学习安排或者受委派承担相应职责。

第七条 党委（党组）理论学习中心组应当配备学习秘书，由宣传部、办公厅（室）、组织部或者机关党委等机构负责人担任，由宣传部负责人牵头。

宣传部、办公厅（室）、组织部、机关党委、讲师团等机构人员应当协助学习秘书共同做好学习服务工作。

第三章　学习内容、形式与要求

第八条　党委（党组）理论学习中心组学习内容包括：

（一）马克思列宁主义、毛泽东思想、邓小平理论、“三个代表”重要思想、科学发展观，习近平总书记系列重要讲话和治国理政新理念新思想新战略。

（二）党章党规党纪和党的基本知识。

（三）党的路线、方针、政策和决议。

（四）国家法律法规。

（五）社会主义核心价值观。

（六）党的历史、中国历史、世界历史和科学社会主义发展史。

（七）推进中国特色社会主义事业所需要的经济、政治、文化、社会、生态、科技、军事、外交、民族、宗教等方面知识。

（八）改革发展实践中的重点、难点问题。

（九）党中央和上级党组织要求学习的其他重要内容。

第九条　党委（党组）理论学习中心组可以通过以下适当形式，开展切实有效的学习活动：

（一）集体学习研讨。各级党委（党组）理论学习中心组应当将集体学习研讨作为学习的主要形式，把重点发言和集体研讨、专题学习和系统学习结合起来，深入开展学习讨论和互动交流。理论学习中心组学习以中心组成员自己学、自己讲为主，适当组织专题讲座、辅导报告。

（二）个人自学。理论学习中心组成员应当根据形势任务的要求，结合工作需要和本人实际，明确学习重点，研读必要书目，下功夫刻苦学习。

（三）专题调研。理论学习中心组成员应当把理论学习与专题调研结合起来，深入基层、深入群众，扎实开展调查研究，深化理论学习。

理论学习中心组成员应当积极参加学习讲坛、读书会、报告会等学习活动，充分利用网络学习平台开展学习，拓宽学习渠道，提升学习效果。

党委（党组）理论学习中心组应当结合本地区本部门本单位实际，创新学习方式，改进学习方法，增强学习的吸引力、针对性和实效性。

第十条 理论学习中心组应当坚持把学习马克思主义理论作为做好一切工作的看家本领，把学习党的基本理论与学习党的理论创新成果结合起来，把握精神实质，掌握精髓要义，做到真学真懂真信真用。

坚持学以立德、学以修身、学以益智、学以增才，把提高理论素质与增强党性修养、提升工作本领结合起来，坚定理想信念，加强党性锻炼，提高精神境界。

大力弘扬理论联系实际的马克思主义学风，紧密结合改革开放和社会主义现代化建设的实际，紧密结合思想和工作实际，努力掌握马克思主义立场、观点、方法，学以致用、用以促学、学用相长，把学习成果转化为有效的政策举措。学习理论贵在精、贵在管用。坚持问题导向，提高运用党的基本理论解决实际问题的能力。

理论学习中心组成员应当发挥“关键少数”的示范和表率作用，自觉学习、带头学习，努力成为建设学习型党组织和学习型领导班子的精心组织者、积极促进者、自觉实践者，带动全党大兴学习之风。

集体学习研讨应当保证学习时间和质量，每年应当集中一定时间学习，每季度不少于1次。提倡理论学习中心组成员结合工作实际撰写学习心得、调研报告或者理论文章。

第四章 学习管理、考核与问责

第十一条 党委（党组）理论学习中心组每年年初按照党中央和上级党组织部署，结合工作实际，制定年度学习计划。

年度学习计划由本级党委（党组）审定后施行，并报送上级党委宣传部、组织部或者有关党的机关工作委员会备案。

第十二条 上级党委宣传部会同组织部等有关部门，负责理论学习中心组学习情况的督查考核。督查可以采取自查、抽查或者普查等方式。考核可以结合领导班子和领导干部年度考核进行。

有关党的机关工作委员会负责各级机关、企事业单位党组织理论学习中心组学习情况的督查，并将督查情况通报党委宣传部、组织部。

第十三条 党委（党组）理论学习中心组每年向上级党委宣传部、组织部报送中心组学习情况；各级机关、企事业单位党组织理论学习中心组每年向有关党的机关工作委员会报送中心组学习情况。

党委宣传部、组织部每年通报下级党委（党组）理论学习中心组学习情况；有关党的机关工作委员会每年通报同级机关、企事业单位党组织理论学习中心组学习情况。

第十四条 对党委（党组）理论学习中心组学习开展不力、出现错误倾向产生恶劣影响的，应当按照有关规定问责。

第五章 附 则

第十五条 各省、自治区、直辖市党委，中央直属机关工委、中央国家机关工委，可以根据本规则，结合实际制定实施办法。

中国人民解放军和中国人民武装警察部队党委理论学习中心组学习规则，由中央军事委员会根据本规则的基本精神制定。

第十六条 本规则由中央宣传部负责解释。

第十七条 本规则自2017年1月30日起施行。此前有关规定与本规则不一致的，以本规则为准。

五、党的监督保障法规

中国共产党党内监督条例

（2016年10月27日中国共产党第十八届中央委员会第六次全体会议通过）

第一章 总 则

第一条 为坚持党的领导，加强党的建设，全面从严治党，强化党内监督，保持党的先进性和纯洁性，根据《中国共产党章程》，制定本条例。

第二条 党内监督以马克思列宁主义、毛泽东思想、邓小平理论、“三个代表”重要思想、科学发展观为指导，深入贯彻习近平总书记系列重要讲话精神，围绕统筹推进“五位一体”总体布局和协调推进“四个全面”战略布局，尊崇党章，依规治党，坚持党内监督和人民群众监督相结合，增强党在长期执政条件下自我净化、自我完善、自我革新、自我提高能力，确保党始终成为中国特色社会主义事业的坚强领导核心。

第三条 党内监督没有禁区、没有例外。信任不能代替监督。各级党组织应当把信任激励同严格监督结合起来，促使党的领导干部做到有权必有责、有责要担当，用权受监督、失责必追究。

第四条 党内监督必须贯彻民主集中制，依规依纪进行，强化自上而下的组织监督，改进自下而上的民主监督，发挥同级相互监督作用。坚持惩前毖后、治病救人，抓早抓小、防微杜渐。

第五条 党内监督的任务是确保党章党规党纪在全党有效执行，维护党的团结统一，重点解决党的领导弱化、党的建设缺失、全面从严治党不力，党的观念淡漠、组织涣散、纪律松弛，管党治党宽松软问题，保证党的组织充分履行职能、发挥核心作用，保证全体党员发挥先锋模范作用，保证党的领导干部忠诚干净担当。

党内监督的主要内容是：

（一）遵守党章党规，坚定理想信念，践行党的宗旨，模范遵守宪法法律情况；

（二）维护党中央集中统一领导，牢固树立政治意识、大局意识、核心意识、看齐意识，贯彻落实党的理论和路线方针政策，确保全党令行禁止情况；

（三）坚持民主集中制，严肃党内政治生活，贯彻党员个人服从党的组织，少数服从多数，下级组织服从上级组织，全党各个组织和全体党员服从党的全国代表大会和中央委员会原则情况；

（四）落实全面从严治党责任，严明党的纪律特别是政治纪律和政治规矩，推进党风廉政建设和反腐败工作情况；

（五）落实中央八项规定精神，加强作风建设，密切联系群众，巩固党的执政基础情况；

（六）坚持党的干部标准，树立正确选人用人导向，执行干部选拔任用工作规定情况；

（七）廉洁自律、秉公用权情况；

（八）完成党中央和上级党组织部署的任务情况。

第六条 党内监督的重点对象是党的领导机关和领导干部特别是主要领导干部。

第七条 党内监督必须把纪律挺在前面，运用监督执纪“四种形态”，经常开展批评和自我批评、约谈函询，让“红红脸、出出汗”成为常态；党纪轻处分、组织调整成为违纪处理的大多数；党纪重处分、重大职务调整的成为少数；严重违纪涉嫌违法立案审查的成为极少数。

第八条 党的领导干部应当强化自我约束，经常对照党章检查自己的言行，自觉遵守党内政治生活准则、廉洁自律准则，加强党性修养，陶冶道德情操，永葆共产党人政治本色。

第九条 建立健全党中央统一领导，党委（党组）全面监督，纪律检查机关专责监督，党的工作部门职能监督，党的基层组织日常监督，党员民主监督的党内监督体系。

第二章 党的中央组织的监督

第十条 党的中央委员会、中央政治局、中央政治局常务委员会全面领导党内监督工作。中央委员会全体会议每年听取中央政治局工作报告，监督中央政治局工作，部署加强党内监督的重大任务。

第十一条 中央政治局、中央政治局常务委员会定期研究部署在全党开展学习教育，以整风精神查找问题、纠正偏差；听取和审议全党落实中央八项规定精神情况汇报，加强作风建设情况监督检查；听取中央纪律检查委员会常务委员会工作汇报；听取中央巡视情况汇报，在一届任期内实现中央巡视全覆盖。中央政治局每年召开民主生活会，进行对照检查和党性分析，研究加强自身建设措施。

第十二条 中央委员会成员必须严格遵守党的政治纪律和政治规矩，发现其他成员有违反党章、破坏党的纪律、危害党的团结统一的行为应当坚决抵制，并及时向党中央报告。对中央政治局委员的意见，署真实姓名以书面形式或者其他形式向中央政治局常务委员会或者中央纪律检查委员会常务委员会反映。

第十三条 中央政治局委员应当加强对直接分管部门、地方、领域党组织和领导班子成员的监督，定期同有关地方和部门主要负责人就其履行全面从严治党责任、廉洁自律等情况进行谈话。

第十四条 中央政治局委员应当严格执行中央八项规定，自觉参加双重组织生活，如实向党中央报告个人重要事项。带头树立良好家风，加强对亲属和身边工作人员的教育和约束，严格要求配偶、子女及其配偶不得违规经商办企业，不得违规任职、兼职取酬。

第三章 党委（党组）的监督

第十五条 党委（党组）在党内监督中负主体责任，书记是第一责任人，党委常委会委员（党组成员）和党委委员在职责范围内履行监督职责。党委（党组）履行以下监督职责：

（一）领导本地区本部门本单位党内监督工作，组织实施各项监督制度，抓好督促检查；

（二）加强对同级纪委和所辖范围内纪律检查工作的领导，检查其监督执纪问责工作情况；

（三）对党委常委会委员（党组成员）、党委委员，同级纪委、党的工作部门和直接领导的党组织领导班子及其成员进行监督；

（四）对上级党委、纪委工作提出意见和建议，开展监督。

第十六条 党的工作部门应当严格执行各项监督制度，加强职责范围内党内监督工作，既加强对本部门本单位的内部监督，又强化对本系统的日常监督。

第十七条 党内监督必须加强对党组织主要负责人和关键岗位领导干部的监督，重点监督其政治立场、加强党的建设、从严治党，执行党的决议，公道正派选人用人，责任担当、廉洁自律，落实意识形态工作责任制情况。

上级党组织特别是其主要负责人，对下级党组织主要负责人应当平时多过问、多提醒，发现问题及时纠正。领导班子成员发现班子主要负责人存在问题，应当及时向其提出，必要时可以直接向上级党组织报告。

党组织主要负责人个人有关事项应当在党内一定范围公开，主动接受监督。

第十八条 党委（党组）应当加强对领导干部的日常管理监督，掌握其思想、工作、作风、生活状况。党的领导干部应当经常开展批评和自我批评，敢于正视、深刻剖析、主动改正自己的缺点错误；对同志的缺点错误应当敢于指出，帮助改进。

第十九条 巡视是党内监督的重要方式。中央和省、自治区、直辖市党委一届任期内，对所管理的地方、部门、企事业单位党组织全面巡视。巡视党的组织和党的领导干部尊崇党章、党的领导、党的建设和党的路线方针政策落实情况，履行全面从严治党责任、执行党的纪律、落实中央八项规定精神、党风廉政建设和反腐败工作以及选人用人情况。发现问题、形成震慑，推动改革、促进发展，发挥从严治党利剑作用。

中央巡视工作领导小组应当加强对省、自治区、直辖市党委，中央有关部委，中央国家机关部门党组（党委）巡视工作的领导。省、自治区、直辖市党委应当推动党的市（地、州、盟）和县（市、区、旗）委员会建立巡察制度，使从严治党向基层延伸。

第二十条 严格党的组织生活制度，民主生活会应当经常化，遇到重要或者普遍性问题应当及时召开。民主生活会重在解决突出问题，领导干部应当在会上把群众反映、巡视反馈、组织约谈函询的问题说清楚、谈透彻，开展批评和自我批评，提出整改措施，接受组织监督。上级党组织应当加强对下级领导班子民主生活会的指导和监督，提高民主生活会质量。

第二十一条 坚持党内谈话制度，认真开展提醒谈话、诫勉谈话。发现领导干部有思想、作风、纪律等方面苗头性、倾向性问题的，有关党组织负责人应当及时对其提醒谈话；发现轻微违纪问题的，上级党组织负责人应当对其诫勉谈话，并由本人作出说明或者检讨，经所在党组织主要负责人签字后报上级纪委和组织部门。

第二十二条 严格执行干部考察考核制度，全面考察德、能、勤、绩、廉表现，既重政绩又重政德，重点考察贯彻执行党中央和上级党组织决策部署的表现，履行管党治党责任，在重大原则问题上的立场，对待人民群众的态度，完成急难险重任务的情况。考察考核中党组织主要负责人应当对班子成员实事求是作出评价。考核评语在同本人见面后载入干部档案。落实党组织主要负责人在干部选任、考察、决策等各个环节的责任，对失察失责的应当严肃追究责任。

第二十三条 党的领导干部应当每年在党委常委会（或党组）扩大会议上述责述廉，接受评议。述责述廉重点是执行政治纪律和政治规矩、履行管党治党责任、推进党风廉政建设和反腐败工作以及执行廉洁纪律情况。述责述廉报告应当载入廉洁档案，并在一定范围内公开。

第二十四条 坚持和完善领导干部个人有关事项报告制度，领导干部应当按规定如实报告个人有关事项，及时报告个人及家庭重大情况，事先请示报告离开岗位或者工作所在地等。有关部门应当加强抽查核实。对故意虚报瞒报个人重大事项、篡改伪造个人档案资料的，一律严肃查处。

第二十五条 建立健全党的领导干部插手干预重大事项记录制度，发现利用职务便利违规干预干部选拔任用、工程建设、执纪执法、司法活动等问题，应当及时向上级党组织报告。

第四章　党的纪律检查委员会的监督

第二十六条　党的各级纪律检查委员会是党内监督的专责机关，履行监督执纪问责职责，加强对所辖范围内党组织和领导干部遵守党章党规党纪、贯彻执行党的路线方针政策情况的监督检查，承担下列具体任务：

（一）加强对同级党委特别是常委会委员、党的工作部门和直接领导的党组织、党的领导干部履行职责、行使权力情况的监督；

（二）落实纪律检查工作双重领导体制，执纪审查工作以上级纪委领导为主，线索处置和执纪审查情况在向同级党委报告的同时向上级纪委报告，各级纪委书记、副书记的提名和考察以上级纪委会同组织部门为主；

（三）强化上级纪委对下级纪委的领导，纪委发现同级党委主要领导干部的问题，可以直接向上级纪委报告；下级纪委至少每半年向上级纪委报告1次工作，每年向上级纪委进行述职。

第二十七条　纪律检查机关必须把维护党的政治纪律和政治规矩放在首位，坚决纠正和查处上有政策、下有对策，有令不行、有禁不止，口是心非、阳奉阴违，搞团团伙伙、拉帮结派，欺骗组织、对抗组织等行为。

第二十八条　纪委派驻纪检组对派出机关负责，加强对被监督单位领导班子及其成员、其他领导干部的监督，发现问题应当及时向派出机关和被监督单位党组织报告，认真负责调查处置，对需要问责的提出建议。

派出机关应当加强对派驻纪检组工作的领导，定期约谈被监督单位党组织主要负责人、派驻纪检组组长，督促其落实管党治党责任。

派驻纪检组应当带着实际情况和具体问题，定期向派出机关汇报工作，至少每半年会同被监督单位党组织专题研究1次党风廉政建设和反腐败工作。对能发现的问题没有发现是失职，发现问题不报告、不处置是渎职，都必须严肃问责。

第二十九条　认真处理信访举报，做好问题线索分类处置，早发现早报告，对社会反映突出、群众评价较差的领导干部情况及时报告，对重要检举事项应当集体研究。定期分析研判信访举报情况，对信访反映的典型性、普遍性问题提出有针对性的处置意见，督促信访举报比较集中的地方和部门查找分析原因并认真整改。

第三十条 严把干部选拔任用“党风廉洁意见回复”关，综合日常工作中掌握的情况，加强分析研判，实事求是评价干部廉洁情况，防止“带病提拔”、“带病上岗”。

第三十一条 接到对干部一般性违纪问题的反映，应当及时找本人核实，谈话提醒、约谈函询，让干部把问题讲清楚。约谈被反映人，可以与其所在党组织主要负责人一同进行；被反映人对函询问题的说明，应当由其所在党组织主要负责人签字后报上级纪委。谈话记录和函询回复应当认真核实，存档备查。没有发现问题的应当了结澄清，对不如实说明情况的给予严肃处理。

第三十二条 依规依纪进行执纪审查，重点审查不收敛不收手，问题线索反映集中、群众反映强烈，现在重要岗位且可能还要提拔使用的领导干部，三类情况同时具备的是重中之重。执纪审查应当查清违纪事实，让审查对象从学习党章入手，从理想信念宗旨、党性原则、作风纪律等方面检查剖析自己，审理报告应当事实清楚、定性准确，反映审查对象思想认识情况。

第三十三条 对违反中央八项规定精神的，严重违纪被立案审查开除党籍的，严重失职失责被问责的，以及发生在群众身边、影响恶劣的不正之风和腐败问题，应当点名道姓通报曝光。

第三十四条 加强对纪律检查机关的监督。发现纪律检查机关及其工作人员有违反纪律问题的，必须严肃处理。各级纪律检查机关必须加强自身建设，健全内控机制，自觉接受党内监督、社会监督、群众监督，确保权力受到严格约束。

第五章　党的基层组织和党员的监督

第三十五条 党的基层组织应当发挥战斗堡垒作用，履行下列监督职责：

（一）严格党的组织生活，开展批评和自我批评，监督党员切实履行义务，保障党员权利不受侵犯；

（二）了解党员、群众对党的工作和党的领导干部的批评和意见，定期向上级党组织反映情况，提出意见和建议；

（三）维护和执行党的纪律，发现党员、干部违反纪律问题及时教育或者处理，问题严重的应当向上级党组织报告。

第三十六条 党员应当本着对党和人民事业高度负责的态度，积极行使党员权利，履行下列监督义务：

（一）加强对党的领导干部的民主监督，及时向党组织反映群众意见和诉求；

（二）在党的会议上有根据地批评党的任何组织和任何党员，揭露和纠正工作中存在的缺点和问题；

（三）参加党组织开展的评议领导干部活动，勇于触及矛盾问题、指出缺点错误，对错误言行敢于较真、敢于斗争；

（四）向党负责地揭发、检举党的任何组织和任何党员违纪违法的事实，坚决反对一切派别活动和小集团活动，同腐败现象作坚决斗争。

第六章 党内监督和外部监督相结合

第三十七条 各级党委应当支持和保证同级人大、政府、监察机关、司法机关等对国家机关及公职人员依法进行监督，人民政协依章程进行民主监督，审计机关依法进行审计监督。有关国家机关发现党的领导干部违反党规党纪、需要党组织处理的，应当及时向有关党组织报告。审计机关发现党的领导干部涉嫌违纪的问题线索，应当向同级党组织报告，必要时向上级党组织报告，并按照规定将问题线索移送相关纪律检查机关处理。

在纪律审查中发现党的领导干部严重违纪涉嫌违法犯罪的，应当先作出党纪处分决定，再移送行政机关、司法机关处理。执法机关和司法机关依法立案查处涉及党的领导干部案件，应当向同级党委、纪委通报；该干部所在党组织应当根据有关规定，中止其相关党员权利；依法受到刑事责任追究，或者虽不构成犯罪但涉嫌违纪的，应当移送纪委依纪处理。

第三十八条 中国共产党同各民主党派长期共存、互相监督、肝胆相照、荣辱与共。各级党组织应当支持民主党派履行监督职能，重视民主党派和无党派人士提出的意见、批评、建议，完善知情、沟通、反馈、落实等机制。

第三十九条　各级党组织和党的领导干部应当认真对待、自觉接受社会监督，利用互联网技术和信息化手段，推动党务公开、拓宽监督渠道，虚心接受群众批评。新闻媒体应当坚持党性和人民性相统一，坚持正确导向，加强舆论监督，对典型案例进行剖析，发挥警示作用。

第七章　整改和保障

第四十条　党组织应当如实记录、集中管理党内监督中发现的问题和线索，及时了解核实，作出相应处理；不属于本级办理范围的应当移送有权限的党组织处理。

第四十一条　党组织对监督中发现的问题应当做到条条要整改、件件有着落。整改结果应当及时报告上级党组织，必要时可以向下级党组织和党员通报，并向社会公开。

对于上级党组织交办以及巡视等移交的违纪问题线索，应当及时处理，并在3个月内反馈办理情况。

第四十二条　党委（党组）、纪委（纪检组）应当加强对履行党内监督责任和问题整改落实情况的监督检查，对不履行或者不正确履行党内监督职责，以及纠错、整改不力的，依照《中国共产党纪律处分条例》、《中国共产党问责条例》等规定处理。

第四十三条　党组织应当保障党员知情权和监督权，鼓励和支持党员在党内监督中发挥积极作用。提倡署真实姓名反映违纪事实，党组织应当为检举控告者严格保密，并以适当方式向其反馈办理情况。对干扰妨碍监督、打击报复监督者的，依纪严肃处理。

第四十四条　党组织应当保障监督对象的申辩权、申诉权等相关权利。经调查，监督对象没有不当行为的，应当予以澄清和正名。对以监督为名侮辱、诽谤、诬陷他人的，依纪严肃处理；涉嫌犯罪的移送司法机关处理。监督对象对处理决定不服的，可以依照党章规定提出申诉。有关党组织应当认真复议复查，并作出结论。

第八章　附　　则

第四十五条　中央军事委员会可以根据本条例，制定相关规定。

第四十六条　本条例由中央纪律检查委员会负责解释。

第四十七条　本条例自发布之日起施行。

中国共产党巡视工作条例

（2015 年 6 月 26 日中共中央政治局会议审议批准　2015 年 8 月 3 日中共中央发布　2024 年 1 月 31 日中共中央政治局会议第二次修订　2024 年 2 月 8 日中共中央发布）

第一章　总　　则

第一条　为了坚持和加强党对巡视工作的全面领导，推进新时代巡视工作高质量发展，根据《中国共产党章程》，制定本条例。

第二条　巡视工作是上级党组织对下级党组织履行党的领导职能责任的政治监督，根本任务是坚决维护习近平总书记党中央的核心、全党的核心地位，坚决维护以习近平同志为核心的党中央权威和集中统一领导。

巡视工作坚持发现问题、形成震慑，推动改革、促进发展的方针。

第三条　巡视工作以马克思列宁主义、毛泽东思想、邓小平理论、“三个代表”重要思想、科学发展观、习近平新时代中国特色社会主义思想为指导，深入贯彻落实习近平总书记关于党的自我革命的重要思想，深刻领悟“两个确立”的决定性意义，增强“四个意识”、坚定“四个自信”、做到“两个维护”，尊崇党章，依规治党，全面贯彻党的巡视工作方针，推进政治监督具体化、精准化、常态化，发挥政治巡视利剑作用，加强巡视整改和成果运用，促进完善党和国家监督体系、健全全面从严治党体系，为深入推进党的自我革命、解决大党独有难题提供有力保障，确保党始终成为中国特色社会主义事业的坚强领导核心。

第四条 巡视工作遵循下列原则：

（一）坚持党中央集中统一领导、分级负责；

（二）坚持围绕中心、服务大局；

（三）坚持人民立场、贯彻群众路线；

（四）坚持问题导向、发扬斗争精神；

（五）坚持实事求是、依规依纪依法。

第二章 组织领导和机构职责

第五条 巡视工作在党中央集中统一领导下，实行党组织分级负责、巡视机构组织实施、纪检监察机关和组织部门协助、有关职能部门支持、被巡视党组织配合、人民群众参与的体制机制。

第六条 党的中央和省、自治区、直辖市委员会实行巡视制度，设立巡视机构，在一届任期内，对所管理的地方、部门、企事业单位党组织实现巡视全覆盖。

中央有关部委、中央国家机关部门党组（党委）和中管金融企业、中管企业、中管高校等党委（党组）根据工作需要，开展巡视工作，设立巡视机构，原则上按照党组织隶属关系和干部管理权限，对下一级单位党组织进行巡视监督。

第七条 开展巡视工作的党组织应当把巡视作为推进全面从严治党、履行全面监督职责的重要抓手，承担巡视工作的主体责任。主要职责是：

（一）贯彻落实党中央关于巡视工作的决策部署和习近平总书记关于巡视工作的重要指示要求；

（二）研究部署巡视工作的重大事项，按照权限制定巡视工作党内法规和规范性文件；

（三）审定巡视工作规划、年度计划和阶段任务安排，统筹谋划推进巡视全覆盖，定期听取巡视工作汇报；

（四）统筹加强巡视整改和成果运用；

（五）统筹构建巡视巡察上下联动工作格局；

（六）发挥巡视综合监督平台作用，推动巡视监督与其他监督贯通协调；

（七）统筹加强巡视机构和干部队伍建设；

（八）研究决定巡视工作其他重要事项。

党组织主要负责人承担巡视工作第一责任人责任。

第八条 开展巡视工作的党组织设立巡视工作领导小组。巡视工作领导小组向同级党组织负责并报告工作。

中央巡视工作领导小组组长由中央纪律检查委员会书记担任，副组长一般由中央组织部部长和中央纪律检查委员会分管日常工作的副书记担任。

省、自治区、直辖市党委巡视工作领导小组组长由同级党的纪律检查委员会书记担任，副组长一般由同级党委组织部部长担任。

中央有关部委、中央国家机关部门党组（党委）和中管金融企业、中管企业、中管高校等党委（党组）巡视工作领导小组组长一般由党组、党委书记（包括不设党组、党委的单位领导班子主要负责人）担任，副组长一般由党组、党委分管有关工作的领导班子成员和纪检监察机构主要负责人担任。

第九条 巡视工作领导小组的主要职责是：

（一）贯彻落实党中央决策部署和同级党组织工作要求；

（二）研究提出巡视工作规划、年度计划和阶段任务安排，组织实施巡视全覆盖；

（三）听取巡视工作领导小组办公室、巡视组工作汇报；

（四）向同级党组织报告巡视工作情况；

（五）在同级党组织领导下，组织开展巡视反馈、通报和移交工作，督促推动有关责任主体落实巡视整改和成果运用责任；

（六）指导下级党组织巡视巡察工作；

（七）推动巡视监督与其他监督贯通协调；

（八）推进巡视干部队伍建设，对巡视组进行管理和监督；

（九）研究处理巡视工作其他重要事项。

第十条 中央巡视工作领导小组办公室是中央巡视工作领导小组的日常办事机构，设在中央纪律检查委员会。

省、自治区、直辖市党委巡视工作领导小组办公室为党委工作部门，承担党委巡视工作领导小组日常工作，设在同级党的纪律检查委员会。

中央有关部委、中央国家机关部门党组（党委）和中管金融企业、中管企业、中管高校等党委（党组）巡视工作领导小组办公室可以单独设立，也可以与内设机构合署办公，应当配备相应专职人员，承担党组、党委巡视工作领导小组日常工作。

第十一条 巡视工作领导小组办公室的主要职责是：

（一）贯彻落实党中央决策部署和同级党组织及其巡视工作领导小组的工作要求，对有关决定事项进行督办；

（二）向巡视工作领导小组报告工作情况和重要事项；

（三）统筹、协调、指导、保障巡视组开展工作；

（四）负责巡视整改和成果运用的统筹协调、跟踪督促、汇总报告；

（五）负责对下级巡视巡察机构进行指导；

（六）负责协调有关机关、部门协助、支持巡视工作，推动建立巡视监督与其他监督贯通协调的具体机制；

（七）负责巡视工作理论研究、政策调研、制度建设、信息化建设等工作；

（八）配合有关部门加强对巡视干部的教育、培训、考核、管理和监督；

（九）负责巡视工作领导小组办公室和巡视组党建工作；

（十）办理巡视工作领导小组交办的其他事项。

第十二条 开展巡视工作的党组织设立巡视组。

巡视组分别设组长、副组长、巡视专员和其他职位。巡视组组长、副组长的具体人选根据每次巡视任务确定并授权。

巡视组应当按照民主集中制原则研究讨论决定重大事项。组长全面负责本组工作，副组长协助组长开展工作。

第十三条 巡视组的主要职责是：

（一）根据同级党组织及其巡视工作领导小组的部署要求开展巡视；

（二）向巡视工作领导小组报告巡视情况，提出意见建议；

（三）向被巡视党组织反馈巡视意见，向纪检监察机关、组织部门和有关单位移交巡视发现的问题和问题线索，参与推动巡视整改和成果运用；

（四）对巡视组干部进行日常教育、管理和监督；

（五）办理巡视工作领导小组交办的其他事项。

第十四条 纪检监察机关、组织部门应当协助同级党组织开展巡视工作，宣传、统战、政法、保密、审计、财政、统计、信访等部门和单位应当支持巡视工作，协同做好人员选派、情况通报、政策咨询、问题研判、措施配合、整改监督、成果运用等工作。

纪检监察机关派驻机构应当依据有关规定，协助驻在单位（含综合监督单位）党组、党委开展巡视工作。

第十五条 被巡视党组织领导班子及其成员应当自觉接受巡视监督，积极配合巡视工作。

党员、干部有义务向巡视组如实反映情况。

第三章 巡视对象和内容

第十六条 中央巡视对象是：

（一）省、自治区、直辖市党委及其领导班子，省、自治区、直辖市人大常委会、政府、政协党组，省、自治区、直辖市高级人民法院、人民检察院党组主要负责人，副省级城市党委和人大常委会、政府、政协党组主要负责人；

（二）中央部委领导班子，中央国家机关部门、人民团体党组（党委）；

（三）中管金融企业、中管企业、中管高校以及其他中管单位党委（党组）；

（四）党中央要求巡视的其他党组织。

第十七条 省、自治区、直辖市党委巡视对象是：

（一）市（地、州、盟）、县（市、区、旗）党委及其领导班子，市（地、州、盟）、县（市、区、旗）人大常委会、政府、政协党组，市（地、州、盟）中级人民法院、人民检察院和县（市、区、旗）人民法院、人民检察院党组主要负责人；

（二）省、自治区、直辖市党委工作部门领导班子，省一级国家机关部门、人民团体党组（党委）；

（三）省、自治区、直辖市管理的国有企业、事业单位党委（党组）；

（四）省、自治区、直辖市党委要求巡视的其他党组织。

第十八条 巡视工作应当紧盯权力和责任加强政治监督，严明政治纪律和政治规矩，重点检查下列情况：

（一）落实党的理论和路线方针政策、党中央重大决策部署特别是贯彻习近平总书记重要讲话和重要指示批示精神的情况，执行党章和其他党内法规、履行职能责任的情况，落实意识形态工作责任制的情况；

（二）落实全面从严治党主体责任和监督责任、推进党风廉政建设和反腐败斗争的情况，领导干部树立和践行正确政绩观、加强作风建设、落实中央八项规定及其实施细则精神、廉洁自律的情况；

（三）落实新时代党的组织路线，贯彻执行民主集中制，加强领导班子和干部人才队伍建设、基层党组织和党员队伍建设的情况；

（四）落实巡视监督以及审计、财会、统计等其他监督发现问题整改的情况；

（五）开展巡视工作的党组织要求了解的其他情况。

第十九条 巡视工作应当加强对被巡视党组织主要负责人的监督，重点检查其对党忠诚、履行全面从严治党第一责任人责任、依规依法履职用权、担当作为、廉洁自律等情况，对反映的重要问题进行深入了解，形成专题材料。

第二十条 开展巡视工作的党组织根据工作需要，采取常规巡视、专项巡视、机动巡视、“回头看”等方式组织开展巡视监督，必要时可以提级巡视。

第四章 工作程序、方式和权限

第二十一条 巡视组开展巡视前，根据工作需要，应当听取同级纪检监察机关和组织、宣传、统战、政法、保密、审计、财政、统计、信访等部门和单位关于被巡视党组织领导班子及其成员的有关情况通报。

第二十二条 巡视组进驻后，应当向被巡视党组织通报巡视任务，按照规定的工作方式和权限，开展巡视了解工作。

巡视组对反映被巡视党组织领导班子及其成员的重要问题和问题线索，

应当进行深入了解。

第二十三条 巡视组采取下列方式了解情况：

（一）听取被巡视党组织的工作汇报和有关机关、部门的专题汇报；

（二）与被巡视党组织领导班子成员和其他干部群众进行个别谈话；

（三）受理反映被巡视党组织领导班子及其成员和下一级党组织领导班子主要负责人问题的来信、来电、来访等；

（四）抽查核实领导干部报告个人有关事项的情况；

（五）向有关知情人询问情况；

（六）调阅、复制有关文件、档案、会议记录等资料；

（七）召开座谈会；

（八）列席有关会议；

（九）进行民主测评、问卷调查；

（十）下沉调研了解情况；

（十一）开展专项检查；

（十二）提请有关单位予以协助；

（十三）开展巡视工作的党组织批准的其他方式。

第二十四条 巡视组应当严格执行请示报告制度，对巡视工作中的重要情况和重大问题及时向巡视工作领导小组请示报告。

巡视组依靠被巡视党组织开展工作，不干预被巡视党组织的正常工作，不履行执纪审查的职责。

第二十五条 巡视期间，对干部群众反映强烈、明显违反政策规定并属于被巡视党组织职权范围、能够及时解决的问题，巡视组应当按程序督促被巡视党组织立行立改。

巡视期间，对反映集中的党员、干部涉嫌违纪违法的问题线索，巡视组可以按程序移交有关纪检监察机关及时处置。

第二十六条 巡视组对了解的重要情况和问题，应当形成巡视报告；对普遍性、倾向性问题和体制机制等方面的重大问题，可以形成专题报告。

巡视组对巡视报告、专题报告等反映的问题，应当制作底稿。

巡视组对巡视报告反映的重要问题、提出的整改建议，应当按规定与被巡视党组织主要负责人进行沟通、听取其意见；对巡视报告反映的重要政策性问题，可以与有关职能部门进行沟通、听取其意见。

第二十七条　巡视工作领导小组应当及时听取巡视组的巡视情况汇报，研究提出巡视整改和成果运用的意见建议，报同级党组织决定。

第二十八条　开展巡视工作的党组织应当及时听取巡视工作领导小组有关情况汇报，研究并决定巡视整改和成果运用事项。必要时，可以直接听取巡视组的巡视情况汇报。

第二十九条　经同级党组织同意后，巡视工作领导小组应当及时组织向被巡视党组织领导班子及其主要负责人分别反馈巡视情况，指出问题，有针对性地提出整改意见。

根据同级党组织及其巡视工作领导小组要求，巡视工作领导小组办公室将巡视的有关情况通报有关职能部门及其分管领导。

第三十条　对巡视发现的问题和反映党员、干部涉嫌违纪违法的问题线索，巡视工作领导小组办公室和巡视组依据干部管理权限和职责分工，按程序分别移交纪检监察机关、组织部门或者有关单位。

对巡视发现的普遍性、倾向性问题和体制机制等方面的重大问题，可以采取制发巡视建议书或者其他适当方式，向有关职能部门提出加强监管、健全制度、深化改革等意见建议。

第三十一条　巡视进驻、反馈、整改等情况，应当以适当方式公开，接受党员、干部和人民群众监督。

第五章　巡视整改和成果运用

第三十二条　开展巡视工作的党组织应当加强对巡视整改和成果运用的组织领导，定期听取巡视整改和成果运用情况汇报。

党组织领导班子成员应当结合职责分工，统筹抓好分管领域的巡视整改和成果运用。

第三十三条　被巡视党组织承担巡视整改主体责任，应当把整改作为履行管党治党责任、推动高质量发展的重要抓手，融入日常工作、融入深化改革、融入全面从严治党、融入领导班子和干部队伍建设。

党组织主要负责人承担巡视整改第一责任人责任，领导班子其他成员承担“一岗双责”。

党组织主要负责人和领导班子其他成员有调整的，应当做好巡视整改交接工作，持续落实整改责任。

第三十四条 被巡视党组织应当自收到巡视反馈意见之日起，组织开展为期6个月的集中整改：

（一）研究制定巡视整改方案，建立问题清单、任务清单、责任清单，明确责任人、整改措施和时限；

（二）召开领导班子巡视整改专题民主生活会；

（三）全面抓好巡视反馈问题的整改落实；

（四）认真处置巡视移交的问题线索以及群众反映的信访事项；

（五）对巡视反馈的问题举一反三，健全制度、补齐短板、堵塞漏洞；

（六）向开展巡视工作的党组织的同级纪检监察机关、组织部门、巡视工作领导小组办公室报送集中整改进展情况报告。

集中整改结束后，被巡视党组织应当建立常态化、长效化整改工作机制，对尚未解决的问题持续抓好整改落实，根据工作实际适时报告后续整改情况。

第三十五条 开展巡视工作的党组织的同级纪检监察机关承担巡视整改监督责任，全面监督被巡视党组织落实巡视整改任务。主要职责是：

（一）对被巡视党组织制定的巡视整改方案进行审核把关，列席巡视整改专题民主生活会；

（二）建立巡视整改监督台账，综合运用听取汇报、召开推进会议、专题会商、调研督导、现场检查、开展整改评估、谈话提醒、约谈函询、提出纪检监察建议等方式加强日常监督；

（三）对巡视发现的全面从严治党等方面的突出问题督促推动开展集中整治、专项治理；

（四）依规依纪依法处置巡视移交的问题线索，自收到移交问题线索之日起6个月内，向巡视工作领导小组办公室反馈处置进展情况；

（五）牵头审核被巡视党组织的集中整改进展情况报告；

（六）指导派驻（派出）机构和下级纪检监察机关加强对被巡视党组织落实巡视整改情况的监督；

（七）通过巡视工作领导小组办公室向巡视工作领导小组报送巡视整改监督情况。

纪检监察机关派驻机构应当依据有关规定，将驻在单位（含综合监督单位）党组、党委开展巡视发现问题的整改情况纳入日常监督，推动整改落实。

第三十六条　开展巡视工作的党组织的组织部门结合职责履行巡视整改监督责任，监督被巡视党组织落实巡视整改任务。主要职责是：

（一）参与对被巡视党组织制定的巡视整改方案进行审核把关，列席巡视整改专题民主生活会；

（二）督促被巡视党组织落实新时代党的组织路线方面问题的整改，加强日常监督，对突出问题组织开展集中整治、专项治理；

（三）把巡视整改落实情况纳入被巡视党组织领导班子和领导干部年度考核重要内容，把巡视发现的问题以及整改落实情况作为领导班子建设和干部考核评价、选拔任用、管理监督的重要参考；

（四）对巡视移交的领导班子建设、贯彻执行民主集中制、干部选拔任用、人才队伍建设、基层党组织和党员队伍建设、干部担当作为等方面问题依规处置，自收到移交问题之日起6个月内，向巡视工作领导小组办公室反馈处置进展情况；

（五）审核被巡视党组织的集中整改进展情况报告中涉及新时代党的组织路线方面的内容；

（六）指导下级组织部门加强对被巡视党组织落实巡视整改情况的监督；

（七）通过巡视工作领导小组办公室向巡视工作领导小组报送巡视整改监督情况。

第三十七条　有关职能部门应当结合职责运用巡视成果，针对巡视通报的问题和移交的工作建议，加强调查研究，提出改进措施，推动改革、完善制度、深化治理，并自通报和移交之日起6个月内，向巡视工作领导小组办公室反馈办理进展情况。

第三十八条　巡视机构应当加强对巡视整改和成果运用的统筹督促，推动建立巡视整改会商、评估、问责等机制。

巡视机构应当向同级党组织报告巡视整改和成果运用的综合情况，对整改不到位的突出问题，推动有关机关、部门对有关党组织和责任人严肃问责。

第六章 队伍建设

第三十九条 开展巡视工作的党组织应当加强对巡视干部队伍建设的整体谋划，结合巡视工作特点建立健全制度机制，建设高素质专业化干部队伍。

选优配强巡视组组长、副组长，配备与巡视任务相适应的专职干部，防止照顾性安排。加强巡视干部规范管理，加大教育培训、轮岗交流力度。

重视在巡视岗位发现、培养、锻炼干部，有计划地安排优秀年轻干部、新提拔干部到巡视岗位锻炼，并将参加巡视工作的经历和表现，作为干部考核评价、选拔任用的参考。

第四十条 巡视干部应当具备下列条件：

（一）理想信念坚定，对党忠诚，自觉在思想上政治上行动上同以习近平同志为核心的党中央保持高度一致；

（二）坚持原则，敢于斗争，担当作为，依法办事，公道正派，清正廉洁；

（三）模范遵守党的纪律和国家法律法规，严守党和国家的秘密；

（四）具有履行巡视监督职责的专业知识和较强的发现问题、沟通协调、文字综合等能力；

（五）具有正常履行职责的身体条件和心理素质。

抽调人员参加巡视工作，应当按照上述条件，严把政治关、品行关、能力关、作风关、廉洁关，按程序征求党风廉政意见。

对不适合从事巡视工作的人员，应当及时予以调整。

第四十一条 巡视机构应当加强作风建设和纪律建设，督促巡视干部严守政治纪律和政治规矩，严格落实中央八项规定及其实施细则精神，带头反对形式主义、官僚主义、享乐主义和奢靡之风，严格执行巡视工作纪律，做到忠诚干净担当、敢于善于斗争。

第四十二条 巡视机构、巡视干部应当自觉接受党组织监督、民主监督、群众监督等各方面监督，带头强化自我监督。建立健全内控机制，加强对巡视干部特别是巡视组组长、副组长等关键岗位人员的监督，严格执行回避、保密、重大事项请示报告、作风纪律评估等制度规定，依规依纪依法开展巡视工作。

任何单位和个人对巡视机构、巡视干部的违规违纪违法行为有权提出检举、控告。

第七章 责任追究

第四十三条 开展巡视工作的党组织及其巡视工作领导小组领导巡视工作不力，发生严重问题的，依据有关规定追究有关责任人员的责任。

第四十四条 有关机关、部门和单位违反规定不协助、支持巡视工作，造成严重后果的，依据有关规定追究有关责任人员的责任。

第四十五条 巡视工作人员有下列情形之一的，视情节轻重，依据有关规定给予批评教育、责令检查、诫勉、组织处理或者党纪、政务处分；构成犯罪的，依法追究刑事责任：

（一）对应当发现的重要问题没有发现；

（二）不如实报告巡视情况，隐瞒、歪曲、捏造事实；

（三）私自留存巡视工作资料，泄露与巡视工作有关的国家秘密、工作秘密、商业秘密和个人隐私等未公开信息；

（四）工作中超越权限，造成不良后果；

（五）利用巡视工作的便利谋取私利或者为他人谋取不正当利益；

（六）违反巡视工作纪律的其他行为。

第四十六条 被巡视党组织及其工作人员有下列情形之一的，视情节轻重，依据有关规定对该党组织领导班子主要负责人或者其他有关责任人员，给予批评教育、责令检查、诫勉、组织处理或者党纪、政务处分；构成犯罪的，依法追究刑事责任：

（一）隐瞒不报或者故意向巡视组提供虚假情况；

（二）拒绝或者不按照要求向巡视组提供有关文件资料；

（三）指使、强令有关单位或者人员干扰、阻挠巡视工作，或者诬告、陷害他人；

（四）组织领导巡视整改不力，落实巡视整改要求不到位，敷衍应付、虚假整改；

（五）对反映问题的干部群众进行威胁、打击、报复、陷害；

（六）其他不配合或者干扰巡视工作的情形。

第八章　巡察工作

第四十七条　党的市（地、州、盟）和县（市、区、旗）委员会建立巡察制度，设立巡察机构，在一届任期内，对所管理的党组织实现巡察全覆盖。

其他党组织需要开展巡察工作的，应当通过上级党委（党组）巡视工作领导小组报党委（党组）批准。

第四十八条　市（地、州、盟）党委巡察对象是：党委工作部门领导班子，市一级国家机关部门、人民团体党组（党委），市（地、州、盟）管理的国有企业、事业单位党组织，以及党委要求巡察的其他党组织。

县（市、区、旗）党委巡察对象是：党委工作部门领导班子，县一级国家机关部门、人民团体党组（党委），县（市、区、旗）管理的国有企业、事业单位党组织，所辖的乡镇（街道）、村（社区）党组织，以及党委要求巡察的其他党组织。

第四十九条　巡察工作应当坚守政治监督定位，聚焦党中央决策部署在基层落实情况、群众身边不正之风和腐败问题、基层党组织和党员队伍建设、巡察整改和成果运用等加强监督检查。

第五十条　巡察工作的组织领导和机构职责、工作程序和方式权限、整改和成果运用、队伍建设、责任追究等，参照本条例关于巡视工作的规定，结合实际确定。

第九章　附　　则

第五十一条　中国人民解放军和中国人民武装警察部队的党组织实行巡视制度的规定，由中央军委参照本条例制定。

第五十二条　本条例由中央巡视工作领导小组办公室负责解释。

第五十三条 本条例自发布之日起施行。此前发布的其他有关巡视工作的规定，凡与本条例不一致的，按照本条例执行。

党政领导干部考核工作条例

（2019年2月22日中共中央政治局会议审议批准 2019年4月7日中共中央办公厅发布）

第一章 总 则

第一条 为了坚持和加强党的全面领导，坚持党要管党、全面从严治党，推动各级党政领导班子和领导干部做到忠诚干净担当、带头贯彻落实党中央决策部署，完善干部考核评价机制，建设一支信念坚定、为民服务、勤政务实、敢于担当、清正廉洁的高素质党政领导干部队伍，根据《中国共产党章程》和有关法律，制定本条例。

第二条 本条例所称考核工作，是指党委（党组）及其组织（人事）部门按照干部管理权限，对党政领导班子和领导干部的政治素质、履职能力、工作成效、作风表现等所进行的了解、核实和评价，以此作为加强领导班子和领导干部队伍建设的重要依据。

考核方式主要包括平时考核、年度考核、专项考核、任期考核。

第三条 考核工作以马克思列宁主义、毛泽东思想、邓小平理论、“三个代表”重要思想、科学发展观、习近平新时代中国特色社会主义思想为指导，贯彻落实新时代党的建设总要求和新时代党的组织路线，坚持把政治标准放在首位，着眼于实现“两个一百年”奋斗目标，突出考核贯彻党中央重大决策部署，统筹推进“五位一体”总体布局和协调推进“四个全面”战略布局、贯彻落实新发展理念的实际成效，坚持严管和厚爱结合、激励和约束并重，奖勤罚懒、奖优罚劣，调动各级党政领导班子和领导干部积极性、主动性、创造性，树立讲担当、重担当、改革创新、干事创业的鲜明导向。

第四条 考核工作坚持下列原则：

（一）党管干部；

（二）德才兼备、以德为先；

（三）事业为上、公道正派；

（四）注重实绩、群众公认；

（五）客观全面、简便有效；

（六）考用结合、奖惩分明。

第五条 本条例适用于考核中共中央、全国人大常委会、国务院、全国政协工作部门或者有关工作机构的领导班子和领导干部；中央纪委国家监委领导班子和领导干部（不含正职）；最高人民法院、最高人民检察院领导班子和领导干部（不含正职）；县级以上地方各级党委、人大常委会、政府、政协、纪委监委、法院、检察院的领导班子和领导干部；县级以上地方各级党委、人大常委会、政府、政协工作部门或者有关工作机构的领导班子和领导干部。

参照公务员法管理的县级以上党委和政府直属事业单位、群团组织的领导班子和领导干部的考核，参照本条例执行。

第六条 中央和国家机关领导班子和领导干部应当在思想上政治上行动上发挥表率作用，带头接受高标准严格考核。

第二章 考核内容

第七条 领导班子考核内容主要包括：

（一）政治思想建设。全面考核领导班子坚决维护习近平总书记党中央的核心、全党的核心地位，坚决维护党中央权威和集中统一领导，坚持和加强党的全面领导，执行党的理论和路线方针政策，增强“四个意识”，做到“四个服从”，遵守政治纪律和政治规矩的情况；用习近平新时代中国特色社会主义思想武装头脑，坚定理想信念，坚定“四个自信”，不忘初心、牢记使命的情况；坚持民主集中制，执行新形势下党内政治生活若干准则，发现和解决自身问题，营造风清气正政治生态的情况；践行新时代党的组织路线，贯彻新时期好干部标准，树立正确选人用人导向的情况。

（二）领导能力。全面考核领导班子适应新时代要求、落实党中央决策部署、完成目标任务的能力，重点了解学习本领、政治领导本领、改革创新本领、科学发展本领、依法执政本领、群众工作本领、狠抓落实本领、驾驭风险本领。

（三）工作实绩。全面考核领导班子政绩观和工作成效。考核政绩观，主要看是否恪守立党为公、执政为民理念，是否具有“功成不必在我”精神，以造福人民为最大政绩，真正做到对历史和人民负责。考核地方党委和政府领导班子的工作实绩，应当看全面工作，看推动本地区经济建设、政治建设、文化建设、社会建设、生态文明建设，解决发展不平衡不充分问题，满足人民日益增长的美好生活需要的情况和实际成效。考核其他领导班子的工作实绩，主要看全面履行职能、服务大局和中心工作的情况和实际成效。注重考核各级党委（党组）领导班子落实新时代党的建设总要求、抓党建工作的实绩。

（四）党风廉政建设。全面考核领导班子履行管党治党政治责任，加强党风廉政建设，持之以恒正风肃纪，推进反腐败斗争等情况。

（五）作风建设。全面考核领导班子坚持以人民为中心，贯彻党的群众路线，密切联系群众，为群众排忧解难，全心全意为人民服务的情况；结合实际落实党中央决策部署，增强人民获得感、幸福感、安全感的情况；深入改进作风，落实中央八项规定及其实施细则精神，反对“四风”特别是形式主义、官僚主义的情况；实事求是，真抓实干，察实情、出实招、办实事、求实效的情况。

第八条 领导干部考核内容主要包括：

（一）德。全面考核领导干部政治品质和道德品行。考核领导干部的政治品质，重点了解坚定理想信念、对党忠诚、尊崇党章、遵守政治纪律和政治规矩，在思想上政治上行动上同以习近平同志为核心的党中央保持高度一致等情况。考核领导干部的道德品行，重点了解坚守忠诚老实、公道正派、实事求是、清正廉洁等价值观，遵守社会公德、职业道德、家庭美德和个人品德等情况。

（二）能。全面考核领导干部履职尽责特别是应对突发事件、群体性事件过程中的政治能力、专业素养和组织领导能力等情况。

（三）勤。全面考核领导干部的精神状态和工作作风，重点了解发扬革命精神、斗争精神，坚持“三严三实”，勤勉敬业、恪尽职守，认真负责、紧抓快办，锐意进取、敢于担当，艰苦奋斗、甘于奉献等情况。

（四）绩。全面考核领导干部坚持正确政绩观，履职尽责、完成日常工作、承担急难险重任务、处理复杂问题、应对重大考验的情况和实际成效。考核党委（党组）书记的工作实绩，首先看抓党建工作的成效，考核领导班子其他党员领导干部的工作实绩应当加大抓党建工作的权重。

（五）廉。全面考核领导干部落实党风廉政建设“一岗双责”政治责任，遵守廉洁自律准则，带头落实中央八项规定及其实施细则精神，秉公用权，树立良好家风，严格要求亲属和身边工作人员，反对“四风”和特权思想、特权现象等情况。

第九条 具体考核内容的确定必须以贯彻党中央精神为前提，根据党中央决策部署及时调整优化。

第十条 落实新发展理念，突出高质量发展导向，构建推动高质量发展指标体系，改进推动高质量发展的政绩考核，因地制宜合理设置经济社会发展实绩考核指标和权重，突出对打好重点任务攻坚战的考核，加强对深化供给侧结构性改革、保障和改善民生、加强和创新社会治理、推动创新发展、加强法治建设、促进社会公平正义等工作的考核，加大安全生产、社会稳定、新增债务等约束性指标的考核权重。

第十一条 坚持从实际出发，实行分级分类考核。考核内容应当体现不同区域、不同部门、不同类型、不同层次领导班子和领导干部特点。

第十二条 根据不同岗位职责要求，明确领导班子和领导干部不担当不作为的具体情形和评价标准，推动工作落实和担当尽责。

第十三条 建立健全可量化、能定责、可追责的领导班子和领导干部工作目标以及岗位职责规范，作为确定考核内容的重要依据。

第三章 平时考核

第十四条 平时考核是对领导班子日常运行情况和领导干部一贯表现所进行的经常性考核，及时肯定鼓励、提醒纠偏。

第十五条 平时考核应当突出重点。

考核领导班子的日常运行情况，重点了解政治思想建设、执行民主集中制、贯彻党的群众路线、科学决策、完成重点任务和反对“四风”等情况。

考核领导干部的一贯表现，重点了解政治态度、担当精神、工作思路、工作进展，特别是对待是与非、公与私、真与假、实与虚的表现等情况。

第十六条 平时考核主要结合领导班子和领导干部日常管理进行，可以采取下列途径：

（一）列席领导班子民主生活会、理论学习中心组学习、重要工作会议，参加重要工作活动等；

（二）与干部本人或者知情人谈心谈话，到所在单位听取干部群众意见；

（三）开展调研走访、专题调查、现场观摩等；

（四）结合党内集中学习教育、纪委监委日常监督、巡视巡察、工作督查、干部培训等进行深入了解；

（五）其他适当方法。

第十七条 平时考核可以根据实际情况形成考核结果。考核结果可以采用考核报告、评语、等次或者鉴定等形式确定。

第十八条 建立平时考核工作档案，将相关材料整理归档，作为了解评价领导班子日常运行情况和领导干部一贯表现的重要依据。

第四章 年度考核

第十九条 年度考核是以年度为周期对领导班子和领导干部所进行的综合性考核，一般在每年年末或者次年年初组织开展。

根据工作需要，各级党委（党组）每年可以选定部分领导班子和领导干部进行重点考核。

第二十条 年度考核一般按照下列程序进行：

（一）总结述职。召开会议，领导班子总结报告全年工作，领导干部进行个人述职。

（二）民主测评。根据对领导班子和领导干部考核内容的要求设计测评表，由参加民主测评的人员填写评价意见。参加测评的人员范围，按照知情度、关联度、代表性原则，结合实际确定。

（三）个别谈话。与领导班子成员、相关干部群众以及其他需要参加的人员个别谈话了解情况。

（四）了解核实。根据需要采取查阅资料、采集有关数据和信息、实地调研等方式，核实考核对象有关情况。

（五）形成考核结果。对领导班子和领导干部进行综合分析，形成考核结果并及时反馈。

当年开展党内集中学习教育、换届考察、巡视巡察的，年度考核可以结合实际适当简化程序。

根据工作需要和实际情况，对公共服务部门和窗口单位的领导班子和领导干部，可以在一定范围内听取公众意见。

第二十一条 领导班子年度考核结果一般分为优秀、良好、一般、较差4个等次。领导干部年度考核结果分为优秀、称职、基本称职、不称职4个等次。

优秀是指综合表现突出，出色履行领导职责或者岗位要求，圆满地完成了年度工作任务，成绩显著。

良好、称职是指综合表现好，认真履行领导职责或者岗位要求，较好地完成了年度工作任务。

一般、基本称职是指综合表现勉强达到领导职责或者岗位要求，或者在某个方面存在明显不足、有较大问题。

较差、不称职是指综合表现达不到领导职责或者岗位要求，或者在某个方面存在严重问题、出现重大错误。

各级党委（党组）应当结合实际，制定考核等次具体评定标准。

第二十二条 担任多项职务的领导干部，一般在承担主要工作职责的单位进行考核，对兼任的其他工作以适当方式进行了解。

新提拔任职的领导干部，按照现任职务进行考核，注意了解在原任职岗位的工作情况。

交流任职的领导干部，在现工作单位进行考核，其交流任职前的有关情况由原单位提供。

援派或者挂职锻炼的领导干部，由当年工作半年以上的地方或者单位进行考核，以适当方式听取派出单位或者接收单位的意见。

本年度内病、事假累计超过半年的领导干部，参加年度考核，不确定等次。

涉嫌违纪违法被立案审查调查尚未结案、受党纪政务处分或者组织处理的领导干部，其年度考核按照有关规定进行。

第五章　专项考核

第二十三条　专项考核是对领导班子和领导干部在完成重要专项工作、承担急难险重任务、应对和处置重大突发事件中的工作态度、担当精神、作用发挥、实际成效等情况所进行的针对性考核。

根据平时掌握情况，对表现突出或者问题反映较多的领导班子和领导干部，可以进行专项考核。

第二十四条　专项考核一般应当按照下列程序进行：

（一）制定方案。明确考核对象、考核内容指标、程序步骤和工作要求等。

（二）听取考核对象的总结汇报。

（三）了解核实。采取查阅资料、实地调研、舆情分析、个别谈话、民主测评等方式，核实印证有关情况，必要时可以向纪检监察机关或者审计、信访等部门了解情况。

（四）形成考核结果。对领导班子和领导干部作出评价。

第二十五条　专项考核结果可以采用考核报告、评语、等次或者鉴定等形式确定。

第六章　任期考核

第二十六条　任期考核是对实行任期制的领导班子和领导干部在一届任期内总体表现所进行的全方位考核，一般结合换届考察或者任期届满当年年度考核进行。

任期考核应当突出对完成届期目标或者任期目标情况的考核。

第二十七条　任期考核一般应当按照总结述职、民主测评、个别谈话、了解核实、实绩分析、形成考核结果等程序进行。

第二十八条 任期考核结果可以采用考核报告、评语、等次或者鉴定等形式确定。

第七章 考核结果确定

第二十九条 考核结果确定应当加强综合分析研判，坚持定性与定量相结合，全面、历史、辩证地分析个人贡献与集体作用、主观努力与客观条件、增长速度与质量效益、显绩与潜绩、发展成果与成本代价等情况，注重了解人民群众对经济社会发展的真实感受和评价，防止简单以地区生产总值以及增长率排名或者以民主测评、民意调查得票得分确定考核结果。

第三十条 平时考核、年度考核、专项考核、任期考核情况应当相互补充印证，坚持考人与考事相结合，注重吸收运用巡视巡察、审计、绩效管理、工作督查、相关部门业务考核、个人有关事项报告查核等成果，把敢不敢扛事、愿不愿做事、能不能干事作为识别干部、评判优劣的重要标准，增强考核结果的真实性、准确性。

第三十一条 考核结果应当全面准确反映考核对象情况，以考核报告、评语、鉴定等形式确定结果的，应当明确具体肯定成绩和优点，指出问题和不足。

第三十二条 年度考核结果以平时考核结果为基础，年度考核优秀等次应当在平时考核结果好的考核对象中产生。

领导班子年度考核优秀等次比例一般不超过参加考核领导班子总数的30％，领导干部年度考核优秀等次比例一般不超过参加考核领导干部总人数的25％。

领导班子为优秀等次的，其领导成员评为优秀等次的比例可以适当上调，最高不超过30％；领导班子为一般等次的，其领导成员评为优秀等次的比例不得超过20％，主要负责人一般不得确定为优秀等次；领导班子为较差等次的，其领导成员评为优秀等次的比例不得超过15％，主要负责人一般不得确定为称职及以上等次。

第三十三条 有下列情形之一，领导班子和领导干部年度考核结果不得确定为优秀等次：

（一）贯彻落实党中央决策部署成效不明显的；

（二）干事创业精气神不够，拈轻怕重、患得患失，不敢直面矛盾、不愿动真碰硬，不担当不作为的；

（三）受到上级党委和政府通报批评，责令检查的；

（四）工作实绩不突出的；

（五）组织领导能力较弱，年度工作目标任务完成不好的；

（六）履行管党治党责任不力，违反廉洁自律规定的；

（七）其他原因不宜确定为优秀等次的。

在上级党组织开展的基层党建述职评议考核工作中，党委（党组）书记抓基层党建工作情况综合评价等次未达到好的，其年度考核结果不得确定为优秀等次。

第三十四条　有下列情形之一，领导班子年度考核结果应当确定为较差等次，领导干部年度考核结果应当确定为不称职等次：

（一）违反政治纪律和政治规矩，政治上出现问题的；

（二）不执行民主集中制，领导班子运行状况不好，不能正常发挥职能作用，领导干部闹无原则纠纷，影响较差的；

（三）责任心差、能力水平低，不能履行或者不胜任岗位职责要求，依法履职出现重大问题的；

（四）表态多调门高，行动少落实差，敷衍塞责、庸懒散拖，作风形象不佳，群众意见大，造成恶劣影响的；

（五）不坚守工作岗位，擅离职守的；

（六）其他原因应当确定为较差或者不称职等次的。

第三十五条　领导班子和领导干部在履职担当、改革创新过程中出现失误错误，经综合分析给予容错的，应当客观评价，合理确定考核结果。

第三十六条　考核对象对考核结果有异议的，可以按照有关规定提出复核或者申诉。

第八章　考核结果运用

第三十七条　坚持考用结合，将考核结果与选拔任用、培养教育、管理监督、激励约束、问责追责等结合起来，鼓励先进、鞭策落后，推动能上能下，促进担当作为，严厉治庸治懒。

第三十八条 考核结果采取个别谈话、工作通报、会议讲评等方式，实事求是地向领导班子和领导干部反馈，肯定成绩、指出不足，督促整改，传导压力、激发动力。

第三十九条 依据考核结果，有针对性地加强领导班子建设：

（一）领导班子作出重要贡献的，按照有关规定记功、授予称号，给予物质奖励；

（二）领导班子表现突出或者年度考核结果为优秀等次的，按照有关规定给予嘉奖；

（三）领导班子运行状况不好、凝聚力战斗力不强、不担当不作为、干部群众意见较大的，应当进行调整；

（四）领导班子年度考核结果为一般等次的，应当责成其向上级党组织写出书面报告，剖析原因、进行整改；

（五）领导班子年度考核结果为较差或者连续两年为一般等次的，应当对主要负责人和相关责任人进行调整。

第四十条 依据考核结果，激励约束领导干部：

（一）领导干部作出重大贡献的，可以按照有关规定记功、授予称号，给予物质奖励；表现突出或者年度考核结果为优秀等次的，按照有关规定给予嘉奖；连续三年为优秀等次的，记三等功，同等条件下优先使用。

（二）领导干部年度考核结果为称职及以上等次的，按照有关规定享受年度考核奖金、晋升工资级别和级别工资档次。

（三）领导干部年度考核结果为基本称职等次的，应当对其进行诫勉，限期改进。

（四）领导干部年度考核结果为不称职等次的，按照规定程序降低一个职务或者职级层次任职。

（五）不参加年度考核、参加年度考核不确定等次或者年度考核结果为基本称职以下等次的，该年度不计算为晋升职务职级的任职年限，不计算为晋升工资级别和级别工资档次的考核年限。

（六）领导干部不适宜担任现职的，应当根据有关规定对其进行调整。

第四十一条　依据考核结果加强干部教育培养，按照“缺什么补什么”的原则，对领导干部进行调学调训、安排实践锻炼，补齐能力素质短板。对有潜力的优秀年轻干部加强针对性培养。

第四十二条　考核中发现领导班子和领导干部存在问题的，区分不同情形，予以谈话提醒直至组织处理；发现违纪违法问题线索，移送纪检监察、司法机关处理。

第四十三条　领导干部考核形成的结论性材料，应当存入干部人事档案。

第九章　组织实施

第四十四条　党委（党组）及其组织（人事）部门按照干部管理权限，履行考核领导班子和领导干部的职责。

党委（党组）承担考核工作主体责任，党委（党组）书记是第一责任人，组织（人事）部门承担具体工作责任。

第四十五条　考核人员应当具有较高的思想政治素质以及胜任考核工作的政策水平和业务知识，公道正派，组织纪律观念和保密意识强。考核人员按照规定实行公务回避。

根据工作需要，党委（党组）可以组建和派出考核组。考核组组长根据每次考核任务确定并授权，应当具有较强的组织领导能力，坚持原则、敢于担当。

第四十六条　实行考核工作责任制。

考核人员应当认真履行职责，按照规定的程序和要求实施考核，全面客观准确地了解和反映情况，公道公平公正地对待和评价领导班子和领导干部。

考核人员应当在考核材料上签名，对考核材料的客观性、真实性负责。

第四十七条　考核工作的组织实施应当严肃认真、稳妥审慎，注意与日常工作相协调、相促进。根据不同考核对象和考核任务，改进创新考核方法，充分发扬民主，多到基层干部群众中、多在乡语口碑中听取意见、了解情况，坚持在现场看、见具体事，多渠道、多层次、多侧面了解核实领导班子和领导干部的现实表现。

第四十八条 组织（人事）部门应当加强考核工作信息化建设，充分运用互联网技术和信息化手段开展考核，提高工作质量和效率。

第四十九条 各级党委（党组）应当加强对本地区本部门本单位干部考核工作与其他业务考核工作的统一领导、统筹协调和督促指导，整合考核力量，归并考核项目和种类，严格控制“一票否决”事项，防止多头考核、重复考核。

第十章 纪律与监督

第五十条 考核工作必须严格遵守下列纪律：

（一）不准搞形式、走过场；

（二）不准隐瞒、歪曲事实；

（三）不准弄虚作假；

（四）不准搞非组织活动；

（五）不准泄露谈话内容、测评结果等考核工作秘密；

（六）不准凭个人好恶评价干部、决定或者改变考核结果；

（七）不准借考核之机谋取私利；

（八）不准干扰、妨碍考核工作；

（九）不准打击报复干部和反映问题的人员。

第五十一条 领导班子和领导干部应当正确对待和接受组织考核，如实汇报工作和思想，客观反映情况。

对不按照要求参加或者不认真配合考核工作，经教育后仍不改正的，领导班子年度考核结果直接确定为较差等次，领导干部年度考核结果直接确定为不称职等次。

第五十二条 对不按照规定组织开展考核、考核工作失真失实造成严重后果、本地区本部门本单位考核工作中不正之风严重、干部群众反映强烈以及对违反考核工作纪律等行为查处不力的，应当追究党委（党组）及其组织（人事）部门主要负责人和有关领导成员、直接责任人的责任。

第五十三条 对违反本条例的，根据情节轻重，依规依纪给予批评教育、责令检查、通报批评、诫勉、组织调整或者组织处理，涉嫌违纪或者职务违法、职务犯罪的，按照有关纪律和法律法规处理。

第五十四条 党委（党组）、纪检监察机关、组织（人事）部门应当加强对考核工作的监督检查，自觉接受群众和舆论监督，认真受理有关举报、复核、申诉，严肃查处违反考核工作纪律的行为。

第十一章 附　　则

第五十五条 本条例对工作部门的规定，同时适用于党委和政府的办事机构、派出机构、特设机构以及其他直属机构。

第五十六条 本条例由中共中央组织部负责解释。

第五十七条 本条例自2019年4月7日起施行。1998年5月26日中共中央组织部印发的《党政领导干部考核工作暂行规定》、2009年7月16日中共中央组织部印发的《党政领导班子和领导干部年度考核办法（试行）》同时废止。此前发布的有关领导班子和领导干部考核的规定，凡与本条例不一致的，按照本条例执行。

中国共产党问责条例

（2019年7月30日中共中央政治局会议审议批准　2019年8月25日中共中央发布）

第一条 为了坚持党的领导，加强党的建设，全面从严治党，保证党的路线方针政策和党中央重大决策部署贯彻落实，规范和强化党的问责工作，根据《中国共产党章程》，制定本条例。

第二条 党的问责工作坚持以马克思列宁主义、毛泽东思想、邓小平理论、“三个代表”重要思想、科学发展观、习近平新时代中国特色社会主义思想为指导，增强“四个意识”，坚定“四个自信”，坚决维护习近平总书记党中央的核心、全党的核心地位，坚决维护党中央权威和集中统一领导，围绕统筹推进“五位一体”总体布局和协调推进“四个全面”战略布局，落实管党治党政治责任，督促各级党组织、党的领导干部负责守责尽责，践行忠诚干净担当。

第三条 党的问责工作应当坚持以下原则：

（一）依规依纪、实事求是；

（二）失责必问、问责必严；

（三）权责一致、错责相当；

（四）严管和厚爱结合、激励和约束并重；

（五）惩前毖后、治病救人；

（六）集体决定、分清责任。

第四条 党委（党组）应当履行全面从严治党主体责任，加强对本地区本部门本单位问责工作的领导，追究在党的建设、党的事业中失职失责党组织和党的领导干部的主体责任、监督责任、领导责任。

纪委应当履行监督专责，协助同级党委开展问责工作。纪委派驻（派出）机构按照职责权限开展问责工作。

党的工作机关应当依据职能履行监督职责，实施本机关本系统本领域的问责工作。

第五条 问责对象是党组织、党的领导干部，重点是党委（党组）、党的工作机关及其领导成员，纪委、纪委派驻（派出）机构及其领导成员。

第六条 问责应当分清责任。党组织领导班子在职责范围内负有全面领导责任，领导班子主要负责人和直接主管的班子成员在职责范围内承担主要领导责任，参与决策和工作的班子成员在职责范围内承担重要领导责任。

对党组织问责的，应当同时对该党组织中负有责任的领导班子成员进行问责。

党组织和党的领导干部应当坚持把自己摆进去、把职责摆进去、把工作摆进去，注重从自身找问题、查原因，勇于担当、敢于负责，不得向下级党组织和干部推卸责任。

第七条 党组织、党的领导干部违反党章和其他党内法规，不履行或者不正确履行职责，有下列情形之一，应当予以问责：

（一）党的领导弱化，“四个意识”不强，“两个维护”不力，党的基本理论、基本路线、基本方略没有得到有效贯彻执行，在贯彻新发展理念，推进经济建设、政治建设、文化建设、社会建设、生态文明建设中，出现重大偏差和失误，给党的事业和人民利益造成严重损失，产生恶劣影响的；

（二）党的政治建设抓得不实，在重大原则问题上未能同党中央保持一致，贯彻落实党的路线方针政策和执行党中央重大决策部署不力，不遵守重大事项请示报告制度，有令不行、有禁不止，阳奉阴违、欺上瞒下，团团伙伙、拉帮结派问题突出，党内政治生活不严肃不健康，党的政治建设工作责任制落实不到位，造成严重后果或者恶劣影响的；

（三）党的思想建设缺失，党性教育特别是理想信念宗旨教育流于形式，意识形态工作责任制落实不到位，造成严重后果或者恶劣影响的；

（四）党的组织建设薄弱，党建工作责任制不落实，严重违反民主集中制原则，不执行领导班子议事决策规则，民主生活会、"三会一课"等党的组织生活制度不执行，领导干部报告个人有关事项制度执行不力，党组织软弱涣散，违规选拔任用干部等问题突出，造成恶劣影响的；

（五）党的作风建设松懈，落实中央八项规定及其实施细则精神不力，"四风"问题得不到有效整治，形式主义、官僚主义问题突出，执行党中央决策部署表态多调门高、行动少落实差，脱离实际、脱离群众，拖沓敷衍、推诿扯皮，造成严重后果的；

（六）党的纪律建设抓得不严，维护党的政治纪律、组织纪律、廉洁纪律、群众纪律、工作纪律、生活纪律不力，导致违规违纪行为多发，造成恶劣影响的；

（七）推进党风廉政建设和反腐败斗争不坚决、不扎实，削减存量、遏制增量不力，特别是对不收敛、不收手，问题线索反映集中、群众反映强烈，政治问题和经济问题交织的腐败案件放任不管，造成恶劣影响的；

（八）全面从严治党主体责任、监督责任落实不到位，对公权力的监督制约不力，好人主义盛行，不负责不担当，党内监督乏力，该发现的问题没有发现，发现问题不报告不处置，领导巡视巡察工作不力，落实巡视巡察整改要求走过场、不到位，该问责不问责，造成严重后果的；

（九）履行管理、监督职责不力，职责范围内发生重特大生产安全事故、群体性事件、公共安全事件，或者发生其他严重事故、事件，造成重大损失或者恶劣影响的；

（十）在教育医疗、生态环境保护、食品药品安全、扶贫脱贫、社会保障等涉及人民群众最关心最直接最现实的利益问题上不作为、乱作为、慢作为、假作为，损害和侵占群众利益问题得不到整治，以言代法、以权压法、徇私枉法问题突出，群众身边腐败和作风问题严重，造成恶劣影响的；

（十一）其他应当问责的失职失责情形。

第八条 对党组织的问责，根据危害程度以及具体情况，可以采取以下方式：

（一）检查。责令作出书面检查并切实整改。

（二）通报。责令整改，并在一定范围内通报。

（三）改组。对失职失责，严重违犯党的纪律、本身又不能纠正的，应当予以改组。

对党的领导干部的问责，根据危害程度以及具体情况，可以采取以下方式：

（一）通报。进行严肃批评，责令作出书面检查、切实整改，并在一定范围内通报。

（二）诫勉。以谈话或者书面方式进行诫勉。

（三）组织调整或者组织处理。对失职失责、危害较重，不适宜担任现职的，应当根据情况采取停职检查、调整职务、责令辞职、免职、降职等措施。

（四）纪律处分。对失职失责、危害严重，应当给予纪律处分的，依照《中国共产党纪律处分条例》追究纪律责任。

上述问责方式，可以单独使用，也可以依据规定合并使用。问责方式有影响期的，按照有关规定执行。

第九条 发现有本条例第七条所列问责情形，需要进行问责调查的，有管理权限的党委（党组）、纪委、党的工作机关应当经主要负责人审批，及时启动问责调查程序。其中，纪委、党的工作机关对同级党委直接领导的党组织及其主要负责人启动问责调查，应当报同级党委主要负责人批准。

应当启动问责调查未及时启动的，上级党组织应当责令有管理权限的党组织启动。根据问题性质或者工作需要，上级党组织可以直接启动问责调查，也可以指定其他党组织启动。

对被立案审查的党组织、党的领导干部问责的，不再另行启动问责调查程序。

第十条 启动问责调查后，应当组成调查组，依规依纪依法开展调查，查明党组织、党的领导干部失职失责问题，综合考虑主客观因素，正确区分贯彻执行党中央或者上级决策部署过程中出现的执行不当、执行不力、不执行等不同情况，精准提出处理意见，做到事实清楚、证据确凿、依据充分、责任分明、程序合规、处理恰当，防止问责不力或者问责泛化、简单化。

第十一条 查明调查对象失职失责问题后，调查组应当撰写事实材料，与调查对象见面，听取其陈述和申辩，并记录在案；对合理意见，应当予以采纳。调查对象应当在事实材料上签署意见，对签署不同意见或者拒不签署意见的，调查组应当作出说明或者注明情况。

调查工作结束后，调查组应当集体讨论，形成调查报告，列明调查对象基本情况、调查依据、调查过程，问责事实，调查对象的态度、认识及其申辩，处理意见以及依据，由调查组组长以及有关人员签名后，履行审批手续。

第十二条 问责决定应当由有管理权限的党组织作出。

对同级党委直接领导的党组织，纪委和党的工作机关报经同级党委或者其主要负责人批准，可以采取检查、通报方式进行问责。采取改组方式问责的，按照党章和有关党内法规规定的权限、程序执行。

对同级党委管理的领导干部，纪委和党的工作机关报经同级党委或者其主要负责人批准，可以采取通报、诫勉方式进行问责；提出组织调整或者组织处理的建议。采取纪律处分方式问责的，按照党章和有关党内法规规定的权限、程序执行。

第十三条 问责决定作出后，应当及时向被问责党组织、被问责领导干部及其所在党组织宣布并督促执行。有关问责情况应当向纪委和组织部门通报，纪委应当将问责决定材料归入被问责领导干部廉政档案，组织部门应当将问责决定材料归入被问责领导干部的人事档案，并报上一级组织部门备案；涉及组织调整或者组织处理的，相应手续应当在 1 个月内办理完毕。

被问责领导干部应当向作出问责决定的党组织写出书面检讨，并在民主生活会、组织生活会或者党的其他会议上作出深刻检查。建立健全问责典型问题通报曝光制度，采取组织调整或者组织处理、纪律处分方式问责的，应当以适当方式公开。

第十四条　被问责党组织、被问责领导干部及其所在党组织应当深刻汲取教训，明确整改措施。作出问责决定的党组织应当加强督促检查，推动以案促改。

第十五条　需要对问责对象作出政务处分或者其他处理的，作出问责决定的党组织应当通报相关单位，相关单位应当及时处理并将结果通报或者报告作出问责决定的党组织。

第十六条　实行终身问责，对失职失责性质恶劣、后果严重的，不论其责任人是否调离转岗、提拔或者退休等，都应当严肃问责。

第十七条　有下列情形之一的，可以不予问责或者免予问责：

（一）在推进改革中因缺乏经验、先行先试出现的失误，尚无明确限制的探索性试验中的失误，为推动发展的无意过失；

（二）在集体决策中对错误决策提出明确反对意见或者保留意见的；

（三）在决策实施中已经履职尽责，但因不可抗力、难以预见等因素造成损失的。

对上级错误决定提出改正或者撤销意见未被采纳，而出现本条例第七条所列问责情形的，依照前款规定处理。上级错误决定明显违法违规的，应当承担相应的责任。

第十八条　有下列情形之一，可以从轻或者减轻问责：

（一）及时采取补救措施，有效挽回损失或者消除不良影响的；

（二）积极配合问责调查工作，主动承担责任的；

（三）党内法规规定的其他从轻、减轻情形。

第十九条　有下列情形之一，应当从重或者加重问责：

（一）对党中央、上级党组织三令五申的指示要求，不执行或者执行不力的；

（二）在接受问责调查和处理中，不如实报告情况，敷衍塞责、推卸责任，或者唆使、默许有关部门和人员弄虚作假，阻扰问责工作的；

（三）党内法规规定的其他从重、加重情形。

第二十条 问责对象对问责决定不服的，可以自收到问责决定之日起1个月内，向作出问责决定的党组织提出书面申诉。作出问责决定的党组织接到书面申诉后，应当在1个月内作出申诉处理决定，并以书面形式告知提出申诉的党组织、领导干部及其所在党组织。

申诉期间，不停止问责决定的执行。

第二十一条 问责决定作出后，发现问责事实认定不清楚、证据不确凿、依据不充分、责任不清晰、程序不合规、处理不恰当，或者存在其他不应当问责、不精准问责情况的，应当及时予以纠正。必要时，上级党组织可以直接纠正或者责令作出问责决定的党组织予以纠正。

党组织、党的领导干部滥用问责，或者在问责工作中严重不负责任，造成不良影响的，应当严肃追究责任。

第二十二条 正确对待被问责干部，对影响期满、表现好的干部，符合条件的，按照干部选拔任用有关规定正常使用。

第二十三条 本条例所涉及的审批权限均指最低审批权限，工作中根据需要可以按照更高层级的审批权限报批。

第二十四条 纪委派驻（派出）机构除执行本条例外，还应当执行党中央以及中央纪委相关规定。

第二十五条 中央军事委员会可以根据本条例制定相关规定。

第二十六条 本条例由中央纪律检查委员会负责解释。

第二十七条 本条例自2019年9月1日起施行。2016年7月8日中共中央印发的《中国共产党问责条例》同时废止。此前发布的有关问责的规定，凡与本条例不一致的，按照本条例执行。

中国共产党纪律处分条例

（2003年12月23日中共中央政治局会议审议批准 2003年12月31日中共中央发布 2023年12月8日中共中央政治局会议第三次修订 2023年12月19日中共中央发布）

第一编 总 则

第一章 总体要求和适用范围

第一条 为了维护党章和其他党内法规，严肃党的纪律，纯洁党的组织，保障党员民主权利，教育党员遵纪守法，维护党的团结统一，保证党的理论、路线、方针、政策、决议和国家法律法规的贯彻执行，根据《中国共产党章程》，制定本条例。

第二条 党的纪律建设必须坚持以马克思列宁主义、毛泽东思想、邓小平理论、“三个代表”重要思想、科学发展观、习近平新时代中国特色社会主义思想为指导，坚持和加强党的全面领导，坚决维护习近平总书记党中央的核心、全党的核心地位，坚决维护以习近平同志为核心的党中央权威和集中统一领导，弘扬伟大建党精神，坚持自我革命，贯彻全面从严治党战略方针，落实新时代党的建设总要求，推动解决大党独有难题、健全全面从严治党体系，全面加强党的纪律建设，为以中国式现代化全面推进强国建设、民族复兴伟业提供坚强纪律保障。

第三条 党章是最根本的党内法规，是管党治党的总规矩。党的纪律是党的各级组织和全体党员必须遵守的行为规则。党组织和党员必须坚守初心使命，牢固树立政治意识、大局意识、核心意识、看齐意识，始终坚定道路自信、理论自信、制度自信、文化自信，切实践行正确的权力观、政绩观、事业观，自觉遵守和维护党章，严格执行和维护党的纪律，自觉接受党的纪律约束，模范遵守国家法律法规。

第四条　党的纪律处分工作遵循下列原则：

（一）坚持党要管党、全面从严治党。把严的基调、严的措施、严的氛围长期坚持下去，加强对党的各级组织和全体党员的教育、管理和监督，把纪律挺在前面，抓早抓小、防微杜渐。

（二）党纪面前一律平等。对违犯党纪的党组织和党员必须严肃、公正执行纪律，党内不允许有任何不受纪律约束的党组织和党员。

（三）实事求是。对党组织和党员违犯党纪的行为，应当以事实为依据，以党章、其他党内法规和国家法律法规为准绳，执纪执法贯通，准确认定行为性质，区别不同情况，恰当予以处理。

（四）民主集中制。实施党纪处分，应当按照规定程序经党组织集体讨论决定，不允许任何个人或者少数人擅自决定和批准。上级党组织对违犯党纪的党组织和党员作出的处理决定，下级党组织必须执行。

（五）惩前毖后、治病救人。处理违犯党纪的党组织和党员，应当实行惩戒与教育相结合，做到宽严相济。

第五条　深化运用监督执纪“四种形态”，经常开展批评和自我批评，及时进行谈话提醒、批评教育、责令检查、诫勉，让“红红脸、出出汗”成为常态；党纪轻处分、组织调整成为违纪处理的大多数；党纪重处分、重大职务调整的成为少数；严重违纪涉嫌犯罪追究刑事责任的成为极少数。

第六条　本条例适用于违犯党纪应当受到党纪责任追究的党组织和党员。

第二章　违纪与纪律处分

第七条　党组织和党员违反党章和其他党内法规，违反国家法律法规，违反党和国家政策，违反社会主义道德，危害党、国家和人民利益的行为，依照规定应当给予纪律处理或者处分的，都必须受到追究。

重点查处党的十八大以来不收敛、不收手，问题线索反映集中、群众反映强烈，政治问题和经济问题交织的腐败案件，违反中央八项规定精神的问题。

第八条　对党员的纪律处分种类：

（一）警告；

（二）严重警告；

（三）撤销党内职务；

（四）留党察看；

（五）开除党籍。

第九条 对于违犯党纪的党组织，上级党组织应当责令其作出书面检查或者给予通报批评。对于严重违犯党纪、本身又不能纠正的党组织，上一级党的委员会在查明核实后，根据情节严重的程度，可以予以：

（一）改组；

（二）解散。

第十条 党员受到警告处分一年内、受到严重警告处分一年半内，不得在党内提拔职务或者进一步使用，也不得向党外组织推荐担任高于其原任职务的党外职务或者进一步使用。

第十一条 撤销党内职务处分，是指撤销受处分党员由党内选举或者组织任命的党内职务。对于在党内担任两个以上职务的，党组织在作处分决定时，应当明确是撤销其一切职务还是一个或者几个职务。如果决定撤销其一个职务，必须撤销其担任的最高职务。如果决定撤销其两个以上职务，则必须从其担任的最高职务开始依次撤销。对于在党外组织担任职务的，应当建议党外组织撤销其党外职务。

对于在立案审查中因涉嫌违犯党纪被免职的党员，审查后依照本条例规定应当给予撤销党内职务处分的，应当按照其原任职务给予撤销党内职务处分。对于应当受到撤销党内职务处分，但是本人没有担任党内职务的，应当给予其严重警告处分。同时，在党外组织担任职务的，应当建议党外组织撤销其党外职务。

党员受到撤销党内职务处分，或者依照前款规定受到严重警告处分的，二年内不得在党内担任和向党外组织推荐担任与其原任职务相当或者高于其原任职务的职务。

第十二条 留党察看处分，分为留党察看一年、留党察看二年。对于受到留党察看处分一年的党员，期满后仍不符合恢复党员权利条件的，应当延长一年留党察看期限。留党察看期限最长不得超过二年。

党员受留党察看处分期间，没有表决权、选举权和被选举权。留党察看期间，确有悔改表现的，期满后恢复其党员权利；坚持不改或者又发现其他应当受到党纪处分的违纪行为的，应当开除党籍。

党员受到留党察看处分，其党内职务自然撤销。对于担任党外职务的，应当建议党外组织撤销其党外职务。受到留党察看处分的党员，恢复党员权利后二年内，不得在党内担任和向党外组织推荐担任与其原任职务相当或者高于其原任职务的职务。

第十三条 党员受到开除党籍处分，五年内不得重新入党，也不得推荐担任与其原任职务相当或者高于其原任职务的党外职务。另有规定不准重新入党的，依照规定。

第十四条 党员干部受到党纪处分，需要同时进行组织处理的，党组织应当按照规定给予组织处理。

党的各级代表大会的代表受到留党察看以上处分的，党组织应当终止其代表资格。

第十五条 对于受到改组处理的党组织领导机构成员，除应当受到撤销党内职务以上处分的外，均自然免职。

第十六条 对于受到解散处理的党组织中的党员，应当逐个审查。其中，符合党员条件的，应当重新登记，并参加新的组织过党的生活；不符合党员条件的，应当对其进行教育、限期改正，经教育仍无转变的，予以劝退或者除名；有违纪行为的，依照规定予以追究。

第三章 纪律处分运用规则

第十七条 有下列情形之一的，可以从轻或者减轻处分：

（一）主动交代本人应当受到党纪处分的问题；

（二）在组织谈话函询、初步核实、立案审查过程中，能够配合核实审查工作，如实说明本人违纪违法事实；

（三）检举同案人或者其他人应当受到党纪处分或者法律追究的问题，经查证属实，或者有其他立功表现；

（四）主动挽回损失、消除不良影响或者有效阻止危害结果发生；

（五）主动上交或者退赔违纪所得；

（六）党内法规规定的其他从轻或者减轻处分情形。

第十八条 根据案件的特殊情况，由中央纪委决定或者经省（部）级纪委（不含副省级市纪委）决定并呈报中央纪委批准，对违纪党员也可以在本条例规定的处分幅度以外减轻处分。

第十九条 对于党员违犯党纪应当给予警告或者严重警告处分，但是具有本条例第十七条规定的情形之一或者本条例分则中另有规定的，可以给予批评教育、责令检查、诫勉或者组织处理，免予党纪处分。对违纪党员免予处分，应当作出书面结论。

党员有作风纪律方面的苗头性、倾向性问题或者违犯党纪情节轻微的，可以给予谈话提醒、批评教育、责令检查等，或者予以诫勉，不予党纪处分。

党员行为虽然造成损失或者后果，但不是出于故意或者过失，而是由于不可抗力等原因所引起的，不追究党纪责任。

第二十条 有下列情形之一的，应当从重或者加重处分：

（一）强迫、唆使他人违纪；

（二）拒不上交或者退赔违纪所得；

（三）违纪受处分后又因故意违纪应当受到党纪处分；

（四）违纪受处分后，又被发现其受处分前没有交代的其他应当受到党纪处分的问题；

（五）党内法规规定的其他从重或者加重处分情形。

第二十一条 党员在党纪处分影响期内又受到党纪处分的，其影响期为原处分尚未执行的影响期与新处分影响期之和。

第二十二条 从轻处分，是指在本条例规定的违纪行为应当受到的处分幅度以内，给予较轻的处分。

从重处分，是指在本条例规定的违纪行为应当受到的处分幅度以内，给予较重的处分。

第二十三条 减轻处分，是指在本条例规定的违纪行为应当受到的处分幅度以外，减轻一档给予处分。

加重处分，是指在本条例规定的违纪行为应当受到的处分幅度以外，加重一档给予处分。

本条例规定的只有开除党籍处分一个档次的违纪行为，不适用第一款减轻处分的规定。

第二十四条 一人有本条例规定的两种以上应当受到党纪处分的违纪行

为，应当合并处理，按其数种违纪行为中应当受到的最高处分加重一档给予处分；其中一种违纪行为应当受到开除党籍处分的，应当给予开除党籍处分。

第二十五条 一个违纪行为同时触犯本条例两个以上条款的，依照处分较重的条款定性处理。

一个条款规定的违纪构成要件全部包含在另一个条款规定的违纪构成要件中，特别规定与一般规定不一致的，适用特别规定。

第二十六条 二人以上共同故意违纪的，对为首者，从重处分，本条例另有规定的除外；对其他成员，按照其在共同违纪中所起的作用和应负的责任，分别给予处分。

对于经济方面共同违纪的，按照个人参与数额及其所起作用，分别给予处分。对共同违纪的为首者，情节严重的，按照共同违纪的总数额处分。

教唆他人违纪的，应当按照其在共同违纪中所起的作用追究党纪责任。

第二十七条 党组织领导机构集体作出违犯党纪的决定或者实施其他违犯党纪的行为，对具有共同故意的成员，按共同违纪处理；对过失违纪的成员，按照各自在集体违纪中所起的作用和应负的责任分别给予处分。

第四章　对违法犯罪党员的纪律处分

第二十八条 对违法犯罪的党员，应当按照规定给予党纪处分，做到适用纪律和适用法律有机融合，党纪政务等处分相匹配。

第二十九条 党组织在纪律审查中发现党员有贪污贿赂、滥用职权、玩忽职守、权力寻租、利益输送、徇私舞弊、浪费国家资财等违反法律涉嫌犯罪行为的，应当给予撤销党内职务、留党察看或者开除党籍处分。

第三十条 党组织在纪律审查中发现党员有刑法规定的行为，虽不构成犯罪但须追究党纪责任的，或者有其他破坏社会主义市场经济秩序、违反治安管理等违法行为，损害党、国家和人民利益的，应当视具体情节给予警告直至开除党籍处分。

违反国家财经纪律，在公共资金收支、税务管理、国有资产管理、政府采购管理、金融管理、财务会计管理等财经活动中有违法行为的，依照前款规定处理。

党员有嫖娼或者吸食、注射毒品等丧失党员条件，严重败坏党的形象行为的，应当给予开除党籍处分。

第三十一条 党组织在纪律审查中发现党员严重违纪涉嫌违法犯罪的，原则上先作出党纪处分决定，并按照规定由监察机关给予政务处分或者由任免机关（单位）给予处分后，再移送有关国家机关依法处理。

第三十二条 党员被依法留置、逮捕的，党组织应当按照管理权限中止其表决权、选举权和被选举权等党员权利。根据监察机关、司法机关处理结果，可以恢复其党员权利的，应当及时予以恢复。

第三十三条 党员犯罪情节轻微，人民检察院依法作出不起诉决定的，或者人民法院依法作出有罪判决并免予刑事处罚的，应当给予撤销党内职务、留党察看或者开除党籍处分。

党员犯罪，被单处罚金的，依照前款规定处理。

第三十四条 党员犯罪，有下列情形之一的，应当给予开除党籍处分：

（一）因故意犯罪被依法判处刑法规定的主刑（含宣告缓刑）；

（二）被单处或者附加剥夺政治权利；

（三）因过失犯罪，被依法判处三年以上（不含三年）有期徒刑。

因过失犯罪被判处三年以下有期徒刑或者被判处管制、拘役的，一般应当开除党籍。对于个别可以不开除党籍的，应当对照处分违纪党员批准权限的规定，报请再上一级党组织批准。

第三十五条 党员依法受到刑事责任追究的，党组织应当根据司法机关的生效判决、裁定、决定及其认定的事实、性质和情节，依照本条例规定给予党纪处分，是公职人员的由监察机关给予相应政务处分或者由任免机关（单位）给予相应处分。

党员依法受到政务处分、任免机关（单位）给予的处分、行政处罚，应当追究党纪责任的，党组织可以根据生效的处分、行政处罚决定认定的事实、性质和情节，经核实后依照规定给予相应党纪处分或者组织处理。其中，党员依法受到撤职以上处分的，应当依照本条例规定给予撤销党内职务以上处分。

党员违反国家法律法规、企事业单位或者其他社会组织的规章制度受到其他处分，应当追究党纪责任的，党组织在对有关方面认定的事实、性质和情节进行核实后，依照规定给予相应党纪处分或者组织处理。

党组织作出党纪处分或者组织处理决定后，监察机关、司法机关、行政机关等依法改变原生效判决、裁定、决定等，对原党纪处分或者组织处理决定产生影响的，党组织应当根据改变后的生效判决、裁定、决定等重新作出相应处理。

第五章　其他规定

第三十六条　预备党员违犯党纪，情节较轻，可以保留预备党员资格的，党组织应当对其批评教育或者延长预备期；情节较重的，应当取消其预备党员资格。

第三十七条　对违纪后下落不明的党员，应当区别情况作出处理：

（一）对有严重违纪行为，应当给予开除党籍处分的，党组织应当作出决定，开除其党籍；

（二）除前项规定的情况外，下落不明时间超过六个月的，党组织应当按照党章规定对其予以除名。

第三十八条　违纪党员在党组织作出处分决定前死亡，或者在死亡之后发现其曾有严重违纪行为，对于应当给予开除党籍处分的，开除其党籍；对于应当给予留党察看以下处分的，作出违犯党纪的书面结论和相应处理。

第三十九条　违纪行为有关责任人员的区分：

（一）直接责任者，是指在其职责范围内，不履行或者不正确履行自己的职责，对造成的损失或者后果起决定性作用的党员或者党员领导干部；

（二）主要领导责任者，是指在其职责范围内，对主管的工作不履行或者不正确履行职责，对造成的损失或者后果负直接领导责任的党员领导干部；

（三）重要领导责任者，是指在其职责范围内，对应管的工作或者参与决定的工作不履行或者不正确履行职责，对造成的损失或者后果负次要领导责任的党员领导干部。

本条例所称领导责任者，包括主要领导责任者和重要领导责任者。

第四十条　本条例所称主动交代，是指涉嫌违纪的党员在组织谈话函询、初步核实前向有关组织交代自己的问题，或者在谈话函询、初步核实和立案审查期间交代组织未掌握的问题。

第四十一条 担任职级、单独职务序列等级的党员干部违犯党纪受到处分，需要对其职级、单独职务序列等级进行调整的，参照本条例关于党外职务的规定执行。

第四十二条 计算经济损失应当计算立案时已经实际造成的全部财产损失，包括为挽回违纪行为所造成损失而支付的各种开支、费用。立案后至处理前持续发生的经济损失，应当一并计算在内。

第四十三条 对于违纪行为所获得的经济利益，应当收缴或者责令退赔。对于主动上交的违纪所得和经济损失赔偿，应当予以接收，并按照规定收缴或者返还有关单位、个人。

对于违纪行为所获得的职务、职级、职称、学历、学位、奖励、资格等其他利益，应当由承办案件的纪检机关或者由其上级纪检机关建议有关组织、部门、单位按照规定予以纠正。

对于依照本条例第三十七条、第三十八条规定处理的党员，经调查确属其实施违纪行为获得的利益，依照本条规定处理。

第四十四条 党纪处分决定作出后，应当在一个月内向受处分党员所在党的基层组织中的全体党员及其本人宣布，是领导班子成员的还应当向所在党组织领导班子宣布，并按照干部管理权限和组织关系将处分决定材料归入受处分者档案；对于受到撤销党内职务以上处分的，还应当在一个月内办理职务、工资、工作及其他有关待遇等相应变更手续；涉及撤销或者调整其党外职务的，应当建议党外组织及时撤销或者调整其党外职务。特殊情况下，经作出或者批准作出处分决定的组织批准，可以适当延长办理期限。办理期限最长不得超过六个月。

第四十五条 执行党纪处分决定的机关或者受处分党员所在单位，应当在六个月内将处分决定的执行情况向作出或者批准处分决定的机关报告。

党员对所受党纪处分不服的，可以依照党章及有关规定提出申诉。

第四十六条 党员因违犯党纪受到处分，影响期满后，党组织无需取消对其的处分。

第四十七条 本条例所称以上、以下，除有特别标明外均含本级、本数。

第四十八条 本条例总则适用于有党纪处分规定的其他党内法规，但是中共中央发布或者批准发布的其他党内法规有特别规定的除外。

第二编 分 则

第六章 对违反政治纪律行为的处分

第四十九条 在重大原则问题上不同党中央保持一致且有实际言论、行为或者造成不良后果的，给予警告或者严重警告处分；情节较重的，给予撤销党内职务或者留党察看处分；情节严重的，给予开除党籍处分。

第五十条 通过网络、广播、电视、报刊、传单、书籍等，或者利用讲座、论坛、报告会、座谈会等方式，公开发表坚持资产阶级自由化立场、反对四项基本原则，反对党的改革开放决策的文章、演说、宣言、声明等的，给予开除党籍处分。

发布、播出、刊登、出版前款所列文章、演说、宣言、声明等或者为上述行为提供方便条件的，对直接责任者和领导责任者，给予严重警告或者撤销党内职务处分；情节严重的，给予留党察看或者开除党籍处分。

第五十一条 通过网络、广播、电视、报刊、传单、书籍等，或者利用讲座、论坛、报告会、座谈会等方式，有下列行为之一，情节较轻的，给予警告或者严重警告处分；情节较重的，给予撤销党内职务或者留党察看处分；情节严重的，给予开除党籍处分：

（一）公开发表违背四项基本原则，违背、歪曲党的改革开放决策，或者其他有严重政治问题的文章、演说、宣言、声明等；

（二）妄议党中央大政方针，破坏党的集中统一；

（三）丑化党和国家形象，或者诋毁、诬蔑党和国家领导人、英雄模范，或者歪曲党的历史、中华人民共和国历史、人民军队历史。

发布、播出、刊登、出版前款所列内容或者为上述行为提供方便条件的，对直接责任者和领导责任者，给予严重警告或者撤销党内职务处分；情节严重的，给予留党察看或者开除党籍处分。

第五十二条 制作、贩卖、传播第五十条、第五十一条所列内容之一的报刊、书籍、音像制品、电子读物，以及网络文本、图片、音频、视频资料等，情节较轻的，给予警告或者严重警告处分；情节较重的，给予撤销党内职务或者留党察看处分；情节严重的，给予开除党籍处分。

私自携带、寄递第五十条、第五十一条所列内容之一的报刊、书籍、音像制品、电子读物等入出境，情节较重的，给予警告或者严重警告处分；情节严重的，给予撤销党内职务、留党察看或者开除党籍处分。

私自阅看、浏览、收听第五十条、第五十一条所列内容之一的报刊、书籍、音像制品、电子读物，以及网络文本、图片、音频、视频资料等，情节严重的，给予警告、严重警告或者撤销党内职务处分。

第五十三条 在党内组织秘密集团或者组织其他分裂党的活动的，给予开除党籍处分。

参加秘密集团或者参加其他分裂党的活动的，给予留党察看或者开除党籍处分。

第五十四条 在党内搞团团伙伙、结党营私、拉帮结派、政治攀附、培植个人势力等非组织活动，或者通过搞利益交换、为自己营造声势等活动捞取政治资本的，给予严重警告或者撤销党内职务处分；导致本地区、本部门、本单位政治生态恶化的，给予留党察看或者开除党籍处分。

第五十五条 搞投机钻营，结交政治骗子或者被政治骗子利用的，给予严重警告或者撤销党内职务处分；情节严重的，给予留党察看或者开除党籍处分。

充当政治骗子的，给予撤销党内职务、留党察看或者开除党籍处分。

第五十六条 党员领导干部在本人主政的地方或者分管的部门自行其是，搞山头主义，拒不执行党中央确定的大政方针，甚至背着党中央另搞一套的，给予撤销党内职务、留党察看或者开除党籍处分。

贯彻党中央决策部署只表态不落实，或者落实党中央决策部署不坚决，打折扣、搞变通，在政治上造成不良影响或者严重后果的，给予警告或者严重警告处分；情节严重的，给予撤销党内职务、留党察看或者开除党籍处分。

不顾党和国家大局，搞部门或者地方保护主义的，依照前款规定处理。

第五十七条 党员领导干部政绩观错位，违背新发展理念、背离高质量发展要求，给党、国家和人民利益造成较大损失的，给予警告或者严重警告处分；情节较重的，给予撤销党内职务或者留党察看处分；情节严重的，给予开除党籍处分。

搞劳民伤财的“形象工程”、“政绩工程”的，从重或者加重处分。

第五十八条 对党不忠诚不老实，表里不一，阳奉阴违，欺上瞒下，搞两面派，做两面人，在政治上造成不良影响的，给予警告或者严重警告处分；情节较重的，给予撤销党内职务或者留党察看处分；情节严重的，给予开除党籍处分。

第五十九条 制造、散布、传播政治谣言，破坏党的团结统一的，给予警告或者严重警告处分；情节较重的，给予撤销党内职务或者留党察看处分；情节严重的，给予开除党籍处分。

政治品行恶劣，匿名诬告，有意陷害或者制造其他谣言，造成损害或者不良影响的，依照前款规定处理。

第六十条 擅自对应当由党中央决定的重大政策问题作出决定、对外发表主张的，对直接责任者和领导责任者，给予严重警告或者撤销党内职务处分；情节严重的，给予留党察看或者开除党籍处分。

第六十一条 不按照有关规定向组织请示、报告重大事项，对直接责任者和领导责任者，情节较重的，给予警告或者严重警告处分；情节严重的，给予撤销党内职务或者留党察看处分。

第六十二条 干扰巡视巡察工作或者不落实巡视巡察整改要求，对直接责任者和领导责任者，情节较轻的，给予警告或者严重警告处分；情节较重的，给予撤销党内职务或者留党察看处分；情节严重的，给予开除党籍处分。

第六十三条 对抗组织审查，有下列行为之一的，给予警告或者严重警告处分；情节较重的，给予撤销党内职务或者留党察看处分；情节严重的，给予开除党籍处分：

（一）串供或者伪造、销毁、转移、隐匿证据；

（二）阻止他人揭发检举、提供证据材料；

（三）包庇同案人员；

（四）向组织提供虚假情况，掩盖事实；

（五）其他对抗组织审查行为。

第六十四条 组织、参加反对党的基本理论、基本路线、基本方略或者重大方针政策的集会、游行、示威等活动的，或者以组织讲座、论坛、报告会、座谈会等方式，反对党的基本理论、基本路线、基本方略或者重大方针政策，造成严重不良影响的，对策划者、组织者和骨干分子，给予开除党籍处分。

对其他参加人员或者以提供信息、资料、财物、场地等方式支持上述活动者，情节较轻的，给予警告或者严重警告处分；情节较重的，给予撤销党内职务或者留党察看处分；情节严重的，给予开除党籍处分。

对不明真相被裹挟参加，经批评教育后确有悔改表现的，可以免予处分或者不予处分。

未经组织批准参加其他集会、游行、示威等活动，情节较轻的，给予警告或者严重警告处分；情节较重的，给予撤销党内职务或者留党察看处分；情节严重的，给予开除党籍处分。

第六十五条 组织、参加旨在反对党的领导、反对社会主义制度或者敌视政府等组织的，对策划者、组织者和骨干分子，给予开除党籍处分。

对其他参加人员，情节较轻的，给予警告或者严重警告处分；情节较重的，给予撤销党内职务或者留党察看处分；情节严重的，给予开除党籍处分。

第六十六条 组织、参加会道门或者邪教组织的，对策划者、组织者和骨干分子，给予开除党籍处分。

对其他参加人员，情节较轻的，给予警告或者严重警告处分；情节较重的，给予撤销党内职务或者留党察看处分；情节严重的，给予开除党籍处分。

对不明真相的参加人员，经批评教育后确有悔改表现的，可以免予处分或者不予处分。

第六十七条 从事、参与挑拨破坏民族关系制造事端或者参加民族分裂活动的，对策划者、组织者和骨干分子，给予开除党籍处分。

对其他参加人员，情节较轻的，给予警告或者严重警告处分；情节较重的，给予撤销党内职务或者留党察看处分；情节严重的，给予开除党籍处分。

对不明真相被裹挟参加，经批评教育后确有悔改表现的，可以免予处分或者不予处分。

有其他违反党和国家民族政策的行为，情节较轻的，给予警告或者严重警告处分；情节较重的，给予撤销党内职务或者留党察看处分；情节严重的，给予开除党籍处分。

第六十八条 组织、利用宗教活动反对党的理论、路线、方针、政策和决议，破坏民族团结的，对策划者、组织者和骨干分子，给予开除党籍处分。

对其他参加人员，给予撤销党内职务或者留党察看处分；情节严重的，给予开除党籍处分。

对不明真相被裹挟参加，经批评教育后确有悔改表现的，可以免予处分或者不予处分。

有其他违反党和国家宗教政策的行为，情节较轻的，给予警告或者严重警告处分；情节较重的，给予撤销党内职务或者留党察看处分；情节严重的，给予开除党籍处分。

第六十九条 对信仰宗教的党员，应当加强思想教育，要求其限期改正；经党组织帮助教育仍没有转变的，应当劝其退党；劝而不退的，予以除名；参与利用宗教搞煽动活动的，给予开除党籍处分。

第七十条 组织迷信活动的，给予撤销党内职务或者留党察看处分；情节严重的，给予开除党籍处分。

参加迷信活动或者个人搞迷信活动，造成不良影响的，给予警告或者严重警告处分；情节较重的，给予撤销党内职务或者留党察看处分；情节严重的，给予开除党籍处分。

对不明真相的参加人员，经批评教育后确有悔改表现的，可以免予处分或者不予处分。

第七十一条 组织、利用宗族势力对抗党和政府，妨碍党和国家的方针政策以及决策部署的实施，或者破坏党的基层组织建设的，对策划者、组织者和骨干分子，给予开除党籍处分。

对其他参加人员，给予撤销党内职务或者留党察看处分；情节严重的，给予开除党籍处分。

对不明真相被裹挟参加，经批评教育后确有悔改表现的，可以免予处分或者不予处分。

第七十二条 在国（境）外、外国驻华使（领）馆申请政治避难，或者违纪后逃往国（境）外、外国驻华使（领）馆的，给予开除党籍处分。

在国（境）外公开发表反对党和政府的文章、演说、宣言、声明等的，依照前款规定处理。

故意为上述行为提供方便条件的，给予留党察看或者开除党籍处分。

第七十三条 在涉外活动中，其言行在政治上造成恶劣影响，损害党和国家尊严、利益的，给予撤销党内职务或者留党察看处分；情节严重的，给予开除党籍处分。

第七十四条 不履行全面从严治党主体责任、监督责任或者履行全面从严治党主体责任、监督责任不力，给党组织造成严重损害或者严重不良影响的，对直接责任者和领导责任者，给予警告或者严重警告处分；情节严重的，给予撤销党内职务或者留党察看处分。

第七十五条 党员领导干部对违反政治纪律和政治规矩等错误思想和行为不报告、不抵制、不斗争，放任不管，搞无原则一团和气，造成不良影响的，给予警告或者严重警告处分；情节严重的，给予撤销党内职务或者留党察看处分。

第七十六条 违反党的优良传统和工作惯例等党的规矩，在政治上造成不良影响或者严重后果的，给予警告或者严重警告处分；情节较重的，给予撤销党内职务或者留党察看处分；情节严重的，给予开除党籍处分。

第七章　对违反组织纪律行为的处分

第七十七条 违反民主集中制原则，有下列行为之一的，给予警告或者严重警告处分；情节严重的，给予撤销党内职务或者留党察看处分：

（一）拒不执行或者擅自改变党组织作出的重大决定；

（二）违反议事规则，个人或者少数人决定重大问题；

（三）故意规避集体决策，决定重大事项、重要干部任免、重要项目安排和大额资金使用；

（四）借集体决策名义集体违规。

第七十八条 下级党组织拒不执行或者擅自改变上级党组织决定的，对直接责任者和领导责任者，给予警告或者严重警告处分；情节严重的，给予撤销党内职务或者留党察看处分。

第七十九条 拒不执行党组织的分配、调动、交流等决定的，给予警告、严重警告或者撤销党内职务处分。

在特殊时期或者紧急状况下，拒不执行党组织上述决定的，给予留党察看或者开除党籍处分。

第八十条 在党组织纪律审查中，依法依规负有作证义务的党员拒绝作证或者故意提供虚假情况，情节较重的，给予警告或者严重警告处分；情节严重的，给予撤销党内职务、留党察看或者开除党籍处分。

第八十一条 有下列行为之一，情节较重的，给予警告或者严重警告处分：

（一）违反个人有关事项报告规定，隐瞒不报；

（二）在组织进行谈话函询时，不如实向组织说明问题；

（三）不按要求报告或者不如实报告个人去向；

（四）不如实填报个人档案资料。

有前款第二项规定的行为，同时向组织提供虚假情况、掩盖事实的，依照本条例第六十三条规定处理。

篡改、伪造个人档案资料的，给予严重警告处分；情节严重的，给予撤销党内职务或者留党察看处分。

隐瞒入党前严重错误的，一般应当予以除名；对入党多年且一贯表现好，或者在工作中作出突出贡献的，给予严重警告、撤销党内职务或者留党察看处分。

第八十二条 党员领导干部违反有关规定组织、参加自发成立的老乡会、校友会、战友会等，情节严重的，给予警告、严重警告或者撤销党内职务处分。

第八十三条 有下列行为之一的，给予警告或者严重警告处分；情节较重的，给予撤销党内职务或者留党察看处分；情节严重的，给予开除党籍处分：

（一）在民主推荐、民主测评、组织考察和党内选举中搞拉票、助选等非组织活动；

（二）在法律规定的投票、选举活动中违背组织原则搞非组织活动，组织、怂恿、诱使他人投票、表决；

（三）在选举中进行其他违反党章、其他党内法规和有关章程活动。

搞有组织的拉票贿选，或者用公款拉票贿选的，从重或者加重处分。

第八十四条 在干部选拔任用工作中，有任人唯亲、排斥异己、封官许愿、说情干预、跑官要官、突击提拔或者调整干部等违反干部选拔任用规定行为，对直接责任者和领导责任者，情节较轻的，给予警告或者严重警告处分；情节较重的，给予撤销党内职务或者留党察看处分；情节严重的，给予开除党籍处分。

用人失察失误造成严重后果的，对直接责任者和领导责任者，依照前款规定处理。

第八十五条 在推进领导干部能上能下工作中，搞好人主义，有下列行为之一，对直接责任者和领导责任者，情节较重的，给予警告或者严重警告处分；情节严重的，给予撤销党内职务或者留党察看处分：

（一）以党纪政务等处分规避组织调整；

（二）以组织调整代替党纪政务等处分；

（三）其他避重就轻作出处理行为。

第八十六条 在干部、职工的录用、考核、职务职级晋升、职称评聘、荣誉表彰，授予学术称号和征兵、安置退役军人等工作中，隐瞒、歪曲事实真相，或者利用职权或者职务上的影响违反有关规定为本人或者其他人谋取利益的，给予警告或者严重警告处分；情节较重的，给予撤销党内职务或者留党察看处分；情节严重的，给予开除党籍处分。

弄虚作假，骗取职务、职级、职称、待遇、资格、学历、学位、荣誉、称号或者其他利益的，依照前款规定处理。

第八十七条 侵犯党员的表决权、选举权和被选举权，情节较重的，给予警告或者严重警告处分；情节严重的，给予撤销党内职务处分。

以强迫、威胁、欺骗、拉拢等手段，妨害党员自主行使表决权、选举权和被选举权的，给予撤销党内职务、留党察看或者开除党籍处分。

第八十八条 有下列行为之一的，对直接责任者和领导责任者，给予警告或者严重警告处分；情节较重的，给予撤销党内职务或者留党察看处分；情节严重的，给予开除党籍处分：

（一）对批评、检举、控告进行阻挠、压制，或者将批评、检举、控告材料私自扣压、销毁，或者故意将其泄露给他人；

（二）对党员的申辩、辩护、作证等进行压制，造成不良后果；

（三）压制党员申诉，造成不良后果，或者不按照有关规定处理党员申诉；

（四）其他侵犯党员权利行为，造成不良后果。

对批评人、检举人、控告人、证人及其他人员打击报复的，从重或者加重处分。

第八十九条 违反党章和其他党内法规的规定，采取弄虚作假或者其他手段把不符合党员条件的人发展为党员，或者为非党员出具党员身份证明的，对直接责任者和领导责任者，给予警告或者严重警告处分；情节严重的，给予撤销党内职务处分。

违反有关规定程序发展党员的，对直接责任者和领导责任者，依照前款规定处理。

第九十条 违反有关规定取得外国国籍或者获取国（境）外永久居留资格、长期居留许可的，给予撤销党内职务、留党察看或者开除党籍处分。

第九十一条 违反有关规定办理因私出国（境）证件、前往港澳通行证，或者未经批准出入国（边）境，情节较轻的，给予警告或者严重警告处分；情节较重的，给予撤销党内职务或者留党察看处分；情节严重的，给予开除党籍处分。

虽经批准因私出国（境）但存在擅自变更路线、无正当理由超期未归等超出批准范围出国（境）行为，情节较重的，给予警告或者严重警告处分；情节严重的，给予撤销党内职务处分。

第九十二条 驻外机构或者临时出国（境）团（组）中的党员擅自脱离组织，或者从事外事、机要、军事等工作的党员违反有关规定同国（境）外机构、人员联系和交往的，给予警告、严重警告或者撤销党内职务处分。

第九十三条 驻外机构或者临时出国（境）团（组）中的党员，脱离组织出走时间不满六个月又自动回归的，给予撤销党内职务或者留党察看处分；脱离组织出走时间超过六个月的，按照自行脱党处理，党内予以除名。

故意为他人脱离组织出走提供方便条件的，给予警告、严重警告或者撤销党内职务处分。

第八章 对违反廉洁纪律行为的处分

第九十四条 党员干部必须正确行使人民赋予的权力，清正廉洁，反对特权思想和特权现象，反对任何滥用职权、谋求私利的行为。

利用职权或者职务上的影响为他人谋取利益，本人的配偶、子女及其配偶等亲属和其他特定关系人收受对方财物，情节较重的，给予警告或者严重警告处分；情节严重的，给予撤销党内职务、留党察看或者开除党籍处分。

第九十五条 相互利用职权或者职务上的影响为对方及其配偶、子女及其配偶等亲属、身边工作人员和其他特定关系人谋取利益搞权权交易的，给予警告或者严重警告处分；情节较重的，给予撤销党内职务或者留党察看处分；情节严重的，给予开除党籍处分。

第九十六条 纵容、默许配偶、子女及其配偶等亲属、身边工作人员和其他特定关系人利用党员干部本人职权或者职务上的影响谋取私利，情节较轻的，给予警告或者严重警告处分；情节较重的，给予撤销党内职务或者留党察看处分；情节严重的，给予开除党籍处分。

党员干部的配偶、子女及其配偶等亲属和其他特定关系人不实际工作而获取薪酬或者虽实际工作但领取明显超出同职级标准薪酬，党员干部知情未予纠正的，依照前款规定处理。

第九十七条 收受可能影响公正执行公务的礼品、礼金、消费卡（券）和有价证券、股权、其他金融产品等财物，情节较轻的，给予警告或者严重警告处分；情节较重的，给予撤销党内职务或者留党察看处分；情节严重的，给予开除党籍处分。

收受其他明显超出正常礼尚往来的财物的，依照前款规定处理。

第九十八条 向从事公务的人员及其配偶、子女及其配偶等亲属和其他特定关系人赠送明显超出正常礼尚往来的礼品、礼金、消费卡（券）和有价证券、股权、其他金融产品等财物，情节较重的，给予警告或者严重警告处分；情节严重的，给予撤销党内职务或者留党察看处分。

以讲课费、课题费、咨询费等名义变相送礼的，依照前款规定处理。

第九十九条 借用管理和服务对象的钱款、住房、车辆等，可能影响公正执行公务，情节较重的，给予警告或者严重警告处分；情节严重的，给予撤销党内职务、留党察看或者开除党籍处分。

通过民间借贷等金融活动获取大额回报，可能影响公正执行公务的，依照前款规定处理。

第一百条 利用职权或者职务上的影响操办婚丧喜庆事宜，造成不良影响的，给予警告或者严重警告处分；情节严重的，给予撤销党内职务处分；借机敛财或者有其他侵犯国家、集体和人民利益行为的，从重或者加重处分，直至开除党籍。

第一百零一条　接受、提供可能影响公正执行公务的宴请或者旅游、健身、娱乐等活动安排，情节较重的，给予警告或者严重警告处分；情节严重的，给予撤销党内职务或者留党察看处分。

第一百零二条　违反有关规定取得、持有、实际使用运动健身卡、会所和俱乐部会员卡、高尔夫球卡等各种消费卡（券），或者违反有关规定出入私人会所，情节较重的，给予警告或者严重警告处分；情节严重的，给予撤销党内职务或者留党察看处分。

第一百零三条　违反有关规定从事营利活动，有下列行为之一，情节较轻的，给予警告或者严重警告处分；情节较重的，给予撤销党内职务或者留党察看处分；情节严重的，给予开除党籍处分：

（一）经商办企业；

（二）拥有非上市公司（企业）的股份或者证券；

（三）买卖股票或者进行其他证券投资；

（四）从事有偿中介活动；

（五）在国（境）外注册公司或者投资入股；

（六）其他违反有关规定从事营利活动的行为。

利用参与企业重组改制、定向增发、兼并投资、土地使用权出让等工作中掌握的信息买卖股票，利用职权或者职务上的影响通过购买信托产品、基金等方式非正常获利的，依照前款规定处理。

违反有关规定在经济组织、社会组织等单位中兼职，或者经批准兼职但获取薪酬、奖金、津贴等额外利益的，依照第一款规定处理。

第一百零四条　利用职权或者职务上的影响，为配偶、子女及其配偶等亲属和其他特定关系人在审批监管、资源开发、金融信贷、大宗采购、土地使用权出让、房地产开发、工程招投标以及公共财政收支等方面谋取利益，情节较轻的，给予警告或者严重警告处分；情节较重的，给予撤销党内职务或者留党察看处分；情节严重的，给予开除党籍处分。

利用职权或者职务上的影响，为配偶、子女及其配偶等亲属和其他特定关系人吸收存款、推销金融产品、经营名贵特产类特殊资源等提供帮助谋取利益的，依照前款规定处理。

第一百零五条 离职或者退（离）休后违反有关规定接受原任职务管辖的地区和业务范围内或者与原工作业务直接相关的企业和中介机构等单位的聘用，或者个人从事与原任职务管辖业务或者与原工作业务直接相关的营利活动，情节较轻的，给予警告或者严重警告处分；情节较重的，给予撤销党内职务处分；情节严重的，给予留党察看处分。

党员领导干部离职或者退（离）休后违反有关规定担任上市公司、基金管理公司独立董事、独立监事等职务，情节较轻的，给予警告或者严重警告处分；情节较重的，给予撤销党内职务处分；情节严重的，给予留党察看处分。

第一百零六条 离职或者退（离）休后利用原职权或者职务上的影响，为配偶、子女及其配偶等亲属和其他特定关系人从事经营活动谋取利益，情节较轻的，给予警告或者严重警告处分；情节较重的，给予撤销党内职务或者留党察看处分；情节严重的，给予开除党籍处分。

离职或者退（离）休后利用原职权或者职务上的影响为他人谋取利益，本人的配偶、子女及其配偶等亲属和其他特定关系人收受对方财物，情节较重的，给予警告或者严重警告处分；情节严重的，给予撤销党内职务、留党察看或者开除党籍处分。

第一百零七条 党员领导干部的配偶、子女及其配偶，违反有关规定在该党员领导干部管辖的地区和业务范围内从事可能影响其公正执行公务的经营活动，或者有其他违反经商办企业禁业规定行为的，该党员领导干部应当按照规定予以纠正；拒不纠正的，其本人应当辞去现任职务或者由组织予以调整职务；不辞去现任职务或者不服从组织调整职务的，给予撤销党内职务处分。

第一百零八条 党和国家机关违反有关规定经商办企业的，对直接责任者和领导责任者，给予警告或者严重警告处分；情节严重的，给予撤销党内职务处分。

第一百零九条 党员领导干部违反工作、生活保障制度，在交通、医疗、警卫等方面为本人、配偶、子女及其配偶等亲属、身边工作人员和其他特定关系人谋求特殊待遇，情节较重的，给予警告或者严重警告处分；

情节严重的，给予撤销党内职务或者留党察看处分。

第一百一十条 在分配、购买住房中侵犯国家、集体利益，情节较轻的，给予警告或者严重警告处分；情节较重的，给予撤销党内职务或者留党察看处分；情节严重的，给予开除党籍处分。

第一百一十一条 利用职权或者职务上的影响，侵占非本人经管的公私财物，或者以象征性地支付钱款等方式侵占公私财物，或者无偿、象征性地支付报酬接受服务、使用劳务，情节较轻的，给予警告或者严重警告处分；情节较重的，给予撤销党内职务或者留党察看处分；情节严重的，给予开除党籍处分。

利用职权或者职务上的影响，将应当由本人、配偶、子女及其配偶等亲属、身边工作人员和其他特定关系人个人支付的费用，由下属单位、其他单位或者他人支付、报销的，依照前款规定处理。

第一百一十二条 利用职权或者职务上的影响，违反有关规定占用公物归个人使用，时间超过六个月，情节较重的，给予警告或者严重警告处分；情节严重的，给予撤销党内职务处分。

占用公物进行营利活动的，给予警告或者严重警告处分；情节较重的，给予撤销党内职务或者留党察看处分；情节严重的，给予开除党籍处分。

将公物借给他人进行营利活动的，依照前款规定处理。

第一百一十三条 违反有关规定组织、参加用公款支付的宴请、娱乐、健身活动，或者用公款购买赠送或者发放礼品、消费卡（券）等，对直接责任者和领导责任者，情节较轻的，给予警告或者严重警告处分；情节较重的，给予撤销党内职务或者留党察看处分；情节严重的，给予开除党籍处分。

第一百一十四条 违反有关规定自定薪酬或者滥发津贴、补贴、奖金、福利等，对直接责任者和领导责任者，情节较轻的，给予警告或者严重警告处分；情节较重的，给予撤销党内职务或者留党察看处分；情节严重的，给予开除党籍处分。

第一百一十五条 有下列行为之一，对直接责任者和领导责任者，情节较轻的，给予警告或者严重警告处分；情节较重的，给予撤销党内职务或者留党察看处分；情节严重的，给予开除党籍处分：

（一）公款旅游或者以学习培训、考察调研、职工疗养等为名变相公款旅游；

（二）改变公务行程，借机旅游；

（三）参加所管理企业、下属单位组织的考察活动，借机旅游。

以考察、学习、培训、研讨、招商、参展等名义变相用公款出国（境）旅游的，对直接责任者和领导责任者，依照前款规定处理。

第一百一十六条 违反接待管理规定，超标准、超范围接待或者借机大吃大喝，对直接责任者和领导责任者，情节较重的，给予警告或者严重警告处分；情节严重的，给予撤销党内职务处分。

第一百一十七条 违反有关规定配备、购买、更换、装饰、使用公务交通工具或者有其他违反公务交通工具管理规定的行为，对直接责任者和领导责任者，情节较重的，给予警告或者严重警告处分；情节严重的，给予撤销党内职务或者留党察看处分。

第一百一十八条 违反会议活动管理规定，有下列行为之一，对直接责任者和领导责任者，情节较重的，给予警告或者严重警告处分；情节严重的，给予撤销党内职务处分：

（一）到禁止召开会议的风景名胜区开会；

（二）决定或者批准举办各类节会、庆典活动；

（三）其他违反会议活动管理规定行为。

擅自举办评比达标表彰、创建示范活动或者借评比达标表彰、创建示范活动收取费用的，对直接责任者和领导责任者，依照前款规定处理。

第一百一十九条 违反办公用房管理等规定，有下列行为之一，对直接责任者和领导责任者，情节较重的，给予警告或者严重警告处分；情节严重的，给予撤销党内职务处分：

（一）决定或者批准兴建、装修办公楼、培训中心等楼堂馆所；

（二）超标准配备、使用办公用房；

（三）未经批准租用、借用办公用房；

（四）用公款包租、占用客房或者其他场所供个人使用；

（五）其他违反办公用房管理等规定行为。

第一百二十条 搞权色交易或者给予财物搞钱色交易的，给予警告或者严重警告处分；情节较重的，给予撤销党内职务或者留党察看处分；情节严重的，给予开除党籍处分。

第一百二十一条 有其他违反廉洁纪律规定行为的，应当视具体情节给予警告直至开除党籍处分。

第九章 对违反群众纪律行为的处分

第一百二十二条 有下列行为之一，对直接责任者和领导责任者，情节较轻的，给予警告或者严重警告处分；情节较重的，给予撤销党内职务或者留党察看处分；情节严重的，给予开除党籍处分：

（一）超标准、超范围向群众筹资筹劳、摊派费用，加重群众负担；

（二）违反有关规定扣留、收缴群众款物或者处罚群众；

（三）克扣群众财物，或者违反有关规定拖欠群众钱款；

（四）在管理、服务活动中违反有关规定收取费用；

（五）在办理涉及群众事务时刁难群众、吃拿卡要；

（六）其他侵害群众利益行为。

在乡村振兴领域有上述行为的，从重或者加重处分。

第一百二十三条 干涉生产经营自主权，致使群众财产遭受较大损失的，对直接责任者和领导责任者，给予警告或者严重警告处分；情节严重的，给予撤销党内职务或者留党察看处分。

第一百二十四条 在社会保障、社会救助、政策扶持、救灾救济款物分配等事项中优亲厚友、明显有失公平的，给予警告或者严重警告处分；情节较重的，给予撤销党内职务或者留党察看处分；情节严重的，给予开除党籍处分。

第一百二十五条 利用宗族或者黑恶势力等欺压群众，或者纵容涉黑涉恶活动、为黑恶势力充当“保护伞”的，给予撤销党内职务或者留党察看处分；情节严重的，给予开除党籍处分。

第一百二十六条 有下列行为之一，对直接责任者和领导责任者，情节较重的，给予警告或者严重警告处分；情节严重的，给予撤销党内职务或者留党察看处分：

（一）对涉及群众生产、生活等切身利益的问题依照政策或者有关规定能解决而不及时解决，庸懒无为、效率低下，造成不良影响；

（二）对符合政策的群众诉求消极应付、推诿扯皮，损害党群、干群关系；

（三）对待群众态度恶劣、简单粗暴，造成不良影响；

（四）弄虚作假，欺上瞒下，损害群众利益；

（五）其他不作为、乱作为、慢作为、假作为等损害群众利益行为。

第一百二十七条 遇到国家财产和群众生命财产受到严重威胁时，能救而不救，情节较重的，给予警告、严重警告或者撤销党内职务处分；情节严重的，给予留党察看或者开除党籍处分。

第一百二十八条 不按照规定公开党务、政务、厂务、村（居）务等，侵犯群众知情权，对直接责任者和领导责任者，情节较重的，给予警告或者严重警告处分；情节严重的，给予撤销党内职务或者留党察看处分。

第一百二十九条 有其他违反群众纪律规定行为的，应当视具体情节给予警告直至开除党籍处分。

第十章 对违反工作纪律行为的处分

第一百三十条 工作中不负责任或者疏于管理，贯彻执行、检查督促落实上级决策部署不力，给党、国家和人民利益以及公共财产造成较大损失的，对直接责任者和领导责任者，给予警告或者严重警告处分；造成重大损失的，给予撤销党内职务、留党察看或者开除党籍处分。

党员领导干部对于到任前已经存在且属于其职责范围内的问题，消极回避、推卸责任，造成严重损害或者严重不良影响的，依照前款规定处理。

第一百三十一条 工作中不敢斗争、不愿担当，面对重大矛盾冲突、危机困难临阵退缩，造成不良影响或者严重后果的，给予警告或者严重警告处分；情节严重的，给予撤销党内职务、留党察看或者开除党籍处分。

第一百三十二条 有下列行为之一，造成严重损害或者严重不良影响的，对直接责任者和领导责任者，给予警告或者严重警告处分；情节较重的，给予撤销党内职务或者留党察看处分；情节严重的，给予开除党籍处分：

（一）热衷于搞舆论造势、浮在表面；

（二）单纯以会议贯彻会议、以文件落实文件，在实际工作中不见诸行动；

（三）脱离实际，不作深入调查研究，搞随意决策、机械执行；

（四）违反精文减会有关规定搞文山会海；

（五）在督查检查考核等工作中搞层层加码、过度留痕，增加基层工作负担；

（六）工作中其他形式主义、官僚主义行为。

第一百三十三条 在公务活动用餐、单位食堂用餐管理工作中不履行或者不正确履行宣传教育、监督管理职责，导致餐饮浪费，造成严重不良影响的，对直接责任者和领导责任者，给予警告或者严重警告处分；情节严重的，给予撤销党内职务处分。

第一百三十四条 在机构编制工作中，有下列行为之一，造成不良影响或者严重后果的，对直接责任者和领导责任者，给予警告或者严重警告处分；情节较重的，给予撤销党内职务或者留党察看处分；情节严重的，给予开除党籍处分：

（一）擅自超出“三定”规定范围调整职责、设置机构、核定领导职数和配备人员；

（二）违规干预地方机构设置；

（三）其他违反机构编制管理规定行为。

第一百三十五条 在信访工作中，有下列行为之一，造成不良影响或者严重后果的，对直接责任者和领导责任者，给予警告或者严重警告处分；情节较重的，给予撤销党内职务或者留党察看处分；情节严重的，给予开除党籍处分：

（一）不按照规定受理、办理信访事项；

（二）对规模性集体访等处置不力，导致事态扩大；

（三）对党委和政府信访部门提出的改进工作、完善政策等建议重视不够、落实不力，导致问题长期得不到解决；

（四）其他不履行或者不正确履行信访工作职责行为。

不履行或者不正确履行职责，导致信访事项发生，造成不良影响或者严重后果的，对直接责任者和领导责任者，依照前款规定处理。

第一百三十六条 党组织有下列行为之一，对直接责任者和领导责任者，情节较重的，给予警告或者严重警告处分；情节严重的，给予撤销党内职务或者留党察看处分：

（一）党员被立案审查期间，擅自批准其出差、出国（境）、辞职，或者对其交流、提拔职务、晋升职级、进一步使用、奖励，或者办理退休手续；

（二）党员被依法追究刑事责任后，不按照规定给予党纪处分，或者对党员违反国家法律法规的行为，应当给予党纪处分而不处分；

（三）党纪处分决定或者申诉复查决定作出后，不按照规定落实决定中关于被处分人党籍、职务、职级、待遇等事项；

（四）党员受到党纪处分后，不按照干部管理权限和组织关系对受处分党员开展日常教育、管理和监督工作。

第一百三十七条 滥用问责，或者在问责工作中严重不负责任，造成不良影响的，对直接责任者和领导责任者，给予警告或者严重警告处分；情节严重的，给予撤销党内职务处分。

第一百三十八条 因工作不负责任致使所管理的人员叛逃的，对直接责任者和领导责任者，给予警告或者严重警告处分；情节严重的，给予撤销党内职务处分。

因工作不负责任致使所管理的人员出逃、出走，对直接责任者和领导责任者，情节较重的，给予警告或者严重警告处分；情节严重的，给予撤销党内职务处分。

第一百三十九条 进行统计造假，对直接责任者和领导责任者，情节较轻的，给予警告或者严重警告处分；情节较重的，给予撤销党内职务或者留党察看处分；情节严重的，给予开除党籍处分。

对统计造假失察，造成严重后果的，对直接责任者和领导责任者，给予警告或者严重警告处分；情节严重的，给予撤销党内职务、留党察看或者开除党籍处分。

第一百四十条 在上级检查、视察工作或者向上级汇报、报告工作时对应当报告的事项不报告或者不如实报告，造成严重损害或者严重不良影响的，对直接责任者和领导责任者，给予警告或者严重警告处分；情节严重的，给予撤销党内职务或者留党察看处分。

在上级检查、视察工作或者向上级汇报、报告工作时纵容、唆使、暗示、强迫下级说假话、报假情的，从重或者加重处分。

第一百四十一条 违反有关规定干预和插手市场经济活动，有下列行为之一，情节较轻的，给予警告或者严重警告处分；情节较重的，给予撤销党内职务或者留党察看处分；情节严重的，给予开除党籍处分：

（一）干预和插手建设工程项目承发包、土地使用权出让、政府采购、房地产开发与经营、矿产资源开发利用、中介机构服务等活动；

（二）干预和插手国有企业重组改制、兼并、破产、产权交易、清产核资、资产评估、资产转让、重大项目投资以及其他重大经营活动等事项；

（三）干预和插手批办各类行政许可和资金借贷等事项；

（四）干预和插手经济纠纷；

（五）干预和插手集体资金、资产和资源的使用、分配、承包、租赁等事项。

第一百四十二条 违反有关规定干预和插手司法活动、执纪执法活动，向有关地方或者部门打听案情、打招呼、说情，或者以其他方式对司法活动、执纪执法活动施加影响，情节较轻的，给予严重警告处分；情节较重的，给予撤销党内职务或者留党察看处分；情节严重的，给予开除党籍处分。

违反有关规定干预和插手公共财政资金分配、项目立项评审、功勋荣誉表彰奖励等活动，造成重大损失或者不良影响的，依照前款规定处理。

第一百四十三条 按照有关规定对干预和插手行为负有报告和登记义务的受请托人，不按照规定报告或者登记，情节较重的，给予警告或者严重警告处分；情节严重的，给予撤销党内职务处分。

第一百四十四条 泄露、扩散或者打探、窃取党组织关于干部选拔任用、纪律审查、巡视巡察等尚未公开事项或者其他应当保密的内容的，给予警告或者严重警告处分；情节较重的，给予撤销党内职务或者留党察看处分；情节严重的，给予开除党籍处分。

私自留存涉及党组织关于干部选拔任用、纪律审查、巡视巡察等方面资料，情节较重的，给予警告或者严重警告处分；情节严重的，给予撤销党内职务处分。

第一百四十五条 在考试、录取工作中，有泄露试题、考场舞弊、涂改考卷、违规录取等违反有关规定行为的，给予警告或者严重警告处分；情节较重的，给予撤销党内职务或者留党察看处分；情节严重的，给予开除党籍处分。

第一百四十六条 以不正当方式谋求本人或者其他人用公款出国（境），情节较轻的，给予警告处分；情节较重的，给予严重警告处分；情节严重的，给予撤销党内职务处分。

第一百四十七条 临时出国（境）团（组）或者人员中的党员，擅自延长在国（境）外期限，或者擅自变更路线的，对直接责任者和领导责任者，给予警告或者严重警告处分；情节严重的，给予撤销党内职务处分。

第一百四十八条 驻外机构或者临时出国（境）团（组）中的党员，触犯驻在国家、地区的法律、法令或者不尊重驻在国家、地区的宗教习俗，情节较重的，给予警告或者严重警告处分；情节严重的，给予撤销党内职务、留党察看或者开除党籍处分。

第一百四十九条 在党的纪律检查、组织、宣传、统一战线工作以及机关工作等其他工作中，不履行或者不正确履行职责，造成损失或者不良影响的，应当视具体情节给予警告直至开除党籍处分。

第十一章　对违反生活纪律行为的处分

第一百五十条 生活奢靡、铺张浪费、贪图享乐、追求低级趣味，造成不良影响的，给予警告或者严重警告处分；情节严重的，给予撤销党内职务处分。

第一百五十一条 与他人发生不正当性关系，造成不良影响的，给予警告或者严重警告处分；情节较重的，给予撤销党内职务或者留党察看处分；情节严重的，给予开除党籍处分。

利用职权、教养关系、从属关系或者其他相类似关系与他人发生性关系的，从重处分。

第一百五十二条 党员领导干部不重视家风建设，对配偶、子女及其配偶失管失教，造成不良影响或者严重后果的，给予警告或者严重警告处分；情节严重的，给予撤销党内职务处分。

第一百五十三条 违背社会公序良俗，在公共场所、网络空间有不当言行，造成不良影响的，给予警告或者严重警告处分；情节较重的，给予撤销党内职务或者留党察看处分；情节严重的，给予开除党籍处分。

第一百五十四条 有其他严重违反社会公德、家庭美德行为的，应当视具体情节给予警告直至开除党籍处分。

第三编 附 则

第一百五十五条 各省、自治区、直辖市党委可以根据本条例，结合各自工作的实际情况，制定单项实施规定。

第一百五十六条 中央军事委员会可以根据本条例，结合中国人民解放军和中国人民武装警察部队的实际情况，制定补充规定或者单项规定。

第一百五十七条 本条例由中央纪委负责解释。

第一百五十八条 本条例自2024年1月1日起施行。

本条例施行前，已结案的案件如需进行复查复议，适用当时的规定或者政策。尚未结案的案件，如果行为发生时的规定或者政策不认为是违纪，而本条例认为是违纪的，依照当时的规定或者政策处理；如果行为发生时的规定或者政策认为是违纪的，依照当时的规定或者政策处理，但是如果本条例不认为是违纪或者处理较轻的，依照本条例规定处理。

中国共产党党员权利保障条例

（2004年9月9日中共中央政治局常委会会议审议批准　2004年9月22日中共中央发布　2020年11月30日中共中央政治局会议修订　2020年12月25日中共中央发布）

第一章 总 则

第一条 为了坚持党的领导，加强党的建设，发扬党内民主，保障党员权利，增强党的生机活力，根据《中国共产党章程》，制定本条例。

第二条 党员权利保障坚持以马克思列宁主义、毛泽东思想、邓小平理论、“三个代表”重要思想、科学发展观、习近平新时代中国特色社会主义思想为指导，增强“四个意识”、坚定“四个自信”、做到“两个维护”，不忘初心、牢记使命，坚定不移全面从严治党，推动各级党组织落实和保障党员权利，激发广大党员的积极性、主动性、创造性，增强党的创造力、凝聚力、战斗力，永葆党的先进性和纯洁性，为全面建设社会主义现代化国家、实现中华民族伟大复兴作出贡献。

第三条 党员权利保障应当遵循以下原则：

（一）坚持民主和集中相结合，既激发党员参与党内事务的热情，又要求党员按照党性原则行使权利；

（二）坚持义务和权利相统一，切实履行党章规定的义务，正确行使各项权利，在宪法和法律的范围内活动；

（三）坚持在党的纪律面前人人平等，不允许任何党员享有特权；

（四）坚持充分全面保障党员权利，完善权利保障措施，畅通权利行使渠道，增强工作实效。

第四条 党组织必须尊重党员主体地位，强化管党治党政治责任，将党员权利保障融入新时代党的建设，严格按照党章和其他党内法规保障党员各项权利、完善党员权利保障制度机制。

党员应当增强党的观念和主体意识，将行使党章规定的权利作为对党应尽的责任，向党组织讲真话、讲实话、讲心里话，敢于担当、敢于负责，遵守纪律规矩，正确行使权利。

第五条 任何侵犯党员权利的行为必须受到追究。党组织应当以事实为根据、以党章党规党纪为准绳，对侵犯党员权利行为作出认定和处理。

第二章 党员权利的行使

第六条 党员享有的党章规定的各项权利必须受到尊重和保护，党的任何一级组织、任何党员都无权剥夺。预备党员除了没有表决权、选举权和被选举权以外，享有同正式党员一样的权利。

党员行使权利时不得侵犯其他党员的权利。

第七条 党员有党内知情权，有权按照规定参加党的有关会议、阅读党的有关文件，了解党的路线方针政策和决议，本人所在党组织贯彻党中央决策部署以及上级党组织决定、落实全面从严治党主体责任、开展重点工作情况以及其他党内事务。

第八条 党员有接受党的教育培训权，有权提出教育培训要求，参加党组织安排的集中学习教育、专题学习教育、集中轮训、脱产培训、网络培训。

第九条　党员有党内参加讨论权，有权在党的会议上和党报党刊上参加关于党的理论、政策的学习讨论，并充分发表意见；有权按照规定在党内参加有关重要决策和重要问题的讨论，参加党组织开展的征求意见等活动，反映真实情况，积极建言献策。

党员在讨论党的基本理论、基本路线、基本方略的过程中，应当自觉同党中央保持高度一致。

第十条　党员有党内建议和倡议权，有权以口头或者书面方式对本人所在党组织、上级党组织直至中央的各方面工作提出建议和倡议，有权按照规定在干部选拔任用中推荐优秀干部，在党组织巡视巡察、检查督查中对党的工作提出建议。

第十一条　党员有党内监督权，有权在党的会议上以口头或者书面方式有根据地批评党的任何组织和任何党员，揭露、要求纠正工作中存在的缺点和问题，在民主评议中指出领导干部和其他党员的缺点错误；有权向党组织反映对本人所在党组织、领导干部、其他党员的意见。党员以书面方式提出的批评意见应当按照规定送被批评者或者有关党组织。

党员有权向党组织负责地揭发、检举党的任何组织和任何党员的违纪违法事实，提出处理、处分有违纪违法行为党组织和党员的要求。

党员进行批评、揭发、检举以及提出处理、处分要求，应当通过组织渠道，不得随意扩散传播、网络散布，不得夸大和歪曲事实，更不得捏造事实、诬告陷害。

第十二条　党员有党内提出罢免撤换要求权，有权向所在党组织或者上级党组织反映领导干部不称职的情况，负责地提出罢免或者撤换不称职领导干部的要求。

党员提出罢免或者撤换要求应当严肃负责，按照组织原则，符合有关程序。

第十三条　党员有党内表决权，有权按照规定在党组织讨论决定问题时参加表决，在表决前了解情况，在讨论中充分发表意见。表决时可以表示赞成、不赞成或者弃权。

第十四条　党员有党内选举权，有权参加党内选举，了解候选人情况、要求改变候选人、不选任何一个候选人和另选他人。

党员有党内被选举权，有权经过规定程序成为候选人和当选。

第十五条 党员有党内申辩权，有权实事求是地对被反映的本人问题向党组织作出说明、解释；在基层党组织讨论决定对自身处分或者作出鉴定时，有权参加和进行申辩，其他党员可以为其作证和辩护。

第十六条 党员有党内提出不同意见权，对党的决议和政策如有不同意见，在坚决执行的前提下，有权向党组织声明保留，并且可以把自己的意见向党的上级组织直至中央反映；有权按照规定在党组织讨论决定"三重一大"事项或者征求意见、干部选拔任用以及公示等过程中提出不同意见。

党员不得公开发表同中央决定不一致的意见。

第十七条 党员有党内请求权，遇到重要问题需要党组织帮助解决的，有权按照规定程序逐级向本人所在党组织、上级党组织直至中央提出请求，并要求有关党组织给予负责的答复。

第十八条 党员有党内申诉权，对于党组织给予本人的处理、处分或者作出的鉴定、审查结论不服的，有权按照规定程序逐级向本人所在党组织、上级党组织直至中央提出申诉。

党员认为党组织给予其他党员的处理、处分或者作出的鉴定、审查结论不当的，有权按照规定程序逐级向党组织直至中央提出意见。

第十九条 党员有党内控告权，合法权益受到党组织或者其他党员侵害的，有权向本人所在党组织、上级党组织直至中央提出控告，要求对侵害其合法权益的行为依规依纪进行处理。

第三章 保障措施

第二十条 党组织应当按照规定确定党务公开的内容、方式和范围，保障党员及时了解党内事务。

党的代表大会、代表会议和党的委员会全体会议以及其他重要会议召开后，党组织应当按照规定将会议内容和精神向党员传达。党组织作出的决议决定应当按照规定及时向党员通报。

党组织应当按照规定为党员提供阅读党内有关文件的必要条件。党员因缺乏阅读能力或者其他原因无法直接阅读文件的，党组织应当按照规定向其传达文件精神。

第二十一条 党组织应当按照规定召开党员大会、党小组会、支部委员会会议和组织生活会，开展谈心谈话，组织民主评议，保障党员参加学习讨论、议事决策，进行批评和自我批评。

第二十二条 党组织应当按照规定、有计划地对党员进行教育和培训，深入开展党的创新理论教育，加强党性教育和理想信念教育，注重了解和掌握党员的学习需求，创新教育培训方式，有针对性地开展政策、科技、管理、法规等培训，保证党员接受教育培训的学时和质量。

第二十三条 党组织作出重要决议决定前，应当通过调研、论证、咨询等方式，充分征求党员意见，在党内凝聚共识、汇集智慧。党的路线方针政策和党中央重大决策部署、重要党内法规研究制定过程中，应当在一定范围内征求党员意见。党的地方组织、基层组织研究作出重要决议决定，应当在本级组织管辖的一定范围内征求党员意见。一般情况下，对于存在重大分歧的，应当在进一步调查研究、交换意见后再启动决策程序。

第二十四条 党组织应当积极利用党的会议、报刊、网站，为党员参加党的理论和政策讨论、发表认识体会、提出意见建议提供条件。注重汇总研究党员意见，用以加强和改进党的工作。下级党组织应当根据上级党组织的安排，组织党员参加讨论。

第二十五条 党组织应当紧扣新时代党建工作特点和党员权利保障要求，创新保障党员权利的方法手段，为党员行使权利提供便捷渠道。

第二十六条 党组织讨论决定问题必须坚持民主集中制，执行少数服从多数原则，决定重要问题应当按照规定进行表决。表决前应当充分讨论酝酿，表决情况和不同意见及其理由应当如实记录。

第二十七条 党组织应当支持和鼓励党员对党的工作提出建议和倡议。对于党员的建议和倡议，党组织应当认真听取、研究，合理的予以采纳；对于改进工作有重大帮助的，应当对提出建议和倡议的党员给予表扬。

党组织应当支持和保护向组织讲真话、报实情的党员，认真听取各种不同意见。对于持有不同意见的党员，只要本人坚决执行党的决议和政策，就不得对其歧视或者进行追究；对于持有错误意见的党员，应当进行批评、帮助、教育。

第二十八条 党组织应当健全党代表大会代表联系党员制度，支持和保障党代表大会代表加强与基层党员的联系，了解和反映党员意见和建议，听取党员对其履职的意见。领导干部应当认真执行直接联系党员制度，深入实际、深入基层，主动听取党员意见和诉求，及时回应党员关切。

第二十九条 党组织进行选举时，应当严格执行选举制度规则，充分体现选举人的意志。

党的任何组织和任何党员不得以任何方式妨碍党员在党内自主行使选举权和被选举权，不得阻挠有选举权和被选举权的人到场，不得以任何方式追查选举人的投票意向。

第三十条 党员被依法留置、逮捕的，党组织应当按照管理权限中止其表决权、选举权和被选举权等党员权利。根据监察机关、司法机关处理结果，可以恢复其党员权利的，应当及时予以恢复。

党员受留党察看处分期间，没有表决权、选举权和被选举权。留党察看期间确有悔改表现的，期满后应当恢复其党员权利。

党员被停止党籍的，党员权利相应停止。对于停止党籍的党员，符合条件的，可以按照规定程序恢复党籍和党员权利。

第三十一条 党组织在巡视巡察和检查督查中，可以通过个别谈话、召开座谈会、调查研究、受理来信来访等方式，广泛收集和听取党员意见建议。

被巡视巡察、检查督查的党组织应当保障党员反映意见的权利，不得妨碍党员反映问题、提出建议。

第三十二条 党组织应当严格落实党内民主监督各项制度，畅通监督渠道，支持和鼓励党员发扬斗争精神，同各种违纪违法行为和不正之风作斗争。对于党员的批评、揭发、检举、控告以及提出的有关处理、处分和罢免、撤换要求，党组织应当按照规定及时恰当处理，并给予负责的答复。

党组织应当保障检举控告人的权益，对检举控告人的信息以及检举控告内容必须严格保密，严禁将检举控告材料转给被检举控告的组织和人员。提倡和鼓励实名检举控告，对实名检举控告优先办理、优先处置，告知受理情况、反馈处理结果；对于检举控告严重违纪违法问题经查证属实的，应当给予表扬。

对于党员检举控告和反映的问题，任何党组织和领导干部都不准隐瞒不报、拖延不办。对于通过正常渠道反映问题的党员，任何组织和个人都不准打击报复，不准擅自进行追查，不准采取调离工作岗位、降格使用等惩罚措施。

第三十三条 党组织应当建立健全激励机制，把党员在推进改革中因缺乏经验、先行先试出现的失误错误，同明知故犯的违纪违法行为区分开来；把尚无明确限制的探索性试验中的失误错误，同明令禁止后依然我行我素的违纪违法行为区分开来；把为推动发展的无意过失，同为谋取私利的违纪违法行为区分开来。正确把握党员在工作中出现失误错误的性质和影响，给予实事求是、客观公正的处理，保护党员担当作为的积极性。

第三十四条 对于诬告陷害行为，党组织应当依规依纪严肃处理。对于经核查认定党员受到失实检举控告、确有必要澄清的，应当按照规定对检举控告失实的具体问题进行澄清。

第三十五条 在对党员进行监督执纪中应当充分保障党员权利，严格依规依纪依法开展工作，不得使用违反党章党规党纪和法律法规的手段、措施。对于本人的说明和申辩、其他党员所作的证明和辩护，应当认真听取、如实记录、及时核实，合理的予以采纳；不予采纳的，应当说明理由。党员实事求是的申辩、作证和辩护，应当受到保护。

处理、处分所依据的事实材料应当同本人见面。处理、处分的决定应当向本人宣布，并写明党员的申诉权以及受理申诉的组织等内容。事实材料和决定应当由本人签署意见，对签署不同意见或者拒不签署意见的，应当作出说明或者注明情况。

第三十六条 党组织对受到处理、处分的党员应当进行跟踪回访，教育引导他们正确认识、改正错误，放下包袱、积极工作。对于影响期满、表现好的党员，符合条件的应当正常使用。

第三十七条 党组织应当认真处理党员的申诉，并给予负责的答复。对于党员的申诉，有关党组织应当按照规定进行复议、复查，不得扣压。上级党组织认为必要时，可以直接或者指定有关党组织进行复议、复查。

经复议、复查或者审查决定，对于全部或者部分纠正的案件，重新作出的决定应当在一定范围内宣布。对于处理正确而本人拒不接受的，给予批评教育；对于无正当理由反复申诉的，有关党组织应当正式通知本人不再受理并在适当范围内宣布。

党员对党组织给予其他党员的处理、处分或者鉴定、审查结论提出的意见，有关党组织应当认真研究处理。

第三十八条 企业、农村和街道、社区等党的基层组织应当注重维护流动党员权利，加强和改进流动党员管理和服务工作，健全流出地、流入地党组织沟通协调机制，保障流动党员正常参加组织生活、行使党员权利。

第三十九条 党组织应当关心党员思想、工作、学习、生活，做好党内关怀帮扶工作。对于党员提出的请求应当及时受理，合理合规的应当及时解决，一时难以解决的应当说明情况，不属于党组织职责范围的可以向有关部门反映。

第四章 职责任务和责任追究

第四十条 党委（党组）必须落实全面从严治党主体责任，加强对党员权利保障工作的领导，严格执行党员权利保障方面的党内法规和制度措施；明确同级纪委和党的工作机关、直属单位以及相当于这一层级的党组（党委）的相关任务和要求，督促下级党组织和领导干部履行相关职责，及时发现和纠正党员权利保障工作中存在的问题；宣传党员权利保障方面的党内法规和政策要求，经常开展党员义务和权利教育，引导广大党员增强责任意识、正确行使权利。

第四十一条 党的纪律检查机关应当担负起保障党员权利的职责，加强对党组织和领导干部履行党员权利保障工作职责情况的监督检查，受理和处置有关党员权利保障方面的检举、控告和申诉，检查和处理侵犯党员权利方面的案件，对侵犯党员权利的党组织和党员作出处理、处分决定或者提出处理、处分建议。

第四十二条 党委办公厅（室）、组织部、宣传部、统战部、政法委员会和党的机关工作委员会等党的工作机关应当结合自身职能和工作实际，抓好党员权利保障工作的落实；研究解决职责范围内党员权利保障工作的重要问题，向本级党委、纪委提出意见建议，为保障党员权利正常行使创造条件、提供服务。

第四十三条 党的基层组织应当发挥战斗堡垒作用，严格落实党员权利保障方面的法规制度，保障党员充分行使各项权利；经常了解党员意见和诉求，及时研究解决，发现党员权利受到侵犯的，及时处理或者向上级党组织报告。

第四十四条　领导干部特别是高级干部应当以身作则，带头履行党员义务、正确行使党员权利，提高民主素养，平等对待同志，自觉同特权思想和特权现象作斗争，营造党员积极行使权利的良好氛围。

领导干部应当模范遵守和严格执行党员权利保障方面的法规制度，支持和鼓励党员正常行使权利。各级党组织主要负责同志应当担负起第一责任人的职责，加强对党员权利保障工作的调查研究和相关机制建设，推动解决突出问题，抓好本地区本部门本单位党员权利保障工作的落实。

第四十五条　党组织和领导干部有下列侵犯党员权利情形之一的，应当依规依纪追究责任：

（一）不按照规定公开党内事务，侵犯党员知情权；

（二）违反民主集中制原则，压制、破坏党内民主，违规决定重大问题；

（三）在民主推荐、民主测评、民主评议、考核考察和党内选举等工作中，违背组织原则，以强迫、威胁、欺骗、拉拢等手段，妨碍党员自主行使表决权、选举权和被选举权等权利；

（四）对党员批评、揭发、检举、控告、申辩、作证、辩护、申诉等正常行使权利的行为进行追究，或者采取阻挠压制、打击报复等措施妨碍党员正常行使权利；

（五）泄露揭发、检举、控告等应当保密的信息；

（六）违规违法使用审查调查措施，侵犯党员合法权益；

（七）对党员正常行使权利的诉求消极应付、推诿扯皮，依照政策或者有关规定能够解决而不及时解决；

（八）其他侵犯党员权利的情形。

第四十六条　党员不正确行使权利，损害党、国家和人民利益，有下列行为之一的，应当依规依纪追究责任：

（一）公开发表违背党的理论路线方针政策和党中央重大决策部署的观点和意见；

（二）不按照组织原则和程序进行批评、揭发、检举、控告以及提出处理、处分、罢免、撤换要求，或者随意扩散、传播；

（三）制作、发布、传播违反党的纪律或者法律法规规定的网络信息或者其他信息；

（四）捏造事实、伪造材料诬告陷害；

（五）其他不正确行使党员权利的行为。

第四十七条 对于有侵犯党员权利行为的党组织，上级党组织应当责令改正；情节较重的，按照规定追究纪律责任。

对于有侵犯党员权利行为的党员，其所在党组织或者上级党组织可以采取责令停止侵权行为、责令赔礼道歉，以及批评教育、责令检查、诫勉等方式给予处理；情节较重的，按照规定给予组织调整或者组织处理、党纪处分。

第四十八条 党组织和领导干部违反党章和其他党内法规的规定，不履行或者不正确履行保障党员权利的职责，造成严重后果或者恶劣影响的，应当按照管理权限由相关党委（党组）、党的纪律检查机关或者党的工作机关予以问责。

第四十九条 对于因侵犯党员权利受到党纪追究或者在保障党员权利方面失职失责被问责的党员，需要给予政务处分或者其他处理的，作出党纪处分决定、问责决定的党组织应当通报相关单位，由相关单位依法给予政务处分或者其他处理；构成犯罪的，依法追究刑事责任。

第五章　附　　则

第五十条 中央军事委员会可以根据本条例制定相关规定。

第五十一条 本条例由中央纪律检查委员会商中央组织部解释。

第五十二条 本条例自发布之日起施行。

中国共产党组织处理规定（试行）

（2021 年 2 月 23 日中共中央政治局常委会会议审议批准　2021 年 3 月 19 日中共中央办公厅发布）

第一条 为了落实全面从严治党要求，规范组织处理工作，根据《中国共产党章程》和有关党内法规，制定本规定。

第二条 组织处理工作坚持以习近平新时代中国特色社会主义思想为

指导，贯彻新时代党的建设总要求和新时代党的组织路线，落实从严管理监督要求，严肃处理对党不忠、从政不廉、为官不为、品行不端等问题，督促领导干部不忘初心、牢记使命，始终做到忠诚干净担当。

第三条 本规定所称组织处理，是指党组织对违规违纪违法、失职失责失范的领导干部采取的岗位、职务、职级调整措施，包括停职检查、调整职务、责令辞职、免职、降职。

第四条 组织处理工作坚持以下原则：

（一）全面从严治党、从严管理监督干部；

（二）党委（党组）领导、分级负责；

（三）实事求是、依规依纪依法；

（四）惩前毖后、治病救人。

第五条 本规定适用于各级党的机关、人大机关、行政机关、政协机关、监察机关、审判机关、检察机关以及事业单位、群团组织中担任领导职务的党员干部。

对以上机关、单位中非中共党员领导干部、不担任领导职务的干部，以及国有企业中担任领导职务的人员进行组织处理，参照本规定执行。

第六条 党委（党组）及其组织（人事）部门按照干部管理权限履行组织处理职责。

有关机关、单位在执纪执法、日常管理监督等工作中发现领导干部存在需要进行组织处理的情形，应当向党委（党组）报告，或者向组织（人事）部门提出建议。

第七条 领导干部在政治表现、履行职责、工作作风、遵守组织制度、道德品行等方面，有苗头性、倾向性或者轻微问题，以批评教育、责令检查、诫勉为主，存在以下情形之一且问题严重的，应当受到组织处理：

（一）在重大原则问题上不同党中央保持一致，有违背“四个意识”、“四个自信”、“两个维护”错误言行的；

（二）理想信念动摇，马克思主义信仰缺失，搞封建迷信活动造成不良影响，或者违规参加宗教活动、信奉邪教的；

（三）贯彻落实党的基本理论、基本路线、基本方略和党中央决策部署不力，做选择、打折扣、搞变通，造成不良影响或者严重后果的；

（四）面对大是大非问题、重大矛盾冲突、危机困难，不敢斗争、不愿担当，造成不良影响或者严重后果的；

（五）工作不负责任、不正确履职或者疏于管理，出现重大失误错误或者发生重大生产安全事故、群体性事件、公共安全事件等严重事故、事件的；

（六）工作不作为，敷衍塞责、庸懒散拖，长期完不成任务或者严重贻误工作的；

（七）背弃党的初心使命，群众意识淡薄，对群众反映强烈的问题推诿扯皮，在涉及群众生产、生活等切身利益问题上办事不公、作风不正，甚至损害、侵占群众利益，造成不良影响或者严重后果的；

（八）形式主义、官僚主义问题突出，脱离实际搞劳民伤财的“形象工程”、“政绩工程”，盲目举债，弄虚作假，造成不良影响或者重大损失的；

（九）违反民主集中制原则，个人或者少数人决定重大问题，不执行或者擅自改变集体决定，不顾大局闹无原则纠纷、破坏团结，造成不良影响或者严重后果的；

（十）在选人用人工作中跑风漏气、说情干预、任人唯亲、突击提拔、跑官要官、拉票贿选、违规用人、用人失察失误，造成不良影响或者严重后果的；

（十一）搞团团伙伙、拉帮结派、培植个人势力等非组织活动，破坏所在地方或者单位政治生态的；

（十二）无正当理由拒不服从党组织根据工作需要作出的分配、调动、交流等决定的；

（十三）不执行重大事项请示报告制度产生不良后果，严重违反个人有关事项报告、干部人事档案管理、领导干部出国（境）等管理制度，本人、配偶、子女及其配偶违规经商办企业的；

（十四）诬告陷害、打击报复他人，制造或者散布谣言，阻挠、压制检举控告，造成不良影响或者严重后果的；

（十五）违反中央八项规定精神、廉洁从政有关规定的；

（十六）违背社会公序良俗，造成不良影响或者严重后果的；

（十七）其他应当受到组织处理的情形。

第八条 组织处理可以单独使用，也可以和党纪政务处分合并使用。

第九条 领导干部在推进改革中因缺乏经验、先行先试出现失误，尚无明确限制的探索性试验中出现失误，为推动发展出现无意过失，后果影响不是特别严重的，以及已经履职尽责，但因不可抗力、难以预见等因素造成损失的，可以不予或者免予组织处理。

第十条 组织处理一般按照以下程序进行：

（一）调查核实。组织（人事）部门对领导干部存在的问题以及所应担负的责任进行调查核实，听取有关方面意见，与领导干部本人谈话听取意见。执纪执法等机关已有认定结果的，可以不再进行调查。

（二）提出处理意见。组织（人事）部门根据调查核实情况或者执纪执法等机关认定结果、有关建议，以及领导干部一贯表现、认错悔错改错等情况，综合考虑主客观因素，研究提出组织处理意见报党委（党组）。

（三）研究决定。党委（党组）召开会议集体研究，作出组织处理决定。对双重管理的领导干部，主管方应当就组织处理意见事先征求协管方意见。

（四）宣布实施。组织（人事）部门向受到组织处理的领导干部所在单位和本人书面通知或者宣布组织处理决定，向提出组织处理建议的机关、单位通报处理情况，在1个月内办理受到组织处理的领导干部调整职务、职级、工资以及其他有关待遇的手续。对选举和依法任免的领导干部，按照有关规定履行任免程序。对需要向社会公开的组织处理，按照有关规定予以公开。

第十一条 停职检查期限一般不超过6个月。受到调整职务处理的，1年内不得提拔职务、晋升职级或者进一步使用。受到责令辞职、免职处理的，1年内不得安排领导职务，2年内不得担任高于原职务层次的领导职务或者晋升职级。受到降职处理的，2年内不得提拔职务、晋升职级或者进一步使用。同时受到党纪政务处分和组织处理的，按照影响期长的规定执行。

领导干部受到组织处理的，当年不得评选各类先进。当年年度考核按照以下规定执行：受到调整职务处理的，不得确定为优秀等次；受到责令辞职、免职、降职处理的，只写评语不确定等次。同时受到党纪政务处分和组织处理的，按照对其年度考核结果影响较重的处理处分确定年度考核等次。

对受到责令辞职、免职处理的领导干部，可以根据工作需要以及本人特长，安排适当工作任务。

第十二条 领导干部对组织处理决定不服的，可以在收到组织处理决定后，向作出组织处理决定的党委（党组）提出书面申诉。党委（党组）

应当在收到申诉的 1 个月内作出申诉处理决定，以书面形式告知干部本人以及所在单位。领导干部对申诉处理决定不服的，可以向上级组织（人事）部门提出书面申诉。上级组织（人事）部门应当在 2 个月内予以办理并作出答复，情况复杂的不超过 3 个月。

申诉期间，不停止组织处理决定的执行。

第十三条 对领导干部组织处理存在事实认定不清楚、责任界定不准确的，应当重新调查核实。处理不当的，应当及时予以纠正。必要时，上级党委（党组）可以责令作出组织处理决定的党委（党组）予以纠正。

第十四条 组织（人事）部门应当将组织处理决定材料和纠正材料归入本人干部人事档案，根据工作需要抄送有关部门。

第十五条 受到组织处理的领导干部应当认真反省问题，积极整改提高。党组织应当加强对受到组织处理的领导干部日常管理和关心关爱，了解掌握其思想动态和工作状况，有针对性地做好教育引导工作。

第十六条 领导干部受到组织处理，影响期满，表现好且符合有关条件的，按照干部选拔任用等有关规定使用。

第十七条 中央军事委员会可以根据本规定制定相关规定。

第十八条 本规定由中央组织部负责解释。

第十九条 本规定自发布之日起施行。

中国共产党党内法规执行责任制规定（试行）

（2019 年 8 月 30 日中共中央政治局会议审议批准　2019 年 9 月 3 日中共中央发布）

第一条 为了提高党内法规执行力，推动党内法规全面深入实施，根据《中国共产党党内法规制定条例》，制定本规定。

第二条 各级党组织和全体党员负有遵守党内法规、维护党内法规权威的义务。各级党组织和党员领导干部必须增强“四个意识”、坚定“四个自信”、做到“两个维护”，牢固树立执规是本职、执规不力是失职的理念，切实担负起执行党内法规的政治责任。

第三条 在党中央集中统一领导下，建立健全党委统一领导、党委办公厅（室）统筹协调、主管部门牵头负责、相关单位协助配合、党的纪律检查机关严格监督的执规责任制，统分结合、各司其职，一级抓一级、层层抓落实。

第四条 地方各级党委对本地区党内法规执行工作负主体责任，应当坚决贯彻党中央决策部署以及上级党组织决定，带头严格执行党内法规，并领导、组织、推进本地区党内法规执行工作，支持和监督本地区党组织和党员领导干部履行执规责任。

第五条 党委办公厅（室）负责统筹协调本地区党内法规执行工作，推动党委关于党内法规执行部署安排的贯彻落实。

第六条 党委职能部门、办事机构、派出机关、直属事业单位等，对主要规定其职权职责的党内法规，负有牵头执行的责任，并组织、协调、督促、指导有关党组织和党员领导干部执行有关党内法规。

其他相关单位应当按照党内法规规定各司其职、各尽其责，协助配合牵头部门共同执行党内法规。

第七条 党组（党委）对本单位（本系统）执行有关党内法规负主体责任，领导、组织、推进本单位（本系统）党内法规执行工作。

第八条 街道、乡镇党的基层委员会和村、社区党组织，国有企业党委，实行党委领导下的行政领导人负责制的事业单位党组织，对本地区本单位执行有关党内法规负主体责任，领导、组织、推进本地区本单位党内法规执行工作。

其他单位中党的基层组织按照规定推动有关党内法规在本单位的执行。

第九条 党员领导干部应当敢于担当、勇于负责，以上率下、以身作则，带头学习宣传党内法规，带头严格执行党内法规。

党委（党组）书记应当认真履行本地区本单位党内法规执行第一责任人职责，分管党内法规工作的班子成员承担党内法规执行直接责任，其他班子成员按照“一岗双责”要求抓好分管领域党内法规执行工作。

第十条 党的纪律检查机关应当带头严格执行党内法规，并对其他党组织和党员领导干部履行执规责任进行监督检查，切实维护党章和其他党内法规。

第十一条 执行党内法规应当遵循下列基本要求：

（一）担当作为，恪尽职守，不得不作为、乱作为；

（二）严格执规，令行禁止，不得打折扣、搞变通；

（三）公正执规，坚持党内法规面前人人平等，不得搞特殊、开后门；

（四）规范执规，按照规定的主体、权限、程序等执行党内法规。

第十二条 党委（党组）每年至少召开1次会议专题研究党内法规执行工作，将党内法规纳入理论学习中心组学习和干部教育培训的重要内容。

牵头执行部门应当将党内法规宣传教育作为履行执规责任的重要方面，加大党内法规宣传教育力度。

第十三条 各级党组织应当采取有效措施，增强党员干部的执规意识，提高执规能力，严格执规标准，规范执规程序，提升执规效果。

第十四条 上级党组织应当加强对下级党组织和党员领导干部履行执规责任情况的监督，对重要党内法规的执行情况进行督导检查，对发现的普遍性问题在一定范围内通报。各级党组织应当重视发挥党员、群众和新闻媒体等在监督执规责任履行中的积极作用，推动形成执规工作合力。

党组织和党员领导干部履行执规责任情况，应当纳入领导班子和领导干部考核内容，可以与党风廉政建设责任制、党建工作、法治建设等考核相结合。

第十五条 党内法规制定机关可以视情对党内法规执行情况、实施效果开展评估，督促党组织和党员领导干部履行执规责任，推动党内法规实施。

开展党内法规实施评估工作应当制定年度计划。应当列入实施评估范围的党内法规主要包括：上位党内法规和规范性文件作出新规定、提出新要求的；相关法律法规作出新规定的；规范和调整事项发生较大变化的；执行过程中遇到较大困难、意见反映较多的；试行期满或者没有规定试行期但试行超过5年的。

根据工作需要，实施评估可以对1部党内法规或者其中的若干条款开展专项评估，也可以对相关联的若干部党内法规开展一揽子评估。实施评估结束后应当形成评估报告。

第十六条 党组织和党员领导干部有下列情形之一的，应当依规依纪追究责任，涉嫌违法犯罪的，按照有关法律规定处理：

（一）不贯彻执行党中央关于党内法规执行的决策部署以及上级党组织有关决定；

（二）履行领导、统筹、牵头、配合、监督等执规责任不力；

（三）执行党内法规打折扣、搞变通或者选择性执行；

（四）本地区本单位在执规中出现重大问题或者造成严重后果；

（五）其他应当追究责任的情形。

第十七条 中央军事委员会可以根据本规定，制定军队党内法规执行责任制规定。

第十八条 本规定由中央办公厅负责解释。

第十九条 本规定自 2019 年 10 月 1 日起施行。

中国共产党纪律检查机关监督执纪工作规则

（2018 年 11 月 26 日中共中央政治局会议审议批准 2018 年 12 月 28 日中共中央办公厅发布）

第一章 总 则

第一条 为了加强党对纪律检查和国家监察工作的统一领导，加强党的纪律建设，推进全面从严治党，规范纪检监察机关监督执纪工作，根据《中国共产党章程》和有关法律，结合纪检监察体制改革和监督执纪工作实践，制定本规则。

第二条 坚持以马克思列宁主义、毛泽东思想、邓小平理论、“三个代表”重要思想、科学发展观、习近平新时代中国特色社会主义思想为指导，全面贯彻纪律检查委员会和监察委员会合署办公要求，依规依纪依法严格监督执纪，坚持打铁必须自身硬，把权力关进制度笼子，建设忠诚干净担当的纪检监察干部队伍。

第三条 监督执纪工作应当遵循以下原则：

（一）坚持和加强党的全面领导，牢固树立政治意识、大局意识、核心意识、看齐意识，坚定中国特色社会主义道路自信、理论自信、制度自信、文化自信，坚决维护习近平总书记党中央的核心、全党的核心地位，坚决维护党中央权威和集中统一领导，严守政治纪律和政治规矩，体现监督执纪工作的政治性，构建党统一指挥、全面覆盖、权威高效的监督体系；

（二）坚持纪律检查工作双重领导体制，监督执纪工作以上级纪委领导为主，线索处置、立案审查等在向同级党委报告的同时应当向上级纪委报告；

（三）坚持实事求是，以事实为依据，以党章党规党纪和国家法律法规为准绳，强化监督、严格执纪，把握政策、宽严相济，对主动投案、主动交代问题的宽大处理，对拒不交代、欺瞒组织的从严处理；

（四）坚持信任不能代替监督，执纪者必先守纪，以更高的标准、更严的要求约束自己，严格工作程序，有效管控风险，强化对监督执纪各环节的监督制约，确保监督执纪工作经得起历史和人民的检验。

第四条 坚持惩前毖后、治病救人，把纪律挺在前面，精准有效运用监督执纪“四种形态”，把思想政治工作贯穿监督执纪全过程，严管和厚爱结合，激励和约束并重，注重教育转化，促使党员自觉防止和纠正违纪行为，惩治极少数，教育大多数，实现政治效果、纪法效果和社会效果相统一。

第二章 领导体制

第五条 中央纪律检查委员会在党中央领导下进行工作。地方各级纪律检查委员会和基层纪律检查委员会在同级党的委员会和上级纪律检查委员会双重领导下进行工作。

党委应当定期听取、审议同级纪律检查委员会和监察委员会的工作报告，加强对纪委监委工作的领导、管理和监督。

第六条 党的纪律检查机关和国家监察机关是党和国家自我监督的专责机关，中央纪委和地方各级纪委贯彻党中央关于国家监察工作的决策部署，审议决定监委依法履职中的重要事项，把执纪和执法贯通起来，实现党内监督和国家监察的有机统一。

第七条 监督执纪工作实行分级负责制：

（一）中央纪委国家监委负责监督检查和审查调查中央委员、候补中央委员、中央纪委委员，中央管理的领导干部，党中央工作部门、党中央批准设立的党组（党委），各省、自治区、直辖市党委、纪委等党组织的涉嫌违纪或者职务违法、职务犯罪问题。

（二）地方各级纪委监委负责监督检查和审查调查同级党委委员、候补委员，同级纪委委员，同级党委管理的党员、干部以及监察对象，同级党委工作部门、党委批准设立的党组（党委），下一级党委、纪委等党组织的涉嫌违纪或者职务违法、职务犯罪问题。

（三）基层纪委负责监督检查和审查同级党委管理的党员，同级党委下属的各级党组织的涉嫌违纪问题；未设立纪律检查委员会的党的基层委员会，由该委员会负责监督执纪工作。

地方各级纪委监委依照规定加强对同级党委履行职责、行使权力情况的监督。

第八条 对党的组织关系在地方、干部管理权限在主管部门的党员、干部以及监察对象涉嫌违纪违法问题，应当按照谁主管谁负责的原则进行监督执纪，由设在主管部门、有管辖权的纪检监察机关进行审查调查，主管部门认为有必要的，可以与地方纪检监察机关联合审查调查。地方纪检监察机关接到问题线索反映的，经与主管部门协调，可以对其进行审查调查，也可以与主管部门组成联合审查调查组，审查调查情况及时向对方通报。

第九条 上级纪检监察机关有权指定下级纪检监察机关对其他下级纪检监察机关管辖的党组织和党员、干部以及监察对象涉嫌违纪或者职务违法、职务犯罪问题进行审查调查，必要时也可以直接进行审查调查。上级纪检监察机关可以将其直接管辖的事项指定下级纪检监察机关进行审查调查。

纪检监察机关之间对管辖事项有争议的，由其共同的上级纪检监察机关确定；认为所管辖的事项重大、复杂，需要由上级纪检监察机关管辖的，可以报请上级纪检监察机关管辖。

第十条 纪检监察机关应当严格执行请示报告制度。中央纪委定期向党中央报告工作，研究涉及全局的重大事项、遇有重要问题以及作出立案审查调查决定、给予党纪政务处分等事项应当及时向党中央请示报告，既要报告结果也要报告过程。执行党中央重要决定的情况应当专题报告。

地方各级纪检监察机关对作出立案审查调查决定、给予党纪政务处分等重要事项，应当向同级党委请示汇报并向上级纪委监委报告，形成明确意见后再正式行文请示。遇有重要事项应当及时报告。

纪检监察机关应当坚持民主集中制，对于线索处置、谈话函询、初步核实、立案审查调查、案件审理、处置执行中的重要问题，经集体研究后，报纪检监察机关相关负责人、主要负责人审批。

第十一条 纪检监察机关应当建立监督检查、审查调查、案件监督管理、案件审理相互协调、相互制约的工作机制。市地级以上纪委监委实行监督检查和审查调查部门分设，监督检查部门主要负责联系地区和部门、单位的日常监督检查和对涉嫌一般违纪问题线索处置，审查调查部门主要负责对涉嫌严重违纪或者职务违法、职务犯罪问题线索进行初步核实和立案审查调查；案件监督管理部门负责对监督检查、审查调查工作全过程进行监督管理，案件审理部门负责对需要给予党纪政务处分的案件审核把关。

纪检监察机关在工作中需要协助的，有关组织和机关、单位、个人应当依规依纪依法予以协助。

第十二条 纪检监察机关案件监督管理部门负责对监督执纪工作全过程进行监督管理，做好线索管理、组织协调、监督检查、督促办理、统计分析等工作。党风政风监督部门应当加强对党风政风建设的综合协调，做好督促检查、通报曝光和综合分析等工作。

第三章 监督检查

第十三条 党委（党组）在党内监督中履行主体责任，纪检监察机关履行监督责任，应当将纪律监督、监察监督、巡视监督、派驻监督结合起来，重点检查遵守、执行党章党规党纪和宪法法律法规，坚定理想信念，增强“四个意识”，坚定“四个自信”，维护习近平总书记核心地位，维护党中央权威和集中统一领导，贯彻执行党和国家的路线方针政策以及重大决策部署，坚持主动作为、真抓实干，落实全面从严治党责任、民主集中制原则、选人用人规定以及中央八项规定精神，巡视巡察整改，依法履职、秉公用权、廉洁从政从业以及恪守社会道德规范等情况，对发现的问题分类处置、督促整改。

第十四条 纪委监委（纪检监察组、纪检监察工委）报请或者会同党委（党组）定期召开专题会议，听取加强党内监督情况专题报告，综合分析所联系的地区、部门、单位政治生态状况，提出加强和改进的意见及工作措施，抓好组织实施和督促检查。

第十五条 纪检监察机关应当结合被监督对象的职责，加强对行使权力情况的日常监督，通过多种方式了解被监督对象的思想、工作、作风、生活情况，发现苗头性、倾向性问题或者轻微违纪问题，应当及时约谈提醒、批评教育、责令检查、诫勉谈话，提高监督的针对性和实效性。

第十六条 纪检监察机关应当畅通来信、来访、来电和网络等举报渠道，建设覆盖纪检监察系统的检举举报平台，及时受理检举控告，发挥党员和群众的监督作用。

第十七条 纪检监察机关应当建立健全党员领导干部廉政档案，主要内容包括：

（一）任免情况、人事档案情况、因不如实报告个人有关事项受到处理的情况等；

（二）巡视巡察、信访、案件监督管理以及其他方面移交的问题线索和处置情况；

（三）开展谈话函询、初步核实、审查调查以及其他工作形成的有关材料；

（四）党风廉政意见回复材料；

（五）其他反映廉政情况的材料。

廉政档案应当动态更新。

第十八条 纪检监察机关应当做好干部选拔任用党风廉政意见回复工作，对反映问题线索认真核查，综合用好巡视巡察等其他监督成果，严把政治关、品行关、作风关、廉洁关。

第十九条 纪检监察机关对监督中发现的突出问题，应当向有关党组织或者单位提出纪律检查建议或者监察建议，通过督促召开专题民主生活会、组织开展专项检查等方式，督查督办，推动整改。

第四章 线索处置

第二十条 纪检监察机关应当加强对问题线索的集中管理、分类处置、定期清理。信访举报部门归口受理同级党委管理的党组织和党员、干部以及监察对象涉嫌违纪或者职务违法、职务犯罪问题的信访举报，统一接收有关纪检监察机关、派驻或者派出机构以及其他单位移交的相关信访举报，移送本机关有关部门，深入分析信访形势，及时反映损害群众最关心、最直接、最现实的利益问题。

巡视巡察工作机构和审计机关、行政执法机关、司法机关等单位发现涉嫌违纪或者职务违法、职务犯罪问题线索，应当及时移交纪检监察机关案件监督管理部门统一办理。

监督检查部门、审查调查部门、干部监督部门发现的相关问题线索，属于本部门受理范围的，应当送案件监督管理部门备案；不属于本部门受理范围的，经审批后移送案件监督管理部门，由其按程序转交相关监督执纪部门办理。

第二十一条 纪检监察机关应当结合问题线索所涉及地区、部门、单位总体情况，综合分析，按照谈话函询、初步核实、暂存待查、予以了结 4 类方式进行处置。

线索处置不得拖延和积压，处置意见应当在收到问题线索之日起 1 个月内提出，并制定处置方案，履行审批手续。

第二十二条 纪检监察机关对反映同级党委委员、候补委员，纪委常委、监委委员，以及所辖地区、部门、单位主要负责人的问题线索和线索处置情况，应当及时向上级纪检监察机关报告。

第二十三条 案件监督管理部门对问题线索实行集中管理、动态更新、定期汇总核对，提出分办意见，报纪检监察机关主要负责人批准，按程序移送承办部门。承办部门应当指定专人负责管理问题线索，逐件编号登记、建立管理台账。线索管理处置各环节应当由经手人员签名，全程登记备查。

第二十四条 纪检监察机关应当根据工作需要，定期召开专题会议，听取问题线索综合情况汇报，进行分析研判，对重要检举事项和反映问题集中的领域深入研究，提出处置要求，做到件件有着落。

第二十五条 承办部门应当做好线索处置归档工作，归档材料齐全完整，载明领导批示和处置过程。案件监督管理部门定期汇总、核对问题线索及处置情况，向纪检监察机关主要负责人报告，并向相关部门通报。

第五章　谈 话 函 询

第二十六条 各级党委（党组）和纪检监察机关应当推动加强和规范党内政治生活，经常拿起批评和自我批评的武器，及时开展谈话提醒、约谈函询，促使党员、干部以及监察对象增强党的观念和纪律意识。

第二十七条 纪检监察机关采取谈话函询方式处置问题线索，应当起草谈话函询报批请示，拟订谈话方案和相关工作预案，按程序报批。需要谈话函询下一级党委（党组）主要负责人的，应当报纪检监察机关主要负责人批准，必要时向同级党委主要负责人报告。

第二十八条 谈话应当由纪检监察机关相关负责人或者承办部门负责人进行，可以由被谈话人所在党委（党组）、纪委监委（纪检监察组、纪检监察工委）有关负责人陪同；经批准也可以委托被谈话人所在党委（党组）主要负责人进行。

谈话应当在具备安全保障条件的场所进行。由纪检监察机关谈话的，应当制作谈话笔录，谈话后可以视情况由被谈话人写出书面说明。

第二十九条 纪检监察机关进行函询应当以办公厅（室）名义发函给被反映人，并抄送其所在党委（党组）和派驻纪检监察组主要负责人。被函询人应当在收到函件后15个工作日内写出说明材料，由其所在党委（党组）主要负责人签署意见后发函回复。

被函询人为党委（党组）主要负责人的，或者被函询人所作说明涉及党委（党组）主要负责人的，应当直接发函回复纪检监察机关。

第三十条 承办部门应当在谈话结束或者收到函询回复后1个月内写出情况报告和处置意见，按程序报批。根据不同情形作出相应处理：

（一）反映不实，或者没有证据证明存在问题的，予以采信了结，并向被函询人发函反馈。

（二）问题轻微，不需要追究纪律责任的，采取谈话提醒、批评教育、责令检查、诫勉谈话等方式处理。

（三）反映问题比较具体，但被反映人予以否认且否认理由不充分具体的，或者说明存在明显问题的，一般应当再次谈话或者函询；发现被反映人涉嫌违纪或者职务违法、职务犯罪问题需要追究纪律和法律责任的，应当提出初步核实的建议。

（四）对诬告陷害者，依规依纪依法予以查处。

必要时可以对被反映人谈话函询的说明情况进行抽查核实。

谈话函询材料应当存入廉政档案。

第三十一条 被谈话函询的党员干部应当在民主生活会、组织生活会上就本年度或者上年度谈话函询问题进行说明，讲清组织予以采信了结的情况；存在违纪问题的，应当进行自我批评，作出检讨。

第六章 初步核实

第三十二条 党委（党组）、纪委监委（纪检监察组）应当对具有可查性的涉嫌违纪或者职务违法、职务犯罪问题线索，扎实开展初步核实工作，收集客观性证据，确保真实性和准确性。

第三十三条 纪检监察机关采取初步核实方式处置问题线索，应当制定工作方案，成立核查组，履行审批程序。被核查人为下一级党委（党组）主要负责人的，纪检监察机关应当报同级党委主要负责人批准。

第三十四条 核查组经批准可以采取必要措施收集证据，与相关人员谈话了解情况，要求相关组织作出说明，调取个人有关事项报告，查阅复制文件、账目、档案等资料，查核资产情况和有关信息，进行鉴定勘验。对被核查人及相关人员主动上交的财物，核查组应当予以暂扣。

需要采取技术调查或者限制出境等措施的，纪检监察机关应当严格履行审批手续，交有关机关执行。

第三十五条 初步核实工作结束后，核查组应当撰写初步核实情况报告，列明被核查人基本情况、反映的主要问题、办理依据以及初步核实结果、存在疑点、处理建议，由核查组全体人员签名备查。

承办部门应当综合分析初步核实情况，按照拟立案审查调查、予以了结、谈话提醒、暂存待查，或者移送有关党组织处理等方式提出处置建议。

初步核实情况报告应当报纪检监察机关主要负责人审批，必要时向同级党委主要负责人报告。

第七章 审查调查

第三十六条 党委（党组）应当按照管理权限，加强对党员、干部以及监察对象涉嫌严重违纪或者职务违法、职务犯罪问题审查调查处置工作，定期听取重大案件情况报告，加强反腐败协调机构的机制建设，坚定不移、精准有序惩治腐败。

第三十七条 纪检监察机关经过初步核实，对党员、干部以及监察对象涉嫌违纪或者职务违法、职务犯罪，需要追究纪律或者法律责任的，应当立案审查调查。

凡报请批准立案的，应当已经掌握部分违纪或者职务违法、职务犯罪事实和证据，具备进行审查调查的条件。

第三十八条 对符合立案条件的，承办部门应当起草立案审查调查呈批报告，经纪检监察机关主要负责人审批，报同级党委主要负责人批准，予以立案审查调查。

立案审查调查决定应当向被审查调查人宣布，并向被审查调查人所在党委（党组）主要负责人通报。

第三十九条 对涉嫌严重违纪或者职务违法、职务犯罪人员立案审查调查，纪检监察机关主要负责人应当主持召开由纪检监察机关相关负责人参加的专题会议，研究批准审查调查方案。

纪检监察机关相关负责人批准成立审查调查组，确定审查调查谈话方案、外查方案，审批重要信息查询、涉案财物查扣等事项。

监督检查、审查调查部门主要负责人组织研究提出审查调查谈话方案、外查方案和处置意见建议，审批一般信息查询，对调查取证审核把关。

审查调查组组长应当严格执行审查调查方案，不得擅自更改；以书面形式报告审查调查进展情况，遇有重要事项及时请示。

第四十条 审查调查组可以依照党章党规和监察法，经审批进行谈话、讯问、询问、留置、查询、冻结、搜查、调取、查封、扣押（暂扣、封存）、勘验检查、鉴定，提请有关机关采取技术调查、通缉、限制出境等措施。

承办部门应当建立台账，记录使用措施情况，向案件监督管理部门定期备案。

案件监督管理部门应当核对检查，定期汇总重要措施使用情况并报告纪委监委领导和上一级纪检监察机关，发现违规违纪违法使用措施的，区分不同情况进行处理，防止擅自扩大范围、延长时限。

第四十一条 需要对被审查调查人采取留置措施的，应当依据监察法进行，在24小时内通知其所在单位和家属，并及时向社会公开发布。因可能毁灭、伪造证据，干扰证人作证或者串供等有碍调查情形而不宜通知或者公开的，应当按程序报批并记录在案。有碍调查的情形消失后，应当立即通知被留置人员所在单位和家属。

第四十二条 审查调查工作应当依照规定由两人以上进行，按照规定出示证件，出具书面通知。

第四十三条 立案审查调查方案批准后，应当由纪检监察机关相关负责人或者部门负责人与被审查调查人谈话，宣布立案决定，讲明党的政策和纪律，要求被审查调查人端正态度、配合审查调查。

审查调查应当充分听取被审查调查人陈述，保障其饮食、休息，提供医疗服务，确保安全。严格禁止使用违反党章党规党纪和国家法律的手段，严禁逼供、诱供、侮辱、打骂、虐待、体罚或者变相体罚。

第四十四条 审查调查期间，对被审查调查人以同志相称，安排学习党章党规党纪以及相关法律法规，开展理想信念宗旨教育，通过深入细致的思想政治工作，促使其深刻反省、认识错误、交代问题，写出忏悔反思材料。

第四十五条 外查工作必须严格按照外查方案执行，不得随意扩大审查调查范围、变更审查调查对象和事项，重要事项应当及时请示报告。

外查工作期间，未经批准，监督执纪人员不得单独接触任何涉案人员及其特定关系人，不得擅自采取审查调查措施，不得从事与外查事项无关的活动。

第四十六条 纪检监察机关应当严格依规依纪依法收集、鉴别证据，做到全面、客观，形成相互印证、完整稳定的证据链。

调查取证应当收集原物原件，逐件清点编号，现场登记，由在场人员签字盖章，原物不便搬运、保存或者取得原件确有困难的，可以将原物封存并拍照录像或者调取原件副本、复印件；谈话应当现场制作谈话笔录并由被谈话人阅看后签字。已调取证据必须及时交审查调查组统一保管。

严禁以威胁、引诱、欺骗以及其他违规违纪违法方式收集证据；严禁隐匿、损毁、篡改、伪造证据。

第四十七条 查封、扣押（暂扣、封存）、冻结、移交涉案财物，应当严格履行审批手续。

执行查封、扣押（暂扣、封存）措施，监督执纪人员应当会同原财物持有人或者保管人、见证人，当面逐一拍照、登记、编号，现场填写登记表，由在场人员签名。对价值不明物品应当及时鉴定，专门封存保管。

纪检监察机关应当设立专用账户、专门场所，指定专门人员保管涉案财物，严格履行交接、调取手续，定期对账核实。严禁私自占有、处置涉案财物及其孳息。

第四十八条 对涉嫌严重违纪或者职务违法、职务犯罪问题的审查调查谈话、搜查、查封、扣押（暂扣、封存）涉案财物等重要取证工作应当全过程进行录音录像，并妥善保管，及时归档，案件监督管理部门定期核查。

第四十九条 对涉嫌严重违纪或者职务违法、职务犯罪问题的审查调查，监督执纪人员未经批准并办理相关手续，不得将被审查调查人或者其他重要的谈话、询问对象带离规定的谈话场所，不得在未配置监控设备的场所进行审查调查谈话或者其他重要的谈话、询问，不得在谈话期间关闭录音录像设备。

第五十条 监督检查、审查调查部门主要负责人、分管领导应当定期检查审查调查期间的录音录像、谈话笔录、涉案财物登记资料，发现问题及时纠正并报告。

纪检监察机关相关负责人应当通过调取录音录像等方式，加强对审查调查全过程的监督。

第五十一条 查明涉嫌违纪或者职务违法、职务犯罪问题后，审查调查组应当撰写事实材料，与被审查调查人见面，听取意见。被审查调查人应当在事实材料上签署意见，对签署不同意见或者拒不签署意见的，审查调查组应当作出说明或者注明情况。

审查调查工作结束，审查调查组应当集体讨论，形成审查调查报告，列明被审查调查人基本情况、问题线索来源及审查调查依据、审查调查过程，主要违纪或者职务违法、职务犯罪事实，被审查调查人的态度和认识，处理建议及党纪法律依据，并由审查调查组组长以及有关人员签名。

对审查调查过程中发现的重要问题和意见建议，应当形成专题报告。

第五十二条 审查调查报告以及忏悔反思材料，违纪或者职务违法、职务犯罪事实材料，涉案财物报告等，应当按程序报纪检监察机关主要负责人批准，连同全部证据和程序材料，依照规定移送审理。

审查调查全过程形成的材料应当案结卷成、事毕归档。

第八章 审 理

第五十三条 纪检监察机关应当对涉嫌违纪或者违法、犯罪案件严格依规依纪依法审核把关，提出纪律处理或者处分的意见，做到事实清楚、证据确凿、定性准确、处理恰当、手续完备、程序合规。

纪律处理或者处分必须坚持民主集中制原则，集体讨论决定，不允许任何个人或者少数人决定和批准。

第五十四条 坚持审查调查与审理相分离的原则，审查调查人员不得参与审理。纪检监察机关案件审理部门对涉嫌违纪或者职务违法、职务犯罪问题，依照规定应当给予纪律处理或者处分的案件和复议复查案件进行审核处理。

第五十五条 审理工作按照以下程序进行：

（一）案件审理部门收到审查调查报告后，经审核符合移送条件的予以受理，不符合移送条件的可以暂缓受理或者不予受理。

（二）对于重大、复杂、疑难案件，监督检查、审查调查部门已查清主要违纪或者职务违法、职务犯罪事实并提出倾向性意见的；对涉嫌违纪或者职务违法、职务犯罪行为性质认定分歧较大的，经批准案件审理部门可以提前介入。

（三）案件审理部门受理案件后，应当成立由两人以上组成的审理组，全面审理案卷材料，提出审理意见。

（四）坚持集体审议原则，在民主讨论基础上形成处理意见；对争议较大的应当及时报告，形成一致意见后再作出决定。案件审理部门根据案件审理情况，应当与被审查调查人谈话，核对违纪或者职务违法、职务犯罪事实，听取辩解意见，了解有关情况。

（五）对主要事实不清、证据不足的，经纪检监察机关主要负责人批准，退回监督检查、审查调查部门重新审查调查；需要补充完善证据的，经纪检监察机关相关负责人批准，退回监督检查、审查调查部门补充审查调查。

（六）审理工作结束后应当形成审理报告，内容包括被审查调查人基本情况、审查调查简况、违纪违法或者职务犯罪事实、涉案财物处置、监督检查或者审查调查部门意见、审理意见等。审理报告应当体现党内审查特色，依据《中国共产党纪律处分条例》认定违纪事实性质，分析被审查调查人违反党章、背离党的性质宗旨的错误本质，反映其态度、认识以及思想转变过程。涉嫌职务犯罪需要追究刑事责任的，还应当形成《起诉意见书》，作为审理报告附件。

对给予同级党委委员、候补委员，同级纪委委员、监委委员处分的，在同级党委审议前，应当与上级纪委监委沟通并形成处理意见。

审理工作应当在受理之日起 1 个月内完成，重大复杂案件经批准可以适当延长。

第五十六条 审理报告报经纪检监察机关主要负责人批准后，提请纪委常委会会议审议。需报同级党委审批的，应当在报批前以纪检监察机关办公厅（室）名义征求同级党委组织部门和被审查调查人所在党委（党组）意见。

处分决定作出后，纪检监察机关应当通知受处分党员所在党委（党组），抄送同级党委组织部门，并依照规定在 1 个月内向其所在党的基层组织中的全体党员以及本人宣布。处分决定执行情况应当及时报告。

第五十七条 被审查调查人涉嫌职务犯罪的，应当由案件监督管理部门协调办理移送司法机关事宜。对于采取留置措施的案件，在人民检察院对犯罪嫌疑人先行拘留后，留置措施自动解除。

案件移送司法机关后，审查调查部门应当跟踪了解处理情况，发现问题及时报告，不得违规过问、干预处理工作。

审理工作完成后，对涉及的其他问题线索，经批准应当及时移送有关纪检监察机关处置。

第五十八条 对被审查调查人违规违纪违法所得财物，应当依规依纪依法予以收缴、责令退赔或者登记上交。

对涉嫌职务犯罪所得财物，应当随案移送司法机关。

对经认定不属于违规违纪违法所得的，应当在案件审结后依规依纪依法予以返还，并办理签收手续。

第五十九条 对不服处分决定的申诉，由批准或者决定处分的党委（党组）或者纪检监察机关受理；需要复议复查的，由纪检监察机关相关负责人批准后受理。

申诉办理部门成立复查组，调阅原案案卷，必要时可以进行取证，经集体研究后，提出办理意见，报纪检监察机关相关负责人批准或者纪委常委会会议研究决定，作出复议复查决定。决定应当告知申诉人，抄送相关单位，并在一定范围内宣布。

坚持复议复查与审查审理分离，原案审查、审理人员不得参与复议复查。

复议复查工作应当在3个月内办结。

第九章　监督管理

第六十条　纪检监察机关应当严格依照党内法规和国家法律，在行使权力上慎之又慎，在自我约束上严之又严，强化自我监督，健全内控机制，自觉接受党内监督、社会监督、群众监督，确保权力受到严格约束，坚决防止“灯下黑”。

纪检监察机关应当加强对监督执纪工作的领导，切实履行自身建设主体责任，严格教育、管理、监督，使纪检监察干部成为严守纪律、改进作风、拒腐防变的表率。

第六十一条　纪检监察机关应当严格干部准入制度，严把政治安全关，纪检监察干部必须忠诚坚定、担当尽责、遵纪守法、清正廉洁，具备履行职责的基本条件。

第六十二条　纪检监察机关应当加强党的政治建设、思想建设、组织建设，突出政治功能，强化政治引领。审查调查组有正式党员3人以上的，应当设立临时党支部，加强对审查调查组成员的教育、管理、监督，开展政策理论学习，做好思想政治工作，及时发现问题、进行批评纠正，发挥战斗堡垒作用。

第六十三条　纪检监察机关应当加强干部队伍作风建设，树立依规依法、纪律严明、作风深入、工作扎实、谦虚谨慎、秉公执纪的良好形象，力戒形式主义、官僚主义，力戒特权思想，力戒口大气粗、颐指气使，不断提高思想政治水平和把握政策能力，建设让党放心、人民信赖的纪检监察干部队伍。

第六十四条　对纪检监察干部打听案情、过问案件、说情干预的，受请托人应当向审查调查组组长和监督检查、审查调查部门主要负责人报告并登记备案。

发现审查调查组成员未经批准接触被审查调查人、涉案人员及其特定关系人，或者存在交往情形的，应当及时向审查调查组组长和监督检查、审查调查部门主要负责人直至纪检监察机关主要负责人报告并登记备案。

第六十五条 严格执行回避制度。审查调查审理人员是被审查调查人或者检举人近亲属、本案证人、利害关系人，或者存在其他可能影响公正审查调查审理情形的，不得参与相关审查调查审理工作，应当主动申请回避，被审查调查人、检举人以及其他有关人员也有权要求其回避。选用借调人员、看护人员、审查场所，应当严格执行回避制度。

第六十六条 审查调查组需要借调人员的，一般应当从审查调查人才库选用，由纪检监察机关组织部门办理手续，实行一案一借，不得连续多次借调。加强对借调人员的管理监督，借调结束后由审查调查组写出鉴定。借调单位和党员干部不得干预借调人员岗位调整、职务晋升等事项。

第六十七条 监督执纪人员应当严格执行保密制度，控制审查调查工作事项知悉范围和时间，不准私自留存、隐匿、查阅、摘抄、复制、携带问题线索和涉案资料，严禁泄露审查调查工作情况。

审查调查组成员工作期间，应当使用专用手机、电脑、电子设备和存储介质，实行编号管理，审查调查工作结束后收回检查。

汇报案情、传递审查调查材料应当使用加密设施，携带案卷材料应当专人专车、卷不离身。

第六十八条 纪检监察机关相关涉密人员离岗离职后，应当遵守脱密期管理规定，严格履行保密义务，不得泄露相关秘密。

监督执纪人员辞职、退休 3 年内，不得从事与纪检监察和司法工作相关联、可能发生利益冲突的职业。

第六十九条 纪检监察机关开展谈话应当做到全程可控。谈话前做好风险评估、医疗保障、安全防范工作以及应对突发事件的预案；谈话中及时研判谈话内容以及案情变化，发现严重职务违法、职务犯罪，依照监察法需要采取留置措施的，应当及时采取留置措施；谈话结束前做好被谈话人思想工作，谈话后按程序与相关单位或者人员交接，并做好跟踪回访等工作。

第七十条 建立健全安全责任制，监督检查、审查调查部门主要负责人和审查调查组组长是审查调查安全第一责任人，审查调查组应当指定专人担任安全员。被审查调查人发生安全事故的，应当在 24 小时内逐级上报至中央纪委，及时做好舆论引导。

发生严重安全事故的，或者存在严重违规违纪违法行为的，省级纪检监察机关主要负责人应当向中央纪委作出检讨，并予以通报、严肃问责追责。

案件监督管理部门应当组织开展经常性检查和不定期抽查，发现问题及时报告并督促整改。

第七十一条 对纪检监察干部越权接触相关地区、部门、单位党委（党组）负责人，私存线索、跑风漏气、违反安全保密规定，接受请托、干预审查调查、以案谋私、办人情案，侮辱、打骂、虐待、体罚或者变相体罚被审查调查人，以违规违纪违法方式收集证据，截留挪用、侵占私分涉案财物，接受宴请和财物等行为，依规依纪严肃处理；涉嫌职务违法、职务犯罪的，依法追究法律责任。

第七十二条 纪检监察机关在维护监督执纪工作纪律方面失职失责的，予以严肃问责。

第七十三条 对案件处置出现重大失误，纪检监察干部涉嫌严重违纪或者职务违法、职务犯罪的，开展“一案双查”，既追究直接责任，还应当严肃追究有关领导人员责任。

建立办案质量责任制，对滥用职权、失职失责造成严重后果的，实行终身问责。

第十章 附 则

第七十四条 各省（自治区、直辖市）党委、中央和国家机关工委可以根据本规则，结合工作实际，制定实施细则。

中央军事委员会可以根据本规则，制定相关规定。

第七十五条 纪委监委派驻纪检监察组、纪检监察工委除执行本规则外，还应当执行党中央以及中央纪委相关规定。

国有企事业单位纪检监察机构结合实际执行本规则。

第七十六条 本规则由中央纪律检查委员会负责解释。

第七十七条 本规则自 2019 年 1 月 1 日起施行。2017 年 1 月 15 日中央纪委印发的《中国共产党纪律检查机关监督执纪工作规则（试行）》同时废止。此前发布的其他有关纪检监察机关监督执纪工作的规定，凡与本规则不一致的，按照本规则执行。

国家法律

一、宪法及宪法相关法

中华人民共和国宪法

（1982年12月4日第五届全国人民代表大会第五次会议通过　1982年12月4日全国人民代表大会公告公布施行　根据1988年4月12日第七届全国人民代表大会第一次会议通过的《中华人民共和国宪法修正案》、1993年3月29日第八届全国人民代表大会第一次会议通过的《中华人民共和国宪法修正案》、1999年3月15日第九届全国人民代表大会第二次会议通过的《中华人民共和国宪法修正案》、2004年3月14日第十届全国人民代表大会第二次会议通过的《中华人民共和国宪法修正案》和2018年3月11日第十三届全国人民代表大会第一次会议通过的《中华人民共和国宪法修正案》修正）

目　　录

序　言
第一章　总　　纲
第二章　公民的基本权利和义务
第三章　国家机构
　第一节　全国人民代表大会
　第二节　中华人民共和国主席
　第三节　国务院
　第四节　中央军事委员会
　第五节　地方各级人民代表大会和地方各级人民政府
　第六节　民族自治地方的自治机关
　第七节　监察委员会
　第八节　人民法院和人民检察院
第四章　国旗、国歌、国徽、首都

序　　言

中国是世界上历史最悠久的国家之一。中国各族人民共同创造了光辉灿烂的文化，具有光荣的革命传统。

一八四〇年以后，封建的中国逐渐变成半殖民地、半封建的国家。中国人民为国家独立、民族解放和民主自由进行了前仆后继的英勇奋斗。

二十世纪，中国发生了翻天覆地的伟大历史变革。

一九一一年孙中山先生领导的辛亥革命，废除了封建帝制，创立了中华民国。但是，中国人民反对帝国主义和封建主义的历史任务还没有完成。

一九四九年，以毛泽东主席为领袖的中国共产党领导中国各族人民，在经历了长期的艰难曲折的武装斗争和其他形式的斗争以后，终于推翻了帝国主义、封建主义和官僚资本主义的统治，取得了新民主主义革命的伟大胜利，建立了中华人民共和国。从此，中国人民掌握了国家的权力，成为国家的主人。

中华人民共和国成立以后，我国社会逐步实现了由新民主主义到社会主义的过渡。生产资料私有制的社会主义改造已经完成，人剥削人的制度已经消灭，社会主义制度已经确立。工人阶级领导的、以工农联盟为基础的人民民主专政，实质上即无产阶级专政，得到巩固和发展。中国人民和中国人民解放军战胜了帝国主义、霸权主义的侵略、破坏和武装挑衅，维护了国家的独立和安全，增强了国防。经济建设取得了重大的成就，独立的、比较完整的社会主义工业体系已经基本形成，农业生产显著提高。教育、科学、文化等事业有了很大的发展，社会主义思想教育取得了明显的成效。广大人民的生活有了较大的改善。

中国新民主主义革命的胜利和社会主义事业的成就，是中国共产党领导中国各族人民，在马克思列宁主义、毛泽东思想的指引下，坚持真理，修正错误，战胜许多艰难险阻而取得的。我国将长期处于社会主义初级阶段。国家的根本任务是，沿着中国特色社会主义道路，集中力量进行社会主义现代化建设。中国各族人民将继续在中国共产党领导下，在马克思列宁主义、毛泽东思想、邓小平理论、“三个代表”重要思想、科学发展观、习近平新时代中国特色社会主义思想指引下，坚持人民民主专政，坚持社会主义道路，坚持改革开放，不断完善社会主义的各项制度，发展社会主义市场经济，发展社会主义民主，健全社会主义法治，贯彻新发展理念，自力更生，艰苦奋斗，逐步实现工业、农业、国防和科学技术的现代化，推动物质文明、政治文明、精神文明、社会文明、生态文明协调发展，把我国建设成为富强民主文明和谐美丽的社会主义现代化强国，实现中华民族伟大复兴。

在我国，剥削阶级作为阶级已经消灭，但是阶级斗争还将在一定范围内长期存在。中国人民对敌视和破坏我国社会主义制度的国内外的敌对势力和敌对分子，必须进行斗争。

台湾是中华人民共和国的神圣领土的一部分。完成统一祖国的大业是包括台湾同胞在内的全中国人民的神圣职责。

社会主义的建设事业必须依靠工人、农民和知识分子，团结一切可以团结的力量。在长期的革命、建设、改革过程中，已经结成由中国共产党领导的，有各民主党派和各人民团体参加的，包括全体社会主义劳动者、社会主义事业的建设者、拥护社会主义的爱国者、拥护祖国统一和致力于中华民族伟大复兴的爱国者的广泛的爱国统一战线，这个统一战线将继续巩固和发展。中国人民政治协商会议是有广泛代表性的统一战线组织，过去发挥了重要的历史作用，今后在国家政治生活、社会生活和对外友好活动中，在进行社会主义现代化建设、维护国家的统一和团结的斗争中，将进一步发挥它的重要作用。中国共产党领导的多党合作和政治协商制度将长期存在和发展。

中华人民共和国是全国各族人民共同缔造的统一的多民族国家。平等团结互助和谐的社会主义民族关系已经确立，并将继续加强。在维护民族团结的斗争中，要反对大民族主义，主要是大汉族主义，也要反对地方民族主义。国家尽一切努力，促进全国各民族的共同繁荣。

中国革命、建设、改革的成就是同世界人民的支持分不开的。中国的前途是同世界的前途紧密地联系在一起的。中国坚持独立自主的对外政策，坚持互相尊重主权和领土完整、互不侵犯、互不干涉内政、平等互利、和平共处的五项原则，坚持和平发展道路，坚持互利共赢开放战略，发展同各国的外交关系和经济、文化交流，推动构建人类命运共同体；坚持反对帝国主义、霸权主义、殖民主义，加强同世界各国人民的团结，支持被压迫民族和发展中国家争取和维护民族独立、发展民族经济的正义斗争，为维护世界和平和促进人类进步事业而努力。

本宪法以法律的形式确认了中国各族人民奋斗的成果，规定了国家的根本制度和根本任务，是国家的根本法，具有最高的法律效力。全国各族人民、一切国家机关和武装力量、各政党和各社会团体、各企业事业组织，都必须以宪法为根本的活动准则，并且负有维护宪法尊严、保证宪法实施的职责。

第一章　总　　纲

第一条　中华人民共和国是工人阶级领导的、以工农联盟为基础的人民民主专政的社会主义国家。

社会主义制度是中华人民共和国的根本制度。中国共产党领导是中国特色社会主义最本质的特征。禁止任何组织或者个人破坏社会主义制度。

第二条　中华人民共和国的一切权力属于人民。

人民行使国家权力的机关是全国人民代表大会和地方各级人民代表大会。

人民依照法律规定，通过各种途径和形式，管理国家事务，管理经济和文化事业，管理社会事务。

第三条　中华人民共和国的国家机构实行民主集中制的原则。

全国人民代表大会和地方各级人民代表大会都由民主选举产生，对人民负责，受人民监督。

国家行政机关、监察机关、审判机关、检察机关都由人民代表大会产生，对它负责，受它监督。

中央和地方的国家机构职权的划分，遵循在中央的统一领导下，充分发挥地方的主动性、积极性的原则。

第四条　中华人民共和国各民族一律平等。国家保障各少数民族的合法的权利和利益，维护和发展各民族的平等团结互助和谐关系。禁止对任何民族的歧视和压迫，禁止破坏民族团结和制造民族分裂的行为。

国家根据各少数民族的特点和需要，帮助各少数民族地区加速经济和文化的发展。

各少数民族聚居的地方实行区域自治，设立自治机关，行使自治权。各民族自治地方都是中华人民共和国不可分离的部分。

各民族都有使用和发展自己的语言文字的自由，都有保持或者改革自己的风俗习惯的自由。

第五条 中华人民共和国实行依法治国，建设社会主义法治国家。

国家维护社会主义法制的统一和尊严。

一切法律、行政法规和地方性法规都不得同宪法相抵触。

一切国家机关和武装力量、各政党和各社会团体、各企业事业组织都必须遵守宪法和法律。一切违反宪法和法律的行为，必须予以追究。

任何组织或者个人都不得有超越宪法和法律的特权。

第六条 中华人民共和国的社会主义经济制度的基础是生产资料的社会主义公有制，即全民所有制和劳动群众集体所有制。社会主义公有制消灭人剥削人的制度，实行各尽所能、按劳分配的原则。

国家在社会主义初级阶段，坚持公有制为主体、多种所有制经济共同发展的基本经济制度，坚持按劳分配为主体、多种分配方式并存的分配制度。

第七条 国有经济，即社会主义全民所有制经济，是国民经济中的主导力量。国家保障国有经济的巩固和发展。

第八条 农村集体经济组织实行家庭承包经营为基础、统分结合的双层经营体制。农村中的生产、供销、信用、消费等各种形式的合作经济，是社会主义劳动群众集体所有制经济。参加农村集体经济组织的劳动者，有权在法律规定的范围内经营自留地、自留山、家庭副业和饲养自留畜。

城镇中的手工业、工业、建筑业、运输业、商业、服务业等行业的各种形式的合作经济，都是社会主义劳动群众集体所有制经济。

国家保护城乡集体经济组织的合法的权利和利益，鼓励、指导和帮助集体经济的发展。

第九条 矿藏、水流、森林、山岭、草原、荒地、滩涂等自然资源，都属于国家所有，即全民所有；由法律规定属于集体所有的森林和山岭、草原、荒地、滩涂除外。

国家保障自然资源的合理利用，保护珍贵的动物和植物。禁止任何组织或者个人用任何手段侵占或者破坏自然资源。

第十条 城市的土地属于国家所有。

农村和城市郊区的土地，除由法律规定属于国家所有的以外，属于集体所有；宅基地和自留地、自留山，也属于集体所有。

国家为了公共利益的需要，可以依照法律规定对土地实行征收或者征用并给予补偿。

任何组织或者个人不得侵占、买卖或者以其他形式非法转让土地。土地的使用权可以依照法律的规定转让。

一切使用土地的组织和个人必须合理地利用土地。

第十一条 在法律规定范围内的个体经济、私营经济等非公有制经济，是社会主义市场经济的重要组成部分。

国家保护个体经济、私营经济等非公有制经济的合法的权利和利益。国家鼓励、支持和引导非公有制经济的发展，并对非公有制经济依法实行监督和管理。

第十二条 社会主义的公共财产神圣不可侵犯。

国家保护社会主义的公共财产。禁止任何组织或者个人用任何手段侵占或者破坏国家的和集体的财产。

第十三条 公民的合法的私有财产不受侵犯。

国家依照法律规定保护公民的私有财产权和继承权。

国家为了公共利益的需要，可以依照法律规定对公民的私有财产实行征收或者征用并给予补偿。

第十四条 国家通过提高劳动者的积极性和技术水平，推广先进的科学技术，完善经济管理体制和企业经营管理制度，实行各种形式的社会主义责任制，改进劳动组织，以不断提高劳动生产率和经济效益，发展社会生产力。

国家厉行节约，反对浪费。

国家合理安排积累和消费，兼顾国家、集体和个人的利益，在发展生产的基础上，逐步改善人民的物质生活和文化生活。

国家建立健全同经济发展水平相适应的社会保障制度。

第十五条 国家实行社会主义市场经济。

国家加强经济立法，完善宏观调控。

国家依法禁止任何组织或者个人扰乱社会经济秩序。

第十六条 国有企业在法律规定的范围内有权自主经营。

国有企业依照法律规定，通过职工代表大会和其他形式，实行民主管理。

第十七条 集体经济组织在遵守有关法律的前提下，有独立进行经济活动的自主权。

集体经济组织实行民主管理，依照法律规定选举和罢免管理人员，决定经营管理的重大问题。

第十八条 中华人民共和国允许外国的企业和其他经济组织或者个人依照中华人民共和国法律的规定在中国投资，同中国的企业或者其他经济组织进行各种形式的经济合作。

在中国境内的外国企业和其他外国经济组织以及中外合资经营的企业，都必须遵守中华人民共和国的法律。它们的合法的权利和利益受中华人民共和国法律的保护。

第十九条 国家发展社会主义的教育事业，提高全国人民的科学文化水平。

国家举办各种学校，普及初等义务教育，发展中等教育、职业教育和高等教育，并且发展学前教育。

国家发展各种教育设施，扫除文盲，对工人、农民、国家工作人员和其他劳动者进行政治、文化、科学、技术、业务的教育，鼓励自学成才。

国家鼓励集体经济组织、国家企业事业组织和其他社会力量依照法律规定举办各种教育事业。

国家推广全国通用的普通话。

第二十条 国家发展自然科学和社会科学事业，普及科学和技术知识，奖励科学研究成果和技术发明创造。

第二十一条 国家发展医疗卫生事业，发展现代医药和我国传统医药，鼓励和支持农村集体经济组织、国家企业事业组织和街道组织举办各种医疗卫生设施，开展群众性的卫生活动，保护人民健康。

国家发展体育事业，开展群众性的体育活动，增强人民体质。

第二十二条 国家发展为人民服务、为社会主义服务的文学艺术事业、新闻广播电视事业、出版发行事业、图书馆博物馆文化馆和其他文化事业，开展群众性的文化活动。

国家保护名胜古迹、珍贵文物和其他重要历史文化遗产。

第二十三条 国家培养为社会主义服务的各种专业人才，扩大知识分子的队伍，创造条件，充分发挥他们在社会主义现代化建设中的作用。

第二十四条 国家通过普及理想教育、道德教育、文化教育、纪律和法制教育，通过在城乡不同范围的群众中制定和执行各种守则、公约，加强社会主义精神文明的建设。

国家倡导社会主义核心价值观，提倡爱祖国、爱人民、爱劳动、爱科学、爱社会主义的公德，在人民中进行爱国主义、集体主义和国际主义、共产主义的教育，进行辩证唯物主义和历史唯物主义的教育，反对资本主义的、封建主义的和其他的腐朽思想。

第二十五条 国家推行计划生育，使人口的增长同经济和社会发展计划相适应。

第二十六条 国家保护和改善生活环境和生态环境，防治污染和其他公害。

国家组织和鼓励植树造林，保护林木。

第二十七条 一切国家机关实行精简的原则，实行工作责任制，实行工作人员的培训和考核制度，不断提高工作质量和工作效率，反对官僚主义。

一切国家机关和国家工作人员必须依靠人民的支持，经常保持同人民的密切联系，倾听人民的意见和建议，接受人民的监督，努力为人民服务。

国家工作人员就职时应当依照法律规定公开进行宪法宣誓。

第二十八条 国家维护社会秩序，镇压叛国和其他危害国家安全的犯罪活动，制裁危害社会治安、破坏社会主义经济和其他犯罪的活动，惩办和改造犯罪分子。

第二十九条 中华人民共和国的武装力量属于人民。它的任务是巩固国防，抵抗侵略，保卫祖国，保卫人民的和平劳动，参加国家建设事业，努力为人民服务。

国家加强武装力量的革命化、现代化、正规化的建设，增强国防力量。

第三十条 中华人民共和国的行政区域划分如下：

（一）全国分为省、自治区、直辖市；

（二）省、自治区分为自治州、县、自治县、市；

（三）县、自治县分为乡、民族乡、镇。

直辖市和较大的市分为区、县。自治州分为县、自治县、市。

自治区、自治州、自治县都是民族自治地方。

第三十一条 国家在必要时得设立特别行政区。在特别行政区内实行的制度按照具体情况由全国人民代表大会以法律规定。

第三十二条 中华人民共和国保护在中国境内的外国人的合法权利和利益，在中国境内的外国人必须遵守中华人民共和国的法律。

中华人民共和国对于因为政治原因要求避难的外国人，可以给予受庇护的权利。

第二章 公民的基本权利和义务

第三十三条 凡具有中华人民共和国国籍的人都是中华人民共和国公民。

中华人民共和国公民在法律面前一律平等。

国家尊重和保障人权。

任何公民享有宪法和法律规定的权利，同时必须履行宪法和法律规定的义务。

第三十四条 中华人民共和国年满十八周岁的公民，不分民族、种族、性别、职业、家庭出身、宗教信仰、教育程度、财产状况、居住期限，都有选举权和被选举权；但是依照法律被剥夺政治权利的人除外。

第三十五条 中华人民共和国公民有言论、出版、集会、结社、游行、示威的自由。

第三十六条　中华人民共和国公民有宗教信仰自由。

任何国家机关、社会团体和个人不得强制公民信仰宗教或者不信仰宗教，不得歧视信仰宗教的公民和不信仰宗教的公民。

国家保护正常的宗教活动。任何人不得利用宗教进行破坏社会秩序、损害公民身体健康、妨碍国家教育制度的活动。

宗教团体和宗教事务不受外国势力的支配。

第三十七条　中华人民共和国公民的人身自由不受侵犯。

任何公民，非经人民检察院批准或者决定或者人民法院决定，并由公安机关执行，不受逮捕。

禁止非法拘禁和以其他方法非法剥夺或者限制公民的人身自由，禁止非法搜查公民的身体。

第三十八条　中华人民共和国公民的人格尊严不受侵犯。禁止用任何方法对公民进行侮辱、诽谤和诬告陷害。

第三十九条　中华人民共和国公民的住宅不受侵犯。禁止非法搜查或者非法侵入公民的住宅。

第四十条　中华人民共和国公民的通信自由和通信秘密受法律的保护。除因国家安全或者追查刑事犯罪的需要，由公安机关或者检察机关依照法律规定的程序对通信进行检查外，任何组织或者个人不得以任何理由侵犯公民的通信自由和通信秘密。

第四十一条　中华人民共和国公民对于任何国家机关和国家工作人员，有提出批评和建议的权利；对于任何国家机关和国家工作人员的违法失职行为，有向有关国家机关提出申诉、控告或者检举的权利，但是不得捏造或者歪曲事实进行诬告陷害。

对于公民的申诉、控告或者检举，有关国家机关必须查清事实，负责处理。任何人不得压制和打击报复。

由于国家机关和国家工作人员侵犯公民权利而受到损失的人，有依照法律规定取得赔偿的权利。

第四十二条　中华人民共和国公民有劳动的权利和义务。

国家通过各种途径，创造劳动就业条件，加强劳动保护，改善劳动条件，并在发展生产的基础上，提高劳动报酬和福利待遇。

劳动是一切有劳动能力的公民的光荣职责。国有企业和城乡集体经济组织的劳动者都应当以国家主人翁的态度对待自己的劳动。国家提倡社会主义劳动竞赛，奖励劳动模范和先进工作者。国家提倡公民从事义务劳动。

国家对就业前的公民进行必要的劳动就业训练。

第四十三条 中华人民共和国劳动者有休息的权利。

国家发展劳动者休息和休养的设施，规定职工的工作时间和休假制度。

第四十四条 国家依照法律规定实行企业事业组织的职工和国家机关工作人员的退休制度。退休人员的生活受到国家和社会的保障。

第四十五条 中华人民共和国公民在年老、疾病或者丧失劳动能力的情况下，有从国家和社会获得物质帮助的权利。国家发展为公民享受这些权利所需要的社会保险、社会救济和医疗卫生事业。

国家和社会保障残废军人的生活，抚恤烈士家属，优待军人家属。

国家和社会帮助安排盲、聋、哑和其他有残疾的公民的劳动、生活和教育。

第四十六条 中华人民共和国公民有受教育的权利和义务。

国家培养青年、少年、儿童在品德、智力、体质等方面全面发展。

第四十七条 中华人民共和国公民有进行科学研究、文学艺术创作和其他文化活动的自由。国家对于从事教育、科学、技术、文学、艺术和其他文化事业的公民的有益于人民的创造性工作，给以鼓励和帮助。

第四十八条 中华人民共和国妇女在政治的、经济的、文化的、社会的和家庭的生活等各方面享有同男子平等的权利。

国家保护妇女的权利和利益，实行男女同工同酬，培养和选拔妇女干部。

第四十九条 婚姻、家庭、母亲和儿童受国家的保护。

夫妻双方有实行计划生育的义务。

父母有抚养教育未成年子女的义务，成年子女有赡养扶助父母的义务。

禁止破坏婚姻自由，禁止虐待老人、妇女和儿童。

第五十条 中华人民共和国保护华侨的正当的权利和利益，保护归侨和侨眷的合法的权利和利益。

第五十一条 中华人民共和国公民在行使自由和权利的时候，不得损害国家的、社会的、集体的利益和其他公民的合法的自由和权利。

第五十二条　中华人民共和国公民有维护国家统一和全国各民族团结的义务。

第五十三条　中华人民共和国公民必须遵守宪法和法律，保守国家秘密，爱护公共财产，遵守劳动纪律，遵守公共秩序，尊重社会公德。

第五十四条　中华人民共和国公民有维护祖国的安全、荣誉和利益的义务，不得有危害祖国的安全、荣誉和利益的行为。

第五十五条　保卫祖国、抵抗侵略是中华人民共和国每一个公民的神圣职责。

依照法律服兵役和参加民兵组织是中华人民共和国公民的光荣义务。

第五十六条　中华人民共和国公民有依照法律纳税的义务。

第三章　国家机构

第一节　全国人民代表大会

第五十七条　中华人民共和国全国人民代表大会是最高国家权力机关。它的常设机关是全国人民代表大会常务委员会。

第五十八条　全国人民代表大会和全国人民代表大会常务委员会行使国家立法权。

第五十九条　全国人民代表大会由省、自治区、直辖市、特别行政区和军队选出的代表组成。各少数民族都应当有适当名额的代表。

全国人民代表大会代表的选举由全国人民代表大会常务委员会主持。

全国人民代表大会代表名额和代表产生办法由法律规定。

第六十条　全国人民代表大会每届任期五年。

全国人民代表大会任期届满的两个月以前，全国人民代表大会常务委员会必须完成下届全国人民代表大会代表的选举。如果遇到不能进行选举的非常情况，由全国人民代表大会常务委员会以全体组成人员的三分之二以上的多数通过，可以推迟选举，延长本届全国人民代表大会的任期。在非常情况结束后一年内，必须完成下届全国人民代表大会代表的选举。

第六十一条 全国人民代表大会会议每年举行一次，由全国人民代表大会常务委员会召集。如果全国人民代表大会常务委员会认为必要，或者有五分之一以上的全国人民代表大会代表提议，可以临时召集全国人民代表大会会议。

全国人民代表大会举行会议的时候，选举主席团主持会议。

第六十二条 全国人民代表大会行使下列职权：

（一）修改宪法；

（二）监督宪法的实施；

（三）制定和修改刑事、民事、国家机构的和其他的基本法律；

（四）选举中华人民共和国主席、副主席；

（五）根据中华人民共和国主席的提名，决定国务院总理的人选；根据国务院总理的提名，决定国务院副总理、国务委员、各部部长、各委员会主任、审计长、秘书长的人选；

（六）选举中央军事委员会主席；根据中央军事委员会主席的提名，决定中央军事委员会其他组成人员的人选；

（七）选举国家监察委员会主任；

（八）选举最高人民法院院长；

（九）选举最高人民检察院检察长；

（十）审查和批准国民经济和社会发展计划和计划执行情况的报告；

（十一）审查和批准国家的预算和预算执行情况的报告；

（十二）改变或者撤销全国人民代表大会常务委员会不适当的决定；

（十三）批准省、自治区和直辖市的建置；

（十四）决定特别行政区的设立及其制度；

（十五）决定战争和和平的问题；

（十六）应当由最高国家权力机关行使的其他职权。

第六十三条 全国人民代表大会有权罢免下列人员：

（一）中华人民共和国主席、副主席；

（二）国务院总理、副总理、国务委员、各部部长、各委员会主任、审计长、秘书长；

（三）中央军事委员会主席和中央军事委员会其他组成人员；

（四）国家监察委员会主任；

（五）最高人民法院院长；

（六）最高人民检察院检察长。

第六十四条 宪法的修改，由全国人民代表大会常务委员会或者五分之一以上的全国人民代表大会代表提议，并由全国人民代表大会以全体代表的三分之二以上的多数通过。

法律和其他议案由全国人民代表大会以全体代表的过半数通过。

第六十五条 全国人民代表大会常务委员会由下列人员组成：

委员长，

副委员长若干人，

秘书长，

委员若干人。

全国人民代表大会常务委员会组成人员中，应当有适当名额的少数民族代表。

全国人民代表大会选举并有权罢免全国人民代表大会常务委员会的组成人员。

全国人民代表大会常务委员会的组成人员不得担任国家行政机关、监察机关、审判机关和检察机关的职务。

第六十六条 全国人民代表大会常务委员会每届任期同全国人民代表大会每届任期相同，它行使职权到下届全国人民代表大会选出新的常务委员会为止。

委员长、副委员长连续任职不得超过两届。

第六十七条 全国人民代表大会常务委员会行使下列职权：

（一）解释宪法，监督宪法的实施；

（二）制定和修改除应当由全国人民代表大会制定的法律以外的其他法律；

（三）在全国人民代表大会闭会期间，对全国人民代表大会制定的法律进行部分补充和修改，但是不得同该法律的基本原则相抵触；

（四）解释法律；

（五）在全国人民代表大会闭会期间，审查和批准国民经济和社会发展计划、国家预算在执行过程中所必须作的部分调整方案；

（六）监督国务院、中央军事委员会、国家监察委员会、最高人民法院和最高人民检察院的工作；

（七）撤销国务院制定的同宪法、法律相抵触的行政法规、决定和命令；

（八）撤销省、自治区、直辖市国家权力机关制定的同宪法、法律和行政法规相抵触的地方性法规和决议；

（九）在全国人民代表大会闭会期间，根据国务院总理的提名，决定部长、委员会主任、审计长、秘书长的人选；

（十）在全国人民代表大会闭会期间，根据中央军事委员会主席的提名，决定中央军事委员会其他组成人员的人选；

（十一）根据国家监察委员会主任的提请，任免国家监察委员会副主任、委员；

（十二）根据最高人民法院院长的提请，任免最高人民法院副院长、审判员、审判委员会委员和军事法院院长；

（十三）根据最高人民检察院检察长的提请，任免最高人民检察院副检察长、检察员、检察委员会委员和军事检察院检察长，并且批准省、自治区、直辖市的人民检察院检察长的任免；

（十四）决定驻外全权代表的任免；

（十五）决定同外国缔结的条约和重要协定的批准和废除；

（十六）规定军人和外交人员的衔级制度和其他专门衔级制度；

（十七）规定和决定授予国家的勋章和荣誉称号；

（十八）决定特赦；

（十九）在全国人民代表大会闭会期间，如果遇到国家遭受武装侵犯或者必须履行国际间共同防止侵略的条约的情况，决定战争状态的宣布；

（二十）决定全国总动员或者局部动员；

（二十一）决定全国或者个别省、自治区、直辖市进入紧急状态；

（二十二）全国人民代表大会授予的其他职权。

第六十八条 全国人民代表大会常务委员会委员长主持全国人民代表大会常务委员会的工作，召集全国人民代表大会常务委员会会议。副委员长、秘书长协助委员长工作。

委员长、副委员长、秘书长组成委员长会议，处理全国人民代表大会常务委员会的重要日常工作。

第六十九条 全国人民代表大会常务委员会对全国人民代表大会负责并报告工作。

第七十条 全国人民代表大会设立民族委员会、宪法和法律委员会、财政经济委员会、教育科学文化卫生委员会、外事委员会、华侨委员会和其他需要设立的专门委员会。在全国人民代表大会闭会期间，各专门委员会受全国人民代表大会常务委员会的领导。

各专门委员会在全国人民代表大会和全国人民代表大会常务委员会领导下，研究、审议和拟订有关议案。

第七十一条 全国人民代表大会和全国人民代表大会常务委员会认为必要的时候，可以组织关于特定问题的调查委员会，并且根据调查委员会的报告，作出相应的决议。

调查委员会进行调查的时候，一切有关的国家机关、社会团体和公民都有义务向它提供必要的材料。

第七十二条 全国人民代表大会代表和全国人民代表大会常务委员会组成人员，有权依照法律规定的程序分别提出属于全国人民代表大会和全国人民代表大会常务委员会职权范围内的议案。

第七十三条 全国人民代表大会代表在全国人民代表大会开会期间，全国人民代表大会常务委员会组成人员在常务委员会开会期间，有权依照法律规定的程序提出对国务院或者国务院各部、各委员会的质询案。受质询的机关必须负责答复。

第七十四条 全国人民代表大会代表，非经全国人民代表大会会议主席团许可，在全国人民代表大会闭会期间非经全国人民代表大会常务委员会许可，不受逮捕或者刑事审判。

第七十五条 全国人民代表大会代表在全国人民代表大会各种会议上的发言和表决，不受法律追究。

第七十六条 全国人民代表大会代表必须模范地遵守宪法和法律，保守国家秘密，并且在自己参加的生产、工作和社会活动中，协助宪法和法律的实施。

全国人民代表大会代表应当同原选举单位和人民保持密切的联系，听取和反映人民的意见和要求，努力为人民服务。

第七十七条 全国人民代表大会代表受原选举单位的监督。原选举单位有权依照法律规定的程序罢免本单位选出的代表。

第七十八条 全国人民代表大会和全国人民代表大会常务委员会的组织和工作程序由法律规定。

第二节 中华人民共和国主席

第七十九条 中华人民共和国主席、副主席由全国人民代表大会选举。

有选举权和被选举权的年满四十五周岁的中华人民共和国公民可以被选为中华人民共和国主席、副主席。

中华人民共和国主席、副主席每届任期同全国人民代表大会每届任期相同。

第八十条 中华人民共和国主席根据全国人民代表大会的决定和全国人民代表大会常务委员会的决定，公布法律，任免国务院总理、副总理、国务委员、各部部长、各委员会主任、审计长、秘书长，授予国家的勋章和荣誉称号，发布特赦令，宣布进入紧急状态，宣布战争状态，发布动员令。

第八十一条 中华人民共和国主席代表中华人民共和国，进行国事活动，接受外国使节；根据全国人民代表大会常务委员会的决定，派遣和召回驻外全权代表，批准和废除同外国缔结的条约和重要协定。

第八十二条 中华人民共和国副主席协助主席工作。

中华人民共和国副主席受主席的委托，可以代行主席的部分职权。

第八十三条 中华人民共和国主席、副主席行使职权到下届全国人民代表大会选出的主席、副主席就职为止。

第八十四条 中华人民共和国主席缺位的时候，由副主席继任主席的职位。

中华人民共和国副主席缺位的时候，由全国人民代表大会补选。

中华人民共和国主席、副主席都缺位的时候，由全国人民代表大会补选；在补选以前，由全国人民代表大会常务委员会委员长暂时代理主席职位。

第三节 国　务　院

第八十五条 中华人民共和国国务院，即中央人民政府，是最高国家权力机关的执行机关，是最高国家行政机关。

第八十六条 国务院由下列人员组成：

总理，

副总理若干人，

国务委员若干人，

各部部长，

各委员会主任，

审计长，

秘书长。

国务院实行总理负责制。各部、各委员会实行部长、主任负责制。

国务院的组织由法律规定。

第八十七条 国务院每届任期同全国人民代表大会每届任期相同。

总理、副总理、国务委员连续任职不得超过两届。

第八十八条 总理领导国务院的工作。副总理、国务委员协助总理工作。

总理、副总理、国务委员、秘书长组成国务院常务会议。

总理召集和主持国务院常务会议和国务院全体会议。

第八十九条 国务院行使下列职权：

（一）根据宪法和法律，规定行政措施，制定行政法规，发布决定和命令；

（二）向全国人民代表大会或者全国人民代表大会常务委员会提出议案；

（三）规定各部和各委员会的任务和职责，统一领导各部和各委员会的工作，并且领导不属于各部和各委员会的全国性的行政工作；

（四）统一领导全国地方各级国家行政机关的工作，规定中央和省、自治区、直辖市的国家行政机关的职权的具体划分；

（五）编制和执行国民经济和社会发展计划和国家预算；

（六）领导和管理经济工作和城乡建设、生态文明建设；

（七）领导和管理教育、科学、文化、卫生、体育和计划生育工作；

（八）领导和管理民政、公安、司法行政等工作；

（九）管理对外事务，同外国缔结条约和协定；

（十）领导和管理国防建设事业；

（十一）领导和管理民族事务，保障少数民族的平等权利和民族自治地方的自治权利；

（十二）保护华侨的正当的权利和利益，保护归侨和侨眷的合法的权利和利益；

（十三）改变或者撤销各部、各委员会发布的不适当的命令、指示和规章；

（十四）改变或者撤销地方各级国家行政机关的不适当的决定和命令；

（十五）批准省、自治区、直辖市的区域划分，批准自治州、县、自治县、市的建置和区域划分；

（十六）依照法律规定决定省、自治区、直辖市的范围内部分地区进入紧急状态；

（十七）审定行政机构的编制，依照法律规定任免、培训、考核和奖惩行政人员；

（十八）全国人民代表大会和全国人民代表大会常务委员会授予的其他职权。

第九十条 国务院各部部长、各委员会主任负责本部门的工作；召集和主持部务会议或者委员会会议、委务会议，讨论决定本部门工作的重大问题。

各部、各委员会根据法律和国务院的行政法规、决定、命令，在本部门的权限内，发布命令、指示和规章。

第九十一条 国务院设立审计机关，对国务院各部门和地方各级政府的财政收支，对国家的财政金融机构和企业事业组织的财务收支，进行审计监督。

审计机关在国务院总理领导下，依照法律规定独立行使审计监督权，不受其他行政机关、社会团体和个人的干涉。

第九十二条 国务院对全国人民代表大会负责并报告工作；在全国人民代表大会闭会期间，对全国人民代表大会常务委员会负责并报告工作。

第四节 中央军事委员会

第九十三条 中华人民共和国中央军事委员会领导全国武装力量。

中央军事委员会由下列人员组成：

主席，

副主席若干人，

委员若干人。

中央军事委员会实行主席负责制。

中央军事委员会每届任期同全国人民代表大会每届任期相同。

第九十四条 中央军事委员会主席对全国人民代表大会和全国人民代表大会常务委员会负责。

第五节 地方各级人民代表大会和地方各级人民政府

第九十五条 省、直辖市、县、市、市辖区、乡、民族乡、镇设立人民代表大会和人民政府。

地方各级人民代表大会和地方各级人民政府的组织由法律规定。

自治区、自治州、自治县设立自治机关。自治机关的组织和工作根据宪法第三章第五节、第六节规定的基本原则由法律规定。

第九十六条 地方各级人民代表大会是地方国家权力机关。

县级以上的地方各级人民代表大会设立常务委员会。

第九十七条 省、直辖市、设区的市的人民代表大会代表由下一级的人民代表大会选举；县、不设区的市、市辖区、乡、民族乡、镇的人民代表大会代表由选民直接选举。

地方各级人民代表大会代表名额和代表产生办法由法律规定。

第九十八条 地方各级人民代表大会每届任期五年。

第九十九条 地方各级人民代表大会在本行政区域内，保证宪法、法律、行政法规的遵守和执行；依照法律规定的权限，通过和发布决议，审查和决定地方的经济建设、文化建设和公共事业建设的计划。

县级以上的地方各级人民代表大会审查和批准本行政区域内的国民经济和社会发展计划、预算以及它们的执行情况的报告；有权改变或者撤销本级人民代表大会常务委员会不适当的决定。

民族乡的人民代表大会可以依照法律规定的权限采取适合民族特点的具体措施。

第一百条 省、直辖市的人民代表大会和它们的常务委员会，在不同宪法、法律、行政法规相抵触的前提下，可以制定地方性法规，报全国人民代表大会常务委员会备案。

设区的市的人民代表大会和它们的常务委员会，在不同宪法、法律、行政法规和本省、自治区的地方性法规相抵触的前提下，可以依照法律规定制定地方性法规，报本省、自治区人民代表大会常务委员会批准后施行。

第一百零一条 地方各级人民代表大会分别选举并且有权罢免本级人民政府的省长和副省长、市长和副市长、县长和副县长、区长和副区长、乡长和副乡长、镇长和副镇长。

县级以上的地方各级人民代表大会选举并且有权罢免本级监察委员会主任、本级人民法院院长和本级人民检察院检察长。选出或者罢免人民检察院检察长，须报上级人民检察院检察长提请该级人民代表大会常务委员会批准。

第一百零二条 省、直辖市、设区的市的人民代表大会代表受原选举单位的监督；县、不设区的市、市辖区、乡、民族乡、镇的人民代表大会代表受选民的监督。

地方各级人民代表大会代表的选举单位和选民有权依照法律规定的程序罢免由他们选出的代表。

第一百零三条 县级以上的地方各级人民代表大会常务委员会由主任、副主任若干人和委员若干人组成，对本级人民代表大会负责并报告工作。

县级以上的地方各级人民代表大会选举并有权罢免本级人民代表大会常务委员会的组成人员。

县级以上的地方各级人民代表大会常务委员会的组成人员不得担任国家行政机关、监察机关、审判机关和检察机关的职务。

第一百零四条 县级以上的地方各级人民代表大会常务委员会讨论、决定本行政区域内各方面工作的重大事项；监督本级人民政府、监察委员会、人民法院和人民检察院的工作；撤销本级人民政府的不适当的决定和命令；撤销下一级人民代表大会的不适当的决议；依照法律规定的权限决定国家机关工作人员的任免；在本级人民代表大会闭会期间，罢免和补选上一级人民代表大会的个别代表。

第一百零五条 地方各级人民政府是地方各级国家权力机关的执行机关，是地方各级国家行政机关。

地方各级人民政府实行省长、市长、县长、区长、乡长、镇长负责制。

第一百零六条 地方各级人民政府每届任期同本级人民代表大会每届任期相同。

第一百零七条 县级以上地方各级人民政府依照法律规定的权限，管理本行政区域内的经济、教育、科学、文化、卫生、体育事业、城乡建设事业和财政、民政、公安、民族事务、司法行政、计划生育等行政工作，发布决定和命令，任免、培训、考核和奖惩行政工作人员。

乡、民族乡、镇的人民政府执行本级人民代表大会的决议和上级国家行政机关的决定和命令，管理本行政区域内的行政工作。

省、直辖市的人民政府决定乡、民族乡、镇的建置和区域划分。

第一百零八条 县级以上的地方各级人民政府领导所属各工作部门和下级人民政府的工作，有权改变或者撤销所属各工作部门和下级人民政府的不适当的决定。

第一百零九条 县级以上的地方各级人民政府设立审计机关。地方各级审计机关依照法律规定独立行使审计监督权，对本级人民政府和上一级审计机关负责。

第一百一十条 地方各级人民政府对本级人民代表大会负责并报告工作。县级以上的地方各级人民政府在本级人民代表大会闭会期间，对本级人民代表大会常务委员会负责并报告工作。

地方各级人民政府对上一级国家行政机关负责并报告工作。全国地方各级人民政府都是国务院统一领导下的国家行政机关，都服从国务院。

第一百一十一条 城市和农村按居民居住地区设立的居民委员会或者村民委员会是基层群众性自治组织。居民委员会、村民委员会的主任、副主任和委员由居民选举。居民委员会、村民委员会同基层政权的相互关系由法律规定。

居民委员会、村民委员会设人民调解、治安保卫、公共卫生等委员会，办理本居住地区的公共事务和公益事业，调解民间纠纷，协助维护社会治安，并且向人民政府反映群众的意见、要求和提出建议。

第六节 民族自治地方的自治机关

第一百一十二条 民族自治地方的自治机关是自治区、自治州、自治县的人民代表大会和人民政府。

第一百一十三条 自治区、自治州、自治县的人民代表大会中，除实行区域自治的民族的代表外，其他居住在本行政区域内的民族也应当有适当名额的代表。

自治区、自治州、自治县的人民代表大会常务委员会中应当有实行区域自治的民族的公民担任主任或者副主任。

第一百一十四条 自治区主席、自治州州长、自治县县长由实行区域自治的民族的公民担任。

第一百一十五条 自治区、自治州、自治县的自治机关行使宪法第三章第五节规定的地方国家机关的职权，同时依照宪法、民族区域自治法和其他法律规定的权限行使自治权，根据本地方实际情况贯彻执行国家的法律、政策。

第一百一十六条 民族自治地方的人民代表大会有权依照当地民族的政治、经济和文化的特点，制定自治条例和单行条例。自治区的自治条例和单行条例，报全国人民代表大会常务委员会批准后生效。自治州、自治县的自治条例和单行条例，报省或者自治区的人民代表大会常务委员会批准后生效，并报全国人民代表大会常务委员会备案。

第一百一十七条 民族自治地方的自治机关有管理地方财政的自治权。凡是依照国家财政体制属于民族自治地方的财政收入，都应当由民族自治地方的自治机关自主地安排使用。

第一百一十八条 民族自治地方的自治机关在国家计划的指导下，自主地安排和管理地方性的经济建设事业。

国家在民族自治地方开发资源、建设企业的时候，应当照顾民族自治地方的利益。

第一百一十九条 民族自治地方的自治机关自主地管理本地方的教育、科学、文化、卫生、体育事业，保护和整理民族的文化遗产，发展和繁荣民族文化。

第一百二十条 民族自治地方的自治机关依照国家的军事制度和当地的实际需要，经国务院批准，可以组织本地方维护社会治安的公安部队。

第一百二十一条 民族自治地方的自治机关在执行职务的时候，依照本民族自治地方自治条例的规定，使用当地通用的一种或者几种语言文字。

第一百二十二条 国家从财政、物资、技术等方面帮助各少数民族加速发展经济建设和文化建设事业。

国家帮助民族自治地方从当地民族中大量培养各级干部、各种专业人才和技术工人。

第七节 监察委员会

第一百二十三条 中华人民共和国各级监察委员会是国家的监察机关。

第一百二十四条 中华人民共和国设立国家监察委员会和地方各级监察委员会。

监察委员会由下列人员组成：

主任，

副主任若干人，

委员若干人。

监察委员会主任每届任期同本级人民代表大会每届任期相同。国家监察委员会主任连续任职不得超过两届。

监察委员会的组织和职权由法律规定。

第一百二十五条 中华人民共和国国家监察委员会是最高监察机关。

国家监察委员会领导地方各级监察委员会的工作，上级监察委员会领导下级监察委员会的工作。

第一百二十六条 国家监察委员会对全国人民代表大会和全国人民代表大会常务委员会负责。地方各级监察委员会对产生它的国家权力机关和上一级监察委员会负责。

第一百二十七条 监察委员会依照法律规定独立行使监察权，不受行政机关、社会团体和个人的干涉。

监察机关办理职务违法和职务犯罪案件，应当与审判机关、检察机关、执法部门互相配合，互相制约。

第八节 人民法院和人民检察院

第一百二十八条 中华人民共和国人民法院是国家的审判机关。

第一百二十九条 中华人民共和国设立最高人民法院、地方各级人民法院和军事法院等专门人民法院。

最高人民法院院长每届任期同全国人民代表大会每届任期相同，连续任职不得超过两届。

人民法院的组织由法律规定。

第一百三十条 人民法院审理案件，除法律规定的特别情况外，一律公开进行。被告人有权获得辩护。

第一百三十一条 人民法院依照法律规定独立行使审判权，不受行政机关、社会团体和个人的干涉。

第一百三十二条 最高人民法院是最高审判机关。

最高人民法院监督地方各级人民法院和专门人民法院的审判工作，上级人民法院监督下级人民法院的审判工作。

第一百三十三条 最高人民法院对全国人民代表大会和全国人民代表大会常务委员会负责。地方各级人民法院对产生它的国家权力机关负责。

第一百三十四条 中华人民共和国人民检察院是国家的法律监督机关。

第一百三十五条 中华人民共和国设立最高人民检察院、地方各级人民检察院和军事检察院等专门人民检察院。

最高人民检察院检察长每届任期同全国人民代表大会每届任期相同，

连续任职不得超过两届。

人民检察院的组织由法律规定。

第一百三十六条 人民检察院依照法律规定独立行使检察权，不受行政机关、社会团体和个人的干涉。

第一百三十七条 最高人民检察院是最高检察机关。

最高人民检察院领导地方各级人民检察院和专门人民检察院的工作，上级人民检察院领导下级人民检察院的工作。

第一百三十八条 最高人民检察院对全国人民代表大会和全国人民代表大会常务委员会负责。地方各级人民检察院对产生它的国家权力机关和上级人民检察院负责。

第一百三十九条 各民族公民都有用本民族语言文字进行诉讼的权利。人民法院和人民检察院对于不通晓当地通用的语言文字的诉讼参与人，应当为他们翻译。

在少数民族聚居或者多民族共同居住的地区，应当用当地通用的语言进行审理；起诉书、判决书、布告和其他文书应当根据实际需要使用当地通用的一种或者几种文字。

第一百四十条 人民法院、人民检察院和公安机关办理刑事案件，应当分工负责，互相配合，互相制约，以保证准确有效地执行法律。

第四章 国旗、国歌、国徽、首都

第一百四十一条 中华人民共和国国旗是五星红旗。

中华人民共和国国歌是《义勇军进行曲》。

第一百四十二条 中华人民共和国国徽，中间是五星照耀下的天安门，周围是谷穗和齿轮。

第一百四十三条 中华人民共和国首都是北京。

中华人民共和国全国人民代表大会组织法

（1982 年 12 月 10 日第五届全国人民代表大会第五次会议通过　1982 年 12 月 10 日全国人民代表大会公告公布施行　根据 2021 年 3 月 11 日第十三届全国人民代表大会第四次会议《关于修改〈中华人民共和国全国人民代表大会组织法〉的决定》修正）

目　　录

第一章　总　　则
第二章　全国人民代表大会会议
第三章　全国人民代表大会常务委员会
第四章　全国人民代表大会各委员会
第五章　全国人民代表大会代表

第一章　总　　则

第一条　为了健全全国人民代表大会及其常务委员会的组织和工作制度，保障和规范其行使职权，坚持和完善人民代表大会制度，保证人民当家作主，根据宪法，制定本法。

第二条　全国人民代表大会是最高国家权力机关，其常设机关是全国人民代表大会常务委员会。

第三条　全国人民代表大会及其常务委员会坚持中国共产党的领导，坚持以马克思列宁主义、毛泽东思想、邓小平理论、“三个代表”重要思想、科学发展观、习近平新时代中国特色社会主义思想为指导，依照宪法和法律规定行使职权。

第四条　全国人民代表大会由民主选举产生，对人民负责，受人民监督。

全国人民代表大会及其常务委员会坚持全过程民主，始终同人民保持密切联系，倾听人民的意见和建议，体现人民意志，保障人民权益。

第五条 全国人民代表大会及其常务委员会行使国家立法权，决定重大事项，监督宪法和法律的实施，维护社会主义法制的统一、尊严、权威，建设社会主义法治国家。

第六条 全国人民代表大会及其常务委员会实行民主集中制原则，充分发扬民主，集体行使职权。

第七条 全国人民代表大会及其常务委员会积极开展对外交往，加强同各国议会、国际和地区议会组织的交流与合作。

第二章 全国人民代表大会会议

第八条 全国人民代表大会每届任期五年。

全国人民代表大会会议每年举行一次，由全国人民代表大会常务委员会召集。全国人民代表大会常务委员会认为必要，或者有五分之一以上的全国人民代表大会代表提议，可以临时召集全国人民代表大会会议。

第九条 全国人民代表大会代表选出后，由全国人民代表大会常务委员会代表资格审查委员会进行审查。

全国人民代表大会常务委员会根据代表资格审查委员会提出的报告，确认代表的资格或者确定个别代表的当选无效，在每届全国人民代表大会第一次会议前公布代表名单。

对补选的全国人民代表大会代表，依照前款规定进行代表资格审查。

第十条 全国人民代表大会代表按照选举单位组成代表团。各代表团分别推选代表团团长、副团长。

代表团在每次全国人民代表大会会议举行前，讨论全国人民代表大会常务委员会提出的关于会议的准备事项；在会议期间，对全国人民代表大会的各项议案进行审议，并可以由代表团团长或者由代表团推派的代表，在主席团会议上或者大会全体会议上，代表代表团对审议的议案发表意见。

第十一条 全国人民代表大会每次会议举行预备会议，选举本次会议的主席团和秘书长，通过本次会议的议程和其他准备事项的决定。

主席团和秘书长的名单草案，由全国人民代表大会常务委员会委员长会议提出，经常务委员会会议审议通过后，提交预备会议。

第十二条 主席团主持全国人民代表大会会议。

主席团推选常务主席若干人，召集并主持主席团会议。

主席团推选主席团成员若干人分别担任每次大会全体会议的执行主席，并指定其中一人担任全体会议主持人。

第十三条 全国人民代表大会会议设立秘书处。秘书处由秘书长和副秘书长若干人组成。副秘书长的人选由主席团决定。

秘书处在秘书长领导下，办理主席团交付的事项，处理会议日常事务工作。副秘书长协助秘书长工作。

第十四条 主席团处理下列事项：

（一）根据会议议程决定会议日程；

（二）决定会议期间代表提出议案的截止时间；

（三）听取和审议关于议案处理意见的报告，决定会议期间提出的议案是否列入会议议程；

（四）听取和审议秘书处和有关专门委员会关于各项议案和报告审议、审查情况的报告，决定是否将议案和决定草案、决议草案提请会议表决；

（五）听取主席团常务主席关于国家机构组成人员人选名单的说明，提名由会议选举的国家机构组成人员的人选，依照法定程序确定正式候选人名单；

（六）提出会议选举和决定任命的办法草案；

（七）组织由会议选举或者决定任命的国家机构组成人员的宪法宣誓；

（八）其他应当由主席团处理的事项。

第十五条 主席团常务主席就拟提请主席团审议事项，听取秘书处和有关专门委员会的报告，向主席团提出建议。

主席团常务主席可以对会议日程作必要的调整。

第十六条 全国人民代表大会主席团，全国人民代表大会常务委员会，全国人民代表大会各专门委员会，国务院，中央军事委员会，国家监察委员会，最高人民法院，最高人民检察院，可以向全国人民代表大会提出属于全国人民代表大会职权范围内的议案。

第十七条 一个代表团或者三十名以上的代表联名，可以向全国人民代表大会提出属于全国人民代表大会职权范围内的议案。

第十八条 全国人民代表大会常务委员会委员长、副委员长、秘书长、委员的人选，中华人民共和国主席、副主席的人选，中央军事委员会主席的人选，国家监察委员会主任的人选，最高人民法院院长和最高人民检察院检察长的人选，由主席团提名，经各代表团酝酿协商后，再由主席团根据多数代表的意见确定正式候选人名单。

第十九条 国务院总理和国务院其他组成人员的人选、中央军事委员会除主席以外的其他组成人员的人选，依照宪法的有关规定提名。

第二十条 全国人民代表大会主席团、三个以上的代表团或者十分之一以上的代表，可以提出对全国人民代表大会常务委员会的组成人员，中华人民共和国主席、副主席，国务院和中央军事委员会的组成人员，国家监察委员会主任，最高人民法院院长和最高人民检察院检察长的罢免案，由主席团提请大会审议。

第二十一条 全国人民代表大会会议期间，一个代表团或者三十名以上的代表联名，可以书面提出对国务院以及国务院各部门、国家监察委员会、最高人民法院、最高人民检察院的质询案。

第三章 全国人民代表大会常务委员会

第二十二条 全国人民代表大会常务委员会对全国人民代表大会负责并报告工作。

全国人民代表大会常务委员会每届任期同全国人民代表大会每届任期相同，行使职权到下届全国人民代表大会选出新的常务委员会为止。

第二十三条 全国人民代表大会常务委员会由下列人员组成：

委员长，

副委员长若干人，

秘书长，

委员若干人。

常务委员会的组成人员由全国人民代表大会从代表中选出。

常务委员会的组成人员不得担任国家行政机关、监察机关、审判机关和检察机关的职务；如果担任上述职务，应当向常务委员会辞去常务委员会的职务。

第二十四条 常务委员会委员长主持常务委员会会议和常务委员会的工作。副委员长、秘书长协助委员长工作。副委员长受委员长的委托，可以代行委员长的部分职权。

委员长因为健康情况不能工作或者缺位的时候，由常务委员会在副委员长中推选一人代理委员长的职务，直到委员长恢复健康或者全国人民代表大会选出新的委员长为止。

第二十五条 常务委员会的委员长、副委员长、秘书长组成委员长会议，处理常务委员会的重要日常工作：

（一）决定常务委员会每次会议的会期，拟订会议议程草案，必要时提出调整会议议程的建议；

（二）对向常务委员会提出的议案和质询案，决定交由有关的专门委员会审议或者提请常务委员会全体会议审议；

（三）决定是否将议案和决定草案、决议草案提请常务委员会全体会议表决，对暂不交付表决的，提出下一步处理意见；

（四）通过常务委员会年度工作要点、立法工作计划、监督工作计划、代表工作计划、专项工作规划和工作规范性文件等；

（五）指导和协调各专门委员会的日常工作；

（六）处理常务委员会其他重要日常工作。

第二十六条 常务委员会设立代表资格审查委员会。

代表资格审查委员会的主任委员、副主任委员和委员的人选，由委员长会议在常务委员会组成人员中提名，常务委员会任免。

第二十七条 常务委员会设立办公厅，在秘书长领导下工作。

常务委员会设副秘书长若干人，由委员长提请常务委员会任免。

第二十八条 常务委员会设立法制工作委员会、预算工作委员会和其他需要设立的工作委员会。

工作委员会的主任、副主任和委员由委员长提请常务委员会任免。

香港特别行政区基本法委员会、澳门特别行政区基本法委员会的设立、职责和组成人员任免，依照有关法律和全国人民代表大会有关决定的规定。

第二十九条 委员长会议，全国人民代表大会各专门委员会，国务院，中央军事委员会，国家监察委员会，最高人民法院，最高人民检察院，常务委员会组成人员十人以上联名，可以向常务委员会提出属于常务委员会职权范围内的议案。

第三十条 常务委员会会议期间，常务委员会组成人员十人以上联名，可以向常务委员会书面提出对国务院以及国务院各部门、国家监察委员会、最高人民法院、最高人民检察院的质询案。

第三十一条 常务委员会在全国人民代表大会闭会期间，根据国务院总理的提名，可以决定国务院其他组成人员的任免；根据中央军事委员会主席的提名，可以决定中央军事委员会其他组成人员的任免。

第三十二条 常务委员会在全国人民代表大会闭会期间，根据委员长会议、国务院总理的提请，可以决定撤销国务院其他个别组成人员的职务；根据中央军事委员会主席的提请，可以决定撤销中央军事委员会其他个别组成人员的职务。

第三十三条 常务委员会在全国人民代表大会每次会议举行的时候，必须向全国人民代表大会提出工作报告。

第四章 全国人民代表大会各委员会

第三十四条 全国人民代表大会设立民族委员会、宪法和法律委员会、监察和司法委员会、财政经济委员会、教育科学文化卫生委员会、外事委员会、华侨委员会、环境与资源保护委员会、农业与农村委员会、社会建设委员会和全国人民代表大会认为需要设立的其他专门委员会。各专门委员会受全国人民代表大会领导；在全国人民代表大会闭会期间，受全国人民代表大会常务委员会领导。

各专门委员会由主任委员、副主任委员若干人和委员若干人组成。

各专门委员会的主任委员、副主任委员和委员的人选由主席团在代表中提名，全国人民代表大会会议表决通过。在大会闭会期间，全国人民代表大会常务委员会可以任免专门委员会的副主任委员和委员，由委员长会议提名，常务委员会会议表决通过。

第三十五条 各专门委员会每届任期同全国人民代表大会每届任期相同，履行职责到下届全国人民代表大会产生新的专门委员会为止。

第三十六条 各专门委员会主任委员主持委员会会议和委员会的工作。副主任委员协助主任委员工作。

各专门委员会可以根据工作需要，任命专家若干人为顾问；顾问可以列席专门委员会会议，发表意见。

顾问由全国人民代表大会常务委员会任免。

第三十七条 各专门委员会的工作如下：

（一）审议全国人民代表大会主席团或者全国人民代表大会常务委员会交付的议案；

（二）向全国人民代表大会主席团或者全国人民代表大会常务委员会提出属于全国人民代表大会或者全国人民代表大会常务委员会职权范围内同本委员会有关的议案，组织起草法律草案和其他议案草案；

（三）承担全国人民代表大会常务委员会听取和审议专项工作报告有关具体工作；

（四）承担全国人民代表大会常务委员会执法检查的具体组织实施工作；

（五）承担全国人民代表大会常务委员会专题询问有关具体工作；

（六）按照全国人民代表大会常务委员会工作安排，听取国务院有关部门和国家监察委员会、最高人民法院、最高人民检察院的专题汇报，提出建议；

（七）对属于全国人民代表大会或者全国人民代表大会常务委员会职权范围内同本委员会有关的问题，进行调查研究，提出建议；

（八）审议全国人民代表大会常务委员会交付的被认为同宪法、法律相抵触的国务院的行政法规、决定和命令，国务院各部门的命令、指示和规章，国家监察委员会的监察法规，省、自治区、直辖市和设区的市、自治州的人民代表大会及其常务委员会的地方性法规和决定、决议，省、自治区、直辖市和设区的市、自治州的人民政府的决定、命令和规章，民族自治地方的自治条例和单行条例，经济特区法规，以及最高人民法院、最高人民检察院具体应用法律问题的解释，提出意见；

（九）审议全国人民代表大会主席团或者全国人民代表大会常务委员会交付的质询案，听取受质询机关对质询案的答复，必要的时候向全国人民代表大会主席团或者全国人民代表大会常务委员会提出报告；

（十）研究办理代表建议、批评和意见，负责有关建议、批评和意见的督促办理工作；

（十一）按照全国人民代表大会常务委员会的安排开展对外交往；

（十二）全国人民代表大会及其常务委员会交办的其他工作。

第三十八条 民族委员会可以对加强民族团结问题进行调查研究，提出建议；审议自治区报请全国人民代表大会常务委员会批准的自治区的自治条例和单行条例，向全国人民代表大会常务委员会提出报告。

第三十九条 宪法和法律委员会承担推动宪法实施、开展宪法解释、推进合宪性审查、加强宪法监督、配合宪法宣传等工作职责。

宪法和法律委员会统一审议向全国人民代表大会或者全国人民代表大会常务委员会提出的法律草案和有关法律问题的决定草案；其他专门委员会就有关草案向宪法和法律委员会提出意见。

第四十条 财政经济委员会对国务院提出的国民经济和社会发展计划草案、规划纲要草案、中央和地方预算草案、中央决算草案以及相关报告和调整方案进行审查，提出初步审查意见、审查结果报告；其他专门委员会可以就有关草案和报告向财政经济委员会提出意见。

第四十一条 全国人民代表大会或者全国人民代表大会常务委员会可以组织对于特定问题的调查委员会。调查委员会的组织和工作，由全国人民代表大会或者全国人民代表大会常务委员会决定。

第五章 全国人民代表大会代表

第四十二条 全国人民代表大会代表每届任期五年，从每届全国人民代表大会举行第一次会议开始，到下届全国人民代表大会举行第一次会议为止。

第四十三条 全国人民代表大会代表必须模范地遵守宪法和法律，保守国家秘密，并且在自己参加的生产、工作和社会活动中，协助宪法和法律的实施。

第四十四条 全国人民代表大会代表应当同原选举单位和人民保持密切联系，可以列席原选举单位的人民代表大会会议，通过多种方式听取和反映人民的意见和要求，努力为人民服务，充分发挥在全过程民主中的作用。

第四十五条 全国人民代表大会常务委员会和各专门委员会、工作委员会应当同代表保持密切联系，听取代表的意见和建议，支持和保障代表依法履职，扩大代表对各项工作的参与，充分发挥代表作用。

全国人民代表大会常务委员会建立健全常务委员会组成人员和各专门委员会、工作委员会联系代表的工作机制。

全国人民代表大会常务委员会办事机构和工作机构为代表履行职责提供服务保障。

第四十六条 全国人民代表大会代表向全国人民代表大会或者全国人民代表大会常务委员会提出的对各方面工作的建议、批评和意见，由全国人民代表大会常务委员会办事机构交由有关机关、组织研究办理并负责答复。

对全国人民代表大会代表提出的建议、批评和意见，有关机关、组织应当与代表联系沟通，充分听取意见，介绍有关情况，认真研究办理，及时予以答复。

全国人民代表大会有关专门委员会和常务委员会办事机构应当加强对办理工作的督促检查。常务委员会办事机构每年向常务委员会报告代表建议、批评和意见的办理情况，并予以公开。

第四十七条 全国人民代表大会代表在出席全国人民代表大会会议和执行其他属于代表的职务的时候，国家根据实际需要给予适当的补贴和物质上的便利。

第四十八条 全国人民代表大会代表、全国人民代表大会常务委员会的组成人员，在全国人民代表大会和全国人民代表大会常务委员会各种会议上的发言和表决，不受法律追究。

第四十九条 全国人民代表大会代表非经全国人民代表大会主席团许可，在全国人民代表大会闭会期间非经全国人民代表大会常务委员会许可，不受逮捕或者刑事审判。

全国人民代表大会代表如果因为是现行犯被拘留，执行拘留的公安机关应当立即向全国人民代表大会主席团或者全国人民代表大会常务委员会报告。

中华人民共和国国务院组织法

（1982 年 12 月 10 日第五届全国人民代表大会第五次会议通过并于同日公布施行　2024 年 3 月 11 日第十四届全国人民代表大会第二次会议修订　2024 年 3 月 11 日中华人民共和国主席令第 21 号公布　自公布之日起施行）

第一条　为了健全国务院的组织和工作制度，保障和规范国务院行使职权，根据宪法，制定本法。

第二条　中华人民共和国国务院，即中央人民政府，是最高国家权力机关的执行机关，是最高国家行政机关。

第三条　国务院坚持中国共产党的领导，坚持以马克思列宁主义、毛泽东思想、邓小平理论、“三个代表”重要思想、科学发展观、习近平新时代中国特色社会主义思想为指导，坚决维护党中央权威和集中统一领导，坚决贯彻落实党中央决策部署，贯彻新发展理念，坚持依法行政，依照宪法和法律规定，全面正确履行政府职能。

国务院坚持以人民为中心、全心全意为人民服务，坚持和发展全过程人民民主，始终同人民保持密切联系，倾听人民的意见和建议，建设人民满意的法治政府、创新政府、廉洁政府和服务型政府。

第四条　国务院对全国人民代表大会负责并报告工作；在全国人民代表大会闭会期间，对全国人民代表大会常务委员会负责并报告工作。

国务院应当自觉接受全国人民代表大会及其常务委员会的监督。

第五条　国务院由总理、副总理、国务委员、各部部长、各委员会主任、中国人民银行行长、审计长、秘书长组成。

国务院实行总理负责制。总理领导国务院的工作。

副总理、国务委员协助总理工作，按照分工负责分管领域工作；受总理委托，负责其他方面的工作或者专项任务；根据统一安排，代表国务院进行外事活动。

第六条 国务院行使宪法和有关法律规定的职权。

第七条 国务院实行国务院全体会议和国务院常务会议制度。国务院全体会议由国务院全体成员组成。国务院常务会议由总理、副总理、国务委员、秘书长组成。总理召集和主持国务院全体会议和国务院常务会议。国务院工作中的重大问题，必须经国务院常务会议或者国务院全体会议讨论决定。

第八条 国务院全体会议的主要任务是讨论决定政府工作报告、国民经济和社会发展规划等国务院工作中的重大事项，部署国务院的重要工作。

国务院常务会议的主要任务是讨论法律草案、审议行政法规草案，讨论、决定、通报国务院工作中的重要事项。

国务院全体会议和国务院常务会议讨论决定的事项，除依法需要保密的外，应当及时公布。

国务院根据需要召开总理办公会议和国务院专题会议。

第九条 国务院发布的行政法规、决定、命令，向全国人民代表大会或者全国人民代表大会常务委员会提出的议案，任免人员，由总理签署。

第十条 国务院秘书长在总理领导下，负责处理国务院的日常工作。

国务院设副秘书长若干人，协助秘书长工作。

国务院设立办公厅，由秘书长领导。

第十一条 国务院组成部门的设立、撤销或者合并，经总理提出，由全国人民代表大会决定；在全国人民代表大会闭会期间，由全国人民代表大会常务委员会决定。国务院组成部门确定或者调整后，由全国人民代表大会或者全国人民代表大会常务委员会公布。

第十二条 国务院组成部门设部长（主任、行长、审计长）一人，副部长（副主任、副行长、副审计长）二至四人；委员会可以设委员五至十人。

国务院组成部门实行部长（主任、行长、审计长）负责制。部长（主任、行长、审计长）领导本部门的工作，召集和主持部务（委务、行务、署务）会议，讨论决定本部门工作的重大问题；签署上报国务院的重要请示、报告和发布的命令、指示。副部长（副主任、副行长、副审计长）协助部长（主任、行长、审计长）工作。

国务院副秘书长、各部副部长、各委员会副主任、中国人民银行副行长、副审计长由国务院任免。

第十三条　国务院可以根据工作需要和优化协同高效精简的原则，按照规定程序设立若干直属机构主管各项专门业务，设立若干办事机构协助总理办理专门事项。每个机构设负责人二至五人，由国务院任免。

第十四条　国务院组成部门工作中的方针、政策、计划和重大行政措施，应当向国务院请示报告，由国务院决定。根据法律和国务院的行政法规、决定、命令，主管部门可以在本部门的权限范围内发布命令、指示。

国务院组成部门和具有行政管理职能的直属机构以及法律规定的机构，可以根据法律和国务院的行政法规、决定、命令，在本部门的权限范围内，制定规章。

第十五条　国务院统一领导全国地方各级国家行政机关的工作。

第十六条　国务院坚持科学决策、民主决策、依法决策，健全行政决策制度体系，规范重大行政决策程序，加强行政决策执行和评估，提高决策质量和效率。

第十七条　国务院健全行政监督制度，加强行政复议、备案审查、行政执法监督、政府督查等工作，坚持政务公开，自觉接受各方面监督，强化对行政权力运行的制约和监督。

第十八条　国务院组成人员应当坚决维护党中央权威和集中统一领导，模范遵守宪法和法律，认真履行职责，带头反对形式主义、官僚主义，为民务实，严守纪律，勤勉廉洁。

第十九条　国务院组成部门、直属机构、办事机构应当各司其职、各负其责、加强协调、密切配合，确保党中央、国务院各项工作部署贯彻落实。

第二十条　本法自公布之日起施行。

中华人民共和国监察法

（2018年3月20日第十三届全国人民代表大会第一次会议通过　根据2024年12月25日第十四届全国人民代表大会常务委员会第十三次会议《关于修改〈中华人民共和国监察法〉的决定》修正）

目　　录

第一章　总　　则
第二章　监察机关及其职责
第三章　监察范围和管辖
第四章　监察权限
第五章　监察程序
第六章　反腐败国际合作
第七章　对监察机关和监察人员的监督
第八章　法律责任
第九章　附　　则

第一章　总　　则

第一条　为了深入开展廉政建设和反腐败工作，加强对所有行使公权力的公职人员的监督，实现国家监察全面覆盖，持续深化国家监察体制改革，推进国家治理体系和治理能力现代化，根据宪法，制定本法。

第二条　坚持中国共产党对国家监察工作的领导，以马克思列宁主义、毛泽东思想、邓小平理论、“三个代表”重要思想、科学发展观、习近平新时代中国特色社会主义思想为指导，构建集中统一、权威高效的中国特色国家监察体制。

第三条　各级监察委员会是行使国家监察职能的专责机关，依照本法对所有行使公权力的公职人员（以下称公职人员）进行监察，调查职务违法和职务犯罪，开展廉政建设和反腐败工作，维护宪法和法律的尊严。

第四条 监察委员会依照法律规定独立行使监察权，不受行政机关、社会团体和个人的干涉。

监察机关办理职务违法和职务犯罪案件，应当与审判机关、检察机关、执法部门互相配合，互相制约。

监察机关在工作中需要协助的，有关机关和单位应当根据监察机关的要求依法予以协助。

第五条 国家监察工作严格遵照宪法和法律，以事实为根据，以法律为准绳；权责对等，严格监督；遵守法定程序，公正履行职责；尊重和保障人权，在适用法律上一律平等，保障监察对象及相关人员的合法权益；惩戒与教育相结合，宽严相济。

第六条 国家监察工作坚持标本兼治、综合治理，强化监督问责，严厉惩治腐败；深化改革、健全法治，有效制约和监督权力；加强法治教育和道德教育，弘扬中华优秀传统文化，构建不敢腐、不能腐、不想腐的长效机制。

第二章 监察机关及其职责

第七条 中华人民共和国国家监察委员会是最高监察机关。

省、自治区、直辖市、自治州、县、自治县、市、市辖区设立监察委员会。

第八条 国家监察委员会由全国人民代表大会产生，负责全国监察工作。

国家监察委员会由主任、副主任若干人、委员若干人组成，主任由全国人民代表大会选举，副主任、委员由国家监察委员会主任提请全国人民代表大会常务委员会任免。

国家监察委员会主任每届任期同全国人民代表大会每届任期相同，连续任职不得超过两届。

国家监察委员会对全国人民代表大会及其常务委员会负责，并接受其监督。

第九条 地方各级监察委员会由本级人民代表大会产生，负责本行政区域内的监察工作。

地方各级监察委员会由主任、副主任若干人、委员若干人组成，主任由本级人民代表大会选举，副主任、委员由监察委员会主任提请本级人民代表大会常务委员会任免。

地方各级监察委员会主任每届任期同本级人民代表大会每届任期相同。

地方各级监察委员会对本级人民代表大会及其常务委员会和上一级监察委员会负责，并接受其监督。

第十条 国家监察委员会领导地方各级监察委员会的工作，上级监察委员会领导下级监察委员会的工作。

第十一条 监察委员会依照本法和有关法律规定履行监督、调查、处置职责：

（一）对公职人员开展廉政教育，对其依法履职、秉公用权、廉洁从政从业以及道德操守情况进行监督检查；

（二）对涉嫌贪污贿赂、滥用职权、玩忽职守、权力寻租、利益输送、徇私舞弊以及浪费国家资财等职务违法和职务犯罪进行调查；

（三）对违法的公职人员依法作出政务处分决定；对履行职责不力、失职失责的领导人员进行问责；对涉嫌职务犯罪的，将调查结果移送人民检察院依法审查、提起公诉；向监察对象所在单位提出监察建议。

第十二条 各级监察委员会可以向本级中国共产党机关、国家机关、中国人民政治协商会议委员会机关、法律法规授权或者委托管理公共事务的组织和单位以及辖区内特定区域、国有企业、事业单位等派驻或者派出监察机构、监察专员。

经国家监察委员会批准，国家监察委员会派驻本级实行垂直管理或者双重领导并以上级单位领导为主的单位、国有企业的监察机构、监察专员，可以向驻在单位的下一级单位再派出。

经国家监察委员会批准，国家监察委员会派驻监察机构、监察专员，可以向驻在单位管理领导班子的普通高等学校再派出；国家监察委员会派驻国务院国有资产监督管理机构的监察机构，可以向驻在单位管理领导班子的国有企业再派出。

监察机构、监察专员对派驻或者派出它的监察委员会或者监察机构、监察专员负责。

第十三条 派驻或者派出的监察机构、监察专员根据授权，按照管理权限依法对公职人员进行监督，提出监察建议，依法对公职人员进行调查、处置。

第十四条 国家实行监察官制度，依法确定监察官的等级设置、任免、考评和晋升等制度。

第三章 监察范围和管辖

第十五条 监察机关对下列公职人员和有关人员进行监察：

（一）中国共产党机关、人民代表大会及其常务委员会机关、人民政府、监察委员会、人民法院、人民检察院、中国人民政治协商会议各级委员会机关、民主党派机关和工商业联合会机关的公务员，以及参照《中华人民共和国公务员法》管理的人员；

（二）法律、法规授权或者受国家机关依法委托管理公共事务的组织中从事公务的人员；

（三）国有企业管理人员；

（四）公办的教育、科研、文化、医疗卫生、体育等单位中从事管理的人员；

（五）基层群众性自治组织中从事管理的人员；

（六）其他依法履行公职的人员。

第十六条 各级监察机关按照管理权限管辖本辖区内本法第十五条规定的人员所涉监察事项。

上级监察机关可以办理下一级监察机关管辖范围内的监察事项，必要时也可以办理所辖各级监察机关管辖范围内的监察事项。

监察机关之间对监察事项的管辖有争议的，由其共同的上级监察机关确定。

第十七条 上级监察机关可以将其所管辖的监察事项指定下级监察机关管辖，也可以将下级监察机关有管辖权的监察事项指定给其他监察机关管辖。

监察机关认为所管辖的监察事项重大、复杂，需要由上级监察机关管辖的，可以报请上级监察机关管辖。

第四章　监察权限

第十八条　监察机关行使监督、调查职权，有权依法向有关单位和个人了解情况，收集、调取证据。有关单位和个人应当如实提供。

监察机关及其工作人员对监督、调查过程中知悉的国家秘密、工作秘密、商业秘密、个人隐私和个人信息，应当保密。

任何单位和个人不得伪造、隐匿或者毁灭证据。

第十九条　对可能发生职务违法的监察对象，监察机关按照管理权限，可以直接或者委托有关机关、人员进行谈话，或者进行函询，要求说明情况。

第二十条　在调查过程中，对涉嫌职务违法的被调查人，监察机关可以进行谈话，要求其就涉嫌违法行为作出陈述，必要时向被调查人出具书面通知。

对涉嫌贪污贿赂、失职渎职等职务犯罪的被调查人，监察机关可以进行讯问，要求其如实供述涉嫌犯罪的情况。

第二十一条　监察机关根据案件情况，经依法审批，可以强制涉嫌严重职务违法或者职务犯罪的被调查人到案接受调查。

第二十二条　在调查过程中，监察机关可以询问证人等人员。

第二十三条　被调查人涉嫌严重职务违法或者职务犯罪，并有下列情形之一的，经监察机关依法审批，可以对其采取责令候查措施：

（一）不具有本法第二十四条第一款所列情形的；

（二）符合留置条件，但患有严重疾病、生活不能自理的，系怀孕或者正在哺乳自己婴儿的妇女，或者生活不能自理的人的唯一扶养人；

（三）案件尚未办结，但留置期限届满或者对被留置人员不需要继续采取留置措施的；

（四）符合留置条件，但因为案件的特殊情况或者办理案件的需要，采取责令候查措施更为适宜的。

被责令候查人员应当遵守以下规定：

（一）未经监察机关批准不得离开所居住的直辖市、设区的市的城市市区或者不设区的市、县的辖区；

（二）住址、工作单位和联系方式发生变动的，在二十四小时以内向监察机关报告；

（三）在接到通知的时候及时到案接受调查；

（四）不得以任何形式干扰证人作证；

（五）不得串供或者伪造、隐匿、毁灭证据。

被责令候查人员违反前款规定，情节严重的，可以依法予以留置。

第二十四条 被调查人涉嫌贪污贿赂、失职渎职等严重职务违法或者职务犯罪，监察机关已经掌握其部分违法犯罪事实及证据，仍有重要问题需要进一步调查，并有下列情形之一的，经监察机关依法审批，可以将其留置在特定场所：

（一）涉及案情重大、复杂的；

（二）可能逃跑、自杀的；

（三）可能串供或者伪造、隐匿、毁灭证据的；

（四）可能有其他妨碍调查行为的。

对涉嫌行贿犯罪或者共同职务犯罪的涉案人员，监察机关可以依照前款规定采取留置措施。

留置场所的设置、管理和监督依照国家有关规定执行。

第二十五条 对于未被留置的下列人员，监察机关发现存在逃跑、自杀等重大安全风险的，经依法审批，可以进行管护：

（一）涉嫌严重职务违法或者职务犯罪的自动投案人员；

（二）在接受谈话、函询、询问过程中，交代涉嫌严重职务违法或者职务犯罪问题的人员；

（三）在接受讯问过程中，主动交代涉嫌重大职务犯罪问题的人员。

采取管护措施后，应当立即将被管护人员送留置场所，至迟不得超过二十四小时。

第二十六条 监察机关调查涉嫌贪污贿赂、失职渎职等严重职务违法或者职务犯罪，根据工作需要，可以依照规定查询、冻结涉案单位和个人的存款、汇款、债券、股票、基金份额等财产。有关单位和个人应当配合。

冻结的财产经查明与案件无关的，应当在查明后三日内解除冻结，予以退还。

第二十七条 监察机关可以对涉嫌职务犯罪的被调查人以及可能隐藏被调查人或者犯罪证据的人的身体、物品、住处和其他有关地方进行搜查。在搜查时，应当出示搜查证，并有被搜查人或者其家属等见证人在场。

搜查女性身体，应当由女性工作人员进行。

监察机关进行搜查时，可以根据工作需要提请公安机关配合。公安机关应当依法予以协助。

第二十八条 监察机关在调查过程中，可以调取、查封、扣押用以证明被调查人涉嫌违法犯罪的财物、文件和电子数据等信息。采取调取、查封、扣押措施，应当收集原物原件，会同持有人或者保管人、见证人，当面逐一拍照、登记、编号，开列清单，由在场人员当场核对、签名，并将清单副本交财物、文件的持有人或者保管人。

对调取、查封、扣押的财物、文件，监察机关应当设立专用账户、专门场所，确定专门人员妥善保管，严格履行交接、调取手续，定期对账核实，不得毁损或者用于其他目的。对价值不明物品应当及时鉴定，专门封存保管。

查封、扣押的财物、文件经查明与案件无关的，应当在查明后三日内解除查封、扣押，予以退还。

第二十九条 监察机关在调查过程中，可以直接或者指派、聘请具有专门知识的人在调查人员主持下进行勘验检查。勘验检查情况应当制作笔录，由参加勘验检查的人员和见证人签名或者盖章。

必要时，监察机关可以进行调查实验。调查实验情况应当制作笔录，由参加实验的人员签名或者盖章。

第三十条 监察机关在调查过程中，对于案件中的专门性问题，可以指派、聘请有专门知识的人进行鉴定。鉴定人进行鉴定后，应当出具鉴定意见，并且签名。

第三十一条 监察机关调查涉嫌重大贪污贿赂等职务犯罪，根据需要，经过严格的批准手续，可以采取技术调查措施，按照规定交有关机关执行。

批准决定应当明确采取技术调查措施的种类和适用对象，自签发之日起三个月以内有效；对于复杂、疑难案件，期限届满仍有必要继续采取技术调查措施的，经过批准，有效期可以延长，每次不得超过三个月。对于不需要继续采取技术调查措施的，应当及时解除。

第三十二条 依法应当留置的被调查人如果在逃，监察机关可以决定在本行政区域内通缉，由公安机关发布通缉令，追捕归案。通缉范围超出本行政区域的，应当报请有权决定的上级监察机关决定。

第三十三条 监察机关为防止被调查人及相关人员逃匿境外，经省级以上监察机关批准，可以对被调查人及相关人员采取限制出境措施，由公安机关依法执行。对于不需要继续采取限制出境措施的，应当及时解除。

第三十四条 涉嫌职务犯罪的被调查人主动认罪认罚，有下列情形之一的，监察机关经领导人员集体研究，并报上一级监察机关批准，可以在移送人民检察院时提出从宽处罚的建议：

（一）自动投案，真诚悔罪悔过的；

（二）积极配合调查工作，如实供述监察机关还未掌握的违法犯罪行为的；

（三）积极退赃，减少损失的；

（四）具有重大立功表现或者案件涉及国家重大利益等情形的。

第三十五条 职务违法犯罪的涉案人员揭发有关被调查人职务违法犯罪行为，查证属实的，或者提供重要线索，有助于调查其他案件的，监察机关经领导人员集体研究，并报上一级监察机关批准，可以在移送人民检察院时提出从宽处罚的建议。

第三十六条 监察机关依照本法规定收集的物证、书证、证人证言、被调查人供述和辩解、视听资料、电子数据等证据材料，在刑事诉讼中可以作为证据使用。

监察机关在收集、固定、审查、运用证据时，应当与刑事审判关于证据的要求和标准相一致。

以非法方法收集的证据应当依法予以排除，不得作为案件处置的依据。

第三十七条 人民法院、人民检察院、公安机关、审计机关等国家机关在工作中发现公职人员涉嫌贪污贿赂、失职渎职等职务违法或者职务犯罪的问题线索，应当移送监察机关，由监察机关依法调查处置。

被调查人既涉嫌严重职务违法或者职务犯罪，又涉嫌其他违法犯罪的，一般应当由监察机关为主调查，其他机关予以协助。

第五章 监察程序

第三十八条 监察机关对于报案或者举报，应当接受并按照有关规定处理。对于不属于本机关管辖的，应当移送主管机关处理。

第三十九条 监察机关应当严格按照程序开展工作，建立问题线索处置、调查、审理各部门相互协调、相互制约的工作机制。

监察机关应当加强对调查、处置工作全过程的监督管理，设立相应的工作部门履行线索管理、监督检查、督促办理、统计分析等管理协调职能。

第四十条 监察机关对监察对象的问题线索，应当按照有关规定提出处置意见，履行审批手续，进行分类办理。线索处置情况应当定期汇总、通报，定期检查、抽查。

第四十一条 需要采取初步核实方式处置问题线索的，监察机关应当依法履行审批程序，成立核查组。初步核实工作结束后，核查组应当撰写初步核实情况报告，提出处理建议。承办部门应当提出分类处理意见。初步核实情况报告和分类处理意见报监察机关主要负责人审批。

第四十二条 经过初步核实，对监察对象涉嫌职务违法犯罪，需要追究法律责任的，监察机关应当按照规定的权限和程序办理立案手续。

监察机关主要负责人依法批准立案后，应当主持召开专题会议，研究确定调查方案，决定需要采取的调查措施。

立案调查决定应当向被调查人宣布，并通报相关组织。涉嫌严重职务违法或者职务犯罪的，应当通知被调查人家属，并向社会公开发布。

第四十三条 监察机关对职务违法和职务犯罪案件，应当进行调查，收集被调查人有无违法犯罪以及情节轻重的证据，查明违法犯罪事实，形成相互印证、完整稳定的证据链。

调查人员应当依法文明规范开展调查工作。严禁以暴力、威胁、引诱、欺骗及其他非法方式收集证据，严禁侮辱、打骂、虐待、体罚或者变相体罚被调查人和涉案人员。

监察机关及其工作人员在履行职责过程中应当依法保护企业产权和自主经营权，严禁利用职权非法干扰企业生产经营。需要企业经营者协助调查的，应当保障其人身权利、财产权利和其他合法权益，避免或者尽量减少对企业正常生产经营活动的影响。

第四十四条 调查人员采取讯问、询问、强制到案、责令候查、管护、留置、搜查、调取、查封、扣押、勘验检查等调查措施，均应当依照规定出示证件，出具书面通知，由二人以上进行，形成笔录、报告等书面材料，并由相关人员签名、盖章。

调查人员进行讯问以及搜查、查封、扣押等重要取证工作，应当对全过程进行录音录像，留存备查。

第四十五条 调查人员应当严格执行调查方案，不得随意扩大调查范围、变更调查对象和事项。

对调查过程中的重要事项，应当集体研究后按程序请示报告。

第四十六条 采取强制到案、责令候查或者管护措施，应当按照规定的权限和程序，经监察机关主要负责人批准。

强制到案持续的时间不得超过十二小时；需要采取管护或者留置措施的，强制到案持续的时间不得超过二十四小时。不得以连续强制到案的方式变相拘禁被调查人。

责令候查最长不得超过十二个月。

监察机关采取管护措施的，应当在七日以内依法作出留置或者解除管护的决定，特殊情况下可以延长一日至三日。

第四十七条 监察机关采取留置措施，应当由监察机关领导人员集体研究决定。设区的市级以下监察机关采取留置措施，应当报上一级监察机关批准。省级监察机关采取留置措施，应当报国家监察委员会备案。

第四十八条 留置时间不得超过三个月。在特殊情况下，可以延长一次，延长时间不得超过三个月。省级以下监察机关采取留置措施的，延长留置时间应当报上一级监察机关批准。监察机关发现采取留置措施不当或者不需要继续采取留置措施的，应当及时解除或者变更为责令候查措施。

对涉嫌职务犯罪的被调查人可能判处十年有期徒刑以上刑罚，监察机关依照前款规定延长期限届满，仍不能调查终结的，经国家监察委员会批准或者决定，可以再延长二个月。

省级以上监察机关在调查期间，发现涉嫌职务犯罪的被调查人另有与留置时的罪行不同种的重大职务犯罪或者同种的影响罪名认定、量刑档次的重大职务犯罪，经国家监察委员会批准或者决定，自发现之日起依照本条第一款的规定重新计算留置时间。留置时间重新计算以一次为限。

第四十九条 监察机关采取强制到案、责令候查、管护、留置措施，可以根据工作需要提请公安机关配合。公安机关应当依法予以协助。

省级以下监察机关留置场所的看护勤务由公安机关负责，国家监察委员会留置场所的看护勤务由国家另行规定。留置看护队伍的管理依照国家有关规定执行。

第五十条 采取管护或者留置措施后，应当在二十四小时以内，通知被管护人员、被留置人员所在单位和家属，但有可能伪造、隐匿、毁灭证据，干扰证人作证或者串供等有碍调查情形的除外。有碍调查的情形消失后，应当立即通知被管护人员、被留置人员所在单位和家属。解除管护或者留置的，应当及时通知被管护人员、被留置人员所在单位和家属。

被管护人员、被留置人员及其近亲属有权申请变更管护、留置措施。监察机关收到申请后，应当在三日以内作出决定；不同意变更措施的，应当告知申请人，并说明不同意的理由。

监察机关应当保障被强制到案人员、被管护人员以及被留置人员的饮食、休息和安全，提供医疗服务。对其谈话、讯问的，应当合理安排时间和时长，谈话笔录、讯问笔录由被谈话人、被讯问人阅看后签名。

被管护人员、被留置人员涉嫌犯罪移送司法机关后，被依法判处管制、拘役或者有期徒刑的，管护、留置一日折抵管制二日，折抵拘役、有期徒刑一日。

第五十一条 监察机关在调查工作结束后，应当依法对案件事实和证据、性质认定、程序手续、涉案财物等进行全面审理，形成审理报告，提请集体审议。

第五十二条 监察机关根据监督、调查结果，依法作出如下处置：

（一）对有职务违法行为但情节较轻的公职人员，按照管理权限，直接或者委托有关机关、人员，进行谈话提醒、批评教育、责令检查，或者予以诫勉；

（二）对违法的公职人员依照法定程序作出警告、记过、记大过、降级、撤职、开除等政务处分决定；

（三）对不履行或者不正确履行职责负有责任的领导人员，按照管理权限对其直接作出问责决定，或者向有权作出问责决定的机关提出问责建议；

（四）对涉嫌职务犯罪的，监察机关经调查认为犯罪事实清楚，证据确实、充分的，制作起诉意见书，连同案卷材料、证据一并移送人民检察院依法审查、提起公诉；

（五）对监察对象所在单位廉政建设和履行职责存在的问题等提出监察建议。

监察机关经调查，对没有证据证明被调查人存在违法犯罪行为的，应当撤销案件，并通知被调查人所在单位。

第五十三条 监察机关经调查，对违法取得的财物，依法予以没收、追缴或者责令退赔；对涉嫌犯罪取得的财物，应当随案移送人民检察院。

第五十四条 对监察机关移送的案件，人民检察院依照《中华人民共和国刑事诉讼法》对被调查人采取强制措施。

人民检察院经审查，认为犯罪事实已经查清，证据确实、充分，依法应当追究刑事责任的，应当作出起诉决定。

人民检察院经审查，认为需要补充核实的，应当退回监察机关补充调查，必要时可以自行补充侦查。对于补充调查的案件，应当在一个月内补充调查完毕。补充调查以二次为限。

人民检察院对于有《中华人民共和国刑事诉讼法》规定的不起诉的情形的，经上一级人民检察院批准，依法作出不起诉的决定。监察机关认为不起诉的决定有错误的，可以向上一级人民检察院提请复议。

第五十五条 监察机关在调查贪污贿赂、失职渎职等职务犯罪案件过程中，被调查人逃匿或者死亡，有必要继续调查的，应当继续调查并作出结论。被调查人逃匿，在通缉一年后不能到案，或者死亡的，由监察机关提请人民检察院依照法定程序，向人民法院提出没收违法所得的申请。

第五十六条 监察对象对监察机关作出的涉及本人的处理决定不服的，可以在收到处理决定之日起一个月内，向作出决定的监察机关申请复审，复审机关应当在一个月内作出复审决定；监察对象对复审决定仍不服的，可以在收到复审决定之日起一个月内，向上一级监察机关申请复核，复核机关应当在二个月内作出复核决定。复审、复核期间，不停止原处理决定的执行。复核机关经审查，认定处理决定有错误的，原处理机关应当及时予以纠正。

第六章　反腐败国际合作

第五十七条　国家监察委员会统筹协调与其他国家、地区、国际组织开展的反腐败国际交流、合作，组织反腐败国际条约实施工作。

第五十八条　国家监察委员会会同有关单位加强与有关国家、地区、国际组织在反腐败方面开展引渡、移管被判刑人、遣返、联合调查、调查取证、资产追缴和信息交流等执法司法合作和司法协助。

第五十九条　国家监察委员会加强对反腐败国际追逃追赃和防逃工作的组织协调，督促有关单位做好相关工作：

（一）对于重大贪污贿赂、失职渎职等职务犯罪案件，被调查人逃匿到国（境）外，掌握证据比较确凿的，通过开展境外追逃合作，追捕归案；

（二）向赃款赃物所在国请求查询、冻结、扣押、没收、追缴、返还涉案资产；

（三）查询、监控涉嫌职务犯罪的公职人员及其相关人员进出国（境）和跨境资金流动情况，在调查案件过程中设置防逃程序。

第七章　对监察机关和监察人员的监督

第六十条　各级监察委员会应当接受本级人民代表大会及其常务委员会的监督。

各级人民代表大会常务委员会听取和审议本级监察委员会的专项工作报告，组织执法检查。

县级以上各级人民代表大会及其常务委员会举行会议时，人民代表大会代表或者常务委员会组成人员可以依照法律规定的程序，就监察工作中的有关问题提出询问或者质询。

第六十一条 监察机关应当依法公开监察工作信息，接受民主监督、社会监督、舆论监督。

第六十二条 监察机关根据工作需要，可以从各方面代表中聘请特约监察员。特约监察员按照规定对监察机关及其工作人员履行职责情况实行监督。

第六十三条 监察机关通过设立内部专门的监督机构等方式，加强对监察人员执行职务和遵守法律情况的监督，建设忠诚、干净、担当的监察队伍。

第六十四条 监察人员涉嫌严重职务违法或者职务犯罪，为防止造成更为严重的后果或者恶劣影响，监察机关经依法审批，可以对其采取禁闭措施。禁闭的期限不得超过七日。

被禁闭人员应当配合监察机关调查。监察机关经调查发现被禁闭人员符合管护或者留置条件的，可以对其采取管护或者留置措施。

本法第五十条的规定，适用于禁闭措施。

第六十五条 监察人员必须模范遵守宪法和法律，忠于职守、秉公执法，清正廉洁、保守秘密；必须具有良好的政治素质，熟悉监察业务，具备运用法律、法规、政策和调查取证等能力，自觉接受监督。

第六十六条 对于监察人员打听案情、过问案件、说情干预的，办理监察事项的监察人员应当及时报告。有关情况应当登记备案。

发现办理监察事项的监察人员未经批准接触被调查人、涉案人员及其特定关系人，或者存在交往情形的，知情人应当及时报告。有关情况应当登记备案。

第六十七条 办理监察事项的监察人员有下列情形之一的，应当自行回避，监察对象、检举人及其他有关人员也有权要求其回避：

（一）是监察对象或者检举人的近亲属的；

（二）担任过本案的证人的；

（三）本人或者其近亲属与办理的监察事项有利害关系的；

（四）有可能影响监察事项公正处理的其他情形的。

第六十八条 监察机关涉密人员离岗离职后，应当遵守脱密期管理规定，严格履行保密义务，不得泄露相关秘密。

监察人员辞职、退休三年内，不得从事与监察和司法工作相关联且可能发生利益冲突的职业。

第六十九条 监察机关及其工作人员有下列行为之一的，被调查人及其近亲属、利害关系人有权向该机关申诉：

（一）采取强制到案、责令候查、管护、留置或者禁闭措施法定期限届满，不予以解除或者变更的；

（二）查封、扣押、冻结与案件无关或者明显超出涉案范围的财物的；

（三）应当解除查封、扣押、冻结措施而不解除的；

（四）贪污、挪用、私分、调换或者违反规定使用查封、扣押、冻结的财物的；

（五）利用职权非法干扰企业生产经营或者侵害企业经营者人身权利、财产权利和其他合法权益的；

（六）其他违反法律法规、侵害被调查人合法权益的行为。

受理申诉的监察机关应当在受理申诉之日起一个月内作出处理决定。申诉人对处理决定不服的，可以在收到处理决定之日起一个月内向上一级监察机关申请复查，上一级监察机关应当在收到复查申请之日起二个月内作出处理决定，情况属实的，及时予以纠正。

第七十条 对调查工作结束后发现立案依据不充分或者失实，案件处置出现重大失误，监察人员严重违法的，应当追究负有责任的领导人员和直接责任人员的责任。

第八章　法律责任

第七十一条 有关单位拒不执行监察机关作出的处理决定，或者无正当理由拒不采纳监察建议的，由其主管部门、上级机关责令改正，对单位给予通报批评；对负有责任的领导人员和直接责任人员依法给予处理。

第七十二条 有关人员违反本法规定，有下列行为之一的，由其所在单位、主管部门、上级机关或者监察机关责令改正，依法给予处理：

（一）不按要求提供有关材料，拒绝、阻碍调查措施实施等拒不配合监察机关调查的；

（二）提供虚假情况，掩盖事实真相的；

（三）串供或者伪造、隐匿、毁灭证据的；

（四）阻止他人揭发检举、提供证据的；

（五）其他违反本法规定的行为，情节严重的。

第七十三条 监察对象对控告人、检举人、证人或者监察人员进行报复陷害的；控告人、检举人、证人捏造事实诬告陷害监察对象的，依法给予处理。

第七十四条 监察机关及其工作人员有下列行为之一的，对负有责任的领导人员和直接责任人员依法给予处理：

（一）未经批准、授权处置问题线索，发现重大案情隐瞒不报，或者私自留存、处理涉案材料的；

（二）利用职权或者职务上的影响干预调查工作、以案谋私的；

（三）违法窃取、泄露调查工作信息，或者泄露举报事项、举报受理情况以及举报人信息的；

（四）对被调查人或者涉案人员逼供、诱供，或者侮辱、打骂、虐待、体罚或者变相体罚的；

（五）违反规定处置查封、扣押、冻结的财物的；

（六）违反规定发生办案安全事故，或者发生安全事故后隐瞒不报、报告失实、处置不当的；

（七）违反规定采取强制到案、责令候查、管护、留置或者禁闭措施，或者法定期限届满，不予以解除或者变更的；

（八）违反规定采取技术调查、限制出境措施，或者不按规定解除技术调查、限制出境措施的；

（九）利用职权非法干扰企业生产经营或者侵害企业经营者人身权利、财产权利和其他合法权益的；

（十）其他滥用职权、玩忽职守、徇私舞弊的行为。

第七十五条 违反本法规定，构成犯罪的，依法追究刑事责任。

第七十六条 监察机关及其工作人员行使职权，侵犯公民、法人和其他组织的合法权益造成损害的，依法给予国家赔偿。

第九章　附　　则

第七十七条　中国人民解放军和中国人民武装警察部队开展监察工作，由中央军事委员会根据本法制定具体规定。

第七十八条　本法自公布之日起施行。《中华人民共和国行政监察法》同时废止。

中华人民共和国地方各级人民代表大会和地方各级人民政府组织法

（1979年7月1日第五届全国人民代表大会第二次会议通过　1979年7月4日公布　自1980年1月1日起施行　根据1982年12月10日第五届全国人民代表大会第五次会议《关于修改〈中华人民共和国地方各级人民代表大会和地方各级人民政府组织法〉的若干规定的决议》第一次修正　根据1986年12月2日第六届全国人民代表大会常务委员会第十八次会议《关于修改〈中华人民共和国地方各级人民代表大会和地方各级人民政府组织法〉的决定》第二次修正　根据1995年2月28日第八届全国人民代表大会常务委员会第十二次会议《关于修改〈中华人民共和国地方各级人民代表大会和地方各级人民政府组织法〉的决定》第三次修正　根据2004年10月27日第十届全国人民代表大会常务委员会第十二次会议《关于修改〈中华人民共和国地方各级人民代表大会和地方各级人民政府组织法〉的决定》第四次修正　根据2015年8月29日第十二届全国人民代表大会常务委员会第十六次会议《关于修改〈中华人民共和国地方各级人民代表大会和地方各级人民政府组织法〉、〈中华人民共和国全国人民代表大会和地方各级人民代表大会选举法〉、〈中华人民共和国全国人民代表大会和地方各级人民代表大会代表法〉的决定》第五次修正　根据2022年3月11日第十三届全国人民代表大会第五次会议《关于修改〈中华人民共和国地方各级人民代表大会和地方各级人民政府组织法〉的决定》第六次修正）

目　　录

第一章　总　　则

第二章 地方各级人民代表大会
第一节 地方各级人民代表大会的组成和任期
第二节 地方各级人民代表大会的职权
第三节 地方各级人民代表大会会议的举行
第四节 地方国家机关组成人员的选举、罢免和辞职
第五节 地方各级人民代表大会各委员会
第六节 地方各级人民代表大会代表
第三章 县级以上的地方各级人民代表大会常务委员会
第一节 常务委员会的组成和任期
第二节 常务委员会的职权
第三节 常务委员会会议的举行
第四节 常务委员会各委员会和工作机构
第四章 地方各级人民政府
第一节 一般规定
第二节 地方各级人民政府的组成和任期
第三节 地方各级人民政府的职权
第四节 地方各级人民政府的机构设置
第五章 附 则

第一章 总 则

第一条 为了健全地方各级人民代表大会和地方各级人民政府的组织和工作制度，保障和规范其行使职权，坚持和完善人民代表大会制度，保证人民当家作主，根据宪法，制定本法。

第二条 地方各级人民代表大会是地方国家权力机关。

县级以上的地方各级人民代表大会常务委员会是本级人民代表大会的常设机关。

地方各级人民政府是地方各级国家权力机关的执行机关，是地方各级国家行政机关。

第三条 地方各级人民代表大会、县级以上的地方各级人民代表大会

常务委员会和地方各级人民政府坚持中国共产党的领导，坚持以马克思列宁主义、毛泽东思想、邓小平理论、“三个代表”重要思想、科学发展观、习近平新时代中国特色社会主义思想为指导，依照宪法和法律规定行使职权。

第四条 地方各级人民代表大会、县级以上的地方各级人民代表大会常务委员会和地方各级人民政府坚持以人民为中心，坚持和发展全过程人民民主，始终同人民保持密切联系，倾听人民的意见和建议，为人民服务，对人民负责，受人民监督。

第五条 地方各级人民代表大会、县级以上的地方各级人民代表大会常务委员会和地方各级人民政府遵循在中央的统一领导下、充分发挥地方的主动性积极性的原则，保证宪法、法律和行政法规在本行政区域的实施。

第六条 地方各级人民代表大会、县级以上的地方各级人民代表大会常务委员会和地方各级人民政府实行民主集中制原则。

地方各级人民代表大会和县级以上的地方各级人民代表大会常务委员会应当充分发扬民主，集体行使职权。

地方各级人民政府实行首长负责制。政府工作中的重大事项应当经集体讨论决定。

第二章 地方各级人民代表大会

第一节 地方各级人民代表大会的组成和任期

第七条 省、自治区、直辖市、自治州、县、自治县、市、市辖区、乡、民族乡、镇设立人民代表大会。

第八条 省、自治区、直辖市、自治州、设区的市的人民代表大会代表由下一级的人民代表大会选举；县、自治县、不设区的市、市辖区、乡、民族乡、镇的人民代表大会代表由选民直接选举。

地方各级人民代表大会代表名额和代表产生办法由选举法规定。各行政区域内的少数民族应当有适当的代表名额。

第九条 地方各级人民代表大会每届任期五年。

第二节 地方各级人民代表大会的职权

第十条 省、自治区、直辖市的人民代表大会根据本行政区域的具体情况和实际需要，在不同宪法、法律、行政法规相抵触的前提下，可以制定和颁布地方性法规，报全国人民代表大会常务委员会和国务院备案。

设区的市、自治州的人民代表大会根据本行政区域的具体情况和实际需要，在不同宪法、法律、行政法规和本省、自治区的地方性法规相抵触的前提下，可以依照法律规定的权限制定地方性法规，报省、自治区的人民代表大会常务委员会批准后施行，并由省、自治区的人民代表大会常务委员会报全国人民代表大会常务委员会和国务院备案。

省、自治区、直辖市以及设区的市、自治州的人民代表大会根据区域协调发展的需要，可以开展协同立法。

第十一条 县级以上的地方各级人民代表大会行使下列职权：

（一）在本行政区域内，保证宪法、法律、行政法规和上级人民代表大会及其常务委员会决议的遵守和执行，保证国家计划和国家预算的执行；

（二）审查和批准本行政区域内的国民经济和社会发展规划纲要、计划和预算及其执行情况的报告，审查监督政府债务，监督本级人民政府对国有资产的管理；

（三）讨论、决定本行政区域内的政治、经济、教育、科学、文化、卫生、生态环境保护、自然资源、城乡建设、民政、社会保障、民族等工作的重大事项和项目；

（四）选举本级人民代表大会常务委员会的组成人员；

（五）选举省长、副省长，自治区主席、副主席，市长、副市长，州长、副州长，县长、副县长，区长、副区长；

（六）选举本级监察委员会主任、人民法院院长和人民检察院检察长；选出的人民检察院检察长，须报经上一级人民检察院检察长提请该级人民代表大会常务委员会批准；

（七）选举上一级人民代表大会代表；

（八）听取和审议本级人民代表大会常务委员会的工作报告；

（九）听取和审议本级人民政府和人民法院、人民检察院的工作报告；

（十）改变或者撤销本级人民代表大会常务委员会的不适当的决议；

（十一）撤销本级人民政府的不适当的决定和命令；

（十二）保护社会主义的全民所有的财产和劳动群众集体所有的财产，保护公民私人所有的合法财产，维护社会秩序，保障公民的人身权利、民主权利和其他权利；

（十三）保护各种经济组织的合法权益；

（十四）铸牢中华民族共同体意识，促进各民族广泛交往交流交融，保障少数民族的合法权利和利益；

（十五）保障宪法和法律赋予妇女的男女平等、同工同酬和婚姻自由等各项权利。

第十二条 乡、民族乡、镇的人民代表大会行使下列职权：

（一）在本行政区域内，保证宪法、法律、行政法规和上级人民代表大会及其常务委员会决议的遵守和执行；

（二）在职权范围内通过和发布决议；

（三）根据国家计划，决定本行政区域内的经济、文化事业和公共事业的建设计划和项目；

（四）审查和批准本行政区域内的预算和预算执行情况的报告，监督本级预算的执行，审查和批准本级预算的调整方案，审查和批准本级决算；

（五）决定本行政区域内的民政工作的实施计划；

（六）选举本级人民代表大会主席、副主席；

（七）选举乡长、副乡长，镇长、副镇长；

（八）听取和审议乡、民族乡、镇的人民政府的工作报告；

（九）听取和审议乡、民族乡、镇的人民代表大会主席团的工作报告；

（十）撤销乡、民族乡、镇的人民政府的不适当的决定和命令；

（十一）保护社会主义的全民所有的财产和劳动群众集体所有的财产，保护公民私人所有的合法财产，维护社会秩序，保障公民的人身权利、民主权利和其他权利；

（十二）保护各种经济组织的合法权益；

（十三）铸牢中华民族共同体意识，促进各民族广泛交往交流交融，保障少数民族的合法权利和利益；

（十四）保障宪法和法律赋予妇女的男女平等、同工同酬和婚姻自由等各项权利。

少数民族聚居的乡、民族乡、镇的人民代表大会在行使职权的时候，可以依照法律规定的权限采取适合民族特点的具体措施。

第十三条 地方各级人民代表大会有权罢免本级人民政府的组成人员。县级以上的地方各级人民代表大会有权罢免本级人民代表大会常务委员会的组成人员和由它选出的监察委员会主任、人民法院院长、人民检察院检察长。罢免人民检察院检察长，须报经上一级人民检察院检察长提请该级人民代表大会常务委员会批准。

第三节 地方各级人民代表大会会议的举行

第十四条 地方各级人民代表大会会议每年至少举行一次。乡、民族乡、镇的人民代表大会会议一般每年举行两次。会议召开的日期由本级人民代表大会常务委员会或者乡、民族乡、镇的人民代表大会主席团决定，并予以公布。

遇有特殊情况，县级以上的地方各级人民代表大会常务委员会或者乡、民族乡、镇的人民代表大会主席团可以决定适当提前或者推迟召开会议。提前或者推迟召开会议的日期未能在当次会议上决定的，常务委员会或者其授权的主任会议，乡、民族乡、镇的人民代表大会主席团可以另行决定，并予以公布。

县级以上的地方各级人民代表大会常务委员会或者乡、民族乡、镇的人民代表大会主席团认为必要，或者经过五分之一以上代表提议，可以临时召集本级人民代表大会会议。

地方各级人民代表大会会议有三分之二以上的代表出席，始得举行。

第十五条 县级以上的地方各级人民代表大会会议由本级人民代表大会常务委员会召集。

第十六条 地方各级人民代表大会举行会议，应当合理安排会期和会议日程，提高议事质量和效率。

第十七条 县级以上的地方各级人民代表大会每次会议举行预备会议，选举本次会议的主席团和秘书长，通过本次会议的议程和其他准备事项的决定。

预备会议由本级人民代表大会常务委员会主持。每届人民代表大会第一次会议的预备会议，由上届本级人民代表大会常务委员会主持。

县级以上的地方各级人民代表大会举行会议的时候，由主席团主持会议。

县级以上的地方各级人民代表大会会议设副秘书长若干人；副秘书长的人选由主席团决定。

第十八条 乡、民族乡、镇的人民代表大会设主席，并可以设副主席一人至二人。主席、副主席由本级人民代表大会从代表中选出，任期同本级人民代表大会每届任期相同。

乡、民族乡、镇的人民代表大会主席、副主席不得担任国家行政机关的职务；如果担任国家行政机关的职务，必须向本级人民代表大会辞去主席、副主席的职务。

乡、民族乡、镇的人民代表大会主席、副主席在本级人民代表大会闭会期间负责联系本级人民代表大会代表，根据主席团的安排组织代表开展活动，反映代表和群众对本级人民政府工作的建议、批评和意见，并负责处理主席团的日常工作。

第十九条 乡、民族乡、镇的人民代表大会举行会议的时候，选举主席团。由主席团主持会议，并负责召集下一次的本级人民代表大会会议。乡、民族乡、镇的人民代表大会主席、副主席为主席团的成员。

主席团在本级人民代表大会闭会期间，每年选择若干关系本地区群众切身利益和社会普遍关注的问题，有计划地安排代表听取和讨论本级人民政府的专项工作报告，对法律、法规实施情况进行检查，开展视察、调研等活动；听取和反映代表和群众对本级人民政府工作的建议、批评和意见。主席团在闭会期间的工作，向本级人民代表大会报告。

第二十条 地方各级人民代表大会每届第一次会议，在本届人民代表大会代表选举完成后的两个月内，由上届本级人民代表大会常务委员会或者乡、民族乡、镇的上次人民代表大会主席团召集。

第二十一条 县级以上的地方各级人民政府组成人员和监察委员会主任、人民法院院长、人民检察院检察长，乡级的人民政府领导人员，列席本级人民代表大会会议；县级以上的其他有关机关、团体负责人，经本级人民代表大会常务委员会决定，可以列席本级人民代表大会会议。

第二十二条 地方各级人民代表大会举行会议的时候，主席团、常务委员会、各专门委员会、本级人民政府，可以向本级人民代表大会提出属于本级人民代表大会职权范围内的议案，由主席团决定提交人民代表大会会议审议，或者并交有关的专门委员会审议、提出报告，再由主席团审议决定提交大会表决。

县级以上的地方各级人民代表大会代表十人以上联名，乡、民族乡、镇的人民代表大会代表五人以上联名，可以向本级人民代表大会提出属于本级人民代表大会职权范围内的议案，由主席团决定是否列入大会议程，或者先交有关的专门委员会审议，提出是否列入大会议程的意见，再由主席团决定是否列入大会议程。

列入会议议程的议案，在交付大会表决前，提案人要求撤回的，经主席团同意，会议对该项议案的审议即行终止。

第二十三条 在地方各级人民代表大会审议议案的时候，代表可以向有关地方国家机关提出询问，由有关机关派人说明。

第二十四条 地方各级人民代表大会举行会议的时候，代表十人以上联名可以书面提出对本级人民政府和它所属各工作部门以及监察委员会、人民法院、人民检察院的质询案。质询案必须写明质询对象、质询的问题和内容。

质询案由主席团决定交由受质询机关在主席团会议、大会全体会议或者有关的专门委员会会议上口头答复，或者由受质询机关书面答复。在主席团会议或者专门委员会会议上答复的，提质询案的代表有权列席会议，发表意见；主席团认为必要的时候，可以将答复质询案的情况报告印发会议。

质询案以口头答复的，应当由受质询机关的负责人到会答复；质询案以书面答复的，应当由受质询机关的负责人签署，由主席团印发会议或者印发提质询案的代表。

第二十五条 地方各级人民代表大会进行选举和通过决议，以全体代表的过半数通过。

第四节 地方国家机关组成人员的选举、罢免和辞职

第二十六条 县级以上的地方各级人民代表大会常务委员会的组成人员，乡、民族乡、镇的人民代表大会主席、副主席，省长、副省长，自治区主席、副主席，市长、副市长，州长、副州长，县长、副县长，区长、副区长，乡长、副乡长，镇长、副镇长，监察委员会主任，人民法院院长，人民检察院检察长的人选，由本级人民代表大会主席团或者代表依照本法规定联合提名。

省、自治区、直辖市的人民代表大会代表三十人以上书面联名，设区的市和自治州的人民代表大会代表二十人以上书面联名，县级的人民代表大会代表十人以上书面联名，可以提出本级人民代表大会常务委员会组成人员、人民政府领导人员，监察委员会主任，人民法院院长，人民检察院检察长的候选人。乡、民族乡、镇的人民代表大会代表十人以上书面联名，可以提出本级人民代表大会主席、副主席，人民政府领导人员的候选人。不同选区或者选举单位选出的代表可以酝酿、联合提出候选人。

主席团提名的候选人人数，每一代表与其他代表联合提名的候选人人数，均不得超过应选名额。

提名人应当如实介绍所提名的候选人的情况。

第二十七条 人民代表大会常务委员会主任、秘书长，乡、民族乡、镇的人民代表大会主席，人民政府正职领导人员，监察委员会主任，人民法院院长，人民检察院检察长的候选人数可以多一人，进行差额选举；如果提名的候选人只有一人，也可以等额选举。人民代表大会常务委员会副主任，乡、民族乡、镇的人民代表大会副主席，人民政府副职领导人员的候选人数应比应选人数多一人至三人，人民代表大会常务委员会委员的候选人数应比应选人数多十分之一至五分之一，由本级人民代表大会根据应选人数在选举办法中规定具体差额数，进行差额选举。如果提名的候选人数符合选举办法规定的差额数，由主席团提交代表酝酿、讨论后，进行选举。如果提名的候选人数超过选举办法规定的差额数，由主席团提交代表酝酿、讨论后，进行预选，根据在预选中得票多少的顺序，按照选举办法规定的差额数，确定正式候选人名单，进行选举。

县级以上的地方各级人民代表大会换届选举本级国家机关领导人员时，提名、酝酿候选人的时间不得少于两天。

第二十八条 选举采用无记名投票方式。代表对于确定的候选人，可以投赞成票，可以投反对票，可以另选其他任何代表或者选民，也可以弃权。

第二十九条 地方各级人民代表大会选举本级国家机关领导人员，获得过半数选票的候选人人数超过应选名额时，以得票多的当选。如遇票数相等不能确定当选人时，应当就票数相等的人再次投票，以得票多的当选。

获得过半数选票的当选人数少于应选名额时，不足的名额另行选举。另行选举时，可以根据在第一次投票时得票多少的顺序确定候选人，也可以依照本法规定的程序另行提名、确定候选人。经本级人民代表大会决定，不足的名额的另行选举可以在本次人民代表大会会议上进行，也可以在下一次人民代表大会会议上进行。

另行选举人民代表大会常务委员会副主任、委员，乡、民族乡、镇的人民代表大会副主席，人民政府副职领导人员时，依照本法第二十七条第一款的规定，确定差额数，进行差额选举。

第三十条 地方各级人民代表大会补选常务委员会主任、副主任、秘书长、委员，乡、民族乡、镇的人民代表大会主席、副主席，省长、副省长，自治区主席、副主席，市长、副市长，州长、副州长，县长、副县长，区长、副区长，乡长、副乡长，镇长、副镇长，监察委员会主任，人民法院院长，人民检察院检察长时，候选人数可以多于应选人数，也可以同应选人数相等。选举办法由本级人民代表大会决定。

第三十一条 县级以上的地方各级人民代表大会举行会议的时候，主席团、常务委员会或者十分之一以上代表联名，可以提出对本级人民代表大会常务委员会组成人员、人民政府组成人员、监察委员会主任、人民法院院长、人民检察院检察长的罢免案，由主席团提请大会审议。

乡、民族乡、镇的人民代表大会举行会议的时候，主席团或者五分之一以上代表联名，可以提出对人民代表大会主席、副主席，乡长、副乡长，镇长、副镇长的罢免案，由主席团提请大会审议。

罢免案应当写明罢免理由。

被提出罢免的人员有权在主席团会议或者大会全体会议上提出申辩意

见，或者书面提出申辩意见。在主席团会议上提出的申辩意见或者书面提出的申辩意见，由主席团印发会议。

向县级以上的地方各级人民代表大会提出的罢免案，由主席团交会议审议后，提请全体会议表决；或者由主席团提议，经全体会议决定，组织调查委员会，由本级人民代表大会下次会议根据调查委员会的报告审议决定。

第三十二条 县级以上的地方各级人民代表大会常务委员会组成人员、专门委员会组成人员和人民政府领导人员，监察委员会主任，人民法院院长，人民检察院检察长，可以向本级人民代表大会提出辞职，由大会决定是否接受辞职；大会闭会期间，可以向本级人民代表大会常务委员会提出辞职，由常务委员会决定是否接受辞职。常务委员会决定接受辞职后，报本级人民代表大会备案。人民检察院检察长的辞职，须报经上一级人民检察院检察长提请该级人民代表大会常务委员会批准。

乡、民族乡、镇的人民代表大会主席、副主席，乡长、副乡长，镇长、副镇长，可以向本级人民代表大会提出辞职，由大会决定是否接受辞职。

第五节 地方各级人民代表大会各委员会

第三十三条 省、自治区、直辖市、自治州、设区的市的人民代表大会根据需要，可以设法制委员会、财政经济委员会、教育科学文化卫生委员会、环境与资源保护委员会、社会建设委员会和其他需要设立的专门委员会；县、自治县、不设区的市、市辖区的人民代表大会根据需要，可以设法制委员会、财政经济委员会等专门委员会。

各专门委员会受本级人民代表大会领导；在大会闭会期间，受本级人民代表大会常务委员会领导。

第三十四条 各专门委员会的主任委员、副主任委员和委员的人选，由主席团在代表中提名，大会通过。在大会闭会期间，常务委员会可以任免专门委员会的个别副主任委员和部分委员，由主任会议提名，常务委员会会议通过。

各专门委员会每届任期同本级人民代表大会每届任期相同，履行职责到下届人民代表大会产生新的专门委员会为止。

第三十五条 各专门委员会在本级人民代表大会及其常务委员会领导

下，开展下列工作：

（一）审议本级人民代表大会主席团或者常务委员会交付的议案；

（二）向本级人民代表大会主席团或者常务委员会提出属于本级人民代表大会或者常务委员会职权范围内同本委员会有关的议案，组织起草有关议案草案；

（三）承担本级人民代表大会常务委员会听取和审议专项工作报告、执法检查、专题询问等的具体组织实施工作；

（四）按照本级人民代表大会常务委员会工作安排，听取本级人民政府工作部门和监察委员会、人民法院、人民检察院的专题汇报，提出建议；

（五）对属于本级人民代表大会及其常务委员会职权范围内同本委员会有关的问题，进行调查研究，提出建议；

（六）研究办理代表建议、批评和意见，负责有关建议、批评和意见的督促办理工作；

（七）办理本级人民代表大会及其常务委员会交办的其他工作。

第三十六条 县级以上的地方各级人民代表大会可以组织关于特定问题的调查委员会。

主席团或者十分之一以上代表书面联名，可以向本级人民代表大会提议组织关于特定问题的调查委员会，由主席团提请全体会议决定。

调查委员会由主任委员、副主任委员和委员组成，由主席团在代表中提名，提请全体会议通过。

调查委员会应当向本级人民代表大会提出调查报告。人民代表大会根据调查委员会的报告，可以作出相应的决议。人民代表大会可以授权它的常务委员会听取调查委员会的调查报告，常务委员会可以作出相应的决议，报人民代表大会下次会议备案。

第三十七条 乡、民族乡、镇的每届人民代表大会第一次会议通过的代表资格审查委员会，行使职权至本届人民代表大会任期届满为止。

第六节 地方各级人民代表大会代表

第三十八条 地方各级人民代表大会代表任期，从每届本级人民代表大会举行第一次会议开始，到下届本级人民代表大会举行第一次会议为止。

第三十九条 地方各级人民代表大会代表、常务委员会组成人员，在人民代表大会和常务委员会会议上的发言和表决，不受法律追究。

第四十条 县级以上的地方各级人民代表大会代表，非经本级人民代表大会主席团许可，在大会闭会期间，非经本级人民代表大会常务委员会许可，不受逮捕或者刑事审判。如果因为是现行犯被拘留，执行拘留的公安机关应当立即向该级人民代表大会主席团或者常务委员会报告。

第四十一条 地方各级人民代表大会代表在出席人民代表大会会议和执行代表职务的时候，国家根据需要给予往返的旅费和必要的物质上的便利或考补贴。

第四十二条 县级以上的地方各级人民代表大会代表向本级人民代表大会及其常务委员会提出的对各方面工作的建议、批评和意见，由本级人民代表大会常务委员会的办事机构交有关机关和组织研究办理并负责答复。

乡、民族乡、镇的人民代表大会代表向本级人民代表大会提出的对各方面工作的建议、批评和意见，由本级人民代表大会主席团交有关机关和组织研究办理并负责答复。

地方各级人民代表大会代表的建议、批评和意见的办理情况，由县级以上的地方各级人民代表大会常务委员会办事机构或者乡、民族乡、镇的人民代表大会主席团向本级人民代表大会常务委员会或者乡、民族乡、镇的人民代表大会报告，并予以公开。

第四十三条 地方各级人民代表大会代表应当与原选区选民或者原选举单位和人民群众保持密切联系，听取和反映他们的意见和要求，充分发挥在发展全过程人民民主中的作用。

省、自治区、直辖市、自治州、设区的市的人民代表大会代表可以列席原选举单位的人民代表大会会议。

县、自治县、不设区的市、市辖区、乡、民族乡、镇的人民代表大会代表分工联系选民，有代表三人以上的居民地区或者生产单位可以组织代表小组。

地方各级人民代表大会代表应当向原选区选民或者原选举单位报告履职情况。

第四十四条 省、自治区、直辖市、自治州、设区的市的人民代表大会代表受原选举单位的监督；县、自治县、不设区的市、市辖区、乡、民族乡、镇的人民代表大会代表受选民的监督。

地方各级人民代表大会代表的选举单位和选民有权随时罢免自己选出的代表。代表的罢免必须由原选举单位以全体代表的过半数通过，或者由原选区以选民的过半数通过。

第四十五条 地方各级人民代表大会代表因故不能担任代表职务的时候，由原选举单位或者由原选区选民补选。

第三章 县级以上的地方各级人民代表大会常务委员会

第一节 常务委员会的组成和任期

第四十六条 省、自治区、直辖市、自治州、县、自治县、市、市辖区的人民代表大会设立常务委员会，对本级人民代表大会负责并报告工作。

第四十七条 省、自治区、直辖市、自治州、设区的市的人民代表大会常务委员会由本级人民代表大会在代表中选举主任、副主任若干人、秘书长、委员若干人组成。

县、自治县、不设区的市、市辖区的人民代表大会常务委员会由本级人民代表大会在代表中选举主任、副主任若干人和委员若干人组成。

常务委员会的组成人员不得担任国家行政机关、监察机关、审判机关和检察机关的职务；如果担任上述职务，必须向常务委员会辞去常务委员会的职务。

常务委员会组成人员的名额：

（一）省、自治区、直辖市四十五人至七十五人，人口超过八千万的省不超过九十五人；

（二）设区的市、自治州二十九人至五十一人，人口超过八百万的设区的市不超过六十一人；

（三）县、自治县、不设区的市、市辖区十五人至三十五人，人口超过一百万的县、自治县、不设区的市、市辖区不超过四十五人。

省、自治区、直辖市每届人民代表大会常务委员会组成人员的名额，由省、自治区、直辖市的人民代表大会依照前款规定，按人口多少并结合常务委员会组成人员结构的需要确定。自治州、县、自治县、市、市辖区每届人民代表大会常务委员会组成人员的名额，由省、自治区、直辖市的人民代表大会常务委员会依照前款规定，按人口多少并结合常务委员会组成人员结构的需要确定。每届人民代表大会常务委员会组成人员的名额经确定后，在本届人民代表大会的任期内不再变动。

第四十八条 县级以上的地方各级人民代表大会常务委员会每届任期同本级人民代表大会每届任期相同，它行使职权到下届本级人民代表大会选出新的常务委员会为止。

第二节 常务委员会的职权

第四十九条 省、自治区、直辖市的人民代表大会常务委员会在本级人民代表大会闭会期间，根据本行政区域的具体情况和实际需要，在不同宪法、法律、行政法规相抵触的前提下，可以制定和颁布地方性法规，报全国人民代表大会常务委员会和国务院备案。

设区的市、自治州的人民代表大会常务委员会在本级人民代表大会闭会期间，根据本行政区域的具体情况和实际需要，在不同宪法、法律、行政法规和本省、自治区的地方性法规相抵触的前提下，可以依照法律规定的权限制定地方性法规，报省、自治区的人民代表大会常务委员会批准后施行，并由省、自治区的人民代表大会常务委员会报全国人民代表大会常务委员会和国务院备案。

省、自治区、直辖市以及设区的市、自治州的人民代表大会常务委员会根据区域协调发展的需要，可以开展协同立法。

第五十条 县级以上的地方各级人民代表大会常务委员会行使下列职权：

（一）在本行政区域内，保证宪法、法律、行政法规和上级人民代表大会及其常务委员会决议的遵守和执行；

（二）领导或者主持本级人民代表大会代表的选举；

（三）召集本级人民代表大会会议；

（四）讨论、决定本行政区域内的政治、经济、教育、科学、文化、卫生、生态环境保护、自然资源、城乡建设、民政、社会保障、民族等工作的重大事项和项目；

（五）根据本级人民政府的建议，审查和批准本行政区域内的国民经济和社会发展规划纲要、计划和本级预算的调整方案；

（六）监督本行政区域内的国民经济和社会发展规划纲要、计划和预算的执行，审查和批准本级决算，监督审计查出问题整改情况，审查监督政府债务；

（七）监督本级人民政府、监察委员会、人民法院和人民检察院的工作，听取和审议有关专项工作报告，组织执法检查，开展专题询问等；联系本级人民代表大会代表，受理人民群众对上述机关和国家工作人员的申诉和意见；

（八）监督本级人民政府对国有资产的管理，听取和审议本级人民政府关于国有资产管理情况的报告；

（九）听取和审议本级人民政府关于年度环境状况和环境保护目标完成情况的报告；

（十）听取和审议备案审查工作情况报告；

（十一）撤销下一级人民代表大会及其常务委员会的不适当的决议；

（十二）撤销本级人民政府的不适当的决定和命令；

（十三）在本级人民代表大会闭会期间，决定副省长、自治区副主席、副市长、副州长、副县长、副区长的个别任免；在省长、自治区主席、市长、州长、县长、区长和监察委员会主任、人民法院院长、人民检察院检察长因故不能担任职务的时候，根据主任会议的提名，从本级人民政府、监察委员会、人民法院、人民检察院副职领导人员中决定代理的人选；决定代理检察长，须报上一级人民检察院和人民代表大会常务委员会备案；

（十四）根据省长、自治区主席、市长、州长、县长、区长的提名，决定本级人民政府秘书长、厅长、局长、委员会主任、科长的任免，报上一级人民政府备案；

（十五）根据监察委员会主任的提名，任免监察委员会副主任、委员；

（十六）按照人民法院组织法和人民检察院组织法的规定，任免人民法院副院长、庭长、副庭长、审判委员会委员、审判员，任免人民检察院副检察长、检察委员会委员、检察员，批准任免下一级人民检察院检察长；

省、自治区、直辖市的人民代表大会常务委员会根据主任会议的提名，决定在省、自治区内按地区设立的和在直辖市内设立的中级人民法院院长的任免，根据省、自治区、直辖市的人民检察院检察长的提名，决定人民检察院分院检察长的任免；

（十七）在本级人民代表大会闭会期间，决定撤销个别副省长、自治区副主席、副市长、副州长、副县长、副区长的职务；决定撤销由它任命的本级人民政府其他组成人员和监察委员会副主任、委员，人民法院副院长、庭长、副庭长、审判委员会委员、审判员，人民检察院副检察长、检察委员会委员、检察员，中级人民法院院长，人民检察院分院检察长的职务；

（十八）在本级人民代表大会闭会期间，补选上一级人民代表大会出缺的代表和罢免个别代表。

常务委员会讨论前款第四项规定的本行政区域内的重大事项和项目，可以作出决定或者决议，也可以将有关意见、建议送有关地方国家机关或者单位研究办理。有关办理情况应当及时向常务委员会报告。

第三节　常务委员会会议的举行

第五十一条　常务委员会会议由主任召集并主持，每两个月至少举行一次。遇有特殊需要时，可以临时召集常务委员会会议。主任可以委托副主任主持会议。

县级以上的地方各级人民政府、监察委员会、人民法院、人民检察院的负责人，列席本级人民代表大会常务委员会会议。

常务委员会会议有常务委员会全体组成人员过半数出席，始得举行。

常务委员会的决议，由常务委员会以全体组成人员的过半数通过。

第五十二条　县级以上的地方各级人民代表大会常务委员会主任会议可以向本级人民代表大会常务委员会提出属于常务委员会职权范围内的议案，由常务委员会会议审议。

县级以上的地方各级人民政府、人民代表大会各专门委员会，可以向本级人民代表大会常务委员会提出属于常务委员会职权范围内的议案，由主任会议决定提请常务委员会会议审议，或者先交有关的专门委员会审议、提出报告，再提请常务委员会会议审议。

省、自治区、直辖市、自治州、设区的市的人民代表大会常务委员会组成人员五人以上联名，县级的人民代表大会常务委员会组成人员三人以上联名，可以向本级常务委员会提出属于常务委员会职权范围内的议案，由主任会议决定是否提请常务委员会会议审议，或者先交有关的专门委员会审议、提出报告，再决定是否提请常务委员会会议审议。

第五十三条 在常务委员会会议期间，省、自治区、直辖市、自治州、设区的市的人民代表大会常务委员会组成人员五人以上联名，县级的人民代表大会常务委员会组成人员三人以上联名，可以向常务委员会书面提出对本级人民政府及其工作部门、监察委员会、人民法院、人民检察院的质询案。质询案必须写明质询对象、质询的问题和内容。

质询案由主任会议决定交由受质询机关在常务委员会全体会议上或者有关的专门委员会会议上口头答复，或者由受质询机关书面答复。在专门委员会会议上答复的，提质询案的常务委员会组成人员有权列席会议，发表意见；主任会议认为必要的时候，可以将答复质询案的情况报告印发会议。

质询案以口头答复的，应当由受质询机关的负责人到会答复；质询案以书面答复的，应当由受质询机关的负责人签署，由主任会议印发会议或者印发提质询案的常务委员会组成人员。

第五十四条 省、自治区、直辖市、自治州、设区的市的人民代表大会常务委员会主任、副主任和秘书长组成主任会议；县、自治县、不设区的市、市辖区的人民代表大会常务委员会主任、副主任组成主任会议。

主任会议处理常务委员会的重要日常工作：

（一）决定常务委员会每次会议的会期，拟订会议议程草案，必要时提出调整会议议程的建议；

（二）对向常务委员会提出的议案和质询案，决定交由有关的专门委员会审议或者提请常务委员会全体会议审议；

（三）决定是否将议案和决定草案、决议草案提请常务委员会全体会议表决，对暂不交付表决的，提出下一步处理意见；

（四）通过常务委员会年度工作计划等；

（五）指导和协调专门委员会的日常工作；

（六）其他重要日常工作。

第五十五条 常务委员会主任因为健康情况不能工作或者缺位的时候，由常务委员会在副主任中推选一人代理主任的职务，直到主任恢复健康或者人民代表大会选出新的主任为止。

第四节 常务委员会各委员会和工作机构

第五十六条 县级以上的地方各级人民代表大会常务委员会设立代表资格审查委员会。

代表资格审查委员会的主任委员、副主任委员和委员的人选，由常务委员会主任会议在常务委员会组成人员中提名，常务委员会任免。

第五十七条 代表资格审查委员会审查代表的选举是否符合法律规定。

第五十八条 主任会议或者五分之一以上的常务委员会组成人员书面联名，可以向本级人民代表大会常务委员会提议组织关于特定问题的调查委员会，由全体会议决定。

调查委员会由主任委员、副主任委员和委员组成，由主任会议在常务委员会组成人员和其他代表中提名，提请全体会议通过。

调查委员会应当向本级人民代表大会常务委员会提出调查报告。常务委员会根据调查委员会的报告，可以作出相应的决议。

第五十九条 常务委员会根据工作需要，设立办事机构和法制工作委员会、预算工作委员会、代表工作委员会等工作机构。

省、自治区的人民代表大会常务委员会可以在地区设立工作机构。

市辖区、不设区的市的人民代表大会常务委员会可以在街道设立工作机构。工作机构负责联系街道辖区内的人民代表大会代表，组织代表开展活动，反映代表和群众的建议、批评和意见，办理常务委员会交办的监督、选举以及其他工作，并向常务委员会报告工作。

县、自治县的人民代表大会常务委员会可以比照前款规定，在街道设立工作机构。

第六十条 县级以上的地方各级人民代表大会常务委员会和各专门委员会、工作机构应当建立健全常务委员会组成人员和各专门委员会、工作机构联系代表的工作机制，支持和保障代表依法履职，扩大代表对各项工作的参与，充分发挥代表作用。

县级以上的地方各级人民代表大会常务委员会通过建立基层联系点、代表联络站等方式，密切同人民群众的联系，听取对立法、监督等工作的意见和建议。

第四章　地方各级人民政府

第一节　一般规定

第六十一条　省、自治区、直辖市、自治州、县、自治县、市、市辖区、乡、民族乡、镇设立人民政府。

第六十二条　地方各级人民政府应当维护宪法和法律权威，坚持依法行政，建设职能科学、权责法定、执法严明、公开公正、智能高效、廉洁诚信、人民满意的法治政府。

第六十三条　地方各级人民政府应当坚持以人民为中心，全心全意为人民服务，提高行政效能，建设服务型政府。

第六十四条　地方各级人民政府应当严格执行廉洁从政各项规定，加强廉政建设，建设廉洁政府。

第六十五条　地方各级人民政府应当坚持诚信原则，加强政务诚信建设，建设诚信政府。

第六十六条　地方各级人民政府应当坚持政务公开，全面推进决策、执行、管理、服务、结果公开，依法、及时、准确公开政府信息，推进政务数据有序共享，提高政府工作的透明度。

第六十七条　地方各级人民政府应当坚持科学决策、民主决策、依法决策，提高决策的质量。

第六十八条　地方各级人民政府应当依法接受监督，确保行政权力依法正确行使。

第六十九条　地方各级人民政府对本级人民代表大会和上一级国家行政机关负责并报告工作。县级以上的地方各级人民政府在本级人民代表大会闭会期间，对本级人民代表大会常务委员会负责并报告工作。

全国地方各级人民政府都是国务院统一领导下的国家行政机关，都服从国务院。

地方各级人民政府实行重大事项请示报告制度。

第二节　地方各级人民政府的组成和任期

第七十条　省、自治区、直辖市、自治州、设区的市的人民政府分别由省长、副省长，自治区主席、副主席，市长、副市长，州长、副州长和秘书长、厅长、局长、委员会主任等组成。

县、自治县、不设区的市、市辖区的人民政府分别由县长、副县长，市长、副市长，区长、副区长和局长、科长等组成。

乡、民族乡的人民政府设乡长、副乡长。民族乡的乡长由建立民族乡的少数民族公民担任。镇人民政府设镇长、副镇长。

第七十一条　新的一届人民政府领导人员依法选举产生后，应当在两个月内提请本级人民代表大会常务委员会任命人民政府秘书长、厅长、局长、委员会主任、科长。

第七十二条　地方各级人民政府每届任期五年。

第三节　地方各级人民政府的职权

第七十三条　县级以上的地方各级人民政府行使下列职权：

（一）执行本级人民代表大会及其常务委员会的决议，以及上级国家行政机关的决定和命令，规定行政措施，发布决定和命令；

（二）领导所属各工作部门和下级人民政府的工作；

（三）改变或者撤销所属各工作部门的不适当的命令、指示和下级人民政府的不适当的决定、命令；

（四）依照法律的规定任免、培训、考核和奖惩国家行政机关工作人员；

（五）编制和执行国民经济和社会发展规划纲要、计划和预算，管理本行政区域内的经济、教育、科学、文化、卫生、体育、城乡建设等事业和生态环境保护、自然资源、财政、民政、社会保障、公安、民族事务、司法行政、人口与计划生育等行政工作；

（六）保护社会主义的全民所有的财产和劳动群众集体所有的财产，保护公民私人所有的合法财产，维护社会秩序，保障公民的人身权利、民主权利和其他权利；

（七）履行国有资产管理职责；

（八）保护各种经济组织的合法权益；

（九）铸牢中华民族共同体意识，促进各民族广泛交往交流交融，保障少数民族的合法权利和利益，保障少数民族保持或者改革自己的风俗习惯的自由，帮助本行政区域内的民族自治地方依照宪法和法律实行区域自治，帮助各少数民族发展政治、经济和文化的建设事业；

（十）保障宪法和法律赋予妇女的男女平等、同工同酬和婚姻自由等各项权利；

（十一）办理上级国家行政机关交办的其他事项。

第七十四条 省、自治区、直辖市的人民政府可以根据法律、行政法规和本省、自治区、直辖市的地方性法规，制定规章，报国务院和本级人民代表大会常务委员会备案。设区的市、自治州的人民政府可以根据法律、行政法规和本省、自治区的地方性法规，依照法律规定的权限制定规章，报国务院和省、自治区的人民代表大会常务委员会、人民政府以及本级人民代表大会常务委员会备案。

依照前款规定制定规章，须经各该级政府常务会议或者全体会议讨论决定。

第七十五条 县级以上的地方各级人民政府制定涉及个人、组织权利义务的规范性文件，应当依照法定权限和程序，进行评估论证、公开征求意见、合法性审查、集体讨论决定，并予以公布和备案。

第七十六条 乡、民族乡、镇的人民政府行使下列职权：

（一）执行本级人民代表大会的决议和上级国家行政机关的决定和命令，发布决定和命令；

（二）执行本行政区域内的经济和社会发展计划、预算，管理本行政区域内的经济、教育、科学、文化、卫生、体育等事业和生态环境保护、财政、民政、社会保障、公安、司法行政、人口与计划生育等行政工作；

（三）保护社会主义的全民所有的财产和劳动群众集体所有的财产，保护公民私人所有的合法财产，维护社会秩序，保障公民的人身权利、民主权利和其他权利；

（四）保护各种经济组织的合法权益；

（五）铸牢中华民族共同体意识，促进各民族广泛交往交流交融，保障少数民族的合法权利和利益，保障少数民族保持或者改革自己的风俗习惯的自由；

（六）保障宪法和法律赋予妇女的男女平等、同工同酬和婚姻自由等各项权利；

（七）办理上级人民政府交办的其他事项。

第七十七条 地方各级人民政府分别实行省长、自治区主席、市长、州长、县长、区长、乡长、镇长负责制。

省长、自治区主席、市长、州长、县长、区长、乡长、镇长分别主持地方各级人民政府的工作。

第七十八条 县级以上的地方各级人民政府会议分为全体会议和常务会议。全体会议由本级人民政府全体成员组成。省、自治区、直辖市、自治州、设区的市的人民政府常务会议，分别由省长、副省长，自治区主席、副主席，市长、副市长，州长、副州长和秘书长组成。县、自治县、不设区的市、市辖区的人民政府常务会议，分别由县长、副县长，市长、副市长，区长、副区长组成。省长、自治区主席、市长、州长、县长、区长召集和主持本级人民政府全体会议和常务会议。政府工作中的重大问题，须经政府常务会议或者全体会议讨论决定。

第四节 地方各级人民政府的机构设置

第七十九条 地方各级人民政府根据工作需要和优化协同高效以及精干的原则，设立必要的工作部门。

县级以上的地方各级人民政府设立审计机关。地方各级审计机关依照法律规定独立行使审计监督权，对本级人民政府和上一级审计机关负责。

省、自治区、直辖市的人民政府的厅、局、委员会等工作部门和自治州、县、自治县、市、市辖区的人民政府的局、科等工作部门的设立、增加、减少或者合并，按照规定程序报请批准，并报本级人民代表大会常务委员会备案。

第八十条 县级以上的地方各级人民政府根据国家区域发展战略，结合地方实际需要，可以共同建立跨行政区划的区域协同发展工作机制，加强区域合作。

上级人民政府应当对下级人民政府的区域合作工作进行指导、协调和监督。

第八十一条 县级以上的地方各级人民政府根据应对重大突发事件的需要，可以建立跨部门指挥协调机制。

第八十二条 各厅、局、委员会、科分别设厅长、局长、主任、科长，在必要的时候可以设副职。

办公厅、办公室设主任，在必要的时候可以设副主任。

省、自治区、直辖市、自治州、设区的市的人民政府设秘书长一人，副秘书长若干人。

第八十三条 省、自治区、直辖市的人民政府的各工作部门受人民政府统一领导，并且依照法律或者行政法规的规定受国务院主管部门的业务指导或者领导。

自治州、县、自治县、市、市辖区的人民政府的各工作部门受人民政府统一领导，并且依照法律或者行政法规的规定受上级人民政府主管部门的业务指导或者领导。

第八十四条 省、自治区、直辖市、自治州、县、自治县、市、市辖区的人民政府应当协助设立在本行政区域内不属于自己管理的国家机关、企业、事业单位进行工作，并且监督它们遵守和执行法律和政策。

第八十五条 省、自治区的人民政府在必要的时候，经国务院批准，可以设立若干派出机关。

县、自治县的人民政府在必要的时候，经省、自治区、直辖市的人民政府批准，可以设立若干区公所，作为它的派出机关。

市辖区、不设区的市的人民政府，经上一级人民政府批准，可以设立若干街道办事处，作为它的派出机关。

第八十六条 街道办事处在本辖区内办理派出它的人民政府交办的公共服务、公共管理、公共安全等工作，依法履行综合管理、统筹协调、应急处置和行政执法等职责，反映居民的意见和要求。

第八十七条 乡、民族乡、镇的人民政府和市辖区、不设区的市的人民政府或者街道办事处对基层群众性自治组织的工作给予指导、支持和帮助。基层群众性自治组织协助乡、民族乡、镇的人民政府和市辖区、不设区的市的人民政府或者街道办事处开展工作。

第八十八条 乡、民族乡、镇的人民政府和街道办事处可以根据实际情况建立居民列席有关会议的制度。

第五章 附 则

第八十九条 自治区、自治州、自治县的自治机关除行使本法规定的职权外，同时依照宪法、民族区域自治法和其他法律规定的权限行使自治权。

第九十条 省、自治区、直辖市的人民代表大会及其常务委员会可以根据本法和实际情况，对执行中的问题作具体规定。

中华人民共和国人民法院组织法

（1979 年 7 月 1 日第五届全国人民代表大会第二次会议通过 根据 1983 年 9 月 2 日第六届全国人民代表大会常务委员会第二次会议《关于修改〈中华人民共和国人民法院组织法〉的决定》第一次修正 根据 1986 年 12 月 2 日第六届全国人民代表大会常务委员会第十八次会议《关于修改〈中华人民共和国地方各级人民代表大会和地方各级人民政府组织法〉的决定》第二次修正 根据 2006 年 10 月 31 日第十届全国人民代表大会常务委员会第二十四次会议《关于修改〈中华人民共和国人民法院组织法〉的决定》第三次修正 2018 年 10 月 26 日第十三届全国人民代表大会常务委员会第六次会议修订 2018 年 10 月 26 日中华人民共和国主席令第 11 号公布 自 2019 年 1 月 1 日起施行）

目 录

第一章 总 则
第二章 人民法院的设置和职权

第三章　人民法院的审判组织
第四章　人民法院的人员组成
第五章　人民法院行使职权的保障
第六章　附　　则

第一章　总　　则

第一条　为了规范人民法院的设置、组织和职权，保障人民法院依法履行职责，根据宪法，制定本法。

第二条　人民法院是国家的审判机关。

人民法院通过审判刑事案件、民事案件、行政案件以及法律规定的其他案件，惩罚犯罪，保障无罪的人不受刑事追究，解决民事、行政纠纷，保护个人和组织的合法权益，监督行政机关依法行使职权，维护国家安全和社会秩序，维护社会公平正义，维护国家法制统一、尊严和权威，保障中国特色社会主义建设的顺利进行。

第三条　人民法院依照宪法、法律和全国人民代表大会常务委员会的决定设置。

第四条　人民法院依照法律规定独立行使审判权，不受行政机关、社会团体和个人的干涉。

第五条　人民法院审判案件在适用法律上一律平等，不允许任何组织和个人有超越法律的特权，禁止任何形式的歧视。

第六条　人民法院坚持司法公正，以事实为根据，以法律为准绳，遵守法定程序，依法保护个人和组织的诉讼权利和其他合法权益，尊重和保障人权。

第七条　人民法院实行司法公开，法律另有规定的除外。

第八条　人民法院实行司法责任制，建立健全权责统一的司法权力运行机制。

第九条　最高人民法院对全国人民代表大会及其常务委员会负责并报告工作。地方各级人民法院对本级人民代表大会及其常务委员会负责并报告工作。

各级人民代表大会及其常务委员会对本级人民法院的工作实施监督。

第十条 最高人民法院是最高审判机关。

最高人民法院监督地方各级人民法院和专门人民法院的审判工作，上级人民法院监督下级人民法院的审判工作。

第十一条 人民法院应当接受人民群众监督，保障人民群众对人民法院工作依法享有知情权、参与权和监督权。

第二章 人民法院的设置和职权

第十二条 人民法院分为：

（一）最高人民法院；

（二）地方各级人民法院；

（三）专门人民法院。

第十三条 地方各级人民法院分为高级人民法院、中级人民法院和基层人民法院。

第十四条 在新疆生产建设兵团设立的人民法院的组织、案件管辖范围和法官任免，依照全国人民代表大会常务委员会的有关规定。

第十五条 专门人民法院包括军事法院和海事法院、知识产权法院、金融法院等。

专门人民法院的设置、组织、职权和法官任免，由全国人民代表大会常务委员会规定。

第十六条 最高人民法院审理下列案件：

（一）法律规定由其管辖的和其认为应当由自己管辖的第一审案件；

（二）对高级人民法院判决和裁定的上诉、抗诉案件；

（三）按照全国人民代表大会常务委员会的规定提起的上诉、抗诉案件；

（四）按照审判监督程序提起的再审案件；

（五）高级人民法院报请核准的死刑案件。

第十七条 死刑除依法由最高人民法院判决的以外，应当报请最高人民法院核准。

第十八条 最高人民法院可以对属于审判工作中具体应用法律的问题

进行解释。

最高人民法院可以发布指导性案例。

第十九条　最高人民法院可以设巡回法庭，审理最高人民法院依法确定的案件。

巡回法庭是最高人民法院的组成部分。巡回法庭的判决和裁定即最高人民法院的判决和裁定。

第二十条　高级人民法院包括：

（一）省高级人民法院；

（二）自治区高级人民法院；

（三）直辖市高级人民法院。

第二十一条　高级人民法院审理下列案件：

（一）法律规定由其管辖的第一审案件；

（二）下级人民法院报请审理的第一审案件；

（三）最高人民法院指定管辖的第一审案件；

（四）对中级人民法院判决和裁定的上诉、抗诉案件；

（五）按照审判监督程序提起的再审案件；

（六）中级人民法院报请复核的死刑案件。

第二十二条　中级人民法院包括：

（一）省、自治区辖市的中级人民法院；

（二）在直辖市内设立的中级人民法院；

（三）自治州中级人民法院；

（四）在省、自治区内按地区设立的中级人民法院。

第二十三条　中级人民法院审理下列案件：

（一）法律规定由其管辖的第一审案件；

（二）基层人民法院报请审理的第一审案件；

（三）上级人民法院指定管辖的第一审案件；

（四）对基层人民法院判决和裁定的上诉、抗诉案件；

（五）按照审判监督程序提起的再审案件。

第二十四条　基层人民法院包括：

（一）县、自治县人民法院；

（二）不设区的市人民法院；

（三）市辖区人民法院。

第二十五条 基层人民法院审理第一审案件，法律另有规定的除外。

基层人民法院对人民调解委员会的调解工作进行业务指导。

第二十六条 基层人民法院根据地区、人口和案件情况，可以设立若干人民法庭。

人民法庭是基层人民法院的组成部分。人民法庭的判决和裁定即基层人民法院的判决和裁定。

第二十七条 人民法院根据审判工作需要，可以设必要的专业审判庭。法官员额较少的中级人民法院和基层人民法院，可以设综合审判庭或者不设审判庭。

人民法院根据审判工作需要，可以设综合业务机构。法官员额较少的中级人民法院和基层人民法院，可以不设综合业务机构。

第二十八条 人民法院根据工作需要，可以设必要的审判辅助机构和行政管理机构。

第三章 人民法院的审判组织

第二十九条 人民法院审理案件，由合议庭或者法官一人独任审理。

合议庭和法官独任审理的案件范围由法律规定。

第三十条 合议庭由法官组成，或者由法官和人民陪审员组成，成员为三人以上单数。

合议庭由一名法官担任审判长。院长或者庭长参加审理案件时，由自己担任审判长。

审判长主持庭审、组织评议案件，评议案件时与合议庭其他成员权利平等。

第三十一条 合议庭评议案件应当按照多数人的意见作出决定，少数人的意见应当记入笔录。评议案件笔录由合议庭全体组成人员签名。

第三十二条 合议庭或者法官独任审理案件形成的裁判文书，经合议庭组成人员或者独任法官签署，由人民法院发布。

第三十三条 合议庭审理案件，法官对案件的事实认定和法律适用负责；法官独任审理案件，独任法官对案件的事实认定和法律适用负责。

人民法院应当加强内部监督，审判活动有违法情形的，应当及时调查核实，并根据违法情形依法处理。

第三十四条 人民陪审员依照法律规定参加合议庭审理案件。

第三十五条 中级以上人民法院设赔偿委员会，依法审理国家赔偿案件。

赔偿委员会由三名以上法官组成，成员应当为单数，按照多数人的意见作出决定。

第三十六条 各级人民法院设审判委员会。审判委员会由院长、副院长和若干资深法官组成，成员应当为单数。

审判委员会会议分为全体会议和专业委员会会议。

中级以上人民法院根据审判工作需要，可以按照审判委员会委员专业和工作分工，召开刑事审判、民事行政审判等专业委员会会议。

第三十七条 审判委员会履行下列职能：

（一）总结审判工作经验；

（二）讨论决定重大、疑难、复杂案件的法律适用；

（三）讨论决定本院已经发生法律效力的判决、裁定、调解书是否应当再审；

（四）讨论决定其他有关审判工作的重大问题。

最高人民法院对属于审判工作中具体应用法律的问题进行解释，应当由审判委员会全体会议讨论通过；发布指导性案例，可以由审判委员会专业委员会会议讨论通过。

第三十八条 审判委员会召开全体会议和专业委员会会议，应当有其组成人员的过半数出席。

审判委员会会议由院长或者院长委托的副院长主持。审判委员会实行民主集中制。

审判委员会举行会议时，同级人民检察院检察长或者检察长委托的副检察长可以列席。

第三十九条 合议庭认为案件需要提交审判委员会讨论决定的，由审判长提出申请，院长批准。

审判委员会讨论案件，合议庭对其汇报的事实负责，审判委员会委员对本人发表的意见和表决负责。审判委员会的决定，合议庭应当执行。

审判委员会讨论案件的决定及其理由应当在裁判文书中公开，法律规定不公开的除外。

第四章　人民法院的人员组成

第四十条　人民法院的审判人员由院长、副院长、审判委员会委员和审判员等人员组成。

第四十一条　人民法院院长负责本院全面工作，监督本院审判工作，管理本院行政事务。人民法院副院长协助院长工作。

第四十二条　最高人民法院院长由全国人民代表大会选举，副院长、审判委员会委员、庭长、副庭长和审判员由院长提请全国人民代表大会常务委员会任免。

最高人民法院巡回法庭庭长、副庭长，由最高人民法院院长提请全国人民代表大会常务委员会任免。

第四十三条　地方各级人民法院院长由本级人民代表大会选举，副院长、审判委员会委员、庭长、副庭长和审判员由院长提请本级人民代表大会常务委员会任免。

在省、自治区内按地区设立的和在直辖市内设立的中级人民法院院长，由省、自治区、直辖市人民代表大会常务委员会根据主任会议的提名决定任免，副院长、审判委员会委员、庭长、副庭长和审判员由高级人民法院院长提请省、自治区、直辖市人民代表大会常务委员会任免。

第四十四条　人民法院院长任期与产生它的人民代表大会每届任期相同。

各级人民代表大会有权罢免由其选出的人民法院院长。在地方人民代表大会闭会期间，本级人民代表大会常务委员会认为人民法院院长需要撤换的，应当报请上级人民代表大会常务委员会批准。

第四十五条　人民法院的法官、审判辅助人员和司法行政人员实行分类管理。

第四十六条　法官实行员额制。法官员额根据案件数量、经济社会发展情况、人口数量和人民法院审级等因素确定。

最高人民法院法官员额由最高人民法院商有关部门确定。地方各级人民法院法官员额，在省、自治区、直辖市内实行总量控制、动态管理。

第四十七条　法官从取得法律职业资格并且具备法律规定的其他条件的人员中选任。初任法官应当由法官遴选委员会进行专业能力审核。上级人民法院的法官一般从下级人民法院的法官中择优遴选。

院长应当具有法学专业知识和法律职业经历。副院长、审判委员会委员应当从法官、检察官或者其他具备法官、检察官条件的人员中产生。

法官的职责、管理和保障，依照《中华人民共和国法官法》的规定。

第四十八条　人民法院的法官助理在法官指导下负责审查案件材料、草拟法律文书等审判辅助事务。

符合法官任职条件的法官助理，经遴选后可以按照法官任免程序任命为法官。

第四十九条　人民法院的书记员负责法庭审理记录等审判辅助事务。

第五十条　人民法院的司法警察负责法庭警戒、人员押解和看管等警务事项。

司法警察依照《中华人民共和国人民警察法》管理。

第五十一条　人民法院根据审判工作需要，可以设司法技术人员，负责与审判工作有关的事项。

第五章　人民法院行使职权的保障

第五十二条　任何单位或者个人不得要求法官从事超出法定职责范围的事务。

对于领导干部等干预司法活动、插手具体案件处理，或者人民法院内部人员过问案件情况的，办案人员应当全面如实记录并报告；有违法违纪情形的，由有关机关根据情节轻重追究行为人的责任。

第五十三条　人民法院作出的判决、裁定等生效法律文书，义务人应当依法履行；拒不履行的，依法追究法律责任。

第五十四条　人民法院采取必要措施，维护法庭秩序和审判权威。对妨碍人民法院依法行使职权的违法犯罪行为，依法追究法律责任。

第五十五条　人民法院实行培训制度，法官、审判辅助人员和司法行政人员应当接受理论和业务培训。

第五十六条　人民法院人员编制实行专项管理。

第五十七条　人民法院的经费按照事权划分的原则列入财政预算，保障审判工作需要。

第五十八条　人民法院应当加强信息化建设，运用现代信息技术，促进司法公开，提高工作效率。

第六章　附　　则

第五十九条　本法自2019年1月1日起施行。

中华人民共和国人民检察院组织法

（1979年7月1日第五届全国人民代表大会第二次会议通过　根据1983年9月2日第六届全国人民代表大会常务委员会第二次会议《关于修改〈中华人民共和国人民检察院组织法〉的决定》第一次修正　根据1986年12月2日第六届全国人民代表大会常务委员会第十八次会议《关于修改〈中华人民共和国地方各级人民代表大会和地方各级人民政府组织法〉的决定》第二次修正　2018年10月26日第十三届全国人民代表大会常务委员会第六次会议修订　2018年10月26日中华人民共和国主席令第12号公布　自2019年1月1日起施行）

目　　录

第一章　总　　则
第二章　人民检察院的设置和职权
第三章　人民检察院的办案组织
第四章　人民检察院的人员组成

第五章 人民检察院行使职权的保障
第六章 附　　则

第一章 总　　则

第一条 为了规范人民检察院的设置、组织和职权，保障人民检察院依法履行职责，根据宪法，制定本法。

第二条 人民检察院是国家的法律监督机关。

人民检察院通过行使检察权，追诉犯罪，维护国家安全和社会秩序，维护个人和组织的合法权益，维护国家利益和社会公共利益，保障法律正确实施，维护社会公平正义，维护国家法制统一、尊严和权威，保障中国特色社会主义建设的顺利进行。

第三条 人民检察院依照宪法、法律和全国人民代表大会常务委员会的决定设置。

第四条 人民检察院依照法律规定独立行使检察权，不受行政机关、社会团体和个人的干涉。

第五条 人民检察院行使检察权在适用法律上一律平等，不允许任何组织和个人有超越法律的特权，禁止任何形式的歧视。

第六条 人民检察院坚持司法公正，以事实为根据，以法律为准绳，遵守法定程序，尊重和保障人权。

第七条 人民检察院实行司法公开，法律另有规定的除外。

第八条 人民检察院实行司法责任制，建立健全权责统一的司法权力运行机制。

第九条 最高人民检察院对全国人民代表大会及其常务委员会负责并报告工作。地方各级人民检察院对本级人民代表大会及其常务委员会负责并报告工作。

各级人民代表大会及其常务委员会对本级人民检察院的工作实施监督。

第十条 最高人民检察院是最高检察机关。

最高人民检察院领导地方各级人民检察院和专门人民检察院的工作，上级人民检察院领导下级人民检察院的工作。

第十一条 人民检察院应当接受人民群众监督，保障人民群众对人民检察院工作依法享有知情权、参与权和监督权。

第二章 人民检察院的设置和职权

第十二条 人民检察院分为：

（一）最高人民检察院；

（二）地方各级人民检察院；

（三）军事检察院等专门人民检察院。

第十三条 地方各级人民检察院分为：

（一）省级人民检察院，包括省、自治区、直辖市人民检察院；

（二）设区的市级人民检察院，包括省、自治区辖市人民检察院，自治州人民检察院，省、自治区、直辖市人民检察院分院；

（三）基层人民检察院，包括县、自治县、不设区的市、市辖区人民检察院。

第十四条 在新疆生产建设兵团设立的人民检察院的组织、案件管辖范围和检察官任免，依照全国人民代表大会常务委员会的有关规定。

第十五条 专门人民检察院的设置、组织、职权和检察官任免，由全国人民代表大会常务委员会规定。

第十六条 省级人民检察院和设区的市级人民检察院根据检察工作需要，经最高人民检察院和省级有关部门同意，并提请本级人民代表大会常务委员会批准，可以在辖区内特定区域设立人民检察院，作为派出机构。

第十七条 人民检察院根据检察工作需要，可以在监狱、看守所等场所设立检察室，行使派出它的人民检察院的部分职权，也可以对上述场所进行巡回检察。

省级人民检察院设立检察室，应当经最高人民检察院和省级有关部门同意。设区的市级人民检察院、基层人民检察院设立检察室，应当经省级人民检察院和省级有关部门同意。

第十八条 人民检察院根据检察工作需要，设必要的业务机构。检察官员额较少的设区的市级人民检察院和基层人民检察院，可以设综合业务机构。

第十九条 人民检察院根据工作需要，可以设必要的检察辅助机构和行政管理机构。

第二十条 人民检察院行使下列职权：

（一）依照法律规定对有关刑事案件行使侦查权；

（二）对刑事案件进行审查，批准或者决定是否逮捕犯罪嫌疑人；

（三）对刑事案件进行审查，决定是否提起公诉，对决定提起公诉的案件支持公诉；

（四）依照法律规定提起公益诉讼；

（五）对诉讼活动实行法律监督；

（六）对判决、裁定等生效法律文书的执行工作实行法律监督；

（七）对监狱、看守所的执法活动实行法律监督；

（八）法律规定的其他职权。

第二十一条 人民检察院行使本法第二十条规定的法律监督职权，可以进行调查核实，并依法提出抗诉、纠正意见、检察建议。有关单位应当予以配合，并及时将采纳纠正意见、检察建议的情况书面回复人民检察院。

抗诉、纠正意见、检察建议的适用范围及其程序，依照法律有关规定。

第二十二条 最高人民检察院对最高人民法院的死刑复核活动实行监督；对报请核准追诉的案件进行审查，决定是否追诉。

第二十三条 最高人民检察院可以对属于检察工作中具体应用法律的问题进行解释。

最高人民检察院可以发布指导性案例。

第二十四条 上级人民检察院对下级人民检察院行使下列职权：

（一）认为下级人民检察院的决定错误的，指令下级人民检察院纠正，或者依法撤销、变更；

（二）可以对下级人民检察院管辖的案件指定管辖；

（三）可以办理下级人民检察院管辖的案件；

（四）可以统一调用辖区的检察人员办理案件。

上级人民检察院的决定，应当以书面形式作出。

第二十五条 下级人民检察院应当执行上级人民检察院的决定；有不

同意见的，可以在执行的同时向上级人民检察院报告。

第二十六条 人民检察院检察长或者检察长委托的副检察长，可以列席同级人民法院审判委员会会议。

第二十七条 人民监督员依照规定对人民检察院的办案活动实行监督。

第三章 人民检察院的办案组织

第二十八条 人民检察院办理案件，根据案件情况可以由一名检察官独任办理，也可以由两名以上检察官组成办案组办理。

由检察官办案组办理的，检察长应当指定一名检察官担任主办检察官，组织、指挥办案组办理案件。

第二十九条 检察官在检察长领导下开展工作，重大办案事项由检察长决定。检察长可以将部分职权委托检察官行使，可以授权检察官签发法律文书。

第三十条 各级人民检察院设检察委员会。检察委员会由检察长、副检察长和若干资深检察官组成，成员应当为单数。

第三十一条 检察委员会履行下列职能：

（一）总结检察工作经验；

（二）讨论决定重大、疑难、复杂案件；

（三）讨论决定其他有关检察工作的重大问题。

最高人民检察院对属于检察工作中具体应用法律的问题进行解释、发布指导性案例，应当由检察委员会讨论通过。

第三十二条 检察委员会召开会议，应当有其组成人员的过半数出席。

检察委员会会议由检察长或者检察长委托的副检察长主持。检察委员会实行民主集中制。

地方各级人民检察院的检察长不同意本院检察委员会多数人的意见，属于办理案件的，可以报请上一级人民检察院决定；属于重大事项的，可以报请上一级人民检察院或者本级人民代表大会常务委员会决定。

第三十三条 检察官可以就重大案件和其他重大问题，提请检察长决定。检察长可以根据案件情况，提交检察委员会讨论决定。

检察委员会讨论案件，检察官对其汇报的事实负责，检察委员会委员对本人发表的意见和表决负责。检察委员会的决定，检察官应当执行。

第三十四条　人民检察院实行检察官办案责任制。检察官对其职权范围内就案件作出的决定负责。检察长、检察委员会对案件作出决定的，承担相应责任。

第四章　人民检察院的人员组成

第三十五条　人民检察院的检察人员由检察长、副检察长、检察委员会委员和检察员等人员组成。

第三十六条　人民检察院检察长领导本院检察工作，管理本院行政事务。人民检察院副检察长协助检察长工作。

第三十七条　最高人民检察院检察长由全国人民代表大会选举和罢免，副检察长、检察委员会委员和检察员由检察长提请全国人民代表大会常务委员会任免。

第三十八条　地方各级人民检察院检察长由本级人民代表大会选举和罢免，副检察长、检察委员会委员和检察员由检察长提请本级人民代表大会常务委员会任免。

地方各级人民检察院检察长的任免，须报上一级人民检察院检察长提请本级人民代表大会常务委员会批准。

省、自治区、直辖市人民检察院分院检察长、副检察长、检察委员会委员和检察员，由省、自治区、直辖市人民检察院检察长提请本级人民代表大会常务委员会任免。

第三十九条　人民检察院检察长任期与产生它的人民代表大会每届任期相同。

全国人民代表大会常务委员会和省、自治区、直辖市人民代表大会常务委员会根据本级人民检察院检察长的建议，可以撤换下级人民检察院检察长、副检察长和检察委员会委员。

第四十条　人民检察院的检察官、检察辅助人员和司法行政人员实行分类管理。

第四十一条 检察官实行员额制。检察官员额根据案件数量、经济社会发展情况、人口数量和人民检察院层级等因素确定。

最高人民检察院检察官员额由最高人民检察院商有关部门确定。地方各级人民检察院检察官员额，在省、自治区、直辖市内实行总量控制、动态管理。

第四十二条 检察官从取得法律职业资格并且具备法律规定的其他条件的人员中选任。初任检察官应当由检察官遴选委员会进行专业能力审核。上级人民检察院的检察官一般从下级人民检察院的检察官中择优遴选。

检察长应当具有法学专业知识和法律职业经历。副检察长、检察委员会委员应当从检察官、法官或者其他具备检察官、法官条件的人员中产生。

检察官的职责、管理和保障，依照《中华人民共和国检察官法》的规定。

第四十三条 人民检察院的检察官助理在检察官指导下负责审查案件材料、草拟法律文书等检察辅助事务。

符合检察官任职条件的检察官助理，经遴选后可以按照检察官任免程序任命为检察官。

第四十四条 人民检察院的书记员负责案件记录等检察辅助事务。

第四十五条 人民检察院的司法警察负责办案场所警戒、人员押解和看管等警务事项。

司法警察依照《中华人民共和国人民警察法》管理。

第四十六条 人民检察院根据检察工作需要，可以设检察技术人员，负责与检察工作有关的事项。

第五章 人民检察院行使职权的保障

第四十七条 任何单位或者个人不得要求检察官从事超出法定职责范围的事务。

对于领导干部等干预司法活动、插手具体案件处理，或者人民检察院内部人员过问案件情况的，办案人员应当全面如实记录并报告；有违法违纪情形的，由有关机关根据情节轻重追究行为人的责任。

第四十八条 人民检察院采取必要措施，维护办案安全。对妨碍人民检察院依法行使职权的违法犯罪行为，依法追究法律责任。

第四十九条 人民检察院实行培训制度，检察官、检察辅助人员和司法行政人员应当接受理论和业务培训。

第五十条 人民检察院人员编制实行专项管理。

第五十一条 人民检察院的经费按照事权划分的原则列入财政预算，保障检察工作需要。

第五十二条 人民检察院应当加强信息化建设，运用现代信息技术，促进司法公开，提高工作效率。

第六章 附 则

第五十三条 本法自2019年1月1日起施行。

中华人民共和国民族区域自治法

（1984年5月31日第六届全国人民代表大会第二次会议通过 根据2001年2月28日第九届全国人民代表大会常务委员会第二十次会议《关于修改〈中华人民共和国民族区域自治法〉的决定》修正）

目 录

序 言
第一章 总 则
第二章 民族自治地方的建立和自治机关的组成
第三章 自治机关的自治权
第四章 民族自治地方的人民法院和人民检察院
第五章 民族自治地方内的民族关系
第六章 上级国家机关的职责
第七章 附 则

序 言

中华人民共和国是全国各族人民共同缔造的统一的多民族国家。民族区域自治是中国共产党运用马克思列宁主义解决我国民族问题的基本政策，是国家的一项基本政治制度。

民族区域自治是在国家统一领导下，各少数民族聚居的地方实行区域自治，设立自治机关，行使自治权。实行民族区域自治，体现了国家充分尊重和保障各少数民族管理本民族内部事务权利的精神，体现了国家坚持实行各民族平等、团结和共同繁荣的原则。

实行民族区域自治，对发挥各族人民当家作主的积极性，发展平等、团结、互助的社会主义民族关系，巩固国家的统一，促进民族自治地方和全国社会主义建设事业的发展，都起了巨大的作用。今后，继续坚持和完善民族区域自治制度，使这一制度在国家的社会主义现代化建设进程中发挥更大的作用。

实践证明，坚持实行民族区域自治，必须切实保障民族自治地方根据本地实际情况贯彻执行国家的法律和政策；必须大量培养少数民族的各级干部、各种专业人才和技术工人；民族自治地方必须发扬自力更生、艰苦奋斗精神，努力发展本地方的社会主义建设事业，为国家建设作出贡献；国家根据国民经济和社会发展计划，努力帮助民族自治地方加速经济和文化的发展。在维护民族团结的斗争中，要反对大民族主义，主要是大汉族主义，也要反对地方民族主义。

民族自治地方的各族人民和全国人民一道，在中国共产党的领导下，在马克思列宁主义、毛泽东思想、邓小平理论的指引下，坚持人民民主专政，坚持改革开放，沿着建设有中国特色社会主义的道路，集中力量进行社会主义现代化建设，发展社会主义市场经济，加强社会主义民主与法制建设，加强社会主义精神文明建设，加速民族自治地方经济、文化的发展，建设团结、繁荣的民族自治地方，为各民族的共同繁荣，把祖国建设成为富强、民主、文明的社会主义国家而努力奋斗。

《中华人民共和国民族区域自治法》是实施宪法规定的民族区域自治制度的基本法律。

第一章　总　　则

第一条　中华人民共和国民族区域自治法，根据中华人民共和国宪法制定。

第二条　各少数民族聚居的地方实行区域自治。

民族自治地方分为自治区、自治州、自治县。

各民族自治地方都是中华人民共和国不可分离的部分。

第三条　民族自治地方设立自治机关，自治机关是国家的一级地方政权机关。

民族自治地方的自治机关实行民主集中制的原则。

第四条　民族自治地方的自治机关行使宪法第三章第五节规定的地方国家机关的职权，同时依照宪法和本法以及其他法律规定的权限行使自治权，根据本地方的实际情况贯彻执行国家的法律、政策。

自治州的自治机关行使下设区、县的市的地方国家机关的职权，同时行使自治权。

第五条　民族自治地方的自治机关必须维护国家的统一，保证宪法和法律在本地方的遵守和执行。

第六条　民族自治地方的自治机关领导各族人民集中力量进行社会主义现代化建设。

民族自治地方的自治机关根据本地方的情况，在不违背宪法和法律的原则下，有权采取特殊政策和灵活措施，加速民族自治地方经济、文化建设事业的发展。

民族自治地方的自治机关在国家计划的指导下，从实际出发，不断提高劳动生产率和经济效益，发展社会生产力，逐步提高各民族的物质生活水平。

民族自治地方的自治机关继承和发扬民族文化的优良传统，建设具有民族特点的社会主义精神文明，不断提高各民族人民的社会主义觉悟和科学文化水平。

第七条　民族自治地方的自治机关要把国家的整体利益放在首位，积极完成上级国家机关交给的各项任务。

第八条 上级国家机关保障民族自治地方的自治机关行使自治权，并且依据民族自治地方的特点和需要，努力帮助民族自治地方加速发展社会主义建设事业。

第九条 上级国家机关和民族自治地方的自治机关维护和发展各民族的平等、团结、互助的社会主义民族关系。禁止对任何民族的歧视和压迫，禁止破坏民族团结和制造民族分裂的行为。

第十条 民族自治地方的自治机关保障本地方各民族都有使用和发展自己的语言文字的自由，都有保持或者改革自己的风俗习惯的自由。

第十一条 民族自治地方的自治机关保障各民族公民有宗教信仰自由。

任何国家机关、社会团体和个人不得强制公民信仰宗教或者不信仰宗教，不得歧视信仰宗教的公民和不信仰宗教的公民。

国家保护正常的宗教活动。

任何人不得利用宗教进行破坏社会秩序、损害公民身体健康、妨碍国家教育制度的活动。

宗教团体和宗教事务不受外国势力的支配。

第二章 民族自治地方的建立和自治机关的组成

第十二条 少数民族聚居的地方，根据当地民族关系、经济发展等条件，并参酌历史情况，可以建立以一个或者几个少数民族聚居区为基础的自治地方。

民族自治地方内其他少数民族聚居的地方，建立相应的自治地方或者民族乡。

民族自治地方依据本地方的实际情况，可以包括一部分汉族或者其他民族的居民区和城镇。

第十三条 民族自治地方的名称，除特殊情况外，按照地方名称、民族名称、行政地位的顺序组成。

第十四条 民族自治地方的建立、区域界线的划分、名称的组成，由上级国家机关会同有关地方的国家机关，和有关民族的代表充分协商拟定，按照法律规定的程序报请批准。

民族自治地方一经建立，未经法定程序，不得撤销或者合并；民族自治地方的区域界线一经确定，未经法定程序，不得变动；确实需要撤销、合并或者变动的，由上级国家机关的有关部门和民族自治地方的自治机关充分协商拟定，按照法定程序报请批准。

第十五条 民族自治地方的自治机关是自治区、自治州、自治县的人民代表大会和人民政府。

民族自治地方的人民政府对本级人民代表大会和上一级国家行政机关负责并报告工作，在本级人民代表大会闭会期间，对本级人民代表大会常务委员会负责并报告工作。各民族自治地方的人民政府都是国务院统一领导下的国家行政机关，都服从国务院。

民族自治地方的自治机关的组织和工作，根据宪法和法律，由民族自治地方的自治条例或者单行条例规定。

第十六条 民族自治地方的人民代表大会中，除实行区域自治的民族的代表外，其他居住在本行政区域内的民族也应当有适当名额的代表。

民族自治地方的人民代表大会中，实行区域自治的民族和其他少数民族代表的名额和比例，根据法律规定的原则，由省、自治区、直辖市的人民代表大会常务委员会决定，并报全国人民代表大会常务委员会备案。

民族自治地方的人民代表大会常务委员会中应当有实行区域自治的民族的公民担任主任或者副主任。

第十七条 自治区主席、自治州州长、自治县县长由实行区域自治的民族的公民担任。自治区、自治州、自治县的人民政府的其他组成人员，应当合理配备实行区域自治的民族和其他少数民族的人员。

民族自治地方的人民政府实行自治区主席、自治州州长、自治县县长负责制。自治区主席、自治州州长、自治县县长，分别主持本级人民政府工作。

第十八条 民族自治地方的自治机关所属工作部门的干部中，应当合理配备实行区域自治的民族和其他少数民族的人员。

第三章 自治机关的自治权

第十九条 民族自治地方的人民代表大会有权依照当地民族的政治、

经济和文化的特点，制定自治条例和单行条例。自治区的自治条例和单行条例，报全国人民代表大会常务委员会批准后生效。自治州、自治县的自治条例和单行条例报省、自治区、直辖市的人民代表大会常务委员会批准后生效，并报全国人民代表大会常务委员会和国务院备案。

第二十条 上级国家机关的决议、决定、命令和指示，如有不适合民族自治地方实际情况的，自治机关可以报经该上级国家机关批准，变通执行或者停止执行；该上级国家机关应当在收到报告之日起六十日内给予答复。

第二十一条 民族自治地方的自治机关在执行职务的时候，依照本民族自治地方自治条例的规定，使用当地通用的一种或者几种语言文字；同时使用几种通用的语言文字执行职务的，可以以实行区域自治的民族的语言文字为主。

第二十二条 民族自治地方的自治机关根据社会主义建设的需要，采取各种措施从当地民族中大量培养各级干部、各种科学技术、经营管理等专业人才和技术工人，充分发挥他们的作用，并且注意在少数民族妇女中培养各级干部和各种专业技术人才。

民族自治地方的自治机关录用工作人员的时候，对实行区域自治的民族和其他少数民族的人员应当给予适当的照顾。

民族自治地方的自治机关可以采取特殊措施，优待、鼓励各种专业人员参加自治地方各项建设工作。

第二十三条 民族自治地方的企业、事业单位依照国家规定招收人员时，优先招收少数民族人员，并且可以从农村和牧区少数民族人口中招收。

第二十四条 民族自治地方的自治机关依照国家的军事制度和当地的实际需要，经国务院批准，可以组织本地方维护社会治安的公安部队。

第二十五条 民族自治地方的自治机关在国家计划的指导下，根据本地方的特点和需要，制定经济建设的方针、政策和计划，自主地安排和管理地方性的经济建设事业。

第二十六条 民族自治地方的自治机关在坚持社会主义原则的前提下，根据法律规定和本地方经济发展的特点，合理调整生产关系和经济结构，努力发展社会主义市场经济。

民族自治地方的自治机关坚持公有制为主体、多种所有制经济共同发展的基本经济制度，鼓励发展非公有制经济。

第二十七条　民族自治地方的自治机关根据法律规定，确定本地方内草场和森林的所有权和使用权。

民族自治地方的自治机关保护、建设草原和森林，组织和鼓励植树种草。禁止任何组织或者个人利用任何手段破坏草原和森林。严禁在草原和森林毁草毁林开垦耕地。

第二十八条　民族自治地方的自治机关依照法律规定，管理和保护本地方的自然资源。

民族自治地方的自治机关根据法律规定和国家的统一规划，对可以由本地方开发的自然资源，优先合理开发利用。

第二十九条　民族自治地方的自治机关在国家计划的指导下，根据本地方的财力、物力和其他具体条件，自主地安排地方基本建设项目。

第三十条　民族自治地方的自治机关自主地管理隶属于本地方的企业、事业。

第三十一条　民族自治地方依照国家规定，可以开展对外经济贸易活动，经国务院批准，可以开辟对外贸易口岸。

与外国接壤的民族自治地方经国务院批准，开展边境贸易。

民族自治地方在对外经济贸易活动中，享受国家的优惠政策。

第三十二条　民族自治地方的财政是一级财政，是国家财政的组成部分。

民族自治地方的自治机关有管理地方财政的自治权。凡是依照国家财政体制属于民族自治地方的财政收入，都应当由民族自治地方的自治机关自主地安排使用。

民族自治地方在全国统一的财政体制下，通过国家实行的规范的财政转移支付制度，享受上级财政的照顾。

民族自治地方的财政预算支出，按照国家规定，设机动资金，预备费在预算中所占比例高于一般地区。

民族自治地方的自治机关在执行财政预算过程中，自行安排使用收入的超收和支出的节余资金。

第三十三条 民族自治地方的自治机关对本地方的各项开支标准、定员、定额，根据国家规定的原则，结合本地方的实际情况，可以制定补充规定和具体办法。自治区制定的补充规定和具体办法，报国务院备案；自治州、自治县制定的补充规定和具体办法，须报省、自治区、直辖市人民政府批准。

第三十四条 民族自治地方的自治机关在执行国家税法的时候，除应由国家统一审批的减免税收项目以外，对属于地方财政收入的某些需要从税收上加以照顾和鼓励的，可以实行减税或者免税。自治州、自治县决定减税或者免税，须报省、自治区、直辖市人民政府批准。

第三十五条 民族自治地方根据本地方经济和社会发展的需要，可以依照法律规定设立地方商业银行和城乡信用合作组织。

第三十六条 民族自治地方的自治机关根据国家的教育方针，依照法律规定，决定本地方的教育规划，各级各类学校的设置、学制、办学形式、教学内容、教学用语和招生办法。

第三十七条 民族自治地方的自治机关自主地发展民族教育，扫除文盲，举办各类学校，普及九年义务教育，采取多种形式发展普通高级中等教育和中等职业技术教育，根据条件和需要发展高等教育，培养各少数民族专业人才。

民族自治地方的自治机关为少数民族牧区和经济困难、居住分散的少数民族山区，设立以寄宿为主和助学金为主的公办民族小学和民族中学，保障就读学生完成义务教育阶段的学业。办学经费和助学金由当地财政解决，当地财政困难的，上级财政应当给予补助。

招收少数民族学生为主的学校（班级）和其他教育机构，有条件的应当采用少数民族文字的课本，并用少数民族语言讲课；根据情况从小学低年级或者高年级起开设汉语文课程，推广全国通用的普通话和规范汉字。

各级人民政府要在财政方面扶持少数民族文字的教材和出版物的编译和出版工作。

第三十八条 民族自治地方的自治机关自主地发展具有民族形式和民族特点的文学、艺术、新闻、出版、广播、电影、电视等民族文化事业，加大对文化事业的投入，加强文化设施建设，加快各项文化事业的发展。

民族自治地方的自治机关组织、支持有关单位和部门收集、整理、翻译和出版民族历史文化书籍，保护民族的名胜古迹、珍贵文物和其他重要历史文化遗产，继承和发展优秀的民族传统文化。

第三十九条　民族自治地方的自治机关自主地决定本地方的科学技术发展规划，普及科学技术知识。

第四十条　民族自治地方的自治机关，自主地决定本地方的医疗卫生事业的发展规划，发展现代医药和民族传统医药。

民族自治地方的自治机关加强对传染病、地方病的预防控制工作和妇幼卫生保健，改善医疗卫生条件。

第四十一条　民族自治地方的自治机关自主地发展体育事业，开展民族传统体育活动，增强各族人民的体质。

第四十二条　民族自治地方的自治机关积极开展和其他地方的教育、科学技术、文化艺术、卫生、体育等方面的交流和协作。

自治区、自治州的自治机关依照国家规定，可以和国外进行教育、科学技术、文化艺术、卫生、体育等方面的交流。

第四十三条　民族自治地方的自治机关根据法律规定，制定管理流动人口的办法。

第四十四条　民族自治地方实行计划生育和优生优育，提高各民族人口素质。

民族自治地方的自治机关根据法律规定，结合本地方的实际情况，制定实行计划生育的办法。

第四十五条　民族自治地方的自治机关保护和改善生活环境和生态环境，防治污染和其他公害，实现人口、资源和环境的协调发展。

第四章　民族自治地方的人民法院和人民检察院

第四十六条　民族自治地方的人民法院和人民检察院对本级人民代表大会及其常务委员会负责。民族自治地方的人民检察院并对上级人民检察院负责。

民族自治地方人民法院的审判工作，受最高人民法院和上级人民法院监督。民族自治地方的人民检察院的工作，受最高人民检察院和上级人民检察院领导。

民族自治地方的人民法院和人民检察院的领导成员和工作人员中，应当有实行区域自治的民族的人员。

第四十七条 民族自治地方的人民法院和人民检察院应当用当地通用的语言审理和检察案件，并合理配备通晓当地通用的少数民族语言文字的人员。对于不通晓当地通用的语言文字的诉讼参与人，应当为他们提供翻译。法律文书应当根据实际需要，使用当地通用的一种或者几种文字。保障各民族公民都有使用本民族语言文字进行诉讼的权利。

第五章 民族自治地方内的民族关系

第四十八条 民族自治地方的自治机关保障本地方内各民族都享有平等权利。

民族自治地方的自治机关团结各民族的干部和群众，充分调动他们的积极性，共同建设民族自治地方。

第四十九条 民族自治地方的自治机关教育和鼓励各民族的干部互相学习语言文字。汉族干部要学习当地少数民族的语言文字，少数民族干部在学习、使用本民族语言文字的同时，也要学习全国通用的普通话和规范文字。

民族自治地方的国家工作人员，能够熟练使用两种以上当地通用的语言文字的，应当予以奖励。

第五十条 民族自治地方的自治机关帮助聚居在本地方的其他少数民族，建立相应的自治地方或者民族乡。

民族自治地方的自治机关帮助本地方各民族发展经济、教育、科学技术、文化、卫生、体育事业。

民族自治地方的自治机关照顾本地方散居民族的特点和需要。

第五十一条 民族自治地方的自治机关在处理涉及本地方各民族的特殊问题的时候，必须与他们的代表充分协商，尊重他们的意见。

第五十二条 民族自治地方的自治机关保障本地方内各民族公民都享有宪法规定的公民权利，并且教育他们履行公民应尽的义务。

第五十三条 民族自治地方的自治机关提倡爱祖国、爱人民、爱劳动、爱科学、爱社会主义的公德，对本地方内各民族公民进行爱国主义、共产主义和民族政策的教育。教育各民族的干部和群众互相信任，互相学习，互相帮助，互相尊重语言文字、风俗习惯和宗教信仰，共同维护国家的统一和各民族的团结。

第六章 上级国家机关的职责

第五十四条 上级国家机关有关民族自治地方的决议、决定、命令和指示，应当适合民族自治地方的实际情况。

第五十五条 上级国家机关应当帮助、指导民族自治地方经济发展战略的研究、制定和实施，从财政、金融、物资、技术和人才等方面，帮助各民族自治地方加速发展经济、教育、科学技术、文化、卫生、体育等事业。

国家制定优惠政策，引导和鼓励国内外资金投向民族自治地方。

上级国家机关在制定国民经济和社会发展计划的时候，应当照顾民族自治地方的特点和需要。

第五十六条 国家根据统一规划和市场需求，优先在民族自治地方合理安排资源开发项目和基础设施建设项目。国家在重大基础设施投资项目中适当增加投资比重和政策性银行贷款比重。

国家在民族自治地方安排基础设施建设，需要民族自治地方配套资金的，根据不同情况给予减少或者免除配套资金的照顾。

国家帮助民族自治地方加快实用科技开发和成果转化，大力推广实用技术和有条件发展的高新技术，积极引导科技人才向民族自治地方合理流动。国家向民族自治地方提供转移建设项目的时候，根据当地的条件，提供先进、适用的设备和工艺。

第五十七条 国家根据民族自治地方的经济发展特点和需要，综合运用货币市场和资本市场，加大对民族自治地方的金融扶持力度。金融机构对民族自治地方的固定资产投资项目和符合国家产业政策的企业，在开发资源、发展多种经济方面的合理资金需求，应当给予重点扶持。

国家鼓励商业银行加大对民族自治地方的信贷投入，积极支持当地企业的合理资金需求。

第五十八条 上级国家机关从财政、金融、人才等方面帮助民族自治地方的企业进行技术创新，促进产业结构升级。

上级国家机关应当组织和鼓励民族自治地方的企业管理人员和技术人员到经济发达地区学习，同时引导和鼓励经济发达地区的企业管理人员和技术人员到民族自治地方的企业工作。

第五十九条 国家设立各项专用资金，扶助民族自治地方发展经济文化建设事业。

国家设立的各项专用资金和临时性的民族补助专款，任何部门不得扣减、截留、挪用，不得用以顶替民族自治地方的正常的预算收入。

第六十条 上级国家机关根据国家的民族贸易政策和民族自治地方的需要，对民族自治地方的商业、供销和医药企业，从投资、金融、税收等方面给予扶持。

第六十一条 国家制定优惠政策，扶持民族自治地方发展对外经济贸易，扩大民族自治地方生产企业对外贸易经营自主权，鼓励发展地方优势产品出口，实行优惠的边境贸易政策。

第六十二条 随着国民经济的发展和财政收入的增长，上级财政逐步加大对民族自治地方财政转移支付力度。通过一般性财政转移支付、专项财政转移支付、民族优惠政策财政转移支付以及国家确定的其他方式，增加对民族自治地方的资金投入，用于加快民族自治地方经济发展和社会进步，逐步缩小与发达地区的差距。

第六十三条 上级国家机关在投资、金融、税收等方面扶持民族自治地方改善农业、牧业、林业等生产条件和水利、交通、能源、通信等基础设施；扶持民族自治地方合理利用本地资源发展地方工业、乡镇企业、中小企业以及少数民族特需商品和传统手工业品的生产。

第六十四条 上级国家机关应当组织、支持和鼓励经济发达地区与民族自治地方开展经济、技术协作和多层次、多方面的对口支援，帮助和促进民族自治地方经济、教育、科学技术、文化、卫生、体育事业的发展。

第六十五条 国家在民族自治地方开发资源、进行建设的时候，应当照顾民族自治地方的利益，作出有利于民族自治地方经济建设的安排，照顾当地少数民族的生产和生活。国家采取措施，对输出自然资源的民族自治地方给予一定的利益补偿。

国家引导和鼓励经济发达地区的企业按照互惠互利的原则，到民族自治地方投资，开展多种形式的经济合作。

第六十六条 上级国家机关应当把民族自治地方的重大生态平衡、环境保护的综合治理工程项目纳入国民经济和社会发展计划，统一部署。

民族自治地方为国家的生态平衡、环境保护作出贡献的，国家给予一定的利益补偿。

任何组织和个人在民族自治地方开发资源、进行建设的时候，要采取有效措施，保护和改善当地的生活环境和生态环境，防治污染和其他公害。

第六十七条 上级国家机关隶属的在民族自治地方的企业、事业单位依照国家规定招收人员时，优先招收当地少数民族人员。

在民族自治地方的企业、事业单位，应当尊重当地自治机关的自治权，遵守当地自治条例、单行条例和地方性法规、规章，接受当地自治机关的监督。

第六十八条 上级国家机关非经民族自治地方自治机关同意，不得改变民族自治地方所属企业的隶属关系。

第六十九条 国家和上级人民政府应当从财政、金融、物资、技术、人才等方面加大对民族自治地方的贫困地区的扶持力度，帮助贫困人口尽快摆脱贫困状况，实现小康。

第七十条 上级国家机关帮助民族自治地方从当地民族中大量培养各级干部、各种专业人才和技术工人；根据民族自治地方的需要，采取多种形式调派适当数量的教师、医生、科学技术和经营管理人员，参加民族自治地方的工作，对他们的生活待遇给予适当照顾。

第七十一条 国家加大对民族自治地方的教育投入，并采取特殊措施，帮助民族自治地方加速普及九年义务教育和发展其他教育事业，提高各民族人民的科学文化水平。

国家举办民族高等学校，在高等学校举办民族班、民族预科，专门或者主要招收少数民族学生，并且可以采取定向招生、定向分配的办法。高等学校和中等专业学校招收新生的时候，对少数民族考生适当放宽录取标准和条件，对人口特少的少数民族考生给予特殊照顾。各级人民政府和学校应当采取多种措施帮助家庭经济困难的少数民族学生完成学业。

国家在发达地区举办民族中学或者在普通中学开设民族班，招收少数民族学生实施中等教育。

国家帮助民族自治地方培养和培训各民族教师。国家组织和鼓励各民族教师和符合任职条件的各民族毕业生到民族自治地方从事教育教学工作，并给予他们相应的优惠待遇。

第七十二条 上级国家机关应当对各民族的干部和群众加强民族政策的教育，经常检查民族政策和有关法律的遵守和执行。

第七章 附 则

第七十三条 国务院及其有关部门应当在职权范围内，为实施本法分别制定行政法规、规章、具体措施和办法。

自治区和辖有自治州、自治县的省、直辖市的人民代表大会及其常务委员会结合当地实际情况，制定实施本法的具体办法。

第七十四条 本法由全国人民代表大会通过，自1984年10月1日起施行。

中华人民共和国立法法

（2000年3月15日第九届全国人民代表大会第三次会议通过 根据2015年3月15日第十二届全国人民代表大会第三次会议《关于修改〈中华人民共和国立法法〉的决定》第一次修正 根据2023年3月13日第十四届全国人民代表大会第一次会议《关于修改〈中华人民共和国立法法〉的决定》第二次修正）

目 录

第一章 总 则
第二章 法 律

第一节　立法权限
第二节　全国人民代表大会立法程序
第三节　全国人民代表大会常务委员会立法程序
第四节　法律解释
第五节　其他规定
第三章　行政法规
第四章　地方性法规、自治条例和单行条例、规章
第一节　地方性法规、自治条例和单行条例
第二节　规　　章
第五章　适用与备案审查
第六章　附　　则

第一章　总　　则

第一条　为了规范立法活动，健全国家立法制度，提高立法质量，完善中国特色社会主义法律体系，发挥立法的引领和推动作用，保障和发展社会主义民主，全面推进依法治国，建设社会主义法治国家，根据宪法，制定本法。

第二条　法律、行政法规、地方性法规、自治条例和单行条例的制定、修改和废止，适用本法。

国务院部门规章和地方政府规章的制定、修改和废止，依照本法的有关规定执行。

第三条　立法应当坚持中国共产党的领导，坚持以马克思列宁主义、毛泽东思想、邓小平理论、"三个代表"重要思想、科学发展观、习近平新时代中国特色社会主义思想为指导，推进中国特色社会主义法治体系建设，保障在法治轨道上全面建设社会主义现代化国家。

第四条　立法应当坚持以经济建设为中心，坚持改革开放，贯彻新发展理念，保障以中国式现代化全面推进中华民族伟大复兴。

第五条　立法应当符合宪法的规定、原则和精神，依照法定的权限和程序，从国家整体利益出发，维护社会主义法制的统一、尊严、权威。

第六条 立法应当坚持和发展全过程人民民主，尊重和保障人权，保障和促进社会公平正义。

立法应当体现人民的意志，发扬社会主义民主，坚持立法公开，保障人民通过多种途径参与立法活动。

第七条 立法应当从实际出发，适应经济社会发展和全面深化改革的要求，科学合理地规定公民、法人和其他组织的权利与义务、国家机关的权力与责任。

法律规范应当明确、具体，具有针对性和可执行性。

第八条 立法应当倡导和弘扬社会主义核心价值观，坚持依法治国和以德治国相结合，铸牢中华民族共同体意识，推动社会主义精神文明建设。

第九条 立法应当适应改革需要，坚持在法治下推进改革和在改革中完善法治相统一，引导、推动、规范、保障相关改革，发挥法治在国家治理体系和治理能力现代化中的重要作用。

第二章 法 律

第一节 立法权限

第十条 全国人民代表大会和全国人民代表大会常务委员会根据宪法规定行使国家立法权。

全国人民代表大会制定和修改刑事、民事、国家机构的和其他的基本法律。

全国人民代表大会常务委员会制定和修改除应当由全国人民代表大会制定的法律以外的其他法律；在全国人民代表大会闭会期间，对全国人民代表大会制定的法律进行部分补充和修改，但是不得同该法律的基本原则相抵触。

全国人民代表大会可以授权全国人民代表大会常务委员会制定相关法律。

第十一条 下列事项只能制定法律：

（一）国家主权的事项；

（二）各级人民代表大会、人民政府、监察委员会、人民法院和人民检察院的产生、组织和职权；

（三）民族区域自治制度、特别行政区制度、基层群众自治制度；

（四）犯罪和刑罚；

（五）对公民政治权利的剥夺、限制人身自由的强制措施和处罚；

（六）税种的设立、税率的确定和税收征收管理等税收基本制度；

（七）对非国有财产的征收、征用；

（八）民事基本制度；

（九）基本经济制度以及财政、海关、金融和外贸的基本制度；

（十）诉讼制度和仲裁基本制度；

（十一）必须由全国人民代表大会及其常务委员会制定法律的其他事项。

第十二条 本法第十一条规定的事项尚未制定法律的，全国人民代表大会及其常务委员会有权作出决定，授权国务院可以根据实际需要，对其中的部分事项先制定行政法规，但是有关犯罪和刑罚、对公民政治权利的剥夺和限制人身自由的强制措施和处罚、司法制度等事项除外。

第十三条 授权决定应当明确授权的目的、事项、范围、期限以及被授权机关实施授权决定应当遵循的原则等。

授权的期限不得超过五年，但是授权决定另有规定的除外。

被授权机关应当在授权期限届满的六个月以前，向授权机关报告授权决定实施的情况，并提出是否需要制定有关法律的意见；需要继续授权的，可以提出相关意见，由全国人民代表大会及其常务委员会决定。

第十四条 授权立法事项，经过实践检验，制定法律的条件成熟时，由全国人民代表大会及其常务委员会及时制定法律。法律制定后，相应立法事项的授权终止。

第十五条 被授权机关应当严格按照授权决定行使被授予的权力。

被授权机关不得将被授予的权力转授给其他机关。

第十六条 全国人民代表大会及其常务委员会可以根据改革发展的需要，决定就特定事项授权在规定期限和范围内暂时调整或者暂时停止适用法律的部分规定。

暂时调整或者暂时停止适用法律的部分规定的事项，实践证明可行的，由全国人民代表大会及其常务委员会及时修改有关法律；修改法律的条件尚不成熟的，可以延长授权的期限，或者恢复施行有关法律规定。

第二节　全国人民代表大会立法程序

第十七条　全国人民代表大会主席团可以向全国人民代表大会提出法律案，由全国人民代表大会会议审议。

全国人民代表大会常务委员会、国务院、中央军事委员会、国家监察委员会、最高人民法院、最高人民检察院、全国人民代表大会各专门委员会，可以向全国人民代表大会提出法律案，由主席团决定列入会议议程。

第十八条　一个代表团或者三十名以上的代表联名，可以向全国人民代表大会提出法律案，由主席团决定是否列入会议议程，或者先交有关的专门委员会审议、提出是否列入会议议程的意见，再决定是否列入会议议程。

专门委员会审议的时候，可以邀请提案人列席会议，发表意见。

第十九条　向全国人民代表大会提出的法律案，在全国人民代表大会闭会期间，可以先向常务委员会提出，经常务委员会会议依照本法第二章第三节规定的有关程序审议后，决定提请全国人民代表大会审议，由常务委员会向大会全体会议作说明，或者由提案人向大会全体会议作说明。

常务委员会依照前款规定审议法律案，应当通过多种形式征求全国人民代表大会代表的意见，并将有关情况予以反馈；专门委员会和常务委员会工作机构进行立法调研，可以邀请有关的全国人民代表大会代表参加。

第二十条　常务委员会决定提请全国人民代表大会会议审议的法律案，应当在会议举行的一个月前将法律草案发给代表，并可以适时组织代表研读讨论，征求代表的意见。

第二十一条　列入全国人民代表大会会议议程的法律案，大会全体会议听取提案人的说明后，由各代表团进行审议。

各代表团审议法律案时，提案人应当派人听取意见，回答询问。

各代表团审议法律案时，根据代表团的要求，有关机关、组织应当派人介绍情况。

第二十二条　列入全国人民代表大会会议议程的法律案，由有关的专门委员会进行审议，向主席团提出审议意见，并印发会议。

第二十三条 列入全国人民代表大会会议议程的法律案，由宪法和法律委员会根据各代表团和有关的专门委员会的审议意见，对法律案进行统一审议，向主席团提出审议结果报告和法律草案修改稿，对涉及的合宪性问题以及重要的不同意见应当在审议结果报告中予以说明，经主席团会议审议通过后，印发会议。

第二十四条 列入全国人民代表大会会议议程的法律案，必要时，主席团常务主席可以召开各代表团团长会议，就法律案中的重大问题听取各代表团的审议意见，进行讨论，并将讨论的情况和意见向主席团报告。

主席团常务主席也可以就法律案中的重大的专门性问题，召集代表团推选的有关代表进行讨论，并将讨论的情况和意见向主席团报告。

第二十五条 列入全国人民代表大会会议议程的法律案，在交付表决前，提案人要求撤回的，应当说明理由，经主席团同意，并向大会报告，对该法律案的审议即行终止。

第二十六条 法律案在审议中有重大问题需要进一步研究的，经主席团提出，由大会全体会议决定，可以授权常务委员会根据代表的意见进一步审议，作出决定，并将决定情况向全国人民代表大会下次会议报告；也可以授权常务委员会根据代表的意见进一步审议，提出修改方案，提请全国人民代表大会下次会议审议决定。

第二十七条 法律草案修改稿经各代表团审议，由宪法和法律委员会根据各代表团的审议意见进行修改，提出法律草案表决稿，由主席团提请大会全体会议表决，由全体代表的过半数通过。

第二十八条 全国人民代表大会通过的法律由国家主席签署主席令予以公布。

第三节 全国人民代表大会常务委员会立法程序

第二十九条 委员长会议可以向常务委员会提出法律案，由常务委员会会议审议。

国务院、中央军事委员会、国家监察委员会、最高人民法院、最高人民检察院、全国人民代表大会各专门委员会，可以向常务委员会提出法律案，由委员长会议决定列入常务委员会会议议程，或者先交有关的专门委员会审议、提出报告，再决定列入常务委员会会议议程。如果委员长会议认为法律案有重大问题需要进一步研究，可以建议提案人修改完善后再向常务委员会提出。

第三十条 常务委员会组成人员十人以上联名，可以向常务委员会提出法律案，由委员长会议决定是否列入常务委员会会议议程，或者先交有关的专门委员会审议、提出是否列入会议议程的意见，再决定是否列入常务委员会会议议程。不列入常务委员会会议议程的，应当向常务委员会会议报告或者向提案人说明。

专门委员会审议的时候，可以邀请提案人列席会议，发表意见。

第三十一条 列入常务委员会会议议程的法律案，除特殊情况外，应当在会议举行的七日前将法律草案发给常务委员会组成人员。

常务委员会会议审议法律案时，应当邀请有关的全国人民代表大会代表列席会议。

第三十二条 列入常务委员会会议议程的法律案，一般应当经三次常务委员会会议审议后再交付表决。

常务委员会会议第一次审议法律案，在全体会议上听取提案人的说明，由分组会议进行初步审议。

常务委员会会议第二次审议法律案，在全体会议上听取宪法和法律委员会关于法律草案修改情况和主要问题的汇报，由分组会议进一步审议。

常务委员会会议第三次审议法律案，在全体会议上听取宪法和法律委员会关于法律草案审议结果的报告，由分组会议对法律草案修改稿进行审议。

常务委员会审议法律案时，根据需要，可以召开联组会议或者全体会议，对法律草案中的主要问题进行讨论。

第三十三条 列入常务委员会会议议程的法律案，各方面的意见比较一致的，可以经两次常务委员会会议审议后交付表决；调整事项较为单一或者部分修改的法律案，各方面的意见比较一致，或者遇有紧急情形的，也可以经一次常务委员会会议审议即交付表决。

第三十四条 常务委员会分组会议审议法律案时，提案人应当派人听取意见，回答询问。

常务委员会分组会议审议法律案时，根据小组的要求，有关机关、组织应当派人介绍情况。

第三十五条 列入常务委员会会议议程的法律案，由有关的专门委员会进行审议，提出审议意见，印发常务委员会会议。

有关的专门委员会审议法律案时，可以邀请其他专门委员会的成员列席会议，发表意见。

第三十六条 列入常务委员会会议议程的法律案，由宪法和法律委员会根据常务委员会组成人员、有关的专门委员会的审议意见和各方面提出的意见，对法律案进行统一审议，提出修改情况的汇报或者审议结果报告和法律草案修改稿，对涉及的合宪性问题以及重要的不同意见应当在修改情况的汇报或者审议结果报告中予以说明。对有关的专门委员会的审议意见没有采纳的，应当向有关的专门委员会反馈。

宪法和法律委员会审议法律案时，应当邀请有关的专门委员会的成员列席会议，发表意见。

第三十七条 专门委员会审议法律案时，应当召开全体会议审议，根据需要，可以要求有关机关、组织派有关负责人说明情况。

第三十八条 专门委员会之间对法律草案的重要问题意见不一致时，应当向委员长会议报告。

第三十九条 列入常务委员会会议议程的法律案，宪法和法律委员会、有关的专门委员会和常务委员会工作机构应当听取各方面的意见。听取意见可以采取座谈会、论证会、听证会等多种形式。

法律案有关问题专业性较强，需要进行可行性评价的，应当召开论证会，听取有关专家、部门和全国人民代表大会代表等方面的意见。论证情况应当向常务委员会报告。

法律案有关问题存在重大意见分歧或者涉及利益关系重大调整，需要进行听证的，应当召开听证会，听取有关基层和群体代表、部门、人民团体、专家、全国人民代表大会代表和社会有关方面的意见。听证情况应当向常务委员会报告。

常务委员会工作机构应当将法律草案发送相关领域的全国人民代表大

会代表、地方人民代表大会常务委员会以及有关部门、组织和专家征求意见。

第四十条 列入常务委员会会议议程的法律案，应当在常务委员会会议后将法律草案及其起草、修改的说明等向社会公布，征求意见，但是经委员长会议决定不公布的除外。向社会公布征求意见的时间一般不少于三十日。征求意见的情况应当向社会通报。

第四十一条 列入常务委员会会议议程的法律案，常务委员会工作机构应当收集整理分组审议的意见和各方面提出的意见以及其他有关资料，分送宪法和法律委员会、有关的专门委员会，并根据需要，印发常务委员会会议。

第四十二条 拟提请常务委员会会议审议通过的法律案，在宪法和法律委员会提出审议结果报告前，常务委员会工作机构可以对法律草案中主要制度规范的可行性、法律出台时机、法律实施的社会效果和可能出现的问题等进行评估。评估情况由宪法和法律委员会在审议结果报告中予以说明。

第四十三条 列入常务委员会会议议程的法律案，在交付表决前，提案人要求撤回的，应当说明理由，经委员长会议同意，并向常务委员会报告，对该法律案的审议即行终止。

第四十四条 法律草案修改稿经常务委员会会议审议，由宪法和法律委员会根据常务委员会组成人员的审议意见进行修改，提出法律草案表决稿，由委员长会议提请常务委员会全体会议表决，由常务委员会全体组成人员的过半数通过。

法律草案表决稿交付常务委员会会议表决前，委员长会议根据常务委员会会议审议的情况，可以决定将个别意见分歧较大的重要条款提请常务委员会会议单独表决。

单独表决的条款经常务委员会会议表决后，委员长会议根据单独表决的情况，可以决定将法律草案表决稿交付表决，也可以决定暂不付表决，交宪法和法律委员会、有关的专门委员会进一步审议。

第四十五条 列入常务委员会会议审议的法律案，因各方面对制定该法律的必要性、可行性等重大问题存在较大意见分歧搁置审议满两年的，或者因暂不付表决经过两年没有再次列入常务委员会会议议程审议的，委员长会议可以决定终止审议，并向常务委员会报告；必要时，委员长会议也可以决定延期审议。

第四十六条 对多部法律中涉及同类事项的个别条款进行修改，一并提出法律案的，经委员长会议决定，可以合并表决，也可以分别表决。

第四十七条 常务委员会通过的法律由国家主席签署主席令予以公布。

第四节 法律解释

第四十八条 法律解释权属于全国人民代表大会常务委员会。

法律有以下情况之一的，由全国人民代表大会常务委员会解释：

（一）法律的规定需要进一步明确具体含义的；

（二）法律制定后出现新的情况，需要明确适用法律依据的。

第四十九条 国务院、中央军事委员会、国家监察委员会、最高人民法院、最高人民检察院、全国人民代表大会各专门委员会，可以向全国人民代表大会常务委员会提出法律解释要求或者提出相关法律案。

省、自治区、直辖市的人民代表大会常务委员会可以向全国人民代表大会常务委员会提出法律解释要求。

第五十条 常务委员会工作机构研究拟订法律解释草案，由委员长会议决定列入常务委员会会议议程。

第五十一条 法律解释草案经常务委员会会议审议，由宪法和法律委员会根据常务委员会组成人员的审议意见进行审议、修改，提出法律解释草案表决稿。

第五十二条 法律解释草案表决稿由常务委员会全体组成人员的过半数通过，由常务委员会发布公告予以公布。

第五十三条 全国人民代表大会常务委员会的法律解释同法律具有同等效力。

第五节 其他规定

第五十四条 全国人民代表大会及其常务委员会加强对立法工作的组织协调，发挥在立法工作中的主导作用。

第五十五条 全国人民代表大会及其常务委员会坚持科学立法、民主立法、依法立法，通过制定、修改、废止、解释法律和编纂法典等多种形式，增强立法的系统性、整体性、协同性、时效性。

第五十六条 全国人民代表大会常务委员会通过立法规划和年度立法计划、专项立法计划等形式，加强对立法工作的统筹安排。编制立法规划和立法计划，应当认真研究代表议案和建议，广泛征集意见，科学论证评估，根据经济社会发展和民主法治建设的需要，按照加强重点领域、新兴领域、涉外领域立法的要求，确定立法项目。立法规划和立法计划由委员长会议通过并向社会公布。

全国人民代表大会常务委员会工作机构负责编制立法规划、拟订立法计划，并按照全国人民代表大会常务委员会的要求，督促立法规划和立法计划的落实。

第五十七条 全国人民代表大会有关的专门委员会、常务委员会工作机构应当提前参与有关方面的法律草案起草工作；综合性、全局性、基础性的重要法律草案，可以由有关的专门委员会或者常务委员会工作机构组织起草。

专业性较强的法律草案，可以吸收相关领域的专家参与起草工作，或者委托有关专家、教学科研单位、社会组织起草。

第五十八条 提出法律案，应当同时提出法律草案文本及其说明，并提供必要的参阅资料。修改法律的，还应当提交修改前后的对照文本。法律草案的说明应当包括制定或者修改法律的必要性、可行性和主要内容，涉及合宪性问题的相关意见以及起草过程中对重大分歧意见的协调处理情况。

第五十九条 向全国人民代表大会及其常务委员会提出的法律案，在列入会议议程前，提案人有权撤回。

第六十条 交付全国人民代表大会及其常务委员会全体会议表决未获得通过的法律案，如果提案人认为必须制定该法律，可以按照法律规定的程序重新提出，由主席团、委员长会议决定是否列入会议议程；其中，未获得全国人民代表大会通过的法律案，应当提请全国人民代表大会审议决定。

第六十一条 法律应当明确规定施行日期。

第六十二条 签署公布法律的主席令载明该法律的制定机关、通过和施行日期。

法律签署公布后，法律文本以及法律草案的说明、审议结果报告等，应当及时在全国人民代表大会常务委员会公报和中国人大网以及在全国范围内发行的报纸上刊载。

在常务委员会公报上刊登的法律文本为标准文本。

第六十三条 法律的修改和废止程序，适用本章的有关规定。

法律被修改的，应当公布新的法律文本。

法律被废止的，除由其他法律规定废止该法律的以外，由国家主席签署主席令予以公布。

第六十四条 法律草案与其他法律相关规定不一致的，提案人应当予以说明并提出处理意见，必要时应当同时提出修改或者废止其他法律相关规定的议案。

宪法和法律委员会、有关的专门委员会审议法律案时，认为需要修改或者废止其他法律相关规定的，应当提出处理意见。

第六十五条 法律根据内容需要，可以分编、章、节、条、款、项、目。

编、章、节、条的序号用中文数字依次表述，款不编序号，项的序号用中文数字加括号依次表述，目的序号用阿拉伯数字依次表述。

法律标题的题注应当载明制定机关、通过日期。经过修改的法律，应当依次载明修改机关、修改日期。

全国人民代表大会常务委员会工作机构编制立法技术规范。

第六十六条 法律规定明确要求有关国家机关对专门事项作出配套的具体规定的，有关国家机关应当自法律施行之日起一年内作出规定，法律对配套的具体规定制定期限另有规定的，从其规定。有关国家机关未能在期限内作出配套的具体规定的，应当向全国人民代表大会常务委员会说明情况。

第六十七条 全国人民代表大会有关的专门委员会、常务委员会工作机构可以组织对有关法律或者法律中有关规定进行立法后评估。评估情况应当向常务委员会报告。

第六十八条 全国人民代表大会及其常务委员会作出有关法律问题的决定，适用本法的有关规定。

第六十九条 全国人民代表大会常务委员会工作机构可以对有关具体问题的法律询问进行研究予以答复，并报常务委员会备案。

第七十条 全国人民代表大会常务委员会工作机构根据实际需要设立基层立法联系点，深入听取基层群众和有关方面对法律草案和立法工作的意见。

第七十一条 全国人民代表大会常务委员会工作机构加强立法宣传工作，通过多种形式发布立法信息、介绍情况、回应关切。

第三章 行政法规

第七十二条 国务院根据宪法和法律，制定行政法规。

行政法规可以就下列事项作出规定：

（一）为执行法律的规定需要制定行政法规的事项；

（二）宪法第八十九条规定的国务院行政管理职权的事项。

应当由全国人民代表大会及其常务委员会制定法律的事项，国务院根据全国人民代表大会及其常务委员会的授权决定先制定的行政法规，经过实践检验，制定法律的条件成熟时，国务院应当及时提请全国人民代表大会及其常务委员会制定法律。

第七十三条 国务院法制机构应当根据国家总体工作部署拟订国务院年度立法计划，报国务院审批。国务院年度立法计划中的法律项目应当与全国人民代表大会常务委员会的立法规划和立法计划相衔接。国务院法制机构应当及时跟踪了解国务院各部门落实立法计划的情况，加强组织协调和督促指导。

国务院有关部门认为需要制定行政法规的，应当向国务院报请立项。

第七十四条 行政法规由国务院有关部门或者国务院法制机构具体负责起草，重要行政管理的法律、行政法规草案由国务院法制机构组织起草。行政法规在起草过程中，应当广泛听取有关机关、组织、人民代表大会代表和社会公众的意见。听取意见可以采取座谈会、论证会、听证会等多种形式。

行政法规草案应当向社会公布，征求意见，但是经国务院决定不公布的除外。

第七十五条　行政法规起草工作完成后，起草单位应当将草案及其说明、各方面对草案主要问题的不同意见和其他有关资料送国务院法制机构进行审查。

国务院法制机构应当向国务院提出审查报告和草案修改稿，审查报告应当对草案主要问题作出说明。

第七十六条　行政法规的决定程序依照中华人民共和国国务院组织法的有关规定办理。

第七十七条　行政法规由总理签署国务院令公布。

有关国防建设的行政法规，可以由国务院总理、中央军事委员会主席共同签署国务院、中央军事委员会令公布。

第七十八条　行政法规签署公布后，及时在国务院公报和中国政府法制信息网以及在全国范围内发行的报纸上刊载。

在国务院公报上刊登的行政法规文本为标准文本。

第七十九条　国务院可以根据改革发展的需要，决定就行政管理等领域的特定事项，在规定期限和范围内暂时调整或者暂时停止适用行政法规的部分规定。

第四章　地方性法规、自治条例和单行条例、规章

第一节　地方性法规、自治条例和单行条例

第八十条　省、自治区、直辖市的人民代表大会及其常务委员会根据本行政区域的具体情况和实际需要，在不同宪法、法律、行政法规相抵触的前提下，可以制定地方性法规。

第八十一条　设区的市的人民代表大会及其常务委员会根据本市的具体情况和实际需要，在不同宪法、法律、行政法规和本省、自治区的地方性法规相抵触的前提下，可以对城乡建设与管理、生态文明建设、历史文

化保护、基层治理等方面的事项制定地方性法规，法律对设区的市制定地方性法规的事项另有规定的，从其规定。设区的市的地方性法规须报省、自治区的人民代表大会常务委员会批准后施行。省、自治区的人民代表大会常务委员会对报请批准的地方性法规，应当对其合法性进行审查，认为同宪法、法律、行政法规和本省、自治区的地方性法规不抵触的，应当在四个月内予以批准。

省、自治区的人民代表大会常务委员会在对报请批准的设区的市的地方性法规进行审查时，发现其同本省、自治区的人民政府的规章相抵触的，应当作出处理决定。

除省、自治区的人民政府所在地的市，经济特区所在地的市和国务院已经批准的较大的市以外，其他设区的市开始制定地方性法规的具体步骤和时间，由省、自治区的人民代表大会常务委员会综合考虑本省、自治区所辖的设区的市的人口数量、地域面积、经济社会发展情况以及立法需求、立法能力等因素确定，并报全国人民代表大会常务委员会和国务院备案。

自治州的人民代表大会及其常务委员会可以依照本条第一款规定行使设区的市制定地方性法规的职权。自治州开始制定地方性法规的具体步骤和时间，依照前款规定确定。

省、自治区的人民政府所在地的市，经济特区所在地的市和国务院已经批准的较大的市已经制定的地方性法规，涉及本条第一款规定事项范围以外的，继续有效。

第八十二条　地方性法规可以就下列事项作出规定：

（一）为执行法律、行政法规的规定，需要根据本行政区域的实际情况作具体规定的事项；

（二）属于地方性事务需要制定地方性法规的事项。

除本法第十一条规定的事项外，其他事项国家尚未制定法律或者行政法规的，省、自治区、直辖市和设区的市、自治州根据本地方的具体情况和实际需要，可以先制定地方性法规。在国家制定的法律或者行政法规生效后，地方性法规同法律或者行政法规相抵触的规定无效，制定机关应当及时予以修改或者废止。

设区的市、自治州根据本条第一款、第二款制定地方性法规，限于本法第八十一条第一款规定的事项。

制定地方性法规，对上位法已经明确规定的内容，一般不作重复性规定。

第八十三条 省、自治区、直辖市和设区的市、自治州的人民代表大会及其常务委员会根据区域协调发展的需要，可以协同制定地方性法规，在本行政区域或者有关区域内实施。

省、自治区、直辖市和设区的市、自治州可以建立区域协同立法工作机制。

第八十四条 经济特区所在地的省、市的人民代表大会及其常务委员会根据全国人民代表大会的授权决定，制定法规，在经济特区范围内实施。

上海市人民代表大会及其常务委员会根据全国人民代表大会常务委员会的授权决定，制定浦东新区法规，在浦东新区实施。

海南省人民代表大会及其常务委员会根据法律规定，制定海南自由贸易港法规，在海南自由贸易港范围内实施。

第八十五条 民族自治地方的人民代表大会有权依照当地民族的政治、经济和文化的特点，制定自治条例和单行条例。自治区的自治条例和单行条例，报全国人民代表大会常务委员会批准后生效。自治州、自治县的自治条例和单行条例，报省、自治区、直辖市的人民代表大会常务委员会批准后生效。

自治条例和单行条例可以依照当地民族的特点，对法律和行政法规的规定作出变通规定，但不得违背法律或者行政法规的基本原则，不得对宪法和民族区域自治法的规定以及其他有关法律、行政法规专门就民族自治地方所作的规定作出变通规定。

第八十六条 规定本行政区域特别重大事项的地方性法规，应当由人民代表大会通过。

第八十七条 地方性法规案、自治条例和单行条例案的提出、审议和表决程序，根据中华人民共和国地方各级人民代表大会和地方各级人民政府组织法，参照本法第二章第二节、第三节、第五节的规定，由本级人民代表大会规定。

地方性法规草案由负责统一审议的机构提出审议结果的报告和草案修改稿。

第八十八条 省、自治区、直辖市的人民代表大会制定的地方性法规由大会主席团发布公告予以公布。

省、自治区、直辖市的人民代表大会常务委员会制定的地方性法规由常务委员会发布公告予以公布。

设区的市、自治州的人民代表大会及其常务委员会制定的地方性法规报经批准后，由设区的市、自治州的人民代表大会常务委员会发布公告予以公布。

自治条例和单行条例报经批准后，分别由自治区、自治州、自治县的人民代表大会常务委员会发布公告予以公布。

第八十九条 地方性法规、自治条例和单行条例公布后，其文本以及草案的说明、审议结果报告等，应当及时在本级人民代表大会常务委员会公报和中国人大网、本地方人民代表大会网站以及在本行政区域范围内发行的报纸上刊载。

在常务委员会公报上刊登的地方性法规、自治条例和单行条例文本为标准文本。

第九十条 省、自治区、直辖市和设区的市、自治州的人民代表大会常务委员会根据实际需要设立基层立法联系点，深入听取基层群众和有关方面对地方性法规、自治条例和单行条例草案的意见。

第二节 规　　章

第九十一条 国务院各部、委员会、中国人民银行、审计署和具有行政管理职能的直属机构以及法律规定的机构，可以根据法律和国务院的行政法规、决定、命令，在本部门的权限范围内，制定规章。

部门规章规定的事项应当属于执行法律或者国务院的行政法规、决定、命令的事项。没有法律或者国务院的行政法规、决定、命令的依据，部门规章不得设定减损公民、法人和其他组织权利或者增加其义务的规范，不得增加本部门的权力或者减少本部门的法定职责。

第九十二条 涉及两个以上国务院部门职权范围的事项，应当提请国务院制定行政法规或者由国务院有关部门联合制定规章。

第九十三条 省、自治区、直辖市和设区的市、自治州的人民政府，可以根据法律、行政法规和本省、自治区、直辖市的地方性法规，制定规章。

地方政府规章可以就下列事项作出规定：

（一）为执行法律、行政法规、地方性法规的规定需要制定规章的事项；

（二）属于本行政区域的具体行政管理事项。

设区的市、自治州的人民政府根据本条第一款、第二款制定地方政府规章，限于城乡建设与管理、生态文明建设、历史文化保护、基层治理等方面的事项。已经制定的地方政府规章，涉及上述事项范围以外的，继续有效。

除省、自治区的人民政府所在地的市，经济特区所在地的市和国务院已经批准的较大的市以外，其他设区的市、自治州的人民政府开始制定规章的时间，与本省、自治区人民代表大会常务委员会确定的本市、自治州开始制定地方性法规的时间同步。

应当制定地方性法规但条件尚不成熟的，因行政管理迫切需要，可以先制定地方政府规章。规章实施满两年需要继续实施规章所规定的行政措施的，应当提请本级人民代表大会或者其常务委员会制定地方性法规。

没有法律、行政法规、地方性法规的依据，地方政府规章不得设定减损公民、法人和其他组织权利或者增加其义务的规范。

第九十四条 国务院部门规章和地方政府规章的制定程序，参照本法第三章的规定，由国务院规定。

第九十五条 部门规章应当经部务会议或者委员会会议决定。

地方政府规章应当经政府常务会议或者全体会议决定。

第九十六条 部门规章由部门首长签署命令予以公布。

地方政府规章由省长、自治区主席、市长或者自治州州长签署命令予以公布。

第九十七条 部门规章签署公布后，及时在国务院公报或者部门公报和中国政府法制信息网以及在全国范围内发行的报纸上刊载。

地方政府规章签署公布后，及时在本级人民政府公报和中国政府法制信息网以及在本行政区域范围内发行的报纸上刊载。

在国务院公报或者部门公报和地方人民政府公报上刊登的规章文本为标准文本。

第五章　适用与备案审查

第九十八条　宪法具有最高的法律效力，一切法律、行政法规、地方性法规、自治条例和单行条例、规章都不得同宪法相抵触。

第九十九条　法律的效力高于行政法规、地方性法规、规章。

行政法规的效力高于地方性法规、规章。

第一百条　地方性法规的效力高于本级和下级地方政府规章。

省、自治区的人民政府制定的规章的效力高于本行政区域内的设区的市、自治州的人民政府制定的规章。

第一百零一条　自治条例和单行条例依法对法律、行政法规、地方性法规作变通规定的，在本自治地方适用自治条例和单行条例的规定。

经济特区法规根据授权对法律、行政法规、地方性法规作变通规定的，在本经济特区适用经济特区法规的规定。

第一百零二条　部门规章之间、部门规章与地方政府规章之间具有同等效力，在各自的权限范围内施行。

第一百零三条　同一机关制定的法律、行政法规、地方性法规、自治条例和单行条例、规章，特别规定与一般规定不一致的，适用特别规定；新的规定与旧的规定不一致的，适用新的规定。

第一百零四条　法律、行政法规、地方性法规、自治条例和单行条例、规章不溯及既往，但为了更好地保护公民、法人和其他组织的权利和利益而作的特别规定除外。

第一百零五条　法律之间对同一事项的新的一般规定与旧的特别规定不一致，不能确定如何适用时，由全国人民代表大会常务委员会裁决。

行政法规之间对同一事项的新的一般规定与旧的特别规定不一致，不能确定如何适用时，由国务院裁决。

第一百零六条 地方性法规、规章之间不一致时，由有关机关依照下列规定的权限作出裁决：

（一）同一机关制定的新的一般规定与旧的特别规定不一致时，由制定机关裁决；

（二）地方性法规与部门规章之间对同一事项的规定不一致，不能确定如何适用时，由国务院提出意见，国务院认为应当适用地方性法规的，应当决定在该地方适用地方性法规的规定；认为应当适用部门规章的，应当提请全国人民代表大会常务委员会裁决；

（三）部门规章之间、部门规章与地方政府规章之间对同一事项的规定不一致时，由国务院裁决。

根据授权制定的法规与法律规定不一致，不能确定如何适用时，由全国人民代表大会常务委员会裁决。

第一百零七条 法律、行政法规、地方性法规、自治条例和单行条例、规章有下列情形之一的，由有关机关依照本法第一百零八条规定的权限予以改变或者撤销：

（一）超越权限的；

（二）下位法违反上位法规定的；

（三）规章之间对同一事项的规定不一致，经裁决应当改变或者撤销一方的规定的；

（四）规章的规定被认为不适当，应当予以改变或者撤销的；

（五）违背法定程序的。

第一百零八条 改变或者撤销法律、行政法规、地方性法规、自治条例和单行条例、规章的权限是：

（一）全国人民代表大会有权改变或者撤销它的常务委员会制定的不适当的法律，有权撤销全国人民代表大会常务委员会批准的违背宪法和本法第八十五条第二款规定的自治条例和单行条例；

（二）全国人民代表大会常务委员会有权撤销同宪法和法律相抵触的行政法规，有权撤销同宪法、法律和行政法规相抵触的地方性法规，有权撤销省、自治区、直辖市的人民代表大会常务委员会批准的违背宪法和本法第八十五条第二款规定的自治条例和单行条例；

（三）国务院有权改变或者撤销不适当的部门规章和地方政府规章；

（四）省、自治区、直辖市的人民代表大会有权改变或者撤销它的常务委员会制定的和批准的不适当的地方性法规；

（五）地方人民代表大会常务委员会有权撤销本级人民政府制定的不适当的规章；

（六）省、自治区的人民政府有权改变或者撤销下一级人民政府制定的不适当的规章；

（七）授权机关有权撤销被授权机关制定的超越授权范围或者违背授权目的的法规，必要时可以撤销授权。

第一百零九条 行政法规、地方性法规、自治条例和单行条例、规章应当在公布后的三十日内依照下列规定报有关机关备案：

（一）行政法规报全国人民代表大会常务委员会备案；

（二）省、自治区、直辖市的人民代表大会及其常务委员会制定的地方性法规，报全国人民代表大会常务委员会和国务院备案；设区的市、自治州的人民代表大会及其常务委员会制定的地方性法规，由省、自治区的人民代表大会常务委员会报全国人民代表大会常务委员会和国务院备案；

（三）自治州、自治县的人民代表大会制定的自治条例和单行条例，由省、自治区、直辖市的人民代表大会常务委员会报全国人民代表大会常务委员会和国务院备案；自治条例、单行条例报送备案时，应当说明对法律、行政法规、地方性法规作出变通的情况；

（四）部门规章和地方政府规章报国务院备案；地方政府规章应当同时报本级人民代表大会常务委员会备案；设区的市、自治州的人民政府制定的规章应当同时报省、自治区的人民代表大会常务委员会和人民政府备案；

（五）根据授权制定的法规应当报授权决定规定的机关备案；经济特区法规、浦东新区法规、海南自由贸易港法规报送备案时，应当说明变通的情况。

第一百一十条 国务院、中央军事委员会、国家监察委员会、最高人民法院、最高人民检察院和各省、自治区、直辖市的人民代表大会常务委员会认为行政法规、地方性法规、自治条例和单行条例同宪法或者法律相抵触，或者存在合宪性、合法性问题的，可以向全国人民代表大会常务委员会书面提出进行审查的要求，由全国人民代表大会有关的专门委员会和常务委员会工作机构进行审查、提出意见。

前款规定以外的其他国家机关和社会团体、企业事业组织以及公民认为行政法规、地方性法规、自治条例和单行条例同宪法或者法律相抵触的，可以向全国人民代表大会常务委员会书面提出进行审查的建议，由常务委员会工作机构进行审查；必要时，送有关的专门委员会进行审查、提出意见。

第一百一十一条 全国人民代表大会专门委员会、常务委员会工作机构可以对报送备案的行政法规、地方性法规、自治条例和单行条例等进行主动审查，并可以根据需要进行专项审查。

国务院备案审查工作机构可以对报送备案的地方性法规、自治条例和单行条例，部门规章和省、自治区、直辖市的人民政府制定的规章进行主动审查，并可以根据需要进行专项审查。

第一百一十二条 全国人民代表大会专门委员会、常务委员会工作机构在审查中认为行政法规、地方性法规、自治条例和单行条例同宪法或者法律相抵触，或者存在合宪性、合法性问题的，可以向制定机关提出书面审查意见；也可以由宪法和法律委员会与有关的专门委员会、常务委员会工作机构召开联合审查会议，要求制定机关到会说明情况，再向制定机关提出书面审查意见。制定机关应当在两个月内研究提出是否修改或者废止的意见，并向全国人民代表大会宪法和法律委员会、有关的专门委员会或者常务委员会工作机构反馈。

全国人民代表大会宪法和法律委员会、有关的专门委员会、常务委员会工作机构根据前款规定，向制定机关提出审查意见，制定机关按照所提意见对行政法规、地方性法规、自治条例和单行条例进行修改或者废止的，审查终止。

全国人民代表大会宪法和法律委员会、有关的专门委员会、常务委员会工作机构经审查认为行政法规、地方性法规、自治条例和单行条例同宪法或者法律相抵触，或者存在合宪性、合法性问题需要修改或者废止，而制定机关不予修改或者废止的，应当向委员长会议提出予以撤销的议案、建议，由委员长会议决定提请常务委员会会议审议决定。

第一百一十三条 全国人民代表大会有关的专门委员会、常务委员会工作机构应当按照规定要求，将审查情况向提出审查建议的国家机关、社会团体、企业事业组织以及公民反馈，并可以向社会公开。

第一百一十四条 其他接受备案的机关对报送备案的地方性法规、自治条例和单行条例、规章的审查程序，按照维护法制统一的原则，由接受备案的机关规定。

第一百一十五条 备案审查机关应当建立健全备案审查衔接联动机制，对应当由其他机关处理的审查要求或者审查建议，及时移送有关机关处理。

第一百一十六条 对法律、行政法规、地方性法规、自治条例和单行条例、规章和其他规范性文件，制定机关根据维护法制统一的原则和改革发展的需要进行清理。

第六章　附　　则

第一百一十七条 中央军事委员会根据宪法和法律，制定军事法规。

中国人民解放军各战区、军兵种和中国人民武装警察部队，可以根据法律和中央军事委员会的军事法规、决定、命令，在其权限范围内，制定军事规章。

军事法规、军事规章在武装力量内部实施。

军事法规、军事规章的制定、修改和废止办法，由中央军事委员会依照本法规定的原则规定。

第一百一十八条 国家监察委员会根据宪法和法律、全国人民代表大会常务委员会的有关决定，制定监察法规，报全国人民代表大会常务委员会备案。

第一百一十九条 最高人民法院、最高人民检察院作出的属于审判、检察工作中具体应用法律的解释，应当主要针对具体的法律条文，并符合立法的目的、原则和原意。遇有本法第四十八条第二款规定情况的，应当向全国人民代表大会常务委员会提出法律解释的要求或者提出制定、修改有关法律的议案。

最高人民法院、最高人民检察院作出的属于审判、检察工作中具体应用法律的解释，应当自公布之日起三十日内报全国人民代表大会常务委员会备案。

最高人民法院、最高人民检察院以外的审判机关和检察机关，不得作出具体应用法律的解释。

第一百二十条 本法自2000年7月1日起施行。

二、国家安全法律

中华人民共和国国家安全法

（2015 年 7 月 1 日第十二届全国人民代表大会常务委员会第十五次会议通过
2015 年 7 月 1 日中华人民共和国主席令第 29 号公布　自公布之日起施行）

目　　录

第一章　总　　则
第二章　维护国家安全的任务
第三章　维护国家安全的职责
第四章　国家安全制度
　第一节　一般规定
　第二节　情报信息
　第三节　风险预防、评估和预警
　第四节　审查监管
　第五节　危机管控
第五章　国家安全保障
第六章　公民、组织的义务和权利
第七章　附　　则

第一章　总　　则

第一条　为了维护国家安全，保卫人民民主专政的政权和中国特色社会主义制度，保护人民的根本利益，保障改革开放和社会主义现代化建设的顺利进行，实现中华民族伟大复兴，根据宪法，制定本法。

第二条 国家安全是指国家政权、主权、统一和领土完整、人民福祉、经济社会可持续发展和国家其他重大利益相对处于没有危险和不受内外威胁的状态，以及保障持续安全状态的能力。

第三条 国家安全工作应当坚持总体国家安全观，以人民安全为宗旨，以政治安全为根本，以经济安全为基础，以军事、文化、社会安全为保障，以促进国际安全为依托，维护各领域国家安全，构建国家安全体系，走中国特色国家安全道路。

第四条 坚持中国共产党对国家安全工作的领导，建立集中统一、高效权威的国家安全领导体制。

第五条 中央国家安全领导机构负责国家安全工作的决策和议事协调，研究制定、指导实施国家安全战略和有关重大方针政策，统筹协调国家安全重大事项和重要工作，推动国家安全法治建设。

第六条 国家制定并不断完善国家安全战略，全面评估国际、国内安全形势，明确国家安全战略的指导方针、中长期目标、重点领域的国家安全政策、工作任务和措施。

第七条 维护国家安全，应当遵守宪法和法律，坚持社会主义法治原则，尊重和保障人权，依法保护公民的权利和自由。

第八条 维护国家安全，应当与经济社会发展相协调。

国家安全工作应当统筹内部安全和外部安全、国土安全和国民安全、传统安全和非传统安全、自身安全和共同安全。

第九条 维护国家安全，应当坚持预防为主、标本兼治，专门工作与群众路线相结合，充分发挥专门机关和其他有关机关维护国家安全的职能作用，广泛动员公民和组织，防范、制止和依法惩治危害国家安全的行为。

第十条 维护国家安全，应当坚持互信、互利、平等、协作，积极同外国政府和国际组织开展安全交流合作，履行国际安全义务，促进共同安全，维护世界和平。

第十一条 中华人民共和国公民、一切国家机关和武装力量、各政党和各人民团体、企业事业组织和其他社会组织，都有维护国家安全的责任和义务。

中国的主权和领土完整不容侵犯和分割。维护国家主权、统一和领土完整是包括港澳同胞和台湾同胞在内的全中国人民的共同义务。

第十二条 国家对在维护国家安全工作中作出突出贡献的个人和组织给予表彰和奖励。

第十三条 国家机关工作人员在国家安全工作和涉及国家安全活动中，滥用职权、玩忽职守、徇私舞弊的，依法追究法律责任。

任何个人和组织违反本法和有关法律，不履行维护国家安全义务或者从事危害国家安全活动的，依法追究法律责任。

第十四条 每年4月15日为全民国家安全教育日。

第二章 维护国家安全的任务

第十五条 国家坚持中国共产党的领导，维护中国特色社会主义制度，发展社会主义民主政治，健全社会主义法治，强化权力运行制约和监督机制，保障人民当家作主的各项权利。

国家防范、制止和依法惩治任何叛国、分裂国家、煽动叛乱、颠覆或者煽动颠覆人民民主专政政权的行为；防范、制止和依法惩治窃取、泄露国家秘密等危害国家安全的行为；防范、制止和依法惩治境外势力的渗透、破坏、颠覆、分裂活动。

第十六条 国家维护和发展最广大人民的根本利益，保卫人民安全，创造良好生存发展条件和安定工作生活环境，保障公民的生命财产安全和其他合法权益。

第十七条 国家加强边防、海防和空防建设，采取一切必要的防卫和管控措施，保卫领陆、内水、领海和领空安全，维护国家领土主权和海洋权益。

第十八条 国家加强武装力量革命化、现代化、正规化建设，建设与保卫国家安全和发展利益需要相适应的武装力量；实施积极防御军事战略方针，防备和抵御侵略，制止武装颠覆和分裂；开展国际军事安全合作，实施联合国维和、国际救援、海上护航和维护国家海外利益的军事行动，维护国家主权、安全、领土完整、发展利益和世界和平。

第十九条 国家维护国家基本经济制度和社会主义市场经济秩序，健全预防和化解经济安全风险的制度机制，保障关系国民经济命脉的重要行业和关键领域、重点产业、重大基础设施和重大建设项目以及其他重大经济利益安全。

第二十条　国家健全金融宏观审慎管理和金融风险防范、处置机制，加强金融基础设施和基础能力建设，防范和化解系统性、区域性金融风险，防范和抵御外部金融风险的冲击。

第二十一条　国家合理利用和保护资源能源，有效管控战略资源能源的开发，加强战略资源能源储备，完善资源能源运输战略通道建设和安全保护措施，加强国际资源能源合作，全面提升应急保障能力，保障经济社会发展所需的资源能源持续、可靠和有效供给。

第二十二条　国家健全粮食安全保障体系，保护和提高粮食综合生产能力，完善粮食储备制度、流通体系和市场调控机制，健全粮食安全预警制度，保障粮食供给和质量安全。

第二十三条　国家坚持社会主义先进文化前进方向，继承和弘扬中华民族优秀传统文化，培育和践行社会主义核心价值观，防范和抵制不良文化的影响，掌握意识形态领域主导权，增强文化整体实力和竞争力。

第二十四条　国家加强自主创新能力建设，加快发展自主可控的战略高新技术和重要领域核心关键技术，加强知识产权的运用、保护和科技保密能力建设，保障重大技术和工程的安全。

第二十五条　国家建设网络与信息安全保障体系，提升网络与信息安全保护能力，加强网络和信息技术的创新研究和开发应用，实现网络和信息核心技术、关键基础设施和重要领域信息系统及数据的安全可控；加强网络管理，防范、制止和依法惩治网络攻击、网络入侵、网络窃密、散布违法有害信息等网络违法犯罪行为，维护国家网络空间主权、安全和发展利益。

第二十六条　国家坚持和完善民族区域自治制度，巩固和发展平等团结互助和谐的社会主义民族关系。坚持各民族一律平等，加强民族交往、交流、交融，防范、制止和依法惩治民族分裂活动，维护国家统一、民族团结和社会和谐，实现各民族共同团结奋斗、共同繁荣发展。

第二十七条　国家依法保护公民宗教信仰自由和正常宗教活动，坚持宗教独立自主自办的原则，防范、制止和依法惩治利用宗教名义进行危害国家安全的违法犯罪活动，反对境外势力干涉境内宗教事务，维护正常宗教活动秩序。

国家依法取缔邪教组织，防范、制止和依法惩治邪教违法犯罪活动。

第二十八条 国家反对一切形式的恐怖主义和极端主义，加强防范和处置恐怖主义的能力建设，依法开展情报、调查、防范、处置以及资金监管等工作，依法取缔恐怖活动组织和严厉惩治暴力恐怖活动。

第二十九条 国家健全有效预防和化解社会矛盾的体制机制，健全公共安全体系，积极预防、减少和化解社会矛盾，妥善处置公共卫生、社会安全等影响国家安全和社会稳定的突发事件，促进社会和谐，维护公共安全和社会安定。

第三十条 国家完善生态环境保护制度体系，加大生态建设和环境保护力度，划定生态保护红线，强化生态风险的预警和防控，妥善处置突发环境事件，保障人民赖以生存发展的大气、水、土壤等自然环境和条件不受威胁和破坏，促进人与自然和谐发展。

第三十一条 国家坚持和平利用核能和核技术，加强国际合作，防止核扩散，完善防扩散机制，加强对核设施、核材料、核活动和核废料处置的安全管理、监管和保护，加强核事故应急体系和应急能力建设，防止、控制和消除核事故对公民生命健康和生态环境的危害，不断增强有效应对和防范核威胁、核攻击的能力。

第三十二条 国家坚持和平探索和利用外层空间、国际海底区域和极地，增强安全进出、科学考察、开发利用的能力，加强国际合作，维护我国在外层空间、国际海底区域和极地的活动、资产和其他利益的安全。

第三十三条 国家依法采取必要措施，保护海外中国公民、组织和机构的安全和正当权益，保护国家的海外利益不受威胁和侵害。

第三十四条 国家根据经济社会发展和国家发展利益的需要，不断完善维护国家安全的任务。

第三章 维护国家安全的职责

第三十五条 全国人民代表大会依照宪法规定，决定战争和和平的问题，行使宪法规定的涉及国家安全的其他职权。

全国人民代表大会常务委员会依照宪法规定，决定战争状态的宣布，决定全国总动员或者局部动员，决定全国或者个别省、自治区、直辖市进入紧急状态，行使宪法规定的和全国人民代表大会授予的涉及国家安全的其他职权。

第三十六条　中华人民共和国主席根据全国人民代表大会的决定和全国人民代表大会常务委员会的决定，宣布进入紧急状态，宣布战争状态，发布动员令，行使宪法规定的涉及国家安全的其他职权。

第三十七条　国务院根据宪法和法律，制定涉及国家安全的行政法规，规定有关行政措施，发布有关决定和命令；实施国家安全法律法规和政策；依照法律规定决定省、自治区、直辖市的范围内部分地区进入紧急状态；行使宪法法律规定的和全国人民代表大会及其常务委员会授予的涉及国家安全的其他职权。

第三十八条　中央军事委员会领导全国武装力量，决定军事战略和武装力量的作战方针，统一指挥维护国家安全的军事行动，制定涉及国家安全的军事法规，发布有关决定和命令。

第三十九条　中央国家机关各部门按照职责分工，贯彻执行国家安全方针政策和法律法规，管理指导本系统、本领域国家安全工作。

第四十条　地方各级人民代表大会和县级以上地方各级人民代表大会常务委员会在本行政区域内，保证国家安全法律法规的遵守和执行。

地方各级人民政府依照法律法规规定管理本行政区域内的国家安全工作。

香港特别行政区、澳门特别行政区应当履行维护国家安全的责任。

第四十一条　人民法院依照法律规定行使审判权，人民检察院依照法律规定行使检察权，惩治危害国家安全的犯罪。

第四十二条　国家安全机关、公安机关依法搜集涉及国家安全的情报信息，在国家安全工作中依法行使侦查、拘留、预审和执行逮捕以及法律规定的其他职权。

有关军事机关在国家安全工作中依法行使相关职权。

第四十三条　国家机关及其工作人员在履行职责时，应当贯彻维护国家安全的原则。

国家机关及其工作人员在国家安全工作和涉及国家安全活动中，应当严格依法履行职责，不得超越职权、滥用职权，不得侵犯个人和组织的合法权益。

第四章　国家安全制度

第一节　一般规定

第四十四条　中央国家安全领导机构实行统分结合、协调高效的国家安全制度与工作机制。

第四十五条　国家建立国家安全重点领域工作协调机制，统筹协调中央有关职能部门推进相关工作。

第四十六条　国家建立国家安全工作督促检查和责任追究机制，确保国家安全战略和重大部署贯彻落实。

第四十七条　各部门、各地区应当采取有效措施，贯彻实施国家安全战略。

第四十八条　国家根据维护国家安全工作需要，建立跨部门会商工作机制，就维护国家安全工作的重大事项进行会商研判，提出意见和建议。

第四十九条　国家建立中央与地方之间、部门之间、军地之间以及地区之间关于国家安全的协同联动机制。

第五十条　国家建立国家安全决策咨询机制，组织专家和有关方面开展对国家安全形势的分析研判，推进国家安全的科学决策。

第二节　情报信息

第五十一条　国家健全统一归口、反应灵敏、准确高效、运转顺畅的情报信息收集、研判和使用制度，建立情报信息工作协调机制，实现情报信息的及时收集、准确研判、有效使用和共享。

第五十二条　国家安全机关、公安机关、有关军事机关根据职责分工，依法搜集涉及国家安全的情报信息。

国家机关各部门在履行职责过程中，对于获取的涉及国家安全的有关信息应当及时上报。

第五十三条　开展情报信息工作，应当充分运用现代科学技术手段，加强对情报信息的鉴别、筛选、综合和研判分析。

第五十四条　情报信息的报送应当及时、准确、客观，不得迟报、漏报、瞒报和谎报。

第三节　风险预防、评估和预警

第五十五条　国家制定完善应对各领域国家安全风险预案。

第五十六条　国家建立国家安全风险评估机制，定期开展各领域国家安全风险调查评估。

有关部门应当定期向中央国家安全领导机构提交国家安全风险评估报告。

第五十七条　国家健全国家安全风险监测预警制度，根据国家安全风险程度，及时发布相应风险预警。

第五十八条　对可能即将发生或者已经发生的危害国家安全的事件，县级以上地方人民政府及其有关主管部门应当立即按照规定向上一级人民政府及其有关主管部门报告，必要时可以越级上报。

第四节　审查监管

第五十九条　国家建立国家安全审查和监管的制度和机制，对影响或者可能影响国家安全的外商投资、特定物项和关键技术、网络信息技术产品和服务、涉及国家安全事项的建设项目，以及其他重大事项和活动，进行国家安全审查，有效预防和化解国家安全风险。

第六十条　中央国家机关各部门依照法律、行政法规行使国家安全审查职责，依法作出国家安全审查决定或者提出安全审查意见并监督执行。

第六十一条　省、自治区、直辖市依法负责本行政区域内有关国家安全审查和监管工作。

第五节　危机管控

第六十二条　国家建立统一领导、协同联动、有序高效的国家安全危机管控制度。

第六十三条 发生危及国家安全的重大事件，中央有关部门和有关地方根据中央国家安全领导机构的统一部署，依法启动应急预案，采取管控处置措施。

第六十四条 发生危及国家安全的特别重大事件，需要进入紧急状态、战争状态或者进行全国总动员、局部动员的，由全国人民代表大会、全国人民代表大会常务委员会或者国务院依照宪法和有关法律规定的权限和程序决定。

第六十五条 国家决定进入紧急状态、战争状态或者实施国防动员后，履行国家安全危机管控职责的有关机关依照法律规定或者全国人民代表大会常务委员会规定，有权采取限制公民和组织权利、增加公民和组织义务的特别措施。

第六十六条 履行国家安全危机管控职责的有关机关依法采取处置国家安全危机的管控措施，应当与国家安全危机可能造成的危害的性质、程度和范围相适应；有多种措施可供选择的，应当选择有利于最大程度保护公民、组织权益的措施。

第六十七条 国家健全国家安全危机的信息报告和发布机制。

国家安全危机事件发生后，履行国家安全危机管控职责的有关机关，应当按照规定准确、及时报告，并依法将有关国家安全危机事件发生、发展、管控处置及善后情况统一向社会发布。

第六十八条 国家安全威胁和危害得到控制或者消除后，应当及时解除管控处置措施，做好善后工作。

第五章　国家安全保障

第六十九条 国家健全国家安全保障体系，增强维护国家安全的能力。

第七十条 国家健全国家安全法律制度体系，推动国家安全法治建设。

第七十一条 国家加大对国家安全各项建设的投入，保障国家安全工作所需经费和装备。

第七十二条 承担国家安全战略物资储备任务的单位，应当按照国家有关规定和标准对国家安全物资进行收储、保管和维护，定期调整更换，保证储备物资的使用效能和安全。

第七十三条　鼓励国家安全领域科技创新，发挥科技在维护国家安全中的作用。

第七十四条　国家采取必要措施，招录、培养和管理国家安全工作专门人才和特殊人才。

根据维护国家安全工作的需要，国家依法保护有关机关专门从事国家安全工作人员的身份和合法权益，加大人身保护和安置保障力度。

第七十五条　国家安全机关、公安机关、有关军事机关开展国家安全专门工作，可以依法采取必要手段和方式，有关部门和地方应当在职责范围内提供支持和配合。

第七十六条　国家加强国家安全新闻宣传和舆论引导，通过多种形式开展国家安全宣传教育活动，将国家安全教育纳入国民教育体系和公务员教育培训体系，增强全民国家安全意识。

第六章　公民、组织的义务和权利

第七十七条　公民和组织应当履行下列维护国家安全的义务：

（一）遵守宪法、法律法规关于国家安全的有关规定；

（二）及时报告危害国家安全活动的线索；

（三）如实提供所知悉的涉及危害国家安全活动的证据；

（四）为国家安全工作提供便利条件或者其他协助；

（五）向国家安全机关、公安机关和有关军事机关提供必要的支持和协助；

（六）保守所知悉的国家秘密；

（七）法律、行政法规规定的其他义务。

任何个人和组织不得有危害国家安全的行为，不得向危害国家安全的个人或者组织提供任何资助或者协助。

第七十八条　机关、人民团体、企业事业组织和其他社会组织应当对本单位的人员进行维护国家安全的教育，动员、组织本单位的人员防范、制止危害国家安全的行为。

第七十九条 企业事业组织根据国家安全工作的要求，应当配合有关部门采取相关安全措施。

第八十条 公民和组织支持、协助国家安全工作的行为受法律保护。

因支持、协助国家安全工作，本人或者其近亲属的人身安全面临危险的，可以向公安机关、国家安全机关请求予以保护。公安机关、国家安全机关应当会同有关部门依法采取保护措施。

第八十一条 公民和组织因支持、协助国家安全工作导致财产损失的，按照国家有关规定给予补偿；造成人身伤害或者死亡的，按照国家有关规定给予抚恤优待。

第八十二条 公民和组织对国家安全工作有向国家机关提出批评建议的权利，对国家机关及其工作人员在国家安全工作中的违法失职行为有提出申诉、控告和检举的权利。

第八十三条 在国家安全工作中，需要采取限制公民权利和自由的特别措施时，应当依法进行，并以维护国家安全的实际需要为限度。

第七章 附 则

第八十四条 本法自公布之日起施行。

中华人民共和国保守国家秘密法

（1988 年 9 月 5 日第七届全国人民代表大会常务委员会第三次会议通过 2010 年 4 月 29 日第十一届全国人民代表大会常务委员会第十四次会议第一次修订 2024 年 2 月 27 日第十四届全国人民代表大会常务委员会第八次会议第二次修订 2024 年 2 月 27 日中华人民共和国主席令第 20 号公布 自 2024 年 5 月 1 日起施行）

目 录

第一章 总 则
第二章 国家秘密的范围和密级

第三章 保密制度
第四章 监督管理
第五章 法律责任
第六章 附 则

第一章 总 则

第一条 为了保守国家秘密，维护国家安全和利益，保障改革开放和社会主义现代化建设事业的顺利进行，根据宪法，制定本法。

第二条 国家秘密是关系国家安全和利益，依照法定程序确定，在一定时间内只限一定范围的人员知悉的事项。

第三条 坚持中国共产党对保守国家秘密（以下简称保密）工作的领导。中央保密工作领导机构领导全国保密工作，研究制定、指导实施国家保密工作战略和重大方针政策，统筹协调国家保密重大事项和重要工作，推进国家保密法治建设。

第四条 保密工作坚持总体国家安全观，遵循党管保密、依法管理，积极防范、突出重点，技管并重、创新发展的原则，既确保国家秘密安全，又便利信息资源合理利用。

法律、行政法规规定公开的事项，应当依法公开。

第五条 国家秘密受法律保护。

一切国家机关和武装力量、各政党和各人民团体、企业事业组织和其他社会组织以及公民都有保密的义务。

任何危害国家秘密安全的行为，都必须受到法律追究。

第六条 国家保密行政管理部门主管全国的保密工作。县级以上地方各级保密行政管理部门主管本行政区域的保密工作。

第七条 国家机关和涉及国家秘密的单位（以下简称机关、单位）管理本机关和本单位的保密工作。

中央国家机关在其职权范围内管理或者指导本系统的保密工作。

第八条 机关、单位应当实行保密工作责任制，依法设置保密工作机构或者指定专人负责保密工作，健全保密管理制度，完善保密防护措施，开展保密宣传教育，加强保密监督检查。

第九条 国家采取多种形式加强保密宣传教育，将保密教育纳入国民教育体系和公务员教育培训体系，鼓励大众传播媒介面向社会进行保密宣传教育，普及保密知识，宣传保密法治，增强全社会的保密意识。

第十条 国家鼓励和支持保密科学技术研究和应用，提升自主创新能力，依法保护保密领域的知识产权。

第十一条 县级以上人民政府应当将保密工作纳入本级国民经济和社会发展规划，所需经费列入本级预算。

机关、单位开展保密工作所需经费应当列入本机关、本单位年度预算或者年度收支计划。

第十二条 国家加强保密人才培养和队伍建设，完善相关激励保障机制。

对在保守、保护国家秘密工作中做出突出贡献的组织和个人，按照国家有关规定给予表彰和奖励。

第二章 国家秘密的范围和密级

第十三条 下列涉及国家安全和利益的事项，泄露后可能损害国家在政治、经济、国防、外交等领域的安全和利益的，应当确定为国家秘密：

（一）国家事务重大决策中的秘密事项；

（二）国防建设和武装力量活动中的秘密事项；

（三）外交和外事活动中的秘密事项以及对外承担保密义务的秘密事项；

（四）国民经济和社会发展中的秘密事项；

（五）科学技术中的秘密事项；

（六）维护国家安全活动和追查刑事犯罪中的秘密事项；

（七）经国家保密行政管理部门确定的其他秘密事项。

政党的秘密事项中符合前款规定的，属于国家秘密。

第十四条 国家秘密的密级分为绝密、机密、秘密三级。

绝密级国家秘密是最重要的国家秘密，泄露会使国家安全和利益遭受特别严重的损害；机密级国家秘密是重要的国家秘密，泄露会使国家安全和利益遭受严重的损害；秘密级国家秘密是一般的国家秘密，泄露会使国家安全和利益遭受损害。

第十五条 国家秘密及其密级的具体范围（以下简称保密事项范围），由国家保密行政管理部门单独或者会同有关中央国家机关规定。

军事方面的保密事项范围，由中央军事委员会规定。

保密事项范围的确定应当遵循必要、合理原则，科学论证评估，并根据情况变化及时调整。保密事项范围的规定应当在有关范围内公布。

第十六条 机关、单位主要负责人及其指定的人员为定密责任人，负责本机关、本单位的国家秘密确定、变更和解除工作。

机关、单位确定、变更和解除本机关、本单位的国家秘密，应当由承办人提出具体意见，经定密责任人审核批准。

第十七条 确定国家秘密的密级，应当遵守定密权限。

中央国家机关、省级机关及其授权的机关、单位可以确定绝密级、机密级和秘密级国家秘密；设区的市级机关及其授权的机关、单位可以确定机密级和秘密级国家秘密；特殊情况下无法按照上述规定授权定密的，国家保密行政管理部门或者省、自治区、直辖市保密行政管理部门可以授予机关、单位定密权限。具体的定密权限、授权范围由国家保密行政管理部门规定。

下级机关、单位认为本机关、本单位产生的有关定密事项属于上级机关、单位的定密权限，应当先行采取保密措施，并立即报请上级机关、单位确定；没有上级机关、单位的，应当立即提请有相应定密权限的业务主管部门或者保密行政管理部门确定。

公安机关、国家安全机关在其工作范围内按照规定的权限确定国家秘密的密级。

第十八条 机关、单位执行上级确定的国家秘密事项或者办理其他机关、单位确定的国家秘密事项，需要派生定密的，应当根据所执行、办理的国家秘密事项的密级确定。

第十九条 机关、单位对所产生的国家秘密事项，应当按照保密事项范围的规定确定密级，同时确定保密期限和知悉范围；有条件的可以标注密点。

第二十条 国家秘密的保密期限，应当根据事项的性质和特点，按照维护国家安全和利益的需要，限定在必要的期限内；不能确定期限的，应当确定解密的条件。

国家秘密的保密期限，除另有规定外，绝密级不超过三十年，机密级不超过二十年，秘密级不超过十年。

机关、单位应当根据工作需要，确定具体的保密期限、解密时间或者解密条件。

机关、单位对在决定和处理有关事项工作过程中确定需要保密的事项，根据工作需要决定公开的，正式公布时即视为解密。

第二十一条 国家秘密的知悉范围，应当根据工作需要限定在最小范围。

国家秘密的知悉范围能够限定到具体人员的，限定到具体人员；不能限定到具体人员的，限定到机关、单位，由该机关、单位限定到具体人员。

国家秘密的知悉范围以外的人员，因工作需要知悉国家秘密的，应当经过机关、单位主要负责人或者其指定的人员批准。原定密机关、单位对扩大国家秘密的知悉范围有明确规定的，应当遵守其规定。

第二十二条 机关、单位对承载国家秘密的纸介质、光介质、电磁介质等载体（以下简称国家秘密载体）以及属于国家秘密的设备、产品，应当作出国家秘密标志。

涉及国家秘密的电子文件应当按照国家有关规定作出国家秘密标志。

不属于国家秘密的，不得作出国家秘密标志。

第二十三条 国家秘密的密级、保密期限和知悉范围，应当根据情况变化及时变更。国家秘密的密级、保密期限和知悉范围的变更，由原定密机关、单位决定，也可以由其上级机关决定。

国家秘密的密级、保密期限和知悉范围变更的，应当及时书面通知知悉范围内的机关、单位或者人员。

第二十四条 机关、单位应当每年审核所确定的国家秘密。

国家秘密的保密期限已满的，自行解密。在保密期限内因保密事项范围调整不再作为国家秘密，或者公开后不会损害国家安全和利益，不需要继续保密的，应当及时解密；需要延长保密期限的，应当在原保密期限届满前重新确定密级、保密期限和知悉范围。提前解密或者延长保密期限的，由原定密机关、单位决定，也可以由其上级机关决定。

第二十五条 机关、单位对是否属于国家秘密或者属于何种密级不明确或者有争议的，由国家保密行政管理部门或者省、自治区、直辖市保密行政管理部门按照国家保密规定确定。

第三章 保密制度

第二十六条 国家秘密载体的制作、收发、传递、使用、复制、保存、维修和销毁，应当符合国家保密规定。

绝密级国家秘密载体应当在符合国家保密标准的设施、设备中保存，并指定专人管理；未经原定密机关、单位或者其上级机关批准，不得复制和摘抄；收发、传递和外出携带，应当指定人员负责，并采取必要的安全措施。

第二十七条 属于国家秘密的设备、产品的研制、生产、运输、使用、保存、维修和销毁，应当符合国家保密规定。

第二十八条 机关、单位应当加强对国家秘密载体的管理，任何组织和个人不得有下列行为：

（一）非法获取、持有国家秘密载体；

（二）买卖、转送或者私自销毁国家秘密载体；

（三）通过普通邮政、快递等无保密措施的渠道传递国家秘密载体；

（四）寄递、托运国家秘密载体出境；

（五）未经有关主管部门批准，携带、传递国家秘密载体出境；

（六）其他违反国家秘密载体保密规定的行为。

第二十九条 禁止非法复制、记录、存储国家秘密。

禁止未按照国家保密规定和标准采取有效保密措施，在互联网及其他公共信息网络或者有线和无线通信中传递国家秘密。

禁止在私人交往和通信中涉及国家秘密。

第三十条 存储、处理国家秘密的计算机信息系统（以下简称涉密信息系统）按照涉密程度实行分级保护。

涉密信息系统应当按照国家保密规定和标准规划、建设、运行、维护，并配备保密设施、设备。保密设施、设备应当与涉密信息系统同步规划、同步建设、同步运行。

涉密信息系统应当按照规定，经检查合格后，方可投入使用，并定期开展风险评估。

第三十一条 机关、单位应当加强对信息系统、信息设备的保密管理，建设保密自监管设施，及时发现并处置安全保密风险隐患。任何组织和个人不得有下列行为：

（一）未按照国家保密规定和标准采取有效保密措施，将涉密信息系统、涉密信息设备接入互联网及其他公共信息网络；

（二）未按照国家保密规定和标准采取有效保密措施，在涉密信息系统、涉密信息设备与互联网及其他公共信息网络之间进行信息交换；

（三）使用非涉密信息系统、非涉密信息设备存储或者处理国家秘密；

（四）擅自卸载、修改涉密信息系统的安全技术程序、管理程序；

（五）将未经安全技术处理的退出使用的涉密信息设备赠送、出售、丢弃或者改作其他用途；

（六）其他违反信息系统、信息设备保密规定的行为。

第三十二条 用于保护国家秘密的安全保密产品和保密技术装备应当符合国家保密规定和标准。

国家建立安全保密产品和保密技术装备抽检、复检制度，由国家保密行政管理部门设立或者授权的机构进行检测。

第三十三条 报刊、图书、音像制品、电子出版物的编辑、出版、印制、发行，广播节目、电视节目、电影的制作和播放，网络信息的制作、复制、发布、传播，应当遵守国家保密规定。

第三十四条 网络运营者应当加强对其用户发布的信息的管理，配合监察机关、保密行政管理部门、公安机关、国家安全机关对涉嫌泄露国家秘密案件进行调查处理；发现利用互联网及其他公共信息网络发布的信息涉嫌泄露国家秘密的，应当立即停止传输该信息，保存有关记录，向保密行政管理部门或者公安机关、国家安全机关报告；应当根据保密行政管理部门或者公安机关、国家安全机关的要求，删除涉及泄露国家秘密的信息，并对有关设备进行技术处理。

第三十五条　机关、单位应当依法对拟公开的信息进行保密审查，遵守国家保密规定。

第三十六条　开展涉及国家秘密的数据处理活动及其安全监管应当符合国家保密规定。

国家保密行政管理部门和省、自治区、直辖市保密行政管理部门会同有关主管部门建立安全保密防控机制，采取安全保密防控措施，防范数据汇聚、关联引发的泄密风险。

机关、单位应当对汇聚、关联后属于国家秘密事项的数据依法加强安全管理。

第三十七条　机关、单位向境外或者向境外在中国境内设立的组织、机构提供国家秘密，任用、聘用的境外人员因工作需要知悉国家秘密的，按照国家有关规定办理。

第三十八条　举办会议或者其他活动涉及国家秘密的，主办单位应当采取保密措施，并对参加人员进行保密教育，提出具体保密要求。

第三十九条　机关、单位应当将涉及绝密级或者较多机密级、秘密级国家秘密的机构确定为保密要害部门，将集中制作、存放、保管国家秘密载体的专门场所确定为保密要害部位，按照国家保密规定和标准配备、使用必要的技术防护设施、设备。

第四十条　军事禁区、军事管理区和属于国家秘密不对外开放的其他场所、部位，应当采取保密措施，未经有关部门批准，不得擅自决定对外开放或者扩大开放范围。

涉密军事设施及其他重要涉密单位周边区域应当按照国家保密规定加强保密管理。

第四十一条　从事涉及国家秘密业务的企业事业单位，应当具备相应的保密管理能力，遵守国家保密规定。

从事国家秘密载体制作、复制、维修、销毁，涉密信息系统集成，武器装备科研生产，或者涉密军事设施建设等涉及国家秘密业务的企业事业单位，应当经过审查批准，取得保密资质。

第四十二条 采购涉及国家秘密的货物、服务的机关、单位，直接涉及国家秘密的工程建设、设计、施工、监理等单位，应当遵守国家保密规定。

机关、单位委托企业事业单位从事涉及国家秘密的业务，应当与其签订保密协议，提出保密要求，采取保密措施。

第四十三条 在涉密岗位工作的人员（以下简称涉密人员），按照涉密程度分为核心涉密人员、重要涉密人员和一般涉密人员，实行分类管理。

任用、聘用涉密人员应当按照国家有关规定进行审查。

涉密人员应当具有良好的政治素质和品行，经过保密教育培训，具备胜任涉密岗位的工作能力和保密知识技能，签订保密承诺书，严格遵守国家保密规定，承担保密责任。

涉密人员的合法权益受法律保护。对因保密原因合法权益受到影响和限制的涉密人员，按照国家有关规定给予相应待遇或者补偿。

第四十四条 机关、单位应当建立健全涉密人员管理制度，明确涉密人员的权利、岗位责任和要求，对涉密人员履行职责情况开展经常性的监督检查。

第四十五条 涉密人员出境应当经有关部门批准，有关机关认为涉密人员出境将对国家安全造成危害或者对国家利益造成重大损失的，不得批准出境。

第四十六条 涉密人员离岗离职应当遵守国家保密规定。机关、单位应当开展保密教育提醒，清退国家秘密载体，实行脱密期管理。涉密人员在脱密期内，不得违反规定就业和出境，不得以任何方式泄露国家秘密；脱密期结束后，应当遵守国家保密规定，对知悉的国家秘密继续履行保密义务。涉密人员严重违反离岗离职及脱密期国家保密规定的，机关、单位应当及时报告同级保密行政管理部门，由保密行政管理部门会同有关部门依法采取处置措施。

第四十七条 国家工作人员或者其他公民发现国家秘密已经泄露或者可能泄露时，应当立即采取补救措施并及时报告有关机关、单位。机关、单位接到报告后，应当立即作出处理，并及时向保密行政管理部门报告。

第四章　监督管理

第四十八条　国家保密行政管理部门依照法律、行政法规的规定，制定保密规章和国家保密标准。

第四十九条　保密行政管理部门依法组织开展保密宣传教育、保密检查、保密技术防护、保密违法案件调查处理工作，对保密工作进行指导和监督管理。

第五十条　保密行政管理部门发现国家秘密确定、变更或者解除不当的，应当及时通知有关机关、单位予以纠正。

第五十一条　保密行政管理部门依法对机关、单位遵守保密法律法规和相关制度的情况进行检查；涉嫌保密违法的，应当及时调查处理或者组织、督促有关机关、单位调查处理；涉嫌犯罪的，应当依法移送监察机关、司法机关处理。

对严重违反国家保密规定的涉密人员，保密行政管理部门应当建议有关机关、单位将其调离涉密岗位。

有关机关、单位和个人应当配合保密行政管理部门依法履行职责。

第五十二条　保密行政管理部门在保密检查和案件调查处理中，可以依法查阅有关材料、询问人员、记录情况，先行登记保存有关设施、设备、文件资料等；必要时，可以进行保密技术检测。

保密行政管理部门对保密检查和案件调查处理中发现的非法获取、持有的国家秘密载体，应当予以收缴；发现存在泄露国家秘密隐患的，应当要求采取措施，限期整改；对存在泄露国家秘密隐患的设施、设备、场所，应当责令停止使用。

第五十三条　办理涉嫌泄露国家秘密案件的机关，需要对有关事项是否属于国家秘密、属于何种密级进行鉴定的，由国家保密行政管理部门或者省、自治区、直辖市保密行政管理部门鉴定。

第五十四条　机关、单位对违反国家保密规定的人员不依法给予处分的，保密行政管理部门应当建议纠正；对拒不纠正的，提请其上一级机关或者监察机关对该机关、单位负有责任的领导人员和直接责任人员依法予以处理。

第五十五条 设区的市级以上保密行政管理部门建立保密风险评估机制、监测预警制度、应急处置制度，会同有关部门开展信息收集、分析、通报工作。

第五十六条 保密协会等行业组织依照法律、行政法规的规定开展活动，推动行业自律，促进行业健康发展。

第五章 法律责任

第五十七条 违反本法规定，有下列情形之一，根据情节轻重，依法给予处分；有违法所得的，没收违法所得：

（一）非法获取、持有国家秘密载体的；

（二）买卖、转送或者私自销毁国家秘密载体的；

（三）通过普通邮政、快递等无保密措施的渠道传递国家秘密载体的；

（四）寄递、托运国家秘密载体出境，或者未经有关主管部门批准，携带、传递国家秘密载体出境的；

（五）非法复制、记录、存储国家秘密的；

（六）在私人交往和通信中涉及国家秘密的；

（七）未按照国家保密规定和标准采取有效保密措施，在互联网及其他公共信息网络或者有线和无线通信中传递国家秘密的；

（八）未按照国家保密规定和标准采取有效保密措施，将涉密信息系统、涉密信息设备接入互联网及其他公共信息网络的；

（九）未按照国家保密规定和标准采取有效保密措施，在涉密信息系统、涉密信息设备与互联网及其他公共信息网络之间进行信息交换的；

（十）使用非涉密信息系统、非涉密信息设备存储、处理国家秘密的；

（十一）擅自卸载、修改涉密信息系统的安全技术程序、管理程序的；

（十二）将未经安全技术处理的退出使用的涉密信息设备赠送、出售、丢弃或者改作其他用途的；

（十三）其他违反本法规定的情形。

有前款情形尚不构成犯罪，且不适用处分的人员，由保密行政管理部门督促其所在机关、单位予以处理。

第五十八条 机关、单位违反本法规定，发生重大泄露国家秘密案件的，依法对直接负责的主管人员和其他直接责任人员给予处分。不适用处分的人员，由保密行政管理部门督促其主管部门予以处理。

机关、单位违反本法规定，对应当定密的事项不定密，对不应当定密的事项定密，或者未履行解密审核责任，造成严重后果的，依法对直接负责的主管人员和其他直接责任人员给予处分。

第五十九条 网络运营者违反本法第三十四条规定的，由公安机关、国家安全机关、电信主管部门、保密行政管理部门按照各自职责分工依法予以处罚。

第六十条 取得保密资质的企业事业单位违反国家保密规定的，由保密行政管理部门责令限期整改，给予警告或者通报批评；有违法所得的，没收违法所得；情节严重的，暂停涉密业务、降低资质等级；情节特别严重的，吊销保密资质。

未取得保密资质的企业事业单位违法从事本法第四十一条第二款规定的涉密业务的，由保密行政管理部门责令停止涉密业务，给予警告或者通报批评；有违法所得的，没收违法所得。

第六十一条 保密行政管理部门的工作人员在履行保密管理职责中滥用职权、玩忽职守、徇私舞弊的，依法给予处分。

第六十二条 违反本法规定，构成犯罪的，依法追究刑事责任。

第六章 附 则

第六十三条 中国人民解放军和中国人民武装警察部队开展保密工作的具体规定，由中央军事委员会根据本法制定。

第六十四条 机关、单位对履行职能过程中产生或者获取的不属于国家秘密但泄露后会造成一定不利影响的事项，适用工作秘密管理办法采取必要的保护措施。工作秘密管理办法另行规定。

第六十五条 本法自 2024 年 5 月 1 日起施行。

中华人民共和国网络安全法

（2016年11月7日第十二届全国人民代表大会常务委员会第二十四次会议通过　根据2025年10月28日第十四届全国人民代表大会常务委员会第十八次会议《关于修改〈中华人民共和国网络安全法〉的决定》修正）

目　　录

第一章　总　　则
第二章　网络安全支持与促进
第三章　网络运行安全
　第一节　一般规定
　第二节　关键信息基础设施的运行安全
第四章　网络信息安全
第五章　监测预警与应急处置
第六章　法律责任
第七章　附　　则

第一章　总　　则

第一条　为了保障网络安全，维护网络空间主权和国家安全、社会公共利益，保护公民、法人和其他组织的合法权益，促进经济社会信息化健康发展，制定本法。

第二条　在中华人民共和国境内建设、运营、维护和使用网络，以及网络安全的监督管理，适用本法。

第三条　网络安全工作坚持中国共产党的领导，贯彻总体国家安全观，统筹发展和安全，推进网络强国建设。

第四条　国家坚持网络安全与信息化发展并重，遵循积极利用、科学发展、依法管理、确保安全的方针，推进网络基础设施建设和互联互通，鼓励网络技术创新和应用，支持培养网络安全人才，建立健全网络安全保障体系，提高网络安全保护能力。

第五条 国家制定并不断完善网络安全战略，明确保障网络安全的基本要求和主要目标，提出重点领域的网络安全政策、工作任务和措施。

第六条 国家采取措施，监测、防御、处置来源于中华人民共和国境内外的网络安全风险和威胁，保护关键信息基础设施免受攻击、侵入、干扰和破坏，依法惩治网络违法犯罪活动，维护网络空间安全和秩序。

第七条 国家倡导诚实守信、健康文明的网络行为，推动传播社会主义核心价值观，采取措施提高全社会的网络安全意识和水平，形成全社会共同参与促进网络安全的良好环境。

第八条 国家积极开展网络空间治理、网络技术研发和标准制定、打击网络违法犯罪等方面的国际交流与合作，推动构建和平、安全、开放、合作的网络空间，建立多边、民主、透明的网络治理体系。

第九条 国家网信部门负责统筹协调网络安全工作和相关监督管理工作。国务院电信主管部门、公安部门和其他有关机关依照本法和有关法律、行政法规的规定，在各自职责范围内负责网络安全保护和监督管理工作。

县级以上地方人民政府有关部门的网络安全保护和监督管理职责，按照国家有关规定确定。

第十条 网络运营者开展经营和服务活动，必须遵守法律、行政法规，尊重社会公德，遵守商业道德，诚实信用，履行网络安全保护义务，接受政府和社会的监督，承担社会责任。

第十一条 建设、运营网络或者通过网络提供服务，应当依照法律、行政法规的规定和国家标准的强制性要求，采取技术措施和其他必要措施，保障网络安全、稳定运行，有效应对网络安全事件，防范网络违法犯罪活动，维护网络数据的完整性、保密性和可用性。

第十二条 网络相关行业组织按照章程，加强行业自律，制定网络安全行为规范，指导会员加强网络安全保护，提高网络安全保护水平，促进行业健康发展。

第十三条 国家保护公民、法人和其他组织依法使用网络的权利，促进网络接入普及，提升网络服务水平，为社会提供安全、便利的网络服务，保障网络信息依法有序自由流动。

任何个人和组织使用网络应当遵守宪法法律，遵守公共秩序，尊重社会公德，不得危害网络安全，不得利用网络从事危害国家安全、荣誉和利益，煽动颠覆国家政权、推翻社会主义制度，煽动分裂国家、破坏国家统一，宣扬恐怖主义、极端主义，宣扬民族仇恨、民族歧视，传播暴力、淫秽色情信息，编造、传播虚假信息扰乱经济秩序和社会秩序，以及侵害他人名誉、隐私、知识产权和其他合法权益等活动。

第十四条 国家支持研究开发有利于未成年人健康成长的网络产品和服务，依法惩治利用网络从事危害未成年人身心健康的活动，为未成年人提供安全、健康的网络环境。

第十五条 任何个人和组织有权对危害网络安全的行为向网信、电信、公安等部门举报。收到举报的部门应当及时依法作出处理；不属于本部门职责的，应当及时移送有权处理的部门。

有关部门应当对举报人的相关信息予以保密，保护举报人的合法权益。

第二章 网络安全支持与促进

第十六条 国家建立和完善网络安全标准体系。国务院标准化行政主管部门和国务院其他有关部门根据各自的职责，组织制定并适时修订有关网络安全管理以及网络产品、服务和运行安全的国家标准、行业标准。

国家支持企业、研究机构、高等学校、网络相关行业组织参与网络安全国家标准、行业标准的制定。

第十七条 国务院和省、自治区、直辖市人民政府应当统筹规划，加大投入，扶持重点网络安全技术产业和项目，支持网络安全技术的研究开发和应用，推广安全可信的网络产品和服务，保护网络技术知识产权，支持企业、研究机构和高等学校等参与国家网络安全技术创新项目。

第十八条 国家推进网络安全社会化服务体系建设，鼓励有关企业、机构开展网络安全认证、检测和风险评估等安全服务。

第十九条 国家鼓励开发网络数据安全保护和利用技术，促进公共数据资源开放，推动技术创新和经济社会发展。

第二十条　国家支持人工智能基础理论研究和算法等关键技术研发，推进训练数据资源、算力等基础设施建设，完善人工智能伦理规范，加强风险监测评估和安全监管，促进人工智能应用和健康发展。

国家支持创新网络安全管理方式，运用人工智能等新技术，提升网络安全保护水平。

第二十一条　各级人民政府及其有关部门应当组织开展经常性的网络安全宣传教育，并指导、督促有关单位做好网络安全宣传教育工作。

大众传播媒介应当有针对性地面向社会进行网络安全宣传教育。

第二十二条　国家支持企业和高等学校、职业学校等教育培训机构开展网络安全相关教育与培训，采取多种方式培养网络安全人才，促进网络安全人才交流。

第三章　网络运行安全

第一节　一般规定

第二十三条　国家实行网络安全等级保护制度。网络运营者应当按照网络安全等级保护制度的要求，履行下列安全保护义务，保障网络免受干扰、破坏或者未经授权的访问，防止网络数据泄露或者被窃取、篡改：

（一）制定内部安全管理制度和操作规程，确定网络安全负责人，落实网络安全保护责任；

（二）采取防范计算机病毒和网络攻击、网络侵入等危害网络安全行为的技术措施；

（三）采取监测、记录网络运行状态、网络安全事件的技术措施，并按照规定留存相关的网络日志不少于六个月；

（四）采取数据分类、重要数据备份和加密等措施；

（五）法律、行政法规规定的其他义务。

第二十四条　网络产品、服务应当符合相关国家标准的强制性要求。网络产品、服务的提供者不得设置恶意程序；发现其网络产品、服务存在安全缺陷、漏洞等风险时，应当立即采取补救措施，按照规定及时告知用户并向有关主管部门报告。

网络产品、服务的提供者应当为其产品、服务持续提供安全维护；在规定或者当事人约定的期限内，不得终止提供安全维护。

网络产品、服务具有收集用户信息功能的，其提供者应当向用户明示并取得同意；涉及用户个人信息的，还应当遵守本法和有关法律、行政法规关于个人信息保护的规定。

第二十五条 网络关键设备和网络安全专用产品应当按照相关国家标准的强制性要求，由具备资格的机构安全认证合格或者安全检测符合要求后，方可销售或者提供。国家网信部门会同国务院有关部门制定、公布网络关键设备和网络安全专用产品目录，并推动安全认证和安全检测结果互认，避免重复认证、检测。

第二十六条 网络运营者为用户办理网络接入、域名注册服务，办理固定电话、移动电话等入网手续，或者为用户提供信息发布、即时通讯等服务，在与用户签订协议或者确认提供服务时，应当要求用户提供真实身份信息。用户不提供真实身份信息的，网络运营者不得为其提供相关服务。

国家实施网络可信身份战略，支持研究开发安全、方便的电子身份认证技术，推动不同电子身份认证之间的互认。

第二十七条 网络运营者应当制定网络安全事件应急预案，及时处置系统漏洞、计算机病毒、网络攻击、网络侵入等安全风险；在发生危害网络安全的事件时，立即启动应急预案，采取相应的补救措施，并按照规定向有关主管部门报告。

第二十八条 开展网络安全认证、检测、风险评估等活动，向社会发布系统漏洞、计算机病毒、网络攻击、网络侵入等网络安全信息，应当遵守国家有关规定。

第二十九条 任何个人和组织不得从事非法侵入他人网络、干扰他人网络正常功能、窃取网络数据等危害网络安全的活动；不得提供专门用于从事侵入网络、干扰网络正常功能及防护措施、窃取网络数据等危害网络安全活动的程序、工具；明知他人从事危害网络安全的活动的，不得为其提供技术支持、广告推广、支付结算等帮助。

第三十条 网络运营者应当为公安机关、国家安全机关依法维护国家安全和侦查犯罪的活动提供技术支持和协助。

第三十一条 国家支持网络运营者之间在网络安全信息收集、分析、通报和应急处置等方面进行合作，提高网络运营者的安全保障能力。

有关行业组织建立健全本行业的网络安全保护规范和协作机制，加强对网络安全风险的分析评估，定期向会员进行风险警示，支持、协助会员应对网络安全风险。

第三十二条 网信部门和有关部门在履行网络安全保护职责中获取的信息，只能用于维护网络安全的需要，不得用于其他用途。

第二节 关键信息基础设施的运行安全

第三十三条 国家对公共通信和信息服务、能源、交通、水利、金融、公共服务、电子政务等重要行业和领域，以及其他一旦遭到破坏、丧失功能或者数据泄露，可能严重危害国家安全、国计民生、公共利益的关键信息基础设施，在网络安全等级保护制度的基础上，实行重点保护。关键信息基础设施的具体范围和安全保护办法由国务院制定。

国家鼓励关键信息基础设施以外的网络运营者自愿参与关键信息基础设施保护体系。

第三十四条 按照国务院规定的职责分工，负责关键信息基础设施安全保护工作的部门分别编制并组织实施本行业、本领域的关键信息基础设施安全规划，指导和监督关键信息基础设施运行安全保护工作。

第三十五条 建设关键信息基础设施应当确保其具有支持业务稳定、持续运行的性能，并保证安全技术措施同步规划、同步建设、同步使用。

第三十六条 除本法第二十三条的规定外，关键信息基础设施的运营者还应当履行下列安全保护义务：

（一）设置专门安全管理机构和安全管理负责人，并对该负责人和关键岗位的人员进行安全背景审查；

（二）定期对从业人员进行网络安全教育、技术培训和技能考核；

（三）对重要系统和数据库进行容灾备份；

（四）制定网络安全事件应急预案，并定期进行演练；

（五）法律、行政法规规定的其他义务。

第三十七条 关键信息基础设施的运营者采购网络产品和服务，可能影响国家安全的，应当通过国家网信部门会同国务院有关部门组织的国家安全审查。

第三十八条 关键信息基础设施的运营者采购网络产品和服务，应当按照规定与提供者签订安全保密协议，明确安全和保密义务与责任。

第三十九条 关键信息基础设施的运营者在中华人民共和国境内运营中收集和产生的个人信息和重要数据应当在境内存储。因业务需要，确需向境外提供的，应当按照国家网信部门会同国务院有关部门制定的办法进行安全评估；法律、行政法规另有规定的，依照其规定。

第四十条 关键信息基础设施的运营者应当自行或者委托网络安全服务机构对其网络的安全性和可能存在的风险每年至少进行一次检测评估，并将检测评估情况和改进措施报送相关负责关键信息基础设施安全保护工作的部门。

第四十一条 国家网信部门应当统筹协调有关部门对关键信息基础设施的安全保护采取下列措施：

（一）对关键信息基础设施的安全风险进行抽查检测，提出改进措施，必要时可以委托网络安全服务机构对网络存在的安全风险进行检测评估；

（二）定期组织关键信息基础设施的运营者进行网络安全应急演练，提高应对网络安全事件的水平和协同配合能力；

（三）促进有关部门、关键信息基础设施的运营者以及有关研究机构、网络安全服务机构等之间的网络安全信息共享；

（四）对网络安全事件的应急处置与网络功能的恢复等，提供技术支持和协助。

第四章 网络信息安全

第四十二条 网络运营者应当对其收集的用户信息严格保密，并建立健全用户信息保护制度。

网络运营者处理个人信息，应当遵守本法和《中华人民共和国民法典》、《中华人民共和国个人信息保护法》等法律、行政法规的规定。

第四十三条 网络运营者收集、使用个人信息，应当遵循合法、正当、必要的原则，公开收集、使用规则，明示收集、使用信息的目的、方式和范围，并经被收集者同意。

网络运营者不得收集与其提供的服务无关的个人信息，不得违反法律、行政法规的规定和双方的约定收集、使用个人信息，并应当依照法律、行政法规的规定和与用户的约定，处理其保存的个人信息。

第四十四条 网络运营者不得泄露、篡改、毁损其收集的个人信息；未经被收集者同意，不得向他人提供个人信息。但是，经过处理无法识别特定个人且不能复原的除外。

网络运营者应当采取技术措施和其他必要措施，确保其收集的个人信息安全，防止信息泄露、毁损、丢失。在发生或者可能发生个人信息泄露、毁损、丢失的情况时，应当立即采取补救措施，按照规定及时告知用户并向有关主管部门报告。

第四十五条 个人发现网络运营者违反法律、行政法规的规定或者双方的约定收集、使用其个人信息的，有权要求网络运营者删除其个人信息；发现网络运营者收集、存储的其个人信息有错误的，有权要求网络运营者予以更正。网络运营者应当采取措施予以删除或者更正。

第四十六条 任何个人和组织不得窃取或者以其他非法方式获取个人信息，不得非法出售或者非法向他人提供个人信息。

第四十七条 依法负有网络安全监督管理职责的部门及其工作人员，必须对在履行职责中知悉的个人信息、隐私和商业秘密严格保密，不得泄露、出售或者非法向他人提供。

第四十八条 任何个人和组织应当对其使用网络的行为负责，不得设立用于实施诈骗，传授犯罪方法，制作或者销售违禁物品、管制物品等违法犯罪活动的网站、通讯群组，不得利用网络发布涉及实施诈骗，制作或者销售违禁物品、管制物品以及其他违法犯罪活动的信息。

第四十九条 网络运营者应当加强对其用户发布的信息的管理，发现法律、行政法规禁止发布或者传输的信息的，应当立即停止传输该信息，采取消除等处置措施，防止信息扩散，保存有关记录，并向有关主管部门报告。

第五十条 任何个人和组织发送的电子信息、提供的应用软件，不得设置恶意程序，不得含有法律、行政法规禁止发布或者传输的信息。

电子信息发送服务提供者和应用软件下载服务提供者，应当履行安全管理义务，知道其用户有前款规定行为的，应当停止提供服务，采取消除等处置措施，保存有关记录，并向有关主管部门报告。

第五十一条 网络运营者应当建立网络信息安全投诉、举报制度，公布投诉、举报方式等信息，及时受理并处理有关网络信息安全的投诉和举报。

网络运营者对网信部门和有关部门依法实施的监督检查，应当予以配合。

第五十二条 国家网信部门和有关部门依法履行网络信息安全监督管理职责，发现法律、行政法规禁止发布或者传输的信息的，应当要求网络运营者停止传输，采取消除等处置措施，保存有关记录；对来源于中华人民共和国境外的上述信息，应当通知有关机构采取技术措施和其他必要措施阻断传播。

第五章 监测预警与应急处置

第五十三条 国家建立网络安全监测预警和信息通报制度。国家网信部门应当统筹协调有关部门加强网络安全信息收集、分析和通报工作，按照规定统一发布网络安全监测预警信息。

第五十四条 负责关键信息基础设施安全保护工作的部门，应当建立健全本行业、本领域的网络安全监测预警和信息通报制度，并按照规定报送网络安全监测预警信息。

第五十五条 国家网信部门协调有关部门建立健全网络安全风险评估和应急工作机制，制定网络安全事件应急预案，并定期组织演练。

负责关键信息基础设施安全保护工作的部门应当制定本行业、本领域的网络安全事件应急预案，并定期组织演练。

网络安全事件应急预案应当按照事件发生后的危害程度、影响范围等因素对网络安全事件进行分级，并规定相应的应急处置措施。

第五十六条 网络安全事件发生的风险增大时，省级以上人民政府有关部门应当按照规定的权限和程序，并根据网络安全风险的特点和可能造成的危害，采取下列措施：

（一）要求有关部门、机构和人员及时收集、报告有关信息，加强对网络安全风险的监测；

（二）组织有关部门、机构和专业人员，对网络安全风险信息进行分析评估，预测事件发生的可能性、影响范围和危害程度；

（三）向社会发布网络安全风险预警，发布避免、减轻危害的措施。

第五十七条 发生网络安全事件，应当立即启动网络安全事件应急预案，对网络安全事件进行调查和评估，要求网络运营者采取技术措施和其他必要措施，消除安全隐患，防止危害扩大，并及时向社会发布与公众有关的警示信息。

第五十八条 省级以上人民政府有关部门在履行网络安全监督管理职责中，发现网络存在较大安全风险或者发生安全事件的，可以按照规定的权限和程序对该网络的运营者的法定代表人或者主要负责人进行约谈。网络运营者应当按照要求采取措施，进行整改，消除隐患。

第五十九条 因网络安全事件，发生突发事件或者生产安全事故的，应当依照《中华人民共和国突发事件应对法》、《中华人民共和国安全生产法》等有关法律、行政法规的规定处置。

第六十条 因维护国家安全和社会公共秩序，处置重大突发社会安全事件的需要，经国务院决定或者批准，可以在特定区域对网络通信采取限制等临时措施。

第六章 法律责任

第六十一条 网络运营者不履行本法第二十三条、第二十七条规定的网络安全保护义务的，由有关主管部门责令改正，给予警告，可以处一万元以上五万元以下罚款；拒不改正或者导致危害网络安全等后果的，处五万元以上五十万元以下罚款，对直接负责的主管人员和其他直接责任人员处一万元以上十万元以下罚款。

关键信息基础设施的运营者不履行本法第三十五条、第三十六条、第三十八条、第四十条规定的网络安全保护义务的，由有关主管部门责令改正，给予警告，可以处五万元以上十万元以下罚款；拒不改正或者导致危害网络安全等后果的，处十万元以上一百万元以下罚款，对直接负责的主管人员和其他直接责任人员处一万元以上十万元以下罚款。

有前两款行为，造成大量数据泄露、关键信息基础设施丧失局部功能等严重危害网络安全后果的，由有关主管部门处五十万元以上二百万元以下罚款，对直接负责的主管人员和其他直接责任人员处五万元以上二十万元以下罚款；造成关键信息基础设施丧失主要功能等特别严重危害网络安全后果的，处二百万元以上一千万元以下罚款，对直接负责的主管人员和其他直接责任人员处二十万元以上一百万元以下罚款。

第六十二条 违反本法第二十四条第一款、第二款和第五十条第一款规定，有下列行为之一的，由有关主管部门责令改正，给予警告；拒不改正或者导致危害网络安全等后果的，处五万元以上五十万元以下罚款，对直接负责的主管人员处一万元以上十万元以下罚款：

（一）设置恶意程序的；

（二）对其产品、服务存在的安全缺陷、漏洞等风险未立即采取补救措施，或者未按照规定及时告知用户并向有关主管部门报告的；

（三）擅自终止为其产品、服务提供安全维护的。

有前款第一项、第二项行为，造成本法第六十一条第三款规定的后果的，依照该款规定处罚。

第六十三条 违反本法第二十五条规定，销售或者提供未经安全认证、安全检测或者安全认证不合格、安全检测不符合要求的网络关键设备和网络安全专用产品的，由有关主管部门责令停止销售或者提供，给予警告，没收违法所得；没有违法所得或者违法所得不足十万元的，并处二万元以上十万元以下罚款；违法所得十万元以上的，并处违法所得一倍以上五倍以下罚款；情节严重的，并可以责令暂停相关业务、停业整顿、吊销相关业务许可证或者吊销营业执照。法律、行政法规另有规定的，依照其规定。

第六十四条 网络运营者违反本法第二十六条第一款规定，未要求用户提供真实身份信息，或者对不提供真实身份信息的用户提供相关服务的，由有关主管部门责令改正；拒不改正或者情节严重的，处五万元以上五十万元以下罚款，并可以责令暂停相关业务、停业整顿、关闭网站或者应用程序、吊销相关业务许可证或者吊销营业执照，对直接负责的主管人员和其他直接责任人员处一万元以上十万元以下罚款。

第六十五条 违反本法第二十八条规定，开展网络安全认证、检测、风险评估等活动，或者向社会发布系统漏洞、计算机病毒、网络攻击、网络侵入等网络安全信息的，由有关主管部门责令改正，给予警告，可以处一万元以上十万元以下罚款；拒不改正或者情节严重的，处十万元以上一百万元以下罚款，并可以责令暂停相关业务、停业整顿、关闭网站或者应用程序、吊销相关业务许可证或者吊销营业执照，对直接负责的主管人员和其他直接责任人员处一万元以上十万元以下罚款。

有前款行为，造成本法第六十一条第三款规定的后果的，依照该款规定处罚。

第六十六条 违反本法第二十九条规定，从事危害网络安全的活动，或者提供专门用于从事危害网络安全活动的程序、工具，或者为他人从事危害网络安全的活动提供技术支持、广告推广、支付结算等帮助，尚不构成犯罪的，由公安机关没收违法所得，处五日以下拘留，可以并处五万元以上五十万元以下罚款；情节较重的，处五日以上十五日以下拘留，可以并处十万元以上一百万元以下罚款。

单位有前款行为的，由公安机关没收违法所得，处十万元以上一百万元以下罚款，并对直接负责的主管人员和其他直接责任人员依照前款规定处罚。

违反本法第二十九条规定，受到治安管理处罚的人员，五年内不得从事网络安全管理和网络运营关键岗位的工作；受到刑事处罚的人员，终身不得从事网络安全管理和网络运营关键岗位的工作。

第六十七条 关键信息基础设施的运营者违反本法第三十七条规定，使用未经安全审查或者安全审查未通过的网络产品或者服务的，由有关主管部门责令限期改正、停止使用、消除对国家安全的影响，处采购金额一倍以上十倍以下罚款，对直接负责的主管人员和其他直接责任人员处一万元以上十万元以下罚款。

第六十八条 违反本法第四十八条规定，设立用于实施违法犯罪活动的网站、通讯群组，或者利用网络发布涉及实施违法犯罪活动的信息，尚不构成犯罪的，由公安机关处五日以下拘留，可以并处一万元以上十万元以下罚款；情节较重的，处五日以上十五日以下拘留，可以并处五万元以上五十万元以下罚款。关闭用于实施违法犯罪活动的网站、通讯群组。

单位有前款行为的，由公安机关处十万元以上五十万元以下罚款，并对直接负责的主管人员和其他直接责任人员依照前款规定处罚。

第六十九条 网络运营者违反本法第四十九条规定，对法律、行政法规禁止发布或者传输的信息未停止传输、采取消除等处置措施、保存有关记录、向有关主管部门报告，或者违反本法第五十二条规定，不按照有关部门的要求对法律、行政法规禁止发布或者传输的信息停止传输、采取消除等处置措施、保存有关记录的，由有关主管部门责令改正，给予警告、予以通报，可以处五万元以上五十万元以下罚款；拒不改正或者情节严重的，处五十万元以上二百万元以下罚款，并可以责令暂停相关业务、停业整顿、关闭网站或者应用程序、吊销相关业务许可证或者吊销营业执照，对直接负责的主管人员和其他直接责任人员处五万元以上二十万元以下罚款。

有前款行为，造成特别严重影响、特别严重后果的，由有关主管部门处二百万元以上一千万元以下罚款，责令暂停相关业务、停业整顿、关闭网站或者应用程序、吊销相关业务许可证或者吊销营业执照，对直接负责的主管人员和其他直接责任人员处二十万元以上一百万元以下罚款。

电子信息发送服务提供者、应用软件下载服务提供者，不履行本法第五十条第二款规定的安全管理义务的，依照前两款规定处罚。

第七十条 网络运营者违反本法规定，有下列行为之一的，由有关主管部门责令改正；拒不改正或者情节严重的，处五万元以上五十万元以下罚款，对直接负责的主管人员和其他直接责任人员，处一万元以上十万元以下罚款：

（一）拒绝、阻碍有关部门依法实施的监督检查的；

（二）拒不向公安机关、国家安全机关提供技术支持和协助的。

第七十一条 有下列行为之一的，依照有关法律、行政法规的规定处理、处罚：

（一）发布或者传输本法第十三条第二款和其他法律、行政法规禁止发布或者传输的信息的；

（二）违反本法第二十四条第三款、第四十三条至第四十五条规定，侵害个人信息权益的；

（三）违反本法第三十九条规定，关键信息基础设施的运营者在境外存储个人信息和重要数据，或者向境外提供个人信息和重要数据的。

违反本法第四十六条规定，窃取或者以其他非法方式获取、非法出售或者非法向他人提供个人信息，尚不构成犯罪的，由公安机关依照有关法律、行政法规的规定处罚。

第七十二条 有本法规定的违法行为的，依照有关法律、行政法规的规定记入信用档案，并予以公示。

第七十三条 违反本法规定，但具有《中华人民共和国行政处罚法》规定的从轻、减轻或者不予处罚情形的，依照其规定从轻、减轻或者不予处罚。

第七十四条 国家机关政务网络的运营者不履行本法规定的网络安全保护义务的，由其上级机关或者有关机关责令改正；对直接负责的主管人员和其他直接责任人员依法给予处分。

第七十五条 网信部门和有关部门违反本法第三十二条规定，将在履行网络安全保护职责中获取的信息用于其他用途的，对直接负责的主管人员和其他直接责任人员依法给予处分。

网信部门和有关部门的工作人员玩忽职守、滥用职权、徇私舞弊，尚不构成犯罪的，依法给予处分。

第七十六条 违反本法规定，给他人造成损害的，依法承担民事责任。

违反本法规定，构成违反治安管理行为的，依法给予治安管理处罚；构成犯罪的，依法追究刑事责任。

第七十七条 境外的机构、组织、个人从事危害中华人民共和国网络安全的活动的，依法追究法律责任；造成严重后果的，国务院公安部门和有关部门并可以决定对该机构、组织、个人采取冻结财产或者其他必要的制裁措施。

第七章 附 则

第七十八条 本法下列用语的含义：

（一）网络，是指由计算机或者其他信息终端及相关设备组成的按照一定的规则和程序对信息进行收集、存储、传输、交换、处理的系统。

（二）网络安全，是指通过采取必要措施，防范对网络的攻击、侵入、干扰、破坏和非法使用以及意外事故，使网络处于稳定可靠运行的状态，以及保障网络数据的完整性、保密性、可用性的能力。

（三）网络运营者，是指网络的所有者、管理者和网络服务提供者。

（四）网络数据，是指通过网络收集、存储、传输、处理和产生的各种电子数据。

（五）个人信息，是指以电子或者其他方式记录的能够单独或者与其他信息结合识别自然人个人身份的各种信息，包括但不限于自然人的姓名、出生日期、身份证件号码、个人生物识别信息、住址、电话号码等。

第七十九条 存储、处理涉及国家秘密信息的网络的运行安全保护，除应当遵守本法外，还应当遵守保密法律、行政法规的规定。

第八十条 军事网络的安全保护，由中央军事委员会另行规定。

第八十一条 本法自 2017 年 6 月 1 日起施行。

中华人民共和国生物安全法

（2020 年 10 月 17 日第十三届全国人民代表大会常务委员会第二十二次会议通过　根据 2024 年 4 月 26 日第十四届全国人民代表大会常务委员会第九次会议《关于修改〈中华人民共和国农业技术推广法〉、〈中华人民共和国未成年人保护法〉、〈中华人民共和国生物安全法〉的决定》修正）

目　　录

第一章　总　　则
第二章　生物安全风险防控体制
第三章　防控重大新发突发传染病、动植物疫情
第四章　生物技术研究、开发与应用安全
第五章　病原微生物实验室生物安全
第六章　人类遗传资源与生物资源安全
第七章　防范生物恐怖与生物武器威胁
第八章　生物安全能力建设
第九章　法律责任
第十章　附　　则

第一章　总　　则

第一条　为了维护国家安全，防范和应对生物安全风险，保障人民生命健康，保护生物资源和生态环境，促进生物技术健康发展，推动构建人类命运共同体，实现人与自然和谐共生，制定本法。

第二条　本法所称生物安全，是指国家有效防范和应对危险生物因子及相关因素威胁，生物技术能够稳定健康发展，人民生命健康和生态系统相对处于没有危险和不受威胁的状态，生物领域具备维护国家安全和持续发展的能力。

从事下列活动，适用本法：

（一）防控重大新发突发传染病、动植物疫情；

（二）生物技术研究、开发与应用；

（三）病原微生物实验室生物安全管理；

（四）人类遗传资源与生物资源安全管理；

（五）防范外来物种入侵与保护生物多样性；

（六）应对微生物耐药；

（七）防范生物恐怖袭击与防御生物武器威胁；

（八）其他与生物安全相关的活动。

第三条　生物安全是国家安全的重要组成部分。维护生物安全应当贯彻总体国家安全观，统筹发展和安全，坚持以人为本、风险预防、分类管理、协同配合的原则。

第四条　坚持中国共产党对国家生物安全工作的领导，建立健全国家生物安全领导体制，加强国家生物安全风险防控和治理体系建设，提高国家生物安全治理能力。

第五条　国家鼓励生物科技创新，加强生物安全基础设施和生物科技人才队伍建设，支持生物产业发展，以创新驱动提升生物科技水平，增强生物安全保障能力。

第六条　国家加强生物安全领域的国际合作，履行中华人民共和国缔结或者参加的国际条约规定的义务，支持参与生物科技交流合作与生物安全事件国际救援，积极参与生物安全国际规则的研究与制定，推动完善全球生物安全治理。

第七条 各级人民政府及其有关部门应当加强生物安全法律法规和生物安全知识宣传普及工作，引导基层群众性自治组织、社会组织开展生物安全法律法规和生物安全知识宣传，促进全社会生物安全意识的提升。

相关科研院校、医疗机构以及其他企业事业单位应当将生物安全法律法规和生物安全知识纳入教育培训内容，加强学生、从业人员生物安全意识和伦理意识的培养。

新闻媒体应当开展生物安全法律法规和生物安全知识公益宣传，对生物安全违法行为进行舆论监督，增强公众维护生物安全的社会责任意识。

第八条 任何单位和个人不得危害生物安全。

任何单位和个人有权举报危害生物安全的行为；接到举报的部门应当及时依法处理。

第九条 对在生物安全工作中做出突出贡献的单位和个人，县级以上人民政府及其有关部门按照国家规定予以表彰和奖励。

第二章 生物安全风险防控体制

第十条 中央国家安全领导机构负责国家生物安全工作的决策和议事协调，研究制定、指导实施国家生物安全战略和有关重大方针政策，统筹协调国家生物安全的重大事项和重要工作，建立国家生物安全工作协调机制。

省、自治区、直辖市建立生物安全工作协调机制，组织协调、督促推进本行政区域内生物安全相关工作。

第十一条 国家生物安全工作协调机制由国务院卫生健康、农业农村、科学技术、外交等主管部门和有关军事机关组成，分析研判国家生物安全形势，组织协调、督促推进国家生物安全相关工作。国家生物安全工作协调机制设立办公室，负责协调机制的日常工作。

国家生物安全工作协调机制成员单位和国务院其他有关部门根据职责分工，负责生物安全相关工作。

第十二条 国家生物安全工作协调机制设立专家委员会，为国家生物安全战略研究、政策制定及实施提供决策咨询。

国务院有关部门组织建立相关领域、行业的生物安全技术咨询专家委员会，为生物安全工作提供咨询、评估、论证等技术支撑。

第十三条 地方各级人民政府对本行政区域内生物安全工作负责。

县级以上地方人民政府有关部门根据职责分工，负责生物安全相关工作。

基层群众性自治组织应当协助地方人民政府以及有关部门做好生物安全风险防控、应急处置和宣传教育等工作。

有关单位和个人应当配合做好生物安全风险防控和应急处置等工作。

第十四条 国家建立生物安全风险监测预警制度。国家生物安全工作协调机制组织建立国家生物安全风险监测预警体系，提高生物安全风险识别和分析能力。

第十五条 国家建立生物安全风险调查评估制度。国家生物安全工作协调机制应当根据风险监测的数据、资料等信息，定期组织开展生物安全风险调查评估。

有下列情形之一的，有关部门应当及时开展生物安全风险调查评估，依法采取必要的风险防控措施：

（一）通过风险监测或者接到举报发现可能存在生物安全风险；

（二）为确定监督管理的重点领域、重点项目，制定、调整生物安全相关名录或者清单；

（三）发生重大新发突发传染病、动植物疫情等危害生物安全的事件；

（四）需要调查评估的其他情形。

第十六条 国家建立生物安全信息共享制度。国家生物安全工作协调机制组织建立统一的国家生物安全信息平台，有关部门应当将生物安全数据、资料等信息汇交国家生物安全信息平台，实现信息共享。

第十七条 国家建立生物安全信息发布制度。国家生物安全总体情况、重大生物安全风险警示信息、重大生物安全事件及其调查处理信息等重大生物安全信息，由国家生物安全工作协调机制成员单位根据职责分工发布；其他生物安全信息由国务院有关部门和县级以上地方人民政府及其有关部门根据职责权限发布。

任何单位和个人不得编造、散布虚假的生物安全信息。

第十八条 国家建立生物安全名录和清单制度。国务院及其有关部门根据生物安全工作需要，对涉及生物安全的材料、设备、技术、活动、重要生物资源数据、传染病、动植物疫病、外来入侵物种等制定、公布名录或者清单，并动态调整。

第十九条 国家建立生物安全标准制度。国务院标准化主管部门和国务院其他有关部门根据职责分工，制定和完善生物安全领域相关标准。

国家生物安全工作协调机制组织有关部门加强不同领域生物安全标准的协调和衔接，建立和完善生物安全标准体系。

第二十条 国家建立生物安全审查制度。对影响或者可能影响国家安全的生物领域重大事项和活动，由国务院有关部门进行生物安全审查，有效防范和化解生物安全风险。

第二十一条 国家建立统一领导、协同联动、有序高效的生物安全应急制度。

国务院有关部门应当组织制定相关领域、行业生物安全事件应急预案，根据应急预案和统一部署开展应急演练、应急处置、应急救援和事后恢复等工作。

县级以上地方人民政府及其有关部门应当制定并组织、指导和督促相关企业事业单位制定生物安全事件应急预案，加强应急准备、人员培训和应急演练，开展生物安全事件应急处置、应急救援和事后恢复等工作。

中国人民解放军、中国人民武装警察部队按照中央军事委员会的命令，依法参加生物安全事件应急处置和应急救援工作。

第二十二条 国家建立生物安全事件调查溯源制度。发生重大新发突发传染病、动植物疫情和不明原因的生物安全事件，国家生物安全工作协调机制应当组织开展调查溯源，确定事件性质，全面评估事件影响，提出意见建议。

第二十三条 国家建立首次进境或者暂停后恢复进境的动植物、动植物产品、高风险生物因子国家准入制度。

进出境的人员、运输工具、集装箱、货物、物品、包装物和国际航行船舶压舱水排放等应当符合我国生物安全管理要求。

海关对发现的进出境和过境生物安全风险，应当依法处置。经评估为生物安全高风险的人员、运输工具、货物、物品等，应当从指定的国境口岸进境，并采取严格的风险防控措施。

第二十四条 国家建立境外重大生物安全事件应对制度。境外发生重大生物安全事件的，海关依法采取生物安全紧急防控措施，加强证件核验，提高查验比例，暂停相关人员、运输工具、货物、物品等进境。必要时经国务院同意，可以采取暂时关闭有关口岸、封锁有关国境等措施。

第二十五条 县级以上人民政府有关部门应当依法开展生物安全监督检查工作，被检查单位和个人应当配合，如实说明情况，提供资料，不得拒绝、阻挠。

涉及专业技术要求较高、执法业务难度较大的监督检查工作，应当有生物安全专业技术人员参加。

第二十六条 县级以上人民政府有关部门实施生物安全监督检查，可以依法采取下列措施：

（一）进入被检查单位、地点或者涉嫌实施生物安全违法行为的场所进行现场监测、勘查、检查或者核查；

（二）向有关单位和个人了解情况；

（三）查阅、复制有关文件、资料、档案、记录、凭证等；

（四）查封涉嫌实施生物安全违法行为的场所、设施；

（五）扣押涉嫌实施生物安全违法行为的工具、设备以及相关物品；

（六）法律法规规定的其他措施。

有关单位和个人的生物安全违法信息应当依法纳入全国信用信息共享平台。

第三章 防控重大新发突发传染病、动植物疫情

第二十七条 国务院卫生健康、农业农村、林业草原、海关、生态环境主管部门应当建立新发突发传染病、动植物疫情、进出境检疫、生物技术环境安全监测网络，组织监测站点布局、建设，完善监测信息报告系统，开展主动监测和病原检测，并纳入国家生物安全风险监测预警体系。

第二十八条 疾病预防控制机构、动物疫病预防控制机构、植物病虫害预防控制机构（以下统称专业机构）应当对传染病、动植物疫病和列入监测范围的不明原因疾病开展主动监测，收集、分析、报告监测信息，预

测新发突发传染病、动植物疫病的发生、流行趋势。

国务院有关部门、县级以上地方人民政府及其有关部门应当根据预测和职责权限及时发布预警，并采取相应的防控措施。

第二十九条 任何单位和个人发现传染病、动植物疫病的，应当及时向医疗机构、有关专业机构或者部门报告。

医疗机构、专业机构及其工作人员发现传染病、动植物疫病或者不明原因的聚集性疾病的，应当及时报告，并采取保护性措施。

依法应当报告的，任何单位和个人不得瞒报、谎报、缓报、漏报，不得授意他人瞒报、谎报、缓报，不得阻碍他人报告。

第三十条 国家建立重大新发突发传染病、动植物疫情联防联控机制。

发生重大新发突发传染病、动植物疫情，应当依照有关法律法规和应急预案的规定及时采取控制措施；国务院卫生健康、农业农村、林业草原主管部门应当立即组织疫情会商研判，将会商研判结论向中央国家安全领导机构和国务院报告，并通报国家生物安全工作协调机制其他成员单位和国务院其他有关部门。

发生重大新发突发传染病、动植物疫情，地方各级人民政府统一履行本行政区域内疫情防控职责，加强组织领导，开展群防群控、医疗救治，动员和鼓励社会力量依法有序参与疫情防控工作。

第三十一条 国家加强国境、口岸传染病和动植物疫情联合防控能力建设，建立传染病、动植物疫情防控国际合作网络，尽早发现、控制重大新发突发传染病、动植物疫情。

第三十二条 国家保护野生动物，加强动物防疫，防止动物源性传染病传播。

第三十三条 国家加强对抗生素药物等抗微生物药物使用和残留的管理，支持应对微生物耐药的基础研究和科技攻关。

县级以上人民政府卫生健康主管部门应当加强对医疗机构合理用药的指导和监督，采取措施防止抗微生物药物的不合理使用。县级以上人民政府农业农村、林业草原主管部门应当加强对农业生产中合理用药的指导和监督，采取措施防止抗微生物药物的不合理使用，降低在农业生产环境中的残留。

国务院卫生健康、农业农村、林业草原、生态环境等主管部门和药品监督管理部门应当根据职责分工，评估抗微生物药物残留对人体健康、环境的危害，建立抗微生物药物污染物指标评价体系。

第四章 生物技术研究、开发与应用安全

第三十四条 国家加强对生物技术研究、开发与应用活动的安全管理，禁止从事危及公众健康、损害生物资源、破坏生态系统和生物多样性等危害生物安全的生物技术研究、开发与应用活动。

从事生物技术研究、开发与应用活动，应当符合伦理原则。

第三十五条 从事生物技术研究、开发与应用活动的单位应当对本单位生物技术研究、开发与应用的安全负责，采取生物安全风险防控措施，制定生物安全培训、跟踪检查、定期报告等工作制度，强化过程管理。

第三十六条 国家对生物技术研究、开发活动实行分类管理。根据对公众健康、工业农业、生态环境等造成危害的风险程度，将生物技术研究、开发活动分为高风险、中风险、低风险三类。

生物技术研究、开发活动风险分类标准及名录由国务院科学技术、卫生健康、农业农村等主管部门根据职责分工，会同国务院其他有关部门制定、调整并公布。

第三十七条 从事生物技术研究、开发活动，应当遵守国家生物技术研究开发安全管理规范。

从事生物技术研究、开发活动，应当进行风险类别判断，密切关注风险变化，及时采取应对措施。

第三十八条 从事高风险、中风险生物技术研究、开发活动，应当由在我国境内依法成立的法人组织进行，并依法取得批准或者进行备案。

从事高风险、中风险生物技术研究、开发活动，应当进行风险评估，制定风险防控计划和生物安全事件应急预案，降低研究、开发活动实施的风险。

第三十九条 国家对涉及生物安全的重要设备和特殊生物因子实行追溯管理。购买或者引进列入管控清单的重要设备和特殊生物因子，应当进行登记，确保可追溯，并报国务院有关部门备案。

个人不得购买或者持有列入管控清单的重要设备和特殊生物因子。

第四十条 从事生物医学新技术临床研究，应当通过伦理审查，并在具备相应条件的医疗机构内进行；进行人体临床研究操作的，应当由符合相应条件的卫生专业技术人员执行。

第四十一条 国务院有关部门依法对生物技术应用活动进行跟踪评估，发现存在生物安全风险的，应当及时采取有效补救和管控措施。

第五章 病原微生物实验室生物安全

第四十二条 国家加强对病原微生物实验室生物安全的管理，制定统一的实验室生物安全标准。病原微生物实验室应当符合生物安全国家标准和要求。

从事病原微生物实验活动，应当严格遵守有关国家标准和实验室技术规范、操作规程，采取安全防范措施。

第四十三条 国家根据病原微生物的传染性、感染后对人和动物的个体或者群体的危害程度，对病原微生物实行分类管理。

从事高致病性或者疑似高致病性病原微生物样本采集、保藏、运输活动，应当具备相应条件，符合生物安全管理规范。具体办法由国务院卫生健康、农业农村主管部门制定。

第四十四条 设立病原微生物实验室，应当依法取得批准或者进行备案。

个人不得设立病原微生物实验室或者从事病原微生物实验活动。

第四十五条 国家根据对病原微生物的生物安全防护水平，对病原微生物实验室实行分等级管理。

从事病原微生物实验活动应当在相应等级的实验室进行。低等级病原微生物实验室不得从事国家病原微生物目录规定应当在高等级病原微生物实验室进行的病原微生物实验活动。

第四十六条 高等级病原微生物实验室从事高致病性或者疑似高致病性病原微生物实验活动，应当经省级以上人民政府卫生健康或者农业农村主管部门批准，并将实验活动情况向批准部门报告。

对我国尚未发现或者已经宣布消灭的病原微生物，未经批准不得从事相关实验活动。

第四十七条 病原微生物实验室应当采取措施，加强对实验动物的管理，防止实验动物逃逸，对使用后的实验动物按照国家规定进行无害化处理，实现实验动物可追溯。禁止将使用后的实验动物流入市场。

病原微生物实验室应当加强对实验活动废弃物的管理，依法对废水、废气以及其他废弃物进行处置，采取措施防止污染。

第四十八条 病原微生物实验室的设立单位负责实验室的生物安全管理，制定科学、严格的管理制度，定期对有关生物安全规定的落实情况进行检查，对实验室设施、设备、材料等进行检查、维护和更新，确保其符合国家标准。

病原微生物实验室设立单位的法定代表人和实验室负责人对实验室的生物安全负责。

第四十九条 病原微生物实验室的设立单位应当建立和完善安全保卫制度，采取安全保卫措施，保障实验室及其病原微生物的安全。

国家加强对高等级病原微生物实验室的安全保卫。高等级病原微生物实验室应当接受公安机关等部门有关实验室安全保卫工作的监督指导，严防高致病性病原微生物泄漏、丢失和被盗、被抢。

国家建立高等级病原微生物实验室人员进入审核制度。进入高等级病原微生物实验室的人员应当经实验室负责人批准。对可能影响实验室生物安全的，不予批准；对批准进入的，应当采取安全保障措施。

第五十条 病原微生物实验室的设立单位应当制定生物安全事件应急预案，定期组织开展人员培训和应急演练。发生高致病性病原微生物泄漏、丢失和被盗、被抢或者其他生物安全风险的，应当按照应急预案的规定及时采取控制措施，并按照国家规定报告。

第五十一条 病原微生物实验室所在地省级人民政府及其卫生健康主管部门应当加强实验室所在地感染性疾病医疗资源配置，提高感染性疾病医疗救治能力。

第五十二条 企业对涉及病原微生物操作的生产车间的生物安全管理，依照有关病原微生物实验室的规定和其他生物安全管理规范进行。

涉及生物毒素、植物有害生物及其他生物因子操作的生物安全实验室的建设和管理，参照有关病原微生物实验室的规定执行。

第六章　人类遗传资源与生物资源安全

第五十三条　国家加强对我国人类遗传资源和生物资源采集、保藏、利用、对外提供等活动的管理和监督，保障人类遗传资源和生物资源安全。

国家对我国人类遗传资源和生物资源享有主权。

第五十四条　国家开展人类遗传资源和生物资源调查。

国务院卫生健康主管部门组织开展我国人类遗传资源调查，制定重要遗传家系和特定地区人类遗传资源申报登记办法。

国务院卫生健康、科学技术、自然资源、生态环境、农业农村、林业草原、中医药主管部门根据职责分工，组织开展生物资源调查，制定重要生物资源申报登记办法。

第五十五条　采集、保藏、利用、对外提供我国人类遗传资源，应当符合伦理原则，不得危害公众健康、国家安全和社会公共利益。

第五十六条　从事下列活动，应当经国务院卫生健康主管部门批准：

（一）采集我国重要遗传家系、特定地区人类遗传资源或者采集国务院卫生健康主管部门规定的种类、数量的人类遗传资源；

（二）保藏我国人类遗传资源；

（三）利用我国人类遗传资源开展国际科学研究合作；

（四）将我国人类遗传资源材料运送、邮寄、携带出境。

前款规定不包括以临床诊疗、采供血服务、查处违法犯罪、兴奋剂检测和殡葬等为目的采集、保藏人类遗传资源及开展的相关活动。

为了取得相关药品和医疗器械在我国上市许可，在临床试验机构利用我国人类遗传资源开展国际合作临床试验、不涉及人类遗传资源出境的，不需要批准；但是，在开展临床试验前应当将拟使用的人类遗传资源种类、数量及用途向国务院卫生健康主管部门备案。

境外组织、个人及其设立或者实际控制的机构不得在我国境内采集、保藏我国人类遗传资源，不得向境外提供我国人类遗传资源。

第五十七条　将我国人类遗传资源信息向境外组织、个人及其设立或者实际控制的机构提供或者开放使用的，应当向国务院卫生健康主管部门事先报告并提交信息备份。

第五十八条 采集、保藏、利用、运输出境我国珍贵、濒危、特有物种及其可用于再生或者繁殖传代的个体、器官、组织、细胞、基因等遗传资源，应当遵守有关法律法规。

境外组织、个人及其设立或者实际控制的机构获取和利用我国生物资源，应当依法取得批准。

第五十九条 利用我国生物资源开展国际科学研究合作，应当依法取得批准。

利用我国人类遗传资源和生物资源开展国际科学研究合作，应当保证中方单位及其研究人员全过程、实质性地参与研究，依法分享相关权益。

第六十条 国家加强对外来物种入侵的防范和应对，保护生物多样性。国务院农业农村主管部门会同国务院其他有关部门制定外来入侵物种名录和管理办法。

国务院有关部门根据职责分工，加强对外来入侵物种的调查、监测、预警、控制、评估、清除以及生态修复等工作。

任何单位和个人未经批准，不得擅自引进、释放或者丢弃外来物种。

第七章 防范生物恐怖与生物武器威胁

第六十一条 国家采取一切必要措施防范生物恐怖与生物武器威胁。

禁止开发、制造或者以其他方式获取、储存、持有和使用生物武器。

禁止以任何方式唆使、资助、协助他人开发、制造或者以其他方式获取生物武器。

第六十二条 国务院有关部门制定、修改、公布可被用于生物恐怖活动、制造生物武器的生物体、生物毒素、设备或者技术清单，加强监管，防止其被用于制造生物武器或者恐怖目的。

第六十三条 国务院有关部门和有关军事机关根据职责分工，加强对可被用于生物恐怖活动、制造生物武器的生物体、生物毒素、设备或者技术进出境、进出口、获取、制造、转移和投放等活动的监测、调查，采取必要的防范和处置措施。

第六十四条 国务院有关部门、省级人民政府及其有关部门负责组织遭受生物恐怖袭击、生物武器攻击后的人员救治与安置、环境消毒、生态修复、安全监测和社会秩序恢复等工作。

国务院有关部门、省级人民政府及其有关部门应当有效引导社会舆论科学、准确报道生物恐怖袭击和生物武器攻击事件，及时发布疏散、转移和紧急避难等信息，对应急处置与恢复过程中遭受污染的区域和人员进行长期环境监测和健康监测。

第六十五条 国家组织开展对我国境内战争遗留生物武器及其危害结果、潜在影响的调查。

国家组织建设存放和处理战争遗留生物武器设施，保障对战争遗留生物武器的安全处置。

第八章 生物安全能力建设

第六十六条 国家制定生物安全事业发展规划，加强生物安全能力建设，提高应对生物安全事件的能力和水平。

县级以上人民政府应当支持生物安全事业发展，按照事权划分，将支持下列生物安全事业发展的相关支出列入政府预算：

（一）监测网络的构建和运行；

（二）应急处置和防控物资的储备；

（三）关键基础设施的建设和运行；

（四）关键技术和产品的研究、开发；

（五）人类遗传资源和生物资源的调查、保藏；

（六）法律法规规定的其他重要生物安全事业。

第六十七条 国家采取措施支持生物安全科技研究，加强生物安全风险防御与管控技术研究，整合优势力量和资源，建立多学科、多部门协同创新的联合攻关机制，推动生物安全核心关键技术和重大防御产品的成果产出与转化应用，提高生物安全的科技保障能力。

第六十八条 国家统筹布局全国生物安全基础设施建设。国务院有关部门根据职责分工，加快建设生物信息、人类遗传资源保藏、菌（毒）种保藏、动植物遗传资源保藏、高等级病原微生物实验室等方面的生物安全国家战略资源平台，建立共享利用机制，为生物安全科技创新提供战略保障和支撑。

第六十九条　国务院有关部门根据职责分工，加强生物基础科学研究人才和生物领域专业技术人才培养，推动生物基础科学学科建设和科学研究。

国家生物安全基础设施重要岗位的从业人员应当具备符合要求的资格，相关信息应当向国务院有关部门备案，并接受岗位培训。

第七十条　国家加强重大新发突发传染病、动植物疫情等生物安全风险防控的物资储备。

国家加强生物安全应急药品、装备等物资的研究、开发和技术储备。国务院有关部门根据职责分工，落实生物安全应急药品、装备等物资研究、开发和技术储备的相关措施。

国务院有关部门和县级以上地方人民政府及其有关部门应当保障生物安全事件应急处置所需的医疗救护设备、救治药品、医疗器械等物资的生产、供应和调配；交通运输主管部门应当及时组织协调运输经营单位优先运送。

第七十一条　国家对从事高致病性病原微生物实验活动、生物安全事件现场处置等高风险生物安全工作的人员，提供有效的防护措施和医疗保障。

第九章　法律责任

第七十二条　违反本法规定，履行生物安全管理职责的工作人员在生物安全工作中滥用职权、玩忽职守、徇私舞弊或者有其他违法行为的，依法给予处分。

第七十三条　违反本法规定，医疗机构、专业机构或者其工作人员瞒报、谎报、缓报、漏报，授意他人瞒报、谎报、缓报，或者阻碍他人报告传染病、动植物疫病或者不明原因的聚集性疾病的，由县级以上人民政府有关部门责令改正，给予警告；对法定代表人、主要负责人、直接负责的主管人员和其他直接责任人员，依法给予处分，并可以依法暂停一定期限的执业活动直至吊销相关执业证书。

违反本法规定，编造、散布虚假的生物安全信息，构成违反治安管理行为的，由公安机关依法给予治安管理处罚。

第七十四条 违反本法规定，从事国家禁止的生物技术研究、开发与应用活动的，由县级以上人民政府卫生健康、科学技术、农业农村主管部门根据职责分工，责令停止违法行为，没收违法所得、技术资料和用于违法行为的工具、设备、原材料等物品，处一百万元以上一千万元以下的罚款，违法所得在一百万元以上的，处违法所得十倍以上二十倍以下的罚款，并可以依法禁止一定期限内从事相应的生物技术研究、开发与应用活动，吊销相关许可证件；对法定代表人、主要负责人、直接负责的主管人员和其他直接责任人员，依法给予处分，处十万元以上二十万元以下的罚款，十年直至终身禁止从事相应的生物技术研究、开发与应用活动，依法吊销相关执业证书。

第七十五条 违反本法规定，从事生物技术研究、开发活动未遵守国家生物技术研究开发安全管理规范的，由县级以上人民政府有关部门根据职责分工，责令改正，给予警告，可以并处二万元以上二十万元以下的罚款；拒不改正或者造成严重后果的，责令停止研究、开发活动，并处二十万元以上二百万元以下的罚款。

第七十六条 违反本法规定，从事病原微生物实验活动未在相应等级的实验室进行，或者高等级病原微生物实验室未经批准从事高致病性、疑似高致病性病原微生物实验活动的，由县级以上地方人民政府卫生健康、农业农村主管部门根据职责分工，责令停止违法行为，监督其将用于实验活动的病原微生物销毁或者送交保藏机构，给予警告；造成传染病传播、流行或者其他严重后果的，对法定代表人、主要负责人、直接负责的主管人员和其他直接责任人员依法给予撤职、开除处分。

第七十七条 违反本法规定，将使用后的实验动物流入市场的，由县级以上人民政府科学技术主管部门责令改正，没收违法所得，并处二十万元以上一百万元以下的罚款，违法所得在二十万元以上的，并处违法所得五倍以上十倍以下的罚款；情节严重的，由发证部门吊销相关许可证件。

第七十八条 违反本法规定，有下列行为之一的，由县级以上人民政府有关部门根据职责分工，责令改正，没收违法所得，给予警告，可以并处十万元以上一百万元以下的罚款：

（一）购买或者引进列入管控清单的重要设备、特殊生物因子未进行登记，或者未报国务院有关部门备案；

（二）个人购买或者持有列入管控清单的重要设备或者特殊生物因子；

（三）个人设立病原微生物实验室或者从事病原微生物实验活动；

（四）未经实验室负责人批准进入高等级病原微生物实验室。

第七十九条 违反本法规定，未经批准，采集、保藏我国人类遗传资源或者利用我国人类遗传资源开展国际科学研究合作的，由国务院卫生健康主管部门责令停止违法行为，没收违法所得和违法采集、保藏的人类遗传资源，并处五十万元以上五百万元以下的罚款，违法所得在一百万元以上的，并处违法所得五倍以上十倍以下的罚款；情节严重的，对法定代表人、主要负责人、直接负责的主管人员和其他直接责任人员，依法给予处分，五年内禁止从事相应活动。

第八十条 违反本法规定，境外组织、个人及其设立或者实际控制的机构在我国境内采集、保藏我国人类遗传资源，或者向境外提供我国人类遗传资源的，由国务院卫生健康主管部门责令停止违法行为，没收违法所得和违法采集、保藏的人类遗传资源，并处一百万元以上一千万元以下的罚款；违法所得在一百万元以上的，并处违法所得十倍以上二十倍以下的罚款。

第八十一条 违反本法规定，未经批准，擅自引进外来物种的，由县级以上人民政府有关部门根据职责分工，没收引进的外来物种，并处五万元以上二十五万元以下的罚款。

违反本法规定，未经批准，擅自释放或者丢弃外来物种的，由县级以上人民政府有关部门根据职责分工，责令限期捕回、找回释放或者丢弃的外来物种，处一万元以上五万元以下的罚款。

第八十二条 违反本法规定，构成犯罪的，依法追究刑事责任；造成人身、财产或者其他损害的，依法承担民事责任。

第八十三条 违反本法规定的生物安全违法行为，本法未规定法律责任，其他有关法律、行政法规有规定的，依照其规定。

第八十四条 境外组织或者个人通过运输、邮寄、携带危险生物因子入境或者以其他方式危害我国生物安全的，依法追究法律责任，并可以采取其他必要措施。

第十章　附　　则

第八十五条　本法下列术语的含义：

（一）生物因子，是指动物、植物、微生物、生物毒素及其他生物活性物质。

（二）重大新发突发传染病，是指我国境内首次出现或者已经宣布消灭再次发生，或者突然发生，造成或者可能造成公众健康和生命安全严重损害，引起社会恐慌，影响社会稳定的传染病。

（三）重大新发突发动物疫情，是指我国境内首次发生或者已经宣布消灭的动物疫病再次发生，或者发病率、死亡率较高的潜伏动物疫病突然发生并迅速传播，给养殖业生产安全造成严重威胁、危害，以及可能对公众健康和生命安全造成危害的情形。

（四）重大新发突发植物疫情，是指我国境内首次发生或者已经宣布消灭的严重危害植物的真菌、细菌、病毒、昆虫、线虫、杂草、害鼠、软体动物等再次引发病虫害，或者本地有害生物突然大范围发生并迅速传播，对农作物、林木等植物造成严重危害的情形。

（五）生物技术研究、开发与应用，是指通过科学和工程原理认识、改造、合成、利用生物而从事的科学研究、技术开发与应用等活动。

（六）病原微生物，是指可以侵犯人、动物引起感染甚至传染病的微生物，包括病毒、细菌、真菌、立克次体、寄生虫等。

（七）植物有害生物，是指能够对农作物、林木等植物造成危害的真菌、细菌、病毒、昆虫、线虫、杂草、害鼠、软体动物等生物。

（八）人类遗传资源，包括人类遗传资源材料和人类遗传资源信息。人类遗传资源材料是指含有人体基因组、基因等遗传物质的器官、组织、细胞等遗传材料。人类遗传资源信息是指利用人类遗传资源材料产生的数据等信息资料。

（九）微生物耐药，是指微生物对抗微生物药物产生抗性，导致抗微生物药物不能有效控制微生物的感染。

（十）生物武器，是指类型和数量不属于预防、保护或者其他和平用途所正当需要的、任何来源或者任何方法产生的微生物剂、其他生物剂以及生物毒素；也包括为将上述生物剂、生物毒素使用于敌对目的或者武装冲突而设计的武器、设备或者运载工具。

（十一）生物恐怖，是指故意使用致病性微生物、生物毒素等实施袭击，损害人类或者动植物健康，引起社会恐慌，企图达到特定政治目的的行为。

第八十六条 生物安全信息属于国家秘密的，应当依照《中华人民共和国保守国家秘密法》和国家其他有关保密规定实施保密管理。

第八十七条 中国人民解放军、中国人民武装警察部队的生物安全活动，由中央军事委员会依照本法规定的原则另行规定。

第八十八条 本法自 2021 年 4 月 15 日起施行。

中华人民共和国突发事件应对法

（2007 年 8 月 30 日第十届全国人民代表大会常务委员会第二十九次会议通过 2024 年 6 月 28 日第十四届全国人民代表大会常务委员会第十次会议修订 2024 年 6 月 28 日中华人民共和国主席令第 25 号公布 自 2024 年 11 月 1 日起施行）

目 录

第一章 总 则
第二章 管理与指挥体制
第三章 预防与应急准备
第四章 监测与预警
第五章 应急处置与救援
第六章 事后恢复与重建
第七章 法律责任
第八章 附 则

第一章　总　　则

第一条　为了预防和减少突发事件的发生，控制、减轻和消除突发事件引起的严重社会危害，提高突发事件预防和应对能力，规范突发事件应对活动，保护人民生命财产安全，维护国家安全、公共安全、生态环境安全和社会秩序，根据宪法，制定本法。

第二条　本法所称突发事件，是指突然发生，造成或者可能造成严重社会危害，需要采取应急处置措施予以应对的自然灾害、事故灾难、公共卫生事件和社会安全事件。

突发事件的预防与应急准备、监测与预警、应急处置与救援、事后恢复与重建等应对活动，适用本法。

《中华人民共和国传染病防治法》等有关法律对突发公共卫生事件应对作出规定的，适用其规定。有关法律没有规定的，适用本法。

第三条　按照社会危害程度、影响范围等因素，突发自然灾害、事故灾难、公共卫生事件分为特别重大、重大、较大和一般四级。法律、行政法规或者国务院另有规定的，从其规定。

突发事件的分级标准由国务院或者国务院确定的部门制定。

第四条　突发事件应对工作坚持中国共产党的领导，坚持以马克思列宁主义、毛泽东思想、邓小平理论、“三个代表”重要思想、科学发展观、习近平新时代中国特色社会主义思想为指导，建立健全集中统一、高效权威的中国特色突发事件应对工作领导体制，完善党委领导、政府负责、部门联动、军地联合、社会协同、公众参与、科技支撑、法治保障的治理体系。

第五条　突发事件应对工作应当坚持总体国家安全观，统筹发展与安全；坚持人民至上、生命至上；坚持依法科学应对，尊重和保障人权；坚持预防为主、预防与应急相结合。

第六条　国家建立有效的社会动员机制，组织动员企业事业单位、社会组织、志愿者等各方力量依法有序参与突发事件应对工作，增强全民的公共安全和防范风险的意识，提高全社会的避险救助能力。

第七条 国家建立健全突发事件信息发布制度。有关人民政府和部门应当及时向社会公布突发事件相关信息和有关突发事件应对的决定、命令、措施等信息。

任何单位和个人不得编造、故意传播有关突发事件的虚假信息。有关人民政府和部门发现影响或者可能影响社会稳定、扰乱社会和经济管理秩序的虚假或者不完整信息的，应当及时发布准确的信息予以澄清。

第八条 国家建立健全突发事件新闻采访报道制度。有关人民政府和部门应当做好新闻媒体服务引导工作，支持新闻媒体开展采访报道和舆论监督。

新闻媒体采访报道突发事件应当及时、准确、客观、公正。

新闻媒体应当开展突发事件应对法律法规、预防与应急、自救与互救知识等的公益宣传。

第九条 国家建立突发事件应对工作投诉、举报制度，公布统一的投诉、举报方式。

对于不履行或者不正确履行突发事件应对工作职责的行为，任何单位和个人有权向有关人民政府和部门投诉、举报。

接到投诉、举报的人民政府和部门应当依照规定立即组织调查处理，并将调查处理结果以适当方式告知投诉人、举报人；投诉、举报事项不属于其职责的，应当及时移送有关机关处理。

有关人民政府和部门对投诉人、举报人的相关信息应当予以保密，保护投诉人、举报人的合法权益。

第十条 突发事件应对措施应当与突发事件可能造成的社会危害的性质、程度和范围相适应；有多种措施可供选择的，应当选择有利于最大程度地保护公民、法人和其他组织权益，且对他人权益损害和生态环境影响较小的措施，并根据情况变化及时调整，做到科学、精准、有效。

第十一条 国家在突发事件应对工作中，应当对未成年人、老年人、残疾人、孕产期和哺乳期的妇女、需要及时就医的伤病人员等群体给予特殊、优先保护。

第十二条 县级以上人民政府及其部门为应对突发事件的紧急需要，可以征用单位和个人的设备、设施、场地、交通工具等财产。被征用的财产在使用完毕或者突发事件应急处置工作结束后，应当及时返还。财产被征用或者征用后毁损、灭失的，应当给予公平、合理的补偿。

第十三条 因依法采取突发事件应对措施，致使诉讼、监察调查、行政复议、仲裁、国家赔偿等活动不能正常进行的，适用有关时效中止和程序中止的规定，法律另有规定的除外。

第十四条 中华人民共和国政府在突发事件的预防与应急准备、监测与预警、应急处置与救援、事后恢复与重建等方面，同外国政府和有关国际组织开展合作与交流。

第十五条 对在突发事件应对工作中做出突出贡献的单位和个人，按照国家有关规定给予表彰、奖励。

第二章 管理与指挥体制

第十六条 国家建立统一指挥、专常兼备、反应灵敏、上下联动的应急管理体制和综合协调、分类管理、分级负责、属地管理为主的工作体系。

第十七条 县级人民政府对本行政区域内突发事件的应对管理工作负责。突发事件发生后，发生地县级人民政府应当立即采取措施控制事态发展，组织开展应急救援和处置工作，并立即向上一级人民政府报告，必要时可以越级上报，具备条件的，应当进行网络直报或者自动速报。

突发事件发生地县级人民政府不能消除或者不能有效控制突发事件引起的严重社会危害的，应当及时向上级人民政府报告。上级人民政府应当及时采取措施，统一领导应急处置工作。

法律、行政法规规定由国务院有关部门对突发事件应对管理工作负责的，从其规定；地方人民政府应当积极配合并提供必要的支持。

第十八条 突发事件涉及两个以上行政区域的，其应对管理工作由有关行政区域共同的上一级人民政府负责，或者由各有关行政区域的上一级人民政府共同负责。共同负责的人民政府应当按照国家有关规定，建立信息共享和协调配合机制。根据共同应对突发事件的需要，地方人民政府之间可以建立协同应对机制。

第十九条 县级以上人民政府是突发事件应对管理工作的行政领导

机关。

国务院在总理领导下研究、决定和部署特别重大突发事件的应对工作；根据实际需要，设立国家突发事件应急指挥机构，负责突发事件应对工作；必要时，国务院可以派出工作组指导有关工作。

县级以上地方人民政府设立由本级人民政府主要负责人、相关部门负责人、国家综合性消防救援队伍和驻当地中国人民解放军、中国人民武装警察部队有关负责人等组成的突发事件应急指挥机构，统一领导、协调本级人民政府各有关部门和下级人民政府开展突发事件应对工作；根据实际需要，设立相关类别突发事件应急指挥机构，组织、协调、指挥突发事件应对工作。

第二十条 突发事件应急指挥机构在突发事件应对过程中可以依法发布有关突发事件应对的决定、命令、措施。突发事件应急指挥机构发布的决定、命令、措施与设立它的人民政府发布的决定、命令、措施具有同等效力，法律责任由设立它的人民政府承担。

第二十一条 县级以上人民政府应急管理部门和卫生健康、公安等有关部门应当在各自职责范围内做好有关突发事件应对管理工作，并指导、协助下级人民政府及其相应部门做好有关突发事件的应对管理工作。

第二十二条 乡级人民政府、街道办事处应当明确专门工作力量，负责突发事件应对有关工作。

居民委员会、村民委员会依法协助人民政府和有关部门做好突发事件应对工作。

第二十三条 公民、法人和其他组织有义务参与突发事件应对工作。

第二十四条 中国人民解放军、中国人民武装警察部队和民兵组织依照本法和其他有关法律、行政法规、军事法规的规定以及国务院、中央军事委员会的命令，参加突发事件的应急救援和处置工作。

第二十五条 县级以上人民政府及其设立的突发事件应急指挥机构发布的有关突发事件应对的决定、命令、措施，应当及时报本级人民代表大会常务委员会备案；突发事件应急处置工作结束后，应当向本级人民代表大会常务委员会作出专项工作报告。

第三章　预防与应急准备

第二十六条　国家建立健全突发事件应急预案体系。

国务院制定国家突发事件总体应急预案，组织制定国家突发事件专项应急预案；国务院有关部门根据各自的职责和国务院相关应急预案，制定国家突发事件部门应急预案并报国务院备案。

地方各级人民政府和县级以上地方人民政府有关部门根据有关法律、法规、规章、上级人民政府及其有关部门的应急预案以及本地区、本部门的实际情况，制定相应的突发事件应急预案并按国务院有关规定备案。

第二十七条　县级以上人民政府应急管理部门指导突发事件应急预案体系建设，综合协调应急预案衔接工作，增强有关应急预案的衔接性和实效性。

第二十八条　应急预案应当根据本法和其他有关法律、法规的规定，针对突发事件的性质、特点和可能造成的社会危害，具体规定突发事件应对管理工作的组织指挥体系与职责和突发事件的预防与预警机制、处置程序、应急保障措施以及事后恢复与重建措施等内容。

应急预案制定机关应当广泛听取有关部门、单位、专家和社会各方面意见，增强应急预案的针对性和可操作性，并根据实际需要、情势变化、应急演练中发现的问题等及时对应急预案作出修订。

应急预案的制定、修订、备案等工作程序和管理办法由国务院规定。

第二十九条　县级以上人民政府应当将突发事件应对工作纳入国民经济和社会发展规划。县级以上人民政府有关部门应当制定突发事件应急体系建设规划。

第三十条　国土空间规划等规划应当符合预防、处置突发事件的需要，统筹安排突发事件应对工作所必需的设备和基础设施建设，合理确定应急避难、封闭隔离、紧急医疗救治等场所，实现日常使用和应急使用的相互转换。

第三十一条　国务院应急管理部门会同卫生健康、自然资源、住房城乡建设等部门统筹、指导全国应急避难场所的建设和管理工作，建立健全应急避难场所标准体系。县级以上地方人民政府负责本行政区域内应急避难场所的规划、建设和管理工作。

第三十二条　国家建立健全突发事件风险评估体系，对可能发生的突发事件进行综合性评估，有针对性地采取有效防范措施，减少突发事件的发生，最大限度减轻突发事件的影响。

第三十三条　县级人民政府应当对本行政区域内容易引发自然灾害、事故灾难和公共卫生事件的危险源、危险区域进行调查、登记、风险评估，定期进行检查、监控，并责令有关单位采取安全防范措施。

省级和设区的市级人民政府应当对本行政区域内容易引发特别重大、重大突发事件的危险源、危险区域进行调查、登记、风险评估，组织进行检查、监控，并责令有关单位采取安全防范措施。

县级以上地方人民政府应当根据情况变化，及时调整危险源、危险区域的登记。登记的危险源、危险区域及其基础信息，应当按照国家有关规定接入突发事件信息系统，并及时向社会公布。

第三十四条　县级人民政府及其有关部门、乡级人民政府、街道办事处、居民委员会、村民委员会应当及时调解处理可能引发社会安全事件的矛盾纠纷。

第三十五条　所有单位应当建立健全安全管理制度，定期开展危险源辨识评估，制定安全防范措施；定期检查本单位各项安全防范措施的落实情况，及时消除事故隐患；掌握并及时处理本单位存在的可能引发社会安全事件的问题，防止矛盾激化和事态扩大；对本单位可能发生的突发事件和采取安全防范措施的情况，应当按照规定及时向所在地人民政府或者有关部门报告。

第三十六条　矿山、金属冶炼、建筑施工单位和易燃易爆物品、危险化学品、放射性物品等危险物品的生产、经营、运输、储存、使用单位，应当制定具体应急预案，配备必要的应急救援器材、设备和物资，并对生产经营场所、有危险物品的建筑物、构筑物及周边环境开展隐患排查，及时采取措施管控风险和消除隐患，防止发生突发事件。

第三十七条　公共交通工具、公共场所和其他人员密集场所的经营单位或者管理单位应当制定具体应急预案，为交通工具和有关场所配备报警装置和必要的应急救援设备、设施，注明其使用方法，并显著标明安全撤离的通道、路线，保证安全通道、出口的畅通。

有关单位应当定期检测、维护其报警装置和应急救援设备、设施，使其处于良好状态，确保正常使用。

第三十八条 县级以上人民政府应当建立健全突发事件应对管理培训制度，对人民政府及其有关部门负有突发事件应对管理职责的工作人员以及居民委员会、村民委员会有关人员定期进行培训。

第三十九条 国家综合性消防救援队伍是应急救援的综合性常备骨干力量，按照国家有关规定执行综合应急救援任务。县级以上人民政府有关部门可以根据实际需要设立专业应急救援队伍。

县级以上人民政府及其有关部门可以建立由成年志愿者组成的应急救援队伍。乡级人民政府、街道办事处和有条件的居民委员会、村民委员会可以建立基层应急救援队伍，及时、就近开展应急救援。单位应当建立由本单位职工组成的专职或者兼职应急救援队伍。

国家鼓励和支持社会力量建立提供社会化应急救援服务的应急救援队伍。社会力量建立的应急救援队伍参与突发事件应对工作应当服从履行统一领导职责或者组织处置突发事件的人民政府、突发事件应急指挥机构的统一指挥。

县级以上人民政府应当推动专业应急救援队伍与非专业应急救援队伍联合培训、联合演练，提高合成应急、协同应急的能力。

第四十条 地方各级人民政府、县级以上人民政府有关部门、有关单位应当为其组建的应急救援队伍购买人身意外伤害保险，配备必要的防护装备和器材，防范和减少应急救援人员的人身伤害风险。

专业应急救援人员应当具备相应的身体条件、专业技能和心理素质，取得国家规定的应急救援职业资格，具体办法由国务院应急管理部门会同国务院有关部门制定。

第四十一条 中国人民解放军、中国人民武装警察部队和民兵组织应当有计划地组织开展应急救援的专门训练。

第四十二条 县级人民政府及其有关部门、乡级人民政府、街道办事处应当组织开展面向社会公众的应急知识宣传普及活动和必要的应急演练。

居民委员会、村民委员会、企业事业单位、社会组织应当根据所在地人民政府的要求，结合各自的实际情况，开展面向居民、村民、职工等的应急知识宣传普及活动和必要的应急演练。

第四十三条 各级各类学校应当把应急教育纳入教育教学计划，对学生及教职工开展应急知识教育和应急演练，培养安全意识，提高自救与互救能力。

教育主管部门应当对学校开展应急教育进行指导和监督，应急管理等部门应当给予支持。

第四十四条 各级人民政府应当将突发事件应对工作所需经费纳入本级预算，并加强资金管理，提高资金使用绩效。

第四十五条 国家按照集中管理、统一调拨、平时服务、灾时应急、采储结合、节约高效的原则，建立健全应急物资储备保障制度，动态更新应急物资储备品种目录，完善重要应急物资的监管、生产、采购、储备、调拨和紧急配送体系，促进安全应急产业发展，优化产业布局。

国家储备物资品种目录、总体发展规划，由国务院发展改革部门会同国务院有关部门拟订。国务院应急管理等部门依据职责制定应急物资储备规划、品种目录，并组织实施。应急物资储备规划应当纳入国家储备总体发展规划。

第四十六条 设区的市级以上人民政府和突发事件易发、多发地区的县级人民政府应当建立应急救援物资、生活必需品和应急处置装备的储备保障制度。

县级以上地方人民政府应当根据本地区的实际情况和突发事件应对工作的需要，依法与有条件的企业签订协议，保障应急救援物资、生活必需品和应急处置装备的生产、供给。有关企业应当根据协议，按照县级以上地方人民政府要求，进行应急救援物资、生活必需品和应急处置装备的生产、供给，并确保符合国家有关产品质量的标准和要求。

国家鼓励公民、法人和其他组织储备基本的应急自救物资和生活必需品。有关部门可以向社会公布相关物资、物品的储备指南和建议清单。

第四十七条 国家建立健全应急运输保障体系，统筹铁路、公路、水运、民航、邮政、快递等运输和服务方式，制定应急运输保障方案，保障应急物资、装备和人员及时运输。

县级以上地方人民政府和有关主管部门应当根据国家应急运输保障方案，结合本地区实际做好应急调度和运力保障，确保运输通道和客货运枢纽畅通。

国家发挥社会力量在应急运输保障中的积极作用。社会力量参与突发事件应急运输保障，应当服从突发事件应急指挥机构的统一指挥。

第四十八条 国家建立健全能源应急保障体系，提高能源安全保障能力，确保受突发事件影响地区的能源供应。

第四十九条 国家建立健全应急通信、应急广播保障体系，加强应急通信系统、应急广播系统建设，确保突发事件应对工作的通信、广播安全畅通。

第五十条 国家建立健全突发事件卫生应急体系，组织开展突发事件中的医疗救治、卫生学调查处置和心理援助等卫生应急工作，有效控制和消除危害。

第五十一条 县级以上人民政府应当加强急救医疗服务网络的建设，配备相应的医疗救治物资、设施设备和人员，提高医疗卫生机构应对各类突发事件的救治能力。

第五十二条 国家鼓励公民、法人和其他组织为突发事件应对工作提供物资、资金、技术支持和捐赠。

接受捐赠的单位应当及时公开接受捐赠的情况和受赠财产的使用、管理情况，接受社会监督。

第五十三条 红十字会在突发事件中，应当对伤病人员和其他受害者提供紧急救援和人道救助，并协助人民政府开展与其职责相关的其他人道主义服务活动。有关人民政府应当给予红十字会支持和资助，保障其依法参与应对突发事件。

慈善组织在发生重大突发事件时开展募捐和救助活动，应当在有关人民政府的统筹协调、有序引导下依法进行。有关人民政府应当通过提供必要的需求信息、政府购买服务等方式，对慈善组织参与应对突发事件、开展应急慈善活动予以支持。

第五十四条 有关单位应当加强应急救援资金、物资的管理，提高使用效率。

任何单位和个人不得截留、挪用、私分或者变相私分应急救援资金、物资。

第五十五条 国家发展保险事业，建立政府支持、社会力量参与、市场化运作的巨灾风险保险体系，并鼓励单位和个人参加保险。

第五十六条 国家加强应急管理基础科学、重点行业领域关键核心技术的研究，加强互联网、云计算、大数据、人工智能等现代技术手段在突发事件应对工作中的应用，鼓励、扶持有条件的教学科研机构、企业培养应急管理人才和科技人才，研发、推广新技术、新材料、新设备和新工具，提高突发事件应对能力。

第五十七条 县级以上人民政府及其有关部门应当建立健全突发事件专家咨询论证制度，发挥专业人员在突发事件应对工作中的作用。

第四章 监测与预警

第五十八条 国家建立健全突发事件监测制度。

县级以上人民政府及其有关部门应当根据自然灾害、事故灾难和公共卫生事件的种类和特点，建立健全基础信息数据库，完善监测网络，划分监测区域，确定监测点，明确监测项目，提供必要的设备、设施，配备专职或者兼职人员，对可能发生的突发事件进行监测。

第五十九条 国务院建立全国统一的突发事件信息系统。

县级以上地方人民政府应当建立或者确定本地区统一的突发事件信息系统，汇集、储存、分析、传输有关突发事件的信息，并与上级人民政府及其有关部门、下级人民政府及其有关部门、专业机构、监测网点和重点企业的突发事件信息系统实现互联互通，加强跨部门、跨地区的信息共享与情报合作。

第六十条 县级以上人民政府及其有关部门、专业机构应当通过多种途径收集突发事件信息。

县级人民政府应当在居民委员会、村民委员会和有关单位建立专职或者兼职信息报告员制度。

公民、法人或者其他组织发现发生突发事件，或者发现可能发生突发事件的异常情况，应当立即向所在地人民政府、有关主管部门或者指定的专业机构报告。接到报告的单位应当按照规定立即核实处理，对于不属于其职责的，应当立即移送相关单位核实处理。

第六十一条 地方各级人民政府应当按照国家有关规定向上级人民政府报送突发事件信息。县级以上人民政府有关主管部门应当向本级人民政府相关部门通报突发事件信息，并报告上级人民政府主管部门。专业机构、监测网点和信息报告员应当及时向所在地人民政府及其有关主管部门报告突发事件信息。

有关单位和人员报送、报告突发事件信息，应当做到及时、客观、真实，不得迟报、谎报、瞒报、漏报，不得授意他人迟报、谎报、瞒报，不得阻碍他人报告。

第六十二条 县级以上地方人民政府应当及时汇总分析突发事件隐患和监测信息，必要时组织相关部门、专业技术人员、专家学者进行会商，对发生突发事件的可能性及其可能造成的影响进行评估；认为可能发生重大或者特别重大突发事件的，应当立即向上级人民政府报告，并向上级人民政府有关部门、当地驻军和可能受到危害的毗邻或者相关地区的人民政府通报，及时采取预防措施。

第六十三条 国家建立健全突发事件预警制度。

可以预警的自然灾害、事故灾难和公共卫生事件的预警级别，按照突发事件发生的紧急程度、发展势态和可能造成的危害程度分为一级、二级、三级和四级，分别用红色、橙色、黄色和蓝色标示，一级为最高级别。

预警级别的划分标准由国务院或者国务院确定的部门制定。

第六十四条 可以预警的自然灾害、事故灾难或者公共卫生事件即将发生或者发生的可能性增大时，县级以上地方人民政府应当根据有关法律、行政法规和国务院规定的权限和程序，发布相应级别的警报，决定并宣布有关地区进入预警期，同时向上一级人民政府报告，必要时可以越级上报；具备条件的，应当进行网络直报或者自动速报；同时向当地驻军和可能受到危害的毗邻或者相关地区的人民政府通报。

发布警报应当明确预警类别、级别、起始时间、可能影响的范围、警示事项、应当采取的措施、发布单位和发布时间等。

第六十五条 国家建立健全突发事件预警发布平台，按照有关规定及时、准确向社会发布突发事件预警信息。

广播、电视、报刊以及网络服务提供者、电信运营商应当按照国家有关规定，建立突发事件预警信息快速发布通道，及时、准确、无偿播发或者刊载突发事件预警信息。

公共场所和其他人员密集场所，应当指定专门人员负责突发事件预警信息接收和传播工作，做好相关设备、设施维护，确保突发事件预警信息及时、准确接收和传播。

第六十六条 发布三级、四级警报，宣布进入预警期后，县级以上地方人民政府应当根据即将发生的突发事件的特点和可能造成的危害，采取下列措施：

（一）启动应急预案；

（二）责令有关部门、专业机构、监测网点和负有特定职责的人员及时收集、报告有关信息，向社会公布反映突发事件信息的渠道，加强对突发事件发生、发展情况的监测、预报和预警工作；

（三）组织有关部门和机构、专业技术人员、有关专家学者，随时对突发事件信息进行分析评估，预测发生突发事件可能性的大小、影响范围和强度以及可能发生的突发事件的级别；

（四）定时向社会发布与公众有关的突发事件预测信息和分析评估结果，并对相关信息的报道工作进行管理；

（五）及时按照有关规定向社会发布可能受到突发事件危害的警告，宣传避免、减轻危害的常识，公布咨询或者求助电话等联络方式和渠道。

第六十七条 发布一级、二级警报，宣布进入预警期后，县级以上地方人民政府除采取本法第六十六条规定的措施外，还应当针对即将发生的突发事件的特点和可能造成的危害，采取下列一项或者多项措施：

（一）责令应急救援队伍、负有特定职责的人员进入待命状态，并动员后备人员做好参加应急救援和处置工作的准备；

（二）调集应急救援所需物资、设备、工具，准备应急设施和应急避难、封闭隔离、紧急医疗救治等场所，并确保其处于良好状态、随时可以投入正常使用；

（三）加强对重点单位、重要部位和重要基础设施的安全保卫，维护社会治安秩序；

（四）采取必要措施，确保交通、通信、供水、排水、供电、供气、供热、医疗卫生、广播电视、气象等公共设施的安全和正常运行；

（五）及时向社会发布有关采取特定措施避免或者减轻危害的建议、劝告；

（六）转移、疏散或者撤离易受突发事件危害的人员并予以妥善安置，转移重要财产；

（七）关闭或者限制使用易受突发事件危害的场所，控制或者限制容易导致危害扩大的公共场所的活动；

（八）法律、法规、规章规定的其他必要的防范性、保护性措施。

第六十八条 发布警报，宣布进入预警期后，县级以上人民政府应当对重要商品和服务市场情况加强监测，根据实际需要及时保障供应、稳定市场。必要时，国务院和省、自治区、直辖市人民政府可以按照《中华人民共和国价格法》等有关法律规定采取相应措施。

第六十九条 对即将发生或者已经发生的社会安全事件，县级以上地方人民政府及其有关主管部门应当按照规定向上一级人民政府及其有关主管部门报告，必要时可以越级上报，具备条件的，应当进行网络直报或者自动速报。

第七十条 发布突发事件警报的人民政府应当根据事态的发展，按照有关规定适时调整预警级别并重新发布。

有事实证明不可能发生突发事件或者危险已经解除的，发布警报的人民政府应当立即宣布解除警报，终止预警期，并解除已经采取的有关措施。

第五章 应急处置与救援

第七十一条 国家建立健全突发事件应急响应制度。

突发事件的应急响应级别，按照突发事件的性质、特点、可能造成的危害程度和影响范围等因素分为一级、二级、三级和四级，一级为最高级别。

突发事件应急响应级别划分标准由国务院或者国务院确定的部门制定。县级以上人民政府及其有关部门应当在突发事件应急预案中确定应急响应级别。

第七十二条　突发事件发生后，履行统一领导职责或者组织处置突发事件的人民政府应当针对其性质、特点、危害程度和影响范围等，立即启动应急响应，组织有关部门，调动应急救援队伍和社会力量，依照法律、法规、规章和应急预案的规定，采取应急处置措施，并向上级人民政府报告；必要时，可以设立现场指挥部，负责现场应急处置与救援，统一指挥进入突发事件现场的单位和个人。

启动应急响应，应当明确响应事项、级别、预计期限、应急处置措施等。

履行统一领导职责或者组织处置突发事件的人民政府，应当建立协调机制，提供需求信息，引导志愿服务组织和志愿者等社会力量及时有序参与应急处置与救援工作。

第七十三条　自然灾害、事故灾难或者公共卫生事件发生后，履行统一领导职责的人民政府应当采取下列一项或者多项应急处置措施：

（一）组织营救和救治受害人员，转移、疏散、撤离并妥善安置受到威胁的人员以及采取其他救助措施；

（二）迅速控制危险源，标明危险区域，封锁危险场所，划定警戒区，实行交通管制、限制人员流动、封闭管理以及其他控制措施；

（三）立即抢修被损坏的交通、通信、供水、排水、供电、供气、供热、医疗卫生、广播电视、气象等公共设施，向受到危害的人员提供避难场所和生活必需品，实施医疗救护和卫生防疫以及其他保障措施；

（四）禁止或者限制使用有关设备、设施，关闭或者限制使用有关场所，中止人员密集的活动或者可能导致危害扩大的生产经营活动以及采取其他保护措施；

（五）启用本级人民政府设置的财政预备费和储备的应急救援物资，必要时调用其他急需物资、设备、设施、工具；

（六）组织公民、法人和其他组织参加应急救援和处置工作，要求具有特定专长的人员提供服务；

（七）保障食品、饮用水、药品、燃料等基本生活必需品的供应；

（八）依法从严惩处囤积居奇、哄抬价格、牟取暴利、制假售假等扰乱市场秩序的行为，维护市场秩序；

（九）依法从严惩处哄抢财物、干扰破坏应急处置工作等扰乱社会秩序的行为，维护社会治安；

（十）开展生态环境应急监测，保护集中式饮用水水源地等环境敏感目标，控制和处置污染物；

（十一）采取防止发生次生、衍生事件的必要措施。

第七十四条 社会安全事件发生后，组织处置工作的人民政府应当立即启动应急响应，组织有关部门针对事件的性质和特点，依照有关法律、行政法规和国家其他有关规定，采取下列一项或者多项应急处置措施：

（一）强制隔离使用器械相互对抗或者以暴力行为参与冲突的当事人，妥善解决现场纠纷和争端，控制事态发展；

（二）对特定区域内的建筑物、交通工具、设备、设施以及燃料、燃气、电力、水的供应进行控制；

（三）封锁有关场所、道路，查验现场人员的身份证件，限制有关公共场所内的活动；

（四）加强对易受冲击的核心机关和单位的警卫，在国家机关、军事机关、国家通讯社、广播电台、电视台、外国驻华使领馆等单位附近设置临时警戒线；

（五）法律、行政法规和国务院规定的其他必要措施。

第七十五条 发生突发事件，严重影响国民经济正常运行时，国务院或者国务院授权的有关主管部门可以采取保障、控制等必要的应急措施，保障人民群众的基本生活需要，最大限度地减轻突发事件的影响。

第七十六条 履行统一领导职责或者组织处置突发事件的人民政府及其有关部门，必要时可以向单位和个人征用应急救援所需设备、设施、场地、交通工具和其他物资，请求其他地方人民政府及其有关部门提供人力、物力、财力或者技术支援，要求生产、供应生活必需品和应急救援物资的企业组织生产、保证供给，要求提供医疗、交通等公共服务的组织提供相应的服务。

履行统一领导职责或者组织处置突发事件的人民政府和有关主管部门，应当组织协调运输经营单位，优先运送处置突发事件所需物资、设备、工具、应急救援人员和受到突发事件危害的人员。

履行统一领导职责或者组织处置突发事件的人民政府及其有关部门，应当为受突发事件影响无人照料的无民事行为能力人、限制民事行为能力人提供及时有效帮助；建立健全联系帮扶应急救援人员家庭制度，帮助解决实际困难。

第七十七条 突发事件发生地的居民委员会、村民委员会和其他组织应当按照当地人民政府的决定、命令，进行宣传动员，组织群众开展自救与互救，协助维护社会秩序；情况紧急的，应当立即组织群众开展自救与互救等先期处置工作。

第七十八条 受到自然灾害危害或者发生事故灾难、公共卫生事件的单位，应当立即组织本单位应急救援队伍和工作人员营救受害人员，疏散、撤离、安置受到威胁的人员，控制危险源，标明危险区域，封锁危险场所，并采取其他防止危害扩大的必要措施，同时向所在地县级人民政府报告；对因本单位的问题引发的或者主体是本单位人员的社会安全事件，有关单位应当按照规定上报情况，并迅速派出负责人赶赴现场开展劝解、疏导工作。

突发事件发生地的其他单位应当服从人民政府发布的决定、命令，配合人民政府采取的应急处置措施，做好本单位的应急救援工作，并积极组织人员参加所在地的应急救援和处置工作。

第七十九条 突发事件发生地的个人应当依法服从人民政府、居民委员会、村民委员会或者所属单位的指挥和安排，配合人民政府采取的应急处置措施，积极参加应急救援工作，协助维护社会秩序。

第八十条 国家支持城乡社区组织健全应急工作机制，强化城乡社区综合服务设施和信息平台应急功能，加强与突发事件信息系统数据共享，增强突发事件应急处置中保障群众基本生活和服务群众能力。

第八十一条 国家采取措施，加强心理健康服务体系和人才队伍建设，支持引导心理健康服务人员和社会工作者对受突发事件影响的各类人群开展心理健康教育、心理评估、心理疏导、心理危机干预、心理行为问题诊治等心理援助工作。

第八十二条 对于突发事件遇难人员的遗体，应当按照法律和国家有关规定，科学规范处置，加强卫生防疫，维护逝者尊严。对于逝者的遗物应当妥善保管。

第八十三条 县级以上人民政府及其有关部门根据突发事件应对工作需要，在履行法定职责所必需的范围和限度内，可以要求公民、法人和其他组织提供应急处置与救援需要的信息。公民、法人和其他组织应当予以提供，法律另有规定的除外。县级以上人民政府及其有关部门对获取的相关信息，应当严格保密，并依法保护公民的通信自由和通信秘密。

第八十四条 在突发事件应急处置中，有关单位和个人因依照本法规定配合突发事件应对工作或者履行相关义务，需要获取他人个人信息的，应当依照法律规定的程序和方式取得并确保信息安全，不得非法收集、使用、加工、传输他人个人信息，不得非法买卖、提供或者公开他人个人信息。

第八十五条 因依法履行突发事件应对工作职责或者义务获取的个人信息，只能用于突发事件应对，并在突发事件应对工作结束后予以销毁。确因依法作为证据使用或者调查评估需要留存或者延期销毁的，应当按照规定进行合法性、必要性、安全性评估，并采取相应保护和处理措施，严格依法使用。

第六章　事后恢复与重建

第八十六条 突发事件的威胁和危害得到控制或者消除后，履行统一领导职责或者组织处置突发事件的人民政府应当宣布解除应急响应，停止执行依照本法规定采取的应急处置措施，同时采取或者继续实施必要措施，防止发生自然灾害、事故灾难、公共卫生事件的次生、衍生事件或者重新引发社会安全事件，组织受影响地区尽快恢复社会秩序。

第八十七条 突发事件应急处置工作结束后，履行统一领导职责的人民政府应当立即组织对突发事件造成的影响和损失进行调查评估，制定恢复重建计划，并向上一级人民政府报告。

受突发事件影响地区的人民政府应当及时组织和协调应急管理、卫生健康、公安、交通、铁路、民航、邮政、电信、建设、生态环境、水利、能源、广播电视等有关部门恢复社会秩序，尽快修复被损坏的交通、通信、供水、排水、供电、供气、供热、医疗卫生、水利、广播电视等公共设施。

第八十八条　受突发事件影响地区的人民政府开展恢复重建工作需要上一级人民政府支持的，可以向上一级人民政府提出请求。上一级人民政府应当根据受影响地区遭受的损失和实际情况，提供资金、物资支持和技术指导，组织协调其他地区和有关方面提供资金、物资和人力支援。

第八十九条　国务院根据受突发事件影响地区遭受损失的情况，制定扶持该地区有关行业发展的优惠政策。

受突发事件影响地区的人民政府应当根据本地区遭受的损失和采取应急处置措施的情况，制定救助、补偿、抚慰、抚恤、安置等善后工作计划并组织实施，妥善解决因处置突发事件引发的矛盾纠纷。

第九十条　公民参加应急救援工作或者协助维护社会秩序期间，其所在单位应当保证其工资待遇和福利不变，并可以按照规定给予相应补助。

第九十一条　县级以上人民政府对在应急救援工作中伤亡的人员依法落实工伤待遇、抚恤或者其他保障政策，并组织做好应急救援工作中致病人员的医疗救治工作。

第九十二条　履行统一领导职责的人民政府在突发事件应对工作结束后，应当及时查明突发事件的发生经过和原因，总结突发事件应急处置工作的经验教训，制定改进措施，并向上一级人民政府提出报告。

第九十三条　突发事件应对工作中有关资金、物资的筹集、管理、分配、拨付和使用等情况，应当依法接受审计机关的审计监督。

第九十四条　国家档案主管部门应当建立健全突发事件应对工作相关档案收集、整理、保护、利用工作机制。突发事件应对工作中形成的材料，应当按照国家规定归档，并向相关档案馆移交。

第七章 法律责任

第九十五条 地方各级人民政府和县级以上人民政府有关部门违反本法规定，不履行或者不正确履行法定职责的，由其上级行政机关责令改正；有下列情形之一，由有关机关综合考虑突发事件发生的原因、后果、应对处置情况、行为人过错等因素，对负有责任的领导人员和直接责任人员依法给予处分：

（一）未按照规定采取预防措施，导致发生突发事件，或者未采取必要的防范措施，导致发生次生、衍生事件的；

（二）迟报、谎报、瞒报、漏报或者授意他人迟报、谎报、瞒报以及阻碍他人报告有关突发事件的信息，或者通报、报送、公布虚假信息，造成后果的；

（三）未按照规定及时发布突发事件警报、采取预警期的措施，导致损害发生的；

（四）未按照规定及时采取措施处置突发事件或者处置不当，造成后果的；

（五）违反法律规定采取应对措施，侵犯公民生命健康权益的；

（六）不服从上级人民政府对突发事件应急处置工作的统一领导、指挥和协调的；

（七）未及时组织开展生产自救、恢复重建等善后工作的；

（八）截留、挪用、私分或者变相私分应急救援资金、物资的；

（九）不及时归还征用的单位和个人的财产，或者对被征用财产的单位和个人不按照规定给予补偿的。

第九十六条 有关单位有下列情形之一，由所在地履行统一领导职责的人民政府有关部门责令停产停业，暂扣或者吊销许可证件，并处五万元以上二十万元以下的罚款；情节特别严重的，并处二十万元以上一百万元以下的罚款：

（一）未按照规定采取预防措施，导致发生较大以上突发事件的；

（二）未及时消除已发现的可能引发突发事件的隐患，导致发生较大以上突发事件的；

（三）未做好应急物资储备和应急设备、设施日常维护、检测工作，导致发生较大以上突发事件或者突发事件危害扩大的；

（四）突发事件发生后，不及时组织开展应急救援工作，造成严重后果的。

其他法律对前款行为规定了处罚的，依照较重的规定处罚。

第九十七条 违反本法规定，编造并传播有关突发事件的虚假信息，或者明知是有关突发事件的虚假信息而进行传播的，责令改正，给予警告；造成严重后果的，依法暂停其业务活动或者吊销其许可证件；负有直接责任的人员是公职人员的，还应当依法给予处分。

第九十八条 单位或者个人违反本法规定，不服从所在地人民政府及其有关部门依法发布的决定、命令或者不配合其依法采取的措施的，责令改正；造成严重后果的，依法给予行政处罚；负有直接责任的人员是公职人员的，还应当依法给予处分。

第九十九条 单位或者个人违反本法第八十四条、第八十五条关于个人信息保护规定的，由主管部门依照有关法律规定给予处罚。

第一百条 单位或者个人违反本法规定，导致突发事件发生或者危害扩大，造成人身、财产或者其他损害的，应当依法承担民事责任。

第一百零一条 为了使本人或者他人的人身、财产免受正在发生的危险而采取避险措施的，依照《中华人民共和国民法典》、《中华人民共和国刑法》等法律关于紧急避险的规定处理。

第一百零二条 违反本法规定，构成违反治安管理行为的，依法给予治安管理处罚；构成犯罪的，依法追究刑事责任。

第八章 附 则

第一百零三条 发生特别重大突发事件，对人民生命财产安全、国家安全、公共安全、生态环境安全或者社会秩序构成重大威胁，采取本法和其他有关法律、法规、规章规定的应急处置措施不能消除或者有效控制、减轻其严重社会危害，需要进入紧急状态的，由全国人民代表大会常务委员会或者国务院依照宪法和其他有关法律规定的权限和程序决定。

紧急状态期间采取的非常措施，依照有关法律规定执行或者由全国人民代表大会常务委员会另行规定。

第一百零四条 中华人民共和国领域外发生突发事件，造成或者可能造成中华人民共和国公民、法人和其他组织人身伤亡、财产损失的，由国务院外交部门会同国务院其他有关部门、有关地方人民政府，按照国家有关规定做好应对工作。

第一百零五条 在中华人民共和国境内的外国人、无国籍人应当遵守本法，服从所在地人民政府及其有关部门依法发布的决定、命令，并配合其依法采取的措施。

第一百零六条 本法自2024年11月1日起施行。

中华人民共和国反恐怖主义法

（2015年12月27日第十二届全国人民代表大会常务委员会第十八次会议通过　根据2018年4月27日第十三届全国人民代表大会常务委员会第二次会议《关于修改〈中华人民共和国国境卫生检疫法〉等六部法律的决定》修正）

目　　录

第一章　总　　则
第二章　恐怖活动组织和人员的认定
第三章　安全防范
第四章　情报信息
第五章　调　　查
第六章　应对处置
第七章　国际合作
第八章　保障措施
第九章　法律责任
第十章　附　　则

第一章 总 则

第一条 为了防范和惩治恐怖活动，加强反恐怖主义工作，维护国家安全、公共安全和人民生命财产安全，根据宪法，制定本法。

第二条 国家反对一切形式的恐怖主义，依法取缔恐怖活动组织，对任何组织、策划、准备实施、实施恐怖活动，宣扬恐怖主义，煽动实施恐怖活动，组织、领导、参加恐怖活动组织，为恐怖活动提供帮助的，依法追究法律责任。

国家不向任何恐怖活动组织和人员作出妥协，不向任何恐怖活动人员提供庇护或者给予难民地位。

第三条 本法所称恐怖主义，是指通过暴力、破坏、恐吓等手段，制造社会恐慌、危害公共安全、侵犯人身财产，或者胁迫国家机关、国际组织，以实现其政治、意识形态等目的的主张和行为。

本法所称恐怖活动，是指恐怖主义性质的下列行为：

（一）组织、策划、准备实施、实施造成或者意图造成人员伤亡、重大财产损失、公共设施损坏、社会秩序混乱等严重社会危害的活动的；

（二）宣扬恐怖主义，煽动实施恐怖活动，或者非法持有宣扬恐怖主义的物品，强制他人在公共场所穿戴宣扬恐怖主义的服饰、标志的；

（三）组织、领导、参加恐怖活动组织的；

（四）为恐怖活动组织、恐怖活动人员、实施恐怖活动或者恐怖活动培训提供信息、资金、物资、劳务、技术、场所等支持、协助、便利的；

（五）其他恐怖活动。

本法所称恐怖活动组织，是指三人以上为实施恐怖活动而组成的犯罪组织。

本法所称恐怖活动人员，是指实施恐怖活动的人和恐怖活动组织的成员。

本法所称恐怖事件，是指正在发生或者已经发生的造成或者可能造成重大社会危害的恐怖活动。

第四条 国家将反恐怖主义纳入国家安全战略，综合施策，标本兼治，加强反恐怖主义的能力建设，运用政治、经济、法律、文化、教育、外交、军事等手段，开展反恐怖主义工作。

国家反对一切形式的以歪曲宗教教义或者其他方法煽动仇恨、煽动歧视、鼓吹暴力等极端主义，消除恐怖主义的思想基础。

第五条 反恐怖主义工作坚持专门工作与群众路线相结合，防范为主、惩防结合和先发制敌、保持主动的原则。

第六条 反恐怖主义工作应当依法进行，尊重和保障人权，维护公民和组织的合法权益。

在反恐怖主义工作中，应当尊重公民的宗教信仰自由和民族风俗习惯，禁止任何基于地域、民族、宗教等理由的歧视性做法。

第七条 国家设立反恐怖主义工作领导机构，统一领导和指挥全国反恐怖主义工作。

设区的市级以上地方人民政府设立反恐怖主义工作领导机构，县级人民政府根据需要设立反恐怖主义工作领导机构，在上级反恐怖主义工作领导机构的领导和指挥下，负责本地区反恐怖主义工作。

第八条 公安机关、国家安全机关和人民检察院、人民法院、司法行政机关以及其他有关国家机关，应当根据分工，实行工作责任制，依法做好反恐怖主义工作。

中国人民解放军、中国人民武装警察部队和民兵组织依照本法和其他有关法律、行政法规、军事法规以及国务院、中央军事委员会的命令，并根据反恐怖主义工作领导机构的部署，防范和处置恐怖活动。

有关部门应当建立联动配合机制，依靠、动员村民委员会、居民委员会、企业事业单位、社会组织，共同开展反恐怖主义工作。

第九条 任何单位和个人都有协助、配合有关部门开展反恐怖主义工作的义务，发现恐怖活动嫌疑或者恐怖活动嫌疑人员的，应当及时向公安机关或者有关部门报告。

第十条 对举报恐怖活动或者协助防范、制止恐怖活动有突出贡献的单位和个人，以及在反恐怖主义工作中作出其他突出贡献的单位和个人，按照国家有关规定给予表彰、奖励。

第十一条 对在中华人民共和国领域外对中华人民共和国国家、公民或者机构实施的恐怖活动犯罪，或者实施的中华人民共和国缔结、参加的国际条约所规定的恐怖活动犯罪，中华人民共和国行使刑事管辖权，依法追究刑事责任。

第二章 恐怖活动组织和人员的认定

第十二条 国家反恐怖主义工作领导机构根据本法第三条的规定，认定恐怖活动组织和人员，由国家反恐怖主义工作领导机构的办事机构予以公告。

第十三条 国务院公安部门、国家安全部门、外交部门和省级反恐怖主义工作领导机构对于需要认定恐怖活动组织和人员的，应当向国家反恐怖主义工作领导机构提出申请。

第十四条 金融机构和特定非金融机构对国家反恐怖主义工作领导机构的办事机构公告的恐怖活动组织和人员的资金或者其他资产，应当立即予以冻结，并按照规定及时向国务院公安部门、国家安全部门和反洗钱行政主管部门报告。

第十五条 被认定的恐怖活动组织和人员对认定不服的，可以通过国家反恐怖主义工作领导机构的办事机构申请复核。国家反恐怖主义工作领导机构应当及时进行复核，作出维持或者撤销认定的决定。复核决定为最终决定。

国家反恐怖主义工作领导机构作出撤销认定的决定的，由国家反恐怖主义工作领导机构的办事机构予以公告；资金、资产已被冻结的，应当解除冻结。

第十六条 根据刑事诉讼法的规定，有管辖权的中级以上人民法院在审判刑事案件的过程中，可以依法认定恐怖活动组织和人员。对于在判决生效后需要由国家反恐怖主义工作领导机构的办事机构予以公告的，适用本章的有关规定。

第三章 安 全 防 范

第十七条 各级人民政府和有关部门应当组织开展反恐怖主义宣传教

育，提高公民的反恐怖主义意识。

教育、人力资源行政主管部门和学校、有关职业培训机构应当将恐怖活动预防、应急知识纳入教育、教学、培训的内容。

新闻、广播、电视、文化、宗教、互联网等有关单位，应当有针对性地面向社会进行反恐怖主义宣传教育。

村民委员会、居民委员会应当协助人民政府以及有关部门，加强反恐怖主义宣传教育。

第十八条 电信业务经营者、互联网服务提供者应当为公安机关、国家安全机关依法进行防范、调查恐怖活动提供技术接口和解密等技术支持和协助。

第十九条 电信业务经营者、互联网服务提供者应当依照法律、行政法规规定，落实网络安全、信息内容监督制度和安全技术防范措施，防止含有恐怖主义、极端主义内容的信息传播；发现含有恐怖主义、极端主义内容的信息的，应当立即停止传输，保存相关记录，删除相关信息，并向公安机关或者有关部门报告。

网信、电信、公安、国家安全等主管部门对含有恐怖主义、极端主义内容的信息，应当按照职责分工，及时责令有关单位停止传输、删除相关信息，或者关闭相关网站、关停相关服务。有关单位应当立即执行，并保存相关记录，协助进行调查。对互联网上跨境传输的含有恐怖主义、极端主义内容的信息，电信主管部门应当采取技术措施，阻断传播。

第二十条 铁路、公路、水上、航空的货运和邮政、快递等物流运营单位应当实行安全查验制度，对客户身份进行查验，依照规定对运输、寄递物品进行安全检查或者开封验视。对禁止运输、寄递，存在重大安全隐患，或者客户拒绝安全查验的物品，不得运输、寄递。

前款规定的物流运营单位，应当实行运输、寄递客户身份、物品信息登记制度。

第二十一条 电信、互联网、金融、住宿、长途客运、机动车租赁等业务经营者、服务提供者，应当对客户身份进行查验。对身份不明或者拒绝身份查验的，不得提供服务。

第二十二条 生产和进口单位应当依照规定对枪支等武器、弹药、管制器具、危险化学品、民用爆炸物品、核与放射物品作出电子追踪标识，对民用爆炸物品添加安检示踪标识物。

运输单位应当依照规定对运营中的危险化学品、民用爆炸物品、核与放射物品的运输工具通过定位系统实行监控。

有关单位应当依照规定对传染病病原体等物质实行严格的监督管理，严密防范传染病病原体等物质扩散或者流入非法渠道。

对管制器具、危险化学品、民用爆炸物品，国务院有关主管部门或者省级人民政府根据需要，在特定区域、特定时间，可以决定对生产、进出口、运输、销售、使用、报废实施管制，可以禁止使用现金、实物进行交易或者对交易活动作出其他限制。

第二十三条 发生枪支等武器、弹药、危险化学品、民用爆炸物品、核与放射物品、传染病病原体等物质被盗、被抢、丢失或者其他流失的情形，案发单位应当立即采取必要的控制措施，并立即向公安机关报告，同时依照规定向有关主管部门报告。公安机关接到报告后，应当及时开展调查。有关主管部门应当配合公安机关开展工作。

任何单位和个人不得非法制作、生产、储存、运输、进出口、销售、提供、购买、使用、持有、报废、销毁前款规定的物品。公安机关发现的，应当予以扣押；其他主管部门发现的，应当予以扣押，并立即通报公安机关；其他单位、个人发现的，应当立即向公安机关报告。

第二十四条 国务院反洗钱行政主管部门、国务院有关部门、机构依法对金融机构和特定非金融机构履行反恐怖主义融资义务的情况进行监督管理。

国务院反洗钱行政主管部门发现涉嫌恐怖主义融资的，可以依法进行调查，采取临时冻结措施。

第二十五条 审计、财政、税务等部门在依照法律、行政法规的规定对有关单位实施监督检查的过程中，发现资金流入流出涉嫌恐怖主义融资的，应当及时通报公安机关。

第二十六条 海关在对进出境人员携带现金和无记名有价证券实施监管的过程中，发现涉嫌恐怖主义融资的，应当立即通报国务院反洗钱行政主管部门和有管辖权的公安机关。

第二十七条 地方各级人民政府制定、组织实施城乡规划，应当符合反恐怖主义工作的需要。

地方各级人民政府应当根据需要，组织、督促有关建设单位在主要道路、交通枢纽、城市公共区域的重点部位，配备、安装公共安全视频图像信息系统等防范恐怖袭击的技防、物防设备、设施。

第二十八条 公安机关和有关部门对宣扬极端主义，利用极端主义危害公共安全、扰乱公共秩序、侵犯人身财产、妨害社会管理的，应当及时予以制止，依法追究法律责任。

公安机关发现极端主义活动的，应当责令立即停止，将有关人员强行带离现场并登记身份信息，对有关物品、资料予以收缴，对非法活动场所予以查封。

任何单位和个人发现宣扬极端主义的物品、资料、信息的，应当立即向公安机关报告。

第二十九条 对被教唆、胁迫、引诱参与恐怖活动、极端主义活动，或者参与恐怖活动、极端主义活动情节轻微，尚不构成犯罪的人员，公安机关应当组织有关部门、村民委员会、居民委员会、所在单位、就读学校、家庭和监护人对其进行帮教。

监狱、看守所、社区矫正机构应当加强对服刑的恐怖活动罪犯和极端主义罪犯的管理、教育、矫正等工作。监狱、看守所对恐怖活动罪犯和极端主义罪犯，根据教育改造和维护监管秩序的需要，可以与普通刑事罪犯混合关押，也可以个别关押。

第三十条 对恐怖活动罪犯和极端主义罪犯被判处徒刑以上刑罚的，监狱、看守所应当在刑满释放前根据其犯罪性质、情节和社会危害程度，服刑期间的表现，释放后对所居住社区的影响等进行社会危险性评估。进行社会危险性评估，应当听取有关基层组织和原办案机关的意见。经评估具有社会危险性的，监狱、看守所应当向罪犯服刑地的中级人民法院提出安置教育建议，并将建议书副本抄送同级人民检察院。

罪犯服刑地的中级人民法院对于确有社会危险性的，应当在罪犯刑满释放前作出责令其在刑满释放后接受安置教育的决定。决定书副本应当抄送同级人民检察院。被决定安置教育的人员对决定不服的，可以向上一级人民法院申请复议。

安置教育由省级人民政府组织实施。安置教育机构应当每年对被安置教育人员进行评估，对于确有悔改表现，不致再危害社会的，应当及时提出解除安置教育的意见，报决定安置教育的中级人民法院作出决定。被安置教育人员有权申请解除安置教育。

人民检察院对安置教育的决定和执行实行监督。

第三十一条　公安机关应当会同有关部门，将遭受恐怖袭击的可能性较大以及遭受恐怖袭击可能造成重大的人身伤亡、财产损失或者社会影响的单位、场所、活动、设施等确定为防范恐怖袭击的重点目标，报本级反恐怖主义工作领导机构备案。

第三十二条　重点目标的管理单位应当履行下列职责：

（一）制定防范和应对处置恐怖活动的预案、措施，定期进行培训和演练；

（二）建立反恐怖主义工作专项经费保障制度，配备、更新防范和处置设备、设施；

（三）指定相关机构或者落实责任人员，明确岗位职责；

（四）实行风险评估，实时监测安全威胁，完善内部安全管理；

（五）定期向公安机关和有关部门报告防范措施落实情况。

重点目标的管理单位应当根据城乡规划、相关标准和实际需要，对重点目标同步设计、同步建设、同步运行符合本法第二十七条规定的技防、物防设备、设施。

重点目标的管理单位应当建立公共安全视频图像信息系统值班监看、信息保存使用、运行维护等管理制度，保障相关系统正常运行。采集的视频图像信息保存期限不得少于九十日。

对重点目标以外的涉及公共安全的其他单位、场所、活动、设施，其主管部门和管理单位应当依照法律、行政法规规定，建立健全安全管理制度，落实安全责任。

第三十三条　重点目标的管理单位应当对重要岗位人员进行安全背景审查。对有不适合情形的人员，应当调整工作岗位，并将有关情况通报公安机关。

第三十四条 大型活动承办单位以及重点目标的管理单位应当依照规定，对进入大型活动场所、机场、火车站、码头、城市轨道交通站、公路长途客运站、口岸等重点目标的人员、物品和交通工具进行安全检查。发现违禁品和管制物品，应当予以扣留并立即向公安机关报告；发现涉嫌违法犯罪人员，应当立即向公安机关报告。

第三十五条 对航空器、列车、船舶、城市轨道车辆、公共电汽车等公共交通运输工具，营运单位应当依照规定配备安保人员和相应设备、设施，加强安全检查和保卫工作。

第三十六条 公安机关和有关部门应当掌握重点目标的基础信息和重要动态，指导、监督重点目标的管理单位履行防范恐怖袭击的各项职责。

公安机关、中国人民武装警察部队应当依照有关规定对重点目标进行警戒、巡逻、检查。

第三十七条 飞行管制、民用航空、公安等主管部门应当按照职责分工，加强空域、航空器和飞行活动管理，严密防范针对航空器或者利用飞行活动实施的恐怖活动。

第三十八条 各级人民政府和军事机关应当在重点国（边）境地段和口岸设置拦阻隔离网、视频图像采集和防越境报警设施。

公安机关和中国人民解放军应当严密组织国（边）境巡逻，依照规定对抵离国（边）境前沿、进出国（边）境管理区和国（边）境通道、口岸的人员、交通运输工具、物品，以及沿海沿边地区的船舶进行查验。

第三十九条 出入境证件签发机关、出入境边防检查机关对恐怖活动人员和恐怖活动嫌疑人员，有权决定不准其出境入境、不予签发出境入境证件或者宣布其出境入境证件作废。

第四十条 海关、出入境边防检查机关发现恐怖活动嫌疑人员或者涉嫌恐怖活动物品的，应当依法扣留，并立即移送公安机关或者国家安全机关。

第四十一条 国务院外交、公安、国家安全、发展改革、工业和信息化、商务、旅游等主管部门应当建立境外投资合作、旅游等安全风险评估制度，对中国在境外的公民以及驻外机构、设施、财产加强安全保护，防范和应对恐怖袭击。

第四十二条　驻外机构应当建立健全安全防范制度和应对处置预案，加强对有关人员、设施、财产的安全保护。

第四章　情报信息

第四十三条　国家反恐怖主义工作领导机构建立国家反恐怖主义情报中心，实行跨部门、跨地区情报信息工作机制，统筹反恐怖主义情报信息工作。

有关部门应当加强反恐怖主义情报信息搜集工作，对搜集的有关线索、人员、行动类情报信息，应当依照规定及时统一归口报送国家反恐怖主义情报中心。

地方反恐怖主义工作领导机构应当建立跨部门情报信息工作机制，组织开展反恐怖主义情报信息工作，对重要的情报信息，应当及时向上级反恐怖主义工作领导机构报告，对涉及其他地方的紧急情报信息，应当及时通报相关地方。

第四十四条　公安机关、国家安全机关和有关部门应当依靠群众，加强基层基础工作，建立基层情报信息工作力量，提高反恐怖主义情报信息工作能力。

第四十五条　公安机关、国家安全机关、军事机关在其职责范围内，因反恐怖主义情报信息工作的需要，根据国家有关规定，经过严格的批准手续，可以采取技术侦察措施。

依照前款规定获取的材料，只能用于反恐怖主义应对处置和对恐怖活动犯罪、极端主义犯罪的侦查、起诉和审判，不得用于其他用途。

第四十六条　有关部门对于在本法第三章规定的安全防范工作中获取的信息，应当根据国家反恐怖主义情报中心的要求，及时提供。

第四十七条　国家反恐怖主义情报中心、地方反恐怖主义工作领导机构以及公安机关等有关部门应当对有关情报信息进行筛查、研判、核查、监控，认为有发生恐怖事件危险，需要采取相应的安全防范、应对处置措施的，应当及时通报有关部门和单位，并可以根据情况发出预警。有关部门和单位应当根据通报做好安全防范、应对处置工作。

第四十八条 反恐怖主义工作领导机构、有关部门和单位、个人应当对履行反恐怖主义工作职责、义务过程中知悉的国家秘密、商业秘密和个人隐私予以保密。

违反规定泄露国家秘密、商业秘密和个人隐私的，依法追究法律责任。

第五章 调 查

第四十九条 公安机关接到恐怖活动嫌疑的报告或者发现恐怖活动嫌疑，需要调查核实的，应当迅速进行调查。

第五十条 公安机关调查恐怖活动嫌疑，可以依照有关法律规定对嫌疑人员进行盘问、检查、传唤，可以提取或者采集肖像、指纹、虹膜图像等人体生物识别信息和血液、尿液、脱落细胞等生物样本，并留存其签名。

公安机关调查恐怖活动嫌疑，可以通知了解有关情况的人员到公安机关或者其他地点接受询问。

第五十一条 公安机关调查恐怖活动嫌疑，有权向有关单位和个人收集、调取相关信息和材料。有关单位和个人应当如实提供。

第五十二条 公安机关调查恐怖活动嫌疑，经县级以上公安机关负责人批准，可以查询嫌疑人员的存款、汇款、债券、股票、基金份额等财产，可以采取查封、扣押、冻结措施。查封、扣押、冻结的期限不得超过二个月，情况复杂的，可以经上一级公安机关负责人批准延长一个月。

第五十三条 公安机关调查恐怖活动嫌疑，经县级以上公安机关负责人批准，可以根据其危险程度，责令恐怖活动嫌疑人员遵守下列一项或者多项约束措施：

（一）未经公安机关批准不得离开所居住的市、县或者指定的处所；

（二）不得参加大型群众性活动或者从事特定的活动；

（三）未经公安机关批准不得乘坐公共交通工具或者进入特定的场所；

（四）不得与特定的人员会见或者通信；

（五）定期向公安机关报告活动情况；

（六）将护照等出入境证件、身份证件、驾驶证件交公安机关保存。

公安机关可以采取电子监控、不定期检查等方式对其遵守约束措施的情况进行监督。

采取前两款规定的约束措施的期限不得超过三个月。对不需要继续采取约束措施的，应当及时解除。

第五十四条　公安机关经调查，发现犯罪事实或者犯罪嫌疑人的，应当依照刑事诉讼法的规定立案侦查。本章规定的有关期限届满，公安机关未立案侦查的，应当解除有关措施。

第六章　应对处置

第五十五条　国家建立健全恐怖事件应对处置预案体系。

国家反恐怖主义工作领导机构应当针对恐怖事件的规律、特点和可能造成的社会危害，分级、分类制定国家应对处置预案，具体规定恐怖事件应对处置的组织指挥体系和恐怖事件安全防范、应对处置程序以及事后社会秩序恢复等内容。

有关部门、地方反恐怖主义工作领导机构应当制定相应的应对处置预案。

第五十六条　应对处置恐怖事件，各级反恐怖主义工作领导机构应当成立由有关部门参加的指挥机构，实行指挥长负责制。反恐怖主义工作领导机构负责人可以担任指挥长，也可以确定公安机关负责人或者反恐怖主义工作领导机构的其他成员单位负责人担任指挥长。

跨省、自治区、直辖市发生的恐怖事件或者特别重大恐怖事件的应对处置，由国家反恐怖主义工作领导机构负责指挥；在省、自治区、直辖市范围内发生的涉及多个行政区域的恐怖事件或者重大恐怖事件的应对处置，由省级反恐怖主义工作领导机构负责指挥。

第五十七条　恐怖事件发生后，发生地反恐怖主义工作领导机构应当立即启动恐怖事件应对处置预案，确定指挥长。有关部门和中国人民解放军、中国人民武装警察部队、民兵组织，按照反恐怖主义工作领导机构和指挥长的统一领导、指挥，协同开展打击、控制、救援、救护等现场应对处置工作。

上级反恐怖主义工作领导机构可以对应对处置工作进行指导，必要时调动有关反恐怖主义力量进行支援。

需要进入紧急状态的，由全国人民代表大会常务委员会或者国务院依照宪法和其他有关法律规定的权限和程序决定。

第五十八条 发现恐怖事件或者疑似恐怖事件后，公安机关应当立即进行处置，并向反恐怖主义工作领导机构报告；中国人民解放军、中国人民武装警察部队发现正在实施恐怖活动的，应当立即予以控制并将案件及时移交公安机关。

反恐怖主义工作领导机构尚未确定指挥长的，由在场处置的公安机关职级最高的人员担任现场指挥员。公安机关未能到达现场的，由在场处置的中国人民解放军或者中国人民武装警察部队职级最高的人员担任现场指挥员。现场应对处置人员无论是否属于同一单位、系统，均应当服从现场指挥员的指挥。

指挥长确定后，现场指挥员应当向其请示、报告工作或者有关情况。

第五十九条 中华人民共和国在境外的机构、人员、重要设施遭受或者可能遭受恐怖袭击的，国务院外交、公安、国家安全、商务、金融、国有资产监督管理、旅游、交通运输等主管部门应当及时启动应对处置预案。国务院外交部门应当协调有关国家采取相应措施。

中华人民共和国在境外的机构、人员、重要设施遭受严重恐怖袭击后，经与有关国家协商同意，国家反恐怖主义工作领导机构可以组织外交、公安、国家安全等部门派出工作人员赴境外开展应对处置工作。

第六十条 应对处置恐怖事件，应当优先保护直接受到恐怖活动危害、威胁人员的人身安全。

第六十一条 恐怖事件发生后，负责应对处置的反恐怖主义工作领导机构可以决定由有关部门和单位采取下列一项或者多项应对处置措施：

（一）组织营救和救治受害人员，疏散、撤离并妥善安置受到威胁的人员以及采取其他救助措施；

（二）封锁现场和周边道路，查验现场人员的身份证件，在有关场所附近设置临时警戒线；

（三）在特定区域内实施空域、海（水）域管制，对特定区域内的交通运输工具进行检查；

（四）在特定区域内实施互联网、无线电、通讯管制；

（五）在特定区域内或者针对特定人员实施出境入境管制；

（六）禁止或者限制使用有关设备、设施，关闭或者限制使用有关场所，中止人员密集的活动或者可能导致危害扩大的生产经营活动；

（七）抢修被损坏的交通、电信、互联网、广播电视、供水、排水、供电、供气、供热等公共设施；

（八）组织志愿人员参加反恐怖主义救援工作，要求具有特定专长的人员提供服务；

（九）其他必要的应对处置措施。

采取前款第三项至第五项规定的应对处置措施，由省级以上反恐怖主义工作领导机构决定或者批准；采取前款第六项规定的应对处置措施，由设区的市级以上反恐怖主义工作领导机构决定。应对处置措施应当明确适用的时间和空间范围，并向社会公布。

第六十二条　人民警察、人民武装警察以及其他依法配备、携带武器的应对处置人员，对在现场持枪支、刀具等凶器或者使用其他危险方法，正在或者准备实施暴力行为的人员，经警告无效的，可以使用武器；紧急情况下或者警告后可能导致更为严重危害后果的，可以直接使用武器。

第六十三条　恐怖事件发生、发展和应对处置信息，由恐怖事件发生地的省级反恐怖主义工作领导机构统一发布；跨省、自治区、直辖市发生的恐怖事件，由指定的省级反恐怖主义工作领导机构统一发布。

任何单位和个人不得编造、传播虚假恐怖事件信息；不得报道、传播可能引起模仿的恐怖活动的实施细节；不得发布恐怖事件中残忍、不人道的场景；在恐怖事件的应对处置过程中，除新闻媒体经负责发布信息的反恐怖主义工作领导机构批准外，不得报道、传播现场应对处置的工作人员、人质身份信息和应对处置行动情况。

第六十四条　恐怖事件应对处置结束后，各级人民政府应当组织有关部门帮助受影响的单位和个人尽快恢复生活、生产，稳定受影响地区的社会秩序和公众情绪。

第六十五条　当地人民政府应当及时给予恐怖事件受害人员及其近亲属适当的救助，并向失去基本生活条件的受害人员及其近亲属及时提供基本生活保障。卫生、医疗保障等主管部门应当为恐怖事件受害人员及其近亲属提供心理、医疗等方面的援助。

第六十六条 公安机关应当及时对恐怖事件立案侦查，查明事件发生的原因、经过和结果，依法追究恐怖活动组织、人员的刑事责任。

第六十七条 反恐怖主义工作领导机构应当对恐怖事件的发生和应对处置工作进行全面分析、总结评估，提出防范和应对处置改进措施，向上一级反恐怖主义工作领导机构报告。

第七章 国际合作

第六十八条 中华人民共和国根据缔结或者参加的国际条约，或者按照平等互惠原则，与其他国家、地区、国际组织开展反恐怖主义合作。

第六十九条 国务院有关部门根据国务院授权，代表中国政府与外国政府和有关国际组织开展反恐怖主义政策对话、情报信息交流、执法合作和国际资金监管合作。

在不违背我国法律的前提下，边境地区的县级以上地方人民政府及其主管部门，经国务院或者中央有关部门批准，可以与相邻国家或者地区开展反恐怖主义情报信息交流、执法合作和国际资金监管合作。

第七十条 涉及恐怖活动犯罪的刑事司法协助、引渡和被判刑人移管，依照有关法律规定执行。

第七十一条 经与有关国家达成协议，并报国务院批准，国务院公安部门、国家安全部门可以派员出境执行反恐怖主义任务。

中国人民解放军、中国人民武装警察部队派员出境执行反恐怖主义任务，由中央军事委员会批准。

第七十二条 通过反恐怖主义国际合作取得的材料可以在行政处罚、刑事诉讼中作为证据使用，但我方承诺不作为证据使用的除外。

第八章 保障措施

第七十三条 国务院和县级以上地方各级人民政府应当按照事权划分，

将反恐怖主义工作经费分别列入同级财政预算。

国家对反恐怖主义重点地区给予必要的经费支持，对应对处置大规模恐怖事件给予经费保障。

第七十四条 公安机关、国家安全机关和有关部门，以及中国人民解放军、中国人民武装警察部队，应当依照法律规定的职责，建立反恐怖主义专业力量，加强专业训练，配备必要的反恐怖主义专业设备、设施。

县级、乡级人民政府根据需要，指导有关单位、村民委员会、居民委员会建立反恐怖主义工作力量、志愿者队伍，协助、配合有关部门开展反恐怖主义工作。

第七十五条 对因履行反恐怖主义工作职责或者协助、配合有关部门开展反恐怖主义工作导致伤残或者死亡的人员，按照国家有关规定给予相应的待遇。

第七十六条 因报告和制止恐怖活动，在恐怖活动犯罪案件中作证，或者从事反恐怖主义工作，本人或者其近亲属的人身安全面临危险的，经本人或者其近亲属提出申请，公安机关、有关部门应当采取下列一项或者多项保护措施：

（一）不公开真实姓名、住址和工作单位等个人信息；

（二）禁止特定的人接触被保护人员；

（三）对人身和住宅采取专门性保护措施；

（四）变更被保护人员的姓名，重新安排住所和工作单位；

（五）其他必要的保护措施。

公安机关、有关部门应当依照前款规定，采取不公开被保护单位的真实名称、地址，禁止特定的人接近被保护单位，对被保护单位办公、经营场所采取专门性保护措施，以及其他必要的保护措施。

第七十七条 国家鼓励、支持反恐怖主义科学研究和技术创新，开发和推广使用先进的反恐怖主义技术、设备。

第七十八条 公安机关、国家安全机关、中国人民解放军、中国人民武装警察部队因履行反恐怖主义职责的紧急需要，根据国家有关规定，可以征用单位和个人的财产。任务完成后应当及时归还或者恢复原状，并依照规定支付相应费用；造成损失的，应当补偿。

因开展反恐怖主义工作对有关单位和个人的合法权益造成损害的，应当依法给予赔偿、补偿。有关单位和个人有权依法请求赔偿、补偿。

第九章　法律责任

第七十九条　组织、策划、准备实施、实施恐怖活动，宣扬恐怖主义，煽动实施恐怖活动，非法持有宣扬恐怖主义的物品，强制他人在公共场所穿戴宣扬恐怖主义的服饰、标志，组织、领导、参加恐怖活动组织，为恐怖活动组织、恐怖活动人员、实施恐怖活动或者恐怖活动培训提供帮助的，依法追究刑事责任。

第八十条　参与下列活动之一，情节轻微，尚不构成犯罪的，由公安机关处十日以上十五日以下拘留，可以并处一万元以下罚款：

（一）宣扬恐怖主义、极端主义或者煽动实施恐怖活动、极端主义活动的；

（二）制作、传播、非法持有宣扬恐怖主义、极端主义的物品的；

（三）强制他人在公共场所穿戴宣扬恐怖主义、极端主义的服饰、标志的；

（四）为宣扬恐怖主义、极端主义或者实施恐怖主义、极端主义活动提供信息、资金、物资、劳务、技术、场所等支持、协助、便利的。

第八十一条　利用极端主义，实施下列行为之一，情节轻微，尚不构成犯罪的，由公安机关处五日以上十五日以下拘留，可以并处一万元以下罚款：

（一）强迫他人参加宗教活动，或者强迫他人向宗教活动场所、宗教教职人员提供财物或者劳务的；

（二）以恐吓、骚扰等方式驱赶其他民族或者有其他信仰的人员离开居住地的；

（三）以恐吓、骚扰等方式干涉他人与其他民族或者有其他信仰的人员交往、共同生活的；

（四）以恐吓、骚扰等方式干涉他人生活习俗、方式和生产经营的；

（五）阻碍国家机关工作人员依法执行职务的；

（六）歪曲、诋毁国家政策、法律、行政法规，煽动、教唆抵制人民政府依法管理的；

（七）煽动、胁迫群众损毁或者故意损毁居民身份证、户口簿等国家法定证件以及人民币的；

（八）煽动、胁迫他人以宗教仪式取代结婚、离婚登记的；

（九）煽动、胁迫未成年人不接受义务教育的；

（十）其他利用极端主义破坏国家法律制度实施的。

第八十二条 明知他人有恐怖活动犯罪、极端主义犯罪行为，窝藏、包庇，情节轻微，尚不构成犯罪的，或者在司法机关向其调查有关情况、收集有关证据时，拒绝提供的，由公安机关处十日以上十五日以下拘留，可以并处一万元以下罚款。

第八十三条 金融机构和特定非金融机构对国家反恐怖主义工作领导机构的办事机构公告的恐怖活动组织及恐怖活动人员的资金或者其他资产，未立即予以冻结的，由公安机关处二十万元以上五十万元以下罚款，并对直接负责的董事、高级管理人员和其他直接责任人员处十万元以下罚款；情节严重的，处五十万元以上罚款，并对直接负责的董事、高级管理人员和其他直接责任人员，处十万元以上五十万元以下罚款，可以并处五日以上十五日以下拘留。

第八十四条 电信业务经营者、互联网服务提供者有下列情形之一的，由主管部门处二十万元以上五十万元以下罚款，并对其直接负责的主管人员和其他直接责任人员处十万元以下罚款；情节严重的，处五十万元以上罚款，并对其直接负责的主管人员和其他直接责任人员，处十万元以上五十万元以下罚款，可以由公安机关对其直接负责的主管人员和其他直接责任人员，处五日以上十五日以下拘留：

（一）未依照规定为公安机关、国家安全机关依法进行防范、调查恐怖活动提供技术接口和解密等技术支持和协助的；

（二）未按照主管部门的要求，停止传输、删除含有恐怖主义、极端主义内容的信息，保存相关记录，关闭相关网站或者关停相关服务的；

（三）未落实网络安全、信息内容监督制度和安全技术防范措施，造成含有恐怖主义、极端主义内容的信息传播，情节严重的。

第八十五条 铁路、公路、水上、航空的货运和邮政、快递等物流运营单位有下列情形之一的，由主管部门处十万元以上五十万元以下罚款，并对其直接负责的主管人员和其他直接责任人员处十万元以下罚款：

（一）未实行安全查验制度，对客户身份进行查验，或者未依照规定对运输、寄递物品进行安全检查或者开封验视的；

（二）对禁止运输、寄递，存在重大安全隐患，或者客户拒绝安全查验的物品予以运输、寄递的；

（三）未实行运输、寄递客户身份、物品信息登记制度的。

第八十六条 电信、互联网、金融业务经营者、服务提供者未按规定对客户身份进行查验，或者对身份不明、拒绝身份查验的客户提供服务的，主管部门应当责令改正；拒不改正的，处二十万元以上五十万元以下罚款，并对其直接负责的主管人员和其他直接责任人员处十万元以下罚款；情节严重的，处五十万元以上罚款，并对其直接负责的主管人员和其他直接责任人员，处十万元以上五十万元以下罚款。

住宿、长途客运、机动车租赁等业务经营者、服务提供者有前款规定情形的，由主管部门处十万元以上五十万元以下罚款，并对其直接负责的主管人员和其他直接责任人员处十万元以下罚款。

第八十七条 违反本法规定，有下列情形之一的，由主管部门给予警告，并责令改正；拒不改正的，处十万元以下罚款，并对其直接负责的主管人员和其他直接责任人员处一万元以下罚款：

（一）未依照规定对枪支等武器、弹药、管制器具、危险化学品、民用爆炸物品、核与放射物品作出电子追踪标识，对民用爆炸物品添加安检示踪标识物的；

（二）未依照规定对运营中的危险化学品、民用爆炸物品、核与放射物品的运输工具通过定位系统实行监控的；

（三）未依照规定对传染病病原体等物质实行严格的监督管理，情节严重的；

（四）违反国务院有关主管部门或者省级人民政府对管制器具、危险化学品、民用爆炸物品决定的管制或者限制交易措施的。

第八十八条 防范恐怖袭击重点目标的管理、营运单位违反本法规定，有下列情形之一的，由公安机关给予警告，并责令改正；拒不改正的，处十万元以下罚款，并对其直接负责的主管人员和其他直接责任人员处一万元以下罚款：

（一）未制定防范和应对处置恐怖活动的预案、措施的；

（二）未建立反恐怖主义工作专项经费保障制度，或者未配备防范和处置设备、设施的；

（三）未落实工作机构或者责任人员的；

（四）未对重要岗位人员进行安全背景审查，或者未将有不适合情形的人员调整工作岗位的；

（五）对公共交通运输工具未依照规定配备安保人员和相应设备、设施的；

（六）未建立公共安全视频图像信息系统值班监看、信息保存使用、运行维护等管理制度的。

大型活动承办单位以及重点目标的管理单位未依照规定对进入大型活动场所、机场、火车站、码头、城市轨道交通站、公路长途客运站、口岸等重点目标的人员、物品和交通工具进行安全检查的，公安机关应当责令改正；拒不改正的，处十万元以下罚款，并对其直接负责的主管人员和其他直接责任人员处一万元以下罚款。

第八十九条 恐怖活动嫌疑人员违反公安机关责令其遵守的约束措施的，由公安机关给予警告，并责令改正；拒不改正的，处五日以上十五日以下拘留。

第九十条 新闻媒体等单位编造、传播虚假恐怖事件信息，报道、传播可能引起模仿的恐怖活动的实施细节，发布恐怖事件中残忍、不人道的场景，或者未经批准，报道、传播现场应对处置的工作人员、人质身份信息和应对处置行动情况的，由公安机关处二十万元以下罚款，并对其直接负责的主管人员和其他直接责任人员，处五日以上十五日以下拘留，可以并处五万元以下罚款。

个人有前款规定行为的，由公安机关处五日以上十五日以下拘留，可以并处一万元以下罚款。

第九十一条 拒不配合有关部门开展反恐怖主义安全防范、情报信息、调查、应对处置工作的，由主管部门处二千元以下罚款；造成严重后果的，处五日以上十五日以下拘留，可以并处一万元以下罚款。

单位有前款规定行为的，由主管部门处五万元以下罚款；造成严重后果的，处十万元以下罚款；并对其直接负责的主管人员和其他直接责任人员依照前款规定处罚。

第九十二条 阻碍有关部门开展反恐怖主义工作的，由公安机关处五日以上十五日以下拘留，可以并处五万元以下罚款。

单位有前款规定行为的，由公安机关处二十万元以下罚款，并对其直接负责的主管人员和其他直接责任人员依照前款规定处罚。

阻碍人民警察、人民解放军、人民武装警察依法执行职务的，从重处罚。

第九十三条 单位违反本法规定，情节严重的，由主管部门责令停止从事相关业务、提供相关服务或者责令停产停业；造成严重后果的，吊销有关证照或者撤销登记。

第九十四条 反恐怖主义工作领导机构、有关部门的工作人员在反恐怖主义工作中滥用职权、玩忽职守、徇私舞弊，或者有违反规定泄露国家秘密、商业秘密和个人隐私等行为，构成犯罪的，依法追究刑事责任；尚不构成犯罪的，依法给予处分。

反恐怖主义工作领导机构、有关部门及其工作人员在反恐怖主义工作中滥用职权、玩忽职守、徇私舞弊或者有其他违法违纪行为的，任何单位和个人有权向有关部门检举、控告。有关部门接到检举、控告后，应当及时处理并回复检举、控告人。

第九十五条 对依照本法规定查封、扣押、冻结、扣留、收缴的物品、资金等，经审查发现与恐怖主义无关的，应当及时解除有关措施，予以退还。

第九十六条 有关单位和个人对依照本法作出的行政处罚和行政强制措施决定不服的，可以依法申请行政复议或者提起行政诉讼。

第十章 附 则

第九十七条 本法自 2016 年 1 月 1 日起施行。2011 年 10 月 29 日第十一届全国人民代表大会常务委员会第二十三次会议通过的《全国人民代表大会常务委员会关于加强反恐怖工作有关问题的决定》同时废止。

中华人民共和国反间谍法

（2014年11月1日第十二届全国人民代表大会常务委员会第十一次会议通过　2023年4月26日第十四届全国人民代表大会常务委员会第二次会议修订　2023年4月26日中华人民共和国主席令第4号公布　自2023年7月1日起施行）

目　　录

第一章　总　　则
第二章　安全防范
第三章　调查处置
第四章　保障与监督
第五章　法律责任
第六章　附　　则

第一章　总　　则

第一条　为了加强反间谍工作，防范、制止和惩治间谍行为，维护国家安全，保护人民利益，根据宪法，制定本法。

第二条　反间谍工作坚持党中央集中统一领导，坚持总体国家安全观，坚持公开工作与秘密工作相结合、专门工作与群众路线相结合，坚持积极防御、依法惩治、标本兼治，筑牢国家安全人民防线。

第三条　反间谍工作应当依法进行，尊重和保障人权，保障个人和组织的合法权益。

第四条　本法所称间谍行为，是指下列行为：

（一）间谍组织及其代理人实施或者指使、资助他人实施，或者境内外机构、组织、个人与其相勾结实施的危害中华人民共和国国家安全的活动；

（二）参加间谍组织或者接受间谍组织及其代理人的任务，或者投靠间谍组织及其代理人；

（三）间谍组织及其代理人以外的其他境外机构、组织、个人实施或者指使、资助他人实施，或者境内机构、组织、个人与其相勾结实施的窃取、刺探、收买、非法提供国家秘密、情报以及其他关系国家安全和利益的文件、数据、资料、物品，或者策动、引诱、胁迫、收买国家工作人员叛变的活动；

（四）间谍组织及其代理人实施或者指使、资助他人实施，或者境内外机构、组织、个人与其相勾结实施针对国家机关、涉密单位或者关键信息基础设施等的网络攻击、侵入、干扰、控制、破坏等活动；

（五）为敌人指示攻击目标；

（六）进行其他间谍活动。

间谍组织及其代理人在中华人民共和国领域内，或者利用中华人民共和国的公民、组织或者其他条件，从事针对第三国的间谍活动，危害中华人民共和国国家安全的，适用本法。

第五条 国家建立反间谍工作协调机制，统筹协调反间谍工作中的重大事项，研究、解决反间谍工作中的重大问题。

第六条 国家安全机关是反间谍工作的主管机关。

公安、保密等有关部门和军队有关部门按照职责分工，密切配合，加强协调，依法做好有关工作。

第七条 中华人民共和国公民有维护国家的安全、荣誉和利益的义务，不得有危害国家的安全、荣誉和利益的行为。

一切国家机关和武装力量、各政党和各人民团体、企业事业组织和其他社会组织，都有防范、制止间谍行为，维护国家安全的义务。

国家安全机关在反间谍工作中必须依靠人民的支持，动员、组织人民防范、制止间谍行为。

第八条 任何公民和组织都应当依法支持、协助反间谍工作，保守所知悉的国家秘密和反间谍工作秘密。

第九条 国家对支持、协助反间谍工作的个人和组织给予保护。

对举报间谍行为或者在反间谍工作中做出重大贡献的个人和组织，按照国家有关规定给予表彰和奖励。

第十条 境外机构、组织、个人实施或者指使、资助他人实施的，或者境内机构、组织、个人与境外机构、组织、个人相勾结实施的危害中华人民共和国国家安全的间谍行为，都必须受到法律追究。

第十一条 国家安全机关及其工作人员在工作中，应当严格依法办事，不得超越职权、滥用职权，不得侵犯个人和组织的合法权益。

国家安全机关及其工作人员依法履行反间谍工作职责获取的个人和组织的信息，只能用于反间谍工作。对属于国家秘密、工作秘密、商业秘密和个人隐私、个人信息的，应当保密。

第二章 安全防范

第十二条 国家机关、人民团体、企业事业组织和其他社会组织承担本单位反间谍安全防范工作的主体责任，落实反间谍安全防范措施，对本单位的人员进行维护国家安全的教育，动员、组织本单位的人员防范、制止间谍行为。

地方各级人民政府、相关行业主管部门按照职责分工，管理本行政区域、本行业有关反间谍安全防范工作。

国家安全机关依法协调指导、监督检查反间谍安全防范工作。

第十三条 各级人民政府和有关部门应当组织开展反间谍安全防范宣传教育，将反间谍安全防范知识纳入教育、培训、普法宣传内容，增强全民反间谍安全防范意识和国家安全素养。

新闻、广播、电视、文化、互联网信息服务等单位，应当面向社会有针对性地开展反间谍宣传教育。

国家安全机关应当根据反间谍安全防范形势，指导有关单位开展反间谍宣传教育活动，提高防范意识和能力。

第十四条 任何个人和组织都不得非法获取、持有属于国家秘密的文件、数据、资料、物品。

第十五条 任何个人和组织都不得非法生产、销售、持有、使用间谍活动特殊需要的专用间谍器材。专用间谍器材由国务院国家安全主管部门依照国家有关规定确认。

第十六条 任何公民和组织发现间谍行为，应当及时向国家安全机关举报；向公安机关等其他国家机关、组织举报的，相关国家机关、组织应当立即移送国家安全机关处理。

国家安全机关应当将受理举报的电话、信箱、网络平台等向社会公开，依法及时处理举报信息，并为举报人保密。

第十七条 国家建立反间谍安全防范重点单位管理制度。

反间谍安全防范重点单位应当建立反间谍安全防范工作制度，履行反间谍安全防范工作要求，明确内设职能部门和人员承担反间谍安全防范职责。

第十八条 反间谍安全防范重点单位应当加强对工作人员反间谍安全防范的教育和管理，对离岗离职人员脱密期内履行反间谍安全防范义务的情况进行监督检查。

第十九条 反间谍安全防范重点单位应当加强对涉密事项、场所、载体等的日常安全防范管理，采取隔离加固、封闭管理、设置警戒等反间谍物理防范措施。

第二十条 反间谍安全防范重点单位应当按照反间谍技术防范的要求和标准，采取相应的技术措施和其他必要措施，加强对要害部门部位、网络设施、信息系统的反间谍技术防范。

第二十一条 在重要国家机关、国防军工单位和其他重要涉密单位以及重要军事设施的周边安全控制区域内新建、改建、扩建建设项目的，由国家安全机关实施涉及国家安全事项的建设项目许可。

县级以上地方各级人民政府编制国民经济和社会发展规划、国土空间规划等有关规划，应当充分考虑国家安全因素和划定的安全控制区域，征求国家安全机关的意见。

安全控制区域的划定应当统筹发展和安全，坚持科学合理、确有必要的原则，由国家安全机关会同发展改革、自然资源、住房城乡建设、保密、国防科技工业等部门以及军队有关部门共同划定，报省、自治区、直辖市人民政府批准并动态调整。

涉及国家安全事项的建设项目许可的具体实施办法，由国务院国家安全主管部门会同有关部门制定。

第二十二条 国家安全机关根据反间谍工作需要，可以会同有关部门制定反间谍技术防范标准，指导有关单位落实反间谍技术防范措施，对存在隐患的单位，经过严格的批准手续，可以进行反间谍技术防范检查和检测。

第三章 调查处置

第二十三条 国家安全机关在反间谍工作中依法行使本法和有关法律规定的职权。

第二十四条 国家安全机关工作人员依法执行反间谍工作任务时，依照规定出示工作证件，可以查验中国公民或者境外人员的身份证明，向有关个人和组织问询有关情况，对身份不明、有间谍行为嫌疑的人员，可以查看其随带物品。

第二十五条 国家安全机关工作人员依法执行反间谍工作任务时，经设区的市级以上国家安全机关负责人批准，出示工作证件，可以查验有关个人和组织的电子设备、设施及有关程序、工具。查验中发现存在危害国家安全情形的，国家安全机关应当责令其采取措施立即整改。拒绝整改或者整改后仍存在危害国家安全隐患的，可以予以查封、扣押。

对依照前款规定查封、扣押的电子设备、设施及有关程序、工具，在危害国家安全的情形消除后，国家安全机关应当及时解除查封、扣押。

第二十六条 国家安全机关工作人员依法执行反间谍工作任务时，根据国家有关规定，经设区的市级以上国家安全机关负责人批准，可以查阅、调取有关的文件、数据、资料、物品，有关个人和组织应当予以配合。查阅、调取不得超出执行反间谍工作任务所需的范围和限度。

第二十七条 需要传唤违反本法的人员接受调查的，经国家安全机关办案部门负责人批准，使用传唤证传唤。对现场发现的违反本法的人员，国家安全机关工作人员依照规定出示工作证件，可以口头传唤，但应当在询问笔录中注明。传唤的原因和依据应当告知被传唤人。对无正当理由拒不接受传唤或者逃避传唤的人，可以强制传唤。

国家安全机关应当在被传唤人所在市、县内的指定地点或者其住所进行询问。

国家安全机关对被传唤人应当及时询问查证。询问查证的时间不得超过八小时；情况复杂，可能适用行政拘留或者涉嫌犯罪的，询问查证的时间不得超过二十四小时。国家安全机关应当为被传唤人提供必要的饮食和休息时间。严禁连续传唤。

除无法通知或者可能妨碍调查的情形以外，国家安全机关应当及时将传唤的原因通知被传唤人家属。在上述情形消失后，应当立即通知被传唤人家属。

第二十八条 国家安全机关调查间谍行为，经设区的市级以上国家安全机关负责人批准，可以依法对涉嫌间谍行为的人身、物品、场所进行检查。

检查女性身体的，应当由女性工作人员进行。

第二十九条 国家安全机关调查间谍行为，经设区的市级以上国家安全机关负责人批准，可以查询涉嫌间谍行为人员的相关财产信息。

第三十条 国家安全机关调查间谍行为，经设区的市级以上国家安全机关负责人批准，可以对涉嫌用于间谍行为的场所、设施或者财物依法查封、扣押、冻结；不得查封、扣押、冻结与被调查的间谍行为无关的场所、设施或者财物。

第三十一条 国家安全机关工作人员在反间谍工作中采取查阅、调取、传唤、检查、查询、查封、扣押、冻结等措施，应当由二人以上进行，依照有关规定出示工作证件及相关法律文书，并由相关人员在有关笔录等书面材料上签名、盖章。

国家安全机关工作人员进行检查、查封、扣押等重要取证工作，应当对全过程进行录音录像，留存备查。

第三十二条 在国家安全机关调查了解有关间谍行为的情况、收集有关证据时，有关个人和组织应当如实提供，不得拒绝。

第三十三条 对出境后可能对国家安全造成危害，或者对国家利益造成重大损失的中国公民，国务院国家安全主管部门可以决定其在一定期限内不准出境，并通知移民管理机构。

对涉嫌间谍行为人员，省级以上国家安全机关可以通知移民管理机构不准其出境。

第三十四条 对入境后可能进行危害中华人民共和国国家安全活动的境外人员，国务院国家安全主管部门可以通知移民管理机构不准其入境。

第三十五条 对国家安全机关通知不准出境或者不准入境的人员，移民管理机构应当按照国家有关规定执行；不准出境、入境情形消失的，国家安全机关应当及时撤销不准出境、入境决定，并通知移民管理机构。

第三十六条　国家安全机关发现涉及间谍行为的网络信息内容或者网络攻击等风险，应当依照《中华人民共和国网络安全法》规定的职责分工，及时通报有关部门，由其依法处置或者责令电信业务经营者、互联网服务提供者及时采取修复漏洞、加固网络防护、停止传输、消除程序和内容、暂停相关服务、下架相关应用、关闭相关网站等措施，保存相关记录。情况紧急，不立即采取措施将对国家安全造成严重危害的，由国家安全机关责令有关单位修复漏洞、停止相关传输、暂停相关服务，并通报有关部门。

经采取相关措施，上述信息内容或者风险已经消除的，国家安全机关和有关部门应当及时作出恢复相关传输和服务的决定。

第三十七条　国家安全机关因反间谍工作需要，根据国家有关规定，经过严格的批准手续，可以采取技术侦察措施和身份保护措施。

第三十八条　对违反本法规定，涉嫌犯罪，需要对有关事项是否属于国家秘密或者情报进行鉴定以及需要对危害后果进行评估的，由国家保密部门或者省、自治区、直辖市保密部门按照程序在一定期限内进行鉴定和组织评估。

第三十九条　国家安全机关经调查，发现间谍行为涉嫌犯罪的，应当依照《中华人民共和国刑事诉讼法》的规定立案侦查。

第四章　保障与监督

第四十条　国家安全机关工作人员依法履行职责，受法律保护。

第四十一条　国家安全机关依法调查间谍行为，邮政、快递等物流运营单位和电信业务经营者、互联网服务提供者应当提供必要的支持和协助。

第四十二条　国家安全机关工作人员因执行紧急任务需要，经出示工作证件，享有优先乘坐公共交通工具、优先通行等通行便利。

第四十三条　国家安全机关工作人员依法执行任务时，依照规定出示工作证件，可以进入有关场所、单位；根据国家有关规定，经过批准，出示工作证件，可以进入限制进入的有关地区、场所、单位。

第四十四条　国家安全机关因反间谍工作需要，根据国家有关规定，可以优先使用或者依法征用国家机关、人民团体、企业事业组织和其他社会组织以及个人的交通工具、通信工具、场地和建筑物等，必要时可以设置相关工作场所和设施设备，任务完成后应当及时归还或者恢复原状，并依照规定支付相应费用；造成损失的，应当给予补偿。

第四十五条 国家安全机关因反间谍工作需要，根据国家有关规定，可以提请海关、移民管理等检查机关对有关人员提供通关便利，对有关资料、器材等予以免检。有关检查机关应当依法予以协助。

第四十六条 国家安全机关工作人员因执行任务，或者个人因协助执行反间谍工作任务，本人或者其近亲属的人身安全受到威胁时，国家安全机关应当会同有关部门依法采取必要措施，予以保护、营救。

个人因支持、协助反间谍工作，本人或者其近亲属的人身安全面临危险的，可以向国家安全机关请求予以保护。国家安全机关应当会同有关部门依法采取保护措施。

个人和组织因支持、协助反间谍工作导致财产损失的，根据国家有关规定给予补偿。

第四十七条 对为反间谍工作做出贡献并需要安置的人员，国家给予妥善安置。

公安、民政、财政、卫生健康、教育、人力资源和社会保障、退役军人事务、医疗保障、移民管理等有关部门以及国有企业事业单位应当协助国家安全机关做好安置工作。

第四十八条 对因开展反间谍工作或者支持、协助反间谍工作导致伤残或者牺牲、死亡的人员，根据国家有关规定给予相应的抚恤优待。

第四十九条 国家鼓励反间谍领域科技创新，发挥科技在反间谍工作中的作用。

第五十条 国家安全机关应当加强反间谍专业力量人才队伍建设和专业训练，提升反间谍工作能力。

对国家安全机关工作人员应当有计划地进行政治、理论和业务培训。培训应当坚持理论联系实际、按需施教、讲求实效，提高专业能力。

第五十一条 国家安全机关应当严格执行内部监督和安全审查制度，对其工作人员遵守法律和纪律等情况进行监督，并依法采取必要措施，定期或者不定期进行安全审查。

第五十二条 任何个人和组织对国家安全机关及其工作人员超越职权、滥用职权和其他违法行为，都有权向上级国家安全机关或者监察机关、人民检察院等有关部门检举、控告。受理检举、控告的国家安全机关或者监察机关、人民检察院等有关部门应当及时查清事实，依法处理，并将处理结果及时告知检举人、控告人。

对支持、协助国家安全机关工作或者依法检举、控告的个人和组织，任何个人和组织不得压制和打击报复。

第五章 法律责任

第五十三条 实施间谍行为，构成犯罪的，依法追究刑事责任。

第五十四条 个人实施间谍行为，尚不构成犯罪的，由国家安全机关予以警告或者处十五日以下行政拘留，单处或者并处五万元以下罚款，违法所得在五万元以上的，单处或者并处违法所得一倍以上五倍以下罚款，并可以由有关部门依法予以处分。

明知他人实施间谍行为，为其提供信息、资金、物资、劳务、技术、场所等支持、协助，或者窝藏、包庇，尚不构成犯罪的，依照前款的规定处罚。

单位有前两款行为的，由国家安全机关予以警告，单处或者并处五十万元以下罚款，违法所得在五十万元以上的，单处或者并处违法所得一倍以上五倍以下罚款，并对直接负责的主管人员和其他直接责任人员，依照第一款的规定处罚。

国家安全机关根据相关单位、人员违法情节和后果，可以建议有关主管部门依法责令停止从事相关业务、提供相关服务或者责令停产停业、吊销有关证照、撤销登记。有关主管部门应当将作出行政处理的情况及时反馈国家安全机关。

第五十五条 实施间谍行为，有自首或者立功表现的，可以从轻、减轻或者免除处罚；有重大立功表现的，给予奖励。

在境外受胁迫或者受诱骗参加间谍组织、敌对组织，从事危害中华人民共和国国家安全的活动，及时向中华人民共和国驻外机构如实说明情况，或者入境后直接或者通过所在单位及时向国家安全机关如实说明情况，并有悔改表现的，可以不予追究。

第五十六条 国家机关、人民团体、企业事业组织和其他社会组织未按照本法规定履行反间谍安全防范义务的，国家安全机关可以责令改正；未按照要求改正的，国家安全机关可以约谈相关负责人，必要时可以将约谈情况通报该单位上级主管部门；产生危害后果或者不良影响的，国家安全机关可以予以警告、通报批评；情节严重的，对负有责任的领导人员和直接责任人员，由有关部门依法予以处分。

第五十七条 违反本法第二十一条规定新建、改建、扩建建设项目的，由国家安全机关责令改正，予以警告；拒不改正或者情节严重的，责令停止建设或者使用、暂扣或者吊销许可证件，或者建议有关主管部门依法予以处理。

第五十八条 违反本法第四十一条规定的，由国家安全机关责令改正，予以警告或者通报批评；拒不改正或者情节严重的，由有关主管部门依照相关法律法规予以处罚。

第五十九条 违反本法规定，拒不配合数据调取的，由国家安全机关依照《中华人民共和国数据安全法》的有关规定予以处罚。

第六十条 违反本法规定，有下列行为之一，构成犯罪的，依法追究刑事责任；尚不构成犯罪的，由国家安全机关予以警告或者处十日以下行政拘留，可以并处三万元以下罚款：

（一）泄露有关反间谍工作的国家秘密；

（二）明知他人有间谍犯罪行为，在国家安全机关向其调查有关情况、收集有关证据时，拒绝提供；

（三）故意阻碍国家安全机关依法执行任务；

（四）隐藏、转移、变卖、损毁国家安全机关依法查封、扣押、冻结的财物；

（五）明知是间谍行为的涉案财物而窝藏、转移、收购、代为销售或者以其他方法掩饰、隐瞒；

（六）对依法支持、协助国家安全机关工作的个人和组织进行打击报复。

第六十一条 非法获取、持有属于国家秘密的文件、数据、资料、物品，以及非法生产、销售、持有、使用专用间谍器材，尚不构成犯罪的，由国家安全机关予以警告或者处十日以下行政拘留。

第六十二条 国家安全机关对依照本法查封、扣押、冻结的财物，应当妥善保管，并按照下列情形分别处理：

（一）涉嫌犯罪的，依照《中华人民共和国刑事诉讼法》等有关法律的规定处理；

（二）尚不构成犯罪，有违法事实的，对依法应当没收的予以没收，依法应当销毁的予以销毁；

（三）没有违法事实的，或者与案件无关的，应当解除查封、扣押、冻结，并及时返还相关财物；造成损失的，应当依法予以赔偿。

第六十三条 涉案财物符合下列情形之一的，应当依法予以追缴、没收，或者采取措施消除隐患：

（一）违法所得的财物及其孳息、收益，供实施间谍行为所用的本人财物；

（二）非法获取、持有的属于国家秘密的文件、数据、资料、物品；

（三）非法生产、销售、持有、使用的专用间谍器材。

第六十四条 行为人及其近亲属或者其他相关人员，因行为人实施间谍行为从间谍组织及其代理人获取的所有利益，由国家安全机关依法采取追缴、没收等措施。

第六十五条 国家安全机关依法收缴的罚款以及没收的财物，一律上缴国库。

第六十六条 境外人员违反本法的，国务院国家安全主管部门可以决定限期出境，并决定其不准入境的期限。未在规定期限内离境的，可以遣送出境。

对违反本法的境外人员，国务院国家安全主管部门决定驱逐出境的，自被驱逐出境之日起十年内不准入境，国务院国家安全主管部门的处罚决定为最终决定。

第六十七条 国家安全机关作出行政处罚决定之前，应当告知当事人拟作出的行政处罚内容及事实、理由、依据，以及当事人依法享有的陈述、申辩、要求听证等权利，并依照《中华人民共和国行政处罚法》的有关规定实施。

第六十八条 当事人对行政处罚决定、行政强制措施决定、行政许可决定不服的，可以自收到决定书之日起六十日内，依法申请复议；对复议决定不服的，可以自收到复议决定书之日起十五日内，依法向人民法院提起诉讼。

第六十九条 国家安全机关工作人员滥用职权、玩忽职守、徇私舞弊，或者有非法拘禁、刑讯逼供、暴力取证、违反规定泄露国家秘密、工作秘密、商业秘密和个人隐私、个人信息等行为，依法予以处分，构成犯罪的，依法追究刑事责任。

第六章 附　　则

第七十条 国家安全机关依照法律、行政法规和国家有关规定，履行防范、制止和惩治间谍行为以外的危害国家安全行为的职责，适用本法的有关规定。

公安机关在依法履行职责过程中发现、惩治危害国家安全的行为，适用本法的有关规定。

第七十一条 本法自2023年7月1日起施行。

中华人民共和国数据安全法

（2021年6月10日第十三届全国人民代表大会常务委员会第二十九次会议通过　2021年6月10日中华人民共和国主席令第84号公布　自2021年9月1日起施行）

目　　录

第一章　总　　则
第二章　数据安全与发展

第三章　数据安全制度
第四章　数据安全保护义务
第五章　政务数据安全与开放
第六章　法律责任
第七章　附　　则

第一章　总　　则

第一条　为了规范数据处理活动，保障数据安全，促进数据开发利用，保护个人、组织的合法权益，维护国家主权、安全和发展利益，制定本法。

第二条　在中华人民共和国境内开展数据处理活动及其安全监管，适用本法。

在中华人民共和国境外开展数据处理活动，损害中华人民共和国国家安全、公共利益或者公民、组织合法权益的，依法追究法律责任。

第三条　本法所称数据，是指任何以电子或者其他方式对信息的记录。

数据处理，包括数据的收集、存储、使用、加工、传输、提供、公开等。

数据安全，是指通过采取必要措施，确保数据处于有效保护和合法利用的状态，以及具备保障持续安全状态的能力。

第四条　维护数据安全，应当坚持总体国家安全观，建立健全数据安全治理体系，提高数据安全保障能力。

第五条　中央国家安全领导机构负责国家数据安全工作的决策和议事协调，研究制定、指导实施国家数据安全战略和有关重大方针政策，统筹协调国家数据安全的重大事项和重要工作，建立国家数据安全工作协调机制。

第六条　各地区、各部门对本地区、本部门工作中收集和产生的数据及数据安全负责。

工业、电信、交通、金融、自然资源、卫生健康、教育、科技等主管部门承担本行业、本领域数据安全监管职责。

公安机关、国家安全机关等依照本法和有关法律、行政法规的规定，在各自职责范围内承担数据安全监管职责。

国家网信部门依照本法和有关法律、行政法规的规定，负责统筹协调网络数据安全和相关监管工作。

第七条 国家保护个人、组织与数据有关的权益，鼓励数据依法合理有效利用，保障数据依法有序自由流动，促进以数据为关键要素的数字经济发展。

第八条 开展数据处理活动，应当遵守法律、法规，尊重社会公德和伦理，遵守商业道德和职业道德，诚实守信，履行数据安全保护义务，承担社会责任，不得危害国家安全、公共利益，不得损害个人、组织的合法权益。

第九条 国家支持开展数据安全知识宣传普及，提高全社会的数据安全保护意识和水平，推动有关部门、行业组织、科研机构、企业、个人等共同参与数据安全保护工作，形成全社会共同维护数据安全和促进发展的良好环境。

第十条 相关行业组织按照章程，依法制定数据安全行为规范和团体标准，加强行业自律，指导会员加强数据安全保护，提高数据安全保护水平，促进行业健康发展。

第十一条 国家积极开展数据安全治理、数据开发利用等领域的国际交流与合作，参与数据安全相关国际规则和标准的制定，促进数据跨境安全、自由流动。

第十二条 任何个人、组织都有权对违反本法规定的行为向有关主管部门投诉、举报。收到投诉、举报的部门应当及时依法处理。

有关主管部门应当对投诉、举报人的相关信息予以保密，保护投诉、举报人的合法权益。

第二章 数据安全与发展

第十三条 国家统筹发展和安全，坚持以数据开发利用和产业发展促进数据安全，以数据安全保障数据开发利用和产业发展。

第十四条 国家实施大数据战略，推进数据基础设施建设，鼓励和支持数据在各行业、各领域的创新应用。

省级以上人民政府应当将数字经济发展纳入本级国民经济和社会发展规划，并根据需要制定数字经济发展规划。

第十五条 国家支持开发利用数据提升公共服务的智能化水平。提供智能化公共服务，应当充分考虑老年人、残疾人的需求，避免对老年人、残疾人的日常生活造成障碍。

第十六条 国家支持数据开发利用和数据安全技术研究，鼓励数据开发利用和数据安全等领域的技术推广和商业创新，培育、发展数据开发利用和数据安全产品、产业体系。

第十七条 国家推进数据开发利用技术和数据安全标准体系建设。国务院标准化行政主管部门和国务院有关部门根据各自的职责，组织制定并适时修订有关数据开发利用技术、产品和数据安全相关标准。国家支持企业、社会团体和教育、科研机构等参与标准制定。

第十八条 国家促进数据安全检测评估、认证等服务的发展，支持数据安全检测评估、认证等专业机构依法开展服务活动。

国家支持有关部门、行业组织、企业、教育和科研机构、有关专业机构等在数据安全风险评估、防范、处置等方面开展协作。

第十九条 国家建立健全数据交易管理制度，规范数据交易行为，培育数据交易市场。

第二十条 国家支持教育、科研机构和企业等开展数据开发利用技术和数据安全相关教育和培训，采取多种方式培养数据开发利用技术和数据安全专业人才，促进人才交流。

第三章 数据安全制度

第二十一条 国家建立数据分类分级保护制度，根据数据在经济社会发展中的重要程度，以及一旦遭到篡改、破坏、泄露或者非法获取、非法利用，对国家安全、公共利益或者个人、组织合法权益造成的危害程度，对数据实行分类分级保护。国家数据安全工作协调机制统筹协调有关部门制定重要数据目录，加强对重要数据的保护。

关系国家安全、国民经济命脉、重要民生、重大公共利益等数据属于国家核心数据，实行更加严格的管理制度。

各地区、各部门应当按照数据分类分级保护制度，确定本地区、本部门以及相关行业、领域的重要数据具体目录，对列入目录的数据进行重点保护。

第二十二条 国家建立集中统一、高效权威的数据安全风险评估、报告、信息共享、监测预警机制。国家数据安全工作协调机制统筹协调有关部门加强数据安全风险信息的获取、分析、研判、预警工作。

第二十三条 国家建立数据安全应急处置机制。发生数据安全事件，有关主管部门应当依法启动应急预案，采取相应的应急处置措施，防止危害扩大，消除安全隐患，并及时向社会发布与公众有关的警示信息。

第二十四条 国家建立数据安全审查制度，对影响或者可能影响国家安全的数据处理活动进行国家安全审查。

依法作出的安全审查决定为最终决定。

第二十五条 国家对与维护国家安全和利益、履行国际义务相关的属于管制物项的数据依法实施出口管制。

第二十六条 任何国家或者地区在与数据和数据开发利用技术等有关的投资、贸易等方面对中华人民共和国采取歧视性的禁止、限制或者其他类似措施的，中华人民共和国可以根据实际情况对该国家或者地区对等采取措施。

第四章 数据安全保护义务

第二十七条 开展数据处理活动应当依照法律、法规的规定，建立健全全流程数据安全管理制度，组织开展数据安全教育培训，采取相应的技术措施和其他必要措施，保障数据安全。利用互联网等信息网络开展数据处理活动，应当在网络安全等级保护制度的基础上，履行上述数据安全保护义务。

重要数据的处理者应当明确数据安全负责人和管理机构，落实数据安全保护责任。

第二十八条 开展数据处理活动以及研究开发数据新技术，应当有利于促进经济社会发展，增进人民福祉，符合社会公德和伦理。

第二十九条 开展数据处理活动应当加强风险监测，发现数据安全缺陷、漏洞等风险时，应当立即采取补救措施；发生数据安全事件时，应当立即采取处置措施，按照规定及时告知用户并向有关主管部门报告。

第三十条 重要数据的处理者应当按照规定对其数据处理活动定期开展风险评估，并向有关主管部门报送风险评估报告。

风险评估报告应当包括处理的重要数据的种类、数量，开展数据处理活动的情况，面临的数据安全风险及其应对措施等。

第三十一条 关键信息基础设施的运营者在中华人民共和国境内运营中收集和产生的重要数据的出境安全管理，适用《中华人民共和国网络安全法》的规定；其他数据处理者在中华人民共和国境内运营中收集和产生的重要数据的出境安全管理办法，由国家网信部门会同国务院有关部门制定。

第三十二条 任何组织、个人收集数据，应当采取合法、正当的方式，不得窃取或者以其他非法方式获取数据。

法律、行政法规对收集、使用数据的目的、范围有规定的，应当在法律、行政法规规定的目的和范围内收集、使用数据。

第三十三条 从事数据交易中介服务的机构提供服务，应当要求数据提供方说明数据来源，审核交易双方的身份，并留存审核、交易记录。

第三十四条 法律、行政法规规定提供数据处理相关服务应当取得行政许可的，服务提供者应当依法取得许可。

第三十五条 公安机关、国家安全机关因依法维护国家安全或者侦查犯罪的需要调取数据，应当按照国家有关规定，经过严格的批准手续，依法进行，有关组织、个人应当予以配合。

第三十六条 中华人民共和国主管机关根据有关法律和中华人民共和国缔结或者参加的国际条约、协定，或者按照平等互惠原则，处理外国司法或者执法机构关于提供数据的请求。非经中华人民共和国主管机关批准，境内的组织、个人不得向外国司法或者执法机构提供存储于中华人民共和国境内的数据。

第五章　政务数据安全与开放

第三十七条　国家大力推进电子政务建设，提高政务数据的科学性、准确性、时效性，提升运用数据服务经济社会发展的能力。

第三十八条　国家机关为履行法定职责的需要收集、使用数据，应当在其履行法定职责的范围内依照法律、行政法规规定的条件和程序进行；对在履行职责中知悉的个人隐私、个人信息、商业秘密、保密商务信息等数据应当依法予以保密，不得泄露或者非法向他人提供。

第三十九条　国家机关应当依照法律、行政法规的规定，建立健全数据安全管理制度，落实数据安全保护责任，保障政务数据安全。

第四十条　国家机关委托他人建设、维护电子政务系统，存储、加工政务数据，应当经过严格的批准程序，并应当监督受托方履行相应的数据安全保护义务。受托方应当依照法律、法规的规定和合同约定履行数据安全保护义务，不得擅自留存、使用、泄露或者向他人提供政务数据。

第四十一条　国家机关应当遵循公正、公平、便民的原则，按照规定及时、准确地公开政务数据。依法不予公开的除外。

第四十二条　国家制定政务数据开放目录，构建统一规范、互联互通、安全可控的政务数据开放平台，推动政务数据开放利用。

第四十三条　法律、法规授权的具有管理公共事务职能的组织为履行法定职责开展数据处理活动，适用本章规定。

第六章　法 律 责 任

第四十四条　有关主管部门在履行数据安全监管职责中，发现数据处理活动存在较大安全风险的，可以按照规定的权限和程序对有关组织、个人进行约谈，并要求有关组织、个人采取措施进行整改，消除隐患。

第四十五条　开展数据处理活动的组织、个人不履行本法第二十七条、第二十九条、第三十条规定的数据安全保护义务的，由有关主管部门责令改正，给予警告，可以并处五万元以上五十万元以下罚款，对直接负责的主管人员和其他直接责任人员可以处一万元以上十万元以下罚款；拒不改正或者造成大量数据泄露等严重后果的，处五十万元以上二百万元以下罚款，并可以责令暂停相关业务、停业整顿、吊销相关业务许可证或者吊销营业执照，对直接负责的主管人员和其他直接责任人员处五万元以上二十万元以下罚款。

违反国家核心数据管理制度，危害国家主权、安全和发展利益的，由有关主管部门处二百万元以上一千万元以下罚款，并根据情况责令暂停相关业务、停业整顿、吊销相关业务许可证或者吊销营业执照；构成犯罪的，依法追究刑事责任。

第四十六条 违反本法第三十一条规定，向境外提供重要数据的，由有关主管部门责令改正，给予警告，可以并处十万元以上一百万元以下罚款，对直接负责的主管人员和其他直接责任人员可以处一万元以上十万元以下罚款；情节严重的，处一百万元以上一千万元以下罚款，并可以责令暂停相关业务、停业整顿、吊销相关业务许可证或者吊销营业执照，对直接负责的主管人员和其他直接责任人员处十万元以上一百万元以下罚款。

第四十七条 从事数据交易中介服务的机构未履行本法第三十三条规定的义务的，由有关主管部门责令改正，没收违法所得，处违法所得一倍以上十倍以下罚款，没有违法所得或者违法所得不足十万元的，处十万元以上一百万元以下罚款，并可以责令暂停相关业务、停业整顿、吊销相关业务许可证或者吊销营业执照；对直接负责的主管人员和其他直接责任人员处一万元以上十万元以下罚款。

第四十八条 违反本法第三十五条规定，拒不配合数据调取的，由有关主管部门责令改正，给予警告，并处五万元以上五十万元以下罚款，对直接负责的主管人员和其他直接责任人员处一万元以上十万元以下罚款。

违反本法第三十六条规定，未经主管机关批准向外国司法或者执法机构提供数据的，由有关主管部门给予警告，可以并处十万元以上一百万元以下罚款，对直接负责的主管人员和其他直接责任人员可以处一万元以上十万元以下罚款；造成严重后果的，处一百万元以上五百万元以下罚款，并可以责令暂停相关业务、停业整顿、吊销相关业务许可证或者吊销营业执照，对直接负责的主管人员和其他直接责任人员处五万元以上五十万元以下罚款。

第四十九条 国家机关不履行本法规定的数据安全保护义务的，对直接负责的主管人员和其他直接责任人员依法给予处分。

第五十条 履行数据安全监管职责的国家工作人员玩忽职守、滥用职权、徇私舞弊的，依法给予处分。

第五十一条 窃取或者以其他非法方式获取数据，开展数据处理活动排除、限制竞争，或者损害个人、组织合法权益的，依照有关法律、行政法规的规定处罚。

第五十二条 违反本法规定，给他人造成损害的，依法承担民事责任。

违反本法规定，构成违反治安管理行为的，依法给予治安管理处罚；构成犯罪的，依法追究刑事责任。

第七章 附 则

第五十三条 开展涉及国家秘密的数据处理活动，适用《中华人民共和国保守国家秘密法》等法律、行政法规的规定。

在统计、档案工作中开展数据处理活动，开展涉及个人信息的数据处理活动，还应当遵守有关法律、行政法规的规定。

第五十四条 军事数据安全保护的办法，由中央军事委员会依据本法另行制定。

第五十五条 本法自 2021 年 9 月 1 日起施行。

三、推动高质量发展相关法律

中华人民共和国循环经济促进法

（2008年8月29日第十一届全国人民代表大会常务委员会第四次会议通过 根据2018年10月26日第十三届全国人民代表大会常务委员会第六次会议《关于修改〈中华人民共和国野生动物保护法〉等十五部法律的决定》修正）

目 录

第一章 总 则

第二章 基本管理制度

第三章 减量化

第四章 再利用和资源化

第五章 激励措施

第六章 法律责任

第七章 附 则

第一章 总 则

第一条 为了促进循环经济发展，提高资源利用效率，保护和改善环境，实现可持续发展，制定本法。

第二条 本法所称循环经济，是指在生产、流通和消费等过程中进行的减量化、再利用、资源化活动的总称。

本法所称减量化，是指在生产、流通和消费等过程中减少资源消耗和废物产生。

本法所称再利用，是指将废物直接作为产品或者经修复、翻新、再制造后继续作为产品使用，或者将废物的全部或者部分作为其他产品的部件予以使用。

本法所称资源化，是指将废物直接作为原料进行利用或者对废物进行再生利用。

第三条 发展循环经济是国家经济社会发展的一项重大战略，应当遵循统筹规划、合理布局，因地制宜、注重实效，政府推动、市场引导，企业实施、公众参与的方针。

第四条 发展循环经济应当在技术可行、经济合理和有利于节约资源、保护环境的前提下，按照减量化优先的原则实施。

在废物再利用和资源化过程中，应当保障生产安全，保证产品质量符合国家规定的标准，并防止产生再次污染。

第五条 国务院循环经济发展综合管理部门负责组织协调、监督管理全国循环经济发展工作；国务院生态环境等有关主管部门按照各自的职责负责有关循环经济的监督管理工作。

县级以上地方人民政府循环经济发展综合管理部门负责组织协调、监督管理本行政区域的循环经济发展工作；县级以上地方人民政府生态环境等有关主管部门按照各自的职责负责有关循环经济的监督管理工作。

第六条 国家制定产业政策，应当符合发展循环经济的要求。

县级以上人民政府编制国民经济和社会发展规划及年度计划，县级以上人民政府有关部门编制环境保护、科学技术等规划，应当包括发展循环经济的内容。

第七条 国家鼓励和支持开展循环经济科学技术的研究、开发和推广，鼓励开展循环经济宣传、教育、科学知识普及和国际合作。

第八条 县级以上人民政府应当建立发展循环经济的目标责任制，采取规划、财政、投资、政府采购等措施，促进循环经济发展。

第九条 企业事业单位应当建立健全管理制度，采取措施，降低资源消耗，减少废物的产生量和排放量，提高废物的再利用和资源化水平。

第十条 公民应当增强节约资源和保护环境意识，合理消费，节约资源。

国家鼓励和引导公民使用节能、节水、节材和有利于保护环境的产品及再生产品，减少废物的产生量和排放量。

公民有权举报浪费资源、破坏环境的行为，有权了解政府发展循环经济的信息并提出意见和建议。

第十一条 国家鼓励和支持行业协会在循环经济发展中发挥技术指导和服务作用。县级以上人民政府可以委托有条件的行业协会等社会组织开展促进循环经济发展的公共服务。

国家鼓励和支持中介机构、学会和其他社会组织开展循环经济宣传、技术推广和咨询服务，促进循环经济发展。

第二章 基本管理制度

第十二条 国务院循环经济发展综合管理部门会同国务院生态环境等有关主管部门编制全国循环经济发展规划，报国务院批准后公布施行。设区的市级以上地方人民政府循环经济发展综合管理部门会同本级人民政府生态环境等有关主管部门编制本行政区域循环经济发展规划，报本级人民政府批准后公布施行。

循环经济发展规划应当包括规划目标、适用范围、主要内容、重点任务和保障措施等，并规定资源产出率、废物再利用和资源化率等指标。

第十三条 县级以上地方人民政府应当依据上级人民政府下达的本行政区域主要污染物排放、建设用地和用水总量控制指标，规划和调整本行政区域的产业结构，促进循环经济发展。

新建、改建、扩建建设项目，必须符合本行政区域主要污染物排放、建设用地和用水总量控制指标的要求。

第十四条 国务院循环经济发展综合管理部门会同国务院统计、生态环境等有关主管部门建立和完善循环经济评价指标体系。

上级人民政府根据前款规定的循环经济主要评价指标，对下级人民政府发展循环经济的状况定期进行考核，并将主要评价指标完成情况作为对地方人民政府及其负责人考核评价的内容。

第十五条 生产列入强制回收名录的产品或者包装物的企业，必须对废弃的产品或者包装物负责回收；对其中可以利用的，由各该生产企业负责利用；对因不具备技术经济条件而不适合利用的，由各该生产企业负责无害化处置。

对前款规定的废弃产品或者包装物，生产者委托销售者或者其他组织进行回收的，或者委托废物利用或者处置企业进行利用或者处置的，受托方应当依照有关法律、行政法规的规定和合同的约定负责回收或者利用、处置。

对列入强制回收名录的产品和包装物，消费者应当将废弃的产品或者包装物交给生产者或者其委托回收的销售者或者其他组织。

强制回收的产品和包装物的名录及管理办法，由国务院循环经济发展综合管理部门规定。

第十六条 国家对钢铁、有色金属、煤炭、电力、石油加工、化工、建材、建筑、造纸、印染等行业年综合能源消费量、用水量超过国家规定总量的重点企业，实行能耗、水耗的重点监督管理制度。

重点能源消费单位的节能监督管理，依照《中华人民共和国节约能源法》的规定执行。

重点用水单位的监督管理办法，由国务院循环经济发展综合管理部门会同国务院有关部门规定。

第十七条 国家建立健全循环经济统计制度，加强资源消耗、综合利用和废物产生的统计管理，并将主要统计指标定期向社会公布。

国务院标准化主管部门会同国务院循环经济发展综合管理和生态环境等有关主管部门建立健全循环经济标准体系，制定和完善节能、节水、节材和废物再利用、资源化等标准。

国家建立健全能源效率标识等产品资源消耗标识制度。

第三章 减 量 化

第十八条 国务院循环经济发展综合管理部门会同国务院生态环境等有关主管部门，定期发布鼓励、限制和淘汰的技术、工艺、设备、材料和产品名录。

禁止生产、进口、销售列入淘汰名录的设备、材料和产品，禁止使用列入淘汰名录的技术、工艺、设备和材料。

第十九条 从事工艺、设备、产品及包装物设计，应当按照减少资源消耗和废物产生的要求，优先选择采用易回收、易拆解、易降解、无毒无害或者低毒低害的材料和设计方案，并应当符合有关国家标准的强制性要求。

对在拆解和处置过程中可能造成环境污染的电器电子等产品，不得设计使用国家禁止使用的有毒有害物质。禁止在电器电子等产品中使用的有毒有害物质名录，由国务院循环经济发展综合管理部门会同国务院生态环境等有关主管部门制定。

设计产品包装物应当执行产品包装标准，防止过度包装造成资源浪费和环境污染。

第二十条 工业企业应当采用先进或者适用的节水技术、工艺和设备，制定并实施节水计划，加强节水管理，对生产用水进行全过程控制。

工业企业应当加强用水计量管理，配备和使用合格的用水计量器具，建立水耗统计和用水状况分析制度。

新建、改建、扩建建设项目，应当配套建设节水设施。节水设施应当与主体工程同时设计、同时施工、同时投产使用。

国家鼓励和支持沿海地区进行海水淡化和海水直接利用，节约淡水资源。

第二十一条 国家鼓励和支持企业使用高效节油产品。

电力、石油加工、化工、钢铁、有色金属和建材等企业，必须在国家规定的范围和期限内，以洁净煤、石油焦、天然气等清洁能源替代燃料油，停止使用不符合国家规定的燃油发电机组和燃油锅炉。

内燃机和机动车制造企业应当按照国家规定的内燃机和机动车燃油经济性标准，采用节油技术，减少石油产品消耗量。

第二十二条 开采矿产资源，应当统筹规划，制定合理的开发利用方案，采用合理的开采顺序、方法和选矿工艺。采矿许可证颁发机关应当对申请人提交的开发利用方案中的开采回采率、采矿贫化率、选矿回收率、矿山水循环利用率和土地复垦率等指标依法进行审查；审查不合格的，不予颁发采矿许可证。采矿许可证颁发机关应当依法加强对开采矿产资源的监督管理。

矿山企业在开采主要矿种的同时，应当对具有工业价值的共生和伴生矿实行综合开采、合理利用；对必须同时采出而暂时不能利用的矿产以及含有有用组分的尾矿，应当采取保护措施，防止资源损失和生态破坏。

第二十三条 建筑设计、建设、施工等单位应当按照国家有关规定和标准，对其设计、建设、施工的建筑物及构筑物采用节能、节水、节地、节材的技术工艺和小型、轻型、再生产品。有条件的地区，应当充分利用太阳能、地热能、风能等可再生能源。

国家鼓励利用无毒无害的固体废物生产建筑材料，鼓励使用散装水泥，推广使用预拌混凝土和预拌砂浆。

禁止损毁耕地烧砖。在国务院或者省、自治区、直辖市人民政府规定的期限和区域内，禁止生产、销售和使用粘土砖。

第二十四条 县级以上人民政府及其农业等主管部门应当推进土地集约利用，鼓励和支持农业生产者采用节水、节肥、节药的先进种植、养殖和灌溉技术，推动农业机械节能，优先发展生态农业。

在缺水地区，应当调整种植结构，优先发展节水型农业，推进雨水集蓄利用，建设和管护节水灌溉设施，提高用水效率，减少水的蒸发和漏失。

第二十五条 国家机关及使用财政性资金的其他组织应当厉行节约、杜绝浪费，带头使用节能、节水、节地、节材和有利于保护环境的产品、设备和设施，节约使用办公用品。国务院和县级以上地方人民政府管理机关事务工作的机构会同本级人民政府有关部门制定本级国家机关等机构的用能、用水定额指标，财政部门根据该定额指标制定支出标准。

城市人民政府和建筑物的所有者或者使用者，应当采取措施，加强建筑物维护管理，延长建筑物使用寿命。对符合城市规划和工程建设标准，在合理使用寿命内的建筑物，除为了公共利益的需要外，城市人民政府不得决定拆除。

第二十六条 餐饮、娱乐、宾馆等服务性企业，应当采用节能、节水、节材和有利于保护环境的产品，减少使用或者不使用浪费资源、污染环境的产品。

本法施行后新建的餐饮、娱乐、宾馆等服务性企业，应当采用节能、节水、节材和有利于保护环境的技术、设备和设施。

第二十七条 国家鼓励和支持使用再生水。在有条件使用再生水的地区，限制或者禁止将自来水作为城市道路清扫、城市绿化和景观用水使用。

第二十八条 国家在保障产品安全和卫生的前提下，限制一次性消费品的生产和销售。具体名录由国务院循环经济发展综合管理部门会同国务院财政、生态环境等有关主管部门制定。

对列入前款规定名录中的一次性消费品的生产和销售，由国务院财政、税务和对外贸易等主管部门制定限制性的税收和出口等措施。

第四章 再利用和资源化

第二十九条 县级以上人民政府应当统筹规划区域经济布局，合理调整产业结构，促进企业在资源综合利用等领域进行合作，实现资源的高效利用和循环使用。

各类产业园区应当组织区内企业进行资源综合利用，促进循环经济发展。

国家鼓励各类产业园区的企业进行废物交换利用、能量梯级利用、土地集约利用、水的分类利用和循环使用，共同使用基础设施和其他有关设施。

新建和改造各类产业园区应当依法进行环境影响评价，并采取生态保护和污染控制措施，确保本区域的环境质量达到规定的标准。

第三十条 企业应当按照国家规定，对生产过程中产生的粉煤灰、煤矸石、尾矿、废石、废料、废气等工业废物进行综合利用。

第三十一条 企业应当发展串联用水系统和循环用水系统，提高水的重复利用率。

企业应当采用先进技术、工艺和设备，对生产过程中产生的废水进行再生利用。

第三十二条 企业应当采用先进或者适用的回收技术、工艺和设备，对生产过程中产生的余热、余压等进行综合利用。

建设利用余热、余压、煤层气以及煤矸石、煤泥、垃圾等低热值燃料的并网发电项目，应当依照法律和国务院的规定取得行政许可或者报送备案。电网企业应当按照国家规定，与综合利用资源发电的企业签订并网协议，提供上网服务，并全额收购并网发电项目的上网电量。

第三十三条 建设单位应当对工程施工中产生的建筑废物进行综合利用；不具备综合利用条件的，应当委托具备条件的生产经营者进行综合利用或者无害化处置。

第三十四条 国家鼓励和支持农业生产者和相关企业采用先进或者适用技术，对农作物秸秆、畜禽粪便、农产品加工业副产品、废农用薄膜等进行综合利用，开发利用沼气等生物质能源。

第三十五条 县级以上人民政府及其林业草原主管部门应当积极发展生态林业，鼓励和支持林业生产者和相关企业采用木材节约和代用技术，开展林业废弃物和次小薪材、沙生灌木等综合利用，提高木材综合利用率。

第三十六条 国家支持生产经营者建立产业废物交换信息系统，促进企业交流产业废物信息。

企业对生产过程中产生的废物不具备综合利用条件的，应当提供给具备条件的生产经营者进行综合利用。

第三十七条 国家鼓励和推进废物回收体系建设。

地方人民政府应当按照城乡规划，合理布局废物回收网点和交易市场，支持废物回收企业和其他组织开展废物的收集、储存、运输及信息交流。

废物回收交易市场应当符合国家环境保护、安全和消防等规定。

第三十八条 对废电器电子产品、报废机动车船、废轮胎、废铅酸电池等特定产品进行拆解或者再利用，应当符合有关法律、行政法规的规定。

第三十九条 回收的电器电子产品，经过修复后销售的，必须符合再利用产品标准，并在显著位置标识为再利用产品。

回收的电器电子产品，需要拆解和再生利用的，应当交售给具备条件的拆解企业。

第四十条 国家支持企业开展机动车零部件、工程机械、机床等产品的再制造和轮胎翻新。

销售的再制造产品和翻新产品的质量必须符合国家规定的标准，并在显著位置标识为再制造产品或者翻新产品。

第四十一条 县级以上人民政府应当统筹规划建设城乡生活垃圾分类收集和资源化利用设施，建立和完善分类收集和资源化利用体系，提高生活垃圾资源化率。

县级以上人民政府应当支持企业建设污泥资源化利用和处置设施，提高污泥综合利用水平，防止产生再次污染。

第五章 激励措施

第四十二条 国务院和省、自治区、直辖市人民政府设立发展循环经济的有关专项资金，支持循环经济的科技研究开发、循环经济技术和产品的示范与推广、重大循环经济项目的实施、发展循环经济的信息服务等。具体办法由国务院财政部门会同国务院循环经济发展综合管理等有关主管部门制定。

第四十三条 国务院和省、自治区、直辖市人民政府及其有关部门应当将循环经济重大科技攻关项目的自主创新研究、应用示范和产业化发展列入国家或者省级科技发展规划和高技术产业发展规划，并安排财政性资金予以支持。

利用财政性资金引进循环经济重大技术、装备的，应当制定消化、吸收和创新方案，报有关主管部门审批并由其监督实施；有关主管部门应当根据实际需要建立协调机制，对重大技术、装备的引进和消化、吸收、创新实行统筹协调，并给予资金支持。

第四十四条 国家对促进循环经济发展的产业活动给予税收优惠，并运用税收等措施鼓励进口先进的节能、节水、节材等技术、设备和产品，限制在生产过程中耗能高、污染重的产品的出口。具体办法由国务院财政、税务主管部门制定。

企业使用或者生产列入国家清洁生产、资源综合利用等鼓励名录的技术、工艺、设备或者产品的，按照国家有关规定享受税收优惠。

第四十五条 县级以上人民政府循环经济发展综合管理部门在制定和实施投资计划时，应当将节能、节水、节地、节材、资源综合利用等项目列为重点投资领域。

对符合国家产业政策的节能、节水、节地、节材、资源综合利用等项目，金融机构应当给予优先贷款等信贷支持，并积极提供配套金融服务。

对生产、进口、销售或者使用列入淘汰名录的技术、工艺、设备、材料或者产品的企业，金融机构不得提供任何形式的授信支持。

第四十六条 国家实行有利于资源节约和合理利用的价格政策，引导单位和个人节约和合理使用水、电、气等资源性产品。

国务院和省、自治区、直辖市人民政府的价格主管部门应当按照国家产业政策，对资源高消耗行业中的限制类项目，实行限制性的价格政策。

对利用余热、余压、煤层气以及煤矸石、煤泥、垃圾等低热值燃料的并网发电项目，价格主管部门按照有利于资源综合利用的原则确定其上网电价。

省、自治区、直辖市人民政府可以根据本行政区域经济社会发展状况，实行垃圾排放收费制度。收取的费用专项用于垃圾分类、收集、运输、贮存、利用和处置，不得挪作他用。

国家鼓励通过以旧换新、押金等方式回收废物。

第四十七条 国家实行有利于循环经济发展的政府采购政策。使用财政性资金进行采购的，应当优先采购节能、节水、节材和有利于保护环境的产品及再生产品。

第四十八条 县级以上人民政府及其有关部门应当对在循环经济管理、科学技术研究、产品开发、示范和推广工作中做出显著成绩的单位和个人给予表彰和奖励。

企业事业单位应当对在循环经济发展中做出突出贡献的集体和个人给予表彰和奖励。

第六章 法律责任

第四十九条 县级以上人民政府循环经济发展综合管理部门或者其他有关主管部门发现违反本法的行为或者接到对违法行为的举报后不予查处，或者有其他不依法履行监督管理职责行为的，由本级人民政府或者上一级人民政府有关主管部门责令改正，对直接负责的主管人员和其他直接责任人员依法给予处分。

第五十条 生产、销售列入淘汰名录的产品、设备的，依照《中华人民共和国产品质量法》的规定处罚。

使用列入淘汰名录的技术、工艺、设备、材料的，由县级以上地方人民政府循环经济发展综合管理部门责令停止使用，没收违法使用的设备、材料，并处五万元以上二十万元以下的罚款；情节严重的，由县级以上人民政府循环经济发展综合管理部门提出意见，报请本级人民政府按照国务院规定的权限责令停业或者关闭。

违反本法规定，进口列入淘汰名录的设备、材料或者产品的，由海关责令退运，可以处十万元以上一百万元以下的罚款。进口者不明的，由承运人承担退运责任，或者承担有关处置费用。

第五十一条 违反本法规定，对在拆解或者处置过程中可能造成环境污染的电器电子等产品，设计使用列入国家禁止使用名录的有毒有害物质的，由县级以上地方人民政府市场监督管理部门责令限期改正；逾期不改正的，处二万元以上二十万元以下的罚款；情节严重的，依法吊销营业执照。

第五十二条 违反本法规定，电力、石油加工、化工、钢铁、有色金属和建材等企业未在规定的范围或者期限内停止使用不符合国家规定的燃油发电机组或者燃油锅炉的，由县级以上地方人民政府循环经济发展综合管理部门责令限期改正；逾期不改正的，责令拆除该燃油发电机组或者燃油锅炉，并处五万元以上五十万元以下的罚款。

第五十三条 违反本法规定，矿山企业未达到经依法审查确定的开采回采率、采矿贫化率、选矿回收率、矿山水循环利用率和土地复垦率等指标的，由县级以上人民政府地质矿产主管部门责令限期改正，处五万元以上五十万元以下的罚款；逾期不改正的，由采矿许可证颁发机关依法吊销采矿许可证。

第五十四条 违反本法规定，在国务院或者省、自治区、直辖市人民政府规定禁止生产、销售、使用粘土砖的期限或者区域内生产、销售或者使用粘土砖的，由县级以上地方人民政府指定的部门责令限期改正；有违法所得的，没收违法所得；逾期继续生产、销售的，由地方人民政府市场监督管理部门依法吊销营业执照。

第五十五条 违反本法规定，电网企业拒不收购企业利用余热、余压、煤层气以及煤矸石、煤泥、垃圾等低热值燃料生产的电力的，由国家电力监管机构责令限期改正；造成企业损失的，依法承担赔偿责任。

第五十六条 违反本法规定，有下列行为之一的，由地方人民政府市场监督管理部门责令限期改正，可以处五千元以上五万元以下的罚款；逾期不改正的，依法吊销营业执照；造成损失的，依法承担赔偿责任：

（一）销售没有再利用产品标识的再利用电器电子产品的；

（二）销售没有再制造或者翻新产品标识的再制造或者翻新产品的。

第五十七条 违反本法规定，构成犯罪的，依法追究刑事责任。

第七章 附　　则

第五十八条 本法自2009年1月1日起施行。

中华人民共和国乡村振兴促进法

（2021年4月29日第十三届全国人民代表大会常务委员会第二十八次会议通过　2021年4月29日中华人民共和国主席令第77号公布　自2021年6月1日起施行）

目　　录

第一章　总　　则
第二章　产业发展
第三章　人才支撑
第四章　文化繁荣
第五章　生态保护
第六章　组织建设
第七章　城乡融合
第八章　扶持措施
第九章　监督检查
第十章　附　　则

第一章　总　　则

第一条　为了全面实施乡村振兴战略，促进农业全面升级、农村全面进步、农民全面发展，加快农业农村现代化，全面建设社会主义现代化国家，制定本法。

第二条　全面实施乡村振兴战略，开展促进乡村产业振兴、人才振兴、文化振兴、生态振兴、组织振兴，推进城乡融合发展等活动，适用本法。

本法所称乡村，是指城市建成区以外具有自然、社会、经济特征和生产、生活、生态、文化等多重功能的地域综合体，包括乡镇和村庄等。

第三条　促进乡村振兴应当按照产业兴旺、生态宜居、乡风文明、治理有效、生活富裕的总要求，统筹推进农村经济建设、政治建设、文化建设、社会建设、生态文明建设和党的建设，充分发挥乡村在保障农产品供给和粮食安全、保护生态环境、传承发展中华民族优秀传统文化等方面的特有功能。

第四条　全面实施乡村振兴战略，应当坚持中国共产党的领导，贯彻创新、协调、绿色、开放、共享的新发展理念，走中国特色社会主义乡村振兴道路，促进共同富裕，遵循以下原则：

（一）坚持农业农村优先发展，在干部配备上优先考虑，在要素配置上优先满足，在资金投入上优先保障，在公共服务上优先安排；

（二）坚持农民主体地位，充分尊重农民意愿，保障农民民主权利和其他合法权益，调动农民的积极性、主动性、创造性，维护农民根本利益；

（三）坚持人与自然和谐共生，统筹山水林田湖草沙系统治理，推动绿色发展，推进生态文明建设；

（四）坚持改革创新，充分发挥市场在资源配置中的决定性作用，更好发挥政府作用，推进农业供给侧结构性改革和高质量发展，不断解放和发展乡村社会生产力，激发农村发展活力；

（五）坚持因地制宜、规划先行、循序渐进，顺应村庄发展规律，根据乡村的历史文化、发展现状、区位条件、资源禀赋、产业基础分类推进。

第五条　国家巩固和完善以家庭承包经营为基础、统分结合的双层经营体制，发展壮大农村集体所有制经济。

第六条 国家建立健全城乡融合发展的体制机制和政策体系，推动城乡要素有序流动、平等交换和公共资源均衡配置，坚持以工补农、以城带乡，推动形成工农互促、城乡互补、协调发展、共同繁荣的新型工农城乡关系。

第七条 国家坚持以社会主义核心价值观为引领，大力弘扬民族精神和时代精神，加强乡村优秀传统文化保护和公共文化服务体系建设，繁荣发展乡村文化。

每年农历秋分日为中国农民丰收节。

第八条 国家实施以我为主、立足国内、确保产能、适度进口、科技支撑的粮食安全战略，坚持藏粮于地、藏粮于技，采取措施不断提高粮食综合生产能力，建设国家粮食安全产业带，完善粮食加工、流通、储备体系，确保谷物基本自给、口粮绝对安全，保障国家粮食安全。

国家完善粮食加工、储存、运输标准，提高粮食加工出品率和利用率，推动节粮减损。

第九条 国家建立健全中央统筹、省负总责、市县乡抓落实的乡村振兴工作机制。

各级人民政府应当将乡村振兴促进工作纳入国民经济和社会发展规划，并建立乡村振兴考核评价制度、工作年度报告制度和监督检查制度。

第十条 国务院农业农村主管部门负责全国乡村振兴促进工作的统筹协调、宏观指导和监督检查；国务院其他有关部门在各自职责范围内负责有关的乡村振兴促进工作。

县级以上地方人民政府农业农村主管部门负责本行政区域内乡村振兴促进工作的统筹协调、指导和监督检查；县级以上地方人民政府其他有关部门在各自职责范围内负责有关的乡村振兴促进工作。

第十一条 各级人民政府及其有关部门应当采取多种形式，广泛宣传乡村振兴促进相关法律法规和政策，鼓励、支持人民团体、社会组织、企事业单位等社会各方面参与乡村振兴促进相关活动。

对在乡村振兴促进工作中作出显著成绩的单位和个人，按照国家有关规定给予表彰和奖励。

第二章　产业发展

第十二条　国家完善农村集体产权制度，增强农村集体所有制经济发展活力，促进集体资产保值增值，确保农民受益。

各级人民政府应当坚持以农民为主体，以乡村优势特色资源为依托，支持、促进农村一二三产业融合发展，推动建立现代农业产业体系、生产体系和经营体系，推进数字乡村建设，培育新产业、新业态、新模式和新型农业经营主体，促进小农户和现代农业发展有机衔接。

第十三条　国家采取措施优化农业生产力布局，推进农业结构调整，发展优势特色产业，保障粮食和重要农产品有效供给和质量安全，推动品种培优、品质提升、品牌打造和标准化生产，推动农业对外开放，提高农业质量、效益和竞争力。

国家实行重要农产品保障战略，分品种明确保障目标，构建科学合理、安全高效的重要农产品供给保障体系。

第十四条　国家建立农用地分类管理制度，严格保护耕地，严格控制农用地转为建设用地，严格控制耕地转为林地、园地等其他类型农用地。省、自治区、直辖市人民政府应当采取措施确保耕地总量不减少、质量有提高。

国家实行永久基本农田保护制度，建设粮食生产功能区、重要农产品生产保护区，建设并保护高标准农田。

地方各级人民政府应当推进农村土地整理和农用地科学安全利用，加强农田水利等基础设施建设，改善农业生产条件。

第十五条　国家加强农业种质资源保护利用和种质资源库建设，支持育种基础性、前沿性和应用技术研究，实施农作物和畜禽等良种培育、育种关键技术攻关，鼓励种业科技成果转化和优良品种推广，建立并实施种业国家安全审查机制，促进种业高质量发展。

第十六条　国家采取措施加强农业科技创新，培育创新主体，构建以企业为主体、产学研协同的创新机制，强化高等学校、科研机构、农业企业创新能力，建立创新平台，加强新品种、新技术、新装备、新产品研发，加强农业知识产权保护，推进生物种业、智慧农业、设施农业、农产品加工、绿色农业投入品等领域创新，建设现代农业产业技术体系，推动农业农村创新驱动发展。

国家健全农业科研项目评审、人才评价、成果产权保护制度，保障对农业科技基础性、公益性研究的投入，激发农业科技人员创新积极性。

第十七条 国家加强农业技术推广体系建设，促进建立有利于农业科技成果转化推广的激励机制和利益分享机制，鼓励企业、高等学校、职业学校、科研机构、科学技术社会团体、农民专业合作社、农业专业化社会化服务组织、农业科技人员等创新推广方式，开展农业技术推广服务。

第十八条 国家鼓励农业机械生产研发和推广应用，推进主要农作物生产全程机械化，提高设施农业、林草业、畜牧业、渔业和农产品初加工的装备水平，推动农机农艺融合、机械化信息化融合，促进机械化生产与农田建设相适应、服务模式与农业适度规模经营相适应。

国家鼓励农业信息化建设，加强农业信息监测预警和综合服务，推进农业生产经营信息化。

第十九条 各级人民政府应当发挥农村资源和生态优势，支持特色农业、休闲农业、现代农产品加工业、乡村手工业、绿色建材、红色旅游、乡村旅游、康养和乡村物流、电子商务等乡村产业的发展；引导新型经营主体通过特色化、专业化经营，合理配置生产要素，促进乡村产业深度融合；支持特色农产品优势区、现代农业产业园、农业科技园、农村创业园、休闲农业和乡村旅游重点村镇等的建设；统筹农产品生产地、集散地、销售地市场建设，加强农产品流通骨干网络和冷链物流体系建设；鼓励企业获得国际通行的农产品认证，增强乡村产业竞争力。

发展乡村产业应当符合国土空间规划和产业政策、环境保护的要求。

第二十条 各级人民政府应当完善扶持政策，加强指导服务，支持农民、返乡入乡人员在乡村创业创新，促进乡村产业发展和农民就业。

第二十一条 各级人民政府应当建立健全有利于农民收入稳定增长的机制，鼓励支持农民拓宽增收渠道，促进农民增加收入。

国家采取措施支持农村集体经济组织发展，为本集体成员提供生产生活服务，保障成员从集体经营收入中获得收益分配的权利。

国家支持农民专业合作社、家庭农场和涉农企业、电子商务企业、农业专业化社会化服务组织等以多种方式与农民建立紧密型利益联结机制，让农民共享全产业链增值收益。

第二十二条 各级人民政府应当加强国有农（林、牧、渔）场规划建设，推进国有农（林、牧、渔）场现代农业发展，鼓励国有农（林、牧、渔）场在农业农村现代化建设中发挥示范引领作用。

第二十三条 各级人民政府应当深化供销合作社综合改革，鼓励供销合作社加强与农民利益联结，完善市场运作机制，强化为农服务功能，发挥其为农服务综合性合作经济组织的作用。

第三章 人才支撑

第二十四条 国家健全乡村人才工作体制机制，采取措施鼓励和支持社会各方面提供教育培训、技术支持、创业指导等服务，培养本土人才，引导城市人才下乡，推动专业人才服务乡村，促进农业农村人才队伍建设。

第二十五条 各级人民政府应当加强农村教育工作统筹，持续改善农村学校办学条件，支持开展网络远程教育，提高农村基础教育质量，加大乡村教师培养力度，采取公费师范教育等方式吸引高等学校毕业生到乡村任教，对长期在乡村任教的教师在职称评定等方面给予优待，保障和改善乡村教师待遇，提高乡村教师学历水平、整体素质和乡村教育现代化水平。

各级人民政府应当采取措施加强乡村医疗卫生队伍建设，支持县乡村医疗卫生人员参加培训、进修，建立县乡村上下贯通的职业发展机制，对在乡村工作的医疗卫生人员实行优惠待遇，鼓励医学院校毕业生到乡村工作，支持医师到乡村医疗卫生机构执业、开办乡村诊所、普及医疗卫生知识，提高乡村医疗卫生服务能力。

各级人民政府应当采取措施培育农业科技人才、经营管理人才、法律服务人才、社会工作人才，加强乡村文化人才队伍建设，培育乡村文化骨干力量。

第二十六条 各级人民政府应当采取措施，加强职业教育和继续教育，组织开展农业技能培训、返乡创业就业培训和职业技能培训，培养有文化、懂技术、善经营、会管理的高素质农民和农村实用人才、创新创业带头人。

第二十七条 县级以上人民政府及其教育行政部门应当指导、支持高等学校、职业学校设置涉农相关专业，加大农村专业人才培养力度，鼓励高等学校、职业学校毕业生到农村就业创业。

第二十八条 国家鼓励城市人才向乡村流动，建立健全城乡、区域、校地之间人才培养合作与交流机制。

县级以上人民政府应当建立鼓励各类人才参与乡村建设的激励机制，搭建社会工作和乡村建设志愿服务平台，支持和引导各类人才通过多种方式服务乡村振兴。

乡镇人民政府和村民委员会、农村集体经济组织应当为返乡入乡人员和各类人才提供必要的生产生活服务。农村集体经济组织可以根据实际情况提供相关的福利待遇。

第四章 文化繁荣

第二十九条 各级人民政府应当组织开展新时代文明实践活动，加强农村精神文明建设，不断提高乡村社会文明程度。

第三十条 各级人民政府应当采取措施丰富农民文化体育生活，倡导科学健康的生产生活方式，发挥村规民约积极作用，普及科学知识，推进移风易俗，破除大操大办、铺张浪费等陈规陋习，提倡孝老爱亲、勤俭节约、诚实守信，促进男女平等，创建文明村镇、文明家庭，培育文明乡风、良好家风、淳朴民风，建设文明乡村。

第三十一条 各级人民政府应当健全完善乡村公共文化体育设施网络和服务运行机制，鼓励开展形式多样的农民群众性文化体育、节日民俗等活动，充分利用广播电视、视听网络和书籍报刊，拓展乡村文化服务渠道，提供便利可及的公共文化服务。

各级人民政府应当支持农业农村农民题材文艺创作，鼓励制作反映农民生产生活和乡村振兴实践的优秀文艺作品。

第三十二条 各级人民政府应当采取措施保护农业文化遗产和非物质文化遗产，挖掘优秀农业文化深厚内涵，弘扬红色文化，传承和发展优秀传统文化。

县级以上地方人民政府应当加强对历史文化名镇名村、传统村落和乡村风貌、少数民族特色村寨的保护，开展保护状况监测和评估，采取措施防御和减轻火灾、洪水、地震等灾害。

第三十三条 县级以上地方人民政府应当坚持规划引导、典型示范，有计划地建设特色鲜明、优势突出的农业文化展示区、文化产业特色村落，发展乡村特色文化体育产业，推动乡村地区传统工艺振兴，积极推动智慧广电乡村建设，活跃繁荣农村文化市场。

第五章 生态保护

第三十四条 国家健全重要生态系统保护制度和生态保护补偿机制，实施重要生态系统保护和修复工程，加强乡村生态保护和环境治理，绿化美化乡村环境，建设美丽乡村。

第三十五条 国家鼓励和支持农业生产者采用节水、节肥、节药、节能等先进的种植养殖技术，推动种养结合、农业资源综合开发，优先发展生态循环农业。

各级人民政府应当采取措施加强农业面源污染防治，推进农业投入品减量化、生产清洁化、废弃物资源化、产业模式生态化，引导全社会形成节约适度、绿色低碳、文明健康的生产生活和消费方式。

第三十六条 各级人民政府应当实施国土综合整治和生态修复，加强森林、草原、湿地等保护修复，开展荒漠化、石漠化、水土流失综合治理，改善乡村生态环境。

第三十七条 各级人民政府应当建立政府、村级组织、企业、农民等各方面参与的共建共管共享机制，综合整治农村水系，因地制宜推广卫生厕所和简便易行的垃圾分类，治理农村垃圾和污水，加强乡村无障碍设施建设，鼓励和支持使用清洁能源、可再生能源，持续改善农村人居环境。

第三十八条 国家建立健全农村住房建设质量安全管理制度和相关技术标准体系，建立农村低收入群体安全住房保障机制。建设农村住房应当避让灾害易发区域，符合抗震、防洪等基本安全要求。

县级以上地方人民政府应当加强农村住房建设管理和服务，强化新建农村住房规划管控，严格禁止违法占用耕地建房；鼓励农村住房设计体现地域、民族和乡土特色，鼓励农村住房建设采用新型建造技术和绿色建材，引导农民建设功能现代、结构安全、成本经济、绿色环保、与乡村环境相协调的宜居住房。

第三十九条 国家对农业投入品实行严格管理，对剧毒、高毒、高残留的农药、兽药采取禁用限用措施。农产品生产经营者不得使用国家禁用的农药、兽药或者其他有毒有害物质，不得违反农产品质量安全标准和国家有关规定超剂量、超范围使用农药、兽药、肥料、饲料添加剂等农业投入品。

第四十条 国家实行耕地养护、修复、休耕和草原森林河流湖泊休养生息制度。县级以上人民政府及其有关部门依法划定江河湖海限捕、禁捕的时间和区域，并可以根据地下水超采情况，划定禁止、限制开采地下水区域。

禁止违法将污染环境、破坏生态的产业、企业向农村转移。禁止违法将城镇垃圾、工业固体废物、未经达标处理的城镇污水等向农业农村转移。禁止向农用地排放重金属或者其他有毒有害物质含量超标的污水、污泥，以及可能造成土壤污染的清淤底泥、尾矿、矿渣等；禁止将有毒有害废物用作肥料或者用于造田和土地复垦。

地方各级人民政府及其有关部门应当采取措施，推进废旧农膜和农药等农业投入品包装废弃物回收处理，推进农作物秸秆、畜禽粪污的资源化利用，严格控制河流湖库、近岸海域投饵网箱养殖。

第六章　组织建设

第四十一条 建立健全党委领导、政府负责、民主协商、社会协同、公众参与、法治保障、科技支撑的现代乡村社会治理体制和自治、法治、德治相结合的乡村社会治理体系，建设充满活力、和谐有序的善治乡村。

地方各级人民政府应当加强乡镇人民政府社会管理和服务能力建设，把乡镇建成乡村治理中心、农村服务中心、乡村经济中心。

第四十二条 中国共产党农村基层组织，按照中国共产党章程和有关规定发挥全面领导作用。村民委员会、农村集体经济组织等应当在乡镇党委和村党组织的领导下，实行村民自治，发展集体所有制经济，维护农民合法权益，并应当接受村民监督。

第四十三条 国家建立健全农业农村工作干部队伍的培养、配备、使用、管理机制，选拔优秀干部充实到农业农村工作干部队伍，采取措施提高农业农村工作干部队伍的能力和水平，落实农村基层干部相关待遇保障，建设懂农业、爱农村、爱农民的农业农村工作干部队伍。

第四十四条 地方各级人民政府应当构建简约高效的基层管理体制，科学设置乡镇机构，加强乡村干部培训，健全农村基层服务体系，夯实乡村治理基础。

第四十五条 乡镇人民政府应当指导和支持农村基层群众性自治组织规范化、制度化建设，健全村民委员会民主决策机制和村务公开制度，增强村民自我管理、自我教育、自我服务、自我监督能力。

第四十六条 各级人民政府应当引导和支持农村集体经济组织发挥依法管理集体资产、合理开发集体资源、服务集体成员等方面的作用，保障农村集体经济组织的独立运营。

县级以上地方人民政府应当支持发展农民专业合作社、家庭农场、农业企业等多种经营主体，健全农业农村社会化服务体系。

第四十七条 县级以上地方人民政府应当采取措施加强基层群团组织建设，支持、规范和引导农村社会组织发展，发挥基层群团组织、农村社会组织团结群众、联系群众、服务群众等方面的作用。

第四十八条 地方各级人民政府应当加强基层执法队伍建设，鼓励乡镇人民政府根据需要设立法律顾问和公职律师，鼓励有条件的地方在村民委员会建立公共法律服务工作室，深入开展法治宣传教育和人民调解工作，健全乡村矛盾纠纷调处化解机制，推进法治乡村建设。

第四十九条 地方各级人民政府应当健全农村社会治安防控体系，加强农村警务工作，推动平安乡村建设；健全农村公共安全体系，强化农村公共卫生、安全生产、防灾减灾救灾、应急救援、应急广播、食品、药品、交通、消防等安全管理责任。

第七章 城乡融合

第五十条 各级人民政府应当协同推进乡村振兴战略和新型城镇化战略的实施，整体筹划城镇和乡村发展，科学有序统筹安排生态、农业、城镇等功能空间，优化城乡产业发展、基础设施、公共服务设施等布局，逐步健全全民覆盖、普惠共享、城乡一体的基本公共服务体系，加快县域城乡融合发展，促进农业高质高效、乡村宜居宜业、农民富裕富足。

第五十一条 县级人民政府和乡镇人民政府应当优化本行政区域内乡村发展布局，按照尊重农民意愿、方便群众生产生活、保持乡村功能和特色的原则，因地制宜安排村庄布局，依法编制村庄规划，分类有序推进村庄建设，严格规范村庄撤并，严禁违背农民意愿、违反法定程序撤并村庄。

第五十二条 县级以上地方人民政府应当统筹规划、建设、管护城乡道路以及垃圾污水处理、供水供电供气、物流、客运、信息通信、广播电视、消防、防灾减灾等公共基础设施和新型基础设施，推动城乡基础设施互联互通，保障乡村发展能源需求，保障农村饮用水安全，满足农民生产生活需要。

第五十三条 国家发展农村社会事业，促进公共教育、医疗卫生、社会保障等资源向农村倾斜，提升乡村基本公共服务水平，推进城乡基本公共服务均等化。

国家健全乡村便民服务体系，提升乡村公共服务数字化智能化水平，支持完善村级综合服务设施和综合信息平台，培育服务机构和服务类社会组织，完善服务运行机制，促进公共服务与自我服务有效衔接，增强生产生活服务功能。

第五十四条 国家完善城乡统筹的社会保障制度，建立健全保障机制，支持乡村提高社会保障管理服务水平；建立健全城乡居民基本养老保险待遇确定和基础养老金标准正常调整机制，确保城乡居民基本养老保险待遇随经济社会发展逐步提高。

国家支持农民按照规定参加城乡居民基本养老保险、基本医疗保险，鼓励具备条件的灵活就业人员和农业产业化从业人员参加职工基本养老保险、职工基本医疗保险等社会保险。

国家推进城乡最低生活保障制度统筹发展，提高农村特困人员供养等社会救助水平，加强对农村留守儿童、妇女和老年人以及残疾人、困境儿童的关爱服务，支持发展农村普惠型养老服务和互助性养老。

第五十五条　国家推动形成平等竞争、规范有序、城乡统一的人力资源市场，健全城乡均等的公共就业创业服务制度。

县级以上地方人民政府应当采取措施促进在城镇稳定就业和生活的农民自愿有序进城落户，不得以退出土地承包经营权、宅基地使用权、集体收益分配权等作为农民进城落户的条件；推进取得居住证的农民及其随迁家属享受城镇基本公共服务。

国家鼓励社会资本到乡村发展与农民利益联结型项目，鼓励城市居民到乡村旅游、休闲度假、养生养老等，但不得破坏乡村生态环境，不得损害农村集体经济组织及其成员的合法权益。

第五十六条　县级以上人民政府应当采取措施促进城乡产业协同发展，在保障农民主体地位的基础上健全联农带农激励机制，实现乡村经济多元化和农业全产业链发展。

第五十七条　各级人民政府及其有关部门应当采取措施鼓励农民进城务工，全面落实城乡劳动者平等就业、同工同酬，依法保障农民工工资支付和社会保障权益。

第八章　扶持措施

第五十八条　国家建立健全农业支持保护体系和实施乡村振兴战略财政投入保障制度。县级以上人民政府应当优先保障用于乡村振兴的财政投入，确保投入力度不断增强、总量持续增加、与乡村振兴目标任务相适应。

省、自治区、直辖市人民政府可以依法发行政府债券，用于现代农业设施建设和乡村建设。

各级人民政府应当完善涉农资金统筹整合长效机制，强化财政资金监督管理，全面实施预算绩效管理，提高财政资金使用效益。

第五十九条 各级人民政府应当采取措施增强脱贫地区内生发展能力，建立农村低收入人口、欠发达地区帮扶长效机制，持续推进脱贫地区发展；建立健全易返贫致贫人口动态监测预警和帮扶机制，实现巩固拓展脱贫攻坚成果同乡村振兴有效衔接。

国家加大对革命老区、民族地区、边疆地区实施乡村振兴战略的支持力度。

第六十条 国家按照增加总量、优化存量、提高效能的原则，构建以高质量绿色发展为导向的新型农业补贴政策体系。

第六十一条 各级人民政府应当坚持取之于农、主要用之于农的原则，按照国家有关规定调整完善土地使用权出让收入使用范围，提高农业农村投入比例，重点用于高标准农田建设、农田水利建设、现代种业提升、农村供水保障、农村人居环境整治、农村土地综合整治、耕地及永久基本农田保护、村庄公共设施建设和管护、农村教育、农村文化和精神文明建设支出，以及与农业农村直接相关的山水林田湖草沙生态保护修复、以工代赈工程建设等。

第六十二条 县级以上人民政府设立的相关专项资金、基金应当按照规定加强对乡村振兴的支持。

国家支持以市场化方式设立乡村振兴基金，重点支持乡村产业发展和公共基础设施建设。

县级以上地方人民政府应当优化乡村营商环境，鼓励创新投融资方式，引导社会资本投向乡村。

第六十三条 国家综合运用财政、金融等政策措施，完善政府性融资担保机制，依法完善乡村资产抵押担保权能，改进、加强乡村振兴的金融支持和服务。

财政出资设立的农业信贷担保机构应当主要为从事农业生产和与农业生产直接相关的经营主体服务。

第六十四条 国家健全多层次资本市场，多渠道推动涉农企业股权融资，发展并规范债券市场，促进涉农企业利用多种方式融资；丰富农产品期货品种，发挥期货市场价格发现和风险分散功能。

第六十五条 国家建立健全多层次、广覆盖、可持续的农村金融服务体系，完善金融支持乡村振兴考核评估机制，促进农村普惠金融发展，鼓励金融机构依法将更多资源配置到乡村发展的重点领域和薄弱环节。

政策性金融机构应当在业务范围内为乡村振兴提供信贷支持和其他金融服务，加大对乡村振兴的支持力度。

商业银行应当结合自身职能定位和业务优势，创新金融产品和服务模式，扩大基础金融服务覆盖面，增加对农民和农业经营主体的信贷规模，为乡村振兴提供金融服务。

农村商业银行、农村合作银行、农村信用社等农村中小金融机构应当主要为本地农业农村农民服务，当年新增可贷资金主要用于当地农业农村发展。

第六十六条 国家建立健全多层次农业保险体系，完善政策性农业保险制度，鼓励商业性保险公司开展农业保险业务，支持农民和农业经营主体依法开展互助合作保险。

县级以上人民政府应当采取保费补贴等措施，支持保险机构适当增加保险品种，扩大农业保险覆盖面，促进农业保险发展。

第六十七条 县级以上地方人民政府应当推进节约集约用地，提高土地使用效率，依法采取措施盘活农村存量建设用地，激活农村土地资源，完善农村新增建设用地保障机制，满足乡村产业、公共服务设施和农民住宅用地合理需求。

县级以上地方人民政府应当保障乡村产业用地，建设用地指标应当向乡村发展倾斜，县域内新增耕地指标应当优先用于折抵乡村产业发展所需建设用地指标，探索灵活多样的供地新方式。

经国土空间规划确定为工业、商业等经营性用途并依法登记的集体经营性建设用地，土地所有权人可以依法通过出让、出租等方式交由单位或者个人使用，优先用于发展集体所有制经济和乡村产业。

第九章 监督检查

第六十八条 国家实行乡村振兴战略实施目标责任制和考核评价制度。上级人民政府应当对下级人民政府实施乡村振兴战略的目标完成情况等进行考核，考核结果作为地方人民政府及其负责人综合考核评价的重要内容。

第六十九条 国务院和省、自治区、直辖市人民政府有关部门建立客观反映乡村振兴进展的指标和统计体系。县级以上地方人民政府应当对本行政区域内乡村振兴战略实施情况进行评估。

第七十条 县级以上各级人民政府应当向本级人民代表大会或者其常务委员会报告乡村振兴促进工作情况。乡镇人民政府应当向本级人民代表大会报告乡村振兴促进工作情况。

第七十一条 地方各级人民政府应当每年向上一级人民政府报告乡村振兴促进工作情况。

县级以上人民政府定期对下一级人民政府乡村振兴促进工作情况开展监督检查。

第七十二条 县级以上人民政府发展改革、财政、农业农村、审计等部门按照各自职责对农业农村投入优先保障机制落实情况、乡村振兴资金使用情况和绩效等实施监督。

第七十三条 各级人民政府及其有关部门在乡村振兴促进工作中不履行或者不正确履行职责的，依照法律法规和国家有关规定追究责任，对直接负责的主管人员和其他直接责任人员依法给予处分。

违反有关农产品质量安全、生态环境保护、土地管理等法律法规的，由有关主管部门依法予以处罚；构成犯罪的，依法追究刑事责任。

第十章 附 则

第七十四条 本法自 2021 年 6 月 1 日起施行。

中华人民共和国预算法

（1994 年 3 月 22 日第八届全国人民代表大会第二次会议通过　根据 2014 年 8 月 31 日第十二届全国人民代表大会常务委员会第十次会议《关于修改〈中华人民共和国预算法〉的决定》第一次修正　根据 2018 年 12 月 29 日第十三届全国人民代表大会常务委员会第七次会议《关于修改〈中华人民共和国产品质量法〉等五部法律的决定》第二次修正）

目　录

第一章　总　　则
第二章　预算管理职权
第三章　预算收支范围
第四章　预算编制
第五章　预算审查和批准
第六章　预算执行
第七章　预算调整
第八章　决　　算
第九章　监　　督
第十章　法律责任
第十一章　附　　则

第一章　总　　则

第一条　为了规范政府收支行为，强化预算约束，加强对预算的管理和监督，建立健全全面规范、公开透明的预算制度，保障经济社会的健康发展，根据宪法，制定本法。

第二条　预算、决算的编制、审查、批准、监督，以及预算的执行和调整，依照本法规定执行。

第三条 国家实行一级政府一级预算，设立中央，省、自治区、直辖市，设区的市、自治州，县、自治县、不设区的市、市辖区，乡、民族乡、镇五级预算。

全国预算由中央预算和地方预算组成。地方预算由各省、自治区、直辖市总预算组成。

地方各级总预算由本级预算和汇总的下一级总预算组成；下一级只有本级预算的，下一级总预算即指下一级的本级预算。没有下一级预算的，总预算即指本级预算。

第四条 预算由预算收入和预算支出组成。

政府的全部收入和支出都应当纳入预算。

第五条 预算包括一般公共预算、政府性基金预算、国有资本经营预算、社会保险基金预算。

一般公共预算、政府性基金预算、国有资本经营预算、社会保险基金预算应当保持完整、独立。政府性基金预算、国有资本经营预算、社会保险基金预算应当与一般公共预算相衔接。

第六条 一般公共预算是对以税收为主体的财政收入，安排用于保障和改善民生、推动经济社会发展、维护国家安全、维持国家机构正常运转等方面的收支预算。

中央一般公共预算包括中央各部门（含直属单位，下同）的预算和中央对地方的税收返还、转移支付预算。

中央一般公共预算收入包括中央本级收入和地方向中央的上解收入。中央一般公共预算支出包括中央本级支出、中央对地方的税收返还和转移支付。

第七条 地方各级一般公共预算包括本级各部门（含直属单位，下同）的预算和税收返还、转移支付预算。

地方各级一般公共预算收入包括地方本级收入、上级政府对本级政府的税收返还和转移支付、下级政府的上解收入。地方各级一般公共预算支出包括地方本级支出、对上级政府的上解支出、对下级政府的税收返还和转移支付。

第八条 各部门预算由本部门及其所属各单位预算组成。

第九条 政府性基金预算是对依照法律、行政法规的规定在一定期限内向特定对象征收、收取或者以其他方式筹集的资金，专项用于特定公共事业发展的收支预算。

政府性基金预算应当根据基金项目收入情况和实际支出需要，按基金项目编制，做到以收定支。

第十条 国有资本经营预算是对国有资本收益作出支出安排的收支预算。

国有资本经营预算应当按照收支平衡的原则编制，不列赤字，并安排资金调入一般公共预算。

第十一条 社会保险基金预算是对社会保险缴款、一般公共预算安排和其他方式筹集的资金，专项用于社会保险的收支预算。

社会保险基金预算应当按照统筹层次和社会保险项目分别编制，做到收支平衡。

第十二条 各级预算应当遵循统筹兼顾、勤俭节约、量力而行、讲求绩效和收支平衡的原则。

各级政府应当建立跨年度预算平衡机制。

第十三条 经人民代表大会批准的预算，非经法定程序，不得调整。各级政府、各部门、各单位的支出必须以经批准的预算为依据，未列入预算的不得支出。

第十四条 经本级人民代表大会或者本级人民代表大会常务委员会批准的预算、预算调整、决算、预算执行情况的报告及报表，应当在批准后二十日内由本级政府财政部门向社会公开，并对本级政府财政转移支付安排、执行的情况以及举借债务的情况等重要事项作出说明。

经本级政府财政部门批复的部门预算、决算及报表，应当在批复后二十日内由各部门向社会公开，并对部门预算、决算中机关运行经费的安排、使用情况等重要事项作出说明。

各级政府、各部门、各单位应当将政府采购的情况及时向社会公开。

本条前三款规定的公开事项，涉及国家秘密的除外。

第十五条 国家实行中央和地方分税制。

第十六条 国家实行财政转移支付制度。财政转移支付应当规范、公平、公开，以推进地区间基本公共服务均等化为主要目标。

财政转移支付包括中央对地方的转移支付和地方上级政府对下级政府的转移支付，以为均衡地区间基本财力、由下级政府统筹安排使用的一般性转移支付为主体。

按照法律、行政法规和国务院的规定可以设立专项转移支付，用于办理特定事项。建立健全专项转移支付定期评估和退出机制。市场竞争机制能够有效调节的事项不得设立专项转移支付。

上级政府在安排专项转移支付时，不得要求下级政府承担配套资金。但是，按照国务院的规定应当由上下级政府共同承担的事项除外。

第十七条 各级预算的编制、执行应当建立健全相互制约、相互协调的机制。

第十八条 预算年度自公历一月一日起，至十二月三十一日止。

第十九条 预算收入和预算支出以人民币元为计算单位。

第二章 预算管理职权

第二十条 全国人民代表大会审查中央和地方预算草案及中央和地方预算执行情况的报告；批准中央预算和中央预算执行情况的报告；改变或者撤销全国人民代表大会常务委员会关于预算、决算的不适当的决议。

全国人民代表大会常务委员会监督中央和地方预算的执行；审查和批准中央预算的调整方案；审查和批准中央决算；撤销国务院制定的同宪法、法律相抵触的关于预算、决算的行政法规、决定和命令；撤销省、自治区、直辖市人民代表大会及其常务委员会制定的同宪法、法律和行政法规相抵触的关于预算、决算的地方性法规和决议。

第二十一条 县级以上地方各级人民代表大会审查本级总预算草案及本级总预算执行情况的报告；批准本级预算和本级预算执行情况的报告；改变或者撤销本级人民代表大会常务委员会关于预算、决算的不适当的决议；撤销本级政府关于预算、决算的不适当的决定和命令。

县级以上地方各级人民代表大会常务委员会监督本级总预算的执行；审查和批准本级预算的调整方案；审查和批准本级决算；撤销本级政府和

下一级人民代表大会及其常务委员会关于预算、决算的不适当的决定、命令和决议。

乡、民族乡、镇的人民代表大会审查和批准本级预算和本级预算执行情况的报告；监督本级预算的执行；审查和批准本级预算的调整方案；审查和批准本级决算；撤销本级政府关于预算、决算的不适当的决定和命令。

第二十二条 全国人民代表大会财政经济委员会对中央预算草案初步方案及上一年预算执行情况、中央预算调整初步方案和中央决算草案进行初步审查，提出初步审查意见。

省、自治区、直辖市人民代表大会有关专门委员会对本级预算草案初步方案及上一年预算执行情况、本级预算调整初步方案和本级决算草案进行初步审查，提出初步审查意见。

设区的市、自治州人民代表大会有关专门委员会对本级预算草案初步方案及上一年预算执行情况、本级预算调整初步方案和本级决算草案进行初步审查，提出初步审查意见，未设立专门委员会的，由本级人民代表大会常务委员会有关工作机构研究提出意见。

县、自治县、不设区的市、市辖区人民代表大会常务委员会对本级预算草案初步方案及上一年预算执行情况进行初步审查，提出初步审查意见。县、自治县、不设区的市、市辖区人民代表大会常务委员会有关工作机构对本级预算调整初步方案和本级决算草案研究提出意见。

设区的市、自治州以上各级人民代表大会有关专门委员会进行初步审查、常务委员会有关工作机构研究提出意见时，应当邀请本级人民代表大会代表参加。

对依照本条第一款至第四款规定提出的意见，本级政府财政部门应当将处理情况及时反馈。

依照本条第一款至第四款规定提出的意见以及本级政府财政部门反馈的处理情况报告，应当印发本级人民代表大会代表。

全国人民代表大会常务委员会和省、自治区、直辖市、设区的市、自治州人民代表大会常务委员会有关工作机构，依照本级人民代表大会常务委员会的决定，协助本级人民代表大会财政经济委员会或者有关专门委员会承担审查预算草案、预算调整方案、决算草案和监督预算执行等方面的具体工作。

第二十三条 国务院编制中央预算、决算草案；向全国人民代表大会作关于中央和地方预算草案的报告；将省、自治区、直辖市政府报送备案的预算汇总后报全国人民代表大会常务委员会备案；组织中央和地方预算的执行；决定中央预算预备费的动用；编制中央预算调整方案；监督中央各部门和地方政府的预算执行；改变或者撤销中央各部门和地方政府关于预算、决算的不适当的决定、命令；向全国人民代表大会、全国人民代表大会常务委员会报告中央和地方预算的执行情况。

第二十四条 县级以上地方各级政府编制本级预算、决算草案；向本级人民代表大会作关于本级总预算草案的报告；将下一级政府报送备案的预算汇总后报本级人民代表大会常务委员会备案；组织本级总预算的执行；决定本级预算预备费的动用；编制本级预算的调整方案；监督本级各部门和下级政府的预算执行；改变或者撤销本级各部门和下级政府关于预算、决算的不适当的决定、命令；向本级人民代表大会、本级人民代表大会常务委员会报告本级总预算的执行情况。

乡、民族乡、镇政府编制本级预算、决算草案；向本级人民代表大会作关于本级预算草案的报告；组织本级预算的执行；决定本级预算预备费的动用；编制本级预算的调整方案；向本级人民代表大会报告本级预算的执行情况。

经省、自治区、直辖市政府批准，乡、民族乡、镇本级预算草案、预算调整方案、决算草案，可以由上一级政府代编，并依照本法第二十一条的规定报乡、民族乡、镇的人民代表大会审查和批准。

第二十五条 国务院财政部门具体编制中央预算、决算草案；具体组织中央和地方预算的执行；提出中央预算预备费动用方案；具体编制中央预算的调整方案；定期向国务院报告中央和地方预算的执行情况。

地方各级政府财政部门具体编制本级预算、决算草案；具体组织本级总预算的执行；提出本级预算预备费动用方案；具体编制本级预算的调整方案；定期向本级政府和上一级政府财政部门报告本级总预算的执行情况。

第二十六条 各部门编制本部门预算、决算草案；组织和监督本部门预算的执行；定期向本级政府财政部门报告预算的执行情况。

各单位编制本单位预算、决算草案；按照国家规定上缴预算收入，安排预算支出，并接受国家有关部门的监督。

第三章 预算收支范围

第二十七条 一般公共预算收入包括各项税收收入、行政事业性收费收入、国有资源（资产）有偿使用收入、转移性收入和其他收入。

一般公共预算支出按照其功能分类，包括一般公共服务支出，外交、公共安全、国防支出，农业、环境保护支出，教育、科技、文化、卫生、体育支出，社会保障及就业支出和其他支出。

一般公共预算支出按照其经济性质分类，包括工资福利支出、商品和服务支出、资本性支出和其他支出。

第二十八条 政府性基金预算、国有资本经营预算和社会保险基金预算的收支范围，按照法律、行政法规和国务院的规定执行。

第二十九条 中央预算与地方预算有关收入和支出项目的划分、地方向中央上解收入、中央对地方税收返还或者转移支付的具体办法，由国务院规定，报全国人民代表大会常务委员会备案。

第三十条 上级政府不得在预算之外调用下级政府预算的资金。下级政府不得挤占或者截留属于上级政府预算的资金。

第四章 预 算 编 制

第三十一条 国务院应当及时下达关于编制下一年预算草案的通知。编制预算草案的具体事项由国务院财政部门部署。

各级政府、各部门、各单位应当按照国务院规定的时间编制预算草案。

第三十二条 各级预算应当根据年度经济社会发展目标、国家宏观调控总体要求和跨年度预算平衡的需要，参考上一年预算执行情况、有关支出绩效评价结果和本年度收支预测，按照规定程序征求各方面意见后，进行编制。

各级政府依据法定权限作出决定或者制定行政措施，凡涉及增加或者减少财政收入或者支出的，应当在预算批准前提出并在预算草案中作出相应安排。

各部门、各单位应当按照国务院财政部门制定的政府收支分类科目、预算支出标准和要求，以及绩效目标管理等预算编制规定，根据其依法履行职能和事业发展的需要以及存量资产情况，编制本部门、本单位预算草案。

前款所称政府收支分类科目，收入分为类、款、项、目；支出按其功能分类分为类、款、项，按其经济性质分类分为类、款。

第三十三条 省、自治区、直辖市政府应当按照国务院规定的时间，将本级总预算草案报国务院审核汇总。

第三十四条 中央一般公共预算中必需的部分资金，可以通过举借国内和国外债务等方式筹措，举借债务应当控制适当的规模，保持合理的结构。

对中央一般公共预算中举借的债务实行余额管理，余额的规模不得超过全国人民代表大会批准的限额。

国务院财政部门具体负责对中央政府债务的统一管理。

第三十五条 地方各级预算按照量入为出、收支平衡的原则编制，除本法另有规定外，不列赤字。

经国务院批准的省、自治区、直辖市的预算中必需的建设投资的部分资金，可以在国务院确定的限额内，通过发行地方政府债券举借债务的方式筹措。举借债务的规模，由国务院报全国人民代表大会或者全国人民代表大会常务委员会批准。省、自治区、直辖市依照国务院下达的限额举借的债务，列入本级预算调整方案，报本级人民代表大会常务委员会批准。举借的债务应当有偿还计划和稳定的偿还资金来源，只能用于公益性资本支出，不得用于经常性支出。

除前款规定外，地方政府及其所属部门不得以任何方式举借债务。

除法律另有规定外，地方政府及其所属部门不得为任何单位和个人的债务以任何方式提供担保。

国务院建立地方政府债务风险评估和预警机制、应急处置机制以及责任追究制度。国务院财政部门对地方政府债务实施监督。

第三十六条 各级预算收入的编制，应当与经济社会发展水平相适应，与财政政策相衔接。

各级政府、各部门、各单位应当依照本法规定，将所有政府收入全部列入预算，不得隐瞒、少列。

第三十七条 各级预算支出应当依照本法规定，按其功能和经济性质分类编制。

各级预算支出的编制，应当贯彻勤俭节约的原则，严格控制各部门、各单位的机关运行经费和楼堂馆所等基本建设支出。

各级一般公共预算支出的编制，应当统筹兼顾，在保证基本公共服务合理需要的前提下，优先安排国家确定的重点支出。

第三十八条 一般性转移支付应当按照国务院规定的基本标准和计算方法编制。专项转移支付应当分地区、分项目编制。

县级以上各级政府应当将对下级政府的转移支付预计数提前下达下级政府。

地方各级政府应当将上级政府提前下达的转移支付预计数编入本级预算。

第三十九条 中央预算和有关地方预算中应当安排必要的资金，用于扶助革命老区、民族地区、边疆地区、贫困地区发展经济社会建设事业。

第四十条 各级一般公共预算应当按照本级一般公共预算支出额的百分之一至百分之三设置预备费，用于当年预算执行中的自然灾害等突发事件处理增加的支出及其他难以预见的开支。

第四十一条 各级一般公共预算按照国务院的规定可以设置预算周转金，用于本级政府调剂预算年度内季节性收支差额。

各级一般公共预算按照国务院的规定可以设置预算稳定调节基金，用于弥补以后年度预算资金的不足。

第四十二条 各级政府上一年预算的结转资金，应当在下一年用于结转项目的支出；连续两年未用完的结转资金，应当作为结余资金管理。

各部门、各单位上一年预算的结转、结余资金按照国务院财政部门的规定办理。

第五章 预算审查和批准

第四十三条 中央预算由全国人民代表大会审查和批准。

地方各级预算由本级人民代表大会审查和批准。

第四十四条 国务院财政部门应当在每年全国人民代表大会会议举行的四十五日前，将中央预算草案的初步方案提交全国人民代表大会财政经济委员会进行初步审查。

省、自治区、直辖市政府财政部门应当在本级人民代表大会会议举行的三十日前，将本级预算草案的初步方案提交本级人民代表大会有关专门委员会进行初步审查。

设区的市、自治州政府财政部门应当在本级人民代表大会会议举行的三十日前，将本级预算草案的初步方案提交本级人民代表大会有关专门委员会进行初步审查，或者送交本级人民代表大会常务委员会有关工作机构征求意见。

县、自治县、不设区的市、市辖区政府应当在本级人民代表大会会议举行的三十日前，将本级预算草案的初步方案提交本级人民代表大会常务委员会进行初步审查。

第四十五条 县、自治县、不设区的市、市辖区、乡、民族乡、镇的人民代表大会举行会议审查预算草案前，应当采用多种形式，组织本级人民代表大会代表，听取选民和社会各界的意见。

第四十六条 报送各级人民代表大会审查和批准的预算草案应当细化。本级一般公共预算支出，按其功能分类应当编列到项；按其经济性质分类，基本支出应当编列到款。本级政府性基金预算、国有资本经营预算、社会保险基金预算支出，按其功能分类应当编列到项。

第四十七条 国务院在全国人民代表大会举行会议时，向大会作关于中央和地方预算草案以及中央和地方预算执行情况的报告。

地方各级政府在本级人民代表大会举行会议时，向大会作关于总预算草案和总预算执行情况的报告。

第四十八条 全国人民代表大会和地方各级人民代表大会对预算草案

及其报告、预算执行情况的报告重点审查下列内容：

（一）上一年预算执行情况是否符合本级人民代表大会预算决议的要求；

（二）预算安排是否符合本法的规定；

（三）预算安排是否贯彻国民经济和社会发展的方针政策，收支政策是否切实可行；

（四）重点支出和重大投资项目的预算安排是否适当；

（五）预算的编制是否完整，是否符合本法第四十六条的规定；

（六）对下级政府的转移性支出预算是否规范、适当；

（七）预算安排举借的债务是否合法、合理，是否有偿还计划和稳定的偿还资金来源；

（八）与预算有关重要事项的说明是否清晰。

第四十九条 全国人民代表大会财政经济委员会向全国人民代表大会主席团提出关于中央和地方预算草案及中央和地方预算执行情况的审查结果报告。

省、自治区、直辖市、设区的市、自治州人民代表大会有关专门委员会，县、自治县、不设区的市、市辖区人民代表大会常务委员会，向本级人民代表大会主席团提出关于总预算草案及上一年总预算执行情况的审查结果报告。

审查结果报告应当包括下列内容：

（一）对上一年预算执行和落实本级人民代表大会预算决议的情况作出评价；

（二）对本年度预算草案是否符合本法的规定，是否可行作出评价；

（三）对本级人民代表大会批准预算草案和预算报告提出建议；

（四）对执行年度预算、改进预算管理、提高预算绩效、加强预算监督等提出意见和建议。

第五十条 乡、民族乡、镇政府应当及时将经本级人民代表大会批准的本级预算报上一级政府备案。县级以上地方各级政府应当及时将经本级人民代表大会批准的本级预算及下一级政府报送备案的预算汇总，报上一级政府备案。

县级以上地方各级政府将下一级政府依照前款规定报送备案的预算汇总后，报本级人民代表大会常务委员会备案。国务院将省、自治区、直辖市政府依照前款规定报送备案的预算汇总后，报全国人民代表大会常务委员会备案。

第五十一条 国务院和县级以上地方各级政府对下一级政府依照本法第五十条规定报送备案的预算，认为有同法律、行政法规相抵触或者有其他不适当之处，需要撤销批准预算的决议的，应当提请本级人民代表大会常务委员会审议决定。

第五十二条 各级预算经本级人民代表大会批准后，本级政府财政部门应当在二十日内向本级各部门批复预算。各部门应当在接到本级政府财政部门批复的本部门预算后十五日内向所属各单位批复预算。

中央对地方的一般性转移支付应当在全国人民代表大会批准预算后三十日内正式下达。中央对地方的专项转移支付应当在全国人民代表大会批准预算后九十日内正式下达。

省、自治区、直辖市政府接到中央一般性转移支付和专项转移支付后，应当在三十日内正式下达到本行政区域县级以上各级政府。

县级以上地方各级预算安排对下级政府的一般性转移支付和专项转移支付，应当分别在本级人民代表大会批准预算后的三十日和六十日内正式下达。

对自然灾害等突发事件处理的转移支付，应当及时下达预算；对据实结算等特殊项目的转移支付，可以分期下达预算，或者先预付后结算。

县级以上各级政府财政部门应当将批复本级各部门的预算和批复下级政府的转移支付预算，抄送本级人民代表大会财政经济委员会、有关专门委员会和常务委员会有关工作机构。

第六章　预算执行

第五十三条 各级预算由本级政府组织执行，具体工作由本级政府财政部门负责。

各部门、各单位是本部门、本单位的预算执行主体，负责本部门、本单位的预算执行，并对执行结果负责。

第五十四条 预算年度开始后，各级预算草案在本级人民代表大会批准前，可以安排下列支出：

（一）上一年度结转的支出；

（二）参照上一年同期的预算支出数额安排必须支付的本年度部门基本支出、项目支出，以及对下级政府的转移性支出；

（三）法律规定必须履行支付义务的支出，以及用于自然灾害等突发事件处理的支出。

根据前款规定安排支出的情况，应当在预算草案的报告中作出说明。

预算经本级人民代表大会批准后，按照批准的预算执行。

第五十五条 预算收入征收部门和单位，必须依照法律、行政法规的规定，及时、足额征收应征的预算收入。不得违反法律、行政法规规定，多征、提前征收或者减征、免征、缓征应征的预算收入，不得截留、占用或者挪用预算收入。

各级政府不得向预算收入征收部门和单位下达收入指标。

第五十六条 政府的全部收入应当上缴国家金库（以下简称国库），任何部门、单位和个人不得截留、占用、挪用或者拖欠。

对于法律有明确规定或者经国务院批准的特定专用资金，可以依照国务院的规定设立财政专户。

第五十七条 各级政府财政部门必须依照法律、行政法规和国务院财政部门的规定，及时、足额地拨付预算支出资金，加强对预算支出的管理和监督。

各级政府、各部门、各单位的支出必须按照预算执行，不得虚假列支。

各级政府、各部门、各单位应当对预算支出情况开展绩效评价。

第五十八条 各级预算的收入和支出实行收付实现制。

特定事项按照国务院的规定实行权责发生制的有关情况，应当向本级人民代表大会常务委员会报告。

第五十九条 县级以上各级预算必须设立国库；具备条件的乡、民族乡、镇也应当设立国库。

中央国库业务由中国人民银行经理，地方国库业务依照国务院的有关规定办理。

各级国库应当按照国家有关规定，及时准确地办理预算收入的收纳、划分、留解、退付和预算支出的拨付。

各级国库库款的支配权属于本级政府财政部门。除法律、行政法规另有规定外，未经本级政府财政部门同意，任何部门、单位和个人都无权冻结、动用国库库款或者以其他方式支配已入国库的库款。

各级政府应当加强对本级国库的管理和监督，按照国务院的规定完善国库现金管理，合理调节国库资金余额。

第六十条 已经缴入国库的资金，依照法律、行政法规的规定或者国务院的决定需要退付的，各级政府财政部门或者其授权的机构应当及时办理退付。按照规定应当由财政支出安排的事项，不得用退库处理。

第六十一条 国家实行国库集中收缴和集中支付制度，对政府全部收入和支出实行国库集中收付管理。

第六十二条 各级政府应当加强对预算执行的领导，支持政府财政、税务、海关等预算收入的征收部门依法组织预算收入，支持政府财政部门严格管理预算支出。

财政、税务、海关等部门在预算执行中，应当加强对预算执行的分析；发现问题时应当及时建议本级政府采取措施予以解决。

第六十三条 各部门、各单位应当加强对预算收入和支出的管理，不得截留或者动用应当上缴的预算收入，不得擅自改变预算支出的用途。

第六十四条 各级预算预备费的动用方案，由本级政府财政部门提出，报本级政府决定。

第六十五条 各级预算周转金由本级政府财政部门管理，不得挪作他用。

第六十六条 各级一般公共预算年度执行中有超收收入的，只能用于冲减赤字或者补充预算稳定调节基金。

各级一般公共预算的结余资金，应当补充预算稳定调节基金。

省、自治区、直辖市一般公共预算年度执行中出现短收，通过调入预算稳定调节基金、减少支出等方式仍不能实现收支平衡的，省、自治区、直辖市政府报本级人民代表大会或者其常务委员会批准，可以增列赤字，报国务院财政部门备案，并应当在下一年度预算中予以弥补。

第七章 预算调整

第六十七条 经全国人民代表大会批准的中央预算和经地方各级人民代表大会批准的地方各级预算，在执行中出现下列情况之一的，应当进行预算调整：

（一）需要增加或者减少预算总支出的；

（二）需要调入预算稳定调节基金的；

（三）需要调减预算安排的重点支出数额的；

（四）需要增加举借债务数额的。

第六十八条 在预算执行中，各级政府一般不制定新的增加财政收入或者支出的政策和措施，也不制定减少财政收入的政策和措施；必须作出并需要进行预算调整的，应当在预算调整方案中作出安排。

第六十九条 在预算执行中，各级政府对于必须进行的预算调整，应当编制预算调整方案。预算调整方案应当说明预算调整的理由、项目和数额。

在预算执行中，由于发生自然灾害等突发事件，必须及时增加预算支出的，应当先动支预备费；预备费不足支出的，各级政府可以先安排支出，属于预算调整的，列入预算调整方案。

国务院财政部门应当在全国人民代表大会常务委员会举行会议审查和批准预算调整方案的三十日前，将预算调整初步方案送交全国人民代表大会财政经济委员会进行初步审查。

省、自治区、直辖市政府财政部门应当在本级人民代表大会常务委员会举行会议审查和批准预算调整方案的三十日前，将预算调整初步方案送交本级人民代表大会有关专门委员会进行初步审查。

设区的市、自治州政府财政部门应当在本级人民代表大会常务委员会举行会议审查和批准预算调整方案的三十日前，将预算调整初步方案送交本级人民代表大会有关专门委员会进行初步审查，或者送交本级人民代表大会常务委员会有关工作机构征求意见。

县、自治县、不设区的市、市辖区政府财政部门应当在本级人民代表大会常务委员会举行会议审查和批准预算调整方案的三十日前，将预算调整初步方案送交本级人民代表大会常务委员会有关工作机构征求意见。

中央预算的调整方案应当提请全国人民代表大会常务委员会审查和批准。县级以上地方各级预算的调整方案应当提请本级人民代表大会常务委员会审查和批准；乡、民族乡、镇预算的调整方案应当提请本级人民代表大会审查和批准。未经批准，不得调整预算。

第七十条 经批准的预算调整方案，各级政府应当严格执行。未经本法第六十九条规定的程序，各级政府不得作出预算调整的决定。

对违反前款规定作出的决定，本级人民代表大会、本级人民代表大会常务委员会或者上级政府应当责令其改变或者撤销。

第七十一条 在预算执行中，地方各级政府因上级政府增加不需要本级政府提供配套资金的专项转移支付而引起的预算支出变化，不属于预算调整。

接受增加专项转移支付的县级以上地方各级政府应当向本级人民代表大会常务委员会报告有关情况；接受增加专项转移支付的乡、民族乡、镇政府应当向本级人民代表大会报告有关情况。

第七十二条 各部门、各单位的预算支出应当按照预算科目执行。严格控制不同预算科目、预算级次或者项目间的预算资金的调剂，确需调剂使用的，按照国务院财政部门的规定办理。

第七十三条 地方各级预算的调整方案经批准后，由本级政府报上一级政府备案。

第八章 决　　算

第七十四条 决算草案由各级政府、各部门、各单位，在每一预算年度终了后按照国务院规定的时间编制。

编制决算草案的具体事项，由国务院财政部门部署。

第七十五条 编制决算草案，必须符合法律、行政法规，做到收支真实、数额准确、内容完整、报送及时。

决算草案应当与预算相对应，按预算数、调整预算数、决算数分别列出。一般公共预算支出应当按其功能分类编列到项，按其经济性质分类编列到款。

第七十六条 各部门对所属各单位的决算草案，应当审核并汇总编制本部门的决算草案，在规定的期限内报本级政府财政部门审核。

各级政府财政部门对本级各部门决算草案审核后发现有不符合法律、行政法规规定的，有权予以纠正。

第七十七条 国务院财政部门编制中央决算草案，经国务院审计部门审计后，报国务院审定，由国务院提请全国人民代表大会常务委员会审查和批准。

县级以上地方各级政府财政部门编制本级决算草案，经本级政府审计部门审计后，报本级政府审定，由本级政府提请本级人民代表大会常务委员会审查和批准。

乡、民族乡、镇政府编制本级决算草案，提请本级人民代表大会审查和批准。

第七十八条 国务院财政部门应当在全国人民代表大会常务委员会举行会议审查和批准中央决算草案的三十日前，将上一年度中央决算草案提交全国人民代表大会财政经济委员会进行初步审查。

省、自治区、直辖市政府财政部门应当在本级人民代表大会常务委员会举行会议审查和批准本级决算草案的三十日前，将上一年度本级决算草案提交本级人民代表大会有关专门委员会进行初步审查。

设区的市、自治州政府财政部门应当在本级人民代表大会常务委员会举行会议审查和批准本级决算草案的三十日前，将上一年度本级决算草案提交本级人民代表大会有关专门委员会进行初步审查，或者送交本级人民代表大会常务委员会有关工作机构征求意见。

县、自治县、不设区的市、市辖区政府财政部门应当在本级人民代表大会常务委员会举行会议审查和批准本级决算草案的三十日前，将上一年度本级决算草案送交本级人民代表大会常务委员会有关工作机构征求意见。

全国人民代表大会财政经济委员会和省、自治区、直辖市、设区的市、自治州人民代表大会有关专门委员会，向本级人民代表大会常务委员会提出关于本级决算草案的审查结果报告。

第七十九条 县级以上各级人民代表大会常务委员会和乡、民族乡、镇人民代表大会对本级决算草案，重点审查下列内容：

（一）预算收入情况；

（二）支出政策实施情况和重点支出、重大投资项目资金的使用及绩效情况；

（三）结转资金的使用情况；

（四）资金结余情况；

（五）本级预算调整及执行情况；

（六）财政转移支付安排执行情况；

（七）经批准举借债务的规模、结构、使用、偿还等情况；

（八）本级预算周转金规模和使用情况；

（九）本级预备费使用情况；

（十）超收收入安排情况，预算稳定调节基金的规模和使用情况；

（十一）本级人民代表大会批准的预算决议落实情况；

（十二）其他与决算有关的重要情况。

县级以上各级人民代表大会常务委员会应当结合本级政府提出的上一年度预算执行和其他财政收支的审计工作报告，对本级决算草案进行审查。

第八十条 各级决算经批准后，财政部门应当在二十日内向本级各部门批复决算。各部门应当在接到本级政府财政部门批复的本部门决算后十五日内向所属单位批复决算。

第八十一条 地方各级政府应当将经批准的决算及下一级政府上报备案的决算汇总，报上一级政府备案。

县级以上各级政府应当将下一级政府报送备案的决算汇总后，报本级人民代表大会常务委员会备案。

第八十二条 国务院和县级以上地方各级政府对下一级政府依照本法第八十一条规定报送备案的决算，认为有同法律、行政法规相抵触或者有其他不适当之处，需要撤销批准该项决算的决议的，应当提请本级人民代表大会常务委员会审议决定；经审议决定撤销的，该下级人民代表大会常务委员会应当责成本级政府依照本法规定重新编制决算草案，提请本级人民代表大会常务委员会审查和批准。

第九章　监　　督

第八十三条　全国人民代表大会及其常务委员会对中央和地方预算、决算进行监督。

县级以上地方各级人民代表大会及其常务委员会对本级和下级预算、决算进行监督。

乡、民族乡、镇人民代表大会对本级预算、决算进行监督。

第八十四条　各级人民代表大会和县级以上各级人民代表大会常务委员会有权就预算、决算中的重大事项或者特定问题组织调查，有关的政府、部门、单位和个人应当如实反映情况和提供必要的材料。

第八十五条　各级人民代表大会和县级以上各级人民代表大会常务委员会举行会议时，人民代表大会代表或者常务委员会组成人员，依照法律规定程序就预算、决算中的有关问题提出询问或者质询，受询问或者受质询的有关的政府或者财政部门必须及时给予答复。

第八十六条　国务院和县级以上地方各级政府应当在每年六月至九月期间向本级人民代表大会常务委员会报告预算执行情况。

第八十七条　各级政府监督下级政府的预算执行；下级政府应当定期向上一级政府报告预算执行情况。

第八十八条　各级政府财政部门负责监督本级各部门及其所属各单位预算管理有关工作，并向本级政府和上一级政府财政部门报告预算执行情况。

第八十九条　县级以上政府审计部门依法对预算执行、决算实行审计监督。

对预算执行和其他财政收支的审计工作报告应当向社会公开。

第九十条　政府各部门负责监督检查所属各单位的预算执行，及时向本级政府财政部门反映本部门预算执行情况，依法纠正违反预算的行为。

第九十一条　公民、法人或者其他组织发现有违反本法的行为，可以依法向有关国家机关进行检举、控告。

接受检举、控告的国家机关应当依法进行处理，并为检举人、控告人保密。任何单位或者个人不得压制和打击报复检举人、控告人。

第十章　法律责任

第九十二条　各级政府及有关部门有下列行为之一的，责令改正，对负有直接责任的主管人员和其他直接责任人员追究行政责任：

（一）未依照本法规定，编制、报送预算草案、预算调整方案、决算草案和部门预算、决算以及批复预算、决算的；

（二）违反本法规定，进行预算调整的；

（三）未依照本法规定对有关预算事项进行公开和说明的；

（四）违反规定设立政府性基金项目和其他财政收入项目的；

（五）违反法律、法规规定使用预算预备费、预算周转金、预算稳定调节基金、超收收入的；

（六）违反本法规定开设财政专户的。

第九十三条　各级政府及有关部门、单位有下列行为之一的，责令改正，对负有直接责任的主管人员和其他直接责任人员依法给予降级、撤职、开除的处分：

（一）未将所有政府收入和支出列入预算或者虚列收入和支出的；

（二）违反法律、行政法规的规定，多征、提前征收或者减征、免征、缓征应征预算收入的；

（三）截留、占用、挪用或者拖欠应当上缴国库的预算收入的；

（四）违反本法规定，改变预算支出用途的；

（五）擅自改变上级政府专项转移支付资金用途的；

（六）违反本法规定拨付预算支出资金，办理预算收入收纳、划分、留解、退付，或者违反本法规定冻结、动用国库库款或者以其他方式支配已入国库库款的。

第九十四条　各级政府、各部门、各单位违反本法规定举借债务或者为他人债务提供担保，或者挪用重点支出资金，或者在预算之外及超预算标准建设楼堂馆所的，责令改正，对负有直接责任的主管人员和其他直接责任人员给予撤职、开除的处分。

第九十五条 各级政府有关部门、单位及其工作人员有下列行为之一的，责令改正，追回骗取、使用的资金，有违法所得的没收违法所得，对单位给予警告或者通报批评；对负有直接责任的主管人员和其他直接责任人员依法给予处分：

（一）违反法律、法规的规定，改变预算收入上缴方式的；

（二）以虚报、冒领等手段骗取预算资金的；

（三）违反规定扩大开支范围、提高开支标准的；

（四）其他违反财政管理规定的行为。

第九十六条 本法第九十二条、第九十三条、第九十四条、第九十五条所列违法行为，其他法律对其处理、处罚另有规定的，依照其规定。

违反本法规定，构成犯罪的，依法追究刑事责任。

第十一章　附　　则

第九十七条 各级政府财政部门应当按年度编制以权责发生制为基础的政府综合财务报告，报告政府整体财务状况、运行情况和财政中长期可持续性，报本级人民代表大会常务委员会备案。

第九十八条 国务院根据本法制定实施条例。

第九十九条 民族自治地方的预算管理，依照民族区域自治法的有关规定执行；民族区域自治法没有规定的，依照本法和国务院的有关规定执行。

第一百条 省、自治区、直辖市人民代表大会或者其常务委员会根据本法，可以制定有关预算审查监督的决定或者地方性法规。

第一百零一条 本法自1995年1月1日起施行。1991年10月21日国务院发布的《国家预算管理条例》同时废止。

中华人民共和国科学技术进步法

（1993 年 7 月 2 日第八届全国人民代表大会常务委员会第二次会议通过　2007 年 12 月 29 日第十届全国人民代表大会常务委员会第三十一次会议第一次修订　2021 年 12 月 24 日第十三届全国人民代表大会常务委员会第三十二次会议第二次修订　2021 年 12 月 24 日中华人民共和国主席令第 103 号公布　自 2022 年 1 月 1 日起施行）

目　　录

第一章　总　　则
第二章　基础研究
第三章　应用研究与成果转化
第四章　企业科技创新
第五章　科学技术研究开发机构
第六章　科学技术人员
第七章　区域科技创新
第八章　国际科学技术合作
第九章　保障措施
第十章　监督管理
第十一章　法律责任
第十二章　附　　则

第一章　总　　则

第一条　为了全面促进科学技术进步，发挥科学技术第一生产力、创新第一动力、人才第一资源的作用，促进科技成果向现实生产力转化，推动科技创新支撑和引领经济社会发展，全面建设社会主义现代化国家，根据宪法，制定本法。

第二条 坚持中国共产党对科学技术事业的全面领导。

国家坚持新发展理念，坚持科技创新在国家现代化建设全局中的核心地位，把科技自立自强作为国家发展的战略支撑，实施科教兴国战略、人才强国战略和创新驱动发展战略，走中国特色自主创新道路，建设科技强国。

第三条 科学技术进步工作应当面向世界科技前沿、面向经济主战场、面向国家重大需求、面向人民生命健康，为促进经济社会发展、维护国家安全和推动人类可持续发展服务。

国家鼓励科学技术研究开发，推动应用科学技术改造提升传统产业、发展高新技术产业和社会事业，支撑实现碳达峰碳中和目标，催生新发展动能，实现高质量发展。

第四条 国家完善高效、协同、开放的国家创新体系，统筹科技创新与制度创新，健全社会主义市场经济条件下新型举国体制，充分发挥市场配置创新资源的决定性作用，更好发挥政府作用，优化科技资源配置，提高资源利用效率，促进各类创新主体紧密合作、创新要素有序流动、创新生态持续优化，提升体系化能力和重点突破能力，增强创新体系整体效能。

国家构建和强化以国家实验室、国家科学技术研究开发机构、高水平研究型大学、科技领军企业为重要组成部分的国家战略科技力量，在关键领域和重点方向上发挥战略支撑引领作用和重大原始创新效能，服务国家重大战略需要。

第五条 国家统筹发展和安全，提高科技安全治理能力，健全预防和化解科技安全风险的制度机制，加强科学技术研究、开发与应用活动的安全管理，支持国家安全领域科技创新，增强科技创新支撑国家安全的能力和水平。

第六条 国家鼓励科学技术研究开发与高等教育、产业发展相结合，鼓励学科交叉融合和相互促进。

国家加强跨地区、跨行业和跨领域的科学技术合作，扶持革命老区、民族地区、边远地区、欠发达地区的科学技术进步。

国家加强军用与民用科学技术协调发展，促进军用与民用科学技术资源、技术开发需求的互通交流和技术双向转移，发展军民两用技术。

第七条 国家遵循科学技术活动服务国家目标与鼓励自由探索相结合的原则，超前部署重大基础研究、有重大产业应用前景的前沿技术研究和社会公益性技术研究，支持基础研究、前沿技术研究和社会公益性技术研究持续、稳定发展，加强原始创新和关键核心技术攻关，加快实现高水平科技自立自强。

第八条 国家保障开展科学技术研究开发的自由，鼓励科学探索和技术创新，保护科学技术人员自由探索等合法权益。

科学技术研究开发机构、高等学校、企业事业单位和公民有权自主选择课题，探索未知科学领域，从事基础研究、前沿技术研究和社会公益性技术研究。

第九条 学校及其他教育机构应当坚持理论联系实际，注重培养受教育者的独立思考能力、实践能力、创新能力和批判性思维，以及追求真理、崇尚创新、实事求是的科学精神。

国家发挥高等学校在科学技术研究中的重要作用，鼓励高等学校开展科学研究、技术开发和社会服务，培养具有社会责任感、创新精神和实践能力的高级专门人才。

第十条 科学技术人员是社会主义现代化建设事业的重要人才力量，应当受到全社会的尊重。

国家坚持人才引领发展的战略地位，深化人才发展体制机制改革，全方位培养、引进、用好人才，营造符合科技创新规律和人才成长规律的环境，充分发挥人才第一资源作用。

第十一条 国家营造有利于科技创新的社会环境，鼓励机关、群团组织、企业事业单位、社会组织和公民参与和支持科学技术进步活动。

全社会都应当尊重劳动、尊重知识、尊重人才、尊重创造，形成崇尚科学的风尚。

第十二条 国家发展科学技术普及事业，普及科学技术知识，加强科学技术普及基础设施和能力建设，提高全体公民特别是青少年的科学文化素质。

科学技术普及是全社会的共同责任。国家建立健全科学技术普及激励机制，鼓励科学技术研究开发机构、高等学校、企业事业单位、社会组织、科学技术人员等积极参与和支持科学技术普及活动。

第十三条 国家制定和实施知识产权战略，建立和完善知识产权制度，营造尊重知识产权的社会环境，保护知识产权，激励自主创新。

企业事业单位、社会组织和科学技术人员应当增强知识产权意识，增强自主创新能力，提高创造、运用、保护、管理和服务知识产权的能力，提高知识产权质量。

第十四条 国家建立和完善有利于创新的科学技术评价制度。

科学技术评价应当坚持公开、公平、公正的原则，以科技创新质量、贡献、绩效为导向，根据不同科学技术活动的特点，实行分类评价。

第十五条 国务院领导全国科学技术进步工作，制定中长期科学和技术发展规划、科技创新规划，确定国家科学技术重大项目、与科学技术密切相关的重大项目。中长期科学和技术发展规划、科技创新规划应当明确指导方针，发挥战略导向作用，引导和统筹科技发展布局、资源配置和政策制定。

县级以上人民政府应当将科学技术进步工作纳入国民经济和社会发展规划，保障科学技术进步与经济建设和社会发展相协调。

地方各级人民政府应当采取有效措施，加强对科学技术进步工作的组织和管理，优化科学技术发展环境，推进科学技术进步。

第十六条 国务院科学技术行政部门负责全国科学技术进步工作的宏观管理、统筹协调、服务保障和监督实施；国务院其他有关部门在各自的职责范围内，负责有关的科学技术进步工作。

县级以上地方人民政府科学技术行政部门负责本行政区域的科学技术进步工作；县级以上地方人民政府其他有关部门在各自的职责范围内，负责有关的科学技术进步工作。

第十七条 国家建立科学技术进步工作协调机制，研究科学技术进步工作中的重大问题，协调国家科学技术计划项目的设立及相互衔接，协调科学技术资源配置、科学技术研究开发机构的整合以及科学技术研究开发与高等教育、产业发展相结合等重大事项。

第十八条 每年5月30日为全国科技工作者日。

国家建立和完善科学技术奖励制度，设立国家最高科学技术奖等奖项，对在科学技术进步活动中做出重要贡献的组织和个人给予奖励。具体办法由国务院规定。

国家鼓励国内外的组织或者个人设立科学技术奖项，对科学技术进步活动中做出贡献的组织和个人给予奖励。

第二章 基础研究

第十九条 国家加强基础研究能力建设，尊重科学发展规律和人才成长规律，强化项目、人才、基地系统布局，为基础研究发展提供良好的物质条件和有力的制度保障。

国家加强规划和部署，推动基础研究自由探索和目标导向有机结合，围绕科学技术前沿、经济社会发展、国家安全重大需求和人民生命健康，聚焦重大关键技术问题，加强新兴和战略产业等领域基础研究，提升科学技术的源头供给能力。

国家鼓励科学技术研究开发机构、高等学校、企业等发挥自身优势，加强基础研究，推动原始创新。

第二十条 国家财政建立稳定支持基础研究的投入机制。

国家鼓励有条件的地方人民政府结合本地区经济社会发展需要，合理确定基础研究财政投入，加强对基础研究的支持。

国家引导企业加大基础研究投入，鼓励社会力量通过捐赠、设立基金等方式多渠道投入基础研究，给予财政、金融、税收等政策支持。

逐步提高基础研究经费在全社会科学技术研究开发经费总额中的比例，与创新型国家和科技强国建设要求相适应。

第二十一条 国家设立自然科学基金，资助基础研究，支持人才培养和团队建设。确定国家自然科学基金资助项目，应当坚持宏观引导、自主申请、平等竞争、同行评审、择优支持的原则。

有条件的地方人民政府结合本地区经济社会实际情况和发展需要，可以设立自然科学基金，支持基础研究。

第二十二条 国家完善学科布局和知识体系建设，推进学科交叉融合，促进基础研究与应用研究协调发展。

第二十三条 国家加大基础研究人才培养力度，强化对基础研究人才的稳定支持，提高基础研究人才队伍质量和水平。

国家建立满足基础研究需要的资源配置机制，建立与基础研究相适应的评价体系和激励机制，营造潜心基础研究的良好环境，鼓励和吸引优秀科学技术人员投身基础研究。

第二十四条 国家强化基础研究基地建设。

国家完善基础研究的基础条件建设，推进开放共享。

第二十五条 国家支持高等学校加强基础学科建设和基础研究人才培养，增强基础研究自主布局能力，推动高等学校基础研究高质量发展。

第三章 应用研究与成果转化

第二十六条 国家鼓励以应用研究带动基础研究，促进基础研究与应用研究、成果转化融通发展。

国家完善共性基础技术供给体系，促进创新链产业链深度融合，保障产业链供应链安全。

第二十七条 国家建立和完善科研攻关协调机制，围绕经济社会发展、国家安全重大需求和人民生命健康，加强重点领域项目、人才、基地、资金一体化配置，推动产学研紧密合作，推动关键核心技术自主可控。

第二十八条 国家完善关键核心技术攻关举国体制，组织实施体现国家战略需求的科学技术重大任务，系统布局具有前瞻性、战略性的科学技术重大项目，超前部署关键核心技术研发。

第二十九条 国家加强面向产业发展需求的共性技术平台和科学技术研究开发机构建设，鼓励地方围绕发展需求建设应用研究科学技术研究开发机构。

国家鼓励科学技术研究开发机构、高等学校加强共性基础技术研究，鼓励以企业为主导，开展面向市场和产业化应用的研究开发活动。

第三十条 国家加强科技成果中试、工程化和产业化开发及应用，加快科技成果转化为现实生产力。

利用财政性资金设立的科学技术研究开发机构和高等学校，应当积极促进科技成果转化，加强技术转移机构和人才队伍建设，建立和完善促进科技成果转化制度。

第三十一条 国家鼓励企业、科学技术研究开发机构、高等学校和其他组织建立优势互补、分工明确、成果共享、风险共担的合作机制，按照市场机制联合组建研究开发平台、技术创新联盟、创新联合体等，协同推进研究开发与科技成果转化，提高科技成果转移转化成效。

第三十二条 利用财政性资金设立的科学技术计划项目所形成的科技成果，在不损害国家安全、国家利益和重大社会公共利益的前提下，授权项目承担者依法取得相关知识产权，项目承担者可以依法自行投资实施转化、向他人转让、联合他人共同实施转化、许可他人使用或者作价投资等。

项目承担者应当依法实施前款规定的知识产权，同时采取保护措施，并就实施和保护情况向项目管理机构提交年度报告；在合理期限内没有实施且无正当理由的，国家可以无偿实施，也可以许可他人有偿实施或者无偿实施。

项目承担者依法取得的本条第一款规定的知识产权，为了国家安全、国家利益和重大社会公共利益的需要，国家可以无偿实施，也可以许可他人有偿实施或者无偿实施。

项目承担者因实施本条第一款规定的知识产权所产生的利益分配，依照有关法律法规规定执行；法律法规没有规定的，按照约定执行。

第三十三条 国家实行以增加知识价值为导向的分配政策，按照国家有关规定推进知识产权归属和权益分配机制改革，探索赋予科学技术人员职务科技成果所有权或者长期使用权制度。

第三十四条 国家鼓励利用财政性资金设立的科学技术计划项目所形成的知识产权首先在境内使用。

前款规定的知识产权向境外的组织或者个人转让，或者许可境外的组织或者个人独占实施的，应当经项目管理机构批准；法律、行政法规对批准机构另有规定的，依照其规定。

第三十五条 国家鼓励新技术应用，按照包容审慎原则，推动开展新技术、新产品、新服务、新模式应用试验，为新技术、新产品应用创造条件。

第三十六条 国家鼓励和支持农业科学技术的应用研究，传播和普及农业科学技术知识，加快农业科技成果转化和产业化，促进农业科学技术进步，利用农业科学技术引领乡村振兴和农业农村现代化。

县级以上人民政府应当采取措施，支持公益性农业科学技术研究开发机构和农业技术推广机构进行农业新品种、新技术的研究开发、应用和推广。

地方各级人民政府应当鼓励和引导农业科学技术服务机构、科技特派员和农村群众性科学技术组织为种植业、林业、畜牧业、渔业等的发展提供科学技术服务，为农民提供科学技术培训和指导。

第三十七条 国家推动科学技术研究开发与产品、服务标准制定相结合，科学技术研究开发与产品设计、制造相结合；引导科学技术研究开发机构、高等学校、企业和社会组织共同推进国家重大技术创新产品、服务标准的研究、制定和依法采用，参与国际标准制定。

第三十八条 国家培育和发展统一开放、互联互通、竞争有序的技术市场，鼓励创办从事技术评估、技术经纪和创新创业服务等活动的中介服务机构，引导建立社会化、专业化、网络化、信息化和智能化的技术交易服务体系和创新创业服务体系，推动科技成果的应用和推广。

技术交易活动应当遵循自愿平等、互利有偿和诚实信用的原则。

第四章 企业科技创新

第三十九条 国家建立以企业为主体，以市场为导向，企业同科学技术研究开发机构、高等学校紧密合作的技术创新体系，引导和扶持企业技术创新活动，支持企业牵头国家科技攻关任务，发挥企业在技术创新中的主体作用，推动企业成为技术创新决策、科研投入、组织科研和成果转化的主体，促进各类创新要素向企业集聚，提高企业技术创新能力。

国家培育具有影响力和竞争力的科技领军企业，充分发挥科技领军企业的创新带动作用。

第四十条 国家鼓励企业开展下列活动：

（一）设立内部科学技术研究开发机构；

（二）同其他企业或者科学技术研究开发机构、高等学校开展合作研究，联合建立科学技术研究开发机构和平台，设立科技企业孵化机构和创新创业平台，或者以委托等方式开展科学技术研究开发；

（三）培养、吸引和使用科学技术人员；

（四）同科学技术研究开发机构、高等学校、职业院校或者培训机构联合培养专业技术人才和高技能人才，吸引高等学校毕业生到企业工作；

（五）设立博士后工作站或者流动站；

（六）结合技术创新和职工技能培训，开展科学技术普及活动，设立向公众开放的普及科学技术的场馆或者设施。

第四十一条 国家鼓励企业加强原始创新，开展技术合作与交流，增加研究开发和技术创新的投入，自主确立研究开发课题，开展技术创新活动。

国家鼓励企业对引进技术进行消化、吸收和再创新。

企业开发新技术、新产品、新工艺发生的研究开发费用可以按照国家有关规定，税前列支并加计扣除，企业科学技术研究开发仪器、设备可以加速折旧。

第四十二条 国家完善多层次资本市场，建立健全促进科技创新的机制，支持符合条件的科技型企业利用资本市场推动自身发展。

国家加强引导和政策扶持，多渠道拓宽创业投资资金来源，对企业的创业发展给予支持。

国家完善科技型企业上市融资制度，畅通科技型企业国内上市融资渠道，发挥资本市场服务科技创新的融资功能。

第四十三条 下列企业按照国家有关规定享受税收优惠：

（一）从事高新技术产品研究开发、生产的企业；

（二）科技型中小企业；

（三）投资初创科技型企业的创业投资企业；

（四）法律、行政法规规定的与科学技术进步有关的其他企业。

第四十四条 国家对公共研究开发平台和科学技术中介、创新创业服务机构的建设和运营给予支持。

公共研究开发平台和科学技术中介、创新创业服务机构应当为中小企业的技术创新提供服务。

第四十五条 国家保护企业研究开发所取得的知识产权。企业应当不断提高知识产权质量和效益，增强自主创新能力和市场竞争能力。

第四十六条 国有企业应当建立健全有利于技术创新的研究开发投入制度、分配制度和考核评价制度，完善激励约束机制。

国有企业负责人对企业的技术进步负责。对国有企业负责人的业绩考核，应当将企业的创新投入、创新能力建设、创新成效等情况纳入考核范围。

第四十七条 县级以上地方人民政府及其有关部门应当创造公平竞争的市场环境，推动企业技术进步。

国务院有关部门和省级人民政府应当通过制定产业、财政、金融、能源、环境保护和应对气候变化等政策，引导、促使企业研究开发新技术、新产品、新工艺，进行技术改造和设备更新，淘汰技术落后的设备、工艺，停止生产技术落后的产品。

第五章 科学技术研究开发机构

第四十八条 国家统筹规划科学技术研究开发机构布局，建立和完善科学技术研究开发体系。

国家在事关国家安全和经济社会发展全局的重大科技创新领域建设国家实验室，建立健全以国家实验室为引领、全国重点实验室为支撑的实验室体系，完善稳定支持机制。

利用财政性资金设立的科学技术研究开发机构，应当坚持以国家战略需求为导向，提供公共科技供给和应急科技支撑。

第四十九条 自然人、法人和非法人组织有权依法设立科学技术研究开发机构。境外的组织或者个人可以在中国境内依法独立设立科学技术研究开发机构，也可以与中国境内的组织或者个人联合设立科学技术研究开发机构。

从事基础研究、前沿技术研究、社会公益性技术研究的科学技术研究开发机构，可以利用财政性资金设立。利用财政性资金设立科学技术研究开发机构，应当优化配置，防止重复设置。

科学技术研究开发机构、高等学校可以设立博士后流动站或者工作站。科学技术研究开发机构可以依法在国外设立分支机构。

第五十条 科学技术研究开发机构享有下列权利：

（一）依法组织或者参加学术活动；

（二）按照国家有关规定，自主确定科学技术研究开发方向和项目，自主决定经费使用、机构设置、绩效考核及薪酬分配、职称评审、科技成果转化及收益分配、岗位设置、人员聘用及合理流动等内部管理事务；

（三）与其他科学技术研究开发机构、高等学校和企业联合开展科学技术研究开发、技术咨询、技术服务等活动；

（四）获得社会捐赠和资助；

（五）法律、行政法规规定的其他权利。

第五十一条 科学技术研究开发机构应当依法制定章程，按照章程规定的职能定位和业务范围开展科学技术研究开发活动；加强科研作风学风建设，建立和完善科研诚信、科技伦理管理制度，遵守科学研究活动管理规范；不得组织、参加、支持迷信活动。

利用财政性资金设立的科学技术研究开发机构开展科学技术研究开发活动，应当为国家目标和社会公共利益服务；有条件的，应当向公众开放普及科学技术的场馆或者设施，组织开展科学技术普及活动。

第五十二条 利用财政性资金设立的科学技术研究开发机构，应当建立职责明确、评价科学、开放有序、管理规范的现代院所制度，实行院长或者所长负责制，建立科学技术委员会咨询制和职工代表大会监督制等制度，并吸收外部专家参与管理、接受社会监督；院长或者所长的聘用引入竞争机制。

第五十三条 国家完善利用财政性资金设立的科学技术研究开发机构的评估制度，评估结果作为机构设立、支持、调整、终止的依据。

第五十四条 利用财政性资金设立的科学技术研究开发机构，应当建立健全科学技术资源开放共享机制，促进科学技术资源的有效利用。

国家鼓励社会力量设立的科学技术研究开发机构，在合理范围内实行科学技术资源开放共享。

第五十五条 国家鼓励企业和其他社会力量自行创办科学技术研究开发机构，保障其合法权益。

社会力量设立的科学技术研究开发机构有权按照国家有关规定，平等竞争和参与实施利用财政性资金设立的科学技术计划项目。

国家完善对社会力量设立的非营利性科学技术研究开发机构税收优惠制度。

第五十六条 国家支持发展新型研究开发机构等新型创新主体，完善投入主体多元化、管理制度现代化、运行机制市场化、用人机制灵活化的发展模式，引导新型创新主体聚焦科学研究、技术创新和研发服务。

第六章 科学技术人员

第五十七条 国家营造尊重人才、爱护人才的社会环境，公正平等、竞争择优的制度环境，待遇适当、保障有力的生活环境，为科学技术人员潜心科研创造良好条件。

国家采取多种措施，提高科学技术人员的社会地位，培养和造就专门的科学技术人才，保障科学技术人员投入科技创新和研究开发活动，充分发挥科学技术人员的作用。禁止以任何方式和手段不公正对待科学技术人员及其科技成果。

第五十八条 国家加快战略人才力量建设，优化科学技术人才队伍结构，完善战略科学家、科技领军人才等创新人才和团队的培养、发现、引进、使用、评价机制，实施人才梯队、科研条件、管理机制等配套政策。

第五十九条 国家完善创新人才教育培养机制，在基础教育中加强科学兴趣培养，在职业教育中加强技术技能人才培养，强化高等教育资源配置与科学技术领域创新人才培养的结合，加强完善战略性科学技术人才储备。

第六十条 各级人民政府、企业事业单位和社会组织应当采取措施，完善体现知识、技术等创新要素价值的收益分配机制，优化收入结构，建立工资稳定增长机制，提高科学技术人员的工资水平；对有突出贡献的科学技术人员给予优厚待遇和荣誉激励。

利用财政性资金设立的科学技术研究开发机构和高等学校的科学技术人员，在履行岗位职责、完成本职工作、不发生利益冲突的前提下，经所在单位同意，可以从事兼职工作获得合法收入。技术开发、技术咨询、技术服务等活动的奖酬金提取，按照科技成果转化有关规定执行。

国家鼓励科学技术研究开发机构、高等学校、企业等采取股权、期权、分红等方式激励科学技术人员。

第六十一条 各级人民政府和企业事业单位应当保障科学技术人员接受继续教育的权利，并为科学技术人员的合理、畅通、有序流动创造环境和条件，发挥其专长。

第六十二条 科学技术人员可以根据其学术水平和业务能力选择工作单位、竞聘相应的岗位，取得相应的职务或者职称。

科学技术人员应当信守工作承诺，履行岗位责任，完成职务或者职称相应工作。

第六十三条 国家实行科学技术人员分类评价制度，对从事不同科学技术活动的人员实行不同的评价标准和方式，突出创新价值、能力、贡献导向，合理确定薪酬待遇、配置学术资源、设置评价周期，形成有利于科学技术人员潜心研究和创新的人才评价体系，激发科学技术人员创新活力。

第六十四条 科学技术行政等有关部门和企业事业单位应当完善科学技术人员管理制度，增强服务意识和保障能力，简化管理流程，避免重复性检查和评估，减轻科学技术人员项目申报、材料报送、经费报销等方面的负担，保障科学技术人员科研时间。

第六十五条 科学技术人员在艰苦、边远地区或者恶劣、危险环境中工作，所在单位应当按照国家有关规定给予补贴，提供其岗位或者工作场所应有的职业健康卫生保护和安全保障，为其接受继续教育、业务培训等提供便利条件。

第六十六条 青年科学技术人员、少数民族科学技术人员、女性科学技术人员等在竞聘专业技术职务、参与科学技术评价、承担科学技术研究开发项目、接受继续教育等方面享有平等权利。鼓励老年科学技术人员在科学技术进步中发挥积极作用。

各级人民政府和企业事业单位应当为青年科学技术人员成长创造环境

和条件，鼓励青年科学技术人员在科技领域勇于探索、敢于尝试，充分发挥青年科学技术人员的作用。发现、培养和使用青年科学技术人员的情况，应当作为评价科学技术进步工作的重要内容。

各级人民政府和企业事业单位应当完善女性科学技术人员培养、评价和激励机制，关心孕哺期女性科学技术人员，鼓励和支持女性科学技术人员在科学技术进步中发挥更大作用。

第六十七条 科学技术人员应当大力弘扬爱国、创新、求实、奉献、协同、育人的科学家精神，坚守工匠精神，在各类科学技术活动中遵守学术和伦理规范，恪守职业道德，诚实守信；不得在科学技术活动中弄虚作假，不得参加、支持迷信活动。

第六十八条 国家鼓励科学技术人员自由探索、勇于承担风险，营造鼓励创新、宽容失败的良好氛围。原始记录等能够证明承担探索性强、风险高的科学技术研究开发项目的科学技术人员已经履行了勤勉尽责义务仍不能完成该项目的，予以免责。

第六十九条 科研诚信记录作为对科学技术人员聘任专业技术职务或者职称、审批科学技术人员申请科学技术研究开发项目、授予科学技术奖励等的重要依据。

第七十条 科学技术人员有依法创办或者参加科学技术社会团体的权利。

科学技术协会和科学技术社会团体按照章程在促进学术交流、推进学科建设、推动科技创新、开展科学技术普及活动、培养专门人才、开展咨询服务、加强科学技术人员自律和维护科学技术人员合法权益等方面发挥作用。

科学技术协会和科学技术社会团体的合法权益受法律保护。

第七章 区域科技创新

第七十一条 国家统筹科学技术资源区域空间布局，推动中央科学技术资源与地方发展需求紧密衔接，采取多种方式支持区域科技创新。

第七十二条 县级以上地方人民政府应当支持科学技术研究和应用，为促进科技成果转化创造条件，为推动区域创新发展提供良好的创新环境。

第七十三条 县级以上人民政府及其有关部门制定的与产业发展相关的科学技术计划，应当体现产业发展的需求。

县级以上人民政府及其有关部门确定科学技术计划项目，应当鼓励企业平等竞争和参与实施；对符合产业发展需求、具有明确市场应用前景的项目，应当鼓励企业联合科学技术研究开发机构、高等学校共同实施。

地方重大科学技术计划实施应当与国家科学技术重大任务部署相衔接。

第七十四条 国务院可以根据需要批准建立国家高新技术产业开发区、国家自主创新示范区等科技园区，并对科技园区的建设、发展给予引导和扶持，使其形成特色和优势，发挥集聚和示范带动效应。

第七十五条 国家鼓励有条件的县级以上地方人民政府根据国家发展战略和地方发展需要，建设重大科技创新基地与平台，培育创新创业载体，打造区域科技创新高地。

国家支持有条件的地方建设科技创新中心和综合性科学中心，发挥辐射带动、深化创新改革和参与全球科技合作作用。

第七十六条 国家建立区域科技创新合作机制和协同互助机制，鼓励地方各级人民政府及其有关部门开展跨区域创新合作，促进各类创新要素合理流动和高效集聚。

第七十七条 国家重大战略区域可以依托区域创新平台，构建利益分享机制，促进人才、技术、资金等要素自由流动，推动科学仪器设备、科技基础设施、科学工程和科技信息资源等开放共享，提高科技成果区域转化效率。

第七十八条 国家鼓励地方积极探索区域科技创新模式，尊重区域科技创新集聚规律，因地制宜选择具有区域特色的科技创新发展路径。

第八章 国际科学技术合作

第七十九条 国家促进开放包容、互惠共享的国际科学技术合作与交流，支撑构建人类命运共同体。

第八十条 中华人民共和国政府发展同外国政府、国际组织之间的科学技术合作与交流。

国家鼓励科学技术研究开发机构、高等学校、科学技术社会团体、企业和科学技术人员等各类创新主体开展国际科学技术合作与交流，积极参与科学研究活动，促进国际科学技术资源开放流动，形成高水平的科技开放合作格局，推动世界科学技术进步。

第八十一条 国家鼓励企业事业单位、社会组织通过多种途径建设国际科技创新合作平台，提供国际科技创新合作服务。

鼓励企业事业单位、社会组织和科学技术人员参与和发起国际科学技术组织，增进国际科学技术合作与交流。

第八十二条 国家采取多种方式支持国内外优秀科学技术人才合作研发，应对人类面临的共同挑战，探索科学前沿。

国家支持科学技术研究开发机构、高等学校、企业和科学技术人员积极参与和发起组织实施国际大科学计划和大科学工程。

国家完善国际科学技术研究合作中的知识产权保护与科技伦理、安全审查机制。

第八十三条 国家扩大科学技术计划对外开放合作，鼓励在华外资企业、外籍科学技术人员等承担和参与科学技术计划项目，完善境外科学技术人员参与国家科学技术计划项目的机制。

第八十四条 国家完善相关社会服务和保障措施，鼓励在国外工作的科学技术人员回国，吸引外籍科学技术人员到中国从事科学技术研究开发工作。

科学技术研究开发机构及其他科学技术组织可以根据发展需要，聘用境外科学技术人员。利用财政性资金设立的科学技术研究开发机构、高等学校聘用境外科学技术人员从事科学技术研究开发工作的，应当为其工作和生活提供方便。

外籍杰出科学技术人员到中国从事科学技术研究开发工作的，按照国家有关规定，可以优先获得在华永久居留权或者取得中国国籍。

第九章 保障措施

第八十五条 国家加大财政性资金投入，并制定产业、金融、税收、政府采购等政策，鼓励、引导社会资金投入，推动全社会科学技术研究开发经费持续稳定增长。

第八十六条 国家逐步提高科学技术经费投入的总体水平；国家财政用于科学技术经费的增长幅度，应当高于国家财政经常性收入的增长幅度。全社会科学技术研究开发经费应当占国内生产总值适当的比例，并逐步提高。

第八十七条 财政性科学技术资金应当主要用于下列事项的投入：

（一）科学技术基础条件与设施建设；

（二）基础研究和前沿交叉学科研究；

（三）对经济建设和社会发展具有战略性、基础性、前瞻性作用的前沿技术研究、社会公益性技术研究和重大共性关键技术研究；

（四）重大共性关键技术应用和高新技术产业化示范；

（五）关系生态环境和人民生命健康的科学技术研究开发和成果的应用、推广；

（六）农业新品种、新技术的研究开发和农业科技成果的应用、推广；

（七）科学技术人员的培养、吸引和使用；

（八）科学技术普及。

对利用财政性资金设立的科学技术研究开发机构，国家在经费、实验手段等方面给予支持。

第八十八条 设立国家科学技术计划，应当按照国家需求，聚焦国家重大战略任务，遵循科学研究、技术创新和成果转化规律。

国家建立科学技术计划协调机制和绩效评估制度，加强专业化管理。

第八十九条 国家设立基金，资助中小企业开展技术创新，推动科技成果转化与应用。

国家在必要时可以设立支持基础研究、社会公益性技术研究、国际联合研究等方面的其他非营利性基金，资助科学技术进步活动。

第九十条 从事下列活动的，按照国家有关规定享受税收优惠：

（一）技术开发、技术转让、技术许可、技术咨询、技术服务；

（二）进口国内不能生产或者性能不能满足需要的科学研究、技术开发或者科学技术普及的用品；

（三）为实施国家重大科学技术专项、国家科学技术计划重大项目，进口国内不能生产的关键设备、原材料或者零部件；

（四）科学技术普及场馆、基地等开展面向公众开放的科学技术普及活动；

（五）捐赠资助开展科学技术活动；

（六）法律、国家有关规定规定的其他科学研究、技术开发与科学技术应用活动。

第九十一条 对境内自然人、法人和非法人组织的科技创新产品、服务，在功能、质量等指标能够满足政府采购需求的条件下，政府采购应当购买；首次投放市场的，政府采购应当率先购买，不得以商业业绩为由予以限制。

政府采购的产品尚待研究开发的，通过订购方式实施。采购人应当优先采用竞争性方式确定科学技术研究开发机构、高等学校或者企业进行研究开发，产品研发合格后按约定采购。

第九十二条 国家鼓励金融机构开展知识产权质押融资业务，鼓励和引导金融机构在信贷、投资等方面支持科学技术应用和高新技术产业发展，鼓励保险机构根据高新技术产业发展的需要开发保险品种，促进新技术应用。

第九十三条 国家遵循统筹规划、优化配置的原则，整合和设置国家科学技术研究实验基地。

国家鼓励设置综合性科学技术实验服务单位，为科学技术研究开发机构、高等学校、企业和科学技术人员提供或者委托他人提供科学技术实验服务。

第九十四条 国家根据科学技术进步的需要，按照统筹规划、突出共享、优化配置、综合集成、政府主导、多方共建的原则，统筹购置大型科学仪器、设备，并开展对以财政性资金为主购置的大型科学仪器、设备的联合评议工作。

第九十五条 国家加强学术期刊建设，完善科研论文和科学技术信息交流机制，推动开放科学的发展，促进科学技术交流和传播。

第九十六条 国家鼓励国内外的组织或者个人捐赠财产、设立科学技术基金，资助科学技术研究开发和科学技术普及。

第九十七条 利用财政性资金设立的科学技术研究开发机构、高等学校和企业，在推进科技管理改革、开展科学技术研究开发、实施科技成果转化活动过程中，相关负责人锐意创新探索，出现决策失误、偏差，但尽到合理注意义务和监督管理职责，未牟取非法利益的，免除其决策责任。

第十章 监督管理

第九十八条 国家加强科技法治化建设和科研作风学风建设，建立和完善科研诚信制度和科技监督体系，健全科技伦理治理体制，营造良好科技创新环境。

第九十九条 国家完善科学技术决策的规则和程序，建立规范的咨询和决策机制，推进决策的科学化、民主化和法治化。

国家改革完善重大科学技术决策咨询制度。制定科学技术发展规划和重大政策，确定科学技术重大项目、与科学技术密切相关的重大项目，应当充分听取科学技术人员的意见，发挥智库作用，扩大公众参与，开展科学评估，实行科学决策。

第一百条 国家加强财政性科学技术资金绩效管理，提高资金配置效率和使用效益。财政性科学技术资金的管理和使用情况，应当接受审计机关、财政部门的监督检查。

科学技术行政等有关部门应当加强对利用财政性资金设立的科学技术计划实施情况的监督，强化科研项目资金协调、评估、监管。

任何组织和个人不得虚报、冒领、贪污、挪用、截留财政性科学技术资金。

第一百零一条 国家建立科学技术计划项目分类管理机制，强化对项目实效的考核评价。利用财政性资金设立的科学技术计划项目，应当坚持问题导向、目标导向、需求导向进行立项，按照国家有关规定择优确定项目承担者。

国家建立科技管理信息系统，建立评审专家库，健全科学技术计划项目的专家评审制度和评审专家的遴选、回避、保密、问责制度。

第一百零二条　国务院科学技术行政部门应当会同国务院有关主管部门，建立科学技术研究基地、科学仪器设备等资产和科学技术文献、科学技术数据、科学技术自然资源、科学技术普及资源等科学技术资源的信息系统和资源库，及时向社会公布科学技术资源的分布、使用情况。

科学技术资源的管理单位应当向社会公布所管理的科学技术资源的共享使用制度和使用情况，并根据使用制度安排使用；法律、行政法规规定应当保密的，依照其规定。

科学技术资源的管理单位不得侵犯科学技术资源使用者的知识产权，并应当按照国家有关规定确定收费标准。管理单位和使用者之间的其他权利义务关系由双方约定。

第一百零三条　国家建立科技伦理委员会，完善科技伦理制度规范，加强科技伦理教育和研究，健全审查、评估、监管体系。

科学技术研究开发机构、高等学校、企业事业单位等应当履行科技伦理管理主体责任，按照国家有关规定建立健全科技伦理审查机制，对科学技术活动开展科技伦理审查。

第一百零四条　国家加强科研诚信建设，建立科学技术项目诚信档案及科研诚信管理信息系统，坚持预防与惩治并举、自律与监督并重，完善对失信行为的预防、调查、处理机制。

县级以上地方人民政府和相关行业主管部门采取各种措施加强科研诚信建设，企业事业单位和社会组织应当履行科研诚信管理的主体责任。

任何组织和个人不得虚构、伪造科研成果，不得发布、传播虚假科研成果，不得从事学术论文及其实验研究数据、科学技术计划项目申报验收材料等的买卖、代写、代投服务。

第一百零五条　国家建立健全科学技术统计调查制度和国家创新调查制度，掌握国家科学技术活动基本情况，监测和评价国家创新能力。

国家建立健全科技报告制度，财政性资金资助的科学技术计划项目的承担者应当按照规定及时提交报告。

第一百零六条　国家实行科学技术保密制度，加强科学技术保密能力建设，保护涉及国家安全和利益的科学技术秘密。

国家依法实行重要的生物种质资源、遗传资源、数据资源等科学技术资源和关键核心技术出境管理制度。

第一百零七条 禁止危害国家安全、损害社会公共利益、危害人体健康、违背科研诚信和科技伦理的科学技术研究开发和应用活动。

从事科学技术活动，应当遵守科学技术活动管理规范。对严重违反科学技术活动管理规范的组织和个人，由科学技术行政等有关部门记入科研诚信严重失信行为数据库。

第十一章 法律责任

第一百零八条 违反本法规定，科学技术行政等有关部门及其工作人员，以及其他依法履行公职的人员滥用职权、玩忽职守、徇私舞弊的，对直接负责的主管人员和其他直接责任人员依法给予处分。

第一百零九条 违反本法规定，滥用职权阻挠、限制、压制科学技术研究开发活动，或者利用职权打压、排挤、刁难科学技术人员的，对直接负责的主管人员和其他直接责任人员依法给予处分。

第一百一十条 违反本法规定，虚报、冒领、贪污、挪用、截留用于科学技术进步的财政性资金或者社会捐赠资金的，由有关主管部门责令改正，追回有关财政性资金，责令退还捐赠资金，给予警告或者通报批评，并可以暂停拨款，终止或者撤销相关科学技术活动；情节严重的，依法处以罚款，禁止一定期限内承担或者参与财政性资金支持的科学技术活动；对直接负责的主管人员和其他直接责任人员依法给予行政处罚和处分。

第一百一十一条 违反本法规定，利用财政性资金和国有资本购置大型科学仪器、设备后，不履行大型科学仪器、设备等科学技术资源共享使用义务的，由有关主管部门责令改正，给予警告或者通报批评，对直接负责的主管人员和其他直接责任人员依法给予处分。

第一百一十二条 违反本法规定，进行危害国家安全、损害社会公共利益、危害人体健康、违背科研诚信和科技伦理的科学技术研究开发和应用活动的，由科学技术人员所在单位或者有关主管部门责令改正；获得用于科学技术进步的财政性资金或者有违法所得的，由有关主管部门终止或者撤销相关科学技术活动，追回财政性资金，没收违法所得；情节严重的，由有关主管部门向社会公布其违法行为，依法给予行政处罚和处分，禁止一定期限内承担或者参与财政性资金支持的科学技术活动、申请相关科学技术活动行政许可；对直接负责的主管人员和其他直接责任人员依法给予行政处罚和处分。

违反本法规定，虚构、伪造科研成果，发布、传播虚假科研成果，或者从事学术论文及其实验研究数据、科学技术计划项目申报验收材料等的买卖、代写、代投服务的，由有关主管部门给予警告或者通报批评，处以罚款；有违法所得的，没收违法所得；情节严重的，吊销许可证件。

第一百一十三条　违反本法规定，从事科学技术活动违反科学技术活动管理规范的，由有关主管部门责令限期改正，并可以追回有关财政性资金，给予警告或者通报批评，暂停拨款、终止或者撤销相关财政性资金支持的科学技术活动；情节严重的，禁止一定期限内承担或者参与财政性资金支持的科学技术活动，取消一定期限内财政性资金支持的科学技术活动管理资格；对直接负责的主管人员和其他直接责任人员依法给予处分。

第一百一十四条　违反本法规定，骗取国家科学技术奖励的，由主管部门依法撤销奖励，追回奖章、证书和奖金等，并依法给予处分。

违反本法规定，提名单位或者个人提供虚假数据、材料，协助他人骗取国家科学技术奖励的，由主管部门给予通报批评；情节严重的，暂停或者取消其提名资格，并依法给予处分。

第一百一十五条　违反本法规定的行为，本法未作行政处罚规定，其他有关法律、行政法规有规定的，依照其规定；造成财产损失或者其他损害的，依法承担民事责任；构成违反治安管理行为的，依法给予治安管理处罚；构成犯罪的，依法追究刑事责任。

第十二章　附　　则

第一百一十六条　涉及国防科学技术进步的其他有关事项，由国务院、中央军事委员会规定。

第一百一十七条　本法自 2022 年 1 月 1 日起施行。

中华人民共和国中小企业促进法

（2002 年 6 月 29 日第九届全国人民代表大会常务委员会第二十八次会议通过
2017 年 9 月 1 日第十二届全国人民代表大会常务委员会第二十九次会议修订
2017 年 9 月 1 日中华人民共和国主席令第 74 号公布　自 2018 年 1 月 1 日起施行）

目　　录

第一章　总　　则
第二章　财税支持
第三章　融资促进
第四章　创业扶持
第五章　创新支持
第六章　市场开拓
第七章　服务措施
第八章　权益保护
第九章　监督检查
第十章　附　　则

第一章　总　　则

第一条　为了改善中小企业经营环境，保障中小企业公平参与市场竞争，维护中小企业合法权益，支持中小企业创业创新，促进中小企业健康发展，扩大城乡就业，发挥中小企业在国民经济和社会发展中的重要作用，制定本法。

第二条　本法所称中小企业，是指在中华人民共和国境内依法设立的，人员规模、经营规模相对较小的企业，包括中型企业、小型企业和微型企业。

中型企业、小型企业和微型企业划分标准由国务院负责中小企业促进工作综合管理的部门会同国务院有关部门，根据企业从业人员、营业收入、资产总额等指标，结合行业特点制定，报国务院批准。

第三条 国家将促进中小企业发展作为长期发展战略，坚持各类企业权利平等、机会平等、规则平等，对中小企业特别是其中的小型微型企业实行积极扶持、加强引导、完善服务、依法规范、保障权益的方针，为中小企业创立和发展创造有利的环境。

第四条 中小企业应当依法经营，遵守国家劳动用工、安全生产、职业卫生、社会保障、资源环境、质量标准、知识产权、财政税收等方面的法律、法规，遵循诚信原则，规范内部管理，提高经营管理水平；不得损害劳动者合法权益，不得损害社会公共利益。

第五条 国务院制定促进中小企业发展政策，建立中小企业促进工作协调机制，统筹全国中小企业促进工作。

国务院负责中小企业促进工作综合管理的部门组织实施促进中小企业发展政策，对中小企业促进工作进行宏观指导、综合协调和监督检查。

国务院有关部门根据国家促进中小企业发展政策，在各自职责范围内负责中小企业促进工作。

县级以上地方各级人民政府根据实际情况建立中小企业促进工作协调机制，明确相应的负责中小企业促进工作综合管理的部门，负责本行政区域内的中小企业促进工作。

第六条 国家建立中小企业统计监测制度。统计部门应当加强对中小企业的统计调查和监测分析，定期发布有关信息。

第七条 国家推进中小企业信用制度建设，建立社会化的信用信息征集与评价体系，实现中小企业信用信息查询、交流和共享的社会化。

第二章 财税支持

第八条 中央财政应当在本级预算中设立中小企业科目，安排中小企业发展专项资金。

县级以上地方各级人民政府应当根据实际情况，在本级财政预算中安排中小企业发展专项资金。

第九条 中小企业发展专项资金通过资助、购买服务、奖励等方式，重点用于支持中小企业公共服务体系和融资服务体系建设。

中小企业发展专项资金向小型微型企业倾斜，资金管理使用坚持公开、透明的原则，实行预算绩效管理。

第十条 国家设立中小企业发展基金。国家中小企业发展基金应当遵循政策性导向和市场化运作原则，主要用于引导和带动社会资金支持初创期中小企业，促进创业创新。

县级以上地方各级人民政府可以设立中小企业发展基金。

中小企业发展基金的设立和使用管理办法由国务院规定。

第十一条 国家实行有利于小型微型企业发展的税收政策，对符合条件的小型微型企业按照规定实行缓征、减征、免征企业所得税、增值税等措施，简化税收征管程序，减轻小型微型企业税收负担。

第十二条 国家对小型微型企业行政事业性收费实行减免等优惠政策，减轻小型微型企业负担。

第三章 融资促进

第十三条 金融机构应当发挥服务实体经济的功能，高效、公平地服务中小企业。

第十四条 中国人民银行应当综合运用货币政策工具，鼓励和引导金融机构加大对小型微型企业的信贷支持，改善小型微型企业融资环境。

第十五条 国务院银行业监督管理机构对金融机构开展小型微型企业金融服务应当制定差异化监管政策，采取合理提高小型微型企业不良贷款容忍度等措施，引导金融机构增加小型微型企业融资规模和比重，提高金融服务水平。

第十六条 国家鼓励各类金融机构开发和提供适合中小企业特点的金融产品和服务。

国家政策性金融机构应当在其业务经营范围内，采取多种形式，为中小企业提供金融服务。

第十七条 国家推进和支持普惠金融体系建设，推动中小银行、非存款类放贷机构和互联网金融有序健康发展，引导银行业金融机构向县域和乡镇等小型微型企业金融服务薄弱地区延伸网点和业务。

国有大型商业银行应当设立普惠金融机构，为小型微型企业提供金融服务。国家推动其他银行业金融机构设立小型微型企业金融服务专营机构。

地区性中小银行应当积极为其所在地的小型微型企业提供金融服务，促进实体经济发展。

第十八条 国家健全多层次资本市场体系，多渠道推动股权融资，发展并规范债券市场，促进中小企业利用多种方式直接融资。

第十九条 国家完善担保融资制度，支持金融机构为中小企业提供以应收账款、知识产权、存货、机器设备等为担保品的担保融资。

第二十条 中小企业以应收账款申请担保融资时，其应收账款的付款方，应当及时确认债权债务关系，支持中小企业融资。

国家鼓励中小企业及付款方通过应收账款融资服务平台确认债权债务关系，提高融资效率，降低融资成本。

第二十一条 县级以上人民政府应当建立中小企业政策性信用担保体系，鼓励各类担保机构为中小企业融资提供信用担保。

第二十二条 国家推动保险机构开展中小企业贷款保证保险和信用保险业务，开发适应中小企业分散风险、补偿损失需求的保险产品。

第二十三条 国家支持征信机构发展针对中小企业融资的征信产品和服务，依法向政府有关部门、公用事业单位和商业机构采集信息。

国家鼓励第三方评级机构开展中小企业评级服务。

第四章 创业扶持

第二十四条 县级以上人民政府及其有关部门应当通过政府网站、宣传资料等形式，为创业人员免费提供工商、财税、金融、环境保护、安全生产、劳动用工、社会保障等方面的法律政策咨询和公共信息服务。

第二十五条 高等学校毕业生、退役军人和失业人员、残疾人员等创办小型微型企业，按照国家规定享受税收优惠和收费减免。

第二十六条 国家采取措施支持社会资金参与投资中小企业。创业投资企业和个人投资者投资初创期科技创新企业的，按照国家规定享受税收优惠。

第二十七条 国家改善企业创业环境，优化审批流程，实现中小企业行政许可便捷，降低中小企业设立成本。

第二十八条 国家鼓励建设和创办小型微型企业创业基地、孵化基地，为小型微型企业提供生产经营场地和服务。

第二十九条 地方各级人民政府应当根据中小企业发展的需要，在城乡规划中安排必要的用地和设施，为中小企业获得生产经营场所提供便利。

国家支持利用闲置的商业用房、工业厂房、企业库房和物流设施等，为创业者提供低成本生产经营场所。

第三十条 国家鼓励互联网平台向中小企业开放技术、开发、营销、推广等资源，加强资源共享与合作，为中小企业创业提供服务。

第三十一条 国家简化中小企业注销登记程序，实现中小企业市场退出便利化。

第五章 创新支持

第三十二条 国家鼓励中小企业按照市场需求，推进技术、产品、管理模式、商业模式等创新。

中小企业的固定资产由于技术进步等原因，确需加速折旧的，可以依法缩短折旧年限或者采取加速折旧方法。

国家完善中小企业研究开发费用加计扣除政策，支持中小企业技术创新。

第三十三条 国家支持中小企业在研发设计、生产制造、运营管理等环节应用互联网、云计算、大数据、人工智能等现代技术手段，创新生产方式，提高生产经营效率。

第三十四条 国家鼓励中小企业参与产业关键共性技术研究开发和利用财政资金设立的科研项目实施。

国家推动军民融合深度发展，支持中小企业参与国防科研和生产活动。

国家支持中小企业及中小企业的有关行业组织参与标准的制定。

第三十五条 国家鼓励中小企业研究开发拥有自主知识产权的技术和产品，规范内部知识产权管理，提升保护和运用知识产权的能力；鼓励中小企业投保知识产权保险；减轻中小企业申请和维持知识产权的费用等负担。

第三十六条　县级以上人民政府有关部门应当在规划、用地、财政等方面提供支持，推动建立和发展各类创新服务机构。

国家鼓励各类创新服务机构为中小企业提供技术信息、研发设计与应用、质量标准、实验试验、检验检测、技术转让、技术培训等服务，促进科技成果转化，推动企业技术、产品升级。

第三十七条　县级以上人民政府有关部门应当拓宽渠道，采取补贴、培训等措施，引导高等学校毕业生到中小企业就业，帮助中小企业引进创新人才。

国家鼓励科研机构、高等学校和大型企业等创造条件向中小企业开放试验设施，开展技术研发与合作，帮助中小企业开发新产品，培养专业人才。

国家鼓励科研机构、高等学校支持本单位的科技人员以兼职、挂职、参与项目合作等形式到中小企业从事产学研合作和科技成果转化活动，并按照国家有关规定取得相应报酬。

第六章　市场开拓

第三十八条　国家完善市场体系，实行统一的市场准入和市场监管制度，反对垄断和不正当竞争，营造中小企业公平参与竞争的市场环境。

第三十九条　国家支持大型企业与中小企业建立以市场配置资源为基础的、稳定的原材料供应、生产、销售、服务外包、技术开发和技术改造等方面的协作关系，带动和促进中小企业发展。

第四十条　国务院有关部门应当制定中小企业政府采购的相关优惠政策，通过制定采购需求标准、预留采购份额、价格评审优惠、优先采购等措施，提高中小企业在政府采购中的份额。

向中小企业预留的采购份额应当占本部门年度政府采购项目预算总额的百分之三十以上；其中，预留给小型微型企业的比例不低于百分之六十。中小企业无法提供的商品和服务除外。

政府采购不得在企业股权结构、经营年限、经营规模和财务指标等方面对中小企业实行差别待遇或者歧视待遇。

政府采购部门应当在政府采购监督管理部门指定的媒体上及时向社会公开发布采购信息，为中小企业获得政府采购合同提供指导和服务。

第四十一条 县级以上人民政府有关部门应当在法律咨询、知识产权保护、技术性贸易措施、产品认证等方面为中小企业产品和服务出口提供指导和帮助，推动对外经济技术合作与交流。

国家有关政策性金融机构应当通过开展进出口信贷、出口信用保险等业务，支持中小企业开拓境外市场。

第四十二条 县级以上人民政府有关部门应当为中小企业提供用汇、人员出入境等方面的便利，支持中小企业到境外投资，开拓国际市场。

第七章 服务措施

第四十三条 国家建立健全社会化的中小企业公共服务体系，为中小企业提供服务。

第四十四条 县级以上地方各级人民政府应当根据实际需要建立和完善中小企业公共服务机构，为中小企业提供公益性服务。

第四十五条 县级以上人民政府负责中小企业促进工作综合管理的部门应当建立跨部门的政策信息互联网发布平台，及时汇集涉及中小企业的法律法规、创业、创新、金融、市场、权益保护等各类政府服务信息，为中小企业提供便捷无偿服务。

第四十六条 国家鼓励各类服务机构为中小企业提供创业培训与辅导、知识产权保护、管理咨询、信息咨询、信用服务、市场营销、项目开发、投资融资、财会税务、产权交易、技术支持、人才引进、对外合作、展览展销、法律咨询等服务。

第四十七条 县级以上人民政府负责中小企业促进工作综合管理的部门应当安排资金，有计划地组织实施中小企业经营管理人员培训。

第四十八条 国家支持有关机构、高等学校开展针对中小企业经营管理及生产技术等方面的人员培训，提高企业营销、管理和技术水平。

国家支持高等学校、职业教育院校和各类职业技能培训机构与中小企业合作共建实习实践基地，支持职业教育院校教师和中小企业技术人才双向交流，创新中小企业人才培养模式。

第四十九条 中小企业的有关行业组织应当依法维护会员的合法权益，反映会员诉求，加强自律管理，为中小企业创业创新、开拓市场等提供服务。

第八章 权益保护

第五十条 国家保护中小企业及其出资人的财产权和其他合法权益。任何单位和个人不得侵犯中小企业财产及其合法收益。

第五十一条 县级以上人民政府负责中小企业促进工作综合管理的部门应当建立专门渠道，听取中小企业对政府相关管理工作的意见和建议，并及时向有关部门反馈，督促改进。

县级以上地方各级人民政府有关部门和有关行业组织应当公布联系方式，受理中小企业的投诉、举报，并在规定的时间内予以调查、处理。

第五十二条 地方各级人民政府应当依法实施行政许可，依法开展管理工作，不得实施没有法律、法规依据的检查，不得强制或者变相强制中小企业参加考核、评比、表彰、培训等活动。

第五十三条 国家机关、事业单位和大型企业不得违约拖欠中小企业的货物、工程、服务款项。

中小企业有权要求拖欠方支付拖欠款并要求对拖欠造成的损失进行赔偿。

第五十四条 任何单位不得违反法律、法规向中小企业收取费用，不得实施没有法律、法规依据的罚款，不得向中小企业摊派财物。中小企业对违反上述规定的行为有权拒绝和举报、控告。

第五十五条 国家建立和实施涉企行政事业性收费目录清单制度，收费目录清单及其实施情况向社会公开，接受社会监督。

任何单位不得对中小企业执行目录清单之外的行政事业性收费，不得对中小企业擅自提高收费标准、扩大收费范围；严禁以各种方式强制中小企业赞助捐赠、订购报刊、加入社团、接受指定服务；严禁行业组织依靠代行政府职能或者利用行政资源擅自设立收费项目、提高收费标准。

第五十六条 县级以上地方各级人民政府有关部门对中小企业实施监督检查应当依法进行，建立随机抽查机制。同一部门对中小企业实施的多项监督检查能够合并进行的，应当合并进行；不同部门对中小企业实施的多项监督检查能够合并完成的，由本级人民政府组织有关部门实施合并或者联合检查。

第九章 监督检查

第五十七条 县级以上人民政府定期组织对中小企业促进工作情况的监督检查；对违反本法的行为及时予以纠正，并对直接负责的主管人员和其他直接责任人员依法给予处分。

第五十八条 国务院负责中小企业促进工作综合管理的部门应当委托第三方机构定期开展中小企业发展环境评估，并向社会公布。

地方各级人民政府可以根据实际情况委托第三方机构开展中小企业发展环境评估。

第五十九条 县级以上人民政府应当定期组织开展对中小企业发展专项资金、中小企业发展基金使用效果的企业评价、社会评价和资金使用动态评估，并将评价和评估情况及时向社会公布，接受社会监督。

县级以上人民政府有关部门在各自职责范围内，对中小企业发展专项资金、中小企业发展基金的管理和使用情况进行监督，对截留、挤占、挪用、侵占、贪污中小企业发展专项资金、中小企业发展基金等行为依法进行查处，并对直接负责的主管人员和其他直接责任人员依法给予处分；构成犯罪的，依法追究刑事责任。

第六十条 县级以上地方各级人民政府有关部门在各自职责范围内，对强制或者变相强制中小企业参加考核、评比、表彰、培训等活动的行为，违法向中小企业收费、罚款、摊派财物的行为，以及其他侵犯中小企业合法权益的行为进行查处，并对直接负责的主管人员和其他直接责任人员依法给予处分。

第十章 附　　则

第六十一条 本法自2018年1月1日起施行。

中华人民共和国外商投资法

（2019 年 3 月 15 日第十三届全国人民代表大会第二次会议通过　2019 年 3 月 15 日中华人民共和国主席令第 26 号公布　自 2020 年 1 月 1 日起施行）

目　　录

第一章　总　　则
第二章　投资促进
第三章　投资保护
第四章　投资管理
第五章　法律责任
第六章　附　　则

第一章　总　　则

第一条　为了进一步扩大对外开放，积极促进外商投资，保护外商投资合法权益，规范外商投资管理，推动形成全面开放新格局，促进社会主义市场经济健康发展，根据宪法，制定本法。

第二条　在中华人民共和国境内（以下简称中国境内）的外商投资，适用本法。

本法所称外商投资，是指外国的自然人、企业或者其他组织（以下称外国投资者）直接或者间接在中国境内进行的投资活动，包括下列情形：

（一）外国投资者单独或者与其他投资者共同在中国境内设立外商投资企业；

（二）外国投资者取得中国境内企业的股份、股权、财产份额或者其他类似权益；

（三）外国投资者单独或者与其他投资者共同在中国境内投资新建项目；

（四）法律、行政法规或者国务院规定的其他方式的投资。

本法所称外商投资企业，是指全部或者部分由外国投资者投资，依照中国法律在中国境内经登记注册设立的企业。

第三条 国家坚持对外开放的基本国策，鼓励外国投资者依法在中国境内投资。

国家实行高水平投资自由化便利化政策，建立和完善外商投资促进机制，营造稳定、透明、可预期和公平竞争的市场环境。

第四条 国家对外商投资实行准入前国民待遇加负面清单管理制度。

前款所称准入前国民待遇，是指在投资准入阶段给予外国投资者及其投资不低于本国投资者及其投资的待遇；所称负面清单，是指国家规定在特定领域对外商投资实施的准入特别管理措施。国家对负面清单之外的外商投资，给予国民待遇。

负面清单由国务院发布或者批准发布。

中华人民共和国缔结或者参加的国际条约、协定对外国投资者准入待遇有更优惠规定的，可以按照相关规定执行。

第五条 国家依法保护外国投资者在中国境内的投资、收益和其他合法权益。

第六条 在中国境内进行投资活动的外国投资者、外商投资企业，应当遵守中国法律法规，不得危害中国国家安全、损害社会公共利益。

第七条 国务院商务主管部门、投资主管部门按照职责分工，开展外商投资促进、保护和管理工作；国务院其他有关部门在各自职责范围内，负责外商投资促进、保护和管理的相关工作。

县级以上地方人民政府有关部门依照法律法规和本级人民政府确定的职责分工，开展外商投资促进、保护和管理工作。

第八条 外商投资企业职工依法建立工会组织，开展工会活动，维护职工的合法权益。外商投资企业应当为本企业工会提供必要的活动条件。

第二章 投资促进

第九条 外商投资企业依法平等适用国家支持企业发展的各项政策。

第十条 制定与外商投资有关的法律、法规、规章，应当采取适当方式征求外商投资企业的意见和建议。

与外商投资有关的规范性文件、裁判文书等，应当依法及时公布。

第十一条 国家建立健全外商投资服务体系，为外国投资者和外商投资企业提供法律法规、政策措施、投资项目信息等方面的咨询和服务。

第十二条 国家与其他国家和地区、国际组织建立多边、双边投资促进合作机制，加强投资领域的国际交流与合作。

第十三条 国家根据需要，设立特殊经济区域，或者在部分地区实行外商投资试验性政策措施，促进外商投资，扩大对外开放。

第十四条 国家根据国民经济和社会发展需要，鼓励和引导外国投资者在特定行业、领域、地区投资。外国投资者、外商投资企业可以依照法律、行政法规或者国务院的规定享受优惠待遇。

第十五条 国家保障外商投资企业依法平等参与标准制定工作，强化标准制定的信息公开和社会监督。

国家制定的强制性标准平等适用于外商投资企业。

第十六条 国家保障外商投资企业依法通过公平竞争参与政府采购活动。政府采购依法对外商投资企业在中国境内生产的产品、提供的服务平等对待。

第十七条 外商投资企业可以依法通过公开发行股票、公司债券等证券和其他方式进行融资。

第十八条 县级以上地方人民政府可以根据法律、行政法规、地方性法规的规定，在法定权限内制定外商投资促进和便利化政策措施。

第十九条 各级人民政府及其有关部门应当按照便利、高效、透明的原则，简化办事程序，提高办事效率，优化政务服务，进一步提高外商投资服务水平。

有关主管部门应当编制和公布外商投资指引，为外国投资者和外商投资企业提供服务和便利。

第三章 投资保护

第二十条 国家对外国投资者的投资不实行征收。

在特殊情况下，国家为了公共利益的需要，可以依照法律规定对外国投资者的投资实行征收或者征用。征收、征用应当依照法定程序进行，并及时给予公平、合理的补偿。

第二十一条 外国投资者在中国境内的出资、利润、资本收益、资产处置所得、知识产权许可使用费、依法获得的补偿或者赔偿、清算所得等，可以依法以人民币或者外汇自由汇入、汇出。

第二十二条 国家保护外国投资者和外商投资企业的知识产权，保护知识产权权利人和相关权利人的合法权益；对知识产权侵权行为，严格依法追究法律责任。

国家鼓励在外商投资过程中基于自愿原则和商业规则开展技术合作。技术合作的条件由投资各方遵循公平原则平等协商确定。行政机关及其工作人员不得利用行政手段强制转让技术。

第二十三条 行政机关及其工作人员对于履行职责过程中知悉的外国投资者、外商投资企业的商业秘密，应当依法予以保密，不得泄露或者非法向他人提供。

第二十四条 各级人民政府及其有关部门制定涉及外商投资的规范性文件，应当符合法律法规的规定；没有法律、行政法规依据的，不得减损外商投资企业的合法权益或者增加其义务，不得设置市场准入和退出条件，不得干预外商投资企业的正常生产经营活动。

第二十五条 地方各级人民政府及其有关部门应当履行向外国投资者、外商投资企业依法作出的政策承诺以及依法订立的各类合同。

因国家利益、社会公共利益需要改变政策承诺、合同约定的，应当依照法定权限和程序进行，并依法对外国投资者、外商投资企业因此受到的损失予以补偿。

第二十六条 国家建立外商投资企业投诉工作机制，及时处理外商投资企业或者其投资者反映的问题，协调完善相关政策措施。

外商投资企业或者其投资者认为行政机关及其工作人员的行政行为侵犯其合法权益的，可以通过外商投资企业投诉工作机制申请协调解决。

外商投资企业或者其投资者认为行政机关及其工作人员的行政行为侵犯其合法权益的，除依照前款规定通过外商投资企业投诉工作机制申请协调解决外，还可以依法申请行政复议、提起行政诉讼。

第二十七条 外商投资企业可以依法成立和自愿参加商会、协会。商会、协会依照法律法规和章程的规定开展相关活动，维护会员的合法权益。

第四章 投资管理

第二十八条 外商投资准入负面清单规定禁止投资的领域，外国投资者不得投资。

外商投资准入负面清单规定限制投资的领域，外国投资者进行投资应当符合负面清单规定的条件。

外商投资准入负面清单以外的领域，按照内外资一致的原则实施管理。

第二十九条 外商投资需要办理投资项目核准、备案的，按照国家有关规定执行。

第三十条 外国投资者在依法需要取得许可的行业、领域进行投资的，应当依法办理相关许可手续。

有关主管部门应当按照与内资一致的条件和程序，审核外国投资者的许可申请，法律、行政法规另有规定的除外。

第三十一条 外商投资企业的组织形式、组织机构及其活动准则，适用《中华人民共和国公司法》、《中华人民共和国合伙企业法》等法律的规定。

第三十二条 外商投资企业开展生产经营活动，应当遵守法律、行政法规有关劳动保护、社会保险的规定，依照法律、行政法规和国家有关规定办理税收、会计、外汇等事宜，并接受相关主管部门依法实施的监督检查。

第三十三条 外国投资者并购中国境内企业或者以其他方式参与经营者集中的，应当依照《中华人民共和国反垄断法》的规定接受经营者集中审查。

第三十四条 国家建立外商投资信息报告制度。外国投资者或者外商投资企业应当通过企业登记系统以及企业信用信息公示系统向商务主管部门报送投资信息。

外商投资信息报告的内容和范围按照确有必要的原则确定；通过部门信息共享能够获得的投资信息，不得再行要求报送。

第三十五条 国家建立外商投资安全审查制度，对影响或者可能影响国家安全的外商投资进行安全审查。

依法作出的安全审查决定为最终决定。

第五章 法律责任

第三十六条 外国投资者投资外商投资准入负面清单规定禁止投资的领域的，由有关主管部门责令停止投资活动，限期处分股份、资产或者采取其他必要措施，恢复到实施投资前的状态；有违法所得的，没收违法所得。

外国投资者的投资活动违反外商投资准入负面清单规定的限制性准入特别管理措施的，由有关主管部门责令限期改正，采取必要措施满足准入特别管理措施的要求；逾期不改正的，依照前款规定处理。

外国投资者的投资活动违反外商投资准入负面清单规定的，除依照前两款规定处理外，还应当依法承担相应的法律责任。

第三十七条 外国投资者、外商投资企业违反本法规定，未按照外商投资信息报告制度的要求报送投资信息的，由商务主管部门责令限期改正；逾期不改正的，处十万元以上五十万元以下的罚款。

第三十八条 对外国投资者、外商投资企业违反法律、法规的行为，由有关部门依法查处，并按照国家有关规定纳入信用信息系统。

第三十九条 行政机关工作人员在外商投资促进、保护和管理工作中滥用职权、玩忽职守、徇私舞弊的，或者泄露、非法向他人提供履行职责过程中知悉的商业秘密的，依法给予处分；构成犯罪的，依法追究刑事责任。

第六章 附则

第四十条 任何国家或者地区在投资方面对中华人民共和国采取歧视性的禁止、限制或者其他类似措施的，中华人民共和国可以根据实际情况对该国家或者该地区采取相应的措施。

第四十一条 对外国投资者在中国境内投资银行业、证券业、保险业等金融行业，或者在证券市场、外汇市场等金融市场进行投资的管理，国家另有规定的，依照其规定。

第四十二条 本法自2020年1月1日起施行。《中华人民共和国中外合资经营企业法》、《中华人民共和国外资企业法》、《中华人民共和国中外合作经营企业法》同时废止。

本法施行前依照《中华人民共和国中外合资经营企业法》、《中华人民共和国外资企业法》、《中华人民共和国中外合作经营企业法》设立的外商投资企业，在本法施行后五年内可以继续保留原企业组织形式等。具体实施办法由国务院规定。

中华人民共和国著作权法

（1990年9月7日第七届全国人民代表大会常务委员会第十五次会议通过　根据2001年10月27日第九届全国人民代表大会常务委员会第二十四次会议《关于修改〈中华人民共和国著作权法〉的决定》第一次修正　根据2010年2月26日第十一届全国人民代表大会常务委员会第十三次会议《关于修改〈中华人民共和国著作权法〉的决定》第二次修正　根据2020年11月11日第十三届全国人民代表大会常务委员会第二十三次会议《关于修改〈中华人民共和国著作权法〉的决定》第三次修正）

目　　录

第一章　总　　则
第二章　著作权
　第一节　著作权人及其权利
　第二节　著作权归属
　第三节　权利的保护期
　第四节　权利的限制
第三章　著作权许可使用和转让合同
第四章　与著作权有关的权利
　第一节　图书、报刊的出版
　第二节　表　　演
　第三节　录音录像

第四节 广播电台、电视台播放
第五章 著作权和与著作权有关的权利的保护
第六章 附 则

第一章 总 则

第一条 为保护文学、艺术和科学作品作者的著作权，以及与著作权有关的权益，鼓励有益于社会主义精神文明、物质文明建设的作品的创作和传播，促进社会主义文化和科学事业的发展与繁荣，根据宪法制定本法。

第二条 中国公民、法人或者非法人组织的作品，不论是否发表，依照本法享有著作权。

外国人、无国籍人的作品根据其作者所属国或者经常居住地国同中国签订的协议或者共同参加的国际条约享有的著作权，受本法保护。

外国人、无国籍人的作品首先在中国境内出版的，依照本法享有著作权。

未与中国签订协议或者共同参加国际条约的国家的作者以及无国籍人的作品首次在中国参加的国际条约的成员国出版的，或者在成员国和非成员国同时出版的，受本法保护。

第三条 本法所称的作品，是指文学、艺术和科学领域内具有独创性并能以一定形式表现的智力成果，包括：

（一）文字作品；

（二）口述作品；

（三）音乐、戏剧、曲艺、舞蹈、杂技艺术作品；

（四）美术、建筑作品；

（五）摄影作品；

（六）视听作品；

（七）工程设计图、产品设计图、地图、示意图等图形作品和模型作品；

（八）计算机软件；

（九）符合作品特征的其他智力成果。

第四条 著作权人和与著作权有关的权利人行使权利，不得违反宪法和法律，不得损害公共利益。国家对作品的出版、传播依法进行监督管理。

第五条　本法不适用于：

（一）法律、法规，国家机关的决议、决定、命令和其他具有立法、行政、司法性质的文件，及其官方正式译文；

（二）单纯事实消息；

（三）历法、通用数表、通用表格和公式。

第六条　民间文学艺术作品的著作权保护办法由国务院另行规定。

第七条　国家著作权主管部门负责全国的著作权管理工作；县级以上地方主管著作权的部门负责本行政区域的著作权管理工作。

第八条　著作权人和与著作权有关的权利人可以授权著作权集体管理组织行使著作权或者与著作权有关的权利。依法设立的著作权集体管理组织是非营利法人，被授权后可以以自己的名义为著作权人和与著作权有关的权利人主张权利，并可以作为当事人进行涉及著作权或者与著作权有关的权利的诉讼、仲裁、调解活动。

著作权集体管理组织根据授权向使用者收取使用费。使用费的收取标准由著作权集体管理组织和使用者代表协商确定，协商不成的，可以向国家著作权主管部门申请裁决，对裁决不服的，可以向人民法院提起诉讼；当事人也可以直接向人民法院提起诉讼。

著作权集体管理组织应当将使用费的收取和转付、管理费的提取和使用、使用费的未分配部分等总体情况定期向社会公布，并应当建立权利信息查询系统，供权利人和使用者查询。国家著作权主管部门应当依法对著作权集体管理组织进行监督、管理。

著作权集体管理组织的设立方式、权利义务、使用费的收取和分配，以及对其监督和管理等由国务院另行规定。

第二章　著　作　权

第一节　著作权人及其权利

第九条　著作权人包括：

（一）作者；

（二）其他依照本法享有著作权的自然人、法人或者非法人组织。

第十条 著作权包括下列人身权和财产权：

（一）发表权，即决定作品是否公之于众的权利；

（二）署名权，即表明作者身份，在作品上署名的权利；

（三）修改权，即修改或者授权他人修改作品的权利；

（四）保护作品完整权，即保护作品不受歪曲、篡改的权利；

（五）复制权，即以印刷、复印、拓印、录音、录像、翻录、翻拍、数字化等方式将作品制作一份或者多份的权利；

（六）发行权，即以出售或者赠与方式向公众提供作品的原件或者复制件的权利；

（七）出租权，即有偿许可他人临时使用视听作品、计算机软件的原件或者复制件的权利，计算机软件不是出租的主要标的的除外；

（八）展览权，即公开陈列美术作品、摄影作品的原件或者复制件的权利；

（九）表演权，即公开表演作品，以及用各种手段公开播送作品的表演的权利；

（十）放映权，即通过放映机、幻灯机等技术设备公开再现美术、摄影、视听作品等的权利；

（十一）广播权，即以有线或者无线方式公开传播或者转播作品，以及通过扩音器或者其他传送符号、声音、图像的类似工具向公众传播广播的作品的权利，但不包括本款第十二项规定的权利；

（十二）信息网络传播权，即以有线或者无线方式向公众提供，使公众可以在其选定的时间和地点获得作品的权利；

（十三）摄制权，即以摄制视听作品的方法将作品固定在载体上的权利；

（十四）改编权，即改变作品，创作出具有独创性的新作品的权利；

（十五）翻译权，即将作品从一种语言文字转换成另一种语言文字的权利；

（十六）汇编权，即将作品或者作品的片段通过选择或者编排，汇集成新作品的权利；

（十七）应当由著作权人享有的其他权利。

著作权人可以许可他人行使前款第五项至第十七项规定的权利，并依照约定或者本法有关规定获得报酬。

著作权人可以全部或者部分转让本条第一款第五项至第十七项规定的权利，并依照约定或者本法有关规定获得报酬。

第二节 著作权归属

第十一条 著作权属于作者，本法另有规定的除外。

创作作品的自然人是作者。

由法人或者非法人组织主持，代表法人或者非法人组织意志创作，并由法人或者非法人组织承担责任的作品，法人或者非法人组织视为作者。

第十二条 在作品上署名的自然人、法人或者非法人组织为作者，且该作品上存在相应权利，但有相反证明的除外。

作者等著作权人可以向国家著作权主管部门认定的登记机构办理作品登记。

与著作权有关的权利参照适用前两款规定。

第十三条 改编、翻译、注释、整理已有作品而产生的作品，其著作权由改编、翻译、注释、整理人享有，但行使著作权时不得侵犯原作品的著作权。

第十四条 两人以上合作创作的作品，著作权由合作作者共同享有。没有参加创作的人，不能成为合作作者。

合作作品的著作权由合作作者通过协商一致行使；不能协商一致，又无正当理由的，任何一方不得阻止他方行使除转让、许可他人专有使用、出质以外的其他权利，但是所得收益应当合理分配给所有合作作者。

合作作品可以分割使用的，作者对各自创作的部分可以单独享有著作权，但行使著作权时不得侵犯合作作品整体的著作权。

第十五条 汇编若干作品、作品的片段或者不构成作品的数据或者其他材料，对其内容的选择或者编排体现独创性的作品，为汇编作品，其著作权由汇编人享有，但行使著作权时，不得侵犯原作品的著作权。

第十六条 使用改编、翻译、注释、整理、汇编已有作品而产生的作品进行出版、演出和制作录音录像制品，应当取得该作品的著作权人和原作品的著作权人许可，并支付报酬。

第十七条 视听作品中的电影作品、电视剧作品的著作权由制作者享有，但编剧、导演、摄影、作词、作曲等作者享有署名权，并有权按照与制作者签订的合同获得报酬。

前款规定以外的视听作品的著作权归属由当事人约定；没有约定或者约定不明确的，由制作者享有，但作者享有署名权和获得报酬的权利。

视听作品中的剧本、音乐等可以单独使用的作品的作者有权单独行使其著作权。

第十八条 自然人为完成法人或者非法人组织工作任务所创作的作品是职务作品，除本条第二款的规定以外，著作权由作者享有，但法人或者非法人组织有权在其业务范围内优先使用。作品完成两年内，未经单位同意，作者不得许可第三人以与单位使用的相同方式使用该作品。

有下列情形之一的职务作品，作者享有署名权，著作权的其他权利由法人或者非法人组织享有，法人或者非法人组织可以给予作者奖励：

（一）主要是利用法人或者非法人组织的物质技术条件创作，并由法人或者非法人组织承担责任的工程设计图、产品设计图、地图、示意图、计算机软件等职务作品；

（二）报社、期刊社、通讯社、广播电台、电视台的工作人员创作的职务作品；

（三）法律、行政法规规定或者合同约定著作权由法人或者非法人组织享有的职务作品。

第十九条 受委托创作的作品，著作权的归属由委托人和受托人通过合同约定。合同未作明确约定或者没有订立合同的，著作权属于受托人。

第二十条 作品原件所有权的转移，不改变作品著作权的归属，但美术、摄影作品原件的展览权由原件所有人享有。

作者将未发表的美术、摄影作品的原件所有权转让给他人，受让人展览该原件不构成对作者发表权的侵犯。

第二十一条 著作权属于自然人的，自然人死亡后，其本法第十条第一款第五项至第十七项规定的权利在本法规定的保护期内，依法转移。

著作权属于法人或者非法人组织的，法人或者非法人组织变更、终止后，其本法第十条第一款第五项至第十七项规定的权利在本法规定的保护期内，由承受其权利义务的法人或者非法人组织享有；没有承受其权利义务的法人或者非法人组织的，由国家享有。

第三节　权利的保护期

第二十二条　作者的署名权、修改权、保护作品完整权的保护期不受限制。

第二十三条　自然人的作品，其发表权、本法第十条第一款第五项至第十七项规定的权利的保护期为作者终生及其死亡后五十年，截止于作者死亡后第五十年的12月31日；如果是合作作品，截止于最后死亡的作者死亡后第五十年的12月31日。

法人或者非法人组织的作品、著作权（署名权除外）由法人或者非法人组织享有的职务作品，其发表权的保护期为五十年，截止于作品创作完成后第五十年的12月31日；本法第十条第一款第五项至第十七项规定的权利的保护期为五十年，截止于作品首次发表后第五十年的12月31日，但作品自创作完成后五十年内未发表的，本法不再保护。

视听作品，其发表权的保护期为五十年，截止于作品创作完成后第五十年的12月31日；本法第十条第一款第五项至第十七项规定的权利的保护期为五十年，截止于作品首次发表后第五十年的12月31日，但作品自创作完成后五十年内未发表的，本法不再保护。

第四节　权利的限制

第二十四条　在下列情况下使用作品，可以不经著作权人许可，不向其支付报酬，但应当指明作者姓名或者名称、作品名称，并且不得影响该作品的正常使用，也不得不合理地损害著作权人的合法权益：

（一）为个人学习、研究或者欣赏，使用他人已经发表的作品；

（二）为介绍、评论某一作品或者说明某一问题，在作品中适当引用他人已经发表的作品；

（三）为报道新闻，在报纸、期刊、广播电台、电视台等媒体中不可避免地再现或者引用已经发表的作品；

（四）报纸、期刊、广播电台、电视台等媒体刊登或者播放其他报纸、期刊、广播电台、电视台等媒体已经发表的关于政治、经济、宗教问题的时事性文章，但著作权人声明不许刊登、播放的除外；

（五）报纸、期刊、广播电台、电视台等媒体刊登或者播放在公众集会上发表的讲话，但作者声明不许刊登、播放的除外；

（六）为学校课堂教学或者科学研究，翻译、改编、汇编、播放或者少量复制已经发表的作品，供教学或者科研人员使用，但不得出版发行；

（七）国家机关为执行公务在合理范围内使用已经发表的作品；

（八）图书馆、档案馆、纪念馆、博物馆、美术馆、文化馆等为陈列或者保存版本的需要，复制本馆收藏的作品；

（九）免费表演已经发表的作品，该表演未向公众收取费用，也未向表演者支付报酬，且不以营利为目的；

（十）对设置或者陈列在公共场所的艺术作品进行临摹、绘画、摄影、录像；

（十一）将中国公民、法人或者非法人组织已经发表的以国家通用语言文字创作的作品翻译成少数民族语言文字作品在国内出版发行；

（十二）以阅读障碍者能够感知的无障碍方式向其提供已经发表的作品；

（十三）法律、行政法规规定的其他情形。

前款规定适用于对与著作权有关的权利的限制。

第二十五条 为实施义务教育和国家教育规划而编写出版教科书，可以不经著作权人许可，在教科书中汇编已经发表的作品片段或者短小的文字作品、音乐作品或者单幅的美术作品、摄影作品、图形作品，但应当按照规定向著作权人支付报酬，指明作者姓名或者名称、作品名称，并且不得侵犯著作权人依照本法享有的其他权利。

前款规定适用于对与著作权有关的权利的限制。

第三章 著作权许可使用和转让合同

第二十六条 使用他人作品应当同著作权人订立许可使用合同，本法规定可以不经许可的除外。

许可使用合同包括下列主要内容：

（一）许可使用的权利种类；

（二）许可使用的权利是专有使用权或者非专有使用权；

（三）许可使用的地域范围、期间；

（四）付酬标准和办法；

（五）违约责任；

（六）双方认为需要约定的其他内容。

第二十七条 转让本法第十条第一款第五项至第十七项规定的权利，应当订立书面合同。

权利转让合同包括下列主要内容：

（一）作品的名称；

（二）转让的权利种类、地域范围；

（三）转让价金；

（四）交付转让价金的日期和方式；

（五）违约责任；

（六）双方认为需要约定的其他内容。

第二十八条 以著作权中的财产权出质的，由出质人和质权人依法办理出质登记。

第二十九条 许可使用合同和转让合同中著作权人未明确许可、转让的权利，未经著作权人同意，另一方当事人不得行使。

第三十条 使用作品的付酬标准可以由当事人约定，也可以按照国家著作权主管部门会同有关部门制定的付酬标准支付报酬。当事人约定不明确的，按照国家著作权主管部门会同有关部门制定的付酬标准支付报酬。

第三十一条 出版者、表演者、录音录像制作者、广播电台、电视台等依照本法有关规定使用他人作品的，不得侵犯作者的署名权、修改权、保护作品完整权和获得报酬的权利。

第四章 与著作权有关的权利

第一节 图书、报刊的出版

第三十二条 图书出版者出版图书应当和著作权人订立出版合同，并支付报酬。

第三十三条 图书出版者对著作权人交付出版的作品，按照合同约定享有的专有出版权受法律保护，他人不得出版该作品。

第三十四条 著作权人应当按照合同约定期限交付作品。图书出版者应当按照合同约定的出版质量、期限出版图书。

图书出版者不按照合同约定期限出版，应当依照本法第六十一条的规定承担民事责任。

图书出版者重印、再版作品的，应当通知著作权人，并支付报酬。图书脱销后，图书出版者拒绝重印、再版的，著作权人有权终止合同。

第三十五条 著作权人向报社、期刊社投稿的，自稿件发出之日起十五日内未收到报社通知决定刊登的，或者自稿件发出之日起三十日内未收到期刊社通知决定刊登的，可以将同一作品向其他报社、期刊社投稿。双方另有约定的除外。

作品刊登后，除著作权人声明不得转载、摘编的外，其他报刊可以转载或者作为文摘、资料刊登，但应当按照规定向著作权人支付报酬。

第三十六条 图书出版者经作者许可，可以对作品修改、删节。

报社、期刊社可以对作品作文字性修改、删节。对内容的修改，应当经作者许可。

第三十七条 出版者有权许可或者禁止他人使用其出版的图书、期刊的版式设计。

前款规定的权利的保护期为十年，截止于使用该版式设计的图书、期刊首次出版后第十年的 12 月 31 日。

第二节 表 演

第三十八条 使用他人作品演出，表演者应当取得著作权人许可，并支付报酬。演出组织者组织演出，由该组织者取得著作权人许可，并支付报酬。

第三十九条 表演者对其表演享有下列权利：

（一）表明表演者身份；

（二）保护表演形象不受歪曲；

（三）许可他人从现场直播和公开传送其现场表演，并获得报酬；

（四）许可他人录音录像，并获得报酬；

（五）许可他人复制、发行、出租录有其表演的录音录像制品，并获得报酬；

（六）许可他人通过信息网络向公众传播其表演，并获得报酬。

被许可人以前款第三项至第六项规定的方式使用作品，还应当取得著作权人许可，并支付报酬。

第四十条　演员为完成本演出单位的演出任务进行的表演为职务表演，演员享有表明身份和保护表演形象不受歪曲的权利，其他权利归属由当事人约定。当事人没有约定或者约定不明确的，职务表演的权利由演出单位享有。

职务表演的权利由演员享有的，演出单位可以在其业务范围内免费使用该表演。

第四十一条　本法第三十九条第一款第一项、第二项规定的权利的保护期不受限制。

本法第三十九条第一款第三项至第六项规定的权利的保护期为五十年，截止于该表演发生后第五十年的12月31日。

第三节　录音录像

第四十二条　录音录像制作者使用他人作品制作录音录像制品，应当取得著作权人许可，并支付报酬。

录音制作者使用他人已经合法录制为录音制品的音乐作品制作录音制品，可以不经著作权人许可，但应当按照规定支付报酬；著作权人声明不许使用的不得使用。

第四十三条　录音录像制作者制作录音录像制品，应当同表演者订立合同，并支付报酬。

第四十四条　录音录像制作者对其制作的录音录像制品，享有许可他人复制、发行、出租、通过信息网络向公众传播并获得报酬的权利；权利的保护期为五十年，截止于该制品首次制作完成后第五十年的12月31日。

被许可人复制、发行、通过信息网络向公众传播录音录像制品，应当同时取得著作权人、表演者许可，并支付报酬；被许可人出租录音录像制品，还应当取得表演者许可，并支付报酬。

第四十五条 将录音制品用于有线或者无线公开传播，或者通过传送声音的技术设备向公众公开播送的，应当向录音制作者支付报酬。

第四节 广播电台、电视台播放

第四十六条 广播电台、电视台播放他人未发表的作品，应当取得著作权人许可，并支付报酬。

广播电台、电视台播放他人已发表的作品，可以不经著作权人许可，但应当按照规定支付报酬。

第四十七条 广播电台、电视台有权禁止未经其许可的下列行为：

（一）将其播放的广播、电视以有线或者无线方式转播；

（二）将其播放的广播、电视录制以及复制；

（三）将其播放的广播、电视通过信息网络向公众传播。

广播电台、电视台行使前款规定的权利，不得影响、限制或者侵害他人行使著作权或者与著作权有关的权利。

本条第一款规定的权利的保护期为五十年，截止于该广播、电视首次播放后第五十年的12月31日。

第四十八条 电视台播放他人的视听作品、录像制品，应当取得视听作品著作权人或者录像制作者许可，并支付报酬；播放他人的录像制品，还应当取得著作权人许可，并支付报酬。

第五章 著作权和与著作权有关的权利的保护

第四十九条 为保护著作权和与著作权有关的权利，权利人可以采取技术措施。

未经权利人许可，任何组织或者个人不得故意避开或者破坏技术措施，不得以避开或者破坏技术措施为目的制造、进口或者向公众提供有关装置或者部件，不得故意为他人避开或者破坏技术措施提供技术服务。但是，法律、行政法规规定可以避开的情形除外。

本法所称的技术措施，是指用于防止、限制未经权利人许可浏览、欣赏作品、表演、录音录像制品或者通过信息网络向公众提供作品、表演、录音录像制品的有效技术、装置或者部件。

第五十条 下列情形可以避开技术措施，但不得向他人提供避开技术措施的技术、装置或者部件，不得侵犯权利人依法享有的其他权利：

（一）为学校课堂教学或者科学研究，提供少量已经发表的作品，供教学或者科研人员使用，而该作品无法通过正常途径获取；

（二）不以营利为目的，以阅读障碍者能够感知的无障碍方式向其提供已经发表的作品，而该作品无法通过正常途径获取；

（三）国家机关依照行政、监察、司法程序执行公务；

（四）对计算机及其系统或者网络的安全性能进行测试；

（五）进行加密研究或者计算机软件反向工程研究。

前款规定适用于对与著作权有关的权利的限制。

第五十一条 未经权利人许可，不得进行下列行为：

（一）故意删除或者改变作品、版式设计、表演、录音录像制品或者广播、电视上的权利管理信息，但由于技术上的原因无法避免的除外；

（二）知道或者应当知道作品、版式设计、表演、录音录像制品或者广播、电视上的权利管理信息未经许可被删除或者改变，仍然向公众提供。

第五十二条 有下列侵权行为的，应当根据情况，承担停止侵害、消除影响、赔礼道歉、赔偿损失等民事责任：

（一）未经著作权人许可，发表其作品的；

（二）未经合作作者许可，将与他人合作创作的作品当作自己单独创作的作品发表的；

（三）没有参加创作，为谋取个人名利，在他人作品上署名的；

（四）歪曲、篡改他人作品的；

（五）剽窃他人作品的；

（六）未经著作权人许可，以展览、摄制视听作品的方法使用作品，或者以改编、翻译、注释等方式使用作品的，本法另有规定的除外；

（七）使用他人作品，应当支付报酬而未支付的；

（八）未经视听作品、计算机软件、录音录像制品的著作权人、表演者或者录音录像制作者许可，出租其作品或者录音录像制品的原件或者复制件的，本法另有规定的除外；

（九）未经出版者许可，使用其出版的图书、期刊的版式设计的；

（十）未经表演者许可，从现场直播或者公开传送其现场表演，或者录制其表演的；

（十一）其他侵犯著作权以及与著作权有关的权利的行为。

第五十三条 有下列侵权行为的，应当根据情况，承担本法第五十二条规定的民事责任；侵权行为同时损害公共利益的，由主管著作权的部门责令停止侵权行为，予以警告，没收违法所得，没收、无害化销毁处理侵权复制品以及主要用于制作侵权复制品的材料、工具、设备等，违法经营额五万元以上的，可以并处违法经营额一倍以上五倍以下的罚款；没有违法经营额、违法经营额难以计算或者不足五万元的，可以并处二十五万元以下的罚款；构成犯罪的，依法追究刑事责任：

（一）未经著作权人许可，复制、发行、表演、放映、广播、汇编、通过信息网络向公众传播其作品的，本法另有规定的除外；

（二）出版他人享有专有出版权的图书的；

（三）未经表演者许可，复制、发行录有其表演的录音录像制品，或者通过信息网络向公众传播其表演的，本法另有规定的除外；

（四）未经录音录像制作者许可，复制、发行、通过信息网络向公众传播其制作的录音录像制品的，本法另有规定的除外；

（五）未经许可，播放、复制或者通过信息网络向公众传播广播、电视的，本法另有规定的除外；

（六）未经著作权人或者与著作权有关的权利人许可，故意避开或者破坏技术措施的，故意制造、进口或者向他人提供主要用于避开、破坏技术措施的装置或者部件的，或者故意为他人避开或者破坏技术措施提供技术服务的，法律、行政法规另有规定的除外；

（七）未经著作权人或者与著作权有关的权利人许可，故意删除或者改变作品、版式设计、表演、录音录像制品或者广播、电视上的权利管理信息的，知道或者应当知道作品、版式设计、表演、录音录像制品或者广播、电视上的权利管理信息未经许可被删除或者改变，仍然向公众提供的，法律、行政法规另有规定的除外；

（八）制作、出售假冒他人署名的作品的。

第五十四条　侵犯著作权或者与著作权有关的权利的，侵权人应当按照权利人因此受到的实际损失或者侵权人的违法所得给予赔偿；权利人的实际损失或者侵权人的违法所得难以计算的，可以参照该权利使用费给予赔偿。对故意侵犯著作权或者与著作权有关的权利，情节严重的，可以在按照上述方法确定数额的一倍以上五倍以下给予赔偿。

权利人的实际损失、侵权人的违法所得、权利使用费难以计算的，由人民法院根据侵权行为的情节，判决给予五百元以上五百万元以下的赔偿。

赔偿数额还应当包括权利人为制止侵权行为所支付的合理开支。

人民法院为确定赔偿数额，在权利人已经尽了必要举证责任，而与侵权行为相关的账簿、资料等主要由侵权人掌握的，可以责令侵权人提供与侵权行为相关的账簿、资料等；侵权人不提供，或者提供虚假的账簿、资料等的，人民法院可以参考权利人的主张和提供的证据确定赔偿数额。

人民法院审理著作权纠纷案件，应权利人请求，对侵权复制品，除特殊情况外，责令销毁；对主要用于制造侵权复制品的材料、工具、设备等，责令销毁，且不予补偿；或者在特殊情况下，责令禁止前述材料、工具、设备等进入商业渠道，且不予补偿。

第五十五条　主管著作权的部门对涉嫌侵犯著作权和与著作权有关的权利的行为进行查处时，可以询问有关当事人，调查与涉嫌违法行为有关的情况；对当事人涉嫌违法行为的场所和物品实施现场检查；查阅、复制与涉嫌违法行为有关的合同、发票、账簿以及其他有关资料；对于涉嫌违法行为的场所和物品，可以查封或者扣押。

主管著作权的部门依法行使前款规定的职权时，当事人应当予以协助、配合，不得拒绝、阻挠。

第五十六条　著作权人或者与著作权有关的权利人有证据证明他人正在实施或者即将实施侵犯其权利、妨碍其实现权利的行为，如不及时制止将会使其合法权益受到难以弥补的损害的，可以在起诉前依法向人民法院申请采取财产保全、责令作出一定行为或者禁止作出一定行为等措施。

第五十七条　为制止侵权行为，在证据可能灭失或者以后难以取得的情况下，著作权人或者与著作权有关的权利人可以在起诉前依法向人民法院申请保全证据。

第五十八条 人民法院审理案件，对于侵犯著作权或者与著作权有关的权利的，可以没收违法所得、侵权复制品以及进行违法活动的财物。

第五十九条 复制品的出版者、制作者不能证明其出版、制作有合法授权的，复制品的发行者或者视听作品、计算机软件、录音录像制品的复制品的出租者不能证明其发行、出租的复制品有合法来源的，应当承担法律责任。

在诉讼程序中，被诉侵权人主张其不承担侵权责任的，应当提供证据证明已经取得权利人的许可，或者具有本法规定的不经权利人许可而可以使用的情形。

第六十条 著作权纠纷可以调解，也可以根据当事人达成的书面仲裁协议或者著作权合同中的仲裁条款，向仲裁机构申请仲裁。

当事人没有书面仲裁协议，也没有在著作权合同中订立仲裁条款的，可以直接向人民法院起诉。

第六十一条 当事人因不履行合同义务或者履行合同义务不符合约定而承担民事责任，以及当事人行使诉讼权利、申请保全等，适用有关法律的规定。

第六章　附　　则

第六十二条 本法所称的著作权即版权。

第六十三条 本法第二条所称的出版，指作品的复制、发行。

第六十四条 计算机软件、信息网络传播权的保护办法由国务院另行规定。

第六十五条 摄影作品，其发表权、本法第十条第一款第五项至第十七项规定的权利的保护期在 2021 年 6 月 1 日前已经届满，但依据本法第二十三条第一款的规定仍在保护期内的，不再保护。

第六十六条 本法规定的著作权人和出版者、表演者、录音录像制作者、广播电台、电视台的权利，在本法施行之日尚未超过本法规定的保护期的，依照本法予以保护。

本法施行前发生的侵权或者违约行为，依照侵权或者违约行为发生时的有关规定处理。

第六十七条 本法自 1991 年 6 月 1 日起施行。

图书在版编目（CIP）数据

领导干部应知应会党内法规和国家法律汇编：通用版．上／中央全面依法治国委员会办公室，中华人民共和国司法部编．—北京：中国法制出版社，2023.9（2025.12 重印）

ISBN 978-7-5216-3905-6

Ⅰ．①领… Ⅱ．①中… ②中… Ⅲ．①中国共产党-党的纪律-法规-干部教育-学习参考资料②法律-中国-干部教育-学习参考资料 Ⅳ．①D262.13②D920.4

中国国家版本馆 CIP 数据核字（2023）第 173501 号

责任编辑：李连宇　黄会丽　程思　　封面设计：蒋怡

领导干部应知应会党内法规和国家法律汇编：通用版．上

LINGDAO GANBU YINGZHI YINGHUI DANGNEI FAGUI HE GUOJIA FALÜ HUIBIAN：TONGYONGBAN. SHANG

编者/中央全面依法治国委员会办公室　中华人民共和国司法部

经销/新华书店

印刷/保定市中画美凯印刷有限公司

开本/787 毫米×1092 毫米　16 开　　印张/ 44　字数/ 554 千

版次/2023 年 9 月第 1 版　　2025 年 12 月第 13 次印刷

中国法制出版社出版

书号 ISBN 978-7-5216-3905-6　　（上下册）总定价：248.00 元

北京市西城区西便门西里甲 16 号西便门办公区

邮政编码：100053　　传真：010-63141600

网址：http：//www.zgfzs.com　　**编辑部电话：010-63141811**

市场营销部电话：010-63141612　　**总编室电话：010-63141606**

领导干部应知应会
党内法规和国家法律汇编

通用版 · 下

中央全面依法治国委员会办公室
中 华 人 民 共 和 国 司 法 部

中国法制出版社

下　　册

四、民法典

中华人民共和国民法典 …………………………………………………… 693
（2020 年 5 月 28 日）

五、刑法和公职人员政务处分法

中华人民共和国刑法 ………………………………………………………… 856
（2023 年 12 月 29 日）
全国人民代表大会常务委员会关于惩治骗购外汇、逃汇和
非法买卖外汇犯罪的决定 ……………………………………………… 956
（1998 年 12 月 29 日）
中华人民共和国公职人员政务处分法…………………………………… 958
（2020 年 6 月 20 日）
中华人民共和国反有组织犯罪法………………………………………… 972
（2021 年 12 月 24 日）

六、行政法律

中华人民共和国行政许可法 …………………………………… 986
（2019年4月23日）
中华人民共和国行政处罚法 …………………………………… 1002
（2021年1月22日）
中华人民共和国行政强制法 …………………………………… 1017
（2011年6月30日）
中华人民共和国行政复议法 …………………………………… 1032
（2023年9月1日）
中华人民共和国行政诉讼法 …………………………………… 1051
（2017年6月27日）
中华人民共和国国家赔偿法 …………………………………… 1069
（2012年10月26日）
中华人民共和国公务员法 ……………………………………… 1079
（2018年12月29日）

七、其他法律法规

中华人民共和国香港特别行政区基本法 ………………………… 1098
（1990年4月4日）
中华人民共和国澳门特别行政区基本法 ………………………… 1128
（1993年3月31日）
中华人民共和国香港特别行政区维护国家安全法 ……………… 1153
（2020年6月30日）
中华人民共和国对外关系法 …………………………………… 1167
（2023年6月28日）
中华人民共和国反外国制裁法 ………………………………… 1174
（2021年6月10日）

中华人民共和国出境入境管理法 …………………………………… 1176
（2012 年 6 月 30 日）
中华人民共和国对外贸易法 ………………………………………… 1194
（2022 年 12 月 30 日）
反分裂国家法 ……………………………………………………… 1205
（2005 年 3 月 14 日）
中华人民共和国国防法 …………………………………………… 1207
（2020 年 12 月 26 日）
中华人民共和国兵役法 …………………………………………… 1219
（2021 年 8 月 20 日）
中华人民共和国军人地位和权益保障法 ………………………… 1229
（2021 年 6 月 10 日）
中华人民共和国退役军人保障法 ………………………………… 1240
（2020 年 11 月 11 日）
中华人民共和国治安管理处罚法 ………………………………… 1253
（2025 年 6 月 27 日）
重大行政决策程序暂行条例 ……………………………………… 1282
（2019 年 4 月 20 日）
中华人民共和国政府信息公开条例 ……………………………… 1290
（2019 年 4 月 3 日）
优化营商环境条例 ………………………………………………… 1300
（2019 年 10 月 22 日）
中华人民共和国外商投资法实施条例 …………………………… 1313
（2019 年 12 月 26 日）
中华人民共和国监察法实施条例 ………………………………… 1322
（2025 年 6 月 1 日）

四、民法典

中华人民共和国民法典

（2020 年 5 月 28 日第十三届全国人民代表大会第三次会议通过　2020 年 5 月 28 日中华人民共和国主席令第 45 号公布　自 2021 年 1 月 1 日起施行）

目　　录

第一编　总　　则

第一章　基本规定

第二章　自然人

第一节　民事权利能力和民事行为能力

第二节　监　　护

第三节　宣告失踪和宣告死亡

第四节　个体工商户和农村承包经营户

第三章　法　　人

第一节　一般规定

第二节　营利法人

第三节　非营利法人

第四节　特别法人

第四章　非法人组织

第五章　民事权利

第六章　民事法律行为

第一节　一般规定

第二节　意思表示

第三节　民事法律行为的效力

第四节　民事法律行为的附条件和附期限

第七章　代　　理
第一节　一般规定
第二节　委托代理
第三节　代理终止
第八章　民事责任
第九章　诉讼时效
第十章　期间计算
第二编　物　　权
第一分编　通　　则
第一章　一般规定
第二章　物权的设立、变更、转让和消灭
第一节　不动产登记
第二节　动产交付
第三节　其他规定
第三章　物权的保护
第二分编　所有权
第四章　一般规定
第五章　国家所有权和集体所有权、私人所有权
第六章　业主的建筑物区分所有权
第七章　相邻关系
第八章　共　　有
第九章　所有权取得的特别规定
第三分编　用益物权
第十章　一般规定
第十一章　土地承包经营权
第十二章　建设用地使用权
第十三章　宅基地使用权
第十四章　居住权
第十五章　地役权
第四分编　担保物权
第十六章　一般规定

第十七章　抵押权
第一节　一般抵押权
第二节　最高额抵押权
第十八章　质　　权
第一节　动产质权
第二节　权利质权
第十九章　留置权
第五分编　占　　有
第二十章　占　　有
第三编　合　　同
第一分编　通　　则
第一章　一般规定
第二章　合同的订立
第三章　合同的效力
第四章　合同的履行
第五章　合同的保全
第六章　合同的变更和转让
第七章　合同的权利义务终止
第八章　违约责任
第二分编　典型合同
第九章　买卖合同
第十章　供用电、水、气、热力合同
第十一章　赠与合同
第十二章　借款合同
第十三章　保证合同
第一节　一般规定
第二节　保证责任
第十四章　租赁合同
第十五章　融资租赁合同
第十六章　保理合同
第十七章　承揽合同

第十八章　建设工程合同

第十九章　运输合同

第一节　一般规定

第二节　客运合同

第三节　货运合同

第四节　多式联运合同

第二十章　技术合同

第一节　一般规定

第二节　技术开发合同

第三节　技术转让合同和技术许可合同

第四节　技术咨询合同和技术服务合同

第二十一章　保管合同

第二十二章　仓储合同

第二十三章　委托合同

第二十四章　物业服务合同

第二十五章　行纪合同

第二十六章　中介合同

第二十七章　合伙合同

第三分编　准合同

第二十八章　无因管理

第二十九章　不当得利

第四编　人格权

第一章　一般规定

第二章　生命权、身体权和健康权

第三章　姓名权和名称权

第四章　肖像权

第五章　名誉权和荣誉权

第六章　隐私权和个人信息保护

第五编　婚姻家庭

第一章　一般规定

第二章　结　　婚

第三章　家庭关系
第一节　夫妻关系
第二节　父母子女关系和其他近亲属关系
第四章　离　　婚
第五章　收　　养
第一节　收养关系的成立
第二节　收养的效力
第三节　收养关系的解除
第六编　继　　承
第一章　一般规定
第二章　法定继承
第三章　遗嘱继承和遗赠
第四章　遗产的处理
第七编　侵权责任
第一章　一般规定
第二章　损害赔偿
第三章　责任主体的特殊规定
第四章　产品责任
第五章　机动车交通事故责任
第六章　医疗损害责任
第七章　环境污染和生态破坏责任
第八章　高度危险责任
第九章　饲养动物损害责任
第十章　建筑物和物件损害责任
附　　则

第一编　总　　则

第一章　基本规定

第一条　为了保护民事主体的合法权益，调整民事关系，维护社会和经济秩序，适应中国特色社会主义发展要求，弘扬社会主义核心价值观，根据宪法，制定本法。

第二条 民法调整平等主体的自然人、法人和非法人组织之间的人身关系和财产关系。

第三条 民事主体的人身权利、财产权利以及其他合法权益受法律保护，任何组织或者个人不得侵犯。

第四条 民事主体在民事活动中的法律地位一律平等。

第五条 民事主体从事民事活动，应当遵循自愿原则，按照自己的意思设立、变更、终止民事法律关系。

第六条 民事主体从事民事活动，应当遵循公平原则，合理确定各方的权利和义务。

第七条 民事主体从事民事活动，应当遵循诚信原则，秉持诚实，恪守承诺。

第八条 民事主体从事民事活动，不得违反法律，不得违背公序良俗。

第九条 民事主体从事民事活动，应当有利于节约资源、保护生态环境。

第十条 处理民事纠纷，应当依照法律；法律没有规定的，可以适用习惯，但是不得违背公序良俗。

第十一条 其他法律对民事关系有特别规定的，依照其规定。

第十二条 中华人民共和国领域内的民事活动，适用中华人民共和国法律。法律另有规定的，依照其规定。

第二章 自 然 人

第一节 民事权利能力和民事行为能力

第十三条 自然人从出生时起到死亡时止，具有民事权利能力，依法享有民事权利，承担民事义务。

第十四条 自然人的民事权利能力一律平等。

第十五条 自然人的出生时间和死亡时间，以出生证明、死亡证明记载的时间为准；没有出生证明、死亡证明的，以户籍登记或者其他有效身份登记记载的时间为准。有其他证据足以推翻以上记载时间的，以该证据证明的时间为准。

第十六条 涉及遗产继承、接受赠与等胎儿利益保护的，胎儿视为具有民事权利能力。但是，胎儿娩出时为死体的，其民事权利能力自始不存在。

第十七条 十八周岁以上的自然人为成年人。不满十八周岁的自然人为未成年人。

第十八条 成年人为完全民事行为能力人，可以独立实施民事法律行为。

十六周岁以上的未成年人，以自己的劳动收入为主要生活来源的，视为完全民事行为能力人。

第十九条 八周岁以上的未成年人为限制民事行为能力人，实施民事法律行为由其法定代理人代理或者经其法定代理人同意、追认；但是，可以独立实施纯获利益的民事法律行为或者与其年龄、智力相适应的民事法律行为。

第二十条 不满八周岁的未成年人为无民事行为能力人，由其法定代理人代理实施民事法律行为。

第二十一条 不能辨认自己行为的成年人为无民事行为能力人，由其法定代理人代理实施民事法律行为。

八周岁以上的未成年人不能辨认自己行为的，适用前款规定。

第二十二条 不能完全辨认自己行为的成年人为限制民事行为能力人，实施民事法律行为由其法定代理人代理或者经其法定代理人同意、追认；但是，可以独立实施纯获利益的民事法律行为或者与其智力、精神健康状况相适应的民事法律行为。

第二十三条 无民事行为能力人、限制民事行为能力人的监护人是其法定代理人。

第二十四条 不能辨认或者不能完全辨认自己行为的成年人，其利害关系人或者有关组织，可以向人民法院申请认定该成年人为无民事行为能力人或者限制民事行为能力人。

被人民法院认定为无民事行为能力人或者限制民事行为能力人的，经本人、利害关系人或者有关组织申请，人民法院可以根据其智力、精神健康恢复的状况，认定该成年人恢复为限制民事行为能力人或者完全民事行为能力人。

本条规定的有关组织包括：居民委员会、村民委员会、学校、医疗机构、妇女联合会、残疾人联合会、依法设立的老年人组织、民政部门等。

第二十五条 自然人以户籍登记或者其他有效身份登记记载的居所为住所；经常居所与住所不一致的，经常居所视为住所。

第二节 监 护

第二十六条 父母对未成年子女负有抚养、教育和保护的义务。

成年子女对父母负有赡养、扶助和保护的义务。

第二十七条 父母是未成年子女的监护人。

未成年人的父母已经死亡或者没有监护能力的，由下列有监护能力的人按顺序担任监护人：

（一）祖父母、外祖父母；

（二）兄、姐；

（三）其他愿意担任监护人的个人或者组织，但是须经未成年人住所地的居民委员会、村民委员会或者民政部门同意。

第二十八条 无民事行为能力或者限制民事行为能力的成年人，由下列有监护能力的人按顺序担任监护人：

（一）配偶；

（二）父母、子女；

（三）其他近亲属；

（四）其他愿意担任监护人的个人或者组织，但是须经被监护人住所地的居民委员会、村民委员会或者民政部门同意。

第二十九条 被监护人的父母担任监护人的，可以通过遗嘱指定监护人。

第三十条 依法具有监护资格的人之间可以协议确定监护人。协议确定监护人应当尊重被监护人的真实意愿。

第三十一条 对监护人的确定有争议的，由被监护人住所地的居民委员会、村民委员会或者民政部门指定监护人，有关当事人对指定不服的，可以向人民法院申请指定监护人；有关当事人也可以直接向人民法院申请指定监护人。

居民委员会、村民委员会、民政部门或者人民法院应当尊重被监护人的真实意愿，按照最有利于被监护人的原则在依法具有监护资格的人中指定监护人。

依据本条第一款规定指定监护人前，被监护人的人身权利、财产权利以及其他合法权益处于无人保护状态的，由被监护人住所地的居民委员会、村民委员会、法律规定的有关组织或者民政部门担任临时监护人。

监护人被指定后，不得擅自变更；擅自变更的，不免除被指定的监护人的责任。

第三十二条 没有依法具有监护资格的人的，监护人由民政部门担任，也可以由具备履行监护职责条件的被监护人住所地的居民委员会、村民委员会担任。

第三十三条 具有完全民事行为能力的成年人，可以与其近亲属、其他愿意担任监护人的个人或者组织事先协商，以书面形式确定自己的监护人，在自己丧失或者部分丧失民事行为能力时，由该监护人履行监护职责。

第三十四条 监护人的职责是代理被监护人实施民事法律行为，保护被监护人的人身权利、财产权利以及其他合法权益等。

监护人依法履行监护职责产生的权利，受法律保护。

监护人不履行监护职责或者侵害被监护人合法权益的，应当承担法律责任。

因发生突发事件等紧急情况，监护人暂时无法履行监护职责，被监护人的生活处于无人照料状态的，被监护人住所地的居民委员会、村民委员会或者民政部门应当为被监护人安排必要的临时生活照料措施。

第三十五条 监护人应当按照最有利于被监护人的原则履行监护职责。监护人除为维护被监护人利益外，不得处分被监护人的财产。

未成年人的监护人履行监护职责，在作出与被监护人利益有关的决定时，应当根据被监护人的年龄和智力状况，尊重被监护人的真实意愿。

成年人的监护人履行监护职责，应当最大程度地尊重被监护人的真实意愿，保障并协助被监护人实施与其智力、精神健康状况相适应的民事法律行为。对被监护人有能力独立处理的事务，监护人不得干涉。

第三十六条 监护人有下列情形之一的，人民法院根据有关个人或者组织的申请，撤销其监护人资格，安排必要的临时监护措施，并按照最有利于被监护人的原则依法指定监护人：

（一）实施严重损害被监护人身心健康的行为；

（二）怠于履行监护职责，或者无法履行监护职责且拒绝将监护职责部分或者全部委托给他人，导致被监护人处于危困状态；

（三）实施严重侵害被监护人合法权益的其他行为。

本条规定的有关个人、组织包括：其他依法具有监护资格的人，居民委员会、村民委员会、学校、医疗机构、妇女联合会、残疾人联合会、未成年人保护组织、依法设立的老年人组织、民政部门等。

前款规定的个人和民政部门以外的组织未及时向人民法院申请撤销监护人资格的，民政部门应当向人民法院申请。

第三十七条 依法负担被监护人抚养费、赡养费、扶养费的父母、子女、配偶等，被人民法院撤销监护人资格后，应当继续履行负担的义务。

第三十八条 被监护人的父母或者子女被人民法院撤销监护人资格后，除对被监护人实施故意犯罪的外，确有悔改表现的，经其申请，人民法院可以在尊重被监护人真实意愿的前提下，视情况恢复其监护人资格，人民法院指定的监护人与被监护人的监护关系同时终止。

第三十九条 有下列情形之一的，监护关系终止：

（一）被监护人取得或者恢复完全民事行为能力；

（二）监护人丧失监护能力；

（三）被监护人或者监护人死亡；

（四）人民法院认定监护关系终止的其他情形。

监护关系终止后，被监护人仍然需要监护的，应当依法另行确定监护人。

第三节 宣告失踪和宣告死亡

第四十条 自然人下落不明满二年的，利害关系人可以向人民法院申请宣告该自然人为失踪人。

第四十一条 自然人下落不明的时间自其失去音讯之日起计算。战争期间下落不明的，下落不明的时间自战争结束之日或者有关机关确定的下落不明之日起计算。

第四十二条 失踪人的财产由其配偶、成年子女、父母或者其他愿意担任财产代管人的人代管。

代管有争议，没有前款规定的人，或者前款规定的人无代管能力的，由人民法院指定的人代管。

第四十三条 财产代管人应当妥善管理失踪人的财产，维护其财产权益。

失踪人所欠税款、债务和应付的其他费用，由财产代管人从失踪人的财产中支付。

财产代管人因故意或者重大过失造成失踪人财产损失的，应当承担赔偿责任。

第四十四条 财产代管人不履行代管职责、侵害失踪人财产权益或者丧失代管能力的，失踪人的利害关系人可以向人民法院申请变更财产代管人。

财产代管人有正当理由的，可以向人民法院申请变更财产代管人。

人民法院变更财产代管人的，变更后的财产代管人有权请求原财产代管人及时移交有关财产并报告财产代管情况。

第四十五条 失踪人重新出现，经本人或者利害关系人申请，人民法院应当撤销失踪宣告。

失踪人重新出现，有权请求财产代管人及时移交有关财产并报告财产代管情况。

第四十六条 自然人有下列情形之一的，利害关系人可以向人民法院申请宣告该自然人死亡：

（一）下落不明满四年；

（二）因意外事件，下落不明满二年。

因意外事件下落不明，经有关机关证明该自然人不可能生存的，申请宣告死亡不受二年时间的限制。

第四十七条 对同一自然人，有的利害关系人申请宣告死亡，有的利害关系人申请宣告失踪，符合本法规定的宣告死亡条件的，人民法院应当宣告死亡。

第四十八条 被宣告死亡的人，人民法院宣告死亡的判决作出之日视为其死亡的日期；因意外事件下落不明宣告死亡的，意外事件发生之日视为其死亡的日期。

第四十九条 自然人被宣告死亡但是并未死亡的，不影响该自然人在被宣告死亡期间实施的民事法律行为的效力。

第五十条 被宣告死亡的人重新出现，经本人或者利害关系人申请，人民法院应当撤销死亡宣告。

第五十一条 被宣告死亡的人的婚姻关系，自死亡宣告之日起消除。死亡宣告被撤销的，婚姻关系自撤销死亡宣告之日起自行恢复。但是，其配偶再婚或者向婚姻登记机关书面声明不愿意恢复的除外。

第五十二条 被宣告死亡的人在被宣告死亡期间，其子女被他人依法收养的，在死亡宣告被撤销后，不得以未经本人同意为由主张收养行为无效。

第五十三条 被撤销死亡宣告的人有权请求依照本法第六编取得其财产的民事主体返还财产；无法返还的，应当给予适当补偿。

利害关系人隐瞒真实情况，致使他人被宣告死亡而取得其财产的，除应当返还财产外，还应当对由此造成的损失承担赔偿责任。

第四节 个体工商户和农村承包经营户

第五十四条 自然人从事工商业经营，经依法登记，为个体工商户。个体工商户可以起字号。

第五十五条 农村集体经济组织的成员，依法取得农村土地承包经营权，从事家庭承包经营的，为农村承包经营户。

第五十六条 个体工商户的债务，个人经营的，以个人财产承担；家庭经营的，以家庭财产承担；无法区分的，以家庭财产承担。

农村承包经营户的债务，以从事农村土地承包经营的农户财产承担；事实上由农户部分成员经营的，以该部分成员的财产承担。

第三章　法　　人

第一节　一般规定

第五十七条　法人是具有民事权利能力和民事行为能力，依法独立享有民事权利和承担民事义务的组织。

第五十八条　法人应当依法成立。

法人应当有自己的名称、组织机构、住所、财产或者经费。法人成立的具体条件和程序，依照法律、行政法规的规定。

设立法人，法律、行政法规规定须经有关机关批准的，依照其规定。

第五十九条　法人的民事权利能力和民事行为能力，从法人成立时产生，到法人终止时消灭。

第六十条　法人以其全部财产独立承担民事责任。

第六十一条　依照法律或者法人章程的规定，代表法人从事民事活动的负责人，为法人的法定代表人。

法定代表人以法人名义从事的民事活动，其法律后果由法人承受。

法人章程或者法人权力机构对法定代表人代表权的限制，不得对抗善意相对人。

第六十二条　法定代表人因执行职务造成他人损害的，由法人承担民事责任。

法人承担民事责任后，依照法律或者法人章程的规定，可以向有过错的法定代表人追偿。

第六十三条　法人以其主要办事机构所在地为住所。依法需要办理法人登记的，应当将主要办事机构所在地登记为住所。

第六十四条　法人存续期间登记事项发生变化的，应当依法向登记机关申请变更登记。

第六十五条　法人的实际情况与登记的事项不一致的，不得对抗善意相对人。

第六十六条　登记机关应当依法及时公示法人登记的有关信息。

第六十七条 法人合并的，其权利和义务由合并后的法人享有和承担。

法人分立的，其权利和义务由分立后的法人享有连带债权，承担连带债务，但是债权人和债务人另有约定的除外。

第六十八条 有下列原因之一并依法完成清算、注销登记的，法人终止：

（一）法人解散；

（二）法人被宣告破产；

（三）法律规定的其他原因。

法人终止，法律、行政法规规定须经有关机关批准的，依照其规定。

第六十九条 有下列情形之一的，法人解散：

（一）法人章程规定的存续期间届满或者法人章程规定的其他解散事由出现；

（二）法人的权力机构决议解散；

（三）因法人合并或者分立需要解散；

（四）法人依法被吊销营业执照、登记证书，被责令关闭或者被撤销；

（五）法律规定的其他情形。

第七十条 法人解散的，除合并或者分立的情形外，清算义务人应当及时组成清算组进行清算。

法人的董事、理事等执行机构或者决策机构的成员为清算义务人。法律、行政法规另有规定的，依照其规定。

清算义务人未及时履行清算义务，造成损害的，应当承担民事责任；主管机关或者利害关系人可以申请人民法院指定有关人员组成清算组进行清算。

第七十一条 法人的清算程序和清算组职权，依照有关法律的规定；没有规定的，参照适用公司法律的有关规定。

第七十二条 清算期间法人存续，但是不得从事与清算无关的活动。

法人清算后的剩余财产，按照法人章程的规定或者法人权力机构的决议处理。法律另有规定的，依照其规定。

清算结束并完成法人注销登记时，法人终止；依法不需要办理法人登记的，清算结束时，法人终止。

第七十三条 法人被宣告破产的，依法进行破产清算并完成法人注销登记时，法人终止。

第七十四条 法人可以依法设立分支机构。法律、行政法规规定分支机构应当登记的，依照其规定。

分支机构以自己的名义从事民事活动，产生的民事责任由法人承担；也可以先以该分支机构管理的财产承担，不足以承担的，由法人承担。

第七十五条 设立人为设立法人从事的民事活动，其法律后果由法人承受；法人未成立的，其法律后果由设立人承受，设立人为二人以上的，享有连带债权，承担连带债务。

设立人为设立法人以自己的名义从事民事活动产生的民事责任，第三人有权选择请求法人或者设立人承担。

第二节 营利法人

第七十六条 以取得利润并分配给股东等出资人为目的成立的法人，为营利法人。

营利法人包括有限责任公司、股份有限公司和其他企业法人等。

第七十七条 营利法人经依法登记成立。

第七十八条 依法设立的营利法人，由登记机关发给营利法人营业执照。营业执照签发日期为营利法人的成立日期。

第七十九条 设立营利法人应当依法制定法人章程。

第八十条 营利法人应当设权力机构。

权力机构行使修改法人章程，选举或者更换执行机构、监督机构成员，以及法人章程规定的其他职权。

第八十一条 营利法人应当设执行机构。

执行机构行使召集权力机构会议，决定法人的经营计划和投资方案，决定法人内部管理机构的设置，以及法人章程规定的其他职权。

执行机构为董事会或者执行董事的，董事长、执行董事或者经理按照法人章程的规定担任法定代表人；未设董事会或者执行董事的，法人章程规定的主要负责人为其执行机构和法定代表人。

第八十二条 营利法人设监事会或者监事等监督机构的，监督机构依法行使检查法人财务，监督执行机构成员、高级管理人员执行法人职务的行为，以及法人章程规定的其他职权。

第八十三条 营利法人的出资人不得滥用出资人权利损害法人或者其他出资人的利益；滥用出资人权利造成法人或者其他出资人损失的，应当依法承担民事责任。

营利法人的出资人不得滥用法人独立地位和出资人有限责任损害法人债权人的利益；滥用法人独立地位和出资人有限责任，逃避债务，严重损害法人债权人的利益的，应当对法人债务承担连带责任。

第八十四条 营利法人的控股出资人、实际控制人、董事、监事、高级管理人员不得利用其关联关系损害法人的利益；利用关联关系造成法人损失的，应当承担赔偿责任。

第八十五条 营利法人的权力机构、执行机构作出决议的会议召集程序、表决方式违反法律、行政法规、法人章程，或者决议内容违反法人章程的，营利法人的出资人可以请求人民法院撤销该决议。但是，营利法人依据该决议与善意相对人形成的民事法律关系不受影响。

第八十六条 营利法人从事经营活动，应当遵守商业道德，维护交易安全，接受政府和社会的监督，承担社会责任。

第三节 非营利法人

第八十七条 为公益目的或者其他非营利目的成立，不向出资人、设立人或者会员分配所取得利润的法人，为非营利法人。

非营利法人包括事业单位、社会团体、基金会、社会服务机构等。

第八十八条 具备法人条件，为适应经济社会发展需要，提供公益服务设立的事业单位，经依法登记成立，取得事业单位法人资格；依法不需要办理法人登记的，从成立之日起，具有事业单位法人资格。

第八十九条 事业单位法人设理事会的，除法律另有规定外，理事会为其决策机构。事业单位法人的法定代表人依照法律、行政法规或者法人章程的规定产生。

第九十条 具备法人条件，基于会员共同意愿，为公益目的或者会员共同利益等非营利目的设立的社会团体，经依法登记成立，取得社会团体法人资格；依法不需要办理法人登记的，从成立之日起，具有社会团体法人资格。

第九十一条 设立社会团体法人应当依法制定法人章程。

社会团体法人应当设会员大会或者会员代表大会等权力机构。

社会团体法人应当设理事会等执行机构。理事长或者会长等负责人按照法人章程的规定担任法定代表人。

第九十二条 具备法人条件，为公益目的以捐助财产设立的基金会、社会服务机构等，经依法登记成立，取得捐助法人资格。

依法设立的宗教活动场所，具备法人条件的，可以申请法人登记，取得捐助法人资格。法律、行政法规对宗教活动场所有规定的，依照其规定。

第九十三条 设立捐助法人应当依法制定法人章程。

捐助法人应当设理事会、民主管理组织等决策机构，并设执行机构。理事长等负责人按照法人章程的规定担任法定代表人。

捐助法人应当设监事会等监督机构。

第九十四条 捐助人有权向捐助法人查询捐助财产的使用、管理情况，并提出意见和建议，捐助法人应当及时、如实答复。

捐助法人的决策机构、执行机构或者法定代表人作出决定的程序违反法律、行政法规、法人章程，或者决定内容违反法人章程的，捐助人等利害关系人或者主管机关可以请求人民法院撤销该决定。但是，捐助法人依据该决定与善意相对人形成的民事法律关系不受影响。

第九十五条 为公益目的成立的非营利法人终止时，不得向出资人、设立人或者会员分配剩余财产。剩余财产应当按照法人章程的规定或者权力机构的决议用于公益目的；无法按照法人章程的规定或者权力机构的决议处理的，由主管机关主持转给宗旨相同或者相近的法人，并向社会公告。

第四节 特别法人

第九十六条 本节规定的机关法人、农村集体经济组织法人、城镇农村的合作经济组织法人、基层群众性自治组织法人，为特别法人。

第九十七条 有独立经费的机关和承担行政职能的法定机构从成立之日起，具有机关法人资格，可以从事为履行职能所需要的民事活动。

第九十八条 机关法人被撤销的，法人终止，其民事权利和义务由继任的机关法人享有和承担；没有继任的机关法人的，由作出撤销决定的机关法人享有和承担。

第九十九条 农村集体经济组织依法取得法人资格。

法律、行政法规对农村集体经济组织有规定的，依照其规定。

第一百条 城镇农村的合作经济组织依法取得法人资格。

法律、行政法规对城镇农村的合作经济组织有规定的，依照其规定。

第一百零一条 居民委员会、村民委员会具有基层群众性自治组织法人资格，可以从事为履行职能所需要的民事活动。

未设立村集体经济组织的，村民委员会可以依法代行村集体经济组织的职能。

第四章　非法人组织

第一百零二条 非法人组织是不具有法人资格，但是能够依法以自己的名义从事民事活动的组织。

非法人组织包括个人独资企业、合伙企业、不具有法人资格的专业服务机构等。

第一百零三条 非法人组织应当依照法律的规定登记。

设立非法人组织，法律、行政法规规定须经有关机关批准的，依照其规定。

第一百零四条 非法人组织的财产不足以清偿债务的，其出资人或者设立人承担无限责任。法律另有规定的，依照其规定。

第一百零五条 非法人组织可以确定一人或者数人代表该组织从事民事活动。

第一百零六条 有下列情形之一的，非法人组织解散：

（一）章程规定的存续期间届满或者章程规定的其他解散事由出现；

（二）出资人或者设立人决定解散；

（三）法律规定的其他情形。

第一百零七条 非法人组织解散的，应当依法进行清算。

第一百零八条 非法人组织除适用本章规定外，参照适用本编第三章第一节的有关规定。

第五章 民事权利

第一百零九条 自然人的人身自由、人格尊严受法律保护。

第一百一十条 自然人享有生命权、身体权、健康权、姓名权、肖像权、名誉权、荣誉权、隐私权、婚姻自主权等权利。

法人、非法人组织享有名称权、名誉权和荣誉权。

第一百一十一条 自然人的个人信息受法律保护。任何组织或者个人需要获取他人个人信息的，应当依法取得并确保信息安全，不得非法收集、使用、加工、传输他人个人信息，不得非法买卖、提供或者公开他人个人信息。

第一百一十二条 自然人因婚姻家庭关系等产生的人身权利受法律保护。

第一百一十三条 民事主体的财产权利受法律平等保护。

第一百一十四条 民事主体依法享有物权。

物权是权利人依法对特定的物享有直接支配和排他的权利，包括所有权、用益物权和担保物权。

第一百一十五条 物包括不动产和动产。法律规定权利作为物权客体的，依照其规定。

第一百一十六条 物权的种类和内容，由法律规定。

第一百一十七条 为了公共利益的需要，依照法律规定的权限和程序征收、征用不动产或者动产的，应当给予公平、合理的补偿。

第一百一十八条 民事主体依法享有债权。

债权是因合同、侵权行为、无因管理、不当得利以及法律的其他规定，权利人请求特定义务人为或者不为一定行为的权利。

第一百一十九条 依法成立的合同，对当事人具有法律约束力。

第一百二十条 民事权益受到侵害的，被侵权人有权请求侵权人承担侵权责任。

第一百二十一条 没有法定的或者约定的义务，为避免他人利益受损失而进行管理的人，有权请求受益人偿还由此支出的必要费用。

第一百二十二条 因他人没有法律根据，取得不当利益，受损失的人有权请求其返还不当利益。

第一百二十三条 民事主体依法享有知识产权。

知识产权是权利人依法就下列客体享有的专有的权利：

（一）作品；

（二）发明、实用新型、外观设计；

（三）商标；

（四）地理标志；

（五）商业秘密；

（六）集成电路布图设计；

（七）植物新品种；

（八）法律规定的其他客体。

第一百二十四条 自然人依法享有继承权。

自然人合法的私有财产，可以依法继承。

第一百二十五条 民事主体依法享有股权和其他投资性权利。

第一百二十六条 民事主体享有法律规定的其他民事权利和利益。

第一百二十七条 法律对数据、网络虚拟财产的保护有规定的，依照其规定。

第一百二十八条 法律对未成年人、老年人、残疾人、妇女、消费者等的民事权利保护有特别规定的，依照其规定。

第一百二十九条 民事权利可以依据民事法律行为、事实行为、法律规定的事件或者法律规定的其他方式取得。

第一百三十条 民事主体按照自己的意愿依法行使民事权利，不受干涉。

第一百三十一条 民事主体行使权利时，应当履行法律规定的和当事人约定的义务。

第一百三十二条 民事主体不得滥用民事权利损害国家利益、社会公共利益或者他人合法权益。

第六章 民事法律行为

第一节 一般规定

第一百三十三条 民事法律行为是民事主体通过意思表示设立、变更、终止民事法律关系的行为。

第一百三十四条 民事法律行为可以基于双方或者多方的意思表示一致成立，也可以基于单方的意思表示成立。

法人、非法人组织依照法律或者章程规定的议事方式和表决程序作出决议的，该决议行为成立。

第一百三十五条 民事法律行为可以采用书面形式、口头形式或者其他形式；法律、行政法规规定或者当事人约定采用特定形式的，应当采用特定形式。

第一百三十六条 民事法律行为自成立时生效，但是法律另有规定或者当事人另有约定的除外。

行为人非依法律规定或者未经对方同意，不得擅自变更或者解除民事法律行为。

第二节 意思表示

第一百三十七条 以对话方式作出的意思表示，相对人知道其内容时生效。

以非对话方式作出的意思表示，到达相对人时生效。以非对话方式作出的采用数据电文形式的意思表示，相对人指定特定系统接收数据电文的，该数据电文进入该特定系统时生效；未指定特定系统的，相对人知道或者应当知道该数据电文进入其系统时生效。当事人对采用数据电文形式的意思表示的生效时间另有约定的，按照其约定。

第一百三十八条 无相对人的意思表示，表示完成时生效。法律另有规定的，依照其规定。

第一百三十九条 以公告方式作出的意思表示，公告发布时生效。

第一百四十条 行为人可以明示或者默示作出意思表示。

沉默只有在有法律规定、当事人约定或者符合当事人之间的交易习惯时，才可以视为意思表示。

第一百四十一条 行为人可以撤回意思表示。撤回意思表示的通知应当在意思表示到达相对人前或者与意思表示同时到达相对人。

第一百四十二条 有相对人的意思表示的解释，应当按照所使用的词句，结合相关条款、行为的性质和目的、习惯以及诚信原则，确定意思表示的含义。

无相对人的意思表示的解释，不能完全拘泥于所使用的词句，而应当结合相关条款、行为的性质和目的、习惯以及诚信原则，确定行为人的真实意思。

第三节 民事法律行为的效力

第一百四十三条 具备下列条件的民事法律行为有效：

（一）行为人具有相应的民事行为能力；

（二）意思表示真实；

（三）不违反法律、行政法规的强制性规定，不违背公序良俗。

第一百四十四条 无民事行为能力人实施的民事法律行为无效。

第一百四十五条 限制民事行为能力人实施的纯获利益的民事法律行为或者与其年龄、智力、精神健康状况相适应的民事法律行为有效；实施的其他民事法律行为经法定代理人同意或者追认后有效。

相对人可以催告法定代理人自收到通知之日起三十日内予以追认。法定代理人未作表示的，视为拒绝追认。民事法律行为被追认前，善意相对人有撤销的权利。撤销应当以通知的方式作出。

第一百四十六条 行为人与相对人以虚假的意思表示实施的民事法律行为无效。

以虚假的意思表示隐藏的民事法律行为的效力，依照有关法律规定处理。

第一百四十七条 基于重大误解实施的民事法律行为，行为人有权请求人民法院或者仲裁机构予以撤销。

第一百四十八条 一方以欺诈手段，使对方在违背真实意思的情况下实施的民事法律行为，受欺诈方有权请求人民法院或者仲裁机构予以撤销。

第一百四十九条 第三人实施欺诈行为，使一方在违背真实意思的情况下实施的民事法律行为，对方知道或者应当知道该欺诈行为的，受欺诈方有权请求人民法院或者仲裁机构予以撤销。

第一百五十条 一方或者第三人以胁迫手段，使对方在违背真实意思的情况下实施的民事法律行为，受胁迫方有权请求人民法院或者仲裁机构予以撤销。

第一百五十一条 一方利用对方处于危困状态、缺乏判断能力等情形，致使民事法律行为成立时显失公平的，受损害方有权请求人民法院或者仲裁机构予以撤销。

第一百五十二条 有下列情形之一的，撤销权消灭：

（一）当事人自知道或者应当知道撤销事由之日起一年内、重大误解的当事人自知道或者应当知道撤销事由之日起九十日内没有行使撤销权；

（二）当事人受胁迫，自胁迫行为终止之日起一年内没有行使撤销权；

（三）当事人知道撤销事由后明确表示或者以自己的行为表明放弃撤销权。

当事人自民事法律行为发生之日起五年内没有行使撤销权的，撤销权消灭。

第一百五十三条 违反法律、行政法规的强制性规定的民事法律行为无效。但是，该强制性规定不导致该民事法律行为无效的除外。

违背公序良俗的民事法律行为无效。

第一百五十四条 行为人与相对人恶意串通，损害他人合法权益的民事法律行为无效。

第一百五十五条 无效的或者被撤销的民事法律行为自始没有法律约束力。

第一百五十六条 民事法律行为部分无效，不影响其他部分效力的，其他部分仍然有效。

第一百五十七条 民事法律行为无效、被撤销或者确定不发生效力后，行为人因该行为取得的财产，应当予以返还；不能返还或者没有必要返还的，应当折价补偿。有过错的一方应当赔偿对方由此所受到的损失；各方都有过错的，应当各自承担相应的责任。法律另有规定的，依照其规定。

第四节 民事法律行为的附条件和附期限

第一百五十八条 民事法律行为可以附条件，但是根据其性质不得附条件的除外。附生效条件的民事法律行为，自条件成就时生效。附解除条件的民事法律行为，自条件成就时失效。

第一百五十九条 附条件的民事法律行为，当事人为自己的利益不正当地阻止条件成就的，视为条件已经成就；不正当地促成条件成就的，视为条件不成就。

第一百六十条 民事法律行为可以附期限，但是根据其性质不得附期限的除外。附生效期限的民事法律行为，自期限届至时生效。附终止期限的民事法律行为，自期限届满时失效。

第七章 代 理

第一节 一般规定

第一百六十一条 民事主体可以通过代理人实施民事法律行为。

依照法律规定、当事人约定或者民事法律行为的性质，应当由本人亲自实施的民事法律行为，不得代理。

第一百六十二条 代理人在代理权限内，以被代理人名义实施的民事法律行为，对被代理人发生效力。

第一百六十三条 代理包括委托代理和法定代理。

委托代理人按照被代理人的委托行使代理权。法定代理人依照法律的规定行使代理权。

第一百六十四条 代理人不履行或者不完全履行职责，造成被代理人损害的，应当承担民事责任。

代理人和相对人恶意串通，损害被代理人合法权益的，代理人和相对人应当承担连带责任。

第二节　委托代理

第一百六十五条　委托代理授权采用书面形式的，授权委托书应当载明代理人的姓名或者名称、代理事项、权限和期限，并由被代理人签名或者盖章。

第一百六十六条　数人为同一代理事项的代理人的，应当共同行使代理权，但是当事人另有约定的除外。

第一百六十七条　代理人知道或者应当知道代理事项违法仍然实施代理行为，或者被代理人知道或者应当知道代理人的代理行为违法未作反对表示的，被代理人和代理人应当承担连带责任。

第一百六十八条　代理人不得以被代理人的名义与自己实施民事法律行为，但是被代理人同意或者追认的除外。

代理人不得以被代理人的名义与自己同时代理的其他人实施民事法律行为，但是被代理的双方同意或者追认的除外。

第一百六十九条　代理人需要转委托第三人代理的，应当取得被代理人的同意或者追认。

转委托代理经被代理人同意或者追认的，被代理人可以就代理事务直接指示转委托的第三人，代理人仅就第三人的选任以及对第三人的指示承担责任。

转委托代理未经被代理人同意或者追认的，代理人应当对转委托的第三人的行为承担责任；但是，在紧急情况下代理人为了维护被代理人的利益需要转委托第三人代理的除外。

第一百七十条　执行法人或者非法人组织工作任务的人员，就其职权范围内的事项，以法人或者非法人组织的名义实施的民事法律行为，对法人或者非法人组织发生效力。

法人或者非法人组织对执行其工作任务的人员职权范围的限制，不得对抗善意相对人。

第一百七十一条　行为人没有代理权、超越代理权或者代理权终止后，仍然实施代理行为，未经被代理人追认的，对被代理人不发生效力。

相对人可以催告被代理人自收到通知之日起三十日内予以追认。被代理人未作表示的，视为拒绝追认。行为人实施的行为被追认前，善意相对人有撤销的权利。撤销应当以通知的方式作出。

行为人实施的行为未被追认的，善意相对人有权请求行为人履行债务或者就其受到的损害请求行为人赔偿。但是，赔偿的范围不得超过被代理人追认时相对人所能获得的利益。

相对人知道或者应当知道行为人无权代理的，相对人和行为人按照各自的过错承担责任。

第一百七十二条　行为人没有代理权、超越代理权或者代理权终止后，仍然实施代理行为，相对人有理由相信行为人有代理权的，代理行为有效。

第三节　代理终止

第一百七十三条　有下列情形之一的，委托代理终止：

（一）代理期限届满或者代理事务完成；

（二）被代理人取消委托或者代理人辞去委托；

（三）代理人丧失民事行为能力；

（四）代理人或者被代理人死亡；

（五）作为代理人或者被代理人的法人、非法人组织终止。

第一百七十四条　被代理人死亡后，有下列情形之一的，委托代理人实施的代理行为有效：

（一）代理人不知道且不应当知道被代理人死亡；

（二）被代理人的继承人予以承认；

（三）授权中明确代理权在代理事务完成时终止；

（四）被代理人死亡前已经实施，为了被代理人的继承人的利益继续代理。

作为被代理人的法人、非法人组织终止的，参照适用前款规定。

第一百七十五条　有下列情形之一的，法定代理终止：

（一）被代理人取得或者恢复完全民事行为能力；

（二）代理人丧失民事行为能力；

（三）代理人或者被代理人死亡；

（四）法律规定的其他情形。

第八章　民事责任

第一百七十六条　民事主体依照法律规定或者按照当事人约定，履行民事义务，承担民事责任。

第一百七十七条　二人以上依法承担按份责任，能够确定责任大小的，各自承担相应的责任；难以确定责任大小的，平均承担责任。

第一百七十八条　二人以上依法承担连带责任的，权利人有权请求部分或者全部连带责任人承担责任。

连带责任人的责任份额根据各自责任大小确定；难以确定责任大小的，平均承担责任。实际承担责任超过自己责任份额的连带责任人，有权向其他连带责任人追偿。

连带责任，由法律规定或者当事人约定。

第一百七十九条　承担民事责任的方式主要有：

（一）停止侵害；

（二）排除妨碍；

（三）消除危险；

（四）返还财产；

（五）恢复原状；

（六）修理、重作、更换；

（七）继续履行；

（八）赔偿损失；

（九）支付违约金；

（十）消除影响、恢复名誉；

（十一）赔礼道歉。

法律规定惩罚性赔偿的，依照其规定。

本条规定的承担民事责任的方式，可以单独适用，也可以合并适用。

第一百八十条　因不可抗力不能履行民事义务的，不承担民事责任。法律另有规定的，依照其规定。

不可抗力是不能预见、不能避免且不能克服的客观情况。

第一百八十一条　因正当防卫造成损害的，不承担民事责任。

正当防卫超过必要的限度，造成不应有的损害的，正当防卫人应当承担适当的民事责任。

第一百八十二条　因紧急避险造成损害的，由引起险情发生的人承担民事责任。

危险由自然原因引起的，紧急避险人不承担民事责任，可以给予适当补偿。

紧急避险采取措施不当或者超过必要的限度，造成不应有的损害的，紧急避险人应当承担适当的民事责任。

第一百八十三条　因保护他人民事权益使自己受到损害的，由侵权人承担民事责任，受益人可以给予适当补偿。没有侵权人、侵权人逃逸或者无力承担民事责任，受害人请求补偿的，受益人应当给予适当补偿。

第一百八十四条　因自愿实施紧急救助行为造成受助人损害的，救助人不承担民事责任。

第一百八十五条　侵害英雄烈士等的姓名、肖像、名誉、荣誉，损害社会公共利益的，应当承担民事责任。

第一百八十六条　因当事人一方的违约行为，损害对方人身权益、财产权益的，受损害方有权选择请求其承担违约责任或者侵权责任。

第一百八十七条　民事主体因同一行为应当承担民事责任、行政责任和刑事责任的，承担行政责任或者刑事责任不影响承担民事责任；民事主体的财产不足以支付的，优先用于承担民事责任。

第九章　诉讼时效

第一百八十八条　向人民法院请求保护民事权利的诉讼时效期间为三年。法律另有规定的，依照其规定。

诉讼时效期间自权利人知道或者应当知道权利受到损害以及义务人之日起计算。法律另有规定的，依照其规定。但是，自权利受到损害之日起超过二十年的，人民法院不予保护，有特殊情况的，人民法院可以根据权利人的申请决定延长。

第一百八十九条 当事人约定同一债务分期履行的，诉讼时效期间自最后一期履行期限届满之日起计算。

第一百九十条 无民事行为能力人或者限制民事行为能力人对其法定代理人的请求权的诉讼时效期间，自该法定代理终止之日起计算。

第一百九十一条 未成年人遭受性侵害的损害赔偿请求权的诉讼时效期间，自受害人年满十八周岁之日起计算。

第一百九十二条 诉讼时效期间届满的，义务人可以提出不履行义务的抗辩。

诉讼时效期间届满后，义务人同意履行的，不得以诉讼时效期间届满为由抗辩；义务人已经自愿履行的，不得请求返还。

第一百九十三条 人民法院不得主动适用诉讼时效的规定。

第一百九十四条 在诉讼时效期间的最后六个月内，因下列障碍，不能行使请求权的，诉讼时效中止：

（一）不可抗力；

（二）无民事行为能力人或者限制民事行为能力人没有法定代理人，或者法定代理人死亡、丧失民事行为能力、丧失代理权；

（三）继承开始后未确定继承人或者遗产管理人；

（四）权利人被义务人或者其他人控制；

（五）其他导致权利人不能行使请求权的障碍。

自中止时效的原因消除之日起满六个月，诉讼时效期间届满。

第一百九十五条 有下列情形之一的，诉讼时效中断，从中断、有关程序终结时起，诉讼时效期间重新计算：

（一）权利人向义务人提出履行请求；

（二）义务人同意履行义务；

（三）权利人提起诉讼或者申请仲裁；

（四）与提起诉讼或者申请仲裁具有同等效力的其他情形。

第一百九十六条 下列请求权不适用诉讼时效的规定：

（一）请求停止侵害、排除妨碍、消除危险；

（二）不动产物权和登记的动产物权的权利人请求返还财产；

（三）请求支付抚养费、赡养费或者扶养费；

（四）依法不适用诉讼时效的其他请求权。

第一百九十七条 诉讼时效的期间、计算方法以及中止、中断的事由由法律规定，当事人约定无效。

当事人对诉讼时效利益的预先放弃无效。

第一百九十八条 法律对仲裁时效有规定的，依照其规定；没有规定的，适用诉讼时效的规定。

第一百九十九条 法律规定或者当事人约定的撤销权、解除权等权利的存续期间，除法律另有规定外，自权利人知道或者应当知道权利产生之日起计算，不适用有关诉讼时效中止、中断和延长的规定。存续期间届满，撤销权、解除权等权利消灭。

第十章 期间计算

第二百条 民法所称的期间按照公历年、月、日、小时计算。

第二百零一条 按照年、月、日计算期间的，开始的当日不计入，自下一日开始计算。

按照小时计算期间的，自法律规定或者当事人约定的时间开始计算。

第二百零二条 按照年、月计算期间的，到期月的对应日为期间的最后一日；没有对应日的，月末日为期间的最后一日。

第二百零三条 期间的最后一日是法定休假日的，以法定休假日结束的次日为期间的最后一日。

期间的最后一日的截止时间为二十四时；有业务时间的，停止业务活动的时间为截止时间。

第二百零四条 期间的计算方法依照本法的规定，但是法律另有规定或者当事人另有约定的除外。

第二编 物 权

第一分编 通 则

第一章 一般规定

第二百零五条 本编调整因物的归属和利用产生的民事关系。

第二百零六条 国家坚持和完善公有制为主体、多种所有制经济共同发展，按劳分配为主体、多种分配方式并存，社会主义市场经济体制等社会主义基本经济制度。

国家巩固和发展公有制经济，鼓励、支持和引导非公有制经济的发展。

国家实行社会主义市场经济，保障一切市场主体的平等法律地位和发展权利。

第二百零七条 国家、集体、私人的物权和其他权利人的物权受法律平等保护，任何组织或者个人不得侵犯。

第二百零八条 不动产物权的设立、变更、转让和消灭，应当依照法律规定登记。动产物权的设立和转让，应当依照法律规定交付。

第二章 物权的设立、变更、转让和消灭

第一节 不动产登记

第二百零九条 不动产物权的设立、变更、转让和消灭，经依法登记，发生效力；未经登记，不发生效力，但是法律另有规定的除外。

依法属于国家所有的自然资源，所有权可以不登记。

第二百一十条 不动产登记，由不动产所在地的登记机构办理。

国家对不动产实行统一登记制度。统一登记的范围、登记机构和登记办法，由法律、行政法规规定。

第二百一十一条　当事人申请登记，应当根据不同登记事项提供权属证明和不动产界址、面积等必要材料。

第二百一十二条　登记机构应当履行下列职责：

（一）查验申请人提供的权属证明和其他必要材料；

（二）就有关登记事项询问申请人；

（三）如实、及时登记有关事项；

（四）法律、行政法规规定的其他职责。

申请登记的不动产的有关情况需要进一步证明的，登记机构可以要求申请人补充材料，必要时可以实地查看。

第二百一十三条　登记机构不得有下列行为：

（一）要求对不动产进行评估；

（二）以年检等名义进行重复登记；

（三）超出登记职责范围的其他行为。

第二百一十四条　不动产物权的设立、变更、转让和消灭，依照法律规定应当登记的，自记载于不动产登记簿时发生效力。

第二百一十五条　当事人之间订立有关设立、变更、转让和消灭不动产物权的合同，除法律另有规定或者当事人另有约定外，自合同成立时生效；未办理物权登记的，不影响合同效力。

第二百一十六条　不动产登记簿是物权归属和内容的根据。

不动产登记簿由登记机构管理。

第二百一十七条　不动产权属证书是权利人享有该不动产物权的证明。不动产权属证书记载的事项，应当与不动产登记簿一致；记载不一致的，除有证据证明不动产登记簿确有错误外，以不动产登记簿为准。

第二百一十八条　权利人、利害关系人可以申请查询、复制不动产登记资料，登记机构应当提供。

第二百一十九条　利害关系人不得公开、非法使用权利人的不动产登记资料。

第二百二十条　权利人、利害关系人认为不动产登记簿记载的事项错误的，可以申请更正登记。不动产登记簿记载的权利人书面同意更正或者有证据证明登记确有错误的，登记机构应当予以更正。

不动产登记簿记载的权利人不同意更正的，利害关系人可以申请异议登记。登记机构予以异议登记，申请人自异议登记之日起十五日内不提起诉讼的，异议登记失效。异议登记不当，造成权利人损害的，权利人可以向申请人请求损害赔偿。

第二百二十一条 当事人签订买卖房屋的协议或者签订其他不动产物权的协议，为保障将来实现物权，按照约定可以向登记机构申请预告登记。预告登记后，未经预告登记的权利人同意，处分该不动产的，不发生物权效力。

预告登记后，债权消灭或者自能够进行不动产登记之日起九十日内未申请登记的，预告登记失效。

第二百二十二条 当事人提供虚假材料申请登记，造成他人损害的，应当承担赔偿责任。

因登记错误，造成他人损害的，登记机构应当承担赔偿责任。登记机构赔偿后，可以向造成登记错误的人追偿。

第二百二十三条 不动产登记费按件收取，不得按照不动产的面积、体积或者价款的比例收取。

第二节 动产交付

第二百二十四条 动产物权的设立和转让，自交付时发生效力，但是法律另有规定的除外。

第二百二十五条 船舶、航空器和机动车等的物权的设立、变更、转让和消灭，未经登记，不得对抗善意第三人。

第二百二十六条 动产物权设立和转让前，权利人已经占有该动产的，物权自民事法律行为生效时发生效力。

第二百二十七条 动产物权设立和转让前，第三人占有该动产的，负有交付义务的人可以通过转让请求第三人返还原物的权利代替交付。

第二百二十八条 动产物权转让时，当事人又约定由出让人继续占有该动产的，物权自该约定生效时发生效力。

第三节 其他规定

第二百二十九条 因人民法院、仲裁机构的法律文书或者人民政府的征收决定等，导致物权设立、变更、转让或者消灭的，自法律文书或者征收决定等生效时发生效力。

第二百三十条 因继承取得物权的，自继承开始时发生效力。

第二百三十一条 因合法建造、拆除房屋等事实行为设立或者消灭物权的，自事实行为成就时发生效力。

第二百三十二条 处分依照本节规定享有的不动产物权，依照法律规定需要办理登记的，未经登记，不发生物权效力。

第三章 物权的保护

第二百三十三条 物权受到侵害的，权利人可以通过和解、调解、仲裁、诉讼等途径解决。

第二百三十四条 因物权的归属、内容发生争议的，利害关系人可以请求确认权利。

第二百三十五条 无权占有不动产或者动产的，权利人可以请求返还原物。

第二百三十六条 妨害物权或者可能妨害物权的，权利人可以请求排除妨害或者消除危险。

第二百三十七条 造成不动产或者动产毁损的，权利人可以依法请求修理、重作、更换或者恢复原状。

第二百三十八条 侵害物权，造成权利人损害的，权利人可以依法请求损害赔偿，也可以依法请求承担其他民事责任。

第二百三十九条 本章规定的物权保护方式，可以单独适用，也可以根据权利被侵害的情形合并适用。

第二分编 所 有 权

第四章 一 般 规 定

第二百四十条 所有权人对自己的不动产或者动产，依法享有占有、使用、收益和处分的权利。

第二百四十一条 所有权人有权在自己的不动产或者动产上设立用益物权和担保物权。用益物权人、担保物权人行使权利，不得损害所有权人的权益。

第二百四十二条 法律规定专属于国家所有的不动产和动产，任何组织或者个人不能取得所有权。

第二百四十三条 为了公共利益的需要，依照法律规定的权限和程序可以征收集体所有的土地和组织、个人的房屋以及其他不动产。

征收集体所有的土地，应当依法及时足额支付土地补偿费、安置补助费以及农村村民住宅、其他地上附着物和青苗等的补偿费用，并安排被征地农民的社会保障费用，保障被征地农民的生活，维护被征地农民的合法权益。

征收组织、个人的房屋以及其他不动产，应当依法给予征收补偿，维护被征收人的合法权益；征收个人住宅的，还应当保障被征收人的居住条件。

任何组织或者个人不得贪污、挪用、私分、截留、拖欠征收补偿费等费用。

第二百四十四条 国家对耕地实行特殊保护，严格限制农用地转为建设用地，控制建设用地总量。不得违反法律规定的权限和程序征收集体所有的土地。

第二百四十五条 因抢险救灾、疫情防控等紧急需要，依照法律规定的权限和程序可以征用组织、个人的不动产或者动产。被征用的不动产或者动产使用后，应当返还被征用人。组织、个人的不动产或者动产被征用或者征用后毁损、灭失的，应当给予补偿。

第五章 国家所有权和集体所有权、私人所有权

第二百四十六条 法律规定属于国家所有的财产，属于国家所有即全民所有。

国有财产由国务院代表国家行使所有权。法律另有规定的，依照其

规定。

第二百四十七条 矿藏、水流、海域属于国家所有。

第二百四十八条 无居民海岛属于国家所有，国务院代表国家行使无居民海岛所有权。

第二百四十九条 城市的土地，属于国家所有。法律规定属于国家所有的农村和城市郊区的土地，属于国家所有。

第二百五十条 森林、山岭、草原、荒地、滩涂等自然资源，属于国家所有，但是法律规定属于集体所有的除外。

第二百五十一条 法律规定属于国家所有的野生动植物资源，属于国家所有。

第二百五十二条 无线电频谱资源属于国家所有。

第二百五十三条 法律规定属于国家所有的文物，属于国家所有。

第二百五十四条 国防资产属于国家所有。

铁路、公路、电力设施、电信设施和油气管道等基础设施，依照法律规定为国家所有的，属于国家所有。

第二百五十五条 国家机关对其直接支配的不动产和动产，享有占有、使用以及依照法律和国务院的有关规定处分的权利。

第二百五十六条 国家举办的事业单位对其直接支配的不动产和动产，享有占有、使用以及依照法律和国务院的有关规定收益、处分的权利。

第二百五十七条 国家出资的企业，由国务院、地方人民政府依照法律、行政法规规定分别代表国家履行出资人职责，享有出资人权益。

第二百五十八条 国家所有的财产受法律保护，禁止任何组织或者个人侵占、哄抢、私分、截留、破坏。

第二百五十九条 履行国有财产管理、监督职责的机构及其工作人员，应当依法加强对国有财产的管理、监督，促进国有财产保值增值，防止国有财产损失；滥用职权，玩忽职守，造成国有财产损失的，应当依法承担法律责任。

违反国有财产管理规定，在企业改制、合并分立、关联交易等过程中，低价转让、合谋私分、擅自担保或者以其他方式造成国有财产损失的，应当依法承担法律责任。

第二百六十条 集体所有的不动产和动产包括：

（一）法律规定属于集体所有的土地和森林、山岭、草原、荒地、滩涂；

（二）集体所有的建筑物、生产设施、农田水利设施；

（三）集体所有的教育、科学、文化、卫生、体育等设施；

（四）集体所有的其他不动产和动产。

第二百六十一条 农民集体所有的不动产和动产，属于本集体成员集体所有。

下列事项应当依照法定程序经本集体成员决定：

（一）土地承包方案以及将土地发包给本集体以外的组织或者个人承包；

（二）个别土地承包经营权人之间承包地的调整；

（三）土地补偿费等费用的使用、分配办法；

（四）集体出资的企业的所有权变动等事项；

（五）法律规定的其他事项。

第二百六十二条 对于集体所有的土地和森林、山岭、草原、荒地、滩涂等，依照下列规定行使所有权：

（一）属于村农民集体所有的，由村集体经济组织或者村民委员会依法代表集体行使所有权；

（二）分别属于村内两个以上农民集体所有的，由村内各该集体经济组织或者村民小组依法代表集体行使所有权；

（三）属于乡镇农民集体所有的，由乡镇集体经济组织代表集体行使所有权。

第二百六十三条 城镇集体所有的不动产和动产，依照法律、行政法规的规定由本集体享有占有、使用、收益和处分的权利。

第二百六十四条 农村集体经济组织或者村民委员会、村民小组应当依照法律、行政法规以及章程、村规民约向本集体成员公布集体财产的状况。集体成员有权查阅、复制相关资料。

第二百六十五条 集体所有的财产受法律保护，禁止任何组织或者个人侵占、哄抢、私分、破坏。

农村集体经济组织、村民委员会或者其负责人作出的决定侵害集体成员合法权益的，受侵害的集体成员可以请求人民法院予以撤销。

第二百六十六条 私人对其合法的收入、房屋、生活用品、生产工具、原材料等不动产和动产享有所有权。

第二百六十七条 私人的合法财产受法律保护，禁止任何组织或者个人侵占、哄抢、破坏。

第二百六十八条 国家、集体和私人依法可以出资设立有限责任公司、股份有限公司或者其他企业。国家、集体和私人所有的不动产或者动产投到企业的，由出资人按照约定或者出资比例享有资产收益、重大决策以及选择经营管理者等权利并履行义务。

第二百六十九条 营利法人对其不动产和动产依照法律、行政法规以及章程享有占有、使用、收益和处分的权利。

营利法人以外的法人，对其不动产和动产的权利，适用有关法律、行政法规以及章程的规定。

第二百七十条 社会团体法人、捐助法人依法所有的不动产和动产，受法律保护。

第六章 业主的建筑物区分所有权

第二百七十一条 业主对建筑物内的住宅、经营性用房等专有部分享有所有权，对专有部分以外的共有部分享有共有和共同管理的权利。

第二百七十二条 业主对其建筑物专有部分享有占有、使用、收益和处分的权利。业主行使权利不得危及建筑物的安全，不得损害其他业主的合法权益。

第二百七十三条 业主对建筑物专有部分以外的共有部分，享有权利，承担义务；不得以放弃权利为由不履行义务。

业主转让建筑物内的住宅、经营性用房，其对共有部分享有的共有和共同管理的权利一并转让。

第二百七十四条 建筑区划内的道路，属于业主共有，但是属于城镇公共道路的除外。建筑区划内的绿地，属于业主共有，但是属于城镇公共绿地或者明示属于个人的除外。建筑区划内的其他公共场所、公用设施和物业服务用房，属于业主共有。

第二百七十五条 建筑区划内，规划用于停放汽车的车位、车库的归属，由当事人通过出售、附赠或者出租等方式约定。

占用业主共有的道路或者其他场地用于停放汽车的车位，属于业主共有。

第二百七十六条 建筑区划内，规划用于停放汽车的车位、车库应当首先满足业主的需要。

第二百七十七条 业主可以设立业主大会，选举业主委员会。业主大会、业主委员会成立的具体条件和程序，依照法律、法规的规定。

地方人民政府有关部门、居民委员会应当对设立业主大会和选举业主委员会给予指导和协助。

第二百七十八条 下列事项由业主共同决定：

（一）制定和修改业主大会议事规则；

（二）制定和修改管理规约；

（三）选举业主委员会或者更换业主委员会成员；

（四）选聘和解聘物业服务企业或者其他管理人；

（五）使用建筑物及其附属设施的维修资金；

（六）筹集建筑物及其附属设施的维修资金；

（七）改建、重建建筑物及其附属设施；

（八）改变共有部分的用途或者利用共有部分从事经营活动；

（九）有关共有和共同管理权利的其他重大事项。

业主共同决定事项，应当由专有部分面积占比三分之二以上的业主且人数占比三分之二以上的业主参与表决。决定前款第六项至第八项规定的事项，应当经参与表决专有部分面积四分之三以上的业主且参与表决人数四分之三以上的业主同意。决定前款其他事项，应当经参与表决专有部分面积过半数的业主且参与表决人数过半数的业主同意。

第二百七十九条 业主不得违反法律、法规以及管理规约，将住宅改变为经营性用房。业主将住宅改变为经营性用房的，除遵守法律、法规以及管理规约外，应当经有利害关系的业主一致同意。

第二百八十条 业主大会或者业主委员会的决定，对业主具有法律约束力。

业主大会或者业主委员会作出的决定侵害业主合法权益的，受侵害的业主可以请求人民法院予以撤销。

第二百八十一条 建筑物及其附属设施的维修资金，属于业主共有。经业主共同决定，可以用于电梯、屋顶、外墙、无障碍设施等共有部分的维修、更新和改造。建筑物及其附属设施的维修资金的筹集、使用情况应当定期公布。

紧急情况下需要维修建筑物及其附属设施的，业主大会或者业主委员会可以依法申请使用建筑物及其附属设施的维修资金。

第二百八十二条 建设单位、物业服务企业或者其他管理人等利用业主的共有部分产生的收入，在扣除合理成本之后，属于业主共有。

第二百八十三条 建筑物及其附属设施的费用分摊、收益分配等事项，有约定的，按照约定；没有约定或者约定不明确的，按照业主专有部分面积所占比例确定。

第二百八十四条 业主可以自行管理建筑物及其附属设施，也可以委托物业服务企业或者其他管理人管理。

对建设单位聘请的物业服务企业或者其他管理人，业主有权依法更换。

第二百八十五条 物业服务企业或者其他管理人根据业主的委托，依照本法第三编有关物业服务合同的规定管理建筑区划内的建筑物及其附属设施，接受业主的监督，并及时答复业主对物业服务情况提出的询问。

物业服务企业或者其他管理人应当执行政府依法实施的应急处置措施和其他管理措施，积极配合开展相关工作。

第二百八十六条 业主应当遵守法律、法规以及管理规约，相关行为应当符合节约资源、保护生态环境的要求。对于物业服务企业或者其他管理人执行政府依法实施的应急处置措施和其他管理措施，业主应当依法予以配合。

业主大会或者业主委员会，对任意弃置垃圾、排放污染物或者噪声、违反规定饲养动物、违章搭建、侵占通道、拒付物业费等损害他人合法权益的行为，有权依照法律、法规以及管理规约，请求行为人停止侵害、排除妨碍、消除危险、恢复原状、赔偿损失。

业主或者其他行为人拒不履行相关义务的，有关当事人可以向有关行政主管部门报告或者投诉，有关行政主管部门应当依法处理。

第二百八十七条 业主对建设单位、物业服务企业或者其他管理人以及其他业主侵害自己合法权益的行为，有权请求其承担民事责任。

第七章 相邻关系

第二百八十八条 不动产的相邻权利人应当按照有利生产、方便生活、团结互助、公平合理的原则，正确处理相邻关系。

第二百八十九条 法律、法规对处理相邻关系有规定的，依照其规定；法律、法规没有规定的，可以按照当地习惯。

第二百九十条 不动产权利人应当为相邻权利人用水、排水提供必要的便利。

对自然流水的利用，应当在不动产的相邻权利人之间合理分配。对自然流水的排放，应当尊重自然流向。

第二百九十一条 不动产权利人对相邻权利人因通行等必须利用其土地的，应当提供必要的便利。

第二百九十二条 不动产权利人因建造、修缮建筑物以及铺设电线、电缆、水管、暖气和燃气管线等必须利用相邻土地、建筑物的，该土地、建筑物的权利人应当提供必要的便利。

第二百九十三条 建造建筑物，不得违反国家有关工程建设标准，不得妨碍相邻建筑物的通风、采光和日照。

第二百九十四条 不动产权利人不得违反国家规定弃置固体废物，排放大气污染物、水污染物、土壤污染物、噪声、光辐射、电磁辐射等有害物质。

第二百九十五条 不动产权利人挖掘土地、建造建筑物、铺设管线以及安装设备等，不得危及相邻不动产的安全。

第二百九十六条 不动产权利人因用水、排水、通行、铺设管线等利用相邻不动产的，应当尽量避免对相邻的不动产权利人造成损害。

第八章 共　　有

第二百九十七条 不动产或者动产可以由两个以上组织、个人共有。共有包括按份共有和共同共有。

第二百九十八条 按份共有人对共有的不动产或者动产按照其份额享有所有权。

第二百九十九条 共同共有人对共有的不动产或者动产共同享有所有权。

第三百条 共有人按照约定管理共有的不动产或者动产；没有约定或者约定不明确的，各共有人都有管理的权利和义务。

第三百零一条 处分共有的不动产或者动产以及对共有的不动产或者动产作重大修缮、变更性质或者用途的，应当经占份额三分之二以上的按份共有人或者全体共同共有人同意，但是共有人之间另有约定的除外。

第三百零二条 共有人对共有物的管理费用以及其他负担，有约定的，按照其约定；没有约定或者约定不明确的，按份共有人按照其份额负担，共同共有人共同负担。

第三百零三条 共有人约定不得分割共有的不动产或者动产，以维持共有关系的，应当按照约定，但是共有人有重大理由需要分割的，可以请求分割；没有约定或者约定不明确的，按份共有人可以随时请求分割，共同共有人在共有的基础丧失或者有重大理由需要分割时可以请求分割。因分割造成其他共有人损害的，应当给予赔偿。

第三百零四条 共有人可以协商确定分割方式。达不成协议，共有的不动产或者动产可以分割且不会因分割减损价值的，应当对实物予以分割；难以分割或者因分割会减损价值的，应当对折价或者拍卖、变卖取得的价款予以分割。

共有人分割所得的不动产或者动产有瑕疵的，其他共有人应当分担损失。

第三百零五条 按份共有人可以转让其享有的共有的不动产或者动产份额。其他共有人在同等条件下享有优先购买的权利。

第三百零六条 按份共有人转让其享有的共有的不动产或者动产份额的，应当将转让条件及时通知其他共有人。其他共有人应当在合理期限内行使优先购买权。

两个以上其他共有人主张行使优先购买权的，协商确定各自的购买比例；协商不成的，按照转让时各自的共有份额比例行使优先购买权。

第三百零七条 因共有的不动产或者动产产生的债权债务，在对外关系上，共有人享有连带债权、承担连带债务，但是法律另有规定或者第三人知道共有人不具有连带债权债务关系的除外；在共有人内部关系上，除共有人另有约定外，按份共有人按照份额享有债权、承担债务，共同共有人共同享有债权、承担债务。偿还债务超过自己应当承担份额的按份共有人，有权向其他共有人追偿。

第三百零八条 共有人对共有的不动产或者动产没有约定为按份共有或者共同共有，或者约定不明确的，除共有人具有家庭关系等外，视为按份共有。

第三百零九条 按份共有人对共有的不动产或者动产享有的份额，没有约定或者约定不明确的，按照出资额确定；不能确定出资额的，视为等额享有。

第三百一十条 两个以上组织、个人共同享有用益物权、担保物权的，参照适用本章的有关规定。

第九章 所有权取得的特别规定

第三百一十一条 无处分权人将不动产或者动产转让给受让人的，所有权人有权追回；除法律另有规定外，符合下列情形的，受让人取得该不动产或者动产的所有权：

（一）受让人受让该不动产或者动产时是善意；

（二）以合理的价格转让；

（三）转让的不动产或者动产依照法律规定应当登记的已经登记，不需要登记的已经交付给受让人。

受让人依据前款规定取得不动产或者动产的所有权的，原所有权人有权向无处分权人请求损害赔偿。

当事人善意取得其他物权的，参照适用前两款规定。

第三百一十二条　所有权人或者其他权利人有权追回遗失物。该遗失物通过转让被他人占有的，权利人有权向无处分权人请求损害赔偿，或者自知道或者应当知道受让人之日起二年内向受让人请求返还原物；但是，受让人通过拍卖或者向具有经营资格的经营者购得该遗失物的，权利人请求返还原物时应当支付受让人所付的费用。权利人向受让人支付所付费用后，有权向无处分权人追偿。

第三百一十三条　善意受让人取得动产后，该动产上的原有权利消灭。但是，善意受让人在受让时知道或者应当知道该权利的除外。

第三百一十四条　拾得遗失物，应当返还权利人。拾得人应当及时通知权利人领取，或者送交公安等有关部门。

第三百一十五条　有关部门收到遗失物，知道权利人的，应当及时通知其领取；不知道的，应当及时发布招领公告。

第三百一十六条　拾得人在遗失物送交有关部门前，有关部门在遗失物被领取前，应当妥善保管遗失物。因故意或者重大过失致使遗失物毁损、灭失的，应当承担民事责任。

第三百一十七条　权利人领取遗失物时，应当向拾得人或者有关部门支付保管遗失物等支出的必要费用。

权利人悬赏寻找遗失物的，领取遗失物时应当按照承诺履行义务。

拾得人侵占遗失物的，无权请求保管遗失物等支出的费用，也无权请求权利人按照承诺履行义务。

第三百一十八条　遗失物自发布招领公告之日起一年内无人认领的，归国家所有。

第三百一十九条　拾得漂流物、发现埋藏物或者隐藏物的，参照适用拾得遗失物的有关规定。法律另有规定的，依照其规定。

第三百二十条　主物转让的，从物随主物转让，但是当事人另有约定的除外。

第三百二十一条　天然孳息，由所有权人取得；既有所有权人又有用益物权人的，由用益物权人取得。当事人另有约定的，按照其约定。

法定孳息，当事人有约定的，按照约定取得；没有约定或者约定不明确的，按照交易习惯取得。

第三百二十二条 因加工、附合、混合而产生的物的归属，有约定的，按照约定；没有约定或者约定不明确的，依照法律规定；法律没有规定的，按照充分发挥物的效用以及保护无过错当事人的原则确定。因一方当事人的过错或者确定物的归属造成另一方当事人损害的，应当给予赔偿或者补偿。

第三分编 用益物权

第十章 一般规定

第三百二十三条 用益物权人对他人所有的不动产或者动产，依法享有占有、使用和收益的权利。

第三百二十四条 国家所有或者国家所有由集体使用以及法律规定属于集体所有的自然资源，组织、个人依法可以占有、使用和收益。

第三百二十五条 国家实行自然资源有偿使用制度，但是法律另有规定的除外。

第三百二十六条 用益物权人行使权利，应当遵守法律有关保护和合理开发利用资源、保护生态环境的规定。所有权人不得干涉用益物权人行使权利。

第三百二十七条 因不动产或者动产被征收、征用致使用益物权消灭或者影响用益物权行使的，用益物权人有权依据本法第二百四十三条、第二百四十五条的规定获得相应补偿。

第三百二十八条 依法取得的海域使用权受法律保护。

第三百二十九条 依法取得的探矿权、采矿权、取水权和使用水域、滩涂从事养殖、捕捞的权利受法律保护。

第十一章 土地承包经营权

第三百三十条 农村集体经济组织实行家庭承包经营为基础、统分结合的双层经营体制。

农民集体所有和国家所有由农民集体使用的耕地、林地、草地以及其他用于农业的土地，依法实行土地承包经营制度。

第三百三十一条 土地承包经营权人依法对其承包经营的耕地、林地、草地等享有占有、使用和收益的权利，有权从事种植业、林业、畜牧业等农业生产。

第三百三十二条 耕地的承包期为三十年。草地的承包期为三十年至五十年。林地的承包期为三十年至七十年。

前款规定的承包期限届满，由土地承包经营权人依照农村土地承包的法律规定继续承包。

第三百三十三条 土地承包经营权自土地承包经营权合同生效时设立。

登记机构应当向土地承包经营权人发放土地承包经营权证、林权证等证书，并登记造册，确认土地承包经营权。

第三百三十四条 土地承包经营权人依照法律规定，有权将土地承包经营权互换、转让。未经依法批准，不得将承包地用于非农建设。

第三百三十五条 土地承包经营权互换、转让的，当事人可以向登记机构申请登记；未经登记，不得对抗善意第三人。

第三百三十六条 承包期内发包人不得调整承包地。

因自然灾害严重毁损承包地等特殊情形，需要适当调整承包的耕地和草地的，应当依照农村土地承包的法律规定办理。

第三百三十七条 承包期内发包人不得收回承包地。法律另有规定的，依照其规定。

第三百三十八条 承包地被征收的，土地承包经营权人有权依据本法第二百四十三条的规定获得相应补偿。

第三百三十九条 土地承包经营权人可以自主决定依法采取出租、入股或者其他方式向他人流转土地经营权。

第三百四十条 土地经营权人有权在合同约定的期限内占有农村土地，自主开展农业生产经营并取得收益。

第三百四十一条 流转期限为五年以上的土地经营权，自流转合同生效时设立。当事人可以向登记机构申请土地经营权登记；未经登记，不得对抗善意第三人。

第三百四十二条 通过招标、拍卖、公开协商等方式承包农村土地，经依法登记取得权属证书的，可以依法采取出租、入股、抵押或者其他方式流转土地经营权。

第三百四十三条 国家所有的农用地实行承包经营的，参照适用本编的有关规定。

第十二章 建设用地使用权

第三百四十四条 建设用地使用权人依法对国家所有的土地享有占有、使用和收益的权利，有权利用该土地建造建筑物、构筑物及其附属设施。

第三百四十五条 建设用地使用权可以在土地的地表、地上或者地下分别设立。

第三百四十六条 设立建设用地使用权，应当符合节约资源、保护生态环境的要求，遵守法律、行政法规关于土地用途的规定，不得损害已经设立的用益物权。

第三百四十七条 设立建设用地使用权，可以采取出让或者划拨等方式。

工业、商业、旅游、娱乐和商品住宅等经营性用地以及同一土地有两个以上意向用地者的，应当采取招标、拍卖等公开竞价的方式出让。

严格限制以划拨方式设立建设用地使用权。

第三百四十八条 通过招标、拍卖、协议等出让方式设立建设用地使用权的，当事人应当采用书面形式订立建设用地使用权出让合同。

建设用地使用权出让合同一般包括下列条款：

（一）当事人的名称和住所；

（二）土地界址、面积等；

（三）建筑物、构筑物及其附属设施占用的空间；

（四）土地用途、规划条件；

（五）建设用地使用权期限；

（六）出让金等费用及其支付方式；

（七）解决争议的方法。

第三百四十九条 设立建设用地使用权的，应当向登记机构申请建设用地使用权登记。建设用地使用权自登记时设立。登记机构应当向建设用地使用权人发放权属证书。

第三百五十条 建设用地使用权人应当合理利用土地，不得改变土地用途；需要改变土地用途的，应当依法经有关行政主管部门批准。

第三百五十一条 建设用地使用权人应当依照法律规定以及合同约定支付出让金等费用。

第三百五十二条 建设用地使用权人建造的建筑物、构筑物及其附属设施的所有权属于建设用地使用权人，但是有相反证据证明的除外。

第三百五十三条 建设用地使用权人有权将建设用地使用权转让、互换、出资、赠与或者抵押，但是法律另有规定的除外。

第三百五十四条 建设用地使用权转让、互换、出资、赠与或者抵押的，当事人应当采用书面形式订立相应的合同。使用期限由当事人约定，但是不得超过建设用地使用权的剩余期限。

第三百五十五条 建设用地使用权转让、互换、出资或者赠与的，应当向登记机构申请变更登记。

第三百五十六条 建设用地使用权转让、互换、出资或者赠与的，附着于该土地上的建筑物、构筑物及其附属设施一并处分。

第三百五十七条 建筑物、构筑物及其附属设施转让、互换、出资或者赠与的，该建筑物、构筑物及其附属设施占用范围内的建设用地使用权一并处分。

第三百五十八条 建设用地使用权期限届满前，因公共利益需要提前收回该土地的，应当依据本法第二百四十三条的规定对该土地上的房屋以及其他不动产给予补偿，并退还相应的出让金。

第三百五十九条 住宅建设用地使用权期限届满的，自动续期。续期费用的缴纳或者减免，依照法律、行政法规的规定办理。

非住宅建设用地使用权期限届满后的续期，依照法律规定办理。该土地上的房屋以及其他不动产的归属，有约定的，按照约定；没有约定或者约定不明确的，依照法律、行政法规的规定办理。

第三百六十条 建设用地使用权消灭的，出让人应当及时办理注销登记。登记机构应当收回权属证书。

第三百六十一条 集体所有的土地作为建设用地的，应当依照土地管理的法律规定办理。

第十三章 宅基地使用权

第三百六十二条 宅基地使用权人依法对集体所有的土地享有占有和使用的权利，有权依法利用该土地建造住宅及其附属设施。

第三百六十三条 宅基地使用权的取得、行使和转让，适用土地管理的法律和国家有关规定。

第三百六十四条 宅基地因自然灾害等原因灭失的，宅基地使用权消灭。对失去宅基地的村民，应当依法重新分配宅基地。

第三百六十五条 已经登记的宅基地使用权转让或者消灭的，应当及时办理变更登记或者注销登记。

第十四章 居 住 权

第三百六十六条 居住权人有权按照合同约定，对他人的住宅享有占有、使用的用益物权，以满足生活居住的需要。

第三百六十七条 设立居住权，当事人应当采用书面形式订立居住权合同。

居住权合同一般包括下列条款：

（一）当事人的姓名或者名称和住所；

（二）住宅的位置；

（三）居住的条件和要求；

（四）居住权期限；

（五）解决争议的方法。

第三百六十八条 居住权无偿设立，但是当事人另有约定的除外。设立居住权的，应当向登记机构申请居住权登记。居住权自登记时设立。

第三百六十九条 居住权不得转让、继承。设立居住权的住宅不得出租，但是当事人另有约定的除外。

第三百七十条 居住权期限届满或者居住权人死亡的，居住权消灭。居住权消灭的，应当及时办理注销登记。

第三百七十一条 以遗嘱方式设立居住权的，参照适用本章的有关规定。

第十五章 地役权

第三百七十二条 地役权人有权按照合同约定，利用他人的不动产，以提高自己的不动产的效益。

前款所称他人的不动产为供役地，自己的不动产为需役地。

第三百七十三条 设立地役权，当事人应当采用书面形式订立地役权合同。

地役权合同一般包括下列条款：

（一）当事人的姓名或者名称和住所；

（二）供役地和需役地的位置；

（三）利用目的和方法；

（四）地役权期限；

（五）费用及其支付方式；

（六）解决争议的方法。

第三百七十四条 地役权自地役权合同生效时设立。当事人要求登记的，可以向登记机构申请地役权登记；未经登记，不得对抗善意第三人。

第三百七十五条 供役地权利人应当按照合同约定，允许地役权人利用其不动产，不得妨害地役权人行使权利。

第三百七十六条 地役权人应当按照合同约定的利用目的和方法利用供役地，尽量减少对供役地权利人物权的限制。

第三百七十七条 地役权期限由当事人约定；但是，不得超过土地承包经营权、建设用地使用权等用益物权的剩余期限。

第三百七十八条 土地所有权人享有地役权或者负担地役权的，设立土地承包经营权、宅基地使用权等用益物权时，该用益物权人继续享有或者负担已经设立的地役权。

第三百七十九条 土地上已经设立土地承包经营权、建设用地使用权、宅基地使用权等用益物权的，未经用益物权人同意，土地所有权人不得设立地役权。

第三百八十条 地役权不得单独转让。土地承包经营权、建设用地使用权等转让的，地役权一并转让，但是合同另有约定的除外。

第三百八十一条 地役权不得单独抵押。土地经营权、建设用地使用权等抵押的，在实现抵押权时，地役权一并转让。

第三百八十二条 需役地以及需役地上的土地承包经营权、建设用地使用权等部分转让时，转让部分涉及地役权的，受让人同时享有地役权。

第三百八十三条 供役地以及供役地上的土地承包经营权、建设用地使用权等部分转让时，转让部分涉及地役权的，地役权对受让人具有法律约束力。

第三百八十四条 地役权人有下列情形之一的，供役地权利人有权解除地役权合同，地役权消灭：

（一）违反法律规定或者合同约定，滥用地役权；

（二）有偿利用供役地，约定的付款期限届满后在合理期限内经两次催告未支付费用。

第三百八十五条 已经登记的地役权变更、转让或者消灭的，应当及时办理变更登记或者注销登记。

第四分编 担 保 物 权

第十六章 一 般 规 定

第三百八十六条 担保物权人在债务人不履行到期债务或者发生当事人约定的实现担保物权的情形，依法享有就担保财产优先受偿的权利，但是法律另有规定的除外。

第三百八十七条 债权人在借贷、买卖等民事活动中，为保障实现其债权，需要担保的，可以依照本法和其他法律的规定设立担保物权。

第三人为债务人向债权人提供担保的，可以要求债务人提供反担保。反担保适用本法和其他法律的规定。

第三百八十八条 设立担保物权，应当依照本法和其他法律的规定订立担保合同。担保合同包括抵押合同、质押合同和其他具有担保功能的合同。担保合同是主债权债务合同的从合同。主债权债务合同无效的，担保合同无效，但是法律另有规定的除外。

担保合同被确认无效后，债务人、担保人、债权人有过错的，应当根据其过错各自承担相应的民事责任。

第三百八十九条 担保物权的担保范围包括主债权及其利息、违约金、损害赔偿金、保管担保财产和实现担保物权的费用。当事人另有约定的，按照其约定。

第三百九十条 担保期间，担保财产毁损、灭失或者被征收等，担保物权人可以就获得的保险金、赔偿金或者补偿金等优先受偿。被担保债权的履行期限未届满的，也可以提存该保险金、赔偿金或者补偿金等。

第三百九十一条 第三人提供担保，未经其书面同意，债权人允许债务人转移全部或者部分债务的，担保人不再承担相应的担保责任。

第三百九十二条 被担保的债权既有物的担保又有人的担保的，债务人不履行到期债务或者发生当事人约定的实现担保物权的情形，债权人应当按照约定实现债权；没有约定或者约定不明确，债务人自己提供物的担保的，债权人应当先就该物的担保实现债权；第三人提供物的担保的，债权人可以就物的担保实现债权，也可以请求保证人承担保证责任。提供担保的第三人承担担保责任后，有权向债务人追偿。

第三百九十三条 有下列情形之一的，担保物权消灭：

（一）主债权消灭；

（二）担保物权实现；

（三）债权人放弃担保物权；

（四）法律规定担保物权消灭的其他情形。

第十七章 抵　押　权

第一节 一般抵押权

第三百九十四条 为担保债务的履行，债务人或者第三人不转移财产的占有，将该财产抵押给债权人的，债务人不履行到期债务或者发生当事人约定的实现抵押权的情形，债权人有权就该财产优先受偿。

前款规定的债务人或者第三人为抵押人，债权人为抵押权人，提供担保的财产为抵押财产。

第三百九十五条 债务人或者第三人有权处分的下列财产可以抵押：

（一）建筑物和其他土地附着物；

（二）建设用地使用权；

（三）海域使用权；

（四）生产设备、原材料、半成品、产品；

（五）正在建造的建筑物、船舶、航空器；

（六）交通运输工具；

（七）法律、行政法规未禁止抵押的其他财产。

抵押人可以将前款所列财产一并抵押。

第三百九十六条 企业、个体工商户、农业生产经营者可以将现有的以及将有的生产设备、原材料、半成品、产品抵押，债务人不履行到期债务或者发生当事人约定的实现抵押权的情形，债权人有权就抵押财产确定时的动产优先受偿。

第三百九十七条 以建筑物抵押的，该建筑物占用范围内的建设用地使用权一并抵押。以建设用地使用权抵押的，该土地上的建筑物一并抵押。

抵押人未依据前款规定一并抵押的，未抵押的财产视为一并抵押。

第三百九十八条 乡镇、村企业的建设用地使用权不得单独抵押。以乡镇、村企业的厂房等建筑物抵押的，其占用范围内的建设用地使用权一并抵押。

第三百九十九条 下列财产不得抵押：

（一）土地所有权；

（二）宅基地、自留地、自留山等集体所有土地的使用权，但是法律规定可以抵押的除外；

（三）学校、幼儿园、医疗机构等为公益目的成立的非营利法人的教育设施、医疗卫生设施和其他公益设施；

（四）所有权、使用权不明或者有争议的财产；

（五）依法被查封、扣押、监管的财产；

（六）法律、行政法规规定不得抵押的其他财产。

第四百条　设立抵押权，当事人应当采用书面形式订立抵押合同。

抵押合同一般包括下列条款：

（一）被担保债权的种类和数额；

（二）债务人履行债务的期限；

（三）抵押财产的名称、数量等情况；

（四）担保的范围。

第四百零一条　抵押权人在债务履行期限届满前，与抵押人约定债务人不履行到期债务时抵押财产归债权人所有的，只能依法就抵押财产优先受偿。

第四百零二条　以本法第三百九十五条第一款第一项至第三项规定的财产或者第五项规定的正在建造的建筑物抵押的，应当办理抵押登记。抵押权自登记时设立。

第四百零三条　以动产抵押的，抵押权自抵押合同生效时设立；未经登记，不得对抗善意第三人。

第四百零四条　以动产抵押的，不得对抗正常经营活动中已经支付合理价款并取得抵押财产的买受人。

第四百零五条　抵押权设立前，抵押财产已经出租并转移占有的，原租赁关系不受该抵押权的影响。

第四百零六条　抵押期间，抵押人可以转让抵押财产。当事人另有约定的，按照其约定。抵押财产转让的，抵押权不受影响。

抵押人转让抵押财产的，应当及时通知抵押权人。抵押权人能够证明抵押财产转让可能损害抵押权的，可以请求抵押人将转让所得的价款向抵押权人提前清偿债务或者提存。转让的价款超过债权数额的部分归抵押人所有，不足部分由债务人清偿。

第四百零七条　抵押权不得与债权分离而单独转让或者作为其他债权的担保。债权转让的，担保该债权的抵押权一并转让，但是法律另有规定或者当事人另有约定的除外。

第四百零八条　抵押人的行为足以使抵押财产价值减少的，抵押权人有权请求抵押人停止其行为；抵押财产价值减少的，抵押权人有权请求恢复抵押财产的价值，或者提供与减少的价值相应的担保。抵押人不恢复抵押财产的价值，也不提供担保的，抵押权人有权请求债务人提前清偿债务。

第四百零九条 抵押权人可以放弃抵押权或者抵押权的顺位。抵押权人与抵押人可以协议变更抵押权顺位以及被担保的债权数额等内容。但是，抵押权的变更未经其他抵押权人书面同意的，不得对其他抵押权人产生不利影响。

债务人以自己的财产设定抵押，抵押权人放弃该抵押权、抵押权顺位或者变更抵押权的，其他担保人在抵押权人丧失优先受偿权益的范围内免除担保责任，但是其他担保人承诺仍然提供担保的除外。

第四百一十条 债务人不履行到期债务或者发生当事人约定的实现抵押权的情形，抵押权人可以与抵押人协议以抵押财产折价或者以拍卖、变卖该抵押财产所得的价款优先受偿。协议损害其他债权人利益的，其他债权人可以请求人民法院撤销该协议。

抵押权人与抵押人未就抵押权实现方式达成协议的，抵押权人可以请求人民法院拍卖、变卖抵押财产。

抵押财产折价或者变卖的，应当参照市场价格。

第四百一十一条 依据本法第三百九十六条规定设定抵押的，抵押财产自下列情形之一发生时确定：

（一）债务履行期限届满，债权未实现；

（二）抵押人被宣告破产或者解散；

（三）当事人约定的实现抵押权的情形；

（四）严重影响债权实现的其他情形。

第四百一十二条 债务人不履行到期债务或者发生当事人约定的实现抵押权的情形，致使抵押财产被人民法院依法扣押的，自扣押之日起，抵押权人有权收取该抵押财产的天然孳息或者法定孳息，但是抵押权人未通知应当清偿法定孳息义务人的除外。

前款规定的孳息应当先充抵收取孳息的费用。

第四百一十三条 抵押财产折价或者拍卖、变卖后，其价款超过债权数额的部分归抵押人所有，不足部分由债务人清偿。

第四百一十四条 同一财产向两个以上债权人抵押的，拍卖、变卖抵押财产所得的价款依照下列规定清偿：

（一）抵押权已经登记的，按照登记的时间先后确定清偿顺序；

（二）抵押权已经登记的先于未登记的受偿；

（三）抵押权未登记的，按照债权比例清偿。

其他可以登记的担保物权，清偿顺序参照适用前款规定。

第四百一十五条 同一财产既设立抵押权又设立质权的，拍卖、变卖该财产所得的价款按照登记、交付的时间先后确定清偿顺序。

第四百一十六条 动产抵押担保的主债权是抵押物的价款，标的物交付后十日内办理抵押登记的，该抵押权人优先于抵押物买受人的其他担保物权人受偿，但是留置权人除外。

第四百一十七条 建设用地使用权抵押后，该土地上新增的建筑物不属于抵押财产。该建设用地使用权实现抵押权时，应当将该土地上新增的建筑物与建设用地使用权一并处分。但是，新增建筑物所得的价款，抵押权人无权优先受偿。

第四百一十八条 以集体所有土地的使用权依法抵押的，实现抵押权后，未经法定程序，不得改变土地所有权的性质和土地用途。

第四百一十九条 抵押权人应当在主债权诉讼时效期间行使抵押权；未行使的，人民法院不予保护。

第二节 最高额抵押权

第四百二十条 为担保债务的履行，债务人或者第三人对一定期间内将要连续发生的债权提供担保财产的，债务人不履行到期债务或者发生当事人约定的实现抵押权的情形，抵押权人有权在最高债权额限度内就该担保财产优先受偿。

最高额抵押权设立前已经存在的债权，经当事人同意，可以转入最高额抵押担保的债权范围。

第四百二十一条 最高额抵押担保的债权确定前，部分债权转让的，最高额抵押权不得转让，但是当事人另有约定的除外。

第四百二十二条 最高额抵押担保的债权确定前，抵押权人与抵押人可以通过协议变更债权确定的期间、债权范围以及最高债权额。但是，变更的内容不得对其他抵押权人产生不利影响。

第四百二十三条 有下列情形之一的，抵押权人的债权确定：

（一）约定的债权确定期间届满；

（二）没有约定债权确定期间或者约定不明确，抵押权人或者抵押人自最高额抵押权设立之日起满二年后请求确定债权；

（三）新的债权不可能发生；

（四）抵押权人知道或者应当知道抵押财产被查封、扣押；

（五）债务人、抵押人被宣告破产或者解散；

（六）法律规定债权确定的其他情形。

第四百二十四条 最高额抵押权除适用本节规定外，适用本章第一节的有关规定。

第十八章 质 权

第一节 动产质权

第四百二十五条 为担保债务的履行，债务人或者第三人将其动产出质给债权人占有的，债务人不履行到期债务或者发生当事人约定的实现质权的情形，债权人有权就该动产优先受偿。

前款规定的债务人或者第三人为出质人，债权人为质权人，交付的动产为质押财产。

第四百二十六条 法律、行政法规禁止转让的动产不得出质。

第四百二十七条 设立质权，当事人应当采用书面形式订立质押合同。

质押合同一般包括下列条款：

（一）被担保债权的种类和数额；

（二）债务人履行债务的期限；

（三）质押财产的名称、数量等情况；

（四）担保的范围；

（五）质押财产交付的时间、方式。

第四百二十八条 质权人在债务履行期限届满前，与出质人约定债务人不履行到期债务时质押财产归债权人所有的，只能依法就质押财产优先受偿。

第四百二十九条 质权自出质人交付质押财产时设立。

第四百三十条 质权人有权收取质押财产的孳息，但是合同另有约定的除外。

前款规定的孳息应当先充抵收取孳息的费用。

第四百三十一条 质权人在质权存续期间，未经出质人同意，擅自使用、处分质押财产，造成出质人损害的，应当承担赔偿责任。

第四百三十二条 质权人负有妥善保管质押财产的义务；因保管不善致使质押财产毁损、灭失的，应当承担赔偿责任。

质权人的行为可能使质押财产毁损、灭失的，出质人可以请求质权人将质押财产提存，或者请求提前清偿债务并返还质押财产。

第四百三十三条 因不可归责于质权人的事由可能使质押财产毁损或者价值明显减少，足以危害质权人权利的，质权人有权请求出质人提供相应的担保；出质人不提供的，质权人可以拍卖、变卖质押财产，并与出质人协议将拍卖、变卖所得的价款提前清偿债务或者提存。

第四百三十四条 质权人在质权存续期间，未经出质人同意转质，造成质押财产毁损、灭失的，应当承担赔偿责任。

第四百三十五条 质权人可以放弃质权。债务人以自己的财产出质，质权人放弃该质权的，其他担保人在质权人丧失优先受偿权益的范围内免除担保责任，但是其他担保人承诺仍然提供担保的除外。

第四百三十六条 债务人履行债务或者出质人提前清偿所担保的债权的，质权人应当返还质押财产。

债务人不履行到期债务或者发生当事人约定的实现质权的情形，质权人可以与出质人协议以质押财产折价，也可以就拍卖、变卖质押财产所得的价款优先受偿。

质押财产折价或者变卖的，应当参照市场价格。

第四百三十七条 出质人可以请求质权人在债务履行期限届满后及时行使质权；质权人不行使的，出质人可以请求人民法院拍卖、变卖质押财产。

出质人请求质权人及时行使质权，因质权人怠于行使权利造成出质人损害的，由质权人承担赔偿责任。

第四百三十八条 质押财产折价或者拍卖、变卖后，其价款超过债权数额的部分归出质人所有，不足部分由债务人清偿。

第四百三十九条 出质人与质权人可以协议设立最高额质权。

最高额质权除适用本节有关规定外，参照适用本编第十七章第二节的有关规定。

第二节 权利质权

第四百四十条 债务人或者第三人有权处分的下列权利可以出质：

（一）汇票、本票、支票；

（二）债券、存款单；

（三）仓单、提单；

（四）可以转让的基金份额、股权；

（五）可以转让的注册商标专用权、专利权、著作权等知识产权中的财产权；

（六）现有的以及将有的应收账款；

（七）法律、行政法规规定可以出质的其他财产权利。

第四百四十一条 以汇票、本票、支票、债券、存款单、仓单、提单出质的，质权自权利凭证交付质权人时设立；没有权利凭证的，质权自办理出质登记时设立。法律另有规定的，依照其规定。

第四百四十二条 汇票、本票、支票、债券、存款单、仓单、提单的兑现日期或者提货日期先于主债权到期的，质权人可以兑现或者提货，并与出质人协议将兑现的价款或者提取的货物提前清偿债务或者提存。

第四百四十三条 以基金份额、股权出质的，质权自办理出质登记时设立。

基金份额、股权出质后，不得转让，但是出质人与质权人协商同意的除外。出质人转让基金份额、股权所得的价款，应当向质权人提前清偿债务或者提存。

第四百四十四条 以注册商标专用权、专利权、著作权等知识产权中的财产权出质的，质权自办理出质登记时设立。

知识产权中的财产权出质后，出质人不得转让或者许可他人使用，但是出质人与质权人协商同意的除外。出质人转让或者许可他人使用出质的知识产权中的财产权所得的价款，应当向质权人提前清偿债务或者提存。

第四百四十五条 以应收账款出质的，质权自办理出质登记时设立。

应收账款出质后，不得转让，但是出质人与质权人协商同意的除外。出质人转让应收账款所得的价款，应当向质权人提前清偿债务或者提存。

第四百四十六条 权利质权除适用本节规定外，适用本章第一节的有关规定。

第十九章 留 置 权

第四百四十七条 债务人不履行到期债务，债权人可以留置已经合法占有的债务人的动产，并有权就该动产优先受偿。

前款规定的债权人为留置权人，占有的动产为留置财产。

第四百四十八条 债权人留置的动产，应当与债权属于同一法律关系，但是企业之间留置的除外。

第四百四十九条 法律规定或者当事人约定不得留置的动产，不得留置。

第四百五十条 留置财产为可分物的，留置财产的价值应当相当于债务的金额。

第四百五十一条 留置权人负有妥善保管留置财产的义务；因保管不善致使留置财产毁损、灭失的，应当承担赔偿责任。

第四百五十二条 留置权人有权收取留置财产的孳息。

前款规定的孳息应当先充抵收取孳息的费用。

第四百五十三条 留置权人与债务人应当约定留置财产后的债务履行期限；没有约定或者约定不明确的，留置权人应当给债务人六十日以上履行债务的期限，但是鲜活易腐等不易保管的动产除外。债务人逾期未履行的，留置权人可以与债务人协议以留置财产折价，也可以就拍卖、变卖留置财产所得的价款优先受偿。

留置财产折价或者变卖的，应当参照市场价格。

第四百五十四条 债务人可以请求留置权人在债务履行期限届满后行使留置权；留置权人不行使的，债务人可以请求人民法院拍卖、变卖留置财产。

第四百五十五条 留置财产折价或者拍卖、变卖后，其价款超过债权数额的部分归债务人所有，不足部分由债务人清偿。

第四百五十六条 同一动产上已经设立抵押权或者质权，该动产又被留置的，留置权人优先受偿。

第四百五十七条 留置权人对留置财产丧失占有或者留置权人接受债务人另行提供担保的，留置权消灭。

第五分编 占　　有

第二十章 占　　有

第四百五十八条 基于合同关系等产生的占有，有关不动产或者动产的使用、收益、违约责任等，按照合同约定；合同没有约定或者约定不明确的，依照有关法律规定。

第四百五十九条 占有人因使用占有的不动产或者动产，致使该不动产或者动产受到损害的，恶意占有人应当承担赔偿责任。

第四百六十条 不动产或者动产被占有人占有的，权利人可以请求返还原物及其孳息；但是，应当支付善意占有人因维护该不动产或者动产支出的必要费用。

第四百六十一条 占有的不动产或者动产毁损、灭失，该不动产或者动产的权利人请求赔偿的，占有人应当将因毁损、灭失取得的保险金、赔偿金或者补偿金等返还给权利人；权利人的损害未得到足够弥补的，恶意占有人还应当赔偿损失。

第四百六十二条 占有的不动产或者动产被侵占的，占有人有权请求返还原物；对妨害占有的行为，占有人有权请求排除妨害或者消除危险；因侵占或者妨害造成损害的，占有人有权依法请求损害赔偿。

占有人返还原物的请求权，自侵占发生之日起一年内未行使的，该请求权消灭。

第三编　合　　同

第一分编　通　　则

第一章　一 般 规 定

第四百六十三条　本编调整因合同产生的民事关系。

第四百六十四条　合同是民事主体之间设立、变更、终止民事法律关系的协议。

婚姻、收养、监护等有关身份关系的协议，适用有关该身份关系的法律规定；没有规定的，可以根据其性质参照适用本编规定。

第四百六十五条　依法成立的合同，受法律保护。

依法成立的合同，仅对当事人具有法律约束力，但是法律另有规定的除外。

第四百六十六条　当事人对合同条款的理解有争议的，应当依据本法第一百四十二条第一款的规定，确定争议条款的含义。

合同文本采用两种以上文字订立并约定具有同等效力的，对各文本使用的词句推定具有相同含义。各文本使用的词句不一致的，应当根据合同的相关条款、性质、目的以及诚信原则等予以解释。

第四百六十七条　本法或者其他法律没有明文规定的合同，适用本编通则的规定，并可以参照适用本编或者其他法律最相类似合同的规定。

在中华人民共和国境内履行的中外合资经营企业合同、中外合作经营企业合同、中外合作勘探开发自然资源合同，适用中华人民共和国法律。

第四百六十八条　非因合同产生的债权债务关系，适用有关该债权债务关系的法律规定；没有规定的，适用本编通则的有关规定，但是根据其性质不能适用的除外。

第二章　合同的订立

第四百六十九条　当事人订立合同，可以采用书面形式、口头形式或者其他形式。

书面形式是合同书、信件、电报、电传、传真等可以有形地表现所载内容的形式。

以电子数据交换、电子邮件等方式能够有形地表现所载内容，并可以随时调取查用的数据电文，视为书面形式。

第四百七十条　合同的内容由当事人约定，一般包括下列条款：

（一）当事人的姓名或者名称和住所；

（二）标的；

（三）数量；

（四）质量；

（五）价款或者报酬；

（六）履行期限、地点和方式；

（七）违约责任；

（八）解决争议的方法。

当事人可以参照各类合同的示范文本订立合同。

第四百七十一条　当事人订立合同，可以采取要约、承诺方式或者其他方式。

第四百七十二条　要约是希望与他人订立合同的意思表示，该意思表示应当符合下列条件：

（一）内容具体确定；

（二）表明经受要约人承诺，要约人即受该意思表示约束。

第四百七十三条　要约邀请是希望他人向自己发出要约的表示。拍卖公告、招标公告、招股说明书、债券募集办法、基金招募说明书、商业广告和宣传、寄送的价目表等为要约邀请。

商业广告和宣传的内容符合要约条件的，构成要约。

第四百七十四条　要约生效的时间适用本法第一百三十七条的规定。

第四百七十五条 要约可以撤回。要约的撤回适用本法第一百四十一条的规定。

第四百七十六条 要约可以撤销，但是有下列情形之一的除外：

（一）要约人以确定承诺期限或者其他形式明示要约不可撤销；

（二）受要约人有理由认为要约是不可撤销的，并已经为履行合同做了合理准备工作。

第四百七十七条 撤销要约的意思表示以对话方式作出的，该意思表示的内容应当在受要约人作出承诺之前为受要约人所知道；撤销要约的意思表示以非对话方式作出的，应当在受要约人作出承诺之前到达受要约人。

第四百七十八条 有下列情形之一的，要约失效：

（一）要约被拒绝；

（二）要约被依法撤销；

（三）承诺期限届满，受要约人未作出承诺；

（四）受要约人对要约的内容作出实质性变更。

第四百七十九条 承诺是受要约人同意要约的意思表示。

第四百八十条 承诺应当以通知的方式作出；但是，根据交易习惯或者要约表明可以通过行为作出承诺的除外。

第四百八十一条 承诺应当在要约确定的期限内到达要约人。

要约没有确定承诺期限的，承诺应当依照下列规定到达：

（一）要约以对话方式作出的，应当即时作出承诺；

（二）要约以非对话方式作出的，承诺应当在合理期限内到达。

第四百八十二条 要约以信件或者电报作出的，承诺期限自信件载明的日期或者电报交发之日开始计算。信件未载明日期的，自投寄该信件的邮戳日期开始计算。要约以电话、传真、电子邮件等快速通讯方式作出的，承诺期限自要约到达受要约人时开始计算。

第四百八十三条 承诺生效时合同成立，但是法律另有规定或者当事人另有约定的除外。

第四百八十四条 以通知方式作出的承诺，生效的时间适用本法第一百三十七条的规定。

承诺不需要通知的，根据交易习惯或者要约的要求作出承诺的行为时生效。

第四百八十五条 承诺可以撤回。承诺的撤回适用本法第一百四十一条的规定。

第四百八十六条 受要约人超过承诺期限发出承诺，或者在承诺期限内发出承诺，按照通常情形不能及时到达要约人的，为新要约；但是，要约人及时通知受要约人该承诺有效的除外。

第四百八十七条 受要约人在承诺期限内发出承诺，按照通常情形能够及时到达要约人，但是因其他原因致使承诺到达要约人时超过承诺期限的，除要约人及时通知受要约人因承诺超过期限不接受该承诺外，该承诺有效。

第四百八十八条 承诺的内容应当与要约的内容一致。受要约人对要约的内容作出实质性变更的，为新要约。有关合同标的、数量、质量、价款或者报酬、履行期限、履行地点和方式、违约责任和解决争议方法等的变更，是对要约内容的实质性变更。

第四百八十九条 承诺对要约的内容作出非实质性变更的，除要约人及时表示反对或者要约表明承诺不得对要约的内容作出任何变更外，该承诺有效，合同的内容以承诺的内容为准。

第四百九十条 当事人采用合同书形式订立合同的，自当事人均签名、盖章或者按指印时合同成立。在签名、盖章或者按指印之前，当事人一方已经履行主要义务，对方接受时，该合同成立。

法律、行政法规规定或者当事人约定合同应当采用书面形式订立，当事人未采用书面形式但是一方已经履行主要义务，对方接受时，该合同成立。

第四百九十一条 当事人采用信件、数据电文等形式订立合同要求签订确认书的，签订确认书时合同成立。

当事人一方通过互联网等信息网络发布的商品或者服务信息符合要约条件的，对方选择该商品或者服务并提交订单成功时合同成立，但是当事人另有约定的除外。

第四百九十二条 承诺生效的地点为合同成立的地点。

采用数据电文形式订立合同的，收件人的主营业地为合同成立的地点；

没有主营业地的，其住所地为合同成立的地点。当事人另有约定的，按照其约定。

第四百九十三条 当事人采用合同书形式订立合同的，最后签名、盖章或者按指印的地点为合同成立的地点，但是当事人另有约定的除外。

第四百九十四条 国家根据抢险救灾、疫情防控或者其他需要下达国家订货任务、指令性任务的，有关民事主体之间应当依照有关法律、行政法规规定的权利和义务订立合同。

依照法律、行政法规的规定负有发出要约义务的当事人，应当及时发出合理的要约。

依照法律、行政法规的规定负有作出承诺义务的当事人，不得拒绝对方合理的订立合同要求。

第四百九十五条 当事人约定在将来一定期限内订立合同的认购书、订购书、预订书等，构成预约合同。

当事人一方不履行预约合同约定的订立合同义务的，对方可以请求其承担预约合同的违约责任。

第四百九十六条 格式条款是当事人为了重复使用而预先拟定，并在订立合同时未与对方协商的条款。

采用格式条款订立合同的，提供格式条款的一方应当遵循公平原则确定当事人之间的权利和义务，并采取合理的方式提示对方注意免除或者减轻其责任等与对方有重大利害关系的条款，按照对方的要求，对该条款予以说明。提供格式条款的一方未履行提示或者说明义务，致使对方没有注意或者理解与其有重大利害关系的条款的，对方可以主张该条款不成为合同的内容。

第四百九十七条 有下列情形之一的，该格式条款无效：

（一）具有本法第一编第六章第三节和本法第五百零六条规定的无效情形；

（二）提供格式条款一方不合理地免除或者减轻其责任、加重对方责任、限制对方主要权利；

（三）提供格式条款一方排除对方主要权利。

第四百九十八条 对格式条款的理解发生争议的，应当按照通常理解予以解释。对格式条款有两种以上解释的，应当作出不利于提供格式条款一方的解释。格式条款和非格式条款不一致的，应当采用非格式条款。

第四百九十九条 悬赏人以公开方式声明对完成特定行为的人支付报酬的，完成该行为的人可以请求其支付。

第五百条 当事人在订立合同过程中有下列情形之一，造成对方损失的，应当承担赔偿责任：

（一）假借订立合同，恶意进行磋商；

（二）故意隐瞒与订立合同有关的重要事实或者提供虚假情况；

（三）有其他违背诚信原则的行为。

第五百零一条 当事人在订立合同过程中知悉的商业秘密或者其他应当保密的信息，无论合同是否成立，不得泄露或者不正当地使用；泄露、不正当地使用该商业秘密或者信息，造成对方损失的，应当承担赔偿责任。

第三章 合同的效力

第五百零二条 依法成立的合同，自成立时生效，但是法律另有规定或者当事人另有约定的除外。

依照法律、行政法规的规定，合同应当办理批准等手续的，依照其规定。未办理批准等手续影响合同生效的，不影响合同中履行报批等义务条款以及相关条款的效力。应当办理申请批准等手续的当事人未履行义务的，对方可以请求其承担违反该义务的责任。

依照法律、行政法规的规定，合同的变更、转让、解除等情形应当办理批准等手续的，适用前款规定。

第五百零三条 无权代理人以被代理人的名义订立合同，被代理人已经开始履行合同义务或者接受相对人履行的，视为对合同的追认。

第五百零四条 法人的法定代表人或者非法人组织的负责人超越权限订立的合同，除相对人知道或者应当知道其超越权限外，该代表行为有效，订立的合同对法人或者非法人组织发生效力。

第五百零五条 当事人超越经营范围订立的合同的效力，应当依照本法第一编第六章第三节和本编的有关规定确定，不得仅以超越经营范围确认合同无效。

第五百零六条 合同中的下列免责条款无效：

（一）造成对方人身损害的；

（二）因故意或者重大过失造成对方财产损失的。

第五百零七条 合同不生效、无效、被撤销或者终止的，不影响合同中有关解决争议方法的条款的效力。

第五百零八条 本编对合同的效力没有规定的，适用本法第一编第六章的有关规定。

第四章 合同的履行

第五百零九条 当事人应当按照约定全面履行自己的义务。

当事人应当遵循诚信原则，根据合同的性质、目的和交易习惯履行通知、协助、保密等义务。

当事人在履行合同过程中，应当避免浪费资源、污染环境和破坏生态。

第五百一十条 合同生效后，当事人就质量、价款或者报酬、履行地点等内容没有约定或者约定不明确的，可以协议补充；不能达成补充协议的，按照合同相关条款或者交易习惯确定。

第五百一十一条 当事人就有关合同内容约定不明确，依据前条规定仍不能确定的，适用下列规定：

（一）质量要求不明确的，按照强制性国家标准履行；没有强制性国家标准的，按照推荐性国家标准履行；没有推荐性国家标准的，按照行业标准履行；没有国家标准、行业标准的，按照通常标准或者符合合同目的的特定标准履行。

（二）价款或者报酬不明确的，按照订立合同时履行地的市场价格履行；依法应当执行政府定价或者政府指导价的，依照规定履行。

（三）履行地点不明确，给付货币的，在接受货币一方所在地履行；交付不动产的，在不动产所在地履行；其他标的，在履行义务一方所在地履行。

（四）履行期限不明确的，债务人可以随时履行，债权人也可以随时请求履行，但是应当给对方必要的准备时间。

（五）履行方式不明确的，按照有利于实现合同目的的方式履行。

（六）履行费用的负担不明确的，由履行义务一方负担；因债权人原因增加的履行费用，由债权人负担。

第五百一十二条 通过互联网等信息网络订立的电子合同的标的为交付商品并采用快递物流方式交付的，收货人的签收时间为交付时间。电子合同的标的为提供服务的，生成的电子凭证或者实物凭证中载明的时间为提供服务时间；前述凭证没有载明时间或者载明时间与实际提供服务时间不一致的，以实际提供服务的时间为准。

电子合同的标的物为采用在线传输方式交付的，合同标的物进入对方当事人指定的特定系统且能够检索识别的时间为交付时间。

电子合同当事人对交付商品或者提供服务的方式、时间另有约定的，按照其约定。

第五百一十三条 执行政府定价或者政府指导价的，在合同约定的交付期限内政府价格调整时，按照交付时的价格计价。逾期交付标的物的，遇价格上涨时，按照原价格执行；价格下降时，按照新价格执行。逾期提取标的物或者逾期付款的，遇价格上涨时，按照新价格执行；价格下降时，按照原价格执行。

第五百一十四条 以支付金钱为内容的债，除法律另有规定或者当事人另有约定外，债权人可以请求债务人以实际履行地的法定货币履行。

第五百一十五条 标的有多项而债务人只需履行其中一项的，债务人享有选择权；但是，法律另有规定、当事人另有约定或者另有交易习惯的除外。

享有选择权的当事人在约定期限内或者履行期限届满未作选择，经催告后在合理期限内仍未选择的，选择权转移至对方。

第五百一十六条 当事人行使选择权应当及时通知对方，通知到达对方时，标的确定。标的确定后不得变更，但是经对方同意的除外。

可选择的标的发生不能履行情形的，享有选择权的当事人不得选择不能履行的标的，但是该不能履行的情形是由对方造成的除外。

第五百一十七条 债权人为二人以上，标的可分，按照份额各自享有债权的，为按份债权；债务人为二人以上，标的可分，按照份额各自负担债务的，为按份债务。

按份债权人或者按份债务人的份额难以确定的，视为份额相同。

第五百一十八条 债权人为二人以上，部分或者全部债权人均可以请求债务人履行债务的，为连带债权；债务人为二人以上，债权人可以请求部分或者全部债务人履行全部债务的，为连带债务。

连带债权或者连带债务，由法律规定或者当事人约定。

第五百一十九条 连带债务人之间的份额难以确定的，视为份额相同。

实际承担债务超过自己份额的连带债务人，有权就超出部分在其他连带债务人未履行的份额范围内向其追偿，并相应地享有债权人的权利，但是不得损害债权人的利益。其他连带债务人对债权人的抗辩，可以向该债务人主张。

被追偿的连带债务人不能履行其应分担份额的，其他连带债务人应当在相应范围内按比例分担。

第五百二十条 部分连带债务人履行、抵销债务或者提存标的物的，其他债务人对债权人的债务在相应范围内消灭；该债务人可以依据前条规定向其他债务人追偿。

部分连带债务人的债务被债权人免除的，在该连带债务人应当承担的份额范围内，其他债务人对债权人的债务消灭。

部分连带债务人的债务与债权人的债权同归于一人的，在扣除该债务人应当承担的份额后，债权人对其他债务人的债权继续存在。

债权人对部分连带债务人的给付受领迟延的，对其他连带债务人发生效力。

第五百二十一条 连带债权人之间的份额难以确定的，视为份额相同。

实际受领债权的连带债权人，应当按比例向其他连带债权人返还。

连带债权参照适用本章连带债务的有关规定。

第五百二十二条 当事人约定由债务人向第三人履行债务，债务人未向第三人履行债务或者履行债务不符合约定的，应当向债权人承担违约责任。

法律规定或者当事人约定第三人可以直接请求债务人向其履行债务，第三人未在合理期限内明确拒绝，债务人未向第三人履行债务或者履行债务不符合约定的，第三人可以请求债务人承担违约责任；债务人对债权人的抗辩，可以向第三人主张。

第五百二十三条 当事人约定由第三人向债权人履行债务，第三人不履行债务或者履行债务不符合约定的，债务人应当向债权人承担违约责任。

第五百二十四条 债务人不履行债务，第三人对履行该债务具有合法利益的，第三人有权向债权人代为履行；但是，根据债务性质、按照当事人约定或者依照法律规定只能由债务人履行的除外。

债权人接受第三人履行后，其对债务人的债权转让给第三人，但是债务人和第三人另有约定的除外。

第五百二十五条 当事人互负债务，没有先后履行顺序的，应当同时履行。一方在对方履行之前有权拒绝其履行请求。一方在对方履行债务不符合约定时，有权拒绝其相应的履行请求。

第五百二十六条 当事人互负债务，有先后履行顺序，应当先履行债务一方未履行的，后履行一方有权拒绝其履行请求。先履行一方履行债务不符合约定的，后履行一方有权拒绝其相应的履行请求。

第五百二十七条 应当先履行债务的当事人，有确切证据证明对方有下列情形之一的，可以中止履行：

（一）经营状况严重恶化；

（二）转移财产、抽逃资金，以逃避债务；

（三）丧失商业信誉；

（四）有丧失或者可能丧失履行债务能力的其他情形。

当事人没有确切证据中止履行的，应当承担违约责任。

第五百二十八条 当事人依据前条规定中止履行的，应当及时通知对方。对方提供适当担保的，应当恢复履行。中止履行后，对方在合理期限内未恢复履行能力且未提供适当担保的，视为以自己的行为表明不履行主要债务，中止履行的一方可以解除合同并可以请求对方承担违约责任。

第五百二十九条 债权人分立、合并或者变更住所没有通知债务人，致使履行债务发生困难的，债务人可以中止履行或者将标的物提存。

第五百三十条 债权人可以拒绝债务人提前履行债务，但是提前履行不损害债权人利益的除外。

债务人提前履行债务给债权人增加的费用，由债务人负担。

第五百三十一条 债权人可以拒绝债务人部分履行债务，但是部分履行不损害债权人利益的除外。

债务人部分履行债务给债权人增加的费用，由债务人负担。

第五百三十二条 合同生效后，当事人不得因姓名、名称的变更或者法定代表人、负责人、承办人的变动而不履行合同义务。

第五百三十三条 合同成立后，合同的基础条件发生了当事人在订立合同时无法预见的、不属于商业风险的重大变化，继续履行合同对于当事人一方明显不公平的，受不利影响的当事人可以与对方重新协商；在合理期限内协商不成的，当事人可以请求人民法院或者仲裁机构变更或者解除合同。

人民法院或者仲裁机构应当结合案件的实际情况，根据公平原则变更或者解除合同。

第五百三十四条 对当事人利用合同实施危害国家利益、社会公共利益行为的，市场监督管理和其他有关行政主管部门依照法律、行政法规的规定负责监督处理。

第五章 合同的保全

第五百三十五条 因债务人怠于行使其债权或者与该债权有关的从权利，影响债权人的到期债权实现的，债权人可以向人民法院请求以自己的名义代位行使债务人对相对人的权利，但是该权利专属于债务人自身的除外。

代位权的行使范围以债权人的到期债权为限。债权人行使代位权的必要费用，由债务人负担。

相对人对债务人的抗辩，可以向债权人主张。

第五百三十六条 债权人的债权到期前，债务人的债权或者与该债权有关的从权利存在诉讼时效期间即将届满或者未及时申报破产债权等情形，影响债权人的债权实现的，债权人可以代位向债务人的相对人请求其向债务人履行、向破产管理人申报或者作出其他必要的行为。

第五百三十七条 人民法院认定代位权成立的，由债务人的相对人向债权人履行义务，债权人接受履行后，债权人与债务人、债务人与相对人之间相应的权利义务终止。债务人对相对人的债权或者与该债权有关的从权利被采取保全、执行措施，或者债务人破产的，依照相关法律的规定处理。

第五百三十八条 债务人以放弃其债权、放弃债权担保、无偿转让财产等方式无偿处分财产权益，或者恶意延长其到期债权的履行期限，影响债权人的债权实现的，债权人可以请求人民法院撤销债务人的行为。

第五百三十九条 债务人以明显不合理的低价转让财产、以明显不合理的高价受让他人财产或者为他人的债务提供担保，影响债权人的债权实现，债务人的相对人知道或者应当知道该情形的，债权人可以请求人民法院撤销债务人的行为。

第五百四十条 撤销权的行使范围以债权人的债权为限。债权人行使撤销权的必要费用，由债务人负担。

第五百四十一条 撤销权自债权人知道或者应当知道撤销事由之日起一年内行使。自债务人的行为发生之日起五年内没有行使撤销权的，该撤销权消灭。

第五百四十二条 债务人影响债权人的债权实现的行为被撤销的，自始没有法律约束力。

第六章 合同的变更和转让

第五百四十三条 当事人协商一致，可以变更合同。

第五百四十四条 当事人对合同变更的内容约定不明确的，推定为未变更。

第五百四十五条 债权人可以将债权的全部或者部分转让给第三人，但是有下列情形之一的除外：

（一）根据债权性质不得转让；

（二）按照当事人约定不得转让；

（三）依照法律规定不得转让。

当事人约定非金钱债权不得转让的，不得对抗善意第三人。当事人约定金钱债权不得转让的，不得对抗第三人。

第五百四十六条 债权人转让债权，未通知债务人的，该转让对债务人不发生效力。

债权转让的通知不得撤销，但是经受让人同意的除外。

第五百四十七条 债权人转让债权的，受让人取得与债权有关的从权利，但是该从权利专属于债权人自身的除外。

受让人取得从权利不因该从权利未办理转移登记手续或者未转移占有而受到影响。

第五百四十八条 债务人接到债权转让通知后，债务人对让与人的抗辩，可以向受让人主张。

第五百四十九条 有下列情形之一的，债务人可以向受让人主张抵销：

（一）债务人接到债权转让通知时，债务人对让与人享有债权，且债务人的债权先于转让的债权到期或者同时到期；

（二）债务人的债权与转让的债权是基于同一合同产生。

第五百五十条 因债权转让增加的履行费用，由让与人负担。

第五百五十一条 债务人将债务的全部或者部分转移给第三人的，应当经债权人同意。

债务人或者第三人可以催告债权人在合理期限内予以同意，债权人未作表示的，视为不同意。

第五百五十二条 第三人与债务人约定加入债务并通知债权人，或者第三人向债权人表示愿意加入债务，债权人未在合理期限内明确拒绝的，债权人可以请求第三人在其愿意承担的债务范围内和债务人承担连带债务。

第五百五十三条 债务人转移债务的，新债务人可以主张原债务人对债权人的抗辩；原债务人对债权人享有债权的，新债务人不得向债权人主张抵销。

第五百五十四条 债务人转移债务的，新债务人应当承担与主债务有关的从债务，但是该从债务专属于原债务人自身的除外。

第五百五十五条 当事人一方经对方同意，可以将自己在合同中的权利和义务一并转让给第三人。

第五百五十六条 合同的权利和义务一并转让的，适用债权转让、债务转移的有关规定。

第七章 合同的权利义务终止

第五百五十七条 有下列情形之一的，债权债务终止：

（一）债务已经履行；

（二）债务相互抵销；

（三）债务人依法将标的物提存；

（四）债权人免除债务；

（五）债权债务同归于一人；

（六）法律规定或者当事人约定终止的其他情形。

合同解除的，该合同的权利义务关系终止。

第五百五十八条 债权债务终止后，当事人应当遵循诚信等原则，根据交易习惯履行通知、协助、保密、旧物回收等义务。

第五百五十九条 债权债务终止时，债权的从权利同时消灭，但是法律另有规定或者当事人另有约定的除外。

第五百六十条 债务人对同一债权人负担的数项债务种类相同，债务人的给付不足以清偿全部债务的，除当事人另有约定外，由债务人在清偿时指定其履行的债务。

债务人未作指定的，应当优先履行已经到期的债务；数项债务均到期的，优先履行对债权人缺乏担保或者担保最少的债务；均无担保或者担保相等的，优先履行债务人负担较重的债务；负担相同的，按照债务到期的先后顺序履行；到期时间相同的，按照债务比例履行。

第五百六十一条 债务人在履行主债务外还应当支付利息和实现债权的有关费用，其给付不足以清偿全部债务的，除当事人另有约定外，应当按照下列顺序履行：

（一）实现债权的有关费用；

（二）利息；

（三）主债务。

第五百六十二条　当事人协商一致，可以解除合同。

当事人可以约定一方解除合同的事由。解除合同的事由发生时，解除权人可以解除合同。

第五百六十三条　有下列情形之一的，当事人可以解除合同：

（一）因不可抗力致使不能实现合同目的；

（二）在履行期限届满前，当事人一方明确表示或者以自己的行为表明不履行主要债务；

（三）当事人一方迟延履行主要债务，经催告后在合理期限内仍未履行；

（四）当事人一方迟延履行债务或者有其他违约行为致使不能实现合同目的；

（五）法律规定的其他情形。

以持续履行的债务为内容的不定期合同，当事人可以随时解除合同，但是应当在合理期限之前通知对方。

第五百六十四条　法律规定或者当事人约定解除权行使期限，期限届满当事人不行使的，该权利消灭。

法律没有规定或者当事人没有约定解除权行使期限，自解除权人知道或者应当知道解除事由之日起一年内不行使，或者经对方催告后在合理期限内不行使的，该权利消灭。

第五百六十五条　当事人一方依法主张解除合同的，应当通知对方。合同自通知到达对方时解除；通知载明债务人在一定期限内不履行债务则合同自动解除，债务人在该期限内未履行债务的，合同自通知载明的期限届满时解除。对方对解除合同有异议的，任何一方当事人均可以请求人民法院或者仲裁机构确认解除行为的效力。

当事人一方未通知对方，直接以提起诉讼或者申请仲裁的方式依法主张解除合同，人民法院或者仲裁机构确认该主张的，合同自起诉状副本或者仲裁申请书副本送达对方时解除。

第五百六十六条　合同解除后，尚未履行的，终止履行；已经履行的，根据履行情况和合同性质，当事人可以请求恢复原状或者采取其他补救措施，并有权请求赔偿损失。

合同因违约解除的，解除权人可以请求违约方承担违约责任，但是当事人另有约定的除外。

主合同解除后，担保人对债务人应当承担的民事责任仍应当承担担保责任，但是担保合同另有约定的除外。

第五百六十七条 合同的权利义务关系终止，不影响合同中结算和清理条款的效力。

第五百六十八条 当事人互负债务，该债务的标的物种类、品质相同的，任何一方可以将自己的债务与对方的到期债务抵销；但是，根据债务性质、按照当事人约定或者依照法律规定不得抵销的除外。

当事人主张抵销的，应当通知对方。通知自到达对方时生效。抵销不得附条件或者附期限。

第五百六十九条 当事人互负债务，标的物种类、品质不相同的，经协商一致，也可以抵销。

第五百七十条 有下列情形之一，难以履行债务的，债务人可以将标的物提存：

（一）债权人无正当理由拒绝受领；

（二）债权人下落不明；

（三）债权人死亡未确定继承人、遗产管理人，或者丧失民事行为能力未确定监护人；

（四）法律规定的其他情形。

标的物不适于提存或者提存费用过高的，债务人依法可以拍卖或者变卖标的物，提存所得的价款。

第五百七十一条 债务人将标的物或者将标的物依法拍卖、变卖所得价款交付提存部门时，提存成立。

提存成立的，视为债务人在其提存范围内已经交付标的物。

第五百七十二条 标的物提存后，债务人应当及时通知债权人或者债权人的继承人、遗产管理人、监护人、财产代管人。

第五百七十三条 标的物提存后，毁损、灭失的风险由债权人承担。提存期间，标的物的孳息归债权人所有。提存费用由债权人负担。

第五百七十四条 债权人可以随时领取提存物。但是，债权人对债务人负有到期债务的，在债权人未履行债务或者提供担保之前，提存部门根据债务人的要求应当拒绝其领取提存物。

债权人领取提存物的权利，自提存之日起五年内不行使而消灭，提存物扣除提存费用后归国家所有。但是，债权人未履行对债务人的到期债务，或者债权人向提存部门书面表示放弃领取提存物权利的，债务人负担提存费用后有权取回提存物。

第五百七十五条 债权人免除债务人部分或者全部债务的，债权债务部分或者全部终止，但是债务人在合理期限内拒绝的除外。

第五百七十六条 债权和债务同归于一人的，债权债务终止，但是损害第三人利益的除外。

第八章 违约责任

第五百七十七条 当事人一方不履行合同义务或者履行合同义务不符合约定的，应当承担继续履行、采取补救措施或者赔偿损失等违约责任。

第五百七十八条 当事人一方明确表示或者以自己的行为表明不履行合同义务的，对方可以在履行期限届满前请求其承担违约责任。

第五百七十九条 当事人一方未支付价款、报酬、租金、利息，或者不履行其他金钱债务的，对方可以请求其支付。

第五百八十条 当事人一方不履行非金钱债务或者履行非金钱债务不符合约定的，对方可以请求履行，但是有下列情形之一的除外：

（一）法律上或者事实上不能履行；

（二）债务的标的不适于强制履行或者履行费用过高；

（三）债权人在合理期限内未请求履行。

有前款规定的除外情形之一，致使不能实现合同目的的，人民法院或者仲裁机构可以根据当事人的请求终止合同权利义务关系，但是不影响违约责任的承担。

第五百八十一条 当事人一方不履行债务或者履行债务不符合约定，根据债务的性质不得强制履行的，对方可以请求其负担由第三人替代履行的费用。

第五百八十二条 履行不符合约定的，应当按照当事人的约定承担违约责任。对违约责任没有约定或者约定不明确，依据本法第五百一十条的规定仍不能确定的，受损害方根据标的的性质以及损失的大小，可以合理选择请求对方承担修理、重作、更换、退货、减少价款或者报酬等违约责任。

第五百八十三条 当事人一方不履行合同义务或者履行合同义务不符合约定的，在履行义务或者采取补救措施后，对方还有其他损失的，应当赔偿损失。

第五百八十四条 当事人一方不履行合同义务或者履行合同义务不符合约定，造成对方损失的，损失赔偿额应当相当于因违约所造成的损失，包括合同履行后可以获得的利益；但是，不得超过违约一方订立合同时预见到或者应当预见到的因违约可能造成的损失。

第五百八十五条 当事人可以约定一方违约时应当根据违约情况向对方支付一定数额的违约金，也可以约定因违约产生的损失赔偿额的计算方法。

约定的违约金低于造成的损失的，人民法院或者仲裁机构可以根据当事人的请求予以增加；约定的违约金过分高于造成的损失的，人民法院或者仲裁机构可以根据当事人的请求予以适当减少。

当事人就迟延履行约定违约金的，违约方支付违约金后，还应当履行债务。

第五百八十六条 当事人可以约定一方向对方给付定金作为债权的担保。定金合同自实际交付定金时成立。

定金的数额由当事人约定；但是，不得超过主合同标的额的百分之二十，超过部分不产生定金的效力。实际交付的定金数额多于或者少于约定数额的，视为变更约定的定金数额。

第五百八十七条 债务人履行债务的，定金应当抵作价款或者收回。给付定金的一方不履行债务或者履行债务不符合约定，致使不能实现合同目的的，无权请求返还定金；收受定金的一方不履行债务或者履行债务不符合约定，致使不能实现合同目的的，应当双倍返还定金。

第五百八十八条 当事人既约定违约金，又约定定金的，一方违约时，对方可以选择适用违约金或者定金条款。

定金不足以弥补一方违约造成的损失的，对方可以请求赔偿超过定金数额的损失。

第五百八十九条　债务人按照约定履行债务，债权人无正当理由拒绝受领的，债务人可以请求债权人赔偿增加的费用。

在债权人受领迟延期间，债务人无须支付利息。

第五百九十条　当事人一方因不可抗力不能履行合同的，根据不可抗力的影响，部分或者全部免除责任，但是法律另有规定的除外。因不可抗力不能履行合同的，应当及时通知对方，以减轻可能给对方造成的损失，并应当在合理期限内提供证明。

当事人迟延履行后发生不可抗力的，不免除其违约责任。

第五百九十一条　当事人一方违约后，对方应当采取适当措施防止损失的扩大；没有采取适当措施致使损失扩大的，不得就扩大的损失请求赔偿。

当事人因防止损失扩大而支出的合理费用，由违约方负担。

第五百九十二条　当事人都违反合同的，应当各自承担相应的责任。

当事人一方违约造成对方损失，对方对损失的发生有过错的，可以减少相应的损失赔偿额。

第五百九十三条　当事人一方因第三人的原因造成违约的，应当依法向对方承担违约责任。当事人一方和第三人之间的纠纷，依照法律规定或者按照约定处理。

第五百九十四条　因国际货物买卖合同和技术进出口合同争议提起诉讼或者申请仲裁的时效期间为四年。

第二分编　典型合同

第九章　买卖合同

第五百九十五条　买卖合同是出卖人转移标的物的所有权于买受人，买受人支付价款的合同。

第五百九十六条 买卖合同的内容一般包括标的物的名称、数量、质量、价款、履行期限、履行地点和方式、包装方式、检验标准和方法、结算方式、合同使用的文字及其效力等条款。

第五百九十七条 因出卖人未取得处分权致使标的物所有权不能转移的，买受人可以解除合同并请求出卖人承担违约责任。

法律、行政法规禁止或者限制转让的标的物，依照其规定。

第五百九十八条 出卖人应当履行向买受人交付标的物或者交付提取标的物的单证，并转移标的物所有权的义务。

第五百九十九条 出卖人应当按照约定或者交易习惯向买受人交付提取标的物单证以外的有关单证和资料。

第六百条 出卖具有知识产权的标的物的，除法律另有规定或者当事人另有约定外，该标的物的知识产权不属于买受人。

第六百零一条 出卖人应当按照约定的时间交付标的物。约定交付期限的，出卖人可以在该交付期限内的任何时间交付。

第六百零二条 当事人没有约定标的物的交付期限或者约定不明确的，适用本法第五百一十条、第五百一十一条第四项的规定。

第六百零三条 出卖人应当按照约定的地点交付标的物。

当事人没有约定交付地点或者约定不明确，依据本法第五百一十条的规定仍不能确定的，适用下列规定：

（一）标的物需要运输的，出卖人应当将标的物交付给第一承运人以运交给买受人；

（二）标的物不需要运输，出卖人和买受人订立合同时知道标的物在某一地点的，出卖人应当在该地点交付标的物；不知道标的物在某一地点的，应当在出卖人订立合同时的营业地交付标的物。

第六百零四条 标的物毁损、灭失的风险，在标的物交付之前由出卖人承担，交付之后由买受人承担，但是法律另有规定或者当事人另有约定的除外。

第六百零五条 因买受人的原因致使标的物未按照约定的期限交付的，买受人应当自违反约定时起承担标的物毁损、灭失的风险。

第六百零六条 出卖人出卖交由承运人运输的在途标的物，除当事人另有约定外，毁损、灭失的风险自合同成立时起由买受人承担。

第六百零七条 出卖人按照约定将标的物运送至买受人指定地点并交付给承运人后，标的物毁损、灭失的风险由买受人承担。

当事人没有约定交付地点或者约定不明确，依据本法第六百零三条第二款第一项的规定标的物需要运输的，出卖人将标的物交付给第一承运人后，标的物毁损、灭失的风险由买受人承担。

第六百零八条 出卖人按照约定或者依据本法第六百零三条第二款第二项的规定将标的物置于交付地点，买受人违反约定没有收取的，标的物毁损、灭失的风险自违反约定时起由买受人承担。

第六百零九条 出卖人按照约定未交付有关标的物的单证和资料的，不影响标的物毁损、灭失风险的转移。

第六百一十条 因标的物不符合质量要求，致使不能实现合同目的的，买受人可以拒绝接受标的物或者解除合同。买受人拒绝接受标的物或者解除合同的，标的物毁损、灭失的风险由出卖人承担。

第六百一十一条 标的物毁损、灭失的风险由买受人承担的，不影响因出卖人履行义务不符合约定，买受人请求其承担违约责任的权利。

第六百一十二条 出卖人就交付的标的物，负有保证第三人对该标的物不享有任何权利的义务，但是法律另有规定的除外。

第六百一十三条 买受人订立合同时知道或者应当知道第三人对买卖的标的物享有权利的，出卖人不承担前条规定的义务。

第六百一十四条 买受人有确切证据证明第三人对标的物享有权利的，可以中止支付相应的价款，但是出卖人提供适当担保的除外。

第六百一十五条 出卖人应当按照约定的质量要求交付标的物。出卖人提供有关标的物质量说明的，交付的标的物应当符合该说明的质量要求。

第六百一十六条 当事人对标的物的质量要求没有约定或者约定不明确，依据本法第五百一十条的规定仍不能确定的，适用本法第五百一十一条第一项的规定。

第六百一十七条 出卖人交付的标的物不符合质量要求的，买受人可以依据本法第五百八十二条至第五百八十四条的规定请求承担违约责任。

第六百一十八条 当事人约定减轻或者免除出卖人对标的物瑕疵承担

的责任，因出卖人故意或者重大过失不告知买受人标的物瑕疵的，出卖人无权主张减轻或者免除责任。

第六百一十九条 出卖人应当按照约定的包装方式交付标的物。对包装方式没有约定或者约定不明确，依据本法第五百一十条的规定仍不能确定的，应当按照通用的方式包装；没有通用方式的，应当采取足以保护标的物且有利于节约资源、保护生态环境的包装方式。

第六百二十条 买受人收到标的物时应当在约定的检验期限内检验。没有约定检验期限的，应当及时检验。

第六百二十一条 当事人约定检验期限的，买受人应当在检验期限内将标的物的数量或者质量不符合约定的情形通知出卖人。买受人怠于通知的，视为标的物的数量或者质量符合约定。

当事人没有约定检验期限的，买受人应当在发现或者应当发现标的物的数量或者质量不符合约定的合理期限内通知出卖人。买受人在合理期限内未通知或者自收到标的物之日起二年内未通知出卖人的，视为标的物的数量或者质量符合约定；但是，对标的物有质量保证期的，适用质量保证期，不适用该二年的规定。

出卖人知道或者应当知道提供的标的物不符合约定的，买受人不受前两款规定的通知时间的限制。

第六百二十二条 当事人约定的检验期限过短，根据标的物的性质和交易习惯，买受人在检验期限内难以完成全面检验的，该期限仅视为买受人对标的物的外观瑕疵提出异议的期限。

约定的检验期限或者质量保证期短于法律、行政法规规定期限的，应当以法律、行政法规规定的期限为准。

第六百二十三条 当事人对检验期限未作约定，买受人签收的送货单、确认单等载明标的物数量、型号、规格的，推定买受人已经对数量和外观瑕疵进行检验，但是有相关证据足以推翻的除外。

第六百二十四条 出卖人依照买受人的指示向第三人交付标的物，出卖人和买受人约定的检验标准与买受人和第三人约定的检验标准不一致的，以出卖人和买受人约定的检验标准为准。

第六百二十五条 依照法律、行政法规的规定或者按照当事人的约定，标的物在有效使用年限届满后应予回收的，出卖人负有自行或者委托第三人对标的物予以回收的义务。

第六百二十六条 买受人应当按照约定的数额和支付方式支付价款。对价款的数额和支付方式没有约定或者约定不明确的，适用本法第五百一十条、第五百一十一条第二项和第五项的规定。

第六百二十七条 买受人应当按照约定的地点支付价款。对支付地点没有约定或者约定不明确，依据本法第五百一十条的规定仍不能确定的，买受人应当在出卖人的营业地支付；但是，约定支付价款以交付标的物或者交付提取标的物单证为条件的，在交付标的物或者交付提取标的物单证的所在地支付。

第六百二十八条 买受人应当按照约定的时间支付价款。对支付时间没有约定或者约定不明确，依据本法第五百一十条的规定仍不能确定的，买受人应当在收到标的物或者提取标的物单证的同时支付。

第六百二十九条 出卖人多交标的物的，买受人可以接收或者拒绝接收多交的部分。买受人接收多交部分的，按照约定的价格支付价款；买受人拒绝接收多交部分的，应当及时通知出卖人。

第六百三十条 标的物在交付之前产生的孳息，归出卖人所有；交付之后产生的孳息，归买受人所有。但是，当事人另有约定的除外。

第六百三十一条 因标的物的主物不符合约定而解除合同的，解除合同的效力及于从物。因标的物的从物不符合约定被解除的，解除的效力不及于主物。

第六百三十二条 标的物为数物，其中一物不符合约定的，买受人可以就该物解除。但是，该物与他物分离使标的物的价值显受损害的，买受人可以就数物解除合同。

第六百三十三条 出卖人分批交付标的物的，出卖人对其中一批标的物不交付或者交付不符合约定，致使该批标的物不能实现合同目的的，买受人可以就该批标的物解除。

出卖人不交付其中一批标的物或者交付不符合约定，致使之后其他各批标的物的交付不能实现合同目的的，买受人可以就该批以及之后其他各批标的物解除。

买受人如果就其中一批标的物解除，该批标的物与其他各批标的物相互依存的，可以就已经交付和未交付的各批标的物解除。

第六百三十四条 分期付款的买受人未支付到期价款的数额达到全部价款的五分之一，经催告后在合理期限内仍未支付到期价款的，出卖人可以请求买受人支付全部价款或者解除合同。

出卖人解除合同的，可以向买受人请求支付该标的物的使用费。

第六百三十五条 凭样品买卖的当事人应当封存样品，并可以对样品质量予以说明。出卖人交付的标的物应当与样品及其说明的质量相同。

第六百三十六条 凭样品买卖的买受人不知道样品有隐蔽瑕疵的，即使交付的标的物与样品相同，出卖人交付的标的物的质量仍然应当符合同种物的通常标准。

第六百三十七条 试用买卖的当事人可以约定标的物的试用期限。对试用期限没有约定或者约定不明确，依据本法第五百一十条的规定仍不能确定的，由出卖人确定。

第六百三十八条 试用买卖的买受人在试用期内可以购买标的物，也可以拒绝购买。试用期限届满，买受人对是否购买标的物未作表示的，视为购买。

试用买卖的买受人在试用期内已经支付部分价款或者对标的物实施出卖、出租、设立担保物权等行为的，视为同意购买。

第六百三十九条 试用买卖的当事人对标的物使用费没有约定或者约定不明确的，出卖人无权请求买受人支付。

第六百四十条 标的物在试用期内毁损、灭失的风险由出卖人承担。

第六百四十一条 当事人可以在买卖合同中约定买受人未履行支付价款或者其他义务的，标的物的所有权属于出卖人。

出卖人对标的物保留的所有权，未经登记，不得对抗善意第三人。

第六百四十二条 当事人约定出卖人保留合同标的物的所有权，在标的物所有权转移前，买受人有下列情形之一，造成出卖人损害的，除当事人另有约定外，出卖人有权取回标的物：

（一）未按照约定支付价款，经催告后在合理期限内仍未支付；

（二）未按照约定完成特定条件；

（三）将标的物出卖、出质或者作出其他不当处分。

出卖人可以与买受人协商取回标的物；协商不成的，可以参照适用担保物权的实现程序。

第六百四十三条 出卖人依据前条第一款的规定取回标的物后，买受人在双方约定或者出卖人指定的合理回赎期限内，消除出卖人取回标的物的事由的，可以请求回赎标的物。

买受人在回赎期限内没有回赎标的物，出卖人可以以合理价格将标的物出卖给第三人，出卖所得价款扣除买受人未支付的价款以及必要费用后仍有剩余的，应当返还买受人；不足部分由买受人清偿。

第六百四十四条 招标投标买卖的当事人的权利和义务以及招标投标程序等，依照有关法律、行政法规的规定。

第六百四十五条 拍卖的当事人的权利和义务以及拍卖程序等，依照有关法律、行政法规的规定。

第六百四十六条 法律对其他有偿合同有规定的，依照其规定；没有规定的，参照适用买卖合同的有关规定。

第六百四十七条 当事人约定易货交易，转移标的物的所有权的，参照适用买卖合同的有关规定。

第十章 供用电、水、气、热力合同

第六百四十八条 供用电合同是供电人向用电人供电，用电人支付电费的合同。

向社会公众供电的供电人，不得拒绝用电人合理的订立合同要求。

第六百四十九条 供用电合同的内容一般包括供电的方式、质量、时间，用电容量、地址、性质，计量方式，电价、电费的结算方式，供用电设施的维护责任等条款。

第六百五十条 供用电合同的履行地点，按照当事人约定；当事人没有约定或者约定不明确的，供电设施的产权分界处为履行地点。

第六百五十一条 供电人应当按照国家规定的供电质量标准和约定安全供电。供电人未按照国家规定的供电质量标准和约定安全供电，造成用电人损失的，应当承担赔偿责任。

第六百五十二条 供电人因供电设施计划检修、临时检修、依法限电或者用电人违法用电等原因，需要中断供电时，应当按照国家有关规定事先通知用电人；未事先通知用电人中断供电，造成用电人损失的，应当承担赔偿责任。

第六百五十三条 因自然灾害等原因断电，供电人应当按照国家有关规定及时抢修；未及时抢修，造成用电人损失的，应当承担赔偿责任。

第六百五十四条 用电人应当按照国家有关规定和当事人的约定及时支付电费。用电人逾期不支付电费的，应当按照约定支付违约金。经催告用电人在合理期限内仍不支付电费和违约金的，供电人可以按照国家规定的程序中止供电。

供电人依据前款规定中止供电的，应当事先通知用电人。

第六百五十五条 用电人应当按照国家有关规定和当事人的约定安全、节约和计划用电。用电人未按照国家有关规定和当事人的约定用电，造成供电人损失的，应当承担赔偿责任。

第六百五十六条 供用水、供用气、供用热力合同，参照适用供用电合同的有关规定。

第十一章 赠与合同

第六百五十七条 赠与合同是赠与人将自己的财产无偿给予受赠人，受赠人表示接受赠与的合同。

第六百五十八条 赠与人在赠与财产的权利转移之前可以撤销赠与。

经过公证的赠与合同或者依法不得撤销的具有救灾、扶贫、助残等公益、道德义务性质的赠与合同，不适用前款规定。

第六百五十九条 赠与的财产依法需要办理登记或者其他手续的，应当办理有关手续。

第六百六十条 经过公证的赠与合同或者依法不得撤销的具有救灾、扶贫、助残等公益、道德义务性质的赠与合同，赠与人不交付赠与财产的，受赠人可以请求交付。

依据前款规定应当交付的赠与财产因赠与人故意或者重大过失致使毁损、灭失的，赠与人应当承担赔偿责任。

第六百六十一条 赠与可以附义务。

赠与附义务的，受赠人应当按照约定履行义务。

第六百六十二条 赠与的财产有瑕疵的，赠与人不承担责任。附义务的赠与，赠与的财产有瑕疵的，赠与人在附义务的限度内承担与出卖人相同的责任。

赠与人故意不告知瑕疵或者保证无瑕疵，造成受赠人损失的，应当承担赔偿责任。

第六百六十三条 受赠人有下列情形之一的，赠与人可以撤销赠与：

（一）严重侵害赠与人或者赠与人近亲属的合法权益；

（二）对赠与人有扶养义务而不履行；

（三）不履行赠与合同约定的义务。

赠与人的撤销权，自知道或者应当知道撤销事由之日起一年内行使。

第六百六十四条 因受赠人的违法行为致使赠与人死亡或者丧失民事行为能力的，赠与人的继承人或者法定代理人可以撤销赠与。

赠与人的继承人或者法定代理人的撤销权，自知道或者应当知道撤销事由之日起六个月内行使。

第六百六十五条 撤销权人撤销赠与的，可以向受赠人请求返还赠与的财产。

第六百六十六条 赠与人的经济状况显著恶化，严重影响其生产经营或者家庭生活的，可以不再履行赠与义务。

第十二章 借款合同

第六百六十七条 借款合同是借款人向贷款人借款，到期返还借款并支付利息的合同。

第六百六十八条 借款合同应当采用书面形式，但是自然人之间借款另有约定的除外。

借款合同的内容一般包括借款种类、币种、用途、数额、利率、期限和还款方式等条款。

第六百六十九条 订立借款合同，借款人应当按照贷款人的要求提供与借款有关的业务活动和财务状况的真实情况。

第六百七十条 借款的利息不得预先在本金中扣除。利息预先在本金中扣除的，应当按照实际借款数额返还借款并计算利息。

第六百七十一条 贷款人未按照约定的日期、数额提供借款，造成借款人损失的，应当赔偿损失。

借款人未按照约定的日期、数额收取借款的，应当按照约定的日期、数额支付利息。

第六百七十二条 贷款人按照约定可以检查、监督借款的使用情况。借款人应当按照约定向贷款人定期提供有关财务会计报表或者其他资料。

第六百七十三条 借款人未按照约定的借款用途使用借款的，贷款人可以停止发放借款、提前收回借款或者解除合同。

第六百七十四条 借款人应当按照约定的期限支付利息。对支付利息的期限没有约定或者约定不明确，依据本法第五百一十条的规定仍不能确定，借款期间不满一年的，应当在返还借款时一并支付；借款期间一年以上的，应当在每届满一年时支付，剩余期间不满一年的，应当在返还借款时一并支付。

第六百七十五条 借款人应当按照约定的期限返还借款。对借款期限没有约定或者约定不明确，依据本法第五百一十条的规定仍不能确定的，借款人可以随时返还；贷款人可以催告借款人在合理期限内返还。

第六百七十六条 借款人未按照约定的期限返还借款的，应当按照约定或者国家有关规定支付逾期利息。

第六百七十七条 借款人提前返还借款的，除当事人另有约定外，应当按照实际借款的期间计算利息。

第六百七十八条 借款人可以在还款期限届满前向贷款人申请展期；贷款人同意的，可以展期。

第六百七十九条 自然人之间的借款合同，自贷款人提供借款时成立。

第六百八十条 禁止高利放贷，借款的利率不得违反国家有关规定。

借款合同对支付利息没有约定的，视为没有利息。

借款合同对支付利息约定不明确，当事人不能达成补充协议的，按照当地或者当事人的交易方式、交易习惯、市场利率等因素确定利息；自然人之间借款的，视为没有利息。

第十三章 保证合同

第一节 一般规定

第六百八十一条 保证合同是为保障债权的实现，保证人和债权人约定，当债务人不履行到期债务或者发生当事人约定的情形时，保证人履行债务或者承担责任的合同。

第六百八十二条 保证合同是主债权债务合同的从合同。主债权债务合同无效的，保证合同无效，但是法律另有规定的除外。

保证合同被确认无效后，债务人、保证人、债权人有过错的，应当根据其过错各自承担相应的民事责任。

第六百八十三条 机关法人不得为保证人，但是经国务院批准为使用外国政府或者国际经济组织贷款进行转贷的除外。

以公益为目的的非营利法人、非法人组织不得为保证人。

第六百八十四条 保证合同的内容一般包括被保证的主债权的种类、数额，债务人履行债务的期限，保证的方式、范围和期间等条款。

第六百八十五条 保证合同可以是单独订立的书面合同，也可以是主债权债务合同中的保证条款。

第三人单方以书面形式向债权人作出保证，债权人接收且未提出异议的，保证合同成立。

第六百八十六条 保证的方式包括一般保证和连带责任保证。

当事人在保证合同中对保证方式没有约定或者约定不明确的，按照一般保证承担保证责任。

第六百八十七条 当事人在保证合同中约定，债务人不能履行债务时，由保证人承担保证责任的，为一般保证。

一般保证的保证人在主合同纠纷未经审判或者仲裁，并就债务人财产依法强制执行仍不能履行债务前，有权拒绝向债权人承担保证责任，但是有下列情形之一的除外：

（一）债务人下落不明，且无财产可供执行；

（二）人民法院已经受理债务人破产案件；

（三）债权人有证据证明债务人的财产不足以履行全部债务或者丧失履行债务能力；

（四）保证人书面表示放弃本款规定的权利。

第六百八十八条 当事人在保证合同中约定保证人和债务人对债务承担连带责任的，为连带责任保证。

连带责任保证的债务人不履行到期债务或者发生当事人约定的情形时，债权人可以请求债务人履行债务，也可以请求保证人在其保证范围内承担保证责任。

第六百八十九条 保证人可以要求债务人提供反担保。

第六百九十条 保证人与债权人可以协商订立最高额保证的合同，约定在最高债权额限度内就一定期间连续发生的债权提供保证。

最高额保证除适用本章规定外，参照适用本法第二编最高额抵押权的有关规定。

第二节 保证责任

第六百九十一条 保证的范围包括主债权及其利息、违约金、损害赔偿金和实现债权的费用。当事人另有约定的，按照其约定。

第六百九十二条 保证期间是确定保证人承担保证责任的期间，不发生中止、中断和延长。

债权人与保证人可以约定保证期间，但是约定的保证期间早于主债务履行期限或者与主债务履行期限同时届满的，视为没有约定；没有约定或者约定不明确的，保证期间为主债务履行期限届满之日起六个月。

债权人与债务人对主债务履行期限没有约定或者约定不明确的，保证期间自债权人请求债务人履行债务的宽限期届满之日起计算。

第六百九十三条 一般保证的债权人未在保证期间对债务人提起诉讼或者申请仲裁的，保证人不再承担保证责任。

连带责任保证的债权人未在保证期间请求保证人承担保证责任的，保证人不再承担保证责任。

第六百九十四条 一般保证的债权人在保证期间届满前对债务人提起诉讼或者申请仲裁的，从保证人拒绝承担保证责任的权利消灭之日起，开始计算保证债务的诉讼时效。

连带责任保证的债权人在保证期间届满前请求保证人承担保证责任的，从债权人请求保证人承担保证责任之日起，开始计算保证债务的诉讼时效。

第六百九十五条 债权人和债务人未经保证人书面同意，协商变更主债权债务合同内容，减轻债务的，保证人仍对变更后的债务承担保证责任；加重债务的，保证人对加重的部分不承担保证责任。

债权人和债务人变更主债权债务合同的履行期限，未经保证人书面同意的，保证期间不受影响。

第六百九十六条 债权人转让全部或者部分债权，未通知保证人的，该转让对保证人不发生效力。

保证人与债权人约定禁止债权转让，债权人未经保证人书面同意转让债权的，保证人对受让人不再承担保证责任。

第六百九十七条 债权人未经保证人书面同意，允许债务人转移全部或者部分债务，保证人对未经其同意转移的债务不再承担保证责任，但是债权人和保证人另有约定的除外。

第三人加入债务的，保证人的保证责任不受影响。

第六百九十八条 一般保证的保证人在主债务履行期限届满后，向债权人提供债务人可供执行财产的真实情况，债权人放弃或者怠于行使权利致使该财产不能被执行的，保证人在其提供可供执行财产的价值范围内不再承担保证责任。

第六百九十九条 同一债务有两个以上保证人的，保证人应当按照保证合同约定的保证份额，承担保证责任；没有约定保证份额的，债权人可以请求任何一个保证人在其保证范围内承担保证责任。

第七百条 保证人承担保证责任后，除当事人另有约定外，有权在其承担保证责任的范围内向债务人追偿，享有债权人对债务人的权利，但是不得损害债权人的利益。

第七百零一条 保证人可以主张债务人对债权人的抗辩。债务人放弃抗辩的，保证人仍有权向债权人主张抗辩。

第七百零二条 债务人对债权人享有抵销权或者撤销权的，保证人可以在相应范围内拒绝承担保证责任。

第十四章 租赁合同

第七百零三条 租赁合同是出租人将租赁物交付承租人使用、收益，承租人支付租金的合同。

第七百零四条 租赁合同的内容一般包括租赁物的名称、数量、用途、租赁期限、租金及其支付期限和方式、租赁物维修等条款。

第七百零五条 租赁期限不得超过二十年。超过二十年的，超过部分无效。

租赁期限届满，当事人可以续订租赁合同；但是，约定的租赁期限自续订之日起不得超过二十年。

第七百零六条 当事人未依照法律、行政法规规定办理租赁合同登记备案手续的，不影响合同的效力。

第七百零七条 租赁期限六个月以上的，应当采用书面形式。当事人未采用书面形式，无法确定租赁期限的，视为不定期租赁。

第七百零八条 出租人应当按照约定将租赁物交付承租人，并在租赁期限内保持租赁物符合约定的用途。

第七百零九条 承租人应当按照约定的方法使用租赁物。对租赁物的使用方法没有约定或者约定不明确，依据本法第五百一十条的规定仍不能确定的，应当根据租赁物的性质使用。

第七百一十条 承租人按照约定的方法或者根据租赁物的性质使用租赁物，致使租赁物受到损耗的，不承担赔偿责任。

第七百一十一条 承租人未按照约定的方法或者未根据租赁物的性质使用租赁物，致使租赁物受到损失的，出租人可以解除合同并请求赔偿损失。

第七百一十二条 出租人应当履行租赁物的维修义务，但是当事人另有约定的除外。

第七百一十三条 承租人在租赁物需要维修时可以请求出租人在合理期限内维修。出租人未履行维修义务的，承租人可以自行维修，维修费用由出租人负担。因维修租赁物影响承租人使用的，应当相应减少租金或者延长租期。

因承租人的过错致使租赁物需要维修的，出租人不承担前款规定的维修义务。

第七百一十四条 承租人应当妥善保管租赁物，因保管不善造成租赁物毁损、灭失的，应当承担赔偿责任。

第七百一十五条 承租人经出租人同意，可以对租赁物进行改善或者增设他物。

承租人未经出租人同意，对租赁物进行改善或者增设他物的，出租人可以请求承租人恢复原状或者赔偿损失。

第七百一十六条 承租人经出租人同意，可以将租赁物转租给第三人。承租人转租的，承租人与出租人之间的租赁合同继续有效；第三人造成租赁物损失的，承租人应当赔偿损失。

承租人未经出租人同意转租的，出租人可以解除合同。

第七百一十七条 承租人经出租人同意将租赁物转租给第三人，转租期限超过承租人剩余租赁期限的，超过部分的约定对出租人不具有法律约束力，但是出租人与承租人另有约定的除外。

第七百一十八条 出租人知道或者应当知道承租人转租，但是在六个月内未提出异议的，视为出租人同意转租。

第七百一十九条 承租人拖欠租金的，次承租人可以代承租人支付其欠付的租金和违约金，但是转租合同对出租人不具有法律约束力的除外。

次承租人代为支付的租金和违约金，可以充抵次承租人应当向承租人支付的租金；超出其应付的租金数额的，可以向承租人追偿。

第七百二十条 在租赁期限内因占有、使用租赁物获得的收益，归承租人所有，但是当事人另有约定的除外。

第七百二十一条 承租人应当按照约定的期限支付租金。对支付租金的期限没有约定或者约定不明确，依据本法第五百一十条的规定仍不能确定，租赁期限不满一年的，应当在租赁期限届满时支付；租赁期限一年以上的，应当在每届满一年时支付，剩余期限不满一年的，应当在租赁期限届满时支付。

第七百二十二条　承租人无正当理由未支付或者迟延支付租金的，出租人可以请求承租人在合理期限内支付；承租人逾期不支付的，出租人可以解除合同。

第七百二十三条　因第三人主张权利，致使承租人不能对租赁物使用、收益的，承租人可以请求减少租金或者不支付租金。

第三人主张权利的，承租人应当及时通知出租人。

第七百二十四条　有下列情形之一，非因承租人原因致使租赁物无法使用的，承租人可以解除合同：

（一）租赁物被司法机关或者行政机关依法查封、扣押；

（二）租赁物权属有争议；

（三）租赁物具有违反法律、行政法规关于使用条件的强制性规定情形。

第七百二十五条　租赁物在承租人按照租赁合同占有期限内发生所有权变动的，不影响租赁合同的效力。

第七百二十六条　出租人出卖租赁房屋的，应当在出卖之前的合理期限内通知承租人，承租人享有以同等条件优先购买的权利；但是，房屋按份共有人行使优先购买权或者出租人将房屋出卖给近亲属的除外。

出租人履行通知义务后，承租人在十五日内未明确表示购买的，视为承租人放弃优先购买权。

第七百二十七条　出租人委托拍卖人拍卖租赁房屋的，应当在拍卖五日前通知承租人。承租人未参加拍卖的，视为放弃优先购买权。

第七百二十八条　出租人未通知承租人或者有其他妨害承租人行使优先购买权情形的，承租人可以请求出租人承担赔偿责任。但是，出租人与第三人订立的房屋买卖合同的效力不受影响。

第七百二十九条　因不可归责于承租人的事由，致使租赁物部分或者全部毁损、灭失的，承租人可以请求减少租金或者不支付租金；因租赁物部分或者全部毁损、灭失，致使不能实现合同目的的，承租人可以解除合同。

第七百三十条　当事人对租赁期限没有约定或者约定不明确，依据本法第五百一十条的规定仍不能确定的，视为不定期租赁；当事人可以随时解除合同，但是应当在合理期限之前通知对方。

第七百三十一条　租赁物危及承租人的安全或者健康的，即使承租人订立合同时明知该租赁物质量不合格，承租人仍然可以随时解除合同。

第七百三十二条　承租人在房屋租赁期限内死亡的，与其生前共同居住的人或者共同经营人可以按照原租赁合同租赁该房屋。

第七百三十三条　租赁期限届满，承租人应当返还租赁物。返还的租赁物应当符合按照约定或者根据租赁物的性质使用后的状态。

第七百三十四条　租赁期限届满，承租人继续使用租赁物，出租人没有提出异议的，原租赁合同继续有效，但是租赁期限为不定期。

租赁期限届满，房屋承租人享有以同等条件优先承租的权利。

第十五章　融资租赁合同

第七百三十五条　融资租赁合同是出租人根据承租人对出卖人、租赁物的选择，向出卖人购买租赁物，提供给承租人使用，承租人支付租金的合同。

第七百三十六条　融资租赁合同的内容一般包括租赁物的名称、数量、规格、技术性能、检验方法，租赁期限，租金构成及其支付期限和方式、币种，租赁期限届满租赁物的归属等条款。

融资租赁合同应当采用书面形式。

第七百三十七条　当事人以虚构租赁物方式订立的融资租赁合同无效。

第七百三十八条　依照法律、行政法规的规定，对于租赁物的经营使用应当取得行政许可的，出租人未取得行政许可不影响融资租赁合同的效力。

第七百三十九条　出租人根据承租人对出卖人、租赁物的选择订立的买卖合同，出卖人应当按照约定向承租人交付标的物，承租人享有与受领标的物有关的买受人的权利。

第七百四十条　出卖人违反向承租人交付标的物的义务，有下列情形之一的，承租人可以拒绝受领出卖人向其交付的标的物：

（一）标的物严重不符合约定；

（二）未按照约定交付标的物，经承租人或者出租人催告后在合理期限内仍未交付。

承租人拒绝受领标的物的，应当及时通知出租人。

第七百四十一条 出租人、出卖人、承租人可以约定，出卖人不履行买卖合同义务的，由承租人行使索赔的权利。承租人行使索赔权利的，出租人应当协助。

第七百四十二条 承租人对出卖人行使索赔权利，不影响其履行支付租金的义务。但是，承租人依赖出租人的技能确定租赁物或者出租人干预选择租赁物的，承租人可以请求减免相应租金。

第七百四十三条 出租人有下列情形之一，致使承租人对出卖人行使索赔权利失败的，承租人有权请求出租人承担相应的责任：

（一）明知租赁物有质量瑕疵而不告知承租人；

（二）承租人行使索赔权利时，未及时提供必要协助。

出租人怠于行使只能由其对出卖人行使的索赔权利，造成承租人损失的，承租人有权请求出租人承担赔偿责任。

第七百四十四条 出租人根据承租人对出卖人、租赁物的选择订立的买卖合同，未经承租人同意，出租人不得变更与承租人有关的合同内容。

第七百四十五条 出租人对租赁物享有的所有权，未经登记，不得对抗善意第三人。

第七百四十六条 融资租赁合同的租金，除当事人另有约定外，应当根据购买租赁物的大部分或者全部成本以及出租人的合理利润确定。

第七百四十七条 租赁物不符合约定或者不符合使用目的的，出租人不承担责任。但是，承租人依赖出租人的技能确定租赁物或者出租人干预选择租赁物的除外。

第七百四十八条 出租人应当保证承租人对租赁物的占有和使用。

出租人有下列情形之一的，承租人有权请求其赔偿损失：

（一）无正当理由收回租赁物；

（二）无正当理由妨碍、干扰承租人对租赁物的占有和使用；

（三）因出租人的原因致使第三人对租赁物主张权利；

（四）不当影响承租人对租赁物占有和使用的其他情形。

第七百四十九条　承租人占有租赁物期间，租赁物造成第三人人身损害或者财产损失的，出租人不承担责任。

第七百五十条　承租人应当妥善保管、使用租赁物。

承租人应当履行占有租赁物期间的维修义务。

第七百五十一条　承租人占有租赁物期间，租赁物毁损、灭失的，出租人有权请求承租人继续支付租金，但是法律另有规定或者当事人另有约定的除外。

第七百五十二条　承租人应当按照约定支付租金。承租人经催告后在合理期限内仍不支付租金的，出租人可以请求支付全部租金；也可以解除合同，收回租赁物。

第七百五十三条　承租人未经出租人同意，将租赁物转让、抵押、质押、投资入股或者以其他方式处分的，出租人可以解除融资租赁合同。

第七百五十四条　有下列情形之一的，出租人或者承租人可以解除融资租赁合同：

（一）出租人与出卖人订立的买卖合同解除、被确认无效或者被撤销，且未能重新订立买卖合同；

（二）租赁物因不可归责于当事人的原因毁损、灭失，且不能修复或者确定替代物；

（三）因出卖人的原因致使融资租赁合同的目的不能实现。

第七百五十五条　融资租赁合同因买卖合同解除、被确认无效或者被撤销而解除，出卖人、租赁物系由承租人选择的，出租人有权请求承租人赔偿相应损失；但是，因出租人原因致使买卖合同解除、被确认无效或者被撤销的除外。

出租人的损失已经在买卖合同解除、被确认无效或者被撤销时获得赔偿的，承租人不再承担相应的赔偿责任。

第七百五十六条　融资租赁合同因租赁物交付承租人后意外毁损、灭失等不可归责于当事人的原因解除的，出租人可以请求承租人按照租赁物折旧情况给予补偿。

第七百五十七条 出租人和承租人可以约定租赁期限届满租赁物的归属；对租赁物的归属没有约定或者约定不明确，依据本法第五百一十条的规定仍不能确定的，租赁物的所有权归出租人。

第七百五十八条 当事人约定租赁期限届满租赁物归承租人所有，承租人已经支付大部分租金，但是无力支付剩余租金，出租人因此解除合同收回租赁物，收回的租赁物的价值超过承租人欠付的租金以及其他费用的，承租人可以请求相应返还。

当事人约定租赁期限届满租赁物归出租人所有，因租赁物毁损、灭失或者附合、混合于他物致使承租人不能返还的，出租人有权请求承租人给予合理补偿。

第七百五十九条 当事人约定租赁期限届满，承租人仅需向出租人支付象征性价款的，视为约定的租金义务履行完毕后租赁物的所有权归承租人。

第七百六十条 融资租赁合同无效，当事人就该情形下租赁物的归属有约定的，按照其约定；没有约定或者约定不明确的，租赁物应当返还出租人。但是，因承租人原因致使合同无效，出租人不请求返还或者返还后会显著降低租赁物效用的，租赁物的所有权归承租人，由承租人给予出租人合理补偿。

第十六章 保 理 合 同

第七百六十一条 保理合同是应收账款债权人将现有的或者将有的应收账款转让给保理人，保理人提供资金融通、应收账款管理或者催收、应收账款债务人付款担保等服务的合同。

第七百六十二条 保理合同的内容一般包括业务类型、服务范围、服务期限、基础交易合同情况、应收账款信息、保理融资款或者服务报酬及其支付方式等条款。

保理合同应当采用书面形式。

第七百六十三条 应收账款债权人与债务人虚构应收账款作为转让标的，与保理人订立保理合同的，应收账款债务人不得以应收账款不存在为由对抗保理人，但是保理人明知虚构的除外。

第七百六十四条　保理人向应收账款债务人发出应收账款转让通知的，应当表明保理人身份并附有必要凭证。

第七百六十五条　应收账款债务人接到应收账款转让通知后，应收账款债权人与债务人无正当理由协商变更或者终止基础交易合同，对保理人产生不利影响的，对保理人不发生效力。

第七百六十六条　当事人约定有追索权保理的，保理人可以向应收账款债权人主张返还保理融资款本息或者回购应收账款债权，也可以向应收账款债务人主张应收账款债权。保理人向应收账款债务人主张应收账款债权，在扣除保理融资款本息和相关费用后有剩余的，剩余部分应当返还给应收账款债权人。

第七百六十七条　当事人约定无追索权保理的，保理人应当向应收账款债务人主张应收账款债权，保理人取得超过保理融资款本息和相关费用的部分，无需向应收账款债权人返还。

第七百六十八条　应收账款债权人就同一应收账款订立多个保理合同，致使多个保理人主张权利的，已经登记的先于未登记的取得应收账款；均已经登记的，按照登记时间的先后顺序取得应收账款；均未登记的，由最先到达应收账款债务人的转让通知中载明的保理人取得应收账款；既未登记也未通知的，按照保理融资款或者服务报酬的比例取得应收账款。

第七百六十九条　本章没有规定的，适用本编第六章债权转让的有关规定。

第十七章　承揽合同

第七百七十条　承揽合同是承揽人按照定作人的要求完成工作，交付工作成果，定作人支付报酬的合同。

承揽包括加工、定作、修理、复制、测试、检验等工作。

第七百七十一条　承揽合同的内容一般包括承揽的标的、数量、质量、报酬，承揽方式，材料的提供，履行期限，验收标准和方法等条款。

第七百七十二条　承揽人应当以自己的设备、技术和劳力，完成主要工作，但是当事人另有约定的除外。

承揽人将其承揽的主要工作交由第三人完成的，应当就该第三人完成的工作成果向定作人负责；未经定作人同意的，定作人也可以解除合同。

第七百七十三条 承揽人可以将其承揽的辅助工作交由第三人完成。承揽人将其承揽的辅助工作交由第三人完成的，应当就该第三人完成的工作成果向定作人负责。

第七百七十四条 承揽人提供材料的，应当按照约定选用材料，并接受定作人检验。

第七百七十五条 定作人提供材料的，应当按照约定提供材料。承揽人对定作人提供的材料应当及时检验，发现不符合约定时，应当及时通知定作人更换、补齐或者采取其他补救措施。

承揽人不得擅自更换定作人提供的材料，不得更换不需要修理的零部件。

第七百七十六条 承揽人发现定作人提供的图纸或者技术要求不合理的，应当及时通知定作人。因定作人怠于答复等原因造成承揽人损失的，应当赔偿损失。

第七百七十七条 定作人中途变更承揽工作的要求，造成承揽人损失的，应当赔偿损失。

第七百七十八条 承揽工作需要定作人协助的，定作人有协助的义务。定作人不履行协助义务致使承揽工作不能完成的，承揽人可以催告定作人在合理期限内履行义务，并可以顺延履行期限；定作人逾期不履行的，承揽人可以解除合同。

第七百七十九条 承揽人在工作期间，应当接受定作人必要的监督检验。定作人不得因监督检验妨碍承揽人的正常工作。

第七百八十条 承揽人完成工作的，应当向定作人交付工作成果，并提交必要的技术资料和有关质量证明。定作人应当验收该工作成果。

第七百八十一条 承揽人交付的工作成果不符合质量要求的，定作人可以合理选择请求承揽人承担修理、重作、减少报酬、赔偿损失等违约责任。

第七百八十二条 定作人应当按照约定的期限支付报酬。对支付报酬的期限没有约定或者约定不明确，依据本法第五百一十条的规定仍不能确定的，定作人应当在承揽人交付工作成果时支付；工作成果部分交付的，定作人应当相应支付。

第七百八十三条 定作人未向承揽人支付报酬或者材料费等价款的，承揽人对完成的工作成果享有留置权或者有权拒绝交付，但是当事人另有约定的除外。

第七百八十四条 承揽人应当妥善保管定作人提供的材料以及完成的工作成果，因保管不善造成毁损、灭失的，应当承担赔偿责任。

第七百八十五条 承揽人应当按照定作人的要求保守秘密，未经定作人许可，不得留存复制品或者技术资料。

第七百八十六条 共同承揽人对定作人承担连带责任，但是当事人另有约定的除外。

第七百八十七条 定作人在承揽人完成工作前可以随时解除合同，造成承揽人损失的，应当赔偿损失。

第十八章 建设工程合同

第七百八十八条 建设工程合同是承包人进行工程建设，发包人支付价款的合同。

建设工程合同包括工程勘察、设计、施工合同。

第七百八十九条 建设工程合同应当采用书面形式。

第七百九十条 建设工程的招标投标活动，应当依照有关法律的规定公开、公平、公正进行。

第七百九十一条 发包人可以与总承包人订立建设工程合同，也可以分别与勘察人、设计人、施工人订立勘察、设计、施工承包合同。发包人不得将应当由一个承包人完成的建设工程支解成若干部分发包给数个承包人。

总承包人或者勘察、设计、施工承包人经发包人同意，可以将自己承包的部分工作交由第三人完成。第三人就其完成的工作成果与总承包人或者勘察、设计、施工承包人向发包人承担连带责任。承包人不得将其承包的全部建设工程转包给第三人或者将其承包的全部建设工程支解以后以分包的名义分别转包给第三人。

禁止承包人将工程分包给不具备相应资质条件的单位。禁止分包单位将其承包的工程再分包。建设工程主体结构的施工必须由承包人自行完成。

第七百九十二条 国家重大建设工程合同，应当按照国家规定的程序和国家批准的投资计划、可行性研究报告等文件订立。

第七百九十三条 建设工程施工合同无效，但是建设工程经验收合格的，可以参照合同关于工程价款的约定折价补偿承包人。

建设工程施工合同无效，且建设工程经验收不合格的，按照以下情形处理：

（一）修复后的建设工程经验收合格的，发包人可以请求承包人承担修复费用；

（二）修复后的建设工程经验收不合格的，承包人无权请求参照合同关于工程价款的约定折价补偿。

发包人对因建设工程不合格造成的损失有过错的，应当承担相应的责任。

第七百九十四条 勘察、设计合同的内容一般包括提交有关基础资料和概预算等文件的期限、质量要求、费用以及其他协作条件等条款。

第七百九十五条 施工合同的内容一般包括工程范围、建设工期、中间交工工程的开工和竣工时间、工程质量、工程造价、技术资料交付时间、材料和设备供应责任、拨款和结算、竣工验收、质量保修范围和质量保证期、相互协作等条款。

第七百九十六条 建设工程实行监理的，发包人应当与监理人采用书面形式订立委托监理合同。发包人与监理人的权利和义务以及法律责任，应当依照本编委托合同以及其他有关法律、行政法规的规定。

第七百九十七条 发包人在不妨碍承包人正常作业的情况下，可以随时对作业进度、质量进行检查。

第七百九十八条 隐蔽工程在隐蔽以前，承包人应当通知发包人检查。发包人没有及时检查的，承包人可以顺延工程日期，并有权请求赔偿停工、窝工等损失。

第七百九十九条 建设工程竣工后，发包人应当根据施工图纸及说明书、国家颁发的施工验收规范和质量检验标准及时进行验收。验收合格的，发包人应当按照约定支付价款，并接收该建设工程。

建设工程竣工经验收合格后，方可交付使用；未经验收或者验收不合格的，不得交付使用。

第八百条 勘察、设计的质量不符合要求或者未按照期限提交勘察、设计文件拖延工期，造成发包人损失的，勘察人、设计人应当继续完善勘察、设计，减收或者免收勘察、设计费并赔偿损失。

第八百零一条 因施工人的原因致使建设工程质量不符合约定的，发包人有权请求施工人在合理期限内无偿修理或者返工、改建。经过修理或者返工、改建后，造成逾期交付的，施工人应当承担违约责任。

第八百零二条 因承包人的原因致使建设工程在合理使用期限内造成人身损害和财产损失的，承包人应当承担赔偿责任。

第八百零三条 发包人未按照约定的时间和要求提供原材料、设备、场地、资金、技术资料的，承包人可以顺延工程日期，并有权请求赔偿停工、窝工等损失。

第八百零四条 因发包人的原因致使工程中途停建、缓建的，发包人应当采取措施弥补或者减少损失，赔偿承包人因此造成的停工、窝工、倒运、机械设备调迁、材料和构件积压等损失和实际费用。

第八百零五条 因发包人变更计划，提供的资料不准确，或者未按照期限提供必需的勘察、设计工作条件而造成勘察、设计的返工、停工或者修改设计，发包人应当按照勘察人、设计人实际消耗的工作量增付费用。

第八百零六条 承包人将建设工程转包、违法分包的，发包人可以解除合同。

发包人提供的主要建筑材料、建筑构配件和设备不符合强制性标准或者不履行协助义务，致使承包人无法施工，经催告后在合理期限内仍未履行相应义务的，承包人可以解除合同。

合同解除后，已经完成的建设工程质量合格的，发包人应当按照约定支付相应的工程价款；已经完成的建设工程质量不合格的，参照本法第七百九十三条的规定处理。

第八百零七条 发包人未按照约定支付价款的，承包人可以催告发包人在合理期限内支付价款。发包人逾期不支付的，除根据建设工程的性质不宜折价、拍卖外，承包人可以与发包人协议将该工程折价，也可以请求人民法院将该工程依法拍卖。建设工程的价款就该工程折价或者拍卖的价款优先受偿。

第八百零八条 本章没有规定的，适用承揽合同的有关规定。

第十九章 运输合同

第一节 一般规定

第八百零九条 运输合同是承运人将旅客或者货物从起运地点运输到约定地点，旅客、托运人或者收货人支付票款或者运输费用的合同。

第八百一十条 从事公共运输的承运人不得拒绝旅客、托运人通常、合理的运输要求。

第八百一十一条 承运人应当在约定期限或者合理期限内将旅客、货物安全运输到约定地点。

第八百一十二条 承运人应当按照约定的或者通常的运输路线将旅客、货物运输到约定地点。

第八百一十三条 旅客、托运人或者收货人应当支付票款或者运输费用。承运人未按照约定路线或者通常路线运输增加票款或者运输费用的，旅客、托运人或者收货人可以拒绝支付增加部分的票款或者运输费用。

第二节 客运合同

第八百一十四条 客运合同自承运人向旅客出具客票时成立，但是当事人另有约定或者另有交易习惯的除外。

第八百一十五条 旅客应当按照有效客票记载的时间、班次和座位号乘坐。旅客无票乘坐、超程乘坐、越级乘坐或者持不符合减价条件的优惠客票乘坐的，应当补交票款，承运人可以按照规定加收票款；旅客不支付票款的，承运人可以拒绝运输。

实名制客运合同的旅客丢失客票的，可以请求承运人挂失补办，承运人不得再次收取票款和其他不合理费用。

第八百一十六条 旅客因自己的原因不能按照客票记载的时间乘坐的，应当在约定的期限内办理退票或者变更手续；逾期办理的，承运人可以不退票款，并不再承担运输义务。

第八百一十七条 旅客随身携带行李应当符合约定的限量和品类要求；超过限量或者违反品类要求携带行李的，应当办理托运手续。

第八百一十八条 旅客不得随身携带或者在行李中夹带易燃、易爆、有毒、有腐蚀性、有放射性以及可能危及运输工具上人身和财产安全的危险物品或者违禁物品。

旅客违反前款规定的，承运人可以将危险物品或者违禁物品卸下、销毁或者送交有关部门。旅客坚持携带或者夹带危险物品或者违禁物品的，承运人应当拒绝运输。

第八百一十九条 承运人应当严格履行安全运输义务，及时告知旅客安全运输应当注意的事项。旅客对承运人为安全运输所作的合理安排应当积极协助和配合。

第八百二十条 承运人应当按照有效客票记载的时间、班次和座位号运输旅客。承运人迟延运输或者有其他不能正常运输情形的，应当及时告知和提醒旅客，采取必要的安置措施，并根据旅客的要求安排改乘其他班次或者退票；由此造成旅客损失的，承运人应当承担赔偿责任，但是不可归责于承运人的除外。

第八百二十一条 承运人擅自降低服务标准的，应当根据旅客的请求退票或者减收票款；提高服务标准的，不得加收票款。

第八百二十二条 承运人在运输过程中，应当尽力救助患有急病、分娩、遇险的旅客。

第八百二十三条 承运人应当对运输过程中旅客的伤亡承担赔偿责任；但是，伤亡是旅客自身健康原因造成的或者承运人证明伤亡是旅客故意、重大过失造成的除外。

前款规定适用于按照规定免票、持优待票或者经承运人许可搭乘的无票旅客。

第八百二十四条 在运输过程中旅客随身携带物品毁损、灭失，承运人有过错的，应当承担赔偿责任。

旅客托运的行李毁损、灭失的，适用货物运输的有关规定。

第三节 货运合同

第八百二十五条 托运人办理货物运输，应当向承运人准确表明收货人的姓名、名称或者凭指示的收货人，货物的名称、性质、重量、数量，收货地点等有关货物运输的必要情况。

因托运人申报不实或者遗漏重要情况，造成承运人损失的，托运人应当承担赔偿责任。

第八百二十六条 货物运输需要办理审批、检验等手续的，托运人应当将办理完有关手续的文件提交承运人。

第八百二十七条 托运人应当按照约定的方式包装货物。对包装方式没有约定或者约定不明确的，适用本法第六百一十九条的规定。

托运人违反前款规定的，承运人可以拒绝运输。

第八百二十八条 托运人托运易燃、易爆、有毒、有腐蚀性、有放射性等危险物品的，应当按照国家有关危险物品运输的规定对危险物品妥善包装，做出危险物品标志和标签，并将有关危险物品的名称、性质和防范措施的书面材料提交承运人。

托运人违反前款规定的，承运人可以拒绝运输，也可以采取相应措施以避免损失的发生，因此产生的费用由托运人负担。

第八百二十九条 在承运人将货物交付收货人之前，托运人可以要求承运人中止运输、返还货物、变更到达地或者将货物交给其他收货人，但是应当赔偿承运人因此受到的损失。

第八百三十条 货物运输到达后，承运人知道收货人的，应当及时通知收货人，收货人应当及时提货。收货人逾期提货的，应当向承运人支付保管费等费用。

第八百三十一条 收货人提货时应当按照约定的期限检验货物。对检验货物的期限没有约定或者约定不明确，依据本法第五百一十条的规定仍不能确定的，应当在合理期限内检验货物。收货人在约定的期限或者合理期限内对货物的数量、毁损等未提出异议的，视为承运人已经按照运输单证的记载交付的初步证据。

第八百三十二条 承运人对运输过程中货物的毁损、灭失承担赔偿责任。但是，承运人证明货物的毁损、灭失是因不可抗力、货物本身的自然性质或者合理损耗以及托运人、收货人的过错造成的，不承担赔偿责任。

第八百三十三条 货物的毁损、灭失的赔偿额，当事人有约定的，按照其约定；没有约定或者约定不明确，依据本法第五百一十条的规定仍不能确定的，按照交付或者应当交付时货物到达地的市场价格计算。法律、行政法规对赔偿额的计算方法和赔偿限额另有规定的，依照其规定。

第八百三十四条 两个以上承运人以同一运输方式联运的，与托运人订立合同的承运人应当对全程运输承担责任；损失发生在某一运输区段的，与托运人订立合同的承运人和该区段的承运人承担连带责任。

第八百三十五条 货物在运输过程中因不可抗力灭失，未收取运费的，承运人不得请求支付运费；已经收取运费的，托运人可以请求返还。法律另有规定的，依照其规定。

第八百三十六条 托运人或者收货人不支付运费、保管费或者其他费用的，承运人对相应的运输货物享有留置权，但是当事人另有约定的除外。

第八百三十七条 收货人不明或者收货人无正当理由拒绝受领货物的，承运人依法可以提存货物。

第四节 多式联运合同

第八百三十八条 多式联运经营人负责履行或者组织履行多式联运合同，对全程运输享有承运人的权利，承担承运人的义务。

第八百三十九条 多式联运经营人可以与参加多式联运的各区段承运人就多式联运合同的各区段运输约定相互之间的责任；但是，该约定不影响多式联运经营人对全程运输承担的义务。

第八百四十条 多式联运经营人收到托运人交付的货物时，应当签发多式联运单据。按照托运人的要求，多式联运单据可以是可转让单据，也可以是不可转让单据。

第八百四十一条 因托运人托运货物时的过错造成多式联运经营人损

失的，即使托运人已经转让多式联运单据，托运人仍然应当承担赔偿责任。

第八百四十二条 货物的毁损、灭失发生于多式联运的某一运输区段的，多式联运经营人的赔偿责任和责任限额，适用调整该区段运输方式的有关法律规定；货物毁损、灭失发生的运输区段不能确定的，依照本章规定承担赔偿责任。

第二十章 技术合同

第一节 一般规定

第八百四十三条 技术合同是当事人就技术开发、转让、许可、咨询或者服务订立的确立相互之间权利和义务的合同。

第八百四十四条 订立技术合同，应当有利于知识产权的保护和科学技术的进步，促进科学技术成果的研发、转化、应用和推广。

第八百四十五条 技术合同的内容一般包括项目的名称，标的的内容、范围和要求，履行的计划、地点和方式，技术信息和资料的保密，技术成果的归属和收益的分配办法，验收标准和方法，名词和术语的解释等条款。

与履行合同有关的技术背景资料、可行性论证和技术评价报告、项目任务书和计划书、技术标准、技术规范、原始设计和工艺文件，以及其他技术文档，按照当事人的约定可以作为合同的组成部分。

技术合同涉及专利的，应当注明发明创造的名称、专利申请人和专利权人、申请日期、申请号、专利号以及专利权的有效期限。

第八百四十六条 技术合同价款、报酬或者使用费的支付方式由当事人约定，可以采取一次总算、一次总付或者一次总算、分期支付，也可以采取提成支付或者提成支付附加预付入门费的方式。

约定提成支付的，可以按照产品价格、实施专利和使用技术秘密后新增的产值、利润或者产品销售额的一定比例提成，也可以按照约定的其他方式计算。提成支付的比例可以采取固定比例、逐年递增比例或者逐年递减比例。

约定提成支付的，当事人可以约定查阅有关会计账目的办法。

第八百四十七条 职务技术成果的使用权、转让权属于法人或者非法人组织的，法人或者非法人组织可以就该项职务技术成果订立技术合同。法人或者非法人组织订立技术合同转让职务技术成果时，职务技术成果的完成人享有以同等条件优先受让的权利。

职务技术成果是执行法人或者非法人组织的工作任务，或者主要是利用法人或者非法人组织的物质技术条件所完成的技术成果。

第八百四十八条 非职务技术成果的使用权、转让权属于完成技术成果的个人，完成技术成果的个人可以就该项非职务技术成果订立技术合同。

第八百四十九条 完成技术成果的个人享有在有关技术成果文件上写明自己是技术成果完成者的权利和取得荣誉证书、奖励的权利。

第八百五十条 非法垄断技术或者侵害他人技术成果的技术合同无效。

第二节 技术开发合同

第八百五十一条 技术开发合同是当事人之间就新技术、新产品、新工艺、新品种或者新材料及其系统的研究开发所订立的合同。

技术开发合同包括委托开发合同和合作开发合同。

技术开发合同应当采用书面形式。

当事人之间就具有实用价值的科技成果实施转化订立的合同，参照适用技术开发合同的有关规定。

第八百五十二条 委托开发合同的委托人应当按照约定支付研究开发经费和报酬，提供技术资料，提出研究开发要求，完成协作事项，接受研究开发成果。

第八百五十三条 委托开发合同的研究开发人应当按照约定制定和实施研究开发计划，合理使用研究开发经费，按期完成研究开发工作，交付研究开发成果，提供有关的技术资料和必要的技术指导，帮助委托人掌握研究开发成果。

第八百五十四条 委托开发合同的当事人违反约定造成研究开发工作停滞、延误或者失败的，应当承担违约责任。

第八百五十五条 合作开发合同的当事人应当按照约定进行投资，包括以技术进行投资，分工参与研究开发工作，协作配合研究开发工作。

第八百五十六条 合作开发合同的当事人违反约定造成研究开发工作停滞、延误或者失败的，应当承担违约责任。

第八百五十七条 作为技术开发合同标的的技术已经由他人公开，致使技术开发合同的履行没有意义的，当事人可以解除合同。

第八百五十八条 技术开发合同履行过程中，因出现无法克服的技术困难，致使研究开发失败或者部分失败的，该风险由当事人约定；没有约定或者约定不明确，依据本法第五百一十条的规定仍不能确定的，风险由当事人合理分担。

当事人一方发现前款规定的可能致使研究开发失败或者部分失败的情形时，应当及时通知另一方并采取适当措施减少损失；没有及时通知并采取适当措施，致使损失扩大的，应当就扩大的损失承担责任。

第八百五十九条 委托开发完成的发明创造，除法律另有规定或者当事人另有约定外，申请专利的权利属于研究开发人。研究开发人取得专利权的，委托人可以依法实施该专利。

研究开发人转让专利申请权的，委托人享有以同等条件优先受让的权利。

第八百六十条 合作开发完成的发明创造，申请专利的权利属于合作开发的当事人共有；当事人一方转让其共有的专利申请权的，其他各方享有以同等条件优先受让的权利。但是，当事人另有约定的除外。

合作开发的当事人一方声明放弃其共有的专利申请权的，除当事人另有约定外，可以由另一方单独申请或者由其他各方共同申请。申请人取得专利权的，放弃专利申请权的一方可以免费实施该专利。

合作开发的当事人一方不同意申请专利的，另一方或者其他各方不得申请专利。

第八百六十一条 委托开发或者合作开发完成的技术秘密成果的使用权、转让权以及收益的分配办法，由当事人约定；没有约定或者约定不明确，依据本法第五百一十条的规定仍不能确定的，在没有相同技术方案被授予专利权前，当事人均有使用和转让的权利。但是，委托开发的研究开发人不得在向委托人交付研究开发成果之前，将研究开发成果转让给第三人。

第三节 技术转让合同和技术许可合同

第八百六十二条 技术转让合同是合法拥有技术的权利人，将现有特定的专利、专利申请、技术秘密的相关权利让与他人所订立的合同。

技术许可合同是合法拥有技术的权利人，将现有特定的专利、技术秘密的相关权利许可他人实施、使用所订立的合同。

技术转让合同和技术许可合同中关于提供实施技术的专用设备、原材料或者提供有关的技术咨询、技术服务的约定，属于合同的组成部分。

第八百六十三条 技术转让合同包括专利权转让、专利申请权转让、技术秘密转让等合同。

技术许可合同包括专利实施许可、技术秘密使用许可等合同。

技术转让合同和技术许可合同应当采用书面形式。

第八百六十四条 技术转让合同和技术许可合同可以约定实施专利或者使用技术秘密的范围，但是不得限制技术竞争和技术发展。

第八百六十五条 专利实施许可合同仅在该专利权的存续期限内有效。专利权有效期限届满或者专利权被宣告无效的，专利权人不得就该专利与他人订立专利实施许可合同。

第八百六十六条 专利实施许可合同的许可人应当按照约定许可被许可人实施专利，交付实施专利有关的技术资料，提供必要的技术指导。

第八百六十七条 专利实施许可合同的被许可人应当按照约定实施专利，不得许可约定以外的第三人实施该专利，并按照约定支付使用费。

第八百六十八条 技术秘密转让合同的让与人和技术秘密使用许可合同的许可人应当按照约定提供技术资料，进行技术指导，保证技术的实用性、可靠性，承担保密义务。

前款规定的保密义务，不限制许可人申请专利，但是当事人另有约定的除外。

第八百六十九条 技术秘密转让合同的受让人和技术秘密使用许可合同的被许可人应当按照约定使用技术，支付转让费、使用费，承担保密义务。

第八百七十条 技术转让合同的让与人和技术许可合同的许可人应当

保证自己是所提供的技术的合法拥有者，并保证所提供的技术完整、无误、有效，能够达到约定的目标。

第八百七十一条 技术转让合同的受让人和技术许可合同的被许可人应当按照约定的范围和期限，对让与人、许可人提供的技术中尚未公开的秘密部分，承担保密义务。

第八百七十二条 许可人未按照约定许可技术的，应当返还部分或者全部使用费，并应当承担违约责任；实施专利或者使用技术秘密超越约定的范围的，违反约定擅自许可第三人实施该项专利或者使用该项技术秘密的，应当停止违约行为，承担违约责任；违反约定的保密义务的，应当承担违约责任。

让与人承担违约责任，参照适用前款规定。

第八百七十三条 被许可人未按照约定支付使用费的，应当补交使用费并按照约定支付违约金；不补交使用费或者支付违约金的，应当停止实施专利或者使用技术秘密，交还技术资料，承担违约责任；实施专利或者使用技术秘密超越约定的范围的，未经许可人同意擅自许可第三人实施该专利或者使用该技术秘密的，应当停止违约行为，承担违约责任；违反约定的保密义务的，应当承担违约责任。

受让人承担违约责任，参照适用前款规定。

第八百七十四条 受让人或者被许可人按照约定实施专利、使用技术秘密侵害他人合法权益的，由让与人或者许可人承担责任，但是当事人另有约定的除外。

第八百七十五条 当事人可以按照互利的原则，在合同中约定实施专利、使用技术秘密后续改进的技术成果的分享办法；没有约定或者约定不明确，依据本法第五百一十条的规定仍不能确定的，一方后续改进的技术成果，其他各方无权分享。

第八百七十六条 集成电路布图设计专有权、植物新品种权、计算机软件著作权等其他知识产权的转让和许可，参照适用本节的有关规定。

第八百七十七条 法律、行政法规对技术进出口合同或者专利、专利申请合同另有规定的，依照其规定。

第四节 技术咨询合同和技术服务合同

第八百七十八条 技术咨询合同是当事人一方以技术知识为对方就特定技术项目提供可行性论证、技术预测、专题技术调查、分析评价报告等所订立的合同。

技术服务合同是当事人一方以技术知识为对方解决特定技术问题所订立的合同，不包括承揽合同和建设工程合同。

第八百七十九条 技术咨询合同的委托人应当按照约定阐明咨询的问题，提供技术背景材料及有关技术资料，接受受托人的工作成果，支付报酬。

第八百八十条 技术咨询合同的受托人应当按照约定的期限完成咨询报告或者解答问题，提出的咨询报告应当达到约定的要求。

第八百八十一条 技术咨询合同的委托人未按照约定提供必要的资料，影响工作进度和质量，不接受或者逾期接受工作成果的，支付的报酬不得追回，未支付的报酬应当支付。

技术咨询合同的受托人未按期提出咨询报告或者提出的咨询报告不符合约定的，应当承担减收或者免收报酬等违约责任。

技术咨询合同的委托人按照受托人符合约定要求的咨询报告和意见作出决策所造成的损失，由委托人承担，但是当事人另有约定的除外。

第八百八十二条 技术服务合同的委托人应当按照约定提供工作条件，完成配合事项，接受工作成果并支付报酬。

第八百八十三条 技术服务合同的受托人应当按照约定完成服务项目，解决技术问题，保证工作质量，并传授解决技术问题的知识。

第八百八十四条 技术服务合同的委托人不履行合同义务或者履行合同义务不符合约定，影响工作进度和质量，不接受或者逾期接受工作成果的，支付的报酬不得追回，未支付的报酬应当支付。

技术服务合同的受托人未按照约定完成服务工作的，应当承担免收报酬等违约责任。

第八百八十五条 技术咨询合同、技术服务合同履行过程中，受托人利用委托人提供的技术资料和工作条件完成的新的技术成果，属于受托人。委托人利用受托人的工作成果完成的新的技术成果，属于委托人。当事人另有约定的，按照其约定。

第八百八十六条 技术咨询合同和技术服务合同对受托人正常开展工作所需费用的负担没有约定或者约定不明确的，由受托人负担。

第八百八十七条 法律、行政法规对技术中介合同、技术培训合同另有规定的，依照其规定。

第二十一章 保管合同

第八百八十八条 保管合同是保管人保管寄存人交付的保管物，并返还该物的合同。

寄存人到保管人处从事购物、就餐、住宿等活动，将物品存放在指定场所的，视为保管，但是当事人另有约定或者另有交易习惯的除外。

第八百八十九条 寄存人应当按照约定向保管人支付保管费。

当事人对保管费没有约定或者约定不明确，依据本法第五百一十条的规定仍不能确定的，视为无偿保管。

第八百九十条 保管合同自保管物交付时成立，但是当事人另有约定的除外。

第八百九十一条 寄存人向保管人交付保管物的，保管人应当出具保管凭证，但是另有交易习惯的除外。

第八百九十二条 保管人应当妥善保管保管物。

当事人可以约定保管场所或者方法。除紧急情况或者为维护寄存人利益外，不得擅自改变保管场所或者方法。

第八百九十三条 寄存人交付的保管物有瑕疵或者根据保管物的性质需要采取特殊保管措施的，寄存人应当将有关情况告知保管人。寄存人未告知，致使保管物受损失的，保管人不承担赔偿责任；保管人因此受损失的，除保管人知道或者应当知道且未采取补救措施外，寄存人应当承担赔偿责任。

第八百九十四条 保管人不得将保管物转交第三人保管，但是当事人另有约定的除外。

保管人违反前款规定，将保管物转交第三人保管，造成保管物损失的，应当承担赔偿责任。

第八百九十五条 保管人不得使用或者许可第三人使用保管物，但是当事人另有约定的除外。

第八百九十六条 第三人对保管物主张权利的，除依法对保管物采取保全或者执行措施外，保管人应当履行向寄存人返还保管物的义务。

第三人对保管人提起诉讼或者对保管物申请扣押的，保管人应当及时通知寄存人。

第八百九十七条 保管期内，因保管人保管不善造成保管物毁损、灭失的，保管人应当承担赔偿责任。但是，无偿保管人证明自己没有故意或者重大过失的，不承担赔偿责任。

第八百九十八条 寄存人寄存货币、有价证券或者其他贵重物品的，应当向保管人声明，由保管人验收或者封存；寄存人未声明的，该物品毁损、灭失后，保管人可以按照一般物品予以赔偿。

第八百九十九条 寄存人可以随时领取保管物。

当事人对保管期限没有约定或者约定不明确的，保管人可以随时请求寄存人领取保管物；约定保管期限的，保管人无特别事由，不得请求寄存人提前领取保管物。

第九百条 保管期限届满或者寄存人提前领取保管物的，保管人应当将原物及其孳息归还寄存人。

第九百零一条 保管人保管货币的，可以返还相同种类、数量的货币；保管其他可替代物的，可以按照约定返还相同种类、品质、数量的物品。

第九百零二条 有偿的保管合同，寄存人应当按照约定的期限向保管人支付保管费。

当事人对支付期限没有约定或者约定不明确，依据本法第五百一十条的规定仍不能确定的，应当在领取保管物的同时支付。

第九百零三条 寄存人未按照约定支付保管费或者其他费用的，保管人对保管物享有留置权，但是当事人另有约定的除外。

第二十二章 仓储合同

第九百零四条 仓储合同是保管人储存存货人交付的仓储物，存货人支付仓储费的合同。

第九百零五条 仓储合同自保管人和存货人意思表示一致时成立。

第九百零六条 储存易燃、易爆、有毒、有腐蚀性、有放射性等危险物品或者易变质物品的，存货人应当说明该物品的性质，提供有关资料。

存货人违反前款规定的，保管人可以拒收仓储物，也可以采取相应措施以避免损失的发生，因此产生的费用由存货人负担。

保管人储存易燃、易爆、有毒、有腐蚀性、有放射性等危险物品的，应当具备相应的保管条件。

第九百零七条 保管人应当按照约定对入库仓储物进行验收。保管人验收时发现入库仓储物与约定不符合的，应当及时通知存货人。保管人验收后，发生仓储物的品种、数量、质量不符合约定的，保管人应当承担赔偿责任。

第九百零八条 存货人交付仓储物的，保管人应当出具仓单、入库单等凭证。

第九百零九条 保管人应当在仓单上签名或者盖章。仓单包括下列事项：

（一）存货人的姓名或者名称和住所；

（二）仓储物的品种、数量、质量、包装及其件数和标记；

（三）仓储物的损耗标准；

（四）储存场所；

（五）储存期限；

（六）仓储费；

（七）仓储物已经办理保险的，其保险金额、期间以及保险人的名称；

（八）填发人、填发地和填发日期。

第九百一十条 仓单是提取仓储物的凭证。存货人或者仓单持有人在仓单上背书并经保管人签名或者盖章的，可以转让提取仓储物的权利。

第九百一十一条 保管人根据存货人或者仓单持有人的要求，应当同意其检查仓储物或者提取样品。

第九百一十二条 保管人发现入库仓储物有变质或者其他损坏的，应当及时通知存货人或者仓单持有人。

第九百一十三条 保管人发现入库仓储物有变质或者其他损坏，危及其他仓储物的安全和正常保管的，应当催告存货人或者仓单持有人作出必要的处置。因情况紧急，保管人可以作出必要的处置；但是，事后应当将该情况及时通知存货人或者仓单持有人。

第九百一十四条 当事人对储存期限没有约定或者约定不明确的，存货人或者仓单持有人可以随时提取仓储物，保管人也可以随时请求存货人或者仓单持有人提取仓储物，但是应当给予必要的准备时间。

第九百一十五条 储存期限届满，存货人或者仓单持有人应当凭仓单、入库单等提取仓储物。存货人或者仓单持有人逾期提取的，应当加收仓储费；提前提取的，不减收仓储费。

第九百一十六条 储存期限届满，存货人或者仓单持有人不提取仓储物的，保管人可以催告其在合理期限内提取；逾期不提取的，保管人可以提存仓储物。

第九百一十七条 储存期内，因保管不善造成仓储物毁损、灭失的，保管人应当承担赔偿责任。因仓储物本身的自然性质、包装不符合约定或者超过有效储存期造成仓储物变质、损坏的，保管人不承担赔偿责任。

第九百一十八条 本章没有规定的，适用保管合同的有关规定。

第二十三章 委托合同

第九百一十九条 委托合同是委托人和受托人约定，由受托人处理委托人事务的合同。

第九百二十条 委托人可以特别委托受托人处理一项或者数项事务，也可以概括委托受托人处理一切事务。

第九百二十一条 委托人应当预付处理委托事务的费用。受托人为处理委托事务垫付的必要费用，委托人应当偿还该费用并支付利息。

第九百二十二条 受托人应当按照委托人的指示处理委托事务。需要变更委托人指示的，应当经委托人同意；因情况紧急，难以和委托人取得联系的，受托人应当妥善处理委托事务，但是事后应当将该情况及时报告委托人。

第九百二十三条 受托人应当亲自处理委托事务。经委托人同意，受托人可以转委托。转委托经同意或者追认的，委托人可以就委托事务直接指示转委托的第三人，受托人仅就第三人的选任及其对第三人的指示承担责任。转委托未经同意或者追认的，受托人应当对转委托的第三人的行为承担责任；但是，在紧急情况下受托人为了维护委托人的利益需要转委托第三人的除外。

第九百二十四条　受托人应当按照委托人的要求，报告委托事务的处理情况。委托合同终止时，受托人应当报告委托事务的结果。

第九百二十五条　受托人以自己的名义，在委托人的授权范围内与第三人订立的合同，第三人在订立合同时知道受托人与委托人之间的代理关系的，该合同直接约束委托人和第三人；但是，有确切证据证明该合同只约束受托人和第三人的除外。

第九百二十六条　受托人以自己的名义与第三人订立合同时，第三人不知道受托人与委托人之间的代理关系的，受托人因第三人的原因对委托人不履行义务，受托人应当向委托人披露第三人，委托人因此可以行使受托人对第三人的权利。但是，第三人与受托人订立合同时如果知道该委托人就不会订立合同的除外。

受托人因委托人的原因对第三人不履行义务，受托人应当向第三人披露委托人，第三人因此可以选择受托人或者委托人作为相对人主张其权利，但是第三人不得变更选定的相对人。

委托人行使受托人对第三人的权利的，第三人可以向委托人主张其对受托人的抗辩。第三人选定委托人作为其相对人的，委托人可以向第三人主张其对受托人的抗辩以及受托人对第三人的抗辩。

第九百二十七条　受托人处理委托事务取得的财产，应当转交给委托人。

第九百二十八条　受托人完成委托事务的，委托人应当按照约定向其支付报酬。

因不可归责于受托人的事由，委托合同解除或者委托事务不能完成的，委托人应当向受托人支付相应的报酬。当事人另有约定的，按照其约定。

第九百二十九条　有偿的委托合同，因受托人的过错造成委托人损失的，委托人可以请求赔偿损失。无偿的委托合同，因受托人的故意或者重大过失造成委托人损失的，委托人可以请求赔偿损失。

受托人超越权限造成委托人损失的，应当赔偿损失。

第九百三十条 受托人处理委托事务时，因不可归责于自己的事由受到损失的，可以向委托人请求赔偿损失。

第九百三十一条 委托人经受托人同意，可以在受托人之外委托第三人处理委托事务。因此造成受托人损失的，受托人可以向委托人请求赔偿损失。

第九百三十二条 两个以上的受托人共同处理委托事务的，对委托人承担连带责任。

第九百三十三条 委托人或者受托人可以随时解除委托合同。因解除合同造成对方损失的，除不可归责于该当事人的事由外，无偿委托合同的解除方应当赔偿因解除时间不当造成的直接损失，有偿委托合同的解除方应当赔偿对方的直接损失和合同履行后可以获得的利益。

第九百三十四条 委托人死亡、终止或者受托人死亡、丧失民事行为能力、终止的，委托合同终止；但是，当事人另有约定或者根据委托事务的性质不宜终止的除外。

第九百三十五条 因委托人死亡或者被宣告破产、解散，致使委托合同终止将损害委托人利益的，在委托人的继承人、遗产管理人或者清算人承受委托事务之前，受托人应当继续处理委托事务。

第九百三十六条 因受托人死亡、丧失民事行为能力或者被宣告破产、解散，致使委托合同终止的，受托人的继承人、遗产管理人、法定代理人或者清算人应当及时通知委托人。因委托合同终止将损害委托人利益的，在委托人作出善后处理之前，受托人的继承人、遗产管理人、法定代理人或者清算人应当采取必要措施。

第二十四章　物业服务合同

第九百三十七条 物业服务合同是物业服务人在物业服务区域内，为业主提供建筑物及其附属设施的维修养护、环境卫生和相关秩序的管理维护等物业服务，业主支付物业费的合同。

物业服务人包括物业服务企业和其他管理人。

第九百三十八条 物业服务合同的内容一般包括服务事项、服务质量、服务费用的标准和收取办法、维修资金的使用、服务用房的管理和使用、服务期限、服务交接等条款。

物业服务人公开作出的有利于业主的服务承诺，为物业服务合同的组成部分。

物业服务合同应当采用书面形式。

第九百三十九条 建设单位依法与物业服务人订立的前期物业服务合同，以及业主委员会与业主大会依法选聘的物业服务人订立的物业服务合同，对业主具有法律约束力。

第九百四十条 建设单位依法与物业服务人订立的前期物业服务合同约定的服务期限届满前，业主委员会或者业主与新物业服务人订立的物业服务合同生效的，前期物业服务合同终止。

第九百四十一条 物业服务人将物业服务区域内的部分专项服务事项委托给专业性服务组织或者其他第三人的，应当就该部分专项服务事项向业主负责。

物业服务人不得将其应当提供的全部物业服务转委托给第三人，或者将全部物业服务支解后分别转委托给第三人。

第九百四十二条 物业服务人应当按照约定和物业的使用性质，妥善维修、养护、清洁、绿化和经营管理物业服务区域内的业主共有部分，维护物业服务区域内的基本秩序，采取合理措施保护业主的人身、财产安全。

对物业服务区域内违反有关治安、环保、消防等法律法规的行为，物业服务人应当及时采取合理措施制止、向有关行政主管部门报告并协助处理。

第九百四十三条 物业服务人应当定期将服务的事项、负责人员、质量要求、收费项目、收费标准、履行情况，以及维修资金使用情况、业主共有部分的经营与收益情况等以合理方式向业主公开并向业主大会、业主委员会报告。

第九百四十四条 业主应当按照约定向物业服务人支付物业费。物业服务人已经按照约定和有关规定提供服务的，业主不得以未接受或者无需接受相关物业服务为由拒绝支付物业费。

业主违反约定逾期不支付物业费的，物业服务人可以催告其在合理期限内支付；合理期限届满仍不支付的，物业服务人可以提起诉讼或者申请仲裁。

物业服务人不得采取停止供电、供水、供热、供燃气等方式催交物业费。

第九百四十五条 业主装饰装修房屋的，应当事先告知物业服务人，遵守物业服务人提示的合理注意事项，并配合其进行必要的现场检查。

业主转让、出租物业专有部分、设立居住权或者依法改变共有部分用途的，应当及时将相关情况告知物业服务人。

第九百四十六条 业主依照法定程序共同决定解聘物业服务人的，可以解除物业服务合同。决定解聘的，应当提前六十日书面通知物业服务人，但是合同对通知期限另有约定的除外。

依据前款规定解除合同造成物业服务人损失的，除不可归责于业主的事由外，业主应当赔偿损失。

第九百四十七条 物业服务期限届满前，业主依法共同决定续聘的，应当与原物业服务人在合同期限届满前续订物业服务合同。

物业服务期限届满前，物业服务人不同意续聘的，应当在合同期限届满前九十日书面通知业主或者业主委员会，但是合同对通知期限另有约定的除外。

第九百四十八条 物业服务期限届满后，业主没有依法作出续聘或者另聘物业服务人的决定，物业服务人继续提供物业服务的，原物业服务合同继续有效，但是服务期限为不定期。

当事人可以随时解除不定期物业服务合同，但是应当提前六十日书面通知对方。

第九百四十九条 物业服务合同终止的，原物业服务人应当在约定期限或者合理期限内退出物业服务区域，将物业服务用房、相关设施、物业服务所必需的相关资料等交还给业主委员会、决定自行管理的业主或者其指定的人，配合新物业服务人做好交接工作，并如实告知物业的使用和管理状况。

原物业服务人违反前款规定的，不得请求业主支付物业服务合同终止后的物业费；造成业主损失的，应当赔偿损失。

第九百五十条 物业服务合同终止后，在业主或者业主大会选聘的新物业服务人或者决定自行管理的业主接管之前，原物业服务人应当继续处理物业服务事项，并可以请求业主支付该期间的物业费。

第二十五章　行 纪 合 同

第九百五十一条　行纪合同是行纪人以自己的名义为委托人从事贸易活动，委托人支付报酬的合同。

第九百五十二条　行纪人处理委托事务支出的费用，由行纪人负担，但是当事人另有约定的除外。

第九百五十三条　行纪人占有委托物的，应当妥善保管委托物。

第九百五十四条　委托物交付给行纪人时有瑕疵或者容易腐烂、变质的，经委托人同意，行纪人可以处分该物；不能与委托人及时取得联系的，行纪人可以合理处分。

第九百五十五条　行纪人低于委托人指定的价格卖出或者高于委托人指定的价格买入的，应当经委托人同意；未经委托人同意，行纪人补偿其差额的，该买卖对委托人发生效力。

行纪人高于委托人指定的价格卖出或者低于委托人指定的价格买入的，可以按照约定增加报酬；没有约定或者约定不明确，依据本法第五百一十条的规定仍不能确定的，该利益属于委托人。

委托人对价格有特别指示的，行纪人不得违背该指示卖出或者买入。

第九百五十六条　行纪人卖出或者买入具有市场定价的商品，除委托人有相反的意思表示外，行纪人自己可以作为买受人或者出卖人。

行纪人有前款规定情形的，仍然可以请求委托人支付报酬。

第九百五十七条　行纪人按照约定买入委托物，委托人应当及时受领。经行纪人催告，委托人无正当理由拒绝受领的，行纪人依法可以提存委托物。

委托物不能卖出或者委托人撤回出卖，经行纪人催告，委托人不取回或者不处分该物的，行纪人依法可以提存委托物。

第九百五十八条　行纪人与第三人订立合同的，行纪人对该合同直接享有权利、承担义务。

第三人不履行义务致使委托人受到损害的，行纪人应当承担赔偿责任，但是行纪人与委托人另有约定的除外。

第九百五十九条 行纪人完成或者部分完成委托事务的，委托人应当向其支付相应的报酬。委托人逾期不支付报酬的，行纪人对委托物享有留置权，但是当事人另有约定的除外。

第九百六十条 本章没有规定的，参照适用委托合同的有关规定。

第二十六章 中介合同

第九百六十一条 中介合同是中介人向委托人报告订立合同的机会或者提供订立合同的媒介服务，委托人支付报酬的合同。

第九百六十二条 中介人应当就有关订立合同的事项向委托人如实报告。

中介人故意隐瞒与订立合同有关的重要事实或者提供虚假情况，损害委托人利益的，不得请求支付报酬并应当承担赔偿责任。

第九百六十三条 中介人促成合同成立的，委托人应当按照约定支付报酬。对中介人的报酬没有约定或者约定不明确，依据本法第五百一十条的规定仍不能确定的，根据中介人的劳务合理确定。因中介人提供订立合同的媒介服务而促成合同成立的，由该合同的当事人平均负担中介人的报酬。

中介人促成合同成立的，中介活动的费用，由中介人负担。

第九百六十四条 中介人未促成合同成立的，不得请求支付报酬；但是，可以按照约定请求委托人支付从事中介活动支出的必要费用。

第九百六十五条 委托人在接受中介人的服务后，利用中介人提供的交易机会或者媒介服务，绕开中介人直接订立合同的，应当向中介人支付报酬。

第九百六十六条 本章没有规定的，参照适用委托合同的有关规定。

第二十七章 合伙合同

第九百六十七条 合伙合同是两个以上合伙人为了共同的事业目的，订立的共享利益、共担风险的协议。

第九百六十八条 合伙人应当按照约定的出资方式、数额和缴付期限，履行出资义务。

第九百六十九条 合伙人的出资、因合伙事务依法取得的收益和其他财产，属于合伙财产。

合伙合同终止前，合伙人不得请求分割合伙财产。

第九百七十条 合伙人就合伙事务作出决定的，除合伙合同另有约定外，应当经全体合伙人一致同意。

合伙事务由全体合伙人共同执行。按照合伙合同的约定或者全体合伙人的决定，可以委托一个或者数个合伙人执行合伙事务；其他合伙人不再执行合伙事务，但是有权监督执行情况。

合伙人分别执行合伙事务的，执行事务合伙人可以对其他合伙人执行的事务提出异议；提出异议后，其他合伙人应当暂停该项事务的执行。

第九百七十一条 合伙人不得因执行合伙事务而请求支付报酬，但是合伙合同另有约定的除外。

第九百七十二条 合伙的利润分配和亏损分担，按照合伙合同的约定办理；合伙合同没有约定或者约定不明确的，由合伙人协商决定；协商不成的，由合伙人按照实缴出资比例分配、分担；无法确定出资比例的，由合伙人平均分配、分担。

第九百七十三条 合伙人对合伙债务承担连带责任。清偿合伙债务超过自己应当承担份额的合伙人，有权向其他合伙人追偿。

第九百七十四条 除合伙合同另有约定外，合伙人向合伙人以外的人转让其全部或者部分财产份额的，须经其他合伙人一致同意。

第九百七十五条 合伙人的债权人不得代位行使合伙人依照本章规定和合伙合同享有的权利，但是合伙人享有的利益分配请求权除外。

第九百七十六条 合伙人对合伙期限没有约定或者约定不明确，依据本法第五百一十条的规定仍不能确定的，视为不定期合伙。

合伙期限届满，合伙人继续执行合伙事务，其他合伙人没有提出异议的，原合伙合同继续有效，但是合伙期限为不定期。

合伙人可以随时解除不定期合伙合同，但是应当在合理期限之前通知其他合伙人。

第九百七十七条 合伙人死亡、丧失民事行为能力或者终止的，合伙合同终止；但是，合伙合同另有约定或者根据合伙事务的性质不宜终止的除外。

第九百七十八条 合伙合同终止后，合伙财产在支付因终止而产生的费用以及清偿合伙债务后有剩余的，依据本法第九百七十二条的规定进行分配。

第三分编 准 合 同

第二十八章 无 因 管 理

第九百七十九条 管理人没有法定的或者约定的义务，为避免他人利益受损失而管理他人事务的，可以请求受益人偿还因管理事务而支出的必要费用；管理人因管理事务受到损失的，可以请求受益人给予适当补偿。

管理事务不符合受益人真实意思的，管理人不享有前款规定的权利；但是，受益人的真实意思违反法律或者违背公序良俗的除外。

第九百八十条 管理人管理事务不属于前条规定的情形，但是受益人享有管理利益的，受益人应当在其获得的利益范围内向管理人承担前条第一款规定的义务。

第九百八十一条 管理人管理他人事务，应当采取有利于受益人的方法。中断管理对受益人不利的，无正当理由不得中断。

第九百八十二条 管理人管理他人事务，能够通知受益人的，应当及时通知受益人。管理的事务不需要紧急处理的，应当等待受益人的指示。

第九百八十三条 管理结束后，管理人应当向受益人报告管理事务的情况。管理人管理事务取得的财产，应当及时转交给受益人。

第九百八十四条 管理人管理事务经受益人事后追认的，从管理事务开始时起，适用委托合同的有关规定，但是管理人另有意思表示的除外。

第二十九章 不 当 得 利

第九百八十五条 得利人没有法律根据取得不当利益的，受损失的人可以请求得利人返还取得的利益，但是有下列情形之一的除外：

（一）为履行道德义务进行的给付；

（二）债务到期之前的清偿；

（三）明知无给付义务而进行的债务清偿。

第九百八十六条 得利人不知道且不应当知道取得的利益没有法律根据，取得的利益已经不存在的，不承担返还该利益的义务。

第九百八十七条 得利人知道或者应当知道取得的利益没有法律根据的，受损失的人可以请求得利人返还其取得的利益并依法赔偿损失。

第九百八十八条 得利人已经将取得的利益无偿转让给第三人的，受损失的人可以请求第三人在相应范围内承担返还义务。

第四编 人 格 权

第一章 一 般 规 定

第九百八十九条 本编调整因人格权的享有和保护产生的民事关系。

第九百九十条 人格权是民事主体享有的生命权、身体权、健康权、姓名权、名称权、肖像权、名誉权、荣誉权、隐私权等权利。

除前款规定的人格权外，自然人享有基于人身自由、人格尊严产生的其他人格权益。

第九百九十一条 民事主体的人格权受法律保护，任何组织或者个人不得侵害。

第九百九十二条 人格权不得放弃、转让或者继承。

第九百九十三条 民事主体可以将自己的姓名、名称、肖像等许可他人使用，但是依照法律规定或者根据其性质不得许可的除外。

第九百九十四条 死者的姓名、肖像、名誉、荣誉、隐私、遗体等受到侵害的，其配偶、子女、父母有权依法请求行为人承担民事责任；死者没有配偶、子女且父母已经死亡的，其他近亲属有权依法请求行为人承担民事责任。

第九百九十五条 人格权受到侵害的，受害人有权依照本法和其他法律的规定请求行为人承担民事责任。受害人的停止侵害、排除妨碍、消除危险、消除影响、恢复名誉、赔礼道歉请求权，不适用诉讼时效的规定。

第九百九十六条　因当事人一方的违约行为，损害对方人格权并造成严重精神损害，受损害方选择请求其承担违约责任的，不影响受损害方请求精神损害赔偿。

第九百九十七条　民事主体有证据证明行为人正在实施或者即将实施侵害其人格权的违法行为，不及时制止将使其合法权益受到难以弥补的损害的，有权依法向人民法院申请采取责令行为人停止有关行为的措施。

第九百九十八条　认定行为人承担侵害除生命权、身体权和健康权外的人格权的民事责任，应当考虑行为人和受害人的职业、影响范围、过错程度，以及行为的目的、方式、后果等因素。

第九百九十九条　为公共利益实施新闻报道、舆论监督等行为的，可以合理使用民事主体的姓名、名称、肖像、个人信息等；使用不合理侵害民事主体人格权的，应当依法承担民事责任。

第一千条　行为人因侵害人格权承担消除影响、恢复名誉、赔礼道歉等民事责任的，应当与行为的具体方式和造成的影响范围相当。

行为人拒不承担前款规定的民事责任的，人民法院可以采取在报刊、网络等媒体上发布公告或者公布生效裁判文书等方式执行，产生的费用由行为人负担。

第一千零一条　对自然人因婚姻家庭关系等产生的身份权利的保护，适用本法第一编、第五编和其他法律的相关规定；没有规定的，可以根据其性质参照适用本编人格权保护的有关规定。

第二章　生命权、身体权和健康权

第一千零二条　自然人享有生命权。自然人的生命安全和生命尊严受法律保护。任何组织或者个人不得侵害他人的生命权。

第一千零三条　自然人享有身体权。自然人的身体完整和行动自由受法律保护。任何组织或者个人不得侵害他人的身体权。

第一千零四条　自然人享有健康权。自然人的身心健康受法律保护。任何组织或者个人不得侵害他人的健康权。

第一千零五条 自然人的生命权、身体权、健康权受到侵害或者处于其他危难情形的，负有法定救助义务的组织或者个人应当及时施救。

第一千零六条 完全民事行为能力人有权依法自主决定无偿捐献其人体细胞、人体组织、人体器官、遗体。任何组织或者个人不得强迫、欺骗、利诱其捐献。

完全民事行为能力人依据前款规定同意捐献的，应当采用书面形式，也可以订立遗嘱。

自然人生前未表示不同意捐献的，该自然人死亡后，其配偶、成年子女、父母可以共同决定捐献，决定捐献应当采用书面形式。

第一千零七条 禁止以任何形式买卖人体细胞、人体组织、人体器官、遗体。

违反前款规定的买卖行为无效。

第一千零八条 为研制新药、医疗器械或者发展新的预防和治疗方法，需要进行临床试验的，应当依法经相关主管部门批准并经伦理委员会审查同意，向受试者或者受试者的监护人告知试验目的、用途和可能产生的风险等详细情况，并经其书面同意。

进行临床试验的，不得向受试者收取试验费用。

第一千零九条 从事与人体基因、人体胚胎等有关的医学和科研活动，应当遵守法律、行政法规和国家有关规定，不得危害人体健康，不得违背伦理道德，不得损害公共利益。

第一千零一十条 违背他人意愿，以言语、文字、图像、肢体行为等方式对他人实施性骚扰的，受害人有权依法请求行为人承担民事责任。

机关、企业、学校等单位应当采取合理的预防、受理投诉、调查处置等措施，防止和制止利用职权、从属关系等实施性骚扰。

第一千零一十一条 以非法拘禁等方式剥夺、限制他人的行动自由，或者非法搜查他人身体的，受害人有权依法请求行为人承担民事责任。

第三章 姓名权和名称权

第一千零一十二条 自然人享有姓名权，有权依法决定、使用、变更或者许可他人使用自己的姓名，但是不得违背公序良俗。

第一千零一十三条 法人、非法人组织享有名称权，有权依法决定、使用、变更、转让或者许可他人使用自己的名称。

第一千零一十四条 任何组织或者个人不得以干涉、盗用、假冒等方式侵害他人的姓名权或者名称权。

第一千零一十五条 自然人应当随父姓或者母姓，但是有下列情形之一的，可以在父姓和母姓之外选取姓氏：

（一）选取其他直系长辈血亲的姓氏；

（二）因由法定扶养人以外的人扶养而选取扶养人姓氏；

（三）有不违背公序良俗的其他正当理由。

少数民族自然人的姓氏可以遵从本民族的文化传统和风俗习惯。

第一千零一十六条 自然人决定、变更姓名，或者法人、非法人组织决定、变更、转让名称的，应当依法向有关机关办理登记手续，但是法律另有规定的除外。

民事主体变更姓名、名称的，变更前实施的民事法律行为对其具有法律约束力。

第一千零一十七条 具有一定社会知名度，被他人使用足以造成公众混淆的笔名、艺名、网名、译名、字号、姓名和名称的简称等，参照适用姓名权和名称权保护的有关规定。

第四章 肖 像 权

第一千零一十八条 自然人享有肖像权，有权依法制作、使用、公开或者许可他人使用自己的肖像。

肖像是通过影像、雕塑、绘画等方式在一定载体上所反映的特定自然人可以被识别的外部形象。

第一千零一十九条 任何组织或者个人不得以丑化、污损，或者利用信息技术手段伪造等方式侵害他人的肖像权。未经肖像权人同意，不得制作、使用、公开肖像权人的肖像，但是法律另有规定的除外。

未经肖像权人同意，肖像作品权利人不得以发表、复制、发行、出租、展览等方式使用或者公开肖像权人的肖像。

第一千零二十条 合理实施下列行为的，可以不经肖像权人同意：

（一）为个人学习、艺术欣赏、课堂教学或者科学研究，在必要范围内使用肖像权人已经公开的肖像；

（二）为实施新闻报道，不可避免地制作、使用、公开肖像权人的肖像；

（三）为依法履行职责，国家机关在必要范围内制作、使用、公开肖像权人的肖像；

（四）为展示特定公共环境，不可避免地制作、使用、公开肖像权人的肖像；

（五）为维护公共利益或者肖像权人合法权益，制作、使用、公开肖像权人的肖像的其他行为。

第一千零二十一条 当事人对肖像许可使用合同中关于肖像使用条款的理解有争议的，应当作出有利于肖像权人的解释。

第一千零二十二条 当事人对肖像许可使用期限没有约定或者约定不明确的，任何一方当事人可以随时解除肖像许可使用合同，但是应当在合理期限之前通知对方。

当事人对肖像许可使用期限有明确约定，肖像权人有正当理由的，可以解除肖像许可使用合同，但是应当在合理期限之前通知对方。因解除合同造成对方损失的，除不可归责于肖像权人的事由外，应当赔偿损失。

第一千零二十三条 对姓名等的许可使用，参照适用肖像许可使用的有关规定。

对自然人声音的保护，参照适用肖像权保护的有关规定。

第五章 名誉权和荣誉权

第一千零二十四条 民事主体享有名誉权。任何组织或者个人不得以侮辱、诽谤等方式侵害他人的名誉权。

名誉是对民事主体的品德、声望、才能、信用等的社会评价。

第一千零二十五条 行为人为公共利益实施新闻报道、舆论监督等行为，影响他人名誉的，不承担民事责任，但是有下列情形之一的除外：

（一）捏造、歪曲事实；

（二）对他人提供的严重失实内容未尽到合理核实义务；

（三）使用侮辱性言辞等贬损他人名誉。

第一千零二十六条 认定行为人是否尽到前条第二项规定的合理核实义务，应当考虑下列因素：

（一）内容来源的可信度；

（二）对明显可能引发争议的内容是否进行了必要的调查；

（三）内容的时限性；

（四）内容与公序良俗的关联性；

（五）受害人名誉受贬损的可能性；

（六）核实能力和核实成本。

第一千零二十七条 行为人发表的文学、艺术作品以真人真事或者特定人为描述对象，含有侮辱、诽谤内容，侵害他人名誉权的，受害人有权依法请求该行为人承担民事责任。

行为人发表的文学、艺术作品不以特定人为描述对象，仅其中的情节与该特定人的情况相似的，不承担民事责任。

第一千零二十八条 民事主体有证据证明报刊、网络等媒体报道的内容失实，侵害其名誉权的，有权请求该媒体及时采取更正或者删除等必要措施。

第一千零二十九条 民事主体可以依法查询自己的信用评价；发现信用评价不当的，有权提出异议并请求采取更正、删除等必要措施。信用评价人应当及时核查，经核查属实的，应当及时采取必要措施。

第一千零三十条 民事主体与征信机构等信用信息处理者之间的关系，适用本编有关个人信息保护的规定和其他法律、行政法规的有关规定。

第一千零三十一条 民事主体享有荣誉权。任何组织或者个人不得非法剥夺他人的荣誉称号，不得诋毁、贬损他人的荣誉。

获得的荣誉称号应当记载而没有记载的，民事主体可以请求记载；获得的荣誉称号记载错误的，民事主体可以请求更正。

第六章 隐私权和个人信息保护

第一千零三十二条 自然人享有隐私权。任何组织或者个人不得以刺探、侵扰、泄露、公开等方式侵害他人的隐私权。

隐私是自然人的私人生活安宁和不愿为他人知晓的私密空间、私密活动、私密信息。

第一千零三十三条 除法律另有规定或者权利人明确同意外，任何组织或者个人不得实施下列行为：

（一）以电话、短信、即时通讯工具、电子邮件、传单等方式侵扰他人的私人生活安宁；

（二）进入、拍摄、窥视他人的住宅、宾馆房间等私密空间；

（三）拍摄、窥视、窃听、公开他人的私密活动；

（四）拍摄、窥视他人身体的私密部位；

（五）处理他人的私密信息；

（六）以其他方式侵害他人的隐私权。

第一千零三十四条 自然人的个人信息受法律保护。

个人信息是以电子或者其他方式记录的能够单独或者与其他信息结合识别特定自然人的各种信息，包括自然人的姓名、出生日期、身份证件号码、生物识别信息、住址、电话号码、电子邮箱、健康信息、行踪信息等。

个人信息中的私密信息，适用有关隐私权的规定；没有规定的，适用有关个人信息保护的规定。

第一千零三十五条 处理个人信息的，应当遵循合法、正当、必要原则，不得过度处理，并符合下列条件：

（一）征得该自然人或者其监护人同意，但是法律、行政法规另有规定的除外；

（二）公开处理信息的规则；

（三）明示处理信息的目的、方式和范围；

（四）不违反法律、行政法规的规定和双方的约定。

个人信息的处理包括个人信息的收集、存储、使用、加工、传输、提供、公开等。

第一千零三十六条 处理个人信息，有下列情形之一的，行为人不承担民事责任：

（一）在该自然人或者其监护人同意的范围内合理实施的行为；

（二）合理处理该自然人自行公开的或者其他已经合法公开的信息，但是该自然人明确拒绝或者处理该信息侵害其重大利益的除外；

（三）为维护公共利益或者该自然人合法权益，合理实施的其他行为。

第一千零三十七条 自然人可以依法向信息处理者查阅或者复制其个人信息；发现信息有错误的，有权提出异议并请求及时采取更正等必要措施。

自然人发现信息处理者违反法律、行政法规的规定或者双方的约定处理其个人信息的，有权请求信息处理者及时删除。

第一千零三十八条 信息处理者不得泄露或者篡改其收集、存储的个人信息；未经自然人同意，不得向他人非法提供其个人信息，但是经过加工无法识别特定个人且不能复原的除外。

信息处理者应当采取技术措施和其他必要措施，确保其收集、存储的个人信息安全，防止信息泄露、篡改、丢失；发生或者可能发生个人信息泄露、篡改、丢失的，应当及时采取补救措施，按照规定告知自然人并向有关主管部门报告。

第一千零三十九条 国家机关、承担行政职能的法定机构及其工作人员对于履行职责过程中知悉的自然人的隐私和个人信息，应当予以保密，不得泄露或者向他人非法提供。

第五编 婚姻家庭

第一章 一般规定

第一千零四十条 本编调整因婚姻家庭产生的民事关系。

第一千零四十一条 婚姻家庭受国家保护。

实行婚姻自由、一夫一妻、男女平等的婚姻制度。

保护妇女、未成年人、老年人、残疾人的合法权益。

第一千零四十二条 禁止包办、买卖婚姻和其他干涉婚姻自由的行为。禁止借婚姻索取财物。

禁止重婚。禁止有配偶者与他人同居。

禁止家庭暴力。禁止家庭成员间的虐待和遗弃。

第一千零四十三条 家庭应当树立优良家风，弘扬家庭美德，重视家庭文明建设。

夫妻应当互相忠实，互相尊重，互相关爱；家庭成员应当敬老爱幼，互相帮助，维护平等、和睦、文明的婚姻家庭关系。

第一千零四十四条 收养应当遵循最有利于被收养人的原则，保障被收养人和收养人的合法权益。

禁止借收养名义买卖未成年人。

第一千零四十五条 亲属包括配偶、血亲和姻亲。

配偶、父母、子女、兄弟姐妹、祖父母、外祖父母、孙子女、外孙子女为近亲属。

配偶、父母、子女和其他共同生活的近亲属为家庭成员。

第二章 结 婚

第一千零四十六条 结婚应当男女双方完全自愿，禁止任何一方对另一方加以强迫，禁止任何组织或者个人加以干涉。

第一千零四十七条 结婚年龄，男不得早于二十二周岁，女不得早于二十周岁。

第一千零四十八条 直系血亲或者三代以内的旁系血亲禁止结婚。

第一千零四十九条 要求结婚的男女双方应当亲自到婚姻登记机关申请结婚登记。符合本法规定的，予以登记，发给结婚证。完成结婚登记，即确立婚姻关系。未办理结婚登记的，应当补办登记。

第一千零五十条 登记结婚后，按照男女双方约定，女方可以成为男方家庭的成员，男方可以成为女方家庭的成员。

第一千零五十一条 有下列情形之一的，婚姻无效：

（一）重婚；

（二）有禁止结婚的亲属关系；

（三）未到法定婚龄。

第一千零五十二条 因胁迫结婚的，受胁迫的一方可以向人民法院请求撤销婚姻。

请求撤销婚姻的，应当自胁迫行为终止之日起一年内提出。

被非法限制人身自由的当事人请求撤销婚姻的，应当自恢复人身自由之日起一年内提出。

第一千零五十三条 一方患有重大疾病的，应当在结婚登记前如实告知另一方；不如实告知的，另一方可以向人民法院请求撤销婚姻。

请求撤销婚姻的，应当自知道或者应当知道撤销事由之日起一年内提出。

第一千零五十四条 无效的或者被撤销的婚姻自始没有法律约束力，当事人不具有夫妻的权利和义务。同居期间所得的财产，由当事人协议处理；协议不成的，由人民法院根据照顾无过错方的原则判决。对重婚导致的无效婚姻的财产处理，不得侵害合法婚姻当事人的财产权益。当事人所生的子女，适用本法关于父母子女的规定。

婚姻无效或者被撤销的，无过错方有权请求损害赔偿。

第三章 家庭关系

第一节 夫妻关系

第一千零五十五条 夫妻在婚姻家庭中地位平等。

第一千零五十六条 夫妻双方都有各自使用自己姓名的权利。

第一千零五十七条 夫妻双方都有参加生产、工作、学习和社会活动的自由，一方不得对另一方加以限制或者干涉。

第一千零五十八条 夫妻双方平等享有对未成年子女抚养、教育和保护的权利，共同承担对未成年子女抚养、教育和保护的义务。

第一千零五十九条 夫妻有相互扶养的义务。

需要扶养的一方，在另一方不履行扶养义务时，有要求其给付扶养费的权利。

第一千零六十条 夫妻一方因家庭日常生活需要而实施的民事法律行为，对夫妻双方发生效力，但是夫妻一方与相对人另有约定的除外。

夫妻之间对一方可以实施的民事法律行为范围的限制，不得对抗善意相对人。

第一千零六十一条 夫妻有相互继承遗产的权利。

第一千零六十二条 夫妻在婚姻关系存续期间所得的下列财产，为夫妻的共同财产，归夫妻共同所有：

（一）工资、奖金、劳务报酬；

（二）生产、经营、投资的收益；

（三）知识产权的收益；

（四）继承或者受赠的财产，但是本法第一千零六十三条第三项规定的除外；

（五）其他应当归共同所有的财产。

夫妻对共同财产，有平等的处理权。

第一千零六十三条 下列财产为夫妻一方的个人财产：

（一）一方的婚前财产；

（二）一方因受到人身损害获得的赔偿或者补偿；

（三）遗嘱或者赠与合同中确定只归一方的财产；

（四）一方专用的生活用品；

（五）其他应当归一方的财产。

第一千零六十四条 夫妻双方共同签名或者夫妻一方事后追认等共同意思表示所负的债务，以及夫妻一方在婚姻关系存续期间以个人名义为家庭日常生活需要所负的债务，属于夫妻共同债务。

夫妻一方在婚姻关系存续期间以个人名义超出家庭日常生活需要所负的债务，不属于夫妻共同债务；但是，债权人能够证明该债务用于夫妻共同生活、共同生产经营或者基于夫妻双方共同意思表示的除外。

第一千零六十五条 男女双方可以约定婚姻关系存续期间所得的财产

以及婚前财产归各自所有、共同所有或者部分各自所有、部分共同所有。约定应当采用书面形式。没有约定或者约定不明确的，适用本法第一千零六十二条、第一千零六十三条的规定。

夫妻对婚姻关系存续期间所得的财产以及婚前财产的约定，对双方具有法律约束力。

夫妻对婚姻关系存续期间所得的财产约定归各自所有，夫或者妻一方对外所负的债务，相对人知道该约定的，以夫或者妻一方的个人财产清偿。

第一千零六十六条 婚姻关系存续期间，有下列情形之一的，夫妻一方可以向人民法院请求分割共同财产：

（一）一方有隐藏、转移、变卖、毁损、挥霍夫妻共同财产或者伪造夫妻共同债务等严重损害夫妻共同财产利益的行为；

（二）一方负有法定扶养义务的人患重大疾病需要医治，另一方不同意支付相关医疗费用。

第二节 父母子女关系和其他近亲属关系

第一千零六十七条 父母不履行抚养义务的，未成年子女或者不能独立生活的成年子女，有要求父母给付抚养费的权利。

成年子女不履行赡养义务的，缺乏劳动能力或者生活困难的父母，有要求成年子女给付赡养费的权利。

第一千零六十八条 父母有教育、保护未成年子女的权利和义务。未成年子女造成他人损害的，父母应当依法承担民事责任。

第一千零六十九条 子女应当尊重父母的婚姻权利，不得干涉父母离婚、再婚以及婚后的生活。子女对父母的赡养义务，不因父母的婚姻关系变化而终止。

第一千零七十条 父母和子女有相互继承遗产的权利。

第一千零七十一条 非婚生子女享有与婚生子女同等的权利，任何组织或者个人不得加以危害和歧视。

不直接抚养非婚生子女的生父或者生母，应当负担未成年子女或者不能独立生活的成年子女的抚养费。

第一千零七十二条 继父母与继子女间，不得虐待或者歧视。

继父或者继母和受其抚养教育的继子女间的权利义务关系，适用本法关于父母子女关系的规定。

第一千零七十三条 对亲子关系有异议且有正当理由的，父或者母可以向人民法院提起诉讼，请求确认或者否认亲子关系。

对亲子关系有异议且有正当理由的，成年子女可以向人民法院提起诉讼，请求确认亲子关系。

第一千零七十四条 有负担能力的祖父母、外祖父母，对于父母已经死亡或者父母无力抚养的未成年孙子女、外孙子女，有抚养的义务。

有负担能力的孙子女、外孙子女，对于子女已经死亡或者子女无力赡养的祖父母、外祖父母，有赡养的义务。

第一千零七十五条 有负担能力的兄、姐，对于父母已经死亡或者父母无力抚养的未成年弟、妹，有扶养的义务。

由兄、姐扶养长大的有负担能力的弟、妹，对于缺乏劳动能力又缺乏生活来源的兄、姐，有扶养的义务。

第四章　离　　婚

第一千零七十六条 夫妻双方自愿离婚的，应当签订书面离婚协议，并亲自到婚姻登记机关申请离婚登记。

离婚协议应当载明双方自愿离婚的意思表示和对子女抚养、财产以及债务处理等事项协商一致的意见。

第一千零七十七条 自婚姻登记机关收到离婚登记申请之日起三十日内，任何一方不愿意离婚的，可以向婚姻登记机关撤回离婚登记申请。

前款规定期限届满后三十日内，双方应当亲自到婚姻登记机关申请发给离婚证；未申请的，视为撤回离婚登记申请。

第一千零七十八条 婚姻登记机关查明双方确实是自愿离婚，并已经对子女抚养、财产以及债务处理等事项协商一致的，予以登记，发给离婚证。

第一千零七十九条 夫妻一方要求离婚的，可以由有关组织进行调解或者直接向人民法院提起离婚诉讼。

人民法院审理离婚案件，应当进行调解；如果感情确已破裂，调解无效的，应当准予离婚。

有下列情形之一，调解无效的，应当准予离婚：

（一）重婚或者与他人同居；

（二）实施家庭暴力或者虐待、遗弃家庭成员；

（三）有赌博、吸毒等恶习屡教不改；

（四）因感情不和分居满二年；

（五）其他导致夫妻感情破裂的情形。

一方被宣告失踪，另一方提起离婚诉讼的，应当准予离婚。

经人民法院判决不准离婚后，双方又分居满一年，一方再次提起离婚诉讼的，应当准予离婚。

第一千零八十条 完成离婚登记，或者离婚判决书、调解书生效，即解除婚姻关系。

第一千零八十一条 现役军人的配偶要求离婚，应当征得军人同意，但是军人一方有重大过错的除外。

第一千零八十二条 女方在怀孕期间、分娩后一年内或者终止妊娠后六个月内，男方不得提出离婚；但是，女方提出离婚或者人民法院认为确有必要受理男方离婚请求的除外。

第一千零八十三条 离婚后，男女双方自愿恢复婚姻关系的，应当到婚姻登记机关重新进行结婚登记。

第一千零八十四条 父母与子女间的关系，不因父母离婚而消除。离婚后，子女无论由父或者母直接抚养，仍是父母双方的子女。

离婚后，父母对于子女仍有抚养、教育、保护的权利和义务。

离婚后，不满两周岁的子女，以由母亲直接抚养为原则。已满两周岁的子女，父母双方对抚养问题协议不成的，由人民法院根据双方的具体情况，按照最有利于未成年子女的原则判决。子女已满八周岁的，应当尊重其真实意愿。

第一千零八十五条 离婚后，子女由一方直接抚养的，另一方应当负担部分或者全部抚养费。负担费用的多少和期限的长短，由双方协议；协议不成的，由人民法院判决。

前款规定的协议或者判决，不妨碍子女在必要时向父母任何一方提出超过协议或者判决原定数额的合理要求。

第一千零八十六条 离婚后，不直接抚养子女的父或者母，有探望子女的权利，另一方有协助的义务。

行使探望权利的方式、时间由当事人协议；协议不成的，由人民法院判决。

父或者母探望子女，不利于子女身心健康的，由人民法院依法中止探望；中止的事由消失后，应当恢复探望。

第一千零八十七条 离婚时，夫妻的共同财产由双方协议处理；协议不成的，由人民法院根据财产的具体情况，按照照顾子女、女方和无过错方权益的原则判决。

对夫或者妻在家庭土地承包经营中享有的权益等，应当依法予以保护。

第一千零八十八条 夫妻一方因抚育子女、照料老年人、协助另一方工作等负担较多义务的，离婚时有权向另一方请求补偿，另一方应当给予补偿。具体办法由双方协议；协议不成的，由人民法院判决。

第一千零八十九条 离婚时，夫妻共同债务应当共同偿还。共同财产不足清偿或者财产归各自所有的，由双方协议清偿；协议不成的，由人民法院判决。

第一千零九十条 离婚时，如果一方生活困难，有负担能力的另一方应当给予适当帮助。具体办法由双方协议；协议不成的，由人民法院判决。

第一千零九十一条 有下列情形之一，导致离婚的，无过错方有权请求损害赔偿：

（一）重婚；

（二）与他人同居；

（三）实施家庭暴力；

（四）虐待、遗弃家庭成员；

（五）有其他重大过错。

第一千零九十二条 夫妻一方隐藏、转移、变卖、毁损、挥霍夫妻共同财产，或者伪造夫妻共同债务企图侵占另一方财产的，在离婚分割夫妻共同财产时，对该方可以少分或者不分。离婚后，另一方发现有上述行为的，可以向人民法院提起诉讼，请求再次分割夫妻共同财产。

第五章 收 养

第一节 收养关系的成立

第一千零九十三条 下列未成年人，可以被收养：

（一）丧失父母的孤儿；

（二）查找不到生父母的未成年人；

（三）生父母有特殊困难无力抚养的子女。

第一千零九十四条 下列个人、组织可以作送养人：

（一）孤儿的监护人；

（二）儿童福利机构；

（三）有特殊困难无力抚养子女的生父母。

第一千零九十五条 未成年人的父母均不具备完全民事行为能力且可能严重危害该未成年人的，该未成年人的监护人可以将其送养。

第一千零九十六条 监护人送养孤儿的，应当征得有抚养义务的人同意。有抚养义务的人不同意送养、监护人不愿意继续履行监护职责的，应当依照本法第一编的规定另行确定监护人。

第一千零九十七条 生父母送养子女，应当双方共同送养。生父母一方不明或者查找不到的，可以单方送养。

第一千零九十八条 收养人应当同时具备下列条件：

（一）无子女或者只有一名子女；

（二）有抚养、教育和保护被收养人的能力；

（三）未患有在医学上认为不应当收养子女的疾病；

（四）无不利于被收养人健康成长的违法犯罪记录；

（五）年满三十周岁。

第一千零九十九条 收养三代以内旁系同辈血亲的子女，可以不受本法第一千零九十三条第三项、第一千零九十四条第三项和第一千一百零二条规定的限制。

华侨收养三代以内旁系同辈血亲的子女，还可以不受本法第一千零九十八条第一项规定的限制。

第一千一百条 无子女的收养人可以收养两名子女；有子女的收养人只能收养一名子女。

收养孤儿、残疾未成年人或者儿童福利机构抚养的查找不到生父母的未成年人，可以不受前款和本法第一千零九十八条第一项规定的限制。

第一千一百零一条 有配偶者收养子女，应当夫妻共同收养。

第一千一百零二条 无配偶者收养异性子女的，收养人与被收养人的年龄应当相差四十周岁以上。

第一千一百零三条 继父或者继母经继子女的生父母同意，可以收养继子女，并可以不受本法第一千零九十三条第三项、第一千零九十四条第三项、第一千零九十八条和第一千一百条第一款规定的限制。

第一千一百零四条 收养人收养与送养人送养，应当双方自愿。收养八周岁以上未成年人的，应当征得被收养人的同意。

第一千一百零五条 收养应当向县级以上人民政府民政部门登记。收养关系自登记之日起成立。

收养查找不到生父母的未成年人的，办理登记的民政部门应当在登记前予以公告。

收养关系当事人愿意签订收养协议的，可以签订收养协议。

收养关系当事人各方或者一方要求办理收养公证的，应当办理收养公证。

县级以上人民政府民政部门应当依法进行收养评估。

第一千一百零六条 收养关系成立后，公安机关应当按照国家有关规定为被收养人办理户口登记。

第一千一百零七条 孤儿或者生父母无力抚养的子女，可以由生父母的亲属、朋友抚养；抚养人与被抚养人的关系不适用本章规定。

第一千一百零八条 配偶一方死亡，另一方送养未成年子女的，死亡一方的父母有优先抚养的权利。

第一千一百零九条 外国人依法可以在中华人民共和国收养子女。

外国人在中华人民共和国收养子女，应当经其所在国主管机关依照该国法律审查同意。收养人应当提供由其所在国有权机构出具的有关其年龄、婚姻、职业、财产、健康、有无受过刑事处罚等状况的证明材料，并与送养人签订书面协议，亲自向省、自治区、直辖市人民政府民政部门登记。

前款规定的证明材料应当经收养人所在国外交机关或者外交机关授权的机构认证，并经中华人民共和国驻该国使领馆认证，但是国家另有规定的除外。

第一千一百一十条 收养人、送养人要求保守收养秘密的，其他人应当尊重其意愿，不得泄露。

第二节 收养的效力

第一千一百一十一条 自收养关系成立之日起，养父母与养子女间的权利义务关系，适用本法关于父母子女关系的规定；养子女与养父母的近亲属间的权利义务关系，适用本法关于子女与父母的近亲属关系的规定。

养子女与生父母以及其他近亲属间的权利义务关系，因收养关系的成立而消除。

第一千一百一十二条 养子女可以随养父或者养母的姓氏，经当事人协商一致，也可以保留原姓氏。

第一千一百一十三条 有本法第一编关于民事法律行为无效规定情形或者违反本编规定的收养行为无效。

无效的收养行为自始没有法律约束力。

第三节 收养关系的解除

第一千一百一十四条 收养人在被收养人成年以前，不得解除收养关系，但是收养人、送养人双方协议解除的除外。养子女八周岁以上的，应当征得本人同意。

收养人不履行抚养义务，有虐待、遗弃等侵害未成年养子女合法权益行为的，送养人有权要求解除养父母与养子女间的收养关系。送养人、收养人不能达成解除收养关系协议的，可以向人民法院提起诉讼。

第一千一百一十五条 养父母与成年养子女关系恶化、无法共同生活的，可以协议解除收养关系。不能达成协议的，可以向人民法院提起诉讼。

第一千一百一十六条 当事人协议解除收养关系的，应当到民政部门办理解除收养关系登记。

第一千一百一十七条 收养关系解除后，养子女与养父母以及其他近亲属间的权利义务关系即行消除，与生父母以及其他近亲属间的权利义务关系自行恢复。但是，成年养子女与生父母以及其他近亲属间的权利义务关系是否恢复，可以协商确定。

第一千一百一十八条 收养关系解除后，经养父母抚养的成年养子女，对缺乏劳动能力又缺乏生活来源的养父母，应当给付生活费。因养子女成年后虐待、遗弃养父母而解除收养关系的，养父母可以要求养子女补偿收养期间支出的抚养费。

生父母要求解除收养关系的，养父母可以要求生父母适当补偿收养期间支出的抚养费；但是，因养父母虐待、遗弃养子女而解除收养关系的除外。

第六编 继　　承

第一章 一般规定

第一千一百一十九条 本编调整因继承产生的民事关系。

第一千一百二十条 国家保护自然人的继承权。

第一千一百二十一条 继承从被继承人死亡时开始。

相互有继承关系的数人在同一事件中死亡，难以确定死亡时间的，推定没有其他继承人的人先死亡。都有其他继承人，辈份不同的，推定长辈先死亡；辈份相同的，推定同时死亡，相互不发生继承。

第一千一百二十二条 遗产是自然人死亡时遗留的个人合法财产。

依照法律规定或者根据其性质不得继承的遗产，不得继承。

第一千一百二十三条 继承开始后，按照法定继承办理；有遗嘱的，按照遗嘱继承或者遗赠办理；有遗赠扶养协议的，按照协议办理。

第一千一百二十四条 继承开始后，继承人放弃继承的，应当在遗产处理前，以书面形式作出放弃继承的表示；没有表示的，视为接受继承。

受遗赠人应当在知道受遗赠后六十日内，作出接受或者放弃受遗赠的表示；到期没有表示的，视为放弃受遗赠。

第一千一百二十五条 继承人有下列行为之一的，丧失继承权：

（一）故意杀害被继承人；

（二）为争夺遗产而杀害其他继承人；

（三）遗弃被继承人，或者虐待被继承人情节严重；

（四）伪造、篡改、隐匿或者销毁遗嘱，情节严重；

（五）以欺诈、胁迫手段迫使或者妨碍被继承人设立、变更或者撤回遗嘱，情节严重。

继承人有前款第三项至第五项行为，确有悔改表现，被继承人表示宽恕或者事后在遗嘱中将其列为继承人的，该继承人不丧失继承权。

受遗赠人有本条第一款规定行为的，丧失受遗赠权。

第二章 法定继承

第一千一百二十六条 继承权男女平等。

第一千一百二十七条 遗产按照下列顺序继承：

（一）第一顺序：配偶、子女、父母；

（二）第二顺序：兄弟姐妹、祖父母、外祖父母。

继承开始后，由第一顺序继承人继承，第二顺序继承人不继承；没有第一顺序继承人继承的，由第二顺序继承人继承。

本编所称子女，包括婚生子女、非婚生子女、养子女和有扶养关系的继子女。

本编所称父母，包括生父母、养父母和有扶养关系的继父母。

本编所称兄弟姐妹，包括同父母的兄弟姐妹、同父异母或者同母异父的兄弟姐妹、养兄弟姐妹、有扶养关系的继兄弟姐妹。

第一千一百二十八条 被继承人的子女先于被继承人死亡的，由被继承人的子女的直系晚辈血亲代位继承。

被继承人的兄弟姐妹先于被继承人死亡的，由被继承人的兄弟姐妹的子女代位继承。

代位继承人一般只能继承被代位继承人有权继承的遗产份额。

第一千一百二十九条 丧偶儿媳对公婆，丧偶女婿对岳父母，尽了主要赡养义务的，作为第一顺序继承人。

第一千一百三十条 同一顺序继承人继承遗产的份额，一般应当均等。

对生活有特殊困难又缺乏劳动能力的继承人，分配遗产时，应当予以照顾。

对被继承人尽了主要扶养义务或者与被继承人共同生活的继承人，分配遗产时，可以多分。

有扶养能力和有扶养条件的继承人，不尽扶养义务的，分配遗产时，应当不分或者少分。

继承人协商同意的，也可以不均等。

第一千一百三十一条 对继承人以外的依靠被继承人扶养的人，或者继承人以外的对被继承人扶养较多的人，可以分给适当的遗产。

第一千一百三十二条 继承人应当本着互谅互让、和睦团结的精神，协商处理继承问题。遗产分割的时间、办法和份额，由继承人协商确定；协商不成的，可以由人民调解委员会调解或者向人民法院提起诉讼。

第三章 遗嘱继承和遗赠

第一千一百三十三条 自然人可以依照本法规定立遗嘱处分个人财产，并可以指定遗嘱执行人。

自然人可以立遗嘱将个人财产指定由法定继承人中的一人或者数人继承。

自然人可以立遗嘱将个人财产赠与国家、集体或者法定继承人以外的组织、个人。

自然人可以依法设立遗嘱信托。

第一千一百三十四条 自书遗嘱由遗嘱人亲笔书写，签名，注明年、月、日。

第一千一百三十五条 代书遗嘱应当有两个以上见证人在场见证，由其中一人代书，并由遗嘱人、代书人和其他见证人签名，注明年、月、日。

第一千一百三十六条 打印遗嘱应当有两个以上见证人在场见证。遗嘱人和见证人应当在遗嘱每一页签名，注明年、月、日。

第一千一百三十七条 以录音录像形式立的遗嘱，应当有两个以上见证人在场见证。遗嘱人和见证人应当在录音录像中记录其姓名或者肖像，以及年、月、日。

第一千一百三十八条 遗嘱人在危急情况下，可以立口头遗嘱。口头遗嘱应当有两个以上见证人在场见证。危急情况消除后，遗嘱人能够以书面或者录音录像形式立遗嘱的，所立的口头遗嘱无效。

第一千一百三十九条 公证遗嘱由遗嘱人经公证机构办理。

第一千一百四十条 下列人员不能作为遗嘱见证人：

（一）无民事行为能力人、限制民事行为能力人以及其他不具有见证能力的人；

（二）继承人、受遗赠人；

（三）与继承人、受遗赠人有利害关系的人。

第一千一百四十一条 遗嘱应当为缺乏劳动能力又没有生活来源的继承人保留必要的遗产份额。

第一千一百四十二条 遗嘱人可以撤回、变更自己所立的遗嘱。

立遗嘱后，遗嘱人实施与遗嘱内容相反的民事法律行为的，视为对遗嘱相关内容的撤回。

立有数份遗嘱，内容相抵触的，以最后的遗嘱为准。

第一千一百四十三条 无民事行为能力人或者限制民事行为能力人所立的遗嘱无效。

遗嘱必须表示遗嘱人的真实意思，受欺诈、胁迫所立的遗嘱无效。

伪造的遗嘱无效。

遗嘱被篡改的，篡改的内容无效。

第一千一百四十四条 遗嘱继承或者遗赠附有义务的，继承人或者受遗赠人应当履行义务。没有正当理由不履行义务的，经利害关系人或者有关组织请求，人民法院可以取消其接受附义务部分遗产的权利。

第四章 遗产的处理

第一千一百四十五条 继承开始后，遗嘱执行人为遗产管理人；没有遗嘱执行人的，继承人应当及时推选遗产管理人；继承人未推选的，由继承人共同担任遗产管理人；没有继承人或者继承人均放弃继承的，由被继承人生前住所地的民政部门或者村民委员会担任遗产管理人。

第一千一百四十六条 对遗产管理人的确定有争议的，利害关系人可以向人民法院申请指定遗产管理人。

第一千一百四十七条 遗产管理人应当履行下列职责：

（一）清理遗产并制作遗产清单；

（二）向继承人报告遗产情况；

（三）采取必要措施防止遗产毁损、灭失；

（四）处理被继承人的债权债务；

（五）按照遗嘱或者依照法律规定分割遗产；

（六）实施与管理遗产有关的其他必要行为。

第一千一百四十八条 遗产管理人应当依法履行职责，因故意或者重大过失造成继承人、受遗赠人、债权人损害的，应当承担民事责任。

第一千一百四十九条 遗产管理人可以依照法律规定或者按照约定获得报酬。

第一千一百五十条 继承开始后，知道被继承人死亡的继承人应当及时通知其他继承人和遗嘱执行人。继承人中无人知道被继承人死亡或者知道被继承人死亡而不能通知的，由被继承人生前所在单位或者住所地的居民委员会、村民委员会负责通知。

第一千一百五十一条 存有遗产的人，应当妥善保管遗产，任何组织或者个人不得侵吞或者争抢。

第一千一百五十二条 继承开始后，继承人于遗产分割前死亡，并没有放弃继承的，该继承人应当继承的遗产转给其继承人，但是遗嘱另有安排的除外。

第一千一百五十三条 夫妻共同所有的财产，除有约定的外，遗产分割时，应当先将共同所有的财产的一半分出为配偶所有，其余的为被继承人的遗产。

遗产在家庭共有财产之中的，遗产分割时，应当先分出他人的财产。

第一千一百五十四条 有下列情形之一的，遗产中的有关部分按照法定继承办理：

（一）遗嘱继承人放弃继承或者受遗赠人放弃受遗赠；

（二）遗嘱继承人丧失继承权或者受遗赠人丧失受遗赠权；

（三）遗嘱继承人、受遗赠人先于遗嘱人死亡或者终止；

（四）遗嘱无效部分所涉及的遗产；

（五）遗嘱未处分的遗产。

第一千一百五十五条　遗产分割时，应当保留胎儿的继承份额。胎儿娩出时是死体的，保留的份额按照法定继承办理。

第一千一百五十六条　遗产分割应当有利于生产和生活需要，不损害遗产的效用。

不宜分割的遗产，可以采取折价、适当补偿或者共有等方法处理。

第一千一百五十七条　夫妻一方死亡后另一方再婚的，有权处分所继承的财产，任何组织或者个人不得干涉。

第一千一百五十八条　自然人可以与继承人以外的组织或者个人签订遗赠扶养协议。按照协议，该组织或者个人承担该自然人生养死葬的义务，享有受遗赠的权利。

第一千一百五十九条　分割遗产，应当清偿被继承人依法应当缴纳的税款和债务；但是，应当为缺乏劳动能力又没有生活来源的继承人保留必要的遗产。

第一千一百六十条　无人继承又无人受遗赠的遗产，归国家所有，用于公益事业；死者生前是集体所有制组织成员的，归所在集体所有制组织所有。

第一千一百六十一条　继承人以所得遗产实际价值为限清偿被继承人依法应当缴纳的税款和债务。超过遗产实际价值部分，继承人自愿偿还的不在此限。

继承人放弃继承的，对被继承人依法应当缴纳的税款和债务可以不负清偿责任。

第一千一百六十二条　执行遗赠不得妨碍清偿遗赠人依法应当缴纳的税款和债务。

第一千一百六十三条　既有法定继承又有遗嘱继承、遗赠的，由法定继承人清偿被继承人依法应当缴纳的税款和债务；超过法定继承遗产实际价值部分，由遗嘱继承人和受遗赠人按比例以所得遗产清偿。

第七编 侵权责任

第一章 一般规定

第一千一百六十四条 本编调整因侵害民事权益产生的民事关系。

第一千一百六十五条 行为人因过错侵害他人民事权益造成损害的，应当承担侵权责任。

依照法律规定推定行为人有过错，其不能证明自己没有过错的，应当承担侵权责任。

第一千一百六十六条 行为人造成他人民事权益损害，不论行为人有无过错，法律规定应当承担侵权责任的，依照其规定。

第一千一百六十七条 侵权行为危及他人人身、财产安全的，被侵权人有权请求侵权人承担停止侵害、排除妨碍、消除危险等侵权责任。

第一千一百六十八条 二人以上共同实施侵权行为，造成他人损害的，应当承担连带责任。

第一千一百六十九条 教唆、帮助他人实施侵权行为的，应当与行为人承担连带责任。

教唆、帮助无民事行为能力人、限制民事行为能力人实施侵权行为的，应当承担侵权责任；该无民事行为能力人、限制民事行为能力人的监护人未尽到监护职责的，应当承担相应的责任。

第一千一百七十条 二人以上实施危及他人人身、财产安全的行为，其中一人或者数人的行为造成他人损害，能够确定具体侵权人的，由侵权人承担责任；不能确定具体侵权人的，行为人承担连带责任。

第一千一百七十一条 二人以上分别实施侵权行为造成同一损害，每个人的侵权行为都足以造成全部损害的，行为人承担连带责任。

第一千一百七十二条 二人以上分别实施侵权行为造成同一损害，能够确定责任大小的，各自承担相应的责任；难以确定责任大小的，平均承担责任。

第一千一百七十三条 被侵权人对同一损害的发生或者扩大有过错的，可以减轻侵权人的责任。

第一千一百七十四条 损害是因受害人故意造成的，行为人不承担责任。

第一千一百七十五条 损害是因第三人造成的，第三人应当承担侵权责任。

第一千一百七十六条 自愿参加具有一定风险的文体活动，因其他参加者的行为受到损害的，受害人不得请求其他参加者承担侵权责任；但是，其他参加者对损害的发生有故意或者重大过失的除外。

活动组织者的责任适用本法第一千一百九十八条至第一千二百零一条的规定。

第一千一百七十七条 合法权益受到侵害，情况紧迫且不能及时获得国家机关保护，不立即采取措施将使其合法权益受到难以弥补的损害的，受害人可以在保护自己合法权益的必要范围内采取扣留侵权人的财物等合理措施；但是，应当立即请求有关国家机关处理。

受害人采取的措施不当造成他人损害的，应当承担侵权责任。

第一千一百七十八条 本法和其他法律对不承担责任或者减轻责任的情形另有规定的，依照其规定。

第二章 损害赔偿

第一千一百七十九条 侵害他人造成人身损害的，应当赔偿医疗费、护理费、交通费、营养费、住院伙食补助费等为治疗和康复支出的合理费用，以及因误工减少的收入。造成残疾的，还应当赔偿辅助器具费和残疾赔偿金；造成死亡的，还应当赔偿丧葬费和死亡赔偿金。

第一千一百八十条 因同一侵权行为造成多人死亡的，可以以相同数额确定死亡赔偿金。

第一千一百八十一条 被侵权人死亡的，其近亲属有权请求侵权人承担侵权责任。被侵权人为组织，该组织分立、合并的，承继权利的组织有权请求侵权人承担侵权责任。

被侵权人死亡的，支付被侵权人医疗费、丧葬费等合理费用的人有权请求侵权人赔偿费用，但是侵权人已经支付该费用的除外。

第一千一百八十二条 侵害他人人身权益造成财产损失的，按照被侵权人因此受到的损失或者侵权人因此获得的利益赔偿；被侵权人因此受到的损失以及侵权人因此获得的利益难以确定，被侵权人和侵权人就赔偿数额协商不一致，向人民法院提起诉讼的，由人民法院根据实际情况确定赔偿数额。

第一千一百八十三条 侵害自然人人身权益造成严重精神损害的，被侵权人有权请求精神损害赔偿。

因故意或者重大过失侵害自然人具有人身意义的特定物造成严重精神损害的，被侵权人有权请求精神损害赔偿。

第一千一百八十四条 侵害他人财产的，财产损失按照损失发生时的市场价格或者其他合理方式计算。

第一千一百八十五条 故意侵害他人知识产权，情节严重的，被侵权人有权请求相应的惩罚性赔偿。

第一千一百八十六条 受害人和行为人对损害的发生都没有过错的，依照法律的规定由双方分担损失。

第一千一百八十七条 损害发生后，当事人可以协商赔偿费用的支付方式。协商不一致的，赔偿费用应当一次性支付；一次性支付确有困难的，可以分期支付，但是被侵权人有权请求提供相应的担保。

第三章 责任主体的特殊规定

第一千一百八十八条 无民事行为能力人、限制民事行为能力人造成他人损害的，由监护人承担侵权责任。监护人尽到监护职责的，可以减轻其侵权责任。

有财产的无民事行为能力人、限制民事行为能力人造成他人损害的，从本人财产中支付赔偿费用；不足部分，由监护人赔偿。

第一千一百八十九条 无民事行为能力人、限制民事行为能力人造成他人损害，监护人将监护职责委托给他人的，监护人应当承担侵权责任；受托人有过错的，承担相应的责任。

第一千一百九十条 完全民事行为能力人对自己的行为暂时没有意识或者失去控制造成他人损害有过错的，应当承担侵权责任；没有过错的，根据行为人的经济状况对受害人适当补偿。

完全民事行为能力人因醉酒、滥用麻醉药品或者精神药品对自己的行为暂时没有意识或者失去控制造成他人损害的，应当承担侵权责任。

第一千一百九十一条 用人单位的工作人员因执行工作任务造成他人损害的，由用人单位承担侵权责任。用人单位承担侵权责任后，可以向有故意或者重大过失的工作人员追偿。

劳务派遣期间，被派遣的工作人员因执行工作任务造成他人损害的，由接受劳务派遣的用工单位承担侵权责任；劳务派遣单位有过错的，承担相应的责任。

第一千一百九十二条 个人之间形成劳务关系，提供劳务一方因劳务造成他人损害的，由接受劳务一方承担侵权责任。接受劳务一方承担侵权责任后，可以向有故意或者重大过失的提供劳务一方追偿。提供劳务一方因劳务受到损害的，根据双方各自的过错承担相应的责任。

提供劳务期间，因第三人的行为造成提供劳务一方损害的，提供劳务一方有权请求第三人承担侵权责任，也有权请求接受劳务一方给予补偿。接受劳务一方补偿后，可以向第三人追偿。

第一千一百九十三条 承揽人在完成工作过程中造成第三人损害或者自己损害的，定作人不承担侵权责任。但是，定作人对定作、指示或者选任有过错的，应当承担相应的责任。

第一千一百九十四条 网络用户、网络服务提供者利用网络侵害他人民事权益的，应当承担侵权责任。法律另有规定的，依照其规定。

第一千一百九十五条 网络用户利用网络服务实施侵权行为的，权利人有权通知网络服务提供者采取删除、屏蔽、断开链接等必要措施。通知应当包括构成侵权的初步证据及权利人的真实身份信息。

网络服务提供者接到通知后，应当及时将该通知转送相关网络用户，并根据构成侵权的初步证据和服务类型采取必要措施；未及时采取必要措施的，对损害的扩大部分与该网络用户承担连带责任。

权利人因错误通知造成网络用户或者网络服务提供者损害的，应当承担侵权责任。法律另有规定的，依照其规定。

第一千一百九十六条 网络用户接到转送的通知后，可以向网络服务提供者提交不存在侵权行为的声明。声明应当包括不存在侵权行为的初步证据及网络用户的真实身份信息。

网络服务提供者接到声明后，应当将该声明转送发出通知的权利人，并告知其可以向有关部门投诉或者向人民法院提起诉讼。网络服务提供者在转送声明到达权利人后的合理期限内，未收到权利人已经投诉或者提起诉讼通知的，应当及时终止所采取的措施。

第一千一百九十七条 网络服务提供者知道或者应当知道网络用户利用其网络服务侵害他人民事权益，未采取必要措施的，与该网络用户承担连带责任。

第一千一百九十八条 宾馆、商场、银行、车站、机场、体育场馆、娱乐场所等经营场所、公共场所的经营者、管理者或者群众性活动的组织者，未尽到安全保障义务，造成他人损害的，应当承担侵权责任。

因第三人的行为造成他人损害的，由第三人承担侵权责任；经营者、管理者或者组织者未尽到安全保障义务的，承担相应的补充责任。经营者、管理者或者组织者承担补充责任后，可以向第三人追偿。

第一千一百九十九条 无民事行为能力人在幼儿园、学校或者其他教育机构学习、生活期间受到人身损害的，幼儿园、学校或者其他教育机构应当承担侵权责任；但是，能够证明尽到教育、管理职责的，不承担侵权责任。

第一千二百条 限制民事行为能力人在学校或者其他教育机构学习、生活期间受到人身损害，学校或者其他教育机构未尽到教育、管理职责的，应当承担侵权责任。

第一千二百零一条 无民事行为能力人或者限制民事行为能力人在幼儿园、学校或者其他教育机构学习、生活期间，受到幼儿园、学校或者其他教育机构以外的第三人人身损害的，由第三人承担侵权责任；幼儿园、学校或者其他教育机构未尽到管理职责的，承担相应的补充责任。幼儿园、学校或者其他教育机构承担补充责任后，可以向第三人追偿。

第四章 产品责任

第一千二百零二条 因产品存在缺陷造成他人损害的，生产者应当承担侵权责任。

第一千二百零三条 因产品存在缺陷造成他人损害的，被侵权人可以向产品的生产者请求赔偿，也可以向产品的销售者请求赔偿。

产品缺陷由生产者造成的，销售者赔偿后，有权向生产者追偿。因销售者的过错使产品存在缺陷的，生产者赔偿后，有权向销售者追偿。

第一千二百零四条 因运输者、仓储者等第三人的过错使产品存在缺陷，造成他人损害的，产品的生产者、销售者赔偿后，有权向第三人追偿。

第一千二百零五条 因产品缺陷危及他人人身、财产安全的，被侵权人有权请求生产者、销售者承担停止侵害、排除妨碍、消除危险等侵权责任。

第一千二百零六条 产品投入流通后发现存在缺陷的，生产者、销售者应当及时采取停止销售、警示、召回等补救措施；未及时采取补救措施或者补救措施不力造成损害扩大的，对扩大的损害也应当承担侵权责任。

依据前款规定采取召回措施的，生产者、销售者应当负担被侵权人因此支出的必要费用。

第一千二百零七条 明知产品存在缺陷仍然生产、销售，或者没有依据前条规定采取有效补救措施，造成他人死亡或者健康严重损害的，被侵权人有权请求相应的惩罚性赔偿。

第五章 机动车交通事故责任

第一千二百零八条 机动车发生交通事故造成损害的，依照道路交通安全法律和本法的有关规定承担赔偿责任。

第一千二百零九条 因租赁、借用等情形机动车所有人、管理人与使用人不是同一人时，发生交通事故造成损害，属于该机动车一方责任的，由机动车使用人承担赔偿责任；机动车所有人、管理人对损害的发生有过错的，承担相应的赔偿责任。

第一千二百一十条 当事人之间已经以买卖或者其他方式转让并交付机动车但是未办理登记，发生交通事故造成损害，属于该机动车一方责任的，由受让人承担赔偿责任。

第一千二百一十一条 以挂靠形式从事道路运输经营活动的机动车，发生交通事故造成损害，属于该机动车一方责任的，由挂靠人和被挂靠人承担连带责任。

第一千二百一十二条 未经允许驾驶他人机动车，发生交通事故造成损害，属于该机动车一方责任的，由机动车使用人承担赔偿责任；机动车所有人、管理人对损害的发生有过错的，承担相应的赔偿责任，但是本章另有规定的除外。

第一千二百一十三条 机动车发生交通事故造成损害，属于该机动车一方责任的，先由承保机动车强制保险的保险人在强制保险责任限额范围内予以赔偿；不足部分，由承保机动车商业保险的保险人按照保险合同的约定予以赔偿；仍然不足或者没有投保机动车商业保险的，由侵权人赔偿。

第一千二百一十四条 以买卖或者其他方式转让拼装或者已经达到报废标准的机动车，发生交通事故造成损害的，由转让人和受让人承担连带责任。

第一千二百一十五条 盗窃、抢劫或者抢夺的机动车发生交通事故造成损害的，由盗窃人、抢劫人或者抢夺人承担赔偿责任。盗窃人、抢劫人或者抢夺人与机动车使用人不是同一人，发生交通事故造成损害，属于该机动车一方责任的，由盗窃人、抢劫人或者抢夺人与机动车使用人承担连带责任。

保险人在机动车强制保险责任限额范围内垫付抢救费用的，有权向交通事故责任人追偿。

第一千二百一十六条 机动车驾驶人发生交通事故后逃逸，该机动车参加强制保险的，由保险人在机动车强制保险责任限额范围内予以赔偿；机动车不明、该机动车未参加强制保险或者抢救费用超过机动车强制保险责任限额，需要支付被侵权人人身伤亡的抢救、丧葬等费用的，由道路交通事故社会救助基金垫付。道路交通事故社会救助基金垫付后，其管理机构有权向交通事故责任人追偿。

第一千二百一十七条 非营运机动车发生交通事故造成无偿搭乘人损害，属于该机动车一方责任的，应当减轻其赔偿责任，但是机动车使用人有故意或者重大过失的除外。

第六章 医疗损害责任

第一千二百一十八条 患者在诊疗活动中受到损害，医疗机构或者其医务人员有过错的，由医疗机构承担赔偿责任。

第一千二百一十九条 医务人员在诊疗活动中应当向患者说明病情和医疗措施。需要实施手术、特殊检查、特殊治疗的，医务人员应当及时向患者具体说明医疗风险、替代医疗方案等情况，并取得其明确同意；不能或者不宜向患者说明的，应当向患者的近亲属说明，并取得其明确同意。

医务人员未尽到前款义务，造成患者损害的，医疗机构应当承担赔偿责任。

第一千二百二十条 因抢救生命垂危的患者等紧急情况，不能取得患者或者其近亲属意见的，经医疗机构负责人或者授权的负责人批准，可以立即实施相应的医疗措施。

第一千二百二十一条 医务人员在诊疗活动中未尽到与当时的医疗水平相应的诊疗义务，造成患者损害的，医疗机构应当承担赔偿责任。

第一千二百二十二条 患者在诊疗活动中受到损害，有下列情形之一的，推定医疗机构有过错：

（一）违反法律、行政法规、规章以及其他有关诊疗规范的规定；

（二）隐匿或者拒绝提供与纠纷有关的病历资料；

（三）遗失、伪造、篡改或者违法销毁病历资料。

第一千二百二十三条 因药品、消毒产品、医疗器械的缺陷，或者输入不合格的血液造成患者损害的，患者可以向药品上市许可持有人、生产者、血液提供机构请求赔偿，也可以向医疗机构请求赔偿。患者向医疗机构请求赔偿的，医疗机构赔偿后，有权向负有责任的药品上市许可持有人、生产者、血液提供机构追偿。

第一千二百二十四条 患者在诊疗活动中受到损害，有下列情形之一的，医疗机构不承担赔偿责任：

（一）患者或者其近亲属不配合医疗机构进行符合诊疗规范的诊疗；

（二）医务人员在抢救生命垂危的患者等紧急情况下已经尽到合理诊疗义务；

（三）限于当时的医疗水平难以诊疗。

前款第一项情形中，医疗机构或者其医务人员也有过错的，应当承担相应的赔偿责任。

第一千二百二十五条 医疗机构及其医务人员应当按照规定填写并妥善保管住院志、医嘱单、检验报告、手术及麻醉记录、病理资料、护理记录等病历资料。

患者要求查阅、复制前款规定的病历资料的，医疗机构应当及时提供。

第一千二百二十六条 医疗机构及其医务人员应当对患者的隐私和个人信息保密。泄露患者的隐私和个人信息，或者未经患者同意公开其病历资料的，应当承担侵权责任。

第一千二百二十七条 医疗机构及其医务人员不得违反诊疗规范实施不必要的检查。

第一千二百二十八条 医疗机构及其医务人员的合法权益受法律保护。

干扰医疗秩序，妨碍医务人员工作、生活，侵害医务人员合法权益的，应当依法承担法律责任。

第七章 环境污染和生态破坏责任

第一千二百二十九条 因污染环境、破坏生态造成他人损害的，侵权人应当承担侵权责任。

第一千二百三十条 因污染环境、破坏生态发生纠纷，行为人应当就法律规定的不承担责任或者减轻责任的情形及其行为与损害之间不存在因果关系承担举证责任。

第一千二百三十一条 两个以上侵权人污染环境、破坏生态的，承担责任的大小，根据污染物的种类、浓度、排放量，破坏生态的方式、范围、程度，以及行为对损害后果所起的作用等因素确定。

第一千二百三十二条 侵权人违反法律规定故意污染环境、破坏生态造成严重后果的，被侵权人有权请求相应的惩罚性赔偿。

第一千二百三十三条 因第三人的过错污染环境、破坏生态的，被侵权人可以向侵权人请求赔偿，也可以向第三人请求赔偿。侵权人赔偿后，有权向第三人追偿。

第一千二百三十四条 违反国家规定造成生态环境损害，生态环境能够修复的，国家规定的机关或者法律规定的组织有权请求侵权人在合理期限内承担修复责任。侵权人在期限内未修复的，国家规定的机关或者法律规定的组织可以自行或者委托他人进行修复，所需费用由侵权人负担。

第一千二百三十五条 违反国家规定造成生态环境损害的，国家规定的机关或者法律规定的组织有权请求侵权人赔偿下列损失和费用：

（一）生态环境受到损害至修复完成期间服务功能丧失导致的损失；

（二）生态环境功能永久性损害造成的损失；

（三）生态环境损害调查、鉴定评估等费用；

（四）清除污染、修复生态环境费用；

（五）防止损害的发生和扩大所支出的合理费用。

第八章 高度危险责任

第一千二百三十六条 从事高度危险作业造成他人损害的，应当承担侵权责任。

第一千二百三十七条 民用核设施或者运入运出核设施的核材料发生核事故造成他人损害的，民用核设施的营运单位应当承担侵权责任；但是，能够证明损害是因战争、武装冲突、暴乱等情形或者受害人故意造成的，不承担责任。

第一千二百三十八条 民用航空器造成他人损害的，民用航空器的经营者应当承担侵权责任；但是，能够证明损害是因受害人故意造成的，不承担责任。

第一千二百三十九条 占有或者使用易燃、易爆、剧毒、高放射性、强腐蚀性、高致病性等高度危险物造成他人损害的，占有人或者使用人应当承担侵权责任；但是，能够证明损害是因受害人故意或者不可抗力造成的，不承担责任。被侵权人对损害的发生有重大过失的，可以减轻占有人或者使用人的责任。

第一千二百四十条 从事高空、高压、地下挖掘活动或者使用高速轨道运输工具造成他人损害的，经营者应当承担侵权责任；但是，能够证明损害是因受害人故意或者不可抗力造成的，不承担责任。被侵权人对损害的发生有重大过失的，可以减轻经营者的责任。

第一千二百四十一条 遗失、抛弃高度危险物造成他人损害的，由所有人承担侵权责任。所有人将高度危险物交由他人管理的，由管理人承担侵权责任；所有人有过错的，与管理人承担连带责任。

第一千二百四十二条 非法占有高度危险物造成他人损害的，由非法占有人承担侵权责任。所有人、管理人不能证明对防止非法占有尽到高度注意义务的，与非法占有人承担连带责任。

第一千二百四十三条 未经许可进入高度危险活动区域或者高度危险物存放区域受到损害，管理人能够证明已经采取足够安全措施并尽到充分警示义务的，可以减轻或者不承担责任。

第一千二百四十四条 承担高度危险责任，法律规定赔偿限额的，依照其规定，但是行为人有故意或者重大过失的除外。

第九章　饲养动物损害责任

第一千二百四十五条 饲养的动物造成他人损害的，动物饲养人或者管理人应当承担侵权责任；但是，能够证明损害是因被侵权人故意或者重大过失造成的，可以不承担或者减轻责任。

第一千二百四十六条 违反管理规定，未对动物采取安全措施造成他人损害的，动物饲养人或者管理人应当承担侵权责任；但是，能够证明损害是因被侵权人故意造成的，可以减轻责任。

第一千二百四十七条 禁止饲养的烈性犬等危险动物造成他人损害的，动物饲养人或者管理人应当承担侵权责任。

第一千二百四十八条 动物园的动物造成他人损害的，动物园应当承担侵权责任；但是，能够证明尽到管理职责的，不承担侵权责任。

第一千二百四十九条 遗弃、逃逸的动物在遗弃、逃逸期间造成他人损害的，由动物原饲养人或者管理人承担侵权责任。

第一千二百五十条 因第三人的过错致使动物造成他人损害的，被侵权人可以向动物饲养人或者管理人请求赔偿，也可以向第三人请求赔偿。动物饲养人或者管理人赔偿后，有权向第三人追偿。

第一千二百五十一条 饲养动物应当遵守法律法规，尊重社会公德，不得妨碍他人生活。

第十章 建筑物和物件损害责任

第一千二百五十二条 建筑物、构筑物或者其他设施倒塌、塌陷造成他人损害的，由建设单位与施工单位承担连带责任，但是建设单位与施工单位能够证明不存在质量缺陷的除外。建设单位、施工单位赔偿后，有其他责任人的，有权向其他责任人追偿。

因所有人、管理人、使用人或者第三人的原因，建筑物、构筑物或者其他设施倒塌、塌陷造成他人损害的，由所有人、管理人、使用人或者第三人承担侵权责任。

第一千二百五十三条 建筑物、构筑物或者其他设施及其搁置物、悬挂物发生脱落、坠落造成他人损害，所有人、管理人或者使用人不能证明自己没有过错的，应当承担侵权责任。所有人、管理人或者使用人赔偿后，有其他责任人的，有权向其他责任人追偿。

第一千二百五十四条 禁止从建筑物中抛掷物品。从建筑物中抛掷物品或者从建筑物上坠落的物品造成他人损害的，由侵权人依法承担侵权责任；经调查难以确定具体侵权人的，除能够证明自己不是侵权人的外，由可能加害的建筑物使用人给予补偿。可能加害的建筑物使用人补偿后，有权向侵权人追偿。

物业服务企业等建筑物管理人应当采取必要的安全保障措施防止前款规定情形的发生；未采取必要的安全保障措施的，应当依法承担未履行安全保障义务的侵权责任。

发生本条第一款规定的情形的，公安等机关应当依法及时调查，查清责任人。

第一千二百五十五条 堆放物倒塌、滚落或者滑落造成他人损害，堆放人不能证明自己没有过错的，应当承担侵权责任。

第一千二百五十六条 在公共道路上堆放、倾倒、遗撒妨碍通行的物品造成他人损害的，由行为人承担侵权责任。公共道路管理人不能证明已经尽到清理、防护、警示等义务的，应当承担相应的责任。

第一千二百五十七条 因林木折断、倾倒或者果实坠落等造成他人损害，林木的所有人或者管理人不能证明自己没有过错的，应当承担侵权责任。

第一千二百五十八条 在公共场所或者道路上挖掘、修缮安装地下设施等造成他人损害，施工人不能证明已经设置明显标志和采取安全措施的，应当承担侵权责任。

窨井等地下设施造成他人损害，管理人不能证明尽到管理职责的，应当承担侵权责任。

附　　则

第一千二百五十九条 民法所称的“以上”、“以下”、“以内”、“届满”，包括本数；所称的“不满”、“超过”、“以外”，不包括本数。

第一千二百六十条 本法自2021年1月1日起施行。《中华人民共和国婚姻法》、《中华人民共和国继承法》、《中华人民共和国民法通则》、《中华人民共和国收养法》、《中华人民共和国担保法》、《中华人民共和国合同法》、《中华人民共和国物权法》、《中华人民共和国侵权责任法》、《中华人民共和国民法总则》同时废止。

五、刑法和公职人员政务处分法

中华人民共和国刑法

（1979年7月1日第五届全国人民代表大会第二次会议通过　1997年3月14日第八届全国人民代表大会第五次会议修订　根据1998年12月29日第九届全国人民代表大会常务委员会第六次会议通过的《全国人民代表大会常务委员会关于惩治骗购外汇、逃汇和非法买卖外汇犯罪的决定》、1999年12月25日第九届全国人民代表大会常务委员会第十三次会议通过的《中华人民共和国刑法修正案》、2001年8月31日第九届全国人民代表大会常务委员会第二十三次会议通过的《中华人民共和国刑法修正案（二）》、2001年12月29日第九届全国人民代表大会常务委员会第二十五次会议通过的《中华人民共和国刑法修正案（三）》、2002年12月28日第九届全国人民代表大会常务委员会第三十一次会议通过的《中华人民共和国刑法修正案（四）》、2005年2月28日第十届全国人民代表大会常务委员会第十四次会议通过的《中华人民共和国刑法修正案（五）》、2006年6月29日第十届全国人民代表大会常务委员会第二十二次会议通过的《中华人民共和国刑法修正案（六）》、2009年2月28日第十一届全国人民代表大会常务委员会第七次会议通过的《中华人民共和国刑法修正案（七）》、2009年8月27日第十一届全国人民代表大会常务委员会第十次会议通过的《全国人民代表大会常务委员会关于修改部分法律的决定》、2011年2月25日第十一届全国人民代表大会常务委员会第十九次会议通过的《中华人民共和国刑法修正案（八）》、2015年8月29日第十二届全国人民代表大会常务委员会第十六次会议通过的《中华人民共和国刑法修正案（九）》、2017年11月4日第十二届全国人民代表大会常务委员会第三十次会议通过的《中华人民共和国刑法修正案（十）》、2020年12月26日第十三届全国人民代表大会常务委员会第二十四次会议通过的《中华人民共和国刑法修正案（十一）》和2023年12月29日第十四届全国人民代表大会常务委员会第七次会议通过的《中华人民共和国刑法修正案（十二）》修正）①

---

① 刑法、历次刑法修正案、涉及修改刑法的决定的施行日期，分别依据各法律所规定的施行日期确定。

目　　录

第一编　总　　则

第一章　刑法的任务、基本原则和适用范围

第二章　犯　　罪

第一节　犯罪和刑事责任

第二节　犯罪的预备、未遂和中止

第三节　共同犯罪

第四节　单位犯罪

第三章　刑　　罚

第一节　刑罚的种类

第二节　管　　制

第三节　拘　　役

第四节　有期徒刑、无期徒刑

第五节　死　　刑

第六节　罚　　金

第七节　剥夺政治权利

第八节　没收财产

第四章　刑罚的具体运用

第一节　量　　刑

第二节　累　　犯

第三节　自首和立功

第四节　数罪并罚

第五节　缓　　刑

第六节　减　　刑

第七节　假　　释

第八节　时　　效

第五章　其他规定

第二编　分　　则

第一章　危害国家安全罪

第二章 危害公共安全罪
第三章 破坏社会主义市场经济秩序罪
第一节 生产、销售伪劣商品罪
第二节 走私罪
第三节 妨害对公司、企业的管理秩序罪
第四节 破坏金融管理秩序罪
第五节 金融诈骗罪
第六节 危害税收征管罪
第七节 侵犯知识产权罪
第八节 扰乱市场秩序罪
第四章 侵犯公民人身权利、民主权利罪
第五章 侵犯财产罪
第六章 妨害社会管理秩序罪
第一节 扰乱公共秩序罪
第二节 妨害司法罪
第三节 妨害国（边）境管理罪
第四节 妨害文物管理罪
第五节 危害公共卫生罪
第六节 破坏环境资源保护罪
第七节 走私、贩卖、运输、制造毒品罪
第八节 组织、强迫、引诱、容留、介绍卖淫罪
第九节 制作、贩卖、传播淫秽物品罪
第七章 危害国防利益罪
第八章 贪污贿赂罪
第九章 渎职罪
第十章 军人违反职责罪
附 则

第一编 总 则

第一章 刑法的任务、基本原则和适用范围

第一条 为了惩罚犯罪，保护人民，根据宪法，结合我国同犯罪作斗

争的具体经验及实际情况，制定本法。

第二条 中华人民共和国刑法的任务，是用刑罚同一切犯罪行为作斗争，以保卫国家安全，保卫人民民主专政的政权和社会主义制度，保护国有财产和劳动群众集体所有的财产，保护公民私人所有的财产，保护公民的人身权利、民主权利和其他权利，维护社会秩序、经济秩序，保障社会主义建设事业的顺利进行。

第三条 法律明文规定为犯罪行为的，依照法律定罪处刑；法律没有明文规定为犯罪行为的，不得定罪处刑。

第四条 对任何人犯罪，在适用法律上一律平等。不允许任何人有超越法律的特权。

第五条 刑罚的轻重，应当与犯罪分子所犯罪行和承担的刑事责任相适应。

第六条 凡在中华人民共和国领域内犯罪的，除法律有特别规定的以外，都适用本法。

凡在中华人民共和国船舶或者航空器内犯罪的，也适用本法。

犯罪的行为或者结果有一项发生在中华人民共和国领域内的，就认为是在中华人民共和国领域内犯罪。

第七条 中华人民共和国公民在中华人民共和国领域外犯本法规定之罪的，适用本法，但是按本法规定的最高刑为三年以下有期徒刑的，可以不予追究。

中华人民共和国国家工作人员和军人在中华人民共和国领域外犯本法规定之罪的，适用本法。

第八条 外国人在中华人民共和国领域外对中华人民共和国国家或者公民犯罪，而按本法规定的最低刑为三年以上有期徒刑的，可以适用本法，但是按照犯罪地的法律不受处罚的除外。

第九条 对于中华人民共和国缔结或者参加的国际条约所规定的罪行，中华人民共和国在所承担条约义务的范围内行使刑事管辖权的，适用本法。

第十条 凡在中华人民共和国领域外犯罪，依照本法应当负刑事责任的，虽然经过外国审判，仍然可以依照本法追究，但是在外国已经受过刑罚处罚的，可以免除或者减轻处罚。

第十一条 享有外交特权和豁免权的外国人的刑事责任，通过外交途径解决。

第十二条 中华人民共和国成立以后本法施行以前的行为，如果当时的法律不认为是犯罪的，适用当时的法律；如果当时的法律认为是犯罪的，依照本法总则第四章第八节的规定应当追诉的，按照当时的法律追究刑事责任，但是如果本法不认为是犯罪或者处刑较轻的，适用本法。

本法施行以前，依照当时的法律已经作出的生效判决，继续有效。

第二章 犯 罪

第一节 犯罪和刑事责任

第十三条 一切危害国家主权、领土完整和安全，分裂国家、颠覆人民民主专政的政权和推翻社会主义制度，破坏社会秩序和经济秩序，侵犯国有财产或者劳动群众集体所有的财产，侵犯公民私人所有的财产，侵犯公民的人身权利、民主权利和其他权利，以及其他危害社会的行为，依照法律应当受刑罚处罚的，都是犯罪，但是情节显著轻微危害不大的，不认为是犯罪。

第十四条 明知自己的行为会发生危害社会的结果，并且希望或者放任这种结果发生，因而构成犯罪的，是故意犯罪。

故意犯罪，应当负刑事责任。

第十五条 应当预见自己的行为可能发生危害社会的结果，因为疏忽大意而没有预见，或者已经预见而轻信能够避免，以致发生这种结果的，是过失犯罪。

过失犯罪，法律有规定的才负刑事责任。

第十六条 行为在客观上虽然造成了损害结果，但是不是出于故意或者过失，而是由于不能抗拒或者不能预见的原因所引起的，不是犯罪。

第十七条 已满十六周岁的人犯罪，应当负刑事责任。

已满十四周岁不满十六周岁的人，犯故意杀人、故意伤害致人重伤或者死亡、强奸、抢劫、贩卖毒品、放火、爆炸、投放危险物质罪的，应当负刑事责任。

已满十二周岁不满十四周岁的人，犯故意杀人、故意伤害罪，致人死亡或者以特别残忍手段致人重伤造成严重残疾，情节恶劣，经最高人民检察院核准追诉的，应当负刑事责任。

对依照前三款规定追究刑事责任的不满十八周岁的人，应当从轻或者减轻处罚。

因不满十六周岁不予刑事处罚的，责令其父母或者其他监护人加以管教；在必要的时候，依法进行专门矫治教育。

第十七条之一 已满七十五周岁的人故意犯罪的，可以从轻或者减轻处罚；过失犯罪的，应当从轻或者减轻处罚。

第十八条 精神病人在不能辨认或者不能控制自己行为的时候造成危害结果，经法定程序鉴定确认的，不负刑事责任，但是应当责令他的家属或者监护人严加看管和医疗；在必要的时候，由政府强制医疗。

间歇性的精神病人在精神正常的时候犯罪，应当负刑事责任。

尚未完全丧失辨认或者控制自己行为能力的精神病人犯罪的，应当负刑事责任，但是可以从轻或者减轻处罚。

醉酒的人犯罪，应当负刑事责任。

第十九条 又聋又哑的人或者盲人犯罪，可以从轻、减轻或者免除处罚。

第二十条 为了使国家、公共利益、本人或者他人的人身、财产和其他权利免受正在进行的不法侵害，而采取的制止不法侵害的行为，对不法侵害人造成损害的，属于正当防卫，不负刑事责任。

正当防卫明显超过必要限度造成重大损害的，应当负刑事责任，但是应当减轻或者免除处罚。

对正在进行行凶、杀人、抢劫、强奸、绑架以及其他严重危及人身安全的暴力犯罪，采取防卫行为，造成不法侵害人伤亡的，不属于防卫过当，不负刑事责任。

第二十一条 为了使国家、公共利益、本人或者他人的人身、财产和其他权利免受正在发生的危险，不得已采取的紧急避险行为，造成损害的，不负刑事责任。

紧急避险超过必要限度造成不应有的损害的，应当负刑事责任，但是应当减轻或者免除处罚。

第一款中关于避免本人危险的规定，不适用于职务上、业务上负有特定责任的人。

第二节 犯罪的预备、未遂和中止

第二十二条 为了犯罪，准备工具、制造条件的，是犯罪预备。

对于预备犯，可以比照既遂犯从轻、减轻处罚或者免除处罚。

第二十三条 已经着手实行犯罪，由于犯罪分子意志以外的原因而未得逞的，是犯罪未遂。

对于未遂犯，可以比照既遂犯从轻或者减轻处罚。

第二十四条 在犯罪过程中，自动放弃犯罪或者自动有效地防止犯罪结果发生的，是犯罪中止。

对于中止犯，没有造成损害的，应当免除处罚；造成损害的，应当减轻处罚。

第三节 共同犯罪

第二十五条 共同犯罪是指二人以上共同故意犯罪。

二人以上共同过失犯罪，不以共同犯罪论处；应当负刑事责任的，按照他们所犯的罪分别处罚。

第二十六条 组织、领导犯罪集团进行犯罪活动的或者在共同犯罪中起主要作用的，是主犯。

三人以上为共同实施犯罪而组成的较为固定的犯罪组织，是犯罪集团。

对组织、领导犯罪集团的首要分子，按照集团所犯的全部罪行处罚。

对于第三款规定以外的主犯，应当按照其所参与的或者组织、指挥的全部犯罪处罚。

第二十七条 在共同犯罪中起次要或者辅助作用的，是从犯。

对于从犯，应当从轻、减轻处罚或者免除处罚。

第二十八条 对于被胁迫参加犯罪的，应当按照他的犯罪情节减轻处罚或者免除处罚。

第二十九条 教唆他人犯罪的，应当按照他在共同犯罪中所起的作用处罚。教唆不满十八周岁的人犯罪的，应当从重处罚。

如果被教唆的人没有犯被教唆的罪，对于教唆犯，可以从轻或者减轻处罚。

第四节　单位犯罪

第三十条　公司、企业、事业单位、机关、团体实施的危害社会的行为，法律规定为单位犯罪的，应当负刑事责任。

第三十一条　单位犯罪的，对单位判处罚金，并对其直接负责的主管人员和其他直接责任人员判处刑罚。本法分则和其他法律另有规定的，依照规定。

第三章　刑　　罚

第一节　刑罚的种类

第三十二条　刑罚分为主刑和附加刑。

第三十三条　主刑的种类如下：

（一）管制；

（二）拘役；

（三）有期徒刑；

（四）无期徒刑；

（五）死刑。

第三十四条　附加刑的种类如下：

（一）罚金；

（二）剥夺政治权利；

（三）没收财产。

附加刑也可以独立适用。

第三十五条　对于犯罪的外国人，可以独立适用或者附加适用驱逐出境。

第三十六条　由于犯罪行为而使被害人遭受经济损失的，对犯罪分子除依法给予刑事处罚外，并应根据情况判处赔偿经济损失。

承担民事赔偿责任的犯罪分子，同时被判处罚金，其财产不足以全部支付的，或者被判处没收财产的，应当先承担对被害人的民事赔偿责任。

第三十七条　对于犯罪情节轻微不需要判处刑罚的，可以免予刑事处罚，但是可以根据案件的不同情况，予以训诫或者责令具结悔过、赔礼道歉、赔偿损失，或者由主管部门予以行政处罚或者行政处分。

第三十七条之一　因利用职业便利实施犯罪，或者实施违背职业要求的特定义务的犯罪被判处刑罚的，人民法院可以根据犯罪情况和预防再犯罪的需要，禁止其自刑罚执行完毕之日或者假释之日起从事相关职业，期限为三年至五年。

被禁止从事相关职业的人违反人民法院依照前款规定作出的决定的，由公安机关依法给予处罚；情节严重的，依照本法第三百一十三条的规定定罪处罚。

其他法律、行政法规对其从事相关职业另有禁止或者限制性规定的，从其规定。

第二节　管　　制

第三十八条　管制的期限，为三个月以上二年以下。

判处管制，可以根据犯罪情况，同时禁止犯罪分子在执行期间从事特定活动，进入特定区域、场所，接触特定的人。

对判处管制的犯罪分子，依法实行社区矫正。

违反第二款规定的禁止令的，由公安机关依照《中华人民共和国治安管理处罚法》的规定处罚。

第三十九条　被判处管制的犯罪分子，在执行期间，应当遵守下列规定：

（一）遵守法律、行政法规，服从监督；

（二）未经执行机关批准，不得行使言论、出版、集会、结社、游行、示威自由的权利；

（三）按照执行机关规定报告自己的活动情况；

（四）遵守执行机关关于会客的规定；

（五）离开所居住的市、县或者迁居，应当报经执行机关批准。

对于被判处管制的犯罪分子，在劳动中应当同工同酬。

第四十条 被判处管制的犯罪分子，管制期满，执行机关应即向本人和其所在单位或者居住地的群众宣布解除管制。

第四十一条 管制的刑期，从判决执行之日起计算；判决执行以前先行羁押的，羁押一日折抵刑期二日。

第三节 拘 役

第四十二条 拘役的期限，为一个月以上六个月以下。

第四十三条 被判处拘役的犯罪分子，由公安机关就近执行。

在执行期间，被判处拘役的犯罪分子每月可以回家一天至两天；参加劳动的，可以酌量发给报酬。

第四十四条 拘役的刑期，从判决执行之日起计算；判决执行以前先行羁押的，羁押一日折抵刑期一日。

第四节 有期徒刑、无期徒刑

第四十五条 有期徒刑的期限，除本法第五十条、第六十九条规定外，为六个月以上十五年以下。

第四十六条 被判处有期徒刑、无期徒刑的犯罪分子，在监狱或者其他执行场所执行；凡有劳动能力的，都应当参加劳动，接受教育和改造。

第四十七条 有期徒刑的刑期，从判决执行之日起计算；判决执行以前先行羁押的，羁押一日折抵刑期一日。

第五节 死 刑

第四十八条 死刑只适用于罪行极其严重的犯罪分子。对于应当判处死刑的犯罪分子，如果不是必须立即执行的，可以判处死刑同时宣告缓期二年执行。

死刑除依法由最高人民法院判决的以外，都应当报请最高人民法院核准。死刑缓期执行的，可以由高级人民法院判决或者核准。

第四十九条 犯罪的时候不满十八周岁的人和审判的时候怀孕的妇女，不适用死刑。

审判的时候已满七十五周岁的人，不适用死刑，但以特别残忍手段致人死亡的除外。

第五十条 判处死刑缓期执行的，在死刑缓期执行期间，如果没有故意犯罪，二年期满以后，减为无期徒刑；如果确有重大立功表现，二年期满以后，减为二十五年有期徒刑；如果故意犯罪，情节恶劣的，报请最高人民法院核准后执行死刑；对于故意犯罪未执行死刑的，死刑缓期执行的期间重新计算，并报最高人民法院备案。

对被判处死刑缓期执行的累犯以及因故意杀人、强奸、抢劫、绑架、放火、爆炸、投放危险物质或者有组织的暴力性犯罪被判处死刑缓期执行的犯罪分子，人民法院根据犯罪情节等情况可以同时决定对其限制减刑。

第五十一条 死刑缓期执行的期间，从判决确定之日起计算。死刑缓期执行减为有期徒刑的刑期，从死刑缓期执行期满之日起计算。

第六节 罚　　金

第五十二条 判处罚金，应当根据犯罪情节决定罚金数额。

第五十三条 罚金在判决指定的期限内一次或者分期缴纳。期满不缴纳的，强制缴纳。对于不能全部缴纳罚金的，人民法院在任何时候发现被执行人有可以执行的财产，应当随时追缴。

由于遭遇不能抗拒的灾祸等原因缴纳确实有困难的，经人民法院裁定，可以延期缴纳、酌情减少或者免除。

第七节 剥夺政治权利

第五十四条 剥夺政治权利是剥夺下列权利：

（一）选举权和被选举权；

（二）言论、出版、集会、结社、游行、示威自由的权利；

（三）担任国家机关职务的权利；

（四）担任国有公司、企业、事业单位和人民团体领导职务的权利。

第五十五条 剥夺政治权利的期限，除本法第五十七条规定外，为一年以上五年以下。

判处管制附加剥夺政治权利的，剥夺政治权利的期限与管制的期限相等，同时执行。

第五十六条 对于危害国家安全的犯罪分子应当附加剥夺政治权利；对于故意杀人、强奸、放火、爆炸、投毒、抢劫等严重破坏社会秩序的犯罪分子，可以附加剥夺政治权利。

独立适用剥夺政治权利的，依照本法分则的规定。

第五十七条 对于被判处死刑、无期徒刑的犯罪分子，应当剥夺政治权利终身。

在死刑缓期执行减为有期徒刑或者无期徒刑减为有期徒刑的时候，应当把附加剥夺政治权利的期限改为三年以上十年以下。

第五十八条 附加剥夺政治权利的刑期，从徒刑、拘役执行完毕之日或者从假释之日起计算；剥夺政治权利的效力当然施用于主刑执行期间。

被剥夺政治权利的犯罪分子，在执行期间，应当遵守法律、行政法规和国务院公安部门有关监督管理的规定，服从监督；不得行使本法第五十四条规定的各项权利。

第八节 没收财产

第五十九条 没收财产是没收犯罪分子个人所有财产的一部或者全部。没收全部财产的，应当对犯罪分子个人及其扶养的家属保留必需的生活费用。

在判处没收财产的时候，不得没收属于犯罪分子家属所有或者应有的财产。

第六十条 没收财产以前犯罪分子所负的正当债务，需要以没收的财产偿还的，经债权人请求，应当偿还。

第四章 刑罚的具体运用

第一节 量 刑

第六十一条 对于犯罪分子决定刑罚的时候，应当根据犯罪的事实、犯罪的性质、情节和对于社会的危害程度，依照本法的有关规定判处。

第六十二条 犯罪分子具有本法规定的从重处罚、从轻处罚情节的，应当在法定刑的限度以内判处刑罚。

第六十三条 犯罪分子具有本法规定的减轻处罚情节的，应当在法定刑以下判处刑罚；本法规定有数个量刑幅度的，应当在法定量刑幅度的下一个量刑幅度内判处刑罚。

犯罪分子虽然不具有本法规定的减轻处罚情节，但是根据案件的特殊情况，经最高人民法院核准，也可以在法定刑以下判处刑罚。

第六十四条 犯罪分子违法所得的一切财物，应当予以追缴或者责令退赔；对被害人的合法财产，应当及时返还；违禁品和供犯罪所用的本人财物，应当予以没收。没收的财物和罚金，一律上缴国库，不得挪用和自行处理。

第二节 累 犯

第六十五条 被判处有期徒刑以上刑罚的犯罪分子，刑罚执行完毕或者赦免以后，在五年以内再犯应当判处有期徒刑以上刑罚之罪的，是累犯，应当从重处罚，但是过失犯罪和不满十八周岁的人犯罪的除外。

前款规定的期限，对于被假释的犯罪分子，从假释期满之日起计算。

第六十六条 危害国家安全犯罪、恐怖活动犯罪、黑社会性质的组织犯罪的犯罪分子，在刑罚执行完毕或者赦免以后，在任何时候再犯上述任一类罪的，都以累犯论处。

第三节 自首和立功

第六十七条 犯罪以后自动投案，如实供述自己的罪行的，是自首。对于自首的犯罪分子，可以从轻或者减轻处罚。其中，犯罪较轻的，可以免除处罚。

被采取强制措施的犯罪嫌疑人、被告人和正在服刑的罪犯，如实供述司法机关还未掌握的本人其他罪行的，以自首论。

犯罪嫌疑人虽不具有前两款规定的自首情节，但是如实供述自己罪行的，可以从轻处罚；因其如实供述自己罪行，避免特别严重后果发生的，可以减轻处罚。

第六十八条 犯罪分子有揭发他人犯罪行为，查证属实的，或者提供重要线索，从而得以侦破其他案件等立功表现的，可以从轻或者减轻处罚；有重大立功表现的，可以减轻或者免除处罚。

第四节 数罪并罚

第六十九条 判决宣告以前一人犯数罪的，除判处死刑和无期徒刑的以外，应当在总和刑期以下、数刑中最高刑期以上，酌情决定执行的刑期，但是管制最高不能超过三年，拘役最高不能超过一年，有期徒刑总和刑期不满三十五年的，最高不能超过二十年，总和刑期在三十五年以上的，最高不能超过二十五年。

数罪中有判处有期徒刑和拘役的，执行有期徒刑。数罪中有判处有期徒刑和管制，或者拘役和管制的，有期徒刑、拘役执行完毕后，管制仍须执行。

数罪中有判处附加刑的，附加刑仍须执行，其中附加刑种类相同的，合并执行，种类不同的，分别执行。

第七十条 判决宣告以后，刑罚执行完毕以前，发现被判刑的犯罪分子在判决宣告以前还有其他罪没有判决的，应当对新发现的罪作出判决，把前后两个判决所判处的刑罚，依照本法第六十九条的规定，决定执行的刑罚。已经执行的刑期，应当计算在新判决决定的刑期以内。

第七十一条 判决宣告以后，刑罚执行完毕以前，被判刑的犯罪分子又犯罪的，应当对新犯的罪作出判决，把前罪没有执行的刑罚和后罪所判处的刑罚，依照本法第六十九条的规定，决定执行的刑罚。

第五节 缓 刑

第七十二条 对于被判处拘役、三年以下有期徒刑的犯罪分子，同时符合下列条件的，可以宣告缓刑，对其中不满十八周岁的人、怀孕的妇女和已满七十五周岁的人，应当宣告缓刑：

（一）犯罪情节较轻；

（二）有悔罪表现；

（三）没有再犯罪的危险；

（四）宣告缓刑对所居住社区没有重大不良影响。

宣告缓刑，可以根据犯罪情况，同时禁止犯罪分子在缓刑考验期限内从事特定活动，进入特定区域、场所，接触特定的人。

被宣告缓刑的犯罪分子，如果被判处附加刑，附加刑仍须执行。

第七十三条 拘役的缓刑考验期限为原判刑期以上一年以下，但是不能少于二个月。

有期徒刑的缓刑考验期限为原判刑期以上五年以下，但是不能少于一年。

缓刑考验期限，从判决确定之日起计算。

第七十四条 对于累犯和犯罪集团的首要分子，不适用缓刑。

第七十五条 被宣告缓刑的犯罪分子，应当遵守下列规定：

（一）遵守法律、行政法规，服从监督；

（二）按照考察机关的规定报告自己的活动情况；

（三）遵守考察机关关于会客的规定；

（四）离开所居住的市、县或者迁居，应当报经考察机关批准。

第七十六条 对宣告缓刑的犯罪分子，在缓刑考验期限内，依法实行社区矫正，如果没有本法第七十七条规定的情形，缓刑考验期满，原判的刑罚就不再执行，并公开予以宣告。

第七十七条 被宣告缓刑的犯罪分子，在缓刑考验期限内犯新罪或者发现判决宣告以前还有其他罪没有判决的，应当撤销缓刑，对新犯的罪或者新发现的罪作出判决，把前罪和后罪所判处的刑罚，依照本法第六十九条的规定，决定执行的刑罚。

被宣告缓刑的犯罪分子，在缓刑考验期限内，违反法律、行政法规或者国务院有关部门关于缓刑的监督管理规定，或者违反人民法院判决中的禁止令，情节严重的，应当撤销缓刑，执行原判刑罚。

第六节 减 刑

第七十八条 被判处管制、拘役、有期徒刑、无期徒刑的犯罪分子，在执行期间，如果认真遵守监规，接受教育改造，确有悔改表现的，或者有立功表现的，可以减刑；有下列重大立功表现之一的，应当减刑：

（一）阻止他人重大犯罪活动的；

（二）检举监狱内外重大犯罪活动，经查证属实的；

（三）有发明创造或者重大技术革新的；

（四）在日常生产、生活中舍己救人的；

（五）在抗御自然灾害或者排除重大事故中，有突出表现的；

（六）对国家和社会有其他重大贡献的。

减刑以后实际执行的刑期不能少于下列期限：

（一）判处管制、拘役、有期徒刑的，不能少于原判刑期的二分之一；

（二）判处无期徒刑的，不能少于十三年；

（三）人民法院依照本法第五十条第二款规定限制减刑的死刑缓期执行的犯罪分子，缓期执行期满后依法减为无期徒刑的，不能少于二十五年，缓期执行期满后依法减为二十五年有期徒刑的，不能少于二十年。

第七十九条 对于犯罪分子的减刑，由执行机关向中级以上人民法院提出减刑建议书。人民法院应当组成合议庭进行审理，对确有悔改或者立功事实的，裁定予以减刑。非经法定程序不得减刑。

第八十条 无期徒刑减为有期徒刑的刑期，从裁定减刑之日起计算。

第七节 假　释

第八十一条 被判处有期徒刑的犯罪分子，执行原判刑期二分之一以上，被判处无期徒刑的犯罪分子，实际执行十三年以上，如果认真遵守监规，接受教育改造，确有悔改表现，没有再犯罪的危险的，可以假释。如果有特殊情况，经最高人民法院核准，可以不受上述执行刑期的限制。

对累犯以及因故意杀人、强奸、抢劫、绑架、放火、爆炸、投放危险物质或者有组织的暴力性犯罪被判处十年以上有期徒刑、无期徒刑的犯罪分子，不得假释。

对犯罪分子决定假释时，应当考虑其假释后对所居住社区的影响。

第八十二条 对于犯罪分子的假释，依照本法第七十九条规定的程序进行。非经法定程序不得假释。

第八十三条 有期徒刑的假释考验期限，为没有执行完毕的刑期；无期徒刑的假释考验期限为十年。

假释考验期限，从假释之日起计算。

第八十四条 被宣告假释的犯罪分子，应当遵守下列规定：

（一）遵守法律、行政法规，服从监督；

（二）按照监督机关的规定报告自己的活动情况；

（三）遵守监督机关关于会客的规定；

（四）离开所居住的市、县或者迁居，应当报经监督机关批准。

第八十五条 对假释的犯罪分子，在假释考验期限内，依法实行社区矫正，如果没有本法第八十六条规定的情形，假释考验期满，就认为原判刑罚已经执行完毕，并公开予以宣告。

第八十六条 被假释的犯罪分子，在假释考验期限内犯新罪，应当撤销假释，依照本法第七十一条的规定实行数罪并罚。

在假释考验期限内，发现被假释的犯罪分子在判决宣告以前还有其他罪没有判决的，应当撤销假释，依照本法第七十条的规定实行数罪并罚。

被假释的犯罪分子，在假释考验期限内，有违反法律、行政法规或者国务院有关部门关于假释的监督管理规定的行为，尚未构成新的犯罪的，应当依照法定程序撤销假释，收监执行未执行完毕的刑罚。

第八节 时 效

第八十七条 犯罪经过下列期限不再追诉：

（一）法定最高刑为不满五年有期徒刑的，经过五年；

（二）法定最高刑为五年以上不满十年有期徒刑的，经过十年；

（三）法定最高刑为十年以上有期徒刑的，经过十五年；

（四）法定最高刑为无期徒刑、死刑的，经过二十年。如果二十年以后认为必须追诉的，须报请最高人民检察院核准。

第八十八条 在人民检察院、公安机关、国家安全机关立案侦查或者在人民法院受理案件以后，逃避侦查或者审判的，不受追诉期限的限制。

被害人在追诉期限内提出控告，人民法院、人民检察院、公安机关应当立案而不予立案的，不受追诉期限的限制。

第八十九条 追诉期限从犯罪之日起计算；犯罪行为有连续或者继续状态的，从犯罪行为终了之日起计算。

在追诉期限以内又犯罪的，前罪追诉的期限从犯后罪之日起计算。

第五章　其他规定

第九十条　民族自治地方不能全部适用本法规定的，可以由自治区或者省的人民代表大会根据当地民族的政治、经济、文化的特点和本法规定的基本原则，制定变通或者补充的规定，报请全国人民代表大会常务委员会批准施行。

第九十一条　本法所称公共财产，是指下列财产：

（一）国有财产；

（二）劳动群众集体所有的财产；

（三）用于扶贫和其他公益事业的社会捐助或者专项基金的财产。

在国家机关、国有公司、企业、集体企业和人民团体管理、使用或者运输中的私人财产，以公共财产论。

第九十二条　本法所称公民私人所有的财产，是指下列财产：

（一）公民的合法收入、储蓄、房屋和其他生活资料；

（二）依法归个人、家庭所有的生产资料；

（三）个体户和私营企业的合法财产；

（四）依法归个人所有的股份、股票、债券和其他财产。

第九十三条　本法所称国家工作人员，是指国家机关中从事公务的人员。

国有公司、企业、事业单位、人民团体中从事公务的人员和国家机关、国有公司、企业、事业单位委派到非国有公司、企业、事业单位、社会团体从事公务的人员，以及其他依照法律从事公务的人员，以国家工作人员论。

第九十四条　本法所称司法工作人员，是指有侦查、检察、审判、监管职责的工作人员。

第九十五条　本法所称重伤，是指有下列情形之一的伤害：

（一）使人肢体残废或者毁人容貌的；

（二）使人丧失听觉、视觉或者其他器官机能的；

（三）其他对于人身健康有重大伤害的。

第九十六条　本法所称违反国家规定，是指违反全国人民代表大会及其常务委员会制定的法律和决定，国务院制定的行政法规、规定的行政措施、发布的决定和命令。

第九十七条 本法所称首要分子，是指在犯罪集团或者聚众犯罪中起组织、策划、指挥作用的犯罪分子。

第九十八条 本法所称告诉才处理，是指被害人告诉才处理。如果被害人因受强制、威吓无法告诉的，人民检察院和被害人的近亲属也可以告诉。

第九十九条 本法所称以上、以下、以内，包括本数。

第一百条 依法受过刑事处罚的人，在入伍、就业的时候，应当如实向有关单位报告自己曾受过刑事处罚，不得隐瞒。

犯罪的时候不满十八周岁被判处五年有期徒刑以下刑罚的人，免除前款规定的报告义务。

第一百零一条 本法总则适用于其他有刑罚规定的法律，但是其他法律有特别规定的除外。

第二编 分 则

第一章 危害国家安全罪

第一百零二条 勾结外国，危害中华人民共和国的主权、领土完整和安全的，处无期徒刑或者十年以上有期徒刑。

与境外机构、组织、个人相勾结，犯前款罪的，依照前款的规定处罚。

第一百零三条 组织、策划、实施分裂国家、破坏国家统一的，对首要分子或者罪行重大的，处无期徒刑或者十年以上有期徒刑；对积极参加的，处三年以上十年以下有期徒刑；对其他参加的，处三年以下有期徒刑、拘役、管制或者剥夺政治权利。

煽动分裂国家、破坏国家统一的，处五年以下有期徒刑、拘役、管制或者剥夺政治权利；首要分子或者罪行重大的，处五年以上有期徒刑。

第一百零四条 组织、策划、实施武装叛乱或者武装暴乱的，对首要分子或者罪行重大的，处无期徒刑或者十年以上有期徒刑；对积极参加的，处三年以上十年以下有期徒刑；对其他参加的，处三年以下有期徒刑、拘役、管制或者剥夺政治权利。

策动、胁迫、勾引、收买国家机关工作人员、武装部队人员、人民警察、民兵进行武装叛乱或者武装暴乱的，依照前款的规定从重处罚。

第一百零五条 组织、策划、实施颠覆国家政权、推翻社会主义制度的，对首要分子或者罪行重大的，处无期徒刑或者十年以上有期徒刑；对积极参加的，处三年以上十年以下有期徒刑；对其他参加的，处三年以下有期徒刑、拘役、管制或者剥夺政治权利。

以造谣、诽谤或者其他方式煽动颠覆国家政权、推翻社会主义制度的，处五年以下有期徒刑、拘役、管制或者剥夺政治权利；首要分子或者罪行重大的，处五年以上有期徒刑。

第一百零六条 与境外机构、组织、个人相勾结，实施本章第一百零三条、第一百零四条、第一百零五条规定之罪的，依照各该条的规定从重处罚。

第一百零七条 境内外机构、组织或者个人资助实施本章第一百零二条、第一百零三条、第一百零四条、第一百零五条规定之罪的，对直接责任人员，处五年以下有期徒刑、拘役、管制或者剥夺政治权利；情节严重的，处五年以上有期徒刑。

第一百零八条 投敌叛变的，处三年以上十年以下有期徒刑；情节严重或者带领武装部队人员、人民警察、民兵投敌叛变的，处十年以上有期徒刑或者无期徒刑。

第一百零九条 国家机关工作人员在履行公务期间，擅离岗位，叛逃境外或者在境外叛逃的，处五年以下有期徒刑、拘役、管制或者剥夺政治权利；情节严重的，处五年以上十年以下有期徒刑。

掌握国家秘密的国家工作人员叛逃境外或者在境外叛逃的，依照前款的规定从重处罚。

第一百一十条 有下列间谍行为之一，危害国家安全的，处十年以上有期徒刑或者无期徒刑；情节较轻的，处三年以上十年以下有期徒刑：

（一）参加间谍组织或者接受间谍组织及其代理人的任务的；

（二）为敌人指示轰击目标的。

第一百一十一条　为境外的机构、组织、人员窃取、刺探、收买、非法提供国家秘密或者情报的，处五年以上十年以下有期徒刑；情节特别严重的，处十年以上有期徒刑或者无期徒刑；情节较轻的，处五年以下有期徒刑、拘役、管制或者剥夺政治权利。

第一百一十二条　战时供给敌人武器装备、军用物资资敌的，处十年以上有期徒刑或者无期徒刑；情节较轻的，处三年以上十年以下有期徒刑。

第一百一十三条　本章上述危害国家安全罪行中，除第一百零三条第二款、第一百零五条、第一百零七条、第一百零九条外，对国家和人民危害特别严重、情节特别恶劣的，可以判处死刑。

犯本章之罪的，可以并处没收财产。

第二章　危害公共安全罪

第一百一十四条　放火、决水、爆炸以及投放毒害性、放射性、传染病病原体等物质或者以其他危险方法危害公共安全，尚未造成严重后果的，处三年以上十年以下有期徒刑。

第一百一十五条　放火、决水、爆炸以及投放毒害性、放射性、传染病病原体等物质或者以其他危险方法致人重伤、死亡或者使公私财产遭受重大损失的，处十年以上有期徒刑、无期徒刑或者死刑。

过失犯前款罪的，处三年以上七年以下有期徒刑；情节较轻的，处三年以下有期徒刑或者拘役。

第一百一十六条　破坏火车、汽车、电车、船只、航空器，足以使火车、汽车、电车、船只、航空器发生倾覆、毁坏危险，尚未造成严重后果的，处三年以上十年以下有期徒刑。

第一百一十七条　破坏轨道、桥梁、隧道、公路、机场、航道、灯塔、标志或者进行其他破坏活动，足以使火车、汽车、电车、船只、航空器发生倾覆、毁坏危险，尚未造成严重后果的，处三年以上十年以下有期徒刑。

第一百一十八条　破坏电力、燃气或者其他易燃易爆设备，危害公共安全，尚未造成严重后果的，处三年以上十年以下有期徒刑。

第一百一十九条 破坏交通工具、交通设施、电力设备、燃气设备、易燃易爆设备，造成严重后果的，处十年以上有期徒刑、无期徒刑或者死刑。

过失犯前款罪的，处三年以上七年以下有期徒刑；情节较轻的，处三年以下有期徒刑或者拘役。

第一百二十条 组织、领导恐怖活动组织的，处十年以上有期徒刑或者无期徒刑，并处没收财产；积极参加的，处三年以上十年以下有期徒刑，并处罚金；其他参加的，处三年以下有期徒刑、拘役、管制或者剥夺政治权利，可以并处罚金。

犯前款罪并实施杀人、爆炸、绑架等犯罪的，依照数罪并罚的规定处罚。

第一百二十条之一 资助恐怖活动组织、实施恐怖活动的个人的，或者资助恐怖活动培训的，处五年以下有期徒刑、拘役、管制或者剥夺政治权利，并处罚金；情节严重的，处五年以上有期徒刑，并处罚金或者没收财产。

为恐怖活动组织、实施恐怖活动或者恐怖活动培训招募、运送人员的，依照前款的规定处罚。

单位犯前两款罪的，对单位判处罚金，并对其直接负责的主管人员和其他直接责任人员，依照第一款的规定处罚。

第一百二十条之二 有下列情形之一的，处五年以下有期徒刑、拘役、管制或者剥夺政治权利，并处罚金；情节严重的，处五年以上有期徒刑，并处罚金或者没收财产：

（一）为实施恐怖活动准备凶器、危险物品或者其他工具的；

（二）组织恐怖活动培训或者积极参加恐怖活动培训的；

（三）为实施恐怖活动与境外恐怖活动组织或者人员联络的；

（四）为实施恐怖活动进行策划或者其他准备的。

有前款行为，同时构成其他犯罪的，依照处罚较重的规定定罪处罚。

第一百二十条之三 以制作、散发宣扬恐怖主义、极端主义的图书、音频视频资料或者其他物品，或者通过讲授、发布信息等方式宣扬恐怖主义、极端主义的，或者煽动实施恐怖活动的，处五年以下有期徒刑、拘役、管制或者剥夺政治权利，并处罚金；情节严重的，处五年以上有期徒刑，并处罚金或者没收财产。

第一百二十条之四 利用极端主义煽动、胁迫群众破坏国家法律确立的婚姻、司法、教育、社会管理等制度实施的，处三年以下有期徒刑、拘役或者管制，并处罚金；情节严重的，处三年以上七年以下有期徒刑，并处罚金；情节特别严重的，处七年以上有期徒刑，并处罚金或者没收财产。

第一百二十条之五 以暴力、胁迫等方式强制他人在公共场所穿着、佩戴宣扬恐怖主义、极端主义服饰、标志的，处三年以下有期徒刑、拘役或者管制，并处罚金。

第一百二十条之六 明知是宣扬恐怖主义、极端主义的图书、音频视频资料或者其他物品而非法持有，情节严重的，处三年以下有期徒刑、拘役或者管制，并处或者单处罚金。

第一百二十一条 以暴力、胁迫或者其他方法劫持航空器的，处十年以上有期徒刑或者无期徒刑；致人重伤、死亡或者使航空器遭受严重破坏的，处死刑。

第一百二十二条 以暴力、胁迫或者其他方法劫持船只、汽车的，处五年以上十年以下有期徒刑；造成严重后果的，处十年以上有期徒刑或者无期徒刑。

第一百二十三条 对飞行中的航空器上的人员使用暴力，危及飞行安全，尚未造成严重后果的，处五年以下有期徒刑或者拘役；造成严重后果的，处五年以上有期徒刑。

第一百二十四条 破坏广播电视设施、公用电信设施，危害公共安全的，处三年以上七年以下有期徒刑；造成严重后果的，处七年以上有期徒刑。

过失犯前款罪的，处三年以上七年以下有期徒刑；情节较轻的，处三年以下有期徒刑或者拘役。

第一百二十五条 非法制造、买卖、运输、邮寄、储存枪支、弹药、爆炸物的，处三年以上十年以下有期徒刑；情节严重的，处十年以上有期徒刑、无期徒刑或者死刑。

非法制造、买卖、运输、储存毒害性、放射性、传染病病原体等物质，危害公共安全的，依照前款的规定处罚。

单位犯前两款罪的，对单位判处罚金，并对其直接负责的主管人员和其他直接责任人员，依照第一款的规定处罚。

第一百二十六条 依法被指定、确定的枪支制造企业、销售企业，违反枪支管理规定，有下列行为之一的，对单位判处罚金，并对其直接负责的主管人员和其他直接责任人员，处五年以下有期徒刑；情节严重的，处五年以上十年以下有期徒刑；情节特别严重的，处十年以上有期徒刑或者无期徒刑：

（一）以非法销售为目的，超过限额或者不按照规定的品种制造、配售枪支的；

（二）以非法销售为目的，制造无号、重号、假号的枪支的；

（三）非法销售枪支或者在境内销售为出口制造的枪支的。

第一百二十七条 盗窃、抢夺枪支、弹药、爆炸物的，或者盗窃、抢夺毒害性、放射性、传染病病原体等物质，危害公共安全的，处三年以上十年以下有期徒刑；情节严重的，处十年以上有期徒刑、无期徒刑或者死刑。

抢劫枪支、弹药、爆炸物的，或者抢劫毒害性、放射性、传染病病原体等物质，危害公共安全的，或者盗窃、抢夺国家机关、军警人员、民兵的枪支、弹药、爆炸物的，处十年以上有期徒刑、无期徒刑或者死刑。

第一百二十八条 违反枪支管理规定，非法持有、私藏枪支、弹药的，处三年以下有期徒刑、拘役或者管制；情节严重的，处三年以上七年以下有期徒刑。

依法配备公务用枪的人员，非法出租、出借枪支的，依照前款的规定处罚。

依法配置枪支的人员，非法出租、出借枪支，造成严重后果的，依照第一款的规定处罚。

单位犯第二款、第三款罪的，对单位判处罚金，并对其直接负责的主管人员和其他直接责任人员，依照第一款的规定处罚。

第一百二十九条 依法配备公务用枪的人员，丢失枪支不及时报告，造成严重后果的，处三年以下有期徒刑或者拘役。

第一百三十条 非法携带枪支、弹药、管制刀具或者爆炸性、易燃性、放射性、毒害性、腐蚀性物品，进入公共场所或者公共交通工具，危及公共安全，情节严重的，处三年以下有期徒刑、拘役或者管制。

第一百三十一条 航空人员违反规章制度，致使发生重大飞行事故，造成严重后果的，处三年以下有期徒刑或者拘役；造成飞机坠毁或者人员死亡的，处三年以上七年以下有期徒刑。

第一百三十二条 铁路职工违反规章制度，致使发生铁路运营安全事故，造成严重后果的，处三年以下有期徒刑或者拘役；造成特别严重后果的，处三年以上七年以下有期徒刑。

第一百三十三条 违反交通运输管理法规，因而发生重大事故，致人重伤、死亡或者使公私财产遭受重大损失的，处三年以下有期徒刑或者拘役；交通运输肇事后逃逸或者有其他特别恶劣情节的，处三年以上七年以下有期徒刑；因逃逸致人死亡的，处七年以上有期徒刑。

第一百三十三条之一 在道路上驾驶机动车，有下列情形之一的，处拘役，并处罚金：

（一）追逐竞驶，情节恶劣的；

（二）醉酒驾驶机动车的；

（三）从事校车业务或者旅客运输，严重超过额定乘员载客，或者严重超过规定时速行驶的；

（四）违反危险化学品安全管理规定运输危险化学品，危及公共安全的。

机动车所有人、管理人对前款第三项、第四项行为负有直接责任的，依照前款的规定处罚。

有前两款行为，同时构成其他犯罪的，依照处罚较重的规定定罪处罚。

第一百三十三条之二 对行驶中的公共交通工具的驾驶人员使用暴力或者抢控驾驶操纵装置，干扰公共交通工具正常行驶，危及公共安全的，处一年以下有期徒刑、拘役或者管制，并处或者单处罚金。

前款规定的驾驶人员在行驶的公共交通工具上擅离职守，与他人互殴或者殴打他人，危及公共安全的，依照前款的规定处罚。

有前两款行为，同时构成其他犯罪的，依照处罚较重的规定定罪处罚。

第一百三十四条 在生产、作业中违反有关安全管理的规定，因而发生重大伤亡事故或者造成其他严重后果的，处三年以下有期徒刑或者拘役；情节特别恶劣的，处三年以上七年以下有期徒刑。

强令他人违章冒险作业，或者明知存在重大事故隐患而不排除，仍冒险组织作业，因而发生重大伤亡事故或者造成其他严重后果的，处五年以下有期徒刑或者拘役；情节特别恶劣的，处五年以上有期徒刑。

第一百三十四条之一 在生产、作业中违反有关安全管理的规定，有下列情形之一，具有发生重大伤亡事故或者其他严重后果的现实危险的，处一年以下有期徒刑、拘役或者管制：

（一）关闭、破坏直接关系生产安全的监控、报警、防护、救生设备、设施，或者篡改、隐瞒、销毁其相关数据、信息的；

（二）因存在重大事故隐患被依法责令停产停业、停止施工、停止使用有关设备、设施、场所或者立即采取排除危险的整改措施，而拒不执行的；

（三）涉及安全生产的事项未经依法批准或者许可，擅自从事矿山开采、金属冶炼、建筑施工，以及危险物品生产、经营、储存等高度危险的生产作业活动的。

第一百三十五条 安全生产设施或者安全生产条件不符合国家规定，因而发生重大伤亡事故或者造成其他严重后果的，对直接负责的主管人员和其他直接责任人员，处三年以下有期徒刑或者拘役；情节特别恶劣的，处三年以上七年以下有期徒刑。

第一百三十五条之一 举办大型群众性活动违反安全管理规定，因而发生重大伤亡事故或者造成其他严重后果的，对直接负责的主管人员和其他直接责任人员，处三年以下有期徒刑或者拘役；情节特别恶劣的，处三年以上七年以下有期徒刑。

第一百三十六条 违反爆炸性、易燃性、放射性、毒害性、腐蚀性物品的管理规定，在生产、储存、运输、使用中发生重大事故，造成严重后果的，处三年以下有期徒刑或者拘役；后果特别严重的，处三年以上七年以下有期徒刑。

第一百三十七条 建设单位、设计单位、施工单位、工程监理单位违反国家规定，降低工程质量标准，造成重大安全事故的，对直接责任人员，处五年以下有期徒刑或者拘役，并处罚金；后果特别严重的，处五年以上十年以下有期徒刑，并处罚金。

第一百三十八条 明知校舍或者教育教学设施有危险，而不采取措施或者不及时报告，致使发生重大伤亡事故的，对直接责任人员，处三年以下有期徒刑或者拘役；后果特别严重的，处三年以上七年以下有期徒刑。

第一百三十九条 违反消防管理法规，经消防监督机构通知采取改正措施而拒绝执行，造成严重后果的，对直接责任人员，处三年以下有期徒刑或者拘役；后果特别严重的，处三年以上七年以下有期徒刑。

第一百三十九条之一 在安全事故发生后，负有报告职责的人员不报或者谎报事故情况，贻误事故抢救，情节严重的，处三年以下有期徒刑或者拘役；情节特别严重的，处三年以上七年以下有期徒刑。

第三章 破坏社会主义市场经济秩序罪

第一节 生产、销售伪劣商品罪

第一百四十条 生产者、销售者在产品中掺杂、掺假，以假充真，以次充好或者以不合格产品冒充合格产品，销售金额五万元以上不满二十万元的，处二年以下有期徒刑或者拘役，并处或者单处销售金额百分之五十以上二倍以下罚金；销售金额二十万元以上不满五十万元的，处二年以上七年以下有期徒刑，并处销售金额百分之五十以上二倍以下罚金；销售金额五十万元以上不满二百万元的，处七年以上有期徒刑，并处销售金额百分之五十以上二倍以下罚金；销售金额二百万元以上的，处十五年有期徒刑或者无期徒刑，并处销售金额百分之五十以上二倍以下罚金或者没收财产。

第一百四十一条 生产、销售假药的，处三年以下有期徒刑或者拘役，并处罚金；对人体健康造成严重危害或者有其他严重情节的，处三年以上十年以下有期徒刑，并处罚金；致人死亡或者有其他特别严重情节的，处十年以上有期徒刑、无期徒刑或者死刑，并处罚金或者没收财产。

药品使用单位的人员明知是假药而提供给他人使用的，依照前款的规定处罚。

第一百四十二条 生产、销售劣药，对人体健康造成严重危害的，处三年以上十年以下有期徒刑，并处罚金；后果特别严重的，处十年以上有期徒刑或者无期徒刑，并处罚金或者没收财产。

药品使用单位的人员明知是劣药而提供给他人使用的，依照前款的规定处罚。

第一百四十二条之一 违反药品管理法规，有下列情形之一，足以严重危害人体健康的，处三年以下有期徒刑或者拘役，并处或者单处罚金；对人体健康造成严重危害或者有其他严重情节的，处三年以上七年以下有期徒刑，并处罚金：

（一）生产、销售国务院药品监督管理部门禁止使用的药品的；

（二）未取得药品相关批准证明文件生产、进口药品或者明知是上述药品而销售的；

（三）药品申请注册中提供虚假的证明、数据、资料、样品或者采取其他欺骗手段的；

（四）编造生产、检验记录的。

有前款行为，同时又构成本法第一百四十一条、第一百四十二条规定之罪或者其他犯罪的，依照处罚较重的规定定罪处罚。

第一百四十三条 生产、销售不符合食品安全标准的食品，足以造成严重食物中毒事故或者其他严重食源性疾病的，处三年以下有期徒刑或者拘役，并处罚金；对人体健康造成严重危害或者有其他严重情节的，处三年以上七年以下有期徒刑，并处罚金；后果特别严重的，处七年以上有期徒刑或者无期徒刑，并处罚金或者没收财产。

第一百四十四条 在生产、销售的食品中掺入有毒、有害的非食品原料的，或者销售明知掺有有毒、有害的非食品原料的食品的，处五年以下有期徒刑，并处罚金；对人体健康造成严重危害或者有其他严重情节的，处五年以上十年以下有期徒刑，并处罚金；致人死亡或者有其他特别严重情节的，依照本法第一百四十一条的规定处罚。

第一百四十五条 生产不符合保障人体健康的国家标准、行业标准的医疗器械、医用卫生材料，或者销售明知是不符合保障人体健康的国家标准、行业标准的医疗器械、医用卫生材料，足以严重危害人体健康的，处三年以下有期徒刑或者拘役，并处销售金额百分之五十以上二倍以下罚金；对人体健康造成严重危害的，处三年以上十年以下有期徒刑，并处销售金额百分之五十以上二倍以下罚金；后果特别严重的，处十年以上有期徒刑或者无期徒刑，并处销售金额百分之五十以上二倍以下罚金或者没收财产。

第一百四十六条 生产不符合保障人身、财产安全的国家标准、行业标准的电器、压力容器、易燃易爆产品或者其他不符合保障人身、财产安全的国家标准、行业标准的产品，或者销售明知是以上不符合保障人身、财产安全的国家标准、行业标准的产品，造成严重后果的，处五年以下有期徒刑，并处销售金额百分之五十以上二倍以下罚金；后果特别严重的，处五年以上有期徒刑，并处销售金额百分之五十以上二倍以下罚金。

第一百四十七条 生产假农药、假兽药、假化肥，销售明知是假的或者失去使用效能的农药、兽药、化肥、种子，或者生产者、销售者以不合格的农药、兽药、化肥、种子冒充合格的农药、兽药、化肥、种子，使生产遭受较大损失的，处三年以下有期徒刑或者拘役，并处或者单处销售金额百分之五十以上二倍以下罚金；使生产遭受重大损失的，处三年以上七年以下有期徒刑，并处销售金额百分之五十以上二倍以下罚金；使生产遭受特别重大损失的，处七年以上有期徒刑或者无期徒刑，并处销售金额百分之五十以上二倍以下罚金或者没收财产。

第一百四十八条 生产不符合卫生标准的化妆品，或者销售明知是不符合卫生标准的化妆品，造成严重后果的，处三年以下有期徒刑或者拘役，并处或者单处销售金额百分之五十以上二倍以下罚金。

第一百四十九条 生产、销售本节第一百四十一条至第一百四十八条所列产品，不构成各该条规定的犯罪，但是销售金额在五万元以上的，依照本节第一百四十条的规定定罪处罚。

生产、销售本节第一百四十一条至第一百四十八条所列产品，构成各该条规定的犯罪，同时又构成本节第一百四十条规定之罪的，依照处罚较重的规定定罪处罚。

第一百五十条 单位犯本节第一百四十条至第一百四十八条规定之罪的，对单位判处罚金，并对其直接负责的主管人员和其他直接责任人员，依照各该条的规定处罚。

第二节 走 私 罪

第一百五十一条 走私武器、弹药、核材料或者伪造的货币的，处七年以上有期徒刑，并处罚金或者没收财产；情节特别严重的，处无期徒刑，并处没收财产；情节较轻的，处三年以上七年以下有期徒刑，并处罚金。

走私国家禁止出口的文物、黄金、白银和其他贵重金属或者国家禁止进出口的珍贵动物及其制品的，处五年以上十年以下有期徒刑，并处罚金；情节特别严重的，处十年以上有期徒刑或者无期徒刑，并处没收财产；情节较轻的，处五年以下有期徒刑，并处罚金。

走私珍稀植物及其制品等国家禁止进出口的其他货物、物品的，处五年以下有期徒刑或者拘役，并处或者单处罚金；情节严重的，处五年以上有期徒刑，并处罚金。

单位犯本条规定之罪的，对单位判处罚金，并对其直接负责的主管人员和其他直接责任人员，依照本条各款的规定处罚。

第一百五十二条 以牟利或者传播为目的，走私淫秽的影片、录像带、录音带、图片、书刊或者其他淫秽物品的，处三年以上十年以下有期徒刑，并处罚金；情节严重的，处十年以上有期徒刑或者无期徒刑，并处罚金或者没收财产；情节较轻的，处三年以下有期徒刑、拘役或者管制，并处罚金。

逃避海关监管将境外固体废物、液态废物和气态废物运输进境，情节严重的，处五年以下有期徒刑，并处或者单处罚金；情节特别严重的，处五年以上有期徒刑，并处罚金。

单位犯前两款罪的，对单位判处罚金，并对其直接负责的主管人员和其他直接责任人员，依照前两款的规定处罚。

第一百五十三条 走私本法第一百五十一条、第一百五十二条、第三百四十七条规定以外的货物、物品的，根据情节轻重，分别依照下列规定处罚：

（一）走私货物、物品偷逃应缴税额较大或者一年内曾因走私被给予二次行政处罚后又走私的，处三年以下有期徒刑或者拘役，并处偷逃应缴税额一倍以上五倍以下罚金。

（二）走私货物、物品偷逃应缴税额巨大或者有其他严重情节的，处三年以上十年以下有期徒刑，并处偷逃应缴税额一倍以上五倍以下罚金。

（三）走私货物、物品偷逃应缴税额特别巨大或者有其他特别严重情节的，处十年以上有期徒刑或者无期徒刑，并处偷逃应缴税额一倍以上五倍以下罚金或者没收财产。

单位犯前款罪的，对单位判处罚金，并对其直接负责的主管人员和其他直接责任人员，处三年以下有期徒刑或者拘役；情节严重的，处三年以上十年以下有期徒刑；情节特别严重的，处十年以上有期徒刑。

对多次走私未经处理的，按照累计走私货物、物品的偷逃应缴税额处罚。

第一百五十四条 下列走私行为，根据本节规定构成犯罪的，依照本法第一百五十三条的规定定罪处罚：

（一）未经海关许可并且未补缴应缴税额，擅自将批准进口的来料加工、来件装配、补偿贸易的原材料、零件、制成品、设备等保税货物，在境内销售牟利的；

（二）未经海关许可并且未补缴应缴税额，擅自将特定减税、免税进口的货物、物品，在境内销售牟利的。

第一百五十五条 下列行为，以走私罪论处，依照本节的有关规定处罚：

（一）直接向走私人非法收购国家禁止进口物品的，或者直接向走私人非法收购走私进口的其他货物、物品，数额较大的；

（二）在内海、领海、界河、界湖运输、收购、贩卖国家禁止进出口物品的，或者运输、收购、贩卖国家限制进出口货物、物品，数额较大，没有合法证明的。

第一百五十六条 与走私罪犯通谋，为其提供贷款、资金、帐号、发票、证明，或者为其提供运输、保管、邮寄或者其他方便的，以走私罪的共犯论处。

第一百五十七条 武装掩护走私的，依照本法第一百五十一条第一款的规定从重处罚。

以暴力、威胁方法抗拒缉私的，以走私罪和本法第二百七十七条规定的阻碍国家机关工作人员依法执行职务罪，依照数罪并罚的规定处罚。

第三节　妨害对公司、企业的管理秩序罪

第一百五十八条　申请公司登记使用虚假证明文件或者采取其他欺诈手段虚报注册资本，欺骗公司登记主管部门，取得公司登记，虚报注册资本数额巨大、后果严重或者有其他严重情节的，处三年以下有期徒刑或者拘役，并处或者单处虚报注册资本金额百分之一以上百分之五以下罚金。

单位犯前款罪的，对单位判处罚金，并对其直接负责的主管人员和其他直接责任人员，处三年以下有期徒刑或者拘役。

第一百五十九条　公司发起人、股东违反公司法的规定未交付货币、实物或者未转移财产权，虚假出资，或者在公司成立后又抽逃其出资，数额巨大、后果严重或者有其他严重情节的，处五年以下有期徒刑或者拘役，并处或者单处虚假出资金额或者抽逃出资金额百分之二以上百分之十以下罚金。

单位犯前款罪的，对单位判处罚金，并对其直接负责的主管人员和其他直接责任人员，处五年以下有期徒刑或者拘役。

第一百六十条　在招股说明书、认股书、公司、企业债券募集办法等发行文件中隐瞒重要事实或者编造重大虚假内容，发行股票或者公司、企业债券、存托凭证或者国务院依法认定的其他证券，数额巨大、后果严重或者有其他严重情节的，处五年以下有期徒刑或者拘役，并处或者单处罚金；数额特别巨大、后果特别严重或者有其他特别严重情节的，处五年以上有期徒刑，并处罚金。

控股股东、实际控制人组织、指使实施前款行为的，处五年以下有期徒刑或者拘役，并处或者单处非法募集资金金额百分之二十以上一倍以下罚金；数额特别巨大、后果特别严重或者有其他特别严重情节的，处五年以上有期徒刑，并处非法募集资金金额百分之二十以上一倍以下罚金。

单位犯前两款罪的，对单位判处非法募集资金金额百分之二十以上一倍以下罚金，并对其直接负责的主管人员和其他直接责任人员，依照第一款的规定处罚。

第一百六十一条　依法负有信息披露义务的公司、企业向股东和社会公众提供虚假的或者隐瞒重要事实的财务会计报告，或者对依法应当披露的其他重要信息不按照规定披露，严重损害股东或者其他人利益，或者有

其他严重情节的，对其直接负责的主管人员和其他直接责任人员，处五年以下有期徒刑或者拘役，并处或者单处罚金；情节特别严重的，处五年以上十年以下有期徒刑，并处罚金。

前款规定的公司、企业的控股股东、实际控制人实施或者组织、指使实施前款行为的，或者隐瞒相关事项导致前款规定的情形发生的，依照前款的规定处罚。

犯前款罪的控股股东、实际控制人是单位的，对单位判处罚金，并对其直接负责的主管人员和其他直接责任人员，依照第一款的规定处罚。

第一百六十二条　公司、企业进行清算时，隐匿财产，对资产负债表或者财产清单作虚伪记载或者在未清偿债务前分配公司、企业财产，严重损害债权人或者其他人利益的，对其直接负责的主管人员和其他直接责任人员，处五年以下有期徒刑或者拘役，并处或者单处二万元以上二十万元以下罚金。

第一百六十二条之一　隐匿或者故意销毁依法应当保存的会计凭证、会计帐簿、财务会计报告，情节严重的，处五年以下有期徒刑或者拘役，并处或者单处二万元以上二十万元以下罚金。

单位犯前款罪的，对单位判处罚金，并对其直接负责的主管人员和其他直接责任人员，依照前款的规定处罚。

第一百六十二条之二　公司、企业通过隐匿财产、承担虚构的债务或者以其他方法转移、处分财产，实施虚假破产，严重损害债权人或者其他人利益的，对其直接负责的主管人员和其他直接责任人员，处五年以下有期徒刑或者拘役，并处或者单处二万元以上二十万元以下罚金。

第一百六十三条　公司、企业或者其他单位的工作人员，利用职务上的便利，索取他人财物或者非法收受他人财物，为他人谋取利益，数额较大的，处三年以下有期徒刑或者拘役，并处罚金；数额巨大或者有其他严重情节的，处三年以上十年以下有期徒刑，并处罚金；数额特别巨大或者有其他特别严重情节的，处十年以上有期徒刑或者无期徒刑，并处罚金。

公司、企业或者其他单位的工作人员在经济往来中，利用职务上的便利，违反国家规定，收受各种名义的回扣、手续费，归个人所有的，依照前款的规定处罚。

国有公司、企业或者其他国有单位中从事公务的人员和国有公司、企业或者其他国有单位委派到非国有公司、企业以及其他单位从事公务的人员有前两款行为的，依照本法第三百八十五条、第三百八十六条的规定定罪处罚。

第一百六十四条 为谋取不正当利益，给予公司、企业或者其他单位的工作人员以财物，数额较大的，处三年以下有期徒刑或者拘役，并处罚金；数额巨大的，处三年以上十年以下有期徒刑，并处罚金。

为谋取不正当商业利益，给予外国公职人员或者国际公共组织官员以财物的，依照前款的规定处罚。

单位犯前两款罪的，对单位判处罚金，并对其直接负责的主管人员和其他直接责任人员，依照第一款的规定处罚。

行贿人在被追诉前主动交待行贿行为的，可以减轻处罚或者免除处罚。

第一百六十五条 国有公司、企业的董事、监事、高级管理人员，利用职务便利，自己经营或者为他人经营与其所任职公司、企业同类的营业，获取非法利益，数额巨大的，处三年以下有期徒刑或者拘役，并处或者单处罚金；数额特别巨大的，处三年以上七年以下有期徒刑，并处罚金。

其他公司、企业的董事、监事、高级管理人员违反法律、行政法规规定，实施前款行为，致使公司、企业利益遭受重大损失的，依照前款的规定处罚。

第一百六十六条 国有公司、企业、事业单位的工作人员，利用职务便利，有下列情形之一，致使国家利益遭受重大损失的，处三年以下有期徒刑或者拘役，并处或者单处罚金；致使国家利益遭受特别重大损失的，处三年以上七年以下有期徒刑，并处罚金：

（一）将本单位的盈利业务交由自己的亲友进行经营的；

（二）以明显高于市场的价格从自己的亲友经营管理的单位采购商品、接受服务或者以明显低于市场的价格向自己的亲友经营管理的单位销售商品、提供服务的；

（三）从自己的亲友经营管理的单位采购、接受不合格商品、服务的。

其他公司、企业的工作人员违反法律、行政法规规定，实施前款行为，致使公司、企业利益遭受重大损失的，依照前款的规定处罚。

第一百六十七条 国有公司、企业、事业单位直接负责的主管人员，在签订、履行合同过程中，因严重不负责任被诈骗，致使国家利益遭受重大损失的，处三年以下有期徒刑或者拘役；致使国家利益遭受特别重大损失的，处三年以上七年以下有期徒刑。

第一百六十八条 国有公司、企业的工作人员，由于严重不负责任或者滥用职权，造成国有公司、企业破产或者严重损失，致使国家利益遭受重大损失的，处三年以下有期徒刑或者拘役；致使国家利益遭受特别重大损失的，处三年以上七年以下有期徒刑。

国有事业单位的工作人员有前款行为，致使国家利益遭受重大损失的，依照前款的规定处罚。

国有公司、企业、事业单位的工作人员，徇私舞弊，犯前两款罪的，依照第一款的规定从重处罚。

第一百六十九条 国有公司、企业或者其上级主管部门直接负责的主管人员，徇私舞弊，将国有资产低价折股或者低价出售，致使国家利益遭受重大损失的，处三年以下有期徒刑或者拘役；致使国家利益遭受特别重大损失的，处三年以上七年以下有期徒刑。

其他公司、企业直接负责的主管人员，徇私舞弊，将公司、企业资产低价折股或者低价出售，致使公司、企业利益遭受重大损失的，依照前款的规定处罚。

第一百六十九条之一 上市公司的董事、监事、高级管理人员违背对公司的忠实义务，利用职务便利，操纵上市公司从事下列行为之一，致使上市公司利益遭受重大损失的，处三年以下有期徒刑或者拘役，并处或者单处罚金；致使上市公司利益遭受特别重大损失的，处三年以上七年以下有期徒刑，并处罚金：

（一）无偿向其他单位或者个人提供资金、商品、服务或者其他资产的；

（二）以明显不公平的条件，提供或者接受资金、商品、服务或者其他资产的；

（三）向明显不具有清偿能力的单位或者个人提供资金、商品、服务或者其他资产的；

（四）为明显不具有清偿能力的单位或者个人提供担保，或者无正当理由为其他单位或者个人提供担保的；

（五）无正当理由放弃债权、承担债务的；

（六）采用其他方式损害上市公司利益的。

上市公司的控股股东或者实际控制人，指使上市公司董事、监事、高级管理人员实施前款行为的，依照前款的规定处罚。

犯前款罪的上市公司的控股股东或者实际控制人是单位的，对单位判处罚金，并对其直接负责的主管人员和其他直接责任人员，依照第一款的规定处罚。

第四节 破坏金融管理秩序罪

第一百七十条 伪造货币的，处三年以上十年以下有期徒刑，并处罚金；有下列情形之一的，处十年以上有期徒刑或者无期徒刑，并处罚金或者没收财产：

（一）伪造货币集团的首要分子；

（二）伪造货币数额特别巨大的；

（三）有其他特别严重情节的。

第一百七十一条 出售、购买伪造的货币或者明知是伪造的货币而运输，数额较大的，处三年以下有期徒刑或者拘役，并处二万元以上二十万元以下罚金；数额巨大的，处三年以上十年以下有期徒刑，并处五万元以上五十万元以下罚金；数额特别巨大的，处十年以上有期徒刑或者无期徒刑，并处五万元以上五十万元以下罚金或者没收财产。

银行或者其他金融机构的工作人员购买伪造的货币或者利用职务上的便利，以伪造的货币换取货币的，处三年以上十年以下有期徒刑，并处二万元以上二十万元以下罚金；数额巨大或者有其他严重情节的，处十年以上有期徒刑或者无期徒刑，并处二万元以上二十万元以下罚金或者没收财产；情节较轻的，处三年以下有期徒刑或者拘役，并处或者单处一万元以上十万元以下罚金。

伪造货币并出售或者运输伪造的货币的，依照本法第一百七十条的规定定罪从重处罚。

第一百七十二条 明知是伪造的货币而持有、使用，数额较大的，处三年以下有期徒刑或者拘役，并处或者单处一万元以上十万元以下罚金；数额巨大的，处三年以上十年以下有期徒刑，并处二万元以上二十万元以下罚金；数额特别巨大的，处十年以上有期徒刑，并处五万元以上五十万元以下罚金或者没收财产。

第一百七十三条 变造货币，数额较大的，处三年以下有期徒刑或者拘役，并处或者单处一万元以上十万元以下罚金；数额巨大的，处三年以上十年以下有期徒刑，并处二万元以上二十万元以下罚金。

第一百七十四条 未经国家有关主管部门批准，擅自设立商业银行、证券交易所、期货交易所、证券公司、期货经纪公司、保险公司或者其他金融机构的，处三年以下有期徒刑或者拘役，并处或者单处二万元以上二十万元以下罚金；情节严重的，处三年以上十年以下有期徒刑，并处五万元以上五十万元以下罚金。

伪造、变造、转让商业银行、证券交易所、期货交易所、证券公司、期货经纪公司、保险公司或者其他金融机构的经营许可证或者批准文件的，依照前款的规定处罚。

单位犯前两款罪的，对单位判处罚金，并对其直接负责的主管人员和其他直接责任人员，依照第一款的规定处罚。

第一百七十五条 以转贷牟利为目的，套取金融机构信贷资金高利转贷他人，违法所得数额较大的，处三年以下有期徒刑或者拘役，并处违法所得一倍以上五倍以下罚金；数额巨大的，处三年以上七年以下有期徒刑，并处违法所得一倍以上五倍以下罚金。

单位犯前款罪的，对单位判处罚金，并对其直接负责的主管人员和其他直接责任人员，处三年以下有期徒刑或者拘役。

第一百七十五条之一 以欺骗手段取得银行或者其他金融机构贷款、票据承兑、信用证、保函等，给银行或者其他金融机构造成重大损失的，处三年以下有期徒刑或者拘役，并处或者单处罚金；给银行或者其他金融机构造成特别重大损失或者有其他特别严重情节的，处三年以上七年以下有期徒刑，并处罚金。

单位犯前款罪的，对单位判处罚金，并对其直接负责的主管人员和其他直接责任人员，依照前款的规定处罚。

第一百七十六条 非法吸收公众存款或者变相吸收公众存款，扰乱金融秩序的，处三年以下有期徒刑或者拘役，并处或者单处罚金；数额巨大或者有其他严重情节的，处三年以上十年以下有期徒刑，并处罚金；数额特别巨大或者有其他特别严重情节的，处十年以上有期徒刑，并处罚金。

单位犯前款罪的，对单位判处罚金，并对其直接负责的主管人员和其他直接责任人员，依照前款的规定处罚。

有前两款行为，在提起公诉前积极退赃退赔，减少损害结果发生的，可以从轻或者减轻处罚。

第一百七十七条 有下列情形之一，伪造、变造金融票证的，处五年以下有期徒刑或者拘役，并处或者单处二万元以上二十万元以下罚金；情节严重的，处五年以上十年以下有期徒刑，并处五万元以上五十万元以下罚金；情节特别严重的，处十年以上有期徒刑或者无期徒刑，并处五万元以上五十万元以下罚金或者没收财产：

（一）伪造、变造汇票、本票、支票的；

（二）伪造、变造委托收款凭证、汇款凭证、银行存单等其他银行结算凭证的；

（三）伪造、变造信用证或者附随的单据、文件的；

（四）伪造信用卡的。

单位犯前款罪的，对单位判处罚金，并对其直接负责的主管人员和其他直接责任人员，依照前款的规定处罚。

第一百七十七条之一 有下列情形之一，妨害信用卡管理的，处三年以下有期徒刑或者拘役，并处或者单处一万元以上十万元以下罚金；数量巨大或者有其他严重情节的，处三年以上十年以下有期徒刑，并处二万元以上二十万元以下罚金：

（一）明知是伪造的信用卡而持有、运输的，或者明知是伪造的空白信用卡而持有、运输，数量较大的；

（二）非法持有他人信用卡，数量较大的；

（三）使用虚假的身份证明骗领信用卡的；

（四）出售、购买、为他人提供伪造的信用卡或者以虚假的身份证明骗领的信用卡的。

窃取、收买或者非法提供他人信用卡信息资料的，依照前款规定处罚。

银行或者其他金融机构的工作人员利用职务上的便利，犯第二款罪的，从重处罚。

第一百七十八条　伪造、变造国库券或者国家发行的其他有价证券，数额较大的，处三年以下有期徒刑或者拘役，并处或者单处二万元以上二十万元以下罚金；数额巨大的，处三年以上十年以下有期徒刑，并处五万元以上五十万元以下罚金；数额特别巨大的，处十年以上有期徒刑或者无期徒刑，并处五万元以上五十万元以下罚金或者没收财产。

伪造、变造股票或者公司、企业债券，数额较大的，处三年以下有期徒刑或者拘役，并处或者单处一万元以上十万元以下罚金；数额巨大的，处三年以上十年以下有期徒刑，并处二万元以上二十万元以下罚金。

单位犯前两款罪的，对单位判处罚金，并对其直接负责的主管人员和其他直接责任人员，依照前两款的规定处罚。

第一百七十九条　未经国家有关主管部门批准，擅自发行股票或者公司、企业债券，数额巨大、后果严重或者有其他严重情节的，处五年以下有期徒刑或者拘役，并处或者单处非法募集资金金额百分之一以上百分之五以下罚金。

单位犯前款罪的，对单位判处罚金，并对其直接负责的主管人员和其他直接责任人员，处五年以下有期徒刑或者拘役。

第一百八十条　证券、期货交易内幕信息的知情人员或者非法获取证券、期货交易内幕信息的人员，在涉及证券的发行，证券、期货交易或者其他对证券、期货交易价格有重大影响的信息尚未公开前，买入或者卖出该证券，或者从事与该内幕信息有关的期货交易，或者泄露该信息，或者明示、暗示他人从事上述交易活动，情节严重的，处五年以下有期徒刑或者拘役，并处或者单处违法所得一倍以上五倍以下罚金；情节特别严重的，处五年以上十年以下有期徒刑，并处违法所得一倍以上五倍以下罚金。

单位犯前款罪的，对单位判处罚金，并对其直接负责的主管人员和其他直接责任人员，处五年以下有期徒刑或者拘役。

内幕信息、知情人员的范围，依照法律、行政法规的规定确定。

证券交易所、期货交易所、证券公司、期货经纪公司、基金管理公司、商业银行、保险公司等金融机构的从业人员以及有关监管部门或者行业协会的工作人员，利用因职务便利获取的内幕信息以外的其他未公开的信息，违反规定，从事与该信息相关的证券、期货交易活动，或者明示、暗示他人从事相关交易活动，情节严重的，依照第一款的规定处罚。

第一百八十一条 编造并且传播影响证券、期货交易的虚假信息，扰乱证券、期货交易市场，造成严重后果的，处五年以下有期徒刑或者拘役，并处或者单处一万元以上十万元以下罚金。

证券交易所、期货交易所、证券公司、期货经纪公司的从业人员，证券业协会、期货业协会或者证券期货监督管理部门的工作人员，故意提供虚假信息或者伪造、变造、销毁交易记录，诱骗投资者买卖证券、期货合约，造成严重后果的，处五年以下有期徒刑或者拘役，并处或者单处一万元以上十万元以下罚金；情节特别恶劣的，处五年以上十年以下有期徒刑，并处二万元以上二十万元以下罚金。

单位犯前两款罪的，对单位判处罚金，并对其直接负责的主管人员和其他直接责任人员，处五年以下有期徒刑或者拘役。

第一百八十二条 有下列情形之一，操纵证券、期货市场，影响证券、期货交易价格或者证券、期货交易量，情节严重的，处五年以下有期徒刑或者拘役，并处或者单处罚金；情节特别严重的，处五年以上十年以下有期徒刑，并处罚金：

（一）单独或者合谋，集中资金优势、持股或者持仓优势或者利用信息优势联合或者连续买卖的；

（二）与他人串通，以事先约定的时间、价格和方式相互进行证券、期货交易的；

（三）在自己实际控制的帐户之间进行证券交易，或者以自己为交易对象，自买自卖期货合约的；

（四）不以成交为目的，频繁或者大量申报买入、卖出证券、期货合约并撤销申报的；

（五）利用虚假或者不确定的重大信息，诱导投资者进行证券、期货交易的；

（六）对证券、证券发行人、期货交易标的公开作出评价、预测或者投资建议，同时进行反向证券交易或者相关期货交易的；

（七）以其他方法操纵证券、期货市场的。

单位犯前款罪的，对单位判处罚金，并对其直接负责的主管人员和其他直接责任人员，依照前款的规定处罚。

第一百八十三条 保险公司的工作人员利用职务上的便利，故意编造未曾发生的保险事故进行虚假理赔，骗取保险金归自己所有的，依照本法第二百七十一条的规定定罪处罚。

国有保险公司工作人员和国有保险公司委派到非国有保险公司从事公务的人员有前款行为的，依照本法第三百八十二条、第三百八十三条的规定定罪处罚。

第一百八十四条 银行或者其他金融机构的工作人员在金融业务活动中索取他人财物或者非法收受他人财物，为他人谋取利益的，或者违反国家规定，收受各种名义的回扣、手续费，归个人所有的，依照本法第一百六十三条的规定定罪处罚。

国有金融机构工作人员和国有金融机构委派到非国有金融机构从事公务的人员有前款行为的，依照本法第三百八十五条、第三百八十六条的规定定罪处罚。

第一百八十五条 商业银行、证券交易所、期货交易所、证券公司、期货经纪公司、保险公司或者其他金融机构的工作人员利用职务上的便利，挪用本单位或者客户资金的，依照本法第二百七十二条的规定定罪处罚。

国有商业银行、证券交易所、期货交易所、证券公司、期货经纪公司、保险公司或者其他国有金融机构的工作人员和国有商业银行、证券交易所、期货交易所、证券公司、期货经纪公司、保险公司或者其他国有金融机构委派到前款规定中的非国有机构从事公务的人员有前款行为的，依照本法第三百八十四条的规定定罪处罚。

第一百八十五条之一 商业银行、证券交易所、期货交易所、证券公司、期货经纪公司、保险公司或者其他金融机构，违背受托义务，擅自运用客户资金或者其他委托、信托的财产，情节严重的，对单位判处罚金，并对其直接负责的主管人员和其他直接责任人员，处三年以下有期徒刑或者拘役，并处三万元以上三十万元以下罚金；情节特别严重的，处三年以上十年以下有期徒刑，并处五万元以上五十万元以下罚金。

社会保障基金管理机构、住房公积金管理机构等公众资金管理机构，以及保险公司、保险资产管理公司、证券投资基金管理公司，违反国家规定运用资金的，对其直接负责的主管人员和其他直接责任人员，依照前款的规定处罚。

第一百八十六条 银行或者其他金融机构的工作人员违反国家规定发放贷款，数额巨大或者造成重大损失的，处五年以下有期徒刑或者拘役，并处一万元以上十万元以下罚金；数额特别巨大或者造成特别重大损失的，处五年以上有期徒刑，并处二万元以上二十万元以下罚金。

银行或者其他金融机构的工作人员违反国家规定，向关系人发放贷款的，依照前款的规定从重处罚。

单位犯前两款罪的，对单位判处罚金，并对其直接负责的主管人员和其他直接责任人员，依照前两款的规定处罚。

关系人的范围，依照《中华人民共和国商业银行法》和有关金融法规确定。

第一百八十七条 银行或者其他金融机构的工作人员吸收客户资金不入帐，数额巨大或者造成重大损失的，处五年以下有期徒刑或者拘役，并处二万元以上二十万元以下罚金；数额特别巨大或者造成特别重大损失的，处五年以上有期徒刑，并处五万元以上五十万元以下罚金。

单位犯前款罪的，对单位判处罚金，并对其直接负责的主管人员和其他直接责任人员，依照前款的规定处罚。

第一百八十八条 银行或者其他金融机构的工作人员违反规定，为他人出具信用证或者其他保函、票据、存单、资信证明，情节严重的，处五年以下有期徒刑或者拘役；情节特别严重的，处五年以上有期徒刑。

单位犯前款罪的，对单位判处罚金，并对其直接负责的主管人员和其他直接责任人员，依照前款的规定处罚。

第一百八十九条 银行或者其他金融机构的工作人员在票据业务中，对违反票据法规定的票据予以承兑、付款或者保证，造成重大损失的，处五年以下有期徒刑或者拘役；造成特别重大损失的，处五年以上有期徒刑。

单位犯前款罪的，对单位判处罚金，并对其直接负责的主管人员和其他直接责任人员，依照前款的规定处罚。

第一百九十条 公司、企业或者其他单位，违反国家规定，擅自将外汇存放境外，或者将境内的外汇非法转移到境外，数额较大的，对单位判处逃汇数额百分之五以上百分之三十以下罚金，并对其直接负责的主管人员和其他直接责任人员，处五年以下有期徒刑或者拘役；数额巨大或者有其他严重情节的，对单位判处逃汇数额百分之五以上百分之三十以下罚金，并对其直接负责的主管人员和其他直接责任人员，处五年以上有期徒刑。

第一百九十一条 为掩饰、隐瞒毒品犯罪、黑社会性质的组织犯罪、恐怖活动犯罪、走私犯罪、贪污贿赂犯罪、破坏金融管理秩序犯罪、金融诈骗犯罪的所得及其产生的收益的来源和性质，有下列行为之一的，没收实施以上犯罪的所得及其产生的收益，处五年以下有期徒刑或者拘役，并处或者单处罚金；情节严重的，处五年以上十年以下有期徒刑，并处罚金：

（一）提供资金帐户的；

（二）将财产转换为现金、金融票据、有价证券的；

（三）通过转帐或者其他支付结算方式转移资金的；

（四）跨境转移资产的；

（五）以其他方法掩饰、隐瞒犯罪所得及其收益的来源和性质的。

单位犯前款罪的，对单位判处罚金，并对其直接负责的主管人员和其他直接责任人员，依照前款的规定处罚。

第五节 金融诈骗罪

第一百九十二条 以非法占有为目的，使用诈骗方法非法集资，数额较大的，处三年以上七年以下有期徒刑，并处罚金；数额巨大或者有其他严重情节的，处七年以上有期徒刑或者无期徒刑，并处罚金或者没收财产。

单位犯前款罪的，对单位判处罚金，并对其直接负责的主管人员和其他直接责任人员，依照前款的规定处罚。

第一百九十三条 有下列情形之一，以非法占有为目的，诈骗银行或者其他金融机构的贷款，数额较大的，处五年以下有期徒刑或者拘役，并处二万元以上二十万元以下罚金；数额巨大或者有其他严重情节的，处五年以上十年以下有期徒刑，并处五万元以上五十万元以下罚金；数额特别巨大或者有其他特别严重情节的，处十年以上有期徒刑或者无期徒刑，并处五万元以上五十万元以下罚金或者没收财产：

（一）编造引进资金、项目等虚假理由的；

（二）使用虚假的经济合同的；

（三）使用虚假的证明文件的；

（四）使用虚假的产权证明作担保或者超出抵押物价值重复担保的；

（五）以其他方法诈骗贷款的。

第一百九十四条 有下列情形之一，进行金融票据诈骗活动，数额较大的，处五年以下有期徒刑或者拘役，并处二万元以上二十万元以下罚金；数额巨大或者有其他严重情节的，处五年以上十年以下有期徒刑，并处五万元以上五十万元以下罚金；数额特别巨大或者有其他特别严重情节的，处十年以上有期徒刑或者无期徒刑，并处五万元以上五十万元以下罚金或者没收财产：

（一）明知是伪造、变造的汇票、本票、支票而使用的；

（二）明知是作废的汇票、本票、支票而使用的；

（三）冒用他人的汇票、本票、支票的；

（四）签发空头支票或者与其预留印鉴不符的支票，骗取财物的；

（五）汇票、本票的出票人签发无资金保证的汇票、本票或者在出票时作虚假记载，骗取财物的。

使用伪造、变造的委托收款凭证、汇款凭证、银行存单等其他银行结算凭证的，依照前款的规定处罚。

第一百九十五条 有下列情形之一，进行信用证诈骗活动的，处五年以下有期徒刑或者拘役，并处二万元以上二十万元以下罚金；数额巨大或者有其他严重情节的，处五年以上十年以下有期徒刑，并处五万元以上五十万元以下罚金；数额特别巨大或者有其他特别严重情节的，处十年以上有期徒刑或者无期徒刑，并处五万元以上五十万元以下罚金或者没收财产：

（一）使用伪造、变造的信用证或者附随的单据、文件的；

（二）使用作废的信用证的；

（三）骗取信用证的；

（四）以其他方法进行信用证诈骗活动的。

第一百九十六条 有下列情形之一，进行信用卡诈骗活动，数额较大的，处五年以下有期徒刑或者拘役，并处二万元以上二十万元以下罚金；数额巨大或者有其他严重情节的，处五年以上十年以下有期徒刑，并处五万元以上五十万元以下罚金；数额特别巨大或者有其他特别严重情节的，处十年以上有期徒刑或者无期徒刑，并处五万元以上五十万元以下罚金或者没收财产：

（一）使用伪造的信用卡，或者使用以虚假的身份证明骗领的信用卡的；

（二）使用作废的信用卡的；

（三）冒用他人信用卡的；

（四）恶意透支的。

前款所称恶意透支，是指持卡人以非法占有为目的，超过规定限额或者规定期限透支，并且经发卡银行催收后仍不归还的行为。

盗窃信用卡并使用的，依照本法第二百六十四条的规定定罪处罚。

第一百九十七条 使用伪造、变造的国库券或者国家发行的其他有价证券，进行诈骗活动，数额较大的，处五年以下有期徒刑或者拘役，并处二万元以上二十万元以下罚金；数额巨大或者有其他严重情节的，处五年以上十年以下有期徒刑，并处五万元以上五十万元以下罚金；数额特别巨大或者有其他特别严重情节的，处十年以上有期徒刑或者无期徒刑，并处五万元以上五十万元以下罚金或者没收财产。

第一百九十八条 有下列情形之一，进行保险诈骗活动，数额较大的，处五年以下有期徒刑或者拘役，并处一万元以上十万元以下罚金；数额巨大或者有其他严重情节的，处五年以上十年以下有期徒刑，并处二万元以上二十万元以下罚金；数额特别巨大或者有其他特别严重情节的，处十年以上有期徒刑，并处二万元以上二十万元以下罚金或者没收财产：

（一）投保人故意虚构保险标的，骗取保险金的；

（二）投保人、被保险人或者受益人对发生的保险事故编造虚假的原因或者夸大损失的程度，骗取保险金的；

（三）投保人、被保险人或者受益人编造未曾发生的保险事故，骗取保险金的；

（四）投保人、被保险人故意造成财产损失的保险事故，骗取保险金的；

（五）投保人、受益人故意造成被保险人死亡、伤残或者疾病，骗取保险金的。

有前款第四项、第五项所列行为，同时构成其他犯罪的，依照数罪并罚的规定处罚。

单位犯第一款罪的，对单位判处罚金，并对其直接负责的主管人员和其他直接责任人员，处五年以下有期徒刑或者拘役；数额巨大或者有其他严重情节的，处五年以上十年以下有期徒刑；数额特别巨大或者有其他特别严重情节的，处十年以上有期徒刑。

保险事故的鉴定人、证明人、财产评估人故意提供虚假的证明文件，为他人诈骗提供条件的，以保险诈骗的共犯论处。

第一百九十九条 （删去）

第二百条 单位犯本节第一百九十四条、第一百九十五条规定之罪的，对单位判处罚金，并对其直接负责的主管人员和其他直接责任人员，处五年以下有期徒刑或者拘役，可以并处罚金；数额巨大或者有其他严重情节的，处五年以上十年以下有期徒刑，并处罚金；数额特别巨大或者有其他特别严重情节的，处十年以上有期徒刑或者无期徒刑，并处罚金。

第六节 危害税收征管罪

第二百零一条 纳税人采取欺骗、隐瞒手段进行虚假纳税申报或者不申报，逃避缴纳税款数额较大并且占应纳税额百分之十以上的，处三年以下有期徒刑或者拘役，并处罚金；数额巨大并且占应纳税额百分之三十以上的，处三年以上七年以下有期徒刑，并处罚金。

扣缴义务人采取前款所列手段，不缴或者少缴已扣、已收税款，数额较大的，依照前款的规定处罚。

对多次实施前两款行为，未经处理的，按照累计数额计算。

有第一款行为，经税务机关依法下达追缴通知后，补缴应纳税款，缴纳滞纳金，已受行政处罚的，不予追究刑事责任；但是，五年内因逃避缴纳税款受过刑事处罚或者被税务机关给予二次以上行政处罚的除外。

第二百零二条 以暴力、威胁方法拒不缴纳税款的，处三年以下有期徒刑或者拘役，并处拒缴税款一倍以上五倍以下罚金；情节严重的，处三年以上七年以下有期徒刑，并处拒缴税款一倍以上五倍以下罚金。

第二百零三条 纳税人欠缴应纳税款，采取转移或者隐匿财产的手段，致使税务机关无法追缴欠缴的税款，数额在一万元以上不满十万元的，处三年以下有期徒刑或者拘役，并处或者单处欠缴税款一倍以上五倍以下罚金；数额在十万元以上的，处三年以上七年以下有期徒刑，并处欠缴税款一倍以上五倍以下罚金。

第二百零四条 以假报出口或者其他欺骗手段，骗取国家出口退税款，数额较大的，处五年以下有期徒刑或者拘役，并处骗取税款一倍以上五倍以下罚金；数额巨大或者有其他严重情节的，处五年以上十年以下有期徒刑，并处骗取税款一倍以上五倍以下罚金；数额特别巨大或者有其他特别严重情节的，处十年以上有期徒刑或者无期徒刑，并处骗取税款一倍以上五倍以下罚金或者没收财产。

纳税人缴纳税款后，采取前款规定的欺骗方法，骗取所缴纳的税款的，依照本法第二百零一条的规定定罪处罚；骗取税款超过所缴纳的税款部分，依照前款的规定处罚。

第二百零五条 虚开增值税专用发票或者虚开用于骗取出口退税、抵扣税款的其他发票的，处三年以下有期徒刑或者拘役，并处二万元以上二十万元以下罚金；虚开的税款数额较大或者有其他严重情节的，处三年以上十年以下有期徒刑，并处五万元以上五十万元以下罚金；虚开的税款数额巨大或者有其他特别严重情节的，处十年以上有期徒刑或者无期徒刑，并处五万元以上五十万元以下罚金或者没收财产。

单位犯本条规定之罪的，对单位判处罚金，并对其直接负责的主管人员和其他直接责任人员，处三年以下有期徒刑或者拘役；虚开的税款数额较大或者有其他严重情节的，处三年以上十年以下有期徒刑；虚开的税款数额巨大或者有其他特别严重情节的，处十年以上有期徒刑或者无期徒刑。

虚开增值税专用发票或者虚开用于骗取出口退税、抵扣税款的其他发票，是指有为他人虚开、为自己虚开、让他人为自己虚开、介绍他人虚开行为之一的。

第二百零五条之一 虚开本法第二百零五条规定以外的其他发票，情节严重的，处二年以下有期徒刑、拘役或者管制，并处罚金；情节特别严重的，处二年以上七年以下有期徒刑，并处罚金。

单位犯前款罪的，对单位判处罚金，并对其直接负责的主管人员和其他直接责任人员，依照前款的规定处罚。

第二百零六条 伪造或者出售伪造的增值税专用发票的，处三年以下有期徒刑、拘役或者管制，并处二万元以上二十万元以下罚金；数量较大或者有其他严重情节的，处三年以上十年以下有期徒刑，并处五万元以上五十万元以下罚金；数量巨大或者有其他特别严重情节的，处十年以上有期徒刑或者无期徒刑，并处五万元以上五十万元以下罚金或者没收财产。

单位犯本条规定之罪的，对单位判处罚金，并对其直接负责的主管人员和其他直接责任人员，处三年以下有期徒刑、拘役或者管制；数量较大或者有其他严重情节的，处三年以上十年以下有期徒刑；数量巨大或者有其他特别严重情节的，处十年以上有期徒刑或者无期徒刑。

第二百零七条 非法出售增值税专用发票的，处三年以下有期徒刑、拘役或者管制，并处二万元以上二十万元以下罚金；数量较大的，处三年以上十年以下有期徒刑，并处五万元以上五十万元以下罚金；数量巨大的，处十年以上有期徒刑或者无期徒刑，并处五万元以上五十万元以下罚金或者没收财产。

第二百零八条 非法购买增值税专用发票或者购买伪造的增值税专用发票的，处五年以下有期徒刑或者拘役，并处或者单处二万元以上二十万元以下罚金。

非法购买增值税专用发票或者购买伪造的增值税专用发票又虚开或者出售的，分别依照本法第二百零五条、第二百零六条、第二百零七条的规定定罪处罚。

第二百零九条 伪造、擅自制造或者出售伪造、擅自制造的可以用于骗取出口退税、抵扣税款的其他发票的，处三年以下有期徒刑、拘役或者管制，并处二万元以上二十万元以下罚金；数量巨大的，处三年以上七年以下有期徒刑，并处五万元以上五十万元以下罚金；数量特别巨大的，处七年以上有期徒刑，并处五万元以上五十万元以下罚金或者没收财产。

伪造、擅自制造或者出售伪造、擅自制造的前款规定以外的其他发票的，处二年以下有期徒刑、拘役或者管制，并处或者单处一万元以上五万元以下罚金；情节严重的，处二年以上七年以下有期徒刑，并处五万元以上五十万元以下罚金。

非法出售可以用于骗取出口退税、抵扣税款的其他发票的，依照第一款的规定处罚。

非法出售第三款规定以外的其他发票的，依照第二款的规定处罚。

第二百一十条 盗窃增值税专用发票或者可以用于骗取出口退税、抵扣税款的其他发票的，依照本法第二百六十四条的规定定罪处罚。

使用欺骗手段骗取增值税专用发票或者可以用于骗取出口退税、抵扣税款的其他发票的，依照本法第二百六十六条的规定定罪处罚。

第二百一十条之一 明知是伪造的发票而持有，数量较大的，处二年以下有期徒刑、拘役或者管制，并处罚金；数量巨大的，处二年以上七年以下有期徒刑，并处罚金。

单位犯前款罪的，对单位判处罚金，并对其直接负责的主管人员和其他直接责任人员，依照前款的规定处罚。

第二百一十一条 单位犯本节第二百零一条、第二百零三条、第二百零四条、第二百零七条、第二百零八条、第二百零九条规定之罪的，对单位判处罚金，并对其直接负责的主管人员和其他直接责任人员，依照各该条的规定处罚。

第二百一十二条 犯本节第二百零一条至第二百零五条规定之罪，被判处罚金、没收财产的，在执行前，应当先由税务机关追缴税款和所骗取的出口退税款。

第七节 侵犯知识产权罪

第二百一十三条 未经注册商标所有人许可，在同一种商品、服务上使用与其注册商标相同的商标，情节严重的，处三年以下有期徒刑，并处或者单处罚金；情节特别严重的，处三年以上十年以下有期徒刑，并处罚金。

第二百一十四条 销售明知是假冒注册商标的商品，违法所得数额较大或者有其他严重情节的，处三年以下有期徒刑，并处或者单处罚金；违法所得数额巨大或者有其他特别严重情节的，处三年以上十年以下有期徒刑，并处罚金。

第二百一十五条 伪造、擅自制造他人注册商标标识或者销售伪造、擅自制造的注册商标标识，情节严重的，处三年以下有期徒刑，并处或者单处罚金；情节特别严重的，处三年以上十年以下有期徒刑，并处罚金。

第二百一十六条 假冒他人专利，情节严重的，处三年以下有期徒刑或者拘役，并处或者单处罚金。

第二百一十七条 以营利为目的，有下列侵犯著作权或者与著作权有关的权利的情形之一，违法所得数额较大或者有其他严重情节的，处三年以下有期徒刑，并处或者单处罚金；违法所得数额巨大或者有其他特别严重情节的，处三年以上十年以下有期徒刑，并处罚金：

（一）未经著作权人许可，复制发行、通过信息网络向公众传播其文字作品、音乐、美术、视听作品、计算机软件及法律、行政法规规定的其他作品的；

（二）出版他人享有专有出版权的图书的；

（三）未经录音录像制作者许可，复制发行、通过信息网络向公众传播其制作的录音录像的；

（四）未经表演者许可，复制发行录有其表演的录音录像制品，或者通过信息网络向公众传播其表演的；

（五）制作、出售假冒他人署名的美术作品的；

（六）未经著作权人或者与著作权有关的权利人许可，故意避开或者破坏权利人为其作品、录音录像制品等采取的保护著作权或者与著作权有关的权利的技术措施的。

第二百一十八条 以营利为目的，销售明知是本法第二百一十七条规定的侵权复制品，违法所得数额巨大或者有其他严重情节的，处五年以下有期徒刑，并处或者单处罚金。

第二百一十九条 有下列侵犯商业秘密行为之一，情节严重的，处三年以下有期徒刑，并处或者单处罚金；情节特别严重的，处三年以上十年以下有期徒刑，并处罚金：

（一）以盗窃、贿赂、欺诈、胁迫、电子侵入或者其他不正当手段获取权利人的商业秘密的；

（二）披露、使用或者允许他人使用以前项手段获取的权利人的商业秘密的；

（三）违反保密义务或者违反权利人有关保守商业秘密的要求，披露、使用或者允许他人使用其所掌握的商业秘密的。

明知前款所列行为，获取、披露、使用或者允许他人使用该商业秘密的，以侵犯商业秘密论。

本条所称权利人，是指商业秘密的所有人和经商业秘密所有人许可的商业秘密使用人。

第二百一十九条之一 为境外的机构、组织、人员窃取、刺探、收买、非法提供商业秘密的，处五年以下有期徒刑，并处或者单处罚金；情节严重的，处五年以上有期徒刑，并处罚金。

第二百二十条 单位犯本节第二百一十三条至第二百一十九条之一规定之罪的，对单位判处罚金，并对其直接负责的主管人员和其他直接责任人员，依照本节各该条的规定处罚。

第八节 扰乱市场秩序罪

第二百二十一条 捏造并散布虚伪事实，损害他人的商业信誉、商品声誉，给他人造成重大损失或者有其他严重情节的，处二年以下有期徒刑或者拘役，并处或者单处罚金。

第二百二十二条 广告主、广告经营者、广告发布者违反国家规定，利用广告对商品或者服务作虚假宣传，情节严重的，处二年以下有期徒刑或者拘役，并处或者单处罚金。

第二百二十三条 投标人相互串通投标报价，损害招标人或者其他投标人利益，情节严重的，处三年以下有期徒刑或者拘役，并处或者单处罚金。

投标人与招标人串通投标，损害国家、集体、公民的合法利益的，依照前款的规定处罚。

第二百二十四条 有下列情形之一，以非法占有为目的，在签订、履行合同过程中，骗取对方当事人财物，数额较大的，处三年以下有期徒刑或者拘役，并处或者单处罚金；数额巨大或者有其他严重情节的，处三年以上十年以下有期徒刑，并处罚金；数额特别巨大或者有其他特别严重情节的，处十年以上有期徒刑或者无期徒刑，并处罚金或者没收财产：

（一）以虚构的单位或者冒用他人名义签订合同的；

（二）以伪造、变造、作废的票据或者其他虚假的产权证明作担保的；

（三）没有实际履行能力，以先履行小额合同或者部分履行合同的方法，诱骗对方当事人继续签订和履行合同的；

（四）收受对方当事人给付的货物、货款、预付款或者担保财产后逃匿的；

（五）以其他方法骗取对方当事人财物的。

第二百二十四条之一 组织、领导以推销商品、提供服务等经营活动为名，要求参加者以缴纳费用或者购买商品、服务等方式获得加入资格，并按照一定顺序组成层级，直接或者间接以发展人员的数量作为计酬或者返利依据，引诱、胁迫参加者继续发展他人参加，骗取财物，扰乱经济社会秩序的传销活动的，处五年以下有期徒刑或者拘役，并处罚金；情节严重的，处五年以上有期徒刑，并处罚金。

第二百二十五条 违反国家规定，有下列非法经营行为之一，扰乱市场秩序，情节严重的，处五年以下有期徒刑或者拘役，并处或者单处违法所得一倍以上五倍以下罚金；情节特别严重的，处五年以上有期徒刑，并处违法所得一倍以上五倍以下罚金或者没收财产：

（一）未经许可经营法律、行政法规规定的专营、专卖物品或者其他限制买卖的物品的；

（二）买卖进出口许可证、进出口原产地证明以及其他法律、行政法规规定的经营许可证或者批准文件的；

（三）未经国家有关主管部门批准非法经营证券、期货、保险业务的，或者非法从事资金支付结算业务的；

（四）其他严重扰乱市场秩序的非法经营行为。

第二百二十六条 以暴力、威胁手段，实施下列行为之一，情节严重的，处三年以下有期徒刑或者拘役，并处或者单处罚金；情节特别严重的，处三年以上七年以下有期徒刑，并处罚金：

（一）强买强卖商品的；

（二）强迫他人提供或者接受服务的；

（三）强迫他人参与或者退出投标、拍卖的；

（四）强迫他人转让或者收购公司、企业的股份、债券或者其他资产的；

（五）强迫他人参与或者退出特定的经营活动的。

第二百二十七条 伪造或者倒卖伪造的车票、船票、邮票或者其他有价票证，数额较大的，处二年以下有期徒刑、拘役或者管制，并处或者单处票证价额一倍以上五倍以下罚金；数额巨大的，处二年以上七年以下有期徒刑，并处票证价额一倍以上五倍以下罚金。

倒卖车票、船票，情节严重的，处三年以下有期徒刑、拘役或者管制，并处或者单处票证价额一倍以上五倍以下罚金。

第二百二十八条 以牟利为目的，违反土地管理法规，非法转让、倒卖土地使用权，情节严重的，处三年以下有期徒刑或者拘役，并处或者单处非法转让、倒卖土地使用权价额百分之五以上百分之二十以下罚金；情节特别严重的，处三年以上七年以下有期徒刑，并处非法转让、倒卖土地使用权价额百分之五以上百分之二十以下罚金。

第二百二十九条 承担资产评估、验资、验证、会计、审计、法律服务、保荐、安全评价、环境影响评价、环境监测等职责的中介组织的人员故意提供虚假证明文件，情节严重的，处五年以下有期徒刑或者拘役，并处罚金；有下列情形之一的，处五年以上十年以下有期徒刑，并处罚金：

（一）提供与证券发行相关的虚假的资产评估、会计、审计、法律服务、保荐等证明文件，情节特别严重的；

（二）提供与重大资产交易相关的虚假的资产评估、会计、审计等证明文件，情节特别严重的；

（三）在涉及公共安全的重大工程、项目中提供虚假的安全评价、环境影响评价等证明文件，致使公共财产、国家和人民利益遭受特别重大损失的。

有前款行为，同时索取他人财物或者非法收受他人财物构成犯罪的，依照处罚较重的规定定罪处罚。

第一款规定的人员，严重不负责任，出具的证明文件有重大失实，造成严重后果的，处三年以下有期徒刑或者拘役，并处或者单处罚金。

第二百三十条 违反进出口商品检验法的规定，逃避商品检验，将必须经商检机构检验的进口商品未报经检验而擅自销售、使用，或者将必须经商检机构检验的出口商品未报经检验合格而擅自出口，情节严重的，处三年以下有期徒刑或者拘役，并处或者单处罚金。

第二百三十一条 单位犯本节第二百二十一条至第二百三十条规定之罪的，对单位判处罚金，并对其直接负责的主管人员和其他直接责任人员，依照本节各该条的规定处罚。

第四章　侵犯公民人身权利、民主权利罪

第二百三十二条　故意杀人的，处死刑、无期徒刑或者十年以上有期徒刑；情节较轻的，处三年以上十年以下有期徒刑。

第二百三十三条　过失致人死亡的，处三年以上七年以下有期徒刑；情节较轻的，处三年以下有期徒刑。本法另有规定的，依照规定。

第二百三十四条　故意伤害他人身体的，处三年以下有期徒刑、拘役或者管制。

犯前款罪，致人重伤的，处三年以上十年以下有期徒刑；致人死亡或者以特别残忍手段致人重伤造成严重残疾的，处十年以上有期徒刑、无期徒刑或者死刑。本法另有规定的，依照规定。

第二百三十四条之一　组织他人出卖人体器官的，处五年以下有期徒刑，并处罚金；情节严重的，处五年以上有期徒刑，并处罚金或者没收财产。

未经本人同意摘取其器官，或者摘取不满十八周岁的人的器官，或者强迫、欺骗他人捐献器官的，依照本法第二百三十四条、第二百三十二条的规定定罪处罚。

违背本人生前意愿摘取其尸体器官，或者本人生前未表示同意，违反国家规定，违背其近亲属意愿摘取其尸体器官的，依照本法第三百零二条的规定定罪处罚。

第二百三十五条　过失伤害他人致人重伤的，处三年以下有期徒刑或者拘役。本法另有规定的，依照规定。

第二百三十六条　以暴力、胁迫或者其他手段强奸妇女的，处三年以上十年以下有期徒刑。

奸淫不满十四周岁的幼女的，以强奸论，从重处罚。

强奸妇女、奸淫幼女，有下列情形之一的，处十年以上有期徒刑、无期徒刑或者死刑：

（一）强奸妇女、奸淫幼女情节恶劣的；

（二）强奸妇女、奸淫幼女多人的；

（三）在公共场所当众强奸妇女、奸淫幼女的；

（四）二人以上轮奸的；

（五）奸淫不满十周岁的幼女或者造成幼女伤害的；

（六）致使被害人重伤、死亡或者造成其他严重后果的。

第二百三十六条之一 对已满十四周岁不满十六周岁的未成年女性负有监护、收养、看护、教育、医疗等特殊职责的人员，与该未成年女性发生性关系的，处三年以下有期徒刑；情节恶劣的，处三年以上十年以下有期徒刑。

有前款行为，同时又构成本法第二百三十六条规定之罪的，依照处罚较重的规定定罪处罚。

第二百三十七条 以暴力、胁迫或者其他方法强制猥亵他人或者侮辱妇女的，处五年以下有期徒刑或者拘役。

聚众或者在公共场所当众犯前款罪的，或者有其他恶劣情节的，处五年以上有期徒刑。

猥亵儿童的，处五年以下有期徒刑；有下列情形之一的，处五年以上有期徒刑：

（一）猥亵儿童多人或者多次的；

（二）聚众猥亵儿童的，或者在公共场所当众猥亵儿童，情节恶劣的；

（三）造成儿童伤害或者其他严重后果的；

（四）猥亵手段恶劣或者有其他恶劣情节的。

第二百三十八条 非法拘禁他人或者以其他方法非法剥夺他人人身自由的，处三年以下有期徒刑、拘役、管制或者剥夺政治权利。具有殴打、侮辱情节的，从重处罚。

犯前款罪，致人重伤的，处三年以上十年以下有期徒刑；致人死亡的，处十年以上有期徒刑。使用暴力致人伤残、死亡的，依照本法第二百三十四条、第二百三十二条的规定定罪处罚。

为索取债务非法扣押、拘禁他人的，依照前两款的规定处罚。

国家机关工作人员利用职权犯前三款罪的，依照前三款的规定从重处罚。

第二百三十九条 以勒索财物为目的绑架他人的，或者绑架他人作为人质的，处十年以上有期徒刑或者无期徒刑，并处罚金或者没收财产；情节较轻的，处五年以上十年以下有期徒刑，并处罚金。

犯前款罪，杀害被绑架人的，或者故意伤害被绑架人，致人重伤、死亡的，处无期徒刑或者死刑，并处没收财产。

以勒索财物为目的偷盗婴幼儿的，依照前两款的规定处罚。

第二百四十条 拐卖妇女、儿童的，处五年以上十年以下有期徒刑，并处罚金；有下列情形之一的，处十年以上有期徒刑或者无期徒刑，并处罚金或者没收财产；情节特别严重的，处死刑，并处没收财产：

（一）拐卖妇女、儿童集团的首要分子；

（二）拐卖妇女、儿童三人以上的；

（三）奸淫被拐卖的妇女的；

（四）诱骗、强迫被拐卖的妇女卖淫或者将被拐卖的妇女卖给他人迫使其卖淫的；

（五）以出卖为目的，使用暴力、胁迫或者麻醉方法绑架妇女、儿童的；

（六）以出卖为目的，偷盗婴幼儿的；

（七）造成被拐卖的妇女、儿童或者其亲属重伤、死亡或者其他严重后果的；

（八）将妇女、儿童卖往境外的。

拐卖妇女、儿童是指以出卖为目的，有拐骗、绑架、收买、贩卖、接送、中转妇女、儿童的行为之一的。

第二百四十一条 收买被拐卖的妇女、儿童的，处三年以下有期徒刑、拘役或者管制。

收买被拐卖的妇女，强行与其发生性关系的，依照本法第二百三十六条的规定定罪处罚。

收买被拐卖的妇女、儿童，非法剥夺、限制其人身自由或者有伤害、侮辱等犯罪行为的，依照本法的有关规定定罪处罚。

收买被拐卖的妇女、儿童，并有第二款、第三款规定的犯罪行为的，依照数罪并罚的规定处罚。

收买被拐卖的妇女、儿童又出卖的，依照本法第二百四十条的规定定罪处罚。

收买被拐卖的妇女、儿童，对被买儿童没有虐待行为，不阻碍对其进行解救的，可以从轻处罚；按照被买妇女的意愿，不阻碍其返回原居住地的，可以从轻或者减轻处罚。

第二百四十二条 以暴力、威胁方法阻碍国家机关工作人员解救被收买的妇女、儿童的，依照本法第二百七十七条的规定定罪处罚。

聚众阻碍国家机关工作人员解救被收买的妇女、儿童的首要分子，处五年以下有期徒刑或者拘役；其他参与者使用暴力、威胁方法的，依照前款的规定处罚。

第二百四十三条 捏造事实诬告陷害他人，意图使他人受刑事追究，情节严重的，处三年以下有期徒刑、拘役或者管制；造成严重后果的，处三年以上十年以下有期徒刑。

国家机关工作人员犯前款罪的，从重处罚。

不是有意诬陷，而是错告，或者检举失实的，不适用前两款的规定。

第二百四十四条 以暴力、威胁或者限制人身自由的方法强迫他人劳动的，处三年以下有期徒刑或者拘役，并处罚金；情节严重的，处三年以上十年以下有期徒刑，并处罚金。

明知他人实施前款行为，为其招募、运送人员或者有其他协助强迫他人劳动行为的，依照前款的规定处罚。

单位犯前两款罪的，对单位判处罚金，并对其直接负责的主管人员和其他直接责任人员，依照第一款的规定处罚。

第二百四十四条之一 违反劳动管理法规，雇用未满十六周岁的未成年人从事超强度体力劳动的，或者从事高空、井下作业的，或者在爆炸性、易燃性、放射性、毒害性等危险环境下从事劳动，情节严重的，对直接责任人员，处三年以下有期徒刑或者拘役，并处罚金；情节特别严重的，处三年以上七年以下有期徒刑，并处罚金。

有前款行为，造成事故，又构成其他犯罪的，依照数罪并罚的规定处罚。

第二百四十五条 非法搜查他人身体、住宅，或者非法侵入他人住宅的，处三年以下有期徒刑或者拘役。

司法工作人员滥用职权，犯前款罪的，从重处罚。

第二百四十六条 以暴力或者其他方法公然侮辱他人或者捏造事实诽谤他人，情节严重的，处三年以下有期徒刑、拘役、管制或者剥夺政治权利。

前款罪，告诉的才处理，但是严重危害社会秩序和国家利益的除外。

通过信息网络实施第一款规定的行为，被害人向人民法院告诉，但提供证据确有困难的，人民法院可以要求公安机关提供协助。

第二百四十七条 司法工作人员对犯罪嫌疑人、被告人实行刑讯逼供或者使用暴力逼取证人证言的，处三年以下有期徒刑或者拘役。致人伤残、死亡的，依照本法第二百三十四条、第二百三十二条的规定定罪从重处罚。

第二百四十八条 监狱、拘留所、看守所等监管机构的监管人员对被监管人进行殴打或者体罚虐待，情节严重的，处三年以下有期徒刑或者拘役；情节特别严重的，处三年以上十年以下有期徒刑。致人伤残、死亡的，依照本法第二百三十四条、第二百三十二条的规定定罪从重处罚。

监管人员指使被监管人殴打或者体罚虐待其他被监管人的，依照前款的规定处罚。

第二百四十九条 煽动民族仇恨、民族歧视，情节严重的，处三年以下有期徒刑、拘役、管制或者剥夺政治权利；情节特别严重的，处三年以上十年以下有期徒刑。

第二百五十条 在出版物中刊载歧视、侮辱少数民族的内容，情节恶劣，造成严重后果的，对直接责任人员，处三年以下有期徒刑、拘役或者管制。

第二百五十一条 国家机关工作人员非法剥夺公民的宗教信仰自由和侵犯少数民族风俗习惯，情节严重的，处二年以下有期徒刑或者拘役。

第二百五十二条 隐匿、毁弃或者非法开拆他人信件，侵犯公民通信自由权利，情节严重的，处一年以下有期徒刑或者拘役。

第二百五十三条 邮政工作人员私自开拆或者隐匿、毁弃邮件、电报的，处二年以下有期徒刑或者拘役。

犯前款罪而窃取财物的，依照本法第二百六十四条的规定定罪从重处罚。

第二百五十三条之一 违反国家有关规定，向他人出售或者提供公民个人信息，情节严重的，处三年以下有期徒刑或者拘役，并处或者单处罚金；情节特别严重的，处三年以上七年以下有期徒刑，并处罚金。

违反国家有关规定，将在履行职责或者提供服务过程中获得的公民个人信息，出售或者提供给他人的，依照前款的规定从重处罚。

窃取或者以其他方法非法获取公民个人信息的，依照第一款的规定处罚。

单位犯前三款罪的，对单位判处罚金，并对其直接负责的主管人员和其他直接责任人员，依照各该款的规定处罚。

第二百五十四条 国家机关工作人员滥用职权、假公济私，对控告人、申诉人、批评人、举报人实行报复陷害的，处二年以下有期徒刑或者拘役；情节严重的，处二年以上七年以下有期徒刑。

第二百五十五条 公司、企业、事业单位、机关、团体的领导人，对依法履行职责、抵制违反会计法、统计法行为的会计、统计人员实行打击报复，情节恶劣的，处三年以下有期徒刑或者拘役。

第二百五十六条 在选举各级人民代表大会代表和国家机关领导人员时，以暴力、威胁、欺骗、贿赂、伪造选举文件、虚报选举票数等手段破坏选举或者妨害选民和代表自由行使选举权和被选举权，情节严重的，处三年以下有期徒刑、拘役或者剥夺政治权利。

第二百五十七条 以暴力干涉他人婚姻自由的，处二年以下有期徒刑或者拘役。

犯前款罪，致使被害人死亡的，处二年以上七年以下有期徒刑。

第一款罪，告诉的才处理。

第二百五十八条 有配偶而重婚的，或者明知他人有配偶而与之结婚的，处二年以下有期徒刑或者拘役。

第二百五十九条 明知是现役军人的配偶而与之同居或者结婚的，处三年以下有期徒刑或者拘役。

利用职权、从属关系，以胁迫手段奸淫现役军人的妻子的，依照本法第二百三十六条的规定定罪处罚。

第二百六十条 虐待家庭成员，情节恶劣的，处二年以下有期徒刑、拘役或者管制。

犯前款罪，致使被害人重伤、死亡的，处二年以上七年以下有期徒刑。

第一款罪，告诉的才处理，但被害人没有能力告诉，或者因受到强制、威吓无法告诉的除外。

第二百六十条之一 对未成年人、老年人、患病的人、残疾人等负有监护、看护职责的人虐待被监护、看护的人，情节恶劣的，处三年以下有期徒刑或者拘役。

单位犯前款罪的，对单位判处罚金，并对其直接负责的主管人员和其他直接责任人员，依照前款的规定处罚。

有第一款行为，同时构成其他犯罪的，依照处罚较重的规定定罪处罚。

第二百六十一条 对于年老、年幼、患病或者其他没有独立生活能力的人，负有扶养义务而拒绝扶养，情节恶劣的，处五年以下有期徒刑、拘役或者管制。

第二百六十二条 拐骗不满十四周岁的未成年人，脱离家庭或者监护人的，处五年以下有期徒刑或者拘役。

第二百六十二条之一 以暴力、胁迫手段组织残疾人或者不满十四周岁的未成年人乞讨的，处三年以下有期徒刑或者拘役，并处罚金；情节严重的，处三年以上七年以下有期徒刑，并处罚金。

第二百六十二条之二 组织未成年人进行盗窃、诈骗、抢夺、敲诈勒索等违反治安管理活动的，处三年以下有期徒刑或者拘役，并处罚金；情节严重的，处三年以上七年以下有期徒刑，并处罚金。

第五章　侵犯财产罪

第二百六十三条 以暴力、胁迫或者其他方法抢劫公私财物的，处三年以上十年以下有期徒刑，并处罚金；有下列情形之一的，处十年以上有期徒刑、无期徒刑或者死刑，并处罚金或者没收财产：

（一）入户抢劫的；

（二）在公共交通工具上抢劫的；

（三）抢劫银行或者其他金融机构的；

（四）多次抢劫或者抢劫数额巨大的；

（五）抢劫致人重伤、死亡的；

（六）冒充军警人员抢劫的；

（七）持枪抢劫的；

（八）抢劫军用物资或者抢险、救灾、救济物资的。

第二百六十四条 盗窃公私财物，数额较大的，或者多次盗窃、入户盗窃、携带凶器盗窃、扒窃的，处三年以下有期徒刑、拘役或者管制，并处或者单处罚金；数额巨大或者有其他严重情节的，处三年以上十年以下有期徒刑，并处罚金；数额特别巨大或者有其他特别严重情节的，处十年以上有期徒刑或者无期徒刑，并处罚金或者没收财产。

第二百六十五条 以牟利为目的，盗接他人通信线路、复制他人电信码号或者明知是盗接、复制的电信设备、设施而使用的，依照本法第二百六十四条的规定定罪处罚。

第二百六十六条 诈骗公私财物，数额较大的，处三年以下有期徒刑、拘役或者管制，并处或者单处罚金；数额巨大或者有其他严重情节的，处三年以上十年以下有期徒刑，并处罚金；数额特别巨大或者有其他特别严重情节的，处十年以上有期徒刑或者无期徒刑，并处罚金或者没收财产。本法另有规定的，依照规定。

第二百六十七条 抢夺公私财物，数额较大的，或者多次抢夺的，处三年以下有期徒刑、拘役或者管制，并处或者单处罚金；数额巨大或者有其他严重情节的，处三年以上十年以下有期徒刑，并处罚金；数额特别巨大或者有其他特别严重情节的，处十年以上有期徒刑或者无期徒刑，并处罚金或者没收财产。

携带凶器抢夺的，依照本法第二百六十三条的规定定罪处罚。

第二百六十八条 聚众哄抢公私财物，数额较大或者有其他严重情节的，对首要分子和积极参加的，处三年以下有期徒刑、拘役或者管制，并处罚金；数额巨大或者有其他特别严重情节的，处三年以上十年以下有期徒刑，并处罚金。

第二百六十九条 犯盗窃、诈骗、抢夺罪，为窝藏赃物、抗拒抓捕或者毁灭罪证而当场使用暴力或者以暴力相威胁的，依照本法第二百六十三条的规定定罪处罚。

第二百七十条 将代为保管的他人财物非法占为己有，数额较大，拒不退还的，处二年以下有期徒刑、拘役或者罚金；数额巨大或者有其他严重情节的，处二年以上五年以下有期徒刑，并处罚金。

将他人的遗忘物或者埋藏物非法占为己有，数额较大，拒不交出的，依照前款的规定处罚。

本条罪，告诉的才处理。

第二百七十一条 公司、企业或者其他单位的工作人员，利用职务上的便利，将本单位财物非法占为己有，数额较大的，处三年以下有期徒刑或者拘役，并处罚金；数额巨大的，处三年以上十年以下有期徒刑，并处罚金；数额特别巨大的，处十年以上有期徒刑或者无期徒刑，并处罚金。

国有公司、企业或者其他国有单位中从事公务的人员和国有公司、企业或者其他国有单位委派到非国有公司、企业以及其他单位从事公务的人员有前款行为的，依照本法第三百八十二条、第三百八十三条的规定定罪处罚。

第二百七十二条 公司、企业或者其他单位的工作人员，利用职务上的便利，挪用本单位资金归个人使用或者借贷给他人，数额较大、超过三个月未还的，或者虽未超过三个月，但数额较大、进行营利活动的，或者进行非法活动的，处三年以下有期徒刑或者拘役；挪用本单位资金数额巨大的，处三年以上七年以下有期徒刑；数额特别巨大的，处七年以上有期徒刑。

国有公司、企业或者其他国有单位中从事公务的人员和国有公司、企业或者其他国有单位委派到非国有公司、企业以及其他单位从事公务的人员有前款行为的，依照本法第三百八十四条的规定定罪处罚。

有第一款行为，在提起公诉前将挪用的资金退还的，可以从轻或者减轻处罚。其中，犯罪较轻的，可以减轻或者免除处罚。

第二百七十三条 挪用用于救灾、抢险、防汛、优抚、扶贫、移民、救济款物，情节严重，致使国家和人民群众利益遭受重大损害的，对直接责任人员，处三年以下有期徒刑或者拘役；情节特别严重的，处三年以上七年以下有期徒刑。

第二百七十四条 敲诈勒索公私财物，数额较大或者多次敲诈勒索的，处三年以下有期徒刑、拘役或者管制，并处或者单处罚金；数额巨大或者有其他严重情节的，处三年以上十年以下有期徒刑，并处罚金；数额特别巨大或者有其他特别严重情节的，处十年以上有期徒刑，并处罚金。

第二百七十五条 故意毁坏公私财物，数额较大或者有其他严重情节的，处三年以下有期徒刑、拘役或者罚金；数额巨大或者有其他特别严重情节的，处三年以上七年以下有期徒刑。

第二百七十六条 由于泄愤报复或者其他个人目的，毁坏机器设备、残害耕畜或者以其他方法破坏生产经营的，处三年以下有期徒刑、拘役或者管制；情节严重的，处三年以上七年以下有期徒刑。

第二百七十六条之一 以转移财产、逃匿等方法逃避支付劳动者的劳动报酬或者有能力支付而不支付劳动者的劳动报酬，数额较大，经政府有关部门责令支付仍不支付的，处三年以下有期徒刑或者拘役，并处或者单处罚金；造成严重后果的，处三年以上七年以下有期徒刑，并处罚金。

单位犯前款罪的，对单位判处罚金，并对其直接负责的主管人员和其他直接责任人员，依照前款的规定处罚。

有前两款行为，尚未造成严重后果，在提起公诉前支付劳动者的劳动报酬，并依法承担相应赔偿责任的，可以减轻或者免除处罚。

第六章 妨害社会管理秩序罪

第一节 扰乱公共秩序罪

第二百七十七条 以暴力、威胁方法阻碍国家机关工作人员依法执行职务的，处三年以下有期徒刑、拘役、管制或者罚金。

以暴力、威胁方法阻碍全国人民代表大会和地方各级人民代表大会代表依法执行代表职务的，依照前款的规定处罚。

在自然灾害和突发事件中，以暴力、威胁方法阻碍红十字会工作人员依法履行职责的，依照第一款的规定处罚。

故意阻碍国家安全机关、公安机关依法执行国家安全工作任务，未使用暴力、威胁方法，造成严重后果的，依照第一款的规定处罚。

暴力袭击正在依法执行职务的人民警察的，处三年以下有期徒刑、拘役或者管制；使用枪支、管制刀具，或者以驾驶机动车撞击等手段，严重危及其人身安全的，处三年以上七年以下有期徒刑。

第二百七十八条 煽动群众暴力抗拒国家法律、行政法规实施的，处三年以下有期徒刑、拘役、管制或者剥夺政治权利；造成严重后果的，处三年以上七年以下有期徒刑。

第二百七十九条 冒充国家机关工作人员招摇撞骗的，处三年以下有期徒刑、拘役、管制或者剥夺政治权利；情节严重的，处三年以上十年以下有期徒刑。

冒充人民警察招摇撞骗的，依照前款的规定从重处罚。

第二百八十条 伪造、变造、买卖或者盗窃、抢夺、毁灭国家机关的公文、证件、印章的，处三年以下有期徒刑、拘役、管制或者剥夺政治权利，并处罚金；情节严重的，处三年以上十年以下有期徒刑，并处罚金。

伪造公司、企业、事业单位、人民团体的印章的，处三年以下有期徒刑、拘役、管制或者剥夺政治权利，并处罚金。

伪造、变造、买卖居民身份证、护照、社会保障卡、驾驶证等依法可以用于证明身份的证件的，处三年以下有期徒刑、拘役、管制或者剥夺政治权利，并处罚金；情节严重的，处三年以上七年以下有期徒刑，并处罚金。

第二百八十条之一 在依照国家规定应当提供身份证明的活动中，使用伪造、变造的或者盗用他人的居民身份证、护照、社会保障卡、驾驶证等依法可以用于证明身份的证件，情节严重的，处拘役或者管制，并处或者单处罚金。

有前款行为，同时构成其他犯罪的，依照处罚较重的规定定罪处罚。

第二百八十条之二 盗用、冒用他人身份，顶替他人取得的高等学历教育入学资格、公务员录用资格、就业安置待遇的，处三年以下有期徒刑、拘役或者管制，并处罚金。

组织、指使他人实施前款行为的，依照前款的规定从重处罚。

国家工作人员有前两款行为，又构成其他犯罪的，依照数罪并罚的规定处罚。

第二百八十一条　非法生产、买卖人民警察制式服装、车辆号牌等专用标志、警械，情节严重的，处三年以下有期徒刑、拘役或者管制，并处或者单处罚金。

单位犯前款罪的，对单位判处罚金，并对其直接负责的主管人员和其他直接责任人员，依照前款的规定处罚。

第二百八十二条　以窃取、刺探、收买方法，非法获取国家秘密的，处三年以下有期徒刑、拘役、管制或者剥夺政治权利；情节严重的，处三年以上七年以下有期徒刑。

非法持有属于国家绝密、机密的文件、资料或者其他物品，拒不说明来源与用途的，处三年以下有期徒刑、拘役或者管制。

第二百八十三条　非法生产、销售专用间谍器材或者窃听、窃照专用器材的，处三年以下有期徒刑、拘役或者管制，并处或者单处罚金；情节严重的，处三年以上七年以下有期徒刑，并处罚金。

单位犯前款罪的，对单位判处罚金，并对其直接负责的主管人员和其他直接责任人员，依照前款的规定处罚。

第二百八十四条　非法使用窃听、窃照专用器材，造成严重后果的，处二年以下有期徒刑、拘役或者管制。

第二百八十四条之一　在法律规定的国家考试中，组织作弊的，处三年以下有期徒刑或者拘役，并处或者单处罚金；情节严重的，处三年以上七年以下有期徒刑，并处罚金。

为他人实施前款犯罪提供作弊器材或者其他帮助的，依照前款的规定处罚。

为实施考试作弊行为，向他人非法出售或者提供第一款规定的考试的试题、答案的，依照第一款的规定处罚。

代替他人或者让他人代替自己参加第一款规定的考试的，处拘役或者管制，并处或者单处罚金。

第二百八十五条　违反国家规定，侵入国家事务、国防建设、尖端科学技术领域的计算机信息系统的，处三年以下有期徒刑或者拘役。

违反国家规定，侵入前款规定以外的计算机信息系统或者采用其他技术手段，获取该计算机信息系统中存储、处理或者传输的数据，或者对该计算机信息系统实施非法控制，情节严重的，处三年以下有期徒刑或者拘役，并处或者单处罚金；情节特别严重的，处三年以上七年以下有期徒刑，并处罚金。

提供专门用于侵入、非法控制计算机信息系统的程序、工具，或者明知他人实施侵入、非法控制计算机信息系统的违法犯罪行为而为其提供程序、工具，情节严重的，依照前款的规定处罚。

单位犯前三款罪的，对单位判处罚金，并对其直接负责的主管人员和其他直接责任人员，依照各该款的规定处罚。

第二百八十六条 违反国家规定，对计算机信息系统功能进行删除、修改、增加、干扰，造成计算机信息系统不能正常运行，后果严重的，处五年以下有期徒刑或者拘役；后果特别严重的，处五年以上有期徒刑。

违反国家规定，对计算机信息系统中存储、处理或者传输的数据和应用程序进行删除、修改、增加的操作，后果严重的，依照前款的规定处罚。

故意制作、传播计算机病毒等破坏性程序，影响计算机系统正常运行，后旲严重的，依照第一款的规定处罚。

单位犯前三款罪的，对单位判处罚金，并对其直接负责的主管人员和其他直接责任人员，依照第一款的规定处罚。

第二百八十六条之一 网络服务提供者不履行法律、行政法规规定的信息网络安全管理义务，经监管部门责令采取改正措施而拒不改正，有下列情形之一的，处三年以下有期徒刑、拘役或者管制，并处或者单处罚金：

（一）致使违法信息大量传播的；

（二）致使用户信息泄露，造成严重后果的；

（三）致使刑事案件证据灭失，情节严重的；

（四）有其他严重情节的。

单位犯前款罪的，对单位判处罚金，并对其直接负责的主管人员和其他直接责任人员，依照前款的规定处罚。

有前两款行为，同时构成其他犯罪的，依照处罚较重的规定定罪处罚。

第二百八十七条 利用计算机实施金融诈骗、盗窃、贪污、挪用公款、窃取国家秘密或者其他犯罪的，依照本法有关规定定罪处罚。

第二百八十七条之一 利用信息网络实施下列行为之一，情节严重的，处三年以下有期徒刑或者拘役，并处或者单处罚金：

（一）设立用于实施诈骗、传授犯罪方法、制作或者销售违禁物品、管制物品等违法犯罪活动的网站、通讯群组的；

（二）发布有关制作或者销售毒品、枪支、淫秽物品等违禁物品、管制物品或者其他违法犯罪信息的；

（三）为实施诈骗等违法犯罪活动发布信息的。

单位犯前款罪的，对单位判处罚金，并对其直接负责的主管人员和其他直接责任人员，依照第一款的规定处罚。

有前两款行为，同时构成其他犯罪的，依照处罚较重的规定定罪处罚。

第二百八十七条之二　明知他人利用信息网络实施犯罪，为其犯罪提供互联网接入、服务器托管、网络存储、通讯传输等技术支持，或者提供广告推广、支付结算等帮助，情节严重的，处三年以下有期徒刑或者拘役，并处或者单处罚金。

单位犯前款罪的，对单位判处罚金，并对其直接负责的主管人员和其他直接责任人员，依照第一款的规定处罚。

有前两款行为，同时构成其他犯罪的，依照处罚较重的规定定罪处罚。

第二百八十八条　违反国家规定，擅自设置、使用无线电台（站），或者擅自使用无线电频率，干扰无线电通讯秩序，情节严重的，处三年以下有期徒刑、拘役或者管制，并处或者单处罚金；情节特别严重的，处三年以上七年以下有期徒刑，并处罚金。

单位犯前款罪的，对单位判处罚金，并对其直接负责的主管人员和其他直接责任人员，依照前款的规定处罚。

第二百八十九条　聚众“打砸抢”，致人伤残、死亡的，依照本法第二百三十四条、第二百三十二条的规定定罪处罚。毁坏或者抢走公私财物的，除判令退赔外，对首要分子，依照本法第二百六十三条的规定定罪处罚。

第二百九十条　聚众扰乱社会秩序，情节严重，致使工作、生产、营业和教学、科研、医疗无法进行，造成严重损失的，对首要分子，处三年以上七年以下有期徒刑；对其他积极参加的，处三年以下有期徒刑、拘役、管制或者剥夺政治权利。

聚众冲击国家机关，致使国家机关工作无法进行，造成严重损失的，对首要分子，处五年以上十年以下有期徒刑；对其他积极参加的，处五年以下有期徒刑、拘役、管制或者剥夺政治权利。

多次扰乱国家机关工作秩序，经行政处罚后仍不改正，造成严重后果的，处三年以下有期徒刑、拘役或者管制。

多次组织、资助他人非法聚集，扰乱社会秩序，情节严重的，依照前款的规定处罚。

第二百九十一条 聚众扰乱车站、码头、民用航空站、商场、公园、影剧院、展览会、运动场或者其他公共场所秩序，聚众堵塞交通或者破坏交通秩序，抗拒、阻碍国家治安管理工作人员依法执行职务，情节严重的，对首要分子，处五年以下有期徒刑、拘役或者管制。

第二百九十一条之一 投放虚假的爆炸性、毒害性、放射性、传染病病原体等物质，或者编造爆炸威胁、生化威胁、放射威胁等恐怖信息，或者明知是编造的恐怖信息而故意传播，严重扰乱社会秩序的，处五年以下有期徒刑、拘役或者管制；造成严重后果的，处五年以上有期徒刑。

编造虚假的险情、疫情、灾情、警情，在信息网络或者其他媒体上传播，或者明知是上述虚假信息，故意在信息网络或者其他媒体上传播，严重扰乱社会秩序的，处三年以下有期徒刑、拘役或者管制；造成严重后果的，处三年以上七年以下有期徒刑。

第二百九十一条之二 从建筑物或者其他高空抛掷物品，情节严重的，处一年以下有期徒刑、拘役或者管制，并处或者单处罚金。

有前款行为，同时构成其他犯罪的，依照处罚较重的规定定罪处罚。

第二百九十二条 聚众斗殴的，对首要分子和其他积极参加的，处三年以下有期徒刑、拘役或者管制；有下列情形之一的，对首要分子和其他积极参加的，处三年以上十年以下有期徒刑：

（一）多次聚众斗殴的；

（二）聚众斗殴人数多，规模大，社会影响恶劣的；

（三）在公共场所或者交通要道聚众斗殴，造成社会秩序严重混乱的；

（四）持械聚众斗殴的。

聚众斗殴，致人重伤、死亡的，依照本法第二百三十四条、第二百三十二条的规定定罪处罚。

第二百九十三条 有下列寻衅滋事行为之一，破坏社会秩序的，处五年以下有期徒刑、拘役或者管制：

（一）随意殴打他人，情节恶劣的；

（二）追逐、拦截、辱骂、恐吓他人，情节恶劣的；

（三）强拿硬要或者任意损毁、占用公私财物，情节严重的；

（四）在公共场所起哄闹事，造成公共场所秩序严重混乱的。

纠集他人多次实施前款行为，严重破坏社会秩序的，处五年以上十年以下有期徒刑，可以并处罚金。

第二百九十三条之一 有下列情形之一，催收高利放贷等产生的非法债务，情节严重的，处三年以下有期徒刑、拘役或者管制，并处或者单处罚金：

（一）使用暴力、胁迫方法的；

（二）限制他人人身自由或者侵入他人住宅的；

（三）恐吓、跟踪、骚扰他人的。

第二百九十四条 组织、领导黑社会性质的组织的，处七年以上有期徒刑，并处没收财产；积极参加的，处三年以上七年以下有期徒刑，可以并处罚金或者没收财产；其他参加的，处三年以下有期徒刑、拘役、管制或者剥夺政治权利，可以并处罚金。

境外的黑社会组织的人员到中华人民共和国境内发展组织成员的，处三年以上十年以下有期徒刑。

国家机关工作人员包庇黑社会性质的组织，或者纵容黑社会性质的组织进行违法犯罪活动的，处五年以下有期徒刑；情节严重的，处五年以上有期徒刑。

犯前三款罪又有其他犯罪行为的，依照数罪并罚的规定处罚。

黑社会性质的组织应当同时具备以下特征：

（一）形成较稳定的犯罪组织，人数较多，有明确的组织者、领导者，骨干成员基本固定；

（二）有组织地通过违法犯罪活动或者其他手段获取经济利益，具有一定的经济实力，以支持该组织的活动；

（三）以暴力、威胁或者其他手段，有组织地多次进行违法犯罪活动，为非作恶，欺压、残害群众；

（四）通过实施违法犯罪活动，或者利用国家工作人员的包庇或者纵容，称霸一方，在一定区域或者行业内，形成非法控制或者重大影响，严重破坏经济、社会生活秩序。

第二百九十五条 传授犯罪方法的，处五年以下有期徒刑、拘役或者管制；情节严重的，处五年以上十年以下有期徒刑；情节特别严重的，处十年以上有期徒刑或者无期徒刑。

第二百九十六条 举行集会、游行、示威，未依照法律规定申请或者申请未获许可，或者未按照主管机关许可的起止时间、地点、路线进行，又拒不服从解散命令，严重破坏社会秩序的，对集会、游行、示威的负责人和直接责任人员，处五年以下有期徒刑、拘役、管制或者剥夺政治权利。

第二百九十七条 违反法律规定，携带武器、管制刀具或者爆炸物参加集会、游行、示威的，处三年以下有期徒刑、拘役、管制或者剥夺政治权利。

第二百九十八条 扰乱、冲击或者以其他方法破坏依法举行的集会、游行、示威，造成公共秩序混乱的，处五年以下有期徒刑、拘役、管制或者剥夺政治权利。

第二百九十九条 在公共场合，故意以焚烧、毁损、涂划、玷污、践踏等方式侮辱中华人民共和国国旗、国徽的，处三年以下有期徒刑、拘役、管制或者剥夺政治权利。

在公共场合，故意篡改中华人民共和国国歌歌词、曲谱，以歪曲、贬损方式奏唱国歌，或者以其他方式侮辱国歌，情节严重的，依照前款的规定处罚。

第二百九十九条之一 侮辱、诽谤或者以其他方式侵害英雄烈士的名誉、荣誉，损害社会公共利益，情节严重的，处三年以下有期徒刑、拘役、管制或者剥夺政治权利。

第三百条 组织、利用会道门、邪教组织或者利用迷信破坏国家法律、行政法规实施的，处三年以上七年以下有期徒刑，并处罚金；情节特别严重的，处七年以上有期徒刑或者无期徒刑，并处罚金或者没收财产；情节较轻的，处三年以下有期徒刑、拘役、管制或者剥夺政治权利，并处或者单处罚金。

组织、利用会道门、邪教组织或者利用迷信蒙骗他人，致人重伤、死亡的，依照前款的规定处罚。

犯第一款罪又有奸淫妇女、诈骗财物等犯罪行为的，依照数罪并罚的规定处罚。

第三百零一条 聚众进行淫乱活动的，对首要分子或者多次参加的，处五年以下有期徒刑、拘役或者管制。

引诱未成年人参加聚众淫乱活动的，依照前款的规定从重处罚。

第三百零二条 盗窃、侮辱、故意毁坏尸体、尸骨、骨灰的，处三年以下有期徒刑、拘役或者管制。

第三百零三条 以营利为目的，聚众赌博或者以赌博为业的，处三年以下有期徒刑、拘役或者管制，并处罚金。

开设赌场的，处五年以下有期徒刑、拘役或者管制，并处罚金；情节严重的，处五年以上十年以下有期徒刑，并处罚金。

组织中华人民共和国公民参与国（境）外赌博，数额巨大或者有其他严重情节的，依照前款的规定处罚。

第三百零四条 邮政工作人员严重不负责任，故意延误投递邮件，致使公共财产、国家和人民利益遭受重大损失的，处二年以下有期徒刑或者拘役。

第二节　妨害司法罪

第三百零五条 在刑事诉讼中，证人、鉴定人、记录人、翻译人对与案件有重要关系的情节，故意作虚假证明、鉴定、记录、翻译，意图陷害他人或者隐匿罪证的，处三年以下有期徒刑或者拘役；情节严重的，处三年以上七年以下有期徒刑。

第三百零六条 在刑事诉讼中，辩护人、诉讼代理人毁灭、伪造证据，帮助当事人毁灭、伪造证据，威胁、引诱证人违背事实改变证言或者作伪证的，处三年以下有期徒刑或者拘役；情节严重的，处三年以上七年以下有期徒刑。

辩护人、诉讼代理人提供、出示、引用的证人证言或者其他证据失实，不是有意伪造的，不属于伪造证据。

第三百零七条 以暴力、威胁、贿买等方法阻止证人作证或者指使他人作伪证的，处三年以下有期徒刑或者拘役；情节严重的，处三年以上七年以下有期徒刑。

帮助当事人毁灭、伪造证据，情节严重的，处三年以下有期徒刑或者拘役。

司法工作人员犯前两款罪的，从重处罚。

第三百零七条之一 以捏造的事实提起民事诉讼，妨害司法秩序或者严重侵害他人合法权益的，处三年以下有期徒刑、拘役或者管制，并处或者单处罚金；情节严重的，处三年以上七年以下有期徒刑，并处罚金。

单位犯前款罪的，对单位判处罚金，并对其直接负责的主管人员和其他直接责任人员，依照前款的规定处罚。

有第一款行为，非法占有他人财产或者逃避合法债务，又构成其他犯罪的，依照处罚较重的规定定罪从重处罚。

司法工作人员利用职权，与他人共同实施前三款行为的，从重处罚；同时构成其他犯罪的，依照处罚较重的规定定罪从重处罚。

第三百零八条 对证人进行打击报复的，处三年以下有期徒刑或者拘役；情节严重的，处三年以上七年以下有期徒刑。

第三百零八条之一 司法工作人员、辩护人、诉讼代理人或者其他诉讼参与人，泄露依法不公开审理的案件中不应当公开的信息，造成信息公开传播或者其他严重后果的，处三年以下有期徒刑、拘役或者管制，并处或者单处罚金。

有前款行为，泄露国家秘密的，依照本法第三百九十八条的规定定罪处罚。

公开披露、报道第一款规定的案件信息，情节严重的，依照第一款的规定处罚。

单位犯前款罪的，对单位判处罚金，并对其直接负责的主管人员和其他直接责任人员，依照第一款的规定处罚。

第三百零九条 有下列扰乱法庭秩序情形之一的，处三年以下有期徒刑、拘役、管制或者罚金：

（一）聚众哄闹、冲击法庭的；

（二）殴打司法工作人员或者诉讼参与人的；

（三）侮辱、诽谤、威胁司法工作人员或者诉讼参与人，不听法庭制止，严重扰乱法庭秩序的；

（四）有毁坏法庭设施，抢夺、损毁诉讼文书、证据等扰乱法庭秩序行为，情节严重的。

第三百一十条　明知是犯罪的人而为其提供隐藏处所、财物，帮助其逃匿或者作假证明包庇的，处三年以下有期徒刑、拘役或者管制；情节严重的，处三年以上十年以下有期徒刑。

犯前款罪，事前通谋的，以共同犯罪论处。

第三百一十一条　明知他人有间谍犯罪或者恐怖主义、极端主义犯罪行为，在司法机关向其调查有关情况、收集有关证据时，拒绝提供，情节严重的，处三年以下有期徒刑、拘役或者管制。

第三百一十二条　明知是犯罪所得及其产生的收益而予以窝藏、转移、收购、代为销售或者以其他方法掩饰、隐瞒的，处三年以下有期徒刑、拘役或者管制，并处或者单处罚金；情节严重的，处三年以上七年以下有期徒刑，并处罚金。

单位犯前款罪的，对单位判处罚金，并对其直接负责的主管人员和其他直接责任人员，依照前款的规定处罚。

第三百一十三条　对人民法院的判决、裁定有能力执行而拒不执行，情节严重的，处三年以下有期徒刑、拘役或者罚金；情节特别严重的，处三年以上七年以下有期徒刑，并处罚金。

单位犯前款罪的，对单位判处罚金，并对其直接负责的主管人员和其他直接责任人员，依照前款的规定处罚。

第三百一十四条　隐藏、转移、变卖、故意毁损已被司法机关查封、扣押、冻结的财产，情节严重的，处三年以下有期徒刑、拘役或者罚金。

第三百一十五条　依法被关押的罪犯，有下列破坏监管秩序行为之一，情节严重的，处三年以下有期徒刑：

（一）殴打监管人员的；

（二）组织其他被监管人破坏监管秩序的；

（三）聚众闹事，扰乱正常监管秩序的；

（四）殴打、体罚或者指使他人殴打、体罚其他被监管人的。

第三百一十六条 依法被关押的罪犯、被告人、犯罪嫌疑人脱逃的，处五年以下有期徒刑或者拘役。

劫夺押解途中的罪犯、被告人、犯罪嫌疑人的，处三年以上七年以下有期徒刑；情节严重的，处七年以上有期徒刑。

第三百一十七条 组织越狱的首要分子和积极参加的，处五年以上有期徒刑；其他参加的，处五年以下有期徒刑或者拘役。

暴动越狱或者聚众持械劫狱的首要分子和积极参加的，处十年以上有期徒刑或者无期徒刑；情节特别严重的，处死刑；其他参加的，处三年以上十年以下有期徒刑。

第三节 妨害国（边）境管理罪

第三百一十八条 组织他人偷越国（边）境的，处二年以上七年以下有期徒刑，并处罚金；有下列情形之一的，处七年以上有期徒刑或者无期徒刑，并处罚金或者没收财产：

（一）组织他人偷越国（边）境集团的首要分子；

（二）多次组织他人偷越国（边）境或者组织他人偷越国（边）境人数众多的；

（三）造成被组织人重伤、死亡的；

（四）剥夺或者限制被组织人人身自由的；

（五）以暴力、威胁方法抗拒检查的；

（六）违法所得数额巨大的；

（七）有其他特别严重情节的。

犯前款罪，对被组织人有杀害、伤害、强奸、拐卖等犯罪行为，或者对检查人员有杀害、伤害等犯罪行为的，依照数罪并罚的规定处罚。

第三百一十九条 以劳务输出、经贸往来或者其他名义，弄虚作假，骗取护照、签证等出境证件，为组织他人偷越国（边）境使用的，处三年以下有期徒刑，并处罚金；情节严重的，处三年以上十年以下有期徒刑，并处罚金。

单位犯前款罪的，对单位判处罚金，并对其直接负责的主管人员和其他直接责任人员，依照前款的规定处罚。

第三百二十条 为他人提供伪造、变造的护照、签证等出入境证件，或者出售护照、签证等出入境证件的，处五年以下有期徒刑，并处罚金；情节严重的，处五年以上有期徒刑，并处罚金。

第三百二十一条 运送他人偷越国（边）境的，处五年以下有期徒刑、拘役或者管制，并处罚金；有下列情形之一的，处五年以上十年以下有期徒刑，并处罚金：

（一）多次实施运送行为或者运送人数众多的；

（二）所使用的船只、车辆等交通工具不具备必要的安全条件，足以造成严重后果的；

（三）违法所得数额巨大的；

（四）有其他特别严重情节的。

在运送他人偷越国（边）境中造成被运送人重伤、死亡，或者以暴力、威胁方法抗拒检查的，处七年以上有期徒刑，并处罚金。

犯前两款罪，对被运送人有杀害、伤害、强奸、拐卖等犯罪行为，或者对检查人员有杀害、伤害等犯罪行为的，依照数罪并罚的规定处罚。

第三百二十二条 违反国（边）境管理法规，偷越国（边）境，情节严重的，处一年以下有期徒刑、拘役或者管制，并处罚金；为参加恐怖活动组织、接受恐怖活动培训或者实施恐怖活动，偷越国（边）境的，处一年以上三年以下有期徒刑，并处罚金。

第三百二十三条 故意破坏国家边境的界碑、界桩或者永久性测量标志的，处三年以下有期徒刑或者拘役。

第四节 妨害文物管理罪

第三百二十四条 故意损毁国家保护的珍贵文物或者被确定为全国重点文物保护单位、省级文物保护单位的文物的，处三年以下有期徒刑或者拘役，并处或者单处罚金；情节严重的，处三年以上十年以下有期徒刑，并处罚金。

故意损毁国家保护的名胜古迹，情节严重的，处五年以下有期徒刑或者拘役，并处或者单处罚金。

过失损毁国家保护的珍贵文物或者被确定为全国重点文物保护单位、省级文物保护单位的文物，造成严重后果的，处三年以下有期徒刑或者拘役。

第三百二十五条 违反文物保护法规，将收藏的国家禁止出口的珍贵文物私自出售或者私自赠送给外国人的，处五年以下有期徒刑或者拘役，可以并处罚金。

单位犯前款罪的，对单位判处罚金，并对其直接负责的主管人员和其他直接责任人员，依照前款的规定处罚。

第三百二十六条 以牟利为目的，倒卖国家禁止经营的文物，情节严重的，处五年以下有期徒刑或者拘役，并处罚金；情节特别严重的，处五年以上十年以下有期徒刑，并处罚金。

单位犯前款罪的，对单位判处罚金，并对其直接负责的主管人员和其他直接责任人员，依照前款的规定处罚。

第三百二十七条 违反文物保护法规，国有博物馆、图书馆等单位将国家保护的文物藏品出售或者私自送给非国有单位或者个人的，对单位判处罚金，并对其直接负责的主管人员和其他直接责任人员，处三年以下有期徒刑或者拘役。

第三百二十八条 盗掘具有历史、艺术、科学价值的古文化遗址、古墓葬的，处三年以上十年以下有期徒刑，并处罚金；情节较轻的，处三年以下有期徒刑、拘役或者管制，并处罚金；有下列情形之一的，处十年以上有期徒刑或者无期徒刑，并处罚金或者没收财产：

（一）盗掘确定为全国重点文物保护单位和省级文物保护单位的古文化遗址、古墓葬的；

（二）盗掘古文化遗址、古墓葬集团的首要分子；

（三）多次盗掘古文化遗址、古墓葬的；

（四）盗掘古文化遗址、古墓葬，并盗窃珍贵文物或者造成珍贵文物严重破坏的。

盗掘国家保护的具有科学价值的古人类化石和古脊椎动物化石的，依照前款的规定处罚。

第三百二十九条 抢夺、窃取国家所有的档案的，处五年以下有期徒刑或者拘役。

违反档案法的规定，擅自出卖、转让国家所有的档案，情节严重的，处三年以下有期徒刑或者拘役。

有前两款行为，同时又构成本法规定的其他犯罪的，依照处罚较重的规定定罪处罚。

第五节 危害公共卫生罪

第三百三十条 违反传染病防治法的规定，有下列情形之一，引起甲类传染病以及依法确定采取甲类传染病预防、控制措施的传染病传播或者有传播严重危险的，处三年以下有期徒刑或者拘役；后果特别严重的，处三年以上七年以下有期徒刑：

（一）供水单位供应的饮用水不符合国家规定的卫生标准的；

（二）拒绝按照疾病预防控制机构提出的卫生要求，对传染病病原体污染的污水、污物、场所和物品进行消毒处理的；

（三）准许或者纵容传染病病人、病原携带者和疑似传染病病人从事国务院卫生行政部门规定禁止从事的易使该传染病扩散的工作的；

（四）出售、运输疫区中被传染病病原体污染或者可能被传染病病原体污染的物品，未进行消毒处理的；

（五）拒绝执行县级以上人民政府、疾病预防控制机构依照传染病防治法提出的预防、控制措施的。

单位犯前款罪的，对单位判处罚金，并对其直接负责的主管人员和其他直接责任人员，依照前款的规定处罚。

甲类传染病的范围，依照《中华人民共和国传染病防治法》和国务院有关规定确定。

第三百三十一条 从事实验、保藏、携带、运输传染病菌种、毒种的人员，违反国务院卫生行政部门的有关规定，造成传染病菌种、毒种扩散，后果严重的，处三年以下有期徒刑或者拘役；后果特别严重的，处三年以上七年以下有期徒刑。

第三百三十二条 违反国境卫生检疫规定，引起检疫传染病传播或者有传播严重危险的，处三年以下有期徒刑或者拘役，并处或者单处罚金。

单位犯前款罪的，对单位判处罚金，并对其直接负责的主管人员和其他直接责任人员，依照前款的规定处罚。

第三百三十三条 非法组织他人出卖血液的，处五年以下有期徒刑，并处罚金；以暴力、威胁方法强迫他人出卖血液的，处五年以上十年以下有期徒刑，并处罚金。

有前款行为，对他人造成伤害的，依照本法第二百三十四条的规定定罪处罚。

第三百三十四条 非法采集、供应血液或者制作、供应血液制品，不符合国家规定的标准，足以危害人体健康的，处五年以下有期徒刑或者拘役，并处罚金；对人体健康造成严重危害的，处五年以上十年以下有期徒刑，并处罚金；造成特别严重后果的，处十年以上有期徒刑或者无期徒刑，并处罚金或者没收财产。

经国家主管部门批准采集、供应血液或者制作、供应血液制品的部门，不依照规定进行检测或者违背其他操作规定，造成危害他人身体健康后果的，对单位判处罚金，并对其直接负责的主管人员和其他直接责任人员，处五年以下有期徒刑或者拘役。

第三百三十四条之一 违反国家有关规定，非法采集我国人类遗传资源或者非法运送、邮寄、携带我国人类遗传资源材料出境，危害公众健康或者社会公共利益，情节严重的，处三年以下有期徒刑、拘役或者管制，并处或者单处罚金；情节特别严重的，处三年以上七年以下有期徒刑，并处罚金。

第三百三十五条 医务人员由于严重不负责任，造成就诊人死亡或者严重损害就诊人身体健康的，处三年以下有期徒刑或者拘役。

第三百三十六条 未取得医生执业资格的人非法行医，情节严重的，处三年以下有期徒刑、拘役或者管制，并处或者单处罚金；严重损害就诊人身体健康的，处三年以上十年以下有期徒刑，并处罚金；造成就诊人死亡的，处十年以上有期徒刑，并处罚金。

未取得医生执业资格的人擅自为他人进行节育复通手术、假节育手术、终止妊娠手术或者摘取宫内节育器，情节严重的，处三年以下有期徒刑、拘役或者管制，并处或者单处罚金；严重损害就诊人身体健康的，处三年以上十年以下有期徒刑，并处罚金；造成就诊人死亡的，处十年以上有期徒刑，并处罚金。

第三百三十六条之一 将基因编辑、克隆的人类胚胎植入人体或者动物体内，或者将基因编辑、克隆的动物胚胎植入人体内，情节严重的，处三年以下有期徒刑或者拘役，并处罚金；情节特别严重的，处三年以上七年以下有期徒刑，并处罚金。

第三百三十七条 违反有关动植物防疫、检疫的国家规定，引起重大动植物疫情的，或者有引起重大动植物疫情危险，情节严重的，处三年以下有期徒刑或者拘役，并处或者单处罚金。

单位犯前款罪的，对单位判处罚金，并对其直接负责的主管人员和其他直接责任人员，依照前款的规定处罚。

第六节 破坏环境资源保护罪

第三百三十八条 违反国家规定，排放、倾倒或者处置有放射性的废物、含传染病病原体的废物、有毒物质或者其他有害物质，严重污染环境的，处三年以下有期徒刑或者拘役，并处或者单处罚金；情节严重的，处三年以上七年以下有期徒刑，并处罚金；有下列情形之一的，处七年以上有期徒刑，并处罚金：

（一）在饮用水水源保护区、自然保护地核心保护区等依法确定的重点保护区域排放、倾倒、处置有放射性的废物、含传染病病原体的废物、有毒物质，情节特别严重的；

（二）向国家确定的重要江河、湖泊水域排放、倾倒、处置有放射性的废物、含传染病病原体的废物、有毒物质，情节特别严重的；

（三）致使大量永久基本农田基本功能丧失或者遭受永久性破坏的；

（四）致使多人重伤、严重疾病，或者致人严重残疾、死亡的。

有前款行为，同时构成其他犯罪的，依照处罚较重的规定定罪处罚。

第三百三十九条 违反国家规定，将境外的固体废物进境倾倒、堆放、处置的，处五年以下有期徒刑或者拘役，并处罚金；造成重大环境污染事故，致使公私财产遭受重大损失或者严重危害人体健康的，处五年以上十年以下有期徒刑，并处罚金；后果特别严重的，处十年以上有期徒刑，并处罚金。

未经国务院有关主管部门许可，擅自进口固体废物用作原料，造成重大环境污染事故，致使公私财产遭受重大损失或者严重危害人体健康的，处五年以下有期徒刑或者拘役，并处罚金；后果特别严重的，处五年以上十年以下有期徒刑，并处罚金。

以原料利用为名，进口不能用作原料的固体废物、液态废物和气态废物的，依照本法第一百五十二条第二款、第三款的规定定罪处罚。

第三百四十条 违反保护水产资源法规，在禁渔区、禁渔期或者使用禁用的工具、方法捕捞水产品，情节严重的，处三年以下有期徒刑、拘役、管制或者罚金。

第三百四十一条 非法猎捕、杀害国家重点保护的珍贵、濒危野生动物的，或者非法收购、运输、出售国家重点保护的珍贵、濒危野生动物及其制品的，处五年以下有期徒刑或者拘役，并处罚金；情节严重的，处五年以上十年以下有期徒刑，并处罚金；情节特别严重的，处十年以上有期徒刑，并处罚金或者没收财产。

违反狩猎法规，在禁猎区、禁猎期或者使用禁用的工具、方法进行狩猎，破坏野生动物资源，情节严重的，处三年以下有期徒刑、拘役、管制或者罚金。

违反野生动物保护管理法规，以食用为目的非法猎捕、收购、运输、出售第一款规定以外的在野外环境自然生长繁殖的陆生野生动物，情节严重的，依照前款的规定处罚。

第三百四十二条 违反土地管理法规，非法占用耕地、林地等农用地，改变被占用土地用途，数量较大，造成耕地、林地等农用地大量毁坏的，处五年以下有期徒刑或者拘役，并处或者单处罚金。

第三百四十二条之一 违反自然保护地管理法规，在国家公园、国家级自然保护区进行开垦、开发活动或者修建建筑物，造成严重后果或者有其他恶劣情节的，处五年以下有期徒刑或者拘役，并处或者单处罚金。

有前款行为，同时构成其他犯罪的，依照处罚较重的规定定罪处罚。

第三百四十三条 违反矿产资源法的规定，未取得采矿许可证擅自采矿，擅自进入国家规划矿区、对国民经济具有重要价值的矿区和他人矿区范围采矿，或者擅自开采国家规定实行保护性开采的特定矿种，情节严重的，处三年以下有期徒刑、拘役或者管制，并处或者单处罚金；情节特别严重的，处三年以上七年以下有期徒刑，并处罚金。

违反矿产资源法的规定，采取破坏性的开采方法开采矿产资源，造成矿产资源严重破坏的，处五年以下有期徒刑或者拘役，并处罚金。

第三百四十四条 违反国家规定，非法采伐、毁坏珍贵树木或者国家重点保护的其他植物的，或者非法收购、运输、加工、出售珍贵树木或者国家重点保护的其他植物及其制品的，处三年以下有期徒刑、拘役或者管制，并处罚金；情节严重的，处三年以上七年以下有期徒刑，并处罚金。

第三百四十四条之一 违反国家规定，非法引进、释放或者丢弃外来入侵物种，情节严重的，处三年以下有期徒刑或者拘役，并处或者单处罚金。

第三百四十五条 盗伐森林或者其他林木，数量较大的，处三年以下有期徒刑、拘役或者管制，并处或者单处罚金；数量巨大的，处三年以上七年以下有期徒刑，并处罚金；数量特别巨大的，处七年以上有期徒刑，并处罚金。

违反森林法的规定，滥伐森林或者其他林木，数量较大的，处三年以下有期徒刑、拘役或者管制，并处或者单处罚金；数量巨大的，处三年以上七年以下有期徒刑，并处罚金。

非法收购、运输明知是盗伐、滥伐的林木，情节严重的，处三年以下有期徒刑、拘役或者管制，并处或者单处罚金；情节特别严重的，处三年以上七年以下有期徒刑，并处罚金。

盗伐、滥伐国家级自然保护区内的森林或者其他林木的，从重处罚。

第三百四十六条 单位犯本节第三百三十八条至第三百四十五条规定之罪的，对单位判处罚金，并对其直接负责的主管人员和其他直接责任人员，依照本节各该条的规定处罚。

第七节　走私、贩卖、运输、制造毒品罪

第三百四十七条　走私、贩卖、运输、制造毒品，无论数量多少，都应当追究刑事责任，予以刑事处罚。

走私、贩卖、运输、制造毒品，有下列情形之一的，处十五年有期徒刑、无期徒刑或者死刑，并处没收财产：

（一）走私、贩卖、运输、制造鸦片一千克以上、海洛因或者甲基苯丙胺五十克以上或者其他毒品数量大的；

（二）走私、贩卖、运输、制造毒品集团的首要分子；

（三）武装掩护走私、贩卖、运输、制造毒品的；

（四）以暴力抗拒检查、拘留、逮捕，情节严重的；

（五）参与有组织的国际贩毒活动的。

走私、贩卖、运输、制造鸦片二百克以上不满一千克、海洛因或者甲基苯丙胺十克以上不满五十克或者其他毒品数量较大的，处七年以上有期徒刑，并处罚金。

走私、贩卖、运输、制造鸦片不满二百克、海洛因或者甲基苯丙胺不满十克或者其他少量毒品的，处三年以下有期徒刑、拘役或者管制，并处罚金；情节严重的，处三年以上七年以下有期徒刑，并处罚金。

单位犯第二款、第三款、第四款罪的，对单位判处罚金，并对其直接负责的主管人员和其他直接责任人员，依照各该款的规定处罚。

利用、教唆未成年人走私、贩卖、运输、制造毒品，或者向未成年人出售毒品的，从重处罚。

对多次走私、贩卖、运输、制造毒品，未经处理的，毒品数量累计计算。

第三百四十八条　非法持有鸦片一千克以上、海洛因或者甲基苯丙胺五十克以上或者其他毒品数量大的，处七年以上有期徒刑或者无期徒刑，并处罚金；非法持有鸦片二百克以上不满一千克、海洛因或者甲基苯丙胺十克以上不满五十克或者其他毒品数量较大的，处三年以下有期徒刑、拘役或者管制，并处罚金；情节严重的，处三年以上七年以下有期徒刑，并处罚金。

第三百四十九条　包庇走私、贩卖、运输、制造毒品的犯罪分子的，

为犯罪分子窝藏、转移、隐瞒毒品或者犯罪所得的财物的，处三年以下有期徒刑、拘役或者管制；情节严重的，处三年以上十年以下有期徒刑。

缉毒人员或者其他国家机关工作人员掩护、包庇走私、贩卖、运输、制造毒品的犯罪分子的，依照前款的规定从重处罚。

犯前两款罪，事先通谋的，以走私、贩卖、运输、制造毒品罪的共犯论处。

第三百五十条 违反国家规定，非法生产、买卖、运输醋酸酐、乙醚、三氯甲烷或者其他用于制造毒品的原料、配剂，或者携带上述物品进出境，情节较重的，处三年以下有期徒刑、拘役或者管制，并处罚金；情节严重的，处三年以上七年以下有期徒刑，并处罚金；情节特别严重的，处七年以上有期徒刑，并处罚金或者没收财产。

明知他人制造毒品而为其生产、买卖、运输前款规定的物品的，以制造毒品罪的共犯论处。

单位犯前两款罪的，对单位判处罚金，并对其直接负责的主管人员和其他直接责任人员，依照前两款的规定处罚。

第三百五十一条 非法种植罂粟、大麻等毒品原植物的，一律强制铲除。有下列情形之一的，处五年以下有期徒刑、拘役或者管制，并处罚金：

（一）种植罂粟五百株以上不满三千株或者其他毒品原植物数量较大的；

（二）经公安机关处理后又种植的；

（三）抗拒铲除的。

非法种植罂粟三千株以上或者其他毒品原植物数量大的，处五年以上有期徒刑，并处罚金或者没收财产。

非法种植罂粟或者其他毒品原植物，在收获前自动铲除的，可以免除处罚。

第三百五十二条 非法买卖、运输、携带、持有未经灭活的罂粟等毒品原植物种子或者幼苗，数量较大的，处三年以下有期徒刑、拘役或者管制，并处或者单处罚金。

第三百五十三条 引诱、教唆、欺骗他人吸食、注射毒品的，处三年以下有期徒刑、拘役或者管制，并处罚金；情节严重的，处三年以上七年以下有期徒刑，并处罚金。

强迫他人吸食、注射毒品的，处三年以上十年以下有期徒刑，并处罚金。

引诱、教唆、欺骗或者强迫未成年人吸食、注射毒品的，从重处罚。

第三百五十四条 容留他人吸食、注射毒品的，处三年以下有期徒刑、拘役或者管制，并处罚金。

第三百五十五条 依法从事生产、运输、管理、使用国家管制的麻醉药品、精神药品的人员，违反国家规定，向吸食、注射毒品的人提供国家规定管制的能够使人形成瘾癖的麻醉药品、精神药品的，处三年以下有期徒刑或者拘役，并处罚金；情节严重的，处三年以上七年以下有期徒刑，并处罚金。向走私、贩卖毒品的犯罪分子或者以牟利为目的，向吸食、注射毒品的人提供国家规定管制的能够使人形成瘾癖的麻醉药品、精神药品的，依照本法第三百四十七条的规定定罪处罚。

单位犯前款罪的，对单位判处罚金，并对其直接负责的主管人员和其他直接责任人员，依照前款的规定处罚。

第三百五十五条之一 引诱、教唆、欺骗运动员使用兴奋剂参加国内、国际重大体育竞赛，或者明知运动员参加上述竞赛而向其提供兴奋剂，情节严重的，处三年以下有期徒刑或者拘役，并处罚金。

组织、强迫运动员使用兴奋剂参加国内、国际重大体育竞赛的，依照前款的规定从重处罚。

第三百五十六条 因走私、贩卖、运输、制造、非法持有毒品罪被判过刑，又犯本节规定之罪的，从重处罚。

第三百五十七条 本法所称的毒品，是指鸦片、海洛因、甲基苯丙胺(冰毒)、吗啡、大麻、可卡因以及国家规定管制的其他能够使人形成瘾癖的麻醉药品和精神药品。

毒品的数量以查证属实的走私、贩卖、运输、制造、非法持有毒品的数量计算，不以纯度折算。

第八节　组织、强迫、引诱、容留、介绍卖淫罪

第三百五十八条 组织、强迫他人卖淫的，处五年以上十年以下有期徒刑，并处罚金；情节严重的，处十年以上有期徒刑或者无期徒刑，并处

罚金或者没收财产。

组织、强迫未成年人卖淫的，依照前款的规定从重处罚。

犯前两款罪，并有杀害、伤害、强奸、绑架等犯罪行为的，依照数罪并罚的规定处罚。

为组织卖淫的人招募、运送人员或者有其他协助组织他人卖淫行为的，处五年以下有期徒刑，并处罚金；情节严重的，处五年以上十年以下有期徒刑，并处罚金。

第三百五十九条 引诱、容留、介绍他人卖淫的，处五年以下有期徒刑、拘役或者管制，并处罚金；情节严重的，处五年以上有期徒刑，并处罚金。

引诱不满十四周岁的幼女卖淫的，处五年以上有期徒刑，并处罚金。

第三百六十条 明知自己患有梅毒、淋病等严重性病卖淫、嫖娼的，处五年以下有期徒刑、拘役或者管制，并处罚金。

第三百六十一条 旅馆业、饮食服务业、文化娱乐业、出租汽车业等单位的人员，利用本单位的条件，组织、强迫、引诱、容留、介绍他人卖淫的，依照本法第三百五十八条、第三百五十九条的规定定罪处罚。

前款所列单位的主要负责人，犯前款罪的，从重处罚。

第三百六十二条 旅馆业、饮食服务业、文化娱乐业、出租汽车业等单位的人员，在公安机关查处卖淫、嫖娼活动时，为违法犯罪分子通风报信，情节严重的，依照本法第三百一十条的规定定罪处罚。

第九节 制作、贩卖、传播淫秽物品罪

第三百六十三条 以牟利为目的，制作、复制、出版、贩卖、传播淫秽物品的，处三年以下有期徒刑、拘役或者管制，并处罚金；情节严重的，处三年以上十年以下有期徒刑，并处罚金；情节特别严重的，处十年以上有期徒刑或者无期徒刑，并处罚金或者没收财产。

为他人提供书号，出版淫秽书刊的，处三年以下有期徒刑、拘役或者管制，并处或者单处罚金；明知他人用于出版淫秽书刊而提供书号的，依照前款的规定处罚。

第三百六十四条 传播淫秽的书刊、影片、音像、图片或者其他淫秽

物品，情节严重的，处二年以下有期徒刑、拘役或者管制。

组织播放淫秽的电影、录像等音像制品的，处三年以下有期徒刑、拘役或者管制，并处罚金；情节严重的，处三年以上十年以下有期徒刑，并处罚金。

制作、复制淫秽的电影、录像等音像制品组织播放的，依照第二款的规定从重处罚。

向不满十八周岁的未成年人传播淫秽物品的，从重处罚。

第三百六十五条 组织进行淫秽表演的，处三年以下有期徒刑、拘役或者管制，并处罚金；情节严重的，处三年以上十年以下有期徒刑，并处罚金。

第三百六十六条 单位犯本节第三百六十三条、第三百六十四条、第三百六十五条规定之罪的，对单位判处罚金，并对其直接负责的主管人员和其他直接责任人员，依照各该条的规定处罚。

第三百六十七条 本法所称淫秽物品，是指具体描绘性行为或者露骨宣扬色情的诲淫性的书刊、影片、录像带、录音带、图片及其他淫秽物品。

有关人体生理、医学知识的科学著作不是淫秽物品。

包含有色情内容的有艺术价值的文学、艺术作品不视为淫秽物品。

第七章　危害国防利益罪

第三百六十八条 以暴力、威胁方法阻碍军人依法执行职务的，处三年以下有期徒刑、拘役、管制或者罚金。

故意阻碍武装部队军事行动，造成严重后果的，处五年以下有期徒刑或者拘役。

第三百六十九条 破坏武器装备、军事设施、军事通信的，处三年以下有期徒刑、拘役或者管制；破坏重要武器装备、军事设施、军事通信的，处三年以上十年以下有期徒刑；情节特别严重的，处十年以上有期徒刑、无期徒刑或者死刑。

过失犯前款罪，造成严重后果的，处三年以下有期徒刑或者拘役；造成特别严重后果的，处三年以上七年以下有期徒刑。

战时犯前两款罪的，从重处罚。

第三百七十条 明知是不合格的武器装备、军事设施而提供给武装部队的，处五年以下有期徒刑或者拘役；情节严重的，处五年以上十年以下有期徒刑；情节特别严重的，处十年以上有期徒刑、无期徒刑或者死刑。

过失犯前款罪，造成严重后果的，处三年以下有期徒刑或者拘役；造成特别严重后果的，处三年以上七年以下有期徒刑。

单位犯第一款罪的，对单位判处罚金，并对其直接负责的主管人员和其他直接责任人员，依照第一款的规定处罚。

第三百七十一条　聚众冲击军事禁区，严重扰乱军事禁区秩序的，对首要分子，处五年以上十年以下有期徒刑；对其他积极参加的，处五年以下有期徒刑、拘役、管制或者剥夺政治权利。

聚众扰乱军事管理区秩序，情节严重，致使军事管理区工作无法进行，造成严重损失的，对首要分子，处三年以上七年以下有期徒刑；对其他积极参加的，处三年以下有期徒刑、拘役、管制或者剥夺政治权利。

第三百七十二条　冒充军人招摇撞骗的，处三年以下有期徒刑、拘役、管制或者剥夺政治权利；情节严重的，处三年以上十年以下有期徒刑。

第三百七十三条　煽动军人逃离部队或者明知是逃离部队的军人而雇用，情节严重的，处三年以下有期徒刑、拘役或者管制。

第三百七十四条　在征兵工作中徇私舞弊，接送不合格兵员，情节严重的，处三年以下有期徒刑或者拘役；造成特别严重后果的，处三年以上七年以下有期徒刑。

第三百七十五条　伪造、变造、买卖或者盗窃、抢夺武装部队公文、证件、印章的，处三年以下有期徒刑、拘役、管制或者剥夺政治权利；情节严重的，处三年以上十年以下有期徒刑。

非法生产、买卖武装部队制式服装，情节严重的，处三年以下有期徒刑、拘役或者管制，并处或者单处罚金。

伪造、盗窃、买卖或者非法提供、使用武装部队车辆号牌等专用标志，情节严重的，处三年以下有期徒刑、拘役或者管制，并处或者单处罚金；情节特别严重的，处三年以上七年以下有期徒刑，并处罚金。

单位犯第二款、第三款罪的，对单位判处罚金，并对其直接负责的主管人员和其他直接责任人员，依照各该款的规定处罚。

第三百七十六条　预备役人员战时拒绝、逃避征召或者军事训练，情节严重的，处三年以下有期徒刑或者拘役。

公民战时拒绝、逃避服役，情节严重的，处二年以下有期徒刑或者拘役。

第三百七十七条 战时故意向武装部队提供虚假敌情，造成严重后果的，处三年以上十年以下有期徒刑；造成特别严重后果的，处十年以上有期徒刑或者无期徒刑。

第三百七十八条 战时造谣惑众，扰乱军心的，处三年以下有期徒刑、拘役或者管制；情节严重的，处三年以上十年以下有期徒刑。

第三百七十九条 战时明知是逃离部队的军人而为其提供隐蔽处所、财物，情节严重的，处三年以下有期徒刑或者拘役。

第三百八十条 战时拒绝或者故意延误军事订货，情节严重的，对单位判处罚金，并对其直接负责的主管人员和其他直接责任人员，处五年以下有期徒刑或者拘役；造成严重后果的，处五年以上有期徒刑。

第三百八十一条 战时拒绝军事征收、征用，情节严重的，处三年以下有期徒刑或者拘役。

第八章 贪污贿赂罪

第三百八十二条 国家工作人员利用职务上的便利，侵吞、窃取、骗取或者以其他手段非法占有公共财物的，是贪污罪。

受国家机关、国有公司、企业、事业单位、人民团体委托管理、经营国有财产的人员，利用职务上的便利，侵吞、窃取、骗取或者以其他手段非法占有国有财物的，以贪污论。

与前两款所列人员勾结，伙同贪污的，以共犯论处。

第三百八十三条 对犯贪污罪的，根据情节轻重，分别依照下列规定处罚：

（一）贪污数额较大或者有其他较重情节的，处三年以下有期徒刑或者拘役，并处罚金。

（二）贪污数额巨大或者有其他严重情节的，处三年以上十年以下有期徒刑，并处罚金或者没收财产。

（三）贪污数额特别巨大或者有其他特别严重情节的，处十年以上有期徒刑或者无期徒刑，并处罚金或者没收财产；数额特别巨大，并使国家和人民利益遭受特别重大损失的，处无期徒刑或者死刑，并处没收财产。

对多次贪污未经处理的，按照累计贪污数额处罚。

犯第一款罪，在提起公诉前如实供述自己罪行、真诚悔罪、积极退赃，避免、减少损害结果的发生，有第一项规定情形的，可以从轻、减轻或者免除处罚；有第二项、第三项规定情形的，可以从轻处罚。

犯第一款罪，有第三项规定情形被判处死刑缓期执行的，人民法院根据犯罪情节等情况可以同时决定在其死刑缓期执行二年期满依法减为无期徒刑后，终身监禁，不得减刑、假释。

第三百八十四条 国家工作人员利用职务上的便利，挪用公款归个人使用，进行非法活动的，或者挪用公款数额较大、进行营利活动的，或者挪用公款数额较大、超过三个月未还的，是挪用公款罪，处五年以下有期徒刑或者拘役；情节严重的，处五年以上有期徒刑。挪用公款数额巨大不退还的，处十年以上有期徒刑或者无期徒刑。

挪用用于救灾、抢险、防汛、优抚、扶贫、移民、救济款物归个人使用的，从重处罚。

第三百八十五条 国家工作人员利用职务上的便利，索取他人财物的，或者非法收受他人财物，为他人谋取利益的，是受贿罪。

国家工作人员在经济往来中，违反国家规定，收受各种名义的回扣、手续费，归个人所有的，以受贿论处。

第三百八十六条 对犯受贿罪的，根据受贿所得数额及情节，依照本法第三百八十三条的规定处罚。索贿的从重处罚。

第三百八十七条 国家机关、国有公司、企业、事业单位、人民团体，索取、非法收受他人财物，为他人谋取利益，情节严重的，对单位判处罚金，并对其直接负责的主管人员和其他直接责任人员，处三年以下有期徒刑或者拘役；情节特别严重的，处三年以上十年以下有期徒刑。

前款所列单位，在经济往来中，在帐外暗中收受各种名义的回扣、手续费的，以受贿论，依照前款的规定处罚。

第三百八十八条 国家工作人员利用本人职权或者地位形成的便利条件，通过其他国家工作人员职务上的行为，为请托人谋取不正当利益，索取请托人财物或者收受请托人财物的，以受贿论处。

第三百八十八条之一 国家工作人员的近亲属或者其他与该国家工作人员关系密切的人，通过该国家工作人员职务上的行为，或者利用该国家工作人员职权或者地位形成的便利条件，通过其他国家工作人员职务上的行为，为请托人谋取不正当利益，索取请托人财物或者收受请托人财物，数额较大或者有其他较重情节的，处三年以下有期徒刑或者拘役，并处罚金；数额巨大或者有其他严重情节的，处三年以上七年以下有期徒刑，并处罚金；数额特别巨大或者有其他特别严重情节的，处七年以上有期徒刑，并处罚金或者没收财产。

离职的国家工作人员或者其近亲属以及其他与其关系密切的人，利用该离职的国家工作人员原职权或者地位形成的便利条件实施前款行为的，依照前款的规定定罪处罚。

第三百八十九条 为谋取不正当利益，给予国家工作人员以财物的，是行贿罪。

在经济往来中，违反国家规定，给予国家工作人员以财物，数额较大的，或者违反国家规定，给予国家工作人员以各种名义的回扣、手续费的，以行贿论处。

因被勒索给予国家工作人员以财物，没有获得不正当利益的，不是行贿。

第三百九十条 对犯行贿罪的，处三年以下有期徒刑或者拘役，并处罚金；因行贿谋取不正当利益，情节严重的，或者使国家利益遭受重大损失的，处三年以上十年以下有期徒刑，并处罚金；情节特别严重的，或者使国家利益遭受特别重大损失的，处十年以上有期徒刑或者无期徒刑，并处罚金或者没收财产。

有下列情形之一的，从重处罚：

（一）多次行贿或者向多人行贿的；

（二）国家工作人员行贿的；

（三）在国家重点工程、重大项目中行贿的；

（四）为谋取职务、职级晋升、调整行贿的；

（五）对监察、行政执法、司法工作人员行贿的；

（六）在生态环境、财政金融、安全生产、食品药品、防灾救灾、社会保障、教育、医疗等领域行贿，实施违法犯罪活动的；

（七）将违法所得用于行贿的。

行贿人在被追诉前主动交待行贿行为的，可以从轻或者减轻处罚。其中，犯罪较轻的，对调查突破、侦破重大案件起关键作用的，或者有重大立功表现的，可以减轻或者免除处罚。

第三百九十条之一 为谋取不正当利益，向国家工作人员的近亲属或者其他与该国家工作人员关系密切的人，或者向离职的国家工作人员或者其近亲属以及其他与其关系密切的人行贿的，处三年以下有期徒刑或者拘役，并处罚金；情节严重的，或者使国家利益遭受重大损失的，处三年以上七年以下有期徒刑，并处罚金；情节特别严重的，或者使国家利益遭受特别重大损失的，处七年以上十年以下有期徒刑，并处罚金。

单位犯前款罪的，对单位判处罚金，并对其直接负责的主管人员和其他直接责任人员，处三年以下有期徒刑或者拘役，并处罚金。

第三百九十一条 为谋取不正当利益，给予国家机关、国有公司、企业、事业单位、人民团体以财物的，或者在经济往来中，违反国家规定，给予各种名义的回扣、手续费的，处三年以下有期徒刑或者拘役，并处罚金；情节严重的，处三年以上七年以下有期徒刑，并处罚金。

单位犯前款罪的，对单位判处罚金，并对其直接负责的主管人员和其他直接责任人员，依照前款的规定处罚。

第三百九十二条 向国家工作人员介绍贿赂，情节严重的，处三年以下有期徒刑或者拘役，并处罚金。

介绍贿赂人在被追诉前主动交待介绍贿赂行为的，可以减轻处罚或者免除处罚。

第三百九十三条 单位为谋取不正当利益而行贿，或者违反国家规定，给予国家工作人员以回扣、手续费，情节严重的，对单位判处罚金，并对其直接负责的主管人员和其他直接责任人员，处三年以下有期徒刑或者拘役，并处罚金；情节特别严重的，处三年以上十年以下有期徒刑，并处罚金。因行贿取得的违法所得归个人所有的，依照本法第三百八十九条、第三百九十条的规定定罪处罚。

第三百九十四条 国家工作人员在国内公务活动或者对外交往中接受

礼物，依照国家规定应当交公而不交公，数额较大的，依照本法第三百八十二条、第三百八十三条的规定定罪处罚。

第三百九十五条 国家工作人员的财产、支出明显超过合法收入，差额巨大的，可以责令该国家工作人员说明来源，不能说明来源的，差额部分以非法所得论，处五年以下有期徒刑或者拘役；差额特别巨大的，处五年以上十年以下有期徒刑。财产的差额部分予以追缴。

国家工作人员在境外的存款，应当依照国家规定申报。数额较大、隐瞒不报的，处二年以下有期徒刑或者拘役；情节较轻的，由其所在单位或者上级主管机关酌情给予行政处分。

第三百九十六条 国家机关、国有公司、企业、事业单位、人民团体，违反国家规定，以单位名义将国有资产集体私分给个人，数额较大的，对其直接负责的主管人员和其他直接责任人员，处三年以下有期徒刑或者拘役，并处或者单处罚金；数额巨大的，处三年以上七年以下有期徒刑，并处罚金。

司法机关、行政执法机关违反国家规定，将应当上缴国家的罚没财物，以单位名义集体私分给个人的，依照前款的规定处罚。

第九章　渎职罪

第三百九十七条 国家机关工作人员滥用职权或者玩忽职守，致使公共财产、国家和人民利益遭受重大损失的，处三年以下有期徒刑或者拘役；情节特别严重的，处三年以上七年以下有期徒刑。本法另有规定的，依照规定。

国家机关工作人员徇私舞弊，犯前款罪的，处五年以下有期徒刑或者拘役；情节特别严重的，处五年以上十年以下有期徒刑。本法另有规定的，依照规定。

第三百九十八条 国家机关工作人员违反保守国家秘密法的规定，故意或者过失泄露国家秘密，情节严重的，处三年以下有期徒刑或者拘役；情节特别严重的，处三年以上七年以下有期徒刑。

非国家机关工作人员犯前款罪的，依照前款的规定酌情处罚。

第三百九十九条 司法工作人员徇私枉法、徇情枉法，对明知是无罪的人而使他受追诉、对明知是有罪的人而故意包庇不使他受追诉，或者在刑事审判活动中故意违背事实和法律作枉法裁判的，处五年以下有期徒刑或者拘役；情节严重的，处五年以上十年以下有期徒刑；情节特别严重的，处十年以上有期徒刑。

在民事、行政审判活动中故意违背事实和法律作枉法裁判，情节严重的，处五年以下有期徒刑或者拘役；情节特别严重的，处五年以上十年以下有期徒刑。

在执行判决、裁定活动中，严重不负责任或者滥用职权，不依法采取诉讼保全措施、不履行法定执行职责，或者违法采取诉讼保全措施、强制执行措施，致使当事人或者其他人的利益遭受重大损失的，处五年以下有期徒刑或者拘役；致使当事人或者其他人的利益遭受特别重大损失的，处五年以上十年以下有期徒刑。

司法工作人员收受贿赂，有前三款行为的，同时又构成本法第三百八十五条规定之罪的，依照处罚较重的规定定罪处罚。

第三百九十九条之一 依法承担仲裁职责的人员，在仲裁活动中故意违背事实和法律作枉法裁决，情节严重的，处三年以下有期徒刑或者拘役；情节特别严重的，处三年以上七年以下有期徒刑。

第四百条 司法工作人员私放在押的犯罪嫌疑人、被告人或者罪犯的，处五年以下有期徒刑或者拘役；情节严重的，处五年以上十年以下有期徒刑；情节特别严重的，处十年以上有期徒刑。

司法工作人员由于严重不负责任，致使在押的犯罪嫌疑人、被告人或者罪犯脱逃，造成严重后果的，处三年以下有期徒刑或者拘役；造成特别严重后果的，处三年以上十年以下有期徒刑。

第四百零一条 司法工作人员徇私舞弊，对不符合减刑、假释、暂予监外执行条件的罪犯，予以减刑、假释或者暂予监外执行的，处三年以下有期徒刑或者拘役；情节严重的，处三年以上七年以下有期徒刑。

第四百零二条 行政执法人员徇私舞弊，对依法应当移交司法机关追究刑事责任的不移交，情节严重的，处三年以下有期徒刑或者拘役；造成严重后果的，处三年以上七年以下有期徒刑。

第四百零三条 国家有关主管部门的国家机关工作人员，徇私舞弊，滥用职权，对不符合法律规定条件的公司设立、登记申请或者股票、债券发行、上市申请，予以批准或者登记，致使公共财产、国家和人民利益遭受重大损失的，处五年以下有期徒刑或者拘役。

上级部门强令登记机关及其工作人员实施前款行为的，对其直接负责的主管人员，依照前款的规定处罚。

第四百零四条 税务机关的工作人员徇私舞弊，不征或者少征应征税款，致使国家税收遭受重大损失的，处五年以下有期徒刑或者拘役；造成特别重大损失的，处五年以上有期徒刑。

第四百零五条 税务机关的工作人员违反法律、行政法规的规定，在办理发售发票、抵扣税款、出口退税工作中，徇私舞弊，致使国家利益遭受重大损失的，处五年以下有期徒刑或者拘役；致使国家利益遭受特别重大损失的，处五年以上有期徒刑。

其他国家机关工作人员违反国家规定，在提供出口货物报关单、出口收汇核销单等出口退税凭证的工作中，徇私舞弊，致使国家利益遭受重大损失的，依照前款的规定处罚。

第四百零六条 国家机关工作人员在签订、履行合同过程中，因严重不负责任被诈骗，致使国家利益遭受重大损失的，处三年以下有期徒刑或者拘役；致使国家利益遭受特别重大损失的，处三年以上七年以下有期徒刑。

第四百零七条 林业主管部门的工作人员违反森林法的规定，超过批准的年采伐限额发放林木采伐许可证或者违反规定滥发林木采伐许可证，情节严重，致使森林遭受严重破坏的，处三年以下有期徒刑或者拘役。

第四百零八条 负有环境保护监督管理职责的国家机关工作人员严重不负责任，导致发生重大环境污染事故，致使公私财产遭受重大损失或者造成人身伤亡的严重后果的，处三年以下有期徒刑或者拘役。

第四百零八条之一 负有食品药品安全监督管理职责的国家机关工作人员，滥用职权或者玩忽职守，有下列情形之一，造成严重后果或者有其他严重情节的，处五年以下有期徒刑或者拘役；造成特别严重后果或者有其他特别严重情节的，处五年以上十年以下有期徒刑：

（一）瞒报、谎报食品安全事故、药品安全事件的；

（二）对发现的严重食品药品安全违法行为未按规定查处的；

（三）在药品和特殊食品审批审评过程中，对不符合条件的申请准予许可的；

（四）依法应当移交司法机关追究刑事责任不移交的；

（五）有其他滥用职权或者玩忽职守行为的。

徇私舞弊犯前款罪的，从重处罚。

第四百零九条 从事传染病防治的政府卫生行政部门的工作人员严重不负责任，导致传染病传播或者流行，情节严重的，处三年以下有期徒刑或者拘役。

第四百一十条 国家机关工作人员徇私舞弊，违反土地管理法规，滥用职权，非法批准征收、征用、占用土地，或者非法低价出让国有土地使用权，情节严重的，处三年以下有期徒刑或者拘役；致使国家或者集体利益遭受特别重大损失的，处三年以上七年以下有期徒刑。

第四百一十一条 海关工作人员徇私舞弊，放纵走私，情节严重的，处五年以下有期徒刑或者拘役；情节特别严重的，处五年以上有期徒刑。

第四百一十二条 国家商检部门、商检机构的工作人员徇私舞弊，伪造检验结果的，处五年以下有期徒刑或者拘役；造成严重后果的，处五年以上十年以下有期徒刑。

前款所列人员严重不负责任，对应当检验的物品不检验，或者延误检验出证、错误出证，致使国家利益遭受重大损失的，处三年以下有期徒刑或者拘役。

第四百一十三条 动植物检疫机关的检疫人员徇私舞弊，伪造检疫结果的，处五年以下有期徒刑或者拘役；造成严重后果的，处五年以上十年以下有期徒刑。

前款所列人员严重不负责任，对应当检疫的检疫物不检疫，或者延误检疫出证、错误出证，致使国家利益遭受重大损失的，处三年以下有期徒刑或者拘役。

第四百一十四条 对生产、销售伪劣商品犯罪行为负有追究责任的国家机关工作人员，徇私舞弊，不履行法律规定的追究职责，情节严重的，处五年以下有期徒刑或者拘役。

第四百一十五条 负责办理护照、签证以及其他出入境证件的国家机关工作人员，对明知是企图偷越国（边）境的人员，予以办理出入境证件的，或者边防、海关等国家机关工作人员，对明知是偷越国（边）境的人员，予以放行的，处三年以下有期徒刑或者拘役；情节严重的，处三年以上七年以下有期徒刑。

第四百一十六条 对被拐卖、绑架的妇女、儿童负有解救职责的国家机关工作人员，接到被拐卖、绑架的妇女、儿童及其家属的解救要求或者接到其他人的举报，而对被拐卖、绑架的妇女、儿童不进行解救，造成严重后果的，处五年以下有期徒刑或者拘役。

负有解救职责的国家机关工作人员利用职务阻碍解救的，处二年以上七年以下有期徒刑；情节较轻的，处二年以下有期徒刑或者拘役。

第四百一十七条 有查禁犯罪活动职责的国家机关工作人员，向犯罪分子通风报信、提供便利，帮助犯罪分子逃避处罚的，处三年以下有期徒刑或者拘役；情节严重的，处三年以上十年以下有期徒刑。

第四百一十八条 国家机关工作人员在招收公务员、学生工作中徇私舞弊，情节严重的，处三年以下有期徒刑或者拘役。

第四百一十九条 国家机关工作人员严重不负责任，造成珍贵文物损毁或者流失，后果严重的，处三年以下有期徒刑或者拘役。

第十章 军人违反职责罪

第四百二十条 军人违反职责，危害国家军事利益，依照法律应当受刑罚处罚的行为，是军人违反职责罪。

第四百二十一条 战时违抗命令，对作战造成危害的，处三年以上十年以下有期徒刑；致使战斗、战役遭受重大损失的，处十年以上有期徒刑、无期徒刑或者死刑。

第四百二十二条 故意隐瞒、谎报军情或者拒传、假传军令，对作战造成危害的，处三年以上十年以下有期徒刑；致使战斗、战役遭受重大损失的，处十年以上有期徒刑、无期徒刑或者死刑。

第四百二十三条 在战场上贪生怕死，自动放下武器投降敌人的，处三年以上十年以下有期徒刑；情节严重的，处十年以上有期徒刑或者无期徒刑。

投降后为敌人效劳的，处十年以上有期徒刑、无期徒刑或者死刑。

第四百二十四条 战时临阵脱逃的，处三年以下有期徒刑；情节严重的，处三年以上十年以下有期徒刑；致使战斗、战役遭受重大损失的，处十年以上有期徒刑、无期徒刑或者死刑。

第四百二十五条 指挥人员和值班、值勤人员擅离职守或者玩忽职守，造成严重后果的，处三年以下有期徒刑或者拘役；造成特别严重后果的，处三年以上七年以下有期徒刑。

战时犯前款罪的，处五年以上有期徒刑。

第四百二十六条 以暴力、威胁方法，阻碍指挥人员或者值班、值勤人员执行职务的，处五年以下有期徒刑或者拘役；情节严重的，处五年以上十年以下有期徒刑；情节特别严重的，处十年以上有期徒刑或者无期徒刑。战时从重处罚。

第四百二十七条 滥用职权，指使部属进行违反职责的活动，造成严重后果的，处五年以下有期徒刑或者拘役；情节特别严重的，处五年以上十年以下有期徒刑。

第四百二十八条 指挥人员违抗命令，临阵畏缩，作战消极，造成严重后果的，处五年以下有期徒刑；致使战斗、战役遭受重大损失或者有其他特别严重情节的，处五年以上有期徒刑。

第四百二十九条 在战场上明知友邻部队处境危急请求救援，能救援而不救援，致使友邻部队遭受重大损失的，对指挥人员，处五年以下有期徒刑。

第四百三十条 在履行公务期间，擅离岗位，叛逃境外或者在境外叛逃，危害国家军事利益的，处五年以下有期徒刑或者拘役；情节严重的，处五年以上有期徒刑。

驾驶航空器、舰船叛逃的，或者有其他特别严重情节的，处十年以上有期徒刑、无期徒刑或者死刑。

第四百三十一条 以窃取、刺探、收买方法，非法获取军事秘密的，处五年以下有期徒刑；情节严重的，处五年以上十年以下有期徒刑；情节特别严重的，处十年以上有期徒刑。

为境外的机构、组织、人员窃取、刺探、收买、非法提供军事秘密的，处五年以上十年以下有期徒刑；情节严重的，处十年以上有期徒刑、无期徒刑或者死刑。

第四百三十二条 违反保守国家秘密法规，故意或者过失泄露军事秘密，情节严重的，处五年以下有期徒刑或者拘役；情节特别严重的，处五年以上十年以下有期徒刑。

战时犯前款罪的，处五年以上十年以下有期徒刑；情节特别严重的，处十年以上有期徒刑或者无期徒刑。

第四百三十三条 战时造谣惑众，动摇军心的，处三年以下有期徒刑；情节严重的，处三年以上十年以下有期徒刑；情节特别严重的，处十年以上有期徒刑或者无期徒刑。

第四百三十四条 战时自伤身体，逃避军事义务的，处三年以下有期徒刑；情节严重的，处三年以上七年以下有期徒刑。

第四百三十五条 违反兵役法规，逃离部队，情节严重的，处三年以下有期徒刑或者拘役。

战时犯前款罪的，处三年以上七年以下有期徒刑。

第四百三十六条 违反武器装备使用规定，情节严重，因而发生责任事故，致人重伤、死亡或者造成其他严重后果的，处三年以下有期徒刑或者拘役；后果特别严重的，处三年以上七年以下有期徒刑。

第四百三十七条 违反武器装备管理规定，擅自改变武器装备的编配用途，造成严重后果的，处三年以下有期徒刑或者拘役；造成特别严重后果的，处三年以上七年以下有期徒刑。

第四百三十八条 盗窃、抢夺武器装备或者军用物资的，处五年以下有期徒刑或者拘役；情节严重的，处五年以上十年以下有期徒刑；情节特别严重的，处十年以上有期徒刑、无期徒刑或者死刑。

盗窃、抢夺枪支、弹药、爆炸物的，依照本法第一百二十七条的规定处罚。

第四百三十九条 非法出卖、转让军队武器装备的，处三年以上十年以下有期徒刑；出卖、转让大量武器装备或者有其他特别严重情节的，处十年以上有期徒刑、无期徒刑或者死刑。

第四百四十条 违抗命令，遗弃武器装备的，处五年以下有期徒刑或者拘役；遗弃重要或者大量武器装备的，或者有其他严重情节的，处五年以上有期徒刑。

第四百四十一条 遗失武器装备，不及时报告或者有其他严重情节的，处三年以下有期徒刑或者拘役。

第四百四十二条 违反规定，擅自出卖、转让军队房地产，情节严重的，对直接责任人员，处三年以下有期徒刑或者拘役；情节特别严重的，处三年以上十年以下有期徒刑。

第四百四十三条 滥用职权，虐待部属，情节恶劣，致人重伤或者造成其他严重后果的，处五年以下有期徒刑或者拘役；致人死亡的，处五年以上有期徒刑。

第四百四十四条 在战场上故意遗弃伤病军人，情节恶劣的，对直接责任人员，处五年以下有期徒刑。

第四百四十五条 战时在救护治疗职位上，有条件救治而拒不救治危重伤病军人的，处五年以下有期徒刑或者拘役；造成伤病军人重残、死亡或者有其他严重情节的，处五年以上十年以下有期徒刑。

第四百四十六条 战时在军事行动地区，残害无辜居民或者掠夺无辜居民财物的，处五年以下有期徒刑；情节严重的，处五年以上十年以下有期徒刑；情节特别严重的，处十年以上有期徒刑、无期徒刑或者死刑。

第四百四十七条 私放俘虏的，处五年以下有期徒刑；私放重要俘虏、私放俘虏多人或者有其他严重情节的，处五年以上有期徒刑。

第四百四十八条 虐待俘虏，情节恶劣的，处三年以下有期徒刑。

第四百四十九条 在战时，对被判处三年以下有期徒刑没有现实危险宣告缓刑的犯罪军人，允许其戴罪立功，确有立功表现时，可以撤销原判刑罚，不以犯罪论处。

第四百五十条 本章适用于中国人民解放军的现役军官、文职干部、士兵及具有军籍的学员和中国人民武装警察部队的现役警官、文职干部、士兵及具有军籍的学员以及文职人员、执行军事任务的预备役人员和其他人员。

第四百五十一条 本章所称战时，是指国家宣布进入战争状态、部队受领作战任务或者遭敌突然袭击时。

部队执行戒严任务或者处置突发性暴力事件时，以战时论。

附　　则

第四百五十二条　本法自 1997 年 10 月 1 日起施行。

列于本法附件一的全国人民代表大会常务委员会制定的条例、补充规定和决定，已纳入本法或者已不适用，自本法施行之日起，予以废止。

列于本法附件二的全国人民代表大会常务委员会制定的补充规定和决定予以保留。其中，有关行政处罚和行政措施的规定继续有效；有关刑事责任的规定已纳入本法，自本法施行之日起，适用本法规定。

附件一

全国人民代表大会常务委员会制定的下列条例、补充规定和决定，已纳入本法或者已不适用，自本法施行之日起，予以废止：

1. 中华人民共和国惩治军人违反职责罪暂行条例
2. 关于严惩严重破坏经济的罪犯的决定
3. 关于严惩严重危害社会治安的犯罪分子的决定
4. 关于惩治走私罪的补充规定
5. 关于惩治贪污罪贿赂罪的补充规定
6. 关于惩治泄露国家秘密犯罪的补充规定
7. 关于惩治捕杀国家重点保护的珍贵、濒危野生动物犯罪的补充规定
8. 关于惩治侮辱中华人民共和国国旗国徽罪的决定
9. 关于惩治盗掘古文化遗址古墓葬犯罪的补充规定
10. 关于惩治劫持航空器犯罪分子的决定
11. 关于惩治假冒注册商标犯罪的补充规定
12. 关于惩治生产、销售伪劣商品犯罪的决定
13. 关于惩治侵犯著作权的犯罪的决定
14. 关于惩治违反公司法的犯罪的决定
15. 关于处理逃跑或者重新犯罪的劳改犯和劳教人员的决定

附件二

全国人民代表大会常务委员会制定的下列补充规定和决定予以保留，其中，有关行政处罚和行政措施的规定继续有效；有关刑事责任的规定已纳入本法，自本法施行之日起，适用本法规定：

1. 关于禁毒的决定①
2. 关于惩治走私、制作、贩卖、传播淫秽物品的犯罪分子的决定
3. 关于严禁卖淫嫖娼的决定②
4. 关于严惩拐卖、绑架妇女、儿童的犯罪分子的决定
5. 关于惩治偷税、抗税犯罪的补充规定③
6. 关于严惩组织、运送他人偷越国（边）境犯罪的补充规定④
7. 关于惩治破坏金融秩序犯罪的决定
8. 关于惩治虚开、伪造和非法出售增值税专用发票犯罪的决定

全国人民代表大会常务委员会关于惩治骗购外汇、逃汇和非法买卖外汇犯罪的决定

（1998年12月29日第九届全国人民代表大会常务委员会第六次会议通过　1998年12月29日中华人民共和国主席令第14号公布　自公布之日起施行）

为了惩治骗购外汇、逃汇和非法买卖外汇的犯罪行为，维护国家外汇管理秩序，对刑法作如下补充修改：

一、有下列情形之一，骗购外汇，数额较大的，处五年以下有期徒刑

---

① 根据《中华人民共和国禁毒法》第七十一条的规定，本决定自2008年6月1日起废止。——编者注

② 根据《全国人民代表大会常务委员会关于废止有关收容教育法律规定和制度的决定》，该决定第四条第二款、第四款，以及据此实行的收容教育制度自2019年12月29日起废止。——编者注

③ 根据《全国人民代表大会常务委员会关于废止部分法律的决定》，该补充规定自2009年6月27日起废止。——编者注

④ 根据《全国人民代表大会常务委员会关于废止部分法律的决定》，该补充规定自2009年6月27日起废止。——编者注

或者拘役，并处骗购外汇数额百分之五以上百分之三十以下罚金；数额巨大或者有其他严重情节的，处五年以上十年以下有期徒刑，并处骗购外汇数额百分之五以上百分之三十以下罚金；数额特别巨大或者有其他特别严重情节的，处十年以上有期徒刑或者无期徒刑，并处骗购外汇数额百分之五以上百分之三十以下罚金或者没收财产：

（一）使用伪造、变造的海关签发的报关单、进口证明、外汇管理部门核准件等凭证和单据的；

（二）重复使用海关签发的报关单、进口证明、外汇管理部门核准件等凭证和单据的；

（三）以其他方式骗购外汇的。

伪造、变造海关签发的报关单、进口证明、外汇管理部门核准件等凭证和单据，并用于骗购外汇的，依照前款的规定从重处罚。

明知用于骗购外汇而提供人民币资金的，以共犯论处。

单位犯前三款罪的，对单位依照第一款的规定判处罚金，并对其直接负责的主管人员和其他直接责任人员，处五年以下有期徒刑或者拘役；数额巨大或者有其他严重情节的，处五年以上十年以下有期徒刑；数额特别巨大或者有其他特别严重情节的，处十年以上有期徒刑或者无期徒刑。

二、买卖伪造、变造的海关签发的报关单、进口证明、外汇管理部门核准件等凭证和单据或者国家机关的其他公文、证件、印章的，依照刑法第二百八十条的规定定罪处罚。

三、将刑法第一百九十条修改为：公司、企业或者其他单位，违反国家规定，擅自将外汇存放境外，或者将境内的外汇非法转移到境外，数额较大的，对单位判处逃汇数额百分之五以上百分之三十以下罚金，并对其直接负责的主管人员和其他直接责任人员，处五年以下有期徒刑或者拘役；数额巨大或者有其他严重情节的，对单位判处逃汇数额百分之五以上百分之三十以下罚金，并对其直接负责的主管人员和其他直接责任人员，处五年以上有期徒刑。

四、在国家规定的交易场所以外非法买卖外汇，扰乱市场秩序，情节严重的，依照刑法第二百二十五条的规定定罪处罚。

单位犯前款罪的，依照刑法第二百三十一条的规定处罚。

五、海关、外汇管理部门以及金融机构、从事对外贸易经营活动的公司、企业或者其他单位的工作人员与骗购外汇或者逃汇的行为人通谋，为其提供购买外汇的有关凭证或者其他便利的，或者明知是伪造、变造的凭证和单据而售汇、付汇的，以共犯论，依照本决定从重处罚。

六、海关、外汇管理部门的工作人员严重不负责任，造成大量外汇被骗购或者逃汇，致使国家利益遭受重大损失的，依照刑法第三百九十七条的规定定罪处罚。

七、金融机构、从事对外贸易经营活动的公司、企业的工作人员严重不负责任，造成大量外汇被骗购或者逃汇，致使国家利益遭受重大损失的，依照刑法第一百六十七条的规定定罪处罚。

八、犯本决定规定之罪，依法被追缴、没收的财物和罚金，一律上缴国库。

九、本决定自公布之日起施行。

中华人民共和国公职人员政务处分法

（2020年6月20日第十三届全国人民代表大会常务委员会第十九次会议通过　2020年6月20日中华人民共和国主席令第46号公布　自2020年7月1日起施行）

目　　录

第一章　总　　则
第二章　政务处分的种类和适用
第三章　违法行为及其适用的政务处分
第四章　政务处分的程序
第五章　复审、复核
第六章　法律责任
第七章　附　　则

第一章　总　　则

第一条　为了规范政务处分，加强对所有行使公权力的公职人员的监督，促进公职人员依法履职、秉公用权、廉洁从政从业、坚持道德操守，根据《中华人民共和国监察法》，制定本法。

第二条　本法适用于监察机关对违法的公职人员给予政务处分的活动。

本法第二章、第三章适用于公职人员任免机关、单位对违法的公职人员给予处分。处分的程序、申诉等适用其他法律、行政法规、国务院部门规章和国家有关规定。

本法所称公职人员，是指《中华人民共和国监察法》第十五条规定的人员。

第三条　监察机关应当按照管理权限，加强对公职人员的监督，依法给予违法的公职人员政务处分。

公职人员任免机关、单位应当按照管理权限，加强对公职人员的教育、管理、监督，依法给予违法的公职人员处分。

监察机关发现公职人员任免机关、单位应当给予处分而未给予，或者给予的处分违法、不当的，应当及时提出监察建议。

第四条　给予公职人员政务处分，坚持党管干部原则，集体讨论决定；坚持法律面前一律平等，以事实为根据，以法律为准绳，给予的政务处分与违法行为的性质、情节、危害程度相当；坚持惩戒与教育相结合，宽严相济。

第五条　给予公职人员政务处分，应当事实清楚、证据确凿、定性准确、处理恰当、程序合法、手续完备。

第六条　公职人员依法履行职责受法律保护，非因法定事由、非经法定程序，不受政务处分。

第二章　政务处分的种类和适用

第七条　政务处分的种类为：

（一）警告；

（二）记过；

（三）记大过；

（四）降级；

（五）撤职；

（六）开除。

第八条 政务处分的期间为：

（一）警告，六个月；

（二）记过，十二个月；

（三）记大过，十八个月；

（四）降级、撤职，二十四个月。

政务处分决定自作出之日起生效，政务处分期自政务处分决定生效之日起计算。

第九条 公职人员二人以上共同违法，根据各自在违法行为中所起的作用和应当承担的法律责任，分别给予政务处分。

第十条 有关机关、单位、组织集体作出的决定违法或者实施违法行为的，对负有责任的领导人员和直接责任人员中的公职人员依法给予政务处分。

第十一条 公职人员有下列情形之一的，可以从轻或者减轻给予政务处分：

（一）主动交代本人应当受到政务处分的违法行为的；

（二）配合调查，如实说明本人违法事实的；

（三）检举他人违纪违法行为，经查证属实的；

（四）主动采取措施，有效避免、挽回损失或者消除不良影响的；

（五）在共同违法行为中起次要或者辅助作用的；

（六）主动上交或者退赔违法所得的；

（七）法律、法规规定的其他从轻或者减轻情节。

第十二条 公职人员违法行为情节轻微，且具有本法第十一条规定的情形之一的，可以对其进行谈话提醒、批评教育、责令检查或者予以诫勉，免予或者不予政务处分。

公职人员因不明真相被裹挟或者被胁迫参与违法活动，经批评教育后确有悔改表现的，可以减轻、免予或者不予政务处分。

第十三条 公职人员有下列情形之一的，应当从重给予政务处分：

（一）在政务处分期内再次故意违法，应当受到政务处分的；

（二）阻止他人检举、提供证据的；

（三）串供或者伪造、隐匿、毁灭证据的；

（四）包庇同案人员的；

（五）胁迫、唆使他人实施违法行为的；

（六）拒不上交或者退赔违法所得的；

（七）法律、法规规定的其他从重情节。

第十四条 公职人员犯罪，有下列情形之一的，予以开除：

（一）因故意犯罪被判处管制、拘役或者有期徒刑以上刑罚（含宣告缓刑）的；

（二）因过失犯罪被判处有期徒刑，刑期超过三年的；

（三）因犯罪被单处或者并处剥夺政治权利的。

因过失犯罪被判处管制、拘役或者三年以下有期徒刑的，一般应当予以开除；案件情况特殊，予以撤职更为适当的，可以不予开除，但是应当报请上一级机关批准。

公职人员因犯罪被单处罚金，或者犯罪情节轻微，人民检察院依法作出不起诉决定或者人民法院依法免予刑事处罚的，予以撤职；造成不良影响的，予以开除。

第十五条 公职人员有两个以上违法行为的，应当分别确定政务处分。应当给予两种以上政务处分的，执行其中最重的政务处分；应当给予撤职以下多个相同政务处分的，可以在一个政务处分期以上、多个政务处分期之和以下确定政务处分期，但是最长不得超过四十八个月。

第十六条 对公职人员的同一违法行为，监察机关和公职人员任免机关、单位不得重复给予政务处分和处分。

第十七条 公职人员有违法行为，有关机关依照规定给予组织处理的，监察机关可以同时给予政务处分。

第十八条 担任领导职务的公职人员有违法行为，被罢免、撤销、免去或者辞去领导职务的，监察机关可以同时给予政务处分。

第十九条 公务员以及参照《中华人民共和国公务员法》管理的人员在政务处分期内，不得晋升职务、职级、衔级和级别；其中，被记过、记大过、降级、撤职的，不得晋升工资档次。被撤职的，按照规定降低职务、职级、衔级和级别，同时降低工资和待遇。

第二十条 法律、法规授权或者受国家机关依法委托管理公共事务的组织中从事公务的人员，以及公办的教育、科研、文化、医疗卫生、体育等单位中从事管理的人员，在政务处分期内，不得晋升职务、岗位和职员等级、职称；其中，被记过、记大过、降级、撤职的，不得晋升薪酬待遇等级。被撤职的，降低职务、岗位或者职员等级，同时降低薪酬待遇。

第二十一条 国有企业管理人员在政务处分期内，不得晋升职务、岗位等级和职称；其中，被记过、记大过、降级、撤职的，不得晋升薪酬待遇等级。被撤职的，降低职务或者岗位等级，同时降低薪酬待遇。

第二十二条 基层群众性自治组织中从事管理的人员有违法行为的，监察机关可以予以警告、记过、记大过。

基层群众性自治组织中从事管理的人员受到政务处分的，应当由县级或者乡镇人民政府根据具体情况减发或者扣发补贴、奖金。

第二十三条 《中华人民共和国监察法》第十五条第六项规定的人员有违法行为的，监察机关可以予以警告、记过、记大过。情节严重的，由所在单位直接给予或者监察机关建议有关机关、单位给予降低薪酬待遇、调离岗位、解除人事关系或者劳动关系等处理。

《中华人民共和国监察法》第十五条第二项规定的人员，未担任公务员、参照《中华人民共和国公务员法》管理的人员、事业单位工作人员或者国有企业人员职务的，对其违法行为依照前款规定处理。

第二十四条 公职人员被开除，或者依照本法第二十三条规定，受到解除人事关系或者劳动关系处理的，不得录用为公务员以及参照《中华人民共和国公务员法》管理的人员。

第二十五条 公职人员违法取得的财物和用于违法行为的本人财物，除依法应当由其他机关没收、追缴或者责令退赔的，由监察机关没收、追缴或者责令退赔；应当退还原所有人或者原持有人的，依法予以退还；属于国家财产或者不应当退还以及无法退还的，上缴国库。

公职人员因违法行为获得的职务、职级、衔级、级别、岗位和职员等级、职称、待遇、资格、学历、学位、荣誉、奖励等其他利益，监察机关应当建议有关机关、单位、组织按规定予以纠正。

第二十六条 公职人员被开除的，自政务处分决定生效之日起，应当解除其与所在机关、单位的人事关系或者劳动关系。

公职人员受到开除以外的政务处分，在政务处分期内有悔改表现，并且没有再发生应当给予政务处分的违法行为的，政务处分期满后自动解除，晋升职务、职级、衔级、级别、岗位和职员等级、职称、薪酬待遇不再受原政务处分影响。但是，解除降级、撤职的，不恢复原职务、职级、衔级、级别、岗位和职员等级、职称、薪酬待遇。

第二十七条 已经退休的公职人员退休前或者退休后有违法行为的，不再给予政务处分，但是可以对其立案调查；依法应当予以降级、撤职、开除的，应当按照规定相应调整其享受的待遇，对其违法取得的财物和用于违法行为的本人财物依照本法第二十五条的规定处理。

已经离职或者死亡的公职人员在履职期间有违法行为的，依照前款规定处理。

第三章 违法行为及其适用的政务处分

第二十八条 有下列行为之一的，予以记过或者记大过；情节较重的，予以降级或者撤职；情节严重的，予以开除：

（一）散布有损宪法权威、中国共产党领导和国家声誉的言论的；

（二）参加旨在反对宪法、中国共产党领导和国家的集会、游行、示威等活动的；

（三）拒不执行或者变相不执行中国共产党和国家的路线方针政策、重大决策部署的；

（四）参加非法组织、非法活动的；

（五）挑拨、破坏民族关系，或者参加民族分裂活动的；

（六）利用宗教活动破坏民族团结和社会稳定的；

（七）在对外交往中损害国家荣誉和利益的。

有前款第二项、第四项、第五项和第六项行为之一的，对策划者、组织者和骨干分子，予以开除。

公开发表反对宪法确立的国家指导思想，反对中国共产党领导，反对社会主义制度，反对改革开放的文章、演说、宣言、声明等的，予以开除。

第二十九条　不按照规定请示、报告重大事项，情节较重的，予以警告、记过或者记大过；情节严重的，予以降级或者撤职。

违反个人有关事项报告规定，隐瞒不报，情节较重的，予以警告、记过或者记大过。

篡改、伪造本人档案资料的，予以记过或者记大过；情节严重的，予以降级或者撤职。

第三十条　有下列行为之一的，予以警告、记过或者记大过；情节严重的，予以降级或者撤职：

（一）违反民主集中制原则，个人或者少数人决定重大事项，或者拒不执行、擅自改变集体作出的重大决定的；

（二）拒不执行或者变相不执行、拖延执行上级依法作出的决定、命令的。

第三十一条　违反规定出境或者办理因私出境证件的，予以记过或者记大过；情节严重的，予以降级或者撤职。

违反规定取得外国国籍或者获取境外永久居留资格、长期居留许可的，予以撤职或者开除。

第三十二条　有下列行为之一的，予以警告、记过或者记大过；情节较重的，予以降级或者撤职；情节严重的，予以开除：

（一）在选拔任用、录用、聘用、考核、晋升、评选等干部人事工作中违反有关规定的；

（二）弄虚作假，骗取职务、职级、衔级、级别、岗位和职员等级、职称、待遇、资格、学历、学位、荣誉、奖励或者其他利益的；

（三）对依法行使批评、申诉、控告、检举等权利的行为进行压制或者打击报复的；

（四）诬告陷害，意图使他人受到名誉损害或者责任追究等不良影响的；

（五）以暴力、威胁、贿赂、欺骗等手段破坏选举的。

第三十三条 有下列行为之一的，予以警告、记过或者记大过；情节较重的，予以降级或者撤职；情节严重的，予以开除：

（一）贪污贿赂的；

（二）利用职权或者职务上的影响为本人或者他人谋取私利的；

（三）纵容、默许特定关系人利用本人职权或者职务上的影响谋取私利的。

拒不按照规定纠正特定关系人违规任职、兼职或者从事经营活动，且不服从职务调整的，予以撤职。

第三十四条 收受可能影响公正行使公权力的礼品、礼金、有价证券等财物的，予以警告、记过或者记大过；情节较重的，予以降级或者撤职；情节严重的，予以开除。

向公职人员及其特定关系人赠送可能影响公正行使公权力的礼品、礼金、有价证券等财物，或者接受、提供可能影响公正行使公权力的宴请、旅游、健身、娱乐等活动安排，情节较重的，予以警告、记过或者记大过；情节严重的，予以降级或者撤职。

第三十五条 有下列行为之一，情节较重的，予以警告、记过或者记大过；情节严重的，予以降级或者撤职：

（一）违反规定设定、发放薪酬或者津贴、补贴、奖金的；

（二）违反规定，在公务接待、公务交通、会议活动、办公用房以及其他工作生活保障等方面超标准、超范围的；

（三）违反规定公款消费的。

第三十六条 违反规定从事或者参与营利性活动，或者违反规定兼任职务、领取报酬的，予以警告、记过或者记大过；情节较重的，予以降级或者撤职；情节严重的，予以开除。

第三十七条 利用宗族或者黑恶势力等欺压群众，或者纵容、包庇黑恶势力活动的，予以撤职；情节严重的，予以开除。

第三十八条 有下列行为之一，情节较重的，予以警告、记过或者记大过；情节严重的，予以降级或者撤职：

（一）违反规定向管理服务对象收取、摊派财物的；

（二）在管理服务活动中故意刁难、吃拿卡要的；

（三）在管理服务活动中态度恶劣粗暴，造成不良后果或者影响的；

（四）不按照规定公开工作信息，侵犯管理服务对象知情权，造成不良后果或者影响的；

（五）其他侵犯管理服务对象利益的行为，造成不良后果或者影响的。

有前款第一项、第二项和第五项行为，情节特别严重的，予以开除。

第三十九条 有下列行为之一，造成不良后果或者影响的，予以警告、记过或者记大过；情节较重的，予以降级或者撤职；情节严重的，予以开除：

（一）滥用职权，危害国家利益、社会公共利益或者侵害公民、法人、其他组织合法权益的；

（二）不履行或者不正确履行职责，玩忽职守，贻误工作的；

（三）工作中有形式主义、官僚主义行为的；

（四）工作中有弄虚作假，误导、欺骗行为的；

（五）泄露国家秘密、工作秘密，或者泄露因履行职责掌握的商业秘密、个人隐私的。

第四十条 有下列行为之一的，予以警告、记过或者记大过；情节较重的，予以降级或者撤职；情节严重的，予以开除：

（一）违背社会公序良俗，在公共场所有不当行为，造成不良影响的；

（二）参与或者支持迷信活动，造成不良影响的；

（三）参与赌博的；

（四）拒不承担赡养、抚养、扶养义务的；

（五）实施家庭暴力，虐待、遗弃家庭成员的；

（六）其他严重违反家庭美德、社会公德的行为。

吸食、注射毒品，组织赌博，组织、支持、参与卖淫、嫖娼、色情淫乱活动的，予以撤职或者开除。

第四十一条 公职人员有其他违法行为，影响公职人员形象，损害国家和人民利益的，可以根据情节轻重给予相应政务处分。

第四章　政务处分的程序

第四十二条　监察机关对涉嫌违法的公职人员进行调查，应当由二名以上工作人员进行。监察机关进行调查时，有权依法向有关单位和个人了解情况，收集、调取证据。有关单位和个人应当如实提供情况。

严禁以威胁、引诱、欺骗及其他非法方式收集证据。以非法方式收集的证据不得作为给予政务处分的依据。

第四十三条　作出政务处分决定前，监察机关应当将调查认定的违法事实及拟给予政务处分的依据告知被调查人，听取被调查人的陈述和申辩，并对其陈述的事实、理由和证据进行核实，记录在案。被调查人提出的事实、理由和证据成立的，应予采纳。不得因被调查人的申辩而加重政务处分。

第四十四条　调查终结后，监察机关应当根据下列不同情况，分别作出处理：

（一）确有应受政务处分的违法行为的，根据情节轻重，按照政务处分决定权限，履行规定的审批手续后，作出政务处分决定；

（二）违法事实不能成立的，撤销案件；

（三）符合免予、不予政务处分条件的，作出免予、不予政务处分决定；

（四）被调查人涉嫌其他违法或者犯罪行为的，依法移送主管机关处理。

第四十五条　决定给予政务处分的，应当制作政务处分决定书。

政务处分决定书应当载明下列事项：

（一）被处分人的姓名、工作单位和职务；

（二）违法事实和证据；

（三）政务处分的种类和依据；

（四）不服政务处分决定，申请复审、复核的途径和期限；

（五）作出政务处分决定的机关名称和日期。

政务处分决定书应当盖有作出决定的监察机关的印章。

第四十六条　政务处分决定书应当及时送达被处分人和被处分人所在机关、单位，并在一定范围内宣布。

作出政务处分决定后，监察机关应当根据被处分人的具体身份书面告知相关的机关、单位。

第四十七条　参与公职人员违法案件调查、处理的人员有下列情形之一的，应当自行回避，被调查人、检举人及其他有关人员也有权要求其回避：

（一）是被调查人或者检举人的近亲属的；

（二）担任过本案的证人的；

（三）本人或者其近亲属与调查的案件有利害关系的；

（四）可能影响案件公正调查、处理的其他情形。

第四十八条　监察机关负责人的回避，由上级监察机关决定；其他参与违法案件调查、处理人员的回避，由监察机关负责人决定。

监察机关或者上级监察机关发现参与违法案件调查、处理人员有应当回避情形的，可以直接决定该人员回避。

第四十九条　公职人员依法受到刑事责任追究的，监察机关应当根据司法机关的生效判决、裁定、决定及其认定的事实和情节，依照本法规定给予政务处分。

公职人员依法受到行政处罚，应当给予政务处分的，监察机关可以根据行政处罚决定认定的事实和情节，经立案调查核实后，依照本法给予政务处分。

监察机关根据本条第一款、第二款的规定作出政务处分后，司法机关、行政机关依法改变原生效判决、裁定、决定等，对原政务处分决定产生影响的，监察机关应当根据改变后的判决、裁定、决定等重新作出相应处理。

第五十条　监察机关对经各级人民代表大会、县级以上各级人民代表大会常务委员会选举或者决定任命的公职人员予以撤职、开除的，应当先依法罢免、撤销或者免去其职务，再依法作出政务处分决定。

监察机关对经中国人民政治协商会议各级委员会全体会议或者其常务委员会选举或者决定任命的公职人员予以撤职、开除的，应当先依章程免去其职务，再依法作出政务处分决定。

监察机关对各级人民代表大会代表、中国人民政治协商会议各级委员会委员给予政务处分的，应当向有关的人民代表大会常务委员会，乡、民族乡、镇的人民代表大会主席团或者中国人民政治协商会议委员会常务委员会通报。

第五十一条 下级监察机关根据上级监察机关的指定管辖决定进行调查的案件，调查终结后，对不属于本监察机关管辖范围内的监察对象，应当交有管理权限的监察机关依法作出政务处分决定。

第五十二条 公职人员涉嫌违法，已经被立案调查，不宜继续履行职责的，公职人员任免机关、单位可以决定暂停其履行职务。

公职人员在被立案调查期间，未经监察机关同意，不得出境、辞去公职；被调查公职人员所在机关、单位及上级机关、单位不得对其交流、晋升、奖励、处分或者办理退休手续。

第五十三条 监察机关在调查中发现公职人员受到不实检举、控告或者诬告陷害，造成不良影响的，应当按照规定及时澄清事实，恢复名誉，消除不良影响。

第五十四条 公职人员受到政务处分的，应当将政务处分决定书存入其本人档案。对于受到降级以上政务处分的，应当由人事部门按照管理权限在作出政务处分决定后一个月内办理职务、工资及其他有关待遇等的变更手续；特殊情况下，经批准可以适当延长办理期限，但是最长不得超过六个月。

第五章 复审、复核

第五十五条 公职人员对监察机关作出的涉及本人的政务处分决定不服的，可以依法向作出决定的监察机关申请复审；公职人员对复审决定仍不服的，可以向上一级监察机关申请复核。

监察机关发现本机关或者下级监察机关作出的政务处分决定确有错误的，应当及时予以纠正或者责令下级监察机关及时予以纠正。

第五十六条 复审、复核期间，不停止原政务处分决定的执行。

公职人员不因提出复审、复核而被加重政务处分。

第五十七条 有下列情形之一的，复审、复核机关应当撤销原政务处分决定，重新作出决定或者责令原作出决定的监察机关重新作出决定：

（一）政务处分所依据的违法事实不清或者证据不足的；

（二）违反法定程序，影响案件公正处理的；

（三）超越职权或者滥用职权作出政务处分决定的。

第五十八条 有下列情形之一的，复审、复核机关应当变更原政务处分决定，或者责令原作出决定的监察机关予以变更：

（一）适用法律、法规确有错误的；

（二）对违法行为的情节认定确有错误的；

（三）政务处分不当的。

第五十九条 复审、复核机关认为政务处分决定认定事实清楚，适用法律正确的，应当予以维持。

第六十条 公职人员的政务处分决定被变更，需要调整该公职人员的职务、职级、衔级、级别、岗位和职员等级或者薪酬待遇等的，应当按照规定予以调整。政务处分决定被撤销的，应当恢复该公职人员的级别、薪酬待遇，按照原职务、职级、衔级、岗位和职员等级安排相应的职务、职级、衔级、岗位和职员等级，并在原政务处分决定公布范围内为其恢复名誉。没收、追缴财物错误的，应当依法予以返还、赔偿。

公职人员因有本法第五十七条、第五十八条规定的情形被撤销政务处分或者减轻政务处分的，应当对其薪酬待遇受到的损失予以补偿。

第六章 法律责任

第六十一条 有关机关、单位无正当理由拒不采纳监察建议的，由其上级机关、主管部门责令改正，对该机关、单位给予通报批评，对负有责任的领导人员和直接责任人员依法给予处理。

第六十二条 有关机关、单位、组织或者人员有下列情形之一的，由其上级机关，主管部门，任免机关、单位或者监察机关责令改正，依法给予处理：

（一）拒不执行政务处分决定的；

（二）拒不配合或者阻碍调查的；

（三）对检举人、证人或者调查人员进行打击报复的；

（四）诬告陷害公职人员的；

（五）其他违反本法规定的情形。

第六十三条 监察机关及其工作人员有下列情形之一的，对负有责任的领导人员和直接责任人员依法给予处理：

（一）违反规定处置问题线索的；

（二）窃取、泄露调查工作信息，或者泄露检举事项、检举受理情况以及检举人信息的；

（三）对被调查人或者涉案人员逼供、诱供，或者侮辱、打骂、虐待、体罚或者变相体罚的；

（四）收受被调查人或者涉案人员的财物以及其他利益的；

（五）违反规定处置涉案财物的；

（六）违反规定采取调查措施的；

（七）利用职权或者职务上的影响干预调查工作、以案谋私的；

（八）违反规定发生办案安全事故，或者发生安全事故后隐瞒不报、报告失实、处置不当的；

（九）违反回避等程序规定，造成不良影响的；

（十）不依法受理和处理公职人员复审、复核的；

（十一）其他滥用职权、玩忽职守、徇私舞弊的行为。

第六十四条 违反本法规定，构成犯罪的，依法追究刑事责任。

第七章 附 则

第六十五条 国务院及其相关主管部门根据本法的原则和精神，结合事业单位、国有企业等的实际情况，对事业单位、国有企业等的违法的公职人员处分事宜作出具体规定。

第六十六条 中央军事委员会可以根据本法制定相关具体规定。

第六十七条 本法施行前，已结案的案件如果需要复审、复核，适用当时的规定。尚未结案的案件，如果行为发生时的规定不认为是违法的，适用当时的规定；如果行为发生时的规定认为是违法的，依照当时的规定处理，但是如果本法不认为是违法或者根据本法处理较轻的，适用本法。

第六十八条 本法自 2020 年 7 月 1 日起施行。

中华人民共和国反有组织犯罪法

（2021 年 12 月 24 日第十三届全国人民代表大会常务委员会第三十二次会议通过 2021 年 12 月 24 日中华人民共和国主席令第 101 号公布 自 2022 年 5 月 1 日起施行）

目　录

第一章　总　　则
第二章　预防和治理
第三章　案件办理
第四章　涉案财产认定和处置
第五章　国家工作人员涉有组织犯罪的处理
第六章　国际合作
第七章　保障措施
第八章　法律责任
第九章　附　　则

第一章　总　　则

第一条　为了预防和惩治有组织犯罪，加强和规范反有组织犯罪工作，维护国家安全、社会秩序、经济秩序，保护公民和组织的合法权益，根据宪法，制定本法。

第二条　本法所称有组织犯罪，是指《中华人民共和国刑法》第二百九十四条规定的组织、领导、参加黑社会性质组织犯罪，以及黑社会性质组织、恶势力组织实施的犯罪。

本法所称恶势力组织，是指经常纠集在一起，以暴力、威胁或者其他手段，在一定区域或者行业领域内多次实施违法犯罪活动，为非作恶，欺压群众，扰乱社会秩序、经济秩序，造成较为恶劣的社会影响，但尚未形成黑社会性质组织的犯罪组织。

境外的黑社会组织到中华人民共和国境内发展组织成员、实施犯罪，以及在境外对中华人民共和国国家或者公民犯罪的，适用本法。

第三条 反有组织犯罪工作应当坚持总体国家安全观，综合运用法律、经济、科技、文化、教育等手段，建立健全反有组织犯罪工作机制和有组织犯罪预防治理体系。

第四条 反有组织犯罪工作应当坚持专门工作与群众路线相结合，坚持专项治理与系统治理相结合，坚持与反腐败相结合，坚持与加强基层组织建设相结合，惩防并举、标本兼治。

第五条 反有组织犯罪工作应当依法进行，尊重和保障人权，维护公民和组织的合法权益。

第六条 监察机关、人民法院、人民检察院、公安机关、司法行政机关以及其他有关国家机关，应当根据分工，互相配合，互相制约，依法做好反有组织犯罪工作。

有关部门应当动员、依靠村民委员会、居民委员会、企业事业单位、社会组织，共同开展反有组织犯罪工作。

第七条 任何单位和个人都有协助、配合有关部门开展反有组织犯罪工作的义务。

国家依法对协助、配合反有组织犯罪工作的单位和个人给予保护。

第八条 国家鼓励单位和个人举报有组织犯罪。

对举报有组织犯罪或者在反有组织犯罪工作中作出突出贡献的单位和个人，按照国家有关规定给予表彰、奖励。

第二章 预防和治理

第九条 各级人民政府和有关部门应当依法组织开展有组织犯罪预防和治理工作，将有组织犯罪预防和治理工作纳入考评体系。

村民委员会、居民委员会应当协助人民政府以及有关部门开展有组织犯罪预防和治理工作。

第十条 承担有组织犯罪预防和治理职责的部门应当开展反有组织犯

罪宣传教育，增强公民的反有组织犯罪意识和能力。

监察机关、人民法院、人民检察院、公安机关、司法行政机关应当通过普法宣传、以案释法等方式，开展反有组织犯罪宣传教育。

新闻、广播、电视、文化、互联网信息服务等单位，应当有针对性地面向社会开展反有组织犯罪宣传教育。

第十一条 教育行政部门、学校应当会同有关部门建立防范有组织犯罪侵害校园工作机制，加强反有组织犯罪宣传教育，增强学生防范有组织犯罪的意识，教育引导学生自觉抵制有组织犯罪，防范有组织犯罪的侵害。

学校发现有组织犯罪侵害学生人身、财产安全，妨害校园及周边秩序的，有组织犯罪组织在学生中发展成员的，或者学生参加有组织犯罪活动的，应当及时制止，采取防范措施，并向公安机关和教育行政部门报告。

第十二条 民政部门应当会同监察机关、公安机关等有关部门，对村民委员会、居民委员会成员候选人资格进行审查，发现因实施有组织犯罪受过刑事处罚的，应当依照有关规定及时作出处理；发现有组织犯罪线索的，应当及时向公安机关报告。

第十三条 市场监管、金融监管、自然资源、交通运输等行业主管部门应当会同公安机关，建立健全行业有组织犯罪预防和治理长效机制，对相关行业领域内有组织犯罪情况进行监测分析，对有组织犯罪易发的行业领域加强监督管理。

第十四条 监察机关、人民法院、人民检察院、公安机关在办理案件中发现行业主管部门有组织犯罪预防和治理工作存在问题的，可以书面向相关行业主管部门提出意见建议。相关行业主管部门应当及时处理并书面反馈。

第十五条 公安机关可以会同有关部门根据本地有组织犯罪情况，确定预防和治理的重点区域、行业领域或者场所。

重点区域、行业领域或者场所的管理单位应当采取有效措施，加强管理，并及时将工作情况向公安机关反馈。

第十六条 电信业务经营者、互联网服务提供者应当依法履行网络信息安全管理义务，采取安全技术防范措施，防止含有宣扬、诱导有组织犯罪内容的信息传播；发现含有宣扬、诱导有组织犯罪内容的信息的，应当立即停止传输，采取消除等处置措施，保存相关记录，并向公安机关或者有关部门报告，依法为公安机关侦查有组织犯罪提供技术支持和协助。

网信、电信、公安等主管部门对含有宣扬、诱导有组织犯罪内容的信息，应当按照职责分工，及时责令有关单位停止传输、采取消除等处置措施，或者下架相关应用、关闭相关网站、关停相关服务。有关单位应当立即执行，并保存相关记录，协助调查。对互联网上来源于境外的上述信息，电信主管部门应当采取技术措施，及时阻断传播。

第十七条 国务院反洗钱行政主管部门、国务院其他有关部门、机构应当督促金融机构和特定非金融机构履行反洗钱义务。发现与有组织犯罪有关的可疑交易活动的，有关主管部门可以依法进行调查，经调查不能排除洗钱嫌疑的，应当及时向公安机关报案。

第十八条 监狱、看守所、社区矫正机构对有组织犯罪的罪犯，应当采取有针对性的监管、教育、矫正措施。

有组织犯罪的罪犯刑满释放后，司法行政机关应当会同有关部门落实安置帮教等必要措施，促进其顺利融入社会。

第十九条 对因组织、领导黑社会性质组织被判处刑罚的人员，设区的市级以上公安机关可以决定其自刑罚执行完毕之日起，按照国家有关规定向公安机关报告个人财产及日常活动。报告期限不超过五年。

第二十条 曾被判处刑罚的黑社会性质组织的组织者、领导者或者恶势力组织的首要分子开办企业或者在企业中担任高级管理人员的，相关行业主管部门应当依法审查，对其经营活动加强监督管理。

第二十一条 移民管理、海关、海警等部门应当会同公安机关严密防范境外的黑社会组织入境渗透、发展、实施违法犯罪活动。

出入境证件签发机关、移民管理机构对境外的黑社会组织的人员，有权决定不准其入境、不予签发入境证件或者宣布其入境证件作废。

移民管理、海关、海警等部门发现境外的黑社会组织的人员入境的，应当及时通知公安机关。发现相关人员涉嫌违反我国法律或者发现涉嫌有组织犯罪物品的，应当依法扣留并及时处理。

第三章 案件办理

第二十二条 办理有组织犯罪案件，应当以事实为根据，以法律为准绳，坚持宽严相济。

对有组织犯罪的组织者、领导者和骨干成员，应当严格掌握取保候审、不起诉、缓刑、减刑、假释和暂予监外执行的适用条件，充分适用剥夺政治权利、没收财产、罚金等刑罚。

有组织犯罪的犯罪嫌疑人、被告人自愿如实供述自己的罪行，承认指控的犯罪事实，愿意接受处罚的，可以依法从宽处理。

第二十三条 利用网络实施的犯罪，符合本法第二条规定的，应当认定为有组织犯罪。

为谋取非法利益或者形成非法影响，有组织地进行滋扰、纠缠、哄闹、聚众造势等，对他人形成心理强制，足以限制人身自由、危及人身财产安全，影响正常社会秩序、经济秩序的，可以认定为有组织犯罪的犯罪手段。

第二十四条 公安机关应当依法运用现代信息技术，建立有组织犯罪线索收集和研判机制，分级分类进行处置。

公安机关接到对有组织犯罪的报案、控告、举报后，应当及时开展统计、分析、研判工作，组织核查或者移送有关主管机关依法处理。

第二十五条 有关国家机关在履行职责时发现有组织犯罪线索，或者接到对有组织犯罪的举报的，应当及时移送公安机关等主管机关依法处理。

第二十六条 公安机关核查有组织犯罪线索，可以按照国家有关规定采取调查措施。公安机关向有关单位和个人收集、调取相关信息和材料的，有关单位和个人应当如实提供。

第二十七条 公安机关核查有组织犯罪线索，经县级以上公安机关负责人批准，可以查询嫌疑人员的存款、汇款、债券、股票、基金份额等财产信息。

公安机关核查黑社会性质组织犯罪线索，发现涉案财产有灭失、转移的紧急风险的，经设区的市级以上公安机关负责人批准，可以对有关涉案财产采取紧急止付或者临时冻结、临时扣押的紧急措施，期限不得超过四十八小时。期限届满或者适用紧急措施的情形消失的，应当立即解除紧急措施。

第二十八条 公安机关核查有组织犯罪线索，发现犯罪事实或者犯罪嫌疑人的，应当依照《中华人民共和国刑事诉讼法》的规定立案侦查。

第二十九条 公安机关办理有组织犯罪案件，可以依照《中华人民共和国出境入境管理法》的规定，决定对犯罪嫌疑人采取限制出境措施，通知移民管理机构执行。

第三十条 对有组织犯罪案件的犯罪嫌疑人、被告人，根据办理案件和维护监管秩序的需要，可以采取异地羁押、分别羁押或者单独羁押等措施。采取异地羁押措施的，应当依法通知犯罪嫌疑人、被告人的家属和辩护人。

第三十一条 公安机关在立案后，根据侦查犯罪的需要，依照《中华人民共和国刑事诉讼法》的规定，可以采取技术侦查措施、实施控制下交付或者由有关人员隐匿身份进行侦查。

第三十二条 犯罪嫌疑人、被告人检举、揭发重大犯罪的其他共同犯罪人或者提供侦破重大案件的重要线索或者证据，同案处理可能导致其本人或者近亲属有人身危险的，可以分案处理。

第三十三条 犯罪嫌疑人、被告人积极配合有组织犯罪案件的侦查、起诉、审判等工作，有下列情形之一的，可以依法从宽处罚，但对有组织犯罪的组织者、领导者应当严格适用：

（一）为查明犯罪组织的组织结构及其组织者、领导者、首要分子的地位、作用提供重要线索或者证据的；

（二）为查明犯罪组织实施的重大犯罪提供重要线索或者证据的；

（三）为查处国家工作人员涉有组织犯罪提供重要线索或者证据的；

（四）协助追缴、没收尚未掌握的赃款赃物的；

（五）其他为查办有组织犯罪案件提供重要线索或者证据的情形。

对参加有组织犯罪组织的犯罪嫌疑人、被告人不起诉或者免予刑事处罚的，可以根据案件的不同情况，依法予以训诫、责令具结悔过、赔礼道歉、赔偿损失，或者由主管部门予以行政处罚或者处分。

第三十四条 对黑社会性质组织的组织者、领导者，应当依法并处没收财产。对其他组织成员，根据其在犯罪组织中的地位、作用以及所参与违法犯罪活动的次数、性质、违法所得数额、造成的损失等，可以依法并处罚金或者没收财产。

第三十五条 对有组织犯罪的罪犯，执行机关应当依法从严管理。

黑社会性质组织的组织者、领导者或者恶势力组织的首要分子被判处十年以上有期徒刑、无期徒刑、死刑缓期二年执行的，应当跨省、自治区、直辖市异地执行刑罚。

第三十六条 对被判处十年以上有期徒刑、无期徒刑、死刑缓期二年执行的黑社会性质组织的组织者、领导者或者恶势力组织的首要分子减刑的，执行机关应当依法提出减刑建议，报经省、自治区、直辖市监狱管理机关复核后，提请人民法院裁定。

对黑社会性质组织的组织者、领导者或者恶势力组织的首要分子假释的，适用前款规定的程序。

第三十七条 人民法院审理黑社会性质组织犯罪罪犯的减刑、假释案件，应当通知人民检察院、执行机关参加审理，并通知被报请减刑、假释的罪犯参加，听取其意见。

第三十八条 执行机关提出减刑、假释建议以及人民法院审理减刑、假释案件，应当充分考虑罪犯履行生效裁判中财产性判项、配合处置涉案财产等情况。

第四章 涉案财产认定和处置

第三十九条 办理有组织犯罪案件中发现的可用以证明犯罪嫌疑人、被告人有罪或者无罪的各种财物、文件，应当依法查封、扣押。

公安机关、人民检察院、人民法院可以依照《中华人民共和国刑事诉讼法》的规定查询、冻结犯罪嫌疑人、被告人的存款、汇款、债券、股票、基金份额等财产。有关单位和个人应当配合。

第四十条 公安机关、人民检察院、人民法院根据办理有组织犯罪案件的需要，可以全面调查涉嫌有组织犯罪的组织及其成员的财产状况。

第四十一条 查封、扣押、冻结、处置涉案财物，应当严格依照法定条件和程序进行，依法保护公民和组织的合法财产权益，严格区分违法所得与合法财产、本人财产与其家属的财产，减少对企业正常经营活动的不利影响。不得查封、扣押、冻结与案件无关的财物。经查明确实与案件无关的财物，应当在三日以内解除查封、扣押、冻结，予以退还。对被害人的合法财产，应当及时返还。

查封、扣押、冻结涉案财物，应当为犯罪嫌疑人、被告人及其扶养的家属保留必需的生活费用和物品。

第四十二条 公安机关可以向反洗钱行政主管部门查询与有组织犯罪相关的信息数据，提请协查与有组织犯罪相关的可疑交易活动，反洗钱行政主管部门应当予以配合并及时回复。

第四十三条 对下列财产，经县级以上公安机关、人民检察院或者人民法院主要负责人批准，可以依法先行出售、变现或者变卖、拍卖，所得价款由扣押、冻结机关保管，并及时告知犯罪嫌疑人、被告人或者其近亲属：

（一）易损毁、灭失、变质等不宜长期保存的物品；

（二）有效期即将届满的汇票、本票、支票等；

（三）债券、股票、基金份额等财产，经权利人申请，出售不损害国家利益、被害人利益，不影响诉讼正常进行的。

第四十四条 公安机关、人民检察院应当对涉案财产审查甄别。在移送审查起诉、提起公诉时，应当对涉案财产提出处理意见。

在审理有组织犯罪案件过程中，应当对与涉案财产的性质、权属有关的事实、证据进行法庭调查、辩论。人民法院应当依法作出判决，对涉案财产作出处理。

第四十五条 有组织犯罪组织及其成员违法所得的一切财物及其孳息、收益，违禁品和供犯罪所用的本人财物，应当依法予以追缴、没收或者责令退赔。

依法应当追缴、没收的涉案财产无法找到、灭失或者与其他合法财产混合且不可分割的，可以追缴、没收其他等值财产或者混合财产中的等值部分。

被告人实施黑社会性质组织犯罪的定罪量刑事实已经查清，有证据证明其在犯罪期间获得的财产高度可能属于黑社会性质组织犯罪的违法所得及其孳息、收益，被告人不能说明财产合法来源的，应当依法予以追缴、没收。

第四十六条 涉案财产符合下列情形之一的，应当依法予以追缴、没收：

（一）为支持或者资助有组织犯罪活动而提供给有组织犯罪组织及其成员的财产；

（二）有组织犯罪组织成员的家庭财产中实际用于支持有组织犯罪活动的部分；

（三）利用有组织犯罪组织及其成员的违法犯罪活动获得的财产及其孳息、收益。

第四十七条 黑社会性质组织犯罪案件的犯罪嫌疑人、被告人逃匿，在通缉一年后不能到案，或者犯罪嫌疑人、被告人死亡，依照《中华人民共和国刑法》规定应当追缴其违法所得及其他涉案财产的，依照《中华人民共和国刑事诉讼法》有关犯罪嫌疑人、被告人逃匿、死亡案件违法所得的没收程序的规定办理。

第四十八条 监察机关、公安机关、人民检察院发现与有组织犯罪相关的洗钱以及掩饰、隐瞒犯罪所得、犯罪所得收益等犯罪的，应当依法查处。

第四十九条 利害关系人对查封、扣押、冻结、处置涉案财物提出异议的，公安机关、人民检察院、人民法院应当及时予以核实，听取其意见，依法作出处理。

公安机关、人民检察院、人民法院对涉案财物作出处理后，利害关系人对处理不服的，可以提出申诉或者控告。

第五章 国家工作人员涉有组织犯罪的处理

第五十条 国家工作人员有下列行为的，应当全面调查，依法作出处理：

（一）组织、领导、参加有组织犯罪活动的；

（二）为有组织犯罪组织及其犯罪活动提供帮助的；

（三）包庇有组织犯罪组织、纵容有组织犯罪活动的；

（四）在查办有组织犯罪案件工作中失职渎职的；

（五）利用职权或者职务上的影响干预反有组织犯罪工作的；

（六）其他涉有组织犯罪的违法犯罪行为。

国家工作人员组织、领导、参加有组织犯罪的，应当依法从重处罚。

第五十一条 监察机关、人民法院、人民检察院、公安机关、司法行政机关应当加强协作配合，建立线索办理沟通机制，发现国家工作人员涉嫌本法第五十条规定的违法犯罪的线索，应当依法处理或者及时移送主管机关处理。

任何单位和个人发现国家工作人员与有组织犯罪有关的违法犯罪行为，有权向监察机关、人民检察院、公安机关等部门报案、控告、举报。有关部门接到报案、控告、举报后，应当及时处理。

第五十二条 依法查办有组织犯罪案件或者依照职责支持、协助查办有组织犯罪案件的国家工作人员，不得有下列行为：

（一）接到报案、控告、举报不受理，发现犯罪信息、线索隐瞒不报、不如实报告，或者未经批准、授权擅自处置、不移送犯罪线索、涉案材料；

（二）向违法犯罪人员通风报信，阻碍案件查处；

（三）违背事实和法律处理案件；

（四）违反规定查封、扣押、冻结、处置涉案财物；

（五）其他滥用职权、玩忽职守、徇私舞弊的行为。

第五十三条 有关机关接到对从事反有组织犯罪工作的执法、司法工作人员的举报后，应当依法处理，防止犯罪嫌疑人、被告人等利用举报干扰办案、打击报复。

对利用举报等方式歪曲捏造事实，诬告陷害从事反有组织犯罪工作的执法、司法工作人员的，应当依法追究责任；造成不良影响的，应当按照规定及时澄清事实，恢复名誉，消除不良影响。

第六章　国际合作

第五十四条 中华人民共和国根据缔结或者参加的国际条约，或者按照平等互惠原则，与其他国家、地区、国际组织开展反有组织犯罪合作。

第五十五条　国务院有关部门根据国务院授权，代表中国政府与外国政府和有关国际组织开展反有组织犯罪情报信息交流和执法合作。

国务院公安部门应当加强跨境反有组织犯罪警务合作，推动与有关国家和地区建立警务合作机制。经国务院公安部门批准，边境地区公安机关可以与相邻国家或者地区执法机构建立跨境有组织犯罪情报信息交流和警务合作机制。

第五十六条　涉及有组织犯罪的刑事司法协助、引渡，依照有关法律的规定办理。

第五十七条　通过反有组织犯罪国际合作取得的材料可以在行政处罚、刑事诉讼中作为证据使用，但依据条约规定或者我方承诺不作为证据使用的除外。

第七章　保障措施

第五十八条　国家为反有组织犯罪工作提供必要的组织保障、制度保障和物质保障。

第五十九条　公安机关和有关部门应当依照职责，建立健全反有组织犯罪专业力量，加强人才队伍建设和专业训练，提升反有组织犯罪工作能力。

第六十条　国务院和县级以上地方各级人民政府应当按照事权划分，将反有组织犯罪工作经费列入本级财政预算。

第六十一条　因举报、控告和制止有组织犯罪活动，在有组织犯罪案件中作证，本人或者其近亲属的人身安全面临危险的，公安机关、人民检察院、人民法院应当按照有关规定，采取下列一项或者多项保护措施：

（一）不公开真实姓名、住址和工作单位等个人信息；

（二）采取不暴露外貌、真实声音等出庭作证措施；

（三）禁止特定的人接触被保护人员；

（四）对人身和住宅采取专门性保护措施；

（五）变更被保护人员的身份，重新安排住所和工作单位；

（六）其他必要的保护措施。

第六十二条 采取本法第六十一条第三项、第四项规定的保护措施，由公安机关执行。根据本法第六十一条第五项规定，变更被保护人员身份的，由国务院公安部门批准和组织实施。

公安机关、人民检察院、人民法院依法采取保护措施，有关单位和个人应当配合。

第六十三条 实施有组织犯罪的人员配合侦查、起诉、审判等工作，对侦破案件或者查明案件事实起到重要作用的，可以参照证人保护的规定执行。

第六十四条 对办理有组织犯罪案件的执法、司法工作人员及其近亲属，可以采取人身保护、禁止特定的人接触等保护措施。

第六十五条 对因履行反有组织犯罪工作职责或者协助、配合有关部门开展反有组织犯罪工作导致伤残或者死亡的人员，按照国家有关规定给予相应的待遇。

第八章 法律责任

第六十六条 组织、领导、参加黑社会性质组织，国家机关工作人员包庇、纵容黑社会性质组织，以及黑社会性质组织、恶势力组织实施犯罪的，依法追究刑事责任。

境外的黑社会组织的人员到中华人民共和国境内发展组织成员、实施犯罪，以及在境外对中华人民共和国国家或者公民犯罪的，依法追究刑事责任。

第六十七条 发展未成年人参加黑社会性质组织、境外的黑社会组织，教唆、诱骗未成年人实施有组织犯罪，或者实施有组织犯罪侵害未成年人合法权益的，依法从重追究刑事责任。

第六十八条 对有组织犯罪的罪犯，人民法院可以依照《中华人民共和国刑法》有关从业禁止的规定，禁止其从事相关职业，并通报相关行业主管部门。

第六十九条 有下列情形之一，尚不构成犯罪的，由公安机关处五日以上十日以下拘留，可以并处一万元以下罚款；情节较重的，处十日以上十五日以下拘留，并处一万元以上三万元以下罚款；有违法所得的，除依法应当返还被害人的以外，应当予以没收：

（一）参加境外的黑社会组织的；

（二）积极参加恶势力组织的；

（三）教唆、诱骗他人参加有组织犯罪组织，或者阻止他人退出有组织犯罪组织的；

（四）为有组织犯罪活动提供资金、场所等支持、协助、便利的；

（五）阻止他人检举揭发有组织犯罪、提供有组织犯罪证据，或者明知他人有有组织犯罪行为，在司法机关向其调查有关情况、收集有关证据时拒绝提供的。

教唆、诱骗未成年人参加有组织犯罪组织或者阻止未成年人退出有组织犯罪组织，尚不构成犯罪的，依照前款规定从重处罚。

第七十条 违反本法第十九条规定，不按照公安机关的决定如实报告个人财产及日常活动的，由公安机关给予警告，并责令改正；拒不改正的，处五日以上十日以下拘留，并处三万元以下罚款。

第七十一条 金融机构等相关单位未依照本法第二十七条规定协助公安机关采取紧急止付、临时冻结措施的，由公安机关责令改正；拒不改正的，由公安机关处五万元以上二十万元以下罚款，并对直接负责的主管人员和其他直接责任人员处五万元以下罚款；情节严重的，公安机关可以建议有关主管部门对直接负责的主管人员和其他直接责任人员依法给予处分。

第七十二条 电信业务经营者、互联网服务提供者有下列情形之一的，由有关主管部门责令改正；拒不改正或者情节严重的，由有关主管部门依照《中华人民共和国网络安全法》的有关规定给予处罚：

（一）拒不为侦查有组织犯罪提供技术支持和协助的；

（二）不按照主管部门的要求对含有宣扬、诱导有组织犯罪内容的信息停止传输、采取消除等处置措施、保存相关记录的。

第七十三条 有关国家机关、行业主管部门拒不履行或者拖延履行反有组织犯罪法定职责，或者拒不配合反有组织犯罪调查取证，或者在其他工作中滥用反有组织犯罪工作有关措施的，由其上级机关责令改正；情节严重的，对负有责任的领导人员和直接责任人员，依法给予处分；构成犯罪的，依法追究刑事责任。

第七十四条 有关部门和单位、个人应当对在反有组织犯罪工作过程中知悉的国家秘密、商业秘密和个人隐私予以保密。违反规定泄露国家秘密、商业秘密和个人隐私的，依法追究法律责任。

第七十五条 国家工作人员有本法第五十条、第五十二条规定的行为，构成犯罪的，依法追究刑事责任；尚不构成犯罪的，依法给予处分。

第七十六条 有关单位和个人对依照本法作出的行政处罚和行政强制措施决定不服的，可以依法申请行政复议或者提起行政诉讼。

第九章 附 则

第七十七条 本法自 2022 年 5 月 1 日起施行。

六、行政法律

中华人民共和国行政许可法

（2003年8月27日第十届全国人民代表大会常务委员会第四次会议通过　根据2019年4月23日第十三届全国人民代表大会常务委员会第十次会议《关于修改〈中华人民共和国建筑法〉等八部法律的决定》修正）

目　　录

第一章　总　　则
第二章　行政许可的设定
第三章　行政许可的实施机关
第四章　行政许可的实施程序
　第一节　申请与受理
　第二节　审查与决定
　第三节　期　　限
　第四节　听　　证
　第五节　变更与延续
　第六节　特别规定
第五章　行政许可的费用
第六章　监督检查
第七章　法律责任
第八章　附　　则

第一章　总　　则

第一条　为了规范行政许可的设定和实施，保护公民、法人和其他组织的合法权益，维护公共利益和社会秩序，保障和监督行政机关有效实施行政管理，根据宪法，制定本法。

第二条 本法所称行政许可，是指行政机关根据公民、法人或者其他组织的申请，经依法审查，准予其从事特定活动的行为。

第三条 行政许可的设定和实施，适用本法。

有关行政机关对其他机关或者对其直接管理的事业单位的人事、财务、外事等事项的审批，不适用本法。

第四条 设定和实施行政许可，应当依照法定的权限、范围、条件和程序。

第五条 设定和实施行政许可，应当遵循公开、公平、公正、非歧视的原则。

有关行政许可的规定应当公布；未经公布的，不得作为实施行政许可的依据。行政许可的实施和结果，除涉及国家秘密、商业秘密或者个人隐私的外，应当公开。未经申请人同意，行政机关及其工作人员、参与专家评审等的人员不得披露申请人提交的商业秘密、未披露信息或者保密商务信息，法律另有规定或者涉及国家安全、重大社会公共利益的除外；行政机关依法公开申请人前述信息的，允许申请人在合理期限内提出异议。

符合法定条件、标准的，申请人有依法取得行政许可的平等权利，行政机关不得歧视任何人。

第六条 实施行政许可，应当遵循便民的原则，提高办事效率，提供优质服务。

第七条 公民、法人或者其他组织对行政机关实施行政许可，享有陈述权、申辩权；有权依法申请行政复议或者提起行政诉讼；其合法权益因行政机关违法实施行政许可受到损害的，有权依法要求赔偿。

第八条 公民、法人或者其他组织依法取得的行政许可受法律保护，行政机关不得擅自改变已经生效的行政许可。

行政许可所依据的法律、法规、规章修改或者废止，或者准予行政许可所依据的客观情况发生重大变化的，为了公共利益的需要，行政机关可以依法变更或者撤回已经生效的行政许可。由此给公民、法人或者其他组织造成财产损失的，行政机关应当依法给予补偿。

第九条 依法取得的行政许可，除法律、法规规定依照法定条件和程序可以转让的外，不得转让。

第十条 县级以上人民政府应当建立健全对行政机关实施行政许可的监督制度，加强对行政机关实施行政许可的监督检查。

行政机关应当对公民、法人或者其他组织从事行政许可事项的活动实施有效监督。

第二章 行政许可的设定

第十一条 设定行政许可，应当遵循经济和社会发展规律，有利于发挥公民、法人或者其他组织的积极性、主动性，维护公共利益和社会秩序，促进经济、社会和生态环境协调发展。

第十二条 下列事项可以设定行政许可：

（一）直接涉及国家安全、公共安全、经济宏观调控、生态环境保护以及直接关系人身健康、生命财产安全等特定活动，需要按照法定条件予以批准的事项；

（二）有限自然资源开发利用、公共资源配置以及直接关系公共利益的特定行业的市场准入等，需要赋予特定权利的事项；

（三）提供公众服务并且直接关系公共利益的职业、行业，需要确定具备特殊信誉、特殊条件或者特殊技能等资格、资质的事项；

（四）直接关系公共安全、人身健康、生命财产安全的重要设备、设施、产品、物品，需要按照技术标准、技术规范，通过检验、检测、检疫等方式进行审定的事项；

（五）企业或者其他组织的设立等，需要确定主体资格的事项；

（六）法律、行政法规规定可以设定行政许可的其他事项。

第十三条 本法第十二条所列事项，通过下列方式能够予以规范的，可以不设行政许可：

（一）公民、法人或者其他组织能够自主决定的；

（二）市场竞争机制能够有效调节的；

（三）行业组织或者中介机构能够自律管理的；

（四）行政机关采用事后监督等其他行政管理方式能够解决的。

第十四条 本法第十二条所列事项，法律可以设定行政许可。尚未制定法律的，行政法规可以设定行政许可。

必要时，国务院可以采用发布决定的方式设定行政许可。实施后，除临时性行政许可事项外，国务院应当及时提请全国人民代表大会及其常务委员会制定法律，或者自行制定行政法规。

第十五条 本法第十二条所列事项，尚未制定法律、行政法规的，地方性法规可以设定行政许可；尚未制定法律、行政法规和地方性法规的，因行政管理的需要，确需立即实施行政许可的，省、自治区、直辖市人民政府规章可以设定临时性的行政许可。临时性的行政许可实施满一年需要继续实施的，应当提请本级人民代表大会及其常务委员会制定地方性法规。

地方性法规和省、自治区、直辖市人民政府规章，不得设定应当由国家统一确定的公民、法人或者其他组织的资格、资质的行政许可；不得设定企业或者其他组织的设立登记及其前置性行政许可。其设定的行政许可，不得限制其他地区的个人或者企业到本地区从事生产经营和提供服务，不得限制其他地区的商品进入本地区市场。

第十六条 行政法规可以在法律设定的行政许可事项范围内，对实施该行政许可作出具体规定。

地方性法规可以在法律、行政法规设定的行政许可事项范围内，对实施该行政许可作出具体规定。

规章可以在上位法设定的行政许可事项范围内，对实施该行政许可作出具体规定。

法规、规章对实施上位法设定的行政许可作出的具体规定，不得增设行政许可；对行政许可条件作出的具体规定，不得增设违反上位法的其他条件。

第十七条 除本法第十四条、第十五条规定的外，其他规范性文件一律不得设定行政许可。

第十八条 设定行政许可，应当规定行政许可的实施机关、条件、程序、期限。

第十九条 起草法律草案、法规草案和省、自治区、直辖市人民政府规章草案，拟设定行政许可的，起草单位应当采取听证会、论证会等形式听取意见，并向制定机关说明设定该行政许可的必要性、对经济和社会可能产生的影响以及听取和采纳意见的情况。

第二十条 行政许可的设定机关应当定期对其设定的行政许可进行评价；对已设定的行政许可，认为通过本法第十三条所列方式能够解决的，应当对设定该行政许可的规定及时予以修改或者废止。

行政许可的实施机关可以对已设定的行政许可的实施情况及存在的必要性适时进行评价，并将意见报告该行政许可的设定机关。

公民、法人或者其他组织可以向行政许可的设定机关和实施机关就行政许可的设定和实施提出意见和建议。

第二十一条 省、自治区、直辖市人民政府对行政法规设定的有关经济事务的行政许可，根据本行政区域经济和社会发展情况，认为通过本法第十三条所列方式能够解决的，报国务院批准后，可以在本行政区域内停止实施该行政许可。

第三章 行政许可的实施机关

第二十二条 行政许可由具有行政许可权的行政机关在其法定职权范围内实施。

第二十三条 法律、法规授权的具有管理公共事务职能的组织，在法定授权范围内，以自己的名义实施行政许可。被授权的组织适用本法有关行政机关的规定。

第二十四条 行政机关在其法定职权范围内，依照法律、法规、规章的规定，可以委托其他行政机关实施行政许可。委托机关应当将受委托行政机关和受委托实施行政许可的内容予以公告。

委托行政机关对受委托行政机关实施行政许可的行为应当负责监督，并对该行为的后果承担法律责任。

受委托行政机关在委托范围内，以委托行政机关名义实施行政许可；不得再委托其他组织或者个人实施行政许可。

第二十五条 经国务院批准，省、自治区、直辖市人民政府根据精简、统一、效能的原则，可以决定一个行政机关行使有关行政机关的行政许可权。

第二十六条 行政许可需要行政机关内设的多个机构办理的，该行政机关应当确定一个机构统一受理行政许可申请，统一送达行政许可决定。

行政许可依法由地方人民政府两个以上部门分别实施的，本级人民政府可以确定一个部门受理行政许可申请并转告有关部门分别提出意见后统一办理，或者组织有关部门联合办理、集中办理。

第二十七条 行政机关实施行政许可，不得向申请人提出购买指定商品、接受有偿服务等不正当要求。

行政机关工作人员办理行政许可，不得索取或者收受申请人的财物，不得谋取其他利益。

第二十八条 对直接关系公共安全、人身健康、生命财产安全的设备、设施、产品、物品的检验、检测、检疫，除法律、行政法规规定由行政机关实施的外，应当逐步由符合法定条件的专业技术组织实施。专业技术组织及其有关人员对所实施的检验、检测、检疫结论承担法律责任。

第四章 行政许可的实施程序

第一节 申请与受理

第二十九条 公民、法人或者其他组织从事特定活动，依法需要取得行政许可的，应当向行政机关提出申请。申请书需要采用格式文本的，行政机关应当向申请人提供行政许可申请书格式文本。申请书格式文本中不得包含与申请行政许可事项没有直接关系的内容。

申请人可以委托代理人提出行政许可申请。但是，依法应当由申请人到行政机关办公场所提出行政许可申请的除外。

行政许可申请可以通过信函、电报、电传、传真、电子数据交换和电子邮件等方式提出。

第三十条 行政机关应当将法律、法规、规章规定的有关行政许可的事项、依据、条件、数量、程序、期限以及需要提交的全部材料的目录和申请书示范文本等在办公场所公示。

申请人要求行政机关对公示内容予以说明、解释的，行政机关应当说明、解释，提供准确、可靠的信息。

第三十一条 申请人申请行政许可，应当如实向行政机关提交有关材料和反映真实情况，并对其申请材料实质内容的真实性负责。行政机关不得要求申请人提交与其申请的行政许可事项无关的技术资料和其他材料。

行政机关及其工作人员不得以转让技术作为取得行政许可的条件；不得在实施行政许可的过程中，直接或者间接地要求转让技术。

第三十二条 行政机关对申请人提出的行政许可申请，应当根据下列情况分别作出处理：

（一）申请事项依法不需要取得行政许可的，应当即时告知申请人不受理；

（二）申请事项依法不属于本行政机关职权范围的，应当即时作出不予受理的决定，并告知申请人向有关行政机关申请；

（三）申请材料存在可以当场更正的错误的，应当允许申请人当场更正；

（四）申请材料不齐全或者不符合法定形式的，应当当场或者在五日内一次告知申请人需要补正的全部内容，逾期不告知的，自收到申请材料之日起即为受理；

（五）申请事项属于本行政机关职权范围，申请材料齐全、符合法定形式，或者申请人按照本行政机关的要求提交全部补正申请材料的，应当受理行政许可申请。

行政机关受理或者不予受理行政许可申请，应当出具加盖本行政机关专用印章和注明日期的书面凭证。

第三十三条 行政机关应当建立和完善有关制度，推行电子政务，在行政机关的网站上公布行政许可事项，方便申请人采取数据电文等方式提出行政许可申请；应当与其他行政机关共享有关行政许可信息，提高办事效率。

第二节 审查与决定

第三十四条 行政机关应当对申请人提交的申请材料进行审查。

申请人提交的申请材料齐全、符合法定形式，行政机关能够当场作出决定的，应当当场作出书面的行政许可决定。

根据法定条件和程序，需要对申请材料的实质内容进行核实的，行政机关应当指派两名以上工作人员进行核查。

第三十五条 依法应当先经下级行政机关审查后报上级行政机关决定的行政许可，下级行政机关应当在法定期限内将初步审查意见和全部申请材料直接报送上级行政机关。上级行政机关不得要求申请人重复提供申请材料。

第三十六条 行政机关对行政许可申请进行审查时，发现行政许可事项直接关系他人重大利益的，应当告知该利害关系人。申请人、利害关系人有权进行陈述和申辩。行政机关应当听取申请人、利害关系人的意见。

第三十七条 行政机关对行政许可申请进行审查后，除当场作出行政许可决定的外，应当在法定期限内按照规定程序作出行政许可决定。

第三十八条 申请人的申请符合法定条件、标准的，行政机关应当依法作出准予行政许可的书面决定。

行政机关依法作出不予行政许可的书面决定的，应当说明理由，并告知申请人享有依法申请行政复议或者提起行政诉讼的权利。

第三十九条 行政机关作出准予行政许可的决定，需要颁发行政许可证件的，应当向申请人颁发加盖本行政机关印章的下列行政许可证件：

（一）许可证、执照或者其他许可证书；

（二）资格证、资质证或者其他合格证书；

（三）行政机关的批准文件或者证明文件；

（四）法律、法规规定的其他行政许可证件。

行政机关实施检验、检测、检疫的，可以在检验、检测、检疫合格的设备、设施、产品、物品上加贴标签或者加盖检验、检测、检疫印章。

第四十条 行政机关作出的准予行政许可决定，应当予以公开，公众有权查阅。

第四十一条 法律、行政法规设定的行政许可，其适用范围没有地域限制的，申请人取得的行政许可在全国范围内有效。

第三节 期　限

第四十二条 除可以当场作出行政许可决定的外，行政机关应当自受理行政许可申请之日起二十日内作出行政许可决定。二十日内不能作出决定的，经本行政机关负责人批准，可以延长十日，并应当将延长期限的理由告知申请人。但是，法律、法规另有规定的，依照其规定。

依照本法第二十六条的规定，行政许可采取统一办理或者联合办理、集中办理的，办理的时间不得超过四十五日；四十五日内不能办结的，经本级人民政府负责人批准，可以延长十五日，并应当将延长期限的理由告知申请人。

第四十三条　依法应当先经下级行政机关审查后报上级行政机关决定的行政许可，下级行政机关应当自其受理行政许可申请之日起二十日内审查完毕。但是，法律、法规另有规定的，依照其规定。

第四十四条　行政机关作出准予行政许可的决定，应当自作出决定之日起十日内向申请人颁发、送达行政许可证件，或者加贴标签、加盖检验、检测、检疫印章。

第四十五条　行政机关作出行政许可决定，依法需要听证、招标、拍卖、检验、检测、检疫、鉴定和专家评审的，所需时间不计算在本节规定的期限内。行政机关应当将所需时间书面告知申请人。

第四节　听　　证

第四十六条　法律、法规、规章规定实施行政许可应当听证的事项，或者行政机关认为需要听证的其他涉及公共利益的重大行政许可事项，行政机关应当向社会公告，并举行听证。

第四十七条　行政许可直接涉及申请人与他人之间重大利益关系的，行政机关在作出行政许可决定前，应当告知申请人、利害关系人享有要求听证的权利；申请人、利害关系人在被告知听证权利之日起五日内提出听证申请的，行政机关应当在二十日内组织听证。

申请人、利害关系人不承担行政机关组织听证的费用。

第四十八条　听证按照下列程序进行：

（一）行政机关应当于举行听证的七日前将举行听证的时间、地点通知申请人、利害关系人，必要时予以公告；

（二）听证应当公开举行；

（三）行政机关应当指定审查该行政许可申请的工作人员以外的人员为听证主持人，申请人、利害关系人认为主持人与该行政许可事项有直接利害关系的，有权申请回避；

（四）举行听证时，审查该行政许可申请的工作人员应当提供审查意见的证据、理由，申请人、利害关系人可以提出证据，并进行申辩和质证；

（五）听证应当制作笔录，听证笔录应当交听证参加人确认无误后签字或者盖章。

行政机关应当根据听证笔录，作出行政许可决定。

第五节　变更与延续

第四十九条　被许可人要求变更行政许可事项的，应当向作出行政许可决定的行政机关提出申请；符合法定条件、标准的，行政机关应当依法办理变更手续。

第五十条　被许可人需要延续依法取得的行政许可的有效期的，应当在该行政许可有效期届满三十日前向作出行政许可决定的行政机关提出申请。但是，法律、法规、规章另有规定的，依照其规定。

行政机关应当根据被许可人的申请，在该行政许可有效期届满前作出是否准予延续的决定；逾期未作决定的，视为准予延续。

第六节　特别规定

第五十一条　实施行政许可的程序，本节有规定的，适用本节规定；本节没有规定的，适用本章其他有关规定。

第五十二条　国务院实施行政许可的程序，适用有关法律、行政法规的规定。

第五十三条　实施本法第十二条第二项所列事项的行政许可的，行政机关应当通过招标、拍卖等公平竞争的方式作出决定。但是，法律、行政法规另有规定的，依照其规定。

行政机关通过招标、拍卖等方式作出行政许可决定的具体程序，依照有关法律、行政法规的规定。

行政机关按照招标、拍卖程序确定中标人、买受人后，应当作出准予行政许可的决定，并依法向中标人、买受人颁发行政许可证件。

行政机关违反本条规定，不采用招标、拍卖方式，或者违反招标、拍卖程序，损害申请人合法权益的，申请人可以依法申请行政复议或者提起行政诉讼。

第五十四条 实施本法第十二条第三项所列事项的行政许可，赋予公民特定资格，依法应当举行国家考试的，行政机关根据考试成绩和其他法定条件作出行政许可决定；赋予法人或者其他组织特定的资格、资质的，行政机关根据申请人的专业人员构成、技术条件、经营业绩和管理水平等的考核结果作出行政许可决定。但是，法律、行政法规另有规定的，依照其规定。

公民特定资格的考试依法由行政机关或者行业组织实施，公开举行。行政机关或者行业组织应当事先公布资格考试的报名条件、报考办法、考试科目以及考试大纲。但是，不得组织强制性的资格考试的考前培训，不得指定教材或者其他助考材料。

第五十五条 实施本法第十二条第四项所列事项的行政许可的，应当按照技术标准、技术规范依法进行检验、检测、检疫，行政机关根据检验、检测、检疫的结果作出行政许可决定。

行政机关实施检验、检测、检疫，应当自受理申请之日起五日内指派两名以上工作人员按照技术标准、技术规范进行检验、检测、检疫。不需要对检验、检测、检疫结果作进一步技术分析即可认定设备、设施、产品、物品是否符合技术标准、技术规范的，行政机关应当当场作出行政许可决定。

行政机关根据检验、检测、检疫结果，作出不予行政许可决定的，应当书面说明不予行政许可所依据的技术标准、技术规范。

第五十六条 实施本法第十二条第五项所列事项的行政许可，申请人提交的申请材料齐全、符合法定形式的，行政机关应当当场予以登记。需要对申请材料的实质内容进行核实的，行政机关依照本法第三十四条第三款的规定办理。

第五十七条 有数量限制的行政许可，两个或者两个以上申请人的申请均符合法定条件、标准的，行政机关应当根据受理行政许可申请的先后顺序作出准予行政许可的决定。但是，法律、行政法规另有规定的，依照其规定。

第五章　行政许可的费用

第五十八条　行政机关实施行政许可和对行政许可事项进行监督检查，不得收取任何费用。但是，法律、行政法规另有规定的，依照其规定。

行政机关提供行政许可申请书格式文本，不得收费。

行政机关实施行政许可所需经费应当列入本行政机关的预算，由本级财政予以保障，按照批准的预算予以核拨。

第五十九条　行政机关实施行政许可，依照法律、行政法规收取费用的，应当按照公布的法定项目和标准收费；所收取的费用必须全部上缴国库，任何机关或者个人不得以任何形式截留、挪用、私分或者变相私分。财政部门不得以任何形式向行政机关返还或者变相返还实施行政许可所收取的费用。

第六章　监 督 检 查

第六十条　上级行政机关应当加强对下级行政机关实施行政许可的监督检查，及时纠正行政许可实施中的违法行为。

第六十一条　行政机关应当建立健全监督制度，通过核查反映被许可人从事行政许可事项活动情况的有关材料，履行监督责任。

行政机关依法对被许可人从事行政许可事项的活动进行监督检查时，应当将监督检查的情况和处理结果予以记录，由监督检查人员签字后归档。公众有权查阅行政机关监督检查记录。

行政机关应当创造条件，实现与被许可人、其他有关行政机关的计算机档案系统互联，核查被许可人从事行政许可事项活动情况。

第六十二条　行政机关可以对被许可人生产经营的产品依法进行抽样检查、检验、检测，对其生产经营场所依法进行实地检查。检查时，行政机关可以依法查阅或者要求被许可人报送有关材料；被许可人应当如实提供有关情况和材料。

行政机关根据法律、行政法规的规定，对直接关系公共安全、人身健康、生命财产安全的重要设备、设施进行定期检验。对检验合格的，行政机关应当发给相应的证明文件。

第六十三条　行政机关实施监督检查，不得妨碍被许可人正常的生产经营活动，不得索取或者收受被许可人的财物，不得谋取其他利益。

第六十四条　被许可人在作出行政许可决定的行政机关管辖区域外违法从事行政许可事项活动的，违法行为发生地的行政机关应当依法将被许可人的违法事实、处理结果抄告作出行政许可决定的行政机关。

第六十五条　个人和组织发现违法从事行政许可事项的活动，有权向行政机关举报，行政机关应当及时核实、处理。

第六十六条　被许可人未依法履行开发利用自然资源义务或者未依法履行利用公共资源义务的，行政机关应当责令限期改正；被许可人在规定期限内不改正的，行政机关应当依照有关法律、行政法规的规定予以处理。

第六十七条　取得直接关系公共利益的特定行业的市场准入行政许可的被许可人，应当按照国家规定的服务标准、资费标准和行政机关依法规定的条件，向用户提供安全、方便、稳定和价格合理的服务，并履行普遍服务的义务；未经作出行政许可决定的行政机关批准，不得擅自停业、歇业。

被许可人不履行前款规定的义务的，行政机关应当责令限期改正，或者依法采取有效措施督促其履行义务。

第六十八条　对直接关系公共安全、人身健康、生命财产安全的重要设备、设施，行政机关应当督促设计、建造、安装和使用单位建立相应的自检制度。

行政机关在监督检查时，发现直接关系公共安全、人身健康、生命财产安全的重要设备、设施存在安全隐患的，应当责令停止建造、安装和使用，并责令设计、建造、安装和使用单位立即改正。

第六十九条　有下列情形之一的，作出行政许可决定的行政机关或者其上级行政机关，根据利害关系人的请求或者依据职权，可以撤销行政许可：

（一）行政机关工作人员滥用职权、玩忽职守作出准予行政许可决定的；

（二）超越法定职权作出准予行政许可决定的；

（三）违反法定程序作出准予行政许可决定的；

（四）对不具备申请资格或者不符合法定条件的申请人准予行政许可的；

（五）依法可以撤销行政许可的其他情形。

被许可人以欺骗、贿赂等不正当手段取得行政许可的，应当予以撤销。

依照前两款的规定撤销行政许可，可能对公共利益造成重大损害的，不予撤销。

依照本条第一款的规定撤销行政许可，被许可人的合法权益受到损害的，行政机关应当依法给予赔偿。依照本条第二款的规定撤销行政许可的，被许可人基于行政许可取得的利益不受保护。

第七十条 有下列情形之一的，行政机关应当依法办理有关行政许可的注销手续：

（一）行政许可有效期届满未延续的；

（二）赋予公民特定资格的行政许可，该公民死亡或者丧失行为能力的；

（三）法人或者其他组织依法终止的；

（四）行政许可依法被撤销、撤回，或者行政许可证件依法被吊销的；

（五）因不可抗力导致行政许可事项无法实施的；

（六）法律、法规规定的应当注销行政许可的其他情形。

第七章 法律责任

第七十一条 违反本法第十七条规定设定的行政许可，有关机关应当责令设定该行政许可的机关改正，或者依法予以撤销。

第七十二条 行政机关及其工作人员违反本法的规定，有下列情形之一的，由其上级行政机关或者监察机关责令改正；情节严重的，对直接负责的主管人员和其他直接责任人员依法给予行政处分：

（一）对符合法定条件的行政许可申请不予受理的；

（二）不在办公场所公示依法应当公示的材料的；

（三）在受理、审查、决定行政许可过程中，未向申请人、利害关系人履行法定告知义务的；

（四）申请人提交的申请材料不齐全、不符合法定形式，不一次告知申请人必须补正的全部内容的；

（五）违法披露申请人提交的商业秘密、未披露信息或者保密商务信息的；

（六）以转让技术作为取得行政许可的条件，或者在实施行政许可的过程中直接或者间接地要求转让技术的；

（七）未依法说明不受理行政许可申请或者不予行政许可的理由的；

（八）依法应当举行听证而不举行听证的。

第七十三条 行政机关工作人员办理行政许可、实施监督检查，索取或者收受他人财物或者谋取其他利益，构成犯罪的，依法追究刑事责任；尚不构成犯罪的，依法给予行政处分。

第七十四条 行政机关实施行政许可，有下列情形之一的，由其上级行政机关或者监察机关责令改正，对直接负责的主管人员和其他直接责任人员依法给予行政处分；构成犯罪的，依法追究刑事责任：

（一）对不符合法定条件的申请人准予行政许可或者超越法定职权作出准予行政许可决定的；

（二）对符合法定条件的申请人不予行政许可或者不在法定期限内作出准予行政许可决定的；

（三）依法应当根据招标、拍卖结果或者考试成绩择优作出准予行政许可决定，未经招标、拍卖或者考试，或者不根据招标、拍卖结果或者考试成绩择优作出准予行政许可决定的。

第七十五条 行政机关实施行政许可，擅自收费或者不按照法定项目和标准收费的，由其上级行政机关或者监察机关责令退还非法收取的费用；对直接负责的主管人员和其他直接责任人员依法给予行政处分。

截留、挪用、私分或者变相私分实施行政许可依法收取的费用的，予以追缴；对直接负责的主管人员和其他直接责任人员依法给予行政处分；构成犯罪的，依法追究刑事责任。

第七十六条 行政机关违法实施行政许可，给当事人的合法权益造成损害的，应当依照国家赔偿法的规定给予赔偿。

第七十七条 行政机关不依法履行监督职责或者监督不力，造成严重后果的，由其上级行政机关或者监察机关责令改正，对直接负责的主管人员和其他直接责任人员依法给予行政处分；构成犯罪的，依法追究刑事责任。

第七十八条 行政许可申请人隐瞒有关情况或者提供虚假材料申请行政许可的，行政机关不予受理或者不予行政许可，并给予警告；行政许可申请属于直接关系公共安全、人身健康、生命财产安全事项的，申请人在一年内不得再次申请该行政许可。

第七十九条 被许可人以欺骗、贿赂等不正当手段取得行政许可的，行政机关应当依法给予行政处罚；取得的行政许可属于直接关系公共安全、人身健康、生命财产安全事项的，申请人在三年内不得再次申请该行政许可；构成犯罪的，依法追究刑事责任。

第八十条 被许可人有下列行为之一的，行政机关应当依法给予行政处罚；构成犯罪的，依法追究刑事责任：

（一）涂改、倒卖、出租、出借行政许可证件，或者以其他形式非法转让行政许可的；

（二）超越行政许可范围进行活动的；

（三）向负责监督检查的行政机关隐瞒有关情况、提供虚假材料或者拒绝提供反映其活动情况的真实材料的；

（四）法律、法规、规章规定的其他违法行为。

第八十一条 公民、法人或者其他组织未经行政许可，擅自从事依法应当取得行政许可的活动的，行政机关应当依法采取措施予以制止，并依法给予行政处罚；构成犯罪的，依法追究刑事责任。

第八章　附　　则

第八十二条 本法规定的行政机关实施行政许可的期限以工作日计算，不含法定节假日。

第八十三条 本法自2004年7月1日起施行。

本法施行前有关行政许可的规定，制定机关应当依照本法规定予以清理；不符合本法规定的，自本法施行之日起停止执行。

中华人民共和国行政处罚法

（1996 年 3 月 17 日第八届全国人民代表大会第四次会议通过　根据 2009 年 8 月 27 日第十一届全国人民代表大会常务委员会第十次会议《关于修改部分法律的决定》第一次修正　根据 2017 年 9 月 1 日第十二届全国人民代表大会常务委员会第二十九次会议《关于修改〈中华人民共和国法官法〉等八部法律的决定》第二次修正　2021 年 1 月 22 日第十三届全国人民代表大会常务委员会第二十五次会议修订　2021 年 1 月 22 日中华人民共和国主席令第 70 号公布　自 2021 年 7 月 15 日起施行）

目　　录

第一章　总　　则
第二章　行政处罚的种类和设定
第三章　行政处罚的实施机关
第四章　行政处罚的管辖和适用
第五章　行政处罚的决定
　第一节　一般规定
　第二节　简易程序
　第三节　普通程序
　第四节　听证程序
第六章　行政处罚的执行
第七章　法律责任
第八章　附　　则

第一章　总　　则

第一条　为了规范行政处罚的设定和实施，保障和监督行政机关有效实施行政管理，维护公共利益和社会秩序，保护公民、法人或者其他组织的合法权益，根据宪法，制定本法。

第二条 行政处罚是指行政机关依法对违反行政管理秩序的公民、法人或者其他组织，以减损权益或者增加义务的方式予以惩戒的行为。

第三条 行政处罚的设定和实施，适用本法。

第四条 公民、法人或者其他组织违反行政管理秩序的行为，应当给予行政处罚的，依照本法由法律、法规、规章规定，并由行政机关依照本法规定的程序实施。

第五条 行政处罚遵循公正、公开的原则。

设定和实施行政处罚必须以事实为依据，与违法行为的事实、性质、情节以及社会危害程度相当。

对违法行为给予行政处罚的规定必须公布；未经公布的，不得作为行政处罚的依据。

第六条 实施行政处罚，纠正违法行为，应当坚持处罚与教育相结合，教育公民、法人或者其他组织自觉守法。

第七条 公民、法人或者其他组织对行政机关所给予的行政处罚，享有陈述权、申辩权；对行政处罚不服的，有权依法申请行政复议或者提起行政诉讼。

公民、法人或者其他组织因行政机关违法给予行政处罚受到损害的，有权依法提出赔偿要求。

第八条 公民、法人或者其他组织因违法行为受到行政处罚，其违法行为对他人造成损害的，应当依法承担民事责任。

违法行为构成犯罪，应当依法追究刑事责任的，不得以行政处罚代替刑事处罚。

第二章　行政处罚的种类和设定

第九条 行政处罚的种类：

（一）警告、通报批评；

（二）罚款、没收违法所得、没收非法财物；

（三）暂扣许可证件、降低资质等级、吊销许可证件；

（四）限制开展生产经营活动、责令停产停业、责令关闭、限制从业；

（五）行政拘留；

（六）法律、行政法规规定的其他行政处罚。

第十条 法律可以设定各种行政处罚。

限制人身自由的行政处罚，只能由法律设定。

第十一条 行政法规可以设定除限制人身自由以外的行政处罚。

法律对违法行为已经作出行政处罚规定，行政法规需要作出具体规定的，必须在法律规定的给予行政处罚的行为、种类和幅度的范围内规定。

法律对违法行为未作出行政处罚规定，行政法规为实施法律，可以补充设定行政处罚。拟补充设定行政处罚的，应当通过听证会、论证会等形式广泛听取意见，并向制定机关作出书面说明。行政法规报送备案时，应当说明补充设定行政处罚的情况。

第十二条 地方性法规可以设定除限制人身自由、吊销营业执照以外的行政处罚。

法律、行政法规对违法行为已经作出行政处罚规定，地方性法规需要作出具体规定的，必须在法律、行政法规规定的给予行政处罚的行为、种类和幅度的范围内规定。

法律、行政法规对违法行为未作出行政处罚规定，地方性法规为实施法律、行政法规，可以补充设定行政处罚。拟补充设定行政处罚的，应当通过听证会、论证会等形式广泛听取意见，并向制定机关作出书面说明。地方性法规报送备案时，应当说明补充设定行政处罚的情况。

第十三条 国务院部门规章可以在法律、行政法规规定的给予行政处罚的行为、种类和幅度的范围内作出具体规定。

尚未制定法律、行政法规的，国务院部门规章对违反行政管理秩序的行为，可以设定警告、通报批评或者一定数额罚款的行政处罚。罚款的限额由国务院规定。

第十四条 地方政府规章可以在法律、法规规定的给予行政处罚的行为、种类和幅度的范围内作出具体规定。

尚未制定法律、法规的，地方政府规章对违反行政管理秩序的行为，可以设定警告、通报批评或者一定数额罚款的行政处罚。罚款的限额由省、自治区、直辖市人民代表大会常务委员会规定。

第十五条 国务院部门和省、自治区、直辖市人民政府及其有关部门应当定期组织评估行政处罚的实施情况和必要性，对不适当的行政处罚事项及种类、罚款数额等，应当提出修改或者废止的建议。

第十六条 除法律、法规、规章外，其他规范性文件不得设定行政处罚。

第三章 行政处罚的实施机关

第十七条 行政处罚由具有行政处罚权的行政机关在法定职权范围内实施。

第十八条 国家在城市管理、市场监管、生态环境、文化市场、交通运输、应急管理、农业等领域推行建立综合行政执法制度，相对集中行政处罚权。

国务院或者省、自治区、直辖市人民政府可以决定一个行政机关行使有关行政机关的行政处罚权。

限制人身自由的行政处罚权只能由公安机关和法律规定的其他机关行使。

第十九条 法律、法规授权的具有管理公共事务职能的组织可以在法定授权范围内实施行政处罚。

第二十条 行政机关依照法律、法规、规章的规定，可以在其法定权限内书面委托符合本法第二十一条规定条件的组织实施行政处罚。行政机关不得委托其他组织或者个人实施行政处罚。

委托书应当载明委托的具体事项、权限、期限等内容。委托行政机关和受委托组织应当将委托书向社会公布。

委托行政机关对受委托组织实施行政处罚的行为应当负责监督，并对该行为的后果承担法律责任。

受委托组织在委托范围内，以委托行政机关名义实施行政处罚；不得再委托其他组织或者个人实施行政处罚。

第二十一条 受委托组织必须符合以下条件：

（一）依法成立并具有管理公共事务职能；

（二）有熟悉有关法律、法规、规章和业务并取得行政执法资格的工作人员；

（三）需要进行技术检查或者技术鉴定的，应当有条件组织进行相应的技术检查或者技术鉴定。

第四章 行政处罚的管辖和适用

第二十二条 行政处罚由违法行为发生地的行政机关管辖。法律、行政法规、部门规章另有规定的，从其规定。

第二十三条 行政处罚由县级以上地方人民政府具有行政处罚权的行政机关管辖。法律、行政法规另有规定的，从其规定。

第二十四条 省、自治区、直辖市根据当地实际情况，可以决定将基层管理迫切需要的县级人民政府部门的行政处罚权交由能够有效承接的乡镇人民政府、街道办事处行使，并定期组织评估。决定应当公布。

承接行政处罚权的乡镇人民政府、街道办事处应当加强执法能力建设，按照规定范围、依照法定程序实施行政处罚。

有关地方人民政府及其部门应当加强组织协调、业务指导、执法监督，建立健全行政处罚协调配合机制，完善评议、考核制度。

第二十五条 两个以上行政机关都有管辖权的，由最先立案的行政机关管辖。

对管辖发生争议的，应当协商解决，协商不成的，报请共同的上一级行政机关指定管辖；也可以直接由共同的上一级行政机关指定管辖。

第二十六条 行政机关因实施行政处罚的需要，可以向有关机关提出协助请求。协助事项属于被请求机关职权范围内的，应当依法予以协助。

第二十七条 违法行为涉嫌犯罪的，行政机关应当及时将案件移送司法机关，依法追究刑事责任。对依法不需要追究刑事责任或者免予刑事处罚，但应当给予行政处罚的，司法机关应当及时将案件移送有关行政机关。

行政处罚实施机关与司法机关之间应当加强协调配合，建立健全案件移送制度，加强证据材料移交、接收衔接，完善案件处理信息通报机制。

第二十八条 行政机关实施行政处罚时，应当责令当事人改正或者限期改正违法行为。

当事人有违法所得，除依法应当退赔的外，应当予以没收。违法所得是指实施违法行为所取得的款项。法律、行政法规、部门规章对违法所得的计算另有规定的，从其规定。

第二十九条 对当事人的同一个违法行为，不得给予两次以上罚款的行政处罚。同一个违法行为违反多个法律规范应当给予罚款处罚的，按照罚款数额高的规定处罚。

第三十条 不满十四周岁的未成年人有违法行为的，不予行政处罚，责令监护人加以管教；已满十四周岁不满十八周岁的未成年人有违法行为的，应当从轻或者减轻行政处罚。

第三十一条 精神病人、智力残疾人在不能辨认或者不能控制自己行为时有违法行为的，不予行政处罚，但应当责令其监护人严加看管和治疗。间歇性精神病人在精神正常时有违法行为的，应当给予行政处罚。尚未完全丧失辨认或者控制自己行为能力的精神病人、智力残疾人有违法行为的，可以从轻或者减轻行政处罚。

第三十二条 当事人有下列情形之一，应当从轻或者减轻行政处罚：

（一）主动消除或者减轻违法行为危害后果的；

（二）受他人胁迫或者诱骗实施违法行为的；

（三）主动供述行政机关尚未掌握的违法行为的；

（四）配合行政机关查处违法行为有立功表现的；

（五）法律、法规、规章规定其他应当从轻或者减轻行政处罚的。

第三十三条 违法行为轻微并及时改正，没有造成危害后果的，不予行政处罚。初次违法且危害后果轻微并及时改正的，可以不予行政处罚。

当事人有证据足以证明没有主观过错的，不予行政处罚。法律、行政法规另有规定的，从其规定。

对当事人的违法行为依法不予行政处罚的，行政机关应当对当事人进行教育。

第三十四条 行政机关可以依法制定行政处罚裁量基准，规范行使行政处罚裁量权。行政处罚裁量基准应当向社会公布。

第三十五条 违法行为构成犯罪，人民法院判处拘役或者有期徒刑时，行政机关已经给予当事人行政拘留的，应当依法折抵相应刑期。

违法行为构成犯罪，人民法院判处罚金时，行政机关已经给予当事人罚款的，应当折抵相应罚金；行政机关尚未给予当事人罚款的，不再给予罚款。

第三十六条 违法行为在二年内未被发现的，不再给予行政处罚；涉及公民生命健康安全、金融安全且有危害后果的，上述期限延长至五年。法律另有规定的除外。

前款规定的期限，从违法行为发生之日起计算；违法行为有连续或者继续状态的，从行为终了之日起计算。

第三十七条 实施行政处罚，适用违法行为发生时的法律、法规、规章的规定。但是，作出行政处罚决定时，法律、法规、规章已被修改或者废止，且新的规定处罚较轻或者不认为是违法的，适用新的规定。

第三十八条 行政处罚没有依据或者实施主体不具有行政主体资格的，行政处罚无效。

违反法定程序构成重大且明显违法的，行政处罚无效。

第五章 行政处罚的决定

第一节 一般规定

第三十九条 行政处罚的实施机关、立案依据、实施程序和救济渠道等信息应当公示。

第四十条 公民、法人或者其他组织违反行政管理秩序的行为，依法应当给予行政处罚的，行政机关必须查明事实；违法事实不清、证据不足的，不得给予行政处罚。

第四十一条 行政机关依照法律、行政法规规定利用电子技术监控设备收集、固定违法事实的，应当经过法制和技术审核，确保电子技术监控设备符合标准、设置合理、标志明显，设置地点应当向社会公布。

电子技术监控设备记录违法事实应当真实、清晰、完整、准确。行政机关应当审核记录内容是否符合要求；未经审核或者经审核不符合要求的，不得作为行政处罚的证据。

行政机关应当及时告知当事人违法事实，并采取信息化手段或者其他措施，为当事人查询、陈述和申辩提供便利。不得限制或者变相限制当事人享有的陈述权、申辩权。

第四十二条 行政处罚应当由具有行政执法资格的执法人员实施。执法人员不得少于两人，法律另有规定的除外。

执法人员应当文明执法，尊重和保护当事人合法权益。

第四十三条 执法人员与案件有直接利害关系或者有其他关系可能影响公正执法的，应当回避。

当事人认为执法人员与案件有直接利害关系或者有其他关系可能影响公正执法的，有权申请回避。

当事人提出回避申请的，行政机关应当依法审查，由行政机关负责人决定。决定作出之前，不停止调查。

第四十四条 行政机关在作出行政处罚决定之前，应当告知当事人拟作出的行政处罚内容及事实、理由、依据，并告知当事人依法享有的陈述、申辩、要求听证等权利。

第四十五条 当事人有权进行陈述和申辩。行政机关必须充分听取当事人的意见，对当事人提出的事实、理由和证据，应当进行复核；当事人提出的事实、理由或者证据成立的，行政机关应当采纳。

行政机关不得因当事人陈述、申辩而给予更重的处罚。

第四十六条 证据包括：

（一）书证；

（二）物证；

（三）视听资料；

（四）电子数据；

（五）证人证言；

（六）当事人的陈述；

（七）鉴定意见；

（八）勘验笔录、现场笔录。

证据必须经查证属实，方可作为认定案件事实的根据。

以非法手段取得的证据，不得作为认定案件事实的根据。

第四十七条 行政机关应当依法以文字、音像等形式，对行政处罚的启动、调查取证、审核、决定、送达、执行等进行全过程记录，归档保存。

第四十八条 具有一定社会影响的行政处罚决定应当依法公开。

公开的行政处罚决定被依法变更、撤销、确认违法或者确认无效的，行政机关应当在三日内撤回行政处罚决定信息并公开说明理由。

第四十九条 发生重大传染病疫情等突发事件，为了控制、减轻和消除突发事件引起的社会危害，行政机关对违反突发事件应对措施的行为，依法快速、从重处罚。

第五十条 行政机关及其工作人员对实施行政处罚过程中知悉的国家秘密、商业秘密或者个人隐私，应当依法予以保密。

第二节 简易程序

第五十一条 违法事实确凿并有法定依据，对公民处以二百元以下、对法人或者其他组织处以三千元以下罚款或者警告的行政处罚的，可以当场作出行政处罚决定。法律另有规定的，从其规定。

第五十二条 执法人员当场作出行政处罚决定的，应当向当事人出示执法证件，填写预定格式、编有号码的行政处罚决定书，并当场交付当事人。当事人拒绝签收的，应当在行政处罚决定书上注明。

前款规定的行政处罚决定书应当载明当事人的违法行为，行政处罚的种类和依据、罚款数额、时间、地点，申请行政复议、提起行政诉讼的途径和期限以及行政机关名称，并由执法人员签名或者盖章。

执法人员当场作出的行政处罚决定，应当报所属行政机关备案。

第五十三条 对当场作出的行政处罚决定，当事人应当依照本法第六十七条至第六十九条的规定履行。

第三节 普通程序

第五十四条 除本法第五十一条规定的可以当场作出的行政处罚外，行政机关发现公民、法人或者其他组织有依法应当给予行政处罚的行为的，必须全面、客观、公正地调查，收集有关证据；必要时，依照法律、法规的规定，可以进行检查。

符合立案标准的，行政机关应当及时立案。

第五十五条 执法人员在调查或者进行检查时，应当主动向当事人或者有关人员出示执法证件。当事人或者有关人员有权要求执法人员出示执法证件。执法人员不出示执法证件的，当事人或者有关人员有权拒绝接受调查或者检查。

当事人或者有关人员应当如实回答询问，并协助调查或者检查，不得拒绝或者阻挠。询问或者检查应当制作笔录。

第五十六条 行政机关在收集证据时，可以采取抽样取证的方法；在证据可能灭失或者以后难以取得的情况下，经行政机关负责人批准，可以先行登记保存，并应当在七日内及时作出处理决定，在此期间，当事人或者有关人员不得销毁或者转移证据。

第五十七条 调查终结，行政机关负责人应当对调查结果进行审查，根据不同情况，分别作出如下决定：

（一）确有应受行政处罚的违法行为的，根据情节轻重及具体情况，作出行政处罚决定；

（二）违法行为轻微，依法可以不予行政处罚的，不予行政处罚；

（三）违法事实不能成立的，不予行政处罚；

（四）违法行为涉嫌犯罪的，移送司法机关。

对情节复杂或者重大违法行为给予行政处罚，行政机关负责人应当集体讨论决定。

第五十八条 有下列情形之一，在行政机关负责人作出行政处罚的决定之前，应当由从事行政处罚决定法制审核的人员进行法制审核；未经法制审核或者审核未通过的，不得作出决定：

（一）涉及重大公共利益的；

（二）直接关系当事人或者第三人重大权益，经过听证程序的；

（三）案件情况疑难复杂、涉及多个法律关系的；

（四）法律、法规规定应当进行法制审核的其他情形。

行政机关中初次从事行政处罚决定法制审核的人员，应当通过国家统一法律职业资格考试取得法律职业资格。

第五十九条　行政机关依照本法第五十七条的规定给予行政处罚，应当制作行政处罚决定书。行政处罚决定书应当载明下列事项：

（一）当事人的姓名或者名称、地址；

（二）违反法律、法规、规章的事实和证据；

（三）行政处罚的种类和依据；

（四）行政处罚的履行方式和期限；

（五）申请行政复议、提起行政诉讼的途径和期限；

（六）作出行政处罚决定的行政机关名称和作出决定的日期。

行政处罚决定书必须盖有作出行政处罚决定的行政机关的印章。

第六十条　行政机关应当自行政处罚案件立案之日起九十日内作出行政处罚决定。法律、法规、规章另有规定的，从其规定。

第六十一条　行政处罚决定书应当在宣告后当场交付当事人；当事人不在场的，行政机关应当在七日内依照《中华人民共和国民事诉讼法》的有关规定，将行政处罚决定书送达当事人。

当事人同意并签订确认书的，行政机关可以采用传真、电子邮件等方式，将行政处罚决定书等送达当事人。

第六十二条　行政机关及其执法人员在作出行政处罚决定之前，未依照本法第四十四条、第四十五条的规定向当事人告知拟作出的行政处罚内容及事实、理由、依据，或者拒绝听取当事人的陈述、申辩，不得作出行政处罚决定；当事人明确放弃陈述或者申辩权利的除外。

第四节　听证程序

第六十三条　行政机关拟作出下列行政处罚决定，应当告知当事人有要求听证的权利，当事人要求听证的，行政机关应当组织听证：

（一）较大数额罚款；

（二）没收较大数额违法所得、没收较大价值非法财物；

（三）降低资质等级、吊销许可证件；

（四）责令停产停业、责令关闭、限制从业；

（五）其他较重的行政处罚；

（六）法律、法规、规章规定的其他情形。

当事人不承担行政机关组织听证的费用。

第六十四条 听证应当依照以下程序组织：

（一）当事人要求听证的，应当在行政机关告知后五日内提出；

（二）行政机关应当在举行听证的七日前，通知当事人及有关人员听证的时间、地点；

（三）除涉及国家秘密、商业秘密或者个人隐私依法予以保密外，听证公开举行；

（四）听证由行政机关指定的非本案调查人员主持；当事人认为主持人与本案有直接利害关系的，有权申请回避；

（五）当事人可以亲自参加听证，也可以委托一至二人代理；

（六）当事人及其代理人无正当理由拒不出席听证或者未经许可中途退出听证的，视为放弃听证权利，行政机关终止听证；

（七）举行听证时，调查人员提出当事人违法的事实、证据和行政处罚建议，当事人进行申辩和质证；

（八）听证应当制作笔录。笔录应当交当事人或者其代理人核对无误后签字或者盖章。当事人或者其代理人拒绝签字或者盖章的，由听证主持人在笔录中注明。

第六十五条 听证结束后，行政机关应当根据听证笔录，依照本法第五十七条的规定，作出决定。

第六章　行政处罚的执行

第六十六条 行政处罚决定依法作出后，当事人应当在行政处罚决定书载明的期限内，予以履行。

当事人确有经济困难，需要延期或者分期缴纳罚款的，经当事人申请和行政机关批准，可以暂缓或者分期缴纳。

第六十七条 作出罚款决定的行政机关应当与收缴罚款的机构分离。

除依照本法第六十八条、第六十九条的规定当场收缴的罚款外，作出行政处罚决定的行政机关及其执法人员不得自行收缴罚款。

当事人应当自收到行政处罚决定书之日起十五日内，到指定的银行或者通过电子支付系统缴纳罚款。银行应当收受罚款，并将罚款直接上缴国库。

第六十八条 依照本法第五十一条的规定当场作出行政处罚决定，有下列情形之一，执法人员可以当场收缴罚款：

（一）依法给予一百元以下罚款的；

（二）不当场收缴事后难以执行的。

第六十九条 在边远、水上、交通不便地区，行政机关及其执法人员依照本法第五十一条、第五十七条的规定作出罚款决定后，当事人到指定的银行或者通过电子支付系统缴纳罚款确有困难，经当事人提出，行政机关及其执法人员可以当场收缴罚款。

第七十条 行政机关及其执法人员当场收缴罚款的，必须向当事人出具国务院财政部门或者省、自治区、直辖市人民政府财政部门统一制发的专用票据；不出具财政部门统一制发的专用票据的，当事人有权拒绝缴纳罚款。

第七十一条 执法人员当场收缴的罚款，应当自收缴罚款之日起二日内，交至行政机关；在水上当场收缴的罚款，应当自抵岸之日起二日内交至行政机关；行政机关应当在二日内将罚款缴付指定的银行。

第七十二条 当事人逾期不履行行政处罚决定的，作出行政处罚决定的行政机关可以采取下列措施：

（一）到期不缴纳罚款的，每日按罚款数额的百分之三加处罚款，加处罚款的数额不得超出罚款的数额；

（二）根据法律规定，将查封、扣押的财物拍卖、依法处理或者将冻结的存款、汇款划拨抵缴罚款；

（三）根据法律规定，采取其他行政强制执行方式；

（四）依照《中华人民共和国行政强制法》的规定申请人民法院强制执行。

行政机关批准延期、分期缴纳罚款的，申请人民法院强制执行的期限，自暂缓或者分期缴纳罚款期限结束之日起计算。

第七十三条 当事人对行政处罚决定不服，申请行政复议或者提起行政诉讼的，行政处罚不停止执行，法律另有规定的除外。

当事人对限制人身自由的行政处罚决定不服，申请行政复议或者提起行政诉讼的，可以向作出决定的机关提出暂缓执行申请。符合法律规定情形的，应当暂缓执行。

当事人申请行政复议或者提起行政诉讼的，加处罚款的数额在行政复议或者行政诉讼期间不予计算。

第七十四条 除依法应当予以销毁的物品外，依法没收的非法财物必须按照国家规定公开拍卖或者按照国家有关规定处理。

罚款、没收的违法所得或者没收非法财物拍卖的款项，必须全部上缴国库，任何行政机关或者个人不得以任何形式截留、私分或者变相私分。

罚款、没收的违法所得或者没收非法财物拍卖的款项，不得同作出行政处罚决定的行政机关及其工作人员的考核、考评直接或者变相挂钩。除依法应当退还、退赔的外，财政部门不得以任何形式向作出行政处罚决定的行政机关返还罚款、没收的违法所得或者没收非法财物拍卖的款项。

第七十五条 行政机关应当建立健全对行政处罚的监督制度。县级以上人民政府应当定期组织开展行政执法评议、考核，加强对行政处罚的监督检查，规范和保障行政处罚的实施。

行政机关实施行政处罚应当接受社会监督。公民、法人或者其他组织对行政机关实施行政处罚的行为，有权申诉或者检举；行政机关应当认真审查，发现有错误的，应当主动改正。

第七章 法律责任

第七十六条 行政机关实施行政处罚，有下列情形之一，由上级行政机关或者有关机关责令改正，对直接负责的主管人员和其他直接责任人员依法给予处分：

（一）没有法定的行政处罚依据的；

（二）擅自改变行政处罚种类、幅度的；

（三）违反法定的行政处罚程序的；

（四）违反本法第二十条关于委托处罚的规定的；

（五）执法人员未取得执法证件的。

行政机关对符合立案标准的案件不及时立案的，依照前款规定予以处理。

第七十七条　行政机关对当事人进行处罚不使用罚款、没收财物单据或者使用非法定部门制发的罚款、没收财物单据的，当事人有权拒绝，并有权予以检举，由上级行政机关或者有关机关对使用的非法单据予以收缴销毁，对直接负责的主管人员和其他直接责任人员依法给予处分。

第七十八条　行政机关违反本法第六十七条的规定自行收缴罚款的，财政部门违反本法第七十四条的规定向行政机关返还罚款、没收的违法所得或者拍卖款项的，由上级行政机关或者有关机关责令改正，对直接负责的主管人员和其他直接责任人员依法给予处分。

第七十九条　行政机关截留、私分或者变相私分罚款、没收的违法所得或者财物的，由财政部门或者有关机关予以追缴，对直接负责的主管人员和其他直接责任人员依法给予处分；情节严重构成犯罪的，依法追究刑事责任。

执法人员利用职务上的便利，索取或者收受他人财物、将收缴罚款据为己有，构成犯罪的，依法追究刑事责任；情节轻微不构成犯罪的，依法给予处分。

第八十条　行政机关使用或者损毁查封、扣押的财物，对当事人造成损失的，应当依法予以赔偿，对直接负责的主管人员和其他直接责任人员依法给予处分。

第八十一条　行政机关违法实施检查措施或者执行措施，给公民人身或者财产造成损害、给法人或者其他组织造成损失的，应当依法予以赔偿，对直接负责的主管人员和其他直接责任人员依法给予处分；情节严重构成犯罪的，依法追究刑事责任。

第八十二条　行政机关对应当依法移交司法机关追究刑事责任的案件不移交，以行政处罚代替刑事处罚，由上级行政机关或者有关机关责令改正，对直接负责的主管人员和其他直接责任人员依法给予处分；情节严重构成犯罪的，依法追究刑事责任。

第八十三条　行政机关对应当予以制止和处罚的违法行为不予制止、

处罚，致使公民、法人或者其他组织的合法权益、公共利益和社会秩序遭受损害的，对直接负责的主管人员和其他直接责任人员依法给予处分；情节严重构成犯罪的，依法追究刑事责任。

第八章　附　　则

第八十四条　外国人、无国籍人、外国组织在中华人民共和国领域内有违法行为，应当给予行政处罚的，适用本法，法律另有规定的除外。

第八十五条　本法中“二日”“三日”“五日”“七日”的规定是指工作日，不含法定节假日。

第八十六条　本法自2021年7月15日起施行。

中华人民共和国行政强制法

（2011年6月30日第十一届全国人民代表大会常务委员会第二十一次会议通过　2011年6月30日中华人民共和国主席令第49号公布　自2012年1月1日起施行）

目　　录

第一章　总　　则
第二章　行政强制的种类和设定
第三章　行政强制措施实施程序
　第一节　一般规定
　第二节　查封、扣押
　第三节　冻　　结
第四章　行政机关强制执行程序
　第一节　一般规定
　第二节　金钱给付义务的执行
　第三节　代 履 行

第五章 申请人民法院强制执行
第六章 法律责任
第七章 附 则

第一章 总 则

第一条 为了规范行政强制的设定和实施，保障和监督行政机关依法履行职责，维护公共利益和社会秩序，保护公民、法人和其他组织的合法权益，根据宪法，制定本法。

第二条 本法所称行政强制，包括行政强制措施和行政强制执行。

行政强制措施，是指行政机关在行政管理过程中，为制止违法行为、防止证据损毁、避免危害发生、控制危险扩大等情形，依法对公民的人身自由实施暂时性限制，或者对公民、法人或者其他组织的财物实施暂时性控制的行为。

行政强制执行，是指行政机关或者行政机关申请人民法院，对不履行行政决定的公民、法人或者其他组织，依法强制履行义务的行为。

第三条 行政强制的设定和实施，适用本法。

发生或者即将发生自然灾害、事故灾难、公共卫生事件或者社会安全事件等突发事件，行政机关采取应急措施或者临时措施，依照有关法律、行政法规的规定执行。

行政机关采取金融业审慎监管措施、进出境货物强制性技术监控措施，依照有关法律、行政法规的规定执行。

第四条 行政强制的设定和实施，应当依照法定的权限、范围、条件和程序。

第五条 行政强制的设定和实施，应当适当。采用非强制手段可以达到行政管理目的的，不得设定和实施行政强制。

第六条 实施行政强制，应当坚持教育与强制相结合。

第七条 行政机关及其工作人员不得利用行政强制权为单位或者个人谋取利益。

第八条 公民、法人或者其他组织对行政机关实施行政强制，享有陈述权、申辩权；有权依法申请行政复议或者提起行政诉讼；因行政机关违法实施行政强制受到损害的，有权依法要求赔偿。

公民、法人或者其他组织因人民法院在强制执行中有违法行为或者扩大强制执行范围受到损害的，有权依法要求赔偿。

第二章　行政强制的种类和设定

第九条　行政强制措施的种类：

（一）限制公民人身自由；

（二）查封场所、设施或者财物；

（三）扣押财物；

（四）冻结存款、汇款；

（五）其他行政强制措施。

第十条　行政强制措施由法律设定。

尚未制定法律，且属于国务院行政管理职权事项的，行政法规可以设定除本法第九条第一项、第四项和应当由法律规定的行政强制措施以外的其他行政强制措施。

尚未制定法律、行政法规，且属于地方性事务的，地方性法规可以设定本法第九条第二项、第三项的行政强制措施。

法律、法规以外的其他规范性文件不得设定行政强制措施。

第十一条　法律对行政强制措施的对象、条件、种类作了规定的，行政法规、地方性法规不得作出扩大规定。

法律中未设定行政强制措施的，行政法规、地方性法规不得设定行政强制措施。但是，法律规定特定事项由行政法规规定具体管理措施的，行政法规可以设定除本法第九条第一项、第四项和应当由法律规定的行政强制措施以外的其他行政强制措施。

第十二条　行政强制执行的方式：

（一）加处罚款或者滞纳金；

（二）划拨存款、汇款；

（三）拍卖或者依法处理查封、扣押的场所、设施或者财物；

（四）排除妨碍、恢复原状；

（五）代履行；

（六）其他强制执行方式。

第十三条 行政强制执行由法律设定。

法律没有规定行政机关强制执行的，作出行政决定的行政机关应当申请人民法院强制执行。

第十四条 起草法律草案、法规草案，拟设定行政强制的，起草单位应当采取听证会、论证会等形式听取意见，并向制定机关说明设定该行政强制的必要性、可能产生的影响以及听取和采纳意见的情况。

第十五条 行政强制的设定机关应当定期对其设定的行政强制进行评价，并对不适当的行政强制及时予以修改或者废止。

行政强制的实施机关可以对已设定的行政强制的实施情况及存在的必要性适时进行评价，并将意见报告该行政强制的设定机关。

公民、法人或者其他组织可以向行政强制的设定机关和实施机关就行政强制的设定和实施提出意见和建议。有关机关应当认真研究论证，并以适当方式予以反馈。

第三章 行政强制措施实施程序

第一节 一般规定

第十六条 行政机关履行行政管理职责，依照法律、法规的规定，实施行政强制措施。

违法行为情节显著轻微或者没有明显社会危害的，可以不采取行政强制措施。

第十七条 行政强制措施由法律、法规规定的行政机关在法定职权范围内实施。行政强制措施权不得委托。

依据《中华人民共和国行政处罚法》的规定行使相对集中行政处罚权的行政机关，可以实施法律、法规规定的与行政处罚权有关的行政强制措施。

行政强制措施应当由行政机关具备资格的行政执法人员实施，其他人员不得实施。

第十八条 行政机关实施行政强制措施应当遵守下列规定：

（一）实施前须向行政机关负责人报告并经批准；

（二）由两名以上行政执法人员实施；

（三）出示执法身份证件；

（四）通知当事人到场；

（五）当场告知当事人采取行政强制措施的理由、依据以及当事人依法享有的权利、救济途径；

（六）听取当事人的陈述和申辩；

（七）制作现场笔录；

（八）现场笔录由当事人和行政执法人员签名或者盖章，当事人拒绝的，在笔录中予以注明；

（九）当事人不到场的，邀请见证人到场，由见证人和行政执法人员在现场笔录上签名或者盖章；

（十）法律、法规规定的其他程序。

第十九条 情况紧急，需要当场实施行政强制措施的，行政执法人员应当在二十四小时内向行政机关负责人报告，并补办批准手续。行政机关负责人认为不应当采取行政强制措施的，应当立即解除。

第二十条 依照法律规定实施限制公民人身自由的行政强制措施，除应当履行本法第十八条规定的程序外，还应当遵守下列规定：

（一）当场告知或者实施行政强制措施后立即通知当事人家属实施行政强制措施的行政机关、地点和期限；

（二）在紧急情况下当场实施行政强制措施的，在返回行政机关后，立即向行政机关负责人报告并补办批准手续；

（三）法律规定的其他程序。

实施限制人身自由的行政强制措施不得超过法定期限。实施行政强制措施的目的已经达到或者条件已经消失，应当立即解除。

第二十一条 违法行为涉嫌犯罪应当移送司法机关的，行政机关应当将查封、扣押、冻结的财物一并移送，并书面告知当事人。

第二节 查封、扣押

第二十二条 查封、扣押应当由法律、法规规定的行政机关实施，其他任何行政机关或者组织不得实施。

第二十三条 查封、扣押限于涉案的场所、设施或者财物，不得查封、扣押与违法行为无关的场所、设施或者财物；不得查封、扣押公民个人及其所扶养家属的生活必需品。

当事人的场所、设施或者财物已被其他国家机关依法查封的，不得重复查封。

第二十四条 行政机关决定实施查封、扣押的，应当履行本法第十八条规定的程序，制作并当场交付查封、扣押决定书和清单。

查封、扣押决定书应当载明下列事项：

（一）当事人的姓名或者名称、地址；

（二）查封、扣押的理由、依据和期限；

（三）查封、扣押场所、设施或者财物的名称、数量等；

（四）申请行政复议或者提起行政诉讼的途径和期限；

（五）行政机关的名称、印章和日期。

查封、扣押清单一式二份，由当事人和行政机关分别保存。

第二十五条 查封、扣押的期限不得超过三十日；情况复杂的，经行政机关负责人批准，可以延长，但是延长期限不得超过三十日。法律、行政法规另有规定的除外。

延长查封、扣押的决定应当及时书面告知当事人，并说明理由。

对物品需要进行检测、检验、检疫或者技术鉴定的，查封、扣押的期间不包括检测、检验、检疫或者技术鉴定的期间。检测、检验、检疫或者技术鉴定的期间应当明确，并书面告知当事人。检测、检验、检疫或者技术鉴定的费用由行政机关承担。

第二十六条 对查封、扣押的场所、设施或者财物，行政机关应当妥善保管，不得使用或者损毁；造成损失的，应当承担赔偿责任。

对查封的场所、设施或者财物，行政机关可以委托第三人保管，第三人不得损毁或者擅自转移、处置。因第三人的原因造成的损失，行政机关先行赔付后，有权向第三人追偿。

因查封、扣押发生的保管费用由行政机关承担。

第二十七条 行政机关采取查封、扣押措施后，应当及时查清事实，在本法第二十五条规定的期限内作出处理决定。对违法事实清楚，依法应当没收的非法财物予以没收；法律、行政法规规定应当销毁的，依法销毁；应当解除查封、扣押的，作出解除查封、扣押的决定。

第二十八条 有下列情形之一的，行政机关应当及时作出解除查封、扣押决定：

（一）当事人没有违法行为；

（二）查封、扣押的场所、设施或者财物与违法行为无关；

（三）行政机关对违法行为已经作出处理决定，不再需要查封、扣押；

（四）查封、扣押期限已经届满；

（五）其他不再需要采取查封、扣押措施的情形。

解除查封、扣押应当立即退还财物；已将鲜活物品或者其他不易保管的财物拍卖或者变卖的，退还拍卖或者变卖所得款项。变卖价格明显低于市场价格，给当事人造成损失的，应当给予补偿。

第三节 冻 结

第二十九条 冻结存款、汇款应当由法律规定的行政机关实施，不得委托给其他行政机关或者组织；其他任何行政机关或者组织不得冻结存款、汇款。

冻结存款、汇款的数额应当与违法行为涉及的金额相当；已被其他国家机关依法冻结的，不得重复冻结。

第三十条 行政机关依照法律规定决定实施冻结存款、汇款的，应当履行本法第十八条第一项、第二项、第三项、第七项规定的程序，并向金融机构交付冻结通知书。

金融机构接到行政机关依法作出的冻结通知书后，应当立即予以冻结，不得拖延，不得在冻结前向当事人泄露信息。

法律规定以外的行政机关或者组织要求冻结当事人存款、汇款的，金融机构应当拒绝。

第三十一条　依照法律规定冻结存款、汇款的，作出决定的行政机关应当在三日内向当事人交付冻结决定书。冻结决定书应当载明下列事项：

（一）当事人的姓名或者名称、地址；

（二）冻结的理由、依据和期限；

（三）冻结的账号和数额；

（四）申请行政复议或者提起行政诉讼的途径和期限；

（五）行政机关的名称、印章和日期。

第三十二条　自冻结存款、汇款之日起三十日内，行政机关应当作出处理决定或者作出解除冻结决定；情况复杂的，经行政机关负责人批准，可以延长，但是延长期限不得超过三十日。法律另有规定的除外。

延长冻结的决定应当及时书面告知当事人，并说明理由。

第三十三条　有下列情形之一的，行政机关应当及时作出解除冻结决定：

（一）当事人没有违法行为；

（二）冻结的存款、汇款与违法行为无关；

（三）行政机关对违法行为已经作出处理决定，不再需要冻结；

（四）冻结期限已经届满；

（五）其他不再需要采取冻结措施的情形。

行政机关作出解除冻结决定的，应当及时通知金融机构和当事人。金融机构接到通知后，应当立即解除冻结。

行政机关逾期未作出处理决定或者解除冻结决定的，金融机构应当自冻结期满之日起解除冻结。

第四章　行政机关强制执行程序

第一节　一般规定

第三十四条　行政机关依法作出行政决定后，当事人在行政机关决定的期限内不履行义务的，具有行政强制执行权的行政机关依照本章规定强制执行。

第三十五条 行政机关作出强制执行决定前，应当事先催告当事人履行义务。催告应当以书面形式作出，并载明下列事项：

（一）履行义务的期限；

（二）履行义务的方式；

（三）涉及金钱给付的，应当有明确的金额和给付方式；

（四）当事人依法享有的陈述权和申辩权。

第三十六条 当事人收到催告书后有权进行陈述和申辩。行政机关应当充分听取当事人的意见，对当事人提出的事实、理由和证据，应当进行记录、复核。当事人提出的事实、理由或者证据成立的，行政机关应当采纳。

第三十七条 经催告，当事人逾期仍不履行行政决定，且无正当理由的，行政机关可以作出强制执行决定。

强制执行决定应当以书面形式作出，并载明下列事项：

（一）当事人的姓名或者名称、地址；

（二）强制执行的理由和依据；

（三）强制执行的方式和时间；

（四）申请行政复议或者提起行政诉讼的途径和期限；

（五）行政机关的名称、印章和日期。

在催告期间，对有证据证明有转移或者隐匿财物迹象的，行政机关可以作出立即强制执行决定。

第三十八条 催告书、行政强制执行决定书应当直接送达当事人。当事人拒绝接收或者无法直接送达当事人的，应当依照《中华人民共和国民事诉讼法》的有关规定送达。

第三十九条 有下列情形之一的，中止执行：

（一）当事人履行行政决定确有困难或者暂无履行能力的；

（二）第三人对执行标的主张权利，确有理由的；

（三）执行可能造成难以弥补的损失，且中止执行不损害公共利益的；

（四）行政机关认为需要中止执行的其他情形。

中止执行的情形消失后，行政机关应当恢复执行。对没有明显社会危害，当事人确无能力履行，中止执行满三年未恢复执行的，行政机关不再执行。

第四十条 有下列情形之一的，终结执行：

（一）公民死亡，无遗产可供执行，又无义务承受人的；

（二）法人或者其他组织终止，无财产可供执行，又无义务承受人的；

（三）执行标的灭失的；

（四）据以执行的行政决定被撤销的；

（五）行政机关认为需要终结执行的其他情形。

第四十一条 在执行中或者执行完毕后，据以执行的行政决定被撤销、变更，或者执行错误的，应当恢复原状或者退还财物；不能恢复原状或者退还财物的，依法给予赔偿。

第四十二条 实施行政强制执行，行政机关可以在不损害公共利益和他人合法权益的情况下，与当事人达成执行协议。执行协议可以约定分阶段履行；当事人采取补救措施的，可以减免加处的罚款或者滞纳金。

执行协议应当履行。当事人不履行执行协议的，行政机关应当恢复强制执行。

第四十三条 行政机关不得在夜间或者法定节假日实施行政强制执行。但是，情况紧急的除外。

行政机关不得对居民生活采取停止供水、供电、供热、供燃气等方式迫使当事人履行相关行政决定。

第四十四条 对违法的建筑物、构筑物、设施等需要强制拆除的，应当由行政机关予以公告，限期当事人自行拆除。当事人在法定期限内不申请行政复议或者提起行政诉讼，又不拆除的，行政机关可以依法强制拆除。

第二节 金钱给付义务的执行

第四十五条 行政机关依法作出金钱给付义务的行政决定，当事人逾期不履行的，行政机关可以依法加处罚款或者滞纳金。加处罚款或者滞纳金的标准应当告知当事人。

加处罚款或者滞纳金的数额不得超出金钱给付义务的数额。

第四十六条 行政机关依照本法第四十五条规定实施加处罚款或者滞纳金超过三十日，经催告当事人仍不履行的，具有行政强制执行权的行政机关可以强制执行。

行政机关实施强制执行前，需要采取查封、扣押、冻结措施的，依照本法第三章规定办理。

没有行政强制执行权的行政机关应当申请人民法院强制执行。但是，当事人在法定期限内不申请行政复议或者提起行政诉讼，经催告仍不履行的，在实施行政管理过程中已经采取查封、扣押措施的行政机关，可以将查封、扣押的财物依法拍卖抵缴罚款。

第四十七条 划拨存款、汇款应当由法律规定的行政机关决定，并书面通知金融机构。金融机构接到行政机关依法作出划拨存款、汇款的决定后，应当立即划拨。

法律规定以外的行政机关或者组织要求划拨当事人存款、汇款的，金融机构应当拒绝。

第四十八条 依法拍卖财物，由行政机关委托拍卖机构依照《中华人民共和国拍卖法》的规定办理。

第四十九条 划拨的存款、汇款以及拍卖和依法处理所得的款项应当上缴国库或者划入财政专户。任何行政机关或者个人不得以任何形式截留、私分或者变相私分。

第三节 代 履 行

第五十条 行政机关依法作出要求当事人履行排除妨碍、恢复原状等义务的行政决定，当事人逾期不履行，经催告仍不履行，其后果已经或者将危害交通安全、造成环境污染或者破坏自然资源的，行政机关可以代履行，或者委托没有利害关系的第三人代履行。

第五十一条 代履行应当遵守下列规定：

（一）代履行前送达决定书，代履行决定书应当载明当事人的姓名或者名称、地址，代履行的理由和依据、方式和时间、标的、费用预算以及代履行人；

（二）代履行三日前，催告当事人履行，当事人履行的，停止代履行；

（三）代履行时，作出决定的行政机关应当派员到场监督；

（四）代履行完毕，行政机关到场监督的工作人员、代履行人和当事人或者见证人应当在执行文书上签名或者盖章。

代履行的费用按照成本合理确定，由当事人承担。但是，法律另有规定的除外。

代履行不得采用暴力、胁迫以及其他非法方式。

第五十二条 需要立即清除道路、河道、航道或者公共场所的遗洒物、障碍物或者污染物，当事人不能清除的，行政机关可以决定立即实施代履行；当事人不在场的，行政机关应当在事后立即通知当事人，并依法作出处理。

第五章 申请人民法院强制执行

第五十三条 当事人在法定期限内不申请行政复议或者提起行政诉讼，又不履行行政决定的，没有行政强制执行权的行政机关可以自期限届满之日起三个月内，依照本章规定申请人民法院强制执行。

第五十四条 行政机关申请人民法院强制执行前，应当催告当事人履行义务。催告书送达十日后当事人仍未履行义务的，行政机关可以向所在地有管辖权的人民法院申请强制执行；执行对象是不动产的，向不动产所在地有管辖权的人民法院申请强制执行。

第五十五条 行政机关向人民法院申请强制执行，应当提供下列材料：

（一）强制执行申请书；

（二）行政决定书及作出决定的事实、理由和依据；

（三）当事人的意见及行政机关催告情况；

（四）申请强制执行标的情况；

（五）法律、行政法规规定的其他材料。

强制执行申请书应当由行政机关负责人签名，加盖行政机关的印章，并注明日期。

第五十六条 人民法院接到行政机关强制执行的申请，应当在五日内受理。

行政机关对人民法院不予受理的裁定有异议的，可以在十五日内向上一级人民法院申请复议，上一级人民法院应当自收到复议申请之日起十五日内作出是否受理的裁定。

第五十七条 人民法院对行政机关强制执行的申请进行书面审查，对符合本法第五十五条规定，且行政决定具备法定执行效力的，除本法第五十八条规定的情形外，人民法院应当自受理之日起七日内作出执行裁定。

第五十八条 人民法院发现有下列情形之一的，在作出裁定前可以听取被执行人和行政机关的意见：

（一）明显缺乏事实根据的；

（二）明显缺乏法律、法规依据的；

（三）其他明显违法并损害被执行人合法权益的。

人民法院应当自受理之日起三十日内作出是否执行的裁定。裁定不予执行的，应当说明理由，并在五日内将不予执行的裁定送达行政机关。

行政机关对人民法院不予执行的裁定有异议的，可以自收到裁定之日起十五日内向上一级人民法院申请复议，上一级人民法院应当自收到复议申请之日起三十日内作出是否执行的裁定。

第五十九条 因情况紧急，为保障公共安全，行政机关可以申请人民法院立即执行。经人民法院院长批准，人民法院应当自作出执行裁定之日起五日内执行。

第六十条 行政机关申请人民法院强制执行，不缴纳申请费。强制执行的费用由被执行人承担。

人民法院以划拨、拍卖方式强制执行的，可以在划拨、拍卖后将强制执行的费用扣除。

依法拍卖财物，由人民法院委托拍卖机构依照《中华人民共和国拍卖法》的规定办理。

划拨的存款、汇款以及拍卖和依法处理所得的款项应当上缴国库或者划入财政专户，不得以任何形式截留、私分或者变相私分。

第六章 法律责任

第六十一条 行政机关实施行政强制，有下列情形之一的，由上级行政机关或者有关部门责令改正，对直接负责的主管人员和其他直接责任人员依法给予处分：

（一）没有法律、法规依据的；

（二）改变行政强制对象、条件、方式的；

（三）违反法定程序实施行政强制的；

（四）违反本法规定，在夜间或者法定节假日实施行政强制执行的；

（五）对居民生活采取停止供水、供电、供热、供燃气等方式迫使当事人履行相关行政决定的；

（六）有其他违法实施行政强制情形的。

第六十二条 违反本法规定，行政机关有下列情形之一的，由上级行政机关或者有关部门责令改正，对直接负责的主管人员和其他直接责任人员依法给予处分：

（一）扩大查封、扣押、冻结范围的；

（二）使用或者损毁查封、扣押场所、设施或者财物的；

（三）在查封、扣押法定期间不作出处理决定或者未依法及时解除查封、扣押的；

（四）在冻结存款、汇款法定期间不作出处理决定或者未依法及时解除冻结的。

第六十三条 行政机关将查封、扣押的财物或者划拨的存款、汇款以及拍卖和依法处理所得的款项，截留、私分或者变相私分的，由财政部门或者有关部门予以追缴；对直接负责的主管人员和其他直接责任人员依法给予记大过、降级、撤职或者开除的处分。

行政机关工作人员利用职务上的便利，将查封、扣押的场所、设施或者财物据为己有的，由上级行政机关或者有关部门责令改正，依法给予记大过、降级、撤职或者开除的处分。

第六十四条 行政机关及其工作人员利用行政强制权为单位或者个人谋取利益的，由上级行政机关或者有关部门责令改正，对直接负责的主管人员和其他直接责任人员依法给予处分。

第六十五条 违反本法规定，金融机构有下列行为之一的，由金融业监督管理机构责令改正，对直接负责的主管人员和其他直接责任人员依法给予处分：

（一）在冻结前向当事人泄露信息的；

（二）对应当立即冻结、划拨的存款、汇款不冻结或者不划拨，致使存款、汇款转移的；

（三）将不应当冻结、划拨的存款、汇款予以冻结或者划拨的；

（四）未及时解除冻结存款、汇款的。

第六十六条 违反本法规定，金融机构将款项划入国库或者财政专户以外的其他账户的，由金融业监督管理机构责令改正，并处以违法划拨款项二倍的罚款；对直接负责的主管人员和其他直接责任人员依法给予处分。

违反本法规定，行政机关、人民法院指令金融机构将款项划入国库或者财政专户以外的其他账户的，对直接负责的主管人员和其他直接责任人员依法给予处分。

第六十七条 人民法院及其工作人员在强制执行中有违法行为或者扩大强制执行范围的，对直接负责的主管人员和其他直接责任人员依法给予处分。

第六十八条 违反本法规定，给公民、法人或者其他组织造成损失的，依法给予赔偿。

违反本法规定，构成犯罪的，依法追究刑事责任。

第七章 附 则

第六十九条 本法中十日以内期限的规定是指工作日，不含法定节假日。

第七十条 法律、行政法规授权的具有管理公共事务职能的组织在法定授权范围内，以自己的名义实施行政强制，适用本法有关行政机关的规定。

第七十一条 本法自2012年1月1日起施行。

中华人民共和国行政复议法

（1999年4月29日第九届全国人民代表大会常务委员会第九次会议通过　根据2009年8月27日第十一届全国人民代表大会常务委员会第十次会议《关于修改部分法律的决定》第一次修正　根据2017年9月1日第十二届全国人民代表大会常务委员会第二十九次会议《关于修改〈中华人民共和国法官法〉等八部法律的决定》第二次修正　2023年9月1日第十四届全国人民代表大会常务委员会第五次会议修订　2023年9月1日中华人民共和国主席令第9号公布　自2024年1月1日起施行）

目　　录

第一章　总　　则
第二章　行政复议申请
　第一节　行政复议范围
　第二节　行政复议参加人
　第三节　申请的提出
　第四节　行政复议管辖
第三章　行政复议受理
第四章　行政复议审理
　第一节　一般规定
　第二节　行政复议证据
　第三节　普通程序
　第四节　简易程序
　第五节　行政复议附带审查
第五章　行政复议决定
第六章　法律责任
第七章　附　　则

第一章　总　　则

第一条　为了防止和纠正违法的或者不当的行政行为，保护公民、法人和其他组织的合法权益，监督和保障行政机关依法行使职权，发挥行政复议化解行政争议的主渠道作用，推进法治政府建设，根据宪法，制定本法。

第二条　公民、法人或者其他组织认为行政机关的行政行为侵犯其合法权益，向行政复议机关提出行政复议申请，行政复议机关办理行政复议案件，适用本法。

前款所称行政行为，包括法律、法规、规章授权的组织的行政行为。

第三条　行政复议工作坚持中国共产党的领导。

行政复议机关履行行政复议职责，应当遵循合法、公正、公开、高效、便民、为民的原则，坚持有错必纠，保障法律、法规的正确实施。

第四条　县级以上各级人民政府以及其他依照本法履行行政复议职责的行政机关是行政复议机关。

行政复议机关办理行政复议事项的机构是行政复议机构。行政复议机构同时组织办理行政复议机关的行政应诉事项。

行政复议机关应当加强行政复议工作，支持和保障行政复议机构依法履行职责。上级行政复议机构对下级行政复议机构的行政复议工作进行指导、监督。

国务院行政复议机构可以发布行政复议指导性案例。

第五条　行政复议机关办理行政复议案件，可以进行调解。

调解应当遵循合法、自愿的原则，不得损害国家利益、社会公共利益和他人合法权益，不得违反法律、法规的强制性规定。

第六条　国家建立专业化、职业化行政复议人员队伍。

行政复议机构中初次从事行政复议工作的人员，应当通过国家统一法律职业资格考试取得法律职业资格，并参加统一职前培训。

国务院行政复议机构应当会同有关部门制定行政复议人员工作规范，加强对行政复议人员的业务考核和管理。

第七条　行政复议机关应当确保行政复议机构的人员配备与所承担的

工作任务相适应，提高行政复议人员专业素质，根据工作需要保障办案场所、装备等设施。县级以上各级人民政府应当将行政复议工作经费列入本级预算。

第八条　行政复议机关应当加强信息化建设，运用现代信息技术，方便公民、法人或者其他组织申请、参加行政复议，提高工作质量和效率。

第九条　对在行政复议工作中做出显著成绩的单位和个人，按照国家有关规定给予表彰和奖励。

第十条　公民、法人或者其他组织对行政复议决定不服的，可以依照《中华人民共和国行政诉讼法》的规定向人民法院提起行政诉讼，但是法律规定行政复议决定为最终裁决的除外。

第二章　行政复议申请

第一节　行政复议范围

第十一条　有下列情形之一的，公民、法人或者其他组织可以依照本法申请行政复议：

（一）对行政机关作出的行政处罚决定不服；

（二）对行政机关作出的行政强制措施、行政强制执行决定不服；

（三）申请行政许可，行政机关拒绝或者在法定期限内不予答复，或者对行政机关作出的有关行政许可的其他决定不服；

（四）对行政机关作出的确认自然资源的所有权或者使用权的决定不服；

（五）对行政机关作出的征收征用决定及其补偿决定不服；

（六）对行政机关作出的赔偿决定或者不予赔偿决定不服；

（七）对行政机关作出的不予受理工伤认定申请的决定或者工伤认定结论不服；

（八）认为行政机关侵犯其经营自主权或者农村土地承包经营权、农村土地经营权；

（九）认为行政机关滥用行政权力排除或者限制竞争；

（十）认为行政机关违法集资、摊派费用或者违法要求履行其他义务；

（十一）申请行政机关履行保护人身权利、财产权利、受教育权利等合法权益的法定职责，行政机关拒绝履行、未依法履行或者不予答复；

（十二）申请行政机关依法给付抚恤金、社会保险待遇或者最低生活保障等社会保障，行政机关没有依法给付；

（十三）认为行政机关不依法订立、不依法履行、未按照约定履行或者违法变更、解除政府特许经营协议、土地房屋征收补偿协议等行政协议；

（十四）认为行政机关在政府信息公开工作中侵犯其合法权益；

（十五）认为行政机关的其他行政行为侵犯其合法权益。

第十二条 下列事项不属于行政复议范围：

（一）国防、外交等国家行为；

（二）行政法规、规章或者行政机关制定、发布的具有普遍约束力的决定、命令等规范性文件；

（三）行政机关对行政机关工作人员的奖惩、任免等决定；

（四）行政机关对民事纠纷作出的调解。

第十三条 公民、法人或者其他组织认为行政机关的行政行为所依据的下列规范性文件不合法，在对行政行为申请行政复议时，可以一并向行政复议机关提出对该规范性文件的附带审查申请：

（一）国务院部门的规范性文件；

（二）县级以上地方各级人民政府及其工作部门的规范性文件；

（三）乡、镇人民政府的规范性文件；

（四）法律、法规、规章授权的组织的规范性文件。

前款所列规范性文件不含规章。规章的审查依照法律、行政法规办理。

第二节 行政复议参加人

第十四条 依照本法申请行政复议的公民、法人或者其他组织是申请人。

有权申请行政复议的公民死亡的，其近亲属可以申请行政复议。有权申请行政复议的法人或者其他组织终止的，其权利义务承受人可以申请行政复议。

有权申请行政复议的公民为无民事行为能力人或者限制民事行为能力

人的，其法定代理人可以代为申请行政复议。

第十五条 同一行政复议案件申请人人数众多的，可以由申请人推选代表人参加行政复议。

代表人参加行政复议的行为对其所代表的申请人发生效力，但是代表人变更行政复议请求、撤回行政复议申请、承认第三人请求的，应当经被代表的申请人同意。

第十六条 申请人以外的同被申请行政复议的行政行为或者行政复议案件处理结果有利害关系的公民、法人或者其他组织，可以作为第三人申请参加行政复议，或者由行政复议机构通知其作为第三人参加行政复议。

第三人不参加行政复议，不影响行政复议案件的审理。

第十七条 申请人、第三人可以委托一至二名律师、基层法律服务工作者或者其他代理人代为参加行政复议。

申请人、第三人委托代理人的，应当向行政复议机构提交授权委托书、委托人及被委托人的身份证明文件。授权委托书应当载明委托事项、权限和期限。申请人、第三人变更或者解除代理人权限的，应当书面告知行政复议机构。

第十八条 符合法律援助条件的行政复议申请人申请法律援助的，法律援助机构应当依法为其提供法律援助。

第十九条 公民、法人或者其他组织对行政行为不服申请行政复议的，作出行政行为的行政机关或者法律、法规、规章授权的组织是被申请人。

两个以上行政机关以共同的名义作出同一行政行为的，共同作出行政行为的行政机关是被申请人。

行政机关委托的组织作出行政行为的，委托的行政机关是被申请人。

作出行政行为的行政机关被撤销或者职权变更的，继续行使其职权的行政机关是被申请人。

第三节 申请的提出

第二十条 公民、法人或者其他组织认为行政行为侵犯其合法权益的，可以自知道或者应当知道该行政行为之日起六十日内提出行政复议申请；但是法律规定的申请期限超过六十日的除外。

因不可抗力或者其他正当理由耽误法定申请期限的，申请期限自障碍消除之日起继续计算。

行政机关作出行政行为时，未告知公民、法人或者其他组织申请行政复议的权利、行政复议机关和申请期限的，申请期限自公民、法人或者其他组织知道或者应当知道申请行政复议的权利、行政复议机关和申请期限之日起计算，但是自知道或者应当知道行政行为内容之日起最长不得超过一年。

第二十一条 因不动产提出的行政复议申请自行政行为作出之日起超过二十年，其他行政复议申请自行政行为作出之日起超过五年的，行政复议机关不予受理。

第二十二条 申请人申请行政复议，可以书面申请；书面申请有困难的，也可以口头申请。

书面申请的，可以通过邮寄或者行政复议机关指定的互联网渠道等方式提交行政复议申请书，也可以当面提交行政复议申请书。行政机关通过互联网渠道送达行政行为决定书的，应当同时提供提交行政复议申请书的互联网渠道。

口头申请的，行政复议机关应当当场记录申请人的基本情况、行政复议请求、申请行政复议的主要事实、理由和时间。

申请人对两个以上行政行为不服的，应当分别申请行政复议。

第二十三条 有下列情形之一的，申请人应当先向行政复议机关申请行政复议，对行政复议决定不服的，可以再依法向人民法院提起行政诉讼：

（一）对当场作出的行政处罚决定不服；

（二）对行政机关作出的侵犯其已经依法取得的自然资源的所有权或者使用权的决定不服；

（三）认为行政机关存在本法第十一条规定的未履行法定职责情形；

（四）申请政府信息公开，行政机关不予公开；

（五）法律、行政法规规定应当先向行政复议机关申请行政复议的其他情形。

对前款规定的情形，行政机关在作出行政行为时应当告知公民、法人或者其他组织先向行政复议机关申请行政复议。

第四节 行政复议管辖

第二十四条 县级以上地方各级人民政府管辖下列行政复议案件：

（一）对本级人民政府工作部门作出的行政行为不服的；

（二）对下一级人民政府作出的行政行为不服的；

（三）对本级人民政府依法设立的派出机关作出的行政行为不服的；

（四）对本级人民政府或者其工作部门管理的法律、法规、规章授权的组织作出的行政行为不服的。

除前款规定外，省、自治区、直辖市人民政府同时管辖对本机关作出的行政行为不服的行政复议案件。

省、自治区人民政府依法设立的派出机关参照设区的市级人民政府的职责权限，管辖相关行政复议案件。

对县级以上地方各级人民政府工作部门依法设立的派出机构依照法律、法规、规章规定，以派出机构的名义作出的行政行为不服的行政复议案件，由本级人民政府管辖；其中，对直辖市、设区的市人民政府工作部门按照行政区划设立的派出机构作出的行政行为不服的，也可以由其所在地的人民政府管辖。

第二十五条 国务院部门管辖下列行政复议案件：

（一）对本部门作出的行政行为不服的；

（二）对本部门依法设立的派出机构依照法律、行政法规、部门规章规定，以派出机构的名义作出的行政行为不服的；

（三）对本部门管理的法律、行政法规、部门规章授权的组织作出的行政行为不服的。

第二十六条 对省、自治区、直辖市人民政府依照本法第二十四条第二款的规定、国务院部门依照本法第二十五条第一项的规定作出的行政复议决定不服的，可以向人民法院提起行政诉讼；也可以向国务院申请裁决，国务院依照本法的规定作出最终裁决。

第二十七条 对海关、金融、外汇管理等实行垂直领导的行政机关、税务和国家安全机关的行政行为不服的，向上一级主管部门申请行政复议。

第二十八条 对履行行政复议机构职责的地方人民政府司法行政部门

的行政行为不服的，可以向本级人民政府申请行政复议，也可以向上一级司法行政部门申请行政复议。

第二十九条 公民、法人或者其他组织申请行政复议，行政复议机关已经依法受理的，在行政复议期间不得向人民法院提起行政诉讼。

公民、法人或者其他组织向人民法院提起行政诉讼，人民法院已经依法受理的，不得申请行政复议。

第三章 行政复议受理

第三十条 行政复议机关收到行政复议申请后，应当在五日内进行审查。对符合下列规定的，行政复议机关应当予以受理：

（一）有明确的申请人和符合本法规定的被申请人；

（二）申请人与被申请行政复议的行政行为有利害关系；

（三）有具体的行政复议请求和理由；

（四）在法定申请期限内提出；

（五）属于本法规定的行政复议范围；

（六）属于本机关的管辖范围；

（七）行政复议机关未受理过该申请人就同一行政行为提出的行政复议申请，并且人民法院未受理过该申请人就同一行政行为提起的行政诉讼。

对不符合前款规定的行政复议申请，行政复议机关应当在审查期限内决定不予受理并说明理由；不属于本机关管辖的，还应当在不予受理决定中告知申请人有管辖权的行政复议机关。

行政复议申请的审查期限届满，行政复议机关未作出不予受理决定的，审查期限届满之日起视为受理。

第三十一条 行政复议申请材料不齐全或者表述不清楚，无法判断行政复议申请是否符合本法第三十条第一款规定的，行政复议机关应当自收到申请之日起五日内书面通知申请人补正。补正通知应当一次性载明需要补正的事项。

申请人应当自收到补正通知之日起十日内提交补正材料。有正当理由不能按期补正的，行政复议机关可以延长合理的补正期限。无正当理由逾期不补正的，视为申请人放弃行政复议申请，并记录在案。

行政复议机关收到补正材料后，依照本法第三十条的规定处理。

第三十二条　对当场作出或者依据电子技术监控设备记录的违法事实作出的行政处罚决定不服申请行政复议的，可以通过作出行政处罚决定的行政机关提交行政复议申请。

行政机关收到行政复议申请后，应当及时处理；认为需要维持行政处罚决定的，应当自收到行政复议申请之日起五日内转送行政复议机关。

第三十三条　行政复议机关受理行政复议申请后，发现该行政复议申请不符合本法第三十条第一款规定的，应当决定驳回申请并说明理由。

第三十四条　法律、行政法规规定应当先向行政复议机关申请行政复议、对行政复议决定不服再向人民法院提起行政诉讼的，行政复议机关决定不予受理、驳回申请或者受理后超过行政复议期限不作答复的，公民、法人或者其他组织可以自收到决定书之日起或者行政复议期限届满之日起十五日内，依法向人民法院提起行政诉讼。

第三十五条　公民、法人或者其他组织依法提出行政复议申请，行政复议机关无正当理由不予受理、驳回申请或者受理后超过行政复议期限不作答复的，申请人有权向上级行政机关反映，上级行政机关应当责令其纠正；必要时，上级行政复议机关可以直接受理。

第四章　行政复议审理

第一节　一 般 规 定

第三十六条　行政复议机关受理行政复议申请后，依照本法适用普通程序或者简易程序进行审理。行政复议机构应当指定行政复议人员负责办理行政复议案件。

行政复议人员对办理行政复议案件过程中知悉的国家秘密、商业秘密和个人隐私，应当予以保密。

第三十七条　行政复议机关依照法律、法规、规章审理行政复议案件。

行政复议机关审理民族自治地方的行政复议案件，同时依照该民族自治地方的自治条例和单行条例。

第三十八条 上级行政复议机关根据需要，可以审理下级行政复议机关管辖的行政复议案件。

下级行政复议机关对其管辖的行政复议案件，认为需要由上级行政复议机关审理的，可以报请上级行政复议机关决定。

第三十九条 行政复议期间有下列情形之一的，行政复议中止：

（一）作为申请人的公民死亡，其近亲属尚未确定是否参加行政复议；

（二）作为申请人的公民丧失参加行政复议的行为能力，尚未确定法定代理人参加行政复议；

（三）作为申请人的公民下落不明；

（四）作为申请人的法人或者其他组织终止，尚未确定权利义务承受人；

（五）申请人、被申请人因不可抗力或者其他正当理由，不能参加行政复议；

（六）依照本法规定进行调解、和解，申请人和被申请人同意中止；

（七）行政复议案件涉及的法律适用问题需要有权机关作出解释或者确认；

（八）行政复议案件审理需要以其他案件的审理结果为依据，而其他案件尚未审结；

（九）有本法第五十六条或者第五十七条规定的情形；

（十）需要中止行政复议的其他情形。

行政复议中止的原因消除后，应当及时恢复行政复议案件的审理。

行政复议机关中止、恢复行政复议案件的审理，应当书面告知当事人。

第四十条 行政复议期间，行政复议机关无正当理由中止行政复议的，上级行政机关应当责令其恢复审理。

第四十一条 行政复议期间有下列情形之一的，行政复议机关决定终止行政复议：

（一）申请人撤回行政复议申请，行政复议机构准予撤回；

（二）作为申请人的公民死亡，没有近亲属或者其近亲属放弃行政复议权利；

（三）作为申请人的法人或者其他组织终止，没有权利义务承受人或者其权利义务承受人放弃行政复议权利；

（四）申请人对行政拘留或者限制人身自由的行政强制措施不服申请行政复议后，因同一违法行为涉嫌犯罪，被采取刑事强制措施；

（五）依照本法第三十九条第一款第一项、第二项、第四项的规定中止行政复议满六十日，行政复议中止的原因仍未消除。

第四十二条 行政复议期间行政行为不停止执行；但是有下列情形之一的，应当停止执行：

（一）被申请人认为需要停止执行；

（二）行政复议机关认为需要停止执行；

（三）申请人、第三人申请停止执行，行政复议机关认为其要求合理，决定停止执行；

（四）法律、法规、规章规定停止执行的其他情形。

第二节 行政复议证据

第四十三条 行政复议证据包括：

（一）书证；

（二）物证；

（三）视听资料；

（四）电子数据；

（五）证人证言；

（六）当事人的陈述；

（七）鉴定意见；

（八）勘验笔录、现场笔录。

以上证据经行政复议机构审查属实，才能作为认定行政复议案件事实的根据。

第四十四条 被申请人对其作出的行政行为的合法性、适当性负有举证责任。

有下列情形之一的，申请人应当提供证据：

（一）认为被申请人不履行法定职责的，提供曾经要求被申请人履行法定职责的证据，但是被申请人应当依职权主动履行法定职责或者申请人因正当理由不能提供的除外；

（二）提出行政赔偿请求的，提供受行政行为侵害而造成损害的证据，但是因被申请人原因导致申请人无法举证的，由被申请人承担举证责任；

（三）法律、法规规定需要申请人提供证据的其他情形。

第四十五条 行政复议机关有权向有关单位和个人调查取证，查阅、复制、调取有关文件和资料，向有关人员进行询问。

调查取证时，行政复议人员不得少于两人，并应当出示行政复议工作证件。

被调查取证的单位和个人应当积极配合行政复议人员的工作，不得拒绝或者阻挠。

第四十六条 行政复议期间，被申请人不得自行向申请人和其他有关单位或者个人收集证据；自行收集的证据不作为认定行政行为合法性、适当性的依据。

行政复议期间，申请人或者第三人提出被申请行政复议的行政行为作出时没有提出的理由或者证据的，经行政复议机构同意，被申请人可以补充证据。

第四十七条 行政复议期间，申请人、第三人及其委托代理人可以按照规定查阅、复制被申请人提出的书面答复、作出行政行为的证据、依据和其他有关材料，除涉及国家秘密、商业秘密、个人隐私或者可能危及国家安全、公共安全、社会稳定的情形外，行政复议机构应当同意。

第三节 普通程序

第四十八条 行政复议机构应当自行政复议申请受理之日起七日内，将行政复议申请书副本或者行政复议申请笔录复印件发送被申请人。被申请人应当自收到行政复议申请书副本或者行政复议申请笔录复印件之日起十日内，提出书面答复，并提交作出行政行为的证据、依据和其他有关材料。

第四十九条 适用普通程序审理的行政复议案件，行政复议机构应当当面或者通过互联网、电话等方式听取当事人的意见，并将听取的意见记录在案。因当事人原因不能听取意见的，可以书面审理。

第五十条 审理重大、疑难、复杂的行政复议案件，行政复议机构应当组织听证。

行政复议机构认为有必要听证，或者申请人请求听证的，行政复议机构可以组织听证。

听证由一名行政复议人员任主持人，两名以上行政复议人员任听证员，一名记录员制作听证笔录。

第五十一条 行政复议机构组织听证的，应当于举行听证的五日前将听证的时间、地点和拟听证事项书面通知当事人。

申请人无正当理由拒不参加听证的，视为放弃听证权利。

被申请人的负责人应当参加听证。不能参加的，应当说明理由并委托相应的工作人员参加听证。

第五十二条 县级以上各级人民政府应当建立相关政府部门、专家、学者等参与的行政复议委员会，为办理行政复议案件提供咨询意见，并就行政复议工作中的重大事项和共性问题研究提出意见。行政复议委员会的组成和开展工作的具体办法，由国务院行政复议机构制定。

审理行政复议案件涉及下列情形之一的，行政复议机构应当提请行政复议委员会提出咨询意见：

（一）案情重大、疑难、复杂；

（二）专业性、技术性较强；

（三）本法第二十四条第二款规定的行政复议案件；

（四）行政复议机构认为有必要。

行政复议机构应当记录行政复议委员会的咨询意见。

第四节 简易程序

第五十三条 行政复议机关审理下列行政复议案件，认为事实清楚、权利义务关系明确、争议不大的，可以适用简易程序：

（一）被申请行政复议的行政行为是当场作出；

（二）被申请行政复议的行政行为是警告或者通报批评；

（三）案件涉及款额三千元以下；

（四）属于政府信息公开案件。

除前款规定以外的行政复议案件，当事人各方同意适用简易程序的，可以适用简易程序。

第五十四条 适用简易程序审理的行政复议案件，行政复议机构应当自受理行政复议申请之日起三日内，将行政复议申请书副本或者行政复议申请笔录复印件发送被申请人。被申请人应当自收到行政复议申请书副本或者行政复议申请笔录复印件之日起五日内，提出书面答复，并提交作出行政行为的证据、依据和其他有关材料。

适用简易程序审理的行政复议案件，可以书面审理。

第五十五条 适用简易程序审理的行政复议案件，行政复议机构认为不宜适用简易程序的，经行政复议机构的负责人批准，可以转为普通程序审理。

第五节 行政复议附带审查

第五十六条 申请人依照本法第十三条的规定提出对有关规范性文件的附带审查申请，行政复议机关有权处理的，应当在三十日内依法处理；无权处理的，应当在七日内转送有权处理的行政机关依法处理。

第五十七条 行政复议机关在对被申请人作出的行政行为进行审查时，认为其依据不合法，本机关有权处理的，应当在三十日内依法处理；无权处理的，应当在七日内转送有权处理的国家机关依法处理。

第五十八条 行政复议机关依照本法第五十六条、第五十七条的规定有权处理有关规范性文件或者依据的，行政复议机构应当自行政复议中止之日起三日内，书面通知规范性文件或者依据的制定机关就相关条款的合法性提出书面答复。制定机关应当自收到书面通知之日起十日内提交书面答复及相关材料。

行政复议机构认为必要时，可以要求规范性文件或者依据的制定机关当面说明理由，制定机关应当配合。

第五十九条 行政复议机关依照本法第五十六条、第五十七条的规定有权处理有关规范性文件或者依据，认为相关条款合法的，在行政复议决定书中一并告知；认为相关条款超越权限或者违反上位法的，决定停止该条款的执行，并责令制定机关予以纠正。

第六十条 依照本法第五十六条、第五十七条的规定接受转送的行政机关、国家机关应当自收到转送之日起六十日内，将处理意见回复转送的行政复议机关。

第五章 行政复议决定

第六十一条 行政复议机关依照本法审理行政复议案件，由行政复议机构对行政行为进行审查，提出意见，经行政复议机关的负责人同意或者集体讨论通过后，以行政复议机关的名义作出行政复议决定。

经过听证的行政复议案件，行政复议机关应当根据听证笔录、审查认定的事实和证据，依照本法作出行政复议决定。

提请行政复议委员会提出咨询意见的行政复议案件，行政复议机关应当将咨询意见作为作出行政复议决定的重要参考依据。

第六十二条 适用普通程序审理的行政复议案件，行政复议机关应当自受理申请之日起六十日内作出行政复议决定；但是法律规定的行政复议期限少于六十日的除外。情况复杂，不能在规定期限内作出行政复议决定的，经行政复议机构的负责人批准，可以适当延长，并书面告知当事人；但是延长期限最多不得超过三十日。

适用简易程序审理的行政复议案件，行政复议机关应当自受理申请之日起三十日内作出行政复议决定。

第六十三条 行政行为有下列情形之一的，行政复议机关决定变更该行政行为：

（一）事实清楚，证据确凿，适用依据正确，程序合法，但是内容不适当；

（二）事实清楚，证据确凿，程序合法，但是未正确适用依据；

（三）事实不清、证据不足，经行政复议机关查清事实和证据。

行政复议机关不得作出对申请人更为不利的变更决定，但是第三人提出相反请求的除外。

第六十四条 行政行为有下列情形之一的，行政复议机关决定撤销或者部分撤销该行政行为，并可以责令被申请人在一定期限内重新作出行政行为：

（一）主要事实不清、证据不足；

（二）违反法定程序；

（三）适用的依据不合法；

（四）超越职权或者滥用职权。

行政复议机关责令被申请人重新作出行政行为的，被申请人不得以同一事实和理由作出与被申请行政复议的行政行为相同或者基本相同的行政行为，但是行政复议机关以违反法定程序为由决定撤销或者部分撤销的除外。

第六十五条 行政行为有下列情形之一的，行政复议机关不撤销该行政行为，但是确认该行政行为违法：

（一）依法应予撤销，但是撤销会给国家利益、社会公共利益造成重大损害；

（二）程序轻微违法，但是对申请人权利不产生实际影响。

行政行为有下列情形之一，不需要撤销或者责令履行的，行政复议机关确认该行政行为违法：

（一）行政行为违法，但是不具有可撤销内容；

（二）被申请人改变原违法行政行为，申请人仍要求撤销或者确认该行政行为违法；

（三）被申请人不履行或者拖延履行法定职责，责令履行没有意义。

第六十六条 被申请人不履行法定职责的，行政复议机关决定被申请人在一定期限内履行。

第六十七条 行政行为有实施主体不具有行政主体资格或者没有依据等重大且明显违法情形，申请人申请确认行政行为无效的，行政复议机关确认该行政行为无效。

第六十八条 行政行为认定事实清楚，证据确凿，适用依据正确，程序合法，内容适当的，行政复议机关决定维持该行政行为。

第六十九条 行政复议机关受理申请人认为被申请人不履行法定职责的行政复议申请后，发现被申请人没有相应法定职责或者在受理前已经履行法定职责的，决定驳回申请人的行政复议请求。

第七十条 被申请人不按照本法第四十八条、第五十四条的规定提出书面答复、提交作出行政行为的证据、依据和其他有关材料的，视为该行政行为没有证据、依据，行政复议机关决定撤销、部分撤销该行政行为，确认该行政行为违法、无效或者决定被申请人在一定期限内履行，但是行政行为涉及第三人合法权益，第三人提供证据的除外。

第七十一条 被申请人不依法订立、不依法履行、未按照约定履行或者违法变更、解除行政协议的，行政复议机关决定被申请人承担依法订立、继续履行、采取补救措施或者赔偿损失等责任。

被申请人变更、解除行政协议合法，但是未依法给予补偿或者补偿不合理的，行政复议机关决定被申请人依法给予合理补偿。

第七十二条 申请人在申请行政复议时一并提出行政赔偿请求，行政复议机关对依照《中华人民共和国国家赔偿法》的有关规定应当不予赔偿的，在作出行政复议决定时，应当同时决定驳回行政赔偿请求；对符合《中华人民共和国国家赔偿法》的有关规定应当给予赔偿的，在决定撤销或者部分撤销、变更行政行为或者确认行政行为违法、无效时，应当同时决定被申请人依法给予赔偿；确认行政行为违法的，还可以同时责令被申请人采取补救措施。

申请人在申请行政复议时没有提出行政赔偿请求的，行政复议机关在依法决定撤销或者部分撤销、变更罚款，撤销或者部分撤销违法集资、没收财物、征收征用、摊派费用以及对财产的查封、扣押、冻结等行政行为时，应当同时责令被申请人返还财产，解除对财产的查封、扣押、冻结措施，或者赔偿相应的价款。

第七十三条 当事人经调解达成协议的，行政复议机关应当制作行政复议调解书，经各方当事人签字或者签章，并加盖行政复议机关印章，即具有法律效力。

调解未达成协议或者调解书生效前一方反悔的，行政复议机关应当依法审查或者及时作出行政复议决定。

第七十四条 当事人在行政复议决定作出前可以自愿达成和解，和解内容不得损害国家利益、社会公共利益和他人合法权益，不得违反法律、法规的强制性规定。

当事人达成和解后，由申请人向行政复议机构撤回行政复议申请。行政复议机构准予撤回行政复议申请、行政复议机关决定终止行政复议的，申请人不得再以同一事实和理由提出行政复议申请。但是，申请人能够证明确撤回行政复议申请违背其真实意愿的除外。

第七十五条 行政复议机关作出行政复议决定，应当制作行政复议决定书，并加盖行政复议机关印章。

行政复议决定书一经送达，即发生法律效力。

第七十六条 行政复议机关在办理行政复议案件过程中，发现被申请人或者其他下级行政机关的有关行政行为违法或者不当的，可以向其制发行政复议意见书。有关机关应当自收到行政复议意见书之日起六十日内，将纠正相关违法或者不当行政行为的情况报送行政复议机关。

第七十七条 被申请人应当履行行政复议决定书、调解书、意见书。

被申请人不履行或者无正当理由拖延履行行政复议决定书、调解书、意见书的，行政复议机关或者有关上级行政机关应当责令其限期履行，并可以约谈被申请人的有关负责人或者予以通报批评。

第七十八条 申请人、第三人逾期不起诉又不履行行政复议决定书、调解书的，或者不履行最终裁决的行政复议决定的，按照下列规定分别处理：

（一）维持行政行为的行政复议决定书，由作出行政行为的行政机关依法强制执行，或者申请人民法院强制执行；

（二）变更行政行为的行政复议决定书，由行政复议机关依法强制执行，或者申请人民法院强制执行；

（三）行政复议调解书，由行政复议机关依法强制执行，或者申请人民法院强制执行。

第七十九条 行政复议机关根据被申请行政复议的行政行为的公开情况，按照国家有关规定将行政复议决定书向社会公开。

县级以上地方各级人民政府办理以本级人民政府工作部门为被申请人的行政复议案件，应当将发生法律效力的行政复议决定书、意见书同时抄告被申请人的上一级主管部门。

第六章 法律责任

第八十条 行政复议机关不依照本法规定履行行政复议职责，对负有责任的领导人员和直接责任人员依法给予警告、记过、记大过的处分；经有权监督的机关督促仍不改正或者造成严重后果的，依法给予降级、撤职、开除的处分。

第八十一条 行政复议机关工作人员在行政复议活动中，徇私舞弊或者有其他渎职、失职行为的，依法给予警告、记过、记大过的处分；情节严重的，依法给予降级、撤职、开除的处分；构成犯罪的，依法追究刑事责任。

第八十二条 被申请人违反本法规定，不提出书面答复或者不提交作出行政行为的证据、依据和其他有关材料，或者阻挠、变相阻挠公民、法人或者其他组织依法申请行政复议的，对负有责任的领导人员和直接责任人员依法给予警告、记过、记大过的处分；进行报复陷害的，依法给予降级、撤职、开除的处分；构成犯罪的，依法追究刑事责任。

第八十三条 被申请人不履行或者无正当理由拖延履行行政复议决定书、调解书、意见书的，对负有责任的领导人员和直接责任人员依法给予警告、记过、记大过的处分；经责令履行仍拒不履行的，依法给予降级、撤职、开除的处分。

第八十四条 拒绝、阻挠行政复议人员调查取证，故意扰乱行政复议工作秩序的，依法给予处分、治安管理处罚；构成犯罪的，依法追究刑事责任。

第八十五条 行政机关及其工作人员违反本法规定的，行政复议机关可以向监察机关或者公职人员任免机关、单位移送有关人员违法的事实材料，接受移送的监察机关或者公职人员任免机关、单位应当依法处理。

第八十六条 行政复议机关在办理行政复议案件过程中，发现公职人员涉嫌贪污贿赂、失职渎职等职务违法或者职务犯罪的问题线索，应当依照有关规定移送监察机关，由监察机关依法调查处置。

第七章 附 则

第八十七条 行政复议机关受理行政复议申请，不得向申请人收取任何费用。

第八十八条 行政复议期间的计算和行政复议文书的送达，本法没有规定的，依照《中华人民共和国民事诉讼法》关于期间、送达的规定执行。

本法关于行政复议期间有关“三日”、“五日”、“七日”、“十日”的规定是指工作日，不含法定休假日。

第八十九条 外国人、无国籍人、外国组织在中华人民共和国境内申请行政复议，适用本法。

第九十条 本法自 2024 年 1 月 1 日起施行。

中华人民共和国行政诉讼法

（1989 年 4 月 4 日第七届全国人民代表大会第二次会议通过 根据 2014 年 11 月 1 日第十二届全国人民代表大会常务委员会第十一次会议《关于修改〈中华人民共和国行政诉讼法〉的决定》第一次修正 根据 2017 年 6 月 27 日第十二届全国人民代表大会常务委员会第二十八次会议《关于修改〈中华人民共和国民事诉讼法〉和〈中华人民共和国行政诉讼法〉的决定》第二次修正）

目 录

第一章 总 则
第二章 受案范围
第三章 管 辖
第四章 诉讼参加人
第五章 证 据
第六章 起诉和受理
第七章 审理和判决
第一节 一般规定
第二节 第一审普通程序
第三节 简易程序
第四节 第二审程序
第五节 审判监督程序
第八章 执 行
第九章 涉外行政诉讼
第十章 附 则

第一章 总 则

第一条 为保证人民法院公正、及时审理行政案件，解决行政争议，保护公民、法人和其他组织的合法权益，监督行政机关依法行使职权，根据宪法，制定本法。

第二条 公民、法人或者其他组织认为行政机关和行政机关工作人员的行政行为侵犯其合法权益，有权依照本法向人民法院提起诉讼。

前款所称行政行为，包括法律、法规、规章授权的组织作出的行政行为。

第三条 人民法院应当保障公民、法人和其他组织的起诉权利，对应当受理的行政案件依法受理。

行政机关及其工作人员不得干预、阻碍人民法院受理行政案件。

被诉行政机关负责人应当出庭应诉。不能出庭的，应当委托行政机关相应的工作人员出庭。

第四条 人民法院依法对行政案件独立行使审判权，不受行政机关、社会团体和个人的干涉。

人民法院设行政审判庭，审理行政案件。

第五条 人民法院审理行政案件，以事实为根据，以法律为准绳。

第六条 人民法院审理行政案件，对行政行为是否合法进行审查。

第七条 人民法院审理行政案件，依法实行合议、回避、公开审判和两审终审制度。

第八条 当事人在行政诉讼中的法律地位平等。

第九条 各民族公民都有用本民族语言、文字进行行政诉讼的权利。

在少数民族聚居或者多民族共同居住的地区，人民法院应当用当地民族通用的语言、文字进行审理和发布法律文书。

人民法院应当对不通晓当地民族通用的语言、文字的诉讼参与人提供翻译。

第十条 当事人在行政诉讼中有权进行辩论。

第十一条 人民检察院有权对行政诉讼实行法律监督。

第二章　受案范围

第十二条　人民法院受理公民、法人或者其他组织提起的下列诉讼：

（一）对行政拘留、暂扣或者吊销许可证和执照、责令停产停业、没收违法所得、没收非法财物、罚款、警告等行政处罚不服的；

（二）对限制人身自由或者对财产的查封、扣押、冻结等行政强制措施和行政强制执行不服的；

（三）申请行政许可，行政机关拒绝或者在法定期限内不予答复，或者对行政机关作出的有关行政许可的其他决定不服的；

（四）对行政机关作出的关于确认土地、矿藏、水流、森林、山岭、草原、荒地、滩涂、海域等自然资源的所有权或者使用权的决定不服的；

（五）对征收、征用决定及其补偿决定不服的；

（六）申请行政机关履行保护人身权、财产权等合法权益的法定职责，行政机关拒绝履行或者不予答复的；

（七）认为行政机关侵犯其经营自主权或者农村土地承包经营权、农村土地经营权的；

（八）认为行政机关滥用行政权力排除或者限制竞争的；

（九）认为行政机关违法集资、摊派费用或者违法要求履行其他义务的；

（十）认为行政机关没有依法支付抚恤金、最低生活保障待遇或者社会保险待遇的；

（十一）认为行政机关不依法履行、未按照约定履行或者违法变更、解除政府特许经营协议、土地房屋征收补偿协议等协议的；

（十二）认为行政机关侵犯其他人身权、财产权等合法权益的。

除前款规定外，人民法院受理法律、法规规定可以提起诉讼的其他行政案件。

第十三条　人民法院不受理公民、法人或者其他组织对下列事项提起的诉讼：

（一）国防、外交等国家行为；

（二）行政法规、规章或者行政机关制定、发布的具有普遍约束力的决定、命令；

（三）行政机关对行政机关工作人员的奖惩、任免等决定；

（四）法律规定由行政机关最终裁决的行政行为。

第三章 管 辖

第十四条 基层人民法院管辖第一审行政案件。

第十五条 中级人民法院管辖下列第一审行政案件：

（一）对国务院部门或者县级以上地方人民政府所作的行政行为提起诉讼的案件；

（二）海关处理的案件；

（三）本辖区内重大、复杂的案件；

（四）其他法律规定由中级人民法院管辖的案件。

第十六条 高级人民法院管辖本辖区内重大、复杂的第一审行政案件。

第十七条 最高人民法院管辖全国范围内重大、复杂的第一审行政案件。

第十八条 行政案件由最初作出行政行为的行政机关所在地人民法院管辖。经复议的案件，也可以由复议机关所在地人民法院管辖。

经最高人民法院批准，高级人民法院可以根据审判工作的实际情况，确定若干人民法院跨行政区域管辖行政案件。

第十九条 对限制人身自由的行政强制措施不服提起的诉讼，由被告所在地或者原告所在地人民法院管辖。

第二十条 因不动产提起的行政诉讼，由不动产所在地人民法院管辖。

第二十一条 两个以上人民法院都有管辖权的案件，原告可以选择其中一个人民法院提起诉讼。原告向两个以上有管辖权的人民法院提起诉讼的，由最先立案的人民法院管辖。

第二十二条 人民法院发现受理的案件不属于本院管辖的，应当移送有管辖权的人民法院，受移送的人民法院应当受理。受移送的人民法院认为受移送的案件按照规定不属于本院管辖的，应当报请上级人民法院指定管辖，不得再自行移送。

第二十三条 有管辖权的人民法院由于特殊原因不能行使管辖权的，

由上级人民法院指定管辖。

人民法院对管辖权发生争议，由争议双方协商解决。协商不成的，报它们的共同上级人民法院指定管辖。

第二十四条 上级人民法院有权审理下级人民法院管辖的第一审行政案件。

下级人民法院对其管辖的第一审行政案件，认为需要由上级人民法院审理或者指定管辖的，可以报请上级人民法院决定。

第四章 诉讼参加人

第二十五条 行政行为的相对人以及其他与行政行为有利害关系的公民、法人或者其他组织，有权提起诉讼。

有权提起诉讼的公民死亡，其近亲属可以提起诉讼。

有权提起诉讼的法人或者其他组织终止，承受其权利的法人或者其他组织可以提起诉讼。

人民检察院在履行职责中发现生态环境和资源保护、食品药品安全、国有财产保护、国有土地使用权出让等领域负有监督管理职责的行政机关违法行使职权或者不作为，致使国家利益或者社会公共利益受到侵害的，应当向行政机关提出检察建议，督促其依法履行职责。行政机关不依法履行职责的，人民检察院依法向人民法院提起诉讼。

第二十六条 公民、法人或者其他组织直接向人民法院提起诉讼的，作出行政行为的行政机关是被告。

经复议的案件，复议机关决定维持原行政行为的，作出原行政行为的行政机关和复议机关是共同被告；复议机关改变原行政行为的，复议机关是被告。

复议机关在法定期限内未作出复议决定，公民、法人或者其他组织起诉原行政行为的，作出原行政行为的行政机关是被告；起诉复议机关不作为的，复议机关是被告。

两个以上行政机关作出同一行政行为的，共同作出行政行为的行政机关是共同被告。

行政机关委托的组织所作的行政行为，委托的行政机关是被告。

行政机关被撤销或者职权变更的，继续行使其职权的行政机关是被告。

第二十七条 当事人一方或者双方为二人以上，因同一行政行为发生的行政案件，或者因同类行政行为发生的行政案件、人民法院认为可以合并审理并经当事人同意的，为共同诉讼。

第二十八条 当事人一方人数众多的共同诉讼，可以由当事人推选代表人进行诉讼。代表人的诉讼行为对其所代表的当事人发生效力，但代表人变更、放弃诉讼请求或者承认对方当事人的诉讼请求，应当经被代表的当事人同意。

第二十九条 公民、法人或者其他组织同被诉行政行为有利害关系但没有提起诉讼，或者同案件处理结果有利害关系的，可以作为第三人申请参加诉讼，或者由人民法院通知参加诉讼。

人民法院判决第三人承担义务或者减损第三人权益的，第三人有权依法提起上诉。

第三十条 没有诉讼行为能力的公民，由其法定代理人代为诉讼。法定代理人互相推诿代理责任的，由人民法院指定其中一人代为诉讼。

第三十一条 当事人、法定代理人，可以委托一至二人作为诉讼代理人。

下列人员可以被委托为诉讼代理人：

（一）律师、基层法律服务工作者；

（二）当事人的近亲属或者工作人员；

（三）当事人所在社区、单位以及有关社会团体推荐的公民。

第三十二条 代理诉讼的律师，有权按照规定查阅、复制本案有关材料，有权向有关组织和公民调查，收集与本案有关的证据。对涉及国家秘密、商业秘密和个人隐私的材料，应当依照法律规定保密。

当事人和其他诉讼代理人有权按照规定查阅、复制本案庭审材料，但涉及国家秘密、商业秘密和个人隐私的内容除外。

第五章 证 据

第三十三条 证据包括：

（一）书证；

（二）物证；

（三）视听资料；

（四）电子数据；

（五）证人证言；

（六）当事人的陈述；

（七）鉴定意见；

（八）勘验笔录、现场笔录。

以上证据经法庭审查属实，才能作为认定案件事实的根据。

第三十四条 被告对作出的行政行为负有举证责任，应当提供作出该行政行为的证据和所依据的规范性文件。

被告不提供或者无正当理由逾期提供证据，视为没有相应证据。但是，被诉行政行为涉及第三人合法权益，第三人提供证据的除外。

第三十五条 在诉讼过程中，被告及其诉讼代理人不得自行向原告、第三人和证人收集证据。

第三十六条 被告在作出行政行为时已经收集了证据，但因不可抗力等正当事由不能提供的，经人民法院准许，可以延期提供。

原告或者第三人提出了其在行政处理程序中没有提出的理由或者证据的，经人民法院准许，被告可以补充证据。

第三十七条 原告可以提供证明行政行为违法的证据。原告提供的证据不成立的，不免除被告的举证责任。

第三十八条 在起诉被告不履行法定职责的案件中，原告应当提供其向被告提出申请的证据。但有下列情形之一的除外：

（一）被告应当依职权主动履行法定职责的；

（二）原告因正当理由不能提供证据的。

在行政赔偿、补偿的案件中，原告应当对行政行为造成的损害提供证据。因被告的原因导致原告无法举证的，由被告承担举证责任。

第三十九条 人民法院有权要求当事人提供或者补充证据。

第四十条 人民法院有权向有关行政机关以及其他组织、公民调取证据。但是，不得为证明行政行为的合法性调取被告作出行政行为时未收集的证据。

第四十一条 与本案有关的下列证据，原告或者第三人不能自行收集的，可以申请人民法院调取：

（一）由国家机关保存而须由人民法院调取的证据；

（二）涉及国家秘密、商业秘密和个人隐私的证据；

（三）确因客观原因不能自行收集的其他证据。

第四十二条 在证据可能灭失或者以后难以取得的情况下，诉讼参加人可以向人民法院申请保全证据，人民法院也可以主动采取保全措施。

第四十三条 证据应当在法庭上出示，并由当事人互相质证。对涉及国家秘密、商业秘密和个人隐私的证据，不得在公开开庭时出示。

人民法院应当按照法定程序，全面、客观地审查核实证据。对未采纳的证据应当在裁判文书中说明理由。

以非法手段取得的证据，不得作为认定案件事实的根据。

第六章 起诉和受理

第四十四条 对属于人民法院受案范围的行政案件，公民、法人或者其他组织可以先向行政机关申请复议，对复议决定不服的，再向人民法院提起诉讼；也可以直接向人民法院提起诉讼。

法律、法规规定应当先向行政机关申请复议，对复议决定不服再向人民法院提起诉讼的，依照法律、法规的规定。

第四十五条 公民、法人或者其他组织不服复议决定的，可以在收到复议决定书之日起十五日内向人民法院提起诉讼。复议机关逾期不作决定的，申请人可以在复议期满之日起十五日内向人民法院提起诉讼。法律另有规定的除外。

第四十六条 公民、法人或者其他组织直接向人民法院提起诉讼的，应当自知道或者应当知道作出行政行为之日起六个月内提出。法律另有规定的除外。

因不动产提起诉讼的案件自行政行为作出之日起超过二十年，其他案件自行政行为作出之日起超过五年提起诉讼的，人民法院不予受理。

第四十七条 公民、法人或者其他组织申请行政机关履行保护其人身权、财产权等合法权益的法定职责，行政机关在接到申请之日起两个月内不履行的，公民、法人或者其他组织可以向人民法院提起诉讼。法律、法规对行政机关履行职责的期限另有规定的，从其规定。

公民、法人或者其他组织在紧急情况下请求行政机关履行保护其人身权、财产权等合法权益的法定职责，行政机关不履行的，提起诉讼不受前款规定期限的限制。

第四十八条 公民、法人或者其他组织因不可抗力或者其他不属于其自身的原因耽误起诉期限的，被耽误的时间不计算在起诉期限内。

公民、法人或者其他组织因前款规定以外的其他特殊情况耽误起诉期限的，在障碍消除后十日内，可以申请延长期限，是否准许由人民法院决定。

第四十九条 提起诉讼应当符合下列条件：

（一）原告是符合本法第二十五条规定的公民、法人或者其他组织；

（二）有明确的被告；

（三）有具体的诉讼请求和事实根据；

（四）属于人民法院受案范围和受诉人民法院管辖。

第五十条 起诉应当向人民法院递交起诉状，并按照被告人数提出副本。

书写起诉状确有困难的，可以口头起诉，由人民法院记入笔录，出具注明日期的书面凭证，并告知对方当事人。

第五十一条 人民法院在接到起诉状时对符合本法规定的起诉条件的，应当登记立案。

对当场不能判定是否符合本法规定的起诉条件的，应当接收起诉状，出具注明收到日期的书面凭证，并在七日内决定是否立案。不符合起诉条件的，作出不予立案的裁定。裁定书应当载明不予立案的理由。原告对裁定不服的，可以提起上诉。

起诉状内容欠缺或者有其他错误的，应当给予指导和释明，并一次性告知当事人需要补正的内容。不得未经指导和释明即以起诉不符合条件为由不接收起诉状。

对于不接收起诉状、接收起诉状后不出具书面凭证，以及不一次性告知当事人需要补正的起诉状内容的，当事人可以向上级人民法院投诉，上级人民法院应当责令改正，并对直接负责的主管人员和其他直接责任人员依法给予处分。

第五十二条　人民法院既不立案，又不作出不予立案裁定的，当事人可以向上一级人民法院起诉。上一级人民法院认为符合起诉条件的，应当立案、审理，也可以指定其他下级人民法院立案、审理。

第五十三条　公民、法人或者其他组织认为行政行为所依据的国务院部门和地方人民政府及其部门制定的规范性文件不合法，在对行政行为提起诉讼时，可以一并请求对该规范性文件进行审查。

前款规定的规范性文件不含规章。

第七章　审理和判决

第一节　一般规定

第五十四条　人民法院公开审理行政案件，但涉及国家秘密、个人隐私和法律另有规定的除外。

涉及商业秘密的案件，当事人申请不公开审理的，可以不公开审理。

第五十五条　当事人认为审判人员与本案有利害关系或者有其他关系可能影响公正审判，有权申请审判人员回避。

审判人员认为自己与本案有利害关系或者有其他关系，应当申请回避。

前两款规定，适用于书记员、翻译人员、鉴定人、勘验人。

院长担任审判长时的回避，由审判委员会决定；审判人员的回避，由院长决定；其他人员的回避，由审判长决定。当事人对决定不服的，可以申请复议一次。

第五十六条　诉讼期间，不停止行政行为的执行。但有下列情形之一的，裁定停止执行：

（一）被告认为需要停止执行的；

（二）原告或者利害关系人申请停止执行，人民法院认为该行政行为的执行会造成难以弥补的损失，并且停止执行不损害国家利益、社会公共利益的；

（三）人民法院认为该行政行为的执行会给国家利益、社会公共利益造成重大损害的；

（四）法律、法规规定停止执行的。

当事人对停止执行或者不停止执行的裁定不服的，可以申请复议一次。

第五十七条 人民法院对起诉行政机关没有依法支付抚恤金、最低生活保障金和工伤、医疗社会保险金的案件，权利义务关系明确、不先予执行将严重影响原告生活的，可以根据原告的申请，裁定先予执行。

当事人对先予执行裁定不服的，可以申请复议一次。复议期间不停止裁定的执行。

第五十八条 经人民法院传票传唤，原告无正当理由拒不到庭，或者未经法庭许可中途退庭的，可以按照撤诉处理；被告无正当理由拒不到庭，或者未经法庭许可中途退庭的，可以缺席判决。

第五十九条 诉讼参与人或者其他人有下列行为之一的，人民法院可以根据情节轻重，予以训诫、责令具结悔过或者处一万元以下的罚款、十五日以下的拘留；构成犯罪的，依法追究刑事责任：

（一）有义务协助调查、执行的人，对人民法院的协助调查决定、协助执行通知书，无故推拖、拒绝或者妨碍调查、执行的；

（二）伪造、隐藏、毁灭证据或者提供虚假证明材料，妨碍人民法院审理案件的；

（三）指使、贿买、胁迫他人作伪证或者威胁、阻止证人作证的；

（四）隐藏、转移、变卖、毁损已被查封、扣押、冻结的财产的；

（五）以欺骗、胁迫等非法手段使原告撤诉的；

（六）以暴力、威胁或者其他方法阻碍人民法院工作人员执行职务，或者以哄闹、冲击法庭等方法扰乱人民法院工作秩序的；

（七）对人民法院审判人员或者其他工作人员、诉讼参与人、协助调查和执行的人员恐吓、侮辱、诽谤、诬陷、殴打、围攻或者打击报复的。

人民法院对有前款规定的行为之一的单位，可以对其主要负责人或者直接责任人员依照前款规定予以罚款、拘留；构成犯罪的，依法追究刑事责任。

罚款、拘留须经人民法院院长批准。当事人不服的，可以向上一级人民法院申请复议一次。复议期间不停止执行。

第六十条　人民法院审理行政案件，不适用调解。但是，行政赔偿、补偿以及行政机关行使法律、法规规定的自由裁量权的案件可以调解。

调解应当遵循自愿、合法原则，不得损害国家利益、社会公共利益和他人合法权益。

第六十一条　在涉及行政许可、登记、征收、征用和行政机关对民事争议所作的裁决的行政诉讼中，当事人申请一并解决相关民事争议的，人民法院可以一并审理。

在行政诉讼中，人民法院认为行政案件的审理需以民事诉讼的裁判为依据的，可以裁定中止行政诉讼。

第六十二条　人民法院对行政案件宣告判决或者裁定前，原告申请撤诉的，或者被告改变其所作的行政行为，原告同意并申请撤诉的，是否准许，由人民法院裁定。

第六十三条　人民法院审理行政案件，以法律和行政法规、地方性法规为依据。地方性法规适用于本行政区域内发生的行政案件。

人民法院审理民族自治地方的行政案件，并以该民族自治地方的自治条例和单行条例为依据。

人民法院审理行政案件，参照规章。

第六十四条　人民法院在审理行政案件中，经审查认为本法第五十三条规定的规范性文件不合法的，不作为认定行政行为合法的依据，并向制定机关提出处理建议。

第六十五条　人民法院应当公开发生法律效力的判决书、裁定书，供公众查阅，但涉及国家秘密、商业秘密和个人隐私的内容除外。

第六十六条　人民法院在审理行政案件中，认为行政机关的主管人员、直接责任人员违法违纪的，应当将有关材料移送监察机关、该行政机关或者其上一级行政机关；认为有犯罪行为的，应当将有关材料移送公安、检察机关。

人民法院对被告经传票传唤无正当理由拒不到庭，或者未经法庭许可中途退庭的，可以将被告拒不到庭或者中途退庭的情况予以公告，并可以向监察机关或者被告的上一级行政机关提出依法给予其主要负责人或者直接责任人员处分的司法建议。

第二节　第一审普通程序

第六十七条　人民法院应当在立案之日起五日内，将起诉状副本发送被告。被告应当在收到起诉状副本之日起十五日内向人民法院提交作出行政行为的证据和所依据的规范性文件，并提出答辩状。人民法院应当在收到答辩状之日起五日内，将答辩状副本发送原告。

被告不提出答辩状的，不影响人民法院审理。

第六十八条　人民法院审理行政案件，由审判员组成合议庭，或者由审判员、陪审员组成合议庭。合议庭的成员，应当是三人以上的单数。

第六十九条　行政行为证据确凿，适用法律、法规正确，符合法定程序的，或者原告申请被告履行法定职责或者给付义务理由不成立的，人民法院判决驳回原告的诉讼请求。

第七十条　行政行为有下列情形之一的，人民法院判决撤销或者部分撤销，并可以判决被告重新作出行政行为：

（一）主要证据不足的；

（二）适用法律、法规错误的；

（三）违反法定程序的；

（四）超越职权的；

（五）滥用职权的；

（六）明显不当的。

第七十一条　人民法院判决被告重新作出行政行为的，被告不得以同一的事实和理由作出与原行政行为基本相同的行政行为。

第七十二条　人民法院经过审理，查明被告不履行法定职责的，判决被告在一定期限内履行。

第七十三条　人民法院经过审理，查明被告依法负有给付义务的，判决被告履行给付义务。

第七十四条　行政行为有下列情形之一的，人民法院判决确认违法，但不撤销行政行为：

（一）行政行为依法应当撤销，但撤销会给国家利益、社会公共利益造成重大损害的；

（二）行政行为程序轻微违法，但对原告权利不产生实际影响的。

行政行为有下列情形之一，不需要撤销或者判决履行的，人民法院判决确认违法：

（一）行政行为违法，但不具有可撤销内容的；

（二）被告改变原违法行政行为，原告仍要求确认原行政行为违法的；

（三）被告不履行或者拖延履行法定职责，判决履行没有意义的。

第七十五条 行政行为有实施主体不具有行政主体资格或者没有依据等重大且明显违法情形，原告申请确认行政行为无效的，人民法院判决确认无效。

第七十六条 人民法院判决确认违法或者无效的，可以同时判决责令被告采取补救措施；给原告造成损失的，依法判决被告承担赔偿责任。

第七十七条 行政处罚明显不当，或者其他行政行为涉及对款额的确定、认定确有错误的，人民法院可以判决变更。

人民法院判决变更，不得加重原告的义务或者减损原告的权益。但利害关系人同为原告，且诉讼请求相反的除外。

第七十八条 被告不依法履行、未按照约定履行或者违法变更、解除本法第十二条第一款第十一项规定的协议的，人民法院判决被告承担继续履行、采取补救措施或者赔偿损失等责任。

被告变更、解除本法第十二条第一款第十一项规定的协议合法，但未依法给予补偿的，人民法院判决给予补偿。

第七十九条 复议机关与作出原行政行为的行政机关为共同被告的案件，人民法院应当对复议决定和原行政行为一并作出裁判。

第八十条 人民法院对公开审理和不公开审理的案件，一律公开宣告判决。

当庭宣判的，应当在十日内发送判决书；定期宣判的，宣判后立即发给判决书。

宣告判决时，必须告知当事人上诉权利、上诉期限和上诉的人民法院。

第八十一条 人民法院应当在立案之日起六个月内作出第一审判决。

有特殊情况需要延长的，由高级人民法院批准，高级人民法院审理第一审案件需要延长的，由最高人民法院批准。

第三节 简易程序

第八十二条 人民法院审理下列第一审行政案件，认为事实清楚、权利义务关系明确、争议不大的，可以适用简易程序：

（一）被诉行政行为是依法当场作出的；

（二）案件涉及款额二千元以下的；

（三）属于政府信息公开案件的。

除前款规定以外的第一审行政案件，当事人各方同意适用简易程序的，可以适用简易程序。

发回重审、按照审判监督程序再审的案件不适用简易程序。

第八十三条 适用简易程序审理的行政案件，由审判员一人独任审理，并应当在立案之日起四十五日内审结。

第八十四条 人民法院在审理过程中，发现案件不宜适用简易程序的，裁定转为普通程序。

第四节 第二审程序

第八十五条 当事人不服人民法院第一审判决的，有权在判决书送达之日起十五日内向上一级人民法院提起上诉。当事人不服人民法院第一审裁定的，有权在裁定书送达之日起十日内向上一级人民法院提起上诉。逾期不提起上诉的，人民法院的第一审判决或者裁定发生法律效力。

第八十六条 人民法院对上诉案件，应当组成合议庭，开庭审理。经过阅卷、调查和询问当事人，对没有提出新的事实、证据或者理由，合议庭认为不需要开庭审理的，也可以不开庭审理。

第八十七条 人民法院审理上诉案件，应当对原审人民法院的判决、裁定和被诉行政行为进行全面审查。

第八十八条 人民法院审理上诉案件，应当在收到上诉状之日起三个月内作出终审判决。有特殊情况需要延长的，由高级人民法院批准，高级人民法院审理上诉案件需要延长的，由最高人民法院批准。

第八十九条 人民法院审理上诉案件，按照下列情形，分别处理：

（一）原判决、裁定认定事实清楚，适用法律、法规正确的，判决或者裁定驳回上诉，维持原判决、裁定；

（二）原判决、裁定认定事实错误或者适用法律、法规错误的，依法改判、撤销或者变更；

（三）原判决认定基本事实不清、证据不足的，发回原审人民法院重审，或者查清事实后改判；

（四）原判决遗漏当事人或者违法缺席判决等严重违反法定程序的，裁定撤销原判决，发回原审人民法院重审。

原审人民法院对发回重审的案件作出判决后，当事人提起上诉的，第二审人民法院不得再次发回重审。

人民法院审理上诉案件，需要改变原审判决的，应当同时对被诉行政行为作出判决。

第五节 审判监督程序

第九十条 当事人对已经发生法律效力的判决、裁定，认为确有错误的，可以向上一级人民法院申请再审，但判决、裁定不停止执行。

第九十一条 当事人的申请符合下列情形之一的，人民法院应当再审：

（一）不予立案或者驳回起诉确有错误的；

（二）有新的证据，足以推翻原判决、裁定的；

（三）原判决、裁定认定事实的主要证据不足、未经质证或者系伪造的；

（四）原判决、裁定适用法律、法规确有错误的；

（五）违反法律规定的诉讼程序，可能影响公正审判的；

（六）原判决、裁定遗漏诉讼请求的；

（七）据以作出原判决、裁定的法律文书被撤销或者变更的；

（八）审判人员在审理该案件时有贪污受贿、徇私舞弊、枉法裁判行为的。

第九十二条 各级人民法院院长对本院已经发生法律效力的判决、裁定，发现有本法第九十一条规定情形之一，或者发现调解违反自愿原则或者调解书内容违法，认为需要再审的，应当提交审判委员会讨论决定。

最高人民法院对地方各级人民法院已经发生法律效力的判决、裁定，上级人民法院对下级人民法院已经发生法律效力的判决、裁定，发现有本法第九十一条规定情形之一，或者发现调解违反自愿原则或者调解书内容违法的，有权提审或者指令下级人民法院再审。

第九十三条 最高人民检察院对各级人民法院已经发生法律效力的判决、裁定，上级人民检察院对下级人民法院已经发生法律效力的判决、裁定，发现有本法第九十一条规定情形之一，或者发现调解书损害国家利益、社会公共利益的，应当提出抗诉。

地方各级人民检察院对同级人民法院已经发生法律效力的判决、裁定，发现有本法第九十一条规定情形之一，或者发现调解书损害国家利益、社会公共利益的，可以向同级人民法院提出检察建议，并报上级人民检察院备案；也可以提请上级人民检察院向同级人民法院提出抗诉。

各级人民检察院对审判监督程序以外的其他审判程序中审判人员的违法行为，有权向同级人民法院提出检察建议。

第八章　执　　行

第九十四条 当事人必须履行人民法院发生法律效力的判决、裁定、调解书。

第九十五条 公民、法人或者其他组织拒绝履行判决、裁定、调解书的，行政机关或者第三人可以向第一审人民法院申请强制执行，或者由行政机关依法强制执行。

第九十六条 行政机关拒绝履行判决、裁定、调解书的，第一审人民法院可以采取下列措施：

（一）对应当归还的罚款或者应当给付的款额，通知银行从该行政机关的账户内划拨；

（二）在规定期限内不履行的，从期满之日起，对该行政机关负责人按日处五十元至一百元的罚款；

（三）将行政机关拒绝履行的情况予以公告；

（四）向监察机关或者该行政机关的上一级行政机关提出司法建议。接受司法建议的机关，根据有关规定进行处理，并将处理情况告知人民法院；

（五）拒不履行判决、裁定、调解书，社会影响恶劣的，可以对该行政机关直接负责的主管人员和其他直接责任人员予以拘留；情节严重，构成犯罪的，依法追究刑事责任。

第九十七条　公民、法人或者其他组织对行政行为在法定期限内不提起诉讼又不履行的，行政机关可以申请人民法院强制执行，或者依法强制执行。

第九章　涉外行政诉讼

第九十八条　外国人、无国籍人、外国组织在中华人民共和国进行行政诉讼，适用本法。法律另有规定的除外。

第九十九条　外国人、无国籍人、外国组织在中华人民共和国进行行政诉讼，同中华人民共和国公民、组织有同等的诉讼权利和义务。

外国法院对中华人民共和国公民、组织的行政诉讼权利加以限制的，人民法院对该国公民、组织的行政诉讼权利，实行对等原则。

第一百条　外国人、无国籍人、外国组织在中华人民共和国进行行政诉讼，委托律师代理诉讼的，应当委托中华人民共和国律师机构的律师。

第十章　附　　则

第一百零一条　人民法院审理行政案件，关于期间、送达、财产保全、开庭审理、调解、中止诉讼、终结诉讼、简易程序、执行等，以及人民检察院对行政案件受理、审理、裁判、执行的监督，本法没有规定的，适用《中华人民共和国民事诉讼法》的相关规定。

第一百零二条　人民法院审理行政案件，应当收取诉讼费用。诉讼费用由败诉方承担，双方都有责任的由双方分担。收取诉讼费用的具体办法另行规定。

第一百零三条　本法自1990年10月1日起施行。

中华人民共和国国家赔偿法

（1994 年 5 月 12 日第八届全国人民代表大会常务委员会第七次会议通过　根据 2010 年 4 月 29 日第十一届全国人民代表大会常务委员会第十四次会议《关于修改〈中华人民共和国国家赔偿法〉的决定》第一次修正　根据 2012 年 10 月 26 日第十一届全国人民代表大会常务委员会第二十九次会议《关于修改〈中华人民共和国国家赔偿法〉的决定》第二次修正）

目　　录

第一章　总　　则
第二章　行政赔偿
　第一节　赔偿范围
　第二节　赔偿请求人和赔偿义务机关
　第三节　赔偿程序
第三章　刑事赔偿
　第一节　赔偿范围
　第二节　赔偿请求人和赔偿义务机关
　第三节　赔偿程序
第四章　赔偿方式和计算标准
第五章　其他规定
第六章　附　　则

第一章　总　　则

第一条　为保障公民、法人和其他组织享有依法取得国家赔偿的权利，促进国家机关依法行使职权，根据宪法，制定本法。

第二条　国家机关和国家机关工作人员行使职权，有本法规定的侵犯公民、法人和其他组织合法权益的情形，造成损害的，受害人有依照本法取得国家赔偿的权利。

本法规定的赔偿义务机关，应当依照本法及时履行赔偿义务。

第二章　行政赔偿

第一节　赔偿范围

第三条　行政机关及其工作人员在行使行政职权时有下列侵犯人身权情形之一的，受害人有取得赔偿的权利：

（一）违法拘留或者违法采取限制公民人身自由的行政强制措施的；

（二）非法拘禁或者以其他方法非法剥夺公民人身自由的；

（三）以殴打、虐待等行为或者唆使、放纵他人以殴打、虐待等行为造成公民身体伤害或者死亡的；

（四）违法使用武器、警械造成公民身体伤害或者死亡的；

（五）造成公民身体伤害或者死亡的其他违法行为。

第四条　行政机关及其工作人员在行使行政职权时有下列侵犯财产权情形之一的，受害人有取得赔偿的权利：

（一）违法实施罚款、吊销许可证和执照、责令停产停业、没收财物等行政处罚的；

（二）违法对财产采取查封、扣押、冻结等行政强制措施的；

（三）违法征收、征用财产的；

（四）造成财产损害的其他违法行为。

第五条　属于下列情形之一的，国家不承担赔偿责任：

（一）行政机关工作人员与行使职权无关的个人行为；

（二）因公民、法人和其他组织自己的行为致使损害发生的；

（三）法律规定的其他情形。

第二节　赔偿请求人和赔偿义务机关

第六条　受害的公民、法人和其他组织有权要求赔偿。

受害的公民死亡，其继承人和其他有扶养关系的亲属有权要求赔偿。

受害的法人或者其他组织终止的，其权利承受人有权要求赔偿。

第七条 行政机关及其工作人员行使行政职权侵犯公民、法人和其他组织的合法权益造成损害的，该行政机关为赔偿义务机关。

两个以上行政机关共同行使行政职权时侵犯公民、法人和其他组织的合法权益造成损害的，共同行使行政职权的行政机关为共同赔偿义务机关。

法律、法规授权的组织在行使授予的行政权力时侵犯公民、法人和其他组织的合法权益造成损害的，被授权的组织为赔偿义务机关。

受行政机关委托的组织或者个人在行使受委托的行政权力时侵犯公民、法人和其他组织的合法权益造成损害的，委托的行政机关为赔偿义务机关。

赔偿义务机关被撤销的，继续行使其职权的行政机关为赔偿义务机关；没有继续行使其职权的行政机关的，撤销该赔偿义务机关的行政机关为赔偿义务机关。

第八条 经复议机关复议的，最初造成侵权行为的行政机关为赔偿义务机关，但复议机关的复议决定加重损害的，复议机关对加重的部分履行赔偿义务。

第三节 赔偿程序

第九条 赔偿义务机关有本法第三条、第四条规定情形之一的，应当给予赔偿。

赔偿请求人要求赔偿，应当先向赔偿义务机关提出，也可以在申请行政复议或者提起行政诉讼时一并提出。

第十条 赔偿请求人可以向共同赔偿义务机关中的任何一个赔偿义务机关要求赔偿，该赔偿义务机关应当先予赔偿。

第十一条 赔偿请求人根据受到的不同损害，可以同时提出数项赔偿要求。

第十二条 要求赔偿应当递交申请书，申请书应当载明下列事项：

（一）受害人的姓名、性别、年龄、工作单位和住所，法人或者其他组织的名称、住所和法定代表人或者主要负责人的姓名、职务；

（二）具体的要求、事实根据和理由；

（三）申请的年、月、日。

赔偿请求人书写申请书确有困难的，可以委托他人代书；也可以口头申请，由赔偿义务机关记入笔录。

赔偿请求人不是受害人本人的，应当说明与受害人的关系，并提供相应证明。

赔偿请求人当面递交申请书的，赔偿义务机关应当当场出具加盖本行政机关专用印章并注明收讫日期的书面凭证。申请材料不齐全的，赔偿义务机关应当当场或者在五日内一次性告知赔偿请求人需要补正的全部内容。

第十三条 赔偿义务机关应当自收到申请之日起两个月内，作出是否赔偿的决定。赔偿义务机关作出赔偿决定，应当充分听取赔偿请求人的意见，并可以与赔偿请求人就赔偿方式、赔偿项目和赔偿数额依照本法第四章的规定进行协商。

赔偿义务机关决定赔偿的，应当制作赔偿决定书，并自作出决定之日起十日内送达赔偿请求人。

赔偿义务机关决定不予赔偿的，应当自作出决定之日起十日内书面通知赔偿请求人，并说明不予赔偿的理由。

第十四条 赔偿义务机关在规定期限内未作出是否赔偿的决定，赔偿请求人可以自期限届满之日起三个月内，向人民法院提起诉讼。

赔偿请求人对赔偿的方式、项目、数额有异议的，或者赔偿义务机关作出不予赔偿决定的，赔偿请求人可以自赔偿义务机关作出赔偿或者不予赔偿决定之日起三个月内，向人民法院提起诉讼。

第十五条 人民法院审理行政赔偿案件，赔偿请求人和赔偿义务机关对自己提出的主张，应当提供证据。

赔偿义务机关采取行政拘留或者限制人身自由的强制措施期间，被限制人身自由的人死亡或者丧失行为能力的，赔偿义务机关的行为与被限制人身自由的人的死亡或者丧失行为能力是否存在因果关系，赔偿义务机关应当提供证据。

第十六条 赔偿义务机关赔偿损失后，应当责令有故意或者重大过失的工作人员或者受委托的组织或者个人承担部分或者全部赔偿费用。

对有故意或者重大过失的责任人员，有关机关应当依法给予处分；构成犯罪的，应当依法追究刑事责任。

第三章 刑事赔偿

第一节 赔偿范围

第十七条 行使侦查、检察、审判职权的机关以及看守所、监狱管理机关及其工作人员在行使职权时有下列侵犯人身权情形之一的，受害人有取得赔偿的权利：

（一）违反刑事诉讼法的规定对公民采取拘留措施的，或者依照刑事诉讼法规定的条件和程序对公民采取拘留措施，但是拘留时间超过刑事诉讼法规定的时限，其后决定撤销案件、不起诉或者判决宣告无罪终止追究刑事责任的；

（二）对公民采取逮捕措施后，决定撤销案件、不起诉或者判决宣告无罪终止追究刑事责任的；

（三）依照审判监督程序再审改判无罪，原判刑罚已经执行的；

（四）刑讯逼供或者以殴打、虐待等行为或者唆使、放纵他人以殴打、虐待等行为造成公民身体伤害或者死亡的；

（五）违法使用武器、警械造成公民身体伤害或者死亡的。

第十八条 行使侦查、检察、审判职权的机关以及看守所、监狱管理机关及其工作人员在行使职权时有下列侵犯财产权情形之一的，受害人有取得赔偿的权利：

（一）违法对财产采取查封、扣押、冻结、追缴等措施的；

（二）依照审判监督程序再审改判无罪，原判罚金、没收财产已经执行的。

第十九条 属于下列情形之一的，国家不承担赔偿责任：

（一）因公民自己故意作虚伪供述，或者伪造其他有罪证据被羁押或者被判处刑罚的；

（二）依照刑法第十七条、第十八条规定不负刑事责任的人被羁押的；

（三）依照刑事诉讼法第十五条、第一百七十三条第二款、第二百七十三条第二款、第二百七十九条规定不追究刑事责任的人被羁押的；

（四）行使侦查、检察、审判职权的机关以及看守所、监狱管理机关的工作人员与行使职权无关的个人行为；

（五）因公民自伤、自残等故意行为致使损害发生的；

（六）法律规定的其他情形。

第二节 赔偿请求人和赔偿义务机关

第二十条 赔偿请求人的确定依照本法第六条的规定。

第二十一条 行使侦查、检察、审判职权的机关以及看守所、监狱管理机关及其工作人员在行使职权时侵犯公民、法人和其他组织的合法权益造成损害的，该机关为赔偿义务机关。

对公民采取拘留措施，依照本法的规定应当给予国家赔偿的，作出拘留决定的机关为赔偿义务机关。

对公民采取逮捕措施后决定撤销案件、不起诉或者判决宣告无罪的，作出逮捕决定的机关为赔偿义务机关。

再审改判无罪的，作出原生效判决的人民法院为赔偿义务机关。二审改判无罪，以及二审发回重审后作无罪处理的，作出一审有罪判决的人民法院为赔偿义务机关。

第三节 赔偿程序

第二十二条 赔偿义务机关有本法第十七条、第十八条规定情形之一的，应当给予赔偿。

赔偿请求人要求赔偿，应当先向赔偿义务机关提出。

赔偿请求人提出赔偿请求，适用本法第十一条、第十二条的规定。

第二十三条 赔偿义务机关应当自收到申请之日起两个月内，作出是否赔偿的决定。赔偿义务机关作出赔偿决定，应当充分听取赔偿请求人的意见，并可以与赔偿请求人就赔偿方式、赔偿项目和赔偿数额依照本法第四章的规定进行协商。

赔偿义务机关决定赔偿的，应当制作赔偿决定书，并自作出决定之日起十日内送达赔偿请求人。

赔偿义务机关决定不予赔偿的，应当自作出决定之日起十日内书面通知赔偿请求人，并说明不予赔偿的理由。

第二十四条 赔偿义务机关在规定期限内未作出是否赔偿的决定，赔偿请求人可以自期限届满之日起三十日内向赔偿义务机关的上一级机关申请复议。

赔偿请求人对赔偿的方式、项目、数额有异议的，或者赔偿义务机关作出不予赔偿决定的，赔偿请求人可以自赔偿义务机关作出赔偿或者不予赔偿决定之日起三十日内，向赔偿义务机关的上一级机关申请复议。

赔偿义务机关是人民法院的，赔偿请求人可以依照本条规定向其上一级人民法院赔偿委员会申请作出赔偿决定。

第二十五条 复议机关应当自收到申请之日起两个月内作出决定。

赔偿请求人不服复议决定的，可以在收到复议决定之日起三十日内向复议机关所在地的同级人民法院赔偿委员会申请作出赔偿决定；复议机关逾期不作决定的，赔偿请求人可以自期限届满之日起三十日内向复议机关所在地的同级人民法院赔偿委员会申请作出赔偿决定。

第二十六条 人民法院赔偿委员会处理赔偿请求，赔偿请求人和赔偿义务机关对自己提出的主张，应当提供证据。

被羁押人在羁押期间死亡或者丧失行为能力的，赔偿义务机关的行为与被羁押人的死亡或者丧失行为能力是否存在因果关系，赔偿义务机关应当提供证据。

第二十七条 人民法院赔偿委员会处理赔偿请求，采取书面审查的办法。必要时，可以向有关单位和人员调查情况、收集证据。赔偿请求人与赔偿义务机关对损害事实及因果关系有争议的，赔偿委员会可以听取赔偿请求人和赔偿义务机关的陈述和申辩，并可以进行质证。

第二十八条 人民法院赔偿委员会应当自收到赔偿申请之日起三个月内作出决定；属于疑难、复杂、重大案件的，经本院院长批准，可以延长三个月。

第二十九条 中级以上的人民法院设立赔偿委员会，由人民法院三名以上审判员组成，组成人员的人数应当为单数。

赔偿委员会作赔偿决定，实行少数服从多数的原则。

赔偿委员会作出的赔偿决定，是发生法律效力的决定，必须执行。

第三十条 赔偿请求人或者赔偿义务机关对赔偿委员会作出的决定，认为确有错误的，可以向上一级人民法院赔偿委员会提出申诉。

赔偿委员会作出的赔偿决定生效后，如发现赔偿决定违反本法规定的，经本院院长决定或者上级人民法院指令，赔偿委员会应当在两个月内重新审查并依法作出决定，上一级人民法院赔偿委员会也可以直接审查并作出决定。

最高人民检察院对各级人民法院赔偿委员会作出的决定，上级人民检察院对下级人民法院赔偿委员会作出的决定，发现违反本法规定的，应当向同级人民法院赔偿委员会提出意见，同级人民法院赔偿委员会应当在两个月内重新审查并依法作出决定。

第三十一条 赔偿义务机关赔偿后，应当向有下列情形之一的工作人员追偿部分或者全部赔偿费用：

（一）有本法第十七条第四项、第五项规定情形的；

（二）在处理案件中有贪污受贿，徇私舞弊，枉法裁判行为的。

对有前款规定情形的责任人员，有关机关应当依法给予处分；构成犯罪的，应当依法追究刑事责任。

第四章 赔偿方式和计算标准

第三十二条 国家赔偿以支付赔偿金为主要方式。

能够返还财产或者恢复原状的，予以返还财产或者恢复原状。

第三十三条 侵犯公民人身自由的，每日赔偿金按照国家上年度职工日平均工资计算。

第三十四条 侵犯公民生命健康权的，赔偿金按照下列规定计算：

（一）造成身体伤害的，应当支付医疗费、护理费，以及赔偿因误工减少的收入。减少的收入每日的赔偿金按照国家上年度职工日平均工资计算，最高额为国家上年度职工年平均工资的五倍；

（二）造成部分或者全部丧失劳动能力的，应当支付医疗费、护理费、残疾生活辅助具费、康复费等因残疾而增加的必要支出和继续治疗所必需的费用，以及残疾赔偿金。残疾赔偿金根据丧失劳动能力的程度，按照国家规定的伤残等级确定，最高不超过国家上年度职工年平均工资的二十倍。

造成全部丧失劳动能力的，对其扶养的无劳动能力的人，还应当支付生活费；

（三）造成死亡的，应当支付死亡赔偿金、丧葬费，总额为国家上年度职工年平均工资的二十倍。对死者生前扶养的无劳动能力的人，还应当支付生活费。

前款第二项、第三项规定的生活费的发放标准，参照当地最低生活保障标准执行。被扶养的人是未成年人的，生活费给付至十八周岁止；其他无劳动能力的人，生活费给付至死亡时止。

第三十五条 有本法第三条或者第十七条规定情形之一，致人精神损害的，应当在侵权行为影响的范围内，为受害人消除影响，恢复名誉，赔礼道歉；造成严重后果的，应当支付相应的精神损害抚慰金。

第三十六条 侵犯公民、法人和其他组织的财产权造成损害的，按照下列规定处理：

（一）处罚款、罚金、追缴、没收财产或者违法征收、征用财产的，返还财产；

（二）查封、扣押、冻结财产的，解除对财产的查封、扣押、冻结，造成财产损坏或者灭失的，依照本条第三项、第四项的规定赔偿；

（三）应当返还的财产损坏的，能够恢复原状的恢复原状，不能恢复原状的，按照损害程度给付相应的赔偿金；

（四）应当返还的财产灭失的，给付相应的赔偿金；

（五）财产已经拍卖或者变卖的，给付拍卖或者变卖所得的价款；变卖的价款明显低于财产价值的，应当支付相应的赔偿金；

（六）吊销许可证和执照、责令停产停业的，赔偿停产停业期间必要的经常性费用开支；

（七）返还执行的罚款或者罚金、追缴或者没收的金钱，解除冻结的存款或者汇款的，应当支付银行同期存款利息；

（八）对财产权造成其他损害的，按照直接损失给予赔偿。

第三十七条 赔偿费用列入各级财政预算。

赔偿请求人凭生效的判决书、复议决定书、赔偿决定书或者调解书，向赔偿义务机关申请支付赔偿金。

赔偿义务机关应当自收到支付赔偿金申请之日起七日内，依照预算管理权限向有关的财政部门提出支付申请。财政部门应当自收到支付申请之日起十五日内支付赔偿金。

赔偿费用预算与支付管理的具体办法由国务院规定。

第五章 其他规定

第三十八条 人民法院在民事诉讼、行政诉讼过程中，违法采取对妨害诉讼的强制措施、保全措施或者对判决、裁定及其他生效法律文书执行错误，造成损害的，赔偿请求人要求赔偿的程序，适用本法刑事赔偿程序的规定。

第三十九条 赔偿请求人请求国家赔偿的时效为两年，自其知道或者应当知道国家机关及其工作人员行使职权时的行为侵犯其人身权、财产权之日起计算，但被羁押等限制人身自由期间不计算在内。在申请行政复议或者提起行政诉讼时一并提出赔偿请求的，适用行政复议法、行政诉讼法有关时效的规定。

赔偿请求人在赔偿请求时效的最后六个月内，因不可抗力或者其他障碍不能行使请求权的，时效中止。从中止时效的原因消除之日起，赔偿请求时效期间继续计算。

第四十条 外国人、外国企业和组织在中华人民共和国领域内要求中华人民共和国国家赔偿的，适用本法。

外国人、外国企业和组织的所属国对中华人民共和国公民、法人和其他组织要求该国国家赔偿的权利不予保护或者限制的，中华人民共和国与该外国人、外国企业和组织的所属国实行对等原则。

第六章 附则

第四十一条 赔偿请求人要求国家赔偿的，赔偿义务机关、复议机关和人民法院不得向赔偿请求人收取任何费用。

对赔偿请求人取得的赔偿金不予征税。

第四十二条 本法自1995年1月1日起施行。

中华人民共和国公务员法

（2005 年 4 月 27 日第十届全国人民代表大会常务委员会第十五次会议通过　根据 2017 年 9 月 1 日第十二届全国人民代表大会常务委员会第二十九次会议《关于修改〈中华人民共和国法官法〉等八部法律的决定》修正　2018 年 12 月 29 日第十三届全国人民代表大会常务委员会第七次会议修订　2018 年 12 月 29 日中华人民共和国主席令第 20 号公布　自 2019 年 6 月 1 日起施行）

目　　录

第一章　总　　则
第二章　公务员的条件、义务与权利
第三章　职务、职级与级别
第四章　录　　用
第五章　考　　核
第六章　职务、职级任免
第七章　职务、职级升降
第八章　奖　　励
第九章　监督与惩戒
第十章　培　　训
第十一章　交流与回避
第十二章　工资、福利与保险
第十三章　辞职与辞退
第十四章　退　　休
第十五章　申诉与控告
第十六章　职位聘任
第十七章　法律责任
第十八章　附　　则

第一章 总 则

第一条 为了规范公务员的管理，保障公务员的合法权益，加强对公务员的监督，促进公务员正确履职尽责，建设信念坚定、为民服务、勤政务实、敢于担当、清正廉洁的高素质专业化公务员队伍，根据宪法，制定本法。

第二条 本法所称公务员，是指依法履行公职、纳入国家行政编制、由国家财政负担工资福利的工作人员。

公务员是干部队伍的重要组成部分，是社会主义事业的中坚力量，是人民的公仆。

第三条 公务员的义务、权利和管理，适用本法。

法律对公务员中领导成员的产生、任免、监督以及监察官、法官、检察官等的义务、权利和管理另有规定的，从其规定。

第四条 公务员制度坚持中国共产党领导，坚持以马克思列宁主义、毛泽东思想、邓小平理论、“三个代表”重要思想、科学发展观、习近平新时代中国特色社会主义思想为指导，贯彻社会主义初级阶段的基本路线，贯彻新时代中国共产党的组织路线，坚持党管干部原则。

第五条 公务员的管理，坚持公开、平等、竞争、择优的原则，依照法定的权限、条件、标准和程序进行。

第六条 公务员的管理，坚持监督约束与激励保障并重的原则。

第七条 公务员的任用，坚持德才兼备、以德为先，坚持五湖四海、任人唯贤，坚持事业为上、公道正派，突出政治标准，注重工作实绩。

第八条 国家对公务员实行分类管理，提高管理效能和科学化水平。

第九条 公务员就职时应当依照法律规定公开进行宪法宣誓。

第十条 公务员依法履行职责的行为，受法律保护。

第十一条 公务员工资、福利、保险以及录用、奖励、培训、辞退等所需经费，列入财政预算，予以保障。

第十二条 中央公务员主管部门负责全国公务员的综合管理工作。县级以上地方各级公务员主管部门负责本辖区内公务员的综合管理工作。上级公务员主管部门指导下级公务员主管部门的公务员管理工作。各级公务员主管部门指导同级各机关的公务员管理工作。

第二章 公务员的条件、义务与权利

第十三条 公务员应当具备下列条件：

（一）具有中华人民共和国国籍；

（二）年满十八周岁；

（三）拥护中华人民共和国宪法，拥护中国共产党领导和社会主义制度；

（四）具有良好的政治素质和道德品行；

（五）具有正常履行职责的身体条件和心理素质；

（六）具有符合职位要求的文化程度和工作能力；

（七）法律规定的其他条件。

第十四条 公务员应当履行下列义务：

（一）忠于宪法，模范遵守、自觉维护宪法和法律，自觉接受中国共产党领导；

（二）忠于国家，维护国家的安全、荣誉和利益；

（三）忠于人民，全心全意为人民服务，接受人民监督；

（四）忠于职守，勤勉尽责，服从和执行上级依法作出的决定和命令，按照规定的权限和程序履行职责，努力提高工作质量和效率；

（五）保守国家秘密和工作秘密；

（六）带头践行社会主义核心价值观，坚守法治，遵守纪律，恪守职业道德，模范遵守社会公德、家庭美德；

（七）清正廉洁，公道正派；

（八）法律规定的其他义务。

第十五条 公务员享有下列权利：

（一）获得履行职责应当具有的工作条件；

（二）非因法定事由、非经法定程序，不被免职、降职、辞退或者处分；

（三）获得工资报酬，享受福利、保险待遇；

（四）参加培训；

（五）对机关工作和领导人员提出批评和建议；

（六）提出申诉和控告；

（七）申请辞职；

（八）法律规定的其他权利。

第三章　职务、职级与级别

第十六条　国家实行公务员职位分类制度。

公务员职位类别按照公务员职位的性质、特点和管理需要，划分为综合管理类、专业技术类和行政执法类等类别。根据本法，对于具有职位特殊性，需要单独管理的，可以增设其他职位类别。各职位类别的适用范围由国家另行规定。

第十七条　国家实行公务员职务与职级并行制度，根据公务员职位类别和职责设置公务员领导职务、职级序列。

第十八条　公务员领导职务根据宪法、有关法律和机构规格设置。

领导职务层次分为：国家级正职、国家级副职、省部级正职、省部级副职、厅局级正职、厅局级副职、县处级正职、县处级副职、乡科级正职、乡科级副职。

第十九条　公务员职级在厅局级以下设置。

综合管理类公务员职级序列分为：一级巡视员、二级巡视员、一级调研员、二级调研员、三级调研员、四级调研员、一级主任科员、二级主任科员、三级主任科员、四级主任科员、一级科员、二级科员。

综合管理类以外其他职位类别公务员的职级序列，根据本法由国家另行规定。

第二十条　各机关依照确定的职能、规格、编制限额、职数以及结构比例，设置本机关公务员的具体职位，并确定各职位的工作职责和任职资格条件。

第二十一条　公务员的领导职务、职级应当对应相应的级别。公务员领导职务、职级与级别的对应关系，由国家规定。

根据工作需要和领导职务与职级的对应关系，公务员担任的领导职务和职级可以互相转任、兼任；符合规定资格条件的，可以晋升领导职务或者职级。

公务员的级别根据所任领导职务、职级及其德才表现、工作实绩和资历确定。公务员在同一领导职务、职级上，可以按照国家规定晋升级别。

公务员的领导职务、职级与级别是确定公务员工资以及其他待遇的依据。

第二十二条 国家根据人民警察、消防救援人员以及海关、驻外外交机构等公务员的工作特点，设置与其领导职务、职级相对应的衔级。

第四章 录 用

第二十三条 录用担任一级主任科员以下及其他相当职级层次的公务员，采取公开考试、严格考察、平等竞争、择优录取的办法。

民族自治地方依照前款规定录用公务员时，依照法律和有关规定对少数民族报考者予以适当照顾。

第二十四条 中央机关及其直属机构公务员的录用，由中央公务员主管部门负责组织。地方各级机关公务员的录用，由省级公务员主管部门负责组织，必要时省级公务员主管部门可以授权设区的市级公务员主管部门组织。

第二十五条 报考公务员，除应当具备本法第十三条规定的条件以外，还应当具备省级以上公务员主管部门规定的拟任职位所要求的资格条件。

国家对行政机关中初次从事行政处罚决定审核、行政复议、行政裁决、法律顾问的公务员实行统一法律职业资格考试制度，由国务院司法行政部门商有关部门组织实施。

第二十六条 下列人员不得录用为公务员：

（一）因犯罪受过刑事处罚的；

（二）被开除中国共产党党籍的；

（三）被开除公职的；

（四）被依法列为失信联合惩戒对象的；

（五）有法律规定不得录用为公务员的其他情形的。

第二十七条 录用公务员，应当在规定的编制限额内，并有相应的职位空缺。

第二十八条　录用公务员，应当发布招考公告。招考公告应当载明招考的职位、名额、报考资格条件、报考需要提交的申请材料以及其他报考须知事项。

招录机关应当采取措施，便利公民报考。

第二十九条　招录机关根据报考资格条件对报考申请进行审查。报考者提交的申请材料应当真实、准确。

第三十条　公务员录用考试采取笔试和面试等方式进行，考试内容根据公务员应当具备的基本能力和不同职位类别、不同层级机关分别设置。

第三十一条　招录机关根据考试成绩确定考察人选，并进行报考资格复审、考察和体检。

体检的项目和标准根据职位要求确定。具体办法由中央公务员主管部门会同国务院卫生健康行政部门规定。

第三十二条　招录机关根据考试成绩、考察情况和体检结果，提出拟录用人员名单，并予以公示。公示期不少于五个工作日。

公示期满，中央一级招录机关应当将拟录用人员名单报中央公务员主管部门备案；地方各级招录机关应当将拟录用人员名单报省级或者设区的市级公务员主管部门审批。

第三十三条　录用特殊职位的公务员，经省级以上公务员主管部门批准，可以简化程序或者采用其他测评办法。

第三十四条　新录用的公务员试用期为一年。试用期满合格的，予以任职；不合格的，取消录用。

第五章　考　　核

第三十五条　公务员的考核应当按照管理权限，全面考核公务员的德、能、勤、绩、廉，重点考核政治素质和工作实绩。考核指标根据不同职位类别、不同层级机关分别设置。

第三十六条　公务员的考核分为平时考核、专项考核和定期考核等方式。定期考核以平时考核、专项考核为基础。

第三十七条 非领导成员公务员的定期考核采取年度考核的方式。先由个人按照职位职责和有关要求进行总结，主管领导在听取群众意见后，提出考核等次建议，由本机关负责人或者授权的考核委员会确定考核等次。

领导成员的考核由主管机关按照有关规定办理。

第三十八条 定期考核的结果分为优秀、称职、基本称职和不称职四个等次。

定期考核的结果应当以书面形式通知公务员本人。

第三十九条 定期考核的结果作为调整公务员职位、职务、职级、级别、工资以及公务员奖励、培训、辞退的依据。

第六章 职务、职级任免

第四十条 公务员领导职务实行选任制、委任制和聘任制。公务员职级实行委任制和聘任制。

领导成员职务按照国家规定实行任期制。

第四十一条 选任制公务员在选举结果生效时即任当选职务；任期届满不再连任或者任期内辞职、被罢免、被撤职的，其所任职务即终止。

第四十二条 委任制公务员试用期满考核合格，职务、职级发生变化，以及其他情形需要任免职务、职级的，应当按照管理权限和规定的程序任免。

第四十三条 公务员任职应当在规定的编制限额和职数内进行，并有相应的职位空缺。

第四十四条 公务员因工作需要在机关外兼职，应当经有关机关批准，并不得领取兼职报酬。

第七章 职务、职级升降

第四十五条 公务员晋升领导职务，应当具备拟任职务所要求的政治素质、工作能力、文化程度和任职经历等方面的条件和资格。

公务员领导职务应当逐级晋升。特别优秀的或者工作特殊需要的，可以按照规定破格或者越级晋升。

第四十六条 公务员晋升领导职务，按照下列程序办理：

（一）动议；

（二）民主推荐；

（三）确定考察对象，组织考察；

（四）按照管理权限讨论决定；

（五）履行任职手续。

第四十七条 厅局级正职以下领导职务出现空缺且本机关没有合适人选的，可以通过适当方式面向社会选拔任职人选。

第四十八条 公务员晋升领导职务的，应当按照有关规定实行任职前公示制度和任职试用期制度。

第四十九条 公务员职级应当逐级晋升，根据个人德才表现、工作实绩和任职资历，参考民主推荐或者民主测评结果确定人选，经公示后，按照管理权限审批。

第五十条 公务员的职务、职级实行能上能下。对不适宜或者不胜任现任职务、职级的，应当进行调整。

公务员在年度考核中被确定为不称职的，按照规定程序降低一个职务或者职级层次任职。

第八章 奖 励

第五十一条 对工作表现突出，有显著成绩和贡献，或者有其他突出事迹的公务员或者公务员集体，给予奖励。奖励坚持定期奖励与及时奖励相结合，精神奖励与物质奖励相结合、以精神奖励为主的原则。

公务员集体的奖励适用于按照编制序列设置的机构或者为完成专项任务组成的工作集体。

第五十二条 公务员或者公务员集体有下列情形之一的，给予奖励：

（一）忠于职守，积极工作，勇于担当，工作实绩显著的；

（二）遵纪守法，廉洁奉公，作风正派，办事公道，模范作用突出的；

（三）在工作中有发明创造或者提出合理化建议，取得显著经济效益或者社会效益的；

（四）为增进民族团结，维护社会稳定做出突出贡献的；

（五）爱护公共财产，节约国家资财有突出成绩的；

（六）防止或者消除事故有功，使国家和人民群众利益免受或者减少损失的；

（七）在抢险、救灾等特定环境中做出突出贡献的；

（八）同违纪违法行为作斗争有功绩的；

（九）在对外交往中为国家争得荣誉和利益的；

（十）有其他突出功绩的。

第五十三条 奖励分为：嘉奖、记三等功、记二等功、记一等功、授予称号。

对受奖励的公务员或者公务员集体予以表彰，并对受奖励的个人给予一次性奖金或者其他待遇。

第五十四条 给予公务员或者公务员集体奖励，按照规定的权限和程序决定或者审批。

第五十五条 按照国家规定，可以向参与特定时期、特定领域重大工作的公务员颁发纪念证书或者纪念章。

第五十六条 公务员或者公务员集体有下列情形之一的，撤销奖励：

（一）弄虚作假，骗取奖励的；

（二）申报奖励时隐瞒严重错误或者严重违反规定程序的；

（三）有严重违纪违法等行为，影响称号声誉的；

（四）有法律、法规规定应当撤销奖励的其他情形的。

第九章 监督与惩戒

第五十七条 机关应当对公务员的思想政治、履行职责、作风表现、遵纪守法等情况进行监督，开展勤政廉政教育，建立日常管理监督制度。

对公务员监督发现问题的，应当区分不同情况，予以谈话提醒、批评教育、责令检查、诫勉、组织调整、处分。

对公务员涉嫌职务违法和职务犯罪的，应当依法移送监察机关处理。

第五十八条 公务员应当自觉接受监督，按照规定请示报告工作、报告个人有关事项。

第五十九条 公务员应当遵纪守法，不得有下列行为：

（一）散布有损宪法权威、中国共产党和国家声誉的言论，组织或者参加旨在反对宪法、中国共产党领导和国家的集会、游行、示威等活动；

（二）组织或者参加非法组织，组织或者参加罢工；

（三）挑拨、破坏民族关系，参加民族分裂活动或者组织、利用宗教活动破坏民族团结和社会稳定；

（四）不担当，不作为，玩忽职守，贻误工作；

（五）拒绝执行上级依法作出的决定和命令；

（六）对批评、申诉、控告、检举进行压制或者打击报复；

（七）弄虚作假，误导、欺骗领导和公众；

（八）贪污贿赂，利用职务之便为自己或者他人谋取私利；

（九）违反财经纪律，浪费国家资财；

（十）滥用职权，侵害公民、法人或者其他组织的合法权益；

（十一）泄露国家秘密或者工作秘密；

（十二）在对外交往中损害国家荣誉和利益；

（十三）参与或者支持色情、吸毒、赌博、迷信等活动；

（十四）违反职业道德、社会公德和家庭美德；

（十五）违反有关规定参与禁止的网络传播行为或者网络活动；

（十六）违反有关规定从事或者参与营利性活动，在企业或者其他营利性组织中兼任职务；

（十七）旷工或者因公外出、请假期满无正当理由逾期不归；

（十八）违纪违法的其他行为。

第六十条 公务员执行公务时，认为上级的决定或者命令有错误的，可以向上级提出改正或者撤销该决定或者命令的意见；上级不改变该决定或者命令，或者要求立即执行的，公务员应当执行该决定或者命令，执行的后果由上级负责，公务员不承担责任；但是，公务员执行明显违法的决定或者命令的，应当依法承担相应的责任。

第六十一条 公务员因违纪违法应当承担纪律责任的，依照本法给予处分或者由监察机关依法给予政务处分；违纪违法行为情节轻微，经批评教育后改正的，可以免予处分。

对同一违纪违法行为，监察机关已经作出政务处分决定的，公务员所在机关不再给予处分。

第六十二条 处分分为：警告、记过、记大过、降级、撤职、开除。

第六十三条 对公务员的处分，应当事实清楚、证据确凿、定性准确、处理恰当、程序合法、手续完备。

公务员违纪违法的，应当由处分决定机关决定对公务员违纪违法的情况进行调查，并将调查认定的事实以及拟给予处分的依据告知公务员本人。公务员有权进行陈述和申辩；处分决定机关不得因公务员申辩而加重处分。

处分决定机关认为对公务员应当给予处分的，应当在规定的期限内，按照管理权限和规定的程序作出处分决定。处分决定应当以书面形式通知公务员本人。

第六十四条 公务员在受处分期间不得晋升职务、职级和级别，其中受记过、记大过、降级、撤职处分的，不得晋升工资档次。

受处分的期间为：警告，六个月；记过，十二个月；记大过，十八个月；降级、撤职，二十四个月。

受撤职处分的，按照规定降低级别。

第六十五条 公务员受开除以外的处分，在受处分期间有悔改表现，并且没有再发生违纪违法行为的，处分期满后自动解除。

解除处分后，晋升工资档次、级别和职务、职级不再受原处分的影响。但是，解除降级、撤职处分的，不视为恢复原级别、原职务、原职级。

第十章 培　　训

第六十六条 机关根据公务员工作职责的要求和提高公务员素质的需要，对公务员进行分类分级培训。

国家建立专门的公务员培训机构。机关根据需要也可以委托其他培训机构承担公务员培训任务。

第六十七条 机关对新录用人员应当在试用期内进行初任培训；对晋升领导职务的公务员应当在任职前或者任职后一年内进行任职培训；对从

事专项工作的公务员应当进行专门业务培训；对全体公务员应当进行提高政治素质和工作能力、更新知识的在职培训，其中对专业技术类公务员应当进行专业技术培训。

国家有计划地加强对优秀年轻公务员的培训。

第六十八条 公务员的培训实行登记管理。

公务员参加培训的时间由公务员主管部门按照本法第六十七条规定的培训要求予以确定。

公务员培训情况、学习成绩作为公务员考核的内容和任职、晋升的依据之一。

第十一章 交流与回避

第六十九条 国家实行公务员交流制度。

公务员可以在公务员和参照本法管理的工作人员队伍内部交流，也可以与国有企业和不参照本法管理的事业单位中从事公务的人员交流。

交流的方式包括调任、转任。

第七十条 国有企业、高等院校和科研院所以及其他不参照本法管理的事业单位中从事公务的人员，可以调入机关担任领导职务或者四级调研员以上及其他相当层次的职级。

调任人选应当具备本法第十三条规定的条件和拟任职位所要求的资格条件，并不得有本法第二十六条规定的情形。调任机关应当根据上述规定，对调任人选进行严格考察，并按照管理权限审批，必要时可以对调任人选进行考试。

第七十一条 公务员在不同职位之间转任应当具备拟任职位所要求的资格条件，在规定的编制限额和职数内进行。

对省部级正职以下的领导成员应当有计划、有重点地实行跨地区、跨部门转任。

对担任机关内设机构领导职务和其他工作性质特殊的公务员，应当有计划地在本机关内转任。

上级机关应当注重从基层机关公开遴选公务员。

第七十二条 根据工作需要，机关可以采取挂职方式选派公务员承担重大工程、重大项目、重点任务或者其他专项工作。

公务员在挂职期间，不改变与原机关的人事关系。

第七十三条 公务员应当服从机关的交流决定。

公务员本人申请交流的，按照管理权限审批。

第七十四条 公务员之间有夫妻关系、直系血亲关系、三代以内旁系血亲关系以及近姻亲关系的，不得在同一机关双方直接隶属于同一领导人员的职位或者有直接上下级领导关系的职位工作，也不得在其中一方担任领导职务的机关从事组织、人事、纪检、监察、审计和财务工作。

公务员不得在其配偶、子女及其配偶经营的企业、营利性组织的行业监管或者主管部门担任领导成员。

因地域或者工作性质特殊，需要变通执行任职回避的，由省级以上公务员主管部门规定。

第七十五条 公务员担任乡级机关、县级机关、设区的市级机关及其有关部门主要领导职务的，应当按照有关规定实行地域回避。

第七十六条 公务员执行公务时，有下列情形之一的，应当回避：

（一）涉及本人利害关系的；

（二）涉及与本人有本法第七十四条第一款所列亲属关系人员的利害关系的；

（三）其他可能影响公正执行公务的。

第七十七条 公务员有应当回避情形的，本人应当申请回避；利害关系人有权申请公务员回避。其他人员可以向机关提供公务员需要回避的情况。

机关根据公务员本人或者利害关系人的申请，经审查后作出是否回避的决定，也可以不经申请直接作出回避决定。

第七十八条 法律对公务员回避另有规定的，从其规定。

第十二章　工资、福利与保险

第七十九条 公务员实行国家统一规定的工资制度。

公务员工资制度贯彻按劳分配的原则，体现工作职责、工作能力、工作实绩、资历等因素，保持不同领导职务、职级、级别之间的合理工资差距。

国家建立公务员工资的正常增长机制。

第八十条　公务员工资包括基本工资、津贴、补贴和奖金。

公务员按照国家规定享受地区附加津贴、艰苦边远地区津贴、岗位津贴等津贴。

公务员按照国家规定享受住房、医疗等补贴、补助。

公务员在定期考核中被确定为优秀、称职的，按照国家规定享受年终奖金。

公务员工资应当按时足额发放。

第八十一条　公务员的工资水平应当与国民经济发展相协调、与社会进步相适应。

国家实行工资调查制度，定期进行公务员和企业相当人员工资水平的调查比较，并将工资调查比较结果作为调整公务员工资水平的依据。

第八十二条　公务员按照国家规定享受福利待遇。国家根据经济社会发展水平提高公务员的福利待遇。

公务员执行国家规定的工时制度，按照国家规定享受休假。公务员在法定工作日之外加班的，应当给予相应的补休，不能补休的按照国家规定给予补助。

第八十三条　公务员依法参加社会保险，按照国家规定享受保险待遇。

公务员因公牺牲或者病故的，其亲属享受国家规定的抚恤和优待。

第八十四条　任何机关不得违反国家规定自行更改公务员工资、福利、保险政策，擅自提高或者降低公务员的工资、福利、保险待遇。任何机关不得扣减或者拖欠公务员的工资。

第十三章　辞职与辞退

第八十五条　公务员辞去公职，应当向任免机关提出书面申请。任免机关应当自接到申请之日起三十日内予以审批，其中对领导成员辞去公职的申请，应当自接到申请之日起九十日内予以审批。

第八十六条　公务员有下列情形之一的，不得辞去公职：

（一）未满国家规定的最低服务年限的；

（二）在涉及国家秘密等特殊职位任职或者离开上述职位不满国家规定的脱密期限的；

（三）重要公务尚未处理完毕，且须由本人继续处理的；

（四）正在接受审计、纪律审查、监察调查，或者涉嫌犯罪，司法程序尚未终结的；

（五）法律、行政法规规定的其他不得辞去公职的情形。

第八十七条 担任领导职务的公务员，因工作变动依照法律规定需要辞去现任职务的，应当履行辞职手续。

担任领导职务的公务员，因个人或者其他原因，可以自愿提出辞去领导职务。

领导成员因工作严重失误、失职造成重大损失或者恶劣社会影响的，或者对重大事故负有领导责任的，应当引咎辞去领导职务。

领导成员因其他原因不再适合担任现任领导职务的，或者应当引咎辞职本人不提出辞职的，应当责令其辞去领导职务。

第八十八条 公务员有下列情形之一的，予以辞退：

（一）在年度考核中，连续两年被确定为不称职的；

（二）不胜任现职工作，又不接受其他安排的；

（三）因所在机关调整、撤销、合并或者缩减编制员额需要调整工作，本人拒绝合理安排的；

（四）不履行公务员义务，不遵守法律和公务员纪律，经教育仍无转变，不适合继续在机关工作，又不宜给予开除处分的；

（五）旷工或者因公外出、请假期满无正当理由逾期不归连续超过十五天，或者一年内累计超过三十天的。

第八十九条 对有下列情形之一的公务员，不得辞退：

（一）因公致残，被确认丧失或者部分丧失工作能力的；

（二）患病或者负伤，在规定的医疗期内的；

（三）女性公务员在孕期、产假、哺乳期内的；

（四）法律、行政法规规定的其他不得辞退的情形。

第九十条 辞退公务员，按照管理权限决定。辞退决定应当以书面形式通知被辞退的公务员，并应当告知辞退依据和理由。

被辞退的公务员，可以领取辞退费或者根据国家有关规定享受失业保险。

第九十一条 公务员辞职或者被辞退，离职前应当办理公务交接手续，必要时按照规定接受审计。

第十四章 退　　休

第九十二条 公务员达到国家规定的退休年龄或者完全丧失工作能力的，应当退休。

第九十三条 公务员符合下列条件之一的，本人自愿提出申请，经任免机关批准，可以提前退休：

（一）工作年限满三十年的；

（二）距国家规定的退休年龄不足五年，且工作年限满二十年的；

（三）符合国家规定的可以提前退休的其他情形的。

第九十四条 公务员退休后，享受国家规定的养老金和其他待遇，国家为其生活和健康提供必要的服务和帮助，鼓励发挥个人专长，参与社会发展。

第十五章 申诉与控告

第九十五条 公务员对涉及本人的下列人事处理不服的，可以自知道该人事处理之日起三十日内向原处理机关申请复核；对复核结果不服的，可以自接到复核决定之日起十五日内，按照规定向同级公务员主管部门或者作出该人事处理的机关的上一级机关提出申诉；也可以不经复核，自知道该人事处理之日起三十日内直接提出申诉：

（一）处分；

（二）辞退或者取消录用；

（三）降职；

（四）定期考核定为不称职；

（五）免职；

（六）申请辞职、提前退休未予批准；

（七）不按照规定确定或者扣减工资、福利、保险待遇；

（八）法律、法规规定可以申诉的其他情形。

对省级以下机关作出的申诉处理决定不服的，可以向作出处理决定的上一级机关提出再申诉。

受理公务员申诉的机关应当组成公务员申诉公正委员会，负责受理和审理公务员的申诉案件。

公务员对监察机关作出的涉及本人的处理决定不服向监察机关申请复审、复核的，按照有关规定办理。

第九十六条 原处理机关应当自接到复核申请书后的三十日内作出复核决定，并以书面形式告知申请人。受理公务员申诉的机关应当自受理之日起六十日内作出处理决定；案情复杂的，可以适当延长，但是延长时间不得超过三十日。

复核、申诉期间不停止人事处理的执行。

公务员不因申请复核、提出申诉而被加重处理。

第九十七条 公务员申诉的受理机关审查认定人事处理有错误的，原处理机关应当及时予以纠正。

第九十八条 公务员认为机关及其领导人员侵犯其合法权益的，可以依法向上级机关或者监察机关提出控告。受理控告的机关应当按照规定及时处理。

第九十九条 公务员提出申诉、控告，应当尊重事实，不得捏造事实，诬告、陷害他人。对捏造事实，诬告、陷害他人的，依法追究法律责任。

第十六章 职位聘任

第一百条 机关根据工作需要，经省级以上公务员主管部门批准，可以对专业性较强的职位和辅助性职位实行聘任制。

前款所列职位涉及国家秘密的，不实行聘任制。

第一百零一条 机关聘任公务员可以参照公务员考试录用的程序进行公开招聘，也可以从符合条件的人员中直接选聘。

机关聘任公务员应当在规定的编制限额和工资经费限额内进行。

第一百零二条 机关聘任公务员，应当按照平等自愿、协商一致的原则，签订书面的聘任合同，确定机关与所聘公务员双方的权利、义务。聘任合同经双方协商一致可以变更或者解除。

聘任合同的签订、变更或者解除，应当报同级公务员主管部门备案。

第一百零三条 聘任合同应当具备合同期限，职位及其职责要求，工资、福利、保险待遇，违约责任等条款。

聘任合同期限为一年至五年。聘任合同可以约定试用期，试用期为一个月至十二个月。

聘任制公务员实行协议工资制，具体办法由中央公务员主管部门规定。

第一百零四条 机关依据本法和聘任合同对所聘公务员进行管理。

第一百零五条 聘任制公务员与所在机关之间因履行聘任合同发生争议的，可以自争议发生之日起六十日内申请仲裁。

省级以上公务员主管部门根据需要设立人事争议仲裁委员会，受理仲裁申请。人事争议仲裁委员会由公务员主管部门的代表、聘用机关的代表、聘任制公务员的代表以及法律专家组成。

当事人对仲裁裁决不服的，可以自接到仲裁裁决书之日起十五日内向人民法院提起诉讼。仲裁裁决生效后，一方当事人不履行的，另一方当事人可以申请人民法院执行。

第十七章 法律责任

第一百零六条 对有下列违反本法规定情形的，由县级以上领导机关或者公务员主管部门按照管理权限，区别不同情况，分别予以责令纠正或者宣布无效；对负有责任的领导人员和直接责任人员，根据情节轻重，给予批评教育、责令检查、诫勉、组织调整、处分；构成犯罪的，依法追究刑事责任：

（一）不按照编制限额、职数或者任职资格条件进行公务员录用、调任、转任、聘任和晋升的；

（二）不按照规定条件进行公务员奖惩、回避和办理退休的；

（三）不按照规定程序进行公务员录用、调任、转任、聘任、晋升以及考核、奖惩的；

（四）违反国家规定，更改公务员工资、福利、保险待遇标准的；

（五）在录用、公开遴选等工作中发生泄露试题、违反考场纪律以及其他严重影响公开、公正行为的；

（六）不按照规定受理和处理公务员申诉、控告的；

（七）违反本法规定的其他情形的。

第一百零七条 公务员辞去公职或者退休的，原系领导成员、县处级以上领导职务的公务员在离职三年内，其他公务员在离职两年内，不得到与原工作业务直接相关的企业或者其他营利性组织任职，不得从事与原工作业务直接相关的营利性活动。

公务员辞去公职或者退休后有违反前款规定行为的，由其原所在机关的同级公务员主管部门责令限期改正；逾期不改正的，由县级以上市场监管部门没收该人员从业期间的违法所得，责令接收单位将该人员予以清退，并根据情节轻重，对接收单位处以被处罚人员违法所得一倍以上五倍以下的罚款。

第一百零八条 公务员主管部门的工作人员，违反本法规定，滥用职权、玩忽职守、徇私舞弊，构成犯罪的，依法追究刑事责任；尚不构成犯罪的，给予处分或者由监察机关依法给予政务处分。

第一百零九条 在公务员录用、聘任等工作中，有隐瞒真实信息、弄虚作假、考试作弊、扰乱考试秩序等行为的，由公务员主管部门根据情节作出考试成绩无效、取消资格、限制报考等处理；情节严重的，依法追究法律责任。

第一百一十条 机关因错误的人事处理对公务员造成名誉损害的，应当赔礼道歉、恢复名誉、消除影响；造成经济损失的，应当依法给予赔偿。

第十八章　附　　则

第一百一十一条 本法所称领导成员，是指机关的领导人员，不包括机关内设机构担任领导职务的人员。

第一百一十二条 法律、法规授权的具有公共事务管理职能的事业单位中除工勤人员以外的工作人员，经批准参照本法进行管理。

第一百一十三条 本法自 2019 年 6 月 1 日起施行。

七、其他法律法规

中华人民共和国香港特别行政区基本法

（1990年4月4日第七届全国人民代表大会第三次会议通过　1990年4月4日中华人民共和国主席令第26号公布　自1997年7月1日起实施）

目　　录

序　言
第一章　总　　则
第二章　中央和香港特别行政区的关系
第三章　居民的基本权利和义务
第四章　政治体制
　第一节　行政长官
　第二节　行政机关
　第三节　立法机关
　第四节　司法机关
　第五节　区域组织
　第六节　公务人员
第五章　经　　济
　第一节　财政、金融、贸易和工商业
　第二节　土地契约
　第三节　航　　运
　第四节　民用航空
第六章　教育、科学、文化、体育、宗教、劳工和社会服务
第七章　对外事务

第八章　本法的解释和修改
第九章　附　　则
附件一　香港特别行政区行政长官的产生办法
附件二　香港特别行政区立法会的产生办法和表决程序
附件三　在香港特别行政区实施的全国性法律

序　　言

香港自古以来就是中国的领土，一八四〇年鸦片战争以后被英国占领。一九八四年十二月十九日，中英两国政府签署了关于香港问题的联合声明，确认中华人民共和国政府于一九九七年七月一日恢复对香港行使主权，从而实现了长期以来中国人民收回香港的共同愿望。

为了维护国家的统一和领土完整，保持香港的繁荣和稳定，并考虑到香港的历史和现实情况，国家决定，在对香港恢复行使主权时，根据中华人民共和国宪法第三十一条的规定，设立香港特别行政区，并按照“一个国家，两种制度”的方针，不在香港实行社会主义的制度和政策。国家对香港的基本方针政策，已由中国政府在中英联合声明中予以阐明。

根据中华人民共和国宪法，全国人民代表大会特制定中华人民共和国香港特别行政区基本法，规定香港特别行政区实行的制度，以保障国家对香港的基本方针政策的实施。

第一章　总　　则

第一条　香港特别行政区是中华人民共和国不可分离的部分。

第二条　全国人民代表大会授权香港特别行政区依照本法的规定实行高度自治，享有行政管理权、立法权、独立的司法权和终审权。

第三条　香港特别行政区的行政机关和立法机关由香港永久性居民依照本法有关规定组成。

第四条　香港特别行政区依法保障香港特别行政区居民和其他人的权利和自由。

第五条 香港特别行政区不实行社会主义制度和政策，保持原有的资本主义制度和生活方式，五十年不变。

第六条 香港特别行政区依法保护私有财产权。

第七条 香港特别行政区境内的土地和自然资源属于国家所有，由香港特别行政区政府负责管理、使用、开发、出租或批给个人、法人或团体使用或开发，其收入全归香港特别行政区政府支配。

第八条 香港原有法律，即普通法、衡平法、条例、附属立法和习惯法，除同本法相抵触或经香港特别行政区的立法机关作出修改者外，予以保留。

第九条 香港特别行政区的行政机关、立法机关和司法机关，除使用中文外，还可使用英文，英文也是正式语文。

第十条 香港特别行政区除悬挂中华人民共和国国旗和国徽外，还可使用香港特别行政区区旗和区徽。

香港特别行政区的区旗是五星花蕊的紫荆花红旗。

香港特别行政区的区徽，中间是五星花蕊的紫荆花，周围写有“中华人民共和国香港特别行政区”和英文“香港”。

第十一条 根据中华人民共和国宪法第三十一条，香港特别行政区的制度和政策，包括社会、经济制度，有关保障居民的基本权利和自由的制度，行政管理、立法和司法方面的制度，以及有关政策，均以本法的规定为依据。

香港特别行政区立法机关制定的任何法律，均不得同本法相抵触。

第二章 中央和香港特别行政区的关系

第十二条 香港特别行政区是中华人民共和国的一个享有高度自治权的地方行政区域，直辖于中央人民政府。

第十三条 中央人民政府负责管理与香港特别行政区有关的外交事务。

中华人民共和国外交部在香港设立机构处理外交事务。

中央人民政府授权香港特别行政区依照本法自行处理有关的对外事务。

第十四条 中央人民政府负责管理香港特别行政区的防务。

香港特别行政区政府负责维持香港特别行政区的社会治安。

中央人民政府派驻香港特别行政区负责防务的军队不干预香港特别行政区的地方事务。香港特别行政区政府在必要时，可向中央人民政府请求驻军协助维持社会治安和救助灾害。

驻军人员除须遵守全国性的法律外，还须遵守香港特别行政区的法律。

驻军费用由中央人民政府负担。

第十五条 中央人民政府依照本法第四章的规定任命香港特别行政区行政长官和行政机关的主要官员。

第十六条 香港特别行政区享有行政管理权，依照本法的有关规定自行处理香港特别行政区的行政事务。

第十七条 香港特别行政区享有立法权。

香港特别行政区的立法机关制定的法律须报全国人民代表大会常务委员会备案。备案不影响该法律的生效。

全国人民代表大会常务委员会在征询其所属的香港特别行政区基本法委员会后，如认为香港特别行政区立法机关制定的任何法律不符合本法关于中央管理的事务及中央和香港特别行政区的关系的条款，可将有关法律发回，但不作修改。经全国人民代表大会常务委员会发回的法律立即失效。该法律的失效，除香港特别行政区的法律另有规定外，无溯及力。

第十八条 在香港特别行政区实行的法律为本法以及本法第八条规定的香港原有法律和香港特别行政区立法机关制定的法律。

全国性法律除列于本法附件三者外，不在香港特别行政区实施。凡列于本法附件三之法律，由香港特别行政区在当地公布或立法实施。

全国人民代表大会常务委员会在征询其所属的香港特别行政区基本法委员会和香港特别行政区政府的意见后，可对列于本法附件三的法律作出增减，任何列入附件三的法律，限于有关国防、外交和其他按本法规定不属于香港特别行政区自治范围的法律。

全国人民代表大会常务委员会决定宣布战争状态或因香港特别行政区内发生香港特别行政区政府不能控制的危及国家统一或安全的动乱而决定香港特别行政区进入紧急状态，中央人民政府可发布命令将有关全国性法律在香港特别行政区实施。

第十九条 香港特别行政区享有独立的司法权和终审权。

香港特别行政区法院除继续保持香港原有法律制度和原则对法院审判权所作的限制外，对香港特别行政区所有的案件均有审判权。

香港特别行政区法院对国防、外交等国家行为无管辖权。香港特别行政区法院在审理案件中遇有涉及国防、外交等国家行为的事实问题，应取得行政长官就该等问题发出的证明文件，上述文件对法院有约束力。行政长官在发出证明文件前，须取得中央人民政府的证明书。

第二十条 香港特别行政区可享有全国人民代表大会和全国人民代表大会常务委员会及中央人民政府授予的其他权力。

第二十一条 香港特别行政区居民中的中国公民依法参与国家事务的管理。

根据全国人民代表大会确定的名额和代表产生办法，由香港特别行政区居民中的中国公民在香港选出香港特别行政区的全国人民代表大会代表，参加最高国家权力机关的工作。

第二十二条 中央人民政府所属各部门、各省、自治区、直辖市均不得干预香港特别行政区根据本法自行管理的事务。

中央各部门、各省、自治区、直辖市如需在香港特别行政区设立机构，须征得香港特别行政区政府同意并经中央人民政府批准。

中央各部门、各省、自治区、直辖市在香港特别行政区设立的一切机构及其人员均须遵守香港特别行政区的法律。

中国其他地区的人进入香港特别行政区须办理批准手续，其中进入香港特别行政区定居的人数由中央人民政府主管部门征求香港特别行政区政府的意见后确定。

香港特别行政区可在北京设立办事机构。

第二十三条 香港特别行政区应自行立法禁止任何叛国、分裂国家、煽动叛乱、颠覆中央人民政府及窃取国家机密的行为，禁止外国的政治性组织或团体在香港特别行政区进行政治活动，禁止香港特别行政区的政治性组织或团体与外国的政治性组织或团体建立联系。

第三章　居民的基本权利和义务

第二十四条　香港特别行政区居民，简称香港居民，包括永久性居民和非永久性居民。

香港特别行政区永久性居民为：

（一）在香港特别行政区成立以前或以后在香港出生的中国公民；

（二）在香港特别行政区成立以前或以后在香港通常居住连续七年以上的中国公民；

（三）第（一）、（二）两项所列居民在香港以外所生的中国籍子女；

（四）在香港特别行政区成立以前或以后持有效旅行证件进入香港、在香港通常居住连续七年以上并以香港为永久居住地的非中国籍的人；

（五）在香港特别行政区成立以前或以后第（四）项所列居民在香港所生的未满二十一周岁的子女；

（六）第（一）至（五）项所列居民以外在香港特别行政区成立以前只在香港有居留权的人。

以上居民在香港特别行政区享有居留权和有资格依照香港特别行政区法律取得载明其居留权的永久性居民身份证。

香港特别行政区非永久性居民为：有资格依照香港特别行政区法律取得香港居民身份证，但没有居留权的人。

第二十五条　香港居民在法律面前一律平等。

第二十六条　香港特别行政区永久性居民依法享有选举权和被选举权。

第二十七条　香港居民享有言论、新闻、出版的自由，结社、集会、游行、示威的自由，组织和参加工会、罢工的权利和自由。

第二十八条　香港居民的人身自由不受侵犯。

香港居民不受任意或非法逮捕、拘留、监禁。禁止任意或非法搜查居民的身体、剥夺或限制居民的人身自由。禁止对居民施行酷刑、任意或非法剥夺居民的生命。

第二十九条　香港居民的住宅和其他房屋不受侵犯。禁止任意或非法搜查、侵入居民的住宅和其他房屋。

第三十条 香港居民的通讯自由和通讯秘密受法律的保护。除因公共安全和追查刑事犯罪的需要，由有关机关依照法律程序对通讯进行检查外，任何部门或个人不得以任何理由侵犯居民的通讯自由和通讯秘密。

第三十一条 香港居民有在香港特别行政区境内迁徙的自由，有移居其他国家和地区的自由。香港居民有旅行和出入境的自由。有效旅行证件的持有人，除非受到法律制止，可自由离开香港特别行政区，无需特别批准。

第三十二条 香港居民有信仰的自由。

香港居民有宗教信仰的自由，有公开传教和举行、参加宗教活动的自由。

第三十三条 香港居民有选择职业的自由。

第三十四条 香港居民有进行学术研究、文学艺术创作和其他文化活动的自由。

第三十五条 香港居民有权得到秘密法律咨询、向法院提起诉讼、选择律师及时保护自己的合法权益或在法庭上为其代理和获得司法补救。

香港居民有权对行政部门和行政人员的行为向法院提起诉讼。

第三十六条 香港居民有依法享受社会福利的权利。劳工的福利待遇和退休保障受法律保护。

第三十七条 香港居民的婚姻自由和自愿生育的权利受法律保护。

第三十八条 香港居民享有香港特别行政区法律保障的其他权利和自由。

第三十九条 《公民权利和政治权利国际公约》、《经济、社会与文化权利的国际公约》和国际劳工公约适用于香港的有关规定继续有效，通过香港特别行政区的法律予以实施。

香港居民享有的权利和自由，除依法规定外不得限制，此种限制不得与本条第一款规定抵触。

第四十条 “新界”原居民的合法传统权益受香港特别行政区的保护。

第四十一条 在香港特别行政区境内的香港居民以外的其他人，依法享有本章规定的香港居民的权利和自由。

第四十二条 香港居民和在香港的其他人有遵守香港特别行政区实行的法律的义务。

第四章 政治体制

第一节 行政长官

第四十三条 香港特别行政区行政长官是香港特别行政区的首长，代表香港特别行政区。

香港特别行政区行政长官依照本法的规定对中央人民政府和香港特别行政区负责。

第四十四条 香港特别行政区行政长官由年满四十周岁，在香港通常居住连续满二十年并在外国无居留权的香港特别行政区永久性居民中的中国公民担任。

第四十五条 香港特别行政区行政长官在当地通过选举或协商产生，由中央人民政府任命。

行政长官的产生办法根据香港特别行政区的实际情况和循序渐进的原则而规定，最终达至由一个有广泛代表性的提名委员会按民主程序提名后普选产生的目标。

行政长官产生的具体办法由附件一《香港特别行政区行政长官的产生办法》规定。

第四十六条 香港特别行政区行政长官任期五年，可连任一次。

第四十七条 香港特别行政区行政长官必须廉洁奉公、尽忠职守。

行政长官就任时应向香港特别行政区终审法院首席法官申报财产，记录在案。

第四十八条 香港特别行政区行政长官行使下列职权：

（一）领导香港特别行政区政府；

（二）负责执行本法和依照本法适用于香港特别行政区的其他法律；

（三）签署立法会通过的法案，公布法律；

签署立法会通过的财政预算案，将财政预算、决算报中央人民政府备案；

（四）决定政府政策和发布行政命令；

（五）提名并报请中央人民政府任命下列主要官员：各司司长、副司长，各局局长，廉政专员，审计署署长，警务处处长，入境事务处处长，海关关长；建议中央人民政府免除上述官员职务；

（六）依照法定程序任免各级法院法官；

（七）依照法定程序任免公职人员；

（八）执行中央人民政府就本法规定的有关事务发出的指令；

（九）代表香港特别行政区政府处理中央授权的对外事务和其他事务；

（十）批准向立法会提出有关财政收入或支出的动议；

（十一）根据安全和重大公共利益的考虑，决定政府官员或其他负责政府公务的人员是否向立法会或其属下的委员会作证和提供证据；

（十二）赦免或减轻刑事罪犯的刑罚；

（十三）处理请愿、申诉事项。

第四十九条 香港特别行政区行政长官如认为立法会通过的法案不符合香港特别行政区的整体利益，可在三个月内将法案发回立法会重议，立法会如以不少于全体议员三分之二多数再次通过原案，行政长官必须在一个月内签署公布或按本法第五十条的规定处理。

第五十条 香港特别行政区行政长官如拒绝签署立法会再次通过的法案或立法会拒绝通过政府提出的财政预算案或其他重要法案，经协商仍不能取得一致意见，行政长官可解散立法会。

行政长官在解散立法会前，须征询行政会议的意见。行政长官在其一任任期内只能解散立法会一次。

第五十一条 香港特别行政区立法会如拒绝批准政府提出的财政预算案，行政长官可向立法会申请临时拨款。如果由于立法会已被解散而不能批准拨款，行政长官可在选出新的立法会前的一段时期内，按上一财政年度的开支标准，批准临时短期拨款。

第五十二条 香港特别行政区行政长官如有下列情况之一者必须辞职：

（一）因严重疾病或其他原因无力履行职务；

（二）因两次拒绝签署立法会通过的法案而解散立法会，重选的立法会仍以全体议员三分之二多数通过所争议的原案，而行政长官仍拒绝签署；

（三）因立法会拒绝通过财政预算案或其他重要法案而解散立法会，重选的立法会继续拒绝通过所争议的原案。

第五十三条 香港特别行政区行政长官短期不能履行职务时，由政务司长、财政司长、律政司长依次临时代理其职务。

行政长官缺位时，应在六个月内依本法第四十五条的规定产生新的行政长官。行政长官缺位期间的职务代理，依照上款规定办理。

第五十四条 香港特别行政区行政会议是协助行政长官决策的机构。

第五十五条 香港特别行政区行政会议的成员由行政长官从行政机关的主要官员、立法会议员和社会人士中委任，其任免由行政长官决定。行政会议成员的任期应不超过委任他的行政长官的任期。

香港特别行政区行政会议成员由在外国无居留权的香港特别行政区永久性居民中的中国公民担任。

行政长官认为必要时可邀请有关人士列席会议。

第五十六条 香港特别行政区行政会议由行政长官主持。

行政长官在作出重要决策、向立法会提交法案、制定附属法规和解散立法会前，须征询行政会议的意见，但人事任免、纪律制裁和紧急情况下采取的措施除外。

行政长官如不采纳行政会议多数成员的意见，应将具体理由记录在案。

第五十七条 香港特别行政区设立廉政公署，独立工作，对行政长官负责。

第五十八条 香港特别行政区设立审计署，独立工作，对行政长官负责。

第二节 行政机关

第五十九条 香港特别行政区政府是香港特别行政区行政机关。

第六十条 香港特别行政区政府的首长是香港特别行政区行政长官。

香港特别行政区政府设政务司、财政司、律政司和各局、处、署。

第六十一条 香港特别行政区的主要官员由在香港通常居住连续满十五年并在外国无居留权的香港特别行政区永久性居民中的中国公民担任。

第六十二条 香港特别行政区政府行使下列职权：

（一）制定并执行政策；

（二）管理各项行政事务；

（三）办理本法规定的中央人民政府授权的对外事务；

（四）编制并提出财政预算、决算；

（五）拟定并提出法案、议案、附属法规；

（六）委派官员列席立法会并代表政府发言。

第六十三条 香港特别行政区律政司主管刑事检察工作，不受任何干涉。

第六十四条 香港特别行政区政府必须遵守法律，对香港特别行政区立法会负责：执行立法会通过并已生效的法律；定期向立法会作施政报告；答复立法会议员的质询；征税和公共开支须经立法会批准。

第六十五条 原由行政机关设立咨询组织的制度继续保留。

第三节 立法机关

第六十六条 香港特别行政区立法会是香港特别行政区的立法机关。

第六十七条 香港特别行政区立法会由在外国无居留权的香港特别行政区永久性居民中的中国公民组成。但非中国籍的香港特别行政区永久性居民和在外国有居留权的香港特别行政区永久性居民也可以当选为香港特别行政区立法会议员，其所占比例不得超过立法会全体议员的百分之二十。

第六十八条 香港特别行政区立法会由选举产生。

立法会的产生办法根据香港特别行政区的实际情况和循序渐进的原则而规定，最终达至全部议员由普选产生的目标。

立法会产生的具体办法和法案、议案的表决程序由附件二《香港特别行政区立法会的产生办法和表决程序》规定。

第六十九条 香港特别行政区立法会除第一届任期为两年外，每届任期四年。

第七十条 香港特别行政区立法会如经行政长官依本法规定解散，须于三个月内依本法第六十八条的规定，重行选举产生。

第七十一条 香港特别行政区立法会主席由立法会议员互选产生。

香港特别行政区立法会主席由年满四十周岁，在香港通常居住连续满二十年并在外国无居留权的香港特别行政区永久性居民中的中国公民担任。

第七十二条 香港特别行政区立法会主席行使下列职权：

（一）主持会议；

（二）决定议程，政府提出的议案须优先列入议程；

（三）决定开会时间；

（四）在休会期间可召开特别会议；

（五）应行政长官的要求召开紧急会议；

（六）立法会议事规则所规定的其他职权。

第七十三条 香港特别行政区立法会行使下列职权：

（一）根据本法规定并依照法定程序制定、修改和废除法律；

（二）根据政府的提案，审核、通过财政预算；

（三）批准税收和公共开支；

（四）听取行政长官的施政报告并进行辩论；

（五）对政府的工作提出质询；

（六）就任何有关公共利益问题进行辩论；

（七）同意终审法院法官和高等法院首席法官的任免；

（八）接受香港居民申诉并作出处理；

（九）如立法会全体议员的四分之一联合动议，指控行政长官有严重违法或渎职行为而不辞职，经立法会通过进行调查，立法会可委托终审法院首席法官负责组成独立的调查委员会，并担任主席。调查委员会负责进行调查，并向立法会提出报告。如该调查委员会认为有足够证据构成上述指控，立法会以全体议员三分之二多数通过，可提出弹劾案，报请中央人民政府决定。

（十）在行使上述各项职权时，如有需要，可传召有关人士出席作证和提供证据。

第七十四条 香港特别行政区立法会议员根据本法规定并依照法定程序提出法律草案，凡不涉及公共开支或政治体制或政府运作者，可由立法会议员个别或联名提出。凡涉及政府政策者，在提出前必须得到行政长官的书面同意。

第七十五条 香港特别行政区立法会举行会议的法定人数为不少于全体议员的二分之一。

立法会议事规则由立法会自行制定，但不得与本法相抵触。

第七十六条 香港特别行政区立法会通过的法案，须经行政长官签署、公布，方能生效。

第七十七条 香港特别行政区立法会议员在立法会的会议上发言，不受法律追究。

第七十八条 香港特别行政区立法会议员在出席会议时和赴会途中不受逮捕。

第七十九条 香港特别行政区立法会议员如有下列情况之一，由立法会主席宣告其丧失立法会议员的资格：

（一）因严重疾病或其他情况无力履行职务；

（二）未得到立法会主席的同意，连续三个月不出席会议而无合理解释者；

（三）丧失或放弃香港特别行政区永久性居民的身份；

（四）接受政府的委任而出任公务人员；

（五）破产或经法庭裁定偿还债务而不履行；

（六）在香港特别行政区区内或区外被判犯有刑事罪行，判处监禁一个月以上，并经立法会出席会议的议员三分之二通过解除其职务；

（七）行为不检或违反誓言而经立法会出席会议的议员三分之二通过谴责。

第四节 司法机关

第八十条 香港特别行政区各级法院是香港特别行政区的司法机关，行使香港特别行政区的审判权。

第八十一条 香港特别行政区设立终审法院、高等法院、区域法院、裁判署法庭和其他专门法庭。高等法院设上诉法庭和原讼法庭。

原在香港实行的司法体制，除因设立香港特别行政区终审法院而产生变化外，予以保留。

第八十二条 香港特别行政区的终审权属于香港特别行政区终审法院。终审法院可根据需要邀请其他普通法适用地区的法官参加审判。

第八十三条 香港特别行政区各级法院的组织和职权由法律规定。

第八十四条 香港特别行政区法院依照本法第十八条所规定的适用于香港特别行政区的法律审判案件，其他普通法适用地区的司法判例可作参考。

第八十五条 香港特别行政区法院独立进行审判，不受任何干涉，司法人员履行审判职责的行为不受法律追究。

第八十六条 原在香港实行的陪审制度的原则予以保留。

第八十七条 香港特别行政区的刑事诉讼和民事诉讼中保留原在香港适用的原则和当事人享有的权利。

任何人在被合法拘捕后，享有尽早接受司法机关公正审判的权利，未经司法机关判罪之前均假定无罪。

第八十八条 香港特别行政区法院的法官，根据当地法官和法律界及其他方面知名人士组成的独立委员会推荐，由行政长官任命。

第八十九条 香港特别行政区法院的法官只有在无力履行职责或行为不检的情况下，行政长官才可根据终审法院首席法官任命的不少于三名当地法官组成的审议庭的建议，予以免职。

香港特别行政区终审法院的首席法官只有在无力履行职责或行为不检的情况下，行政长官才可任命不少于五名当地法官组成的审议庭进行审议，并可根据其建议，依照本法规定的程序，予以免职。

第九十条 香港特别行政区终审法院和高等法院的首席法官，应由在外国无居留权的香港特别行政区永久性居民中的中国公民担任。

除本法第八十八条和第八十九条规定的程序外，香港特别行政区终审法院的法官和高等法院首席法官的任命或免职，还须由行政长官征得立法会同意，并报全国人民代表大会常务委员会备案。

第九十一条 香港特别行政区法官以外的其他司法人员原有的任免制度继续保持。

第九十二条 香港特别行政区的法官和其他司法人员，应根据其本人的司法和专业才能选用，并可从其他普通法适用地区聘用。

第九十三条 香港特别行政区成立前在香港任职的法官和其他司法人员均可留用，其年资予以保留，薪金、津贴、福利待遇和服务条件不低于原来的标准。

对退休或符合规定离职的法官和其他司法人员，包括香港特别行政区成立前已退休或离职者，不论其所属国籍或居住地点，香港特别行政区政府按不低于原来的标准，向他们或其家属支付应得的退休金、酬金、津贴和福利费。

第九十四条 香港特别行政区政府可参照原在香港实行的办法，作出有关当地和外来的律师在香港特别行政区工作和执业的规定。

第九十五条 香港特别行政区可与全国其他地区的司法机关通过协商依法进行司法方面的联系和相互提供协助。

第九十六条 在中央人民政府协助或授权下，香港特别行政区政府可与外国就司法互助关系作出适当安排。

第五节 区域组织

第九十七条 香港特别行政区可设立非政权性的区域组织，接受香港特别行政区政府就有关地区管理和其他事务的咨询，或负责提供文化、康乐、环境卫生等服务。

第九十八条 区域组织的职权和组成方法由法律规定。

第六节 公务人员

第九十九条 在香港特别行政区政府各部门任职的公务人员必须是香港特别行政区永久性居民。本法第一百零一条对外籍公务人员另有规定者或法律规定某一职级以下者不在此限。

公务人员必须尽忠职守，对香港特别行政区政府负责。

第一百条 香港特别行政区成立前在香港政府各部门，包括警察部门任职的公务人员均可留用，其年资予以保留，薪金、津贴、福利待遇和服务条件不低于原来的标准。

第一百零一条 香港特别行政区政府可任用原香港公务人员中的或持有香港特别行政区永久性居民身份证的英籍和其他外籍人士担任政府部门的各级公务人员，但下列各职级的官员必须由在外国无居留权的香港特别行政区永久性居民中的中国公民担任：各司司长、副司长，各局局长，廉政专员，审计署署长，警务处处长，入境事务处处长，海关关长。

香港特别行政区政府还可聘请英籍和其他外籍人士担任政府部门的顾问，必要时并可从香港特别行政区以外聘请合格人员担任政府部门的专门和技术职务。上述外籍人士只能以个人身份受聘，对香港特别行政区政府负责。

第一百零二条 对退休或符合规定离职的公务人员，包括香港特别行政区成立前退休或符合规定离职的公务人员，不论其所属国籍或居住地点，香港特别行政区政府按不低于原来的标准向他们或其家属支付应得的退休金、酬金、津贴和福利费。

第一百零三条 公务人员应根据其本人的资格、经验和才能予以任用和提升，香港原有关于公务人员的招聘、雇用、考核、纪律、培训和管理的制度，包括负责公务人员的任用、薪金、服务条件的专门机构，除有关给予外籍人员特权待遇的规定外，予以保留。

第一百零四条 香港特别行政区行政长官、主要官员、行政会议成员、立法会议员、各级法院法官和其他司法人员在就职时必须依法宣誓拥护中华人民共和国香港特别行政区基本法，效忠中华人民共和国香港特别行政区。

第五章 经 济

第一节 财政、金融、贸易和工商业

第一百零五条 香港特别行政区依法保护私人和法人财产的取得、使用、处置和继承的权利，以及依法征用私人和法人财产时被征用财产的所有人得到补偿的权利。

征用财产的补偿应相当于该财产当时的实际价值，可自由兑换，不得无故迟延支付。

企业所有权和外来投资均受法律保护。

第一百零六条 香港特别行政区保持财政独立。

香港特别行政区的财政收入全部用于自身需要，不上缴中央人民政府。

中央人民政府不在香港特别行政区征税。

第一百零七条 香港特别行政区的财政预算以量入为出为原则，力求收支平衡，避免赤字，并与本地生产总值的增长率相适应。

第一百零八条 香港特别行政区实行独立的税收制度。

香港特别行政区参照原在香港实行的低税政策，自行立法规定税种、税率、税收宽免和其他税务事项。

第一百零九条 香港特别行政区政府提供适当的经济和法律环境，以保持香港的国际金融中心地位。

第一百一十条 香港特别行政区的货币金融制度由法律规定。

香港特别行政区政府自行制定货币金融政策，保障金融企业和金融市场的经营自由，并依法进行管理和监督。

第一百一十一条 港元为香港特别行政区法定货币，继续流通。

港币的发行权属于香港特别行政区政府。港币的发行须有百分之百的准备金。港币的发行制度和准备金制度，由法律规定。

香港特别行政区政府，在确知港币的发行基础健全和发行安排符合保持港币稳定的目的的条件下，可授权指定银行根据法定权限发行或继续发行港币。

第一百一十二条 香港特别行政区不实行外汇管制政策。港币自由兑换。继续开放外汇、黄金、证券、期货等市场。

香港特别行政区政府保障资金的流动和进出自由。

第一百一十三条 香港特别行政区的外汇基金，由香港特别行政区政府管理和支配，主要用于调节港元汇价。

第一百一十四条 香港特别行政区保持自由港地位，除法律另有规定外，不征收关税。

第一百一十五条 香港特别行政区实行自由贸易政策，保障货物、无形财产和资本的流动自由。

第一百一十六条 香港特别行政区为单独的关税地区。

香港特别行政区可以“中国香港”的名义参加《关税和贸易总协定》、关于国际纺织品贸易安排等有关国际组织和国际贸易协定，包括优惠贸易安排。

香港特别行政区所取得的和以前取得仍继续有效的出口配额、关税优惠和达成的其他类似安排，全由香港特别行政区享有。

第一百一十七条 香港特别行政区根据当时的产地规则，可对产品签发产地来源证。

第一百一十八条 香港特别行政区政府提供经济和法律环境，鼓励各项投资、技术进步并开发新兴产业。

第一百一十九条 香港特别行政区政府制定适当政策，促进和协调制造业、商业、旅游业、房地产业、运输业、公用事业、服务性行业、渔农业等各行业的发展，并注意环境保护。

第二节　土 地 契 约

第一百二十条　香港特别行政区成立以前已批出、决定、或续期的超越一九九七年六月三十日年期的所有土地契约和与土地契约有关的一切权利，均按香港特别行政区的法律继续予以承认和保护。

第一百二十一条　从一九八五年五月二十七日至一九九七年六月三十日期间批出的，或原没有续期权利而获得续期的，超出一九九七年六月三十日年期而不超过二零四七年六月三十日的一切土地契约，承租人从一九九七年七月一日起不补地价，但需每年缴纳相当于当日该土地应课差饷租值百分之三的租金。此后，随应课差饷租值的改变而调整租金。

第一百二十二条　原旧批约地段、乡村屋地、丁屋地和类似的农村土地，如该土地在一九八四年六月三十日的承租人，或在该日以后批出的丁屋地承租人，其父系为一八九八年在香港的原有乡村居民，只要该土地的承租人仍为该人或其合法父系继承人，原定租金维持不变。

第一百二十三条　香港特别行政区成立以后满期而没有续期权利的土地契约，由香港特别行政区自行制定法律和政策处理。

第三节　航　　运

第一百二十四条　香港特别行政区保持原在香港实行的航运经营和管理体制，包括有关海员的管理制度。

香港特别行政区政府自行规定在航运方面的具体职能和责任。

第一百二十五条　香港特别行政区经中央人民政府授权继续进行船舶登记，并根据香港特别行政区的法律以“中国香港”的名义颁发有关证件。

第一百二十六条　除外国军用船只进入香港特别行政区须经中央人民政府特别许可外，其他船舶可根据香港特别行政区法律进出其港口。

第一百二十七条　香港特别行政区的私营航运及与航运有关的企业和私营集装箱码头，可继续自由经营。

第四节　民 用 航 空

第一百二十八条　香港特别行政区政府应提供条件和采取措施，以保持香港的国际和区域航空中心的地位。

第一百二十九条 香港特别行政区继续实行原在香港实行的民用航空管理制度，并按中央人民政府关于飞机国籍标志和登记标志的规定，设置自己的飞机登记册。

外国国家航空器进入香港特别行政区须经中央人民政府特别许可。

第一百三十条 香港特别行政区自行负责民用航空的日常业务和技术管理，包括机场管理，在香港特别行政区飞行情报区内提供空中交通服务，和履行国际民用航空组织的区域性航行规划程序所规定的其他职责。

第一百三十一条 中央人民政府经同香港特别行政区政府磋商作出安排，为在香港特别行政区注册并以香港为主要营业地的航空公司和中华人民共和国的其他航空公司，提供香港特别行政区和中华人民共和国其他地区之间的往返航班。

第一百三十二条 凡涉及中华人民共和国其他地区同其他国家和地区的往返并经停香港特别行政区的航班，和涉及香港特别行政区同其他国家和地区的往返并经停中华人民共和国其他地区航班的民用航空运输协定，由中央人民政府签订。

中央人民政府在签订本条第一款所指民用航空运输协定时，应考虑香港特别行政区的特殊情况和经济利益，并同香港特别行政区政府磋商。

中央人民政府在同外国政府商谈有关本条第一款所指航班的安排时，香港特别行政区政府的代表可作为中华人民共和国政府代表团的成员参加。

第一百三十三条 香港特别行政区政府经中央人民政府具体授权可：

（一）续签或修改原有的民用航空运输协定和协议；

（二）谈判签订新的民用航空运输协定，为在香港特别行政区注册并以香港为主要营业地的航空公司提供航线，以及过境和技术停降权利；

（三）同没有签订民用航空运输协定的外国或地区谈判签订临时协议。

不涉及往返、经停中国内地而只往返、经停香港的定期航班，均由本条所指的民用航空运输协定或临时协议予以规定。

第一百三十四条 中央人民政府授权香港特别行政区政府：

（一）同其他当局商谈并签订有关执行本法第一百三十三条所指民用航

空运输协定和临时协议的各项安排；

（二）对在香港特别行政区注册并以香港为主要营业地的航空公司签发执照；

（三）依照本法第一百三十三条所指民用航空运输协定和临时协议指定航空公司；

（四）对外国航空公司除往返、经停中国内地的航班以外的其他航班签发许可证。

第一百三十五条 香港特别行政区成立前在香港注册并以香港为主要营业地的航空公司和与民用航空有关的行业，可继续经营。

第六章 教育、科学、文化、体育、宗教、劳工和社会服务

第一百三十六条 香港特别行政区政府在原有教育制度的基础上，自行制定有关教育的发展和改进的政策，包括教育体制和管理、教学语言、经费分配、考试制度、学位制度和承认学历等政策。

社会团体和私人可依法在香港特别行政区兴办各种教育事业。

第一百三十七条 各类院校均可保留其自主性并享有学术自由，可继续从香港特别行政区以外招聘教职员和选用教材。宗教组织所办的学校可继续提供宗教教育，包括开设宗教课程。

学生享有选择院校和在香港特别行政区以外求学的自由。

第一百三十八条 香港特别行政区政府自行制定发展中西医药和促进医疗卫生服务的政策。社会团体和私人可依法提供各种医疗卫生服务。

第一百三十九条 香港特别行政区政府自行制定科学技术政策，以法律保护科学技术的研究成果、专利和发明创造。

香港特别行政区政府自行确定适用于香港的各类科学、技术标准和规格。

第一百四十条 香港特别行政区政府自行制定文化政策，以法律保护作者在文学艺术创作中所获得的成果和合法权益。

第一百四十一条 香港特别行政区政府不限制宗教信仰自由，不干预宗教组织的内部事务，不限制与香港特别行政区法律没有抵触的宗教活动。

宗教组织依法享有财产的取得、使用、处置、继承以及接受资助的权

利。财产方面的原有权益仍予保持和保护。

宗教组织可按原有办法继续兴办宗教院校、其他学校、医院和福利机构以及提供其他社会服务。

香港特别行政区的宗教组织和教徒可与其他地方的宗教组织和教徒保持和发展关系。

第一百四十二条 香港特别行政区政府在保留原有的专业制度的基础上，自行制定有关评审各种专业的执业资格的办法。

在香港特别行政区成立前已取得专业和执业资格者，可依据有关规定和专业守则保留原有的资格。

香港特别行政区政府继续承认在特别行政区成立前已承认的专业和专业团体，所承认的专业团体可自行审核和颁授专业资格。

香港特别行政区政府可根据社会发展需要并咨询有关方面的意见，承认新的专业和专业团体。

第一百四十三条 香港特别行政区政府自行制定体育政策。民间体育团体可依法继续存在和发展。

第一百四十四条 香港特别行政区政府保持原在香港实行的对教育、医疗卫生、文化、艺术、康乐、体育、社会福利、社会工作等方面的民间团体机构的资助政策。原在香港各资助机构任职的人员均可根据原有制度继续受聘。

第一百四十五条 香港特别行政区政府在原有社会福利制度的基础上，根据经济条件和社会需要，自行制定其发展、改进的政策。

第一百四十六条 香港特别行政区从事社会服务的志愿团体在不抵触法律的情况下可自行决定其服务方式。

第一百四十七条 香港特别行政区自行制定有关劳工的法律和政策。

第一百四十八条 香港特别行政区的教育、科学、技术、文化、艺术、体育、专业、医疗卫生、劳工、社会福利、社会工作等方面的民间团体和宗教组织同内地相应的团体和组织的关系，应以互不隶属、互不干涉和互相尊重的原则为基础。

第一百四十九条 香港特别行政区的教育、科学、技术、文化、艺术、体育、专业、医疗卫生、劳工、社会福利、社会工作等方面的民间团体和宗教组织可同世界各国、各地区及国际的有关团体和组织保持和发展关系，各该团体和组织可根据需要冠用“中国香港”的名义，参与有关活动。

第七章 对外事务

第一百五十条 香港特别行政区政府的代表，可作为中华人民共和国政府代表团的成员，参加由中央人民政府进行的同香港特别行政区直接有关的外交谈判。

第一百五十一条 香港特别行政区可在经济、贸易、金融、航运、通讯、旅游、文化、体育等领域以“中国香港”的名义，单独地同世界各国、各地区及有关国际组织保持和发展关系，签订和履行有关协议。

第一百五十二条 对以国家为单位参加的、同香港特别行政区有关的、适当领域的国际组织和国际会议，香港特别行政区政府可派遣代表作为中华人民共和国代表团的成员或以中央人民政府和上述有关国际组织或国际会议允许的身份参加，并以“中国香港”的名义发表意见。

香港特别行政区可以“中国香港”的名义参加不以国家为单位参加的国际组织和国际会议。

对中华人民共和国已参加而香港也以某种形式参加了的国际组织，中央人民政府将采取必要措施使香港特别行政区以适当形式继续保持在这些组织中的地位。

对中华人民共和国尚未参加而香港已以某种形式参加的国际组织，中央人民政府将根据需要使香港特别行政区以适当形式继续参加这些组织。

第一百五十三条 中华人民共和国缔结的国际协议，中央人民政府可根据香港特别行政区的情况和需要，在征询香港特别行政区政府的意见后，决定是否适用于香港特别行政区。

中华人民共和国尚未参加但已适用于香港的国际协议仍可继续适用。中央人民政府根据需要授权或协助香港特别行政区政府作出适当安排，使其他有关国际协议适用于香港特别行政区。

第一百五十四条 中央人民政府授权香港特别行政区政府依照法律给持有香港特别行政区永久性居民身份证的中国公民签发中华人民共和国香

港特别行政区护照，给在香港特别行政区的其他合法居留者签发中华人民共和国香港特别行政区的其他旅行证件。上述护照和证件，前往各国和各地区有效，并载明持有人有返回香港特别行政区的权利。

对世界各国或各地区的人入境、逗留和离境，香港特别行政区政府可实行出入境管制。

第一百五十五条 中央人民政府协助或授权香港特别行政区政府与各国或各地区缔结互免签证协议。

第一百五十六条 香港特别行政区可根据需要在外国设立官方或半官方的经济和贸易机构，报中央人民政府备案。

第一百五十七条 外国在香港特别行政区设立领事机构或其他官方、半官方机构，须经中央人民政府批准。

已同中华人民共和国建立正式外交关系的国家在香港设立的领事机构和其他官方机构，可予保留。

尚未同中华人民共和国建立正式外交关系的国家在香港设立的领事机构和其他官方机构，可根据情况允许保留或改为半官方机构。

尚未为中华人民共和国承认的国家，只能在香港特别行政区设立民间机构。

第八章 本法的解释和修改

第一百五十八条 本法的解释权属于全国人民代表大会常务委员会。

全国人民代表大会常务委员会授权香港特别行政区法院在审理案件时对本法关于香港特别行政区自治范围内的条款自行解释。

香港特别行政区法院在审理案件时对本法的其他条款也可解释。但如香港特别行政区法院在审理案件时需要对本法关于中央人民政府管理的事务或中央和香港特别行政区关系的条款进行解释，而该条款的解释又影响到案件的判决，在对该案件作出不可上诉的终局判决前，应由香港特别行政区终审法院请全国人民代表大会常务委员会对有关条款作出解释。如全国人民代表大会常务委员会作出解释，香港特别行政区法院在引用该条款时，应以全国人民代表大会常务委员会的解释为准。但在此以前作出的判决不受影响。

全国人民代表大会常务委员会在对本法进行解释前，征询其所属的香港特别行政区基本法委员会的意见。

第一百五十九条 本法的修改权属于全国人民代表大会。

本法的修改提案权属于全国人民代表大会常务委员会、国务院和香港特别行政区。香港特别行政区的修改议案，须经香港特别行政区的全国人民代表大会代表三分之二多数、香港特别行政区立法会全体议员三分之二多数和香港特别行政区行政长官同意后，交由香港特别行政区出席全国人民代表大会的代表团向全国人民代表大会提出。

本法的修改议案在列入全国人民代表大会的议程前，先由香港特别行政区基本法委员会研究并提出意见。

本法的任何修改，均不得同中华人民共和国对香港既定的基本方针政策相抵触。

第九章 附 则

第一百六十条 香港特别行政区成立时，香港原有法律除由全国人民代表大会常务委员会宣布为同本法抵触者外，采用为香港特别行政区法律，如以后发现有的法律与本法抵触，可依照本法规定的程序修改或停止生效。

在香港原有法律下有效的文件、证件、契约和权利义务，在不抵触本法的前提下继续有效，受香港特别行政区的承认和保护。

附件一

香港特别行政区行政长官的产生办法

（1990年4月4日第七届全国人民代表大会第三次会议通过 2010年8月28日第十一届全国人民代表大会常务委员会第十六次会议批准修正 2021年3月30日第十三届全国人民代表大会常务委员会第二十七次会议修订）

一、行政长官由一个具有广泛代表性、符合香港特别行政区实际情况、体现社会整体利益的选举委员会根据本法选出，由中央人民政府任命。

二、选举委员会委员共1500人，由下列各界人士组成：

第一界别：工商、金融界 300人

第二界别：专业界 300人

第三界别：基层、劳工和宗教等界 300人

第四界别：立法会议员、地区组织代表等界 300人

第五界别：香港特别行政区全国人大代表、香港特别行政区全国政协委员和有关全国性团体香港成员的代表界 300人

选举委员会委员必须由香港特别行政区永久性居民担任。

选举委员会每届任期五年。

三、选举委员会各个界别的划分及名额如下：

第一界别设十八个界别分组：工业界（第一）（17席）、工业界（第二）（17席）、纺织及制衣界（17席）、商界（第一）（17席）、商界（第二）（17席）、商界（第三）（17席）、金融界（17席）、金融服务界（17席）、保险界（17席）、地产及建造界（17席）、航运交通界（17席）、进出口界（17席）、旅游界（17席）、酒店界（16席）、饮食界（16席）、批发及零售界（17席）、香港雇主联合会（15席）、中小企业界（15席）。

第二界别设十个界别分组：科技创新界（30席）、工程界（30席）、建筑测量都市规划及园境界（30席）、会计界（30席）、法律界（30席）、教育界（30席）、体育演艺文化及出版界（30席）、医学及卫生服务界（30席）、中医界（30席）、社会福利界（30席）。

第三界别设五个界别分组：渔农界（60席）、劳工界（60席）、基层社团（60席）、同乡社团（60席）、宗教界（60席）。

第四界别设五个界别分组：立法会议员（90席）、乡议局（27席）、港九分区委员会及地区扑灭罪行委员会、地区防火委员会委员的代表（76席）、“新界”分区委员会及地区扑灭罪行委员会、地区防火委员会委员的代表（80席）、内地港人团体的代表（27席）。

第五界别设两个界别分组：香港特别行政区全国人大代表和香港特别行政区全国政协委员（190席）、有关全国性团体香港成员的代表（110席）。

四、选举委员会以下列方式产生：

（一）香港特别行政区全国人大代表、香港特别行政区全国政协委员、

全国人民代表大会常务委员会香港特别行政区基本法委员会香港委员、立法会议员、大学校长或者学校董事会或者校务委员会主席，以及工程界（15席）、建筑测量都市规划及园境界（15席）、教育界（5席）、医学及卫生服务界（15席）、社会福利界（15席）等界别分组的法定机构、咨询组织及相关团体负责人，是相应界别分组的选举委员会委员。

除第五界别外，香港特别行政区全国人大代表和香港特别行政区全国政协委员也可以在其有密切联系的选举委员会其他界别分组登记为委员。如果香港特别行政区全国人大代表或者香港特别行政区全国政协委员登记为选举委员会其他界别分组的委员，则其计入相应界别分组的名额，该界别分组按照本款第三项规定产生的选举委员会委员的名额相应减少。香港特别行政区全国人大代表和香港特别行政区全国政协委员登记为选举委员会有关界别分组的委员后，在该届选举委员会任期内，根据上述规定确定的选举委员会各界别分组按照本款第一、二、三项规定产生的委员的名额维持不变。

（二）宗教界界别分组的选举委员会委员由提名产生；科技创新界界别分组的部分委员（15席）在中国科学院、中国工程院香港院士中提名产生；会计界界别分组的部分委员（15席）在国家财政部聘任的香港会计咨询专家中提名产生；法律界界别分组的部分委员（9席）在中国法学会香港理事中提名产生；体育演艺文化及出版界界别分组的部分委员（15席）由中国香港体育协会暨奥林匹克委员会、中国文学艺术界联合会香港会员总会和香港出版总会分别提名产生；中医界界别分组的部分委员（15席）在世界中医药学会联合会香港理事中提名产生；内地港人团体的代表界别分组的委员（27席）由各内地港人团体提名产生。

（三）除本款第一、二项规定的选举委员会委员外，其他委员由相应界别分组的合资格团体选民选出。各界别分组的合资格团体选民由法律规定的具有代表性的机构、组织、团体或企业构成。除香港特别行政区选举法列明者外，有关团体和企业须获得其所在界别分组相应资格后持续运作三年以上方可成为该界别分组选民。第四界别的乡议局、港九分区委员会及地区扑灭罪行委员会、地区防火委员会委员的代表、“新界”分区委员会及地区扑灭罪行委员会、地区防火委员会委员的代表和第五界别的有关全国性团体香港成员的代表等界别分组的选举委员会委员，可由个人选民选出。

选举委员会委员候选人须获得其所在界别分组5个选民的提名。每个选民可提名不超过其所在界别分组选举委员会委员名额的候选人。选举委员会各界别分组选民根据提名的名单，以无记名投票选举产生该界别分组的选举委员会委员。

上款规定涉及的选举委员会委员的具体产生办法，包括有关界别分组的法定机构、咨询组织、相关团体和合资格团体选民的界定、候选人提名办法、投票办法等，由香港特别行政区以选举法规定。

五、选举委员会设召集人制度，负责必要时召集选举委员会会议，办理有关事宜。总召集人由担任国家领导职务的选举委员会委员担任，总召集人在选举委员会每个界别各指定若干名召集人。

六、行政长官候选人须获得不少于188名选举委员会委员的提名，且上述五个界别中每个界别参与提名的委员须不少于15名。每名选举委员会委员只可提出一名候选人。

七、选举委员会根据提名的名单，经一人一票无记名投票选出行政长官候任人，行政长官候任人须获得超过750票。具体选举办法由香港特别行政区以选举法规定。

八、香港特别行政区候选人资格审查委员会负责审查并确认选举委员会委员候选人和行政长官候选人的资格。香港特别行政区维护国家安全委员会根据香港特别行政区政府警务处维护国家安全部门的审查情况，就选举委员会委员候选人和行政长官候选人是否符合拥护中华人民共和国香港特别行政区基本法、效忠中华人民共和国香港特别行政区的法定要求和条件作出判断，并就不符合上述法定要求和条件者向香港特别行政区候选人资格审查委员会出具审查意见书。

对香港特别行政区候选人资格审查委员会根据香港特别行政区维护国家安全委员会的审查意见书作出的选举委员会委员候选人和行政长官候选人资格确认的决定，不得提起诉讼。

九、香港特别行政区应当采取措施，依法规管操纵、破坏选举的行为。

十、全国人民代表大会常务委员会依法行使本办法的修改权。全国人民代表大会常务委员会作出修改前，以适当形式听取香港社会各界意见。

十一、依据本办法产生的选举委员会任期开始时，依据原办法产生的选举委员会任期即告终止。

十二、本办法自2021年3月31日起施行。原附件一及有关修正案不再施行。

附件二

香港特别行政区立法会的产生办法和表决程序

（1990年4月4日第七届全国人民代表大会第三次会议通过 2010年8月28日第十一届全国人民代表大会常务委员会第十六次会议备案修正 2021年3月30日第十三届全国人民代表大会常务委员会第二十七次会议修订）

一、香港特别行政区立法会议员每届90人，组成如下：

选举委员会选举的议员	40人
功能团体选举的议员	30人
分区直接选举的议员	20人

上述选举委员会即本法附件一规定的选举委员会。

二、选举委员会选举的议员候选人须获得不少于10名、不多于20名选举委员会委员的提名，且每个界别参与提名的委员不少于2名、不多于4名。任何合资格选民均可被提名为候选人。每名选举委员会委员只可提出一名候选人。

选举委员会根据提名的名单进行无记名投票，每一选票所选的人数等于应选议员名额的有效，得票多的40名候选人当选。

三、功能团体选举设以下二十八个界别：渔农界、乡议局、工业界（第一）、工业界（第二）、纺织及制衣界、商界（第一）、商界（第二）、商界（第三）、金融界、金融服务界、保险界、地产及建造界、航运交通界、进出口界、旅游界、饮食界、批发及零售界、科技创新界、工程界、建筑测量都市规划及园境界、会计界、法律界、教育界、体育演艺文化及出版界、医疗卫生界、社会福利界、劳工界、香港特别行政区全国人大代表香港特别行政区全国政协委员及有关全国性团体代表界。其中，劳工界选举产生三名议员，其他界别各选举产生一名议员。

乡议局、工程界、建筑测量都市规划及园境界、会计界、法律界、教育界、医疗卫生界、社会福利界、香港特别行政区全国人大代表香港特别行政区全国政协委员及有关全国性团体代表界等界别的议员，由个人选民选出。其他界别的议员由合资格团体选民选举产生，各界别的合资格团体选民由法律规定的具有代表性的机构、组织、团体或企业构成。除香港特别行政区选举法列明者外，有关团体和企业须获得其所在界别相应资格后持续运作三年以上方可成为该界别选民。

候选人须获得所在界别不少于10个、不多于20个选民和选举委员会每个界别不少于2名、不多于4名委员的提名。每名选举委员会委员在功能团体选举中只可提出一名候选人。

各界别选民根据提名的名单，以无记名投票选举产生该界别立法会议员。

各界别有关法定团体的划分、合资格团体选民的界定、选举办法由香港特别行政区以选举法规定。

四、分区直接选举设立十个选区，每个选区选举产生两名议员。

候选人须获得所在选区不少于100个、不多于200个选民和选举委员会每个界别不少于2名、不多于4名委员的提名。每名选举委员会委员在分区直接选举中只可提出一名候选人。

选民根据提名的名单以无记名投票选择一名候选人，得票多的两名候选人当选。

选区划分、投票办法由香港特别行政区以选举法规定。

五、香港特别行政区候选人资格审查委员会负责审查并确认立法会议员候选人的资格。香港特别行政区维护国家安全委员会根据香港特别行政区政府警务处维护国家安全部门的审查情况，就立法会议员候选人是否符合拥护中华人民共和国香港特别行政区基本法、效忠中华人民共和国香港特别行政区的法定要求和条件作出判断，并就不符合上述法定要求和条件者向香港特别行政区候选人资格审查委员会出具审查意见书。

对香港特别行政区候选人资格审查委员会根据香港特别行政区维护国家安全委员会的审查意见书作出的立法会议员候选人资格确认的决定，不得提起诉讼。

六、香港特别行政区应当采取措施，依法规管操纵、破坏选举的行为。

七、除本法另有规定外，香港特别行政区立法会对法案和议案的表决采取下列程序：

政府提出的法案，如获得出席会议的全体议员的过半数票，即为通过。

立法会议员个人提出的议案、法案和对政府法案的修正案均须分别经选举委员会选举产生的议员和功能团体选举、分区直接选举产生的议员两部分出席会议议员各过半数通过。

八、全国人民代表大会常务委员会依法行使本办法和法案、议案的表决程序的修改权。全国人民代表大会常务委员会作出修改前，以适当形式听取香港社会各界意见。

九、本办法和法案、议案的表决程序自2021年3月31日起施行。原附件二及有关修正案不再施行。

附件三

在香港特别行政区实施的全国性法律①

下列全国性法律，自一九九七年七月一日起由香港特别行政区在当地公布或立法实施。

一、《关于中华人民共和国国都、纪年、国歌、国旗的决议》

二、《关于中华人民共和国国庆日的决议》

三、《中华人民共和国政府关于领海的声明》

四、《中华人民共和国国籍法》

① 根据1997年7月1日《全国人民代表大会常务委员会关于〈中华人民共和国香港特别行政区基本法〉附件三所列全国性法律增减的决定》、1998年11月4日《全国人民代表大会常务委员会关于增加〈中华人民共和国香港特别行政区基本法〉附件三所列全国性法律的决定》、2005年10月27日《全国人民代表大会常务委员会关于增加〈中华人民共和国香港特别行政区基本法〉附件三所列全国性法律的决定》、2017年11月4日《全国人民代表大会常务委员会关于增加〈中华人民共和国香港特别行政区基本法〉附件三所列全国性法律的决定》、2020年6月30日《全国人民代表大会常务委员会关于增加〈中华人民共和国香港特别行政区基本法〉附件三所列全国性法律的决定》修正。所列法律的排列顺序以历次增减的时间顺序为准。——编者注

五、《中华人民共和国外交特权与豁免条例》
六、《中华人民共和国国旗法》
七、《中华人民共和国领事特权与豁免条例》
八、《中华人民共和国国徽法》
九、《中华人民共和国领海及毗连区法》
十、《中华人民共和国香港特别行政区驻军法》
十一、《中华人民共和国专属经济区和大陆架法》
十二、《中华人民共和国外国中央银行财产司法强制措施豁免法》
十三、《中华人民共和国国歌法》
十四、《中华人民共和国香港特别行政区维护国家安全法》

香港特别行政区区旗图案（略）
香港特别行政区区徽图案（略）

中华人民共和国澳门特别行政区基本法

（1993年3月31日第八届全国人民代表大会第一次会议通过　1993年3月31日中华人民共和国主席令第3号公布　自1999年12月20日起实施）

目　　录

序　言
第一章　总　　则
第二章　中央和澳门特别行政区的关系
第三章　居民的基本权利和义务
第四章　政治体制
　第一节　行政长官
　第二节　行政机关
　第三节　立法机关
　第四节　司法机关

第五节　市政机构
第六节　公务人员
第七节　宣誓效忠
第五章　经　　济
第六章　文化和社会事务
第七章　对外事务
第八章　本法的解释和修改
第九章　附　　则
附件一　澳门特别行政区行政长官的产生办法
附件二　澳门特别行政区立法会的产生办法
附件三　在澳门特别行政区实施的全国性法律

序　　言

澳门，包括澳门半岛、氹仔岛和路环岛，自古以来就是中国的领土，十六世纪中叶以后被葡萄牙逐步占领。一九八七年四月十三日，中葡两国政府签署了关于澳门问题的联合声明，确认中华人民共和国政府于一九九九年十二月二十日恢复对澳门行使主权，从而实现了长期以来中国人民收回澳门的共同愿望。

为了维护国家的统一和领土完整，有利于澳门的社会稳定和经济发展，考虑到澳门的历史和现实情况，国家决定，在对澳门恢复行使主权时，根据中华人民共和国宪法第三十一条的规定，设立澳门特别行政区，并按照“一个国家，两种制度”的方针，不在澳门实行社会主义的制度和政策。国家对澳门的基本方针政策，已由中国政府在中葡联合声明中予以阐明。

根据中华人民共和国宪法，全国人民代表大会特制定中华人民共和国澳门特别行政区基本法，规定澳门特别行政区实行的制度，以保障国家对澳门的基本方针政策的实施。

第一章　总　　则

第一条　澳门特别行政区是中华人民共和国不可分离的部分。

第二条 中华人民共和国全国人民代表大会授权澳门特别行政区依照本法的规定实行高度自治，享有行政管理权、立法权、独立的司法权和终审权。

第三条 澳门特别行政区的行政机关和立法机关由澳门特别行政区永久性居民依照本法有关规定组成。

第四条 澳门特别行政区依法保障澳门特别行政区居民和其他人的权利和自由。

第五条 澳门特别行政区不实行社会主义的制度和政策，保持原有的资本主义制度和生活方式，五十年不变。

第六条 澳门特别行政区以法律保护私有财产权。

第七条 澳门特别行政区境内的土地和自然资源，除在澳门特别行政区成立前已依法确认的私有土地外，属于国家所有，由澳门特别行政区政府负责管理、使用、开发、出租或批给个人、法人使用或开发，其收入全部归澳门特别行政区政府支配。

第八条 澳门原有的法律、法令、行政法规和其他规范性文件，除同本法相抵触或经澳门特别行政区的立法机关或其他有关机关依照法定程序作出修改者外，予以保留。

第九条 澳门特别行政区的行政机关、立法机关和司法机关，除使用中文外，还可使用葡文，葡文也是正式语文。

第十条 澳门特别行政区除悬挂和使用中华人民共和国国旗和国徽外，还可悬挂和使用澳门特别行政区区旗和区徽。

澳门特别行政区的区旗是绘有五星、莲花、大桥、海水图案的绿色旗帜。

澳门特别行政区的区徽，中间是五星、莲花、大桥、海水，周围写有“中华人民共和国澳门特别行政区”和葡文“澳门”。

第十一条 根据中华人民共和国宪法第三十一条，澳门特别行政区的制度和政策，包括社会、经济制度，有关保障居民的基本权利和自由的制度，行政管理、立法和司法方面的制度，以及有关政策，均以本法的规定为依据。

澳门特别行政区的任何法律、法令、行政法规和其他规范性文件均不得同本法相抵触。

第二章　中央和澳门特别行政区的关系

第十二条　澳门特别行政区是中华人民共和国的一个享有高度自治权的地方行政区域，直辖于中央人民政府。

第十三条　中央人民政府负责管理与澳门特别行政区有关的外交事务。

中华人民共和国外交部在澳门设立机构处理外交事务。

中央人民政府授权澳门特别行政区依照本法自行处理有关的对外事务。

第十四条　中央人民政府负责管理澳门特别行政区的防务。

澳门特别行政区政府负责维持澳门特别行政区的社会治安。

第十五条　中央人民政府依照本法有关规定任免澳门特别行政区行政长官、政府主要官员和检察长。

第十六条　澳门特别行政区享有行政管理权，依照本法有关规定自行处理澳门特别行政区的行政事务。

第十七条　澳门特别行政区享有立法权。

澳门特别行政区的立法机关制定的法律须报全国人民代表大会常务委员会备案。备案不影响该法律的生效。

全国人民代表大会常务委员会在征询其所属的澳门特别行政区基本法委员会的意见后，如认为澳门特别行政区立法机关制定的任何法律不符合本法关于中央管理的事务及中央和澳门特别行政区关系的条款，可将有关法律发回，但不作修改。经全国人民代表大会常务委员会发回的法律立即失效。该法律的失效，除澳门特别行政区的法律另有规定外，无溯及力。

第十八条　在澳门特别行政区实行的法律为本法以及本法第八条规定的澳门原有法律和澳门特别行政区立法机关制定的法律。

全国性法律除列于本法附件三者外，不在澳门特别行政区实施。凡列于本法附件三的法律，由澳门特别行政区在当地公布或立法实施。

全国人民代表大会常务委员会在征询其所属的澳门特别行政区基本法委员会和澳门特别行政区政府的意见后，可对列于本法附件三的法律作出增减。列入附件三的法律应限于有关国防、外交和其他依照本法规定不属于澳门特别行政区自治范围的法律。

在全国人民代表大会常务委员会决定宣布战争状态或因澳门特别行政区内发生澳门特别行政区政府不能控制的危及国家统一或安全的动乱而决定澳门特别行政区进入紧急状态时，中央人民政府可发布命令将有关全国性法律在澳门特别行政区实施。

第十九条 澳门特别行政区享有独立的司法权和终审权。

澳门特别行政区法院除继续保持澳门原有法律制度和原则对法院审判权所作的限制外，对澳门特别行政区所有的案件均有审判权。

澳门特别行政区法院对国防、外交等国家行为无管辖权。澳门特别行政区法院在审理案件中遇有涉及国防、外交等国家行为的事实问题，应取得行政长官就该等问题发出的证明文件，上述文件对法院有约束力。行政长官在发出证明文件前，须取得中央人民政府的证明书。

第二十条 澳门特别行政区可享有全国人民代表大会、全国人民代表大会常务委员会或中央人民政府授予的其他权力。

第二十一条 澳门特别行政区居民中的中国公民依法参与国家事务的管理。

根据全国人民代表大会确定的代表名额和代表产生办法，由澳门特别行政区居民中的中国公民在澳门选出澳门特别行政区的全国人民代表大会代表，参加最高国家权力机关的工作。

第二十二条 中央人民政府所属各部门、各省、自治区、直辖市均不得干预澳门特别行政区依照本法自行管理的事务。

中央各部门、各省、自治区、直辖市如需在澳门特别行政区设立机构，须征得澳门特别行政区政府同意并经中央人民政府批准。

中央各部门、各省、自治区、直辖市在澳门特别行政区设立的一切机构及其人员均须遵守澳门特别行政区的法律。

各省、自治区、直辖市的人进入澳门特别行政区须办理批准手续，其中进入澳门特别行政区定居的人数由中央人民政府主管部门征求澳门特别行政区政府的意见后确定。

澳门特别行政区可在北京设立办事机构。

第二十三条 澳门特别行政区应自行立法禁止任何叛国、分裂国家、煽动叛乱、颠覆中央人民政府及窃取国家机密的行为，禁止外国的政治性组织或团体在澳门特别行政区进行政治活动，禁止澳门特别行政区的政治性组织或团体与外国的政治性组织或团体建立联系。

第三章　居民的基本权利和义务

第二十四条　澳门特别行政区居民，简称澳门居民，包括永久性居民和非永久性居民。

澳门特别行政区永久性居民为：

（一）在澳门特别行政区成立以前或以后在澳门出生的中国公民及其在澳门以外所生的中国籍子女；

（二）在澳门特别行政区成立以前或以后在澳门通常居住连续七年以上的中国公民及在其成为永久性居民后在澳门以外所生的中国籍子女；

（三）在澳门特别行政区成立以前或以后在澳门出生并以澳门为永久居住地的葡萄牙人；

（四）在澳门特别行政区成立以前或以后在澳门通常居住连续七年以上并以澳门为永久居住地的葡萄牙人；

（五）在澳门特别行政区成立以前或以后在澳门通常居住连续七年以上并以澳门为永久居住地的其他人；

（六）第（五）项所列永久性居民在澳门特别行政区成立以前或以后在澳门出生的未满十八周岁的子女。

以上居民在澳门特别行政区享有居留权并有资格领取澳门特别行政区永久性居民身份证。

澳门特别行政区非永久性居民为：有资格依照澳门特别行政区法律领取澳门居民身份证，但没有居留权的人。

第二十五条　澳门居民在法律面前一律平等，不因国籍、血统、种族、性别、语言、宗教、政治或思想信仰、文化程度、经济状况或社会条件而受到歧视。

第二十六条　澳门特别行政区永久性居民依法享有选举权和被选举权。

第二十七条　澳门居民享有言论、新闻、出版的自由，结社、集会、游行、示威的自由，组织和参加工会、罢工的权利和自由。

第二十八条 澳门居民的人身自由不受侵犯。

澳门居民不受任意或非法的逮捕、拘留、监禁。对任意或非法的拘留、监禁，居民有权向法院申请颁发人身保护令。

禁止非法搜查居民的身体、剥夺或者限制居民的人身自由。

禁止对居民施行酷刑或予以非人道的对待。

第二十九条 澳门居民除其行为依照当时法律明文规定为犯罪和应受惩处外，不受刑罚处罚。

澳门居民在被指控犯罪时，享有尽早接受法院审判的权利，在法院判罪之前均假定无罪。

第三十条 澳门居民的人格尊严不受侵犯。禁止用任何方法对居民进行侮辱、诽谤和诬告陷害。

澳门居民享有个人的名誉权、私人生活和家庭生活的隐私权。

第三十一条 澳门居民的住宅和其他房屋不受侵犯。禁止任意或非法搜查、侵入居民的住宅和其他房屋。

第三十二条 澳门居民的通讯自由和通讯秘密受法律保护。除因公共安全和追查刑事犯罪的需要，由有关机关依照法律规定对通讯进行检查外，任何部门或个人不得以任何理由侵犯居民的通讯自由和通讯秘密。

第三十三条 澳门居民有在澳门特别行政区境内迁徙的自由，有移居其他国家和地区的自由。澳门居民有旅行和出入境的自由，有依照法律取得各种旅行证件的权利。有效旅行证件持有人，除非受到法律制止，可自由离开澳门特别行政区，无需特别批准。

第三十四条 澳门居民有信仰的自由。

澳门居民有宗教信仰的自由，有公开传教和举行、参加宗教活动的自由。

第三十五条 澳门居民有选择职业和工作的自由。

第三十六条 澳门居民有权诉诸法律，向法院提起诉讼，得到律师的帮助以保护自己的合法权益，以及获得司法补救。

澳门居民有权对行政部门和行政人员的行为向法院提起诉讼。

第三十七条 澳门居民有从事教育、学术研究、文学艺术创作和其他文化活动的自由。

第三十八条 澳门居民的婚姻自由、成立家庭和自愿生育的权利受法律保护。

妇女的合法权益受澳门特别行政区的保护。

未成年人、老年人和残疾人受澳门特别行政区的关怀和保护。

第三十九条 澳门居民有依法享受社会福利的权利。劳工的福利待遇和退休保障受法律保护。

第四十条 《公民权利和政治权利国际公约》、《经济、社会与文化权利的国际公约》和国际劳工公约适用于澳门的有关规定继续有效，通过澳门特别行政区的法律予以实施。

澳门居民享有的权利和自由，除依法规定外不得限制，此种限制不得与本条第一款规定抵触。

第四十一条 澳门居民享有澳门特别行政区法律保障的其他权利和自由。

第四十二条 在澳门的葡萄牙后裔居民的利益依法受澳门特别行政区的保护，他们的习俗和文化传统应受尊重。

第四十三条 在澳门特别行政区境内的澳门居民以外的其他人，依法享有本章规定的澳门居民的权利和自由。

第四十四条 澳门居民和在澳门的其他人有遵守澳门特别行政区实行的法律的义务。

第四章 政治体制

第一节 行政长官

第四十五条 澳门特别行政区行政长官是澳门特别行政区的首长，代表澳门特别行政区。

澳门特别行政区行政长官依照本法规定对中央人民政府和澳门特别行政区负责。

第四十六条 澳门特别行政区行政长官由年满四十周岁，在澳门通常居住连续满二十年的澳门特别行政区永久性居民中的中国公民担任。

第四十七条 澳门特别行政区行政长官在当地通过选举或协商产生，由中央人民政府任命。

行政长官的产生办法由附件一《澳门特别行政区行政长官的产生办法》规定。

第四十八条 澳门特别行政区行政长官任期五年，可连任一次。

第四十九条 澳门特别行政区行政长官在任职期内不得具有外国居留权，不得从事私人赢利活动。行政长官就任时应向澳门特别行政区终审法院院长申报财产，记录在案。

第五十条 澳门特别行政区行政长官行使下列职权：

（一）领导澳门特别行政区政府；

（二）负责执行本法和依照本法适用于澳门特别行政区的其他法律；

（三）签署立法会通过的法案，公布法律；

签署立法会通过的财政预算案，将财政预算、决算报中央人民政府备案；

（四）决定政府政策，发布行政命令；

（五）制定行政法规并颁布执行；

（六）提名并报请中央人民政府任命下列主要官员：各司司长、廉政专员、审计长、警察部门主要负责人和海关主要负责人；建议中央人民政府免除上述官员职务；

（七）委任部分立法会议员；

（八）任免行政会委员；

（九）依照法定程序任免各级法院院长和法官，任免检察官；

（十）依照法定程序提名并报请中央人民政府任命检察长，建议中央人民政府免除检察长的职务；

（十一）依照法定程序任免公职人员；

（十二）执行中央人民政府就本法规定的有关事务发出的指令；

（十三）代表澳门特别行政区政府处理中央授权的对外事务和其他事务；

（十四）批准向立法会提出有关财政收入或支出的动议；

（十五）根据国家和澳门特别行政区的安全或重大公共利益的需要，决定政府官员或其他负责政府公务的人员是否向立法会或其所属的委员会作证和提供证据；

（十六）依法颁授澳门特别行政区奖章和荣誉称号；

（十七）依法赦免或减轻刑事罪犯的刑罚；

（十八）处理请愿、申诉事项。

第五十一条 澳门特别行政区行政长官如认为立法会通过的法案不符合澳门特别行政区的整体利益，可在九十日内提出书面理由并将法案发回立法会重议。立法会如以不少于全体议员三分之二多数再次通过原案，行政长官必须在三十日内签署公布或依照本法第五十二条的规定处理。

第五十二条 澳门特别行政区行政长官遇有下列情况之一时，可解散立法会：

（一）行政长官拒绝签署立法会再次通过的法案；

（二）立法会拒绝通过政府提出的财政预算案或行政长官认为关系到澳门特别行政区整体利益的法案，经协商仍不能取得一致意见。

行政长官在解散立法会前，须征询行政会的意见，解散时应向公众说明理由。

行政长官在其一任任期内只能解散立法会一次。

第五十三条 澳门特别行政区行政长官在立法会未通过政府提出的财政预算案时，可按上一财政年度的开支标准批准临时短期拨款。

第五十四条 澳门特别行政区行政长官如有下列情况之一者必须辞职：

（一）因严重疾病或其他原因无力履行职务；

（二）因两次拒绝签署立法会通过的法案而解散立法会，重选的立法会仍以全体议员三分之二多数通过所争议的原案，而行政长官在三十日内拒绝签署；

（三）因立法会拒绝通过财政预算案或关系到澳门特别行政区整体利益的法案而解散立法会，重选的立法会仍拒绝通过所争议的原案。

第五十五条 澳门特别行政区行政长官短期不能履行职务时，由各司司长按各司的排列顺序临时代理其职务。各司的排列顺序由法律规定。

行政长官出缺时，应在一百二十日内依照本法第四十七条的规定产生新的行政长官。行政长官出缺期间的职务代理，依照本条第一款规定办理，并报中央人民政府批准。代理行政长官应遵守本法第四十九条的规定。

第五十六条 澳门特别行政区行政会是协助行政长官决策的机构。

第五十七条 澳门特别行政区行政会的委员由行政长官从政府主要官员、立法会议员和社会人士中委任，其任免由行政长官决定。行政会委员的任期不超过委任他的行政长官的任期，但在新的行政长官就任前，原行政会委员暂时留任。

澳门特别行政区行政会委员由澳门特别行政区永久性居民中的中国公民担任。

行政会委员的人数为七至十一人。行政长官认为必要时可邀请有关人士列席行政会会议。

第五十八条 澳门特别行政区行政会由行政长官主持。行政会的会议每月至少举行一次。行政长官在作出重要决策、向立法会提交法案、制定行政法规和解散立法会前，须征询行政会的意见，但人事任免、纪律制裁和紧急情况下采取的措施除外。

行政长官如不采纳行政会多数委员的意见，应将具体理由记录在案。

第五十九条 澳门特别行政区设立廉政公署，独立工作。廉政专员对行政长官负责。

第六十条 澳门特别行政区设立审计署，独立工作。审计长对行政长官负责。

第二节 行政机关

第六十一条 澳门特别行政区政府是澳门特别行政区的行政机关。

第六十二条 澳门特别行政区政府的首长是澳门特别行政区行政长官。澳门特别行政区政府设司、局、厅、处。

第六十三条 澳门特别行政区政府的主要官员由在澳门通常居住连续满十五年的澳门特别行政区永久性居民中的中国公民担任。

澳门特别行政区主要官员就任时应向澳门特别行政区终审法院院长申报财产，记录在案。

第六十四条 澳门特别行政区政府行使下列职权：

（一）制定并执行政策；

（二）管理各项行政事务；

（三）办理本法规定的中央人民政府授权的对外事务；

（四）编制并提出财政预算、决算；

（五）提出法案、议案，草拟行政法规；

（六）委派官员列席立法会会议听取意见或代表政府发言。

第六十五条 澳门特别行政区政府必须遵守法律，对澳门特别行政区立法会负责：执行立法会通过并已生效的法律；定期向立法会作施政报告；答复立法会议员的质询。

第六十六条 澳门特别行政区行政机关可根据需要设立咨询组织。

第三节 立 法 机 关

第六十七条 澳门特别行政区立法会是澳门特别行政区的立法机关。

第六十八条 澳门特别行政区立法会议员由澳门特别行政区永久性居民担任。

立法会多数议员由选举产生。

立法会的产生办法由附件二《澳门特别行政区立法会的产生办法》规定。

立法会议员就任时应依法申报经济状况。

第六十九条 澳门特别行政区立法会除第一届另有规定外，每届任期四年。

第七十条 澳门特别行政区立法会如经行政长官依照本法规定解散，须于九十日内依照本法第六十八条的规定重新产生。

第七十一条 澳门特别行政区立法会行使下列职权：

（一）依照本法规定和法定程序制定、修改、暂停实施和废除法律；

（二）审核、通过政府提出的财政预算案；审议政府提出的预算执行情况报告；

（三）根据政府提案决定税收，批准由政府承担的债务；

（四）听取行政长官的施政报告并进行辩论；

（五）就公共利益问题进行辩论；

（六）接受澳门居民申诉并作出处理；

（七）如立法会全体议员三分之一联合动议，指控行政长官有严重违法或渎职行为而不辞职，经立法会通过决议，可委托终审法院院长负责组成独立的调查委员会进行调查。调查委员会如认为有足够证据构成上述指控，立法会以全体议员三分之二多数通过，可提出弹劾案，报请中央人民政府决定；

（八）在行使上述各项职权时，如有需要，可传召和要求有关人士作证和提供证据。

第七十二条 澳门特别行政区立法会设主席、副主席各一人。主席、副主席由立法会议员互选产生。

澳门特别行政区立法会主席、副主席由在澳门通常居住连续满十五年的澳门特别行政区永久性居民中的中国公民担任。

第七十三条 澳门特别行政区立法会主席缺席时由副主席代理。

澳门特别行政区立法会主席或副主席出缺时，另行选举。

第七十四条 澳门特别行政区立法会主席行使下列职权：

（一）主持会议；

（二）决定议程，应行政长官的要求将政府提出的议案优先列入议程；

（三）决定开会日期；

（四）在休会期间可召开特别会议；

（五）召开紧急会议或应行政长官的要求召开紧急会议；

（六）立法会议事规则所规定的其他职权。

第七十五条 澳门特别行政区立法会议员依照本法规定和法定程序提出议案。凡不涉及公共收支、政治体制或政府运作的议案，可由立法会议员个别或联名提出。凡涉及政府政策的议案，在提出前必须得到行政长官的书面同意。

第七十六条 澳门特别行政区立法会议员有权依照法定程序对政府的工作提出质询。

第七十七条 澳门特别行政区立法会举行会议的法定人数为不少于全体议员的二分之一。除本法另有规定外，立法会的法案、议案由全体议员过半数通过。

立法会议事规则由立法会自行制定，但不得与本法相抵触。

第七十八条 澳门特别行政区立法会通过的法案，须经行政长官签署、公布，方能生效。

第七十九条 澳门特别行政区立法会议员在立法会会议上的发言和表决，不受法律追究。

第八十条 澳门特别行政区立法会议员非经立法会许可不受逮捕，但现行犯不在此限。

第八十一条 澳门特别行政区立法会议员如有下列情况之一，经立法会决定，即丧失其立法会议员的资格：

（一）因严重疾病或其他原因无力履行职务；

（二）担任法律规定不得兼任的职务；

（三）未得到立法会主席同意，连续五次或间断十五次缺席会议而无合理解释；

（四）违反立法会议员誓言；

（五）在澳门特别行政区区内或区外犯有刑事罪行，被判处监禁三十日以上。

第四节 司法机关

第八十二条 澳门特别行政区法院行使审判权。

第八十三条 澳门特别行政区法院独立进行审判，只服从法律，不受任何干涉。

第八十四条 澳门特别行政区设立初级法院、中级法院和终审法院。

澳门特别行政区终审权属于澳门特别行政区终审法院。

澳门特别行政区法院的组织、职权和运作由法律规定。

第八十五条 澳门特别行政区初级法院可根据需要设立若干专门法庭。

原刑事起诉法庭的制度继续保留。

第八十六条 澳门特别行政区设立行政法院。行政法院是管辖行政诉讼和税务诉讼的法院。不服行政法院裁决者，可向中级法院上诉。

第八十七条 澳门特别行政区各级法院的法官，根据当地法官、律师和知名人士组成的独立委员会的推荐，由行政长官任命。法官的选用以其专业资格为标准，符合标准的外籍法官也可聘用。

法官只有在无力履行其职责或行为与其所任职务不相称的情况下，行政长官才可根据终审法院院长任命的不少于三名当地法官组成的审议庭的建议，予以免职。

终审法院法官的免职由行政长官根据澳门特别行政区立法会议员组成的审议委员会的建议决定。

终审法院法官的任命和免职须报全国人民代表大会常务委员会备案。

第八十八条 澳门特别行政区各级法院的院长由行政长官从法官中选任。

终审法院院长由澳门特别行政区永久性居民中的中国公民担任。

终审法院院长的任命和免职须报全国人民代表大会常务委员会备案。

第八十九条 澳门特别行政区法官依法进行审判，不听从任何命令或指示，但本法第十九条第三款规定的情况除外。

法官履行审判职责的行为不受法律追究。

法官在任职期间，不得兼任其他公职或任何私人职务，也不得在政治性团体中担任任何职务。

第九十条 澳门特别行政区检察院独立行使法律赋予的检察职能，不受任何干涉。

澳门特别行政区检察长由澳门特别行政区永久性居民中的中国公民担任，由行政长官提名，报中央人民政府任命。

检察官经检察长提名，由行政长官任命。

检察院的组织、职权和运作由法律规定。

第九十一条 原在澳门实行的司法辅助人员的任免制度予以保留。

第九十二条 澳门特别行政区政府可参照原在澳门实行的办法，作出有关当地和外来的律师在澳门特别行政区执业的规定。

第九十三条 澳门特别行政区可与全国其他地区的司法机关通过协商依法进行司法方面的联系和相互提供协助。

第九十四条 在中央人民政府协助和授权下，澳门特别行政区可与外国就司法互助关系作出适当安排。

第五节 市政机构

第九十五条 澳门特别行政区可设立非政权性的市政机构。市政机构受政府委托为居民提供文化、康乐、环境卫生等方面的服务，并就有关上述事务向澳门特别行政区政府提供咨询意见。

第九十六条 市政机构的职权和组成由法律规定。

第六节 公务人员

第九十七条 澳门特别行政区的公务人员必须是澳门特别行政区永久

性居民。本法第九十八条和九十九条规定的公务人员，以及澳门特别行政区聘用的某些专业技术人员和初级公务人员除外。

第九十八条 澳门特别行政区成立时，原在澳门任职的公务人员，包括警务人员和司法辅助人员，均可留用，继续工作，其薪金、津贴、福利待遇不低于原来的标准，原来享有的年资予以保留。

依照澳门原有法律享有退休金和赡养费待遇的留用公务人员，在澳门特别行政区成立后退休的，不论其所属国籍或居住地点，澳门特别行政区向他们或其家属支付不低于原来标准的应得的退休金和赡养费。

第九十九条 澳门特别行政区可任用原澳门公务人员中的或持有澳门特别行政区永久性居民身份证的葡籍和其他外籍人士担任各级公务人员，但本法另有规定者除外。

澳门特别行政区有关部门还可聘请葡籍和其他外籍人士担任顾问和专业技术职务。

上述人员只能以个人身份受聘，并对澳门特别行政区负责。

第一百条 公务人员应根据其本人的资格、经验和才能予以任用和提升。澳门原有关于公务人员的录用、纪律、提升和正常晋级制度基本不变，但得根据澳门社会的发展加以改进。

第七节 宣誓效忠

第一百零一条 澳门特别行政区行政长官、主要官员、行政会委员、立法会议员、法官和检察官，必须拥护中华人民共和国澳门特别行政区基本法，尽忠职守，廉洁奉公，效忠中华人民共和国澳门特别行政区，并依法宣誓。

第一百零二条 澳门特别行政区行政长官、主要官员、立法会主席、终审法院院长、检察长在就职时，除按本法第一百零一条的规定宣誓外，还必须宣誓效忠中华人民共和国。

第五章 经 济

第一百零三条 澳门特别行政区依法保护私人和法人财产的取得、使用、处置和继承的权利，以及依法征用私人和法人财产时被征用财产的所有人得到补偿的权利。

征用财产的补偿应相当于该财产当时的实际价值，可自由兑换，不得无故迟延支付。

企业所有权和外来投资均受法律保护。

第一百零四条 澳门特别行政区保持财政独立。

澳门特别行政区财政收入全部由澳门特别行政区自行支配，不上缴中央人民政府。

中央人民政府不在澳门特别行政区征税。

第一百零五条 澳门特别行政区的财政预算以量入为出为原则，力求收支平衡，避免赤字，并与本地生产总值的增长率相适应。

第一百零六条 澳门特别行政区实行独立的税收制度。

澳门特别行政区参照原在澳门实行的低税政策，自行立法规定税种、税率、税收宽免和其他税务事项。专营税制由法律另作规定。

第一百零七条 澳门特别行政区的货币金融制度由法律规定。

澳门特别行政区政府自行制定货币金融政策，保障金融市场和各种金融机构的经营自由，并依法进行管理和监督。

第一百零八条 澳门元为澳门特别行政区的法定货币，继续流通。

澳门货币发行权属于澳门特别行政区政府。澳门货币的发行须有百分之百的准备金。澳门货币的发行制度和准备金制度，由法律规定。

澳门特别行政区政府可授权指定银行行使或继续行使发行澳门货币的代理职能。

第一百零九条 澳门特别行政区不实行外汇管制政策。澳门元自由兑换。

澳门特别行政区的外汇储备由澳门特别行政区政府依法管理和支配。

澳门特别行政区政府保障资金的流动和进出自由。

第一百一十条 澳门特别行政区保持自由港地位，除法律另有规定外，不征收关税。

第一百一十一条 澳门特别行政区实行自由贸易政策，保障货物、无形财产和资本的流动自由。

第一百一十二条 澳门特别行政区为单独的关税地区。

澳门特别行政区可以“中国澳门”的名义参加《关税和贸易总协定》、关于国际纺织品贸易安排等有关国际组织和国际贸易协定，包括优惠贸易安排。

澳门特别行政区取得的和以前取得仍继续有效的出口配额、关税优惠和其他类似安排，全由澳门特别行政区享有。

第一百一十三条 澳门特别行政区根据当时的产地规则，可对产品签发产地来源证。

第一百一十四条 澳门特别行政区依法保护工商企业的自由经营，自行制定工商业的发展政策。

澳门特别行政区改善经济环境和提供法律保障，以促进工商业的发展，鼓励投资和技术进步，并开发新产业和新市场。

第一百一十五条 澳门特别行政区根据经济发展的情况，自行制定劳工政策，完善劳工法律。

澳门特别行政区设立由政府、雇主团体、雇员团体的代表组成的咨询性的协调组织。

第一百一十六条 澳门特别行政区保持和完善原在澳门实行的航运经营和管理体制，自行制定航运政策。

澳门特别行政区经中央人民政府授权可进行船舶登记，并依照澳门特别行政区的法律以“中国澳门”的名义颁发有关证件。

除外国军用船只进入澳门特别行政区须经中央人民政府特别许可外，其他船舶可依照澳门特别行政区的法律进出其港口。

澳门特别行政区的私营的航运及与航运有关的企业和码头可继续自由经营。

第一百一十七条 澳门特别行政区政府经中央人民政府具体授权可自行制定民用航空的各项管理制度。

第一百一十八条 澳门特别行政区根据本地整体利益自行制定旅游娱乐业的政策。

第一百一十九条 澳门特别行政区政府依法实行环境保护。

第一百二十条 澳门特别行政区依法承认和保护澳门特别行政区成立前已批出或决定的年期超过一九九九年十二月十九日的合法土地契约和与土地契约有关的一切权利。

澳门特别行政区成立后新批或续批土地，按照澳门特别行政区有关的土地法律及政策处理。

第六章 文化和社会事务

第一百二十一条 澳门特别行政区政府自行制定教育政策，包括教育体制和管理、教学语言、经费分配、考试制度、承认学历和学位等政策，推动教育的发展。

澳门特别行政区政府依法推行义务教育。

社会团体和私人可依法举办各种教育事业。

第一百二十二条 澳门原有各类学校均可继续开办。澳门特别行政区各类学校均有办学的自主性，依法享有教学自由和学术自由。

各类学校可以继续从澳门特别行政区以外招聘教职员和选用教材。学生享有选择院校和在澳门特别行政区以外求学的自由。

第一百二十三条 澳门特别行政区政府自行制定促进医疗卫生服务和发展中西医药的政策。社会团体和私人可依法提供各种医疗卫生服务。

第一百二十四条 澳门特别行政区政府自行制定科学技术政策，依法保护科学技术的研究成果、专利和发明创造。

澳门特别行政区政府自行确定适用于澳门的各类科学技术标准和规格。

第一百二十五条 澳门特别行政区政府自行制定文化政策，包括文学艺术、广播、电影、电视等政策。

澳门特别行政区政府依法保护作者的文学艺术及其他的创作成果和合法权益。

澳门特别行政区政府依法保护名胜、古迹和其他历史文物，并保护文物所有者的合法权益。

第一百二十六条 澳门特别行政区政府自行制定新闻、出版政策。

第一百二十七条 澳门特别行政区政府自行制定体育政策。民间体育团体可依法继续存在和发展。

第一百二十八条 澳门特别行政区政府根据宗教信仰自由的原则，不干预宗教组织的内部事务，不干预宗教组织和教徒同澳门以外地区的宗教组织和教徒保持及发展关系，不限制与澳门特别行政区法律没有抵触的宗教活动。

宗教组织可依法开办宗教院校和其他学校、医院和福利机构以及提供其他社会服务。宗教组织开办的学校可以继续提供宗教教育，包括开设宗教课程。

宗教组织依法享有财产的取得、使用、处置、继承以及接受捐献的权利。宗教组织在财产方面的原有权益依法受到保护。

第一百二十九条　澳门特别行政区政府自行确定专业制度，根据公平合理的原则，制定有关评审和颁授各种专业和执业资格的办法。

在澳门特别行政区成立以前已经取得专业资格和执业资格者，根据澳门特别行政区的有关规定可保留原有的资格。

澳门特别行政区政府根据有关规定承认在澳门特别行政区成立以前已被承认的专业和专业团体，并可根据社会发展需要，经咨询有关方面的意见，承认新的专业和专业团体。

第一百三十条　澳门特别行政区政府在原有社会福利制度的基础上，根据经济条件和社会需要自行制定有关社会福利的发展和改进的政策。

第一百三十一条　澳门特别行政区的社会服务团体，在不抵触法律的情况下，可以自行决定其服务方式。

第一百三十二条　澳门特别行政区政府根据需要和可能逐步改善原在澳门实行的对教育、科学、技术、文化、体育、康乐、医疗卫生、社会福利、社会工作等方面的民间组织的资助政策。

第一百三十三条　澳门特别行政区的教育、科学、技术、文化、新闻、出版、体育、康乐、专业、医疗卫生、劳工、妇女、青年、归侨、社会福利、社会工作等方面的民间团体和宗教组织同全国其他地区相应的团体和组织的关系，以互不隶属、互不干涉、互相尊重的原则为基础。

第一百三十四条　澳门特别行政区的教育、科学、技术、文化、新闻、出版、体育、康乐、专业、医疗卫生、劳工、妇女、青年、归侨、社会福利、社会工作等方面的民间团体和宗教组织可同世界各国、各地区及国际的有关团体和组织保持和发展关系，各该团体和组织可根据需要冠用“中国澳门”的名义，参与有关活动。

第七章 对外事务

第一百三十五条 澳门特别行政区政府的代表，可作为中华人民共和国政府代表团的成员，参加由中央人民政府进行的同澳门特别行政区直接有关的外交谈判。

第一百三十六条 澳门特别行政区可在经济、贸易、金融、航运、通讯、旅游、文化、科技、体育等适当领域以“中国澳门”的名义，单独地同世界各国、各地区及有关国际组织保持和发展关系，签订和履行有关协议。

第一百三十七条 对以国家为单位参加的、同澳门特别行政区有关的、适当领域的国际组织和国际会议，澳门特别行政区政府可派遣代表作为中华人民共和国代表团的成员或以中央人民政府和上述有关国际组织或国际会议允许的身份参加，并以“中国澳门”的名义发表意见。

澳门特别行政区可以“中国澳门”的名义参加不以国家为单位参加的国际组织和国际会议。

对中华人民共和国已参加而澳门也以某种形式参加的国际组织，中央人民政府将根据情况和澳门特别行政区的需要采取措施，使澳门特别行政区以适当形式继续保持在这些组织中的地位。

对中华人民共和国尚未参加而澳门已以某种形式参加的国际组织，中央人民政府将根据情况和需要使澳门特别行政区以适当形式继续参加这些组织。

第一百三十八条 中华人民共和国缔结的国际协议，中央人民政府可根据情况和澳门特别行政区的需要，在征询澳门特别行政区政府的意见后，决定是否适用于澳门特别行政区。

中华人民共和国尚未参加但已适用于澳门的国际协议仍可继续适用。中央人民政府根据情况和需要授权或协助澳门特别行政区政府作出适当安排，使其他与其有关的国际协议适用于澳门特别行政区。

第一百三十九条 中央人民政府授权澳门特别行政区政府依照法律给持有澳门特别行政区永久性居民身份证的中国公民签发中华人民共和国澳门特别行政区护照，给在澳门特别行政区的其他合法居留者签发中华人民共和国澳门特别行政区的其他旅行证件。上述护照和旅行证件，前往各国和各地区有效，并载明持有人有返回澳门特别行政区的权利。

对世界各国或各地区的人入境、逗留和离境，澳门特别行政区政府可实行出入境管制。

第一百四十条 中央人民政府协助或授权澳门特别行政区政府同有关国家和地区谈判和签订互免签证协议。

第一百四十一条 澳门特别行政区可根据需要在外国设立官方或半官方的经济和贸易机构，报中央人民政府备案。

第一百四十二条 外国在澳门特别行政区设立领事机构或其他官方、半官方机构，须经中央人民政府批准。

已同中华人民共和国建立正式外交关系的国家在澳门设立的领事机构和其他官方机构，可予保留。

尚未同中华人民共和国建立正式外交关系的国家在澳门设立的领事机构和其他官方机构，可根据情况予以保留或改为半官方机构。

尚未为中华人民共和国承认的国家，只能在澳门特别行政区设立民间机构。

第八章 本法的解释和修改

第一百四十三条 本法的解释权属于全国人民代表大会常务委员会。

全国人民代表大会常务委员会授权澳门特别行政区法院在审理案件时对本法关于澳门特别行政区自治范围内的条款自行解释。

澳门特别行政区法院在审理案件时对本法的其他条款也可解释。但如澳门特别行政区法院在审理案件时需要对本法关于中央人民政府管理的事务或中央和澳门特别行政区关系的条款进行解释，而该条款的解释又影响到案件的判决，在对该案件作出不可上诉的终局判决前，应由澳门特别行政区终审法院提请全国人民代表大会常务委员会对有关条款作出解释。如全国人民代表大会常务委员会作出解释，澳门特别行政区法院在引用该条款时，应以全国人民代表大会常务委员会的解释为准。但在此以前作出的判决不受影响。

全国人民代表大会常务委员会在对本法进行解释前，征询其所属的澳门特别行政区基本法委员会的意见。

第一百四十四条 本法的修改权属于全国人民代表大会。

本法的修改提案权属于全国人民代表大会常务委员会、国务院和澳门特别行政区。澳门特别行政区的修改议案，须经澳门特别行政区的全国人民代表大会代表三分之二多数、澳门特别行政区立法会全体议员三分之二多数和澳门特别行政区行政长官同意后，交由澳门特别行政区出席全国人民代表大会的代表团向全国人民代表大会提出。

本法的修改议案在列入全国人民代表大会的议程前，先由澳门特别行政区基本法委员会研究并提出意见。

本法的任何修改，均不得同中华人民共和国对澳门既定的基本方针政策相抵触。

第九章 附 则

第一百四十五条 澳门特别行政区成立时，澳门原有法律除由全国人民代表大会常务委员会宣布为同本法抵触者外，采用为澳门特别行政区法律，如以后发现有的法律与本法抵触，可依照本法规定和法定程序修改或停止生效。

根据澳门原有法律取得效力的文件、证件、契约及其所包含的权利和义务，在不抵触本法的前提下继续有效，受澳门特别行政区的承认和保护。

原澳门政府所签订的有效期超过一九九九年十二月十九日的契约，除中央人民政府授权的机构已公开宣布为不符合中葡联合声明关于过渡时期安排的规定，须经澳门特别行政区政府重新审查者外，继续有效。

附件一

澳门特别行政区行政长官的产生办法

一、行政长官由一个具有广泛代表性的选举委员会依照本法选出，由中央人民政府任命。

二、选举委员会委员共 400 人，由下列各界人士组成：

工商、金融界	120 人
文化、教育、专业等界	115 人
劳工、社会服务、宗教等界	115 人
立法会议员的代表、市政机构成员的代表、澳门地区全国人大代表、澳门地区全国政协委员的代表	50 人

选举委员会每届任期五年。

三、各个界别的划分，以及每个界别中何种组织可以产生选举委员会委员的名额，由澳门特别行政区根据民主、开放的原则制定选举法加以规定。

各界别法定团体根据选举法规定的分配名额和选举办法自行选出选举委员会委员。

选举委员会委员以个人身份投票。

四、不少于 66 名的选举委员会委员可联合提名行政长官候选人。每名委员只可提出一名候选人。

五、选举委员会根据提名的名单，经一人一票无记名投票选出行政长官候任人。具体选举办法由选举法规定。

六、第一任行政长官按照《全国人民代表大会关于澳门特别行政区第一届政府、立法会和司法机关产生办法的决定》产生。

七、二〇〇九年及以后行政长官的产生办法如需修改，须经立法会全体议员三分之二多数通过，行政长官同意，并报全国人民代表大会常务委员会批准。

（第五任及以后各任行政长官产生办法，在依照法定程序作出进一步修改前，按本修正案的规定执行。）

附件二

澳门特别行政区立法会的产生办法

一、澳门特别行政区第一届立法会按照《全国人民代表大会关于澳门特别行政区第一届政府、立法会和司法机关产生办法的决定》产生。

第二届立法会由 27 人组成，其中：

直接选举的议员	10 人
间接选举的议员	10 人
委任的议员	7 人

第三届及以后各届立法会由 29 人组成，其中：

直接选举的议员	12 人
间接选举的议员	10 人
委任的议员	7 人

2013 年第五届立法会由 33 人组成，其中：

直接选举的议员	14 人
间接选举的议员	12 人
委任的议员	7 人

二、议员的具体选举办法，由澳门特别行政区政府提出并经立法会通过的选举法加以规定。

三、二〇〇九年及以后澳门特别行政区立法会的产生办法如需修改，须经立法会全体议员三分之二多数通过，行政长官同意，并报全国人民代表大会常务委员会备案。

（第六届及以后各届立法会的产生办法，在依照法定程序作出进一步修改前，按本修正案的规定执行。）

附件三

在澳门特别行政区实施的全国性法律[①]

下列全国性法律，自一九九九年十二月二十日起由澳门特别行政区在

---

① 根据 1999 年 12 月 20 日《全国人民代表大会常务委员会关于增加〈中华人民共和国澳门特别行政区基本法〉附件三所列全国性法律的决定》、2005 年 10 月 27 日《全国人民代表大会常务委员会关于增加〈中华人民共和国澳门特别行政区基本法〉附件三所列全国性法律的决定》、2017 年 11 月 4 日《全国人民代表大会常务委员会关于增加〈中华人民共和国澳门特别行政区基本法〉附件三所列全国性法律的决定》修正。所列法律的排列顺序以历次增减的时间顺序为准。——编者注

当地公布或立法实施。

一、《关于中华人民共和国国都、纪年、国歌、国旗的决议》

二、《关于中华人民共和国国庆日的决议》

三、《中华人民共和国国籍法》

四、《中华人民共和国外交特权与豁免条例》

五、《中华人民共和国领事特权与豁免条例》

六、《中华人民共和国国旗法》

七、《中华人民共和国国徽法》

八、《中华人民共和国领海及毗连区法》

九、《中华人民共和国专属经济区和大陆架法》

十、《中华人民共和国澳门特别行政区驻军法》

十一、《中华人民共和国外国中央银行财产司法强制措施豁免法》

十二、《中华人民共和国国歌法》

澳门特别行政区区旗图案（略）

澳门特别行政区区徽图案（略）

中华人民共和国香港特别行政区维护国家安全法

（2020 年 6 月 30 日第十三届全国人民代表大会常务委员会第二十次会议通过　2020 年 6 月 30 日中华人民共和国主席令第 49 号公布　自公布之日起施行）

目　　录

第一章　总　　则

第二章　香港特别行政区维护国家安全的职责和机构

　第一节　职　　责

　第二节　机　　构

第三章　罪行和处罚

　第一节　分裂国家罪

第二节 颠覆国家政权罪
第三节 恐怖活动罪
第四节 勾结外国或者境外势力危害国家安全罪
第五节 其他处罚规定
第六节 效力范围
第四章 案件管辖、法律适用和程序
第五章 中央人民政府驻香港特别行政区维护国家安全机构
第六章 附 则

第一章 总 则

第一条 为坚定不移并全面准确贯彻“一国两制”、“港人治港”、高度自治的方针，维护国家安全，防范、制止和惩治与香港特别行政区有关的分裂国家、颠覆国家政权、组织实施恐怖活动和勾结外国或者境外势力危害国家安全等犯罪，保持香港特别行政区的繁荣和稳定，保障香港特别行政区居民的合法权益，根据中华人民共和国宪法、中华人民共和国香港特别行政区基本法和全国人民代表大会关于建立健全香港特别行政区维护国家安全的法律制度和执行机制的决定，制定本法。

第二条 关于香港特别行政区法律地位的香港特别行政区基本法第一条和第十二条规定是香港特别行政区基本法的根本性条款。香港特别行政区任何机构、组织和个人行使权利和自由，不得违背香港特别行政区基本法第一条和第十二条的规定。

第三条 中央人民政府对香港特别行政区有关的国家安全事务负有根本责任。

香港特别行政区负有维护国家安全的宪制责任，应当履行维护国家安全的职责。

香港特别行政区行政机关、立法机关、司法机关应当依据本法和其他有关法律规定有效防范、制止和惩治危害国家安全的行为和活动。

第四条 香港特别行政区维护国家安全应当尊重和保障人权，依法保护香港特别行政区居民根据香港特别行政区基本法和《公民权利和政治权利国际公约》、《经济、社会与文化权利的国际公约》适用于香港的有关规定享有的包括言论、新闻、出版的自由，结社、集会、游行、示威的自由在内的权利和自由。

第五条 防范、制止和惩治危害国家安全犯罪，应当坚持法治原则。法律规定为犯罪行为的，依照法律定罪处刑；法律没有规定为犯罪行为的，不得定罪处刑。

任何人未经司法机关判罪之前均假定无罪。保障犯罪嫌疑人、被告人和其他诉讼参与人依法享有的辩护权和其他诉讼权利。任何人已经司法程序被最终确定有罪或者宣告无罪的，不得就同一行为再予审判或者惩罚。

第六条 维护国家主权、统一和领土完整是包括香港同胞在内的全中国人民的共同义务。

在香港特别行政区的任何机构、组织和个人都应当遵守本法和香港特别行政区有关维护国家安全的其他法律，不得从事危害国家安全的行为和活动。

香港特别行政区居民在参选或者就任公职时应当依法签署文件确认或者宣誓拥护中华人民共和国香港特别行政区基本法，效忠中华人民共和国香港特别行政区。

第二章 香港特别行政区维护国家安全的职责和机构

第一节 职 责

第七条 香港特别行政区应当尽早完成香港特别行政区基本法规定的维护国家安全立法，完善相关法律。

第八条 香港特别行政区执法、司法机关应当切实执行本法和香港特别行政区现行法律有关防范、制止和惩治危害国家安全行为和活动的规定，有效维护国家安全。

第九条 香港特别行政区应当加强维护国家安全和防范恐怖活动的工作。对学校、社会团体、媒体、网络等涉及国家安全的事宜，香港特别行政区政府应当采取必要措施，加强宣传、指导、监督和管理。

第十条 香港特别行政区应当通过学校、社会团体、媒体、网络等开展国家安全教育，提高香港特别行政区居民的国家安全意识和守法意识。

第十一条 香港特别行政区行政长官应当就香港特别行政区维护国家安全事务向中央人民政府负责，并就香港特别行政区履行维护国家安全职责的情况提交年度报告。

如中央人民政府提出要求，行政长官应当就维护国家安全特定事项及时提交报告。

第二节 机 构

第十二条 香港特别行政区设立维护国家安全委员会，负责香港特别行政区维护国家安全事务，承担维护国家安全的主要责任，并接受中央人民政府的监督和问责。

第十三条 香港特别行政区维护国家安全委员会由行政长官担任主席，成员包括政务司长、财政司长、律政司长、保安局局长、警务处处长、本法第十六条规定的警务处维护国家安全部门的负责人、入境事务处处长、海关关长和行政长官办公室主任。

香港特别行政区维护国家安全委员会下设秘书处，由秘书长领导。秘书长由行政长官提名，报中央人民政府任命。

第十四条 香港特别行政区维护国家安全委员会的职责为：

（一）分析研判香港特别行政区维护国家安全形势，规划有关工作，制定香港特别行政区维护国家安全政策；

（二）推进香港特别行政区维护国家安全的法律制度和执行机制建设；

（三）协调香港特别行政区维护国家安全的重点工作和重大行动。

香港特别行政区维护国家安全委员会的工作不受香港特别行政区任何其他机构、组织和个人的干涉，工作信息不予公开。香港特别行政区维护国家安全委员会作出的决定不受司法复核。

第十五条 香港特别行政区维护国家安全委员会设立国家安全事务顾问，由中央人民政府指派，就香港特别行政区维护国家安全委员会履行职责相关事务提供意见。国家安全事务顾问列席香港特别行政区维护国家安全委员会会议。

第十六条 香港特别行政区政府警务处设立维护国家安全的部门，配备执法力量。

警务处维护国家安全部门负责人由行政长官任命，行政长官任命前须书面征求本法第四十八条规定的机构的意见。警务处维护国家安全部门负责人在就职时应当宣誓拥护中华人民共和国香港特别行政区基本法，效忠中华人民共和国香港特别行政区，遵守法律，保守秘密。

警务处维护国家安全部门可以从香港特别行政区以外聘请合格的专门人员和技术人员，协助执行维护国家安全相关任务。

第十七条 警务处维护国家安全部门的职责为：

（一）收集分析涉及国家安全的情报信息；

（二）部署、协调、推进维护国家安全的措施和行动；

（三）调查危害国家安全犯罪案件；

（四）进行反干预调查和开展国家安全审查；

（五）承办香港特别行政区维护国家安全委员会交办的维护国家安全工作；

（六）执行本法所需的其他职责。

第十八条 香港特别行政区律政司设立专门的国家安全犯罪案件检控部门，负责危害国家安全犯罪案件的检控工作和其他相关法律事务。该部门检控官由律政司长征得香港特别行政区维护国家安全委员会同意后任命。

律政司国家安全犯罪案件检控部门负责人由行政长官任命，行政长官任命前须书面征求本法第四十八条规定的机构的意见。律政司国家安全犯罪案件检控部门负责人在就职时应当宣誓拥护中华人民共和国香港特别行政区基本法，效忠中华人民共和国香港特别行政区，遵守法律，保守秘密。

第十九条 经行政长官批准，香港特别行政区政府财政司长应当从政府一般收入中拨出专门款项支付关于维护国家安全的开支并核准所涉及的人员编制，不受香港特别行政区现行有关法律规定的限制。财政司长须每年就该款项的控制和管理向立法会提交报告。

第三章　罪行和处罚

第一节　分裂国家罪

第二十条 任何人组织、策划、实施或者参与实施以下旨在分裂国家、破坏国家统一行为之一的，不论是否使用武力或者以武力相威胁，即属犯罪：

（一）将香港特别行政区或者中华人民共和国其他任何部分从中华人民共和国分离出去；

（二）非法改变香港特别行政区或者中华人民共和国其他任何部分的法律地位；

（三）将香港特别行政区或者中华人民共和国其他任何部分转归外国统治。

犯前款罪，对首要分子或者罪行重大的，处无期徒刑或者十年以上有期徒刑；对积极参加的，处三年以上十年以下有期徒刑；对其他参加的，处三年以下有期徒刑、拘役或者管制。

第二十一条 任何人煽动、协助、教唆、以金钱或者其他财物资助他人实施本法第二十条规定的犯罪的，即属犯罪。情节严重的，处五年以上十年以下有期徒刑；情节较轻的，处五年以下有期徒刑、拘役或者管制。

第二节 颠覆国家政权罪

第二十二条 任何人组织、策划、实施或者参与实施以下以武力、威胁使用武力或者其他非法手段旨在颠覆国家政权行为之一的，即属犯罪：

（一）推翻、破坏中华人民共和国宪法所确立的中华人民共和国根本制度；

（二）推翻中华人民共和国中央政权机关或者香港特别行政区政权机关；

（三）严重干扰、阻挠、破坏中华人民共和国中央政权机关或者香港特别行政区政权机关依法履行职能；

（四）攻击、破坏香港特别行政区政权机关履职场所及其设施，致使其无法正常履行职能。

犯前款罪，对首要分子或者罪行重大的，处无期徒刑或者十年以上有期徒刑；对积极参加的，处三年以上十年以下有期徒刑；对其他参加的，处三年以下有期徒刑、拘役或者管制。

第二十三条 任何人煽动、协助、教唆、以金钱或者其他财物资助他人实施本法第二十二条规定的犯罪的，即属犯罪。情节严重的，处五年以上十年以下有期徒刑；情节较轻的，处五年以下有期徒刑、拘役或者管制。

第三节　恐怖活动罪

第二十四条　为胁迫中央人民政府、香港特别行政区政府或者国际组织或者威吓公众以图实现政治主张，组织、策划、实施、参与实施或者威胁实施以下造成或者意图造成严重社会危害的恐怖活动之一的，即属犯罪：

（一）针对人的严重暴力；

（二）爆炸、纵火或者投放毒害性、放射性、传染病病原体等物质；

（三）破坏交通工具、交通设施、电力设备、燃气设备或者其他易燃易爆设备；

（四）严重干扰、破坏水、电、燃气、交通、通讯、网络等公共服务和管理的电子控制系统；

（五）以其他危险方法严重危害公众健康或者安全。

犯前款罪，致人重伤、死亡或者使公私财产遭受重大损失的，处无期徒刑或者十年以上有期徒刑；其他情形，处三年以上十年以下有期徒刑。

第二十五条　组织、领导恐怖活动组织的，即属犯罪，处无期徒刑或者十年以上有期徒刑，并处没收财产；积极参加的，处三年以上十年以下有期徒刑，并处罚金；其他参加的，处三年以下有期徒刑、拘役或者管制，可以并处罚金。

本法所指的恐怖活动组织，是指实施或者意图实施本法第二十四条规定的恐怖活动罪行或者参与或者协助实施本法第二十四条规定的恐怖活动罪行的组织。

第二十六条　为恐怖活动组织、恐怖活动人员、恐怖活动实施提供培训、武器、信息、资金、物资、劳务、运输、技术或者场所等支持、协助、便利，或者制造、非法管有爆炸性、毒害性、放射性、传染病病原体等物质以及以其他形式准备实施恐怖活动的，即属犯罪。情节严重的，处五年以上十年以下有期徒刑，并处罚金或者没收财产；其他情形，处五年以下有期徒刑、拘役或者管制，并处罚金。

有前款行为，同时构成其他犯罪的，依照处罚较重的规定定罪处罚。

第二十七条 宣扬恐怖主义、煽动实施恐怖活动的，即属犯罪。情节严重的，处五年以上十年以下有期徒刑，并处罚金或者没收财产；其他情形，处五年以下有期徒刑、拘役或者管制，并处罚金。

第二十八条 本节规定不影响依据香港特别行政区法律对其他形式的恐怖活动犯罪追究刑事责任并采取冻结财产等措施。

第四节 勾结外国或者境外势力危害国家安全罪

第二十九条 为外国或者境外机构、组织、人员窃取、刺探、收买、非法提供涉及国家安全的国家秘密或者情报的；请求外国或者境外机构、组织、人员实施，与外国或者境外机构、组织、人员串谋实施，或者直接或者间接接受外国或者境外机构、组织、人员的指使、控制、资助或者其他形式的支援实施以下行为之一的，均属犯罪：

（一）对中华人民共和国发动战争，或者以武力或者武力相威胁，对中华人民共和国主权、统一和领土完整造成严重危害；

（二）对香港特别行政区政府或者中央人民政府制定和执行法律、政策进行严重阻挠并可能造成严重后果；

（三）对香港特别行政区选举进行操控、破坏并可能造成严重后果；

（四）对香港特别行政区或者中华人民共和国进行制裁、封锁或者采取其他敌对行动；

（五）通过各种非法方式引发香港特别行政区居民对中央人民政府或者香港特别行政区政府的憎恨并可能造成严重后果。

犯前款罪，处三年以上十年以下有期徒刑；罪行重大的，处无期徒刑或者十年以上有期徒刑。

本条第一款规定涉及的境外机构、组织、人员，按共同犯罪定罪处刑。

第三十条 为实施本法第二十条、第二十二条规定的犯罪，与外国或者境外机构、组织、人员串谋，或者直接或者间接接受外国或者境外机构、组织、人员的指使、控制、资助或者其他形式的支援的，依照本法第二十条、第二十二条的规定从重处罚。

第五节 其他处罚规定

第三十一条 公司、团体等法人或者非法人组织实施本法规定的犯罪的，对该组织判处罚金。

公司、团体等法人或者非法人组织因犯本法规定的罪行受到刑事处罚的，应责令其暂停运作或者吊销其执照或者营业许可证。

第三十二条 因实施本法规定的犯罪而获得的资助、收益、报酬等违法所得以及用于或者意图用于犯罪的资金和工具，应当予以追缴、没收。

第三十三条 有以下情形的，对有关犯罪行为人、犯罪嫌疑人、被告人可以从轻、减轻处罚；犯罪较轻的，可以免除处罚：

（一）在犯罪过程中，自动放弃犯罪或者自动有效地防止犯罪结果发生的；

（二）自动投案，如实供述自己的罪行的；

（三）揭发他人犯罪行为，查证属实，或者提供重要线索得以侦破其他案件的。

被采取强制措施的犯罪嫌疑人、被告人如实供述执法、司法机关未掌握的本人犯有本法规定的其他罪行的，按前款第二项规定处理。

第三十四条 不具有香港特别行政区永久性居民身份的人实施本法规定的犯罪的，可以独立适用或者附加适用驱逐出境。

不具有香港特别行政区永久性居民身份的人违反本法规定，因任何原因不对其追究刑事责任的，也可以驱逐出境。

第三十五条 任何人经法院判决犯危害国家安全罪行的，即丧失作为候选人参加香港特别行政区举行的立法会、区议会选举或者出任香港特别行政区任何公职或者行政长官选举委员会委员的资格；曾经宣誓或者声明拥护中华人民共和国香港特别行政区基本法、效忠中华人民共和国香港特别行政区的立法会议员、政府官员及公务人员、行政会议成员、法官及其他司法人员、区议员，即时丧失该等职务，并丧失参选或者出任上述职务的资格。

前款规定资格或者职务的丧失，由负责组织、管理有关选举或者公职任免的机构宣布。

第六节　效力范围

第三十六条　任何人在香港特别行政区内实施本法规定的犯罪的，适用本法。犯罪的行为或者结果有一项发生在香港特别行政区内的，就认为是在香港特别行政区内犯罪。

在香港特别行政区注册的船舶或者航空器内实施本法规定的犯罪的，也适用本法。

第三十七条　香港特别行政区永久性居民或者在香港特别行政区成立的公司、团体等法人或者非法人组织在香港特别行政区以外实施本法规定的犯罪的，适用本法。

第三十八条　不具有香港特别行政区永久性居民身份的人在香港特别行政区以外针对香港特别行政区实施本法规定的犯罪的，适用本法。

第三十九条　本法施行以后的行为，适用本法定罪处刑。

第四章　案件管辖、法律适用和程序

第四十条　香港特别行政区对本法规定的犯罪案件行使管辖权，但本法第五十五条规定的情形除外。

第四十一条　香港特别行政区管辖危害国家安全犯罪案件的立案侦查、检控、审判和刑罚的执行等诉讼程序事宜，适用本法和香港特别行政区本地法律。

未经律政司长书面同意，任何人不得就危害国家安全犯罪案件提出检控。但该规定不影响就有关犯罪依法逮捕犯罪嫌疑人并将其羁押，也不影响该等犯罪嫌疑人申请保释。

香港特别行政区管辖的危害国家安全犯罪案件的审判循公诉程序进行。

审判应当公开进行。因为涉及国家秘密、公共秩序等情形不宜公开审理的，禁止新闻界和公众旁听全部或者一部分审理程序，但判决结果应当一律公开宣布。

第四十二条　香港特别行政区执法、司法机关在适用香港特别行政区现行法律有关羁押、审理期限等方面的规定时，应当确保危害国家安全犯罪案件公正、及时办理，有效防范、制止和惩治危害国家安全犯罪。

对犯罪嫌疑人、被告人，除非法官有充足理由相信其不会继续实施危害国家安全行为的，不得准予保释。

第四十三条 香港特别行政区政府警务处维护国家安全部门办理危害国家安全犯罪案件时，可以采取香港特别行政区现行法律准予警方等执法部门在调查严重犯罪案件时采取的各种措施，并可以采取以下措施：

（一）搜查可能存有犯罪证据的处所、车辆、船只、航空器以及其他有关地方和电子设备；

（二）要求涉嫌实施危害国家安全犯罪行为的人员交出旅行证件或者限制其离境；

（三）对用于或者意图用于犯罪的财产、因犯罪所得的收益等与犯罪相关的财产，予以冻结，申请限制令、押记令、没收令以及充公；

（四）要求信息发布人或者有关服务商移除信息或者提供协助；

（五）要求外国及境外政治性组织，外国及境外当局或者政治性组织的代理人提供资料；

（六）经行政长官批准，对有合理理由怀疑涉及实施危害国家安全犯罪的人员进行截取通讯和秘密监察；

（七）对有合理理由怀疑拥有与侦查有关的资料或者管有有关物料的人员，要求其回答问题和提交资料或者物料。

香港特别行政区维护国家安全委员会对警务处维护国家安全部门等执法机构采取本条第一款规定措施负有监督责任。

授权香港特别行政区行政长官会同香港特别行政区维护国家安全委员会为采取本条第一款规定措施制定相关实施细则。

第四十四条 香港特别行政区行政长官应当从裁判官、区域法院法官、高等法院原讼法庭法官、上诉法庭法官以及终审法院法官中指定若干名法官，也可从暂委或者特委法官中指定若干名法官，负责处理危害国家安全犯罪案件。行政长官在指定法官前可征询香港特别行政区维护国家安全委员会和终审法院首席法官的意见。上述指定法官任期一年。

凡有危害国家安全言行的，不得被指定为审理危害国家安全犯罪案件的法官。在获任指定法官期间，如有危害国家安全言行的，终止其指定法官资格。

在裁判法院、区域法院、高等法院和终审法院就危害国家安全犯罪案件提起的刑事检控程序应当分别由各该法院的指定法官处理。

第四十五条 除本法另有规定外，裁判法院、区域法院、高等法院和终审法院应当按照香港特别行政区的其他法律处理就危害国家安全犯罪案件提起的刑事检控程序。

第四十六条 对高等法院原讼法庭进行的就危害国家安全犯罪案件提起的刑事检控程序，律政司长可基于保护国家秘密、案件具有涉外因素或者保障陪审员及其家人的人身安全等理由，发出证书指示相关诉讼毋须在有陪审团的情况下进行审理。凡律政司长发出上述证书，高等法院原讼法庭应当在没有陪审团的情况下进行审理，并由三名法官组成审判庭。

凡律政司长发出前款规定的证书，适用于相关诉讼的香港特别行政区任何法律条文关于"陪审团"或者"陪审团的裁决"，均应当理解为指法官或者法官作为事实裁断者的职能。

第四十七条 香港特别行政区法院在审理案件中遇有涉及有关行为是否涉及国家安全或者有关证据材料是否涉及国家秘密的认定问题，应取得行政长官就该等问题发出的证明书，上述证明书对法院有约束力。

第五章　中央人民政府驻香港特别行政区维护国家安全机构

第四十八条 中央人民政府在香港特别行政区设立维护国家安全公署。中央人民政府驻香港特别行政区维护国家安全公署依法履行维护国家安全职责，行使相关权力。

驻香港特别行政区维护国家安全公署人员由中央人民政府维护国家安全的有关机关联合派出。

第四十九条 驻香港特别行政区维护国家安全公署的职责为：

（一）分析研判香港特别行政区维护国家安全形势，就维护国家安全重大战略和重要政策提出意见和建议；

（二）监督、指导、协调、支持香港特别行政区履行维护国家安全的职责；

（三）收集分析国家安全情报信息；

（四）依法办理危害国家安全犯罪案件。

第五十条 驻香港特别行政区维护国家安全公署应当严格依法履行职责，依法接受监督，不得侵害任何个人和组织的合法权益。

驻香港特别行政区维护国家安全公署人员除须遵守全国性法律外，还应当遵守香港特别行政区法律。

驻香港特别行政区维护国家安全公署人员依法接受国家监察机关的监督。

第五十一条 驻香港特别行政区维护国家安全公署的经费由中央财政保障。

第五十二条 驻香港特别行政区维护国家安全公署应当加强与中央人民政府驻香港特别行政区联络办公室、外交部驻香港特别行政区特派员公署、中国人民解放军驻香港部队的工作联系和工作协同。

第五十三条 驻香港特别行政区维护国家安全公署应当与香港特别行政区维护国家安全委员会建立协调机制，监督、指导香港特别行政区维护国家安全工作。

驻香港特别行政区维护国家安全公署的工作部门应当与香港特别行政区维护国家安全的有关机关建立协作机制，加强信息共享和行动配合。

第五十四条 驻香港特别行政区维护国家安全公署、外交部驻香港特别行政区特派员公署会同香港特别行政区政府采取必要措施，加强对外国和国际组织驻香港特别行政区机构、在香港特别行政区的外国和境外非政府组织和新闻机构的管理和服务。

第五十五条 有以下情形之一的，经香港特别行政区政府或者驻香港特别行政区维护国家安全公署提出，并报中央人民政府批准，由驻香港特别行政区维护国家安全公署对本法规定的危害国家安全犯罪案件行使管辖权：

（一）案件涉及外国或者境外势力介入的复杂情况，香港特别行政区管辖确有困难的；

（二）出现香港特别行政区政府无法有效执行本法的严重情况的；

（三）出现国家安全面临重大现实威胁的情况的。

第五十六条 根据本法第五十五条规定管辖有关危害国家安全犯罪案

件时，由驻香港特别行政区维护国家安全公署负责立案侦查，最高人民检察院指定有关检察机关行使检察权，最高人民法院指定有关法院行使审判权。

第五十七条 根据本法第五十五条规定管辖案件的立案侦查、审查起诉、审判和刑罚的执行等诉讼程序事宜，适用《中华人民共和国刑事诉讼法》等相关法律的规定。

根据本法第五十五条规定管辖案件时，本法第五十六条规定的执法、司法机关依法行使相关权力，其为决定采取强制措施、侦查措施和司法裁判而签发的法律文书在香港特别行政区具有法律效力。对于驻香港特别行政区维护国家安全公署依法采取的措施，有关机构、组织和个人必须遵从。

第五十八条 根据本法第五十五条规定管辖案件时，犯罪嫌疑人自被驻香港特别行政区维护国家安全公署第一次讯问或者采取强制措施之日起，有权委托律师作为辩护人。辩护律师可以依法为犯罪嫌疑人、被告人提供法律帮助。

犯罪嫌疑人、被告人被合法拘捕后，享有尽早接受司法机关公正审判的权利。

第五十九条 根据本法第五十五条规定管辖案件时，任何人如果知道本法规定的危害国家安全犯罪案件情况，都有如实作证的义务。

第六十条 驻香港特别行政区维护国家安全公署及其人员依据本法执行职务的行为，不受香港特别行政区管辖。

持有驻香港特别行政区维护国家安全公署制发的证件或者证明文件的人员和车辆等在执行职务时不受香港特别行政区执法人员检查、搜查和扣押。

驻香港特别行政区维护国家安全公署及其人员享有香港特别行政区法律规定的其他权利和豁免。

第六十一条 驻香港特别行政区维护国家安全公署依据本法规定履行职责时，香港特别行政区政府有关部门须提供必要的便利和配合，对妨碍有关执行职务的行为依法予以制止并追究责任。

第六章 附 则

第六十二条 香港特别行政区本地法律规定与本法不一致的，适用本法规定。

第六十三条 办理本法规定的危害国家安全犯罪案件的有关执法、司法机关及其人员或者办理其他危害国家安全犯罪案件的香港特别行政区执法、司法机关及其人员，应当对办案过程中知悉的国家秘密、商业秘密和个人隐私予以保密。

担任辩护人或者诉讼代理人的律师应当保守在执业活动中知悉的国家秘密、商业秘密和个人隐私。

配合办案的有关机构、组织和个人应当对案件有关情况予以保密。

第六十四条 香港特别行政区适用本法时，本法规定的“有期徒刑”“无期徒刑”“没收财产”和“罚金”分别指“监禁”“终身监禁”“充公犯罪所得”和“罚款”，“拘役”参照适用香港特别行政区相关法律规定的“监禁”“入劳役中心”“入教导所”，“管制”参照适用香港特别行政区相关法律规定的“社会服务令”“入感化院”，“吊销执照或者营业许可证”指香港特别行政区相关法律规定的“取消注册或者注册豁免，或者取消牌照”。

第六十五条 本法的解释权属于全国人民代表大会常务委员会。

第六十六条 本法自公布之日起施行。

中华人民共和国对外关系法

（2023 年 6 月 28 日第十四届全国人民代表大会常务委员会第三次会议通过
2023 年 6 月 28 日中华人民共和国主席令第 7 号公布　自 2023 年 7 月 1 日起施行）

目　　录

第一章　总　　则
第二章　对外关系的职权
第三章　发展对外关系的目标任务
第四章　对外关系的制度
第五章　发展对外关系的保障
第六章　附　　则

第一章 总 则

第一条 为了发展对外关系，维护国家主权、安全、发展利益，维护和发展人民利益，建设社会主义现代化强国，实现中华民族伟大复兴，促进世界和平与发展，推动构建人类命运共同体，根据宪法，制定本法。

第二条 中华人民共和国发展同各国的外交关系和经济、文化等各领域的交流与合作，发展同联合国等国际组织的关系，适用本法。

第三条 中华人民共和国坚持以马克思列宁主义、毛泽东思想、邓小平理论、“三个代表”重要思想、科学发展观、习近平新时代中国特色社会主义思想为指导，发展对外关系，促进友好交往。

第四条 中华人民共和国坚持独立自主的和平外交政策，坚持互相尊重主权和领土完整、互不侵犯、互不干涉内政、平等互利、和平共处的五项原则。

中华人民共和国坚持和平发展道路，坚持对外开放基本国策，奉行互利共赢开放战略。

中华人民共和国遵守联合国宪章宗旨和原则，维护世界和平与安全，促进全球共同发展，推动构建新型国际关系；主张以和平方式解决国际争端，反对在国际关系中使用武力或者以武力相威胁，反对霸权主义和强权政治；坚持国家不分大小、强弱、贫富一律平等，尊重各国人民自主选择的发展道路和社会制度。

第五条 中华人民共和国对外工作坚持中国共产党的集中统一领导。

第六条 国家机关和武装力量、各政党和各人民团体、企业事业组织和其他社会组织以及公民，在对外交流合作中有维护国家主权、安全、尊严、荣誉、利益的责任和义务。

第七条 国家鼓励积极开展民间对外友好交流合作。

对在对外交流合作中做出突出贡献者，按照国家有关规定给予表彰和奖励。

第八条 任何组织和个人违反本法和有关法律，在对外交往中从事损害国家利益活动的，依法追究法律责任。

第二章　对外关系的职权

第九条　中央外事工作领导机构负责对外工作的决策和议事协调，研究制定、指导实施国家对外战略和有关重大方针政策，负责对外工作的顶层设计、统筹协调、整体推进、督促落实。

第十条　全国人民代表大会及其常务委员会批准和废除同外国缔结的条约和重要协定，行使宪法和法律规定的对外关系职权。

全国人民代表大会及其常务委员会积极开展对外交往，加强同各国议会、国际和地区议会组织的交流与合作。

第十一条　中华人民共和国主席代表中华人民共和国，进行国事活动，行使宪法和法律规定的对外关系职权。

第十二条　国务院管理对外事务，同外国缔结条约和协定，行使宪法和法律规定的对外关系职权。

第十三条　中央军事委员会组织开展国际军事交流与合作，行使宪法和法律规定的对外关系职权。

第十四条　中华人民共和国外交部依法办理外交事务，承办党和国家领导人同外国领导人的外交往来事务。外交部加强对国家机关各部门、各地区对外交流合作的指导、协调、管理、服务。

中央和国家机关按照职责分工，开展对外交流合作。

第十五条　中华人民共和国驻外国的使馆、领馆以及常驻联合国和其他政府间国际组织的代表团等驻外外交机构对外代表中华人民共和国。

外交部统一领导驻外外交机构的工作。

第十六条　省、自治区、直辖市根据中央授权在特定范围内开展对外交流合作。

省、自治区、直辖市人民政府依职权处理本行政区域的对外交流合作事务。

第三章　发展对外关系的目标任务

第十七条　中华人民共和国发展对外关系，坚持维护中国特色社会主义制度，维护国家主权、统一和领土完整，服务国家经济社会发展。

第十八条 中华人民共和国推动践行全球发展倡议、全球安全倡议、全球文明倡议，推进全方位、多层次、宽领域、立体化的对外工作布局。

中华人民共和国促进大国协调和良性互动，按照亲诚惠容理念和与邻为善、以邻为伴方针发展同周边国家关系，秉持真实亲诚理念和正确义利观同发展中国家团结合作，维护和践行多边主义，参与全球治理体系改革和建设。

第十九条 中华人民共和国维护以联合国为核心的国际体系，维护以国际法为基础的国际秩序，维护以联合国宪章宗旨和原则为基础的国际关系基本准则。

中华人民共和国坚持共商共建共享的全球治理观，参与国际规则制定，推动国际关系民主化，推动经济全球化朝着开放、包容、普惠、平衡、共赢方向发展。

第二十条 中华人民共和国坚持共同、综合、合作、可持续的全球安全观，加强国际安全合作，完善参与全球安全治理机制。

中华人民共和国履行联合国安全理事会常任理事国责任，维护国际和平与安全，维护联合国安全理事会权威与地位。

中华人民共和国支持和参与联合国安全理事会授权的维持和平行动，坚持维持和平行动基本原则，尊重主权国家领土完整与政治独立，保持公平立场。

中华人民共和国维护国际军备控制、裁军与防扩散体系，反对军备竞赛，反对和禁止一切形式的大规模杀伤性武器相关扩散活动，履行相关国际义务，开展防扩散国际合作。

第二十一条 中华人民共和国坚持公平普惠、开放合作、全面协调、创新联动的全球发展观，促进经济、社会、环境协调可持续发展和人的全面发展。

第二十二条 中华人民共和国尊重和保障人权，坚持人权的普遍性原则同本国实际相结合，促进人权全面协调发展，在平等和相互尊重的基础上开展人权领域国际交流与合作，推动国际人权事业健康发展。

第二十三条 中华人民共和国主张世界各国超越国家、民族、文化差异，弘扬和平、发展、公平、正义、民主、自由的全人类共同价值。

第二十四条 中华人民共和国坚持平等、互鉴、对话、包容的文明观，尊重文明多样性，推动不同文明交流对话。

第二十五条 中华人民共和国积极参与全球环境气候治理，加强绿色低碳国际合作，共谋全球生态文明建设，推动构建公平合理、合作共赢的全球环境气候治理体系。

第二十六条 中华人民共和国坚持推进高水平对外开放，发展对外贸易，积极促进和依法保护外商投资，鼓励开展对外投资等对外经济合作，推动共建“一带一路”高质量发展，维护多边贸易体制，反对单边主义和保护主义，推动建设开放型世界经济。

第二十七条 中华人民共和国通过经济、技术、物资、人才、管理等方式开展对外援助，促进发展中国家经济发展和社会进步，增强其自主可持续发展能力，推动国际发展合作。

中华人民共和国开展国际人道主义合作和援助，加强防灾减灾救灾国际合作，协助有关国家应对人道主义紧急状况。

中华人民共和国开展对外援助坚持尊重他国主权，不干涉他国内政，不附加任何政治条件。

第二十八条 中华人民共和国根据发展对外关系的需要，开展教育、科技、文化、卫生、体育、社会、生态、军事、安全、法治等领域交流合作。

第四章 对外关系的制度

第二十九条 国家统筹推进国内法治和涉外法治，加强涉外领域立法，加强涉外法治体系建设。

第三十条 国家依照宪法和法律缔结或者参加条约和协定，善意履行有关条约和协定规定的义务。

国家缔结或者参加的条约和协定不得同宪法相抵触。

第三十一条 国家采取适当措施实施和适用条约和协定。

条约和协定的实施和适用不得损害国家主权、安全和社会公共利益。

第三十二条 国家在遵守国际法基本原则和国际关系基本准则的基础

上，加强涉外领域法律法规的实施和适用，并依法采取执法、司法等措施，维护国家主权、安全、发展利益，保护中国公民、组织合法权益。

第三十三条 对于违反国际法和国际关系基本准则，危害中华人民共和国主权、安全、发展利益的行为，中华人民共和国有权采取相应反制和限制措施。

国务院及其部门制定必要的行政法规、部门规章，建立相应工作制度和机制，加强部门协同配合，确定和实施有关反制和限制措施。

依据本条第一款、第二款作出的决定为最终决定。

第三十四条 中华人民共和国在一个中国原则基础上，按照和平共处五项原则同世界各国建立和发展外交关系。

中华人民共和国根据缔结或者参加的条约和协定、国际法基本原则和国际关系基本准则，有权采取变更或者终止外交、领事关系等必要外交行动。

第三十五条 国家采取措施执行联合国安全理事会根据联合国宪章第七章作出的具有约束力的制裁决议和相关措施。

对前款所述制裁决议和措施的执行，由外交部发出通知并予公告。国家有关部门和省、自治区、直辖市人民政府在各自职权范围内采取措施予以执行。

在中国境内的组织和个人应当遵守外交部公告内容和各部门、各地区有关措施，不得从事违反上述制裁决议和措施的行为。

第三十六条 中华人民共和国依据有关法律和缔结或者参加的条约和协定，给予外国外交机构、外国国家官员、国际组织及其官员相应的特权与豁免。

中华人民共和国依据有关法律和缔结或者参加的条约和协定，给予外国国家及其财产豁免。

第三十七条 国家依法采取必要措施，保护中国公民和组织在海外的安全和正当权益，保护国家的海外利益不受威胁和侵害。

国家加强海外利益保护体系、工作机制和能力建设。

第三十八条 中华人民共和国依法保护在中国境内的外国人和外国组织的合法权利和利益。

国家有权准许或者拒绝外国人入境、停留居留，依法对外国组织在境内的活动进行管理。

在中国境内的外国人和外国组织应当遵守中国法律，不得危害中国国家安全、损害社会公共利益、破坏社会公共秩序。

第三十九条 中华人民共和国加强多边双边法治对话，推进对外法治交流合作。

中华人民共和国根据缔结或者参加的条约和协定，或者按照平等互惠原则，同外国、国际组织在执法、司法领域开展国际合作。

国家深化拓展对外执法合作工作机制，完善司法协助体制机制，推进执法、司法领域国际合作。国家加强打击跨国犯罪、反腐败等国际合作。

第五章 发展对外关系的保障

第四十条 国家健全对外工作综合保障体系，增强发展对外关系、维护国家利益的能力。

第四十一条 国家保障对外工作所需经费，建立与发展对外关系需求和国民经济发展水平相适应的经费保障机制。

第四十二条 国家加强对外工作人才队伍建设，采取措施推动做好人才培养、使用、管理、服务、保障等工作。

第四十三条 国家通过多种形式促进社会公众理解和支持对外工作。

第四十四条 国家推进国际传播能力建设，推动世界更好了解和认识中国，促进人类文明交流互鉴。

第六章 附 则

第四十五条 本法自 2023 年 7 月 1 日起施行。

中华人民共和国反外国制裁法

（2021年6月10日第十三届全国人民代表大会常务委员会第二十九次会议通过　2021年6月10日中华人民共和国主席令第90号公布　自公布之日起施行）

第一条　为了维护国家主权、安全、发展利益，保护我国公民、组织的合法权益，根据宪法，制定本法。

第二条　中华人民共和国坚持独立自主的和平外交政策，坚持互相尊重主权和领土完整、互不侵犯、互不干涉内政、平等互利、和平共处的五项原则，维护以联合国为核心的国际体系和以国际法为基础的国际秩序，发展同世界各国的友好合作，推动构建人类命运共同体。

第三条　中华人民共和国反对霸权主义和强权政治，反对任何国家以任何借口、任何方式干涉中国内政。

外国国家违反国际法和国际关系基本准则，以各种借口或者依据其本国法律对我国进行遏制、打压，对我国公民、组织采取歧视性限制措施，干涉我国内政的，我国有权采取相应反制措施。

第四条　国务院有关部门可以决定将直接或者间接参与制定、决定、实施本法第三条规定的歧视性限制措施的个人、组织列入反制清单。

第五条　除根据本法第四条规定列入反制清单的个人、组织以外，国务院有关部门还可以决定对下列个人、组织采取反制措施：

（一）列入反制清单个人的配偶和直系亲属；

（二）列入反制清单组织的高级管理人员或者实际控制人；

（三）由列入反制清单个人担任高级管理人员的组织；

（四）由列入反制清单个人和组织实际控制或者参与设立、运营的组织。

第六条　国务院有关部门可以按照各自职责和任务分工，对本法第四条、第五条规定的个人、组织，根据实际情况决定采取下列一种或者几种措施：

（一）不予签发签证、不准入境、注销签证或者驱逐出境；

（二）查封、扣押、冻结在我国境内的动产、不动产和其他各类财产；

（三）禁止或者限制我国境内的组织、个人与其进行有关交易、合作等活动；

（四）其他必要措施。

第七条 国务院有关部门依据本法第四条至第六条规定作出的决定为最终决定。

第八条 采取反制措施所依据的情形发生变化的，国务院有关部门可以暂停、变更或者取消有关反制措施。

第九条 反制清单和反制措施的确定、暂停、变更或者取消，由外交部或者国务院其他有关部门发布命令予以公布。

第十条 国家设立反外国制裁工作协调机制，负责统筹协调相关工作。

国务院有关部门应当加强协同配合和信息共享，按照各自职责和任务分工确定和实施有关反制措施。

第十一条 我国境内的组织和个人应当执行国务院有关部门采取的反制措施。

对违反前款规定的组织和个人，国务院有关部门依法予以处理，限制或者禁止其从事相关活动。

第十二条 任何组织和个人均不得执行或者协助执行外国国家对我国公民、组织采取的歧视性限制措施。

组织和个人违反前款规定，侵害我国公民、组织合法权益的，我国公民、组织可以依法向人民法院提起诉讼，要求其停止侵害、赔偿损失。

第十三条 对于危害我国主权、安全、发展利益的行为，除本法规定外，有关法律、行政法规、部门规章可以规定采取其他必要的反制措施。

第十四条 任何组织和个人不执行、不配合实施反制措施的，依法追究法律责任。

第十五条 对于外国国家、组织或者个人实施、协助、支持危害我国主权、安全、发展利益的行为，需要采取必要反制措施的，参照本法有关规定执行。

第十六条 本法自公布之日起施行。

中华人民共和国出境入境管理法

（2012年6月30日第十一届全国人民代表大会常务委员会第二十七次会议通过　2012年6月30日中华人民共和国主席令第57号公布　自2013年7月1日起施行）

目　　录

第一章　总　　则
第二章　中国公民出境入境
第三章　外国人入境出境
　第一节　签　　证
　第二节　入境出境
第四章　外国人停留居留
　第一节　停留居留
　第二节　永久居留
第五章　交通运输工具出境入境边防检查
第六章　调查和遣返
第七章　法律责任
第八章　附　　则

第一章　总　　则

第一条　为了规范出境入境管理，维护中华人民共和国的主权、安全和社会秩序，促进对外交往和对外开放，制定本法。

第二条　中国公民出境入境、外国人入境出境、外国人在中国境内停留居留的管理，以及交通运输工具出境入境的边防检查，适用本法。

第三条　国家保护中国公民出境入境合法权益。

在中国境内的外国人的合法权益受法律保护。在中国境内的外国人应当遵守中国法律，不得危害中国国家安全、损害社会公共利益、破坏社会公共秩序。

第四条 公安部、外交部按照各自职责负责有关出境入境事务的管理。

中华人民共和国驻外使馆、领馆或者外交部委托的其他驻外机构（以下称驻外签证机关）负责在境外签发外国人入境签证。出入境边防检查机关负责实施出境入境边防检查。县级以上地方人民政府公安机关及其出入境管理机构负责外国人停留居留管理。

公安部、外交部可以在各自职责范围内委托县级以上地方人民政府公安机关出入境管理机构、县级以上地方人民政府外事部门受理外国人入境、停留居留申请。

公安部、外交部在出境入境事务管理中，应当加强沟通配合，并与国务院有关部门密切合作，按照各自职责分工，依法行使职权，承担责任。

第五条 国家建立统一的出境入境管理信息平台，实现有关管理部门信息共享。

第六条 国家在对外开放的口岸设立出入境边防检查机关。

中国公民、外国人以及交通运输工具应当从对外开放的口岸出境入境，特殊情况下，可以从国务院或者国务院授权的部门批准的地点出境入境。出境入境人员和交通运输工具应当接受出境入境边防检查。

出入境边防检查机关负责对口岸限定区域实施管理。根据维护国家安全和出境入境管理秩序的需要，出入境边防检查机关可以对出境入境人员携带的物品实施边防检查。必要时，出入境边防检查机关可以对出境入境交通运输工具载运的货物实施边防检查，但是应当通知海关。

第七条 经国务院批准，公安部、外交部根据出境入境管理的需要，可以对留存出境入境人员的指纹等人体生物识别信息作出规定。

外国政府对中国公民签发签证、出境入境管理有特别规定的，中国政府可以根据情况采取相应的对等措施。

第八条 履行出境入境管理职责的部门和机构应当切实采取措施，不断提升服务和管理水平，公正执法，便民高效，维护安全、便捷的出境入境秩序。

第二章 中国公民出境入境

第九条 中国公民出境入境，应当依法申请办理护照或者其他旅行证件。

中国公民前往其他国家或者地区，还需要取得前往国签证或者其他入境许可证明。但是，中国政府与其他国家政府签订互免签证协议或者公安部、外交部另有规定的除外。

中国公民以海员身份出境入境和在国外船舶上从事工作的，应当依法申请办理海员证。

第十条 中国公民往来内地与香港特别行政区、澳门特别行政区，中国公民往来大陆与台湾地区，应当依法申请办理通行证件，并遵守本法有关规定。具体管理办法由国务院规定。

第十一条 中国公民出境入境，应当向出入境边防检查机关交验本人的护照或者其他旅行证件等出境入境证件，履行规定的手续，经查验准许，方可出境入境。

具备条件的口岸，出入境边防检查机关应当为中国公民出境入境提供专用通道等便利措施。

第十二条 中国公民有下列情形之一的，不准出境：

（一）未持有效出境入境证件或者拒绝、逃避接受边防检查的；

（二）被判处刑罚尚未执行完毕或者属于刑事案件被告人、犯罪嫌疑人的；

（三）有未了结的民事案件，人民法院决定不准出境的；

（四）因妨害国（边）境管理受到刑事处罚或者因非法出境、非法居留、非法就业被其他国家或者地区遣返，未满不准出境规定年限的；

（五）可能危害国家安全和利益，国务院有关主管部门决定不准出境的；

（六）法律、行政法规规定不准出境的其他情形。

第十三条 定居国外的中国公民要求回国定居的，应当在入境前向中华人民共和国驻外使馆、领馆或者外交部委托的其他驻外机构提出申请，也可以由本人或者经由国内亲属向拟定居地的县级以上地方人民政府侨务部门提出申请。

第十四条 定居国外的中国公民在中国境内办理金融、教育、医疗、交通、电信、社会保险、财产登记等事务需要提供身份证明的，可以凭本人的护照证明其身份。

第三章 外国人入境出境

第一节 签 证

第十五条 外国人入境，应当向驻外签证机关申请办理签证，但是本法另有规定的除外。

第十六条 签证分为外交签证、礼遇签证、公务签证、普通签证。

对因外交、公务事由入境的外国人，签发外交、公务签证；对因身份特殊需要给予礼遇的外国人，签发礼遇签证。外交签证、礼遇签证、公务签证的签发范围和签发办法由外交部规定。

对因工作、学习、探亲、旅游、商务活动、人才引进等非外交、公务事由入境的外国人，签发相应类别的普通签证。普通签证的类别和签发办法由国务院规定。

第十七条 签证的登记项目包括：签证种类，持有人姓名、性别、出生日期、入境次数、入境有效期、停留期限，签发日期、地点，护照或者其他国际旅行证件号码等。

第十八条 外国人申请办理签证，应当向驻外签证机关提交本人的护照或者其他国际旅行证件，以及申请事由的相关材料，按照驻外签证机关的要求办理相关手续、接受面谈。

第十九条 外国人申请办理签证需要提供中国境内的单位或者个人出具的邀请函件的，申请人应当按照驻外签证机关的要求提供。出具邀请函件的单位或者个人应当对邀请内容的真实性负责。

第二十条 出于人道原因需要紧急入境，应邀入境从事紧急商务、工程抢修或者具有其他紧急入境需要并持有有关主管部门同意在口岸申办签证的证明材料的外国人，可以在国务院批准办理口岸签证业务的口岸，向公安部委托的口岸签证机关（以下简称口岸签证机关）申请办理口岸签证。

旅行社按照国家有关规定组织入境旅游的，可以向口岸签证机关申请办理团体旅游签证。

外国人向口岸签证机关申请办理签证，应当提交本人的护照或者其他国际旅行证件，以及申请事由的相关材料，按照口岸签证机关的要求办理相关手续，并从申请签证的口岸入境。

口岸签证机关签发的签证一次入境有效，签证注明的停留期限不得超过三十日。

第二十一条　外国人有下列情形之一的，不予签发签证：

（一）被处驱逐出境或者被决定遣送出境，未满不准入境规定年限的；

（二）患有严重精神障碍、传染性肺结核病或者有可能对公共卫生造成重大危害的其他传染病的；

（三）可能危害中国国家安全和利益、破坏社会公共秩序或者从事其他违法犯罪活动的；

（四）在申请签证过程中弄虚作假或者不能保障在中国境内期间所需费用的；

（五）不能提交签证机关要求提交的相关材料的；

（六）签证机关认为不宜签发签证的其他情形。

对不予签发签证的，签证机关可以不说明理由。

第二十二条　外国人有下列情形之一的，可以免办签证：

（一）根据中国政府与其他国家政府签订的互免签证协议，属于免办签证人员的；

（二）持有效的外国人居留证件的；

（三）持联程客票搭乘国际航行的航空器、船舶、列车从中国过境前往第三国或者地区，在中国境内停留不超过二十四小时且不离开口岸，或者在国务院批准的特定区域内停留不超过规定时限的；

（四）国务院规定的可以免办签证的其他情形。

第二十三条　有下列情形之一的外国人需要临时入境的，应当向出入境边防检查机关申请办理临时入境手续：

（一）外国船员及其随行家属登陆港口所在城市的；

（二）本法第二十二条第三项规定的人员需要离开口岸的；

（三）因不可抗力或者其他紧急原因需要临时入境的。

临时入境的期限不得超过十五日。

对申请办理临时入境手续的外国人，出入境边防检查机关可以要求外国人本人、载运其入境的交通运输工具的负责人或者交通运输工具出境入境业务代理单位提供必要的保证措施。

第二节　入境出境

第二十四条　外国人入境，应当向出入境边防检查机关交验本人的护照或者其他国际旅行证件、签证或者其他入境许可证明，履行规定的手续，经查验准许，方可入境。

第二十五条　外国人有下列情形之一的，不准入境：

（一）未持有效出境入境证件或者拒绝、逃避接受边防检查的；

（二）具有本法第二十一条第一款第一项至第四项规定情形的；

（三）入境后可能从事与签证种类不符的活动的；

（四）法律、行政法规规定不准入境的其他情形。

对不准入境的，出入境边防检查机关可以不说明理由。

第二十六条　对未被准许入境的外国人，出入境边防检查机关应当责令其返回；对拒不返回的，强制其返回。外国人等待返回期间，不得离开限定的区域。

第二十七条　外国人出境，应当向出入境边防检查机关交验本人的护照或者其他国际旅行证件等出境入境证件，履行规定的手续，经查验准许，方可出境。

第二十八条　外国人有下列情形之一的，不准出境：

（一）被判处刑罚尚未执行完毕或者属于刑事案件被告人、犯罪嫌疑人的，但是按照中国与外国签订的有关协议，移管被判刑人的除外；

（二）有未了结的民事案件，人民法院决定不准出境的；

（三）拖欠劳动者的劳动报酬，经国务院有关部门或者省、自治区、直辖市人民政府决定不准出境的；

（四）法律、行政法规规定不准出境的其他情形。

第四章 外国人停留居留

第一节 停留居留

第二十九条 外国人所持签证注明的停留期限不超过一百八十日的，持证人凭签证并按照签证注明的停留期限在中国境内停留。

需要延长签证停留期限的，应当在签证注明的停留期限届满七日前向停留地县级以上地方人民政府公安机关出入境管理机构申请，按照要求提交申请事由的相关材料。经审查，延期理由合理、充分的，准予延长停留期限；不予延长停留期限的，应当按期离境。

延长签证停留期限，累计不得超过签证原注明的停留期限。

第三十条 外国人所持签证注明入境后需要办理居留证件的，应当自入境之日起三十日内，向拟居留地县级以上地方人民政府公安机关出入境管理机构申请办理外国人居留证件。

申请办理外国人居留证件，应当提交本人的护照或者其他国际旅行证件，以及申请事由的相关材料，并留存指纹等人体生物识别信息。公安机关出入境管理机构应当自收到申请材料之日起十五日内进行审查并作出审查决定，根据居留事由签发相应类别和期限的外国人居留证件。

外国人工作类居留证件的有效期最短为九十日，最长为五年；非工作类居留证件的有效期最短为一百八十日，最长为五年。

第三十一条 外国人有下列情形之一的，不予签发外国人居留证件：

（一）所持签证类别属于不应办理外国人居留证件的；

（二）在申请过程中弄虚作假的；

（三）不能按照规定提供相关证明材料的；

（四）违反中国有关法律、行政法规，不适合在中国境内居留的；

（五）签发机关认为不宜签发外国人居留证件的其他情形。

符合国家规定的专门人才、投资者或者出于人道等原因确需由停留变更为居留的外国人，经设区的市级以上地方人民政府公安机关出入境管理机构批准可以办理外国人居留证件。

第三十二条 在中国境内居留的外国人申请延长居留期限的，应当在居留证件有效期限届满三十日前向居留地县级以上地方人民政府公安机关出入境管理机构提出申请，按照要求提交申请事由的相关材料。经审查，延期理由合理、充分的，准予延长居留期限；不予延长居留期限的，应当按期离境。

第三十三条 外国人居留证件的登记项目包括：持有人姓名、性别、出生日期、居留事由、居留期限，签发日期、地点，护照或者其他国际旅行证件号码等。

外国人居留证件登记事项发生变更的，持证件人应当自登记事项发生变更之日起十日内向居留地县级以上地方人民政府公安机关出入境管理机构申请办理变更。

第三十四条 免办签证入境的外国人需要超过免签期限在中国境内停留的，外国船员及其随行家属在中国境内停留需要离开港口所在城市，或者具有需要办理外国人停留证件其他情形的，应当按照规定办理外国人停留证件。

外国人停留证件的有效期最长为一百八十日。

第三十五条 外国人入境后，所持的普通签证、停留居留证件损毁、遗失、被盗抢或者有符合国家规定的事由需要换发、补发的，应当按照规定向停留居留地县级以上地方人民政府公安机关出入境管理机构提出申请。

第三十六条 公安机关出入境管理机构作出的不予办理普通签证延期、换发、补发，不予办理外国人停留居留证件、不予延长居留期限的决定为最终决定。

第三十七条 外国人在中国境内停留居留，不得从事与停留居留事由不相符的活动，并应当在规定的停留居留期限届满前离境。

第三十八条 年满十六周岁的外国人在中国境内停留居留，应当随身携带本人的护照或者其他国际旅行证件，或者外国人停留居留证件，接受公安机关的查验。

在中国境内居留的外国人，应当在规定的时间内到居留地县级以上地方人民政府公安机关交验外国人居留证件。

第三十九条 外国人在中国境内旅馆住宿的，旅馆应当按照旅馆业治安管理的有关规定为其办理住宿登记，并向所在地公安机关报送外国人住宿登记信息。

外国人在旅馆以外的其他住所居住或者住宿的，应当在入住后二十四小时内由本人或者留宿人，向居住地的公安机关办理登记。

第四十条 在中国境内出生的外国婴儿，其父母或者代理人应当在婴儿出生六十日内，持该婴儿的出生证明到父母停留居留地县级以上地方人民政府公安机关出入境管理机构为其办理停留或者居留登记。

外国人在中国境内死亡的，其家属、监护人或者代理人，应当按照规定，持该外国人的死亡证明向县级以上地方人民政府公安机关出入境管理机构申报，注销外国人停留居留证件。

第四十一条 外国人在中国境内工作，应当按照规定取得工作许可和工作类居留证件。任何单位和个人不得聘用未取得工作许可和工作类居留证件的外国人。

外国人在中国境内工作管理办法由国务院规定。

第四十二条 国务院人力资源社会保障主管部门、外国专家主管部门会同国务院有关部门根据经济社会发展需要和人力资源供求状况制定并定期调整外国人在中国境内工作指导目录。

国务院教育主管部门会同国务院有关部门建立外国留学生勤工助学管理制度，对外国留学生勤工助学的岗位范围和时限作出规定。

第四十三条 外国人有下列行为之一的，属于非法就业：

（一）未按照规定取得工作许可和工作类居留证件在中国境内工作的；

（二）超出工作许可限定范围在中国境内工作的；

（三）外国留学生违反勤工助学管理规定，超出规定的岗位范围或者时限在中国境内工作的。

第四十四条 根据维护国家安全、公共安全的需要，公安机关、国家安全机关可以限制外国人、外国机构在某些地区设立居住或者办公场所；对已经设立的，可以限期迁离。

未经批准，外国人不得进入限制外国人进入的区域。

第四十五条 聘用外国人工作或者招收外国留学生的单位，应当按照规定向所在地公安机关报告有关信息。

公民、法人或者其他组织发现外国人有非法入境、非法居留、非法就业情形的，应当及时向所在地公安机关报告。

第四十六条 申请难民地位的外国人，在难民地位甄别期间，可以凭公安机关签发的临时身份证明在中国境内停留；被认定为难民的外国人，可以凭公安机关签发的难民身份证件在中国境内停留居留。

第二节 永久居留

第四十七条 对中国经济社会发展作出突出贡献或者符合其他在中国境内永久居留条件的外国人，经本人申请和公安部批准，取得永久居留资格。

外国人在中国境内永久居留的审批管理办法由公安部、外交部会同国务院有关部门规定。

第四十八条 取得永久居留资格的外国人，凭永久居留证件在中国境内居留和工作，凭本人的护照和永久居留证件出境入境。

第四十九条 外国人有下列情形之一的，由公安部决定取消其在中国境内永久居留资格：

（一）对中国国家安全和利益造成危害的；

（二）被处驱逐出境的；

（三）弄虚作假骗取在中国境内永久居留资格的；

（四）在中国境内居留未达到规定时限的；

（五）不适宜在中国境内永久居留的其他情形。

第五章 交通运输工具出境入境边防检查

第五十条 出境入境交通运输工具离开、抵达口岸时，应当接受边防检查。对交通运输工具的入境边防检查，在其最先抵达的口岸进行；对交通运输工具的出境边防检查，在其最后离开的口岸进行。特殊情况下，可以在有关主管机关指定的地点进行。

出境的交通运输工具自出境检查后至出境前，入境的交通运输工具自入境后至入境检查前，未经出入境边防检查机关按照规定程序许可，不得上下人员、装卸货物或者物品。

第五十一条 交通运输工具负责人或者交通运输工具出境入境业务代理单位应当按照规定提前向出入境边防检查机关报告入境、出境的交通运输工具抵达、离开口岸的时间和停留地点，如实申报员工、旅客、货物或者物品等信息。

第五十二条 交通运输工具负责人、交通运输工具出境入境业务代理单位应当配合出境入境边防检查，发现违反本法规定行为的，应当立即报告并协助调查处理。

入境交通运输工具载运不准入境人员的，交通运输工具负责人应当负责载离。

第五十三条 出入境边防检查机关按照规定对处于下列情形之一的出境入境交通运输工具进行监护：

（一）出境的交通运输工具在出境边防检查开始后至出境前、入境的交通运输工具在入境后至入境边防检查完成前；

（二）外国船舶在中国内河航行期间；

（三）有必要进行监护的其他情形。

第五十四条 因装卸物品、维修作业、参观访问等事由需要上下外国船舶的人员，应当向出入境边防检查机关申请办理登轮证件。

中国船舶与外国船舶或者外国船舶之间需要搭靠作业的，应当由船长或者交通运输工具出境入境业务代理单位向出入境边防检查机关申请办理船舶搭靠手续。

第五十五条 外国船舶、航空器在中国境内应当按照规定的路线、航线行驶。

出境入境的船舶、航空器不得驶入对外开放口岸以外地区。因不可预见的紧急情况或者不可抗力驶入的，应当立即向就近的出入境边防检查机关或者当地公安机关报告，并接受监护和管理。

第五十六条 交通运输工具有下列情形之一的，不准出境入境；已经驶离口岸的，可以责令返回：

（一）离开、抵达口岸时，未经查验准许擅自出境入境的；

（二）未经批准擅自改变出境入境口岸的；

（三）涉嫌载有不准出境入境人员，需要查验核实的；

（四）涉嫌载有危害国家安全、利益和社会公共秩序的物品，需要查验核实的；

（五）拒绝接受出入境边防检查机关管理的其他情形。

前款所列情形消失后，出入境边防检查机关对有关交通运输工具应当立即放行。

第五十七条 从事交通运输工具出境入境业务代理的单位，应当向出入境边防检查机关备案。从事业务代理的人员，由所在单位向出入境边防检查机关办理备案手续。

第六章 调查和遣返

第五十八条 本章规定的当场盘问、继续盘问、拘留审查、限制活动范围、遣送出境措施，由县级以上地方人民政府公安机关或者出入境边防检查机关实施。

第五十九条 对涉嫌违反出境入境管理的人员，可以当场盘问；经当场盘问，有下列情形之一的，可以依法继续盘问：

（一）有非法出境入境嫌疑的；

（二）有协助他人非法出境入境嫌疑的；

（三）外国人有非法居留、非法就业嫌疑的；

（四）有危害国家安全和利益，破坏社会公共秩序或者从事其他违法犯罪活动嫌疑的。

当场盘问和继续盘问应当依据《中华人民共和国人民警察法》规定的程序进行。

县级以上地方人民政府公安机关或者出入境边防检查机关需要传唤涉嫌违反出境入境管理的人员的，依照《中华人民共和国治安管理处罚法》的有关规定执行。

第六十条 外国人有本法第五十九条第一款规定情形之一的，经当场盘问或者继续盘问后仍不能排除嫌疑，需要作进一步调查的，可以拘留审查。

实施拘留审查，应当出示拘留审查决定书，并在二十四小时内进行询问。发现不应当拘留审查的，应当立即解除拘留审查。

拘留审查的期限不得超过三十日；案情复杂的，经上一级地方人民政府公安机关或者出入境边防检查机关批准可以延长至六十日。对国籍、身份不明的外国人，拘留审查期限自查清其国籍、身份之日起计算。

第六十一条 外国人有下列情形之一的，不适用拘留审查，可以限制其活动范围：

（一）患有严重疾病的；

（二）怀孕或者哺乳自己不满一周岁婴儿的；

（三）未满十六周岁或者已满七十周岁的；

（四）不宜适用拘留审查的其他情形。

被限制活动范围的外国人，应当按照要求接受审查，未经公安机关批准，不得离开限定的区域。限制活动范围的期限不得超过六十日。对国籍、身份不明的外国人，限制活动范围期限自查清其国籍、身份之日起计算。

第六十二条 外国人有下列情形之一的，可以遣送出境：

（一）被处限期出境，未在规定期限内离境的；

（二）有不准入境情形的；

（三）非法居留、非法就业的；

（四）违反本法或者其他法律、行政法规需要遣送出境的。

其他境外人员有前款所列情形之一的，可以依法遣送出境。

被遣送出境的人员，自被遣送出境之日起一至五年内不准入境。

第六十三条 被拘留审查或者被决定遣送出境但不能立即执行的人员，应当羁押在拘留所或者遣返场所。

第六十四条 外国人对依照本法规定对其实施的继续盘问、拘留审查、限制活动范围、遣送出境措施不服的，可以依法申请行政复议，该行政复议决定为最终决定。

其他境外人员对依照本法规定对其实施的遣送出境措施不服，申请行政复议的，适用前款规定。

第六十五条 对依法决定不准出境或者不准入境的人员，决定机关应当按照规定及时通知出入境边防检查机关；不准出境、入境情形消失的，决定机关应当及时撤销不准出境、入境决定，并通知出入境边防检查机关。

第六十六条 根据维护国家安全和出境入境管理秩序的需要，必要时，出入境边防检查机关可以对出境入境的人员进行人身检查。人身检查应当由两名与受检查人同性别的边防检查人员进行。

第六十七条 签证、外国人停留居留证件等出境入境证件发生损毁、遗失、被盗抢或者签发后发现持证人不符合签发条件等情形的，由签发机关宣布该出境入境证件作废。

伪造、变造、骗取或者被证件签发机关宣布作废的出境入境证件无效。

公安机关可以对前款规定的或被他人冒用的出境入境证件予以注销或者收缴。

第六十八条 对用于组织、运送、协助他人非法出境入境的交通运输工具，以及需要作为办案证据的物品，公安机关可以扣押。

对查获的违禁物品，涉及国家秘密的文件、资料以及用于实施违反出境入境管理活动的工具等，公安机关应当予以扣押，并依照相关法律、行政法规规定处理。

第六十九条 出境入境证件的真伪由签发机关、出入境边防检查机关或者公安机关出入境管理机构认定。

第七章 法律责任

第七十条 本章规定的行政处罚，除本章另有规定外，由县级以上地方人民政府公安机关或者出入境边防检查机关决定；其中警告或者五千元以下罚款，可以由县级以上地方人民政府公安机关出入境管理机构决定。

第七十一条 有下列行为之一的，处一千元以上五千元以下罚款；情节严重的，处五日以上十日以下拘留，可以并处二千元以上一万元以下罚款：

（一）持用伪造、变造、骗取的出境入境证件出境入境的；

（二）冒用他人出境入境证件出境入境的；

（三）逃避出境入境边防检查的；

（四）以其他方式非法出境入境的。

第七十二条 协助他人非法出境入境的，处二千元以上一万元以下罚款；情节严重的，处十日以上十五日以下拘留，并处五千元以上二万元以下罚款，有违法所得的，没收违法所得。

单位有前款行为的，处一万元以上五万元以下罚款，有违法所得的，没收违法所得，并对其直接负责的主管人员和其他直接责任人员依照前款规定予以处罚。

第七十三条 弄虚作假骗取签证、停留居留证件等出境入境证件的，处二千元以上五千元以下罚款；情节严重的，处十日以上十五日以下拘留，并处五千元以上二万元以下罚款。

单位有前款行为的，处一万元以上五万元以下罚款，并对其直接负责的主管人员和其他直接责任人员依照前款规定予以处罚。

第七十四条 违反本法规定，为外国人出具邀请函件或者其他申请材料的，处五千元以上一万元以下罚款，有违法所得的，没收违法所得，并责令其承担所邀请外国人的出境费用。

单位有前款行为的，处一万元以上五万元以下罚款，有违法所得的，没收违法所得，并责令其承担所邀请外国人的出境费用，对其直接负责的主管人员和其他直接责任人员依照前款规定予以处罚。

第七十五条 中国公民出境后非法前往其他国家或者地区被遣返的，出入境边防检查机关应当收缴其出境入境证件，出境入境证件签发机关自其被遣返之日起六个月至三年以内不予签发出境入境证件。

第七十六条 有下列情形之一的，给予警告，可以并处二千元以下罚款：

（一）外国人拒不接受公安机关查验其出境入境证件的；

（二）外国人拒不交验居留证件的；

（三）未按照规定办理外国人出生登记、死亡申报的；

（四）外国人居留证件登记事项发生变更，未按照规定办理变更的；

（五）在中国境内的外国人冒用他人出境入境证件的；

（六）未按照本法第三十九条第二款规定办理登记的。

旅馆未按照规定办理外国人住宿登记的，依照《中华人民共和国治安管理处罚法》的有关规定予以处罚；未按照规定向公安机关报送外国人住宿登记信息的，给予警告；情节严重的，处一千元以上五千元以下罚款。

第七十七条 外国人未经批准，擅自进入限制外国人进入的区域，责令立即离开；情节严重的，处五日以上十日以下拘留。对外国人非法获取的文字记录、音像资料、电子数据和其他物品，予以收缴或者销毁，所用工具予以收缴。

外国人、外国机构违反本法规定，拒不执行公安机关、国家安全机关限期迁离决定的，给予警告并强制迁离；情节严重的，对有关责任人员处五日以上十五日以下拘留。

第七十八条 外国人非法居留的，给予警告；情节严重的，处每非法居留一日五百元，总额不超过一万元的罚款或者五日以上十五日以下拘留。

因监护人或者其他负有监护责任的人未尽到监护义务，致使未满十六周岁的外国人非法居留的，对监护人或者其他负有监护责任的人给予警告，可以并处一千元以下罚款。

第七十九条 容留、藏匿非法入境、非法居留的外国人，协助非法入境、非法居留的外国人逃避检查，或者为非法居留的外国人违法提供出境入境证件的，处二千元以上一万元以下罚款；情节严重的，处五日以上十五日以下拘留，并处五千元以上二万元以下罚款，有违法所得的，没收违法所得。

单位有前款行为的，处一万元以上五万元以下罚款，有违法所得的，没收违法所得，并对其直接负责的主管人员和其他直接责任人员依照前款规定予以处罚。

第八十条 外国人非法就业的，处五千元以上二万元以下罚款；情节严重的，处五日以上十五日以下拘留，并处五千元以上二万元以下罚款。

介绍外国人非法就业的，对个人处每非法介绍一人五千元，总额不超过五万元的罚款；对单位处每非法介绍一人五千元，总额不超过十万元的罚款；有违法所得的，没收违法所得。

非法聘用外国人的，处每非法聘用一人一万元，总额不超过十万元的罚款；有违法所得的，没收违法所得。

第八十一条 外国人从事与停留居留事由不相符的活动，或者有其他违反中国法律、法规规定，不适宜在中国境内继续停留居留情形的，可以处限期出境。

外国人违反本法规定，情节严重，尚不构成犯罪的，公安部可以处驱逐出境。公安部的处罚决定为最终决定。

被驱逐出境的外国人，自被驱逐出境之日起十年内不准入境。

第八十二条 有下列情形之一的，给予警告，可以并处二千元以下罚款：

（一）扰乱口岸限定区域管理秩序的；

（二）外国船员及其随行家属未办理临时入境手续登陆的；

（三）未办理登轮证件上下外国船舶的。

违反前款第一项规定，情节严重的，可以并处五日以上十日以下拘留。

第八十三条 交通运输工具有下列情形之一的，对其负责人处五千元以上五万元以下罚款：

（一）未经查验准许擅自出境入境或者未经批准擅自改变出境入境口岸的；

（二）未按照规定如实申报员工、旅客、货物或者物品等信息，或者拒绝协助出境入境边防检查的；

（三）违反出境入境边防检查规定上下人员、装卸货物或者物品的。

出境入境交通运输工具载运不准出境入境人员出境入境的，处每载运一人五千元以上一万元以下罚款。交通运输工具负责人证明其已经采取合理预防措施的，可以减轻或者免予处罚。

第八十四条 交通运输工具有下列情形之一的，对其负责人处二千元以上二万元以下罚款：

（一）中国或者外国船舶未经批准擅自搭靠外国船舶的；

（二）外国船舶、航空器在中国境内未按照规定的路线、航线行驶的；

（三）出境入境的船舶、航空器违反规定驶入对外开放口岸以外地区的。

第八十五条 履行出境入境管理职责的工作人员，有下列行为之一的，依法给予处分：

（一）违反法律、行政法规，为不符合规定条件的外国人签发签证、外国人停留居留证件等出境入境证件的；

（二）违反法律、行政法规，审核验放不符合规定条件的人员或者交通运输工具出境入境的；

（三）泄露在出境入境管理工作中知悉的个人信息，侵害当事人合法权益的；

（四）不按照规定将依法收取的费用、收缴的罚款及没收的违法所得、非法财物上缴国库的；

（五）私分、侵占、挪用罚没、扣押的款物或者收取的费用的；

（六）滥用职权、玩忽职守、徇私舞弊，不依法履行法定职责的其他行为。

第八十六条 对违反出境入境管理行为处五百元以下罚款的，出入境边防检查机关可以当场作出处罚决定。

第八十七条 对违反出境入境管理行为处罚款的，被处罚人应当自收到处罚决定书之日起十五日内，到指定的银行缴纳罚款。被处罚人在所在地没有固定住所，不当场收缴罚款事后难以执行或者在口岸向指定银行缴纳罚款确有困难的，可以当场收缴。

第八十八条 违反本法规定，构成犯罪的，依法追究刑事责任。

第八章 附　　则

第八十九条 本法下列用语的含义：

出境，是指由中国内地前往其他国家或者地区，由中国内地前往香港特别行政区、澳门特别行政区，由中国大陆前往台湾地区。

入境，是指由其他国家或者地区进入中国内地，由香港特别行政区、澳门特别行政区进入中国内地，由台湾地区进入中国大陆。

外国人，是指不具有中国国籍的人。

第九十条 经国务院批准，同毗邻国家接壤的省、自治区可以根据中国与有关国家签订的边界管理协定制定地方性法规、地方政府规章，对两国边境接壤地区的居民往来作出规定。

第九十一条 外国驻中国的外交代表机构、领事机构成员以及享有特权和豁免的其他外国人，其入境出境及停留居留管理，其他法律另有规定的，依照其规定。

第九十二条 外国人申请办理签证、外国人停留居留证件等出境入境证件或者申请办理证件延期、变更的，应当按照规定缴纳签证费、证件费。

第九十三条 本法自 2013 年 7 月 1 日起施行。《中华人民共和国外国人入境出境管理法》和《中华人民共和国公民出境入境管理法》同时废止。

中华人民共和国对外贸易法

（1994年5月12日第八届全国人民代表大会常务委员会第七次会议通过　2004年4月6日第十届全国人民代表大会常务委员会第八次会议修订　根据2016年11月7日第十二届全国人民代表大会常务委员会第二十四次会议《关于修改〈中华人民共和国对外贸易法〉等十二部法律的决定》第一次修正　根据2022年12月30日第十三届全国人民代表大会常务委员会第三十八次会议《关于修改〈中华人民共和国对外贸易法〉的决定》第二次修正）

目　　录

第一章　总　　则
第二章　对外贸易经营者
第三章　货物进出口与技术进出口
第四章　国际服务贸易
第五章　与对外贸易有关的知识产权保护
第六章　对外贸易秩序
第七章　对外贸易调查
第八章　对外贸易救济
第九章　对外贸易促进
第十章　法律责任
第十一章　附　　则

第一章　总　　则

第一条　为了扩大对外开放，发展对外贸易，维护对外贸易秩序，保护对外贸易经营者的合法权益，促进社会主义市场经济的健康发展，制定本法。

第二条　本法适用于对外贸易以及与对外贸易有关的知识产权保护。

本法所称对外贸易，是指货物进出口、技术进出口和国际服务贸易。

第三条 国务院对外贸易主管部门依照本法主管全国对外贸易工作。

第四条 国家实行统一的对外贸易制度，鼓励发展对外贸易，维护公平、自由的对外贸易秩序。

第五条 中华人民共和国根据平等互利的原则，促进和发展同其他国家和地区的贸易关系，缔结或者参加关税同盟协定、自由贸易区协定等区域经济贸易协定，参加区域经济组织。

第六条 中华人民共和国在对外贸易方面根据所缔结或者参加的国际条约、协定，给予其他缔约方、参加方最惠国待遇、国民待遇等待遇，或者根据互惠、对等原则给予对方最惠国待遇、国民待遇等待遇。

第七条 任何国家或者地区在贸易方面对中华人民共和国采取歧视性的禁止、限制或者其他类似措施的，中华人民共和国可以根据实际情况对该国家或者该地区采取相应的措施。

第二章 对外贸易经营者

第八条 本法所称对外贸易经营者，是指依法办理工商登记或者其他执业手续，依照本法和其他有关法律、行政法规的规定从事对外贸易经营活动的法人、其他组织或者个人。

第九条 从事国际服务贸易，应当遵守本法和其他有关法律、行政法规的规定。

从事对外劳务合作的单位，应当具备相应的资质。具体办法由国务院规定。

第十条 国家可以对部分货物的进出口实行国营贸易管理。实行国营贸易管理货物的进出口业务只能由经授权的企业经营；但是，国家允许部分数量的国营贸易管理货物的进出口业务由非授权企业经营的除外。

实行国营贸易管理的货物和经授权经营企业的目录，由国务院对外贸易主管部门会同国务院其他有关部门确定、调整并公布。

违反本条第一款规定，擅自进出口实行国营贸易管理的货物的，海关不予放行。

第十一条　对外贸易经营者可以接受他人的委托，在经营范围内代为办理对外贸易业务。

第十二条　对外贸易经营者应当按照国务院对外贸易主管部门或者国务院其他有关部门依法作出的规定，向有关部门提交与其对外贸易经营活动有关的文件及资料。有关部门应当为提供者保守商业秘密。

第三章　货物进出口与技术进出口

第十三条　国家准许货物与技术的自由进出口。但是，法律、行政法规另有规定的除外。

第十四条　国务院对外贸易主管部门基于监测进出口情况的需要，可以对部分自由进出口的货物实行进出口自动许可并公布其目录。

实行自动许可的进出口货物，收货人、发货人在办理海关报关手续前提出自动许可申请的，国务院对外贸易主管部门或者其委托的机构应当予以许可；未办理自动许可手续的，海关不予放行。

进出口属于自由进出口的技术，应当向国务院对外贸易主管部门或者其委托的机构办理合同备案登记。

第十五条　国家基于下列原因，可以限制或者禁止有关货物、技术的进口或者出口：

（一）为维护国家安全、社会公共利益或者公共道德，需要限制或者禁止进口或者出口的；

（二）为保护人的健康或者安全，保护动物、植物的生命或者健康，保护环境，需要限制或者禁止进口或者出口的；

（三）为实施与黄金或者白银进出口有关的措施，需要限制或者禁止进口或者出口的；

（四）国内供应短缺或者为有效保护可能用竭的自然资源，需要限制或者禁止出口的；

（五）输往国家或者地区的市场容量有限，需要限制出口的；

（六）出口经营秩序出现严重混乱，需要限制出口的；

（七）为建立或者加快建立国内特定产业，需要限制进口的；

（八）对任何形式的农业、牧业、渔业产品有必要限制进口的；

（九）为保障国家国际金融地位和国际收支平衡，需要限制进口的；

（十）依照法律、行政法规的规定，其他需要限制或者禁止进口或者出口的；

（十一）根据我国缔结或者参加的国际条约、协定的规定，其他需要限制或者禁止进口或者出口的。

第十六条 国家对与裂变、聚变物质或者衍生此类物质的物质有关的货物、技术进出口，以及与武器、弹药或者其他军用物资有关的进出口，可以采取任何必要的措施，维护国家安全。

在战时或者为维护国际和平与安全，国家在货物、技术进出口方面可以采取任何必要的措施。

第十七条 国务院对外贸易主管部门会同国务院其他有关部门，依照本法第十五条和第十六条的规定，制定、调整并公布限制或者禁止进出口的货物、技术目录。

国务院对外贸易主管部门或者由其会同国务院其他有关部门，经国务院批准，可以在本法第十五条和第十六条规定的范围内，临时决定限制或者禁止前款规定目录以外的特定货物、技术的进口或者出口。

第十八条 国家对限制进口或者出口的货物，实行配额、许可证等方式管理；对限制进口或者出口的技术，实行许可证管理。

实行配额、许可证管理的货物、技术，应当按照国务院规定经国务院对外贸易主管部门或者经其会同国务院其他有关部门许可，方可进口或者出口。

国家对部分进口货物可以实行关税配额管理。

第十九条 进出口货物配额、关税配额，由国务院对外贸易主管部门或者国务院其他有关部门在各自的职责范围内，按照公开、公平、公正和效益的原则进行分配。具体办法由国务院规定。

第二十条 国家实行统一的商品合格评定制度，根据有关法律、行政法规的规定，对进出口商品进行认证、检验、检疫。

第二十一条 国家对进出口货物进行原产地管理。具体办法由国务院规定。

第二十二条 对文物和野生动物、植物及其产品等，其他法律、行政法规有禁止或者限制进出口规定的，依照有关法律、行政法规的规定执行。

第四章 国际服务贸易

第二十三条 中华人民共和国在国际服务贸易方面根据所缔结或者参加的国际条约、协定中所作的承诺，给予其他缔约方、参加方市场准入和国民待遇。

第二十四条 国务院对外贸易主管部门和国务院其他有关部门，依照本法和其他有关法律、行政法规的规定，对国际服务贸易进行管理。

第二十五条 国家基于下列原因，可以限制或者禁止有关的国际服务贸易：

（一）为维护国家安全、社会公共利益或者公共道德，需要限制或者禁止的；

（二）为保护人的健康或者安全，保护动物、植物的生命或者健康，保护环境，需要限制或者禁止的；

（三）为建立或者加快建立国内特定服务产业，需要限制的；

（四）为保障国家外汇收支平衡，需要限制的；

（五）依照法律、行政法规的规定，其他需要限制或者禁止的；

（六）根据我国缔结或者参加的国际条约、协定的规定，其他需要限制或者禁止的。

第二十六条 国家对与军事有关的国际服务贸易，以及与裂变、聚变物质或者衍生此类物质的物质有关的国际服务贸易，可以采取任何必要的措施，维护国家安全。

在战时或者为维护国际和平与安全，国家在国际服务贸易方面可以采取任何必要的措施。

第二十七条 国务院对外贸易主管部门会同国务院其他有关部门，依照本法第二十五条、第二十六条和其他有关法律、行政法规的规定，制定、调整并公布国际服务贸易市场准入目录。

第五章　与对外贸易有关的知识产权保护

第二十八条　国家依照有关知识产权的法律、行政法规，保护与对外贸易有关的知识产权。

进口货物侵犯知识产权，并危害对外贸易秩序的，国务院对外贸易主管部门可以采取在一定期限内禁止侵权人生产、销售的有关货物进口等措施。

第二十九条　知识产权权利人有阻止被许可人对许可合同中的知识产权的有效性提出质疑、进行强制性一揽子许可、在许可合同中规定排他性返授条件等行为之一，并危害对外贸易公平竞争秩序的，国务院对外贸易主管部门可以采取必要的措施消除危害。

第三十条　其他国家或者地区在知识产权保护方面未给予中华人民共和国的法人、其他组织或者个人国民待遇，或者不能对来源于中华人民共和国的货物、技术或者服务提供充分有效的知识产权保护的，国务院对外贸易主管部门可以依照本法和其他有关法律、行政法规的规定，并根据中华人民共和国缔结或者参加的国际条约、协定，对与该国家或者该地区的贸易采取必要的措施。

第六章　对外贸易秩序

第三十一条　在对外贸易经营活动中，不得违反有关反垄断的法律、行政法规的规定实施垄断行为。

在对外贸易经营活动中实施垄断行为，危害市场公平竞争的，依照有关反垄断的法律、行政法规的规定处理。

有前款违法行为，并危害对外贸易秩序的，国务院对外贸易主管部门可以采取必要的措施消除危害。

第三十二条　在对外贸易经营活动中，不得实施以不正当的低价销售商品、串通投标、发布虚假广告、进行商业贿赂等不正当竞争行为。

在对外贸易经营活动中实施不正当竞争行为的，依照有关反不正当竞争的法律、行政法规的规定处理。

有前款违法行为，并危害对外贸易秩序的，国务院对外贸易主管部门可以采取禁止该经营者有关货物、技术进出口等措施消除危害。

第三十三条　在对外贸易活动中，不得有下列行为：

（一）伪造、变造进出口货物原产地标记，伪造、变造或者买卖进出口货物原产地证书、进出口许可证、进出口配额证明或者其他进出口证明文件；

（二）骗取出口退税；

（三）走私；

（四）逃避法律、行政法规规定的认证、检验、检疫；

（五）违反法律、行政法规规定的其他行为。

第三十四条　对外贸易经营者在对外贸易经营活动中，应当遵守国家有关外汇管理的规定。

第三十五条　违反本法规定，危害对外贸易秩序的，国务院对外贸易主管部门可以向社会公告。

第七章　对外贸易调查

第三十六条　为了维护对外贸易秩序，国务院对外贸易主管部门可以自行或者会同国务院其他有关部门，依照法律、行政法规的规定对下列事项进行调查：

（一）货物进出口、技术进出口、国际服务贸易对国内产业及其竞争力的影响；

（二）有关国家或者地区的贸易壁垒；

（三）为确定是否应当依法采取反倾销、反补贴或者保障措施等对外贸易救济措施，需要调查的事项；

（四）规避对外贸易救济措施的行为；

（五）对外贸易中有关国家安全利益的事项；

（六）为执行本法第七条、第二十八条第二款、第二十九条、第三十条、第三十一条第三款、第三十二条第三款的规定，需要调查的事项；

（七）其他影响对外贸易秩序，需要调查的事项。

第三十七条　启动对外贸易调查，由国务院对外贸易主管部门发布公告。

调查可以采取书面问卷、召开听证会、实地调查、委托调查等方式进行。

国务院对外贸易主管部门根据调查结果，提出调查报告或者作出处理裁定，并发布公告。

第三十八条 有关单位和个人应当对对外贸易调查给予配合、协助。

国务院对外贸易主管部门和国务院其他有关部门及其工作人员进行对外贸易调查，对知悉的国家秘密和商业秘密负有保密义务。

第八章 对外贸易救济

第三十九条 国家根据对外贸易调查结果，可以采取适当的对外贸易救济措施。

第四十条 其他国家或者地区的产品以低于正常价值的倾销方式进入我国市场，对已建立的国内产业造成实质损害或者产生实质损害威胁，或者对建立国内产业造成实质阻碍的，国家可以采取反倾销措施，消除或者减轻这种损害或者损害的威胁或者阻碍。

第四十一条 其他国家或者地区的产品以低于正常价值出口至第三国市场，对我国已建立的国内产业造成实质损害或者产生实质损害威胁，或者对我国建立国内产业造成实质阻碍的，应国内产业的申请，国务院对外贸易主管部门可以与该第三国政府进行磋商，要求其采取适当的措施。

第四十二条 进口的产品直接或者间接地接受出口国家或者地区给予的任何形式的专向性补贴，对已建立的国内产业造成实质损害或者产生实质损害威胁，或者对建立国内产业造成实质阻碍的，国家可以采取反补贴措施，消除或者减轻这种损害或者损害的威胁或者阻碍。

第四十三条 因进口产品数量大量增加，对生产同类产品或者与其直接竞争的产品的国内产业造成严重损害或者严重损害威胁的，国家可以采取必要的保障措施，消除或者减轻这种损害或者损害的威胁，并可以对该产业提供必要的支持。

第四十四条 因其他国家或者地区的服务提供者向我国提供的服务增加，对提供同类服务或者与其直接竞争的服务的国内产业造成损害或者产生损害威胁的，国家可以采取必要的救济措施，消除或者减轻这种损害或者损害的威胁。

第四十五条　因第三国限制进口而导致某种产品进入我国市场的数量大量增加，对已建立的国内产业造成损害或者产生损害威胁，或者对建立国内产业造成阻碍的，国家可以采取必要的救济措施，限制该产品进口。

第四十六条　与中华人民共和国缔结或者共同参加经济贸易条约、协定的国家或者地区，违反条约、协定的规定，使中华人民共和国根据该条约、协定享有的利益丧失或者受损，或者阻碍条约、协定目标实现的，中华人民共和国政府有权要求有关国家或者地区政府采取适当的补救措施，并可以根据有关条约、协定中止或者终止履行相关义务。

第四十七条　国务院对外贸易主管部门依照本法和其他有关法律的规定，进行对外贸易的双边或者多边磋商、谈判和争端的解决。

第四十八条　国务院对外贸易主管部门和国务院其他有关部门应当建立货物进出口、技术进出口和国际服务贸易的预警应急机制，应对对外贸易中的突发和异常情况，维护国家经济安全。

第四十九条　国家对规避本法规定的对外贸易救济措施的行为，可以采取必要的反规避措施。

第九章　对外贸易促进

第五十条　国家制定对外贸易发展战略，建立和完善对外贸易促进机制。

第五十一条　国家根据对外贸易发展的需要，建立和完善为对外贸易服务的金融机构，设立对外贸易发展基金、风险基金。

第五十二条　国家通过进出口信贷、出口信用保险、出口退税及其他促进对外贸易的方式，发展对外贸易。

第五十三条　国家建立对外贸易公共信息服务体系，向对外贸易经营者和其他社会公众提供信息服务。

第五十四条　国家采取措施鼓励对外贸易经营者开拓国际市场，采取对外投资、对外工程承包和对外劳务合作等多种形式，发展对外贸易。

第五十五条　对外贸易经营者可以依法成立和参加有关协会、商会。

有关协会、商会应当遵守法律、行政法规，按照章程对其成员提供与对外贸易有关的生产、营销、信息、培训等方面的服务，发挥协调和自律作用，依法提出有关对外贸易救济措施的申请，维护成员和行业的利益，向政府有关部门反映成员有关对外贸易的建议，开展对外贸易促进活动。

第五十六条 中国国际贸易促进组织按照章程开展对外联系，举办展览，提供信息、咨询服务和其他对外贸易促进活动。

第五十七条 国家扶持和促进中小企业开展对外贸易。

第五十八条 国家扶持和促进民族自治地方和经济不发达地区发展对外贸易。

第十章 法律责任

第五十九条 违反本法第十条规定，未经授权擅自进出口实行国营贸易管理的货物的，国务院对外贸易主管部门或者国务院其他有关部门可以处五万元以下罚款；情节严重的，可以自行政处罚决定生效之日起三年内，不受理违法行为人从事国营贸易管理货物进出口业务的申请，或者撤销已给予其从事其他国营贸易管理货物进出口的授权。

第六十条 进出口属于禁止进出口的货物的，或者未经许可擅自进出口属于限制进出口的货物的，由海关依照有关法律、行政法规的规定处理、处罚；构成犯罪的，依法追究刑事责任。

进出口属于禁止进出口的技术的，或者未经许可擅自进出口属于限制进出口的技术的，依照有关法律、行政法规的规定处理、处罚；法律、行政法规没有规定的，由国务院对外贸易主管部门责令改正，没收违法所得，并处违法所得一倍以上五倍以下罚款，没有违法所得或者违法所得不足一万元的，处一万元以上五万元以下罚款；构成犯罪的，依法追究刑事责任。

自前两款规定的行政处罚决定生效之日或者刑事处罚判决生效之日起，国务院对外贸易主管部门或者国务院其他有关部门可以在三年内不受理违法行为人提出的进出口配额或者许可证的申请，或者禁止违法行为人在一年以上三年以下的期限内从事有关货物或者技术的进出口经营活动。

第六十一条 从事属于禁止的国际服务贸易的，或者未经许可擅自从事属于限制的国际服务贸易的，依照有关法律、行政法规的规定处罚；法律、行政法规没有规定的，由国务院对外贸易主管部门责令改正，没收违法所得，并处违法所得一倍以上五倍以下罚款，没有违法所得或者违法所得不足一万元的，处一万元以上五万元以下罚款；构成犯罪的，依法追究刑事责任。

国务院对外贸易主管部门可以禁止违法行为人自前款规定的行政处罚决定生效之日或者刑事处罚判决生效之日起一年以上三年以下的期限内从事有关的国际服务贸易经营活动。

第六十二条 违反本法第三十三条规定，依照有关法律、行政法规的规定处罚；构成犯罪的，依法追究刑事责任。

国务院对外贸易主管部门可以禁止违法行为人自前款规定的行政处罚决定生效之日或者刑事处罚判决生效之日起一年以上三年以下的期限内从事有关的对外贸易经营活动。

第六十三条 依照本法第六十条至第六十二条规定被禁止从事有关对外贸易经营活动的，在禁止期限内，海关根据国务院对外贸易主管部门依法作出的禁止决定，对该对外贸易经营者的有关进出口货物不予办理报关验放手续，外汇管理部门或者外汇指定银行不予办理有关结汇、售汇手续。

第六十四条 依照本法负责对外贸易管理工作的部门的工作人员玩忽职守、徇私舞弊或者滥用职权，构成犯罪的，依法追究刑事责任；尚不构成犯罪的，依法给予行政处分。

依照本法负责对外贸易管理工作的部门的工作人员利用职务上的便利，索取他人财物，或者非法收受他人财物为他人谋取利益，构成犯罪的，依法追究刑事责任；尚不构成犯罪的，依法给予行政处分。

第六十五条 对外贸易经营活动当事人对依照本法负责对外贸易管理工作的部门作出的具体行政行为不服的，可以依法申请行政复议或者向人民法院提起行政诉讼。

第十一章　附　　则

第六十六条 与军品、裂变和聚变物质或者衍生此类物质的物质有关的对外贸易管理以及文化产品的进出口管理，法律、行政法规另有规定的，依照其规定。

第六十七条 国家对边境地区与接壤国家边境地区之间的贸易以及边民互市贸易，采取灵活措施，给予优惠和便利。具体办法由国务院规定。

第六十八条 中华人民共和国的单独关税区不适用本法。

第六十九条 本法自 2004 年 7 月 1 日起施行。

反分裂国家法

（2005 年 3 月 14 日第十届全国人民代表大会第三次会议通过　2005 年 3 月 14 日中华人民共和国主席令第 34 号公布　自公布之日起施行）

第一条 为了反对和遏制“台独”分裂势力分裂国家，促进祖国和平统一，维护台湾海峡地区和平稳定，维护国家主权和领土完整，维护中华民族的根本利益，根据宪法，制定本法。

第二条 世界上只有一个中国，大陆和台湾同属一个中国，中国的主权和领土完整不容分割。维护国家主权和领土完整是包括台湾同胞在内的全中国人民的共同义务。

台湾是中国的一部分。国家绝不允许“台独”分裂势力以任何名义、任何方式把台湾从中国分裂出去。

第三条 台湾问题是中国内战的遗留问题。

解决台湾问题，实现祖国统一，是中国的内部事务，不受任何外国势力的干涉。

第四条 完成统一祖国的大业是包括台湾同胞在内的全中国人民的神圣职责。

第五条 坚持一个中国原则，是实现祖国和平统一的基础。

以和平方式实现祖国统一，最符合台湾海峡两岸同胞的根本利益。国家以最大的诚意，尽最大的努力，实现和平统一。

国家和平统一后，台湾可以实行不同于大陆的制度，高度自治。

第六条 国家采取下列措施，维护台湾海峡地区和平稳定，发展两岸关系：

（一）鼓励和推动两岸人员往来，增进了解，增强互信；

（二）鼓励和推动两岸经济交流与合作，直接通邮通航通商，密切两岸经济关系，互利互惠；

（三）鼓励和推动两岸教育、科技、文化、卫生、体育交流，共同弘扬中华文化的优秀传统；

（四）鼓励和推动两岸共同打击犯罪；

（五）鼓励和推动有利于维护台湾海峡地区和平稳定、发展两岸关系的其他活动。

国家依法保护台湾同胞的权利和利益。

第七条　国家主张通过台湾海峡两岸平等的协商和谈判，实现和平统一。协商和谈判可以有步骤、分阶段进行，方式可以灵活多样。

台湾海峡两岸可以就下列事项进行协商和谈判：

（一）正式结束两岸敌对状态；

（二）发展两岸关系的规划；

（三）和平统一的步骤和安排；

（四）台湾当局的政治地位；

（五）台湾地区在国际上与其地位相适应的活动空间；

（六）与实现和平统一有关的其他任何问题。

第八条　“台独”分裂势力以任何名义、任何方式造成台湾从中国分裂出去的事实，或者发生将会导致台湾从中国分裂出去的重大事变，或者和平统一的可能性完全丧失，国家得采取非和平方式及其他必要措施，捍卫国家主权和领土完整。

依照前款规定采取非和平方式及其他必要措施，由国务院、中央军事委员会决定和组织实施，并及时向全国人民代表大会常务委员会报告。

第九条　依照本法规定采取非和平方式及其他必要措施并组织实施时，国家尽最大可能保护台湾平民和在台湾的外国人的生命财产安全和其他正当权益，减少损失；同时，国家依法保护台湾同胞在中国其他地区的权利和利益。

第十条　本法自公布之日起施行。

中华人民共和国国防法

（1997年3月14日第八届全国人民代表大会第五次会议通过　根据2009年8月27日第十一届全国人民代表大会常务委员会第十次会议《关于修改部分法律的决定》修正　2020年12月26日第十三届全国人民代表大会常务委员会第二十四次会议修订　2020年12月26日中华人民共和国主席令第67号公布　自2021年1月1日起施行）

目　　录

第一章　总　　则
第二章　国家机构的国防职权
第三章　武装力量
第四章　边防、海防、空防和其他重大安全领域防卫
第五章　国防科研生产和军事采购
第六章　国防经费和国防资产
第七章　国防教育
第八章　国防动员和战争状态
第九章　公民、组织的国防义务和权利
第十章　军人的义务和权益
第十一章　对外军事关系
第十二章　附　　则

第一章　总　　则

第一条　为了建设和巩固国防，保障改革开放和社会主义现代化建设的顺利进行，实现中华民族伟大复兴，根据宪法，制定本法。

第二条　国家为防备和抵抗侵略，制止武装颠覆和分裂，保卫国家主权、统一、领土完整、安全和发展利益所进行的军事活动，以及与军事有

关的政治、经济、外交、科技、教育等方面的活动，适用本法。

第三条 国防是国家生存与发展的安全保障。

国家加强武装力量建设，加强边防、海防、空防和其他重大安全领域防卫建设，发展国防科研生产，普及全民国防教育，完善国防动员体系，实现国防现代化。

第四条 国防活动坚持以马克思列宁主义、毛泽东思想、邓小平理论、“三个代表”重要思想、科学发展观、习近平新时代中国特色社会主义思想为指导，贯彻习近平强军思想，坚持总体国家安全观，贯彻新时代军事战略方针，建设与我国国际地位相称、与国家安全和发展利益相适应的巩固国防和强大武装力量。

第五条 国家对国防活动实行统一的领导。

第六条 中华人民共和国奉行防御性国防政策，独立自主、自力更生地建设和巩固国防，实行积极防御，坚持全民国防。

国家坚持经济建设和国防建设协调、平衡、兼容发展，依法开展国防活动，加快国防和军队现代化，实现富国和强军相统一。

第七条 保卫祖国、抵抗侵略是中华人民共和国每一个公民的神圣职责。

中华人民共和国公民应当依法履行国防义务。

一切国家机关和武装力量、各政党和各人民团体、企业事业组织、社会组织和其他组织，都应当支持和依法参与国防建设，履行国防职责，完成国防任务。

第八条 国家和社会尊重、优待军人，保障军人的地位和合法权益，开展各种形式的拥军优属活动，让军人成为全社会尊崇的职业。

中国人民解放军和中国人民武装警察部队开展拥政爱民活动，巩固军政军民团结。

第九条 中华人民共和国积极推进国际军事交流与合作，维护世界和平，反对侵略扩张行为。

第十条 对在国防活动中作出贡献的组织和个人，依照有关法律、法规的规定给予表彰和奖励。

第十一条 任何组织和个人违反本法和有关法律，拒绝履行国防义务或者危害国防利益的，依法追究法律责任。

公职人员在国防活动中，滥用职权、玩忽职守、徇私舞弊的，依法追究法律责任。

第二章　国家机构的国防职权

第十二条　全国人民代表大会依照宪法规定，决定战争和和平的问题，并行使宪法规定的国防方面的其他职权。

全国人民代表大会常务委员会依照宪法规定，决定战争状态的宣布，决定全国总动员或者局部动员，并行使宪法规定的国防方面的其他职权。

第十三条　中华人民共和国主席根据全国人民代表大会的决定和全国人民代表大会常务委员会的决定，宣布战争状态，发布动员令，并行使宪法规定的国防方面的其他职权。

第十四条　国务院领导和管理国防建设事业，行使下列职权：

（一）编制国防建设的有关发展规划和计划；

（二）制定国防建设方面的有关政策和行政法规；

（三）领导和管理国防科研生产；

（四）管理国防经费和国防资产；

（五）领导和管理国民经济动员工作和人民防空、国防交通等方面的建设和组织实施工作；

（六）领导和管理拥军优属工作和退役军人保障工作；

（七）与中央军事委员会共同领导民兵的建设，征兵工作，边防、海防、空防和其他重大安全领域防卫的管理工作；

（八）法律规定的与国防建设事业有关的其他职权。

第十五条　中央军事委员会领导全国武装力量，行使下列职权：

（一）统一指挥全国武装力量；

（二）决定军事战略和武装力量的作战方针；

（三）领导和管理中国人民解放军、中国人民武装警察部队的建设，制定规划、计划并组织实施；

（四）向全国人民代表大会或者全国人民代表大会常务委员会提出议案；

（五）根据宪法和法律，制定军事法规，发布决定和命令；

（六）决定中国人民解放军、中国人民武装警察部队的体制和编制，规定中央军事委员会机关部门、战区、军兵种和中国人民武装警察部队等单位的任务和职责；

（七）依照法律、军事法规的规定，任免、培训、考核和奖惩武装力量成员；

（八）决定武装力量的武器装备体制，制定武器装备发展规划、计划，协同国务院领导和管理国防科研生产；

（九）会同国务院管理国防经费和国防资产；

（十）领导和管理人民武装动员、预备役工作；

（十一）组织开展国际军事交流与合作；

（十二）法律规定的其他职权。

第十六条 中央军事委员会实行主席负责制。

第十七条 国务院和中央军事委员会建立协调机制，解决国防事务的重大问题。

中央国家机关与中央军事委员会机关有关部门可以根据情况召开会议，协调解决有关国防事务的问题。

第十八条 地方各级人民代表大会和县级以上地方各级人民代表大会常务委员会在本行政区域内，保证有关国防事务的法律、法规的遵守和执行。

地方各级人民政府依照法律规定的权限，管理本行政区域内的征兵、民兵、国民经济动员、人民防空、国防交通、国防设施保护，以及退役军人保障和拥军优属等工作。

第十九条 地方各级人民政府和驻地军事机关根据需要召开军地联席会议，协调解决本行政区域内有关国防事务的问题。

军地联席会议由地方人民政府的负责人和驻地军事机关的负责人共同召集。军地联席会议的参加人员由会议召集人确定。

军地联席会议议定的事项，由地方人民政府和驻地军事机关根据各自职责和任务分工办理，重大事项应当分别向上级报告。

第三章　武装力量

第二十条　中华人民共和国的武装力量属于人民。它的任务是巩固国防，抵抗侵略，保卫祖国，保卫人民的和平劳动，参加国家建设事业，全心全意为人民服务。

第二十一条　中华人民共和国的武装力量受中国共产党领导。武装力量中的中国共产党组织依照中国共产党章程进行活动。

第二十二条　中华人民共和国的武装力量，由中国人民解放军、中国人民武装警察部队、民兵组成。

中国人民解放军由现役部队和预备役部队组成，在新时代的使命任务是为巩固中国共产党领导和社会主义制度，为捍卫国家主权、统一、领土完整，为维护国家海外利益，为促进世界和平与发展，提供战略支撑。现役部队是国家的常备军，主要担负防卫作战任务，按照规定执行非战争军事行动任务。预备役部队按照规定进行军事训练、执行防卫作战任务和非战争军事行动任务；根据国家发布的动员令，由中央军事委员会下达命令转为现役部队。

中国人民武装警察部队担负执勤、处置突发社会安全事件、防范和处置恐怖活动、海上维权执法、抢险救援和防卫作战以及中央军事委员会赋予的其他任务。

民兵在军事机关的指挥下，担负战备勤务、执行非战争军事行动任务和防卫作战任务。

第二十三条　中华人民共和国的武装力量必须遵守宪法和法律。

第二十四条　中华人民共和国武装力量建设坚持走中国特色强军之路，坚持政治建军、改革强军、科技强军、人才强军、依法治军，加强军事训练，开展政治工作，提高保障水平，全面推进军事理论、军队组织形态、军事人员和武器装备现代化，构建中国特色现代作战体系，全面提高战斗力，努力实现党在新时代的强军目标。

第二十五条　中华人民共和国武装力量的规模应当与保卫国家主权、安全、发展利益的需要相适应。

第二十六条 中华人民共和国的兵役分为现役和预备役。军人和预备役人员的服役制度由法律规定。

中国人民解放军、中国人民武装警察部队依照法律规定实行衔级制度。

第二十七条 中国人民解放军、中国人民武装警察部队在规定岗位实行文职人员制度。

第二十八条 中国人民解放军军旗、军徽是中国人民解放军的象征和标志。中国人民武装警察部队旗、徽是中国人民武装警察部队的象征和标志。

公民和组织应当尊重中国人民解放军军旗、军徽和中国人民武装警察部队旗、徽。

中国人民解放军军旗、军徽和中国人民武装警察部队旗、徽的图案、样式以及使用管理办法由中央军事委员会规定。

第二十九条 国家禁止任何组织或者个人非法建立武装组织，禁止非法武装活动，禁止冒充军人或者武装力量组织。

第四章 边防、海防、空防和其他重大安全领域防卫

第三十条 中华人民共和国的领陆、领水、领空神圣不可侵犯。国家建设强大稳固的现代边防、海防和空防，采取有效的防卫和管理措施，保卫领陆、领水、领空的安全，维护国家海洋权益。

国家采取必要的措施，维护在太空、电磁、网络空间等其他重大安全领域的活动、资产和其他利益的安全。

第三十一条 中央军事委员会统一领导边防、海防、空防和其他重大安全领域的防卫工作。

中央国家机关、地方各级人民政府和有关军事机关，按照规定的职权范围，分工负责边防、海防、空防和其他重大安全领域的管理和防卫工作，共同维护国家的安全和利益。

第三十二条 国家根据边防、海防、空防和其他重大安全领域防卫的需要，加强防卫力量建设，建设作战、指挥、通信、测控、导航、防护、交通、保障等国防设施。各级人民政府和军事机关应当依照法律、法规的规定，保障国防设施的建设，保护国防设施的安全。

第五章　国防科研生产和军事采购

第三十三条　国家建立和完善国防科技工业体系，发展国防科研生产，为武装力量提供性能先进、质量可靠、配套完善、便于操作和维修的武器装备以及其他适用的军用物资，满足国防需要。

第三十四条　国防科技工业实行军民结合、平战结合、军品优先、创新驱动、自主可控的方针。

国家统筹规划国防科技工业建设，坚持国家主导、分工协作、专业配套、开放融合，保持规模适度、布局合理的国防科研生产能力。

第三十五条　国家充分利用全社会优势资源，促进国防科学技术进步，加快技术自主研发，发挥高新技术在武器装备发展中的先导作用，增加技术储备，完善国防知识产权制度，促进国防科技成果转化，推进科技资源共享和协同创新，提高国防科研能力和武器装备技术水平。

第三十六条　国家创造有利的环境和条件，加强国防科学技术人才培养，鼓励和吸引优秀人才进入国防科研生产领域，激发人才创新活力。

国防科学技术工作者应当受到全社会的尊重。国家逐步提高国防科学技术工作者的待遇，保护其合法权益。

第三十七条　国家依法实行军事采购制度，保障武装力量所需武器装备和物资、工程、服务的采购供应。

第三十八条　国家对国防科研生产实行统一领导和计划调控；注重发挥市场机制作用，推进国防科研生产和军事采购活动公平竞争。

国家为承担国防科研生产任务和接受军事采购的组织和个人依法提供必要的保障条件和优惠政策。地方各级人民政府应当依法对承担国防科研生产任务和接受军事采购的组织和个人给予协助和支持。

承担国防科研生产任务和接受军事采购的组织和个人应当保守秘密，及时高效完成任务，保证质量，提供相应的服务保障。

国家对供应武装力量的武器装备和物资、工程、服务，依法实行质量责任追究制度。

第六章　国防经费和国防资产

第三十九条　国家保障国防事业的必要经费。国防经费的增长应当与国防需求和国民经济发展水平相适应。

国防经费依法实行预算管理。

第四十条　国家为武装力量建设、国防科研生产和其他国防建设直接投入的资金、划拨使用的土地等资源，以及由此形成的用于国防目的的武器装备和设备设施、物资器材、技术成果等属于国防资产。

国防资产属于国家所有。

第四十一条　国家根据国防建设和经济建设的需要，确定国防资产的规模、结构和布局，调整和处分国防资产。

国防资产的管理机构和占有、使用单位，应当依法管理国防资产，充分发挥国防资产的效能。

第四十二条　国家保护国防资产不受侵害，保障国防资产的安全、完整和有效。

禁止任何组织或者个人破坏、损害和侵占国防资产。未经国务院、中央军事委员会或者国务院、中央军事委员会授权的机构批准，国防资产的占有、使用单位不得改变国防资产用于国防的目的。国防资产中的技术成果，在坚持国防优先、确保安全的前提下，可以根据国家有关规定用于其他用途。

国防资产的管理机构或者占有、使用单位对不再用于国防目的的国防资产，应当按照规定报批，依法改作其他用途或者进行处置。

第七章　国 防 教 育

第四十三条　国家通过开展国防教育，使全体公民增强国防观念、强化忧患意识、掌握国防知识、提高国防技能、发扬爱国主义精神，依法履行国防义务。

普及和加强国防教育是全社会的共同责任。

第四十四条 国防教育贯彻全民参与、长期坚持、讲求实效的方针，实行经常教育与集中教育相结合、普及教育与重点教育相结合、理论教育与行为教育相结合的原则。

第四十五条 国防教育主管部门应当加强国防教育的组织管理，其他有关部门应当按照规定的职责做好国防教育工作。

军事机关应当支持有关机关和组织开展国防教育工作，依法提供有关便利条件。

一切国家机关和武装力量、各政党和各人民团体、企业事业组织、社会组织和其他组织，都应当组织本地区、本部门、本单位开展国防教育。

学校的国防教育是全民国防教育的基础。各级各类学校应当设置适当的国防教育课程，或者在有关课程中增加国防教育的内容。普通高等学校和高中阶段学校应当按照规定组织学生军事训练。

公职人员应当积极参加国防教育，提升国防素养，发挥在全民国防教育中的模范带头作用。

第四十六条 各级人民政府应当将国防教育纳入国民经济和社会发展计划，保障国防教育所需的经费。

第八章 国防动员和战争状态

第四十七条 中华人民共和国的主权、统一、领土完整、安全和发展利益遭受威胁时，国家依照宪法和法律规定，进行全国总动员或者局部动员。

第四十八条 国家将国防动员准备纳入国家总体发展规划和计划，完善国防动员体制，增强国防动员潜力，提高国防动员能力。

第四十九条 国家建立战略物资储备制度。战略物资储备应当规模适度、储存安全、调用方便、定期更换，保障战时的需要。

第五十条 国家国防动员领导机构、中央国家机关、中央军事委员会机关有关部门按照职责分工，组织国防动员准备和实施工作。

一切国家机关和武装力量、各政党和各人民团体、企业事业组织、社会组织、其他组织和公民，都必须依照法律规定完成国防动员准备工作；

在国家发布动员令后，必须完成规定的国防动员任务。

第五十一条 国家根据国防动员需要，可以依法征收、征用组织和个人的设备设施、交通工具、场所和其他财产。

县级以上人民政府对被征收、征用者因征收、征用所造成的直接经济损失，按照国家有关规定给予公平、合理的补偿。

第五十二条 国家依照宪法规定宣布战争状态，采取各种措施集中人力、物力和财力，领导全体公民保卫祖国、抵抗侵略。

第九章 公民、组织的国防义务和权利

第五十三条 依照法律服兵役和参加民兵组织是中华人民共和国公民的光荣义务。

各级兵役机关和基层人民武装机构应当依法办理兵役工作，按照国务院和中央军事委员会的命令完成征兵任务，保证兵员质量。有关国家机关、人民团体、企业事业组织、社会组织和其他组织，应当依法完成民兵和预备役工作，协助完成征兵任务。

第五十四条 企业事业组织和个人承担国防科研生产任务或者接受军事采购，应当按照要求提供符合质量标准的武器装备或者物资、工程、服务。

企业事业组织和个人应当按照国家规定在与国防密切相关的建设项目中贯彻国防要求，依法保障国防建设和军事行动的需要。车站、港口、机场、道路等交通设施的管理、运营单位应当为军人和军用车辆、船舶的通行提供优先服务，按照规定给予优待。

第五十五条 公民应当接受国防教育。

公民和组织应当保护国防设施，不得破坏、危害国防设施。

公民和组织应当遵守保密规定，不得泄露国防方面的国家秘密，不得非法持有国防方面的秘密文件、资料和其他秘密物品。

第五十六条 公民和组织应当支持国防建设，为武装力量的军事训练、战备勤务、防卫作战、非战争军事行动等活动提供便利条件或者其他协助。

国家鼓励和支持符合条件的公民和企业投资国防事业，保障投资者的

合法权益并依法给予政策优惠。

第五十七条 公民和组织有对国防建设提出建议的权利，有对危害国防利益的行为进行制止或者检举的权利。

第五十八条 民兵、预备役人员和其他公民依法参加军事训练，担负战备勤务、防卫作战、非战争军事行动等任务时，应当履行自己的职责和义务；国家和社会保障其享有相应的待遇，按照有关规定对其实行抚恤优待。

公民和组织因国防建设和军事活动在经济上受到直接损失的，可以依照国家有关规定获得补偿。

第十章 军人的义务和权益

第五十九条 军人必须忠于祖国，忠于中国共产党，履行职责，英勇战斗，不怕牺牲，捍卫祖国的安全、荣誉和利益。

第六十条 军人必须模范地遵守宪法和法律，遵守军事法规，执行命令，严守纪律。

第六十一条 军人应当发扬人民军队的优良传统，热爱人民，保护人民，积极参加社会主义现代化建设，完成抢险救灾等任务。

第六十二条 军人应当受到全社会的尊崇。

国家建立军人功勋荣誉表彰制度。

国家采取有效措施保护军人的荣誉、人格尊严，依照法律规定对军人的婚姻实行特别保护。

军人依法履行职责的行为受法律保护。

第六十三条 国家和社会优待军人。

国家建立与军事职业相适应、与国民经济发展相协调的军人待遇保障制度。

第六十四条 国家建立退役军人保障制度，妥善安置退役军人，维护退役军人的合法权益。

第六十五条 国家和社会抚恤优待残疾军人，对残疾军人的生活和医疗依法给予特别保障。

因战、因公致残或者致病的残疾军人退出现役后，县级以上人民政府应当及时接收安置，并保障其生活不低于当地的平均生活水平。

第六十六条 国家和社会优待军人家属，抚恤优待烈士家属和因公牺牲、病故军人的家属。

第十一章 对外军事关系

第六十七条 中华人民共和国坚持互相尊重主权和领土完整、互不侵犯、互不干涉内政、平等互利、和平共处五项原则，维护以联合国为核心的国际体系和以国际法为基础的国际秩序，坚持共同、综合、合作、可持续的安全观，推动构建人类命运共同体，独立自主地处理对外军事关系，开展军事交流与合作。

第六十八条 中华人民共和国遵循以联合国宪章宗旨和原则为基础的国际关系基本准则，依照国家有关法律运用武装力量，保护海外中国公民、组织、机构和设施的安全，参加联合国维和、国际救援、海上护航、联演联训、打击恐怖主义等活动，履行国际安全义务，维护国家海外利益。

第六十九条 中华人民共和国支持国际社会实施的有利于维护世界和地区和平、安全、稳定的与军事有关的活动，支持国际社会为公正合理地解决国际争端以及国际军备控制、裁军和防扩散所做的努力，参与安全领域多边对话谈判，推动制定普遍接受、公正合理的国际规则。

第七十条 中华人民共和国在对外军事关系中遵守同外国、国际组织缔结或者参加的有关条约和协定。

第十二章 附 则

第七十一条 本法所称军人，是指在中国人民解放军服现役的军官、军士、义务兵等人员。

本法关于军人的规定，适用于人民武装警察。

第七十二条 中华人民共和国特别行政区的防务，由特别行政区基本法和有关法律规定。

第七十三条 本法自2021年1月1日起施行。

中华人民共和国兵役法

（1984 年 5 月 31 日第六届全国人民代表大会第二次会议通过　根据 1998 年 12 月 29 日第九届全国人民代表大会常务委员会第六次会议《关于修改〈中华人民共和国兵役法〉的决定》第一次修正　根据 2009 年 8 月 27 日第十一届全国人民代表大会常务委员会第十次会议《关于修改部分法律的决定》第二次修正　根据 2011 年 10 月 29 日第十一届全国人民代表大会常务委员会第二十三次会议《关于修改〈中华人民共和国兵役法〉的决定》第三次修正　2021 年 8 月 20 日第十三届全国人民代表大会常务委员会第三十次会议修订　2021 年 8 月 20 日中华人民共和国主席令第 95 号公布　自 2021 年 10 月 1 日起施行）

目　　录

第一章　总　　则
第二章　兵役登记
第三章　平时征集
第四章　士兵的现役和预备役
第五章　军官的现役和预备役
第六章　军队院校从青年学生中招收的学员
第七章　战时兵员动员
第八章　服役待遇和抚恤优待
第九章　退役军人的安置
第十章　法律责任
第十一章　附　　则

第一章　总　　则

第一条　为了规范和加强国家兵役工作，保证公民依法服兵役，保障军队兵员补充和储备，建设巩固国防和强大军队，根据宪法，制定本法。

第二条　保卫祖国、抵抗侵略是中华人民共和国每一个公民的神圣职责。

第三条 中华人民共和国实行以志愿兵役为主体的志愿兵役与义务兵役相结合的兵役制度。

第四条 兵役工作坚持中国共产党的领导，贯彻习近平强军思想，贯彻新时代军事战略方针，坚持与国家经济社会发展相协调，坚持与国防和军队建设相适应，遵循服从国防需要、聚焦备战打仗、彰显服役光荣、体现权利和义务一致的原则。

第五条 中华人民共和国公民，不分民族、种族、职业、家庭出身、宗教信仰和教育程度，都有义务依照本法的规定服兵役。

有严重生理缺陷或者严重残疾不适合服兵役的公民，免服兵役。

依照法律被剥夺政治权利的公民，不得服兵役。

第六条 兵役分为现役和预备役。在中国人民解放军服现役的称军人；预编到现役部队或者编入预备役部队服预备役的，称预备役人员。

第七条 军人和预备役人员，必须遵守宪法和法律，履行公民的义务，同时享有公民的权利；由于服兵役而产生的权利和义务，由本法和其他相关法律法规规定。

第八条 军人必须遵守军队的条令和条例，忠于职守，随时为保卫祖国而战斗。

预备役人员必须按照规定参加军事训练、担负战备勤务、执行非战争军事行动任务，随时准备应召参战，保卫祖国。

军人和预备役人员入役时应当依法进行服役宣誓。

第九条 全国的兵役工作，在国务院、中央军事委员会领导下，由国防部负责。

省军区（卫戍区、警备区）、军分区（警备区）和县、自治县、不设区的市、市辖区的人民武装部，兼各该级人民政府的兵役机关，在上级军事机关和同级人民政府领导下，负责办理本行政区域的兵役工作。

机关、团体、企业事业组织和乡、民族乡、镇的人民政府，依照本法的规定完成兵役工作任务。兵役工作业务，在设有人民武装部的单位，由人民武装部办理；不设人民武装部的单位，确定一个部门办理。普通高等学校应当有负责兵役工作的机构。

第十条 县级以上地方人民政府兵役机关应当会同相关部门，加强对本行政区域内兵役工作的组织协调和监督检查。

县级以上地方人民政府和同级军事机关应当将兵役工作情况作为拥军优属、拥政爱民评比和有关单位及其负责人考核评价的内容。

第十一条 国家加强兵役工作信息化建设，采取有效措施实现有关部门之间信息共享，推进兵役信息收集、处理、传输、存储等技术的现代化，为提高兵役工作质量效益提供支持。

兵役工作有关部门及其工作人员应当对收集的个人信息严格保密，不得泄露或者向他人非法提供。

第十二条 国家采取措施，加强兵役宣传教育，增强公民依法服兵役意识，营造服役光荣的良好社会氛围。

第十三条 军人和预备役人员建立功勋的，按照国家和军队关于功勋荣誉表彰的规定予以褒奖。

组织和个人在兵役工作中作出突出贡献的，按照国家和军队有关规定予以表彰和奖励。

第二章 兵役登记

第十四条 国家实行兵役登记制度。兵役登记包括初次兵役登记和预备役登记。

第十五条 每年十二月三十一日以前年满十八周岁的男性公民，都应当按照兵役机关的安排在当年进行初次兵役登记。

机关、团体、企业事业组织和乡、民族乡、镇的人民政府，应当根据县、自治县、不设区的市、市辖区人民政府兵役机关的安排，负责组织本单位和本行政区域的适龄男性公民进行初次兵役登记。

初次兵役登记可以采取网络登记的方式进行，也可以到兵役登记站（点）现场登记。进行兵役登记，应当如实填写个人信息。

第十六条 经过初次兵役登记的未服现役的公民，符合预备役条件的，县、自治县、不设区的市、市辖区人民政府兵役机关可以根据需要，对其进行预备役登记。

第十七条 退出现役的士兵自退出现役之日起四十日内，退出现役的军官自确定安置地之日起三十日内，到安置地县、自治县、不设区的市、市辖区人民政府兵役机关进行兵役登记信息变更；其中，符合预备役条件，经部队确定需要办理预备役登记的，还应当办理预备役登记。

第十八条　县级以上地方人民政府兵役机关负责本行政区域兵役登记工作。

县、自治县、不设区的市、市辖区人民政府兵役机关每年组织兵役登记信息核验，会同有关部门对公民兵役登记情况进行查验，确保兵役登记及时，信息准确完整。

第三章　平时征集

第十九条　全国每年征集服现役的士兵的人数、次数、时间和要求，由国务院和中央军事委员会的命令规定。

县级以上地方各级人民政府组织兵役机关和有关部门组成征集工作机构，负责组织实施征集工作。

第二十条　年满十八周岁的男性公民，应当被征集服现役；当年未被征集的，在二十二周岁以前仍可以被征集服现役。普通高等学校毕业生的征集年龄可以放宽至二十四周岁，研究生的征集年龄可以放宽至二十六周岁。

根据军队需要，可以按照前款规定征集女性公民服现役。

根据军队需要和本人自愿，可以征集年满十七周岁未满十八周岁的公民服现役。

第二十一条　经初次兵役登记并初步审查符合征集条件的公民，称应征公民。

在征集期间，应征公民应当按照县、自治县、不设区的市、市辖区征集工作机构的通知，按时参加体格检查等征集活动。

应征公民符合服现役条件，并经县、自治县、不设区的市、市辖区征集工作机构批准的，被征集服现役。

第二十二条　在征集期间，应征公民被征集服现役，同时被机关、团体、企业事业组织招录或者聘用的，应当优先履行服兵役义务；有关机关、团体、企业事业组织应当服从国防和军队建设的需要，支持兵员征集工作。

第二十三条 应征公民是维持家庭生活唯一劳动力的，可以缓征。

第二十四条 应征公民因涉嫌犯罪正在被依法监察调查、侦查、起诉、审判或者被判处徒刑、拘役、管制正在服刑的，不征集。

第四章 士兵的现役和预备役

第二十五条 现役士兵包括义务兵役制士兵和志愿兵役制士兵，义务兵役制士兵称义务兵，志愿兵役制士兵称军士。

第二十六条 义务兵服现役的期限为二年。

第二十七条 义务兵服现役期满，根据军队需要和本人自愿，经批准可以选改为军士；服现役期间表现特别优秀的，经批准可以提前选改为军士。根据军队需要，可以直接从非军事部门具有专业技能的公民中招收军士。

军士实行分级服现役制度。军士服现役的期限一般不超过三十年，年龄不超过五十五周岁。

军士分级服现役的办法和直接从非军事部门招收军士的办法，按照国家和军队有关规定执行。

第二十八条 士兵服现役期满，应当退出现役。

士兵因国家建设或者军队编制调整需要退出现役的，经军队医院诊断证明本人健康状况不适合继续服现役的，或者因其他特殊原因需要退出现役的，经批准可以提前退出现役。

第二十九条 士兵服现役的时间自征集工作机构批准入伍之日起算。

士兵退出现役的时间为部队下达退出现役命令之日。

第三十条 依照本法第十七条规定经过预备役登记的退出现役的士兵，由部队会同兵役机关根据军队需要，遴选确定服士兵预备役；经过考核，适合担任预备役军官职务的，服军官预备役。

第三十一条 依照本法第十六条规定经过预备役登记的公民，符合士兵预备役条件的，由部队会同兵役机关根据军队需要，遴选确定服士兵预备役。

第三十二条 预备役士兵服预备役的最高年龄，依照其他有关法律规定执行。

预备役士兵达到服预备役最高年龄的，退出预备役。

第五章 军官的现役和预备役

第三十三条 现役军官从下列人员中选拔、招收：

（一）军队院校毕业学员；

（二）普通高等学校应届毕业生；

（三）表现优秀的现役士兵；

（四）军队需要的专业技术人员和其他人员。

战时根据需要，可以从现役士兵、军队院校学员、征召的预备役军官和其他人员中直接任命军官。

第三十四条 预备役军官包括下列人员：

（一）确定服军官预备役的退出现役的军官；

（二）确定服军官预备役的退出现役的士兵；

（三）确定服军官预备役的专业技术人员和其他人员。

第三十五条 军官服现役和服预备役的最高年龄，依照其他有关法律规定执行。

第三十六条 现役军官按照规定服现役已满最高年龄或者衔级最高年限的，退出现役；需要延长服现役或者暂缓退出现役的，依照有关法律规定执行。

现役军官按照规定服现役未满最高年龄或者衔级最高年限，因特殊情况需要退出现役的，经批准可以退出现役。

第三十七条 依照本法第十七条规定经过预备役登记的退出现役的军官、依照本法第十六条规定经过预备役登记的公民，符合军官预备役条件的，由部队会同兵役机关根据军队需要，遴选确定服军官预备役。

预备役军官按照规定服预备役已满最高年龄的，退出预备役。

第六章 军队院校从青年学生中招收的学员

第三十八条 根据军队建设的需要，军队院校可以从青年学生中招收学员。招收学员的年龄，不受征集服现役年龄的限制。

第三十九条 学员完成学业达到军队培养目标的，由院校发给毕业证书；按照规定任命为现役军官或者军士。

第四十条 学员未达到军队培养目标或者不符合军队培养要求的，由院校按照国家和军队有关规定发给相应证书，并采取多种方式分流；其中，回入学前户口所在地的学员，就读期间其父母已办理户口迁移手续的，可以回父母现户口所在地，由县、自治县、不设区的市、市辖区的人民政府按照国家有关规定接收安置。

第四十一条 学员被开除学籍的，回入学前户口所在地；就读期间其父母已办理户口迁移手续的，可以回父母现户口所在地，由县、自治县、不设区的市、市辖区的人民政府按照国家有关规定办理。

第四十二条 军队院校从现役士兵中招收的学员，适用本法第三十九条、第四十条、第四十一条的规定。

第七章 战时兵员动员

第四十三条 为了应对国家主权、统一、领土完整、安全和发展利益遭受的威胁，抵抗侵略，各级人民政府、各级军事机关，在平时必须做好战时兵员动员的准备工作。

第四十四条 在国家发布动员令或者国务院、中央军事委员会依照《中华人民共和国国防动员法》采取必要的国防动员措施后，各级人民政府、各级军事机关必须依法迅速实施动员，军人停止退出现役，休假、探亲的军人立即归队，预备役人员随时准备应召服现役，经过预备役登记的公民做好服预备役被征召的准备。

第四十五条 战时根据需要，国务院和中央军事委员会可以决定适当放宽征召男性公民服现役的年龄上限，可以决定延长公民服现役的期限。

第四十六条 战争结束后，需要复员的军人，根据国务院和中央军事委员会的复员命令，分期分批地退出现役，由各级人民政府妥善安置。

第八章 服役待遇和抚恤优待

第四十七条 国家保障军人享有符合军事职业特点、与其履行职责相适应的工资、津贴、住房、医疗、保险、休假、疗养等待遇。军人的待遇应当与国民经济发展相协调，与社会进步相适应。

女军人的合法权益受法律保护。军队应当根据女军人的特点，合理安排女军人的工作任务和休息休假，在生育、健康等方面为女军人提供特别保护。

第四十八条 预备役人员参战、参加军事训练、担负战备勤务、执行非战争军事行动任务，享受国家规定的伙食、交通等补助。预备役人员是机关、团体、企业事业组织工作人员的，参战、参加军事训练、担负战备勤务、执行非战争军事行动任务期间，所在单位应当保持其原有的工资、奖金和福利待遇。预备役人员的其他待遇保障依照有关法律法规和国家有关规定执行。

第四十九条 军人按照国家有关规定，在医疗、金融、交通、参观游览、法律服务、文化体育设施服务、邮政服务等方面享受优待政策。公民入伍时保留户籍。

军人因战、因公、因病致残的，按照国家规定评定残疾等级，发给残疾军人证，享受国家规定的待遇、优待和残疾抚恤金。因工作需要继续服现役的残疾军人，由所在部队按照规定发给残疾抚恤金。

军人牺牲、病故，国家按照规定发给其遗属抚恤金。

第五十条 国家建立义务兵家庭优待金制度。义务兵家庭优待金标准由地方人民政府制定，中央财政给予定额补助。具体补助办法由国务院退役军人工作主管部门、财政部门会同中央军事委员会机关有关部门制定。

义务兵和军士入伍前是机关、团体、事业单位或者国有企业工作人员的，退出现役后可以选择复职复工。

义务兵和军士入伍前依法取得的农村土地承包经营权，服现役期间应当保留。

第五十一条 现役军官和军士的子女教育，家属的随军、就业创业以及工作调动，享受国家和社会的优待。

符合条件的军人家属，其住房、医疗、养老按照有关规定享受优待。

军人配偶随军未就业期间，按照国家有关规定享受相应的保障待遇。

第五十二条 预备役人员因参战、参加军事训练、担负战备勤务、执行非战争军事行动任务致残、牺牲的，由当地人民政府依照有关规定给予抚恤优待。

第九章　退役军人的安置

第五十三条　对退出现役的义务兵，国家采取自主就业、安排工作、供养等方式妥善安置。

义务兵退出现役自主就业的，按照国家规定发给一次性退役金，由安置地的县级以上地方人民政府接收，根据当地的实际情况，可以发给经济补助。国家根据经济社会发展，适时调整退役金的标准。

服现役期间平时获得二等功以上荣誉或者战时获得三等功以上荣誉以及属于烈士子女的义务兵退出现役，由安置地的县级以上地方人民政府安排工作；待安排工作期间由当地人民政府按照国家有关规定发给生活补助费；根据本人自愿，也可以选择自主就业。

因战、因公、因病致残的义务兵退出现役，按照国家规定的评定残疾等级采取安排工作、供养等方式予以妥善安置；符合安排工作条件的，根据本人自愿，也可以选择自主就业。

第五十四条　对退出现役的军士，国家采取逐月领取退役金、自主就业、安排工作、退休、供养等方式妥善安置。

军士退出现役，服现役满规定年限的，采取逐月领取退役金方式予以妥善安置。

军士退出现役，服现役满十二年或者符合国家规定的其他条件的，由安置地的县级以上地方人民政府安排工作；待安排工作期间由当地人民政府按照国家有关规定发给生活补助费；根据本人自愿，也可以选择自主就业。

军士服现役满三十年或者年满五十五周岁或者符合国家规定的其他条件的，作退休安置。

因战、因公、因病致残的军士退出现役，按照国家规定的评定残疾等级采取安排工作、退休、供养等方式予以妥善安置；符合安排工作条件的，根据本人自愿，也可以选择自主就业。

军士退出现役，不符合本条第二款至第五款规定条件的，依照本法第五十三条规定的自主就业方式予以妥善安置。

第五十五条　对退出现役的军官，国家采取退休、转业、逐月领取退役金、复员等方式妥善安置；其安置方式的适用条件，依照有关法律法规的规定执行。

第五十六条 残疾军人、患慢性病的军人退出现役后，由安置地的县级以上地方人民政府按照国务院、中央军事委员会的有关规定负责接收安置；其中，患过慢性病旧病复发需要治疗的，由当地医疗机构负责给予治疗，所需医疗和生活费用，本人经济困难的，按照国家规定给予补助。

第十章 法律责任

第五十七条 有服兵役义务的公民有下列行为之一的，由县级人民政府责令限期改正；逾期不改正的，由县级人民政府强制其履行兵役义务，并处以罚款：

（一）拒绝、逃避兵役登记的；

（二）应征公民拒绝、逃避征集服现役的；

（三）预备役人员拒绝、逃避参加军事训练、担负战备勤务、执行非战争军事行动任务和征召的。

有前款第二项行为，拒不改正的，不得录用为公务员或者参照《中华人民共和国公务员法》管理的工作人员，不得招录、聘用为国有企业和事业单位工作人员，两年内不准出境或者升学复学，纳入履行国防义务严重失信主体名单实施联合惩戒。

第五十八条 军人以逃避服兵役为目的，拒绝履行职责或者逃离部队的，按照中央军事委员会的规定给予处分。

军人有前款行为被军队除名、开除军籍或者被依法追究刑事责任的，依照本法第五十七条第二款的规定处罚；其中，被军队除名的，并处以罚款。

明知是逃离部队的军人而招录、聘用的，由县级人民政府责令改正，并处以罚款。

第五十九条 机关、团体、企业事业组织拒绝完成本法规定的兵役工作任务的，阻挠公民履行兵役义务的，或者有其他妨害兵役工作行为的，由县级以上地方人民政府责令改正，并可以处以罚款；对单位负有责任的领导人员、直接负责的主管人员和其他直接责任人员，依法予以处罚。

第六十条 扰乱兵役工作秩序，或者阻碍兵役工作人员依法执行职务的，依照《中华人民共和国治安管理处罚法》的规定处罚。

第六十一条 国家工作人员和军人在兵役工作中，有下列行为之一的，依法给予处分：

（一）贪污贿赂的；

（二）滥用职权或者玩忽职守的；

（三）徇私舞弊，接送不合格兵员的；

（四）泄露或者向他人非法提供兵役个人信息的。

第六十二条 违反本法规定，构成犯罪的，依法追究刑事责任。

第六十三条 本法第五十七条、第五十八条、第五十九条规定的处罚，由县级以上地方人民政府兵役机关会同有关部门查明事实，经同级地方人民政府作出处罚决定后，由县级以上地方人民政府兵役机关、发展改革、公安、退役军人工作、卫生健康、教育、人力资源和社会保障等部门按照职责分工具体执行。

第十一章 附　　则

第六十四条 本法适用于中国人民武装警察部队。

第六十五条 本法自 2021 年 10 月 1 日起施行。

中华人民共和国军人地位和权益保障法

（2021 年 6 月 10 日第十三届全国人民代表大会常务委员会第二十九次会议通过　2021 年 6 月 10 日中华人民共和国主席令第 86 号公布　自 2021 年 8 月 1 日起施行）

目　　录

第一章　总　　则
第二章　军人地位

第三章 荣誉维护
第四章 待遇保障
第五章 抚恤优待
第六章 法律责任
第七章 附 则

第一章 总 则

第一条 为了保障军人地位和合法权益，激励军人履行职责使命，让军人成为全社会尊崇的职业，促进国防和军队现代化建设，根据宪法，制定本法。

第二条 本法所称军人，是指在中国人民解放军服现役的军官、军士、义务兵等人员。

第三条 军人肩负捍卫国家主权、安全、发展利益和保卫人民的和平劳动的神圣职责和崇高使命。

第四条 军人是全社会尊崇的职业。国家和社会尊重、优待军人，保障军人享有与其职业特点、担负职责使命和所做贡献相称的地位和权益，经常开展各种形式的拥军优属活动。

一切国家机关和武装力量、各政党和群团组织、企业事业单位、社会组织和其他组织都有依法保障军人地位和权益的责任，全体公民都应当依法维护军人合法权益。

第五条 军人地位和权益保障工作，坚持中国共产党的领导，以服务军队战斗力建设为根本目的，遵循权利与义务相统一、物质保障与精神激励相结合、保障水平与国民经济和社会发展相适应的原则。

第六条 中央军事委员会政治工作部门、国务院退役军人工作主管部门以及中央和国家有关机关、中央军事委员会有关部门按照职责分工做好军人地位和权益保障工作。

县级以上地方各级人民政府负责本行政区域内有关军人地位和权益保障工作。军队团级以上单位政治工作部门负责本单位的军人地位和权益保障工作。

省军区（卫戍区、警备区）、军分区（警备区）和县、自治县、市、市辖区的人民武装部，负责所在行政区域人民政府与军队单位之间军人地位和权益保障方面的联系协调工作，并根据需要建立工作协调机制。

乡镇人民政府、街道办事处、基层群众性自治组织应当按照职责做好军人地位和权益保障工作。

第七条 军人地位和权益保障所需经费，由中央和地方按照事权和支出责任相适应的原则列入预算。

第八条 中央和国家有关机关、县级以上地方人民政府及其有关部门、军队各级机关，应当将军人地位和权益保障工作情况作为拥军优属、拥政爱民等工作评比和有关单位负责人以及工作人员考核评价的重要内容。

第九条 国家鼓励和引导群团组织、企业事业单位、社会组织、个人等社会力量依法通过捐赠、志愿服务等方式为军人权益保障提供支持，符合规定条件的，依法享受税收优惠等政策。

第十条 每年8月1日为中国人民解放军建军节。各级人民政府和军队单位应当在建军节组织开展庆祝、纪念等活动。

第十一条 对在军人地位和权益保障工作中做出突出贡献的单位和个人，按照国家有关规定给予表彰、奖励。

第二章 军人地位

第十二条 军人是中国共产党领导的国家武装力量基本成员，必须忠于祖国，忠于中国共产党，听党指挥，坚决服从命令，认真履行巩固中国共产党的领导和社会主义制度的重要职责使命。

第十三条 军人是人民子弟兵，应当热爱人民，全心全意为人民服务，保卫人民生命财产安全，当遇到人民群众生命财产受到严重威胁时，挺身而出、积极救助。

第十四条 军人是捍卫国家主权、统一、领土完整的坚强力量，应当具备巩固国防、抵抗侵略、保卫祖国所需的战斗精神和能力素质，按照实战要求始终保持戒备状态，苦练杀敌本领，不怕牺牲，能打胜仗，坚决完成任务。

第十五条 军人是中国特色社会主义现代化建设的重要力量，应当积极投身全面建设社会主义现代化国家的事业，依法参加突发事件的应急救援和处置工作。

第十六条 军人享有宪法和法律规定的政治权利，依法参加国家权力机关组成人员选举，依法参加管理国家事务、管理经济和文化事业、管理社会事务。

第十七条 军队实行官兵一致，军人之间在政治和人格上一律平等，应当互相尊重、平等对待。

军队建立健全军人代表会议、军人委员会等民主制度，保障军人知情权、参与权、建议权和监督权。

第十八条 军人必须模范遵守宪法和法律，认真履行宪法和法律规定的公民义务，严格遵守军事法规、军队纪律，作风优良，带头践行社会主义核心价值观。

第十九条 国家为军人履行职责提供保障，军人依法履行职责的行为受法律保护。

军人因执行任务给公民、法人或者其他组织的合法权益造成损害的，按照有关规定由国家予以赔偿或者补偿。

公民、法人和其他组织应当为军人依法履行职责提供必要的支持和协助。

第二十条 军人因履行职责享有的特定权益、承担的特定义务，由本法和有关法律法规规定。

第三章 荣誉维护

第二十一条 军人荣誉是国家、社会对军人献身国防和军队建设、社会主义现代化建设的褒扬和激励，是鼓舞军人士气、提升军队战斗力的精神力量。

国家维护军人荣誉，激励军人崇尚和珍惜荣誉。

第二十二条 军队加强爱国主义、集体主义、革命英雄主义教育，强化军人的荣誉意识，培育有灵魂、有本事、有血性、有品德的新时代革命军人，锻造具有铁一般信仰、铁一般信念、铁一般纪律、铁一般担当的过硬部队。

第二十三条 国家采取多种形式的宣传教育、奖励激励和保障措施，培育军人的职业使命感、自豪感和荣誉感，激发军人建功立业、报效国家的积极性、主动性、创造性。

第二十四条 全社会应当学习中国人民解放军光荣历史，宣传军人功绩和牺牲奉献精神，营造维护军人荣誉的良好氛围。

各级各类学校设置的国防教育课程中，应当包括中国人民解放军光荣历史、军人英雄模范事迹等内容。

第二十五条 国家建立健全军人荣誉体系，通过授予勋章、荣誉称号和记功、嘉奖、表彰、颁发纪念章等方式，对做出突出成绩和贡献的军人给予功勋荣誉表彰，褒扬军人为国家和人民做出的奉献和牺牲。

第二十六条 军人经军队单位批准可以接受地方人民政府、群团组织和社会组织等授予的荣誉，以及国际组织和其他国家、军队等授予的荣誉。

第二十七条 获得功勋荣誉表彰的军人享受相应礼遇和待遇。军人执行作战任务获得功勋荣誉表彰的，按照高于平时的原则享受礼遇和待遇。

获得功勋荣誉表彰和执行作战任务的军人的姓名和功绩，按照规定载入功勋簿、荣誉册、地方志等史志。

第二十八条 中央和国家有关机关、地方和军队各级有关机关，以及广播、电视、报刊、互联网等媒体，应当积极宣传军人的先进典型和英勇事迹。

第二十九条 国家和社会尊崇、铭记为国家、人民、民族牺牲的军人，尊敬、礼遇其遗属。

国家建立英雄烈士纪念设施供公众瞻仰，悼念缅怀英雄烈士，开展纪念和教育活动。

国家推进军人公墓建设。军人去世后，符合规定条件的可以安葬在军人公墓。

第三十条 国家建立军人礼遇仪式制度。在公民入伍、军人退出现役等时机，应当举行相应仪式；在烈士和因公牺牲军人安葬等场合，应当举行悼念仪式。

各级人民政府应当在重大节日和纪念日组织开展走访慰问军队单位、军人家庭和烈士、因公牺牲军人、病故军人的遗属等活动，在举行重要庆典、纪念活动时邀请军人、军人家属和烈士、因公牺牲军人、病故军人的遗属代表参加。

第三十一条 地方人民政府应当为军人和烈士、因公牺牲军人、病故军人的遗属的家庭悬挂光荣牌。军人获得功勋荣誉表彰，由当地人民政府有关部门和军事机关给其家庭送喜报，并组织做好宣传工作。

第三十二条 军人的荣誉和名誉受法律保护。

军人获得的荣誉由其终身享有，非因法定事由、非经法定程序不得撤销。

任何组织和个人不得以任何方式诋毁、贬损军人的荣誉，侮辱、诽谤军人的名誉，不得故意毁损、玷污军人的荣誉标识。

第四章 待遇保障

第三十三条 国家建立军人待遇保障制度，保证军人履行职责使命，保障军人及其家庭的生活水平。

对执行作战任务和重大非战争军事行动任务的军人，以及在艰苦边远地区、特殊岗位工作的军人，待遇保障从优。

第三十四条 国家建立相对独立、特色鲜明、具有比较优势的军人工资待遇制度。军官和军士实行工资制度，义务兵实行供给制生活待遇制度。军人享受个人所得税优惠政策。

国家建立军人工资待遇正常增长机制。

军人工资待遇的结构、标准及其调整办法，由中央军事委员会规定。

第三十五条 国家采取军队保障、政府保障与市场配置相结合，实物保障与货币补贴相结合的方式，保障军人住房待遇。

军人符合规定条件的，享受军队公寓住房或者安置住房保障。

国家建立健全军人住房公积金制度和住房补贴制度。军人符合规定条件购买住房的，国家给予优惠政策支持。

第三十六条 国家保障军人按照规定享受免费医疗和疾病预防、疗养、康复等待遇。

军人在地方医疗机构就医所需费用，符合规定条件的，由军队保障。

第三十七条 国家实行体现军人职业特点、与社会保险制度相衔接的军人保险制度，适时补充军人保险项目，保障军人的保险待遇。

国家鼓励和支持商业保险机构为军人及其家庭成员提供专属保险产品。

第三十八条 军人享有年休假、探亲假等休息休假的权利。对确因工作需要未休假或者未休满假的，给予经济补偿。

军人配偶、子女与军人两地分居的，可以前往军人所在部队探亲。军人配偶前往部队探亲的，其所在单位应当按照规定安排假期并保障相应的薪酬待遇，不得因其享受探亲假期而辞退、解聘或者解除劳动关系。符合规定条件的军人配偶、未成年子女和不能独立生活的成年子女的探亲路费，由军人所在部队保障。

第三十九条 国家建立健全军人教育培训体系，保障军人的受教育权利，组织和支持军人参加专业和文化学习培训，提高军人履行职责的能力和退出现役后的就业创业能力。

第四十条 女军人的合法权益受法律保护。军队应当根据女军人的特点，合理安排女军人的工作任务和休息休假，在生育、健康等方面为女军人提供特别保护。

第四十一条 国家对军人的婚姻给予特别保护，禁止任何破坏军人婚姻的行为。

第四十二条 军官和符合规定条件的军士，其配偶、未成年子女和不能独立生活的成年子女可以办理随军落户；符合规定条件的军人父母可以按照规定办理随子女落户。夫妻双方均为军人的，其子女可以选择父母中的一方随军落户。

军人服现役所在地发生变动的，已随军的家属可以随迁落户，或者选择将户口迁至军人、军人配偶原户籍所在地或者军人父母、军人配偶父母户籍所在地。

地方人民政府有关部门、军队有关单位应当及时高效地为军人家属随军落户办理相关手续。

第四十三条 国家保障军人、军人家属的户籍管理和相关权益。

公民入伍时保留户籍。

符合规定条件的军人，可以享受服现役所在地户籍人口在教育、养老、医疗、住房保障等方面的相关权益。

军人户籍管理和相关权益保障办法，由国务院和中央军事委员会规定。

第四十四条 国家对依法退出现役的军人，依照退役军人保障法律法规的有关规定，给予妥善安置和相应优待保障。

第五章 抚恤优待

第四十五条 国家和社会尊重军人、军人家庭为国防和军队建设做出的奉献和牺牲，优待军人、军人家属，抚恤优待烈士、因公牺牲军人、病故军人的遗属，保障残疾军人的生活。

国家建立抚恤优待保障体系，合理确定抚恤优待标准，逐步提高抚恤优待水平。

第四十六条 军人家属凭有关部门制发的证件享受法律法规规定的优待保障。具体办法由国务院和中央军事委员会有关部门制定。

第四十七条 各级人民政府应当保障抚恤优待对象享受公民普惠待遇，同时享受相应的抚恤优待待遇。

第四十八条 国家实行军人死亡抚恤制度。

军人死亡后被评定为烈士的，国家向烈士遗属颁发烈士证书，保障烈士遗属享受规定的烈士褒扬金、抚恤金和其他待遇。

军人因公牺牲、病故的，国家向其遗属颁发证书，保障其遗属享受规定的抚恤金和其他待遇。

第四十九条 国家实行军人残疾抚恤制度。

军人因战、因公、因病致残的，按照国家有关规定评定残疾等级并颁发证件，享受残疾抚恤金和其他待遇，符合规定条件的以安排工作、供养、退休等方式妥善安置。

第五十条 国家对军人家属和烈士、因公牺牲军人、病故军人的遗属予以住房优待。

军人家属和烈士、因公牺牲军人、病故军人的遗属，符合规定条件申请保障性住房的，或者居住农村且住房困难的，由当地人民政府优先解决。

烈士、因公牺牲军人、病故军人的遗属符合前款规定情形的，当地人民政府给予优惠。

第五十一条 公立医疗机构应当为军人就医提供优待服务。军人家属和烈士、因公牺牲军人、病故军人的遗属，在军队医疗机构和公立医疗机构就医享受医疗优待。

国家鼓励民营医疗机构为军人、军人家属和烈士、因公牺牲军人、病故军人的遗属就医提供优待服务。

国家和社会对残疾军人的医疗依法给予特别保障。

第五十二条 国家依法保障军人配偶就业安置权益。机关、群团组织、企业事业单位、社会组织和其他组织，应当依法履行接收军人配偶就业安置的义务。

军人配偶随军前在机关或者事业单位工作的，由安置地人民政府按照有关规定安排到相应的工作单位；在其他单位工作或者无工作单位的，由安置地人民政府提供就业指导和就业培训，优先协助就业。烈士、因公牺牲军人的遗属和符合规定条件的军人配偶，当地人民政府应当优先安排就业。

第五十三条 国家鼓励有用工需求的用人单位优先安排随军家属就业。国有企业在新招录职工时，应当按照用工需求的适当比例聘用随军家属；有条件的民营企业在新招录职工时，可以按照用工需求的适当比例聘用随军家属。

第五十四条 国家鼓励和扶持军人配偶自主就业、自主创业。军人配偶从事个体经营的，按照国家有关优惠政策给予支持。

第五十五条 国家对军人子女予以教育优待。地方各级人民政府及其有关部门应当为军人子女提供当地优质教育资源，创造接受良好教育的条件。

军人子女入读公办义务教育阶段学校和普惠性幼儿园，可以在本人、父母、祖父母、外祖父母或者其他法定监护人户籍所在地，或者父母居住地、部队驻地入学，享受当地军人子女教育优待政策。

军人子女报考普通高中、中等职业学校，同等条件下优先录取；烈士、因公牺牲军人的子女和符合规定条件的军人子女，按照当地军人子女教育优待政策享受录取等方面的优待。

因公牺牲军人的子女和符合规定条件的军人子女报考高等学校，按照国家有关规定优先录取；烈士子女享受加分等优待。

烈士子女和符合规定条件的军人子女按照规定享受奖学金、助学金和有关费用免除等学生资助政策。

国家鼓励和扶持具备条件的民办学校，为军人子女和烈士、因公牺牲军人的子女提供教育优待。

第五十六条　军人家属和烈士、因公牺牲军人、病故军人的遗属，符合规定条件申请在国家兴办的光荣院、优抚医院集中供养、住院治疗、短期疗养的，享受优先、优惠待遇；申请到公办养老机构养老的，同等条件下优先安排。

第五十七条　军人、军人家属和烈士、因公牺牲军人、病故军人的遗属，享受参观游览公园、博物馆、纪念馆、展览馆、名胜古迹以及文化和旅游等方面的优先、优惠服务。

军人免费乘坐市内公共汽车、电车、轮渡和轨道交通工具。军人和烈士、因公牺牲军人、病故军人的遗属，以及与其随同出行的家属，乘坐境内运行的火车、轮船、长途公共汽车以及民航班机享受优先购票、优先乘车（船、机）等服务，残疾军人享受票价优惠。

第五十八条　地方人民政府和军队单位对因自然灾害、意外事故、重大疾病等原因，基本生活出现严重困难的军人家庭，应当给予救助和慰问。

第五十九条　地方人民政府和军队单位对在未成年子女入学入托、老年人养老等方面遇到困难的军人家庭，应当给予必要的帮扶。

国家鼓励和支持企业事业单位、社会组织和其他组织以及个人为困难军人家庭提供援助服务。

第六十条　军人、军人家属和烈士、因公牺牲军人、病故军人遗属的合法权益受到侵害的，有权向有关国家机关和军队单位提出申诉、控告。负责受理的国家机关和军队单位，应当依法及时处理，不得推诿、拖延。依法向人民法院提起诉讼的，人民法院应当优先立案、审理和执行，人民检察院可以支持起诉。

第六十一条　军人、军人家属和烈士、因公牺牲军人、病故军人的遗属维护合法权益遇到困难的，法律援助机构应当依法优先提供法律援助，司法机关应当依法优先提供司法救助。

第六十二条 侵害军人荣誉、名誉和其他相关合法权益，严重影响军人有效履行职责使命，致使社会公共利益受到损害的，人民检察院可以根据民事诉讼法、行政诉讼法的相关规定提起公益诉讼。

第六章 法律责任

第六十三条 国家机关及其工作人员、军队单位及其工作人员违反本法规定，在军人地位和权益保障工作中滥用职权、玩忽职守、徇私舞弊的，由其所在单位、主管部门或者上级机关责令改正；对负有责任的领导人员和直接责任人员，依法给予处分。

第六十四条 群团组织、企业事业单位、社会组织和其他组织违反本法规定，不履行优待义务的，由有关部门责令改正；对直接负责的主管人员和其他直接责任人员，依法给予处分。

第六十五条 违反本法规定，通过大众传播媒介或者其他方式，诋毁、贬损军人荣誉，侮辱、诽谤军人名誉，或者故意毁损、玷污军人的荣誉标识的，由公安、文化和旅游、新闻出版、电影、广播电视、网信或者其他有关主管部门依据各自的职权责令改正，并依法予以处理；造成精神损害的，受害人有权请求精神损害赔偿。

第六十六条 冒领或者以欺诈、伪造证明材料等手段骗取本法规定的相关荣誉、待遇或者抚恤优待的，由有关部门予以取消，依法给予没收违法所得等行政处罚。

第六十七条 违反本法规定，侵害军人的合法权益，造成财产损失或者其他损害的，依法承担民事责任。

违反本法规定，构成违反治安管理行为的，依法给予治安管理处罚；构成犯罪的，依法追究刑事责任。

第七章 附　　则

第六十八条 本法所称军人家属，是指军人的配偶、父母（扶养人）、未成年子女、不能独立生活的成年子女。

本法所称烈士、因公牺牲军人、病故军人的遗属，是指烈士、因公牺牲军人、病故军人的配偶、父母（扶养人）、子女，以及由其承担抚养义务的兄弟姐妹。

第六十九条　中国人民武装警察部队服现役的警官、警士和义务兵等人员，适用本法。

第七十条　省、自治区、直辖市可以结合本地实际情况，根据本法制定保障军人地位和权益的具体办法。

第七十一条　本法自 2021 年 8 月 1 日起施行。

中华人民共和国退役军人保障法

（2020 年 11 月 11 日第十三届全国人民代表大会常务委员会第二十三次会议通过　2020 年 11 月 11 日中华人民共和国主席令第 63 号公布　自 2021 年 1 月 1 日起施行）

目　　录

第一章　总　　则
第二章　移交接收
第三章　退役安置
第四章　教育培训
第五章　就业创业
第六章　抚恤优待
第七章　褒扬激励
第八章　服务管理
第九章　法律责任
第十章　附　　则

第一章　总　　则

第一条　为了加强退役军人保障工作，维护退役军人合法权益，让军人成为全社会尊崇的职业，根据宪法，制定本法。

第二条 本法所称退役军人，是指从中国人民解放军依法退出现役的军官、军士和义务兵等人员。

第三条 退役军人为国防和军队建设做出了重要贡献，是社会主义现代化建设的重要力量。

尊重、关爱退役军人是全社会的共同责任。国家关心、优待退役军人，加强退役军人保障体系建设，保障退役军人依法享有相应的权益。

第四条 退役军人保障工作坚持中国共产党的领导，坚持为经济社会发展服务、为国防和军队建设服务的方针，遵循以人为本、分类保障、服务优先、依法管理的原则。

第五条 退役军人保障应当与经济发展相协调，与社会进步相适应。

退役军人安置工作应当公开、公平、公正。

退役军人的政治、生活等待遇与其服现役期间所做贡献挂钩。

国家建立参战退役军人特别优待机制。

第六条 退役军人应当继续发扬人民军队优良传统，模范遵守宪法和法律法规，保守军事秘密，践行社会主义核心价值观，积极参加社会主义现代化建设。

第七条 国务院退役军人工作主管部门负责全国的退役军人保障工作。县级以上地方人民政府退役军人工作主管部门负责本行政区域的退役军人保障工作。

中央和国家有关机关、中央军事委员会有关部门、地方各级有关机关应当在各自职责范围内做好退役军人保障工作。

军队各级负责退役军人有关工作的部门与县级以上人民政府退役军人工作主管部门应当密切配合，做好退役军人保障工作。

第八条 国家加强退役军人保障工作信息化建设，为退役军人建档立卡，实现有关部门之间信息共享，为提高退役军人保障能力提供支持。

国务院退役军人工作主管部门应当与中央和国家有关机关、中央军事委员会有关部门密切配合，统筹做好信息数据系统的建设、维护、应用和信息安全管理等工作。

第九条 退役军人保障工作所需经费由中央和地方财政共同负担。退役安置、教育培训、抚恤优待资金主要由中央财政负担。

第十条　国家鼓励和引导企业、社会组织、个人等社会力量依法通过捐赠、设立基金、志愿服务等方式为退役军人提供支持和帮助。

第十一条　对在退役军人保障工作中做出突出贡献的单位和个人，按照国家有关规定给予表彰、奖励。

第二章　移交接收

第十二条　国务院退役军人工作主管部门、中央军事委员会政治工作部门、中央和国家有关机关应当制定全国退役军人的年度移交接收计划。

第十三条　退役军人原所在部队应当将退役军人移交安置地人民政府退役军人工作主管部门，安置地人民政府退役军人工作主管部门负责接收退役军人。

退役军人的安置地，按照国家有关规定确定。

第十四条　退役军人应当在规定时间内，持军队出具的退役证明到安置地人民政府退役军人工作主管部门报到。

第十五条　安置地人民政府退役军人工作主管部门在接收退役军人时，向退役军人发放退役军人优待证。

退役军人优待证全国统一制发、统一编号，管理使用办法由国务院退役军人工作主管部门会同有关部门制定。

第十六条　军人所在部队在军人退役时，应当及时将其人事档案移交安置地人民政府退役军人工作主管部门。

安置地人民政府退役军人工作主管部门应当按照国家人事档案管理有关规定，接收、保管并向有关单位移交退役军人人事档案。

第十七条　安置地人民政府公安机关应当按照国家有关规定，及时为退役军人办理户口登记，同级退役军人工作主管部门应当予以协助。

第十八条　退役军人原所在部队应当按照有关法律法规规定，及时将退役军人及随军未就业配偶的养老、医疗等社会保险关系和相应资金，转入安置地社会保险经办机构。

安置地人民政府退役军人工作主管部门应当与社会保险经办机构、军队有关部门密切配合，依法做好有关社会保险关系和相应资金转移接续工作。

第十九条 退役军人移交接收过程中，发生与其服现役有关的问题，由原所在部队负责处理；发生与其安置有关的问题，由安置地人民政府负责处理；发生其他移交接收方面问题的，由安置地人民政府负责处理，原所在部队予以配合。

退役军人原所在部队撤销或者转隶、合并的，由原所在部队的上级单位或者转隶、合并后的单位按照前款规定处理。

第三章 退役安置

第二十条 地方各级人民政府应当按照移交接收计划，做好退役军人安置工作，完成退役军人安置任务。

机关、群团组织、企业事业单位和社会组织应当依法接收安置退役军人，退役军人应当接受安置。

第二十一条 对退役的军官，国家采取退休、转业、逐月领取退役金、复员等方式妥善安置。

以退休方式移交人民政府安置的，由安置地人民政府按照国家保障与社会化服务相结合的方式，做好服务管理工作，保障其待遇。

以转业方式安置的，由安置地人民政府根据其德才条件以及服现役期间的职务、等级、所做贡献、专长等和工作需要安排工作岗位，确定相应的职务职级。

服现役满规定年限，以逐月领取退役金方式安置的，按照国家有关规定逐月领取退役金。

以复员方式安置的，按照国家有关规定领取复员费。

第二十二条 对退役的军士，国家采取逐月领取退役金、自主就业、安排工作、退休、供养等方式妥善安置。

服现役满规定年限，以逐月领取退役金方式安置的，按照国家有关规定逐月领取退役金。

服现役不满规定年限，以自主就业方式安置的，领取一次性退役金。

以安排工作方式安置的，由安置地人民政府根据其服现役期间所做贡献、专长等安排工作岗位。

以退休方式安置的，由安置地人民政府按照国家保障与社会化服务相结合的方式，做好服务管理工作，保障其待遇。

以供养方式安置的，由国家供养终身。

第二十三条　对退役的义务兵，国家采取自主就业、安排工作、供养等方式妥善安置。

以自主就业方式安置的，领取一次性退役金。

以安排工作方式安置的，由安置地人民政府根据其服现役期间所做贡献、专长等安排工作岗位。

以供养方式安置的，由国家供养终身。

第二十四条　退休、转业、逐月领取退役金、复员、自主就业、安排工作、供养等安置方式的适用条件，按照相关法律法规执行。

第二十五条　转业军官、安排工作的军士和义务兵，由机关、群团组织、事业单位和国有企业接收安置。对下列退役军人，优先安置：

（一）参战退役军人；

（二）担任作战部队师、旅、团、营级单位主官的转业军官；

（三）属于烈士子女、功臣模范的退役军人；

（四）长期在艰苦边远地区或者特殊岗位服现役的退役军人。

第二十六条　机关、群团组织、事业单位接收安置转业军官、安排工作的军士和义务兵的，应当按照国家有关规定给予编制保障。

国有企业接收安置转业军官、安排工作的军士和义务兵的，应当按照国家规定与其签订劳动合同，保障相应待遇。

前两款规定的用人单位依法裁减人员时，应当优先留用接收安置的转业和安排工作的退役军人。

第二十七条　以逐月领取退役金方式安置的退役军官和军士，被录用为公务员或者聘用为事业单位工作人员的，自被录用、聘用下月起停发退役金，其待遇按照公务员、事业单位工作人员管理相关法律法规执行。

第二十八条　国家建立伤病残退役军人指令性移交安置、收治休养制度。军队有关部门应当及时将伤病残退役军人移交安置地人民政府安置。

安置地人民政府应当妥善解决伤病残退役军人的住房、医疗、康复、护理和生活困难。

第二十九条 各级人民政府加强拥军优属工作，为军人和家属排忧解难。

符合条件的军官和军士退出现役时，其配偶和子女可以按照国家有关规定随调随迁。

随调配偶在机关或者事业单位工作，符合有关法律法规规定的，安置地人民政府负责安排到相应的工作单位；随调配偶在其他单位工作或者无工作单位的，安置地人民政府应当提供就业指导，协助实现就业。

随迁子女需要转学、入学的，安置地人民政府教育行政部门应当予以及时办理。对下列退役军人的随迁子女，优先保障：

（一）参战退役军人；

（二）属于烈士子女、功臣模范的退役军人；

（三）长期在艰苦边远地区或者特殊岗位服现役的退役军人；

（四）其他符合条件的退役军人。

第三十条 军人退役安置的具体办法由国务院、中央军事委员会制定。

第四章 教育培训

第三十一条 退役军人的教育培训应当以提高就业质量为导向，紧密围绕社会需求，为退役军人提供有特色、精细化、针对性强的培训服务。

国家采取措施加强对退役军人的教育培训，帮助退役军人完善知识结构，提高思想政治水平、职业技能水平和综合职业素养，提升就业创业能力。

第三十二条 国家建立学历教育和职业技能培训并行并举的退役军人教育培训体系，建立退役军人教育培训协调机制，统筹规划退役军人教育培训工作。

第三十三条 军人退役前，所在部队在保证完成军事任务的前提下，可以根据部队特点和条件提供职业技能储备培训，组织参加高等教育自学考试和各类高等学校举办的高等学历继续教育，以及知识拓展、技能培训等非学历继续教育。

部队所在地县级以上地方人民政府退役军人工作主管部门应当为现役军人所在部队开展教育培训提供支持和协助。

第三十四条　退役军人在接受学历教育时，按照国家有关规定享受学费和助学金资助等国家教育资助政策。

高等学校根据国家统筹安排，可以通过单列计划、单独招生等方式招考退役军人。

第三十五条　现役军人入伍前已被普通高等学校录取或者是正在普通高等学校就学的学生，服现役期间保留入学资格或者学籍，退役后两年内允许入学或者复学，可以按照国家有关规定转入本校其他专业学习。达到报考研究生条件的，按照国家有关规定享受优惠政策。

第三十六条　国家依托和支持普通高等学校、职业院校（含技工院校）、专业培训机构等教育资源，为退役军人提供职业技能培训。退役军人未达到法定退休年龄需要就业创业的，可以享受职业技能培训补贴等相应扶持政策。

军人退出现役，安置地人民政府应当根据就业需求组织其免费参加职业教育、技能培训，经考试考核合格的，发给相应的学历证书、职业资格证书或者职业技能等级证书并推荐就业。

第三十七条　省级人民政府退役军人工作主管部门会同有关部门加强动态管理，定期对为退役军人提供职业技能培训的普通高等学校、职业院校（含技工院校）、专业培训机构的培训质量进行检查和考核，提高职业技能培训质量和水平。

第五章　就业创业

第三十八条　国家采取政府推动、市场引导、社会支持相结合的方式，鼓励和扶持退役军人就业创业。

第三十九条　各级人民政府应当加强对退役军人就业创业的指导和服务。

县级以上地方人民政府退役军人工作主管部门应当加强对退役军人就业创业的宣传、组织、协调等工作，会同有关部门采取退役军人专场招聘会等形式，开展就业推荐、职业指导，帮助退役军人就业。

第四十条 服现役期间因战、因公、因病致残被评定残疾等级和退役后补评或者重新评定残疾等级的残疾退役军人，有劳动能力和就业意愿的，优先享受国家规定的残疾人就业优惠政策。

第四十一条 公共人力资源服务机构应当免费为退役军人提供职业介绍、创业指导等服务。

国家鼓励经营性人力资源服务机构和社会组织为退役军人就业创业提供免费或者优惠服务。

退役军人未能及时就业的，在人力资源和社会保障部门办理求职登记后，可以按照规定享受失业保险待遇。

第四十二条 机关、群团组织、事业单位和国有企业在招录或者招聘人员时，对退役军人的年龄和学历条件可以适当放宽，同等条件下优先招录、招聘退役军人。退役的军士和义务兵服现役经历视为基层工作经历。

退役的军士和义务兵入伍前是机关、群团组织、事业单位或者国有企业人员的，退役后可以选择复职复工。

第四十三条 各地应当设置一定数量的基层公务员职位，面向服现役满五年的高校毕业生退役军人招考。

服现役满五年的高校毕业生退役军人可以报考面向服务基层项目人员定向考录的职位，同服务基层项目人员共享公务员定向考录计划。

各地应当注重从优秀退役军人中选聘党的基层组织、社区和村专职工作人员。

军队文职人员岗位、国防教育机构岗位等，应当优先选用符合条件的退役军人。

国家鼓励退役军人参加稳边固边等边疆建设工作。

第四十四条 退役军人服现役年限计算为工龄，退役后与所在单位工作年限累计计算。

第四十五条 县级以上地方人民政府投资建设或者与社会共建的创业孵化基地和创业园区，应当优先为退役军人创业提供服务。有条件的地区可以建立退役军人创业孵化基地和创业园区，为退役军人提供经营场地、投资融资等方面的优惠服务。

第四十六条 退役军人创办小微企业，可以按照国家有关规定申请创业担保贷款，并享受贷款贴息等融资优惠政策。

退役军人从事个体经营，依法享受税收优惠政策。

第四十七条 用人单位招用退役军人符合国家规定的，依法享受税收优惠等政策。

第六章 抚恤优待

第四十八条 各级人民政府应当坚持普惠与优待叠加的原则，在保障退役军人享受普惠性政策和公共服务基础上，结合服现役期间所做贡献和各地实际情况给予优待。

对参战退役军人，应当提高优待标准。

第四十九条 国家逐步消除退役军人抚恤优待制度城乡差异、缩小地区差异，建立统筹平衡的抚恤优待量化标准体系。

第五十条 退役军人依法参加养老、医疗、工伤、失业、生育等社会保险，并享受相应待遇。

退役军人服现役年限与入伍前、退役后参加职工基本养老保险、职工基本医疗保险、失业保险的缴费年限依法合并计算。

第五十一条 退役军人符合安置住房优待条件的，实行市场购买与军地集中统建相结合，由安置地人民政府统筹规划、科学实施。

第五十二条 军队医疗机构、公立医疗机构应当为退役军人就医提供优待服务，并对参战退役军人、残疾退役军人给予优惠。

第五十三条 退役军人凭退役军人优待证等有效证件享受公共交通、文化和旅游等优待，具体办法由省级人民政府制定。

第五十四条 县级以上人民政府加强优抚医院、光荣院建设，充分利用现有医疗和养老服务资源，收治或者集中供养孤老、生活不能自理的退役军人。

各类社会福利机构应当优先接收老年退役军人和残疾退役军人。

第五十五条 国家建立退役军人帮扶援助机制，在养老、医疗、住房等方面，对生活困难的退役军人按照国家有关规定给予帮扶援助。

第五十六条 残疾退役军人依法享受抚恤。

残疾退役军人按照残疾等级享受残疾抚恤金，标准由国务院退役军人工作主管部门会同国务院财政部门综合考虑国家经济社会发展水平、消费物价水平、全国城镇单位就业人员工资水平、国家财力情况等因素确定。残疾抚恤金由县级人民政府退役军人工作主管部门发放。

第七章 褒扬激励

第五十七条 国家建立退役军人荣誉激励机制，对在社会主义现代化建设中做出突出贡献的退役军人予以表彰、奖励。退役军人服现役期间获得表彰、奖励的，退役后按照国家有关规定享受相应待遇。

第五十八条 退役军人安置地人民政府在接收退役军人时，应当举行迎接仪式。迎接仪式由安置地人民政府退役军人工作主管部门负责实施。

第五十九条 地方人民政府应当为退役军人家庭悬挂光荣牌，定期开展走访慰问活动。

第六十条 国家、地方和军队举行重大庆典活动时，应当邀请退役军人代表参加。

被邀请的退役军人参加重大庆典活动时，可以穿着退役时的制式服装，佩戴服现役期间和退役后荣获的勋章、奖章、纪念章等徽章。

第六十一条 国家注重发挥退役军人在爱国主义教育和国防教育活动中的积极作用。机关、群团组织、企业事业单位和社会组织可以邀请退役军人协助开展爱国主义教育和国防教育。县级以上人民政府教育行政部门可以邀请退役军人参加学校国防教育培训，学校可以聘请退役军人参与学生军事训练。

第六十二条 县级以上人民政府退役军人工作主管部门应当加强对退役军人先进事迹的宣传，通过制作公益广告、创作主题文艺作品等方式，弘扬爱国主义精神、革命英雄主义精神和退役军人敬业奉献精神。

第六十三条 县级以上地方人民政府负责地方志工作的机构应当将本行政区域内下列退役军人的名录和事迹，编辑录入地方志：

（一）参战退役军人；

（二）荣获二等功以上奖励的退役军人；

（三）获得省部级或者战区级以上表彰的退役军人；

（四）其他符合条件的退役军人。

第六十四条 国家统筹规划烈士纪念设施建设，通过组织开展英雄烈士祭扫纪念活动等多种形式，弘扬英雄烈士精神。退役军人工作主管部门负责烈士纪念设施的修缮、保护和管理。

国家推进军人公墓建设。符合条件的退役军人去世后，可以安葬在军人公墓。

第八章 服务管理

第六十五条 国家加强退役军人服务机构建设，建立健全退役军人服务体系。县级以上人民政府设立退役军人服务中心，乡镇、街道、农村和城市社区设立退役军人服务站点，提升退役军人服务保障能力。

第六十六条 退役军人服务中心、服务站点等退役军人服务机构应当加强与退役军人联系沟通，做好退役军人就业创业扶持、优抚帮扶、走访慰问、权益维护等服务保障工作。

第六十七条 县级以上人民政府退役军人工作主管部门应当加强退役军人思想政治教育工作，及时掌握退役军人的思想情况和工作生活状况，指导接收安置单位和其他组织做好退役军人的思想政治工作和有关保障工作。

接收安置单位和其他组织应当结合退役军人工作和生活状况，做好退役军人思想政治工作和有关保障工作。

第六十八条 县级以上人民政府退役军人工作主管部门、接收安置单位和其他组织应当加强对退役军人的保密教育和管理。

第六十九条 县级以上人民政府退役军人工作主管部门应当通过广播、电视、报刊、网络等多种渠道宣传与退役军人相关的法律法规和政策制度。

第七十条 县级以上人民政府退役军人工作主管部门应当建立健全退役军人权益保障机制，畅通诉求表达渠道，为退役军人维护其合法权益提供支持和帮助。退役军人的合法权益受到侵害，应当依法解决。公共法律服务有关机构应当依法为退役军人提供法律援助等必要的帮助。

第七十一条 县级以上人民政府退役军人工作主管部门应当依法指导、督促有关部门和单位做好退役安置、教育培训、就业创业、抚恤优待、褒扬激励、拥军优属等工作，监督检查退役军人保障相关法律法规和政策措施落实情况，推进解决退役军人保障工作中存在的问题。

第七十二条 国家实行退役军人保障工作责任制和考核评价制度。县级以上人民政府应当将退役军人保障工作完成情况，纳入对本级人民政府负责退役军人有关工作的部门及其负责人、下级人民政府及其负责人的考核评价内容。

对退役军人保障政策落实不到位、工作推进不力的地区和单位，由省级以上人民政府退役军人工作主管部门会同有关部门约谈该地区人民政府主要负责人或者该单位主要负责人。

第七十三条 退役军人工作主管部门及其工作人员履行职责，应当自觉接受社会监督。

第七十四条 对退役军人保障工作中违反本法行为的检举、控告，有关机关和部门应当依法及时处理，并将处理结果告知检举人、控告人。

第九章 法律责任

第七十五条 退役军人工作主管部门及其工作人员有下列行为之一的，由其上级主管部门责令改正，对直接负责的主管人员和其他直接责任人员依法给予处分：

（一）未按照规定确定退役军人安置待遇的；

（二）在退役军人安置工作中出具虚假文件的；

（三）为不符合条件的人员发放退役军人优待证的；

（四）挪用、截留、私分退役军人保障工作经费的；

（五）违反规定确定抚恤优待对象、标准、数额或者给予退役军人相关待遇的；

（六）在退役军人保障工作中利用职务之便为自己或者他人谋取私利的；

（七）在退役军人保障工作中失职渎职的；

（八）有其他违反法律法规行为的。

第七十六条　其他负责退役军人有关工作的部门及其工作人员违反本法有关规定的，由其上级主管部门责令改正，对直接负责的主管人员和其他直接责任人员依法给予处分。

第七十七条　违反本法规定，拒绝或者无故拖延执行退役军人安置任务的，由安置地人民政府退役军人工作主管部门责令限期改正；逾期不改正的，予以通报批评。对该单位主要负责人和直接责任人员，由有关部门依法给予处分。

第七十八条　退役军人弄虚作假骗取退役相关待遇的，由县级以上地方人民政府退役军人工作主管部门取消相关待遇，追缴非法所得，并由其所在单位或者有关部门依法给予处分。

第七十九条　退役军人违法犯罪的，由省级人民政府退役军人工作主管部门按照国家有关规定中止、降低或者取消其退役相关待遇，报国务院退役军人工作主管部门备案。

退役军人对省级人民政府退役军人工作主管部门作出的中止、降低或者取消其退役相关待遇的决定不服的，可以依法申请行政复议或者提起行政诉讼。

第八十条　违反本法规定，构成违反治安管理行为的，依法给予治安管理处罚；构成犯罪的，依法追究刑事责任。

第十章　附　　则

第八十一条　中国人民武装警察部队依法退出现役的警官、警士和义务兵等人员，适用本法。

第八十二条　本法有关军官的规定适用于文职干部。

军队院校学员依法退出现役的，参照本法有关规定执行。

第八十三条　参试退役军人参照本法有关参战退役军人的规定执行。

参战退役军人、参试退役军人的范围和认定标准、认定程序，由中央军事委员会有关部门会同国务院退役军人工作主管部门等部门规定。

第八十四条　军官离职休养和军级以上职务军官退休后，按照国务院和中央军事委员会的有关规定安置管理。

本法施行前已经按照自主择业方式安置的退役军人的待遇保障，按照国务院和中央军事委员会的有关规定执行。

第八十五条 本法自2021年1月1日起施行。

中华人民共和国治安管理处罚法

（2005年8月28日第十届全国人民代表大会常务委员会第十七次会议通过 根据2012年10月26日第十一届全国人民代表大会常务委员会第二十九次会议《关于修改〈中华人民共和国治安管理处罚法〉的决定》修正 2025年6月27日第十四届全国人民代表大会常务委员会第十六次会议修订 2025年6月27日中华人民共和国主席令第49号公布 自2026年1月1日起施行）

目　　录

第一章　总　　则
第二章　处罚的种类和适用
第三章　违反治安管理的行为和处罚
　第一节　扰乱公共秩序的行为和处罚
　第二节　妨害公共安全的行为和处罚
　第三节　侵犯人身权利、财产权利的行为和处罚
　第四节　妨害社会管理的行为和处罚
第四章　处罚程序
　第一节　调　　查
　第二节　决　　定
　第三节　执　　行
第五章　执法监督
第六章　附　　则

第一章　总　　则

第一条 为了维护社会治安秩序，保障公共安全，保护公民、法人和

其他组织的合法权益，规范和保障公安机关及其人民警察依法履行治安管理职责，根据宪法，制定本法。

第二条 治安管理工作坚持中国共产党的领导，坚持综合治理。

各级人民政府应当加强社会治安综合治理，采取有效措施，预防和化解社会矛盾纠纷，增进社会和谐，维护社会稳定。

第三条 扰乱公共秩序，妨害公共安全，侵犯人身权利、财产权利，妨害社会管理，具有社会危害性，依照《中华人民共和国刑法》的规定构成犯罪的，依法追究刑事责任；尚不够刑事处罚的，由公安机关依照本法给予治安管理处罚。

第四条 治安管理处罚的程序，适用本法的规定；本法没有规定的，适用《中华人民共和国行政处罚法》、《中华人民共和国行政强制法》的有关规定。

第五条 在中华人民共和国领域内发生的违反治安管理行为，除法律有特别规定的外，适用本法。

在中华人民共和国船舶和航空器内发生的违反治安管理行为，除法律有特别规定的外，适用本法。

在外国船舶和航空器内发生的违反治安管理行为，依照中华人民共和国缔结或者参加的国际条约，中华人民共和国行使管辖权的，适用本法。

第六条 治安管理处罚必须以事实为依据，与违反治安管理的事实、性质、情节以及社会危害程度相当。

实施治安管理处罚，应当公开、公正，尊重和保障人权，保护公民的人格尊严。

办理治安案件应当坚持教育与处罚相结合的原则，充分释法说理，教育公民、法人或者其他组织自觉守法。

第七条 国务院公安部门负责全国的治安管理工作。县级以上地方各级人民政府公安机关负责本行政区域内的治安管理工作。

治安案件的管辖由国务院公安部门规定。

第八条 违反治安管理行为对他人造成损害的，除依照本法给予治安管理处罚外，行为人或者其监护人还应当依法承担民事责任。

违反治安管理行为构成犯罪，应当依法追究刑事责任的，不得以治安管理处罚代替刑事处罚。

第九条 对于因民间纠纷引起的打架斗殴或者损毁他人财物等违反治安管理行为，情节较轻的，公安机关可以调解处理。

调解处理治安案件，应当查明事实，并遵循合法、公正、自愿、及时的原则，注重教育和疏导，促进化解矛盾纠纷。

经公安机关调解，当事人达成协议的，不予处罚。经调解未达成协议或者达成协议后不履行的，公安机关应当依照本法的规定对违反治安管理行为作出处理，并告知当事人可以就民事争议依法向人民法院提起民事诉讼。

对属于第一款规定的调解范围的治安案件，公安机关作出处理决定前，当事人自行和解或者经人民调解委员会调解达成协议并履行，书面申请经公安机关认可的，不予处罚。

第二章 处罚的种类和适用

第十条 治安管理处罚的种类分为：

（一）警告；

（二）罚款；

（三）行政拘留；

（四）吊销公安机关发放的许可证件。

对违反治安管理的外国人，可以附加适用限期出境或者驱逐出境。

第十一条 办理治安案件所查获的毒品、淫秽物品等违禁品，赌具、赌资，吸食、注射毒品的用具以及直接用于实施违反治安管理行为的本人所有的工具，应当收缴，按照规定处理。

违反治安管理所得的财物，追缴退还被侵害人；没有被侵害人的，登记造册，公开拍卖或者按照国家有关规定处理，所得款项上缴国库。

第十二条 已满十四周岁不满十八周岁的人违反治安管理的，从轻或者减轻处罚；不满十四周岁的人违反治安管理的，不予处罚，但是应当责令其监护人严加管教。

第十三条 精神病人、智力残疾人在不能辨认或者不能控制自己行为的时候违反治安管理的，不予处罚，但是应当责令其监护人加强看护管理和治疗。间歇性的精神病人在精神正常的时候违反治安管理的，应当给予处罚。尚未完全丧失辨认或者控制自己行为能力的精神病人、智力残疾人违反治安管理的，应当给予处罚，但是可以从轻或者减轻处罚。

第十四条 盲人或者又聋又哑的人违反治安管理的，可以从轻、减轻或者不予处罚。

第十五条 醉酒的人违反治安管理的，应当给予处罚。

醉酒的人在醉酒状态中，对本人有危险或者对他人的人身、财产或者公共安全有威胁的，应当对其采取保护性措施约束至酒醒。

第十六条 有两种以上违反治安管理行为的，分别决定，合并执行处罚。行政拘留处罚合并执行的，最长不超过二十日。

第十七条 共同违反治安管理的，根据行为人在违反治安管理行为中所起的作用，分别处罚。

教唆、胁迫、诱骗他人违反治安管理的，按照其教唆、胁迫、诱骗的行为处罚。

第十八条 单位违反治安管理的，对其直接负责的主管人员和其他直接责任人员依照本法的规定处罚。其他法律、行政法规对同一行为规定给予单位处罚的，依照其规定处罚。

第十九条 为了免受正在进行的不法侵害而采取的制止行为，造成损害的，不属于违反治安管理行为，不受处罚；制止行为明显超过必要限度，造成较大损害的，依法给予处罚，但是应当减轻处罚；情节较轻的，不予处罚。

第二十条 违反治安管理有下列情形之一的，从轻、减轻或者不予处罚：

（一）情节轻微的；

（二）主动消除或者减轻违法后果的；

（三）取得被侵害人谅解的；

（四）出于他人胁迫或者诱骗的；

（五）主动投案，向公安机关如实陈述自己的违法行为的；

（六）有立功表现的。

第二十一条 违反治安管理行为人自愿向公安机关如实陈述自己的违法行为，承认违法事实，愿意接受处罚的，可以依法从宽处理。

第二十二条 违反治安管理有下列情形之一的，从重处罚：

（一）有较严重后果的；

（二）教唆、胁迫、诱骗他人违反治安管理的；

（三）对报案人、控告人、举报人、证人打击报复的；

（四）一年以内曾受过治安管理处罚的。

第二十三条 违反治安管理行为人有下列情形之一，依照本法应当给予行政拘留处罚的，不执行行政拘留处罚：

（一）已满十四周岁不满十六周岁的；

（二）已满十六周岁不满十八周岁，初次违反治安管理的；

（三）七十周岁以上的；

（四）怀孕或者哺乳自己不满一周岁婴儿的。

前款第一项、第二项、第三项规定的行为人违反治安管理情节严重、影响恶劣的，或者第一项、第三项规定的行为人在一年以内二次以上违反治安管理的，不受前款规定的限制。

第二十四条 对依照本法第十二条规定不予处罚或者依照本法第二十三条规定不执行行政拘留处罚的未成年人，公安机关依照《中华人民共和国预防未成年人犯罪法》的规定采取相应矫治教育等措施。

第二十五条 违反治安管理行为在六个月以内没有被公安机关发现的，不再处罚。

前款规定的期限，从违反治安管理行为发生之日起计算；违反治安管理行为有连续或者继续状态的，从行为终了之日起计算。

第三章 违反治安管理的行为和处罚

第一节 扰乱公共秩序的行为和处罚

第二十六条 有下列行为之一的，处警告或者五百元以下罚款；情节较重的，处五日以上十日以下拘留，可以并处一千元以下罚款：

（一）扰乱机关、团体、企业、事业单位秩序，致使工作、生产、营业、医疗、教学、科研不能正常进行，尚未造成严重损失的；

（二）扰乱车站、港口、码头、机场、商场、公园、展览馆或者其他公共场所秩序的；

（三）扰乱公共汽车、电车、城市轨道交通车辆、火车、船舶、航空器或者其他公共交通工具上的秩序的；

（四）非法拦截或者强登、扒乘机动车、船舶、航空器以及其他交通工具，影响交通工具正常行驶的；

（五）破坏依法进行的选举秩序的。

聚众实施前款行为的，对首要分子处十日以上十五日以下拘留，可以并处二千元以下罚款。

第二十七条 在法律、行政法规规定的国家考试中，有下列行为之一，扰乱考试秩序的，处违法所得一倍以上五倍以下罚款，没有违法所得或者违法所得不足一千元的，处一千元以上三千元以下罚款；情节较重的，处五日以上十五日以下拘留：

（一）组织作弊的；

（二）为他人组织作弊提供作弊器材或者其他帮助的；

（三）为实施考试作弊行为，向他人非法出售、提供考试试题、答案的；

（四）代替他人或者让他人代替自己参加考试的。

第二十八条 有下列行为之一，扰乱体育、文化等大型群众性活动秩序的，处警告或者五百元以下罚款；情节严重的，处五日以上十日以下拘留，可以并处一千元以下罚款：

（一）强行进入场内的；

（二）违反规定，在场内燃放烟花爆竹或者其他物品的；

（三）展示侮辱性标语、条幅等物品的；

（四）围攻裁判员、运动员或者其他工作人员的；

（五）向场内投掷杂物，不听制止的；

（六）扰乱大型群众性活动秩序的其他行为。

因扰乱体育比赛、文艺演出活动秩序被处以拘留处罚的，可以同时责令其六个月至一年以内不得进入体育场馆、演出场馆观看同类比赛、演出；违反规定进入体育场馆、演出场馆的，强行带离现场，可以处五日以下拘留或者一千元以下罚款。

第二十九条 有下列行为之一的，处五日以上十日以下拘留，可以并处一千元以下罚款；情节较轻的，处五日以下拘留或者一千元以下罚款：

（一）故意散布谣言，谎报险情、疫情、灾情、警情或者以其他方法故意扰乱公共秩序的；

（二）投放虚假的爆炸性、毒害性、放射性、腐蚀性物质或者传染病病原体等危险物质扰乱公共秩序的；

（三）扬言实施放火、爆炸、投放危险物质等危害公共安全犯罪行为扰乱公共秩序的。

第三十条　有下列行为之一的，处五日以上十日以下拘留或者一千元以下罚款；情节较重的，处十日以上十五日以下拘留，可以并处二千元以下罚款：

（一）结伙斗殴或者随意殴打他人的；

（二）追逐、拦截他人的；

（三）强拿硬要或者任意损毁、占用公私财物的；

（四）其他无故侵扰他人、扰乱社会秩序的寻衅滋事行为。

第三十一条　有下列行为之一的，处十日以上十五日以下拘留，可以并处二千元以下罚款；情节较轻的，处五日以上十日以下拘留，可以并处一千元以下罚款：

（一）组织、教唆、胁迫、诱骗、煽动他人从事邪教活动、会道门活动、非法的宗教活动或者利用邪教组织、会道门、迷信活动，扰乱社会秩序、损害他人身体健康的；

（二）冒用宗教、气功名义进行扰乱社会秩序、损害他人身体健康活动的；

（三）制作、传播宣扬邪教、会道门内容的物品、信息、资料的。

第三十二条　违反国家规定，有下列行为之一的，处五日以上十日以下拘留；情节严重的，处十日以上十五日以下拘留：

（一）故意干扰无线电业务正常进行的；

（二）对正常运行的无线电台（站）产生有害干扰，经有关主管部门指出后，拒不采取有效措施消除的；

（三）未经批准设置无线电广播电台、通信基站等无线电台（站）的，或者非法使用、占用无线电频率，从事违法活动的。

第三十三条　有下列行为之一，造成危害的，处五日以下拘留；情节较重的，处五日以上十五日以下拘留：

（一）违反国家规定，侵入计算机信息系统或者采用其他技术手段，获取计算机信息系统中存储、处理或者传输的数据，或者对计算机信息系统实施非法控制的；

（二）违反国家规定，对计算机信息系统功能进行删除、修改、增加、干扰的；

（三）违反国家规定，对计算机信息系统中存储、处理、传输的数据和应用程序进行删除、修改、增加的；

（四）故意制作、传播计算机病毒等破坏性程序的；

（五）提供专门用于侵入、非法控制计算机信息系统的程序、工具，或者明知他人实施侵入、非法控制计算机信息系统的违法犯罪行为而为其提供程序、工具的。

第三十四条　组织、领导传销活动的，处十日以上十五日以下拘留；情节较轻的，处五日以上十日以下拘留。

胁迫、诱骗他人参加传销活动的，处五日以上十日以下拘留；情节较重的，处十日以上十五日以下拘留。

第三十五条　有下列行为之一的，处五日以上十日以下拘留或者一千元以上三千元以下罚款；情节较重的，处十日以上十五日以下拘留，可以并处五千元以下罚款：

（一）在国家举行庆祝、纪念、缅怀、公祭等重要活动的场所及周边管控区域，故意从事与活动主题和氛围相违背的行为，不听劝阻，造成不良社会影响的；

（二）在英雄烈士纪念设施保护范围内从事有损纪念英雄烈士环境和氛围的活动，不听劝阻的，或者侵占、破坏、污损英雄烈士纪念设施的；

（三）以侮辱、诽谤或者其他方式侵害英雄烈士的姓名、肖像、名誉、荣誉，损害社会公共利益的；

（四）亵渎、否定英雄烈士事迹和精神，或者制作、传播、散布宣扬、美化侵略战争、侵略行为的言论或者图片、音视频等物品，扰乱公共秩序的；

（五）在公共场所或者强制他人在公共场所穿着、佩戴宣扬、美化侵略战争、侵略行为的服饰、标志，不听劝阻，造成不良社会影响的。

第二节　妨害公共安全的行为和处罚

第三十六条　违反国家规定，制造、买卖、储存、运输、邮寄、携带、使用、提供、处置爆炸性、毒害性、放射性、腐蚀性物质或者传染病病原体等危险物质的，处十日以上十五日以下拘留；情节较轻的，处五日以上十日以下拘留。

第三十七条　爆炸性、毒害性、放射性、腐蚀性物质或者传染病病原体等危险物质被盗、被抢或者丢失，未按规定报告的，处五日以下拘留；故意隐瞒不报的，处五日以上十日以下拘留。

第三十八条　非法携带枪支、弹药或者弩、匕首等国家规定的管制器具的，处五日以下拘留，可以并处一千元以下罚款；情节较轻的，处警告或者五百元以下罚款。

非法携带枪支、弹药或者弩、匕首等国家规定的管制器具进入公共场所或者公共交通工具的，处五日以上十日以下拘留，可以并处一千元以下罚款。

第三十九条　有下列行为之一的，处十日以上十五日以下拘留；情节较轻的，处五日以下拘留：

（一）盗窃、损毁油气管道设施、电力电信设施、广播电视设施、水利工程设施、公共供水设施、公路及附属设施或者水文监测、测量、气象测报、生态环境监测、地质监测、地震监测等公共设施，危及公共安全的；

（二）移动、损毁国家边境的界碑、界桩以及其他边境标志、边境设施或者领土、领海基点标志设施的；

（三）非法进行影响国（边）界线走向的活动或者修建有碍国（边）境管理的设施的。

第四十条　盗窃、损坏、擅自移动使用中的航空设施，或者强行进入航空器驾驶舱的，处十日以上十五日以下拘留。

在使用中的航空器上使用可能影响导航系统正常功能的器具、工具，不听劝阻的，处五日以下拘留或者一千元以下罚款。

盗窃、损坏、擅自移动使用中的其他公共交通工具设施、设备，或者以抢控驾驶操纵装置、拉扯、殴打驾驶人员等方式，干扰公共交通工具正常行驶的，处五日以下拘留或者一千元以下罚款；情节较重的，处五日以上十日以下拘留。

第四十一条 有下列行为之一的，处五日以上十日以下拘留，可以并处一千元以下罚款；情节较轻的，处五日以下拘留或者一千元以下罚款：

（一）盗窃、损毁、擅自移动铁路、城市轨道交通设施、设备、机车车辆配件或者安全标志的；

（二）在铁路、城市轨道交通线路上放置障碍物，或者故意向列车投掷物品的；

（三）在铁路、城市轨道交通线路、桥梁、隧道、涵洞处挖掘坑穴、采石取沙的；

（四）在铁路、城市轨道交通线路上私设道口或者平交过道的。

第四十二条 擅自进入铁路、城市轨道交通防护网或者火车、城市轨道交通列车来临时在铁路、城市轨道交通线路上行走坐卧，抢越铁路、城市轨道，影响行车安全的，处警告或者五百元以下罚款。

第四十三条 有下列行为之一的，处五日以下拘留或者一千元以下罚款；情节严重的，处十日以上十五日以下拘留，可以并处一千元以下罚款：

（一）未经批准，安装、使用电网的，或者安装、使用电网不符合安全规定的；

（二）在车辆、行人通行的地方施工，对沟井坎穴不设覆盖物、防围和警示标志的，或者故意损毁、移动覆盖物、防围和警示标志的；

（三）盗窃、损毁路面井盖、照明等公共设施的；

（四）违反有关法律法规规定，升放携带明火的升空物体，有发生火灾事故危险，不听劝阻的；

（五）从建筑物或者其他高空抛掷物品，有危害他人人身安全、公私财产安全或者公共安全危险的。

第四十四条 举办体育、文化等大型群众性活动，违反有关规定，有发生安全事故危险，经公安机关责令改正而拒不改正或者无法改正的，责令停止活动，立即疏散；对其直接负责的主管人员和其他直接责任人员处五日以上十日以下拘留，并处一千元以上三千元以下罚款；情节较重的，处十日以上十五日以下拘留，并处三千元以上五千元以下罚款，可以同时责令六个月至一年以内不得举办大型群众性活动。

第四十五条 旅馆、饭店、影剧院、娱乐场、体育场馆、展览馆或者其他供社会公众活动的场所违反安全规定，致使该场所有发生安全事故危险，经公安机关责令改正而拒不改正的，对其直接负责的主管人员和其他直接责任人员处五日以下拘留；情节较重的，处五日以上十日以下拘留。

第四十六条 违反有关法律法规关于飞行空域管理规定，飞行民用无人驾驶航空器、航空运动器材，或者升放无人驾驶自由气球、系留气球等升空物体，情节较重的，处五日以上十日以下拘留。

飞行、升放前款规定的物体非法穿越国（边）境的，处十日以上十五日以下拘留。

第三节 侵犯人身权利、财产权利的行为和处罚

第四十七条 有下列行为之一的，处十日以上十五日以下拘留，并处一千元以上二千元以下罚款；情节较轻的，处五日以上十日以下拘留，并处一千元以下罚款：

（一）组织、胁迫、诱骗不满十六周岁的人或者残疾人进行恐怖、残忍表演的；

（二）以暴力、威胁或者其他手段强迫他人劳动的；

（三）非法限制他人人身自由、非法侵入他人住宅或者非法搜查他人身体的。

第四十八条 组织、胁迫未成年人在不适宜未成年人活动的经营场所从事陪酒、陪唱等有偿陪侍活动的，处十日以上十五日以下拘留，并处五千元以下罚款；情节较轻的，处五日以下拘留或者五千元以下罚款。

第四十九条 胁迫、诱骗或者利用他人乞讨的，处十日以上十五日以下拘留，可以并处二千元以下罚款。

反复纠缠、强行讨要或者以其他滋扰他人的方式乞讨的，处五日以下拘留或者警告。

第五十条 有下列行为之一的，处五日以下拘留或者一千元以下罚款；情节较重的，处五日以上十日以下拘留，可以并处一千元以下罚款：

（一）写恐吓信或者以其他方法威胁他人人身安全的；

（二）公然侮辱他人或者捏造事实诽谤他人的；

（三）捏造事实诬告陷害他人，企图使他人受到刑事追究或者受到治安管理处罚的；

（四）对证人及其近亲属进行威胁、侮辱、殴打或者打击报复的；

（五）多次发送淫秽、侮辱、恐吓等信息或者采取滋扰、纠缠、跟踪等方法，干扰他人正常生活的；

（六）偷窥、偷拍、窃听、散布他人隐私的。

有前款第五项规定的滋扰、纠缠、跟踪行为的，除依照前款规定给予处罚外，经公安机关负责人批准，可以责令其一定期限内禁止接触被侵害人。对违反禁止接触规定的，处五日以上十日以下拘留，可以并处一千元以下罚款。

第五十一条 殴打他人的，或者故意伤害他人身体的，处五日以上十日以下拘留，并处五百元以上一千元以下罚款；情节较轻的，处五日以下拘留或者一千元以下罚款。

有下列情形之一的，处十日以上十五日以下拘留，并处一千元以上二千元以下罚款：

（一）结伙殴打、伤害他人的；

（二）殴打、伤害残疾人、孕妇、不满十四周岁的人或者七十周岁以上的人的；

（三）多次殴打、伤害他人或者一次殴打、伤害多人的。

第五十二条 猥亵他人的，处五日以上十日以下拘留；猥亵精神病人、智力残疾人、不满十四周岁的人或者有其他严重情节的，处十日以上十五日以下拘留。

在公共场所故意裸露身体隐私部位的，处警告或者五百元以下罚款；情节恶劣的，处五日以上十日以下拘留。

第五十三条 有下列行为之一的，处五日以下拘留或者警告；情节较重的，处五日以上十日以下拘留，可以并处一千元以下罚款：

（一）虐待家庭成员，被虐待人或者其监护人要求处理的；

（二）对未成年人、老年人、患病的人、残疾人等负有监护、看护职责的人虐待被监护、看护的人的；

（三）遗弃没有独立生活能力的被扶养人的。

第五十四条 强买强卖商品，强迫他人提供服务或者强迫他人接受服务的，处五日以上十日以下拘留，并处三千元以上五千元以下罚款；情节较轻的，处五日以下拘留或者一千元以下罚款。

第五十五条 煽动民族仇恨、民族歧视，或者在出版物、信息网络中刊载民族歧视、侮辱内容的，处十日以上十五日以下拘留，可以并处三千元以下罚款；情节较轻的，处五日以下拘留或者三千元以下罚款。

第五十六条 违反国家有关规定，向他人出售或者提供个人信息的，处十日以上十五日以下拘留；情节较轻的，处五日以下拘留。

窃取或者以其他方法非法获取个人信息的，依照前款的规定处罚。

第五十七条 冒领、隐匿、毁弃、倒卖、私自开拆或者非法检查他人邮件、快件的，处警告或者一千元以下罚款；情节较重的，处五日以上十日以下拘留。

第五十八条 盗窃、诈骗、哄抢、抢夺或者敲诈勒索的，处五日以上十日以下拘留或者二千元以下罚款；情节较重的，处十日以上十五日以下拘留，可以并处三千元以下罚款。

第五十九条 故意损毁公私财物的，处五日以下拘留或者一千元以下罚款；情节较重的，处五日以上十日以下拘留，可以并处三千元以下罚款。

第六十条 以殴打、侮辱、恐吓等方式实施学生欺凌，违反治安管理的，公安机关应当依照本法、《中华人民共和国预防未成年人犯罪法》的规定，给予治安管理处罚、采取相应矫治教育等措施。

学校违反有关法律法规规定，明知发生严重的学生欺凌或者明知发生其他侵害未成年学生的犯罪，不按规定报告或者处置的，责令改正，对其直接负责的主管人员和其他直接责任人员，建议有关部门依法予以处分。

第四节 妨害社会管理的行为和处罚

第六十一条 有下列行为之一的，处警告或者五百元以下罚款；情节严重的，处五日以上十日以下拘留，可以并处一千元以下罚款：

（一）拒不执行人民政府在紧急状态情况下依法发布的决定、命令的；

（二）阻碍国家机关工作人员依法执行职务的；

（三）阻碍执行紧急任务的消防车、救护车、工程抢险车、警车或者执行上述紧急任务的专用船舶通行的；

（四）强行冲闯公安机关设置的警戒带、警戒区或者检查点的。

阻碍人民警察依法执行职务的，从重处罚。

第六十二条 冒充国家机关工作人员招摇撞骗的，处十日以上十五日以下拘留，可以并处一千元以下罚款；情节较轻的，处五日以上十日以下拘留。

冒充军警人员招摇撞骗的，从重处罚。

盗用、冒用个人、组织的身份、名义或者以其他虚假身份招摇撞骗的，处五日以下拘留或者一千元以下罚款；情节较重的，处五日以上十日以下拘留，可以并处一千元以下罚款。

第六十三条 有下列行为之一的，处十日以上十五日以下拘留，可以并处五千元以下罚款；情节较轻的，处五日以上十日以下拘留，可以并处三千元以下罚款：

（一）伪造、变造或者买卖国家机关、人民团体、企业、事业单位或者其他组织的公文、证件、证明文件、印章的；

（二）出租、出借国家机关、人民团体、企业、事业单位或者其他组织的公文、证件、证明文件、印章供他人非法使用的；

（三）买卖或者使用伪造、变造的国家机关、人民团体、企业、事业单位或者其他组织的公文、证件、证明文件、印章的；

（四）伪造、变造或者倒卖车票、船票、航空客票、文艺演出票、体育比赛入场券或者其他有价票证、凭证的；

（五）伪造、变造船舶户牌，买卖或者使用伪造、变造的船舶户牌，或者涂改船舶发动机号码的。

第六十四条 船舶擅自进入、停靠国家禁止、限制进入的水域或者岛屿的，对船舶负责人及有关责任人员处一千元以上二千元以下罚款；情节严重的，处五日以下拘留，可以并处二千元以下罚款。

第六十五条 有下列行为之一的，处十日以上十五日以下拘留，可以并处五千元以下罚款；情节较轻的，处五日以上十日以下拘留或者一千元以上三千元以下罚款：

（一）违反国家规定，未经注册登记，以社会团体、基金会、社会服务机构等社会组织名义进行活动，被取缔后，仍进行活动的；

（二）被依法撤销登记或者吊销登记证书的社会团体、基金会、社会服务机构等社会组织，仍以原社会组织名义进行活动的；

（三）未经许可，擅自经营按照国家规定需要由公安机关许可的行业的。

有前款第三项行为的，予以取缔。被取缔一年以内又实施的，处十日以上十五日以下拘留，并处三千元以上五千元以下罚款。

取得公安机关许可的经营者，违反国家有关管理规定，情节严重的，公安机关可以吊销许可证件。

第六十六条 煽动、策划非法集会、游行、示威，不听劝阻的，处十日以上十五日以下拘留。

第六十七条 从事旅馆业经营活动不按规定登记住宿人员姓名、有效身份证件种类和号码等信息的，或者为身份不明、拒绝登记身份信息的人提供住宿服务的，对其直接负责的主管人员和其他直接责任人员处五百元以上一千元以下罚款；情节较轻的，处警告或者五百元以下罚款。

实施前款行为，妨害反恐怖主义工作进行，违反《中华人民共和国反恐怖主义法》规定的，依照其规定处罚。

从事旅馆业经营活动有下列行为之一的，对其直接负责的主管人员和其他直接责任人员处一千元以上三千元以下罚款；情节严重的，处五日以下拘留，可以并处三千元以上五千元以下罚款：

（一）明知住宿人员违反规定将危险物质带入住宿区域，不予制止的；

（二）明知住宿人员是犯罪嫌疑人员或者被公安机关通缉的人员，不向公安机关报告的；

（三）明知住宿人员利用旅馆实施犯罪活动，不向公安机关报告的。

第六十八条 房屋出租人将房屋出租给身份不明、拒绝登记身份信息的人的，或者不按规定登记承租人姓名、有效身份证件种类和号码等信息的，处五百元以上一千元以下罚款；情节较轻的，处警告或者五百元以下罚款。

房屋出租人明知承租人利用出租房屋实施犯罪活动，不向公安机关报告的，处一千元以上三千元以下罚款；情节严重的，处五日以下拘留，可以并处三千元以上五千元以下罚款。

第六十九条 娱乐场所和公章刻制、机动车修理、报废机动车回收行业经营者违反法律法规关于要求登记信息的规定，不登记信息的，处警告；拒不改正或者造成后果的，对其直接负责的主管人员和其他直接责任人员处五日以下拘留或者三千元以下罚款。

第七十条 非法安装、使用、提供窃听、窃照专用器材的，处五日以下拘留或者一千元以上三千元以下罚款；情节较重的，处五日以上十日以下拘留，并处三千元以上五千元以下罚款。

第七十一条 有下列行为之一的，处一千元以上三千元以下罚款；情节严重的，处五日以上十日以下拘留，并处一千元以上三千元以下罚款：

（一）典当业工作人员承接典当的物品，不查验有关证明、不履行登记手续的，或者违反国家规定对明知是违法犯罪嫌疑人、赃物而不向公安机关报告的；

（二）违反国家规定，收购铁路、油田、供电、电信、矿山、水利、测量和城市公用设施等废旧专用器材的；

（三）收购公安机关通报寻查的赃物或者有赃物嫌疑的物品的；

（四）收购国家禁止收购的其他物品的。

第七十二条 有下列行为之一的，处五日以上十日以下拘留，可以并处一千元以下罚款；情节较轻的，处警告或者一千元以下罚款：

（一）隐藏、转移、变卖、擅自使用或者损毁行政执法机关依法扣押、查封、冻结、扣留、先行登记保存的财物的；

（二）伪造、隐匿、毁灭证据或者提供虚假证言、谎报案情，影响行政执法机关依法办案的；

（三）明知是赃物而窝藏、转移或者代为销售的；

（四）被依法执行管制、剥夺政治权利或者在缓刑、暂予监外执行中的罪犯或者被依法采取刑事强制措施的人，有违反法律、行政法规或者国务院有关部门的监督管理规定的行为的。

第七十三条 有下列行为之一的，处警告或者一千元以下罚款；情节较重的，处五日以上十日以下拘留，可以并处一千元以下罚款：

（一）违反人民法院刑事判决中的禁止令或者职业禁止决定的；

（二）拒不执行公安机关依照《中华人民共和国反家庭暴力法》、《中华人民共和国妇女权益保障法》出具的禁止家庭暴力告诫书、禁止性骚扰告诫书的；

（三）违反监察机关在监察工作中、司法机关在刑事诉讼中依法采取的禁止接触证人、鉴定人、被害人及其近亲属保护措施的。

第七十四条 依法被关押的违法行为人脱逃的，处十日以上十五日以下拘留；情节较轻的，处五日以上十日以下拘留。

第七十五条 有下列行为之一的，处警告或者五百元以下罚款；情节较重的，处五日以上十日以下拘留，并处五百元以上一千元以下罚款：

（一）刻划、涂污或者以其他方式故意损坏国家保护的文物、名胜古迹的；

（二）违反国家规定，在文物保护单位附近进行爆破、钻探、挖掘等活动，危及文物安全的。

第七十六条 有下列行为之一的，处一千元以上二千元以下罚款；情节严重的，处十日以上十五日以下拘留，可以并处二千元以下罚款：

（一）偷开他人机动车的；

（二）未取得驾驶证驾驶或者偷开他人航空器、机动船舶的。

第七十七条 有下列行为之一的，处五日以上十日以下拘留；情节严重的，处十日以上十五日以下拘留，可以并处二千元以下罚款：

（一）故意破坏、污损他人坟墓或者毁坏、丢弃他人尸骨、骨灰的；

（二）在公共场所停放尸体或者因停放尸体影响他人正常生活、工作秩序，不听劝阻的。

第七十八条 卖淫、嫖娼的，处十日以上十五日以下拘留，可以并处五千元以下罚款；情节较轻的，处五日以下拘留或者一千元以下罚款。

在公共场所拉客招嫖的，处五日以下拘留或者一千元以下罚款。

第七十九条 引诱、容留、介绍他人卖淫的，处十日以上十五日以下拘留，可以并处五千元以下罚款；情节较轻的，处五日以下拘留或者一千元以上二千元以下罚款。

第八十条 制作、运输、复制、出售、出租淫秽的书刊、图片、影片、音像制品等淫秽物品或者利用信息网络、电话以及其他通讯工具传播淫秽信息的，处十日以上十五日以下拘留，可以并处五千元以下罚款；情节较轻的，处五日以下拘留或者一千元以上三千元以下罚款。

前款规定的淫秽物品或者淫秽信息中涉及未成年人的，从重处罚。

第八十一条 有下列行为之一的，处十日以上十五日以下拘留，并处一千元以上二千元以下罚款：

（一）组织播放淫秽音像的；

（二）组织或者进行淫秽表演的；

（三）参与聚众淫乱活动的。

明知他人从事前款活动，为其提供条件的，依照前款的规定处罚。

组织未成年人从事第一款活动的，从重处罚。

第八十二条 以营利为目的，为赌博提供条件的，或者参与赌博赌资较大的，处五日以下拘留或者一千元以下罚款；情节严重的，处十日以上十五日以下拘留，并处一千元以上五千元以下罚款。

第八十三条 有下列行为之一的，处十日以上十五日以下拘留，可以并处五千元以下罚款；情节较轻的，处五日以下拘留或者一千元以下罚款：

（一）非法种植罂粟不满五百株或者其他少量毒品原植物的；

（二）非法买卖、运输、携带、持有少量未经灭活的罂粟等毒品原植物种子或者幼苗的；

（三）非法运输、买卖、储存、使用少量罂粟壳的。

有前款第一项行为，在成熟前自行铲除的，不予处罚。

第八十四条 有下列行为之一的，处十日以上十五日以下拘留，可以并处三千元以下罚款；情节较轻的，处五日以下拘留或者一千元以下罚款：

（一）非法持有鸦片不满二百克、海洛因或者甲基苯丙胺不满十克或者其他少量毒品的；

（二）向他人提供毒品的；

（三）吸食、注射毒品的；

（四）胁迫、欺骗医务人员开具麻醉药品、精神药品的。

聚众、组织吸食、注射毒品的，对首要分子、组织者依照前款的规定从重处罚。

吸食、注射毒品的，可以同时责令其六个月至一年以内不得进入娱乐场所、不得擅自接触涉及毒品违法犯罪人员。违反规定的，处五日以下拘留或者一千元以下罚款。

第八十五条 引诱、教唆、欺骗或者强迫他人吸食、注射毒品的，处十日以上十五日以下拘留，并处一千元以上五千元以下罚款。

容留他人吸食、注射毒品或者介绍买卖毒品的，处十日以上十五日以下拘留，可以并处三千元以下罚款；情节较轻的，处五日以下拘留或者一千元以下罚款。

第八十六条 违反国家规定，非法生产、经营、购买、运输用于制造毒品的原料、配剂的，处十日以上十五日以下拘留；情节较轻的，处五日以上十日以下拘留。

第八十七条 旅馆业、饮食服务业、文化娱乐业、出租汽车业等单位的人员，在公安机关查处吸毒、赌博、卖淫、嫖娼活动时，为违法犯罪行为人通风报信的，或者以其他方式为上述活动提供条件的，处十日以上十五日以下拘留；情节较轻的，处五日以下拘留或者一千元以上二千元以下罚款。

第八十八条 违反关于社会生活噪声污染防治的法律法规规定，产生社会生活噪声，经基层群众性自治组织、业主委员会、物业服务人、有关部门依法劝阻、调解和处理未能制止，继续干扰他人正常生活、工作和学习的，处五日以下拘留或者一千元以下罚款；情节严重的，处五日以上十日以下拘留，可以并处一千元以下罚款。

第八十九条 饲养动物，干扰他人正常生活的，处警告；警告后不改正的，或者放任动物恐吓他人的，处一千元以下罚款。

违反有关法律、法规、规章规定，出售、饲养烈性犬等危险动物的，处警告；警告后不改正的，或者致使动物伤害他人的，处五日以下拘留或者一千元以下罚款；情节较重的，处五日以上十日以下拘留。

未对动物采取安全措施，致使动物伤害他人的，处一千元以下罚款；情节较重的，处五日以上十日以下拘留。

驱使动物伤害他人的，依照本法第五十一条的规定处罚。

第四章 处罚程序

第一节 调 查

第九十条 公安机关对报案、控告、举报或者违反治安管理行为人主动投案，以及其他国家机关移送的违反治安管理案件，应当立即立案并进行调查；认为不属于违反治安管理行为的，应当告知报案人、控告人、举报人、投案人，并说明理由。

第九十一条 公安机关及其人民警察对治安案件的调查，应当依法进行。严禁刑讯逼供或者采用威胁、引诱、欺骗等非法手段收集证据。

以非法手段收集的证据不得作为处罚的根据。

第九十二条 公安机关办理治安案件，有权向有关单位和个人收集、调取证据。有关单位和个人应当如实提供证据。

公安机关向有关单位和个人收集、调取证据时，应当告知其必须如实提供证据，以及伪造、隐匿、毁灭证据或者提供虚假证言应当承担的法律责任。

第九十三条 在办理刑事案件过程中以及其他执法办案机关在移送案件前依法收集的物证、书证、视听资料、电子数据等证据材料，可以作为治安案件的证据使用。

第九十四条 公安机关及其人民警察在办理治安案件时，对涉及的国家秘密、商业秘密、个人隐私或者个人信息，应当予以保密。

第九十五条 人民警察在办理治安案件过程中，遇有下列情形之一的，应当回避；违反治安管理行为人、被侵害人或者其法定代理人也有权要求他们回避：

（一）是本案当事人或者当事人的近亲属的；

（二）本人或者其近亲属与本案有利害关系的；

（三）与本案当事人有其他关系，可能影响案件公正处理的。

人民警察的回避，由其所属的公安机关决定；公安机关负责人的回避，由上一级公安机关决定。

第九十六条 需要传唤违反治安管理行为人接受调查的，经公安机关办案部门负责人批准，使用传唤证传唤。对现场发现的违反治安管理行为人，人民警察经出示人民警察证，可以口头传唤，但应当在询问笔录中注明。

公安机关应当将传唤的原因和依据告知被传唤人。对无正当理由不接受传唤或者逃避传唤的人，经公安机关办案部门负责人批准，可以强制传唤。

第九十七条 对违反治安管理行为人，公安机关传唤后应当及时询问查证，询问查证的时间不得超过八小时；涉案人数众多、违反治安管理行为人身份不明的，询问查证的时间不得超过十二小时；情况复杂，依照本法规定可能适用行政拘留处罚的，询问查证的时间不得超过二十四小时。在执法办案场所询问违反治安管理行为人，应当全程同步录音录像。

公安机关应当及时将传唤的原因和处所通知被传唤人家属。

询问查证期间，公安机关应当保证违反治安管理行为人的饮食、必要的休息时间等正当需求。

第九十八条 询问笔录应当交被询问人核对；对没有阅读能力的，应当向其宣读。记载有遗漏或者差错的，被询问人可以提出补充或者更正。被询问人确认笔录无误后，应当签名、盖章或者按指印，询问的人民警察也应当在笔录上签名。

被询问人要求就被询问事项自行提供书面材料的，应当准许；必要时，人民警察也可以要求被询问人自行书写。

询问不满十八周岁的违反治安管理行为人，应当通知其父母或者其他监护人到场；其父母或者其他监护人不能到场的，也可以通知其他成年亲属，所在学校、单位、居住地基层组织或者未成年人保护组织的代表等合适成年人到场，并将有关情况记录在案。确实无法通知或者通知后未到场的，应当在笔录中注明。

第九十九条 人民警察询问被侵害人或者其他证人，可以在现场进行，也可以到其所在单位、住处或者其提出的地点进行；必要时，也可以通知其到公安机关提供证言。

人民警察在公安机关以外询问被侵害人或者其他证人，应当出示人民警察证。

询问被侵害人或者其他证人，同时适用本法第九十八条的规定。

第一百条 违反治安管理行为人、被侵害人或者其他证人在异地的，公安机关可以委托异地公安机关代为询问，也可以通过公安机关的视频系统远程询问。

通过远程视频方式询问的，应当向被询问人宣读询问笔录，被询问人确认笔录无误后，询问的人民警察应当在笔录上注明。询问和宣读过程应当全程同步录音录像。

第一百零一条 询问聋哑的违反治安管理行为人、被侵害人或者其他证人，应当有通晓手语等交流方式的人提供帮助，并在笔录上注明。

询问不通晓当地通用的语言文字的违反治安管理行为人、被侵害人或者其他证人，应当配备翻译人员，并在笔录上注明。

第一百零二条 为了查明案件事实，确定违反治安管理行为人、被侵害人的某些特征、伤害情况或者生理状态，需要对其人身进行检查，提取或者采集肖像、指纹信息和血液、尿液等生物样本的，经公安机关办案部门负责人批准后进行。对已经提取、采集的信息或者样本，不得重复提取、采集。提取或者采集被侵害人的信息或者样本，应当征得被侵害人或者其监护人同意。

第一百零三条 公安机关对与违反治安管理行为有关的场所或者违反治安管理行为人的人身、物品可以进行检查。检查时，人民警察不得少于二人，并应当出示人民警察证。

对场所进行检查的，经县级以上人民政府公安机关负责人批准，使用检查证检查；对确有必要立即进行检查的，人民警察经出示人民警察证，可以当场检查，并应当全程同步录音录像。检查公民住所应当出示县级以上人民政府公安机关开具的检查证。

检查妇女的身体，应当由女性工作人员或者医师进行。

第一百零四条 检查的情况应当制作检查笔录，由检查人、被检查人和见证人签名、盖章或者按指印；被检查人不在场或者被检查人、见证人拒绝签名的，人民警察应当在笔录上注明。

第一百零五条 公安机关办理治安案件，对与案件有关的需要作为证据的物品，可以扣押；对被侵害人或者善意第三人合法占有的财产，不得扣押，应当予以登记，但是对其中与案件有关的必须鉴定的物品，可以扣押，鉴定后应当立即解除。对与案件无关的物品，不得扣押。

对扣押的物品，应当会同在场见证人和被扣押物品持有人查点清楚，当场开列清单一式二份，由调查人员、见证人和持有人签名或者盖章，一份交给持有人，另一份附卷备查。

实施扣押前应当报经公安机关负责人批准；因情况紧急或者物品价值不大，当场实施扣押的，人民警察应当及时向其所属公安机关负责人报告，并补办批准手续。公安机关负责人认为不应当扣押的，应当立即解除。当场实施扣押的，应当全程同步录音录像。

对扣押的物品，应当妥善保管，不得挪作他用；对不宜长期保存的物品，按照有关规定处理。经查明与案件无关或者经核实属于被侵害人或者他人合法财产的，应当登记后立即退还；满六个月无人对该财产主张权利或者无法查清权利人的，应当公开拍卖或者按照国家有关规定处理，所得款项上缴国库。

第一百零六条 为了查明案情，需要解决案件中有争议的专门性问题的，应当指派或者聘请具有专门知识的人员进行鉴定；鉴定人鉴定后，应当写出鉴定意见，并且签名。

第一百零七条 为了查明案情，人民警察可以让违反治安管理行为人、被侵害人和其他证人对与违反治安管理行为有关的场所、物品进行辨认，也可以让被侵害人、其他证人对违反治安管理行为人进行辨认，或者让违反治安管理行为人对其他违反治安管理行为人进行辨认。

辨认应当制作辨认笔录，由人民警察和辨认人签名、盖章或者按指印。

第一百零八条 公安机关进行询问、辨认、勘验，实施行政强制措施等调查取证工作时，人民警察不得少于二人。

公安机关在规范设置、严格管理的执法办案场所进行询问、扣押、辨认的，或者进行调解的，可以由一名人民警察进行。

依照前款规定由一名人民警察进行询问、扣押、辨认、调解的，应当全程同步录音录像。未按规定全程同步录音录像或者录音录像资料损毁、丢失的，相关证据不能作为处罚的根据。

第二节 决　　定

第一百零九条 治安管理处罚由县级以上地方人民政府公安机关决定；其中警告、一千元以下的罚款，可以由公安派出所决定。

第一百一十条 对决定给予行政拘留处罚的人，在处罚前已经采取强制措施限制人身自由的时间，应当折抵。限制人身自由一日，折抵行政拘留一日。

第一百一十一条 公安机关查处治安案件，对没有本人陈述，但其他证据能够证明案件事实的，可以作出治安管理处罚决定。但是，只有本人陈述，没有其他证据证明的，不能作出治安管理处罚决定。

第一百一十二条 公安机关作出治安管理处罚决定前，应当告知违反治安管理行为人拟作出治安管理处罚的内容及事实、理由、依据，并告知违反治安管理行为人依法享有的权利。

违反治安管理行为人有权陈述和申辩。公安机关必须充分听取违反治安管理行为人的意见，对违反治安管理行为人提出的事实、理由和证据，应当进行复核；违反治安管理行为人提出的事实、理由或者证据成立的，公安机关应当采纳。

违反治安管理行为人不满十八周岁的，还应当依照前两款的规定告知未成年人的父母或者其他监护人，充分听取其意见。

公安机关不得因违反治安管理行为人的陈述、申辩而加重其处罚。

第一百一十三条 治安案件调查结束后，公安机关应当根据不同情况，分别作出以下处理：

（一）确有依法应当给予治安管理处罚的违法行为的，根据情节轻重及具体情况，作出处罚决定；

（二）依法不予处罚的，或者违法事实不能成立的，作出不予处罚决定；

（三）违法行为已涉嫌犯罪的，移送有关主管机关依法追究刑事责任；

（四）发现违反治安管理行为人有其他违法行为的，在对违反治安管理行为作出处罚决定的同时，通知或者移送有关主管机关处理。

对情节复杂或者重大违法行为给予治安管理处罚，公安机关负责人应当集体讨论决定。

第一百一十四条 有下列情形之一的，在公安机关作出治安管理处罚决定之前，应当由从事治安管理处罚决定法制审核的人员进行法制审核；未经法制审核或者审核未通过的，不得作出决定：

（一）涉及重大公共利益的；

（二）直接关系当事人或者第三人重大权益，经过听证程序的；

（三）案件情况疑难复杂、涉及多个法律关系的。

公安机关中初次从事治安管理处罚决定法制审核的人员，应当通过国家统一法律职业资格考试取得法律职业资格。

第一百一十五条 公安机关作出治安管理处罚决定的，应当制作治安管理处罚决定书。决定书应当载明下列内容：

（一）被处罚人的姓名、性别、年龄、身份证件的名称和号码、住址；

（二）违法事实和证据；

（三）处罚的种类和依据；

（四）处罚的执行方式和期限；

（五）对处罚决定不服，申请行政复议、提起行政诉讼的途径和期限；

（六）作出处罚决定的公安机关的名称和作出决定的日期。

决定书应当由作出处罚决定的公安机关加盖印章。

第一百一十六条 公安机关应当向被处罚人宣告治安管理处罚决定书，并当场交付被处罚人；无法当场向被处罚人宣告的，应当在二日以内送达被处罚人。决定给予行政拘留处罚的，应当及时通知被处罚人的家属。

有被侵害人的，公安机关应当将决定书送达被侵害人。

第一百一十七条 公安机关作出吊销许可证件、处四千元以上罚款的治安管理处罚决定或者采取责令停业整顿措施前，应当告知违反治安管理行为人有权要求举行听证；违反治安管理行为人要求听证的，公安机关应当及时依法举行听证。

对依照本法第二十三条第二款规定可能执行行政拘留的未成年人，公安机关应当告知未成年人和其监护人有权要求举行听证；未成年人和其监护人要求听证的，公安机关应当及时依法举行听证。对未成年人案件的听证不公开举行。

前两款规定以外的案情复杂或者具有重大社会影响的案件，违反治安管理行为人要求听证，公安机关认为必要的，应当及时依法举行听证。

公安机关不得因违反治安管理行为人要求听证而加重其处罚。

第一百一十八条 公安机关办理治安案件的期限，自立案之日起不得超过三十日；案情重大、复杂的，经上一级公安机关批准，可以延长三十日。期限延长以二次为限。公安派出所办理的案件需要延长期限的，由所属公安机关批准。

为了查明案情进行鉴定的期间、听证的期间，不计入办理治安案件的期限。

第一百一十九条 违反治安管理行为事实清楚，证据确凿，处警告或者五百元以下罚款的，可以当场作出治安管理处罚决定。

第一百二十条 当场作出治安管理处罚决定的，人民警察应当向违反治安管理行为人出示人民警察证，并填写处罚决定书。处罚决定书应当当场交付被处罚人；有被侵害人的，并应当将决定书送达被侵害人。

前款规定的处罚决定书，应当载明被处罚人的姓名、违法行为、处罚依据、罚款数额、时间、地点以及公安机关名称，并由经办的人民警察签名或者盖章。

适用当场处罚，被处罚人对拟作出治安管理处罚的内容及事实、理由、依据没有异议的，可以由一名人民警察作出治安管理处罚决定，并应当全程同步录音录像。

当场作出治安管理处罚决定的，经办的人民警察应当在二十四小时以内报所属公安机关备案。

第一百二十一条 被处罚人、被侵害人对公安机关依照本法规定作出的治安管理处罚决定，作出的收缴、追缴决定，或者采取的有关限制性、禁止性措施等不服的，可以依法申请行政复议或者提起行政诉讼。

第三节 执 行

第一百二十二条 对被决定给予行政拘留处罚的人，由作出决定的公安机关送拘留所执行；执行期满，拘留所应当按时解除拘留，发给解除拘留证明书。

被决定给予行政拘留处罚的人在异地被抓获或者有其他有必要在异地拘留所执行情形的，经异地拘留所主管公安机关批准，可以在异地执行。

第一百二十三条 受到罚款处罚的人应当自收到处罚决定书之日起十五日以内，到指定的银行或者通过电子支付系统缴纳罚款。但是，有下列情形之一的，人民警察可以当场收缴罚款：

（一）被处二百元以下罚款，被处罚人对罚款无异议的；

（二）在边远、水上、交通不便地区，旅客列车上或者口岸，公安机关及其人民警察依照本法的规定作出罚款决定后，被处罚人到指定的银行或者通过电子支付系统缴纳罚款确有困难，经被处罚人提出的；

（三）被处罚人在当地没有固定住所，不当场收缴事后难以执行的。

第一百二十四条 人民警察当场收缴的罚款，应当自收缴罚款之日起二日以内，交至所属的公安机关；在水上、旅客列车上当场收缴的罚款，应当自抵岸或者到站之日起二日以内，交至所属的公安机关；公安机关应当自收到罚款之日起二日以内将罚款缴付指定的银行。

第一百二十五条 人民警察当场收缴罚款的，应当向被处罚人出具省级以上人民政府财政部门统一制发的专用票据；不出具统一制发的专用票据的，被处罚人有权拒绝缴纳罚款。

第一百二十六条 被处罚人不服行政拘留处罚决定，申请行政复议、提起行政诉讼的，遇有参加升学考试、子女出生或者近亲属病危、死亡等情形的，可以向公安机关提出暂缓执行行政拘留的申请。公安机关认为暂缓执行行政拘留不致发生社会危险的，由被处罚人或者其近亲属提出符合本法第一百二十七条规定条件的担保人，或者按每日行政拘留二百元的标准交纳保证金，行政拘留的处罚决定暂缓执行。

正在被执行行政拘留处罚的人遇有参加升学考试、子女出生或者近亲属病危、死亡等情形，被拘留人或者其近亲属申请出所的，由公安机关依照前款规定执行。被拘留人出所的时间不计入拘留期限。

第一百二十七条 担保人应当符合下列条件：

（一）与本案无牵连；

（二）享有政治权利，人身自由未受到限制；

（三）在当地有常住户口和固定住所；

（四）有能力履行担保义务。

第一百二十八条 担保人应当保证被担保人不逃避行政拘留处罚的执行。

担保人不履行担保义务，致使被担保人逃避行政拘留处罚的执行的，处三千元以下罚款。

第一百二十九条 被决定给予行政拘留处罚的人交纳保证金，暂缓行政拘留或者出所后，逃避行政拘留处罚的执行的，保证金予以没收并上缴国库，已经作出的行政拘留决定仍应执行。

第一百三十条 行政拘留的处罚决定被撤销，行政拘留处罚开始执行，或者出所后继续执行的，公安机关收取的保证金应当及时退还交纳人。

第五章 执法监督

第一百三十一条 公安机关及其人民警察应当依法、公正、严格、高效办理治安案件，文明执法，不得徇私舞弊、玩忽职守、滥用职权。

第一百三十二条 公安机关及其人民警察办理治安案件，禁止对违反治安管理行为人打骂、虐待或者侮辱。

第一百三十三条 公安机关及其人民警察办理治安案件，应当自觉接受社会和公民的监督。

公安机关及其人民警察办理治安案件，不严格执法或者有违法违纪行为的，任何单位和个人都有权向公安机关或者人民检察院、监察机关检举、控告；收到检举、控告的机关，应当依据职责及时处理。

第一百三十四条　公安机关作出治安管理处罚决定，发现被处罚人是公职人员，依照《中华人民共和国公职人员政务处分法》的规定需要给予政务处分的，应当依照有关规定及时通报监察机关等有关单位。

第一百三十五条　公安机关依法实施罚款处罚，应当依照有关法律、行政法规的规定，实行罚款决定与罚款收缴分离；收缴的罚款应当全部上缴国库，不得返还、变相返还，不得与经费保障挂钩。

第一百三十六条　违反治安管理的记录应当予以封存，不得向任何单位和个人提供或者公开，但有关国家机关为办案需要或者有关单位根据国家规定进行查询的除外。依法进行查询的单位，应当对被封存的违法记录的情况予以保密。

第一百三十七条　公安机关应当履行同步录音录像运行安全管理职责，完善技术措施，定期维护设施设备，保障录音录像设备运行连续、稳定、安全。

第一百三十八条　公安机关及其人民警察不得将在办理治安案件过程中获得的个人信息，依法提取、采集的相关信息、样本用于与治安管理、查处犯罪无关的用途，不得出售、提供给其他单位或者个人。

第一百三十九条　人民警察办理治安案件，有下列行为之一的，依法给予处分；构成犯罪的，依法追究刑事责任：

（一）刑讯逼供、体罚、打骂、虐待、侮辱他人的；

（二）超过询问查证的时间限制人身自由的；

（三）不执行罚款决定与罚款收缴分离制度或者不按规定将罚没的财物上缴国库或者依法处理的；

（四）私分、侵占、挪用、故意损毁所收缴、追缴、扣押的财物的；

（五）违反规定使用或者不及时返还被侵害人财物的；

（六）违反规定不及时退还保证金的；

（七）利用职务上的便利收受他人财物或者谋取其他利益的；

（八）当场收缴罚款不出具专用票据或者不如实填写罚款数额的；

（九）接到要求制止违反治安管理行为的报警后，不及时出警的；

（十）在查处违反治安管理活动时，为违法犯罪行为人通风报信的；

（十一）泄露办理治安案件过程中的工作秘密或者其他依法应当保密的信息的；

（十二）将在办理治安案件过程中获得的个人信息，依法提取、采集的相关信息、样本用于与治安管理、查处犯罪无关的用途，或者出售、提供给其他单位或者个人的；

（十三）剪接、删改、损毁、丢失办理治安案件的同步录音录像资料的；

（十四）有徇私舞弊、玩忽职守、滥用职权，不依法履行法定职责的其他情形的。

办理治安案件的公安机关有前款所列行为的，对负有责任的领导人员和直接责任人员，依法给予处分。

第一百四十条 公安机关及其人民警察违法行使职权，侵犯公民、法人和其他组织合法权益的，应当赔礼道歉；造成损害的，应当依法承担赔偿责任。

第六章 附 则

第一百四十一条 其他法律中规定由公安机关给予行政拘留处罚的，其处罚程序适用本法规定。

公安机关依照《中华人民共和国枪支管理法》、《民用爆炸物品安全管理条例》等直接关系公共安全和社会治安秩序的法律、行政法规实施处罚的，其处罚程序适用本法规定。

本法第三十二条、第三十四条、第四十六条、第五十六条规定给予行政拘留处罚，其他法律、行政法规同时规定给予罚款、没收违法所得、没收非法财物等其他行政处罚的行为，由相关主管部门依照相应规定处罚；需要给予行政拘留处罚的，由公安机关依照本法规定处理。

第一百四十二条 海警机构履行海上治安管理职责，行使本法规定的公安机关的职权，但是法律另有规定的除外。

第一百四十三条 本法所称以上、以下、以内，包括本数。

第一百四十四条 本法自 2026 年 1 月 1 日起施行。

重大行政决策程序暂行条例

（2019年4月20日中华人民共和国国务院令第713号公布 自2019年9月1日起施行）

第一章 总 则

第一条 为了健全科学、民主、依法决策机制，规范重大行政决策程序，提高决策质量和效率，明确决策责任，根据宪法、地方各级人民代表大会和地方各级人民政府组织法等规定，制定本条例。

第二条 县级以上地方人民政府（以下称决策机关）重大行政决策的作出和调整程序，适用本条例。

第三条 本条例所称重大行政决策事项（以下简称决策事项）包括：

（一）制定有关公共服务、市场监管、社会管理、环境保护等方面的重大公共政策和措施；

（二）制定经济和社会发展等方面的重要规划；

（三）制定开发利用、保护重要自然资源和文化资源的重大公共政策和措施；

（四）决定在本行政区域实施的重大公共建设项目；

（五）决定对经济社会发展有重大影响、涉及重大公共利益或者社会公众切身利益的其他重大事项。

法律、行政法规对本条第一款规定事项的决策程序另有规定的，依照其规定。财政政策、货币政策等宏观调控决策，政府立法决策以及突发事件应急处置决策不适用本条例。

决策机关可以根据本条第一款的规定，结合职责权限和本地实际，确定决策事项目录、标准，经同级党委同意后向社会公布，并根据实际情况调整。

第四条 重大行政决策必须坚持和加强党的全面领导，全面贯彻党的路线方针政策和决策部署，发挥党的领导核心作用，把党的领导贯彻到重大行政决策全过程。

第五条 作出重大行政决策应当遵循科学决策原则，贯彻创新、协调、绿色、开放、共享的发展理念，坚持从实际出发，运用科学技术和方法，尊重客观规律，适应经济社会发展和全面深化改革要求。

第六条 作出重大行政决策应当遵循民主决策原则，充分听取各方面意见，保障人民群众通过多种途径和形式参与决策。

第七条 作出重大行政决策应当遵循依法决策原则，严格遵守法定权限，依法履行法定程序，保证决策内容符合法律、法规和规章等规定。

第八条 重大行政决策依法接受本级人民代表大会及其常务委员会的监督，根据法律、法规规定属于本级人民代表大会及其常务委员会讨论决定的重大事项范围或者应当在出台前向本级人民代表大会常务委员会报告的，按照有关规定办理。

上级行政机关应当加强对下级行政机关重大行政决策的监督。审计机关按照规定对重大行政决策进行监督。

第九条 重大行政决策情况应当作为考核评价决策机关及其领导人员的重要内容。

第二章 决策草案的形成

第一节 决策启动

第十条 对各方面提出的决策事项建议，按照下列规定进行研究论证后，报请决策机关决定是否启动决策程序：

（一）决策机关领导人员提出决策事项建议的，交有关单位研究论证；

（二）决策机关所属部门或者下一级人民政府提出决策事项建议的，应当论证拟解决的主要问题、建议理由和依据、解决问题的初步方案及其必要性、可行性等；

（三）人大代表、政协委员等通过建议、提案等方式提出决策事项建议，以及公民、法人或者其他组织提出书面决策事项建议的，交有关单位研究论证。

第十一条 决策机关决定启动决策程序的，应当明确决策事项的承办单位（以下简称决策承办单位），由决策承办单位负责重大行政决策草案的拟订等工作。决策事项需要两个以上单位承办的，应当明确牵头的决策承办单位。

第十二条 决策承办单位应当在广泛深入开展调查研究、全面准确掌握有关信息、充分协商协调的基础上，拟订决策草案。

决策承办单位应当全面梳理与决策事项有关的法律、法规、规章和政策，使决策草案合法合规、与有关政策相衔接。

决策承办单位根据需要对决策事项涉及的人财物投入、资源消耗、环境影响等成本和经济、社会、环境效益进行分析预测。

有关方面对决策事项存在较大分歧的，决策承办单位可以提出两个以上方案。

第十三条 决策事项涉及决策机关所属部门、下一级人民政府等单位的职责，或者与其关系紧密的，决策承办单位应当与其充分协商；不能取得一致意见的，应当向决策机关说明争议的主要问题，有关单位的意见，决策承办单位的意见、理由和依据。

第二节 公众参与

第十四条 决策承办单位应当采取便于社会公众参与的方式充分听取意见，依法不予公开的决策事项除外。

听取意见可以采取座谈会、听证会、实地走访、书面征求意见、向社会公开征求意见、问卷调查、民意调查等多种方式。

决策事项涉及特定群体利益的，决策承办单位应当与相关人民团体、社会组织以及群众代表进行沟通协商，充分听取相关群体的意见建议。

第十五条 决策事项向社会公开征求意见的，决策承办单位应当通过政府网站、政务新媒体以及报刊、广播、电视等便于社会公众知晓的途径，公布决策草案及其说明等材料，明确提出意见的方式和期限。公开征求意见的期限一般不少于30日；因情况紧急等原因需要缩短期限的，公开征求意见时应当予以说明。

对社会公众普遍关心或者专业性、技术性较强的问题，决策承办单位可以通过专家访谈等方式进行解释说明。

第十六条 决策事项直接涉及公民、法人、其他组织切身利益或者存在较大分歧的，可以召开听证会。法律、法规、规章对召开听证会另有规定的，依照其规定。

决策承办单位或者组织听证会的其他单位应当提前公布决策草案及其说明等材料，明确听证时间、地点等信息。

需要遴选听证参加人的，决策承办单位或者组织听证会的其他单位应当提前公布听证参加人遴选办法，公平公开组织遴选，保证相关各方都有代表参加听证会。听证参加人名单应当提前向社会公布。听证会材料应当于召开听证会7日前送达听证参加人。

第十七条 听证会应当按照下列程序公开举行：

（一）决策承办单位介绍决策草案、依据和有关情况；

（二）听证参加人陈述意见，进行询问、质证和辩论，必要时可以由决策承办单位或者有关专家进行解释说明；

（三）听证参加人确认听证会记录并签字。

第十八条 决策承办单位应当对社会各方面提出的意见进行归纳整理、研究论证，充分采纳合理意见，完善决策草案。

第三节 专家论证

第十九条 对专业性、技术性较强的决策事项，决策承办单位应当组织专家、专业机构论证其必要性、可行性、科学性等，并提供必要保障。

专家、专业机构应当独立开展论证工作，客观、公正、科学地提出论证意见，并对所知悉的国家秘密、商业秘密、个人隐私依法履行保密义务；提供书面论证意见的，应当署名、盖章。

第二十条 决策承办单位组织专家论证，可以采取论证会、书面咨询、委托咨询论证等方式。选择专家、专业机构参与论证，应当坚持专业性、代表性和中立性，注重选择持不同意见的专家、专业机构，不得选择与决策事项有直接利害关系的专家、专业机构。

第二十一条 省、自治区、直辖市人民政府应当建立决策咨询论证专家库，规范专家库运行管理制度，健全专家诚信考核和退出机制。

市、县级人民政府可以根据需要建立决策咨询论证专家库。

决策机关没有建立决策咨询论证专家库的，可以使用上级行政机关的专家库。

第四节 风险评估

第二十二条 重大行政决策的实施可能对社会稳定、公共安全等方面造成不利影响的，决策承办单位或者负责风险评估工作的其他单位应当组织评估决策草案的风险可控性。

按照有关规定已对有关风险进行评价、评估的，不作重复评估。

第二十三条 开展风险评估，可以通过舆情跟踪、重点走访、会商分析等方式，运用定性分析与定量分析等方法，对决策实施的风险进行科学预测、综合研判。

开展风险评估，应当听取有关部门的意见，形成风险评估报告，明确风险点，提出风险防范措施和处置预案。

开展风险评估，可以委托专业机构、社会组织等第三方进行。

第二十四条 风险评估结果应当作为重大行政决策的重要依据。决策机关认为风险可控的，可以作出决策；认为风险不可控的，在采取调整决策草案等措施确保风险可控后，可以作出决策。

第三章 合法性审查和集体讨论决定

第一节 合法性审查

第二十五条 决策草案提交决策机关讨论前，应当由负责合法性审查的部门进行合法性审查。不得以征求意见等方式代替合法性审查。

决策草案未经合法性审查或者经审查不合法的，不得提交决策机关讨论。对国家尚无明确规定的探索性改革决策事项，可以明示法律风险，提交决策机关讨论。

第二十六条 送请合法性审查，应当提供决策草案及相关材料，包括有关法律、法规、规章等依据和履行决策法定程序的说明等。提供的材料不符合要求的，负责合法性审查的部门可以退回，或者要求补充。

送请合法性审查，应当保证必要的审查时间，一般不少于7个工作日。

第二十七条 合法性审查的内容包括：

（一）决策事项是否符合法定权限；

（二）决策草案的形成是否履行相关法定程序；

（三）决策草案内容是否符合有关法律、法规、规章和国家政策的规定。

第二十八条 负责合法性审查的部门应当及时提出合法性审查意见，并对合法性审查意见负责。在合法性审查过程中，应当组织法律顾问、公职律师提出法律意见。决策承办单位根据合法性审查意见进行必要的调整或者补充。

第二节 集体讨论决定和决策公布

第二十九条 决策承办单位提交决策机关讨论决策草案，应当报送下列材料：

（一）决策草案及相关材料，决策草案涉及市场主体经济活动的，应当包含公平竞争审查的有关情况；

（二）履行公众参与程序的，同时报送社会公众提出的主要意见的研究采纳情况；

（三）履行专家论证程序的，同时报送专家论证意见的研究采纳情况；

（四）履行风险评估程序的，同时报送风险评估报告等有关材料；

（五）合法性审查意见；

（六）需要报送的其他材料。

第三十条 决策草案应当经决策机关常务会议或者全体会议讨论。决策机关行政首长在集体讨论的基础上作出决定。

讨论决策草案，会议组成人员应当充分发表意见，行政首长最后发表意见。行政首长拟作出的决定与会议组成人员多数人的意见不一致的，应当在会上说明理由。

集体讨论决定情况应当如实记录，不同意见应当如实载明。

第三十一条 重大行政决策出台前应当按照规定向同级党委请示报告。

第三十二条 决策机关应当通过本级人民政府公报和政府网站以及在本行政区域内发行的报纸等途径及时公布重大行政决策。对社会公众普遍关心或者专业性、技术性较强的重大行政决策，应当说明公众意见、专家论证意见的采纳情况，通过新闻发布会、接受访谈等方式进行宣传解读。依法不予公开的除外。

第三十三条 决策机关应当建立重大行政决策过程记录和材料归档制度，由有关单位将履行决策程序形成的记录、材料及时完整归档。

第四章 决策执行和调整

第三十四条 决策机关应当明确负责重大行政决策执行工作的单位（以下简称决策执行单位），并对决策执行情况进行督促检查。决策执行单位应当依法全面、及时、正确执行重大行政决策，并向决策机关报告决策执行情况。

第三十五条 决策执行单位发现重大行政决策存在问题、客观情况发生重大变化，或者决策执行中发生不可抗力等严重影响决策目标实现的，应当及时向决策机关报告。

公民、法人或者其他组织认为重大行政决策及其实施存在问题的，可以通过信件、电话、电子邮件等方式向决策机关或者决策执行单位提出意见建议。

第三十六条 有下列情形之一的，决策机关可以组织决策后评估，并确定承担评估具体工作的单位：

（一）重大行政决策实施后明显未达到预期效果；

（二）公民、法人或者其他组织提出较多意见；

（三）决策机关认为有必要。

开展决策后评估，可以委托专业机构、社会组织等第三方进行，决策作出前承担主要论证评估工作的单位除外。

开展决策后评估，应当注重听取社会公众的意见，吸收人大代表、政协委员、人民团体、基层组织、社会组织参与评估。

决策后评估结果应当作为调整重大行政决策的重要依据。

第三十七条 依法作出的重大行政决策，未经法定程序不得随意变更或者停止执行；执行中出现本条例第三十五条规定的情形、情况紧急的，决策机关行政首长可以先决定中止执行；需要作出重大调整的，应当依照本条例履行相关法定程序。

第五章 法律责任

第三十八条 决策机关违反本条例规定的，由上一级行政机关责令改正，对决策机关行政首长、负有责任的其他领导人员和直接责任人员依法追究责任。

决策机关违反本条例规定造成决策严重失误，或者依法应当及时作出决策而久拖不决，造成重大损失、恶劣影响的，应当倒查责任，实行终身责任追究，对决策机关行政首长、负有责任的其他领导人员和直接责任人员依法追究责任。

决策机关集体讨论决策草案时，有关人员对严重失误的决策表示不同意见的，按照规定减免责任。

第三十九条 决策承办单位或者承担决策有关工作的单位未按照本条例规定履行决策程序或者履行决策程序时失职渎职、弄虚作假的，由决策机关责令改正，对负有责任的领导人员和直接责任人员依法追究责任。

第四十条 决策执行单位拒不执行、推诿执行、拖延执行重大行政决策，或者对执行中发现的重大问题瞒报、谎报或者漏报的，由决策机关责令改正，对负有责任的领导人员和直接责任人员依法追究责任。

第四十一条 承担论证评估工作的专家、专业机构、社会组织等违反职业道德和本条例规定的，予以通报批评、责令限期整改；造成严重后果的，取消评估资格、承担相应责任。

第六章 附则

第四十二条 县级以上人民政府部门和乡级人民政府重大行政决策的作出和调整程序，参照本条例规定执行。

第四十三条 省、自治区、直辖市人民政府根据本条例制定本行政区域重大行政决策程序的具体制度。

国务院有关部门参照本条例规定，制定本部门重大行政决策程序的具体制度。

第四十四条 本条例自 2019 年 9 月 1 日起施行。

中华人民共和国政府信息公开条例

（2007年4月5日中华人民共和国国务院令第492号公布 2019年4月3日中华人民共和国国务院令第711号修订）

第一章 总 则

第一条 为了保障公民、法人和其他组织依法获取政府信息，提高政府工作的透明度，建设法治政府，充分发挥政府信息对人民群众生产、生活和经济社会活动的服务作用，制定本条例。

第二条 本条例所称政府信息，是指行政机关在履行行政管理职能过程中制作或者获取的，以一定形式记录、保存的信息。

第三条 各级人民政府应当加强对政府信息公开工作的组织领导。

国务院办公厅是全国政府信息公开工作的主管部门，负责推进、指导、协调、监督全国的政府信息公开工作。

县级以上地方人民政府办公厅（室）是本行政区域的政府信息公开工作主管部门，负责推进、指导、协调、监督本行政区域的政府信息公开工作。

实行垂直领导的部门的办公厅（室）主管本系统的政府信息公开工作。

第四条 各级人民政府及县级以上人民政府部门应当建立健全本行政机关的政府信息公开工作制度，并指定机构（以下统称政府信息公开工作机构）负责本行政机关政府信息公开的日常工作。

政府信息公开工作机构的具体职能是：

（一）办理本行政机关的政府信息公开事宜；

（二）维护和更新本行政机关公开的政府信息；

（三）组织编制本行政机关的政府信息公开指南、政府信息公开目录和政府信息公开工作年度报告；

（四）组织开展对拟公开政府信息的审查；

（五）本行政机关规定的与政府信息公开有关的其他职能。

第五条 行政机关公开政府信息，应当坚持以公开为常态、不公开为例外，遵循公正、公平、合法、便民的原则。

第六条 行政机关应当及时、准确地公开政府信息。

行政机关发现影响或者可能影响社会稳定、扰乱社会和经济管理秩序的虚假或者不完整信息的，应当发布准确的政府信息予以澄清。

第七条 各级人民政府应当积极推进政府信息公开工作，逐步增加政府信息公开的内容。

第八条 各级人民政府应当加强政府信息资源的规范化、标准化、信息化管理，加强互联网政府信息公开平台建设，推进政府信息公开平台与政务服务平台融合，提高政府信息公开在线办理水平。

第九条 公民、法人和其他组织有权对行政机关的政府信息公开工作进行监督，并提出批评和建议。

第二章 公开的主体和范围

第十条 行政机关制作的政府信息，由制作该政府信息的行政机关负责公开。行政机关从公民、法人和其他组织获取的政府信息，由保存该政府信息的行政机关负责公开；行政机关获取的其他行政机关的政府信息，由制作或者最初获取该政府信息的行政机关负责公开。法律、法规对政府信息公开的权限另有规定的，从其规定。

行政机关设立的派出机构、内设机构依照法律、法规对外以自己名义履行行政管理职能的，可以由该派出机构、内设机构负责与所履行行政管理职能有关的政府信息公开工作。

两个以上行政机关共同制作的政府信息，由牵头制作的行政机关负责公开。

第十一条 行政机关应当建立健全政府信息公开协调机制。行政机关公开政府信息涉及其他机关的，应当与有关机关协商、确认，保证行政机关公开的政府信息准确一致。

行政机关公开政府信息依照法律、行政法规和国家有关规定需要批准的，经批准予以公开。

第十二条 行政机关编制、公布的政府信息公开指南和政府信息公开目录应当及时更新。

政府信息公开指南包括政府信息的分类、编排体系、获取方式和政府信息公开工作机构的名称、办公地址、办公时间、联系电话、传真号码、互联网联系方式等内容。

政府信息公开目录包括政府信息的索引、名称、内容概述、生成日期等内容。

第十三条 除本条例第十四条、第十五条、第十六条规定的政府信息外，政府信息应当公开。

行政机关公开政府信息，采取主动公开和依申请公开的方式。

第十四条 依法确定为国家秘密的政府信息，法律、行政法规禁止公开的政府信息，以及公开后可能危及国家安全、公共安全、经济安全、社会稳定的政府信息，不予公开。

第十五条 涉及商业秘密、个人隐私等公开会对第三方合法权益造成损害的政府信息，行政机关不得公开。但是，第三方同意公开或者行政机关认为不公开会对公共利益造成重大影响的，予以公开。

第十六条 行政机关的内部事务信息，包括人事管理、后勤管理、内部工作流程等方面的信息，可以不予公开。

行政机关在履行行政管理职能过程中形成的讨论记录、过程稿、磋商信函、请示报告等过程性信息以及行政执法案卷信息，可以不予公开。法律、法规、规章规定上述信息应当公开的，从其规定。

第十七条 行政机关应当建立健全政府信息公开审查机制，明确审查的程序和责任。

行政机关应当依照《中华人民共和国保守国家秘密法》以及其他法律、法规和国家有关规定对拟公开的政府信息进行审查。

行政机关不能确定政府信息是否可以公开的，应当依照法律、法规和国家有关规定报有关主管部门或者保密行政管理部门确定。

第十八条 行政机关应当建立健全政府信息管理动态调整机制，对本行政机关不予公开的政府信息进行定期评估审查，对因情势变化可以公开的政府信息应当公开。

第三章 主动公开

第十九条 对涉及公众利益调整、需要公众广泛知晓或者需要公众参与决策的政府信息，行政机关应当主动公开。

第二十条 行政机关应当依照本条例第十九条的规定，主动公开本行政机关的下列政府信息：

（一）行政法规、规章和规范性文件；

（二）机关职能、机构设置、办公地址、办公时间、联系方式、负责人姓名；

（三）国民经济和社会发展规划、专项规划、区域规划及相关政策；

（四）国民经济和社会发展统计信息；

（五）办理行政许可和其他对外管理服务事项的依据、条件、程序以及办理结果；

（六）实施行政处罚、行政强制的依据、条件、程序以及本行政机关认为具有一定社会影响的行政处罚决定；

（七）财政预算、决算信息；

（八）行政事业性收费项目及其依据、标准；

（九）政府集中采购项目的目录、标准及实施情况；

（十）重大建设项目的批准和实施情况；

（十一）扶贫、教育、医疗、社会保障、促进就业等方面的政策、措施及其实施情况；

（十二）突发公共事件的应急预案、预警信息及应对情况；

（十三）环境保护、公共卫生、安全生产、食品药品、产品质量的监督检查情况；

（十四）公务员招考的职位、名额、报考条件等事项以及录用结果；

（十五）法律、法规、规章和国家有关规定规定应当主动公开的其他政府信息。

第二十一条 除本条例第二十条规定的政府信息外，设区的市级、县级人民政府及其部门还应当根据本地方的具体情况，主动公开涉及市政建设、公共服务、公益事业、土地征收、房屋征收、治安管理、社会救助等方面的政府信息；乡（镇）人民政府还应当根据本地方的具体情况，主动公开贯彻落实农业农村政策、农田水利工程建设运营、农村土地承包经营权流转、宅基地使用情况审核、土地征收、房屋征收、筹资筹劳、社会救助等方面的政府信息。

第二十二条 行政机关应当依照本条例第二十条、第二十一条的规定，确定主动公开政府信息的具体内容，并按照上级行政机关的部署，不断增加主动公开的内容。

第二十三条 行政机关应当建立健全政府信息发布机制，将主动公开的政府信息通过政府公报、政府网站或者其他互联网政务媒体、新闻发布会以及报刊、广播、电视等途径予以公开。

第二十四条 各级人民政府应当加强依托政府门户网站公开政府信息的工作，利用统一的政府信息公开平台集中发布主动公开的政府信息。政府信息公开平台应当具备信息检索、查阅、下载等功能。

第二十五条 各级人民政府应当在国家档案馆、公共图书馆、政务服务场所设置政府信息查阅场所，并配备相应的设施、设备，为公民、法人和其他组织获取政府信息提供便利。

行政机关可以根据需要设立公共查阅室、资料索取点、信息公告栏、电子信息屏等场所、设施，公开政府信息。

行政机关应当及时向国家档案馆、公共图书馆提供主动公开的政府信息。

第二十六条 属于主动公开范围的政府信息，应当自该政府信息形成或者变更之日起20个工作日内及时公开。法律、法规对政府信息公开的期限另有规定的，从其规定。

第四章 依申请公开

第二十七条 除行政机关主动公开的政府信息外，公民、法人或者其他组织可以向地方各级人民政府、对外以自己名义履行行政管理职能的县级以上人民政府部门（含本条例第十条第二款规定的派出机构、内设机构）申请获取相关政府信息。

第二十八条 本条例第二十七条规定的行政机关应当建立完善政府信息公开申请渠道，为申请人依法申请获取政府信息提供便利。

第二十九条 公民、法人或者其他组织申请获取政府信息的，应当向行政机关的政府信息公开工作机构提出，并采用包括信件、数据电文在内的书面形式；采用书面形式确有困难的，申请人可以口头提出，由受理该申请的政府信息公开工作机构代为填写政府信息公开申请。

政府信息公开申请应当包括下列内容：

（一）申请人的姓名或者名称、身份证明、联系方式；

（二）申请公开的政府信息的名称、文号或者便于行政机关查询的其他特征性描述；

（三）申请公开的政府信息的形式要求，包括获取信息的方式、途径。

第三十条 政府信息公开申请内容不明确的，行政机关应当给予指导和释明，并自收到申请之日起 7 个工作日内一次性告知申请人作出补正，说明需要补正的事项和合理的补正期限。答复期限自行政机关收到补正的申请之日起计算。申请人无正当理由逾期不补正的，视为放弃申请，行政机关不再处理该政府信息公开申请。

第三十一条 行政机关收到政府信息公开申请的时间，按照下列规定确定：

（一）申请人当面提交政府信息公开申请的，以提交之日为收到申请之日；

（二）申请人以邮寄方式提交政府信息公开申请的，以行政机关签收之日为收到申请之日；以平常信函等无需签收的邮寄方式提交政府信息公开申请的，政府信息公开工作机构应当于收到申请的当日与申请人确认，确认之日为收到申请之日；

（三）申请人通过互联网渠道或者政府信息公开工作机构的传真提交政府信息公开申请的，以双方确认之日为收到申请之日。

第三十二条 依申请公开的政府信息公开会损害第三方合法权益的，行政机关应当书面征求第三方的意见。第三方应当自收到征求意见书之日起 15 个工作日内提出意见。第三方逾期未提出意见的，由行政机关依照本条例的规定决定是否公开。第三方不同意公开且有合理理由的，行政机关不予公开。行政机关认为不公开可能对公共利益造成重大影响的，可以决定予以公开，并将决定公开的政府信息内容和理由书面告知第三方。

第三十三条 行政机关收到政府信息公开申请，能够当场答复的，应当当场予以答复。

行政机关不能当场答复的，应当自收到申请之日起20个工作日内予以答复；需要延长答复期限的，应当经政府信息公开工作机构负责人同意并告知申请人，延长的期限最长不得超过20个工作日。

行政机关征求第三方和其他机关意见所需时间不计算在前款规定的期限内。

第三十四条 申请公开的政府信息由两个以上行政机关共同制作的，牵头制作的行政机关收到政府信息公开申请后可以征求相关行政机关的意见，被征求意见机关应当自收到征求意见书之日起15个工作日内提出意见，逾期未提出意见的视为同意公开。

第三十五条 申请人申请公开政府信息的数量、频次明显超过合理范围，行政机关可以要求申请人说明理由。行政机关认为申请理由不合理的，告知申请人不予处理；行政机关认为申请理由合理，但是无法在本条例第三十三条规定的期限内答复申请人的，可以确定延迟答复的合理期限并告知申请人。

第三十六条 对政府信息公开申请，行政机关根据下列情况分别作出答复：

（一）所申请公开信息已经主动公开的，告知申请人获取该政府信息的方式、途径；

（二）所申请公开信息可以公开的，向申请人提供该政府信息，或者告知申请人获取该政府信息的方式、途径和时间；

（三）行政机关依据本条例的规定决定不予公开的，告知申请人不予公开并说明理由；

（四）经检索没有所申请公开信息的，告知申请人该政府信息不存在；

（五）所申请公开信息不属于本行政机关负责公开的，告知申请人并说明理由；能够确定负责公开该政府信息的行政机关的，告知申请人该行政机关的名称、联系方式；

（六）行政机关已就申请人提出的政府信息公开申请作出答复、申请人重复申请公开相同政府信息的，告知申请人不予重复处理；

（七）所申请公开信息属于工商、不动产登记资料等信息，有关法律、行政法规对信息的获取有特别规定的，告知申请人依照有关法律、行政法规的规定办理。

第三十七条 申请公开的信息中含有不应当公开或者不属于政府信息的内容，但是能够作区分处理的，行政机关应当向申请人提供可以公开的政府信息内容，并对不予公开的内容说明理由。

第三十八条 行政机关向申请人提供的信息，应当是已制作或者获取的政府信息。除依照本条例第三十七条的规定能够作区分处理的外，需要行政机关对现有政府信息进行加工、分析的，行政机关可以不予提供。

第三十九条 申请人以政府信息公开申请的形式进行信访、投诉、举报等活动，行政机关应当告知申请人不作为政府信息公开申请处理并可以告知通过相应渠道提出。

申请人提出的申请内容为要求行政机关提供政府公报、报刊、书籍等公开出版物的，行政机关可以告知获取的途径。

第四十条 行政机关依申请公开政府信息，应当根据申请人的要求及行政机关保存政府信息的实际情况，确定提供政府信息的具体形式；按照申请人要求的形式提供政府信息，可能危及政府信息载体安全或者公开成本过高的，可以通过电子数据以及其他适当形式提供，或者安排申请人查阅、抄录相关政府信息。

第四十一条 公民、法人或者其他组织有证据证明行政机关提供的与其自身相关的政府信息记录不准确的，可以要求行政机关更正。有权更正的行政机关审核属实的，应当予以更正并告知申请人；不属于本行政机关职能范围的，行政机关可以转送有权更正的行政机关处理并告知申请人，或者告知申请人向有权更正的行政机关提出。

第四十二条 行政机关依申请提供政府信息，不收取费用。但是，申请人申请公开政府信息的数量、频次明显超过合理范围的，行政机关可以收取信息处理费。

行政机关收取信息处理费的具体办法由国务院价格主管部门会同国务院财政部门、全国政府信息公开工作主管部门制定。

第四十三条 申请公开政府信息的公民存在阅读困难或者视听障碍的，行政机关应当为其提供必要的帮助。

第四十四条 多个申请人就相同政府信息向同一行政机关提出公开申请，且该政府信息属于可以公开的，行政机关可以纳入主动公开的范围。

对行政机关依申请公开的政府信息，申请人认为涉及公众利益调整、需要公众广泛知晓或者需要公众参与决策的，可以建议行政机关将该信息纳入主动公开的范围。行政机关经审核认为属于主动公开范围的，应当及时主动公开。

第四十五条 行政机关应当建立健全政府信息公开申请登记、审核、办理、答复、归档的工作制度，加强工作规范。

第五章 监督和保障

第四十六条 各级人民政府应当建立健全政府信息公开工作考核制度、社会评议制度和责任追究制度，定期对政府信息公开工作进行考核、评议。

第四十七条 政府信息公开工作主管部门应当加强对政府信息公开工作的日常指导和监督检查，对行政机关未按照要求开展政府信息公开工作的，予以督促整改或者通报批评；需要对负有责任的领导人员和直接责任人员追究责任的，依法向有权机关提出处理建议。

公民、法人或者其他组织认为行政机关未按照要求主动公开政府信息或者对政府信息公开申请不依法答复处理的，可以向政府信息公开工作主管部门提出。政府信息公开工作主管部门查证属实的，应当予以督促整改或者通报批评。

第四十八条 政府信息公开工作主管部门应当对行政机关的政府信息公开工作人员定期进行培训。

第四十九条 县级以上人民政府部门应当在每年 1 月 31 日前向本级政府信息公开工作主管部门提交本行政机关上一年度政府信息公开工作年度报告并向社会公布。

县级以上地方人民政府的政府信息公开工作主管部门应当在每年 3 月 31 日前向社会公布本级政府上一年度政府信息公开工作年度报告。

第五十条 政府信息公开工作年度报告应当包括下列内容：

（一）行政机关主动公开政府信息的情况；

（二）行政机关收到和处理政府信息公开申请的情况；

（三）因政府信息公开工作被申请行政复议、提起行政诉讼的情况；

（四）政府信息公开工作存在的主要问题及改进情况，各级人民政府的政府信息公开工作年度报告还应当包括工作考核、社会评议和责任追究结果情况；

（五）其他需要报告的事项。

全国政府信息公开工作主管部门应当公布政府信息公开工作年度报告统一格式，并适时更新。

第五十一条　公民、法人或者其他组织认为行政机关在政府信息公开工作中侵犯其合法权益的，可以向上一级行政机关或者政府信息公开工作主管部门投诉、举报，也可以依法申请行政复议或者提起行政诉讼。

第五十二条　行政机关违反本条例的规定，未建立健全政府信息公开有关制度、机制的，由上一级行政机关责令改正；情节严重的，对负有责任的领导人员和直接责任人员依法给予处分。

第五十三条　行政机关违反本条例的规定，有下列情形之一的，由上一级行政机关责令改正；情节严重的，对负有责任的领导人员和直接责任人员依法给予处分；构成犯罪的，依法追究刑事责任：

（一）不依法履行政府信息公开职能；

（二）不及时更新公开的政府信息内容、政府信息公开指南和政府信息公开目录；

（三）违反本条例规定的其他情形。

第六章　附　　则

第五十四条　法律、法规授权的具有管理公共事务职能的组织公开政府信息的活动，适用本条例。

第五十五条　教育、卫生健康、供水、供电、供气、供热、环境保护、公共交通等与人民群众利益密切相关的公共企事业单位，公开在提供社会公共服务过程中制作、获取的信息，依照相关法律、法规和国务院有关主管部门或者机构的规定执行。全国政府信息公开工作主管部门根据实际需要可以制定专门的规定。

前款规定的公共企事业单位未依照相关法律、法规和国务院有关主管部门或者机构的规定公开在提供社会公共服务过程中制作、获取的信息，公民、法人或者其他组织可以向有关主管部门或者机构申诉，接受申诉的部门或者机构应当及时调查处理并将处理结果告知申诉人。

第五十六条　本条例自 2019 年 5 月 15 日起施行。

优化营商环境条例

（2019年10月8日国务院第66次常务会议通过 2019年10月22日中华人民共和国国务院令第722号公布 自2020年1月1日起施行）

第一章 总 则

第一条 为了持续优化营商环境，不断解放和发展社会生产力，加快建设现代化经济体系，推动高质量发展，制定本条例。

第二条 本条例所称营商环境，是指企业等市场主体在市场经济活动中所涉及的体制机制性因素和条件。

第三条 国家持续深化简政放权、放管结合、优化服务改革，最大限度减少政府对市场资源的直接配置，最大限度减少政府对市场活动的直接干预，加强和规范事中事后监管，着力提升政务服务能力和水平，切实降低制度性交易成本，更大激发市场活力和社会创造力，增强发展动力。

各级人民政府及其部门应当坚持政务公开透明，以公开为常态、不公开为例外，全面推进决策、执行、管理、服务、结果公开。

第四条 优化营商环境应当坚持市场化、法治化、国际化原则，以市场主体需求为导向，以深刻转变政府职能为核心，创新体制机制、强化协同联动、完善法治保障，对标国际先进水平，为各类市场主体投资兴业营造稳定、公平、透明、可预期的良好环境。

第五条 国家加快建立统一开放、竞争有序的现代市场体系，依法促进各类生产要素自由流动，保障各类市场主体公平参与市场竞争。

第六条 国家鼓励、支持、引导非公有制经济发展，激发非公有制经济活力和创造力。

国家进一步扩大对外开放，积极促进外商投资，平等对待内资企业、外商投资企业等各类市场主体。

第七条 各级人民政府应当加强对优化营商环境工作的组织领导，完善优化营商环境的政策措施，建立健全统筹推进、督促落实优化营商环境工作的相关机制，及时协调、解决优化营商环境工作中的重大问题。

县级以上人民政府有关部门应当按照职责分工，做好优化营商环境的相关工作。县级以上地方人民政府根据实际情况，可以明确优化营商环境工作的主管部门。

国家鼓励和支持各地区、各部门结合实际情况，在法治框架内积极探索原创性、差异化的优化营商环境具体措施；对探索中出现失误或者偏差，符合规定条件的，可以予以免责或者减轻责任。

第八条 国家建立和完善以市场主体和社会公众满意度为导向的营商环境评价体系，发挥营商环境评价对优化营商环境的引领和督促作用。

开展营商环境评价，不得影响各地区、各部门正常工作，不得影响市场主体正常生产经营活动或者增加市场主体负担。

任何单位不得利用营商环境评价谋取利益。

第九条 市场主体应当遵守法律法规，恪守社会公德和商业道德，诚实守信、公平竞争，履行安全、质量、劳动者权益保护、消费者权益保护等方面的法定义务，在国际经贸活动中遵循国际通行规则。

第二章　市场主体保护

第十条 国家坚持权利平等、机会平等、规则平等，保障各种所有制经济平等受到法律保护。

第十一条 市场主体依法享有经营自主权。对依法应当由市场主体自主决策的各类事项，任何单位和个人不得干预。

第十二条 国家保障各类市场主体依法平等使用资金、技术、人力资源、土地使用权及其他自然资源等各类生产要素和公共服务资源。

各类市场主体依法平等适用国家支持发展的政策。政府及其有关部门在政府资金安排、土地供应、税费减免、资质许可、标准制定、项目申报、职称评定、人力资源政策等方面，应当依法平等对待各类市场主体，不得制定或者实施歧视性政策措施。

第十三条 招标投标和政府采购应当公开透明、公平公正，依法平等对待各类所有制和不同地区的市场主体，不得以不合理条件或者产品产地来源等进行限制或者排斥。

政府有关部门应当加强招标投标和政府采购监管，依法纠正和查处违法违规行为。

第十四条 国家依法保护市场主体的财产权和其他合法权益，保护企业经营者人身和财产安全。

严禁违反法定权限、条件、程序对市场主体的财产和企业经营者个人财产实施查封、冻结和扣押等行政强制措施；依法确需实施前述行政强制措施的，应当限定在所必需的范围内。

禁止在法律、法规规定之外要求市场主体提供财力、物力或者人力的摊派行为。市场主体有权拒绝任何形式的摊派。

第十五条 国家建立知识产权侵权惩罚性赔偿制度，推动建立知识产权快速协同保护机制，健全知识产权纠纷多元化解决机制和知识产权维权援助机制，加大对知识产权的保护力度。

国家持续深化商标注册、专利申请便利化改革，提高商标注册、专利申请审查效率。

第十六条 国家加大中小投资者权益保护力度，完善中小投资者权益保护机制，保障中小投资者的知情权、参与权，提升中小投资者维护合法权益的便利度。

第十七条 除法律、法规另有规定外，市场主体有权自主决定加入或者退出行业协会商会等社会组织，任何单位和个人不得干预。

除法律、法规另有规定外，任何单位和个人不得强制或者变相强制市场主体参加评比、达标、表彰、培训、考核、考试以及类似活动，不得借前述活动向市场主体收费或者变相收费。

第十八条 国家推动建立全国统一的市场主体维权服务平台，为市场主体提供高效、便捷的维权服务。

第三章　市场环境

第十九条 国家持续深化商事制度改革，统一企业登记业务规范，统一数据标准和平台服务接口，采用统一社会信用代码进行登记管理。

国家推进“证照分离”改革，持续精简涉企经营许可事项，依法采取直接取消审批、审批改为备案、实行告知承诺、优化审批服务等方式，对所有涉企经营许可事项进行分类管理，为企业取得营业执照后开展相关经营活动提供便利。除法律、行政法规规定的特定领域外，涉企经营许可事项不得作为企业登记的前置条件。

政府有关部门应当按照国家有关规定，简化企业从申请设立到具备一般性经营条件所需办理的手续。在国家规定的企业开办时限内，各地区应当确定并公开具体办理时间。

企业申请办理住所等相关变更登记的，有关部门应当依法及时办理，不得限制。除法律、法规、规章另有规定外，企业迁移后其持有的有效许可证件不再重复办理。

第二十条 国家持续放宽市场准入，并实行全国统一的市场准入负面清单制度。市场准入负面清单以外的领域，各类市场主体均可以依法平等进入。

各地区、各部门不得另行制定市场准入性质的负面清单。

第二十一条 政府有关部门应当加大反垄断和反不正当竞争执法力度，有效预防和制止市场经济活动中的垄断行为、不正当竞争行为以及滥用行政权力排除、限制竞争的行为，营造公平竞争的市场环境。

第二十二条 国家建立健全统一开放、竞争有序的人力资源市场体系，打破城乡、地区、行业分割和身份、性别等歧视，促进人力资源有序社会性流动和合理配置。

第二十三条 政府及其有关部门应当完善政策措施、强化创新服务，鼓励和支持市场主体拓展创新空间，持续推进产品、技术、商业模式、管理等创新，充分发挥市场主体在推动科技成果转化中的作用。

第二十四条 政府及其有关部门应当严格落实国家各项减税降费政策，及时研究解决政策落实中的具体问题，确保减税降费政策全面、及时惠及市场主体。

第二十五条 设立政府性基金、涉企行政事业性收费、涉企保证金，应当有法律、行政法规依据或者经国务院批准。对政府性基金、涉企行政事业性收费、涉企保证金以及实行政府定价的经营服务性收费，实行目录清单管理并向社会公开，目录清单之外的前述收费和保证金一律不得执行。推广以金融机构保函替代现金缴纳涉企保证金。

第二十六条 国家鼓励和支持金融机构加大对民营企业、中小企业的支持力度，降低民营企业、中小企业综合融资成本。

金融监督管理部门应当完善对商业银行等金融机构的监管考核和激励机制，鼓励、引导其增加对民营企业、中小企业的信贷投放，并合理增加中长期贷款和信用贷款支持，提高贷款审批效率。

商业银行等金融机构在授信中不得设置不合理条件，不得对民营企业、中小企业设置歧视性要求。商业银行等金融机构应当按照国家有关规定规范收费行为，不得违规向服务对象收取不合理费用。商业银行应当向社会公开开设企业账户的服务标准、资费标准和办理时限。

第二十七条 国家促进多层次资本市场规范健康发展，拓宽市场主体融资渠道，支持符合条件的民营企业、中小企业依法发行股票、债券以及其他融资工具，扩大直接融资规模。

第二十八条 供水、供电、供气、供热等公用企事业单位应当向社会公开服务标准、资费标准等信息，为市场主体提供安全、便捷、稳定和价格合理的服务，不得强迫市场主体接受不合理的服务条件，不得以任何名义收取不合理费用。各地区应当优化报装流程，在国家规定的报装办理时限内确定并公开具体办理时间。

政府有关部门应当加强对公用企事业单位运营的监督管理。

第二十九条 行业协会商会应当依照法律、法规和章程，加强行业自律，及时反映行业诉求，为市场主体提供信息咨询、宣传培训、市场拓展、权益保护、纠纷处理等方面的服务。

国家依法严格规范行业协会商会的收费、评比、认证等行为。

第三十条 国家加强社会信用体系建设，持续推进政务诚信、商务诚信、社会诚信和司法公信建设，提高全社会诚信意识和信用水平，维护信用信息安全，严格保护商业秘密和个人隐私。

第三十一条 地方各级人民政府及其有关部门应当履行向市场主体依法作出的政策承诺以及依法订立的各类合同，不得以行政区划调整、政府换届、机构或者职能调整以及相关责任人更替等为由违约毁约。因国家利益、社会公共利益需要改变政策承诺、合同约定的，应当依照法定权限和程序进行，并依法对市场主体因此受到的损失予以补偿。

第三十二条 国家机关、事业单位不得违约拖欠市场主体的货物、工程、服务等账款，大型企业不得利用优势地位拖欠中小企业账款。

县级以上人民政府及其有关部门应当加大对国家机关、事业单位拖欠市场主体账款的清理力度，并通过加强预算管理、严格责任追究等措施，建立防范和治理国家机关、事业单位拖欠市场主体账款的长效机制。

第三十三条 政府有关部门应当优化市场主体注销办理流程，精简申请材料、压缩办理时间、降低注销成本。对设立后未开展生产经营活动或者无债权债务的市场主体，可以按照简易程序办理注销。对有债权债务的市场主体，在债权债务依法解决后及时办理注销。

县级以上地方人民政府应当根据需要建立企业破产工作协调机制，协调解决企业破产过程中涉及的有关问题。

第四章 政务服务

第三十四条 政府及其有关部门应当进一步增强服务意识，切实转变工作作风，为市场主体提供规范、便利、高效的政务服务。

第三十五条 政府及其有关部门应当推进政务服务标准化，按照减环节、减材料、减时限的要求，编制并向社会公开政务服务事项（包括行政权力事项和公共服务事项，下同）标准化工作流程和办事指南，细化量化政务服务标准，压缩自由裁量权，推进同一事项实行无差别受理、同标准办理。没有法律、法规、规章依据，不得增设政务服务事项的办理条件和环节。

第三十六条 政府及其有关部门办理政务服务事项，应当根据实际情况，推行当场办结、一次办结、限时办结等制度，实现集中办理、就近办理、网上办理、异地可办。需要市场主体补正有关材料、手续的，应当一次性告知需要补正的内容；需要进行现场踏勘、现场核查、技术审查、听证论证的，应当及时安排、限时办结。

法律、法规、规章以及国家有关规定对政务服务事项办理时限有规定的，应当在规定的时限内尽快办结；没有规定的，应当按照合理、高效的原则确定办理时限并按时办结。各地区可以在国家规定的政务服务事项办理时限内进一步压减时间，并应当向社会公开；超过办理时间的，办理单位应当公开说明理由。

地方各级人民政府已设立政务服务大厅的，本行政区域内各类政务服务事项一般应当进驻政务服务大厅统一办理。对政务服务大厅中部门分设的服务窗口，应当创造条件整合为综合窗口，提供一站式服务。

第三十七条 国家加快建设全国一体化在线政务服务平台（以下称一体化在线平台），推动政务服务事项在全国范围内实现“一网通办”。除法律、法规另有规定或者涉及国家秘密等情形外，政务服务事项应当按照国务院确定的步骤，纳入一体化在线平台办理。

国家依托一体化在线平台，推动政务信息系统整合，优化政务流程，促进政务服务跨地区、跨部门、跨层级数据共享和业务协同。政府及其有关部门应当按照国家有关规定，提供数据共享服务，及时将有关政务服务数据上传至一体化在线平台，加强共享数据使用全过程管理，确保共享数据安全。

国家建立电子证照共享服务系统，实现电子证照跨地区、跨部门共享和全国范围内互信互认。各地区、各部门应当加强电子证照的推广应用。

各地区、各部门应当推动政务服务大厅与政务服务平台全面对接融合。市场主体有权自主选择政务服务办理渠道，行政机关不得限定办理渠道。

第三十八条 政府及其有关部门应当通过政府网站、一体化在线平台，集中公布涉及市场主体的法律、法规、规章、行政规范性文件和各类政策措施，并通过多种途径和方式加强宣传解读。

第三十九条 国家严格控制新设行政许可。新设行政许可应当按照行政许可法和国务院的规定严格设定标准，并进行合法性、必要性和合理性审查论证。对通过事中事后监管或者市场机制能够解决以及行政许可法和国务院规定不得设立行政许可的事项，一律不得设立行政许可，严禁以备案、登记、注册、目录、规划、年检、年报、监制、认定、认证、审定以及其他任何形式变相设定或者实施行政许可。

法律、行政法规和国务院决定对相关管理事项已作出规定，但未采取行政许可管理方式的，地方不得就该事项设定行政许可。对相关管理事项尚未制定法律、行政法规的，地方可以依法就该事项设定行政许可。

第四十条 国家实行行政许可清单管理制度，适时调整行政许可清单并向社会公布，清单之外不得违法实施行政许可。

国家大力精简已有行政许可。对已取消的行政许可，行政机关不得继续实施或者变相实施，不得转由行业协会商会或者其他组织实施。

对实行行政许可管理的事项，行政机关应当通过整合实施、下放审批层级等多种方式，优化审批服务，提高审批效率，减轻市场主体负担。符合相关条件和要求的，可以按照有关规定采取告知承诺的方式办理。

第四十一条 县级以上地方人民政府应当深化投资审批制度改革，根据项目性质、投资规模等分类规范投资审批程序，精简审批要件，简化技术审查事项，强化项目决策与用地、规划等建设条件落实的协同，实行与相关审批在线并联办理。

第四十二条 设区的市级以上地方人民政府应当按照国家有关规定，优化工程建设项目（不包括特殊工程和交通、水利、能源等领域的重大工程）审批流程，推行并联审批、多图联审、联合竣工验收等方式，简化审批手续，提高审批效能。

在依法设立的开发区、新区和其他有条件的区域，按照国家有关规定推行区域评估，由设区的市级以上地方人民政府组织对一定区域内压覆重要矿产资源、地质灾害危险性等事项进行统一评估，不再对区域内的市场主体单独提出评估要求。区域评估的费用不得由市场主体承担。

第四十三条 作为办理行政审批条件的中介服务事项（以下称法定行政审批中介服务）应当有法律、法规或者国务院决定依据；没有依据的，不得作为办理行政审批的条件。中介服务机构应当明确办理法定行政审批中介服务的条件、流程、时限、收费标准，并向社会公开。

国家加快推进中介服务机构与行政机关脱钩。行政机关不得为市场主体指定或者变相指定中介服务机构；除法定行政审批中介服务外，不得强制或者变相强制市场主体接受中介服务。行政机关所属事业单位、主管的社会组织及其举办的企业不得开展与本机关所负责行政审批相关的中介服务，法律、行政法规另有规定的除外。

行政机关在行政审批过程中需要委托中介服务机构开展技术性服务的，应当通过竞争性方式选择中介服务机构，并自行承担服务费用，不得转嫁给市场主体承担。

第四十四条 证明事项应当有法律、法规或者国务院决定依据。

设定证明事项，应当坚持确有必要、从严控制的原则。对通过法定证照、法定文书、书面告知承诺、政府部门内部核查和部门间核查、网络核验、合同凭证等能够办理，能够被其他材料涵盖或者替代，以及开具单位无法调查核实的，不得设定证明事项。

政府有关部门应当公布证明事项清单，逐项列明设定依据、索要单位、开具单位、办理指南等。清单之外，政府部门、公用企事业单位和服务机构不得索要证明。各地区、各部门之间应当加强证明的互认共享，避免重复索要证明。

第四十五条 政府及其有关部门应当按照国家促进跨境贸易便利化的有关要求，依法削减进出口环节审批事项，取消不必要的监管要求，优化简化通关流程，提高通关效率，清理规范口岸收费，降低通关成本，推动口岸和国际贸易领域相关业务统一通过国际贸易“单一窗口”办理。

第四十六条 税务机关应当精简办税资料和流程，简并申报缴税次数，公开涉税事项办理时限，压减办税时间，加大推广使用电子发票的力度，逐步实现全程网上办税，持续优化纳税服务。

第四十七条 不动产登记机构应当按照国家有关规定，加强部门协作，实行不动产登记、交易和缴税一窗受理、并行办理，压缩办理时间，降低办理成本。在国家规定的不动产登记时限内，各地区应当确定并公开具体办理时间。

国家推动建立统一的动产和权利担保登记公示系统，逐步实现市场主体在一个平台上办理动产和权利担保登记。纳入统一登记公示系统的动产和权利范围另行规定。

第四十八条 政府及其有关部门应当按照构建亲清新型政商关系的要求，建立畅通有效的政企沟通机制，采取多种方式及时听取市场主体的反映和诉求，了解市场主体生产经营中遇到的困难和问题，并依法帮助其解决。

建立政企沟通机制，应当充分尊重市场主体意愿，增强针对性和有效性，不得干扰市场主体正常生产经营活动，不得增加市场主体负担。

第四十九条 政府及其有关部门应当建立便利、畅通的渠道，受理有关营商环境的投诉和举报。

第五十条 新闻媒体应当及时、准确宣传优化营商环境的措施和成效，为优化营商环境创造良好舆论氛围。

国家鼓励对营商环境进行舆论监督，但禁止捏造虚假信息或者歪曲事实进行不实报道。

第五章 监管执法

第五十一条 政府有关部门应当严格按照法律法规和职责，落实监管责任，明确监管对象和范围、厘清监管事权，依法对市场主体进行监管，实现监管全覆盖。

第五十二条 国家健全公开透明的监管规则和标准体系。国务院有关部门应当分领域制定全国统一、简明易行的监管规则和标准，并向社会公开。

第五十三条 政府及其有关部门应当按照国家关于加快构建以信用为基础的新型监管机制的要求，创新和完善信用监管，强化信用监管的支撑保障，加强信用监管的组织实施，不断提升信用监管效能。

第五十四条 国家推行“双随机、一公开”监管，除直接涉及公共安全和人民群众生命健康等特殊行业、重点领域外，市场监管领域的行政检查应当通过随机抽取检查对象、随机选派执法检查人员、抽查事项及查处结果及时向社会公开的方式进行。针对同一检查对象的多个检查事项，应当尽可能合并或者纳入跨部门联合抽查范围。

对直接涉及公共安全和人民群众生命健康等特殊行业、重点领域，依法依规实行全覆盖的重点监管，并严格规范重点监管的程序；对通过投诉举报、转办交办、数据监测等发现的问题，应当有针对性地进行检查并依法依规处理。

第五十五条 政府及其有关部门应当按照鼓励创新的原则，对新技术、新产业、新业态、新模式等实行包容审慎监管，针对其性质、特点分类制定和实行相应的监管规则和标准，留足发展空间，同时确保质量和安全，不得简单化予以禁止或者不予监管。

第五十六条 政府及其有关部门应当充分运用互联网、大数据等技术手段，依托国家统一建立的在线监管系统，加强监管信息归集共享和关联整合，推行以远程监管、移动监管、预警防控为特征的非现场监管，提升监管的精准化、智能化水平。

第五十七条 国家建立健全跨部门、跨区域行政执法联动响应和协作机制，实现违法线索互联、监管标准互通、处理结果互认。

国家统筹配置行政执法职能和执法资源，在相关领域推行综合行政执法，整合精简执法队伍，减少执法主体和执法层级，提高基层执法能力。

第五十八条 行政执法机关应当按照国家有关规定，全面落实行政执法公示、行政执法全过程记录和重大行政执法决定法制审核制度，实现行政执法信息及时准确公示、行政执法全过程留痕和可回溯管理、重大行政执法决定法制审核全覆盖。

第五十九条 行政执法中应当推广运用说服教育、劝导示范、行政指导等非强制性手段，依法慎重实施行政强制。采用非强制性手段能够达到行政管理目的的，不得实施行政强制；违法行为情节轻微或者社会危害较小的，可以不实施行政强制；确需实施行政强制的，应当尽可能减少对市场主体正常生产经营活动的影响。

开展清理整顿、专项整治等活动，应当严格依法进行，除涉及人民群众生命安全、发生重特大事故或者举办国家重大活动，并报经有权机关批准外，不得在相关区域采取要求相关行业、领域的市场主体普遍停产、停业的措施。

禁止将罚没收入与行政执法机关利益挂钩。

第六十条 国家健全行政执法自由裁量基准制度，合理确定裁量范围、种类和幅度，规范行政执法自由裁量权的行使。

第六章 法治保障

第六十一条 国家根据优化营商环境需要，依照法定权限和程序及时制定或者修改、废止有关法律、法规、规章、行政规范性文件。

优化营商环境的改革措施涉及调整实施现行法律、行政法规等有关规定的，依照法定程序经有权机关授权后，可以先行先试。

第六十二条 制定与市场主体生产经营活动密切相关的行政法规、规章、行政规范性文件，应当按照国务院的规定，充分听取市场主体、行业协会商会的意见。

除依法需要保密外，制定与市场主体生产经营活动密切相关的行政法规、规章、行政规范性文件，应当通过报纸、网络等向社会公开征求意见，并建立健全意见采纳情况反馈机制。向社会公开征求意见的期限一般不少于30日。

第六十三条 制定与市场主体生产经营活动密切相关的行政法规、规章、行政规范性文件，应当按照国务院的规定进行公平竞争审查。

制定涉及市场主体权利义务的行政规范性文件，应当按照国务院的规定进行合法性审核。

市场主体认为地方性法规同行政法规相抵触，或者认为规章同法律、行政法规相抵触的，可以向国务院书面提出审查建议，由有关机关按照规定程序处理。

第六十四条 没有法律、法规或者国务院决定和命令依据的，行政规范性文件不得减损市场主体合法权益或者增加其义务，不得设置市场准入和退出条件，不得干预市场主体正常生产经营活动。

涉及市场主体权利义务的行政规范性文件应当按照法定要求和程序予以公布，未经公布的不得作为行政管理依据。

第六十五条 制定与市场主体生产经营活动密切相关的行政法规、规章、行政规范性文件，应当结合实际，确定是否为市场主体留出必要的适应调整期。

政府及其有关部门应当统筹协调、合理把握规章、行政规范性文件等的出台节奏，全面评估政策效果，避免因政策叠加或者相互不协调对市场主体正常生产经营活动造成不利影响。

第六十六条 国家完善调解、仲裁、行政裁决、行政复议、诉讼等有机衔接、相互协调的多元化纠纷解决机制，为市场主体提供高效、便捷的纠纷解决途径。

第六十七条 国家加强法治宣传教育，落实国家机关普法责任制，提高国家工作人员依法履职能力，引导市场主体合法经营、依法维护自身合法权益，不断增强全社会的法治意识，为营造法治化营商环境提供基础性支撑。

第六十八条 政府及其有关部门应当整合律师、公证、司法鉴定、调解、仲裁等公共法律服务资源，加快推进公共法律服务体系建设，全面提升公共法律服务能力和水平，为优化营商环境提供全方位法律服务。

第六十九条 政府和有关部门及其工作人员有下列情形之一的，依法依规追究责任：

（一）违法干预应当由市场主体自主决策的事项；

（二）制定或者实施政策措施不依法平等对待各类市场主体；

（三）违反法定权限、条件、程序对市场主体的财产和企业经营者个人财产实施查封、冻结和扣押等行政强制措施；

（四）在法律、法规规定之外要求市场主体提供财力、物力或者人力；

（五）没有法律、法规依据，强制或者变相强制市场主体参加评比、达标、表彰、培训、考核、考试以及类似活动，或者借前述活动向市场主体收费或者变相收费；

（六）违法设立或者在目录清单之外执行政府性基金、涉企行政事业性收费、涉企保证金；

（七）不履行向市场主体依法作出的政策承诺以及依法订立的各类合同，或者违约拖欠市场主体的货物、工程、服务等账款；

（八）变相设定或者实施行政许可，继续实施或者变相实施已取消的行政许可，或者转由行业协会商会或者其他组织实施已取消的行政许可；

（九）为市场主体指定或者变相指定中介服务机构，或者违法强制市场主体接受中介服务；

（十）制定与市场主体生产经营活动密切相关的行政法规、规章、行政规范性文件时，不按照规定听取市场主体、行业协会商会的意见；

（十一）其他不履行优化营商环境职责或者损害营商环境的情形。

第七十条 公用企事业单位有下列情形之一的，由有关部门责令改正，依法追究法律责任：

（一）不向社会公开服务标准、资费标准、办理时限等信息；

（二）强迫市场主体接受不合理的服务条件；

（三）向市场主体收取不合理费用。

第七十一条 行业协会商会、中介服务机构有下列情形之一的，由有关部门责令改正，依法追究法律责任：

（一）违法开展收费、评比、认证等行为；

（二）违法干预市场主体加入或者退出行业协会商会等社会组织；

（三）没有法律、法规依据，强制或者变相强制市场主体参加评比、达标、表彰、培训、考核、考试以及类似活动，或者借前述活动向市场主体收费或者变相收费；

（四）不向社会公开办理法定行政审批中介服务的条件、流程、时限、收费标准；

（五）违法强制或者变相强制市场主体接受中介服务。

第七章　附　　则

第七十二条　本条例自 2020 年 1 月 1 日起施行。

中华人民共和国外商投资法实施条例

（2019 年 12 月 12 日国务院第 74 次常务会议通过　2019 年 12 月 26 日中华人民共和国国务院令第 723 号公布　自 2020 年 1 月 1 日起施行）

第一章　总　　则

第一条　根据《中华人民共和国外商投资法》（以下简称外商投资法），制定本条例。

第二条　国家鼓励和促进外商投资，保护外商投资合法权益，规范外商投资管理，持续优化外商投资环境，推进更高水平对外开放。

第三条　外商投资法第二条第二款第一项、第三项所称其他投资者，包括中国的自然人在内。

第四条　外商投资准入负面清单（以下简称负面清单）由国务院投资主管部门会同国务院商务主管部门等有关部门提出，报国务院发布或者报国务院批准后由国务院投资主管部门、商务主管部门发布。

国家根据进一步扩大对外开放和经济社会发展需要，适时调整负面清单。调整负面清单的程序，适用前款规定。

第五条 国务院商务主管部门、投资主管部门以及其他有关部门按照职责分工，密切配合、相互协作，共同做好外商投资促进、保护和管理工作。

县级以上地方人民政府应当加强对外商投资促进、保护和管理工作的组织领导，支持、督促有关部门依照法律法规和职责分工开展外商投资促进、保护和管理工作，及时协调、解决外商投资促进、保护和管理工作中的重大问题。

第二章 投资促进

第六条 政府及其有关部门在政府资金安排、土地供应、税费减免、资质许可、标准制定、项目申报、人力资源政策等方面，应当依法平等对待外商投资企业和内资企业。

政府及其有关部门制定的支持企业发展的政策应当依法公开；对政策实施中需要由企业申请办理的事项，政府及其有关部门应当公开申请办理的条件、流程、时限等，并在审核中依法平等对待外商投资企业和内资企业。

第七条 制定与外商投资有关的行政法规、规章、规范性文件，或者政府及其有关部门起草与外商投资有关的法律、地方性法规，应当根据实际情况，采取书面征求意见以及召开座谈会、论证会、听证会等多种形式，听取外商投资企业和有关商会、协会等方面的意见和建议；对反映集中或者涉及外商投资企业重大权利义务问题的意见和建议，应当通过适当方式反馈采纳的情况。

与外商投资有关的规范性文件应当依法及时公布，未经公布的不得作为行政管理依据。与外商投资企业生产经营活动密切相关的规范性文件，应当结合实际，合理确定公布到施行之间的时间。

第八条 各级人民政府应当按照政府主导、多方参与的原则，建立健全外商投资服务体系，不断提升外商投资服务能力和水平。

第九条 政府及其有关部门应当通过政府网站、全国一体化在线政务服务平台集中列明有关外商投资的法律、法规、规章、规范性文件、政策措施和投资项目信息，并通过多种途径和方式加强宣传、解读，为外国投资者和外商投资企业提供咨询、指导等服务。

第十条 外商投资法第十三条所称特殊经济区域，是指经国家批准设立、实行更大力度的对外开放政策措施的特定区域。

国家在部分地区实行的外商投资试验性政策措施，经实践证明可行的，根据实际情况在其他地区或者全国范围内推广。

第十一条 国家根据国民经济和社会发展需要，制定鼓励外商投资产业目录，列明鼓励和引导外国投资者投资的特定行业、领域、地区。鼓励外商投资产业目录由国务院投资主管部门会同国务院商务主管部门等有关部门拟订，报国务院批准后由国务院投资主管部门、商务主管部门发布。

第十二条 外国投资者、外商投资企业可以依照法律、行政法规或者国务院的规定，享受财政、税收、金融、用地等方面的优惠待遇。

外国投资者以其在中国境内的投资收益在中国境内扩大投资的，依法享受相应的优惠待遇。

第十三条 外商投资企业依法和内资企业平等参与国家标准、行业标准、地方标准和团体标准的制定、修订工作。外商投资企业可以根据需要自行制定或者与其他企业联合制定企业标准。

外商投资企业可以向标准化行政主管部门和有关行政主管部门提出标准的立项建议，在标准立项、起草、技术审查以及标准实施信息反馈、评估等过程中提出意见和建议，并按照规定承担标准起草、技术审查的相关工作以及标准的外文翻译工作。

标准化行政主管部门和有关行政主管部门应当建立健全相关工作机制，提高标准制定、修订的透明度，推进标准制定、修订全过程信息公开。

第十四条 国家制定的强制性标准对外商投资企业和内资企业平等适用，不得专门针对外商投资企业适用高于强制性标准的技术要求。

第十五条 政府及其有关部门不得阻挠和限制外商投资企业自由进入本地区和本行业的政府采购市场。

政府采购的采购人、采购代理机构不得在政府采购信息发布、供应商条件确定和资格审查、评标标准等方面，对外商投资企业实行差别待遇或者歧视待遇，不得以所有制形式、组织形式、股权结构、投资者国别、产品或者服务品牌以及其他不合理的条件对供应商予以限定，不得对外商投资企业在中国境内生产的产品、提供的服务和内资企业区别对待。

第十六条 外商投资企业可以依照《中华人民共和国政府采购法》（以下简称政府采购法）及其实施条例的规定，就政府采购活动事项向采购人、采购代理机构提出询问、质疑，向政府采购监督管理部门投诉。采购人、采购代理机构、政府采购监督管理部门应当在规定的时限内作出答复或者处理决定。

第十七条 政府采购监督管理部门和其他有关部门应当加强对政府采购活动的监督检查，依法纠正和查处对外商投资企业实行差别待遇或者歧视待遇等违法违规行为。

第十八条 外商投资企业可以依法在中国境内或者境外通过公开发行股票、公司债券等证券，以及公开或者非公开发行其他融资工具、借用外债等方式进行融资。

第十九条 县级以上地方人民政府可以根据法律、行政法规、地方性法规的规定，在法定权限内制定费用减免、用地指标保障、公共服务提供等方面的外商投资促进和便利化政策措施。

县级以上地方人民政府制定外商投资促进和便利化政策措施，应当以推动高质量发展为导向，有利于提高经济效益、社会效益、生态效益，有利于持续优化外商投资环境。

第二十条 有关主管部门应当编制和公布外商投资指引，为外国投资者和外商投资企业提供服务和便利。外商投资指引应当包括投资环境介绍、外商投资办事指南、投资项目信息以及相关数据信息等内容，并及时更新。

第三章 投资保护

第二十一条 国家对外国投资者的投资不实行征收。

在特殊情况下，国家为了公共利益的需要依照法律规定对外国投资者的投资实行征收的，应当依照法定程序、以非歧视性的方式进行，并按照被征收投资的市场价值及时给予补偿。

外国投资者对征收决定不服的，可以依法申请行政复议或者提起行政诉讼。

第二十二条 外国投资者在中国境内的出资、利润、资本收益、资产处置所得、取得的知识产权许可使用费、依法获得的补偿或者赔偿、清算所得等，可以依法以人民币或者外汇自由汇入、汇出，任何单位和个人不得违法对币种、数额以及汇入、汇出的频次等进行限制。

外商投资企业的外籍职工和香港、澳门、台湾职工的工资收入和其他合法收入，可以依法自由汇出。

第二十三条 国家加大对知识产权侵权行为的惩处力度，持续强化知识产权执法，推动建立知识产权快速协同保护机制，健全知识产权纠纷多元化解决机制，平等保护外国投资者和外商投资企业的知识产权。

标准制定中涉及外国投资者和外商投资企业专利的，应当按照标准涉及专利的有关管理规定办理。

第二十四条 行政机关（包括法律、法规授权的具有管理公共事务职能的组织，下同）及其工作人员不得利用实施行政许可、行政检查、行政处罚、行政强制以及其他行政手段，强制或者变相强制外国投资者、外商投资企业转让技术。

第二十五条 行政机关依法履行职责，确需外国投资者、外商投资企业提供涉及商业秘密的材料、信息的，应当限定在履行职责所必需的范围内，并严格控制知悉范围，与履行职责无关的人员不得接触有关材料、信息。

行政机关应当建立健全内部管理制度，采取有效措施保护履行职责过程中知悉的外国投资者、外商投资企业的商业秘密；依法需要与其他行政机关共享信息的，应当对信息中含有的商业秘密进行保密处理，防止泄露。

第二十六条 政府及其有关部门制定涉及外商投资的规范性文件，应当按照国务院的规定进行合法性审核。

外国投资者、外商投资企业认为行政行为所依据的国务院部门和地方人民政府及其部门制定的规范性文件不合法，在依法对行政行为申请行政复议或者提起行政诉讼时，可以一并请求对该规范性文件进行审查。

第二十七条 外商投资法第二十五条所称政策承诺，是指地方各级人民政府及其有关部门在法定权限内，就外国投资者、外商投资企业在本地区投资所适用的支持政策、享受的优惠待遇和便利条件等作出的书面承诺。政策承诺的内容应当符合法律、法规规定。

第二十八条 地方各级人民政府及其有关部门应当履行向外国投资者、

外商投资企业依法作出的政策承诺以及依法订立的各类合同，不得以行政区划调整、政府换届、机构或者职能调整以及相关责任人更替等为由违约毁约。因国家利益、社会公共利益需要改变政策承诺、合同约定的，应当依照法定权限和程序进行，并依法对外国投资者、外商投资企业因此受到的损失及时予以公平、合理的补偿。

第二十九条　县级以上人民政府及其有关部门应当按照公开透明、高效便利的原则，建立健全外商投资企业投诉工作机制，及时处理外商投资企业或者其投资者反映的问题，协调完善相关政策措施。

国务院商务主管部门会同国务院有关部门建立外商投资企业投诉工作部际联席会议制度，协调、推动中央层面的外商投资企业投诉工作，对地方的外商投资企业投诉工作进行指导和监督。县级以上地方人民政府应当指定部门或者机构负责受理本地区外商投资企业或者其投资者的投诉。

国务院商务主管部门、县级以上地方人民政府指定的部门或者机构应当完善投诉工作规则、健全投诉方式、明确投诉处理时限。投诉工作规则、投诉方式、投诉处理时限应当对外公布。

第三十条　外商投资企业或者其投资者认为行政机关及其工作人员的行政行为侵犯其合法权益，通过外商投资企业投诉工作机制申请协调解决的，有关方面进行协调时可以向被申请的行政机关及其工作人员了解情况，被申请的行政机关及其工作人员应当予以配合。协调结果应当以书面形式及时告知申请人。

外商投资企业或者其投资者依照前款规定申请协调解决有关问题的，不影响其依法申请行政复议、提起行政诉讼。

第三十一条　对外商投资企业或者其投资者通过外商投资企业投诉工作机制反映或者申请协调解决问题，任何单位和个人不得压制或者打击报复。

除外商投资企业投诉工作机制外，外商投资企业或者其投资者还可以通过其他合法途径向政府及其有关部门反映问题。

第三十二条　外商投资企业可以依法成立商会、协会。除法律、法规另有规定外，外商投资企业有权自主决定参加或者退出商会、协会，任何单位和个人不得干预。

商会、协会应当依照法律法规和章程的规定，加强行业自律，及时反映行业诉求，为会员提供信息咨询、宣传培训、市场拓展、经贸交流、权益保护、纠纷处理等方面的服务。

国家支持商会、协会依照法律法规和章程的规定开展相关活动。

第四章 投资管理

第三十三条 负面清单规定禁止投资的领域，外国投资者不得投资。负面清单规定限制投资的领域，外国投资者进行投资应当符合负面清单规定的股权要求、高级管理人员要求等限制性准入特别管理措施。

第三十四条 有关主管部门在依法履行职责过程中，对外国投资者拟投资负面清单内领域，但不符合负面清单规定的，不予办理许可、企业登记注册等相关事项；涉及固定资产投资项目核准的，不予办理相关核准事项。

有关主管部门应当对负面清单规定执行情况加强监督检查，发现外国投资者投资负面清单规定禁止投资的领域，或者外国投资者的投资活动违反负面清单规定的限制性准入特别管理措施的，依照外商投资法第三十六条的规定予以处理。

第三十五条 外国投资者在依法需要取得许可的行业、领域进行投资的，除法律、行政法规另有规定外，负责实施许可的有关主管部门应当按照与内资一致的条件和程序，审核外国投资者的许可申请，不得在许可条件、申请材料、审核环节、审核时限等方面对外国投资者设置歧视性要求。

负责实施许可的有关主管部门应当通过多种方式，优化审批服务，提高审批效率。对符合相关条件和要求的许可事项，可以按照有关规定采取告知承诺的方式办理。

第三十六条 外商投资需要办理投资项目核准、备案的，按照国家有关规定执行。

第三十七条 外商投资企业的登记注册，由国务院市场监督管理部门或者其授权的地方人民政府市场监督管理部门依法办理。国务院市场监督管理部门应当公布其授权的市场监督管理部门名单。

外商投资企业的注册资本可以用人民币表示，也可以用可自由兑换货币表示。

第三十八条 外国投资者或者外商投资企业应当通过企业登记系统以及企业信用信息公示系统向商务主管部门报送投资信息。国务院商务主管部门、市场监督管理部门应当做好相关业务系统的对接和工作衔接，并为外国投资者或者外商投资企业报送投资信息提供指导。

第三十九条 外商投资信息报告的内容、范围、频次和具体流程，由国务院商务主管部门会同国务院市场监督管理部门等有关部门按照确有必要、高效便利的原则确定并公布。商务主管部门、其他有关部门应当加强信息共享，通过部门信息共享能够获得的投资信息，不得再行要求外国投资者或者外商投资企业报送。

外国投资者或者外商投资企业报送的投资信息应当真实、准确、完整。

第四十条 国家建立外商投资安全审查制度，对影响或者可能影响国家安全的外商投资进行安全审查。

第五章 法律责任

第四十一条 政府和有关部门及其工作人员有下列情形之一的，依法依规追究责任：

（一）制定或者实施有关政策不依法平等对待外商投资企业和内资企业；

（二）违法限制外商投资企业平等参与标准制定、修订工作，或者专门针对外商投资企业适用高于强制性标准的技术要求；

（三）违法限制外国投资者汇入、汇出资金；

（四）不履行向外国投资者、外商投资企业依法作出的政策承诺以及依法订立的各类合同，超出法定权限作出政策承诺，或者政策承诺的内容不符合法律、法规规定。

第四十二条 政府采购的采购人、采购代理机构以不合理的条件对外商投资企业实行差别待遇或者歧视待遇的，依照政府采购法及其实施条例的规定追究其法律责任；影响或者可能影响中标、成交结果的，依照政府采购法及其实施条例的规定处理。

政府采购监督管理部门对外商投资企业的投诉逾期未作处理的，对直接负责的主管人员和其他直接责任人员依法给予处分。

第四十三条 行政机关及其工作人员利用行政手段强制或者变相强制外国投资者、外商投资企业转让技术的，对直接负责的主管人员和其他直接责任人员依法给予处分。

第六章 附 则

第四十四条 外商投资法施行前依照《中华人民共和国中外合资经营企业法》、《中华人民共和国外资企业法》、《中华人民共和国中外合作经营企业法》设立的外商投资企业（以下称现有外商投资企业），在外商投资法施行后 5 年内，可以依照《中华人民共和国公司法》、《中华人民共和国合伙企业法》等法律的规定调整其组织形式、组织机构等，并依法办理变更登记，也可以继续保留原企业组织形式、组织机构等。

自 2025 年 1 月 1 日起，对未依法调整组织形式、组织机构等并办理变更登记的现有外商投资企业，市场监督管理部门不予办理其申请的其他登记事项，并将相关情形予以公示。

第四十五条 现有外商投资企业办理组织形式、组织机构等变更登记的具体事宜，由国务院市场监督管理部门规定并公布。国务院市场监督管理部门应当加强对变更登记工作的指导，负责办理变更登记的市场监督管理部门应当通过多种方式优化服务，为企业办理变更登记提供便利。

第四十六条 现有外商投资企业的组织形式、组织机构等依法调整后，原合营、合作各方在合同中约定的股权或者权益转让办法、收益分配办法、剩余财产分配办法等，可以继续按照约定办理。

第四十七条 外商投资企业在中国境内投资，适用外商投资法和本条例的有关规定。

第四十八条 香港特别行政区、澳门特别行政区投资者在内地投资，参照外商投资法和本条例执行；法律、行政法规或者国务院另有规定的，从其规定。

台湾地区投资者在大陆投资，适用《中华人民共和国台湾同胞投资保护法》（以下简称台湾同胞投资保护法）及其实施细则的规定；台湾同胞投资保护法及其实施细则未规定的事项，参照外商投资法和本条例执行。

定居在国外的中国公民在中国境内投资，参照外商投资法和本条例执行；法律、行政法规或者国务院另有规定的，从其规定。

第四十九条 本条例自2020年1月1日起施行。《中华人民共和国中外合资经营企业法实施条例》、《中外合资经营企业合营期限暂行规定》、《中华人民共和国外资企业法实施细则》、《中华人民共和国中外合作经营企业法实施细则》同时废止。

2020年1月1日前制定的有关外商投资的规定与外商投资法和本条例不一致的，以外商投资法和本条例的规定为准。

中华人民共和国监察法实施条例

（2021年7月20日国家监察委员会全体会议决定 2021年9月20日国家监察委员会公告第1号公布 2025年4月27日国家监察委员会全体会议修订 2025年6月1日国家监察委员会公告第2号公布）

目　录

第一章 总　则
第二章 监察机关及其职责
第三章 监察范围和管辖
第四章 监察权限
第五章 监察程序
第六章 反腐败国际合作
第七章 对监察机关和监察人员的监督
第八章 法律责任
第九章 附　则

第一章 总　则

第一条 为了推动监察工作法治化、规范化，保障依法公正行使监察权，根据《中华人民共和国监察法》（以下简称监察法），结合工作实际，制定本条例。

第二条 坚持中国共产党对监察工作的全面领导，增强政治意识、大局意识、核心意识、看齐意识，坚定中国特色社会主义道路自信、理论自信、制度自信、文化自信，坚决维护习近平总书记党中央的核心、全党的核心地位，坚决维护以习近平同志为核心的党中央权威和集中统一领导，把党的领导贯彻到监察工作各方面和全过程。

第三条 监察机关与党的纪律检查机关合署办公，坚持法治思维和法治方式，促进执纪执法贯通、有效衔接司法，实现依纪监督和依法监察、适用纪律和适用法律有机融合。

第四条 监察机关应当依法履行监督、调查、处置职责，坚持实事求是，坚持惩前毖后、治病救人，坚持惩戒与教育相结合，实现政治效果、法律效果和社会效果相统一。

第五条 监察机关应当坚定不移惩治腐败，推动深化改革、完善制度，规范权力运行，加强新时代廉洁文化建设，引导公职人员提高觉悟、担当作为、依法履职，一体推进不敢腐、不能腐、不想腐，着力铲除腐败滋生的土壤和条件。

第六条 监察机关坚持民主集中制，对于线索处置、立案调查、案件审理、处置执行、复审复核中的重要事项应当集体研究，严格按照权限履行请示报告程序。

第七条 监察机关应当尊重和保障人权，在适用法律上一律平等，充分保障监察对象以及相关人员的人身权、知情权、财产权、申辩权、申诉权以及申请复审复核权等合法权益。

第八条 监察机关办理职务犯罪案件，应当与人民法院、人民检察院互相配合、互相制约，在案件管辖、证据审查、案件移送、涉案财物处置等方面加强沟通协调，对于人民法院、人民检察院提出的退回补充调查、排除非法证据、调取同步录音录像、要求调查人员出庭等意见依法办理。

第九条 监察机关开展监察工作，可以依法提请组织人事、公安、国家安全、移民管理、审计、统计、市场监管、金融监管、财政、税务、自然资源、银行、证券、保险等有关部门、单位予以协助配合。

有关部门、单位应当根据监察机关的要求，依法协助采取有关措施、共享相关信息、提供相关资料和专业技术支持，配合开展监察工作。

第二章 监察机关及其职责

第一节 领导体制

第十条 国家监察委员会在党中央领导下开展工作。地方各级监察委员会在同级党委和上级监察委员会双重领导下工作，监督执法调查工作以上级监察委员会领导为主，线索处置和案件查办在向同级党委报告的同时应当一并向上一级监察委员会报告。

上级监察委员会应当加强对下级监察委员会的领导。下级监察委员会对上级监察委员会的决定必须执行，认为决定不当的，应当在执行的同时向上级监察委员会反映。上级监察委员会对下级监察委员会作出的错误决定，应当按程序予以纠正，或者要求下级监察委员会予以纠正。

第十一条 上级监察委员会可以依法统一调用所辖各级监察机关的监察人员办理监察事项。调用决定应当以书面形式作出。

监察机关办理监察事项应当加强互相协作和配合，对于重要、复杂事项可以提请上级监察机关予以协调。

第十二条 各级监察委员会依法向本级中国共产党机关、国家机关、中国人民政治协商会议委员会机关、法律法规授权或者受委托管理公共事务的组织和单位以及所管辖的国有企业、事业单位等派驻或者派出监察机构、监察专员。

省级和设区的市级监察委员会依法向地区、盟、开发区等不设置人民代表大会的区域派出监察机构或者监察专员。县级监察委员会和直辖市所辖区（县）监察委员会可以向街道、乡镇等区域派出监察机构或者监察专员。

监察机构、监察专员开展监察工作，受派出机关领导。

第十三条 各级监察委员会派驻或者派出的监察机构、监察专员根据派出机关授权，按照管理权限依法对派驻或者派出监督单位、区域等的公职人员开展监督，对职务违法和职务犯罪进行调查、处置。监察机构、监察专员可以按规定与地方监察委员会联合调查严重职务违法、职务犯罪，或者移交地方监察委员会调查。

前款规定的监察机构、监察专员未被授予职务犯罪调查权的，其发现监察对象涉嫌职务犯罪线索，应当及时向派出机关报告，由派出机关调查或者依法移交有关地方监察委员会调查。

第十四条 经国家监察委员会批准，国家监察委员会有关派驻监察机构、监察专员可以按照监察法第十二条第二款、第三款规定再派出。

再派出监察机构、监察专员开展监察工作，受派出它的监察机构、监察专员领导。

再派出监察机构、监察专员根据授权，按照管理权限依法对再派出监督单位的公职人员开展监督，对职务违法进行调查、处置。职务犯罪的调查、处置，按照本条例第五十二条第二款规定办理。

第二节 监察监督

第十五条 监察机关依法履行监察监督职责，对公职人员政治品行、行使公权力和道德操守情况进行监督检查，督促有关机关、单位加强对所属公职人员的教育、管理、监督。

第十六条 监察机关应当坚决维护宪法确立的国家指导思想，加强对公职人员特别是领导人员坚持党的领导、坚持中国特色社会主义制度，贯彻落实党和国家路线方针政策、重大决策部署，履行从严管理监督职责，依法行使公权力等情况的监督。

第十七条 监察机关应当加强对公职人员理想信念教育、为人民服务教育、宪法法律法规教育和社会主义先进文化、革命文化、中华优秀传统文化教育，弘扬社会主义核心价值观，深入开展警示教育，教育引导公职人员树立正确的权力观、政绩观、事业观，保持为民务实清廉本色。

第十八条 监察机关应当结合公职人员的职责加强日常监督，通过收集群众反映、座谈走访、查阅资料、召集或者列席会议、听取工作汇报和述责述廉、开展监督检查等方式，促进公职人员依法用权、公正用权、为民用权、廉洁用权。

第十九条 监察机关可以与公职人员进行谈心谈话，发现政治品行、行使公权力和道德操守方面有苗头性、倾向性问题的，及时进行教育提醒。

第二十条 监察机关对于发现的行业性、系统性、区域性的突出问题，以及群众反映强烈的问题，可以通过专项监督进行深入了解，督促有关机关、单位强化治理，促进公职人员履职尽责。

第二十一条 监察机关应当加强基层监督工作，促进基层监督资源和力量整合，有效衔接村（居）务监督等各类基层监督，畅通群众监督渠道，及时发现、处理侵害群众利益的不正之风和腐败问题。

第二十二条 监察机关应当以办案促进整改、以监督促进治理，在查清问题、依法处置的同时，剖析问题发生的原因，发现制度建设、权力配置、监督机制等方面存在的问题，向有关机关、单位提出改进工作的意见或者监察建议，促进完善制度，提高治理效能。

对同一行业、系统、区域相关职务违法或者职务犯罪案件，监察机关应当加强类案分析，深入挖掘存在的共性问题，提出综合性改进工作的意见或者监察建议。

第二十三条 监察机关应当依法运用大数据、人工智能等信息化手段，整合各类监督信息资源，强化数据综合分析研判，促进及时预警风险、精准发现问题。

第二十四条 监察机关开展监察监督，应当与纪律监督、派驻监督、巡视监督统筹衔接，与人大监督、民主监督、行政监督、司法监督、审计监督、财会监督、统计监督、群众监督和舆论监督等贯通协调，健全信息、资源、成果共享等机制，形成监督合力。

第三节 监察调查

第二十五条 监察机关依法履行监察调查职责，依据监察法、《中华人民共和国公职人员政务处分法》（以下简称政务处分法）和《中华人民共和国刑法》（以下简称刑法）等规定对职务违法和职务犯罪进行调查。

第二十六条 监察机关负责调查的职务违法是指公职人员实施的与其职务相关联，虽不构成犯罪但依法应当承担法律责任的下列违法行为：

（一）利用职权实施的违法行为；

（二）利用职务上的影响实施的违法行为；

（三）履行职责不力、失职失责的违法行为；

（四）其他违反与公职人员职务相关的特定义务的违法行为。

第二十七条 监察机关发现公职人员存在其他违法行为，具有下列情形之一的，可以依法进行调查、处置：

（一）超过行政违法追究时效，或者超过犯罪追诉时效、未追究刑事责任，但需要依法给予政务处分的；

（二）被追究行政法律责任，需要依法给予政务处分的；

（三）监察机关调查职务违法或者职务犯罪时，对被调查人实施的事实简单、清楚，需要依法给予政务处分的其他违法行为一并查核的。

监察机关发现公职人员成为监察对象前有前款规定的违法行为的，依照前款规定办理。

第二十八条 监察机关依法对监察法第十一条第二项规定的职务犯罪进行调查。

第二十九条 监察机关依法调查涉嫌贪污贿赂犯罪，包括贪污罪，挪用公款罪，受贿罪，单位受贿罪，利用影响力受贿罪，行贿罪，对有影响力的人行贿罪，对单位行贿罪，介绍贿赂罪，单位行贿罪，巨额财产来源不明罪，隐瞒境外存款罪，私分国有资产罪，私分罚没财物罪，以及公职人员在行使公权力过程中实施的职务侵占罪，挪用资金罪，对外国公职人员、国际公共组织官员行贿罪，非国家工作人员受贿罪和相关联的对非国家工作人员行贿罪。

第三十条 监察机关依法调查公职人员涉嫌滥用职权犯罪，包括滥用职权罪，国有公司、企业、事业单位人员滥用职权罪，滥用管理公司、证券职权罪，食品、药品监管渎职罪，故意泄露国家秘密罪，报复陷害罪，阻碍解救被拐卖、绑架妇女、儿童罪，帮助犯罪分子逃避处罚罪，违法发放林木采伐许可证罪，办理偷越国（边）境人员出入境证件罪，放行偷越国（边）境人员罪，挪用特定款物罪，非法剥夺公民宗教信仰自由罪，侵犯少数民族风俗习惯罪，打击报复会计、统计人员罪，以及司法工作人员以外的公职人员利用职权实施的非法拘禁罪、虐待被监管人罪、非法搜查罪。

第三十一条 监察机关依法调查公职人员涉嫌玩忽职守犯罪，包括玩忽职守罪，国有公司、企业、事业单位人员失职罪，签订、履行合同失职被骗罪，国家机关工作人员签订、履行合同失职被骗罪，环境监管失职罪，传染病防治失职罪，商检失职罪，动植物检疫失职罪，不解救被拐卖、绑架妇女、儿童罪，失职造成珍贵文物损毁、流失罪，过失泄露国家秘密罪。

第三十二条 监察机关依法调查公职人员涉嫌徇私舞弊犯罪，包括徇私舞弊低价折股、出售公司、企业资产罪，非法批准征收、征用、占用土地罪，非法低价出让国有土地使用权罪，非法经营同类营业罪，为亲友非法牟利罪，枉法仲裁罪，徇私舞弊发售发票、抵扣税款、出口退税罪，商检徇私舞弊罪，动植物检疫徇私舞弊罪，放纵走私罪，放纵制售伪劣商品犯罪行为罪，招收公务员、学生徇私舞弊罪，徇私舞弊不移交刑事案件罪，违法提供出口退税凭证罪，徇私舞弊不征、少征税款罪。

第三十三条 监察机关依法调查公职人员在行使公权力过程中涉及的重大责任事故犯罪，包括重大责任事故罪，教育设施重大安全事故罪，消防责任事故罪，重大劳动安全事故罪，强令、组织他人违章冒险作业罪，危险作业罪，不报、谎报安全事故罪，铁路运营安全事故罪，重大飞行事故罪，大型群众性活动重大安全事故罪，危险物品肇事罪，工程重大安全事故罪。

第三十四条 监察机关依法调查公职人员在行使公权力过程中涉及的其他犯罪，包括破坏选举罪，背信损害上市公司利益罪，金融工作人员购买假币、以假币换取货币罪，利用未公开信息交易罪，诱骗投资者买卖证券、期货合约罪，背信运用受托财产罪，违法运用资金罪，违法发放贷款罪，吸收客户资金不入账罪，违规出具金融票证罪，对违法票据承兑、付款、保证罪，非法转让、倒卖土地使用权罪，私自开拆、隐匿、毁弃邮件、电报罪，故意延误投递邮件罪，泄露不应公开的案件信息罪，披露、报道不应公开的案件信息罪，接送不合格兵员罪。

第三十五条 监察机关发现依法由其他机关管辖的违法犯罪线索，应当及时移送有管辖权的机关。

监察机关调查结束后，对于应当给予被调查人或者涉案人员行政处罚等其他处理的，依法移送有关机关。

第四节　监察处置

第三十六条　监察机关对违法的公职人员，依据监察法、政务处分法等规定作出政务处分决定。

第三十七条　监察机关在追究违法的公职人员直接责任的同时，依法对履行职责不力、失职失责，造成严重后果或者恶劣影响的领导人员予以问责。

监察机关应当组成调查组依法开展问责调查。调查结束后经集体讨论形成调查报告，需要进行问责的按照管理权限作出问责决定，或者向有权作出问责决定的机关、单位书面提出问责建议。

第三十八条　监察机关对涉嫌职务犯罪的人员，经调查认为犯罪事实清楚，证据确实、充分，需要追究刑事责任的，依法移送人民检察院审查起诉。

第三十九条　监察机关根据监督、调查结果，发现监察对象所在单位具有下列情形之一，需要整改纠正的，依法提出监察建议，推动以案促改工作：

（一）廉政建设方面存在突出问题的；

（二）权力运行制约监督方面存在较大风险的；

（三）监察对象教育管理监督方面存在突出问题的；

（四）执行法律法规制度不到位的；

（五）不履行或者不正确履行法定职责的；

（六）其他需要提出监察建议的情形。

监察机关应当跟踪了解监察建议的采纳情况，指导、督促有关单位限期整改，对未达到整改要求的提出进一步整改意见，推动监察建议落实到位。

第三章　监察范围和管辖

第一节　监察对象

第四十条　监察机关依法对所有行使公权力的公职人员进行监察，实现国家监察全面覆盖。

第四十一条 监察法第十五条第一项所称公务员范围，依据《中华人民共和国公务员法》（以下简称公务员法）确定。

监察法第十五条第一项所称参照公务员法管理的人员，是指有关单位中经批准参照公务员法进行管理的工作人员。

第四十二条 监察法第十五条第二项所称法律、法规授权或者受国家机关依法委托管理公共事务的组织中从事公务的人员，是指在上述组织中，除参照公务员法管理的人员外，对公共事务履行组织、领导、管理、监督等职责的人员，包括具有公共事务管理职能的行业协会等组织中从事公务的人员，以及法定检验检测、检疫等机构中从事公务的人员。

第四十三条 监察法第十五条第三项所称国有企业管理人员，是指国家出资企业中的下列人员：

（一）在国有独资、全资公司、企业中履行组织、领导、管理、监督等职责的人员；

（二）经党组织或者国家机关，国有独资、全资公司、企业，事业单位提名、推荐、任命、批准等，在国有控股、参股公司及其分支机构中履行组织、领导、管理、监督等职责的人员；

（三）经国家出资企业中负有管理、监督国有资产职责的组织批准或者研究决定，代表其在国有控股、参股公司及其分支机构中从事组织、领导、管理、监督等工作的人员。

第四十四条 监察法第十五条第四项所称公办的教育、科研、文化、医疗卫生、体育等单位中从事管理的人员，是指国家为了社会公益目的，由国家机关举办或者其他组织利用国有资产举办的教育、科研、文化、医疗卫生、体育等事业单位中，从事组织、领导、管理、监督等工作的人员。

第四十五条 监察法第十五条第五项所称基层群众性自治组织中从事管理的人员，是指该组织中的下列人员：

（一）从事集体事务和公益事业管理的人员；

（二）从事集体资金、资产、资源管理的人员；

（三）协助人民政府从事行政管理工作的人员，包括从事救灾、防疫、抢险、防汛、优抚、帮扶、移民、救济款物的管理，社会捐助公益事业款物的管理，国有土地的经营和管理，土地征收、征用补偿费用的管理，代征、代缴税款，有关计划生育、户籍、征兵工作，协助人民政府等国家机关在基层群众性自治组织中从事的其他管理工作。

第四十六条 下列人员属于监察法第十五条第六项所称其他依法履行公职的人员：

（一）履行人民代表大会职责的各级人民代表大会代表，履行公职的中国人民政治协商会议各级委员会委员、人民陪审员、人民监督员；

（二）虽未列入党政机关人员编制，但在党政机关中从事公务的人员；

（三）在集体经济组织等单位、组织中，由党组织或者国家机关，国有独资、全资公司、企业，国家出资企业中负有管理监督国有和集体资产职责的组织，事业单位提名、推荐、任命、批准等，从事组织、领导、管理、监督等工作的人员；

（四）在依法组建的评标、谈判、询价等组织中代表国家机关，国有独资、全资公司、企业，事业单位，人民团体临时履行公共事务组织、领导、管理、监督等职责的人员；

（五）其他依法行使公权力的人员。

第四十七条 有关机关、单位、组织集体作出的决定违法或者实施违法行为的，监察机关应当对负有责任的领导人员和直接责任人员中的公职人员依法追究法律责任。

第二节 管　　辖

第四十八条 监察机关开展监督、调查、处置，按照管理权限与属地管辖相结合的原则，实行分级负责制。

第四十九条 设区的市级以上监察委员会按照管理权限，依法管辖同级党委管理的公职人员涉嫌职务违法和职务犯罪案件。

县级监察委员会和直辖市所辖区（县）监察委员会按照管理权限，依法管辖本辖区内公职人员涉嫌职务违法和职务犯罪案件。

地方各级监察委员会按照本条例第十三条、第五十二条规定，可以依法管辖工作单位在本辖区内的有关公职人员涉嫌职务违法和职务犯罪案件。

监察机关调查公职人员涉嫌职务犯罪案件，可以依法对涉嫌行贿犯罪、介绍贿赂犯罪或者共同职务犯罪的涉案人员中的非公职人员一并管辖并进行调查处置。非公职人员涉嫌利用影响力受贿罪的，监察机关按照其所利用的公职人员的管理权限确定管辖并进行调查处置。

第五十条 上级监察机关对于下一级监察机关管辖范围内的职务违法和职务犯罪案件，具有下列情形之一的，可以依法提级管辖：

（一）在本辖区有重大影响的；

（二）涉及多个下级监察机关管辖的监察对象，调查难度大的；

（三）其他需要提级管辖的重大、复杂案件。

上级监察机关对于所辖各级监察机关管辖范围内有重大影响的案件，必要时可以依法直接调查或者组织、指挥、参与调查。

地方各级监察机关所管辖的职务违法和职务犯罪案件，具有第一款规定情形的，可以依法报请上一级监察机关管辖。

第五十一条 上级监察机关可以依法将其所管辖的案件指定下级监察机关管辖。

设区的市级监察委员会将同级党委管理的公职人员涉嫌职务违法或者职务犯罪案件指定下级监察委员会管辖的，应当报请省级监察委员会批准；省级监察委员会将同级党委管理的公职人员涉嫌职务违法或者职务犯罪案件指定下级监察委员会管辖的，应当报送国家监察委员会相关监督检查部门备案。

上级监察机关对于下级监察机关管辖的职务违法和职务犯罪案件，具有下列情形之一，认为由其他下级监察机关管辖更为适宜的，可以依法指定给其他下级监察机关管辖：

（一）管辖有争议的；

（二）指定管辖有利于案件公正处理的；

（三）下级监察机关报请指定管辖的；

（四）其他有必要指定管辖的。

被指定的下级监察机关未经指定管辖的监察机关批准，不得将案件再行指定管辖。发现新的职务违法或者职务犯罪线索，以及其他重要情况、重大问题，应当及时向指定管辖的监察机关请示报告。

第五十二条 工作单位在地方、管理权限在主管部门的公职人员涉嫌职务违法和职务犯罪，一般由驻在主管部门、有管辖权的监察机构、监察专员管辖；经协商，监察机构、监察专员可以按规定移交公职人员工作单位所在地的地方监察委员会调查，或者与地方监察委员会联合调查。地方监察委员会在工作中发现上述公职人员有关问题线索，应当向驻在主管部门、有管辖权的监察机构、监察专员通报，并协商确定管辖。

前款规定单位的其他公职人员涉嫌职务违法的，可以由公职人员工作单位所在地的地方监察委员会管辖。涉嫌职务犯罪的，一般由公职人员工作单位所在地的地方监察委员会管辖；因涉及主管部门管理的公职人员等特殊情形，驻在主管部门的监察机构、监察专员认为由自己管辖或者其他地方监察委员会管辖更为适宜的，经与公职人员工作单位所在地的地方监察委员会协商，可以自行调查或者依法办理指定管辖。

地方监察委员会调查前两款规定案件，应当按程序将立案、留置、移送审查起诉、撤销案件等重要情况通报相关监察机构、监察专员。

第五十三条 监察机关办理案件中涉及无隶属关系的其他监察机关的监察对象，认为需要立案调查的，应当商请有管理权限的监察机关依法立案调查。商请立案时，应当提供涉案人员基本情况、已经查明的涉嫌违法犯罪事实以及相关证据材料。

承办案件的监察机关认为由其一并调查更为适宜的，可以报请有权决定的上级监察机关指定管辖。

第五十四条 公职人员既涉嫌贪污贿赂、失职渎职等严重职务违法和职务犯罪，又涉嫌公安机关、人民检察院等机关管辖的犯罪，依法由监察机关为主调查的，应当由监察机关和其他机关分别依职权立案，监察机关承担组织协调职责，协调调查和侦查工作进度、重要调查和侦查措施使用等重要事项。

第五十五条 监察机关必要时可以依法调查司法工作人员利用职权实施的涉嫌非法拘禁、刑讯逼供、非法搜查等侵犯公民权利、损害司法公正的犯罪，并在立案后及时通报同级人民检察院。

监察机关在调查司法工作人员涉嫌贪污贿赂等职务犯罪中，可以对其涉嫌的前款规定的犯罪一并调查，并及时通报同级人民检察院。人民检察院在办理直接受理侦查的案件中，发现犯罪嫌疑人同时涉嫌监察机关管辖的其他职务犯罪，经沟通全案移送监察机关管辖的，监察机关应当依法进行调查。

第五十六条 监察机关对于退休公职人员在退休前或者退休后，或者离职、死亡的公职人员在履职期间实施的涉嫌职务违法或者职务犯罪行为，可以依法进行调查。

对前款规定人员，按照其原任职务的管辖规定确定管辖的监察机关；由其他监察机关管辖更为适宜的，可以依法指定或者交由其他监察机关管辖。

第四章 监察权限

第一节 一般要求

第五十七条 监察机关应当加强监督执法调查工作规范化建设，严格按规定对监察措施进行审批和监管，依照法定的范围、程序和期限采取相关措施，出具、送达法律文书。

第五十八条 监察机关应当根据开展监督执法调查工作的需要、涉嫌职务违法或者职务犯罪行为的严重程度、监察措施适用对象与案件的关联程度，以及采取监察措施的紧急程度等情况，合理确定采取监察措施的对象、种类和期限，不得超过必要限度。禁止违反规定滥用监察措施。

第五十九条 监察机关在初步核实中，可以依法采取谈话、询问、查询、调取、勘验检查、调查实验、鉴定措施；立案后可以采取讯问、强制到案、责令候查、管护、留置、禁闭、冻结、搜查、查封、扣押、通缉措施。发现存在逃跑、自杀等重大安全风险，在立案前依法对监察法第二十五条第一款第一项、第二项规定的人员采取管护措施的，符合立案条件的应当及时立案。需要采取技术调查、限制出境措施的，应当按照规定交有关机关依法执行。设区的市级以下监察机关在初步核实中不得采取技术调查措施。监察机关采取谈话、函询方式处置问题线索的，适用监察法和本条例关于采取该两项措施的相关规定。

开展问责调查，根据具体情况可以依法采取相关监察措施。

第六十条 开展讯问、搜查、查封、扣押以及重要的谈话、询问等调查取证工作，应当全程同步录音录像，并保持录音录像资料的完整性。

对谈话、讯问、询问进行同步录音录像的，谈话笔录、讯问笔录、询问笔录记载的起止时间应当与录音录像资料反映的起止时间一致。谈话笔录、讯问笔录、询问笔录内容应当与录音录像资料内容相符。

同步录音录像资料应当妥善保管、及时归档，留存备查。监察机关案件监督管理部门应当开展常态化检查。人民检察院、人民法院需要调取同步录音录像的，监察机关应当依法予以提供。

第六十一条 需要商请其他监察机关协助收集证据材料的，应当依法出具《委托调查函》；商请其他监察机关对采取措施提供一般性协助的，应当依法出具《商请协助采取措施函》。商请协助事项涉及协助地监察机关管辖的监察对象的，应当由协助地监察机关按照所涉人员的管理权限报批。协助地监察机关对于协助请求，应当依法予以协助配合。

第六十二条 采取、解除或者变更监察措施需要告知、通知相关人员的，应当依法办理。告知包括口头、书面两种方式，除本条例另有规定外，通知应当采取书面方式。采取口头方式告知、通知的，应当将相关情况制作工作记录；采取书面方式告知、通知的，可以通过直接送交、邮寄、转交等途径送达，将有关回执或者凭证附卷。

无法告知、通知，或者相关人员拒绝接收的，调查人员应当在工作记录或者有关文书上记明。

第六十三条 监察机关采取监察措施，依法需要见证人在场的，应当邀请合适的见证人在场。下列人员不得担任见证人：

（一）生理上、精神上有缺陷或者未成年，不具有相应辨别能力或者不能正确表达的人；

（二）与案件有利害关系，可能影响案件公正处理的人；

（三）监察机关的工作人员或者其聘用的人员；

（四）依法协助监察机关采取监察措施的工作人员。

第六十四条 监察机关依法变更强制到案、责令候查、管护、留置以及禁闭等监察强制措施的，原监察强制措施自监察机关采取新的监察强制措施之时自动解除。

第六十五条 县级以上监察机关需要提请公安机关协助采取强制到案、责令候查、管护、留置、搜查措施的，应当按规定报批，请同级公安机关依法予以协助。提请协助时，应当出具提请协助函，列明提请协助的具体事项和建议，协助采取措施的时间、地点等内容，附采取监察措施决定书复印件。

因保密需要，不宜在采取监察措施前向公安机关告知采取措施对象姓名的，可以作出说明，进行保密处理。

需要提请异地公安机关协助采取监察措施的，应当按规定报批，向协作地同级监察机关出具协作函件和相关文书，由协作地监察机关提请当地公安机关依法予以协助。

第二节 证 据

第六十六条 可以用于证明案件事实的材料都是证据，包括：

（一）物证；

（二）书证；

（三）证人证言；

（四）被害人陈述；

（五）被调查人陈述、供述和辩解；

（六）鉴定意见；

（七）勘验检查、辨认、调查实验等笔录；

（八）视听资料、电子数据。

监察机关向有关单位和个人收集、调取证据时，应当告知其必须依法如实提供证据。对于不按要求提供有关材料，泄露相关信息，伪造、隐匿、毁灭证据，提供虚假情况或者阻止他人提供证据的，依法追究法律责任。

监察机关依照监察法和本条例规定收集的证据材料，经审查符合法定要求的，在刑事诉讼中可以作为证据使用。

第六十七条 监察机关认定案件事实应当以证据为根据，全面、客观地收集、固定被调查人有无违法犯罪以及情节轻重的各种证据，形成相互印证、完整稳定的证据链。

只有被调查人陈述或者供述，没有其他证据的，不能认定案件事实；

没有被调查人陈述或者供述，证据符合法定标准的，可以认定案件事实。

第六十八条 证据必须经过查证属实，才能作为定案的根据。审查认定证据，应当结合案件的具体情况，从证据与待证事实的关联程度、各证据之间的联系、是否依照法定程序收集等方面进行综合判断。

第六十九条 监察机关调查终结的职务违法案件，应当事实清楚、证据确凿。证据确凿，应当符合下列条件：

（一）定性处置的事实都有证据证实；

（二）定案证据真实、合法；

（三）据以定案的证据之间不存在无法排除的矛盾；

（四）综合全案证据，所认定事实清晰且令人信服。

第七十条 监察机关调查终结的职务犯罪案件，应当事实清楚，证据确实、充分。证据确实、充分，应当符合下列条件：

（一）定罪量刑的事实都有证据证明；

（二）据以定案的证据均经法定程序查证属实；

（三）综合全案证据，对所认定事实已排除合理怀疑。

证据不足的，不得移送人民检察院审查起诉。

第七十一条 调查人员应当依法文明规范开展调查工作。严禁以暴力、威胁、引诱、欺骗以及非法限制人身自由等非法方法收集证据，严禁侮辱、打骂、虐待、体罚或者变相体罚被调查人、涉案人员和证人。

监察机关应当保障被强制到案人员、被管护人员、被留置人员以及被禁闭人员的合法权益，尊重其人格和民族习俗，保障饮食、休息和安全，提供医疗服务。

第七十二条 对于调查人员采用暴力、威胁以及非法限制人身自由等非法方法收集的被调查人供述、证人证言、被害人陈述，应当依法予以排除。

前款所称暴力的方法，是指采用殴打、违法使用戒具等方法或者变相肉刑的恶劣手段，使人遭受难以忍受的痛苦而违背意愿作出供述、证言、陈述；威胁的方法，是指采用以暴力或者严重损害本人及其近亲属合法权益等进行威胁的方法，使人遭受难以忍受的痛苦而违背意愿作出供述、证言、陈述。

收集物证、书证不符合法定程序，可能严重影响案件公正处理的，应当予以补正或者作出合理解释；不能补正或者作出合理解释的，对该证据应当予以排除。

第七十三条 监察机关监督检查、调查、案件审理、案件监督管理等部门发现监察人员在办理案件中，可能存在以非法方法收集证据情形的，应当依据职责进行调查核实。对于被调查人控告、举报调查人员采用非法方法收集证据，并提供涉嫌非法取证的人员、时间、地点、方式和内容等材料或者线索的，应当受理并进行审核。根据现有材料无法证明证据收集合法性的，应当进行调查核实。

经调查核实，确认或者不能排除以非法方法收集证据的，对有关证据依法予以排除，不得作为案件定性处置、移送审查起诉的依据。认定调查人员非法取证的，应当依法处理，另行指派调查人员重新调查取证。

监察机关接到对下级监察机关调查人员采用非法方法收集证据的控告、举报，可以直接进行调查核实，也可以交由下级监察机关调查核实。交由下级监察机关调查核实的，下级监察机关应当及时将调查结果报告上级监察机关。

第七十四条 对收集的证据材料及扣押的财物应当妥善保管，严格履行交接、调用手续，定期对账核实，不得违规使用、调换、损毁或者自行处理。

第七十五条 监察机关对行政机关在行政执法和查办案件中收集的物证、书证、视听资料、电子数据，勘验、检查等笔录，以及鉴定意见等证据材料，经审查符合法定要求的，可以作为证据使用。

根据法律、行政法规规定行使国家行政管理职权的组织在行政执法和查办案件中收集的证据材料，视为行政机关收集的证据材料。

第七十六条 监察机关对人民法院、人民检察院、公安机关、国家安全机关等在刑事诉讼中收集的物证、书证、视听资料、电子数据，勘验、检查、辨认、侦查实验等笔录，以及鉴定意见等证据材料，经审查符合法定要求的，可以作为证据使用。

监察机关办理职务违法案件，对于人民法院生效刑事判决、裁定和人民检察院不起诉决定采信的证据材料，可以直接作为证据使用。

第三节 谈　　话

第七十七条 监察机关对涉嫌职务违法的监察对象，可以依法进行谈话，要求其如实说明情况或者作出陈述。

谈话应当个别进行。负责谈话的人员不得少于二人。

第七十八条 对一般性问题线索的处置，可以采取谈话方式进行，对监察对象给予警示、批评、教育。谈话应当在监察机关谈话场所、具备安全保障条件的工作地点等场所进行，明确告知谈话事项，注重谈清问题、取得教育效果。

第七十九条 采取谈话方式处置问题线索的，经审批可以由监察人员或者委托被谈话人所在单位主要负责人等进行谈话。

监察机关谈话应当形成谈话笔录或者记录。谈话结束后，可以根据需要要求被谈话人在十五个工作日以内作出书面说明。被谈话人应当在书面说明每页签名，修改的地方也应当签名。

委托谈话的，受委托人应当在收到委托函后的十五个工作日以内进行谈话。谈话结束后及时形成谈话情况材料报送监察机关，必要时附被谈话人的书面说明。

第八十条 监察机关开展初步核实工作，一般不与被核查人接触；确有需要与被核查人谈话的，应当按规定报批。

第八十一条 监察机关对涉嫌职务违法的被调查人立案后，可以依法进行谈话。

与被调查人首次谈话时，应当出示《被调查人权利义务告知书》，由其签名、捺指印。被调查人拒绝签名、捺指印的，调查人员应当在文书上记明。对于被调查人未被限制人身自由的，应当在首次谈话时出具《谈话通知书》。

与涉嫌严重职务违法的被调查人进行谈话的，应当全程同步录音录像，并告知被调查人。告知情况应当在录音录像中予以反映，并在笔录中记明。

第八十二条 立案后，与被责令候查人员或者未被限制人身自由的被调查人谈话的，应当在具备安全保障条件的场所进行。

调查人员按规定通知被调查人所在单位派员或者被调查人家属陪同被调

查人到指定场所的，应当与陪同人员办理交接手续，填写《陪送交接单》。

第八十三条 调查人员与被强制到案人员、被管护人员、被留置人员或者被禁闭人员谈话的，按照法定程序在执行相关监察强制措施的场所进行。

与在押的犯罪嫌疑人、被告人谈话的，应当持以监察机关名义出具的介绍信、工作证件，商请有关案件主管机关依法协助办理。

与在看守所、监狱服刑的人员谈话的，应当持以监察机关名义出具的介绍信、工作证件办理。

第八十四条 与被调查人进行谈话，应当合理安排时间、控制时长，保证其饮食和必要的休息时间。

第八十五条 谈话笔录应当在谈话现场制作。笔录应当详细具体，如实反映谈话情况。笔录制作完成后，应当交给被调查人核对。被调查人没有阅读能力的，应当向其宣读。

笔录记载有遗漏或者差错的，应当补充或者更正，由被调查人在补充或者更正处捺指印。被调查人核对无误后，应当在笔录中逐页签名、捺指印。被调查人拒绝签名、捺指印的，调查人员应当在笔录中记明。调查人员也应当在笔录中签名。

第八十六条 被调查人请求自行书写说明材料的，应当准许。必要时，调查人员可以要求被调查人自行书写说明材料。

被调查人应当在说明材料上逐页签名、捺指印，在末页写明日期。对说明材料有修改的，在修改之处应当捺指印。说明材料应当由二名调查人员接收，在首页记明接收的日期并签名。

第八十七条 本条例第八十一条至第八十六条的规定，也适用于在初步核实中开展的谈话。

第四节 讯 问

第八十八条 监察机关对涉嫌职务犯罪的被调查人，可以依法进行讯问，要求其如实供述涉嫌犯罪的情况。

第八十九条 讯问被管护人员、被留置人员，应当在留置场所进行。

第九十条 讯问应当个别进行，调查人员不得少于二人。

首次讯问时，应当向被讯问人出示《被调查人权利义务告知书》，由其签名、捺指印。被讯问人拒绝签名、捺指印的，调查人员应当在文书上记明。被讯问人未被限制人身自由的，应当在首次讯问时向其出具《讯问通知书》。

讯问一般按照下列顺序进行：

（一）核实被讯问人的基本情况，包括姓名、曾用名、出生年月日、户籍地、身份证件号码、民族、职业、政治面貌、文化程度、工作单位及职务、住所、家庭情况、社会经历，是否属于党代表大会代表、人大代表、政协委员，是否受到过党纪政务处分，是否受到过刑事处罚等；

（二）告知被讯问人如实供述自己罪行可以依法从宽处理和认罪认罚的法律规定；

（三）讯问被讯问人是否有犯罪行为，让其陈述有罪的事实或者无罪的辩解，应当允许其连贯陈述。

调查人员的提问应当与调查的案件相关。被讯问人对调查人员的提问应当如实回答。调查人员对被讯问人的辩解，应当如实记录，认真查核。

发现涉嫌职务犯罪的被调查人自动投案、如实供述监察机关还未掌握的违法犯罪行为、揭发他人犯罪行为或者提供重要线索等，可能具有自首、立功等法定情节的，应当依法及时讯问。对某一具体涉嫌职务犯罪事实初步查清后，应当在全面梳理分析在案证据的基础上进行讯问。

讯问时，应当告知被讯问人将进行全程同步录音录像。告知情况应当在录音录像中予以反映，并在笔录中记明。

第九十一条 本条例第八十二条至第八十六条的要求，也适用于讯问。

第五节 询 问

第九十二条 监察机关按规定报批后，可以依法对证人、被害人等人员进行询问，了解核实有关问题或者案件情况。

第九十三条 证人未被限制人身自由的，可以在其工作地点、住所或者其提出的地点进行询问，也可以通知其到指定地点接受询问。到证人提出的地点或者调查人员指定的地点进行询问的，应当在笔录中记明。

调查人员认为有必要或者证人提出需要由所在单位派员或者其家属陪

同到询问地点的，应当办理交接手续并填写《陪送交接单》。

第九十四条 询问应当个别进行。负责询问的调查人员不得少于二人。

首次询问时，应当向证人出示《证人权利义务告知书》，由其签名、捺指印。证人拒绝签名、捺指印的，调查人员应当在文书上记明。证人未被限制人身自由的，应当在首次询问时向其出具《询问通知书》。

询问时，应当核实证人身份，问明证人的基本情况，告知证人应当如实提供证据、证言，以及作伪证或者隐匿证据应当承担的法律责任。不得向证人泄露案情，不得采用非法方法获取证言。

询问重大或者有社会影响案件的重要证人，应当对询问过程全程同步录音录像，并告知证人。告知情况应当在录音录像中予以反映，并在笔录中记明。

第九十五条 询问未成年人，应当通知其法定代理人到场。无法通知或者法定代理人不能到场的，应当通知未成年人的其他成年亲属或者所在学校、居住地基层组织的代表等有关人员到场。询问结束后，由法定代理人或者有关人员在笔录中签名。调查人员应当将到场情况记录在案。

询问聋、哑人，应当有通晓聋、哑手势的人员参加。调查人员应当在笔录中记明证人的聋、哑情况，以及翻译人员的姓名、工作单位和职业。询问不通晓当地通用语言、文字的证人，应当有翻译人员。询问结束后，由翻译人员在笔录中签名。

第九十六条 凡是知道案件情况的人，都有如实作证的义务。对故意提供虚假证言的证人，应当依法追究法律责任。

证人或者其他任何人不得帮助被调查人伪造、隐匿、毁灭证据或者串供，不得实施其他干扰调查活动的行为。

第九十七条 证人、鉴定人、被害人因作证，本人或者近亲属人身安全面临危险，向监察机关请求保护的，监察机关应当受理并及时进行审查；对于确实存在人身安全危险的，监察机关应当采取必要的保护措施。监察机关发现存在上述情形的，应当主动采取保护措施。

监察机关可以采取下列一项或者多项保护措施：

（一）不公开真实姓名、住址和工作单位等个人信息；

（二）禁止特定的人员接触证人、鉴定人、被害人及其近亲属；

（三）对人身和住宅采取专门性保护措施；

（四）其他必要的保护措施。

依法决定不公开证人、鉴定人、被害人的真实姓名、住址和工作单位等个人信息的，可以在询问笔录等法律文书、证据材料中使用化名。但是应当另行书面说明使用化名的情况并标明密级，单独成卷。

监察机关采取保护措施需要协助的，可以提请公安机关等有关单位和要求有关个人依法予以协助。

第九十八条 本条例第八十三条至第八十六条的要求，也适用于询问。询问重要涉案人员，根据情况适用本条例第八十二条的规定。

询问被害人，适用询问证人的规定。

第六节 强制到案

第九十九条 监察机关调查严重职务违法或者职务犯罪，对于经通知无正当理由不到案的被调查人，经依法审批，可以强制其到监察机关谈话场所或者留置场所接受调查。

首次通知到案一般应当以书面方式，确因情况紧急无法书面通知的，可以通过电话等方式通知，并将相关情况制作工作记录。

采取强制到案措施时，调查人员不得少于二人，应当向被强制到案人员出具《强制到案决定书》。

第一百条 监察机关应当立即将被强制到案人员送至监察机关谈话场所或者留置场所。强制到案的时间自被强制到案人员到达相关场所时起算。

被强制到案人员到案后，应当要求其在《强制到案决定书》上填写到案时间，并签名、捺指印；强制到案结束后，应当要求被强制到案人员在《强制到案决定书》上填写结束时间，并签名、捺指印。被强制到案人员拒绝填写或者签名、捺指印的，调查人员应当在文书上记明。

一次强制到案持续的时间不得超过十二小时；依法需要采取管护或者留置措施的，按规定报批后，强制到案持续的时间不得超过二十四小时。两次强制到案间隔的时间不得少于二十四小时，不得以连续强制到案的方式变相拘禁被调查人。两次强制到案的间隔时间从第一次强制到案结束时起算。

第一百零一条 监察机关强制被调查人到案后，应当对涉嫌职务违法的被调查人及时谈话，对涉嫌职务犯罪的被调查人及时讯问。

第一百零二条 监察机关在强制到案期限内未作出采取其他监察强制措施决定的，强制到案期满，应当立即结束强制到案。

第七节 责令候查

第一百零三条 监察机关调查严重职务违法或者职务犯罪，对于符合监察法第二十三条第一款规定的，经依法审批，可以对被调查人采取责令候查措施。

第一百零四条 采取责令候查措施时，调查人员不得少于二人，应当向被责令候查人员宣布《责令候查决定书》，出示《被责令候查人员权利义务告知书》，由被责令候查人员签名、捺指印，要求其遵守监察法第二十三条第二款的规定，告知其违反规定应负的法律责任。被责令候查人员拒绝签名、捺指印的，调查人员应当在文书上记明。

监察机关将其他监察强制措施变更为责令候查措施的，应当按照前款规定履行权利义务告知程序。

责令候查最长不得超过十二个月，自向被责令候查人员宣布之日起算。

第一百零五条 除无法通知的以外，监察机关应当在采取责令候查措施后二十四小时以内，通知被责令候查人员所在单位和家属。当面通知的，由有关人员在《责令候查通知书》上签名。无法当面通知的，可以先以电话等方式通知，并通过邮寄、转交等方式送达《责令候查通知书》，要求有关人员在《责令候查通知书》上签名。有关人员拒绝签名的，调查人员应当在文书上记明。

第一百零六条 责令候查应当由决定采取责令候查措施的监察机关执行。

执行责令候查的监察机关应当履行下列职责：

（一）监督、考察被责令候查人员遵守有关规定，及时掌握其活动、住址、工作单位、联系方式及变动情况；

（二）审批被责令候查人员离开所居住的直辖市、设区的市的城市市区或者不设区的市、县的辖区（以下统称所居住的市、县）的申请；

（三）被责令候查人员违反应当遵守的规定的，及时制止或者纠正；

（四）会同被责令候查人员所在单位、家属等对被责令候查人员开展思想教育、心理疏导工作。

第一百零七条 被责令候查人员未经批准不得离开所居住的市、县。确有正当理由需要离开的，应当经决定采取责令候查措施的监察机关批准。

在同一直辖市、设区的市内跨区活动的，不属于离开所居住的市、县。

本条第一款所称正当理由，是指就医、就学、参与诉讼、往返居住地与工作地、处理重要家庭事务或者参加重要公务、商务活动等。

第一百零八条 被责令候查人员需要离开所居住的市、县的，应当向监察机关提出书面申请，并注明事由、目的地、路线、交通方式、往返日期、联系方式等。监察机关应当自收到书面申请之日起三日以内作出决定。被责令候查人员有紧急事由，无法及时提出书面申请的，可以先行通过电话等方式提出申请，并及时补办书面申请手续。

监察机关批准被责令候查人员离开所居住的市、县的申请后，应当告知其遵守下列要求：

（一）保持联系方式畅通，并在接到通知后及时到案接受调查；

（二）严格按照批准的地点、路线、往返日期出行；

（三）不得从事妨碍调查的活动；

（四）返回居住地后及时向执行机关报告。

对于被责令候查人员因正常工作或者生活需要经常性离开所居住的市、县的，可以根据情况简化批准程序，一次性审批其在特定期间内按照批准的地点、路线出行。

第一百零九条 被责令候查人员具有下列情形之一的，可以认定为监察法第二十三条第三款所规定的违反责令候查规定，情节严重：

（一）企图逃跑、自杀的；

（二）实施伪造、隐匿、毁灭证据或者串供、干扰证人作证行为，严重影响调查工作正常进行的；

（三）对举报人、控告人、被害人、证人、鉴定人等相关人员实施打击报复的；

（四）未经批准，擅自离开所居住的市、县，严重影响调查工作正常进行，或者两次未经批准，擅自离开所居住的市、县的；

（五）经通知无正当理由不到案，严重影响调查工作正常进行，或者两次经通知无正当理由不到案的；

（六）住址、工作单位和联系方式等发生变动，未按规定向监察机关报告，导致无法通知到案，严重影响调查工作正常进行的。

依照监察法第二十三条第一款第三项规定被责令候查的人员，违反责令候查规定，情节严重，依法应予留置的，省级监察机关应当报请国家监察委员会批准，设区的市级以下监察机关应当逐级报送省级监察机关批准。

第一百一十条 被管护人员、被留置人员、被禁闭人员及其近亲属向监察机关申请变更为责令候查措施的，应当以书面方式提出。监察机关收到申请后，应当在三日以内作出决定。经审查，符合责令候查条件的，可以将管护、留置或者禁闭措施依法变更为责令候查措施；不符合责令候查条件的，应当告知申请人，并说明不同意的理由。

第一百一十一条 对被责令候查人员不需要继续采取责令候查措施或者责令候查期满的，应当按规定报批后解除责令候查措施。调查人员应当向被责令候查人员宣布《解除责令候查决定书》，由其签名、捺指印。被责令候查人员拒绝签名、捺指印的，调查人员应当在文书上记明。

解除责令候查措施的，应当及时通知被责令候查人员所在单位和家属。当面通知的，由有关人员在《解除责令候查通知书》上签名。无法当面通知的，可以先以电话等方式通知，并通过邮寄、转交等方式送达《解除责令候查通知书》，要求有关人员在《解除责令候查通知书》上签名。有关人员拒绝签名的，调查人员应当在文书上记明。

第一百一十二条 案件依法移送人民检察院审查起诉的，责令候查措施自移送之日自动解除，不再办理解除法律手续。

第八节 管　　护

第一百一十三条 监察机关对于符合监察法第二十五条第一款规定的未被留置人员，经依法审批，可以对其采取管护措施。

第一百一十四条 采取管护措施时，调查人员不得少于二人，应当向被管护人员宣布《管护决定书》，告知被管护人员权利义务，要求其在《管护决定书》上签名、捺指印。被管护人员拒绝签名、捺指印的，调查人员应当在文书上记明。

第一百一十五条 采取管护措施后，应当立即将被管护人员送留置场所，至迟不得超过二十四小时。

第一百一十六条 采取管护措施后，应当在二十四小时以内通知被管护人员所在单位和家属。当面通知的，由有关人员在《管护通知书》上签名。无法当面通知的，可以先以电话等方式通知，并通过邮寄、转交等方式送达《管护通知书》，要求有关人员在《管护通知书》上签名。有关人员拒绝签名的，调查人员应当在文书上记明。

因可能伪造、隐匿、毁灭证据，干扰证人作证或者串供等有碍调查情形而不宜通知的，应当按规定报批，记录在案。有碍调查的情形消失后，应当立即通知被管护人员所在单位和家属。

第一百一十七条 监察机关采取管护措施后，应当在二十四小时以内对被管护人员进行谈话、讯问。

第一百一十八条 管护时间不得超过七日，自向被管护人员宣布之日起算。因案情复杂、疑难，在七日以内无法作出留置或者解除管护决定的，经审批可以延长一日至三日。

延长管护时间的，应当在管护期满前向被管护人员宣布延长管护时间的决定，要求其在《延长管护时间决定书》上签名、捺指印。被管护人员拒绝签名、捺指印的，调查人员应当在文书上记明。

延长管护时间的，应当及时通知被管护人员所在单位和家属。

第一百一十九条 对被管护人员不需要继续采取管护措施的，应当按规定报批后解除管护或者变更为责令候查措施。管护期满的，应当按规定报批后予以解除。

解除管护措施的，调查人员应当向被管护人员宣布解除管护措施的决定，由其在《解除管护决定书》上签名、捺指印；变更为责令候查措施的，应当向被管护人员宣布变更为责令候查措施的决定，由其在《变更管护决定书》上签名、捺指印。被管护人员拒绝签名、捺指印的，调查人员应当在文书上记明。

解除管护措施或者变更为责令候查措施的，应当及时通知被管护人员所在单位和家属、申请人。调查人员应当与交接人办理交接手续，并由其在《解除管护通知书》或者《变更管护通知书》上签名。无法通知或者有关人员拒绝签名的，调查人员应当在文书上记明。不得因办理交接手续延迟解除或者变更管护措施。

第一百二十条　在管护期满前，将管护措施变更为留置措施的，按照本条例关于采取留置措施的规定执行。

第九节　留　　置

第一百二十一条　监察机关调查严重职务违法或者职务犯罪，对于符合监察法第二十四条第一款规定的，经依法审批，可以对被调查人采取留置措施。

监察法第二十四条第一款规定的已经掌握其部分违法犯罪事实及证据，是指同时具备下列情形：

（一）有证据证明发生了违法犯罪事实；

（二）有证据证明该违法犯罪事实是被调查人实施；

（三）证明被调查人实施违法犯罪行为的证据已经查证属实。

部分违法犯罪事实，既可以是单一违法犯罪行为的事实，也可以是数个违法犯罪行为中任何一个违法犯罪行为的事实。

监察法第二十四条第一款规定的重要问题，是指对被调查人涉嫌的严重职务违法或者职务犯罪，在定性处置、定罪量刑等方面有重要影响的事实、情节及证据。

第一百二十二条　被调查人具有下列情形之一的，可以认定为监察法第二十四条第一款第二项所规定的可能逃跑、自杀：

（一）着手准备自杀、自残或者逃跑的；

（二）曾经有自杀、自残或者逃跑行为的；

（三）有自杀、自残或者逃跑意图的；

（四）其他可能逃跑、自杀的情形。

第一百二十三条　被调查人具有下列情形之一的，可以认定为监察法第二十四条第一款第三项所规定的可能串供或者伪造、隐匿、毁灭证据：

（一）曾经或者企图串供，伪造、隐匿、毁灭、转移证据的；

（二）曾经或者企图威逼、恐吓、利诱、收买证人，干扰证人作证的；

（三）有同案人或者与被调查人存在密切关联违法犯罪的涉案人员在逃，重要证据尚未收集完成的；

（四）其他可能串供或者伪造、隐匿、毁灭证据的情形。

第一百二十四条 被调查人具有下列情形之一的，可以认定为监察法第二十四条第一款第四项所规定的可能有其他妨碍调查行为：

（一）可能继续实施违法犯罪行为的；

（二）有危害国家安全、公共安全等现实危险的；

（三）可能对举报人、控告人、被害人、证人、鉴定人等相关人员实施打击报复的；

（四）无正当理由拒不到案，严重影响调查的；

（五）其他可能妨碍调查的行为。

第一百二十五条 对下列人员不得采取留置措施：

（一）患有严重疾病、生活不能自理的；

（二）怀孕或者正在哺乳自己婴儿的妇女；

（三）生活不能自理的人的唯一扶养人。

上述情形消失后，根据调查需要可以对相关人员采取留置措施。

第一百二十六条 采取留置措施时，调查人员不得少于二人，应当向被留置人员宣布《留置决定书》，告知被留置人员权利义务，要求其在《留置决定书》上签名、捺指印。被留置人员拒绝签名、捺指印的，调查人员应当在文书上记明。

第一百二十七条 采取留置措施后，应当在二十四小时以内通知被留置人员所在单位和家属。当面通知的，由有关人员在《留置通知书》上签名。无法当面通知的，可以先以电话等方式通知，并通过邮寄、转交等方式送达《留置通知书》，要求有关人员在《留置通知书》上签名。有关人员拒绝签名的，调查人员应当在文书上记明。

因可能伪造、隐匿、毁灭证据，干扰证人作证或者串供等有碍调查情形而不宜通知的，应当按规定报批，记录在案。有碍调查的情形消失后，应当立即通知被留置人员所在单位和家属。

第一百二十八条 监察机关采取留置措施后，应当在二十四小时以内对涉嫌职务违法的被调查人进行谈话，对涉嫌职务犯罪的被调查人进行讯问。

第一百二十九条　留置时间不得超过三个月，自向被留置人员宣布之日起算。具有下列情形之一的，经审批可以延长一次，延长时间不得超过三个月：

（一）案情重大，严重危害国家利益或者公共利益的；

（二）案情复杂，涉案人员多、金额巨大，涉及范围广的；

（三）重要证据尚未收集完成，或者重要涉案人员尚未到案，导致违法犯罪的主要事实仍须继续调查的；

（四）其他需要延长留置时间的情形。

省级以下监察机关采取留置措施的，延长留置时间应当报请上一级监察机关批准。

延长留置时间的，应当在留置期满前向被留置人员宣布延长留置时间的决定，要求其在《延长留置时间决定书》上签名、捺指印。被留置人员拒绝签名、捺指印的，调查人员应当在文书上记明。

延长留置时间的，应当及时通知被留置人员所在单位和家属。

第一百三十条　对涉嫌职务犯罪的被调查人可能判处十年有期徒刑以上刑罚，监察机关按照本条例第一百二十九条规定延长期限届满，仍不能调查终结的，经审批可以再延长，再延长时间不得超过二个月。

省级以下监察机关需要再延长留置时间的，应当逐级报送国家监察委员会批准。

再延长留置时间的，应当在留置期满前向被留置人员宣布再延长留置时间的决定，要求其在《再延长留置时间决定书》上签名、捺指印。被留置人员拒绝签名、捺指印的，调查人员应当在文书上记明。

再延长留置时间的，应当及时通知被留置人员所在单位和家属。

第一百三十一条　报请批准延长或者再延长留置时间，应当在报请材料中写明被留置人员基本情况、主要案情和留置后调查工作进展情况、下一步调查工作计划、延长或者再延长留置时间的具体理由及起止时间。

报请批准延长或者再延长留置时间，应当根据案件具体情况和实际工作需要，提出合理、必要的时间建议。

上级监察机关收到报请批准延长或者再延长留置时间的申请后，应当及时研究，在原留置期限届满前按程序作出决定。

第一百三十二条 省级以上监察机关在调查期间，发现涉嫌职务犯罪的被调查人另有与留置时的罪行不同种的重大职务犯罪或者同种的影响罪名认定、量刑档次的重大职务犯罪，经审批可以依照监察法第四十八条第三款的规定重新计算留置时间。留置时间重新计算以一次为限。

依照前款规定重新计算留置时间的，国家监察委员会调查部门应当自发现之日起五日以内履行报批程序，省级监察机关应当自发现之日起五日以内报请国家监察委员会批准。

重新计算留置时间的，应当自作出决定之日起五日以内向被留置人员宣布，要求其在《重新计算留置时间决定书》上签名、捺指印，并及时通知被留置人员所在单位和家属。被留置人员拒绝签名、捺指印的，调查人员应当在文书上记明。

第一百三十三条 重新计算留置时间的，留置时间不得超过三个月。新发现的罪行具有本条例第一百二十九条、第一百三十条规定情形的，可以依法延长和再延长留置时间。但是，此前已经根据本条例第一百三十条规定再延长留置时间的，不得再次适用该规定再延长留置时间。

第一百三十四条 对被留置人员不需要继续采取留置措施的，应当按规定报批后解除留置或者变更为责令候查措施。留置期满的，应当按规定报批后予以解除。

解除留置措施的，调查人员应当向被留置人员宣布解除留置措施的决定，由其在《解除留置决定书》上签名、捺指印；变更为责令候查措施的，应当向被留置人员宣布变更为责令候查措施的决定，由其在《变更留置决定书》上签名、捺指印。被留置人员拒绝签名、捺指印的，调查人员应当在文书上记明。

解除留置措施或者变更为责令候查措施的，应当及时通知被留置人员所在单位和家属、申请人。调查人员应当与交接人办理交接手续，并由其在《解除留置通知书》或者《变更留置通知书》上签名。无法通知或者有关人员拒绝签名的，调查人员应当在文书上记明。不得因办理交接手续延迟解除或者变更留置措施。

案件依法移送人民检察院审查起诉的，留置措施自犯罪嫌疑人被执行拘留时自动解除，不再办理解除法律手续。

第十节 查询、冻结

第一百三十五条 监察机关调查严重职务违法或者职务犯罪，根据工作需要，按规定报批后，可以依法查询、冻结涉案单位和个人的存款、汇款、债券、股票、基金份额等财产。

第一百三十六条 查询、冻结财产时，调查人员不得少于二人。调查人员应当出具《协助查询财产通知书》或者《协助冻结财产通知书》，送交银行或者其他金融机构、邮政部门等单位执行。有关单位和个人应当予以配合，并严格保密。

查询财产应当在《协助查询财产通知书》中填写查询账号、查询内容等信息。没有具体账号的，应当填写足以确定账户或者权利人的自然人姓名、身份证件号码或者市场主体名称、统一社会信用代码等信息。

冻结财产应当在《协助冻结财产通知书》中填写冻结账户名称、冻结账号、冻结数额、冻结期限起止时间等信息。冻结数额应当具体、明确，暂时无法确定具体数额的，应当在《协助冻结财产通知书》上明确写明“只收不付”。冻结证券和交易结算资金时，应当明确冻结的范围是否及于孳息。

冻结财产，应当为被调查人及其所扶养的亲属保留必需的生活费用。

第一百三十七条 调查人员可以根据需要对查询结果进行打印、抄录、复制、拍照，要求相关单位在有关材料上加盖证明印章。对查询结果有疑问的，可以要求相关单位进行书面解释并加盖印章。

第一百三十八条 监察机关对查询信息应当加强管理，规范信息交接、调阅、使用程序和手续，防止滥用和泄露。

调查人员不得查询与案件调查工作无关的信息。

第一百三十九条 冻结财产的期限不得超过六个月。冻结期限到期未办理续冻手续的，冻结自动解除。

有特殊原因需要延长冻结期限的，应当在到期前按原程序报批，办理续冻手续。每次续冻期限不得超过六个月。

第一百四十条 已被冻结的财产可以轮候冻结，不得重复冻结。轮候冻结的，监察机关应当要求有关银行或者其他金融机构等单位在解除冻结或者作出处理前予以通知。

监察机关接受司法机关、其他监察机关等国家机关移送的涉案财物后，该国家机关采取的冻结期限届满，监察机关续行冻结的顺位与该国家机关冻结的顺位相同。

第一百四十一条 冻结财产应当通知权利人或者其法定代理人、委托代理人，要求其在《冻结财产告知书》上签名。冻结股票、债券、基金份额等财产，应当告知权利人或者其法定代理人、委托代理人有权申请出售。

对于被冻结的股票、债券、基金份额等财产，权利人或者其法定代理人、委托代理人申请出售，不损害国家利益、被害人利益，不影响调查正常进行的，经审批可以在案件办结前由相关机构依法出售或者变现。对于被冻结的汇票、本票、支票即将到期的，经审批可以在案件办结前由相关机构依法出售或者变现。出售上述财产的，应当出具《许可出售冻结财产通知书》。

出售或者变现所得价款应当继续冻结在其对应的银行账户中；没有对应的银行账户的，应当存入监察机关指定的专用账户保管，并将存款凭证送监察机关登记。监察机关应当及时向权利人或者其法定代理人、委托代理人出具《出售冻结财产通知书》，并要求其签名。拒绝签名的，调查人员应当在文书上记明。

第一百四十二条 对于冻结的财产，应当及时核查。经查明与案件无关的，经审批，应当在查明后三日以内将《解除冻结财产通知书》送交有关单位执行。解除情况应当告知被冻结财产的权利人或者其法定代理人、委托代理人。

第十一节 搜 查

第一百四十三条 监察机关调查职务犯罪案件，为了收集犯罪证据、查获被调查人，按规定报批后，可以依法对被调查人以及可能隐藏被调查人或者犯罪证据的人的身体、物品、住处、工作地点和其他有关地方进行搜查。

第一百四十四条 搜查应当在调查人员主持下进行，调查人员不得少于二人。搜查女性的身体，由女性工作人员进行。

搜查时，应当有被搜查人或者其家属、其所在单位工作人员或者其他见证人在场。调查人员应当向被搜查人或者其家属、见证人出示《搜查证》，要求其签名或者盖章。被搜查人或者其家属不在场，或者拒绝签名、盖章的，调查人员应当在文书上记明。

第一百四十五条 搜查时，应当要求在场人员予以配合，不得进行阻碍。对以暴力、威胁等方法阻碍搜查的，应当依法制止。对阻碍搜查构成违法犯罪的，依法追究法律责任。

第一百四十六条 对搜查取证工作，应当全程同步录音录像。

对搜查情况应当制作《搜查笔录》，由调查人员和被搜查人或者其家属、见证人签名或者盖章。被搜查人或者其家属不在场，或者拒绝签名、盖章的，调查人员应当在笔录中记明。

对于查获的重要物证、书证、视听资料、电子数据及其放置、存储位置应当拍照，并在《搜查笔录》中作出文字说明。

第一百四十七条 搜查时，应当避免未成年人或者其他不适宜在搜查现场的人在场。

搜查人员应当服从指挥、文明执法，不得擅自变更搜查对象和扩大搜查范围，严禁单独进入搜查区域。搜查的具体时间、方法，在实施前应当严格保密。

第一百四十八条 在搜查过程中查封、扣押财物和文件的，按照查封、扣押的有关规定办理。

第十二节 调 取

第一百四十九条 监察机关按规定报批后，可以依法向有关单位和个人调取用以证明案件事实的证据材料。

第一百五十条 调取证据材料时，调查人员不得少于二人。调查人员应当依法出具《调取证据通知书》，必要时附《调取证据清单》。

有关单位和个人配合监察机关调取证据，应当严格保密。

第一百五十一条 调取物证应当调取原物。原物不便搬运、保存，或者依法应当返还，或者因保密工作需要不能调取原物的，可以将原物封存，并拍照、录像。对原物拍照或者录像时，应当足以反映原物的外形、内容。

调取书证、视听资料应当调取原件。取得原件确有困难或者因保密工作需要不能调取原件的，可以调取副本或者复制件。

调取物证的照片、录像和书证、视听资料的副本、复制件的，应当书面记明不能调取原物、原件的原因，原物、原件存放地点，制作过程，是否与原物、原件相符，并由调查人员和物证、书证、视听资料原持有人签名或者盖章。持有人无法签名、盖章或者拒绝签名、盖章的，应当在笔录中记明，由见证人签名。

第一百五十二条 调取外文材料作为证据使用的，应当交由具有资质的机构和人员出具中文译本。中文译本应当加盖翻译机构公章。

第一百五十三条 收集、提取电子数据，能够扣押原始存储介质的，应当予以扣押、封存并在笔录中记录封存状态。无法扣押原始存储介质的，可以采取调取、勘验检查措施，通过现场或者网络远程收集、提取电子数据，但应当在笔录中记明不能扣押的原因、原始存储介质的存放地点或者电子数据的来源等情况。

由于客观原因无法或者不宜采取前款规定方式收集、提取电子数据的，可以采取打印、拍照或者录像等方式固定相关证据，并在笔录中说明原因。

收集、提取的电子数据，足以保证完整性，无删除、修改、增加等情形的，可以作为证据使用。

收集、提取电子数据，应当制作笔录，记录案由、对象、内容，收集、提取电子数据的时间、地点、方法、过程，并附电子数据清单，注明类别、文件格式、完整性校验值等，由调查人员、电子数据持有人（提供人）签名或者盖章；电子数据持有人（提供人）无法签名或者拒绝签名的，应当在笔录中记明，由见证人签名或者盖章。有条件的，应当对相关活动进行录像。

第一百五十四条 调取的物证、书证、视听资料等原件，经查明与案件无关的，经审批，应当在查明后三日以内退还，并办理交接手续。

第十三节 查封、扣押

第一百五十五条 监察机关按规定报批后，可以依法查封、扣押用以证明被调查人涉嫌违法犯罪以及情节轻重的财物、文件、电子数据等证据材料。

对于被调查人到案时随身携带的物品，以及被调查人或者其他相关人员主动上交的财物和文件，依法需要扣押的，依照前款规定办理。对于被调查人随身携带的与案件无关的个人用品，应当逐件登记，随案移交或者退还。

第一百五十六条 对查封、扣押工作，应当全程同步录音录像。

查封、扣押时，应当出具《查封/扣押通知书》，调查人员不得少于二人。持有人拒绝交出应当查封、扣押的财物和文件的，可以依法强制查封、扣押。

调查人员对于查封、扣押的财物和文件，应当会同在场见证人和被查封、扣押财物持有人进行清点核对，开列《查封/扣押财物、文件清单》，由调查人员、见证人和持有人签名或者盖章。持有人不在场或者拒绝签名、盖章的，调查人员应当在清单上记明。

查封、扣押财物，应当为被调查人及其所扶养的亲属保留必需的生活费用和物品。

第一百五十七条 查封、扣押不动产和置于该不动产上不宜移动的设施、家具和其他相关财物，以及车辆、船舶、航空器和大型机械、设备等财物，必要时可以依法扣押其权利证书，经拍照或者录像后原地封存。调查人员应当在查封清单上记明相关财物的所在地址和特征，已经拍照或者录像及其权利证书被扣押的情况，由调查人员、见证人和持有人签名或者盖章。持有人不在场或者拒绝签名、盖章的，调查人员应当在清单上记明。

查封、扣押前款规定财物的，必要时可以将被查封财物交给持有人或者其近亲属保管。调查人员应当告知保管人妥善保管，不得对被查封财物进行转移、变卖、毁损、抵押、赠予等处理。

调查人员应当将《查封/扣押通知书》送达不动产、生产设备或者车辆、船舶、航空器等财物的登记、管理部门，告知其在查封期间禁止办理抵押、转让、出售等权属关系变更、转移登记手续。相关情况应当在查封清单上记明。被查封、扣押的财物已经办理抵押登记的，监察机关在执行没收、追缴、责令退赔等决定时应当及时通知抵押权人。

第一百五十八条 查封、扣押下列物品，应当依法进行相应的处理：

（一）查封、扣押外币、金银珠宝、文物、名贵字画以及其他不易辨别真伪的贵重物品，具备当场密封条件的，应当当场密封，由二名以上调查人员在密封材料上签名并记明密封时间。不具备当场密封条件的，应当在笔录中记明，以拍照、录像等方法加以保全后进行封存。查封、扣押的贵重物品需要鉴定的，应当及时鉴定。

（二）查封、扣押存折、银行卡、有价证券等支付凭证和具有一定特征能够证明案情的现金，应当记明特征、编号、种类、面值、张数、金额等，当场密封，由二名以上调查人员在密封材料上签名并记明密封时间。

（三）查封、扣押易损毁、灭失、变质等不宜长期保存的物品以及有消费期限的卡、券，应当在笔录中记明，以拍照、录像等方法加以保全后进行封存，或者经审批委托有关机构变卖、拍卖。变卖、拍卖的价款存入专用账户保管，待调查终结后一并处理。

（四）对于可以作为证据使用的录音录像、电子数据存储介质，应当记明案由、对象、内容，录制、复制的时间、地点、规格、类别、应用长度、文件格式及长度等，制作清单。具备查封、扣押条件的电子设备、存储介质应当密封保存。必要时，可以请有关机关协助。

（五）对被调查人使用违法犯罪所得与合法收入共同购置的不可分割的财产，可以先行查封、扣押。对无法分割退还的财产，涉及违法的，可以经被调查人申请并经监察机关批准，由被调查人亲属或者被调查人委托的其他人员在监察机关监督下自行变现后上缴违法所得及孳息，也可以由监察机关在结案后委托有关单位拍卖、变卖，退还不属于违法所得的部分及孳息；涉及职务犯罪的，依法移送司法机关处置，并说明涉嫌犯罪所得及孳息数额。

（六）查封、扣押危险品、违禁品，应当及时送交有关部门，或者根据工作需要严格封存保管。

第一百五十九条 对于需要启封的财物和文件，应当由二名以上调查人员共同办理。重新密封时，由二名以上调查人员在密封材料上签名、记明时间。

第一百六十条 查封、扣押涉案财物，应当按规定将涉案财物详细信息、《查封/扣押财物、文件清单》录入并上传监察机关涉案财物信息管理系统。

对于涉案款项，应当在采取措施后十五日以内存入监察机关指定的专用账户。对于涉案物品，应当在采取措施后三十日以内移交涉案财物保管部门保管。因特殊原因不能按时存入专用账户或者移交保管的，应当按规定报批，将保管情况录入涉案财物信息管理系统，在原因消除后及时存入或者移交。

第一百六十一条 对于已移交涉案财物保管部门保管的涉案财物，根据调查工作需要，经审批可以临时调用，并应当确保完好。调用结束后，应当及时归还。调用和归还时，调查人员、保管人员应当当面清点查验。保管部门应当对调用和归还情况进行登记，全程录像并上传涉案财物信息管理系统。

第一百六十二条 对于被扣押的股票、债券、基金份额等财产，以及即将到期的汇票、本票、支票，依法需要出售或者变现的，按照本条例关于出售冻结财产的规定办理。

第一百六十三条 监察机关接受司法机关、其他监察机关等国家机关移送的涉案财物后，该国家机关采取的查封、扣押期限届满，监察机关续行查封、扣押的顺位与该国家机关查封、扣押的顺位相同。

第一百六十四条 对查封、扣押的财物和文件，应当及时进行核查。经查明与案件无关的，经审批，应当在查明后三日以内解除查封、扣押，予以退还。解除查封、扣押的，应当向有关单位、原持有人或者近亲属送达《解除查封/扣押通知书》，附《解除查封/扣押财物、文件清单》，要求其签名或者盖章。

第一百六十五条 在立案调查之前，对监察对象及相关人员主动上交的涉案财物，经审批可以接收。

接收时，应当由二名以上调查人员，会同持有人和见证人进行清点核对，当场填写《主动上交财物登记表》。调查人员、持有人和见证人应当在登记表上签名或者盖章。

对于主动上交的财物，应当根据立案及调查情况及时决定是否依法查封、扣押。

第十四节 勘验检查、调查实验

第一百六十六条 监察机关按规定报批后，可以依法对与违法犯罪有关的场所、物品、人身、尸体、电子数据等进行勘验检查。

第一百六十七条 依法需要勘验检查的，应当制作《勘验检查证》；需要委托勘验检查的，应当出具《委托勘验检查书》，送具有专门知识的人办理。

第一百六十八条 勘验检查应当由二名以上调查人员主持，邀请与案件无关的见证人在场。勘验检查情况应当制作笔录，并由参加勘验检查人员和见证人签名或者盖章。

勘验检查现场、拆封电子数据存储介质应当全程同步录音录像。对现场情况应当拍摄现场照片、制作现场图，并由勘验检查人员签名或者盖章。

第一百六十九条 为了确定被调查人或者相关人员的某些特征、伤害情况或者生理状态，可以依法对其人身进行检查。必要时可以聘请法医或者医师进行人身检查。检查女性身体，应当由女性工作人员或者医师进行。被调查人拒绝检查的，可以依法强制检查。

人身检查不得采用损害被检查人生命、健康或者贬低其名誉、人格的方法。对人身检查过程中知悉的个人隐私，应当严格保密。

对人身检查的情况应当制作笔录，由参加检查的调查人员、检查人员、被检查人员和见证人签名或者盖章。被检查人员拒绝签名、盖章的，调查人员应当在笔录中记明。

第一百七十条 为查明案情，在必要的时候，经审批可以依法进行调查实验。调查实验，可以聘请有关专业人员参加，也可以要求被调查人、被害人、证人参加。

进行调查实验，应当全程同步录音录像，制作调查实验笔录，由参加实验的人签名或者盖章。进行调查实验，禁止一切足以造成危险、侮辱人格的行为。

调查实验的条件与事件发生时的条件有明显差异，或者存在影响实验结论科学性的其他情形的，调查实验笔录不得作为认定案件的依据。

第一百七十一条 调查人员在必要时，可以依法让被害人、证人和被调查人对与违法犯罪有关的物品、文件、尸体或者场所进行辨认；也可以让被害人、证人对被调查人进行辨认，或者让被调查人对涉案人员进行辨认。

辨认工作应当由二名以上调查人员主持进行。在辨认前，应当向辨认人详细询问辨认对象的具体特征，避免辨认人见到辨认对象，并告知辨认人作虚假辨认应当承担的法律责任。几名辨认人对同一辨认对象进行辨认时，应当由辨认人个别进行。辨认应当形成笔录，并由调查人员、辨认人签名或者盖章。

第一百七十二条 辨认人员时，被辨认的人数不得少于七人，照片不得少于十张。

辨认人不愿公开进行辨认时，应当在不暴露辨认人的情况下进行辨认，并为其保守秘密。

第一百七十三条 组织辨认物品时一般应当辨认实物。被辨认的物品系名贵字画等贵重物品或者存在不便搬运等情况的，可以对实物照片进行辨认。辨认人进行辨认时，应当在辨认出的实物照片与附纸骑缝上捺指印予以确认，在附纸上写明该实物涉案情况并签名、捺指印。

辨认物品时，同类物品不得少于五件，照片不得少于五张。

对于难以找到相似物品的特定物，可以将该物品照片交由辨认人进行确认后，在照片与附纸骑缝上捺指印，在附纸上写明该物品涉案情况并签名、捺指印。在辨认人确认前，应当向其详细询问物品的具体特征，并对确认过程和结果形成笔录。

第一百七十四条 辨认笔录具有下列情形之一的，不得作为认定案件的依据：

（一）辨认开始前使辨认人见到辨认对象的；

（二）辨认活动没有个别进行的；

（三）辨认对象没有混杂在具有类似特征的其他对象中，或者供辨认的对象数量不符合规定的，但特定辨认对象除外；

（四）辨认中给辨认人明显暗示或者明显有指认嫌疑的；

（五）辨认不是在调查人员主持下进行的；

（六）违反有关规定，不能确定辨认笔录真实性的其他情形。

辨认笔录存在其他瑕疵的，应当结合全案证据审查其真实性和关联性，作出综合判断。

第十五节　鉴　　定

第一百七十五条　监察机关为解决案件中的专门性问题，按规定报批后，可以依法进行鉴定。

鉴定时应当出具《委托鉴定书》，由二名以上调查人员送交具有鉴定资格的鉴定机构、鉴定人进行鉴定。

第一百七十六条　监察机关可以依法开展下列鉴定：

（一）对笔迹、印刷文件、污损文件、制成时间不明的文件和以其他形式表现的文件等进行鉴定；

（二）对案件中涉及的财务会计资料及相关财物进行会计鉴定；

（三）对被调查人、证人的行为能力进行精神病鉴定；

（四）对人体造成的损害或者死因进行人身伤亡医学鉴定；

（五）对录音录像资料进行鉴定；

（六）对因电子信息技术应用而出现的材料及其派生物进行电子数据鉴定；

（七）其他可以依法进行的专业鉴定。

第一百七十七条　监察机关应当为鉴定提供必要条件，向鉴定人送交有关检材和对比样本等原始材料，介绍与鉴定有关的情况。调查人员应当明确提出要求鉴定事项，但不得暗示或者强迫鉴定人作出某种鉴定意见。

监察机关应当做好检材的保管和送检工作，记明检材送检环节的责任人，确保检材在流转环节的同一性和不被污染。

第一百七十八条　鉴定人应当在出具的鉴定意见上签名，并附鉴定机构和鉴定人的资质证明或者其他证明文件。多个鉴定人的鉴定意见不一致的，应当在鉴定意见上记明分歧的内容和理由，并且分别签名。

监察机关对于法庭审理中依法决定鉴定人出庭作证的，应当予以协调。

鉴定人故意作虚假鉴定的，应当依法追究法律责任。

第一百七十九条　调查人员应当对鉴定意见进行审查。对经审查作为证据使用的鉴定意见，应当告知被调查人及相关单位、人员，送达《鉴定意见告知书》。

被调查人或者相关单位、人员提出补充鉴定或者重新鉴定申请，经审查符合法定要求的，应当按规定报批，进行补充鉴定或者重新鉴定。

对鉴定意见告知情况可以制作笔录，载明告知内容和被告知人的意见等。

第一百八十条　经审查具有下列情形之一的，应当补充鉴定：

（一）鉴定内容有明显遗漏的；

（二）发现新的有鉴定意义的证物的；

（三）对鉴定证物有新的鉴定要求的；

（四）鉴定意见不完整，委托事项无法确定的；

（五）其他需要补充鉴定的情形。

第一百八十一条　经审查具有下列情形之一的，应当重新鉴定：

（一）鉴定程序违法或者违反相关专业技术要求的；

（二）鉴定机构、鉴定人不具备鉴定资质和条件的；

（三）鉴定人故意作出虚假鉴定或者违反回避规定的；

（四）鉴定意见依据明显不足的；

（五）检材虚假或者被损坏的；

（六）其他应当重新鉴定的情形。

决定重新鉴定的，应当另行确定鉴定机构和鉴定人。

第一百八十二条　因无鉴定机构，或者根据法律法规等规定，监察机关可以指派、聘请具有专门知识的人就案件的专门性问题出具报告。

第十六节　技术调查

第一百八十三条　监察机关根据调查涉嫌重大贪污贿赂等职务犯罪需要，依照规定的权限和程序报经批准，可以依法采取技术调查措施，按照规定交公安机关或者国家有关执法机关依法执行。

第一百八十四条　依法采取技术调查措施的，监察机关应当出具《采取技术调查措施委托函》《采取技术调查措施决定书》和《采取技术调查措施适用对象情况表》，送交有关机关执行。其中，设区的市级以下监察机关委托有关执行机关采取技术调查措施，还应当提供《立案决定书》。

第一百八十五条 技术调查措施的期限按照监察法的规定执行，期限届满前未办理延期手续的，到期自动解除。

对于不需要继续采取技术调查措施的，监察机关应当按规定及时报批，将《解除技术调查措施决定书》送交有关机关执行。

需要依法变更技术调查措施种类或者增加适用对象的，监察机关应当重新办理报批和委托手续，依法送交有关机关执行。

第一百八十六条 对于采取技术调查措施收集的信息和材料，依法需要作为刑事诉讼证据使用的，监察机关应当按规定报批，出具《调取技术调查证据材料通知书》向有关执行机关调取。

对于采取技术调查措施收集的物证、书证及其他证据材料，监察机关应当制作书面说明，写明获取证据的时间、地点、数量、特征以及采取技术调查措施的批准机关、种类等。调查人员应当在书面说明上签名。

对于采取技术调查措施获取的证据材料，如果使用该证据材料可能危及有关人员的人身安全，或者可能产生其他严重后果的，应当采取不暴露有关人员身份、技术方法等保护措施。必要时，可以建议由审判人员在庭外进行核实。

第一百八十七条 调查人员对采取技术调查措施过程中知悉的国家秘密、工作秘密、商业秘密、个人隐私和个人信息，应当严格保密。

采取技术调查措施获取的证据、线索及其他有关材料，只能用于对违法犯罪的调查、起诉和审判，不得用于其他用途。

对采取技术调查措施获取的与案件无关的材料，应当经审批及时销毁。对销毁情况应当制作记录，由调查人员签名。

第十七节　通　　缉

第一百八十八条 县级以上监察机关对在逃的应当被留置人员，依法决定在本行政区域内通缉的，应当按规定报批，送交同级公安机关执行。送交执行时，应当出具《通缉决定书》，附《留置决定书》等法律文书和被通缉人员信息，以及承办单位、承办人员等有关情况。

通缉范围超出本行政区域的，应当报有决定权的上级监察机关出具《通缉决定书》，并附《留置决定书》及相关材料，送交同级公安机关执行。

第一百八十九条　国家监察委员会依法需要提请公安部对在逃人员发布公安部通缉令的，应当先提请公安部采取网上追逃措施。如情况紧急，可以向公安部同时出具《通缉决定书》和《提请采取网上追逃措施函》。

省级以下监察机关报请国家监察委员会提请公安部发布公安部通缉令的，应当先提请本地公安机关采取网上追逃措施。

第一百九十条　监察机关接到公安机关抓获被通缉人员的通知后，应当立即核实被抓获人员身份，并在接到通知后二十四小时以内派员办理交接手续。边远或者交通不便地区，至迟不得超过三日。

公安机关在移交前，将被抓获人员送往当地监察机关留置场所临时看管的，当地监察机关应当接收，并保障临时看管期间的安全，对工作信息严格保密。

监察机关需要提请公安机关协助将被抓获人员带回的，应当按规定报批，请本地同级公安机关依法予以协助。提请协助时，应当出具《提请协助采取留置措施函》，附《留置决定书》复印件及相关材料。

第一百九十一条　监察机关对于被通缉人员已经归案、死亡，或者依法撤销留置决定以及发现有其他不需要继续采取通缉措施情形的，应当经审批出具《撤销通缉通知书》，送交协助采取原措施的公安机关执行。需要撤销网上追逃措施的，监察机关应当出具《撤销网上追逃通知书》，送交协助采取原措施的公安机关执行。

第十八节　限制出境

第一百九十二条　监察机关为防止被调查人及相关人员逃匿境外，按规定报批后，可以依法决定采取限制出境措施，交由移民管理机构依法执行。

第一百九十三条　监察机关采取限制出境措施应当出具有关函件，与采取限制出境措施决定书等文书材料一并送交移民管理机构执行。其中，采取边控措施的，应当附《边控对象通知书》；采取法定不批准出境措施的，应当附《法定不准出境人员报备表》。

第一百九十四条　限制出境措施有效期不超过三个月，到期自动解除。

到期后仍有必要继续采取边控措施的，应当按原程序报批。承办部门应当出具有关函件，在到期前与《延长限制出境措施期限决定书》一并送交移民管理机构执行。延长期限每次不得超过三个月。

到期后仍有必要继续采取法定不批准出境措施的，应当在报备期满三日前按规定再次办理法定不批准出境人员报备手续。

第一百九十五条 监察机关接到口岸移民管理机构查获被决定采取留置措施的边控对象的通知后，应当于二十四小时以内到达口岸办理移交手续。无法及时到达的，应当委托当地监察机关及时前往口岸办理移交手续。当地监察机关应当予以协助。

第一百九十六条 对于不需要继续采取限制出境措施的，应当按规定报批，及时予以解除。承办部门应当出具有关函件，与《解除限制出境措施决定书》一并送交移民管理机构执行。

第一百九十七条 县级以上监察机关在重要紧急情况下，经审批可以依法直接向口岸所在地口岸移民管理机构提请办理临时限制出境措施，期限不超过七日，不能延期。

第五章 监察程序

第一节 线索处置

第一百九十八条 监察机关应当对问题线索归口受理、集中管理、分类处置、定期清理。

第一百九十九条 监察机关对于报案或者举报应当依法接受。属于本级监察机关管辖的，依法予以受理；属于其他监察机关管辖的，应当在五个工作日以内予以转送。

监察机关可以向下级监察机关发函交办检举控告，并进行督办，下级监察机关应当按期回复办理结果。

第二百条 对于涉嫌职务违法或者职务犯罪的公职人员自动投案的，应当依法接待和办理。

第二百零一条 监察机关对于执法机关、司法机关等其他机关移送的问题线索，应当及时审核，并按照下列方式办理：

（一）本单位有管辖权的，及时研究提出处置意见；

（二）本单位没有管辖权但其他监察机关有管辖权的，在五个工作日以内转送有管辖权的监察机关；

（三）本单位对部分问题线索有管辖权的，对有管辖权的部分提出处置意见，并及时将其他问题线索转送有管辖权的机关；

（四）监察机关没有管辖权的，及时退回移送机关。

第二百零二条 信访举报部门归口受理本机关管辖监察对象涉嫌职务违法和职务犯罪问题的检举控告，统一接收有关监察机关以及其他单位移送的相关检举控告，移交本机关监督检查部门或者相关部门，并将移交情况通报案件监督管理部门。

案件监督管理部门统一接收巡视巡察机构和审计机关、执法机关、司法机关等其他机关移送的职务违法和职务犯罪问题线索，按程序移交本机关监督检查部门或者相关部门办理。

监督检查部门、调查部门在工作中发现的相关问题线索，属于本部门受理范围的，应当报送案件监督管理部门备案；属于本机关其他部门受理范围的，经审批后移交案件监督管理部门分办。

第二百零三条 案件监督管理部门应当对问题线索实行集中管理、动态更新，定期汇总、核对问题线索及处置情况，向监察机关主要负责人报告，并向相关部门通报。

问题线索承办部门应当指定专人负责管理线索，逐件编号登记、建立管理台账。线索管理处置各环节应当由经手人员签名，全程登记备查，及时与案件监督管理部门核对。

第二百零四条 监督检查部门应当结合问题线索所涉及地区、部门、单位总体情况进行综合分析，提出处置意见并制定处置方案，经审批按照适当了解、谈话、函询、初步核实、暂存待查、予以了结等方式进行处置，或者按照职责移送调查部门处置。

第二百零五条 采取适当了解方式处置问题线索，应当按规定报批后，依法依规向有关单位和个人了解情况，验证问题的真实性，不得采取限制人身、财产权利的措施，不得与被反映人接触。

承办部门应当根据适当了解的情况，提出谈话、函询、初步核实、拟立案调查、予以了结、暂存待查，或者移送有关部门、机关处理等建议，按程序报批后办理。

第二百零六条 采取谈话方式处置问题线索的，按照本条例第七十八条、第七十九条规定办理。

函询应当以监察机关办公厅（室）名义发函给被反映人，并抄送其所在单位和派驻监察机构主要负责人。被函询人应当在收到函件后十五个工作日以内写出说明材料，由其所在单位主要负责人签署意见后发函回复。被函询人为所在单位主要负责人的，或者被函询人所作说明涉及所在单位主要负责人的，应当直接发函回复监察机关。

被函询人已经退休的，按照第二款规定程序办理。

监察机关根据工作需要，经审批可以对谈话、函询情况进行抽查核实。

承办部门应当根据谈话、函询的情况，提出初步核实、拟立案调查、予以了结、暂存待查，或者移送有关部门、机关处理等建议，按程序报批后办理。

第二百零七条 监察机关对具有可查性的职务违法和职务犯罪问题线索，应当按规定报批后，依法开展初步核实工作。采取初步核实方式处置问题线索，应当确定初步核实对象，制定工作方案，明确需要核实的问题和采取的措施，成立核查组。

在初步核实中应当注重收集客观性证据，确保真实性和准确性。在初步核实中发现或者受理被核查人新的具有可查性的问题线索的，应当经审批纳入原初核方案开展核查。

核查组在初步核实工作结束后应当撰写初步核实情况报告，列明被核查人基本情况、反映的主要问题、办理依据、初步核实结果、存在疑点、处理建议，由全体人员签名。

承办部门应当综合分析初步核实情况，提出拟立案调查、予以了结、暂存待查，或者移送有关部门、机关处理等建议，按照批准初步核实的程序报批。

第二百零八条 监察机关根据适当了解、谈话、函询或者初步核实情况，发现公职人员有职务违法行为但情节较轻的，可以按照本条例第二百三十一条规定处理，予以了结。

第二百零九条 检举控告人使用本人真实姓名或者本单位名称，有电话等具体联系方式的，属于实名检举控告。监察机关对实名检举控告应当优先办理、优先处置，依法给予答复。虽有署名但不是检举控告人真实姓名（单位名称）或者无法验证的检举控告，按照匿名检举控告处理。

信访举报部门对属于本机关受理的实名检举控告，应当在收到检举控告之日起十五个工作日以内按规定告知实名检举控告人受理情况，并做好记录。

调查人员应当将实名检举控告的处理结果在办结之日起十五个工作日以内向检举控告人反馈，并记录反馈情况。对检举控告人提出异议的应当如实记录，并向其进行说明；对提供新证据材料的，应当依法核查处理。

第二节 立 案

第二百一十条 监察机关已经掌握监察对象涉嫌职务违法或者职务犯罪的部分事实和证据，认为需要追究其法律责任的，应当按规定报批后，依法立案调查。

第二百一十一条 监察机关立案调查职务违法或者职务犯罪案件，需要对涉嫌行贿犯罪、介绍贿赂犯罪或者共同职务犯罪的涉案人员立案调查的，应当一并办理立案手续。需要交由下级监察机关立案的，经审批交由下级监察机关办理立案手续。

对单位涉嫌受贿、行贿等职务犯罪，需要追究法律责任的，依法对该单位办理立案调查手续。对事故（事件）中存在职务违法或者职务犯罪问题，需要追究法律责任，但相关责任人员尚不明确的，可以以事立案。对单位立案或者以事立案后，经调查确定相关责任人员的，按照管理权限报批确定被调查人。

监察机关根据人民法院生效刑事判决、裁定和人民检察院不起诉决定认定的事实，需要对监察对象给予政务处分的，可以由相关监督检查部门依据司法机关的生效判决、裁定、决定及其认定的事实、性质和情节，提出给予政务处分的意见，按程序移送审理。对依法被追究行政法律责任的监察对象，需要给予政务处分的，应当依法办理立案手续。

第二百一十二条 对案情简单、经过初步核实已查清主要职务违法事实，应当追究监察对象法律责任，不再需要开展调查的，立案和移送审理可以一并报批，履行立案程序后再移送审理。

第二百一十三条 上级监察机关需要指定下级监察机关立案调查的，应当按规定报批，向被指定管辖的监察机关出具《指定管辖决定书》，由其办理立案手续。

第二百一十四条 批准立案后，应当由二名以上调查人员出示证件，向被调查人宣布立案决定。宣布立案决定后，应当及时向被调查人所在单位等相关组织送达《立案通知书》，并向被调查人所在单位主要负责人通报。

对涉嫌严重职务违法或者职务犯罪的公职人员立案调查并采取留置措施的，应当按规定通知被调查人所在单位和家属，并向社会公开发布。

第三节 调 查

第二百一十五条 监察机关对已经立案的职务违法或者职务犯罪案件应当依法进行调查，收集证据查明违法犯罪事实。

调查职务违法或者职务犯罪案件，对被调查人没有采取留置措施的，应当在立案后一年以内作出处理决定；对被调查人解除留置措施的，应当在解除留置措施后一年以内作出处理决定。案情重大、复杂的案件，经上一级监察机关批准，可以适当延长，但延长期限不得超过六个月。

被调查人在监察机关立案调查以后逃匿的，调查期限自被调查人到案之日起重新计算。

第二百一十六条 案件立案后，监察机关主要负责人应当依照法定程序批准确定调查方案。

监察机关应当组成调查组依法开展调查。调查工作应当严格按照批准的方案执行，不得随意扩大调查范围、变更调查对象和事项，对重要事项应当及时请示报告。调查人员在调查工作期间，未经批准不得单独接触任何涉案人员及其特定关系人，不得擅自采取调查措施。

第二百一十七条 调查组应当将调查认定的涉嫌违法犯罪事实形成书面材料，交给被调查人核对，听取其意见。被调查人应当在书面材料上签署意见。对被调查人签署不同意见或者拒不签署意见的，调查组应当作出说明或者注明情况。对被调查人提出申辩的事实、理由和证据应当进行核实，成立的予以采纳。

调查组对于立案调查的涉嫌行贿犯罪、介绍贿赂犯罪或者共同职务犯罪的涉案人员，在查明其涉嫌犯罪问题后，依照前款规定办理。

对于按照本条例规定，对立案和移送审理一并报批的案件，应当在报批前履行本条第一款规定的程序。

第二百一十八条 调查组在调查工作结束后应当集体讨论，形成调查报告。调查报告应当列明被调查人基本情况、问题线索来源及调查依据、调查过程，涉嫌的主要职务违法或者职务犯罪事实，被调查人的态度和认识，处置建议及法律依据，并由调查组组长以及有关人员签名。

对调查过程中发现的重要问题和形成的意见建议，应当形成专题报告。

第二百一十九条 调查组对被调查人涉嫌职务犯罪拟依法移送人民检察院审查起诉的，应当起草《起诉建议书》。《起诉建议书》应当载明被调查人基本情况，调查简况，认罪认罚情况，采取监察强制措施的时间，涉嫌职务犯罪事实以及证据，对被调查人从重、从轻、减轻或者免除处罚等情节，提出对被调查人移送起诉的理由和法律依据，采取刑事强制措施的建议，并注明移送案卷数及涉案财物等内容。

调查组应当形成被调查人到案经过及量刑情节方面的材料，包括案件来源、到案经过，自动投案、如实供述、立功等量刑情节，认罪悔罪态度、退赃、避免和减少损害结果发生等方面的情况说明及相关材料。被检举揭发的问题已被立案、查破，被检举揭发人已被采取调查措施或者刑事强制措施、起诉或者审判的，还应当附有关法律文书。

第二百二十条 经调查认为被调查人构成职务违法或者职务犯罪的，应当区分不同情况提出相应处理意见，经审批将调查报告、职务违法或者职务犯罪事实材料、涉案财物报告、涉案人员处理意见等材料，连同全部证据和文书手续移送审理。

对涉嫌职务犯罪的案件材料应当按照刑事诉讼要求单独立卷，与《起诉建议书》、涉案财物报告、同步录音录像资料及其自查报告等材料一并移送审理。

调查全过程形成的材料应当案结卷成、事毕归档。

第四节 审 理

第二百二十一条 案件审理部门收到移送审理的案件后，应当审核材料是否齐全、手续是否完备。对被调查人涉嫌职务犯罪的，还应当审核相关案卷材料是否符合职务犯罪案件立卷要求，是否在调查报告中单独表述已查明的涉嫌犯罪问题，是否形成《起诉建议书》。

经审核符合移送条件的，应当予以受理；不符合移送条件的，经审批可以暂缓受理或者不予受理，并要求承办部门补充完善材料。

第二百二十二条 案件审理部门受理案件后，应当成立由二人以上组成的审理组，全面审理案卷材料。

案件审理部门对于受理的案件，应当以监察法、政务处分法、刑法、《中华人民共和国刑事诉讼法》等法律法规为准绳，对案件事实和证据、性质认定、程序手续、涉案财物等进行全面审理。

案件审理部门应当强化监督制约职能，对案件严格审核把关，坚持实事求是、独立审理，依法提出审理意见。坚持调查与审理相分离的原则，案件调查人员不得参与审理。

第二百二十三条 审理工作应当坚持民主集中制原则，经集体审议形成审理意见。

第二百二十四条 审理工作应当在受理之日起一个月以内完成，重大、复杂案件经批准可以适当延长。

第二百二十五条 案件审理部门根据案件审理情况，经审批可以与被调查人谈话，告知其在审理阶段的权利义务，核对涉嫌违法犯罪事实，听取其辩解意见，了解有关情况。与被调查人谈话应当在具备安全保障条件的场所进行，被调查人为在押的犯罪嫌疑人、被告人或者在看守所、监狱服刑人员的，按照本条例第八十三条规定办理。谈话时，案件审理人员不得少于二人。

具有下列情形之一的，一般应当与被调查人谈话：

（一）对被调查人采取留置措施，拟移送起诉的；

（二）可能存在以非法方法收集证据情形的；

（三）被调查人对涉嫌违法犯罪事实材料签署不同意见或者拒不签署意

见的；

（四）被调查人要求向案件审理人员当面陈述的；

（五）其他有必要与被调查人进行谈话的情形。

第二百二十六条 经审理认为主要违法犯罪事实不清、证据不足的，应当经审批将案件退回承办部门重新调查。

具有下列情形之一，需要补充完善证据的，经审批可以退回补充调查：

（一）部分事实不清、证据不足的；

（二）遗漏违法犯罪事实的；

（三）其他需要进一步查清案件事实的情形。

案件审理部门将案件退回重新调查或者补充调查的，应当出具审核意见，写明调查事项、理由、调查方向、需要补充收集的证据及其证明作用等，连同案卷材料一并送交承办部门。

承办部门补充调查结束后，应当经审批将补证情况报告及相关证据材料，连同案卷材料一并移送案件审理部门；对确实无法查明的事项或者无法补充的证据，应当作出书面说明。重新调查终结后，应当重新形成调查报告，依法移送审理。

重新调查完毕移送审理的，审理期限重新计算。补充调查期间不计入审理期限。

第二百二十七条 审理工作结束后应当形成审理报告，载明被调查人基本情况、调查简况、涉嫌违法或者犯罪事实、被调查人态度和认识、涉案财物处置、承办部门意见、审理意见等内容，提请监察机关集体审议。

对被调查人涉嫌职务犯罪需要追究刑事责任的，应当形成《起诉意见书》，作为审理报告附件。《起诉意见书》应当忠实于事实真象，载明被调查人基本情况，调查简况，采取监察强制措施的时间，依法查明的犯罪事实和证据，从重、从轻、减轻或者免除处罚等情节，涉案财物情况，涉嫌罪名和法律依据，采取刑事强制措施的建议，以及其他需要说明的情况。

案件审理部门经审理认为现有证据不足以证明被调查人存在违法犯罪行为，且通过退回补充调查仍无法达到证明标准的，应当提出撤销案件的建议。

第二百二十八条 上级监察机关办理下级监察机关管辖案件的，可以经审理后按程序直接进行处置，也可以经审理形成处置意见后，交由下级监察机关办理。

第二百二十九条 被指定管辖的监察机关在调查结束后应当将案件移送审理，提请监察机关集体审议。

上级监察机关将其所管辖的案件指定管辖的，被指定管辖的下级监察机关应当按照前款规定办理后，将案件报上级监察机关依法作出政务处分决定。上级监察机关在作出决定前，应当进行审理。

上级监察机关将下级监察机关管辖的案件指定其他下级监察机关管辖的，被指定管辖的监察机关应当按照第一款规定办理后，将案件送交有管理权限的监察机关依法作出政务处分决定。有管理权限的监察机关应当进行审理，审理意见与被指定管辖的监察机关意见不一致的，双方应当进行沟通；经沟通不能取得一致意见的，报请有权决定的上级监察机关决定。经协商，有管理权限的监察机关在被指定管辖的监察机关审理阶段可以提前阅卷，沟通了解情况。

对于前款规定的重大、复杂案件，被指定管辖的监察机关经集体审议后将处理意见报有权决定的上级监察机关审核同意的，有管理权限的监察机关可以经集体审议后依法处置。

第五节 处 置

第二百三十条 监察机关根据监督、调查结果，依据监察法、政务处分法等规定进行处置。

第二百三十一条 监察机关对于公职人员有职务违法行为但情节较轻的，可以依法进行谈话提醒、批评教育、责令检查，或者予以诫勉。上述方式可以单独使用，也可以依据规定合并使用。

谈话提醒、批评教育应当由监察机关相关负责人或者承办部门负责人进行，可以由被谈话提醒、批评教育人所在单位有关负责人陪同；经批准也可以委托其所在单位主要负责人进行。对谈话提醒、批评教育情况应当制作记录。

被责令检查的公职人员应当作出书面检查并进行整改。整改情况在一定范围内通报。

诫勉由监察机关以谈话或者书面方式进行。采取谈话方式予以诫勉的，应当由监察机关相关负责人或者承办部门负责人进行；经批准也可以委托诫勉对象所在单位主要负责人进行。对谈话情况应当制作记录。

第二百三十二条 对违法的公职人员依法需要给予政务处分的，应当根据情节轻重作出警告、记过、记大过、降级、撤职、开除的政务处分决定，制作政务处分决定书。

第二百三十三条 监察机关应当将政务处分决定书在作出后一个月以内送达被处分人和被处分人所在机关、单位，并依法履行宣布、书面告知程序。

政务处分决定自作出之日起生效。有关机关、单位、组织应当依法及时执行处分决定，并将执行情况向监察机关报告。处分决定应当在作出之日起一个月以内执行完毕，特殊情况下经监察机关批准可以适当延长办理期限，最迟不得超过六个月。

第二百三十四条 监察机关对不履行或者不正确履行职责造成严重后果或者恶劣影响的领导人员，可以按照管理权限采取通报、诫勉、政务处分等方式进行问责；提出组织处理的建议。

第二百三十五条 监察机关依法向监察对象所在单位提出监察建议的，应当经审批制作监察建议书。

监察建议书一般应当包括下列内容：

（一）监督调查情况；

（二）发现的主要问题及其产生的原因；

（三）整改建议内容和要求；

（四）整改期限和反馈整改情况的要求；

（五）提出异议的期限和方式。

第二百三十六条 监察机关在研究提出监察建议过程中，应当坚持问题导向、系统观念，加强分析研判，保证监察建议质量。

监察机关可以采取专题调研、部门会商、征求特约监察员等有关人员意见，以及与被建议单位或者其他有关方面沟通等方式，提高监察建议的针对性、可行性。

第二百三十七条 监察机关经调查，对没有证据证明或者现有证据不足以证明被调查人存在违法犯罪行为的，应当依法撤销案件。省级以下监察机关撤销案件后，应当在七个工作日以内向上一级监察机关报送备案报告。上一级监察机关监督检查部门负责备案工作。

省级以下监察机关拟撤销上级监察机关指定管辖或者交办案件的，应当将《撤销案件意见书》连同案卷材料，在法定调查期限到期七个工作日前报指定管辖或者交办案件的监察机关审查。对于重大、复杂案件，在法定调查期限到期十个工作日前报指定管辖或者交办案件的监察机关审查。

指定管辖或者交办案件的监察机关由监督检查部门负责审查工作。指定管辖或者交办案件的监察机关同意撤销案件的，下级监察机关应当作出撤销案件决定，制作《撤销案件决定书》；指定管辖或者交办案件的监察机关不同意撤销案件的，下级监察机关应当执行该决定。

监察机关对于撤销案件的决定应当向被调查人宣布，由其在《撤销案件决定书》上签名、捺指印，立即解除监察强制措施，并通知其所在单位。

撤销案件后又发现重要事实或者有充分证据，认为被调查人有违法犯罪事实需要追究法律责任的，应当重新立案调查。

第二百三十八条 对于涉嫌行贿等犯罪的非监察对象，案件调查终结后依法移送起诉。综合考虑行为性质、手段、后果、时间节点、认罪悔罪态度等具体情况，对于情节较轻，经审批不予移送起诉的，应当采取批评教育、责令具结悔过等方式处置；应当给予行政处罚的，依法移送有关行政执法部门。

对于有行贿行为的涉案单位和人员，按规定记入相关信息记录，可以作为信用评价的依据。

对于涉案单位和人员通过行贿等非法手段取得的财物及孳息，应当依法予以没收、追缴或者责令退赔，不得没收、追缴与案件无关的财物。对于涉案单位和人员主动上交的涉案财物，应当严格核查，确系违法所得及孳息的，依法予以没收、追缴。对于违法取得的经营资格、资质、荣誉、奖励、学历学位、职称或者职务职级等其他不正当利益，应当建议有关机关、单位、组织依照法律法规及有关规定予以纠正处理。

第二百三十九条 对查封、扣押、冻结的涉嫌职务犯罪所得财物及孳息应当妥善保管，并制作《移送司法机关涉案财物清单》随案移送人民检察院。对作为证据使用的实物应当随案移送；对不宜移送的，应当将清单、照片和其他证明文件随案移送。

对于移送人民检察院的涉案财物，价值不明的，应当在移送起诉前委托进行价格认定。在价格认定过程中，需要对涉案财物先行作出真伪鉴定或者出具技术、质量检测报告的，应当委托有关鉴定机构或者检测机构进行真伪鉴定或者技术、质量检测。

对不属于犯罪所得但属于违法取得的财物及孳息，应当依法予以没收、追缴或者责令退赔，并出具有关法律文书。

对经认定不属于违法所得的财物及孳息，应当及时予以返还，并办理签收手续。

第二百四十条 监察机关经调查，对违法取得的财物及孳息决定追缴或者责令退赔的，可以依法要求公安、自然资源、住房城乡建设、市场监管、金融监管等部门以及银行等机构、单位予以协助。

追缴涉案财物以追缴原物为原则，原物已经转化为其他财物的，应当追缴转化后的财物。涉案财物已被用于清偿合法债务、转让或者设置其他权利负担，善意第三人通过正常市场交易、支付合理对价，并实际取得相应权利的，不得对善意取得的财物进行追缴。

有证据证明依法应当追缴、没收的涉案财物无法找到、被他人善意取得、价值灭失减损或者与其他合法财产混合且不可分割的，可以依法追缴、没收被调查人的其他等值财产。

追缴或者责令退赔应当自处置决定作出之日起一个月以内执行完毕。因被调查人的原因逾期执行的除外。

人民检察院、人民法院依法将不认定为犯罪所得的相关涉案财物退回监察机关的，监察机关应当依法处理。

第二百四十一条 监察对象对监察机关作出的涉及本人的处理决定不服的，可以在收到处理决定之日起一个月以内，向作出决定的监察机关申请复审。复审机关应当依法受理，并在受理后一个月以内作出复审决定。监察对象对复审决定仍不服的，可以在收到复审决定之日起一个月以内，向上一级监察机关申请复核。复核机关应当依法受理，并在受理后二个月以内作出复核决定。

上一级监察机关的复核决定和国家监察委员会的复审、复核决定为最终决定。

第二百四十二条 复审、复核机关承办部门应当成立工作组，调阅原案卷宗，必要时可以进行调查取证。承办部门应当集体研究，提出办理意见，经审批作出复审、复核决定。决定应当送达申请人，抄送相关单位，并在一定范围内宣布。

复审、复核期间，不停止原处理决定的执行。复审、复核机关经审查认定处理决定有错误或者不当的，应当依法撤销、变更原处理决定，或者责令原处理机关及时予以纠正。复审、复核机关经审查认定处理决定事实清楚、适用法律正确的，应当予以维持。

坚持复审复核与调查审理分离，原案调查、审理人员不得参与复审复核。

第六节 移送审查起诉

第二百四十三条 监察机关决定对涉嫌职务犯罪的被调查人移送起诉的，应当出具《起诉意见书》，连同案卷材料、证据及到案经过材料等，一并移送同级人民检察院。

监察机关案件审理部门负责与人民检察院审查起诉的衔接工作，调查、案件监督管理等部门应当予以协助。

国家监察委员会派驻或者派出的监察机构、监察专员调查的职务犯罪案件，应当依法移送省级人民检察院审查起诉。

第二百四十四条 涉嫌职务犯罪的被调查人和涉案人员符合监察法第三十四条、第三十五条规定情形的，结合其案发前的一贯表现、违法犯罪行为的情节、后果和影响等因素，监察机关经综合研判和集体审议，报请上一级监察机关批准，可以在移送人民检察院时依法提出从轻、减轻或者免除处罚等从宽处罚建议。报请批准时，应当一并提供主要证据材料、忏悔反思材料。

上级监察机关相关监督检查部门负责审查工作，重点审核拟认定的从宽处罚情形、提出的从宽处罚建议，经审批在十五个工作日以内作出批复。

第二百四十五条 涉嫌职务犯罪的被调查人具有下列情形之一，如实交代自己主要犯罪事实的，可以认定为监察法第三十四条第一项规定的自动投案，真诚悔罪悔过：

（一）职务犯罪问题未被监察机关掌握或者监察机关正在就有关问题线索进行适当了解时，向监察机关投案的；

（二）在监察机关谈话、函询过程中，如实交代监察机关未掌握的涉嫌职务犯罪问题的；

（三）在初步核实阶段，尚未受到监察机关谈话时投案的；

（四）职务犯罪问题虽被监察机关立案，但尚未受到讯问或者采取监察强制措施，向监察机关投案的；

（五）因伤病等客观原因无法前往投案，先委托他人代为表达投案意愿，或者以书信、网络、电话、传真等方式表达投案意愿，后到监察机关接受处理的；

（六）涉嫌职务犯罪潜逃后又投案，包括在被通缉、抓捕过程中投案的；

（七）经查实确已准备去投案，或者正在投案途中被有关机关抓获的；

（八）经他人规劝或者在他人陪同下投案的；

（九）虽未向监察机关投案，但向其所在党组织、单位或者有关负责人员投案，向有关巡视巡察机构投案，以及向公安机关、人民检察院、人民法院投案的；

（十）具有其他应当视为自动投案的情形的。

被调查人自动投案后不能如实交代自己的主要犯罪事实，或者自动投案并如实供述自己的罪行后又翻供的，不能适用前款规定。

第二百四十六条 涉嫌职务犯罪的被调查人具有下列情形之一的，可以认定为监察法第三十四条第二项规定的积极配合调查工作，如实供述监察机关还未掌握的违法犯罪行为：

（一）监察机关所掌握线索针对的犯罪事实不成立，在此范围外被调查人主动交代其他罪行的；

（二）主动交代监察机关尚未掌握的犯罪事实，与监察机关已掌握的犯罪事实属不同种罪行的；

（三）主动交代监察机关尚未掌握的犯罪事实，与监察机关已掌握的犯罪事实属同种罪行的；

（四）监察机关掌握的证据不充分，被调查人如实交代有助于收集定案证据的。

第二百四十七条 涉嫌职务犯罪的被调查人具有下列情形之一的，可以认定为监察法第三十四条第三项规定的积极退赃，减少损失：

（一）全额退赃的；

（二）退赃能力不足，但被调查人及其亲友在监察机关追缴赃款赃物过程中积极配合，且大部分已追缴到位的；

（三）犯罪后主动采取措施避免损失发生，或者积极采取有效措施减少、挽回大部分损失的。

第二百四十八条 涉嫌职务犯罪的被调查人具有下列情形之一的，可以认定为监察法第三十四条第四项规定的具有重大立功表现：

（一）检举揭发他人重大犯罪行为且经查证属实的；

（二）提供其他重大案件的重要线索且经查证属实的；

（三）阻止他人重大犯罪活动的；

（四）协助抓捕其他重大职务犯罪案件被调查人、重大犯罪嫌疑人（包括同案犯）的；

（五）为国家挽回重大损失等对国家和社会有其他重大贡献的。

前款所称重大犯罪一般是指依法可能被判处无期徒刑以上刑罚的犯罪行为；重大案件一般是指在本省、自治区、直辖市或者全国范围内有较大影响的案件；查证属实一般是指有关案件已被监察机关或者司法机关立案调查、侦查，被调查人、犯罪嫌疑人被监察机关采取监察强制措施或者被司法机关采取刑事强制措施，或者被告人被人民法院作出有罪判决，并结合案件事实、证据进行判断。

监察法第三十四条第四项规定的案件涉及国家重大利益，是指案件涉及国家主权和领土完整、国家安全、外交、社会稳定、经济发展等情形。

第二百四十九条 涉嫌行贿等犯罪的涉案人员具有下列情形之一的，可以认定为监察法第三十五条规定的揭发有关被调查人职务违法犯罪行为，查证属实或者提供重要线索，有助于调查其他案件：

（一）揭发所涉案件以外的被调查人职务犯罪行为，经查证属实的；

（二）提供的重要线索指向具体的职务犯罪事实，对调查其他案件起到实质性推动作用的；

（三）提供的重要线索有助于加快其他案件办理进度，或者对其他案件固定关键证据、挽回损失、追逃追赃等起到积极作用的。

第二百五十条　从宽处罚建议一般应当在移送起诉时作为《起诉意见书》内容一并提出，特殊情况下也可以在案件移送后、人民检察院提起公诉前，单独形成从宽处罚建议书移送人民检察院。对于从宽处罚建议所依据的证据材料，应当一并移送人民检察院。

监察机关对于被调查人在调查阶段认罪认罚，但不符合监察法规定的提出从宽处罚建议条件，在移送起诉时没有提出从宽处罚建议的，应当在《起诉意见书》中写明其自愿认罪认罚的情况。

第二百五十一条　监察机关一般应当在正式移送起诉十日前，向拟移送的人民检察院采取书面通知等方式预告移送事宜。监察机关发现被调查人因身体等原因存在不适宜羁押等可能影响刑事强制措施执行情形的，应当通报人民检察院；被调查人已被采取留置措施的，可以在移送起诉前依法变更为责令候查措施。对于未采取监察强制措施的案件，可以根据案件具体情况，向人民检察院提出对被调查人采取刑事强制措施的建议。

第二百五十二条　监察机关办理的职务犯罪案件移送起诉，需要指定起诉、审判管辖的，应当与同级人民检察院协商有关程序事宜。需要由同级人民检察院的上级人民检察院指定管辖的，应当商请同级人民检察院办理指定管辖事宜。

监察机关一般应当在移送起诉二十日前，将商请指定管辖函送交同级人民检察院。商请指定管辖函应当附案件基本情况，对于被调查人已被其他机关立案侦查的犯罪认为需要并案审查起诉的，一并进行说明。

派驻或者派出的监察机构、监察专员调查的职务犯罪案件需要指定起诉、审判管辖的，应当报派出机关办理指定管辖手续。

第二百五十三条　上级监察机关指定下级监察机关进行调查，移送起诉时需要人民检察院依法指定管辖的，应当按规定办理有关程序事宜。

第二百五十四条　监察机关对已经移送起诉的职务犯罪案件，发现遗漏被调查人罪行需要补充移送起诉的，应当经审批出具《补充起诉意见书》，连同相关案卷材料、证据等一并移送同级人民检察院。

对于经人民检察院指定管辖的案件需要补充移送起诉的，可以直接移送原受理移送起诉的人民检察院；需要追加犯罪嫌疑人、被告人的，应当再次商请人民检察院办理指定管辖手续。

第二百五十五条 对于涉嫌行贿犯罪、介绍贿赂犯罪或者共同职务犯罪等关联案件的涉案人员，移送起诉时一般应当随主案确定管辖。

主案与关联案件由不同监察机关立案调查的，调查关联案件的监察机关在移送起诉前，应当报告或者通报调查主案的监察机关，由其统一协调案件管辖事宜。因特殊原因，关联案件不宜随主案确定管辖的，调查主案的监察机关应当及时通报和协调有关事项。

第二百五十六条 监察机关对于人民检察院在审查起诉中书面提出的下列要求应当予以配合：

（一）认为可能存在以非法方法收集证据情形，要求监察机关对证据收集的合法性作出说明或者提供相关证明材料的；

（二）排除非法证据后，要求监察机关另行指派调查人员重新取证的；

（三）对物证、书证、视听资料、电子数据及勘验检查、辨认、调查实验等笔录存在疑问，要求调查人员提供获取、制作的有关情况的；

（四）要求监察机关对案件中某些专门性问题进行鉴定，或者对勘验检查进行复验、复查的；

（五）认为主要犯罪事实已经查清，仍有部分证据需要补充完善，要求监察机关补充提供证据的；

（六）人民检察院依法提出的其他工作要求。

第二百五十七条 监察机关对于人民检察院依法退回补充调查的案件，应当向主要负责人报告，并积极开展补充调查工作。

第二百五十八条 对人民检察院退回补充调查的案件，经审批分别作出下列处理：

（一）认定犯罪事实的证据不够充分的，应当在补充证据后，制作补充调查报告书，连同相关材料一并移送人民检察院审查，对无法补充完善的证据，应当作出书面情况说明并加盖监察机关或者承办部门公章；

（二）在补充调查中发现新的同案犯或者增加、变更犯罪事实，需要追究刑事责任的，应当重新提出处理意见，移送人民检察院审查；

（三）犯罪事实的认定出现重大变化，认为不应当追究被调查人刑事责任的，应当在补充调查期限内重新提出处理意见，将处理结果书面通知人民检察院并说明理由；

（四）认为移送起诉的犯罪事实清楚，证据确实、充分的，应当说明理由，移送人民检察院依法审查。

第二百五十九条 人民检察院在审查起诉过程中发现新的职务违法或者职务犯罪问题线索并移送监察机关的，监察机关应当依法处置。

第二百六十条 在案件审判过程中，人民检察院书面要求监察机关补充提供证据，对证据进行补正、解释，或者协助人民检察院补充侦查的，监察机关应当予以配合。监察机关不能提供有关证据材料的，应当书面说明情况。

人民法院在审判过程中就证据收集合法性问题要求有关调查人员出庭说明情况时，监察机关应当依法予以配合。

第二百六十一条 监察机关认为人民检察院不起诉决定有错误的，应当在收到不起诉决定书后三十日以内，依法向其上一级人民检察院提请复议。监察机关应当将上述情况及时向上一级监察机关书面报告。

第二百六十二条 对于监察机关移送起诉的案件，人民检察院作出不起诉决定，人民法院作出无罪判决，或者监察机关经人民检察院退回补充调查后不再移送起诉，涉及对被调查人已生效政务处分事实认定的，监察机关应当依法对政务处分决定进行审核。认为原政务处分决定认定事实清楚、适用法律正确的，不再改变；认为原政务处分决定确有错误或者不当的，依法予以撤销或者变更。

第二百六十三条 对于贪污贿赂、失职渎职等职务犯罪案件，被调查人逃匿，在通缉一年后不能到案，或者被调查人死亡，依法应当追缴其违法所得及其他涉案财产的，承办部门在调查终结后应当依法移送审理。

监察机关应当经集体审议，出具《没收违法所得意见书》，连同案卷材料、证据等，一并移送人民检察院依法提出没收违法所得的申请。

监察机关将《没收违法所得意见书》移送人民检察院后，在逃的被调查人自动投案或者被抓获的，监察机关应当及时通知人民检察院。

第二百六十四条 监察机关立案调查拟适用缺席审判程序的贪污贿赂

犯罪案件，应当逐级报送国家监察委员会同意。

监察机关承办部门认为在境外的被调查人犯罪事实已经查清，证据确实、充分，依法应当追究刑事责任的，应当依法移送审理。

监察机关应当经集体审议，出具《起诉意见书》，连同案卷材料、证据等，一并移送人民检察院审查起诉。

在审查起诉或者缺席审判过程中，犯罪嫌疑人、被告人向监察机关自动投案或者被抓获的，监察机关应当立即通知人民检察院、人民法院。

第六章　反腐败国际合作

第一节　工作职责和领导体制

第二百六十五条　国家监察委员会统筹协调与其他国家、地区、国际组织开展反腐败国际交流、合作。

国家监察委员会组织《联合国反腐败公约》等反腐败国际条约的实施以及履约审议等工作，承担《联合国反腐败公约》司法协助中央机关有关工作。

国家监察委员会组织协调有关单位建立集中统一、高效顺畅的反腐败国际追逃追赃和防逃协调机制，统筹协调、督促指导各级监察机关反腐败国际追逃追赃等涉外案件办理工作，具体履行下列职责：

（一）制定反腐败国际追逃追赃和防逃工作计划，研究工作中的重要问题；

（二）会同有关单位开展反腐败国际追逃追赃等重大涉外案件办理工作；

（三）办理由国家监察委员会管辖的涉外案件；

（四）指导地方各级监察机关依法开展涉外案件办理工作；

（五）汇总和通报全国职务犯罪外逃案件信息和追逃追赃工作信息；

（六）建立健全反腐败国际追逃追赃和防逃合作网络；

（七）承担监察机关开展国际刑事司法协助的主管机关职责；

（八）承担其他与反腐败国际追逃追赃等涉外案件办理工作相关的职责。

第二百六十六条 地方各级监察机关在国家监察委员会领导下，统筹协调、督促指导本地区反腐败国际追逃追赃等涉外案件办理工作，具体履行下列职责：

（一）落实上级监察机关关于反腐败国际追逃追赃和防逃工作部署，制定工作计划；

（二）按照管辖权限或者上级监察机关指定管辖，办理涉外案件；

（三）按照上级监察机关要求，协助配合其他监察机关开展涉外案件办理工作；

（四）汇总和通报本地区职务犯罪外逃案件信息和追逃追赃工作信息；

（五）承担本地区其他与反腐败国际追逃追赃等涉外案件办理工作相关的职责。

省级监察委员会应当会同有关单位，建立健全本地区反腐败国际追逃追赃和防逃协调机制。

国家监察委员会派驻或者派出的监察机构、监察专员统筹协调、督促指导驻在单位反腐败国际追逃追赃等涉外案件办理工作，参照第一款规定执行。

第二百六十七条 国家监察委员会国际合作局归口管理监察机关反腐败国际追逃追赃等涉外案件办理工作。地方各级监察委员会应当明确专责部门，归口管理本地区涉外案件办理工作。

国家监察委员会派驻或者派出的监察机构、监察专员和地方各级监察机关办理涉外案件中有关执法司法国际合作事项，应当逐级报送国家监察委员会审批。由国家监察委员会依法直接或者协调有关单位与有关国家（地区）相关机构沟通，以双方认可的方式实施。

第二百六十八条 监察机关应当建立追逃追赃和防逃工作内部联络机制。承办部门在调查过程中，发现被调查人或者重要涉案人员外逃、违法所得及其他涉案财产被转移到境外的，可以请追逃追赃部门提供工作协助。监察机关将案件移送人民检察院审查起诉后，仍有重要涉案人员外逃或者未追缴的违法所得及其他涉案财产的，应当由追逃追赃部门继续办理，或者由追逃追赃部门指定协调有关单位办理。

第二节　国（境）内工作

第二百六十九条　监察机关应当将防逃工作纳入日常监督内容，督促相关机关、单位建立健全防逃责任机制。

监察机关在监督、调查工作中，应当根据情况制定对监察对象、重要涉案人员的防逃方案，防范人员外逃和资金外流风险。监察机关应当会同同级组织人事、外事、公安、移民管理等单位健全防逃预警机制，对存在外逃风险的监察对象早发现、早报告、早处置。

第二百七十条　监察机关应当加强与同级人民银行、公安等单位的沟通协作，推动预防、打击利用离岸公司和地下钱庄等向境外转移违法所得及其他涉案财产，对涉及职务违法和职务犯罪的行为依法进行调查。

第二百七十一条　国家监察委员会派驻或者派出的监察机构、监察专员和地方各级监察委员会发现监察对象出逃、失踪、出走，或者违法所得及其他涉案财产被转移至境外的，应当在二十四小时以内将有关信息逐级报送至国家监察委员会国际合作局，并迅速开展相关工作。

第二百七十二条　监察机关追逃追赃部门统一接收巡视巡察机构、审计机关、执法机关、司法机关等单位移交的外逃信息。

监察机关对涉嫌职务违法和职务犯罪的外逃人员，应当明确承办部门，建立案件档案。

第二百七十三条　监察机关应当依法全面收集外逃人员涉嫌职务违法和职务犯罪证据。

第二百七十四条　开展反腐败国际追逃追赃等涉外案件办理工作，应当把思想教育贯穿始终，落实宽严相济刑事政策，依法适用认罪认罚从宽制度，促使外逃人员回国投案或者配合调查、主动退赃。开展相关工作，应当尊重所在国家（地区）的法律规定。

第二百七十五条　外逃人员归案、违法所得及其他涉案财产被追缴后，承办案件的监察机关应当将情况逐级报送国家监察委员会国际合作局。监察机关应当依法对涉案人员和违法所得及其他涉案财产作出处置，或者请有关单位依法处置。对不需要继续采取相关措施的，应当及时解除或者撤销。

第三节 对外合作

第二百七十六条 监察机关对依法应当留置或者已经决定留置的外逃人员，需要申请发布国际刑警组织红色通报的，应当逐级报送国家监察委员会审核。国家监察委员会审核后，依法通过公安部向国际刑警组织提出申请。

需要延期、暂停、撤销红色通报的，申请发布红色通报的监察机关应当逐级报送国家监察委员会审核，由国家监察委员会依法通过公安部联系国际刑警组织办理。

第二百七十七条 地方各级监察机关通过引渡方式办理相关涉外案件的，应当按照《中华人民共和国引渡法》、相关双边及多边国际条约等规定准备引渡请求书及相关材料，逐级报送国家监察委员会审核。由国家监察委员会依法通过外交途径向外国提出引渡请求。

第二百七十八条 地方各级监察机关通过刑事司法协助方式办理相关涉外案件的，应当按照《中华人民共和国国际刑事司法协助法》（以下简称国际刑事司法协助法）、相关双边及多边国际条约等规定准备刑事司法协助请求书及相关材料，逐级报送国家监察委员会审核。由国家监察委员会依法直接或者通过对外联系机关等渠道，向外国提出刑事司法协助请求。

国家监察委员会收到外国提出的刑事司法协助请求书及所附材料，经审查认为符合有关规定的，作出决定并交由省级监察机关执行，或者转交其他有关主管机关。省级监察机关应当立即执行，或者交由下级监察机关执行，并将执行结果或者妨碍执行的情形及时报送国家监察委员会。在执行过程中，需要依法采取查询、调取、查封、扣押、冻结等措施或者需要返还涉案财物的，根据我国法律规定和国家监察委员会的执行决定办理有关法律手续。

第二百七十九条 地方各级监察机关通过执法合作方式办理相关涉外案件的，应当将合作事项及相关材料逐级报送国家监察委员会审核。由国家监察委员会依法直接或者协调有关单位，向有关国家（地区）相关机构提交并开展合作。

第二百八十条 地方各级监察机关通过境外追诉方式办理相关涉外案

件的，应当提供外逃人员相关违法线索和证据，逐级报送国家监察委员会审核。由国家监察委员会按照国际刑事司法协助法等规定直接或者协调有关单位向有关国家（地区）相关机构提交，请其依法对外逃人员调查、起诉、审判，移管被判刑人或者遣返外逃人员。

第二百八十一条 监察机关对依法应当追缴的境外违法所得及其他涉案财产，应当责令涉案人员以合法方式退赔。涉案人员拒不退赔的，可以依法通过下列方式追缴：

（一）在开展引渡等追逃合作时，随附请求有关国家（地区）移交相关违法所得及其他涉案财产；

（二）依法启动违法所得没收程序，申请由人民法院对相关违法所得及其他涉案财产作出没收裁定，请有关国家（地区）承认和执行，并予以返还；

（三）请有关国家（地区）依法追缴相关违法所得及其他涉案财产，并予以返还；

（四）通过其他合法方式追缴。

第七章 对监察机关和监察人员的监督

第二百八十二条 监察机关和监察人员必须自觉坚持党的领导，在党组织的管理、监督下开展工作，依法接受本级人民代表大会及其常务委员会的监督，接受民主监督、司法监督、社会监督、舆论监督，加强内部监督制约机制建设，确保权力受到严格的约束和监督。

第二百八十三条 各级监察委员会应当按照监察法第六十条第二款规定，由主要负责人在本级人民代表大会常务委员会全体会议上报告专项工作。

在报告专项工作前，应当与本级人民代表大会有关专门委员会、常务委员会有关工作机构沟通协商，并配合开展专题调查研究等工作。各级人民代表大会常务委员会审议专项工作报告时，本级监察委员会应当根据要求派出负责人列席相关会议，听取意见。

各级监察委员会应当认真研究处理本级人民代表大会常务委员会反馈

的审议意见，并按照要求书面报告研究处理情况。本级人民代表大会常务委员会对专项工作报告作出决议的，监察委员会应当在决议规定的期限内，将执行决议的情况向其报告。

第二百八十四条 各级监察委员会应当积极接受、配合本级人民代表大会常务委员会组织的执法检查。对本级人民代表大会常务委员会的执法检查报告，应当认真研究处理，并向其报告研究处理情况。本级人民代表大会常务委员会对执法检查报告作出决议的，监察委员会应当在决议规定的期限内，将执行决议的情况向其报告。

第二百八十五条 各级监察委员会在本级人民代表大会常务委员会会议审议与监察工作有关的议案和报告时，应当派相关负责人到会听取意见，回答询问。

本级人民代表大会常务委员会就与监察工作有关的重大问题，召开全体会议、联组会议或者分组会议进行专题询问的，监察委员会负责人应当到会，听取意见，回答询问。各级监察委员会应当及时向本级人民代表大会常务委员会提交专题询问中提出意见的研究处理情况报告。

监察机关对依法交由监察机关答复的质询案应当按照要求进行答复。口头答复的，由监察机关主要负责人或者委派相关负责人到会答复。书面答复的，由监察机关主要负责人签署。

第二百八十六条 各级监察机关应当通过互联网政务媒体、报刊、广播、电视等途径，向社会及时准确公开下列监察工作信息：

（一）监察法规；

（二）依法应当向社会公开的案件调查信息；

（三）检举控告地址、电话、网站等信息；

（四）其他依法应当公开的信息。

第二百八十七条 各级监察机关可以根据工作需要，按程序选聘特约监察员履行监督、咨询等职责。特约监察员名单应当向社会公布。

监察机关应当为特约监察员依法开展工作提供必要条件和便利。特约监察员对监察机关提出的意见、建议和批评，监察机关应当及时办理和反馈。

第二百八十八条 监察机关实行严格的人员准入制度，严把政治关、品行关、能力关、作风关、廉洁关。监察人员必须忠诚坚定、担当尽责、遵纪守法、清正廉洁。

第二百八十九条 监察机关应当建立信访举报、监督检查、调查、案件监督管理、案件审理等部门相互协调制约的工作机制。

监督检查和调查部门实行分工协作、相互制约。监督检查部门主要负责联系地区、部门、单位的日常监督检查和对涉嫌一般违法问题线索处置。调查部门主要负责对涉嫌严重职务违法和职务犯罪问题线索进行初步核实和立案调查。

案件监督管理部门负责对监督检查、调查工作全过程进行监督管理，做好线索管理、组织协调、监督检查、督促办理、统计分析等工作。案件监督管理部门发现监察人员在监督检查、调查中有违规办案行为的，及时督促整改；涉嫌违纪违法的，根据管理权限移交相关部门处理。

第二百九十条 监察机关应当部署使用覆盖信访举报、线索处置、监督检查、调查、案件审理等监察执法主要流程和关键要素的监察一体化工作平台，推动数字技术融入监察工作，通过信息化手段加强对监督、调查、处置工作的全过程监督管理。

第二百九十一条 监察机关应当对监察权运行关键环节进行经常性监督检查，适时开展专项督查。案件监督管理、案件审理等部门应当按照各自职责，对问题线索处置、调查措施使用、涉案财物管理等进行监督检查，建立常态化、全覆盖的案件质量评查机制。

第二百九十二条 监察机关应当加强对监察人员执行职务和遵纪守法情况的监督，按照管理权限依法对监察人员涉嫌违法犯罪问题进行调查处置。

第二百九十三条 监察机关及其监督检查、调查部门负责人应当定期检查调查期间的录音录像、谈话笔录、讯问笔录、询问笔录、涉案财物登记资料，加强对调查全过程的监督，发现问题及时纠正并报告。

对谈话、讯问和询问的同步录音录像，应当重点检查是否存在以下情形：

（一）以暴力、威胁等非法方法收集证据；

（二）未保证被调查人的饮食和必要的休息时间；

（三）谈话笔录、讯问笔录、询问笔录记载的起止时间与谈话、讯问、询问录音录像资料反映的起止时间不一致；

（四）谈话笔录、讯问笔录、询问笔录与谈话、讯问、询问录音录像资料内容存在实质性差异。

第二百九十四条 对监察人员打听案情、过问案件、说情干预的，办理监察事项的监察人员应当及时向上级负责人报告。有关情况应当登记备案。

发现办理监察事项的监察人员未经批准接触被调查人、涉案人员及其特定关系人，或者存在交往情形的，知情的监察人员应当及时向上级负责人报告。有关情况应当登记备案。

第二百九十五条 办理监察事项的监察人员有监察法第六十七条所列情形之一的，应当自行提出回避；没有自行提出回避的，监察机关应当依法决定其回避，监察对象、检举人及其他有关人员也有权要求其回避。

选用借调人员、看护人员、调查场所，应当严格执行回避制度。

第二百九十六条 监察人员自行提出回避，或者监察对象、检举人及其他有关人员要求监察人员回避的，应当书面或者口头提出，并说明理由。口头提出的，应当形成记录。

监察机关主要负责人的回避，由上级监察机关主要负责人决定；其他监察人员的回避，由本级监察机关主要负责人决定。

第二百九十七条 上级监察机关应当通过专项检查、业务考评、开展复查等方式，强化对下级监察机关及监察人员执行职务和遵纪守法情况的监督。

第二百九十八条 监察机关应当对监察人员有计划地进行政治、理论和业务培训。培训应当坚持理论联系实际、按需施教、讲求实效，突出政治机关特色，建设忠诚干净担当、敢于善于斗争的高素质专业化监察队伍，全面提高监察工作规范化法治化正规化水平。

第二百九十九条 监察机关应当严格执行保密制度，控制监察事项知悉范围和时间。监察人员不准私自留存、隐匿、查阅、摘抄、复制、携带问题线索和涉案资料，严禁泄露监察工作秘密。

监察机关应当建立健全检举控告保密制度，对检举控告人的姓名（单位名称）、工作单位、住址、电话和邮箱等有关情况以及检举控告内容必须严格保密。

第三百条 监察机关涉密人员离岗离职后，应当遵守脱密期管理规定，严格履行保密义务，不得泄露相关秘密。

第三百零一条 监察人员离任三年以内，不得从事与监察和司法工作相关联且可能发生利益冲突的职业。

监察人员离任后，不得担任原任职监察机关办理案件的诉讼代理人或者辩护人，但是作为当事人的监护人或者近亲属代理诉讼或者进行辩护的除外。

第三百零二条 监察人员应当严格遵守有关规范领导干部配偶、子女及其配偶经商办企业行为的规定。

第三百零三条 监察机关及其工作人员在履行职责过程中应当依法保护企业产权和自主经营权，严禁利用职权非法干扰企业生产经营。需要企业经营者协助调查的，应当依法保障其人身权利、财产权利和其他合法权益，避免或者尽量减少对涉案企业正常生产经营活动的影响。

监察机关查封、扣押、冻结以及追缴涉案财物，应当严格区分企业财产与经营者个人财产，被调查人个人财产与家庭成员财产，违法所得、其他涉案财产与合法财产。

查封经营性涉案财物，企业继续使用对该涉案财物价值无重大影响的，可以允许其使用。对于按规定不应交由企业保管使用的涉案财物，监察机关应当采取合理的保管保值措施。对于正在运营或者正在用于科技创新、产品研发的设备和技术资料等，一般不予查封、扣押，确需调取违法犯罪证据的，可以采取拍照、复制等方式。

第三百零四条 监察机关根据已经掌握的事实及证据，发现涉嫌严重职务违法或者职务犯罪的监察人员可能实施下列行为之一的，经依法审批，可以在具备安全保障条件的场所对其采取禁闭措施：

（一）继续实施违法犯罪行为的；

（二）为被调查人或者涉案人员通风报信等泄露监察工作秘密的；

（三）威胁、恐吓、蓄意报复举报人、控告人、被害人、证人、鉴定人等相关人员的；

（四）其他可能造成更为严重的后果或者恶劣影响的行为。

第三百零五条 采取禁闭措施时，调查人员不得少于二人，应当向被禁闭人员宣布《禁闭决定书》，告知被禁闭人员权利义务，要求其在《禁闭决定书》上签名、捺指印。被禁闭人员拒绝签名、捺指印的，调查人员应当在文书上记明。

禁闭的期限不得超过七日，自向被禁闭人员宣布之日起算。

第三百零六条 采取禁闭措施后，应当在二十四小时以内通知被禁闭人员所在单位和家属。当面通知的，由有关人员在《禁闭通知书》上签名。无法当面通知的，可以先以电话等方式通知，并通过邮寄、转交等方式送达《禁闭通知书》，要求有关人员在《禁闭通知书》上签名。有关人员拒绝签名的，调查人员应当在文书上记明。

因可能伪造、隐匿、毁灭证据，干扰证人作证或者串供等有碍调查情形而不宜通知的，应当按规定报批，记录在案。有碍调查的情形消失后，应当立即通知被禁闭人员所在单位和家属。

第三百零七条 对被禁闭人员不需要继续采取禁闭措施的，应当按规定报批后解除禁闭或者变更为责令候查措施。禁闭期满的，应当按规定报批后予以解除。

解除禁闭措施的，调查人员应当向被禁闭人员宣布解除禁闭措施的决定，由其在《解除禁闭决定书》上签名、捺指印；变更为责令候查措施的，应当向被禁闭人员宣布变更为责令候查措施的决定，由其在《变更禁闭决定书》上签名、捺指印。被禁闭人员拒绝签名、捺指印的，调查人员应当在文书上记明。

解除禁闭措施或者变更为责令候查措施的，应当及时通知被禁闭人员所在单位和家属、申请人。调查人员应当与交接人办理交接手续，并由其在《解除禁闭通知书》或者《变更禁闭通知书》上签名。无法通知或者有关人员拒绝签名的，调查人员应当在文书上记明。不得因办理交接手续延迟解除或者变更禁闭措施。

在禁闭期满前，对被禁闭人员采取管护、留置措施的，按照本条例关于采取管护、留置措施的规定执行。

第三百零八条 被调查人及其近亲属、利害关系人认为监察机关及其工作人员存在监察法第六十九条第一款规定的有关情形，向监察机关提出申诉的，由监察机关案件监督管理部门依法受理。监察机关应当自受理申诉之日起一个月以内作出处理决定。

前款规定的利害关系人，是指与有关涉案财产存在利害关系的自然人、法人或者其他组织。

第三百零九条 监察机关案件监督管理部门受理申诉后，应当组织成立核查组，对申诉反映的问题进行核实。根据工作需要，核查组可以调阅相关措施文书等材料，听取申诉人意见和承办部门工作人员的情况说明。案件监督管理部门应当集体研究，提出办理意见，经审批作出决定。

第三百一十条 监察机关应当自申诉处理决定作出之日起七日以内，向申诉人送达申诉处理决定书，要求其在申诉处理决定书上签名。申诉人拒绝签名的，工作人员应当在文书上记明。

第三百一十一条 申诉人对申诉处理决定不服的，可以自收到申诉处理决定书之日起一个月以内向上一级监察机关申请复查。上一级监察机关应当进行核实，并自收到复查申请之日起二个月以内作出处理决定。

第三百一十二条 监察机关应当加强留置场所管理和监督工作，依法规范管理、使用留置场所。

留置场所应当建立健全保密、消防、医疗、防疫、餐饮及安保等方面安全制度，制定突发事件处置预案，采取安全防范措施，严格落实安全工作责任制。

发生被强制到案人员、被管护人员、被留置人员或者被禁闭人员死亡、伤残、脱逃等办案安全事故、事件的，应当及时做好处置、处理工作。相关情况应当立即报告监察机关主要负责人，并在二十四小时以内逐级上报至国家监察委员会。

第三百一十三条 监察机关在维护监督执法调查工作纪律方面失职失责的，依法追究责任。监察人员涉嫌严重职务违法、职务犯罪或者对案件处置出现重大失误的，既应当追究直接责任，还应当严肃追究负有责任的领导人员责任。

监察机关应当建立办案质量责任制，对滥用职权、失职失责造成严重后果的，实行终身责任追究。

第八章 法律责任

第三百一十四条 有关单位拒不执行监察机关依法作出的下列处理决定的，应当由其主管部门、上级机关责令改正，对单位给予通报批评，对负有责任的领导人员和直接责任人员依法给予处理：

（一）政务处分决定；

（二）问责决定；

（三）谈话提醒、批评教育、责令检查，或者予以诫勉的决定；

（四）采取调查措施的决定；

（五）复审、复核决定；

（六）监察机关依法作出的其他处理决定。

第三百一十五条 监察对象对控告人、申诉人、批评人、检举人、证人、监察人员进行打击、压制等报复陷害的，监察机关应当依法给予政务处分。构成犯罪的，依法追究刑事责任。

第三百一十六条 控告人、检举人、证人采取捏造事实、伪造材料等方式诬告陷害的，监察机关应当依法给予政务处分，或者移送有关机关处理。构成犯罪的，依法追究刑事责任。

监察人员因依法履行职责遭受不实举报、诬告陷害、侮辱诽谤，致使名誉受到损害的，监察机关应当会同有关部门及时澄清事实，消除不良影响，并依法追究相关单位或者个人的责任。

第三百一十七条 监察机关应当建立健全办案安全责任制。承办部门主要负责人和调查组组长是调查安全第一责任人。调查组应当指定专人担任安全员。

地方各级监察机关履行管理、监督职责不力发生严重办案安全事故、事件的，或者办案中存在严重违规违纪违法行为的，省级监察机关主要负责人应当按规定向国家监察委员会作出检讨，并予以通报、严肃追责问责。

案件监督管理部门应当对办案安全责任制落实情况组织经常性检查和不定期抽查，发现问题及时报告并督促整改。

第三百一十八条 监察人员在履行职责中有下列行为之一的，依法严肃处理；构成犯罪的，依法追究刑事责任：

（一）贪污贿赂、徇私舞弊的；

（二）不履行或者不正确履行监督职责，应当发现的问题没有发现，或者发现问题不报告、不处置，造成严重影响的；

（三）未经批准、授权处置问题线索，发现重大案情隐瞒不报，或者私自留存、处理涉案材料的；

（四）利用职权或者职务上的影响干预调查工作的；

（五）违法窃取、泄露调查工作信息，或者泄露举报事项、举报受理情况以及举报人信息的；

（六）对被调查人或者涉案人员等逼供、诱供，或者侮辱、打骂、虐待、体罚或者变相体罚的；

（七）违反规定处置查封、扣押、冻结的财物的；

（八）违反规定导致发生办案安全事故、事件，或者发生安全事故、事件后隐瞒不报、报告失实、处置不当的；

（九）违反规定采取强制到案、责令候查、管护、留置或者禁闭措施，或者法定期限届满，不予以解除或者变更的；

（十）违反规定采取技术调查、限制出境措施，或者不按规定解除技术调查、限制出境措施的；

（十一）利用职权非法干扰企业生产经营或者侵害企业经营者人身权利、财产权利和其他合法权益的；

（十二）其他职务违法和职务犯罪行为。

第三百一十九条 对监察人员在履行职责中存在违法行为的，可以根据情节轻重，依法进行谈话提醒、批评教育、责令检查、诫勉，或者给予政务处分。构成犯罪的，依法追究刑事责任。

第三百二十条 监察机关及其工作人员在行使职权时，具有下列情形之一的，受害人可以申请国家赔偿：

（一）违法采取管护、禁闭措施，或者依照法定条件和程序采取管护、禁闭措施，但是管护时间、禁闭时间超过法定时限，其后决定撤销案件的；

（二）采取留置措施后，决定撤销案件的；

（三）违法没收、追缴或者违法查封、扣押、冻结财物造成损害的；

（四）违法行使职权，造成被调查人、涉案人员或者证人身体伤害或者死亡的；

（五）其他侵犯公民、法人和其他组织合法权益造成损害的。

受害人死亡的，其继承人和其他有扶养关系的亲属有权要求赔偿；受害的法人或者其他组织终止的，其权利承受人有权要求赔偿。

第三百二十一条　监察机关及其工作人员违法行使职权侵犯公民、法人和其他组织的合法权益造成损害的，该机关为赔偿义务机关。申请赔偿应当向赔偿义务机关提出，由该机关负责复审复核工作的部门受理。

赔偿以支付赔偿金为主要方式。能够返还财产或者恢复原状的，予以返还财产或者恢复原状。

第九章　附　　则

第三百二十二条　本条例所称监察机关，包括各级监察委员会及其派驻或者派出监察机构、监察专员，以及再派出的监察机构、监察专员。

第三百二十三条　本条例所称严重职务违法，是指根据监察机关已经掌握的事实及证据，被调查人涉嫌的职务违法行为情节严重，可能被给予撤职以上政务处分。

本条例所称重大职务犯罪、重大贪污贿赂等职务犯罪，是指具有下列情形之一的职务犯罪：

（一）案情重大、复杂，涉及国家利益、重大公共利益或者犯罪行为致使公共财产、国家和人民利益遭受特别重大损失的；

（二）被调查人可能被判处十年有期徒刑以上刑罚的；

（三）案件在全国或者本省、自治区、直辖市范围内有较大影响的。

第三百二十四条　本条例所称同种罪行和不同种罪行，应当以罪名区分，但属选择性罪名或者在法律、事实上密切关联的犯罪，应当认定为同种罪行。

第三百二十五条　本条例所称近亲属，是指夫、妻、父、母、子、女、同胞兄弟姊妹。

第三百二十六条　本条例所称以上、以下、以内，包括本级、本数。

第三百二十七条 期间以时、日、月、年计算，期间开始的时和日不算在期间以内。本条例另有规定的除外。

按照年、月计算期间的，到期月的对应日为期间的最后一日；没有对应日的，月末日为期间的最后一日。

期间的最后一日是节假日的，以节假日结束的次日为期间的最后一日。但被调查人被采取责令候查、管护、留置或者禁闭措施的期间应当至期满之日为止，不得因节假日而延长。

第三百二十八条 本条例由国家监察委员会负责解释。

第三百二十九条 本条例自发布之日起施行。

图书在版编目（CIP）数据

领导干部应知应会党内法规和国家法律汇编：通用版．下／中央全面依法治国委员会办公室，中华人民共和国司法部编．—北京：中国法制出版社，2023.9
（2025.12 重印）
ISBN 978-7-5216-3905-6

Ⅰ．①领… Ⅱ．①中… ②中… Ⅲ．①中国共产党-党的纪律-法规-干部教育-学习参考资料②法律-中国-干部教育-学习参考资料 Ⅳ．①D262.13②D920.4

中国国家版本馆 CIP 数据核字（2023）第 173502 号

责任编辑：李连宇　黄会丽　程思　　　　封面设计：蒋怡

领导干部应知应会党内法规和国家法律汇编：通用版．下
LINGDAO GANBU YINGZHI YINGHUI DANGNEI FAGUI HE GUOJIA FALÜ HUIBIAN：TONGYONGBAN. XIA

编者/中央全面依法治国委员会办公室　中华人民共和国司法部
经销/新华书店
印刷/保定市中画美凯印刷有限公司
开本/787 毫米×1092 毫米　16 开　　　　印张/ 44.5　字数/ 555 千
版次/2023 年 9 月第 1 版　　　　2025 年 12 月第 13 次印刷

中国法制出版社出版
书号 ISBN 978-7-5216-3905-6　　　　（上下册）总定价：248.00 元

北京市西城区西便门西里甲 16 号西便门办公区
邮政编码：100053　　　　传真：010-63141600
网址：http：//www.zgfzs.com　　　　**编辑部电话：010-63141811**
市场营销部电话：010-63141612　　　　**总编室电话：010-63141606**